Adolph Gerstaecker

Baron Carl von der Decken's Reisen in Ost - Afrika

Adolph Gerstaecker

Baron Carl von der Decken's Reisen in Ost - Afrika

ISBN/EAN: 9783741168987

Manufactured in Europe, USA, Canada, Australia, Japa

Cover: Foto ©Andreas Hilbeck / pixelio.de

Manufactured and distributed by brebook publishing software (www.brebook.com)

Adolph Gerstaecker

Baron Carl von der Decken's Reisen in Ost - Afrika

BARON CARL CLAUS VON DER DECKEN's

REISEN IN OST-AFRIKA

IN DEN JAHREN 1859 - 1865.

HERAUSGEGEBEN IM AUFTRAGE DER MUTTER DES REISENDEN,

FÜRSTIN ADELHEID VON PLESS.

WISSENSCHAFTLICHER THEIL.

DRITTER BAND.

ZWEITE ABTHEILUNG.

LEIPZIG UND HEIDELBERG.
C. F. WINTER'sche VERLAGSHANDLUNG.
1873.

BARON CARL CLAUS VON DER DECKEN's

REISEN IN OST-AFRIKA.

DRITTER BAND:

WISSENSCHAFTLICHE ERGEBNISSE.

ZWEITE ABTHEILUNG:

GLIEDERTHIERE

(INSEKTEN, ARACHNIDEN, MYRIOPODEN UND ISOPODEN).

BEARBEITET

VON

A. GERSTAECKER,

DR. DER MEDICIN UND PHILOSOPHIE, DOCENT AN DER UNIVERSITÄT ZU BERLIN

MIT 18 COLORIRTEN KUPFERTAFELN.

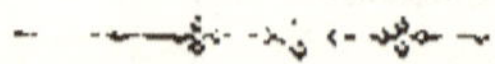

LEIPZIG UND HEIDELBERG.

C. F. WINTER'sche VERLAGSHANDLUNG

1873.

Vorwort.

In dem Vorwort zu der ersten Abtheilung des dritten Bandes hat der verdienstvolle Herausgeber dieses Werkes, Herr Dr. O. Kersten, aus ebenso nahe liegenden wie anerkennenswerthen Gründen es als wünschenswerth bezeichnet, die während der verschiedenen Ostafrikanischen Expeditionen des Barons C. v. d. Decken gewonnene zoologische Ausbeute in möglichster Vollzähligkeit zur Kenntniss zu bringen, und dem entsprechend die Bearbeiter der einzelnen Thierklassen dazu veranlasst, nicht nur eine systematische Aufzählung und Bearbeitung sämmtlicher, eben so wohl auf den Ostafrikanischen Inselgruppen wie auf dem Festlande (Sansibar-Gebiet) gesammelten Arten, sondern auch ausserdem (besonders als Handhabe für spätere Forscher und Sammler) übersichtliche Zusammenstellungen der bis jetzt überhaupt bekannt gewordenen Ostafrikanischen Wirbelthiere, Mollusken, Crustaceen u. s. w. zu veröffentlichen.

Für die in dem vorliegenden zweiten Theile bearbeiteten Gliederthiere den gleichen Plan festzuhalten, hätte die Rücksicht auf eine einheitliche Durchführung des Werkes zunächst allerdings massgebend sein müssen. Ist dieselbe für den Unterzeichneten dennoch nicht bindend gewesen, so schuldet er dem Leser dafür um so mehr eine Darlegung der Gründe, welche ihn bewogen haben, einen abweichenden Weg einzuschlagen.

Was zunächst eine übersichtliche Zusammenstellung der Gliederthiere Ostafrika's betrifft, so liegt dieselbe, wenigstens wenn sie ihren Zweck erfüllen soll, für jeden des Gegenstandes Kundigen zur Zeit überhaupt ausser den Grenzen der Möglichkeit. Abgesehen davon, dass die hier in Betracht kommenden Arten nach Tausenden zählen, dass mithin ihre Zusammentragung einen unverhältnissmässigen Aufwand von Zeit und Mühe bedingen, dadurch aber wieder eine gewiss nicht wünschenswerthe weitere Verzögerung in der Publikation des Werkes mit sich bringen würde, so hätte der gegenwärtige Zustand unserer Kenntnisse doch immer nur die Herstellung eines Verzeichnisses nomineller, nicht aber wirklicher Arten zugelassen. Für eine kritische Sichtung und Feststellung der Synonymie würde es der umfangreichsten Vorarbeiten, ja der vereinten Kräfte einer grösseren Anzahl specieller Kenner und Bearbeiter nicht der einzelnen Ordnungen, sondern der Familien — da diese unter den Insekten bekanntlich oft ungleich artenreicher als unter den Wirbelthieren die Klassen sind — bedurft haben. Ueberdies hätte aber bei der eigenthümlichen Verbreitung der Insekten in Afrika, welcher ein besonderer Abschnitt in diesem Theile gewidmet ist, eine Zusammenstellung der Ostafrikanischen Arten weder ein wissenschaftliches Interesse darbieten, noch selbst einem praktischen Bedürfniss in nur einigermassen genügender Weise abhelfen können. Da das Sansibar-Gebiet schon nach den jetzt vorliegenden Erfahrungen eine bei weitem grössere Anzahl identischer Arten mit einzelnen Theilen Süd-Afrika's (Caffernland) als mit den ihm zunächst benachbarten Länderstrecken, eine mehr denn doppelt so grosse mit Westafrika (Senegambien) als z. B. mit Abyssinien besitzt, so würde eine ausschliessliche Zusammenfassung Ostafrikanischer Arten ebenso vieles für Sansibar Fremdes enthalten, als dessen, was ihm durch fernere Nachforschungen aller Wahrscheinlichkeit nach zuwachsen wird, entbehren, in ihrer Brauchbarkeit also von vornherein illusorisch erscheinen müssen.

Aber auch von einer vollständigen Aufzählung der gesammelten Arten, wie sie in der ersten Abtheilung dieses Bandes durchgeführt worden ist, hat der unterzeichnete Verfasser im Bereich der Gliederthiere nach reiflicher Erwägung absehen zu müssen geglaubt, und zwar sind die folgenden Umstände und Gesichtspunkte dabei für ihn entscheidend gewesen. Die von Herrn Dr. O. Kersten im Jahre 1863 während eines vorübergehenden Aufenthaltes auf den Comoren, Seychellen, Maskarenen, sowie auf Nossibé gesammelten Arten sind einerseits gering an Zahl, andererseits mit ganz vereinzelten und unwesentlichen Ausnahmen an sich sowohl wie nach ihrem Vorkommen zur Genüge bekannt. Eine Mitaufnahme derselben in die hier gegebene systematische Zusammenstellung Sansibarischer Arten hätte die naturwissenschaftlichen Ergebnisse der v. d. Decken'schen Expeditionen um Nichts in ihrer Bedeutsamkeit erhöht, während ihr Ausschluss der vorliegenden Arbeit unzweifelhaft zum Vortheil gereichen musste, indem er ihr den Charakter einer streng faunistischen verlieh. Gerade der Umstand, dass die Fauna jener Inselgruppen schon nach den bisherigen Erfahrungen vielfache Eigenthümlichkeiten und trotz unverkennbarer Uebereinstimmungen doch auch wesentliche Unterschiede von derjenigen des gegenüberliegenden Festlandes erkennen lässt, macht es im Interesse der zoologischen Geographie wünschenswerth, die von beiden Lokalitäten stammenden Arten streng auseinander zu halten; nur dadurch wird es möglich, die faunistischen Beziehungen der einen zu der anderen schärfer, als es bisher geschehen ist, zu präcisiren. In dem vorliegenden Fall erschien aber eine Trennung um so mehr geboten, als der verschwindend geringen Anzahl jener Insular-Formen eine verhältnissmässig sehr ansehnliche, aus dem Sansibar-Gebiet stammende gegenüberstand, welche, schon hiernach offenbar als der Glanzpunkt der zoologischen Ausbeute zu betrachten, auch für sich allein den v. d. Decken'schen Expeditionen für alle Zukunft eine hervorragende Bedeutung zu sichern angethan war.

Eine nicht unbeträchtliche Bereicherung ist der den vorliegenden Theil ausmachenden „Gliederthierfauna des Sansibar-Gebietes" wenigstens im Bereich der Insekten-Ordnung Coleoptera dadurch erwachsen, dass eine im Jahre 1864 für das Museum of comparative Zoology zu Cambridge von C. Cooke auf der Insel Sansibar veranstaltete Sammlung mir durch meinen Freund, Dr. Herm. Hagen, im Einverständniss mit Prof. L. Agassiz, zur Mitbearbeitung anvertraut worden ist. Dass dabei zugleich eine Ueberlassung derjenigen Arten, welche in der v. d. Decken'schen Ausbeute nicht vertreten waren, an die hiesige Königliche Entomologische Sammlung gestattet worden ist, verdient eine besonders dankbare Erwähnung.

Die in der nachfolgenden Uebersicht enthaltenen neuen Arten aus der Klasse der Insekten sind mit Ausnahme der Hemiptera bereits in den Jahrgängen XXXIII. bis XXXVII. des Wiegmann'schen Archivs für Naturgeschichte durch vorläufige Diagnosen bekannt gemacht, die Bearbeitung der letzten Ordnung der Insekten sowie der übrigen Gliederthier-Klassen im October d. J. zum Abschluss gebracht worden.

Berlin, den 1. November 1872.

A. Gerstaecker.

Inhaltsübersicht.

I. Insecta.

II. Arachnoides.

III. Myriopoda.

IV. Crustacea.

Erklärung der Tafeln.

Tafel I.

(Orthoptera.)

Nr.		Seite
1	Gymnopeltis picta Gerst. mas . .	5
2	Gymnopeltis picta Gerst. fem. . .	5
3	Derocalymma porcellio Gerst. mas	7
3a	Kopf u. Prothorax derselben Art v. unten	
4	Derocalymma capucina Gerst. fem. .	8
4a	Kopf u. Prothorax derselben Art v. unten	
5	Tarachodes pantherina Gerst. mas .	11
6	Mantis viorta Gerst. fem. . . .	14
7	Mantis (Danuria) superciliaris Gerst. fem. nymph.	15
7a	Kopf derselben Art in der Vorderansicht.	
7b	Vorderbein ders. Art in d. Seitenansicht.	
8	Pyrgomantis singularis Gerst. fem. nymph., vergrössert . . .	18
8a	Kopf derselben Art in der Vorderansicht.	
9	Gryllus pulchriceps Gerst. mas, Deckflügel der rechten Seite . .	22
10	Gryllus xanthoneurus Gerst. fem. . .	22
10a	Rechter männl. Deckflügel derselben Art.	
11	Gryllus arcuatus Gerst. mas	23
12	Gryllus lepturus Gerst. mas, Deckflügel der rechten Seite . . .	24
13	Gryllotalpa debilis Gerst. fem. Deckflügel	19

Tafel II.

(Orthoptera.)

Nr.		Seite
1	Eugaster loricatus Gerst. fem. .	26
2	Eugaster ephippiatus Gerst. mas .	27
3	Eugaster talpa Gerst. fem. . . .	28
4	Cymatomera paradoxa Gerst. fem. Kopf und Prothorax in der Seitenansicht	29
5	Opomala brachyptera Gerst. fem. . .	34
5a	Kopf und Prothorax derselben Art in der Seitenansicht.	
6	Petasia lineata Gerst. fem.	37
7	Sphenarium (?) pulchripes Gerst. fem.	38
8	Chromotypus hippiscus Gerst. fem. .	42
9	Pamphagus atrox Gerst. fem. . .	42

Tafel III.

(Orthoptera.)

Nr.		Seite
1	Truxalis sulphuripennis Gerst. mas .	43
2	Chrysochraon dasycnemis Gerst. mas .	43
2a	Kopf und Prothorax derselben Art in der Seitenansicht.	
3	Acridium Deckeni Gerst. fem. . .	43
4	Catantops decoratus Gerst. fem. . .	44
5	Stenocrobylus cervinus Gerst. fem. .	46
6	Ixalidium haematoscelis Gerst. fem. .	47
6a	Kopf und Prothorax derselben Art in der Rückenansicht.	
7	Hymenotes humilis Gerst. mas . .	47
8	Brachytelabia laeta Gerst. fem. . .	49
9	Forficula (Apterygida) gravidula Gerst. fem.	50

Tafel IV.

(Coleoptera.)

Nr.		Seite
1	Dromica (Myrmecoptera) nobilitata Gerst. fem. .	55
2	Carabus Deckeni Gerst. fem. . .	56
3	Anthia hexasticta Gerst. fem. . .	57
4	Anthia cavernosa Gerst. . .	58
5	Polyhirma spathulata Gerst. fem. . .	58
6	Polyhirma bihamata Gerst. fem. . .	59
7	Polyhirma lagenula Gerst. fem. . .	60
8	Polyhirma quadriplagiata Gerst. mas .	60
9	Pheropsophus Kersteni Gerst. fem. .	62

Tafel V.

(Coleoptera.)

Nr.		Seite
1	Drypta setigera Gerst. . .	63
2	Galerita procera Gerst. fem. . .	63
3	Galerita angustipennis Gerst. mas .	64
4	Lebia deplanata Gerst.	66

Fig. Seite

5 Lebia calycina Gerst. 67
6 Craspedophorus cuntulactus Gerst. fem. 68
7 Chlaenius sericinus Gerst. fem. . . 70
8 Orectochilus schistaceus Gerst. . . 76
9 Paederus tumidicollis Gerst. . . 81
10 Oedichirus stilicinus Gerst. . . 82

Tafel VI.

(Coleoptera)

1 Plaesiorrhina mucularis Gerst. mas . 96
2 Trymodera aterrima Gerst. mas . 97
2a Kopf ders. Art in der Flächenansicht.
3 Heteroclita corpulenta Gerst. mas . 98
3a Rechtes Fühlhorn ders. Art vergrössert.
4 Discopeltis lateralis Gerst. fem. . . 99
5 Pachnoda ephippiata Gerst. fem. . 102
6 Coenochilus appendiculatus Gerst. mas 104
7 Syrichlaus clathratus Gerst. . . 105
8 Ceniophalia melolonthoides Gerst. . 113
9. Ceniophalis elephas Gerst. fem. . . 113

Tafel VII.

(Coleoptera.)

1 Empyrestra coronatus Gerst. mas . 115
1a Kopf derselben Art in der Flächenansicht.
2 Rhinoplatys ambiguus Gerst. fem. . 116
3 Anochaleus proceres Gerst. mas . . 117
3a Pygidium derselben Art.
4 Anserius (Actinophorus) cancatus Gerst. 123
5 Atrachus acratus Gerst. mas . . 121
6 Gymnopleurus umbrinus Gerst. fem. . 125
7 Sisyphus seticier Gerst. mas . . 126
8 Onthophagus picticollis Gerst. . . 132
9 Onthophagus lacertatus Gerst. mas . 132
10 Onthophagus aterrimus Gerst. mas . 134

Tafel VIII.

(Coleoptera.)

1 Sternaspis fastuosa Gerst. fem. . . 140
1a Dieselbe Art von der Bauchseite.
2 Chrysobothris cuprpyra Gerst. mas . 143
3 Aphanisticus nodosus Gerst. . . 144
4 Lampyris ampliceollis Gerst. mas . 151
5 Alaus giropus Gerst. fem. . . . 145
6 Ludius penicillatus Gerst. . . . 150
7 Melyris nobilis Gerst. . . . 156
8 Lycus congener Gerst. fem. . . 154
9 Lycus gravidulus Gerst. fem. . 155
10 Phloeocopus virgatus Gerst. fem . . 158
11 Prionocerus dimidiatus Gerst. . 158

Tafel IX.

(Coleoptera)

Fig. Seite

1 Adesmia lacerata Gerst. . . . 167
2 Sepidium mucronatum Gerst. . . . 175
3 Anomalipus heraldicus Gerst. . . 178
4 Phrynocolus petrosus Gerst. . . 178
5 Phrynocolus frondosus Gerst. . . 179
6 Diesioestes arcuatus Gerst. . . 176
7 Machla hamaticollis Gerst. . . 171
8 Micrantereus femoratus Gerst. mas . 183
9 Micrantereus variolosus Gerst. fem. . 183

Tafel X.

(Coleoptera.)

1 Cyptus scabrosus Gerst. . . . 183
2 Casyphus dentirostris Gerst. mas. Die beiden Endringe des Hinterleibes 187
3 Dichastops subaeneus Gerst. . . 190
3a Kopf ders. Art in der Seitenansicht.
4 Aspidosternum festivum Gerst. . . 192
5 Gonocnemis breviuscula Gerst. . . 196
6 Mitoparpus hirtus Gerst. . . . 198
7 Eutrypodera anthicoides Gerst. . . 203
8 Mylabris praestans Gerst. . . . 205
9 Mylabris amplectens Gerst. . . . 207
10 Mylabris callicera Gerst. . . . 208
11 Mylabris (Dices) Kersteni Gerst. . 209
12 Mylabris (Dices) Deckeni Gerst. . . 209
13 Mylabris (Dices) dorsalis Gerst. . . 210
14 Mylabris (Dices) ambigua Gerst. . 210
15 Mylabris (Dices) parenthesis Gerst. . 211

Tafel XI.

(Coleoptera.)

1 Jugendlarve einer unbekannten Vesicantien-Gattung (Mylabris?), stark vergrössert 212
1a Fühlhorn derselben. 1b Mandibel. 1c Maxille. 1d Spitze des Tarsus mit den Fussklauen.
2 Synaptoplus cervinus Gerst. . . 220
3 Siderodactylus fabriger Gerst. . . 222
4 Diatmetus pruinosus Gerst. . . 223
5 Chaunoderus stupidus Gerst. mas . 225
6 Sphrigodes margaritaceus Gerst. . . 226
7 Systates pollinosus Gerst. fem. . . 229
8 Systates amplicollis Gerst. mas . . 231
9 Peribrotus pustulosus Gerst. fem. . 234
10 Brachycerus atrox Gerst. . . . 235
11 Cleonus sikis Gerst. . . . 236
12 Phacomerus leucogrammus Gerst. . 243
13 Baridius speciosus Gerst. . . . 243

Tafel XII.

(Coleoptera.)

Fig.		Seite
1	[illegible] Gerst. [illegible]	[illegible]
2	[illegible] Gerst. [illegible]	251
3	[illegible] Gerst. [illegible]	[illegible]
4	[illegible] Gerst. [illegible]	[illegible]
5	[illegible] Gerst.	[illegible]
6	[illegible] Gerst.	[illegible]
7	[illegible] Gerst.	[illegible]
8	[illegible] Gerst.	[illegible]
9	[illegible] ([illegible]) [illegible] Gerst. [illegible]	[illegible]
10	Cryptocephalus [illegible] Gerst.	271
11	Adorium [illegible] Gerst.	[illegible]
12	Apophylia nobilitata Gerst.	279
13	Kenarthra (?) calcarata Gerst. [illegible]	284

Tafel XIII.

(Coleoptera.)

Fig.		Seite
1	Hispa pachycera Gerst.	290
2	[illegible] Gerst.	291
3	Alcesia Aurora Gerst.	294
4	Cheilomenes (?) pardalina Gerst.	296
5	Epilachna [illegible] Gerst.	[illegible]
6	Epilachna Proserpina Gerst.	300
7	Epilachna [illegible] Gerst.	300
8	Epilachna [illegible] Gerst.	301
9	Epilachna scalaris Gerst.	302

(Hymenoptera.)

Fig.		Seite
10	Megilla caligata Gerst. fem.	312
11	Nomia amoenula Gerst. fem.	321
12	[illegible] Gerst. fem.	327

Tafel XIV.

(Hymenoptera.)

Fig.		Seite
1	Polistes badia Gerst. fem.	325
2	[illegible] Gerst. mas	[illegible]
3	Ammophila [illegible] Gerst. fem.	[illegible]
4	[illegible] Gerst. mas	[illegible]
5	Myzine xanthocera Gerst. fem.	[illegible]
6	Mutilla [illegible] Gerst. fem.	[illegible]
7	Mutilla pygidialis Gerst. fem.	340
8	Mutilla mavia Gerst. fem.	341
9	Camponotus chrysurus Gerst. operar.	345
10	Camponotus erinaceus Gerst. operar.	345
11	[illegible] Gerst. [illegible]	[illegible]
12	[illegible] Gerst. fem.	[illegible]

Tafel XV.

(Lepidoptera.)

Fig.		Seite
1	[illegible] Gerst. mas	365
1a	Dieselbe Art von der Unterseite.	
2	[illegible] Gerst. mas	365
3	[illegible] Leda Gerst. mas	371
3a	Dieselbe Art von der Unterseite.	
4	Lycaena [illegible] God. fem.	373
5	Lycaena [illegible] Gerst. mas	373
6	[illegible] Gerst.	374
6a	Dieselbe Art von der Unterseite.	
7	Macroglossa hirundo Gerst. mas	375
8	[illegible] Gerst. fem.	378

Tafel XVI.

(Lepidoptera.)

Fig.		Seite
1	Nyctemera hymenaea Gerst. fem.	377
2	[illegible] valvata Gerst. [illegible]	379
2a	Dieselbe, in umgekehrter Lage.	
3	[illegible] Gerst.	[illegible]
4	[illegible] Gerst. fem.	[illegible]

(Diptera.)

Fig.		Seite
5	[illegible] Gerst. fem.	[illegible]
6	[illegible] Gerst. fem.	[illegible]

Tafel XVII.

(Hemiptera.)

Fig.		Seite
1	[illegible] trivialis Gerst.	[illegible]
2	[illegible] Gerst.	[illegible]
3	[illegible] Gerst.	412
4	[illegible] abortivus Gerst.	413
5	[illegible] illustris Gerst.	414
6	[illegible] Gerst.	417
7	[illegible] Gerst.	418
8	Platymeris Rhadamanthus Gerst.	419
9	[illegible] Gerst.	427
10	[illegible] cardinalis Gerst.	[illegible]
11	[illegible] Gerst.	[illegible]

Tafel XVIII.

(Arachnoidea.)

Fig.		Seite
1	Amblyomma [illegible] Gerst. mas	466
2	[illegible] pulchellum Gerst. mas	467
3	[illegible] Gerst. fem.	474

Fig.		Seite
4	Philippus bucculentus Gerst. mas .	476
5	Deinopis cornigera Gerst. mas. Cephalothorax in der Rückenansicht	478
6	Stiphropus lugubris Gerst. mas . .	479
7	Phoneutria decora Gerst. fem.	483
8	Gasteracantha resupinata Gerst. fem .	490
9	Epeira haematomera Gerst. mas jun. .	491
10	Argyope suavissima Gerst. fem. .	495
11	Nephila hymenaea Gerst. fem. .	497
12	Nephila sumptuosa Gerst. fem. .	501

(Myriopoda.)

Fig.		Seite
13	Spirostreptus macrotis Gerst. mas. Kopf und vordere Leibesringe in der Seitenansicht	509
14	Polydesmus mastophorus Gerst. fem. .	517

Insecta.

Ordo I.

Orthoptera, (Oliv.) Erichs.

Fam. Termitina, Burm.

Termes, Lin., Hagen.

Linnaea entom. XII. p. 107.

1. *Termes bellicosus*, Smeathm.

(1781) *Termes bellicosus*, Smeathman, Philosoph. Transact. of the Royal soc. of London. Vol. LXXI. p. 141. No. 1. Tab. 7, 8, 10. Fig. 1–9.

Termes bellicosus, *Hagen, Insekt. v. Mossambique. p. 69. Taf. III. — Linnaea entom. XII. p. 109. Taf. 1.

Termes bellicosus var. *Mossambica*, *Hagen, Linnaea entom. XII. p. 118.

(1781) *Termes fatale*, Fabricius, Spec. Insect. I. p. 396. No. 1. — Entom. syst. II. p. 87. No. 1.

Bei Endara im December 1862 gesammelt. — Ein noch mit Flügeln versehenes Exemplar gehört der Stammform, zwei andere, welche sich der Flugorgane schon entledigt hatten, der heller gefärbten var. *Mossambica*, Hag. an.

Fam. Blattina, Burm.

Ceratinoptera, Brunn.

Nouv. syst. d. Blattaires. p. 75.

2. *Ceratinoptera dimidiata*, n. sp.

Nigro-fusca, pronoto elytrisque pallido-limbatis, illius macula discali, horum sutura fasciaque obliqua ante medium sita ferrugineis, pedibus testaceis. Long. (c. elytr.) 9 mill.

Kopf schwärzlich pechbraun, Stirn lichter, zwischen den Augen mässig breit, unterer Ocellenfleck quer, schmutzig gelb. Fühler fehlen. Pronotum mit blassgelbem, durchscheinenden Seitenrand, welcher, vor der Basis am breitesten, sich nach vorn allmählich verschmälert. Der grosse schwarzbraune, den Vorder- und Hinterrand erreichende Scheibenfleck an der Basis und vor der Mitte erweitert, dazwischen jederseits winklig ausgeschnitten, auf seiner Mitte eine quer eiförmige, rostrothe Makel. Deckflügel zusammengenommen eiförmig, von Körperlänge, die Hinterflügel ein wenig überragend, pechbraun, mit blassgelbem, bis über die Mitte hinausreichenden Aussensaum, rostfarbigem Nahtstreif und gleichfarbiger Querbinde, welche, von der Mitte des Nahtstreifens ausgehend, etwas schräg nach vorn gegen den hellen Seitenrand hin ausläuft. Auch an der Basis der Deckflügel eine den Seitenrand nicht erreichende, hellere Querbinde. Flügelrippen deutlich ausgeprägt, im Diskoidalfelde deren acht, im Randfelde dreizehn. Hinterflügel und Beine blass rostgelb, an letzteren die Kniee und die Aussenkante der Schienen bräunlich gefleckt.

Von Endara. — Dem einzigen, vermuthlich weiblichen Exemplar fehlt die Spitze des Hinterleibes.

Phyllodromia, Serv.

Hist. nat. d. Orthopt. p. 105.

3. *Phyllodromia bivittata*, Serv.

(1839) *Blatta (Phyllodromia) bivittata*, Serville, Hist. nat. d. Orthopt. p. 108. No. 37.
(1865) *Phyllodromia bivittata*, Brunner, Nouv. syst. d. Blatt. p. 92. No. 3.

Zwei im Larvenzustande befindliche Exemplare dieser Art liegen von Wanga und der Insel Sansibar vor.

4. *Phyllodromia bimaculata*, n. sp.

Testacea, nitida, frontis lateribus, fascia subfrontali, palporum apice nec non pronoti maculis duabus literisque nonnullis nigro-fuscis. Long. corp. 12, cum elytris 15 mill. ♀.

Grösser und robuster als *Phyll. germanica*, Lin., welcher sie sonst im Umriss des Körpers nicht unähnlich ist. Kopf rostfarben, eine Längsbinde am Innenrande der Augen und eine quere dicht unterhalb dieser schwärzlich pechbraun, der Vorderkopf lichter gelb. Kiefertaster mit ganz schwarzbraunem End- und an der Spitze gebräuntem vorletzten Gliede; Lippentaster fast ganz gelb, nur das Endglied leicht gebräunt. Fühler mit lichtem Basalgliede, bis zum zehnten Gliede rostgelb und bräunlich geringelt, sodann rothbraun; die länger gestreckten Glieder der Endhälfte mit schwärzlicher Spitze, die letzten fast ganz dunkel gefärbt. Pronotum von gleicher Form wie bei *Phyll. germanica*, spiegelglatt, licht gelb, mit dunklerer, mehr rostfarbener Scheibe, auf deren Mitte sich jederseits ein grösserer rundlicher Fleck von schwarzbrauner Farbe zeigt; nach vorn und innen schliessen sich diesen beiden noch einige kleinere, mehr strichförmige Makeln an. Deckflügel vor der Mitte am breitesten, durchaus einfarbig blassgelb. Dieselbe Färbung haben die Beine, nur dass die rostfarbenen Dornen der Schienen einen schwarzen Basalfleck zeigen. Sowohl Brust- als Hinterleibsringe sind jederseits an ihrer Basis mit einem pechbraunen Fleck gezeichnet.

Ein einzelnes Weibchen vom See Jipe, wo es im December 1862 erbeutet wurde.

Periplaneta, Burm.

Handb. d. Entom. II. p. 502.

5. *Periplaneta Americana*, Lin.

Blatta Americana, Linné, Syst. nat. ed. 12. p. 687. No. 4.
Blatta siccifolia, Stoll, Représent. d. Blattes. p. 5. pl. IIId. Fig. 10. 11. (♂)
Blatta aurantiaca, Stoll, Ibidem p. 5. pl. IIId. Fig. 14. (larv.)
Periplaneta Americana, *Burmeister, Handb. d. Entom. II. p. 503. No. 1.
Periplaneta brunnea, *Burmeister, ebenda p. 503. No. 2.
Periplaneta Americana, Fischer, Orthopt. Europ. p. 116. No. 2.
Periplaneta Americana, Brunner, Nouv. syst. d. Blatt. p. 232. No. 10. Taf. 5. Fig. 24.

Auf Sansibar nach Dr. Kersten häufig. In der Sammlung fanden sich zwei weibliche Exemplare vor.

6. *Periplaneta rhombifolia*, Stoll.

(1813) *Blatta rhombifolia*, Stoll, Représent. d. Blattes. p. 5. pl. IIId. Fig. 13.
(1864) *Periplaneta histrio*, de Saussure, Rev. et Magas. de Zoolog. 1864. p. 318. No. 31. — Orthopt. de l'Amérique moyenne. Blattides. p. 73. No. 18.
(1865) *Periplaneta decorata*, Brunner, Nouv. syst. d. Blatt. p. 224. No. 2.
Periplaneta variegata, *Illiger in Mus. Berol.

Ein Exemplar dieser von Stoll sehr kenntlich dargestellten Art wurde im Herbst 1863 bei Wanga erbeutet; ein anderes liegt von Mahé vor. — Beide zeichnen sich vor den in der hiesigen Entomologischen Sammlung aus Madera und Mexiko befindlichen durch sehr viel weitere Ausdehnung der schwarzen Färbung auf der Ober- und Unterseite des Körpers aus. Die beiden gelben Ringe des Pronotum sind nicht nur nahe der Mittellinie, sondern auch an der Basis und hier sogar zweimal von Schwarz unterbrochen; der gezackte schwarze Basal- und Spitzenrand der beiden hinteren Thorax- und der vier vordersten Leibesringe sind sehr breit und auf letzteren fast zusammenstossend. Die folgenden Abdominalringe sind überwiegend schwarz, indem nur längs der Seiten grössere, auf der Scheibe punktförmige Flecke von gelber Färbung übrig bleiben.

Oxyhaloa, Brunn.

Nouv. syst. d. Blattaires. p. 282.

7. *Oxyhaloa fulviceps*, Burm.

(1838) *Proscratea fulviceps*, *Burmeister, Handb. d. Entom. II. p. 509. No. 1.
(1865) *Oxyhaloa fulviceps*, Brunner, Nouv. syst. d. Blatt. p. 285. No. 4.

Ein einzelnes im Oktober 1862 aufgefundenes Exemplar unterscheidet sich von den beiden typischen Burmeister's (Kap) nur durch etwas lichter gefärbtes, mit Ausnahme der schwärzlichen Basis fast ganz rothbraunes Pronotum, sowie durch die etwas länger erscheinende und lebhafter rothgelbe Behaarung auf der äusseren Hälfte der Deckflügel. Bei sonstiger Uebereinstimmung beider Formen scheint diesen Unterschieden eine specifische Bedeutung nicht beigelegt werden zu können.

8. *Oxyhaloa Ferreti*, Reiche.

Blatta Ferreti, Reiche et Fairmaire in: Ferret et Galinier, Voyage en Abyssinie. III. p. 420. Zoolog. pl. 27. Fig. 1. 2 (♂ ♀).
Oxyhaloa Ferreti, Brunner, Nouv. syst. d. Blatt. p. 254. No. 3.

Es liegt ein einzelnes männliches Exemplar vom See Jipe vor. — Die Hinterflügel dieser Art stimmen im Geäder mit der von Brunner (a. a. O. Taf. VI. Fig. 25 c.) für *Oxyhaloa* gegebenen Abbildung überein. Durch die stark entwickelten Fussklauen nähert sich die vorstehende Art übrigens sichtlich den *Nauphoeta*-Arten, mit welchen sie überhaupt mehrfache Uebereinstimmungen erkennen lässt, während sie von *Oxyhal. fulviceps*, Burm. schon durch den gänzlichen Mangel der Behaarung abweicht.

Gyna, Brunn.

Nouv. syst. d. Blattaires. p. 266.

9. *Gyna vetula*, Brunn.

Gyna vetula, Brunner, Nouv. syst. d. Blatt. p. 267. No. 1.

Var. a. *Elytris macula transversa nigra.*

Von zwei vorliegenden Exemplaren stimmt das eine — im September 1862 bei Mombas gefangene — mit der Brunner'schen Beschreibung bis auf die fast ganz schwärzlich pechbraune Gesichtsfläche vollkommen überein. Das zweite, von Sansibar stammende lässt gleichfalls alle wesentlichen Merkmale der *G. vetula*, wie insbesondere das rothgelb gefärbte Vorderfeld der Hinterflügel, die dünnen Tarsen u. s. w. erkennen, weicht aber durch einen schwärzlichen Fleck der Deckflügel ab. Derselbe nimmt hier ganz dieselbe Stelle wie bei *G. maculipennis* ein, ist aber nicht rundlich, sondern in die Quere gezogen und fast halbmondförmig gestaltet. Die Gesichtsfläche ist bei diesem Exemplare rostfarben.

Panchlora, Burm.

Handb. d. Entom. II. p. 506

10. *Panchlora Surinamensis*, Lin.

Blatta Surinamensis, Linné, Syst. nat. ed. 12. p. 687. No. 3.
Blatta Indica, Fabricius, Entom. syst. II. p. 8. No. 10.
Panchlora Surinamensis, *Burmeister, Handb. d. Entom. II. p. 507. No. 5.
Panchlora Indica, *Burmeister, ebenda p. 507. No. 6.
Panchlora (Leucophaea) Surinamensis, Brunner, Nouv. syst. d. Blatt. p. 278. No. 12. Taf. 7. Fig. 32.

Diese kosmopolitisch verbreitete Art wurde im Herbst 1863 bei Wanga erbeutet.

Nauphoeta, Burm.

Handb. d. Entom. II. p. 508.

11. *Nauphoeta cinerea*, Oliv.

Blatta cinerea, Olivier, Encycl. méthod. IV. p. 314. No. 3.
Blatta cinerea, Serville, Hist. nat. d. Orthopt. p. [illegible]. No. 7.

Nauphoeta cinerea, de Saussure, Orthopt. de l'Amérique moyenne, Blattides. p. 204. No. 105.
Epilampra cinerea, Brunner, Nouv. syst. d. Blatt. p. 182. No. 14.
Nauphoeta grisea, *Burmeister, Handb. d. Entom. II. p. 508. No. 2. — Brunner, a. a. O. p. 287. No. 4.

Von dieser gleichfalls weit verbreiteten Art liegen zwei Exemplare von Mombas (September 1862) und der Insel Sansibar vor.

Derocalymma, Burm.

Handb. d. Entom. II. p. 487.

12. *Derocalymma porcellio*, n. sp.

Taf. I. Fig. 3 und 3a.

Depressa, dense subtiliterque granulata, opaca, fusca, pronoto acuminato-rotundato, margine laterali calloso-elevato.

♂. *Prothorace griseo-lanuginoso, angulis posticis fortiter truncatis, elytris rufescentibus, parce fusco-conspersis.* Long. (usque ad elytr. apic.) 19 mill.

♀. *Subtus nigro-picea, supra cinereo-fusca, testaceo-squamulosa, annulis singulis rufo-marginatis et transversim nigro-maculatis.* Long. 14—15 mill.

Der *Derocal. versicolor*, *Burm. (Handb. d. Entom. II. p. 487. No. 9) zunächst verwandt, in gleicher Weise flachgedrückt und dicht granulirt, aber schon durch den in beiden Geschlechtern mehr verlängerten und dreieckig zugespitzten Prothorax, dessen aufgewulstete Seitenränder von der Scheibe durch eine tiefere Furche abgesetzt sind, unterschieden.

Männchen. Augen in der Mittellinie des Kopfes zusammenstossend, Gesichtsfläche tief und glänzend schwarz, narbig punktirt, die beiden hellen Flecke am Unterrande der Augen sehr gross, licht wachsgelb. Fühler pechschwarz, gegen die Basis hin bräunlich. Pronotum oberhalb und auf dem kapuzenförmig umgeschlagenen Seitenrande dicht aschgrau befilzt, zwei Schwielen nahe der Basis beiderseits von der blutrothen Mittellinie mehr nackt; die Granulation der aufgewulsteten Seitenränder ziemlich fein. Deckflügel licht rostroth, durchscheinend, mehr greis und weniger dicht als der Prothorax befilzt, die Schulterlinie und mehrere zerstreute Punkte des Diskoidalfeldes schwarz. Beine pechschwarz, die Schenkelmitte und die Tarsen rothbraun. Hinterleib pechschwarz, glatt, rothbraun gerandet, nur fein staubartig behaart.

Weibchen. Augen gleichfalls zusammenstossend, die hellen Flecke unterhalb derselben klein. Granulirung auf der ganzen Rückenseite und den umgeschlagenen Rändern der Thoraxringe gleichmässig fein und dicht, oberhalb jedoch durch kleine schwielenartige, glatte Flecke unterbrochen. Behaarung ganz kurz, schuppenartig, gelb, sehr viel sparsamer als beim Männchen, jedoch an den Seiten des Hinterleibes zwei Längsreihen kleiner Flecke bildend. Mittellinie des Thorax und der Saum der Leibessegmente dunkel blutroth, die Färbung der Oberseite sonst matt graubraun, mit Längsreihen schwarzer Flecke. Beine schwärzlich pechbraun, mit lichter rothbraunen Schienen und Tarsen; Schienen flachgedrückt, ihre Ränder nur mit zwei (Mittel-) bis drei (Hinterschienen) kurzen Dornen bewehrt. Hinterleib unterhalb pechschwarz, leicht glänzend, schwach behaart, überall dicht und grob punktirt, der Seiten- und Hinterrand der einzelnen Ringe schmal rothbraun.

Beide Geschlechter vom See Jipe (Ende Okt. 1862) und Uru (Novbr. 1862).

13. *Derocalymma lampyrina*, n. sp.

Castanea, prothorace fuscescente, intra marginem anteriorem calloso-elevato ibique fortiter granulato, facie nigra, antennis basin versus testaceis. Long. (usque ad elytr. apic.) 15 mill. ♂.

Um die Hälfte kleiner als das Männchen der vorhergehenden Art, lichter gefärbt, kastanienbraun, mit etwas dunklerem Pronotum. Gesichtsfläche tief schwarz, glänzend, seicht und zerstreut punktirt; Augen auf der Stirn zusammenstossend, der helle Fleck unter denselben blass bräunlich. Fühler tief schwarz, mit pechbraunem Basalgliede und licht gelb gefärbtem 2. bis 9. Gliede. Pronotum etwas kürzer und vorn stumpfer abgerundet als bei *Der. porcellio*, die Basis in regelmässigem Bogen gerundet, die etwas niedergedrückte Scheibe nach vorn von einem grob gekörnten Wulste umgeben, gegen welchen der flache Vorderrand deutlich abgesetzt ist. Letzterer ziemlich dicht gelbfilzig, der umgeschlagene Rand pechbraun, fein granulirt. Deckflügel einfarbig, ohne dunklere Punkte. Beine licht rostfarben, nur die Schenkel pechbraun gerandet. Brust und Mitte des Hinterleibes pechbraun, die Seitenränder des letzteren breit rostroth.

Ein Männchen wurde auf dem Wege vom See Jipe nach dem Bura-Gebirge im December 1862 gefunden.

14. *Derocalymma capucina*, n. sp.

Taf. I. Fig. 4 und 4a.

Elongata, subparallela, nigra, nitida, antennarum basi pedibusque ferrugineis: thorace fortius, abdomine subtilius et disperse punctato, pronoti margine laterali recurvo. Long. corp. 20 mill. ♀

Zwischen *Derocal. fusca*, Thunb., *Burm. (Handb. d. Entom. II. p. 487. No. 10) und *Der. gracilis*, *Burm. (ebenda p. 487. No. 11) in Grösse und Form die Mitte haltend, beträchtlich schlanker als jene, aber nicht ganz so schmal wie diese, von beiden schon durch die glänzende Oberseite der Thoraxringe unterschieden. — Ober- und unterhalb pechschwarz, Kopf und Hüftstücke röthlich pechbraun, die sechs ersten Fühlerglieder so wie die Beine rostfarben, letztere mit etwas dunkleren Schenkeln. Augen durch einen schmalen Stirnfortsatz getrennt, Gesichtsfläche ziemlich stark und dicht punktirt, glänzend. Prothorax nicht ganz so lang wie an der Basis breit, nach vorn eiförmig verengt; die aufgebogenen Seitenränder hinten schmal, vorn etwas breiter von der Scheibe abgesetzt, letztere aber zwischen ihnen bis unmittelbar an den Vorderrand herantretend und vor demselben deutlich der Länge nach gekielt. Der umgeschlagene Rand in seinem hinteren Theile senkrecht abfallend, nach vorn allmählich in die horizontale Richtung übergehend, dicht und narbig punktirt. Die Rückenseite der drei Thoraxringe gegen die Seiten hin gröber und dichter, längs der Mittellinie stellenweise lose punktirt und von glatten Stellen unterbrochen, der Mesothorax übrigens auch hier grob punktirt. Hinterleib bedeutend feiner, gegen die Seiten hin gleichfalls dichter punktirt, überdies fein ciselirt; die Segmente beiderseits schmal rothbraun gesäumt.

Bei einem zweiten jugendlichen Exemplar von erst 9½ Mill. Körperlänge ist die Färbung schwärzlich pechbraun mit blutrother Randung der Thoraxringe; die Punktirung auf der Oberseite der letzteren ist gleichmässiger und im Verhältniss gröber. Die ganzen Beine sind mit Einschluss der Hüften licht stroh-, fast weisslich gelb.

Bei Aruscha im November 1862 entdeckt.

Euthyrrhapha, Burm.

Handb. d. Entom. II. p. 491.

15. *Euthyrrhapha pacifica*, Coqueb.

Blatta pacifica, Coquebert, Illustr. icon. Insect. III. p. 91. tab. VI. Fig. 1.
Blatta pacifica, Serville, Hist. nat. d. Orthopt. p. 103. No. 29.
Euthyrrhapha bisignata, *Burmeister, Handb. d. Entom. II. p. 491. No. 2.
Euthyrrhapha pacifica, Brunner, Nouv. syst. d. Blatt. p. 343. No. 1. Taf. 10. Fig. 48.

Zwei Exemplare dieser bis jetzt von den Inseln des stillen Oceans, aus Rio de Janeiro und Mosambik bekannt gewordenen Art wurden im Herbst 1863 bei Wanga aufgefunden.

Gynopeltis, nov. gen.

Corpus glabrum, maris alatum, feminae apterum. Femora antica subtus spinosa, posteriora mutica. Tibiae anticae brevissimae, tarsi graciles, maris arolio instructi. Frons angusta, maculae ocelliformes magnae.

Mas. *Pronoto rhomboideo, retrorsum supra scutellum producto: elytris alisque abdomine longioribus.*

Femina. *Corpore breviter ovato, parum convexo, mesothoracis lateribus sublobatis. (Lamina supraanalis integra, transverse quadrata: cerci illa breviores, supra patentes, foliacei, acuminato-ovati.)*

Die Gattung erinnert habituell einigermaassen an *Heterogamia*, Burm., weicht indessen schon durch den unbehaarten Körper beider Geschlechter, ferner besonders durch die unterhalb mit vier scharfen Dornen bewehrten Vorderschenkel ab; das Weibchen ausserdem durch die nicht eingeschnittene Lamina supraanalis so wie durch die beiderseits frei hervortretenden, kurz ovalen, blattförmigen und oberhalb ganz ungegliederten Cerci. Von *Perisphaeria*, Burm. (nec Serv.) unterscheidet sich das Weibchen durch den Mangel des Arolium an den schlanken, linearen Tarsen, das Männchen durch die viel grösseren, grubig vertieften Ocellenflecke, die Form des Pronotum, die schlankeren Beine und das kleinere Arolium.

16. *Gynopeltis picta*, n. sp.

Taf. 1. Fig. 1. 2.

Nigro-fusca, corpore subtus cum pedibus, facie, pronoti margine antico maculisque quinque discalibus nec non elytrorum vitta laterali testaceis. Long. (usque ad elytr. apic.) 27½ mill. ♂.

♀. *Nigra, subopaca, pronoti margine apicali, dorso medio, ventris lateribus pedibusque testaceo guttulis.* Long. 16–23 mill.

Heterogamia Aegyptiaca fem., *Schaum, Insekt. v. Mossambique. p. 107 (excl. cet. synon.).

Männchen. Stirn glänzend schwarz, leicht querrissig, die grossen Ocellenflecke gleich dem Clypeus und der Oberlippe honiggelb, über der letzteren zwei braune Flecke. Fühler schwarz, mit pechbraunem Basalgliede, Taster gelblich, mit schwarzem Endgliede. Pronotum trapezoidal, mit abgerundeten Seitenwinkeln, der flach abgesetzte und fast glatte Vorderrand in weiterer Ausdehnung, der Hinterrand nur schmal gelb gesäumt; die ganze Scheibe durch zwei von der Mitte ausgehende und nach vorn divergirende Eindrücke in ein kleineres dreieckiges Vorder- und ein grösseres querrissiges Hinterfeld getheilt, glänzend pechschwarz, mit fünf dicht bei einander stehenden rostgelben Flecken, von denen der mittlere linear und die beiden hinteren etwas grösser als die vorderen sind. Schildchen von dem mittleren Lappen des Pronotum fast ganz bedeckt. Deckflügel schwärzlich pechbraun, im Bereich des Anal- und auf dem vorderen Theil des Diskoidalfeldes gelb gerippt, das Randfeld, mit Ausnahme des schwarzen Costalsaumes, ganz wachsgelb. Hinterflügel sattbraun, gegen die Spitze hin mit glashell gesäumten Queradern; der Costalraum im mittleren Drittheil der Flügellänge hell ockergelb. Unterseite des Körpers nebst den Beinen blassgelb, an letzteren die Spitze der Schenkel und Schienen, die Dornen der letzteren sowie die Tarsen schwärzlich pechbraun; letztere Farbe zeigen auch die vier nahe der Basis stehenden Dornen an der Unterseite der Vorderschenkel.

Weibchen. Kurz und breit oval, im Bereich des Thorax stärker, nach hinten schwach gewölbt, oberhalb matt kohlschwarz, durchaus unbehaart, dicht und fein lederartig gerunzelt. Die ganze Gesichtsfläche bis zu den Augen hinauf glänzend schwarz, die Ocellenflecke sowie der Vorderrand des Clypeus und der Oberlippe rostgelb. Vorderrand des Pronotum im mittleren Drittheil ober- und unterhalb gelb gesäumt, Mesothorax jederseits am Hinterrande stark, der Metathorax dagegen nur schwach lappenartig ausgezogen; beide gleich den Hinterleibsringen beim ausgebildeten Weibchen oberhalb entweder ganz schwarz oder, wie bei der Larve, in vier Längsreihen rothgelb getüpfelt. Die Raife mit gelbem Spitzenfleck. Bauchseite nebst den Beinen glänzend schwarzbraun, die Hüftstücke etwas heller, theilweise gelbbraun. An den Vorderbeinen nur die Trochanteren und die Basis der Schienen, an den beiden hinteren Paaren ausserdem die Aussenkante der letzteren knochengelb. Dornen an den Vorderschenkeln zwischen drei und fünf schwankend. Die Bauchschienen bei der Imago jederseits mit zwei Reihen kleinerer rothgelber Flecke versehen; bei der Larve sind die am Aussenrande stehenden Flecke gross, die hinteren von der Form einer 8, die ausserdem noch vorhandenen, in vier Längsreihen angeordneten kleiner und rundlich, alle weisslich gelb.

Beide Geschlechter bei Endara, Ende Oktobers 1862 gefunden; ausserdem kommt die Art auch in Mosambik vor. Ein von letzterer Lokalität stammendes, noch nicht völlig ausgebildetes Weibchen ist von Schaum irrthümlich für *Heterogamia Aegyptiaca* angesehen und unter diesem Namen (a. a. O.) aufgeführt worden, ohne dass es mit dieser Art mehr als eine ungefähre Formähnlichkeit gemein hätte. Es ist mithin die *Heterogamia Aegyptiaca*, Fab. aus der Liste der Mosambiker Insekten zu streichen.

Panesthia, Serv.

Rev. méthod. d. Orthopt. (1831).

17. *Panesthia aethiops*, Stoll.

(1813) *Blatta aethiops*, Stoll, Represent. d. Blattes. p. 3. pl. 1d. Fig. 3.

(1831) *Panesthia Javanica*, Serville. Annal. d. scienc. natur. XXII. p. 11. — Hist. nat. d. Orthopt. p. 131. No. 1. pl. 3. Fig. 5.

(1838) *Panesthia affinis*, Burmeister, Handb. d. Entom. II. p. 513. No. 8
(1842) *Panesthia aethiops*, de Haan, Bijdrag. tot de kenn. der Orthoptera. p. 53.
(1865) *Panesthia Javanica*, Brunner, Nouv. syst. d. Blatt. p. 383. No. 2. Tab. XIII. Fig. 68.

An der Küste Sansibars im Frühjahr 1865 aufgefunden; ausserdem auch von Mabé vorliegend.

Fam. Mantodea, Burm.

Tarachodes, Burm.

Handb. d. Entom. II. p. 530 (1838).

Chiropacha, Charp. (1841).

18. *Tarachodes pantherina*, n. sp.

Taf. I. Fig. 5.

Supra pallide testacea, subtus crocea, nigro-maculata, prothorace latitudine dimidio longiore, alis hyalinis, flavo-fuscoque venosis, pedibus posterioribus flavo-nigroque variis. Long. corp. 36, c. alis 40 mill. ♂.

Kopf wie bei *Tarach. (Chiropacha) gilva*, Charp. gestaltet, blassgelb; Fühler tief schwarz, mit hellgelbem ersten und orangefarbenem zweiten Gliede. Die Spitze der gelben Mandibeln und die Basis der beiden vorletzten Tasterglieder gleichfalls tief schwarz. Prothorax beträchtlich kürzer als bei *Tar. gilva*, nur um die Hälfte länger als breit, vorn stumpf abgerundet, gegen die Basis hin beiderseits schräg abgestutzt und in der Mitte derselben schwielig aufgetrieben, hinter dem aufgebogenen Vorderrand aufgewulstet und vor der Mitte dreimal quer eingedrückt; durchaus glatt und glänzend, oberhalb blass knochengelb, unterhalb rothgelb, mit grossem, tief schwarzen Mittelfleck. Meso- und Metathorax unterhalb von gleicher Farbe, aber mit zwei kleinen, rundlichen, getrennten schwarzen Flecken. Vorder- und Hinterflügel von gleicher Consistenz, glasartig durchsichtig, mit gelben Längs- und schwarzbraunen, nur theilweise gelb gefleckten Queradern; die Haupt-Längsader zwischen Rand- und Diskoidalfeld auf gelbem Grunde schwarz getüpfelt. Vorderbeine aussen blass knochengelb, innerhalb intensiv orangefarben; ausserhalb einige Punkte der Hüfte, zwei Flecke auf der Mitte des sehr breiten Schenkels, drei bis vier Punkte des Metatarsus und die Spitze der übrigen Tarsenglieder tief dintenschwarz. Von gleicher Farbe innerhalb neun bis zehn grössere Flecke auf der Hüfte und drei bis vier vor der Mitte des Schenkels. Die Bewehrung der letzteren wie bei *Tar. gilva*, Hüften ungedornt. Die beiden hinteren Beinpaare mit orangegelber Hüfte und Schenkelbasis, im Uebrigen blasser gelb und überall schwarz getigert. Hinterleib rostfarben mit dunklerer Basis; Raife pechbraun, mit lichter Spitze, zwölfgliedrig.

Ein einzelnes Männchen dieser Art wurde bei Endara Ende Oktobers 1862 erbeutet.

19. *Tarachodes modesta*, n. sp.

Testacea, antennis pedibusque concoloribus, alis infuscatis, testaceo-nigroque venosis: prothorace latitudine plus dupla longiore, simplice. Long. corp. 23, c. alis 28 mill. ♂.

Kopf wie bei der vorhergehenden Art gestaltet, mit Einschluss der Fühler und Taster einfarbig blassgelb. Prothorax um mehr denn das Doppelte so lang als breit, mit leicht aufgebogenem gerundeten Vorderrande und doppelt gebuchteten Seitenrändern, gegen die Basis hin beträchtlich verengt; Oberfläche glatt, mit vier leichten Quereindrücken und sehr verloschener grauer Fleckung. Beide Flügelpaare bräunlich getrübt, mit gelben Längs- und schwarzbraunen Queradern; das schmale Randfeld der Vorderflügel durchaus gelb geadert. Beine von Körperfarbe, die vorderen an der Aussenseite der Schenkel und der Schiene verloschen graufleckig, die Tarsenglieder aller drei Paare mit schwärzlichem Spitzenfleck.

Ein männliches Exemplar von Wanga (1863).

Mantis, Lin.

20. *Mantis religiosa*, Lin.

Mantis religiosa, Linné, Syst. nat. p. 690. No. 6. — Panzer, Faun. Insect. Germ. 50. 8. — Roesel, Insektenbelust. IV. p. 69. Taf. 12. — Burmeister, Handb. d. Entom. II. p. 537. No. 26. — Serville, Hist. nat. d. Orthopt. p. 183. No. 25. — Fischer, Orthopt. Europ. p. 129. No. 5. Tab. VIII. Fig. 1.

Var. major.

Mantis pia, Serville, Hist. nat. d. Orthopt. p. 183. No. 24.

Ein (Mitte Septembers 1862) bei Mombas gefangenes weibliches Exemplar, welches vom Kopf bis zur Flügelspitze 88 Mill. misst, lässt, abgesehen von seiner beträchtlichen Grösse, keinerlei Unterschiede von der europäischen *Mantis religiosa* erkennen. Gleich starke Exemplare liegen übrigens auch vom Kap (Krebs in Mus. Berol.) vor. Dass auf solche die Serville'sche *Mantis pia* begründet ist, scheint die Beschreibung, welche Unterschiede von *Mant. religiosa* nicht hervorhebt, zu ergeben.

21. *Mantis (Polyspilota) variegata*, Oliv.

(1787) *Mante bigarrée*, Stoll, Représent. d. Mantes. p. 34. pl. XI. Fig. 41 (♀).
(1792) *Mantis variegata*, Olivier, Encycl. méthod. VII. p. 638. No. 60 (♀). — Palisot de Beauvois, Insect. recueill. en Afrique, Orthopt. pl. XII. Fig. 4.
(1797) *Mantis adspersa*, Lichtenstein, Transact. Linnean soc. of London. VI. p. 30. No. 30 (♀).
(1815) *Mantis striata*, Stoll, Index. p. 78. No. 20.
(1838) *Mantis variegata*, *Burmeister, Handb. d. Entom. II. p. 534. No. 21 (♀).
Mantis varia, *Illiger in Mus. Berol. — *Burmeister, Handb. d. Entom. II. p. 534. No. 20 (♂).
(1839) *Mantis variegata*, Serville, Hist. nat. d. Orthopt. p. 167. No. 15 (♂ ♀).

Beide Geschlechter von der Insel Sansibar vorliegend. — Die Deckflügel sind vielfachen Farbenabänderungen unterworfen, indem sie bald, wie in der Stoll'schen Figur, mit Einschluss des Randfeldes durchgehends braun gesprenkelt, bald, mit Ausnahme der dunklen Subcostalflecke, grün gefärbt sind. Bei anderen Individuen vertheilen sich beide Farben in der Weise, dass das Randfeld grün, der übrige Theil der Deckflügel bräunlich erscheint. Die Vorderrandsflecke der Hinterflügel sind im Leben und bei wohl erhaltenen Exemplaren tief karminroth gefärbt.

22. *Mantis (Stagmatoptera?) Kersteni*, n. sp.

Laete viridis, prothorace breviore, lanceolato, vix carinato, flavo-limbato, elytris macula subcostali obliqua testacea signatis, area anali fere vitrea. Long. tot. 69—78, prothoracis 17½—19 mill. ♂.

Dem Männchen der *Mant. (Stagmatoptera) biocellata*, Burm. (Handb. d. Entom. II. p. 537. No. 34) in Grösse und Färbung sehr ähnlich, aber durch den kürzeren, hinter der Coxal-Erweiterung weniger eingeschnürten Prothorax; das viel breitere und mit deutlichen Queradern durchzogene Randfeld der Deckflügel, die Form und Färbung des hellen Fleckes auf denselben u. s. w. abweichend. — Kopf wie bei der genannten Art gestaltet, die Fühler nur an der Basis rostgelb, im Uebrigen braun, gegen die Spitze hin dunkler werdend. Prothorax beträchtlich kürzer, stumpf lanzettlich, nach hinten ganz allmählich und in leicht geschwungenem Bogen verengt, der stumpfe Mittelkiel nach hinten ganz verschwindend, der gelb gefärbte Seitenrand nur am vorderen Theile der Erweiterung schwach crenulirt. Deckflügel längs der äusseren Hälfte licht spangrün, innerhalb fast farblos, durchsichtig; am Ende des vorderen Drittheils steht ein schräger, die Längsrippe nur mit seiner hinteren Spitze berührender, blass- oder rothgelb gefärbter, zuweilen braun gerandeter Hornfleck, welcher demjenigen der *Mant. biocellata* an Grösse etwas nachsteht. Auf dem an der Basis bauchig erweiterten Randfelde treten bis zur hinteren Grenze jenes Hornfleckes etwa elf bis zwölf rippenartig erhabene Queradern hervor, welche sich von dem zwischen ihnen liegenden netzartigen Geäder deutlich absetzen. Auf dem Innenfelde ist das die Längsadern verbindende Netzwerk sehr viel dichter als bei *Mant. biocellata*, so dass sich zwischen je zwei Längsadern der Quere nach oft fünf bis sieben Zellen zählen lassen. Hinterflügel von gleicher Färbung wie bei jener Art, der Vorderrand jedoch etwas ausgedehnter grün; Bewehrung der Vorderbeine nicht verschieden. Die Lamina subgenitalis des Männchens nach hinten stärker verengt und daher mehr zugespitzt erscheinend.

Die von Stål (Oefvers. Vetensk. Akad. Förhandl. XV. p. 308. No. 3) aufgestellte *Mantis gastrica* scheint der vorstehenden Art nahe verwandt zu sein, würde sich aber schon durch den von der Basis bis über die Mitte hinaus gleich breiten Prothorax unterscheiden. Ueber die Aderung des Randfeldes, die Richtung des hellen Hornfleckes der Deckflügel und andere wesentlichere Merkmale sind nähere Angaben nicht gemacht worden.

Auf Sansibar im Januar und April angetroffen. — Beim Mangel von Weibchen lässt sich nicht entscheiden, ob die Art zur Gruppe *Stagmatoptera* oder *Hierodula*, Burm. gehört.

23. *Mantis (Photina) agrionina*, n. sp.

Capite prothorace fere ter latiore, antice profunde excavato, oculis subpetiolatis: rufo-ferruginea, nitida, femoribus fusco-variis, elytris alisque flavescenti-pellucidis, illis lituris tribus submarginalibus, his areae costalis apice fuscis. Long. (c. alis) 41 mill. ♂.

Kopf gleich dem übrigen Körper glänzend rostfarben, mit tief ausgehöhlter Gesichtsfläche und nach Art der Agrionen stark hervortretenden Augen; eine Querlinie dicht über dem Ocellenhöcker, eine kürzere unterhalb desselben, der Unterrand der Augen, die Spitze der Mandibeln und der Taster tief schwarz. Ocellen sehr gross, auf drei dicht aneinander gedrängten, kugligen Wülsten liegend. Fühler von mehr als halber Körperlänge, bis gegen die Mitte hin rostfarben, sodann pechbraun. Prothorax 12 Mill. lang, zwischen Basis und Mitte am schmalsten, die Hüftenerweiterung stumpfwinklig, der durch einen tiefen Quereindruck abgesetzte vordere Theil stumpf abgerundet, seitlich sparsam und kurz gedornt, oberhalb stark gewölbt und leicht tuberkulirt, nach hinten bis über den Quereindruck hinaus tief längsgefurcht. Deckflügel gleich den hinteren glasartig durchsichtig, mit gelblichem Anfluge und vorwiegend licht rostgelbem Geäder; Randfeld schmal, nur einfach queradrig, Diskoidalfeld mit einem grossen, der Hauptrippe nach innen anliegenden Basalfleck von schwarzbrauner Färbung und zwei ebensolchen kleineren Makeln vor der Mitte und nahe der Spitze; alle drei vorwiegend durch dunkle Färbung der Queradern hervorgerufen. Hinterflügel mit drei Reihen brauner Queradern zunächst dem Randfelde, welches vor der Spitze einen langgestreckten, Stigma-artigen braunen Fleck erkennen lässt. Vorderhüften mit gesägtem Hinter- und sparsam gezahnten Vorderrand, innerhalb dunkler, fast pechbraun; Vorderschenkel unterhalb licht gelb, übrigens rostfarben, mit einer Andeutung von drei schwärzlichen Querbinden. An den hinteren Beinen die Hüften und Schenkel kastanienbraun, die Schienen und Tarsen licht gelb, letztere mit schwärzlicher Spitze der einzelnen Glieder. Unterseite des Hinterleibs mit einer Reihe schwarzer Punkte längs des Hinterrandes der einzelnen Ringe.

Ein männliches Exemplar von Mombas (September 1862).

24. *Mantis vincta*, n. sp.

Taf. I. Fig. 6.

Sordide testacea, elytris alisque abbreviatis, illis nigro-bifasciatis, his saturate fuscis, cyaneo-micantibus, coxis anticis femoribusque omnibus fusco-annulatis. Long. corp. 49—60 mill. ♀.

Var. a. *Elytris area marginali excepta totis cinereo-fuscis.*

Durch die Form des Prothorax, die verkürzten Deck- und Hinterflügel, sowie durch Colorit und Zeichnung am meisten an *Mant. brachyptera*, Pall. (*baetica*, Ramb.) erinnernd, jedoch auch von dieser Art durch breiteren Kopf, die des Augenfleckes entbehrenden Hinterflügel und die in allen Theilen kürzeren und kräftigeren Beine habituell nicht unwesentlich abweichend. — Kopf mit Einschluss der Augen fast doppelt so breit als der Prothorax an seiner weitesten Stelle, vordere Scheitelfläche breit und deutlich ausgehöhlt, nahe dem Innenrand der Augen tief eingedrückt; Ocellen auffallend klein und weit von einander entfernt. Untergesicht durch einen fast gerade verlaufenden Querwulst von der Fühlergegend getrennt, gleich dem Clypeus kurz und quer. Die ganze Gesichtsfläche meist lichter als der übrige Körper, fast weisslich, mit schwarz gefärbten Quereindrücken oberhalb der Ocellen, beiderseits von den Fühlern und auf der Grenze von Stirn und Clypeus. Fühler fein, haarförmig, ziemlich kurz, gelblich, gegen die Spitze hin pechbraun. Prothorax gleich dem übrigen Körper blass scherbengelb, 20 bis 22 Mill. lang, etwas länger als die Deckflügel, von der Basis bis über die Mitte hinaus gleich breit, dann winklig erweitert, an der Spitze stumpf abgerundet; der Vorderrand etwas verdickt und aufgebogen, die Seitenränder mit stumpfen, zapfenförmigen schwarzen Dornen besetzt, welche an dem erweiterten Theil stärker und zahlreicher, nach hinten allmählich kleiner und sparsamer sind. Seine Oberfläche vor dem Quereindruck stärker gewölbt und mit starken warzenförmigen Höckern besetzt, hinter demselben zuerst der Länge nach gefurcht, gegen die Basis hin stumpf gekielt. Deckflügel licht scherbengelb, das Randfeld schmal, das Diskoidalfeld mit zwei grossen dunklen Flecken, von denen der die Basis einnehmende lichter graubraun, der vor der Spitze stehende dreieckige und eine Art Querbinde darstellende sehr viel tiefer, fast dintenschwarz gefärbt ist; das Analfeld gleich dem vor ihm liegenden Basalfleck graubraun. Hinterflügel kürzer als die vorderen, nur 17 Mill. lang, fast 15 Mill. breit, mit Ausnahme des etwas lichteren Vorderrandes satt rauchbraun, das Vorderfeld sogar schwärzlich, mit stahlblauem Schimmer; die äusserste Spitze des letzteren lichter braun, das Hinterfeld gegen die Peripherie hin durch lichte Umsäumung der Queradern immer deutlicher gewässert. Die Vorderkante der Vorderhüften mit fünf stärkeren und dazwischen stehenden schwächeren Dornen bewehrt, die Hinterfläche mit zerstreuten Tuberkeln besetzt, welche an der Innenkante zahnförmig werden; an der Innenseite ein schräg verlaufender schwarzer Basalfleck, an der Aussenfläche — gleich wie an den Schenkeln — die Anfänge von drei graubraunen Querbinden. Bewehrung der vorderen Schenkel und Schienen ohne Besonderheiten. An den beiden hinteren Beinpaaren die Schienen etwas länger als die Schenkel, diese kräftig, mit drei breiten bräunlichen Ringen, welche nur schmale gelbe Bänder zwischen sich frei lassen. Die beiden ersten Hinterleibsringe mit gebräuntem Endsaum, der dritte und vierte ebenda braun getüpfelt, die beiden letzten (8. und 9.) Dorsalringe stark verkürzt. Lamina supraanalis stumpf dreieckig.

Bei der var. a. sind die Deckflügel, mit Ausnahme des Randfeldes, welches die scherbengelbe Färbung beibehält, gleichmässig graubraun gefärbt. Einen Uebergang zu derselben vermittelt eines der vorliegenden Exemplare, bei welchem die beiden Flecke der Deckflügel näher aneinander rücken und gleich dunkel gefärbt sind.

Die Art ist über das ganze Gebiet verbreitet, da sie während der Monate Oktober bis December 1862 zwischen Mombas und Wanga, am See Jipe und zwischen Endara und Kiriama angetroffen wurde. Es liegen jedoch nur Weibchen, diese aber im Imago- und Larvenstadium, vor.

Anmerkung. Trotz der auffallenden Form-, Färbungs- und Zeichnungs-Unterschiede, welche zwischen der vorstehend beschriebenen Art und *Mant. agriodes* vorhanden sind, wäre es immerhin nicht undenkbar, dass beide als Männchen und Weibchen einer und derselben Art angehörten. Für diesen Fall würde der Name *Mantis cincta* für dieselbe einzutreten haben.

25. *Mantis (Danuria?) superciliaris*, n. sp.

Taf. I. Fig. 7 und 7a, b.

Sublinearis, sordide testacea, vertice utrinque conico-elevato, prothorace carinato, supra et lateribus tuberculato, coxis anticis lamina apicali quadridentata instructis, femoribus intermediis ante apicem foliaceo-dilatatis. Long. corp. 64, prothoracis 28 mill. ♀ nymph.

Es liegt nur ein weibliches Exemplar im Nymphenzustand mit noch nicht entwickelten Flügeln vor; doch ist die Art bei ihren plastischen Eigenthümlichkeiten auch nach einem solchen genügend zu charakterisiren. — Von den beiden die Augen überragenden, spitz kegelförmigen Höckern setzt sich der mittlere Theil des Scheitels, welcher fast quer abgestutzt ist, durch eine tiefe Furche jederseits scharf ab; derselbe ist gleich jenen trübe rostfarben und mit warzenförmigen, schwarzen Punkten besetzt. Stirn etwas dunkler, mehr rostroth, gleichfalls mit schwarzen Punkten und Ocellenhöckern. Ocellen punktförmig, in Form eines niedrigen Dreiecks angeordnet. Taster rostgelb, das Endglied beider Paare innen mit schwarzem Fleck. Fühler nur von 1½ Kopflänge, blassgelb, mit rostfarbener Basis. Prothorax dreimal so lang als Meso- und Metathorax zusammengenommen (28 Mill.), von der Basis bis zum vordersten Drittheil gleich breit, über den Hüften schwach winklig erweitert, von da nach vorn wieder verengt und an der Spitze abgerundet; längs der Mittellinie vor dem Quereindruck gefurcht, hinter demselben scharf gekielt, der vordere Theil oberhalb und an den Seitenrändern mit schwarzen Höckern besetzt, von welchen die beiden dem Quereindruck entsprechenden besonders gross und zahnartig gestaltet sind. Meso- und Metathorax zerstreut schwarz punktirt, die Flügel beider noch unentwickelt und stummelartig. Beine schmutzig gelb und grau marmorirt, die Schenkel mit undeutlicher Querbinden-Zeichnung. Vorderhüften auf der Innenkante der Vorderseite mit fünf schwarzen Punkten, abgesehen von der schneidenförmigen Lamelle ihres unteren Endes, welche mit vier längeren und einigen kürzeren Randzähnen besetzt ist, unbewehrt; ihr Vorderrand deutlich ausgebuchtet. Vorderschenkel 2½ mal so lang als die Schienen, Vordertarsen, abweichend von den übrigen, licht gelb. Mittelschenkel kurz vor der Spitze mit kleiner, blattartiger Ausbreitung ihrer oberen Kante und mit einer etwas grösseren an der äusseren der beiden unteren Leisten; letztere zu einem scharfen, gegen das Knie hervortretenden Zahn ausgezackt. Die Fangzähne der Vorderschenkel und Vorderschienen, die Endsporen der übrigen Schienen so wie die Fussklauen licht gelb, mit schwarzbrauner Spitze. Von den Hinterleibsringen der vierte am längsten, mehr denn viermal so lang als der erste, der dritte und fünfte nur wenig kürzer als der vierte. Die Lamina subgenitalis hinten bis auf mehr als ein Drittheil der Länge eingeschlitzt, die beiden dadurch entstehenden Lappen spitz eiförmig; Raife kurz und dick, zapfenförmig, nur an der Spitze deutlich gegliedert.

Bei Wanga im Oktober 1862 gefangen.

26. *Mantis (Danuria?) galeata*, n. sp.

Linearis, obscure testacea vel fusco-cinerea, opaca, vertice utrinque acuto, prothorace apicem versus angustato, supra tricarinato, marginibus subtiliter crenulatis, coxis anticis femoribusque omnibus simplicibus.

♂. *Alis completis, griseis, anticis basin versus leviter infuscatis.* Long. 29 mill.

♀ (*nympha?*). *Aptera, abdominis dorso multicarinato, carina media interrupte dentato-elevata.* Long. 39—41 mill.

Mantis filum (Lichtenst.?). *Charpentier, in Germar's Zeitschr. f. d. Entom. V. p. 289.

Der Körper ist schmutzig graugelb oder graubraun, die Oberfläche des Kopfes, Thorax und der Beine matt und durch zahlreiche, sehr kleine erhabene Körnchen rauh erscheinend. Kopf schwärzlich marmorirt, der Scheitel jederseits über den Augen stumpf kegelförmig erhöht, in der Mitte quer abgestutzt; Fühler schwärzlich, mit gelben Basalgliedern. Prothorax bis über die Mitte hinaus gleich breit, nahe dem vorderen Drittheil schwach stumpfwinklig erweitert, gegen die Spitze hin allmählich, aber ziemlich stark verschmälert; die Seitenränder ihrer ganzen Länge nach fein crenulirt, die Oberfläche vor dem Quereindruck mit mittlerer Längsfurche, auf der grösseren hinteren Hälfte mit einem mittleren und zwei seitlichen Längskielen, letztere nach vorn verdoppelt erscheinend. Vorderhüften langgestreckt, linear, unbewehrt, Vorderschenkel sehr schlank, mehr denn dreimal so lang als die schwachen Schienen, an der Aussenseite nur mit vier scharfen Zähnen bewehrt; der vorletzte an ihrer Innenseite sehr lang. Mittel- und Hinterbeine sehr lang und dünn, einfach. Die Raife kurz und dick, zapfenförmig, die Hinterleibsspitze nicht überragend, undeutlich achtgliedrig.

Beim Männchen sind die Ocellen sehr gross und dicht aneinandergerückt (die Fühler abgebrochen), der Prothorax nicht ganz doppelt so lang als Meso- und Metathorax zusammengenommen. Die Vorderflügel schmal, linear, blass gelblich grau, mit glashellem Analfelde und deutlicher, streifenartiger Bräunung der Basalhälfte des Vorderrandes. Hinterflügel fast milchweiss, mit sehr leichter Bräunung an der Spitze des Randfeldes; Längsadern gelbbraun, Queradern weisslich. Beide Flügelpaare fast gleich lang, die vorderen zurückgeschlagen das letzte Hinterleibssegment frei lassend. Hinterleib oberhalb glatt und glänzend, olivenbraun, nur hinten matt und schwärzlich marmorirt. Die Spitze der Lamina supraanalis und die Raife gleich der Bauchseite und Brust blass knochengelb.

Beim Weibchen sind die Ocellen sehr klein, punktförmig, weit von einander entfernt und fast in einer Querreihe liegend, die Fühler dünn fadenförmig, nicht viel länger als der Kopf. Der Prothorax mehr denn doppelt so lang als Meso- und Metathorax zusammengenommen, die Oberfläche dichter gekörnt, die Ränder stärker crenulirt. An den beiden hinteren Thoraxringen sind die Flügelrudimente unter der Hautdecke deutlich erkennbar. Die Rückenseite des Hinterleibes ist gleich derjenigen des Vorderkörpers matt und rauh, auch von gleicher Färbung, der ganzen Länge nach von sieben bis neun parallelen Kielen durchzogen, von denen der in der Mittellinie verlaufende sich am Hinterrande der einzelnen Ringe in Form eines scharfen, aufgerichteten, mit der Spitze nach rückwärts gekehrten Zahnes erhebt. Die Lamina supraanalis, die Raife so wie die Bauchseite sind lichter, mehr gelblich oder lederbraun gefärbt, letztere schwärzlich getüpfelt und gleich der Brust glatt.

Zwei Weibchen vom See Jipe. — Neben denselben haben zum Vergleich vorgelegen ein Weibchen aus dem Kafferlande (Drege in Mus. Berol.) und ein Pärchen aus der ehemals Charpentier'schen Sammlung vom Kap, welches vom Verf. a. a. O. fraglicher, aber offenbar irriger Weise auf die südamerikanische *Mantis filum*, Licht. bezogen worden ist. Wiewohl zwei der vorliegenden weiblichen Exemplare den Eindruck geschlechtlich entwickelter Individuen hervorrufen, wäre es immerhin nicht unmöglich, dass sie sich noch im Nymphenstadium befänden und nach der Häutung Flügel producirten.

Pyrgomantis, nov. gen.

Caput elongatum, acuminatum. Antennae breves, in utroque sexu setaceae. Oculi oblongi, haud prominentes. Ocelli maris permagni, feminae minuti, inferior inter antennarum ortum situs. Prothorax oblongus, subparallelus, capite paullo brevior. Elytra et alae hyalina. Pedes breviusculi, simplices. Abdomen lineare.

Eine höchst merkwürdige Gattung, welche gewissermassen *Conocephalus* unter den Locustinen, oder *Truxalis* und *Proscopia* unter den Acridiern repräsentirt.

Von *Phyllocrania*, Burm., an welche Gattung sie durch die Form des Kopfes und die Stellung der Augen noch am meisten erinnert, weicht sie in allen übrigen Merkmalen, wie besonders durch die Anordnung der Ocellen, die Bildung der Flügel, der Beine und des Hinterleibes, auf das Wesentlichste ab. Der Scheitel ist in Form eines lang angespitzten, gleichschenkligen Dreiecks ausgezogen, so dass er die Länge des — allerdings nur mässig gestreckten — Prothorax noch etwas übertrifft. Die länglich eiförmigen Augen treten seitlich nicht aus der Kopflinie heraus und erscheinen oberhalb wie in einen Ring gefasst, welcher sich vom Scheitel durch eine feine, aber tiefe Furche absetzt. Die kurzen, borstenförmigen Fühler entspringen etwas vor der Mitte der Augenlänge und schliessen zwischen sich das untere der drei Scheitelaugen ein, während die paarigen unmittelbar über ihrem Ursprung liegen. Dieselben sind beim Männchen sehr gross, beim Weibchen punktförmig, besonders das untere seiner Kleinheit halber schwer wahrnehmbar. Der Prothorax ist vorn abgerundet, bis gegen die Mitte seiner Länge hin fast gleich breit, nach hinten allmählich verschmälert, aber nicht eingeschnürt. Die beiden Flügelpaare sind — wenigstens beim Männchen — schmal, sehr zarthäutig, sparsam geadert, glasartig durchsichtig. Die drei Beinpaare verhältnissmässig kurz, die beiden hinteren in allen Theilen einfach, linear. Vorderhüften ganz unbewehrt, um die Hälfte kürzer als die Schenkel, diese nebst den Schienen in gewöhnlicher Weise bewehrt. Hinterleib linear.

27. *Pyrgomantis singularis*, n. sp.

Taf. I. Fig. 8 und 8a.

Elongata, sordide testacea, verticis processu pedibusque subtiliter fusco-conspersis.
Long. capit. et prothor. unit. 16 mill. ♀.

Es liegt nur ein einzelnes, bei dem Mangel von Flugorganen vermuthlich noch im Larvenzustande befindliches Weibchen vor, dessen Hinterleib verstümmelt ist (die obigen Angaben über das männliche Geschlecht sind einer zweiten Art unbekannten Fundortes entlehnt). Dasselbe misst bis zum Ende des fünften Abdominalringes 34, bis zur Spitze des Metathorax 16 Mill. Der Kopf allein, vom Vorderrande des Mundes bis zur Scheitelspitze gemessen, beträgt 11 Mill. in der Länge bei $2\frac{1}{3}$ Mill. in der grössten Breite. Die verlängerte obere Scheitelfläche liegt in der Ebene des Prothorax; nach hinten macht sich eine feine, vertiefte Mittellinie bemerkbar, welche gegen die Spitze hin einer leichten Wölbung der Oberfläche weicht. Die stumpfe und etwas dicke Spitze des Scheitels setzt sich auf die Unterseite als ein bis zu den Fühlern reichender mittlerer Längswulst fort, welcher jederseits von einer flachen Rinne begleitet wird. Der Prothorax ist durchgehends in der Mittellinie gefurcht, nach hinten jedoch beträchtlich tiefer, die Seitenränder sperrig und fein gezähnelt. Die hinteren Beinpaare sind in ihrer ganzen Ausdehnung auf gelblichem Grunde fein braun getüpfelt, die Vorderbeine wenigstens längs der oberen Kante der Hüften und Schenkel so wie an der Aussenfläche der Schienen; alle Dornen an denselben licht gelb, mit pechbrauner Spitze.

Das vorliegende weibliche Exemplar wurde zwischen Mombas und Wanga im Oktober 1862 erlangt.

Fam. **Phasmodea**, Burm.

Bacillus, (Latr.), Burm.

Handb. d. Entom. II. p. 561.

28. *Bacillus leprosus*, n. sp.

Fusco-cinereus, capite prothoraceque albo-variis, hoc longitudinaliter sulcato et utrinque rugoloso, meso- et metathorace quinquecostulatis, costis externis altius, interstitiis intermediis duplici tuberculatis: pedibus compressis, costulatis, inermibus. Long. corp. 43 mill.

Fühler kaum von Kopflänge, mit sehr grossem, länglich ovalem, abgeplattetem Basalgliede; dieses und das folgende lichter braun als die Geissel. Kopf doppelt so lang als breit, hinter den verhältnissmässig kleinen Augen jederseits längsgefurcht, an der Innenseite derselben schwielig aufgewulstet, unterhalb fast rein weiss, seitlich und oben auf gleichem Grunde blass graubraun gestreift und marmorirt. Prothorax nur wenig länger als breit, beiderseits von der feinen Mittelfurche mit gerunzelten Längswülsten versehen, weisslich und licht graubraun gescheckt. Mesothorax etwa um $\frac{1}{4}$ länger als der Metathorax, beide gleich dem Hinterleib und den Beinen von der Farbe dürren Holzes, auf graubraunem Grunde fein schwärzlich getüpfelt. Die Rückenseite der beiden hinteren Thoraxringe von fünf parallelen Längsrippen durchzogen, deren äussere schärfer ausgeprägt und in mässigen Zwischenräumen mit warzenförmigen Höckern besetzt sind; auch die beiden mittleren Interstitien dieser Längsrippen sind auf dem Metathorax, wiewohl sehr viel schwächer, tuberkulirt. Mittel- und Hinterbeine von mässiger Länge, ihre Schenkel und Schienen flachgedrückt und gerippt, beide vollständig unbewehrt. Am Hinterleib sind das 3. bis 6. Segment am längsten, das 8. um die Hälfte kürzer als das 7. und um $\frac{1}{3}$ kürzer als das verschmälerte 9.; die Lamina subgenitalis klein, zweizipflig.

Ein einzelnes, noch im Larvenzustand befindliches Weibchen wurde im Oktober 1862 zwischen Mombas und Wanga aufgefunden.

Fam. **Gryllodea**, Burm.

Gryllotalpa, Latr.

Gen. Crust. et Insect. III. p. 95.

29. *Gryllotalpa debilis*, n. sp.

Taf. I. Fig. 13.

Fusco-cinerea, ventre, palpis, elytris pedibusque posterioribus infra albidis: elytrorum areis mediis ♂ ampliatis. Long. 21 mill. ♂.

Die kleinste bis jetzt bekannt gewordene Art der Gattung, noch etwas kürzer als die kapensische *Gryll. minuta*, *Burm. (Handb. d. Entom. II. p. 740. No. 5); mit dieser übrigens durch die vierzähnigen Vorder- und die gedornten Hinterschienen in eine und dieselbe Gruppe gehörend. — Kopf oberhalb etwas dunkler graubraun als der übrige Körper, das Basalglied der licht braunen Fühler, die Oberlippe und die Taster blassgelb, letztere mit fast weisser Spitze. Oberkiefer gegen die Spitze hin schwärzlich pechbraun. Prothorax auf licht braunem Grunde graufilzig, matt, die gewöhnliche narbenartige Vertiefung längs der Mittellinie glänzend. Deckflügel des Männchens sehr blass gelblich grau, die Basis des Randfeldes und das Diskoidalfeld fast mehlweiss, die Hauptlängsadern und die Paralleladern des Randfeldes pechbraun. Die den Stimmapparat bildenden vier nebeneinander liegenden Zellen des Diskoidalfeldes wie bei *Gryll. Capensis*, Mus. Berol. (*Gryll. Africanus*, Palis.?, Serv.?) stark verlängert, die drei äusseren aber fast um ein Drittheil breiter und daher der ganze Deckflügel beträchtlich stärker erweitert. Hinterflügel in gewöhnlicher Weise entwickelt und gefärbt. Beine ober- und ausserhalb von der Farbe des Rückens, innen und unterhalb gleich der Bauchseite weisslich gelb; Endsporen der Mittelschienen schwärzlich pechbraun, diejenigen der Hinterschienen lichter gefärbt. An der Rückseite der Hinterschienen zwei kürzere weissliche Dornen unterhalb der Mitte, zwei längere und stärkere vor der Spitze.

Ein einzelnes männliches Exemplar von der Sansibar-Küste.

Phalangopsis, Serv.

Rev. méth. d. Orthopt. (1831).

Homoeogryllus Guér. (1848).

30. *Phalangopsis xanthographa*, Guér.

Homoeogryllus xanthographus, Guérin in: Lefebvre, Voyage en Abyssinie. VI. p. 336. Insectes pl. 6. Fig. 2.

Es liegen von dieser ausgezeichneten Art nur der Torso eines Männchens und eine weibliche Larve vor. An letzterer ist ersichtlich, dass die von Guérin seiner Gattung *Homoeogryllus* zugeschriebenen Ocellen in Wirklichkeit nicht vorhanden, so wie, dass die Kiefertaster nicht kurz, sondern im Gegentheil auffallend lang sind. Was Guérin als Kiefertaster beschreibt, sind die Lippentaster; jene sind, wie es Serville für *Phalangopsis* richtig hervorhebt, durch drei sehr verlängerte, fast gleich grosse Endglieder, deren letztes an der Spitze etwas beilförmig erweitert ist, ausgezeichnet.

Beim Weibchen ist der Kopf ebenso gezeichnet, wie es Guérin für das Männchen angibt; dagegen treten auf dem Prothorax die gelben Fleckenzeichnungen in weiterer Ausdehnung, fast bis gegen die Basis hin auf. Auch die beim Männchen in die Augen fallende Erweiterung des Prothorax nach hinten und die tiefe quere Einsattelung der Mitte kommen beim Weibchen in Wegfall; an Stelle der letzteren findet sich nur ein schwacher Quereindruck. Die Hinterschienen sind in Uebereinstimmung mit Serville's Gattungs-Charakteristik ausserhalb fein sägeartig gezähnt und im Bereich des unteren Drittheils mit drei Paaren mässig langer Dornen bewehrt.

Bei Endara, Ende Oktobers 1862 aufgefunden.

Gryllus, (Lin.), Latr.

Gen. Crust. et Insect. III. p. 98.

31. *Gryllus physomerus*, n. sp.

Apterus, fulvus, opacus, pubescens, fronte genisque (albidis) glabris, nitidis, fasciis duabus verticis nigro-piceis, meso- et metathorace fuscis, flavo-limbatis; femoribus posticis inflatis, apice nigris, tibiis posticis spinarum paribus sex, anticis tympano nullo. Long. corp. 14, usque ad femor. postic. apicem 20 mill. ♂.

Dem *Gryllus teres*, *Schaum (Insekt. v. Mossamb. p. 118. Taf. 7. Fig. 6) in Form und Färbung äusserst ähnlich, aber bei näherem Vergleich durch eine Reihe zum Theil selbst auffallender plastischer Merkmale abweichend. Fühler gleich von der Basis aus blass gelblich braun, beide Tasterpaare nicht strohgelb, sondern rostfarben. Oberlippe leicht gebräunt, die Backen und der unterhalb der Fühlerinsertion liegende Theil der Stirn elfenbeinweiss, glatt und glänzend, der Scheitel unmittelbar über den Fühlern mit einer hufeisenförmigen, nach vorn geöffneten und am Oberrand der Augen mit einer zweiten, in der Mitte unterbrochenen Querbinde von schwarzbrauner Farbe. Der Sattelfleck auf der Scheibe des Prothorax dunkler als bei *Gryll. teres*, mehr lederbraun, seitlich nicht verschmälert, sondern schräg abgestutzt und in weiterer Entfernung vom Seitenrande endigend. Die beiden hinteren Thoraxringe matt pechbraun, mit scharf abgesetztem gelben Hintersaume; Flügelstummel äusserst kurz, schwärzlich, rostfarben gesäumt. An den Vorderschienen fehlt das Tympanum vollständig, während es bei *Gryll. teres*, in dessen Beschreibung seiner keine Erwähnung geschieht, zwar nur halb so gross als bei *Gryll. domesticus* ist, aber durch die milchweisse Membran leicht in die Augen fällt. Die Hinterschenkel sind ebenso stark aufgetrieben, aber etwas kürzer und nach hinten weniger verschmälert, die braune Streifung ihrer Aussenseite dunkler, die Kniee dintenschwarz. Die Rückseite der Hinterschienen ist nicht wie bei *Gryll. teres* mit vier, sondern mit sechs Paaren von Dornen bewehrt; die schwarzen Dornspitzen auf der Oberseite des gefurchten Metatarsus sind bei weitem schwächer als bei jener Art und nur zu vier Paaren vorhanden. Der Hinterleib ist schwärzlichbraun mit gelblicher Fleckenbinde beiderseits von der Mittellinie; die männlichen Raife rothbraun mit pechschwarzer Spitze.

Ein einzelnes Männchen vom See Jipe (Mitte Decembers 1862).

32. *Gryllus bimaculatus*, de Geer.

(1773) *Gryllus bimaculatus*, de Geer, Mémoires. III. p. 521. pl. 43. Fig. 4 (♀).
(1775) *Acheta Capensis*, Fabricius, Syst. Entom. p. 281. No. 6.
(1781) *Acheta Capensis*, Fabricius, Spec. Insect. I. p. 354. No. 8.
(1791) *Gryllus Capensis*, Olivier, Encycl. méthod. VI. p. 635. No. 10 (♀).
(1813) *Gryllus ruficollis*, Stoll, Représent. d. Grillons. pl. IIIc. Fig. 15 (♂).
(1838) *Gryllus Capensis*, *Burmeister, Handb. d. Entom. II. p. 734. No. 14. — Serville, Hist. nat. d. Orthopt. p. 337. No. 7. — Fischer, Orthopt. Europ. p. 182. No. 12.

Von dieser über ganz Afrika verbreiteten und auch nach Süd-Europa übergreifenden Art liegen Exemplare beiderlei Geschlechts von Mombas (Mitte Septembers 1862) und Sansibar (April 1863) vor. Bei zwei weiblichen Individuen ist der gelbe Basalfleck der Deckflügel bis auf ein Minimum reducirt, so dass sie auf den ersten Blick ganz schwarz erscheinen.

33. *Gryllus pulchriceps*, n. sp.

Taf. I. Fig. 9.

Alatus, fusco-testaceus, griseo-tomentosus, opacus, capite glabro, ferrugineo, vertice fusco, vittis quatuor fasciaque anteriore testaceis; alis elytra superantibus, organi stridulatorii area intermedia venis sigmoideis sex. Long. corp. usque ad elytror. apicem 21, usque ad femor. postic. apicem 29 mill. ♂.

Den kleineren Individuen des *Gryll. mitratus*, *Burm. (Handb. d. Entom. II. p. 734. No. 12), an Grösse und Gestalt nahe kommend, besonders von ähnlichen Dimensionen des Kopfes und der Deckflügel. Fühler licht pechbraun, mit rostgelbem Basalgliede, Mund und Taster licht ockerbraungelb, Stirn mehr rostfarben, glänzend. Scheitel bis gegen die Fühlerinsertion hinab pechbraun, eine die hinteren Ocellenflecke berührende Querbinde und vier von derselben ausgehende, etwas bogige Längslinien licht rostgelb; letztere endigen erst auf dem mit kurzem greisen Toment bedeckten Hinterhaupt. Pronotum vorn und hinten gleich breit, mit deutlich abgesetztem Vorder- und Hinterrande, auf der ganzen Rückenfläche mit greisem Filz dicht und gleichmässig bedeckt, die Seiten nackter, ledergelb. Deckflügel des Männchens licht und durchscheinend braun, gegen die Basis hin dunkler, die Basis des Randfeldes und die Vena externo-media blassgelb. An dem Stimmorgan des rechten Deckflügels der vordere Spiegel quer viereckig, doppelt so breit als lang, rechts von der doppelt gegabelten Diagonalader nur schwach netzartig geadert; in dem grossen Mittelfelde die Sförmig geschwungenen Adern bis auf sechs vermehrt; der hintere Spiegel fast regulär eiförmig, etwas schräg gerichtet, durch eine Querader in zwei ungleiche Hälften getheilt; hinter demselben noch fünf geschwungene Längsadern, welche durch zahlreiche Queradern verbunden werden. Hinterflügel gelblich, die Deckflügel peitschenförmig überragend. Beine von Körperfärbung, die Hinterschenkel oberhalb bräunlich befilzt; Hinterschienen mit sieben Dornenpaaren, der oberhalb gefurchte Metatarsus aussen mit neun, innen nur mit sechs Dornspitzen. Das Tympanum der Vorderschienen an der Aussen- und Innenseite sichtbar, an ersterer von gewöhnlicher Form und Grösse, an letzterer kreisrund. Hinterleib ohne Besonderheiten (Raife nicht vollständig erhalten).

Ein männliches Exemplar, von Mombas (Mitte Septembers 1862) stammend.

34. *Gryllus xanthoneurus*, n. sp.

Taf. I. Fig. 10 und 10a.

Alatus, rufo-brunneus, griseo-tomentosus, opacus, capite glabro, ferrugineo-nigroque vario, vertice aeneo-micante, flavo-limbato, elytris dilute fuscis, testaceo-reticulatis, alis abbreviatis; organi stridulatorii (♂) area intermedia venis sigmoideis quatuor. Long. corp. usque ad elytr. apicem 16 (♀) — 19½ (♂), usque ad femor. postic. apicem 21 (♀) — 26 (♂) mill. ♂ ♀.

Etwa von der Grösse des *Gryll. domesticus*, von welchem die gegenwärtige Art jedoch durch stärker verlängerte Hinterbeine, durch verkürzte Hinterflügel, durch die den Körper an Länge übertreffende Legescheide des Weibchens, überdies auch habituell nicht unwesentlich abweicht. — Fühler blassbraun, gegen die Basis hin etwas lichter, fast rostfarben. Oberlippe hellgelb, mit schwarzem Basalfleck, Mandibeln rostfarben mit schwarzer Spitze, Taster bräunlich gelb mit dunklerem, fast pechbraunem Endgliede. Clypeus und Stirn licht rostgelb mit schwarzer Zeichnung, welche auf ersterem zwei Querbinden darstellt, auf letzterer die Fühlerinsertion von unten her in Form zweier Halbbinden umringt. Scheitel glänzend schwarz mit deutlichem Erzschimmer, auf demselben drei grosse Ocellenpunkte und der innere Augenrand licht gelb. Hinterhaupt rostroth mit greisem Toment, ebenso das Pronotum, welches bei wohlerhaltenen Exemplaren durch dasselbe graubraun erscheint, während die Grundfarbe sich oberhalb als intensiv rostroth, seitlich als pechbraun darstellt. Die Deckflügel des Männchens sind fast von Hinterleibslänge, im Bereich des Randfeldes und an der Basis des Diskoidalfeldes schwärzlich, auf ersterem rostroth, auf letzterem, dessen Flügelsubstanz im Uebrigen licht braun erscheint, scherbengelb geadert. An dem Stimmorgan des rechten Deckflügels der vordere Spiegel quer viereckig, aber bei weitem weniger verkürzt als bei der vorhergehenden Art, ausserdem sehr viel stärker netzartig und zwar lebhaft gelb geadert; die *S*förmigen Adern des spitz dreieckigen Mittelfeldes nur zu vieren vorhanden, die kleinste vordere jedoch gegabelt; der hintere Spiegel stumpf rhombisch, durch eine etwas gewinkelte Querader in eine grosse, gestielte Vorder- und eine bei weitem kleinere, dreieckige Hinterzelle getheilt; die Hauptadern des Spitzenfeldes fast quer verlaufend, ihre Zwischenräume mit fast quadratischen Zellen. — Beim Weibchen sind die Deckflügel nur 2½ mal so lang als das Pronotum, längs der Vena externo-media mit licht scherbengelbem Streifen, die Flügelsubstanz an der Aussenseite desselben geschwärzt, im Uebrigen lichter braun als beim Männchen und durch die licht gelbe Netzaderung rehfarben erscheinend; indessen sind auf dem Randfelde wenigstens die Längsadern dunkler, mehr rothbraun. Die hell strohgelben Hinterflügel sind bei beiden Geschlechtern kürzer als die Deckflügel. Beine von Körperfärbung, grau bereift, die Hinterschenkel mit schwärzlichen Knieen; Vorderschienen aussen und innen mit deutlichem Tympanum, das innere klein und oval; Hinterschienen rückwärts mit acht Dornen in der Aussen- und sieben in der Innenreihe, Metatarsus wie bei der vorigen Art. Raife beim Weibchen von Körperlänge, beim Männchen etwas kürzer, licht braun, sehr langborstig. Legescheide des Weibchens 18 Mill. lang, also beträchtlich länger als der Körper, bis auf die etwas herabgesenkte Spitze fast gerade, rothbraun.

Die Art wurde zwischen Mombas und Wanga, ferner bei Mbaramu im Oktober 1862 gesammelt.

35. *Gryllus aeneicus*, n. sp.

Taf. I. Fig. 11.

Badius, opacus, capite lucido, nigro-consperso, verticis macula magna nigro-aenea, pronoti lateribus nigro-vittatis, elytris illo vix duplo longioribus, dilute brunneis: organi stridulatorii area intermedia venis sigmoideis quinque. Long. corp. 14, usque ad femor. postic. apicem 18 mill. ♂.

Etwas kleiner als *Gryll. domesticus* und von dunklerer, mehr bräunlicher Körperfärbung. Kopf verhältnissmässig klein, kuglig, glänzend rostgelb, ein Mittelstrich der Oberlippe, zwei quere an der Basis des Clypeus, ein grösserer Fleck jederseits unterhalb der Fühler, zwei kleinere unter den Augen und die Basis der Mandibeln pechschwarz, die Stirn ebenso gesprenkelt. Scheitel mit grossem, stumpf dreieckigem, von den Augen durch einen breiten gelben Saum getrennten Fleck von schwärzlich grüner Metallfarbe. Fühler pechbraun, Taster gelb, diejenigen der Unterkiefer mit pechbraunem Endgliede und auch an den vorhergehenden Gliedern bräunlich gescheckt. Prothorax — dem kleinen Kopf entsprechend — nach vorn deutlich verengt, matt rostbraun, schwärzlich getüpft, fast nackt, leicht grau bereift, jederseits an der Rückenfläche mit breiter, tief schwarzer Binde, welche von dem gleichfalls schwarz gefärbten Seitenrande durch die helle Grundfarbe getrennt ist. Deckflügel des Männchens nicht ganz doppelt so lang als der Prothorax und daher die Spitze des Hinterleibes frei lassend, licht gelblich braun, mit dintenschwarzem Längsstreifen an der Vena externo-media; Randfeld mit braunem, Diskoidalfeld mit vorwiegend rostgelbem Geäder. An dem Stimmorgan des rechten Deckflügels der vordere Spiegel fast nur um die Hälfte breiter als lang, mit sparsamen schwärzlichen Netzadern; das unregelmässig viereckige Mittelfeld mit fünf Sförmig geschwungenen Adern, der hintere Spiegel ein vollständig quer liegendes, nach rechts hin zugespitztes Oval darstellend, ungetheilt; das Spitzenfeld sehr kurz, nur zwei Zellenreihen enthaltend. Hinterflügel nicht hervortretend. Beine ziemlich licht ledergelb; an den beiden vorderen Paaren die Basis und Spitze der Schenkel, drei Ringe an der Aussenseite der Schienen und der grösste Theil der Tarsen schwärzlich pechbraun; an den hinteren die Schenkel oberhalb mehr rostfarben, mit schwärzlichen Knieen, die Schienen besonders an der Basis und gegen die Spitze hin geschwärzt. Das Tympanum der Vorderschienen nur an der Aussenseite deutlich, länglich oval, mit weisser Membran. Hinterschienen mit sieben Paaren von Dornen. Hinterleib schwärzlich pechbraun, dünn staubartig, weisslich behaart, unterhalb gleich der Brust und den Hüften licht ledergelb. Raife rothbraun.

Ein einzelnes Männchen vom See Jipe (December 1862).

36. *Gryllus laqueatus*, n. sp.

Taf. 1 Fig. 12.

Nigro-piceus, occipite prothoraceque testaceo-variegatis, verticis fascia supraantennali angusta pedibusque testaceis, his nigro-pictis; elytris dilute fuscis, utrinque nigro-vittatis, organi stridulatorii area intermedia venis sigmoideis tantum duabus. Long. corp. 11–13 mill. ♂.

Kaum grösser als *Gryll. sylvestris*, Fab., aber von robusterem Bau, besonders im Kopf und Thorax breiter. Fühler licht pechbraun, Taster blassgelb, diejenigen der Unterkiefer mit gebräuntem vorletzten und dunkel pechbraunem Endgliede. Kopf mit stark gewölbter Stirn, glatt und glänzend, schwärzlich pechbraun, die Backen, der Clypeus, die Oberlippe und die Mandibeln rostroth oder scherbengelb, ein herzförmiger Mittelfleck zwischen den Fühlern und eine schmale, bogige Querbinde über denselben von letzterer Farbe. Beim Uebergang in das Hinterhaupt ist die pechbraune Färbung des Scheitels von rostrothen oder licht gelben Längsstriemen durchsetzt, welche vorn zuweilen zu einer Querbinde zusammenfliessen. Prothorax kurz, nach vorn trapezoidal erweitert, längs der Ränder schwarz beborstet, sonst fein staubartig greis behaart, auf dunkel pechbraunem Grunde rostroth oder blassgelb marmorirt, die Vorderwinkel des Seitenrandes mit gelbem Fleck. Deckflügel des Männchens zwischen dem Rand- und Diskoidalfelde mit dintenschwarzer Längsstrieme, ersteres sonst weisslich mit schwarzen Längsadern, letzteres blassbraun. An dem Stimmorgan des rechten Deckflügels der vordere Spiegel quer viereckig, mit geschwärzter Basal- und Diagonalader, ausser letzterer nur noch von einer schrägen Ader durchzogen; die Sförmig geschwungenen Adern des Mittelfeldes auf zwei reducirt, der hintere Spiegel diagonal gerichtet, länglich viereckig, mit eiförmiger Abrundung nach hinten und aussen, innerhalb desselben durch eine winklige Querader eine kleinere quadratische Zelle abgegrenzt; das Spitzenfeld fast ebenso lang wie der hintere Spiegel, netzartig gegittert. Hinterflügel nicht hervortretend. Beine blassgelb, zuweilen intensiv rostfarben, mit schwärzlichen Knieen und dunkel pechbrauner Fleckung auf den vorderen Schenkeln und Schienen; Hinterschenkel auf der Rücken- und Aussenseite schräg schwärzlich gestreift, Hinterschienen an der Basis und Spitze stärker, aber auch sonst ihrer ganzen Länge nach deutlich gebräunt, die zu sieben Paaren vorhandenen Dornen pechbraun mit gelber Spitze. Tympanum der Vorderschienen aussen und innen wahrnehmbar. Hinterleib schwärzlich pechbraun, Raife gelbbraun; Unterseite und Brust blass ledergelb.

Einige Männchen von **Endara** (Ende Oktobers 1862) und **Wanga**.

37. *Gryllus diadematus*, n. sp.

Sordide testaceus, fusco-variegatus, opacus, pubescens, capite glabro, nigro-piceo, occipite, fascia supraantennali, macula frontali lateribusque fulvis, genis albidis, abdomine supra cinereo-fusco, nigro-vario. Long. corp. 20, usque ad femor. postic. apicem 24 mill. ♂ ♀ nymph.

Die Art liegt nur im Nymphenstadium vor, lässt sich aber bei der prägnanten Färbung und Zeichnung des Kopfes und Thorax auch nach diesem kenntlich charakterisiren. Durch die Zeichnung der genannten Theile steht sie dem *Gryll. conspersus*, *Schaum (Inseckt. v. Mossamb. p. 117) nahe, übertrifft aber diese Art um das Doppelte an Grösse. Kopf glänzend, dunkel pechbraun, der obere Augenrand und die Backen licht beinfarben, das Hinterhaupt heller braun und der Länge nach rostgelb gebändert, eine scharf begrenzte Querbinde oberhalb der Fühler, ein mittlerer Stirnfleck, der Clypeus, die Oberlippe und Mandibeln rothgelb. Taster blassgelb mit gebräunter Spitze des Endgliedes, Fühler licht pechbraun, mit rostfarbenem, braun gefleckten Basalgliede. Prothorax beim Männchen nach vorn etwas erweitert, beim Weibchen hier sowohl wie gegen die Basis hin leicht verengt, auf blass ledergelbem Grunde pechbraun gefleckt und schwarz getüpfelt, eine Längsbinde auf der oberen Grenze der beiden Seitenflächen und der Aussenrand dintenschwarz. Die beiden hinteren Thoraxringe und der Hinterleib oberhalb auf graubraunem Grunde schwärzlich marmorirt, unterhalb nebst Hüften und unterer Schenkelfläche hell ledergelb. Oberhalb sind die Beine durch die schwärzliche Behaarung gescheckt, an den Hinterschenkeln die Kniespitze und zwei Flecke der Innenseite pechbraun. Tympanum der Vorderschienen schmal, nur aussen sichtbar. Hinterschienen nebst Tarsen rothbraun, die Dornen der ersteren auffallend stark, rostfarben, zu sieben und sechs vorhanden. Raife und weibliche Legescheide röthlich pechbraun.

Bei **Moschi** (Ende Novembers 1862) aufgefunden.

38. *Gryllus contaminatus*, n. sp.

Sordide testaceus, fusco-conspersus, opacus, pubescens, capite glabro, nigro-picto, occipite flavo-variegato, punctis frontalibus tribus testaceis; prothorace apicem versus dilatato, lateribus nigro. Long. 10½ mill. ♀ larv.

Das einzige vorliegende, noch unausgebildete Exemplar hat etwa die Körperverhältnisse des oben erwähnten *Gryll. conspersus*, welchem es auch in der Färbung gleicht. Es unterscheidet sich indessen von demselben durch den etwas metallisch glänzenden (pechbraunen) Scheitel, die weniger ausgebreitete gelbe Färbung des Hinterhaupts, den Mangel der gelben Querbinde oberhalb der Fühler, die schwärzlich pechbraune Färbung des Gesichts, der Backen, Oberkiefer, Taster und Fühler. Prothorax nach vorn stärker erweitert, trapezoidal, oberhalb licht ledergelb mit einigen dunklen Makeln, auf den Seitenflächen mit Ausnahme des Vordersaumes dintenschwarz. Hinterleib graugelb mit schwarzer Rückenbinde und zerstreuten Tüpfeln. Hinterschenkel aussen braunstreifig, Hinterschienen röthlich braun, mit starken rostgelben Dornen.

Von Endara (Ende Oktobers 1862).

Fam. **Locustina**, Burm.

Eugaster, Serv.

Hist. nat. d. Orthopt., p. 463.

Sect. I. Vorderhüften oberhalb gedornt.

39. *Eugaster loricatus*, n. sp.

Taf. II. Fig. 1.

Testaceus, capite et prothorace fusco-marmoratis, illo breviter cornuto, hujus disco quadrituberculato, margine antico quadridentato, postico semicirculari, multispinoso: abdomine inermi, fusco-fasciato, ♂ aeneo-micante. Long. corp. 40 (♂), 42—46 (♀) mill. ♂ ♀.

Dem *Eug. horridus* (*Hetrodes horridus*, *Burm., Handb. d. Entom. II. p. 670, No. 2. — *Hetr. spinulosus*, Charp. in: Germar's Zeitschr. f. d. Entom. III. p. 316, Orthopt. descript. et depict. tab. 17) in Grösse und Körperverhältnissen am nächsten stehend, jedoch schon durch die Färbung, Skulptur und Bedornung des Prothorax verschieden. Von *Eug. diadematus* (*Hetrodes diadematus*, Stål, Oefvers. Vetensk. Akad. Förhandl. XV. p. 308), welcher, nach der Beschreibung zu urtheilen, der gegenwärtigen Art gleichfalls nahe verwandt zu sein scheint, durch stumpfen Stirnhöcker, vier Dornen auf der Scheibe des Pronotum, die nicht gestachelten vorderen Seitendornen, die Bewehrung der Mittelschienen u. s. w. abweichend. — Kopf merklich grösser und plumper als bei *Eug. horridus*. Gesicht, Backen und Mundtheile blass knochengelb, Kiefertaster mit fleischröthlichem Anfang und pechbrauner Spitze des Endgliedes. Stirn und Scheitel grobrunzlig, glanzlos, rostgelb und braun marmorirt, erstere mit kurzem, stumpf kegelförmigem Mittelhöcker. Fühler rothbraun mit rostgelber Basis. Prothorax nicht nur in allen Theilen breiter, sondern auch nach hinten mehr verlängert als bei *Eug. horridus*, sein Hinterrand stärker gerundet und weniger ansteigend. Der Vorderrand desselben mit vier scharfen, kegelförmigen Zähnen bewehrt, von denen die seitlichen nur wenig stärker als die mittleren, letztere untereinander aber weiter entfernt sind als von den seitlichen. Der vor der Einschnürung stehende grosse Seitenzahn der Rückenfläche beträchtlich länger und schärfer zugespitzt als der hinter dieser hervortretende, welcher gleich vier sich von der Rückenscheibe erhebenden kegelförmigen Dornen stark gebräunt erscheint. Dem dritten Seitendorn, welcher bei weitem der längste ist, schliessen sich die sechs, an Länge allmählich abnehmenden Dornen zu jeder Seite des halbkreisförmigen Hinterrandes ziemlich eng an, nur dass der erste derselben durch einen etwas tieferen Einschnitt getrennt ist. Die ganze Rückenfläche mit verschieden grossen, grubenartigen, braun grundirten Vertiefungen versehen und dadurch zierlich gegittert erscheinend; die abfallenden Seitenwände unterhalb einer an ihrer oberen Grenze verlaufenden braunen Längsstrieme lichter gelb, zwar ebenfalls tief, aber weitläufiger punktirt. Längsverhältnisse und Bewehrung der Beine ganz analog mit *Eug. horridus*, ihre Färbung licht knochengelb, die Tarsen jedoch gebräunt; an allen drei Schienenpaaren innerhalb vier Paare kurzer Dornen, an den vorderen die Oeffnung des Gehörorganes ausser- und innerhalb schmal spaltförmig. Dorn der Vorderhüften stark, nach auswärts gerichtet. Hinterleib unbewehrt, eiförmig, stark gewölbt, beim Männchen mit deutlichem Erzschimmer, auf der Scheibe des ersten und längs des Endrandes der folgenden Segmente kastanien- bis pechbraun, diese Binden jedoch durch rostrothe, in regelmässige Längsreihen angeordnete Fleckchen unterbrochen. Spitze des männlichen Hinterleibs einfach stumpf zugerundet, ohne vergrösserte Endsegmente und Copulationsorgane. Weibliche Legescheide knochenfarbig mit schwarzbrauner Spitze, letztere etwas stärker aufgebogen als bei *Eug. horridus*.

Ein Paar dieser ausgezeichneten Art wurde am See Jipe (Anfang Decembers 1862) erbeutet; dieselbe kommt auch im Galla-Lande (R. Brenner) vor.

40. *Eugaster ephippiatus*, n. sp.

Taf. II. Fig. 2.

Rufo-ferrugineus vel testaceus, opacus, tuberculo frontali acute conico, prothorace nigro-trivittato, abdomine inermi, seriatim fusco-maculato: pronoto deplanato, basi apiceque truncato, utrinque quadrispinoso, ♂ retrorsum prolongato. Long. 29–30 mill. ♂ ♀.

Beträchtlich kleiner als die vorhergehende Art und in der Form und Bewehrung des Prothorax wesentlich verschieden. Kopf mit Einschluss der Fühler und Mundtheile einfarbig rostroth, im Bereich der ganzen oberen Hälfte grobkörnig gerunzelt, matt, der Stirnhöcker nur wenig länger, aber schärfer kegelförmig zugespitzt als bei *Eug. loricatus*. Prothorax beim Männchen nach hinten stärker verlängert als beim Weibchen, der hintere Theil bei ersterem leicht gewölbt, bei letzterem etwas eingedrückt, die Rückenfläche im Ganzen ziemlich eben, runzlig punktirt, heller oder dunkler rostgelb, längs der Mittellinie mit zwei besonders nach hinten deutlich markirten schwärzlichen, etwas metallisch schimmernden Binden und einer gleichen jederseits auf der Grenze zu den Seitenflächen. Vorderrand in der Mitte quer abgestutzt, jederseits mit kurzem, zahnförmigen Vorsprung; der sich ihm anschliessende vordere Seitendorn kurz, breit dreieckig, der hinter der vorderen Einschnürung liegende klein, höckerförmig; der abwärts gebogene Seitenrand mit vier scharfen Zähnen bewehrt, von denen die beiden vorderen vor, die beiden durch eine grössere Lücke abgetrennten hinteren jenseits der Mittelhüften hervortreten; der Hinterrand breit und quer abgestutzt, jederseits durch einen zahnförmigen Vorsprung abgesetzt. Vorder- und Mittelbeine im Verhältniss kürzer als bei *Eug. loricatus*, Vorderschenkel narbig querrunzelig, auf gelbem Grunde innen rostroth getupft. Alle drei Schienenpaare innen mit vier Dornenpaaren, welche an den Hinterbeinen noch unscheinbarer als bei der vorhergehenden Art, an den mittleren schon beträchtlich stärker, an den vorderen am kräftigsten entwickelt sind und hier bis zum oberen Drittheil hinaufreichen. An letzteren zeigt sich die Oeffnung des Gehörorganes nicht als linearer Spalt, sondern beiderseits als tiefe, länglich eiförmige Grube, in deren Grunde das Tympanum freiliegt. Dorn der Vorderhüften ziemlich lang, scharf zugespitzt. Hinterleib beim Männchen breit eiförmig, bis zum Hinterrande des ersten Ringes vom Pronotum bedeckt; die acht vorderen Dorsalhalbringe narbig und leicht querrunzelig punktirt, licht rostfarben, in sechs Längsreihen schwärzlich gefleckt, diese Flecke gleich den Thoraxbinden mit leichtem Metallschimmer. Lamina supraanalis abgerundet dreieckig, in der Mitte eingedrückt; Raife kurz, zapfenförmig. Beim Weibchen ist der Hinterleib mehr verlängert, vom Beginn des ersten Ringes an freiliegend, die Punktirung der Oberseite schwächer und weitläufiger, die schwärzliche Fleckung weniger regelmässig; die kurze Legescheide rostgelb, mit bräunlicher, stark gerunzelter Aussenfläche der oberen Valvulae.

Von Moschi (Ende Novembers 1862) und den Ugono-Bergen.

Sect. II. Vorderhüften unbewehrt.

41. *Eugaster talpa*, n. sp.

Taf. II. Fig. 3.

Elongatus, testaceus, vertice fusco-irrorato, abdomine castaneo, aeneo-micante, nigro-vario: tuberculo frontali elongato, pyramidali, prothoracis basi truncato, supra et lateribus breviter spinoso, femoribus anticis incrassatis, subtus denticulatis. Long. corp. 32, cum vagina 35 mill. ♀.

Von mehr langgestreckter, fast gleich breiter Gestalt als alle übrigen bis jetzt bekannten Arten der Gattung, besonders auch durch die verdickten Vorderschenkel und die unbewehrten Vorderhüften ausgezeichnet. — Kopf kubisch, etwas schmaler, aber stärker gewölbt als bei *Eug. ephippiatus*, die Augen beträchtlich grösser und fast kuglig aus der Stirnfläche heraustretend. Gesicht und Mundtheile knochengelb, Scheitel schwärzlich marmorirt, die dunkle Färbung fünf undeutlich abgegrenzte und mehrfach unterbrochene Längsstriemen darstellend. Stirnhöcker in Form einer aufgerichteten, länglichen Pyramide; Fühler röthlich braun, die beiden verdickten Basalglieder licht gelb. Prothorax verhältnissmässig klein, nicht länger als breit, blass knochengelb, einige Makeln auf der Scheibe und längs des Hinterrandes, so wie die Spitzen der Dornen pechbraun; die Oberfläche glatt und glänzend, grob und theilweise runzelig punktirt, auf der vorderen Hälfte mit zwei leichteren, vor dem aufgebogenen und gewulsteten Hinterrande mit einem tieferen Quereindruck. An den Vorderecken finden sich zwei dicht hintereinander folgende, kurze, kegelförmige Dornen, am Vorderrande selbst ausserdem noch zwei stumpfe, zahnartige Höcker, kaum stärker als diese sind auch die hinter der vorderen Einschnürung folgenden Rückendornen ausgebildet, etwas kräftiger, wiewohl ebenfalls kurz und stumpf die drei über den Mittelhüften hervortretenden Zähne des Seitenrandes. Vorderschenkel armartig verdickt, oberhalb narbig punktirt und auf blass knochengelbem Grunde rostroth getupft, unterhalb mit drei Paaren tuberkelförmiger, stumpfer Zähne bewehrt. Vorderschienen etwas länger als die mittleren, aber um ein Drittheil kürzer als die hinteren, innerhalb sechs Paar kräftigen, rostfarbener, an der Spitze pechbrauner Dornen führend. Oeffnung des Gehörorganes aussen und innen rinnenförmig, ohne sichtbare Membran. Dornen an Mittel- und Hinterschienen klein, anliegend, zu vier Paaren. Unterseite des Thorax, der Hüften und Schenkelbasis auf lichterem Grunde braun marmorirt, letztere beide überdies schwarz gefleckt. Hinterleib langgestreckt, gegen die Spitze hin allmählich verschmälert, hinter dem Pronotum ganz frei liegend, kastanienbraun, ziemlich lebhaft erglänzend, in Form von Längsbinden schwärzlich marmorirt. Legescheide des Weibchens wie bei den vorhergehenden Arten geformt, licht gelb, mit gebräunter Spitze der einzelnen Valvulae.

Das einzige vorliegende weibliche Exemplar wurde Ende Oktobers 1862 zwischen dem See Jipe und Aruscha erbeutet.

Cymatomera, Schaum.

Insekt. v. Mossamb. p. 122.

42. *Cymatomera paradoxa*, n. sp.

Taf. II. Fig. 4.

Pallide testacea, elytris ferrugineis, albo-fuscoque variegatis, metanoti lateribus abdominisque fasciis dorsalibus atris, vagina rufa, alis nigro-pictis: pronoto apicem versus denticulo-cristato utrinque acute quadrituberculato, lobo basali lamina verticali alta, foliacea, denticulata instructa. Long. corp. 32, cum vagina 45, cum alis 52 mill. ♀.

Von der Grösse der *Cymat. denticollis*, *Schaum (Insekt. v. Mossamb. p. 123. Taf. 7. Fig. 9), mit welcher, nach den wenigen über sie gemachten Angaben, *Cymat. Schaumii*, Stål (Oefvers. Vetensk. Akad. Förhandl. XIII. p. 170. No. 1), identisch zu sein scheint; durch die auffallende Bildung des Pronotum ausgezeichnet und leicht kenntlich. Kopf ganz wie bei der genannten Art gestaltet, nur die Augen etwas kleiner. Färbung der Stirn, Backen und des Scheitels fast knochenweiss, erstere beide mit tief eingestochenen Punkten, letzterer fein schwarz getüpfelt, jederseits mit schwielig erhabener Längsleiste hinter den Augen. Die beiden dicken Basalglieder der Fühler einfarbig gelb, das erste mit zapfenförmigem Enddorn (Fühlergeissel fehlend). Scheibe des Prothorax in ähnlicher Weise quer gefurcht und beiderseits gedornt wie bei *Cym. denticollis*, die beiden Hauptdornen jeder Seite aber etwas kleiner. Nahe am Vorderrande erhebt sich die Mittellinie zu einem kleinen blattförmigen, am oberen Rande gezähnten Kamm, zu dessen Seiten sich je zwei zahnförmige Tuberkeln — der grössere derselben am Vorderrande selbst — erheben. Der sattelförmige Basallappen beträchtlich stärker entwickelt als bei *Cym. denticollis*, nach hinten mehr dreieckig ausgezogen, sein Rand vorn jederseits mit drei stumpfen Kerbzähnen versehen; seine Mittellinie zu einer hohen, senkrechten, blattförmigen Lamelle erhoben, deren scharfer Rand, von der Seite gesehen, breit abgerundet und unregelmässig zahnartig eingeschnitten erscheint. Die ganze Oberseite licht knochengelb gefärbt, nur jederseits unterhalb des vorderen Seitenhöckers eine kurze braune Längsbinde und die Seitendecken des Basallappens unterhalb schwärzlich. Meso- und Metathorax unterhalb der Flügelinsertion mit grossem, dintenschwarzen Fleck, der seitlich hervortretende Dorn des ersteren gross, ganz licht knochengelb. Deckflügel etwas kürzer und breiter als bei *Cym. denticollis*, in ganz ähnlicher Weise schwielig geadert und dunkel marmorirt, die Grundfarbe aber bei weitem heller, graugelb mit rostfarbenen Stellen, gegen die Basis hin auch theilweise kreideweiss. Hinterflügel fast glashell, an der äussersten Basis rostroth, im Uebrigen der Länge nach gelb geadert, im Hinterfelde die Queradern durchweg braun umflossen. Beine durchaus licht knochengelb, ohne schwarze Zeichnung, am ersten und dritten Paar nur die Schenkel und Schienen mit rothbraunem Spitzenfleck. Schenkel und Schienen der beiden vorderen Paare auf der ganzen Aussenseite kreideweiss getüncht, erstere an den Rändern ähnlich gelappt wie bei der erwähnten Art, aber merklich breiter. Hinterleib licht gelb, glatt und glänzend, die erste bis siebente Rückenschiene mit tief schwarzbrauner Basal-Querbinde, die achte in ihrer ganzen Ausdehnung so gefärbt. Raife licht gelb, Legescheide kräftig, an der Basis intensiv rost-, später blutroth, die Ränder der einzelnen Valvulae längs der Spitzenhälfte breit schwärzlich pechbraun.

Nur das Weibchen vorliegend, von Endara (December 1862).

Conocephalus, Thunb.

Mém. de l'acad. de St. Pétersb. V. 1815.

43. *Conocephalus pungens*, Schaum.

Conocephalus pungens, *Schaum, Insekt. v. Mossamb. p. 127. Taf. 7. Fig. 12.

Von dieser Art liegt ein in seiner natürlichen Färbung sehr wohl erhaltenes Weibchen von Endara (December 1862) vor, welches von den Mossambiker Exemplaren nur dadurch abweicht, dass die Spitze des Stirnzapfens in weiterer Ausdehnung schwarz gefärbt ist und dass die beiden gleichfarbigen Punkte am unteren Theil der Stirn fleckenartig vergrössert erscheinen. Die Grundfarbe des Kopfes und Prothorax ist gleich derjenigen der Deckflügel ein lichtes Spangrün; zwei von der Basis bis zum Vorderrande des Prothorax reichende parallele Längslinien von gelber Farbe setzen sich auf den Kopf fort, um hier, allmählich convergirend, sich am Innenrande der Augen hinzuziehen und sodann die Ränder des dolchförmigen Stirnfortsatzes zu säumen. Eine dem Kopf und Prothorax gleichfalls gemeinsame gelbe Mittellinie ist weniger markirt und schmaler als die seitlichen.

Xiphidium, Burm.

Handbuch d. Entom. II. p. 707.

Xiphidion, Serv.

44. *Xiphidium Iris*, Serv.

Xiphidion Iris, Serville, Hist. nat. d. Orthopt. p. 505. No. 2.
Xiphidium Iris, Stal, Fregatt. Eugenies resa omkring Jorden, Insekter. p. 321. No. 64.

Von dieser über die Sunda-Inseln (Java), die Philippinen, Mauritius u. s. w. verbreiteten Art liegt ein bei Mombas gefangenes weibliches Exemplar vor.

45. *Xiphidium hecticum*, n. sp.

Lineare, pallide flavum, capitis fastigio et prothoracis disco ferrugineis, elytris unicoloribus, alis posticis flavo-venosis. Long. corp. 15, c. vagina 22½, c. alis 27½ mill. ♀.

Bei gleicher Länge beträchtlich schlanker gebaut als *Xiph. Iris*, von welchem es überdies durch den Mangel der dunkelen Zeichnung auf Kopf, Thorax und Deckflügeln, so wie durch die etwas geringere Grösse der beiden ersteren abweicht. Körperfärbung im Leben vermuthlich grün. Augen stärker hervorgewölbt als bei der genannten Art, Stirnfortsatz schmal, nur an der Spitze leicht gebräunt. Der kleine Prothorax ist nur in der Mitte der Scheibe licht rostroth, die Deckflügel sind am Innenrande hell rostfarben, im Bereich des Randfeldes und des vorderen Theiles des Diskoidalfeldes farblos, hellgelb geadert, ohne dunkle Zeichnung. Die Hinterflügel ohne Regenbogenschimmer, gelb geadert. Dornen der Vorderschienen gelb, diejenigen der Hinterschienen kürzer und dunkler pechbraun als bei *Xiph. Iris*, an der Spitzenhälfte fast schwarz.

Ein weibliches Exemplar dieser auch am Senegal vorkommenden Art wurde bei Mombas (September 1862) erbeutet.

Phaneroptera, Serv.

Rev. méthod. d. Orthopt. (1831).

46. *Phaneroptera punctipennis*, n. sp.

Laete viridis, capitis fastigio sanguineo, antennis rufis, anguste fusco-annulatis, pronoti basi et apice nigro-bipunctatis, elytris sat latis, apice rotundatis, costulis crassis et parum dense reticulatis, punctis minutis fuscis dispersis signatis, tibiis posticis extus fusco-vittatis. Long. corp. 11, c. alis 30 mill. ♂.

Kaum von der Grösse der *Phan. liliifolia*, Fab.; durch die weit über die Hinterleibsspitze hervortretende Lamina subgenitalis des Männchens mit *Phan. macropoda*, Burm. (= *Phan. Dalmatina*, Serv.) näher verwandt, jedoch auch von dieser schon durch das Geäder der Deckflügel wesentlich abweichend. — Körper mit Einschluss der Deckflügel und der Spitze der Hinterflügel licht spangrün. Am Kopf der Stirnzipfel in Form eines länglich gleichschenkligen Dreieckes von weisslicher Farbe scharf abgegrenzt, die Scheitelhöhe blutroth gezeichnet, das erste dicke Fühlerglied vorn und aussen licht grün, die Fühler im Uebrigen rostroth, mit schmalen, weit auseinanderstehenden schwarzbraunen Ringeln gescheckt. Prothorax kürzer und breiter als bei *Phan. liliifolia*, der mittlere Basallappen kürzer, in flacherem Bogen gerundet, zu jeder Seite desselben ein pechbrauner, am Vorderrand hinter den Augen je ein schwarzer Punkt; überdies erscheint die Rückenfläche auf grünem Grunde fein und verloschen braun gesprenkelt. Deckflügel sehr viel breiter und stumpfer abgerundet als bei *Phan. liliifolia*, heller grün, halb durchscheinend; im Randfelde die Queradern, mit Ausnahme des vorderen Drittheils der Länge, wenig verästelt, höchstens theilweise gegabelt und sich von dem dazwischen liegenden feinen Netzwerk deutlich rippenartig abhebend. Letzteres ist in noch höherem Maasse im Diskoidalfelde der Fall, welches nur von sechs stärkeren, schräg gegen die Hauptlängsadern verlaufenden Rippen durchzogen und zwischen denselben ziemlich weitläufig geadert ist. Das Analfeld hinter dem männlichen Tympanum auf glashellem Grunde nur mit einfachen, deutlich getrennten Queradern versehen. Im Costalfelde finden sich eine einzelne, vor der Mitte endigende, im Diskoidalfelde dagegen etwa drei, nicht ganz regelmässige Längsreihen punktförmiger pechbrauner Fleckchen; die Basis des linken Deckflügels über dem glashellen Tympanum (des rechten) licht rostbraun, mit helleren netzartigen Geäder. Vorderschienen an der Basis stärker erweitert als bei *Phan. liliifolia* und mit grösserer Ohrgrube; Hinterschienen gelblich, mit pechbrauner Längslinie an der Aussenseite. An der Lamina subgenitalis die beiden hörnerartigen Fortsätze etwas länger als der Basaltheil, kaum merklich aufgebogen, einen länglich eiförmigen Raum zwischen sich lassend.

Ein männliches Exemplar von Endara (December 1862).

47. *Phaneroptera tetrasticta*, n. sp.

Testacea, prothorace supra rufo-consperso, elytris angustis, confertim reticulatis, ad marginem internum anguste fuscis, basin versus punctis quatuor nigris signatis. Long. corp. 13, c. alis 31 mill. ♂.

Von der Grösse der *Phan. liliifolia*, Fab. und dieser auch in der Form und dem Geäder der Deckflügel, so wie in der Kürze der Lamina subgenitalis des Männchens nahe stehend; durch etwas schmaleren Prothorax so wie durch die Form und Färbung des männlichen Tympanum abweichend. Das einzige vorliegende, nicht ganz vollständige männliche Exemplar ist mit Einschluss der Deckflügel und der Spitze der Hinterflügel gelb gefärbt (offenbar durch Abbleichen aus Grün im Leben). Die Augen sind etwas länger und stärker hervorspringend als bei der Europäischen Art, der Prothorax an der Basis tiefer eingeschnitten, oberhalb sparsam und verloschen roth getüpfelt. Die dichte netzförmige Gitterung der Deckflügel ganz wie bei *Phan. liliifolia*, die Anordnung der stärkeren Adern nur darin verschieden, dass sich im Basaldrittheile des Diskoidalfeldes nur einfache, nicht mit einander anastomosirende Queradern finden. Längs des Innenrandes ist der Grund zweier Zellenreihen tief schwarzbraun gefärbt, so dass die Deckflügel hier dunkel gesäumt erscheinen. Das Tympanum derselben ist um $^1/_3$ kürzer als bei *Phan. liliifolia*, der dasselbe deckende Basaltheil des linken Deckflügels fast ganz verloschen geadert, vorn mit zwei, hinten mit einem pechschwarzen Punktfleck versehen, welch' letzterem ein gleicher auf dem rechten Deckflügel gegenübersteht. Die kurze Lamina subgenitalis ist an der Spitze nur einfach winklig ausgeschnitten, ihre untere Fläche ohne besonders hervortretende Wülste. Die sich gegenseitig kreuzenden und stark aufgebogenen Raife in eine dünne und scharfe, pechbraune Spitze endigend.

Bei Uru (Mitte Novembers 1862) aufgefunden.

Fam. **Acridiodea,** Burm.

Tryxalis, Brull.

Hist. nat. d. Insect. IX.

Truxalis, Fab., Klug.

48. *Tryxalis nasuta*, Lin.

Gryllus nasutus, Linné, Mus. Ludov. Ulric. p. 118 No. 9. — Syst. nat. p. 692 No. 1.
Truxalis nasutus, Fabricius, Entom. syst. II. p. 26 No. 1.
Truxalis hungaricus, Herbst in Fuessly, Archiv d. Insektengesch. Taf. 52 Fig. 7.
Truxalis nasuta, Charpentier, Hor. entom. p. 126. — Burmeister, Handb. d. Entom. II p. 606 No. 1. — Serville, Hist. nat. d. Orthopt. p. 580. No 1.
Tryxalis nasuta, Fischer, Orthopt. Europ. p. 299. No. 1. Tab. XV. Fig. 1, 2.

Von dieser über ganz Süd-Europa und den grössten Theil Afrikas verbreiteten, nach Charpentier sogar in Japan einheimischen Art liegt ein einzelnes, zwischen dem See Jipe und den Bura-Bergen Anfang Decembers 1862 erbeutetes Weibchen vor. Die Deckflügel desselben sind in der Mitte ungefleckt, matt graugrün, mit innerer und äusserer gelblich brauner Längsbinde; die Hinterflügel gegen die Basis hin licht schwefelgelb getüncht.

49. *Tryxalis miniata*, Klug.

Truxalis miniata, *Klug, Symbol. physic. II. No. 7. Tab. 18. Fig. 1—4. (♂). — Serville, Hist. nat. d. Orthopt. p. 583. No. 4. (♂).

Drei aus Mombas (Mitte Septembers 1862) stammende weibliche Exemplare dieser Art, welche von Klug nur nach dem männlichen Geschlecht charakterisirt worden ist, messen im Körper 63—65, in der Flügelspannung 117 mill. Die Unterschiede des Weibchens liegen, wie gewöhnlich in dieser Gattung, neben der beträchtlicheren Grösse in dem lebhafteren Colorit und der schärfer ausgeprägten Zeichnung der Flugorgane und des Pronotum. Auf letzterem erscheinen die beiden Dorsalbinden als schmale, scharf begrenzte, schwärzlich braune Längslinien, welche gegen die weisslichen Seitenbinden hin gelb gesäumt sind. Die chokoladbraune Längsbinde der Deckflügel ist sehr viel breiter als beim Männchen, bis zum letzten Viertheil ausgedehnt, nach aussen mehrfach gebuchtet und gegen die graugrüne Färbung des Aussenrandes hin durch eine weissliche Wellenlinie abgegrenzt. Die weitläufige Queraderung in der Mitte des Randfeldes tritt auch beim Weibchen deutlich hervor, doch ist die Entfernung von Costa und Subcosta etwas geringer als beim Männchen. Die rothe Färbung der Hinterflügel ist sehr viel intensiver als bei letzterem, tief karminroth, die schwarze Fleckung der Queradern in der Mitte stärker, dagegen nach der Wurzel hin fast ganz erloschen.

50. *Tryxalis sulphuripennis*, n. sp.

Taf. III. Fig. 1.

Viridis, antennis pedibusque rufescenti-testaceis, alis posticis basi flavis.
♂ *Elytris apicem versus rubro-venosis ibique fusco-conspersis, alis posticis basin versus aurantiacis, area costali dilatata, hyalina, antice sulphureo-limbata, abdomine croceo.* Long. corp. 34, expans. alar. 55—62 mill.

. *Elytris unicoloribus, alis posticis dilute sulphureis, abdomine fusco-testaceo.* Long. corp. 53, expans. alar. 90 mill.

Der *Tryx. pellucida*, *Klug (Symbol. phys. III. No. 9. Tab. 18. Fig. 5—9) zunächst verwandt, jedoch durchschnittlich etwas kleiner, u. A. durch die stärker braun gefleckten Deckflügel, die intensiv gelb gefärbten Hinterflügel, das stärker verbreiterte Costalfeld der letzteren, so wie durch die kürzere Lamina subgenitalis des Männchens abweichend. Fühler dunkel rostroth, Pronotum einfarbig grün oder beiderseits gelblich bandirt. Deckflügel des Männchens licht span- oder grasgrün, zuweilen mit deutlich ausgeprägtem weissen Scheibenpunkt, das Spitzenviertheil licht blutroth geadert und längs des Innenrandes gebräunt, dieser nahe der Spitze mit zwei, weiter nach vorn nur mit einer Reihe pechbrauner Punktflecke gezeichnet. Hinterflügel besonders gegen die Basis hin intensiv goldgelb, an der Spitze mit zwei bräunlichen Striemen, das Randfeld verbreitert, glasbell, lebhaft spiegelnd, der schwielig aufgetriebene Vorderrand desselben gummigelb gefärbt. Beine rostfarben, mit grünlichen Vorder- und Mittelschienen, die Hinterbeine bräunlich marmorirt. Hinterleib oberhalb glänzend gummigelb, unterhalb blasser; die Lamina subgenitalis nicht viel mehr denn halb so lang als das letzte Bauchsegment, kürzer angespitzt als bei *Tr. pellucida*, beiderseits und in der Mittellinie gekielt.

Bei dem sehr viel grösseren Weibchen sind die Deckflügel gleich der Oberseite von Kopf und Thorax einfarbig und matt grün, die Hinterflügel sehr viel blasser, fast schwefelgelb gefärbt, der Hinterleib mehr bräunlich gelb, die Valvulae der Legescheide rostfarben, mit schwärzlich pechbrauner Spitze.

Auf Sansibar im Januar 1865 gesammelt. — Ein aus der v. Charpentier'schen Sammlung stammendes Männchen dieser Art ist mit der (ob richtigen?) Vaterlandsangabe „Japan" versehen.

Pyrgomorpha, Serv.

Hist. nat. d. Orthopt. p. 583.

51. *Pyrgomorpha crenulata*, Fab.

Truxalis crenulatus, Fabricius. Entom. syst. II. p. 28. Nr. 6. — Palisot de Beauvois. Insect. recueill. en Afrique. p. 79. Orthopt. pl. III. Fig. 1. — Burmeister. Handb. d. Entom. II. p. 611. No. 5.

Ein bei Wanga (im Herbst 1863) gefangenes männliches Exemplar stimmt mit solchen von Tranquebar, auf welche Fabricius ursprünglich die Art begründete, in allen wesentlichen Merkmalen überein, ebenso ein mir vorliegendes Weibchen vom Kap. Burmeister erhielt die Art auch von den Komoren.

Opomala (Erichs.), Fisch.

Orthopt. Europ. p. 306.

Opomala, Serv.

52. *Opomala brachyptera*, n. sp.

Taf. II. Fig. 5 u. 5a.

Aptera, elytris brevissimis, nigro-fuscis, opacis, capitis thoracisque lateribus vittatis, femoribus posticis basin versus cinereo-testaceis; antennis basi dilatatis, triquetris. Long. corp. 21 mill.

Fühler, Scheitel, Thoraxstücke und Hinterleib düster braun, eine unterhalb der Augen beginnende und bis zu den Hinterhüften reichende seitliche Längsbinde so wie die Ober- und Aussenseite der Hinterschenkel licht graugelb, von der Farbe trockenen Holzes. Stirnfortsatz von 1/3 der Augenlänge, stumpf abgerundet, ausser dem Mittelkiel jederseits mit einer Augenleiste. Stirn, Kopfschild, Backen und Oberlippe auf matt rostgelbem Grunde schwarz marmorirt. Fühler mit zwei gelblichen Basalgliedern, die folgenden dreikantig, das dritte bis siebente stärker erweitert. Prothorax schmal, seitlich zusammengedrückt, zwischen den drei parallelen Rückenkielen dichter und feiner, zu beiden Seiten sehr viel sperriger und gröber runzlig punktirt. Mesothorax nur in geringer Ausdehnung frei liegend, mit schmalen und kurzen, nur bis zum Hinterrand des ersten Abdominalringes reichenden Deckflügel-Stummeln von schwärzlich brauner Farbe. Hinterflügel fehlend. Beine gleich den Brustseiten gefärbt, die Hinterschenkel die Spitze des Abdomen noch ein wenig überragend, Hinterschienen mit licht gelben, schwärzlich endigenden Dornen zu dreizehn Paaren. Hinterleib bis zur Spitze des neunten Ringes mit scharfem, schon auf dem Thorax beginnendem Mittelkiel: Lamina subgenitalis lanzettlich, obere Valvulae der weiblichen Legescheide schmal, gleich breit, licht scherbengelb, die kurzen Cerci trübe rostfarben. Bauchseite gleich der Brust rostfarben, glatt und glänzend.

Ein einzelnes Weibchen wurde zwischen Endara und Kiriama im December 1862 erbeutet.

Poecilocera, Burm.

Handb. d. Entom. II. p. 621.

Phymateus (Thunb.) et *Poekilocerus*, Serv.

53. *Poecilocera morbillosa*, Lin.

Gryllus morbillosus, Linné, Mus. Ludov. Ulric. No. 141. — Syst. nat. p. 701. No. 34.
Gryllus morbillosus, Fabricius, Entom. syst. II. p. 50. No. 16. — Roesel, Insektenbelustigung II. Tab. XVIII. Fig. 6.
Gryllus morbillosus, Stoll, Représent. d. Sauterelles. p. 7. pl. IIb. Fig. 3, 4.
Poecilocera morbillosa, Burmeister, Handb. d. Entom. II. p. 622. No. 4.
Phymateus morbillosus, Serville, Hist. nat. d. Orthopt. p. 625. No. 1.

Var. *Prothorace viridi, rubro-verrucoso, pedibus viridi-flavis, granulis nigro-cyaneis.*

Gryllus verrucosus, Stoll, Représent. d. Sauterelles. p. 9. pl. IIb. Fig. 6.

Ein am See Jipe (December 1862) angetroffenes Paar dieser Art gehört der Färbungs-Varietät *P. verrucosa*, Stoll an.

54. *Poecilocera aegrota*, n. sp.

Pallide testacea, antennis alarumque radice nigris, abdominis dorso fusco-signato: pronoti parte antica fortiter bisinuata, basali excavata et elevato-marginata, alis posticis basi roseis, extus fusco-conspersis. Long. corp. 64, expans. alar. 100 mill. ♀.

Der vorhergehenden Art in Grösse und Gestalt nahe verwandt, aber sowohl durch die Skulptur des Prothorax wie in der Körperfärbung wesentlich verschieden. An dem einzigen, längere Zeit in Weingeist conservirten Exemplar sind Kopf und Brust nebst Hüften und Schenkeln weisslich gelb, fast mehlweiss, der Stirnfortsatz, die Erhabenheiten des Pronotum und die Kniee orangeroth. Fühler mit Ausnahme der beiden rothgelben Basalglieder schwärzlich pechbraun. Das Pronotum zwischen dem Vorderrand und der ersten Einschnürung jederseits nur mit einem grossen und dicken, zwischen der ersten und zweiten mit einem kleineren kegelförmigen Wulst; der dritte Abschnitt von einem wulstig verdickten, beiderseits etwas eingekerbten Rande umgeben, auf der leicht ausgehöhlten, nach hinten allmählich ansteigenden Fläche dicht punktirt. Beide Flügelpaare mit schwärzlichem Wurzelfleck, die vorderen strohgelb mit licht röthlichem Anflug an der Spitze und im Randfelde, die licht gelben Queradern fleckig gesäumt; Hinterflügel mit blass rosenrother Basis, im Randfelde und der Peripherie des Hinterfeldes mit braunen Flecken gescheckt, welche je zwischen zwei Queradern im Centrum der Zellen stehen. Die beiden hinteren Thoraxringe oberhalb gebräunt, die Hinterleibsringe beiderseits von der Mittellinie in Form von Querbinden braun gefleckt. Hinterschienen nebst Dornen licht rostroth, letztere mit pechbrauner Spitze.

Die Art wurde in einem einzelnen weiblichen Exemplare von R. Brenner im Somali-Lande (1° 48′ nördl. Br.) aufgefunden.

55. *Poecilocera calliparea*, Schaum.

Poecilocerus calliparea, *Schaum, Insekt. v. Mossamb. p. 130. Taf. VIIa. Fig. 2.
Poecilocera picta, Burmeister, Handb. d. Entom. II. p. 623. No. 7. (excl. synon.)

Es liegen zwei männliche Individuen von Mombas (December 1862) vor, welche mit denjenigen von Mosambik durchaus übereinstimmen.

56. *Poecilocera atriceps*, n. sp.

Pallide straminea, abdomine pedibusque nigro-variis, capite antennisque atris, ferrugineo-pictis: elytris alisque testaceis, fusco-lineatis, corpore plerumque multo brevioribus. Long. corp. 26—42, elytr. 5—30 mill. ♂♀.

Der *Poecil. roseipennis*, Serv. (Hist. nat. d. Orthopt. p. 599. No. 4.) nahe verwandt, auch von ähnlichem Colorit des Kopfes, der Fühler und Beine; besonders bemerkenswerth durch die nach den Individuen auffallend schwankende Längsentwickelung der Flugorgane. Kopf oberhalb etwas dicker als bei der genannten Art, mit länglicheren und flacher gewölbten Augen, aber gleich geformtem Stirnfortsatz; das Hinterhaupt auf tief kohlschwarzem Grunde der Länge nach rostgelb punktirt. Stirn, Backen, Clypeus und Mundtheile in gleicher Weise wie bei *Poecil. roseipennis*, nur heller rostgelb gezeichnet. Fühler nicht mennigroth, sondern goldgelb geringelt. Prothorax massiger, nach vorn weniger verengt, mit deutlicheren Querfurchen und feinerer Skulptur der Oberfläche. Deckflügel bei der Mehrzahl der Individuen nur bis zum zweiten Hinterleibsringe reichend, in diesem Fall licht strohgelb mit dunkel gefärbter Flügelsaumtaxe längs des Innenrandes; Hinterflügel bei derartigen Individuen ganz kurz, stummelförmig. Bei einem der vorliegenden Männchen erreichen die länger gestreckten Deckflügel den sechsten Dorsalring, bei einem einzelnen Weibchen sind sie nach beiden Dimensionen vollständig entwickelt und überragen sogar die Hinterleibsspitze. Bei diesem Exemplar sind auch die Hinterflügel vollkommen ausgebildet, aber nicht karmoisinroth, sondern gelblich, mit wässrig gebräunter Spitzenhälfte. Die Beine sind bald zum grössten Theil gelb, nur an den hinteren die Kniee und die Vorderseite der Schienen geschwärzt; bald die Schenkel und Schienen der beiden vorderen Paare reich schwarz marmorirt, an dem letzten die Spitzenhälfte der Schenkel schwarz liniirt und gefleckt, die Schienen vorn in weiterer Ausdehnung, die Spitze ihrer Dornen und die Oberseite der Tarsen tief schwarz. Hinterleib oberhalb mit dunklen Fleckenbinden an der Basis der einzelnen Ringe, die Valvulae der weiblichen Legescheide schwarz gestriemt.

Diese Art wurde von R. Brenner im Galla-Lande (1° 10' südl. Br.) aufgefunden; sie ist auch im südwestlichen Afrika (Herero) einheimisch.

Petasia, Serv.

Rev. méthod. d. Orthopt. 1831.

57. *Petasia Hecate*, n. sp.

Taf. II. Fig. 6.

Supra cum pedibus elytrisque sordide brunnea, alis saturate fuscis, cyaneo-micantibus, pectore abdomineque nigris, nitidis, hujus dorso utrinque late miniaceo. Long. corp. 29, expans. alar. 54 mill. ♀.

Beträchtlich kleiner als *Pet. spumans*, Thunb., mit welcher sie die eigenthümliche Form der weiblichen Vagina gemein hat, während sie durch den einfacher gebildeten Prothorax, die den Hinterleib ganz bedeckenden Elytra u. s. w. mehr an die Poecilocera-Arten aus der Gruppe der *Poec. bufonia*, Klug erinnert. — Dem einzigen vorliegenden Exemplare fehlt der Stirnfortsatz und die Fühler; Stirn, Clypeus und Backen sind auf schwarzem Grunde gelb getüpfelt, die Oberlippe und Mundtheile rein schwarz; das vordere Stirnauge deutlich ausgebildet. Hinterkopf und Pronotum gelblich braun, letzteres gegen die Seitenränder hin heller getüpfelt, oberhalb ziemlich gleichmässig runzlig punktirt, auf der vorderen Hälfte nur mit zwei queren, fast halbkreisförmigen, hinterwärts mit drei der Länge nach verlaufenden schwachen Kielen; die Einschnürungen wenig deutlich, der Hinterrand stumpf dreieckig ausgezogen. Meso- und Metathorax oberhalb braun mit gelben Tüpfeln, der Mesothorax unter der Flügeleinlenkung mit grossem, rostfarbenem Fleck; Brusttheil tief und glänzend schwarz, glatt, seitlich gelb getüpfelt, vor dem Hinterrand mit rothgelbem Mittelfleck. Deckflügel licht und fahl braun, von der Farbe dürren Holzes, leicht streifig gefleckt; Hinterflügel gleichmässig und intensiv schwarzbraun, mit blauem Metallschimmer, im Analfelde die Längs- und Queradern lichter, wässrig braun umflossen. Beine von der Färbung des Thorax, Hinterschienen nebst Tarsen fast ganz dintenschwarz. Hinterleib mit schneckenförmiger, am Endrande der einzelnen Ringe zahnartig eingekerbter Mittelkante, glänzend schwarz, jederseits mit grossem zinnoberrothem Fleck, welcher von der Basis des zweiten bis zur Spitze des sechsten Ringes reicht. Die hinteren Ringe gleich der Bauchseite auf schwarzem Grunde gelb getüpfelt, die Endränder der zweiten bis sechsten Ventralschiene rothgelb.

Von Endara (Mitte Decembers 1862).

Sphenarium, Charp.

Orthopt. descript. et depict. 1841.

58. *Sphenarium pulchripes*, n. sp.

Taf. II. Fig. 7.

Apterum, olivaceum, flavo-variegatum, facie et pronoti margine laterali vitellinis, capitis fastigio, femoribus anterioribus tibiisque omnibus cinnabarinis, antennis, genubus tarsisque nigris. Long. corp. 23 mill. ♀.

Von den bisher bekannten, sämmtlich aus Mexico stammenden Arten der Gattung durch den in der Mitte weniger verbreiterten Körper habituell etwas abweichend, überdies — wenigstens im weiblichen Geschlecht — vollständig flügellos; sonst in allen generischen Eigenthümlichkeiten mit ihnen übereinstimmend. — Am Kopf sind Stirn, Backen und Clypeus intensiv guttgelb, glatt und glänzend, verloschen punktirt, der Oberkopf beiderseits olivenbraun, in der Mitte nebst dem kurzen, stumpf abgerundeten und flachen Stirngipfel zinnoberroth. Oberlippe und Taster olivenfarbig, Fühler schwarz mit grünlichem Schimmer, die Glieder vom vierten bis zum vorletzten quadratisch, dicht punktirt, das Endglied fast so lang wie die vier vorhergehenden zusammengenommen; die Vorderseite des dritten und die Spitze des Endgliedes dunkel blutroth. Prothorax kürzer als an der Basis breit, nach vorn allmählich, aber ziemlich stark verengt, der Hinterrand in der Mitte eingekerbt und jederseits Sförmig geschwungen, die drei Querfurchen auf der dicht körnig gerunzelten Oberfläche nur schwach ausgeprägt; mit Ausnahme des guttgelben Seitenrandes olivenfarben. Dasselbe Colorit zeigen auch die beiden hinteren Thoraxringe und das Abdomen, dessen einzelne Ringe jedoch einen licht dottergelben, beiderseits etwas breiteren Saum haben. An den beiden vorderen Beinpaaren sind Schenkel und Schienen mit Ausnahme der Spitze ganz mennigroth, an den Hinterbeinen ausser den Schienen nur die Kanten der Schenkel in der Nähe des Knies; sonst sind die Hinterschenkel ausserhalb guttgelb, unterhalb grünlich grau. Die neun Dornenpaare der Hinterschienen klein, blass grünlich gelb mit bräunlicher Spitze. Legescheide des Weibchens schwärzlich bleifarben mit olivengrüner Basis, Lamina supraanalis von der Form eines scharf zugespitzten, fast gleichseitigen Dreiecks.

Das einzige vorliegende Exemplar stammt vom Kilimandscharo, wo es von Dr. Kersten (Ende Decembers 1862) in einer Höhe von 8000' gefunden wurde.

Chrysochraon, Fisch.

Orthopt. Europ. p. 307.

59. *Chrysochraon dasycnemis*, n. sp.

Taf. III. Fig. 2 u. 2a.

Gracilis, pronoti carinis integris, antennis pedibusque posticis elongatis, illis nigris, basin versus compressis et ferrugineis, horum tibiis dense pilosis femoribusque apicem versus miniaceis, genubus fuscis; corpore elytrisque testaceis, alis posticis hyalinis, prothoracis vittis duabus femorumque posticorum litura externa nigricantibus. Long. corp. 21–23½, c. elytr. 27, usque ad femor. postic. apicem 31 mill. ♂.

Von den bekannten europäischen Arten der Gattung durch schmaleren Oberkopf, länglichere und mehr convergirende Augen, stärker zurückweichendes Gesicht, vollständig entwickelte Flugorgane und länger gestreckte Fühler und Hinterbeine abweichend, daher vielleicht von denselben generisch zu trennen. — Körper nebst den Deckflügeln und den beiden vorderen Beinpaaren licht ockerbraungelb, auf Kopf und Thorax matt, glanzlos. Gesichtsfläche punktirt, die Kiele scharf, die beiden mittleren gegen die Fühlerinsertion hin stark genähert. Fühler reichlich von dreifacher Kopf- und mehr als halber Körperlänge, vom zweiten Drittheil an schwärzlich pechbraun, ihre Basis gleich dem Stirnfortsatz licht rostroth, das dritte bis siebente Glied erweitert und flachgedrückt. Eine jederseits hinter den Augen beginnende schwärzliche Längsbinde setzt sich an der Aussenseite der Seitenkiele über die ganze Länge des Pronotum fort und wird durch diese, welche gleich dem Mittelkiel bis zur Basis durchgehen, nach oben scharf abgegrenzt. Der hinter der dritten Querfurche liegende Theil des Pronotum ist tiefer und mehr netzartig punktirt als der vordere, der Hinterrand in leichtem Bogen gerundet. Die schmalen Deckflügel überragen die Spitze des Hinterleibes und sind an der Basis des Mittelfeldes striemenartig geschwärzt; Hinterflügel hyalin mit bräunlichem Geäder. Hinterschenkel weit über die Spitze der Deckflügel hinaus verlängert, rostgelb mit pechbraunem Längswisch der Aussenseite, gegen die Spitze hin gleich Schienen und Tarsen mennigroth, die Kniee stark gebräunt. Hinterschienen noch ein wenig länger als die Schenkel, ihre bis zum obersten Drittheil hinaufreichenden feinen Dornen röthlich gelb mit schwarzer Spitze, die sich auf die ganze Länge erstreckende dichte Behaarung rein weiss. Hinterleib bis zum siebenten Ringe gekielt, glatt und glänzend, an der Spitze punktirt und dicht weisshaarig; gleich dem Bauch sind auch das Gesicht, die Brust und die vorderen Beine an Schienen und Tarsen sparsam weiss behaart. Gehöröffnung des ersten Ringes gross, rundlich, senkrecht, das glashelle Tympanum dagegen schräg nach innen gerichtet. Raife glatt, lebhafter gelb, die Lamina supraanalis stumpf eiförmig, die Lamina subgenitalis kurz, kahnförmig, an der Spitze abgestumpft.

Im männlichen Geschlecht von Mombas (Mitte Septembers 1862) vorliegend.

60. *Chrysochraon semicarinatus*, n. sp.

Pronoti carinis lateralibus abbreviatis, femoribus posticis elytrorum apicem haud superantibus: rufo-ferrugineus, opacus, prothoracis lateribus, genubus elytrorumque area discoidali infuscatis, tibiis posticis fulvis, parce pilosis. Long. corp. 15—16, c. elytr. 18—21 mill. ♂.

Kleiner und weniger schlank als die vorhergehende Art, durch die kürzeren Hinterbeine, die in der Mitte abgebrochenen Seitenkiele des Pronotum und durch die Färbung abweichend. Die Augen ebenso stark convergirend, aber kürzer, die Fühler kaum von halber Körperlänge und an der Basis wenig erweitert, der Stirnfortsatz etwas spitzer, das Gesicht weniger stark zurückweichend, seine Kiele stumpfer und mehr aufgewulstet. Auf dem Pronotum reichen die Seitenkiele nur bis zur hinteren Querfurche, während der Mittelkiel ganz durchgeht; der dicht runzlig punktirte hintere Theil ist fast so lang wie der zwischen dem Vorderrand und der dritten Querfurche liegende, der Hinterrand stumpf dreieckig ausgezogen. Eine etwas dunklere Binde jederseits von den Seitenkielen ist in der Mitte der Länge fleckenartig gebräunt; an den Deckflügeln das Rand- und Analfeld licht rostgelb, das Diskoidalfeld dagegen graubraun getüncht. Der Vorderrand der Hinterflügel ist vor der Spitze schwielig verdickt und daselbst pechschwarz. Die kaum bis zur Spitze der Deckflügel reichenden Hinterschenkel sind bis auf die schwärzlichen Kniee und eine basale Längsstrieme der Aussenseite rostfarben, die Hinterschienen satt gelb, dünn und sparsam weiss behaart, ihre Dornen mit pechbrauner Spitze. Die Lamina subgenitalis des Männchens schärfer gekielt und zugespitzt als bei der vorhergehenden Art.

Gleichfalls nur Männchen vorliegend; bei Wanga im Herbst 1863 aufgefunden.

Paracinema, Fisch.

Orthopt. Europ. p. 312.

61. *Paracinema bisignatum*, Charp.

Gryllus bisignatus, Charpentier, Horae entomol. p. 133. — Rambur, Faune entom. de l'Andalousie p. 92. No 17.
Oedipoda bisignata, Serville, Hist. nat. d. Orthopt. p. 738. No. 23. — Charpentier, Orthopt. descript. et depict. Tab. 55. (♂ ♀).
Acridium bisignatum (♂) et *viridulum* (♀), Costa, Fauna del regno di Napoli. Tab. V. Fig. 3, 4.
Paracinema bisignatum, Fischer, Orthopt. Europ. p. 313. No. 1. Tab. XVI. Fig. 5.

Von dieser über das ganze südliche Europa verbreiteten Art liegt ein auf Sansibar erbeutetes Weibchen vor. Da ausserdem Exemplare vom Kap, aus Mossambik und aus dem Herero-Lande bekannt sind, so scheint die Art sich über ganz Südafrika auszudehnen.

Epacromia, Fisch.

Orthopt. Europ. p. 360.

62. *Epacromia thalassina*, Fab.

Gryllus thalassinus, Fabricius, Entom. syst. II. p. 57. No. 48. — Charpentier, Horae entom. p. 139. Tab. 2. Fig. 6. und Tab. 4. Fig. 3. (♂ ♀.)
Gomphocerus thalassinus, Burmeister, Handb. d. Entom. II. p. 647. No. 1.
Oedipoda thalassina, Serville, Hist. nat. d. Orthopt. p. 740. No. 25. — Fischer v. Waldheim, Orthopt. Ross. p. 301. No. 20. Tab. 23. Fig. 6.
Epacromia thalassina, Fischer, Orthopt. Europ. p. 361. No. 1. Tab. XVII. Fig. 14.

Auch diese Art ist über das ganze südliche Europa und in Afrika von Egypten bis zum Kap verbreitet. Zwei von Mombas stammende weibliche Individuen sind gleich den kapensischen von geringerer Grösse und unscheinbarerer Färbung der Deckflügel und Hinterschienen als die an den Mittelmeerküsten vorkommenden.

Oedipoda, Latr.

Fam. nat. d. règne animal. 1825.

63. *Oedipoda strigata*, Serv.

Oedipoda strigata, Serville, Hist. nat. d. Orthopt. p. 725. No. 7.

Var. *Alarum posticarum basi sulphurea.*

Einige von Mombas und Wanga (Herbst 1863) stammende Exemplare gehören der von Serville beschriebenen Farben-Varietät mit intensiv zinnoberrother

Basis der Hinterflügel an, welche auch am Kap einheimisch ist. Sonst variirt auch diese durch die auffallende Längsrippen-Skulptur des Pronotum leicht kenntliche Art im Colorit der Hinterflügel gleich verschiedenen anderen Arten der Gattung beträchtlich. Neben Individuen mit blassrothem Wurzelfelde der Hinterflügel kommen auch solche mit schwefelgelbem vor und zwar scheint diese Färbung den senegambischen, egyptischen und syrischen Exemplaren sogar vorwiegend eigen zu sein.

64. *Oedipoda longipes*, Charp.

Oedipoda longipes, Charpentier, Orthopt. descript. et depict. Tab. 54. — Fischer, Orthopt. Europ. p. 401. No. 2.

Var. *Alis posticis nigro-fasciatis, basi roseis.*

? *Oedipoda concinna*, Serville, Hist. nat. d. Orthopt. p. 730. No. 14.

Einige zwischen Endara und Kiriama (December 1862) und auf Sansibar (December 1863) gefangene Exemplare weichen von der durch Charpentier treffend abgebildeten *Oedipoda longipes* nur durch die Färbung der Hinterflügel ab. Letztere sind an der Basis nicht schwefelgelb, sondern karmoisinroth und bei der Mitte mit einer den Vorderrand nicht erreichenden schwarzen Bogenbinde gezeichnet. Ob auf solche Exemplare Serville's *Oedipoda concinna* bezogen werden kann, ist in sofern zweifelhaft, als bei dieser gerade — abweichend von *Oedip. insubrica* — die schwarze Binde den Vorderrand der Hinterflügel erreichen soll. — Uebereinstimmende Exemplare mit denjenigen von Sansibar liegen vom Kap, aus Egypten und Arabien vor, die gelbe Varietät auch aus Südeuropa; die Art hat mithin eine gleich ausgedehnte Verbreitung wie die drei vorhergehenden.

65. *Oedipoda vulnerata*, de Haan.

Brunnea, antennis nigro-variis, pronoto subtiliter tricarinato et ante medium quadri-tuberculato, elytris fusco-bifasciatis, alis cinereis, late fusco-limbatis, ima basi laete sulphureis. Long. corp. 18—19½, expans. alar. 38 milll. ♀.

Acridium (Oedipoda) vulneratum, de Haan, Bijdrag. tot de kennis der Orthoptera. p. 152. pl. 21, Fig. 13.

Von de Haan wurden javanische Exemplare dieser durch die Kiel- und Höckerbildung des Pronotum leicht kenntlichen Art unter dem Namen *Oedipoda verticalis* versandt. Dieselbe ist ausser auf den Sunda-Inseln (u. a. Borneo) auch auf den Philippinen, in Hinter-Indien und China einheimisch, nach zwei vorliegenden weiblichen Exemplaren von Sansibar (März 1863) jedoch selbst bis nach der Ostküste Afrikas verbreitet. Letztere lassen keinerlei plastische Unterschiede von den Exemplaren der Sunda-Inseln und Philippinen erkennen und stimmen auch in der charakteristischen Färbung und Zeichnung der Deckflügel und der Hinterbeine vollkommen überein. Nur die Basis der breit und satt braun gesäumten Hinterflügel ist intensiv guttgelb gefärbt.

Chorœtypus, de Haan.

Bijdrag. tot de kenn. d. Orthopt. p. 164

Chorœtypus, Serv.

66. *Chorœtypus hippiscus*, n. sp.

Taf. II. Fig. 8.

Apterus, pallide flavus, pronoti crista superiore regulariter arcuata, angustissime nigra, margine postico oblique truncato, pedibus anterioribus simplicibus, femoribus posticis fortiter foliaceo-dilatatis. Long. corp. 15, usque ad femor. postic. apicem 18 mill. ♀.

Nach der vollkommenen Ausbildung der weiblichen Legescheide scheint das einzige vorliegende Exemplar trotz des vollständigen Mangels der Flugorgane das geschlechtsreife Stadium zu repräsentiren. Die Farbe desselben ist nach längerer Aufbewahrung in Weingeist durchgehends blassgelb, nur die obere Schneide des Pronotum schmal tiefschwarz gesäumt. Die zehngliedrigen Fühler sind im Verhältniss zu ihrer Kürze ziemlich derb, das zweite, vierte und achte Glied sogar kürzer als breit. Die Stirn erscheint durch eine bis auf den Clypeus hinabreichende mittlere Längsfurche in zwei Hälften getheilt, flach, fein ciselirt. Der Vorderrand des Pronotum ist leicht *S* förmig geschwungen, im Bereich der unteren Hälfte übrigens mit dem Profil des Gesichts parallel laufend; die obere Schneide in leichtem und regelmässigem Bogen gerundet, der Hinterrand unter einem scharfen Winkel schräg nach vorn und unten hin abfallend. An den beiden vorderen Beinpaaren sind sowohl Schenkel als Schienen einfach, linear, die Hinterschenkel stark blattartig erweitert, von der Seite gesehen ein langgestrecktes Oval darstellend, ihr Oberrand gegen die Spitze hin am breitesten und bis jenseits der Mitte fein sägezähnig. Hinterschienen linear, ohne blattartige Ausbreitungen, zwischen den längeren schwarzspitzigen Dornen der Innenreihe fein behaart.

Von Mombas.

Pamphagus (Thunb.), Burm.

Handb. d. Entom. II. p. 613.

67. *Pamphagus atrox*, n. sp.

Taf. II. Fig. 9.

Brunneus, testaceo-griseoque varius, undique granulatus, antennarum articulis 3.—9. dilatatis, nigricantibus, pronoti crista utrinque profunde trifoveata, basin versus oblique truncata, femoribus posticis supra acute serrato-dentatis. Long. corp. 47 mill. ♀.

Das allein vorliegende Weibchen steht in Grösse, Gestalt und Fühlerbildung dem *Pamph. haploscelis*, *Schaum (Insekt. v. Mossamb. p. 142. Taf. VII a. Fig. 11) am nächsten, unterscheidet sich aber von demselben nicht nur durch die mehr buntscheckige Färbung des Körpers, sondern auch durch die tiefen grubenförmigen Eindrücke zu beiden Seiten des hohen Prothoraxkammes, den steileren hinteren Abfall des letzteren gegen den Mittelrücken hin, die sehr viel gröbere Granulation der ganzen Körperoberfläche und die höhere und schärfer gezähnte obere Schneide der Hinterschenkel. Der Kopf ist deutlich breiter, die Augen seitlich stärker hervortretend, der Stirnfortsatz kürzer und stumpfer abgerundet, die Granulation hinter den Augen zu einigen leistenartigen, convergirenden Längsrunzeln zusammenfliessend. Die Fühler sind zwölfgliederig, das dritte bis neunte Glied stark verbreitert, flachgedrückt, auf schwärzlichem Grunde weiss granulirt, der Rand gelblich; das vierte und fünfte sehr kurz, das achte am grössten, fast so lang wie das vierte bis sechste zusammengenommen; die drei Endglieder deutlich abgesetzt, schmal, das letzte spindelförmig. Eine bereits auf den Backen beginnende graugelbe Seitenbinde setzt sich über die ganze Länge des Prothorax fort und ist nach oben und unten gegen die rothbraune Grundfarbe scharf abgegrenzt. Der hohe Mittelkamm zeigt auf jeder Seite seines Absturzes drei auf einander folgende grubenartige Eindrücke, fällt im Bereich des letzten derselben gegen den Hinterrand ziemlich steil ab und zeigt hier an seiner sonst glatten Schneide einige scharf hervorspringende Zähne. Die Hinterschenkel sind mit einem ansehnlich hohen, fast eine gerade Linie darstellenden oberen Kamm versehen, welcher mit fünfzehn sehr scharfen, gegen die Spitze hin allmählich stärker und breiter werdenden Zähnen bewehrt ist; ihre Aussenfläche wird von starken, netzartig verbundenen Leisten durchzogen, ihr Unterrand ist mit neun schwächeren Zähnen besetzt. Hinterschienen mit zehn Dornenpaaren. Der Rückenkiel des Hinterleibes erhebt sich am Hinterrand der einzelnen Ringe zu einem scharfen, schräg aufgerichteten Zahne; auf den beiden vordersten zeigt sich ausserdem jederseits ein flacher Höcker. Die Valvulae der weiblichen Legescheide sind licht rostgelb mit pechbrauner Spitze.

Bei Endara Mitte Decembers 1862 gefangen.

Acridium, Serv., Burm.

Acrydium, Geoffr.

68. *Acridium aeruginosum*, Stoll.

Gryllus aeruginosus, Stoll, Represent. d. Spectres. pl. XIVb. Fig. 52.
Acridium aeruginosum, Burmeister, Handb. d. Entom. II. p. 630. No. 8.

In beiden Geschlechtern bei Mombas (Ende Augusts 1862) und auf Sansibar (März 1863) gefangen. Die Art ist über einen grossen Theil Afrikas mit Einschluss der Komoren bis nach Arabien, Ostindien und Ceylon (Nietner in Mus. Berol.) verbreitet.

69. *Acridium Deckeni*, n. sp.

Taf. III. Fig. 3.

Pronoto, elytris pedibusque laete viridibus, capite abdomineque fulvis, antennis alisque sulphureo-flavis; pronoti crista media margineque laterali croceis, vitta laterali lata ochracea, tarsis posticis sanguineo-tinctis, elytrorum margine interno albido. Long. corp. 58, expans. alar. 136 mill. ♀.

Durch den stark entwickelten, hakenförmig gekrümmten Prosternalzapfen in die Gruppe des *Acrid. flavicorne*, Fab. (*Gryll. flavicornis*, Entom. syst. II. p. 52. No. 23) gehörend und dieser Art auch in der Färbung der Fühler, des Körpers und der Deckflügel nahestehend, aber durch das schwächer gekielte und oberhalb nicht gerunzelte Pronotum, die Färbung der Hinterflügel, der Hinterschienen u. s. w.

abweichend. – Kopf mit Einschluss der Mundtheile gelblich, Stirnfortsatz und mittlere Stirnleiste matt grün; Fühler licht schwefelgelb mit rostfarbener Spitzenhälfte. Prothorax licht grasgrün, der Basalsaum und eine dem Mittelkiel entsprechende schmale Rückenstrieme in scharfer Abgrenzung orangegelb, eine breite, fast durchgehende Binde jederseits so wie die Hinterwinkel ockergelb. Der Mittelkiel ziemlich stumpf, glatt und glänzend, durch die gewöhnlichen drei Querfurchen nur mässig eingekerbt, die Oberfläche ohne Runzeln, nur mit ganz vereinzelten glatten Pünktchen besetzt. Prosternalzapfen der Mittelbrust aufliegend. Deckflügel spangrün mit durchscheinendem Spitzendritttheil, der Innenrand (Analfeld) scharf abgesetzt gelblich weiss. Hinterflügel hyalin, aber durch die intensiv goldgelben Längs- und Queradern schwefelgelb erscheinend. Die beiden vorderen Beinpaare durchaus gelblich grün, die hinteren lebhaft spangrün mit perlweisser Aussenseite der Schenkel, welche gegen die Basis hin oberhalb eine tief schwarze Strieme führen; Kniee etwas gebräunt, Schiendornen bläulich grün mit rothbrauner, schwärzlich endigender Spitze, die vier Enddornen nebst den Fusslappen, dem Arolium und den Fussklauen blutroth. Brust blass olivenfarben, Hinterleib glänzend und einfarbig braungelb; Lamina supraanalis herzförmig, stumpf zugespitzt, zerstreut punktirt, in der Mitte der vorderen Hälfte mit einer mittleren Längsgrube.

Ein in seiner natürlichen Färbung sehr schön erhaltenes Weibchen wurde Ende Augusts 1862 bei Mombas erbeutet.

Catantops, Schaum.

Insekt. v. Mossamb. p. 134.

70. *Catantops decoratus*, n. sp.

Taf. III. Fig. 4.

Capite, prothoracis dorso elytrorumque area anali ferrugineis, vitta laterali obliqua, ab oculis ad coxas posticas usque continuata nigro-fusca, flavo-limbata: alis posticis basin versus luteis, femoribus posticis testaceis, genubus marginibusque nonnullis internis atris, tibiis nigro-variis, basin versus flavo-annulatis. Long. corp. 25, expans. alar. 42–44 mill. ♀.

Fast von der Grösse des *Catant. melanostictus*, Schaum (Insekt. v. Mossamb. p. 134. Taf. VIIa. Fig. 5), mit diesem auch in der Kopf- und Thoraxbildung genau übereinstimmend, dagegen durch etwas kürzere, die Hinterleibsspitze kaum überragende Deckflügel, kürzere und breitere Hinterschenkel, den gegen die Basis hin deutlich verengten Prosternalfortsatz, so wie endlich in der Färbung und Zeichnung abweichend. – Kopf licht rostfarben mit gelblichen Backen und Mundtheilen und leicht gebräuntem Scheitel; Fühler gelb mit bräunlicher Spitzenhälfte. Prothorax nebst dem Analfelde der Deckflügel, welche im Uebrigen graubraun gefärbt sind, rehfarben, beiderseits mit einer breiten und schrägen, vom Hinterrand der Augen gegen die Hinterhüften hinabsteigenden Binde von tief chokoladbrauner Farbe, welche in scharfer Abgrenzung ober- und unterhalb goldgelb gesäumt ist. Auch auf den Deckflügeln ist das lichte Analfeld gegen den dunkleren vorderen Theil durch eine feine gelbe Linie abgegrenzt. Hinterflügel an der Basis intensiv orangegelb mit gleichfarbigem Geäder, längs des Vorderrandes und über die grössere Aussenhälfte hin wässerig gebräunt, die Queradern hier sämmtlich, die Längsadern wenigstens der Mehrzahl nach schwärzlich. Die beiden vorderen Beinpaare licht rostfarben mit schwarzer Längsstrieme an der Innenseite; Fussklauen gelb mit schwarzer Spitzenhälfte, Arolium rostbraun. Hinterschenkel licht rostfarben mit gelber Basis und Unterseite, das Kniegelenk und zwei Flecke der Innenseite tief dintenschwarz; Hinterschienen gleich unterhalb der Basis mit breitem hellgelben Ringe, sonst auf rostgelbem Grunde überwiegend schwarz gescheckt; Dornen (innen zu 10, aussen zu 8) schwarz mit gelber Basis. Hinterleib gleich der Brust erdfarben, glänzend, mit pechschwarzer, nach hinten in Flecke aufgelöster Rückenstrieme; die oberen Valvulae der weiblichen Legescheide auf der Rückenfläche gebräunt.

Von Endara (Mitte Decembers 1862) und Uru (Mitte Novembers 1862). Uebereinstimmende Exemplare liegen vom Kap (Drege in Mus. Berol.) vor.

Stenocrobylus, nov. gen.

Oculi supra fere contigui, vertex angustissimus; frons parum declivis. Pronoti carina media obsoleta, laterales nullae. Prosterni processus subcompressus, apice fere bilobus. Elytra linearia, alae amplae. Pedes postici validi, parum elongati.

Die Gattung hält in mehrfacher Beziehung zwischen *Calantops* und *Caloptenus*, Burm. (*Calliptamus*, Serv.) die Mitte. Ersterer nähert sie sich durch die Form des Prosternalfortsatzes, durch den Mangel der Seitenkiele des Pronotum, durch die linearen und ungescheckten Deckflügel, letzterer durch das weniger abschüssige Gesicht, die kurzen und gedrungenen Hinterbeine, die ähnlich gebildeten Genitalringe u. s. w. Von beiden ist sie sehr auffallend durch die nach oben einander stark genäherten Augen, welche den zwischen ihnen liegenden Theil des Scheitels auf eine sehr schmale Brücke reduciren, unterschieden. Uebrigens steckt der verhältnissmässig kurze Kopf fast bis zum Hinterrande der Augen im Prothorax, worin gleichzeitig eine wesentliche Abweichung von *Oxya*, Serv. besteht. Der kleine, stumpf lanzettliche Stirnfortsatz hat eine fast horizontale Richtung und lehnt sich dem Vorderrande der Augen an. Der Prothorax ist bis zur dritten Querfurche gleich breit und fast drehrund, in seinem hinteren Theil leicht erweitert. Die Hinterflügel erscheinen im Gegensatz zu den sehr schmalen, langgestreckten Deckflügeln auffallend breit.

71. *Stenocrobylus cervinus*, n. sp.

Taf. III. Fig. 6.

Supra cum elytris cervinus, subtus testaceus, capite et pronoto confertim punctatis, alis hyalinis, fusco-venosis, marginibus infumatis, pedum posticorum geniculis nigris, tibiis tarsisque miniaceis. Long. corp. 24—32, expans. alar. 46—63 mill. ♂ ♀.

Von fahl gelbbrauner Körperfärbung. Gesicht, Hinterhaupt und die ganze Oberfläche des Prothorax narbig punktirt, auf letzterem jedoch der vordere Theil bis zur dritten Querfurche viel gröber und unregelmässiger als der Sattel, zuweilen auch mit zwei schmalen schwarzen Längsstriemen gezeichnet. Die linearen Deckflügel an der Basis pergamentartig verdickt, sehr dicht netzartig gegittert, von Körperfarbe; die Hinterflügel an der Basis glasartig durchscheinend, ungefärbt, längs des Aussenrandes auch abgesehen von der dunklen Aderung braungrau, wie angeraucht. Die kurzen und dicken Hinterschenkel erreichen nicht die Leibesspitze, sind aussen schwarz punktirt, innen mit zwei pechbraunen Bindenflecken versehen und an jeder Seite der aufgetriebenen Kniee dintenschwarz getüncht. Die Hinterschienen fast um ein Drittheil kürzer als die Schenkel, mennigroth mit gelblicher Basis und schwarzem Kniepunkt, die Spitze der Dornen gleichfalls geschwärzt; an den Hintertarsen die beiden ersten Glieder roth, das letzte nebst der Basalhälfte der Fussklauen rostgelb. Hinterleib gleich der Brust lichter als der übrige Körper, mehr scherbengelb, bis zum sechsten Rückenhalbringe gekielt, die Lamina supraanalis des Männchens pechbraun mit gelber Mitte, an der Basis beiderseits aufgewulstet, ihr Mittelkiel gegen die Basis hin gegabelt. Die Lamina subgenitalis kahnförmig, scharf gekielt und zugespitzt, auf der Grenze zu der unteren Fläche hin beiderseits grubig ausgehöhlt; Raife zangenartig gegen einander gekrümmt, gegen das Ende hin verschmälert. Die oberen Valvulae der weiblichen Legescheide mit ausgehöhlter, schräg abfallender hinterer Hälfte, an der Spitze geschwärzt.

Bei Wanga im Herbst 1863 aufgefunden.

Caloptenus, Burm.

Handb. d. Entom. II. p. 637.

Calliptamus, Serv.

72. *Caloptenus plorans*, Charp.

Gryllus plorans, Charpentier, Hor. entom. p. 134.
Acridium plorans, Charpentier, Orthopt. descript. et depict. Tab. 47. — Serville, Hist. nat. d. Orthopt. p. 681. No. 46.
Caloptenus plorans, Fischer, Orthopt. Europ. p. 376. No. 1.

Ein weibliches Exemplar dieser weit verbreiteten Art wurde zwischen Endara und Kiriama im December 1862 gefangen. Ausser in Südeuropa und Nordafrika ist dieselbe auch in Japan, auf Ceylon (Nietner in Mus. Berol.) und in anderen Theilen Asiens einheimisch.

Ixalidium, nov. gen.

Corpus apterum. Capitis fastigium horizontale, transversum, rotundato-triangulare. Carinae frontales mediae approximatae, supra ocellum inferiorem unitae. Prothorax apicem versus angustatus, medio carinatus; processus prosternalis compressus, apice fere bilobus. Pedes postici minus elongati, femoribus dilatatis.

Die Gattung steht in nächster Verwandtschaft mit *Caloptenus*, Burm., *Platyphyma*, Fisch. und *Pezotettix*, Burm. (*Podisma*, Latr.), unterscheidet sich aber von allen dreien schon durch den gänzlichen Mangel der Flugorgane, überdies durch die Kopfbildung und die Form des Prosternalfortsatzes, von ersterer auch durch den Mangel der Seitenkiele auf dem Pronotum. Der Stirnzipfel liegt vollständig horizontal in der Scheitelebene, ist mehr denn doppelt so breit als lang, abgerundet dreieckig, flach und mit einem Mittelkiel versehen. Die vier Stirnleisten sind scharf ausgeprägt, die beiden mittleren einander stark genähert und über dem unpaaren Stirnauge fast aneinander stossend. Der nach vorn verschmälerte Prothorax ist gleich dem Hinterleib längs der Mitte gekielt, der Prosternalfortsatz breit, von vorn nach hinten lamellenförmig zusammengedrückt und durch eine

Ausrandung seiner Spitze zweilappig. Der Vorderrand der breiten und flachen Mittelbrust durch eine tiefe Furche abgesetzt, die verhältnissmässig kurzen und an der Basis erweiterten Hinterschenkel nicht über die Hinterleibsspitze hinausreichend.

73. *Ixalidium haematoscelis*, n. sp.

Taf. III. Fig. 6 u. 6a.

Testaceum vel rufo-ferrugineum, supra opacum, granulosum, femoribus posticis extus reticulatis, subtus cum tibiis miniaceis, harum spinis flavis, apice brunneis. Long. corp. 18 (♂) — 27 (♀) mill. ♂ ♀.

Stirn, Clypeus, Oberlippe und Mundtheile sind lichter gelb oder rostfarben als die Rückenseite des Körpers, erstere nebst den Backen dicht gedrängt, Clypeus und Oberlippe sperriger grob punktirt, etwas glänzend. Fühler von Körperfarbe. Von den drei Querfurchen des Pronotum durchschneidet nur die letzte den scharfen, aber nicht besonders hohen Mittelkiel, während die beiden vorderen seitlich abgekürzt erscheinen. Auf allen drei Thoraxringen sind besonders die Seitenflächen dicht und deutlich punktirt, während die Mitte des Rückens gleich dem Hinterleib mehr gerunzelt erscheint. Der Mittelkiel des Rückens setzt sich bis auf das neunte Segment fort, die Lamina supraanalis des Weibchens ist spitz dreieckig, der Länge nach tief gefurcht, die oberen Valvulae der Legescheide um die Hälfte länger als jene, oberhalb abgeflacht, lanzettlich, mit schwach aufgebogener Spitze. Unterseite des Hinterleibes und Brust glänzend und glatt, licht rostgelb. Vorder- und Mittelbeine nebst der Aussenseite der Hinterschenkel von Körperfarbe; letztere innen mit schwärzlichem Längswisch, unterhalb gleich den Hinterschienen lebhaft mennigroth. Die Basis und die Dornen der Hinterschienen goldgelb, letztere mit tief rothbrauner Spitze.

Bei Endara und auf den Bura-Bergen im December 1862 gesammelt.

Chrotogonus, Serv.

Hist. nat. d. Orthopt. p. 702.

74. *Chrotogonus hemipterus*, Schaum.

Chrotogonus hemipterus, *Schaum, Insekt. v. Mossamb. p. 143. Taf. VIIa. Fig. 18.

Die Art wurde bei Kiriama (December 1862), bei Mombas und auf Sansibar gesammelt und scheint hier ebenso häufig wie in Mosambik zu sein.

Hymenotes, Westw.

Proceed. zoolog. soc. of London. 1837. p. 129.

Chorophyllum, Serv. — *Xerophyllum*, Fairm.

75. *Hymenotes humilis*, n. sp.

Taf. III. Fig. 7.

Fuscus, granulosus, nigro-varius, opacus, pronoto parum elevato, apice recurvo et acuminato, utrinque acute carinato, abdominis parte posteriore libera. Long. corp. 19½ mill. ♂.

Dem *Hymen. arcuatus*, *de Haan (Bijdrag. tot de kennis d. Orthopt. p. 166. No. 4. pl. 22. Fig. 8.), mit welchem das von Fairmaire als Membracide beschriebene

Xerophyllum Servillei (Annal. soc. entom. de France. 2. sér. IV. p. 242. No. 1. pl. 4. Fig. 10) identisch zu sein scheint, näher als mit den beiden anderen bekannten Arten der Gattung aus Manilla und Cuba verwandt, jedoch auch von diesem durch die mehr an *Tettix bipunctata* erinnernde Prothoraxbildung wesentlich verschieden. Der Körper ist düster und matt braun, überall mit feinen weisslichen Körnchen bedeckt, der Kopf, die Seiten des Prothorax, die Beine und der Hinterleib schwarz gesprenkelt. Fühler gelbbraun mit schwärzlicher Spitze, Augen stumpf dreieckig, hinter die beiden mittleren Stirnleisten merklich zurücktretend, letztere bis zu Scheitelhöhe von einander getrennt, der aus ihnen hervorgehende Mittelkiel, wie gewöhnlich, oberhalb des Clypeus gablig getheilt. Prothorax über den Kopf hakenförmig hinweggezogen, der Mittelkiel scharf, aber kaum blattartig zusammengedrückt, von der Seite gesehen eine Sförmig geschwungene Linie beschreibend, deren hinteres Ende aufgerichtet ist. Von oben gesehen ist das Pronotum nach hinten dolchförmig zugespitzt, jederseits scharf gerandet, die letzten Hinterleibsringe frei lassend. Vorder- und Mittelbeine sind einfach, die Mittelschenkel mit scharfer Längsleiste an der Aussenseite; Schenkel und Schienen schwarz gebändert, Tarsen schwarz mit gelber Basis des dritten Gliedes (Hinterbeine fehlen). Hinterleib mit scharfem Rückenkiel auf den sechs ersten Ringen, oberhalb vorwiegend schwarz, seitlich gelbfleckig; Lamina subgenitalis des Männchens stumpf abgerundet, unterhalb mit scharfem Mittelkiel.

Nur ein einzelnes männliches Exemplar von **Mombas**.

Tetrix, Latr.

Hist. nat. d. Crust. et d. Insect. XII.

76. *Tetrix condylops*, n. sp.

Fusco-cinerea, pronoti vitta media cervina, vertice angusto, subexcavato, oculis globosis, prominentibus, ocellis magnis, alis pronoti apicem longe superantibus. Long. corp. 11, prothoracis 14, c. alis 17 mill. ♂.

Von der Grösse und annähernd auch von dem Körpermaasse der *Tetr. subulata*, Lin., von welcher sich die gegenwärtige Art jedoch durch die über die Spitze des Pronotum weit hinausragenden Hinterflügel so wie durch die Bildung des Kopfes und der Augen leicht unterscheiden lässt. Der Körper ist mit Einschluss der Beine graubraun, schwärzlich marmorirt, eine durchgehende mittlere Längsbinde des Pronotum rehfarben, das Gesicht licht gelblich grau (Fühler fehlen). Die Augen sind mehr als halbkuglig gewölbt, stark glotzend, der Scheitel zwischen ihnen kaum so breit als ihr Querdurchmesser und in gleicher Linie mit ihrem Vorderrande abgestutzt, oberhalb leicht ausgehöhlt und jederseits durch einen kleinen Vorsprung der Augen, welcher sich durch rein weisse Färbung und undeutliche Facettirung bemerkbar macht, ausgebuchtet. Die beiden sehr grossen oberen Ocellen treten frei vor der Abstutzung des Scheitels hervor, die mittleren Stirnleisten weichen dagegen nach oben zurück. Der Prothorax ist gegen den Kopf hin stärker verengt und durch die beiden vorderen Querfurchen deutlicher eingeschnürt als bei *Tetr. subulata*, die Seitenkiele über den Schultern schärfer gewinkelt, der Mittelkiel über der vorderen Einschnürung etwas höher, die Oberfläche nicht gleichmässig fein gekörnt, sondern nach vorn und besonders auf den

Seitenflächen uneben und warzig. Deckflügelstummel und Beine wie bei der genannten Art gebildet, die Hinterschienen nur mit sechs schwachen Dornenpaaren, der Metatarsus unterhalb zweimal zahnartig eingeschnitten. Hinterflügel die Spitze des Pronotum um 3 Mill. überragend, längs der Spitzenhälfte des Vorderrandes geschwärzt. Hinterleib auf licht grauem Grunde längs der Mittellinie und zu beiden Seiten — hier in Form einer breiten Binde — schwarz marmorirt; Legescheide des Weibchens ohne Auszeichnung.

Bei Wanga im Herbst 1863 gefangen.

Fam. Forficulina, Burm.

Brachylabis, Dohrn.

Stett. Entom. Zeit. XXV. p. 297.

77. *Brachylabis laeta*, n. sp.

Taf. III. Fig. 8.

Aptera, nigro-picea, capite laete rufo-ferrugineo, pedibus aurantiacis: abdominis segmentis dorsalibus sexto et septimo lateribus, ultimo fere toto et fortius rugulosis, forcipe intus basin versus serrata, apice obtusiuscula. Long. corp. 15, c. forcipe 18½ mill. ♀.

Das allein vorliegende Weibchen steht demjenigen der weit verbreiteten *Brach. maritima*, Bon. äusserst nahe, muss aber nach der abweichenden Färbung und Skulptur einzelner Körpertheile als einer besonderen Art angehörig betrachtet werden. Der Kopf ist merklich grösser und besonders breiter als bei gleich starken Exemplaren der genannten Art, zeichnet sich durch eine sehr intensiv und licht rostrothe Färbung aus und entbehrt der eingestochenen Punkte, welche sich bei jener über die Oberfläche zerstreut zeigen. Auch die Oberlippe und die Mundtheile sind licht rostroth, die 10gliedrigen Fühler gelblich braun mit rostgelbem ersten bis dritten Gliede. Von den drei Thoraxringen ist der erste etwas kürzer und breiter, der zweite stärker eingedrückt als bei *Brach. maritima*: die Beine sind rein und intensiv rothgelb gefärbt. Die Punktirung des Hinterleibs ist oberhalb gegen die Basis hin feiner als bei jener Art; doch zeigt sich schon zu beiden Seiten des sechsten und siebenten Ringes die Oberfläche dicht lederartig gerunzelt, welche Skulptur auf dem achten beträchtlich stärker, stellenweise selbst grobkörnig wird und sich hier auf die ganze Fläche ausdehnt. Dagegen ist die Bauchseite sehr viel feiner und verloschener punktirt als bei *Brach. maritima*, das grosse Endsegment sogar fast glatt. Die Arme der weiblichen Zange sind etwas kräftiger, stumpfer endigend, der Innenrand gegen die Basis hin deutlicher sägeartig gezähnelt, die Aussenfläche fast runzlig punktirt, die obere Kante stärker ausgeprägt.

Das einzige vorliegende Exemplar wurde am 30. November 1862 von Dr. Kersten auf dem Kilimandscharo in einer Höhe von 8000' gefunden.

Forficula (Lin.), Dohrn.

Stett. Entom. Zeit. XXVI. p. 84.

78. *Forficula (Apterygida) gravidula*, n. sp.

Taf. III. Fig. 9.

Antennis 11-articulatis, aptera, rufo-ferruginea, glabra, nitida, prothoracis basi, elytrorum disco pedibusque pallidioribus, abdominis latiusculi margine laterali infuscato, segmento dorsali septimo (fem.) triangulariter impresso. Long. corp. 6, c. forcipe 7½ mill. ♀.

Zu den kleinsten Arten der Gattung gehörend, ungeflügelt und durch verhältnissmässig breiten und kurzen Hinterleib ausgezeichnet. Fühler licht rostfarben mit heller gelbem Basalgliede und gebräunter Spitze des letzten. Kopf ein wenig breiter als der Prothorax, welcher nach vorn nur sehr leicht verengt, im Ganzen quadratisch erscheint; ein mittlerer Längseindruck desselben sehr verloschen, der durch die beiden Längsfurchen abgesetzte Seitenrand und die stark abgeflachte Basis blassgelb, die vordere Hälfte der Scheibe dagegen etwas gebräunt. Flügeldecken etwas kürzer als zusammen breit, nach hinten leicht erweitert, mit eingedrückter, fast ausgehöhlter Scheibe, die Scutellargegend und der Seitenrand gebräunt. Beine licht gelb, kräftig, das zweite Tarsenglied nur leicht erweitert und unterhalb des letzten weniger ausgezogen als gewöhnlich. Hinterleib breit eiförmig, mit pechbraunem Seitenrand des ersten bis fünften Ringes, deren Spitzensaum jedoch licht gelb erscheint; Seitenfalte des zweiten und dritten Ringes stark, durchgehend. Siebentes Dorsalsegment dunkler als die Scheibe der übrigen, fast rostroth, 2½ mal so breit als lang, gerade abgestutzt, in der Mitte mit deutlichem dreieckigem Eindruck, dessen Basis dem Hinterrande entspricht. Die Arme der Zange rostroth, an der Basis etwas klaffend, der Innenrand der rechten daselbst fein crenulirt, ihre ziemlich stark einwärts gebogenen Spitzen sich kreuzend.

Ein einzelnes Exemplar wurde bei Mombas (September 1862) gefangen. — Ein mit demselben in allen Punkten übereinstimmendes Weibchen fand sich im hiesigen Museo unter mehreren Exemplaren einer Labia-Art vor, welche von Moritz auf Portorico gesammelt wurde. Ob dieser Fundort richtig ist oder ob bei demselben, gleich wie bei der Vermengung mit jener ganz fremden Art, ein Versehen stattgefunden hat, muss dahin gestellt bleiben.

Fam. Libellulina, Burm.

Libellula (Lin.), Burm.

Handb. d. Entom. II. p. 847.

79. *Libellula (Trithemis) distincta*, Ramb.

Libellula distincta, Rambur, Hist. nat. d. Ins. Névropt. p. 85. No. 75.

Von dieser auch am Kap der guten Hoffnung vorkommenden Art liegt ein bei Mbaramu (Oktober 1862) gefangenes männliches Exemplar vor.

80. *Libellula (Trithemis) leucosticta*, Burm.

(1839) *Libellula leucosticta*, Burmeister, Handb. d. Entom. II. p. 849. No. 8.
(1842) *Libellula unifasciata*, Rambur, Hist. nat. d. Ins. Névropt. p. 108. No. 104.

Ein männliches Individuum wurde am See Jipe, Mitte Decembers 1862, erbeutet. Die Art ist bereits aus Senegambien, Egypten und von Port Natal bekannt.

81. *Libellula (Crocothemis) erythraea*, Brullé.

(1832) *Libellula erythraea*, Brullé, Expédit. scientif. de Morée. III. 1. p. 102. No. 76. pl. 32. Fig. 4. — Selys-Longchamps et Hagen, Revue d. Odonates. p. 24. No. 12. — Brauer, Neuropt. Austriaca p. 14.
(1840) *Libellula coccinea*, Charpentier, Libellul. Europ. p. 70. No. 7. Tab. 7. — Hagen, Synonym. Libellul. Europ. p. 18. No. 7.
(1825) *Libellula ferruginea*, v. d. Linden, Monogr. Libellul. Europ. p. 13. No. 6. (exclus. synonym. Fabricii). — Burmeister, Handb. d. Entom. II. p. 858. No. 62. — Selys-Longchamps, Monogr. d. Libellul. d'Europe. p. 42. No. 7. — Rambur, Hist. nat. d. Ins. Névropt. p. 79. No. 60.

Ein weibliches Exemplar dieser vom Kap bis nach Egypten und von Griechenland, Italien und Spanien bis nach Mittel-Europa (Paris, Wien) verbreiteten Art wurde Ende Decembers 1862 bei Kiriama erbeutet.

Libellago, Selys.

Monogr. d. Libell. d'Europe. p. 210.
Rhinocypha, Ramb.

82. *Libellago ambigua*, n. sp.

Antennarum articulo secundo nigro-piceo, tibiis omnibus extus femoribusque posticis basi testaceis, alis flavescenti-tinctis, stigmate testaceo, fusco-marginato: segmenti abdominalis 8. strigis duabus, 9. maculis tribus subapicalibus ferrugineis. Long. corp. 28, alarum 25, stigmat. 2½ mill. ♀.

Auf das einzelne vorliegende weibliche Exemplar passt keine der Beschreibungen, welche Selys-Longchamps und Hagen (Monogr. d. Caloptéryg. p. 226 ff.) von den vier bis jetzt bekannt gewordenen afrikanischen Arten der Untergattung *Libellago* gegeben haben, vollständig, so dass es sich bei demselben um eine neue fünfte Art zu handeln scheint. In demselben eine blosse Farbenvarietät zu vermuthen, verbietet schon der Umstand, dass gleichzeitig die Längsdimensionen der einzelnen Körpertheile von denjenigen der bekannten Arten etwas verschieden sind. — An den Fühlern ist das langgestreckte zweite Glied durchaus schwärzlich pechbraun. Der Kopf zeigt auf schwarzem Grunde folgende gelbe Zeichnung: zwei Hinterhauptsflecke nach innen von den Augen, zwei sich hinten vereinigende Längsstriemen zur Seite der Ocellen, der innere Augenrand im Bereich der Stirn und des Scheitels, zwei grosse ovale Stirnflecke, der Clypeus auf der Ober- und zwei seitliche Basalflecke seiner Vorderfläche, die Mitte der Oberlippe, die Aussenseite der Mandibeln und die Unterlippe mit Ausnahme der Spitze. Auf der Rückenfläche des Mesothorax zeigt eine gleiche Färbung die Nahtlinie und jederseits eine zweizinkige Längsbinde, deren schmal endigende innere Zinke bei weitem kürzer als die hinten breiter werdende äussere ist. Brustseiten gleichfalls gelb, mit schwarzen Nähten und einer der oberen parallel laufenden schwarzen Strieme; die untere Naht mit einem gegen die Brust verlaufenden Seitenast. Flügel deutlich gelb getrübt, Stigma lehmgelb, dunkelbraun gerandet. Alle drei Schienenpaare längs der ganzen Aussenseite, ferner die Knice und Hüften, an den Hinterschenkeln die Rückseite bis über die Mitte hinaus ockergelb. Hinterleib vom zweiten bis siebenten Ringe auf gelbem Grunde mit schwarzer Rückenlinie und zwei gleichfarbigen Längsbinden jederseits, welche nach hinten allmählich an Breite zunehmen, an der Basis jedes Ringes unterbrochen sind und deren beide obere sich am Hinterrand jedes einzelnen U förmig vereinigen. Erster Ring nur in der Mitte schwarz, sonst ganz gelb; der achte und neunte vorwiegend, der zehnte nebst den Appendices ganz schwarz. Auf dem achten Ringe sind der Hinter- und Seitenrand, ausserdem jederseits eine Längsstrieme, auf dem neunten nur drei vor dem Hinterrand gelegene Flecke rothgelb.

Bei Mbaramu im Oktober 1862 gefangen.

Lestes, Leach.

Edinb. Encyclop. Vol. IX.

83. *Lestes icterica*, n. sp.

Testacea, unicolor, pectoris lateribus pallidioribus, abdomine brunneo, vertice infuscato: alis hyalinis, flavo-venosis, stigmate dilute brunneo. Long. corp. (usque ad apic. segm. abdom. septimi) 30, alar. postic. 18 mill. ♂.

Von *Lest. pallida*, Ramb. und *ochracea*, Selys, mit welcher diese Art in nächster Verwandtschaft zu stehen scheint, schon durch den einfarbigen Körper unterschieden, überdies im Längenmaass der Flügel hinter beiden zurückstehend. — An den Fühlern sind die beiden Basalglieder ockergelb, der Endtheil schwärzlich. Der Kopf erscheint quer über die Ocellen hin matt erdig braun, ebenso zwischen den Netzaugen und dem Clypeus; letzterer ist ledergelb, mit bleigrauer Mittelstrieme, die Oberlippe gelblich braungrau. Pro- und Mesothorax oberhalb licht ockergelb, letzterer ohne dunkle Striemen, auf der Grenze gegen die blassgelben Brustseiten kaum merklich gebräunt. Beine mit blassgelben Schienen und Tarsen, die langen Stachelborsten der ersteren, an letzteren die Fussklauen tief schwarz. Flügel durchaus hyalin, mit gelben Längsadern und breitem, gegen die Spitze hin schief abgestutztem Stigma von mehr denn 2½ Zellenlänge und gelbbrauner Farbe; zwischen ihm und der Flügelspitze sieben Submarginal-Queradern. Am Hinterleib ist das erste Segment blassgelb, die folgenden licht kastanienbraun, ohne merklichen Metallglanz (die Endsegmente fehlen).

Es liegt nur ein bei Mombas (September 1862) gefangenes Männchen vor.

Agrion (Fab.), Ramb.

Hist. nat. d. Ins. Névropt. p. 257.

84. *Agrion glabrum*, Burm.

(1839) *Agrion glabrum*, Burmeister, Handb. d. Entom. II p. 821. No. 18 (♀). — *Hagen, Insekt. v. Mossamb. p. 101.

(1842) *Agrion ferrugineum*, Rambur, Hist. nat. d. Ins. Névropt. p. 280 No. 29 (♂ ♀).

Beide Geschlechter von Mombas (im September) und von Kiriama (im December 1862). Die Art ist ausserdem vom Kap, aus Mosambik und von Madagaskar bekannt geworden.

85. *Agrion Senegalense*, Ramb.

Agrion Senegalense, Rambur, Hist. nat. d. Ins. Névropt. p. 276. No. 24.

Ein einzelnes Weibchen von Mombas (September 1862). Da die Art ausserdem vom Senegal, vom Kap und aus Egypten bekannt geworden ist, scheint sie eine fast allgemeine Verbreitung über Afrika zu haben.

86. *Agrion Kersteni*, n. sp.

Nigro-aeneum, occipite pallide bimaculato, fronte, thoracis vittis dorsalibus abdominisque basi dense caerulescenti-pruinosis, pectoris abdominisque lateribus nec non alarum stigmate testaceis. Long. corp. 38½ (♂) — 40 (♀), alar. 23 mill. ♂ ♀.

Zur Gruppe des *Agr. puella*, Lin., *cyathigerum*, Charp. u. s. w. gehörend, aber grösser und mit schlankerem Hinterleib. — Beim Männchen ist der Kopf schwarz mit zwei queren grünlich gelben Hinterhauptsflecken am Innenrand der Augen, die ganze Stirngegend von den Ocellen bis zum Vorderrand des Clypeus dicht hellblau bereift; der Saum der Oberlippe, ihre Einlenkungsstelle so wie die Mandibeln und Backen licht röthlich gelb. Thorax oberhalb schwarz mit grünlichem Erzschimmer, der Prothorax fast ganz, auf dem Mesothorax zwei breite lichte Rückenstriemen so wie die gelben Brustseiten hellblau bereift. Brust und Beine gelb, zarter weisslich bereift, letztere mit schwarzen Dornen, gebräunten Schenkeln und röthlich pechbraunen Tarsen. Flügel von ⅔ der Hinterleibslänge, vollkommen hyalin, ausser der licht pechbraunen Costa mit gelblichen Längsadern, ochergelbem Stigma und fünf Submarginal-Queradern zwischen diesem und der Spitze. Hinterleib oberhalb schwärzlich bronzefarben, auf den vier vorletzten Segmenten dicht blau, gegen die Spitze hin schwächer grau bepudert, die äusserste Basis des dritten bis sechsten und der breite Seitenrand sämmtlicher Ringe rost gelb. Auf dem achten jederseits eine vor der Spitze abgekürzte Längsbinde und ein Doppelfleck nahe dem Hinterrande, auf dem neunten nur letzterer, aber etwas undeutlicher, auf dem zehnten ein mit dem Seitenrande zusammenhängender Fleck gelb. Lamina subgenitalis des Männchens licht rostgelb, die Cerci mit schmaler Basis, gegen die Spitze hin erweitert und gablig getheilt, die beiden Aeste abgestumpft; ihr Oberrand geschwärzt, die Färbung übrigens gelb.

Beim Weibchen ist der Kopf vorwiegend grünlich ochergelb, nur eine die Ocellen durchstreichende, die Netzaugen verbindende breite Strieme so wie eine Halbbinde zu jeder Seite des Hinterhauptes schwarz. Auf dem rothgelben Thorax ist nur die Mitte des Pronotum, zwei breite Mittel- und zwei lineare Seitenbinden des Mittelrückens, ferner eine Längsstrieme an der Aussenseite der Schenkel und die Basis der Schienen an der Innenseite schwarz. Hinterleib beiderseits breit gelb, auf dem Rücken schwärzlich bronzegrün, gleichfalls mit gelben Basal-Einschnitten auf dem dritten bis siebenten Ringe. Der achte Ring zeigt auf der Spitzenhälfte eine blass grünlich gelbe, quer viereckige, vorn zipfelartig ausgezogene Rückenmakel, der neunte eine ähnliche, aber bis zum Vorderrande reichende; der zehnte ist durchaus blassgelb. Cerci klein, lanzettlich zugespitzt, oberhalb gebräunt, Styli verhältnissmässig lang und dünn, schwärzlich pechbraun mit gelber Spitze.

Das Weibchen wurde bei Mbaramu im Oktober 1862 gefangen. Die Beschreibung des Männchens ist nach zwei Exemplaren vom Kap (Krebs in Mus. Berol.) entworfen.

87. *Agrion Deckeni*, n. sp.

Nigro-aeneum, occipite pallide bimaculato, fronte, thoracis vittis abdominisque basi caeruleoculi-pruinosis, hac utrinque testaceo-limbato: alarum stigmate nigro-fusco.
Long. corp. 39, alar. 21½ mill. ♂.

Das allein vorliegende Männchen ist dem der vorhergehenden Art in Grösse, Gestalt und Zeichnung angemein ähnlich, jedoch ausser dem dunkelfarbigen Stigma auch in der Fleckung und Färbung einzelner Rumpftheile abweichend. — Die beiden hellen Hinterhauptsflecke sind etwas kleiner und mehr entfernt von den Augen, der gelbe Saum der Oberlippe schmaler, ihr Ansatz pechbraun. Die beiden blau bereiften Rückenstriemen sind um die Hälfte schmaler und entbehren des hellen Untergrundes, die Brustseiten nach oben und rückwärts ziemlich ausgedehnt geschwärzt (Beine fehlen). Flügel mit schwarzbraunem Stigma und gleichfarbigen Längsadern; zwischen Stigma und Spitze nur vier Submarginal-Queradern. Der dritte bis achte Hinterleibsring ist seitlich nur schmal und schmutziger braungelb gesäumt, der Rücken schwärzlich bronzegrün, bis zur Spitze des fünften Ringes dicht hellblau bereift; der achte Ring oberhalb mit zwei blaugelben Makeln vor der Spitze, der neunte mit zwei grösseren, fast zusammenhängenden auf der Basalhälfte, der zehnte oberhalb ganz schwarz, unterhalb breiter gelb als die vorhergehenden. Die Cerci etwas breiter und kürzer als bei der vorhergehenden Art, sonst in entsprechender Weise gegabelt.

Gleichfalls bei Mbaramu im Oktober 1862 gefangen.

Ordo II.

Neuroptera, (Lin.) Erichs.

Fam. Megaloptera, Burm.

Palpares, Ramb.

Hist. nat. d. Ins. Névropt. p. 365.

1. *Palpares tristis*, Hag.

Palpares tristis, *Hagen, Insekt. v. Mossamb. p. 98. Taf. 6. Fig. 3.

Zwei bei Mombas Ende Septembers 1862 gefangene Weibchen stimmen in Färbung und Flügelzeichnung durchaus mit den Mosambiker Exemplaren überein.

2. *Palpares latipennis*, Ramb.

Palpares latipennis, Rambur, Hist. nat. d. Ins. Névropt. p. 371. No. 11. — *Hagen, Insekt. v. Mossamb. p. 99 ff.

Ein von R. Brenner im Galla-Lande (1867) aufgefundenes Weibchen dieser Art misst in der Körperlänge 57, in der Flügelspannung 149 Mill. Von dem durch Hagen (a. a. O.) ausführlich charakterisirten Männchen aus Mossambik weicht dasselbe durch etwas weniger umfangreiche Scheibenflecke so wie durch sparsamere braune Tüpfelung der Vorderflügel ab, stimmt dagegen in der Bindenfleckung der Hinterflügel mit demselben nahe überein. Die dunkle Zeichnung auf Kopf und Thorax ist dieselbe.

Ordo III.

Coleoptera, Lin.

Fam. Carabidae, Leach.

Dromica, Dej.

Spec. génér. II. p. 434.

1. *Dromica (Myrmecoptera) nobilitata*, Gerst.

Taf. IV. Fig. 1.

Supra obscure aenea, subtus viridi-cyanea, palporum basi labrique linea media fulvis, elytris irregulariter quinquecostatis, apice subspinosis, macula discoidali vittaque postica marginali eburneis. Long. 20 mill. ♀.

Myrmecoptera nobilitata, *Gerstaecker, Archiv f. Naturgesch. XXXIII. 1. p. 9. No. 1.

Mit *Myrmecopt. limbata*, Chaud. (Bullet. d. natur. de Moscou. 1860. II. p. 301. No. 8) durch die helle Zeichnung der Flügeldecken nahe verwandt, aber grösser und u. A. durch die Zeichnung der Oberlippe, die Färbung der Bauchseite und der Beine unterschieden. — Fühler an der Basis stahlblau, die sieben letzten Glieder stark erweitert und zusammengedrückt, schwarz. Mandibeln oberhalb gegen die Basis hin elfenbeinfarbig, unterhalb lebhaft grün metallisch; Oberlippe mit rothgelber, vorn und hinten erweiterter Mittelstrieme. Kopf oberhalb runzlig gestreift, dunkel erzfarben, unterhalb lebhaft grün und kupfrig schimmernd; Augen stark kuglig hervortretend. Prothorax schmal, fast cylindrisch, gegen die Basis hin leicht verengt, vor dieser und der Spitze stark eingeschnürt, mit deutlicher Mittelfurche; oberhalb querriefig, kupfrig schimmernd, die Brustseiten lebhaft cyanblau, die Brust grün metallisch. Flügeldecken mit ganz verstrichenen Schultern und daher an der Basis genau von der Breite des Halsschildes, bis über die Mitte der Länge hinaus allmählich erweitert, an der Spitze einzeln abgerundet, die erhabene Naht kupfrig schimmernd und in zwei kurze, dreieckige, auseinanderweichende Dornen auslaufend; die Oberseite jeder Hälfte von fünf unregelmässigen Längsrippen durchzogen, zwischen denselben netzartig punktirt, nach vorn kupfrig, seitlich grünlich schimmernd, ein hinter der Mitte stehender Scheibenfleck und eine sich gegen denselben hinbiegende hintere Randbinde elfenbeinfarbig. Hinterleib lebhaft cyanblau, die Brust mit den Hüften und den vorderen Schenkelpaaren grün und kupfrig schimmernd; die Hinterbeine ganz, an den beiden ersten Paaren die Schienen und Tarsen stahlblau, mit weissen Borstchen.

Das einzige vorliegende Exemplar wurde im December 1862 zwischen dem See Jipe und den Bura-Bergen erbeutet.

Cicindela, Lin.

Syst. nat. II. p. 657.

2. *Cicindela neglecta*, Dej.

Cicindela neglecta, Dejean, Species génér. d. Coléopt. I p. 114. No 96

Von Cooke auf Sansibar gesammelt. Die Art ist ausserdem am Senegal und in Nubien (Ehrenberg in Mus. Berol.) einheimisch.

3. *Cicindela congrua*, Klug.

Cicindela congrua, *Klug, Insekt. v. Mossamb. p. 148. Taf IX. Fig. 2

Gleichfalls von Cooke auf Sansibar und zwar in beiden Geschlechtern aufgefunden, zugleich aber auch in einem Exemplar von Mombas (Kersten) vorliegend. Die Art variirt in der Breite der gelben Flügeldeckenzeichnung nicht unbeträchtlich. Zuweilen fliesst das hintere Ende des C-förmigen Schulterfleckes mit dem nach innen von ihm liegenden Scheibenpunkt zusammen; in anderen Fällen sind die beiden hinteren Randflecke mit einander verbunden. Dem Weibchen fehlt, wie bei den verwandten Arten, der Spiegelfleck auf der vorderen Hälfte der Flügeldecken. — Ob diese Art übrigens von der *Cicind. trilunaris*, *Klug (Insekt. v. Madagaskar p. 32. No. 1. Taf. I. Fig. 1) specifisch verschieden ist, muss in hohem Grade zweifelhaft erscheinen, da ausser der etwas geringeren Grösse und der durchschnittlich ausgedehnteren hellen Zeichnung der Flügeldecken Unterschiede nicht nachweisbar sind.

Carabus, (Lin.) Latr.

Gen. Crust. et Insect. I. p. 215.

4. *Carabus Deckeni*, Gerst.

Taf. IV. Fig. 2

Niger, nitidus, prothorace cordato supra ferrugineo, elytris rufo-brunneis, confertim punctato-striatis, interstitiis subconvexis, laevibus, 4., 8., 12. catenulato-interruptis. Long. 18 mill. ♂.

Carabus Deckeni, *Gerstaecker, Archiv f. Naturgesch. XXXIII. 1 p. 10. No. 2.

Zu den kleineren Arten der Gattung gehörend, im Habitus fast an *Calosoma* erinnernd. Kopf ohne Punktirung, mit etwas geschwollenem Halse und deutlich hervortretenden Augen; Fühler verhältnissmässig kurz, die einzelnen Glieder wie bei *Car. pumilio*, Erichs. gebildet. Prothorax quer, nach hinten stark herzförmig verengt, oberhalb fast gleichmässig gewölbt, nur an den Hinterwinkeln niedergedrückt, an den Seiten schmal erhaben gerandet, die Scheibe mit feiner Längsfurche und verstrichener Runzelung; rostroth, schwach glänzend, alle Ränder gleich der Unterseite schwarz gefärbt, der Vorder- und die Seitenränder in weiterer Ausdehnung als die Basis. Flügeldecken eiförmig, mässig gewölbt, mit 15 bis 16 regelmässigen Punktstreifen durchzogen; die Zwischenräume schmal, glatt, nur der 4., 8. und 12. etwas breiter und durch eingestochene Punkte kettenstreifig erscheinend.

Das einzige vorliegende weibliche Exemplar dieser schon durch ihr Vorkommen in der Nähe des Aequators höchst merkwürdigen Art wurde am 30. November 1862 von Dr. Kersten auf dem Kilimandscharo in einer Höhe von 8000' aufgefunden. Wiewohl habituell von allen bekannten Arten der Gattung etwas abweichend, schliesst sie sich doch zunächst den alpinen europäischen Caraben aus der Verwandschaft des *Carab. Bonelli*, Adams, *Dejean an.

Anthia, Web.

Observat. entom. p. 17.

5. *Anthia hexasticta*, Gerst.

Taf. IV. Fig. 3.

Nigra, subnitida, prothorace breviter cordato, sparsim punctato, elytris punctato-sulcatis, interstitiis convexis, maculis tribus — prima subhumerali, altera pone medium sita, tertia subapicali — albo-tomentosis ornatis. Long. 40 mill. ♀.

Anthia hexasticta, *Gerstaecker, Archiv f. Naturgesch. XXXIII. 1. p. 10. No. 3.

Eine schon durch die Zahl der weissen Haarflecke der Flügeldecken leicht kenntliche Art, welche in nächster Verwandtschaft mit *Anth. Nimrod*, Fab. (Entom. syst. I. p. 142. No. 79) steht, sich von dieser aber ausser dem erwähnten Merkmal schon durch den schlankeren Kopf, den weniger gewölbten Prothorax und etwas kürzere Flügeldecken unterscheidet. Von den drei weissen Haarflecken jederseits sind der erste und zweite gleich gross und auf den sechsten bis achten Zwischenraum der Furchen ausgedehnt; der dritte kleiner, vor der Flügelspitze gelegen und auf den zweiten Zwischenraum beschränkt.

Die Art wurde in zwei Exemplaren am See Jipe (December 1862) erbeutet.

6. *Anthia binotata*, Perr.

Anthia binotata, Perroud, Annal soc. Linnéenne de Lyon 1845—46. p. 11.

Diese auch im Kafferlande einheimische Art scheint in dem von v. d. Decken durchforschten Gebiete weiter verbreitet zu sein, da sie am See Jipe, bei Aruscha und Uru gefunden wurde. Die vorliegenden Exemplare sind etwas grösser als diejenigen von Port Natal (36 bis 38 Mill. lang) und weichen von denselben durch etwas tiefere und dichtere Punktirung des Scheitels und Vorderrückens ab.

7. *Anthia cavernosa*, Gerst.

Taf. IV. Fig. 4.

Tota nigra, nitida, pilis parvis concoloribus obsita, vertice et pronoto dense fortiterque punctatis, elytris ubique regulariter et profunde foveolato-clathratis. Long. 29—36 mill. ♂ ♀.

Anthia cavernosa, *Gerstaecker, Archiv f. Naturgesch. XXXIII. 1. p. 11. No. 5.

Von allen bis jetzt bekannten Arten der Gattung im Habitus sowohl als durch die auffallende Skulptur der Flügeldecken beträchtlich abweichend. Am Kopfe fallen besonders die seitlich stark hervortretenden Augen, hinter welchen eine deutliche halsartige Einschnürung folgt, auf; die fast glatte, unpunktirte mittlere Stirnschwiele ist von den beiden seitlichen durch tiefe Längsfurchen abgesetzt. Die Oberlippe ist fast länger als breit, nach vorn allmählich zugespitzt, die Taster und die Ligula von gewöhnlicher Bildung. Der Prothorax bei beiden Geschlechtern gleich gebildet, vor der Mitte so breit wie der Kopf, nach hinten stark herzförmig verengt, mässig gewölbt, der Länge nach tief gefurcht, oberhalb durchweg dicht und stark, theilweise selbst runzelig punktirt, die Pleuren glatt und blank. Die Flügeldecken länglich eiförmig, an der Spitze breit und schräg abgestutzt, jede derselben von sieben regelmässigen Längsreihen tiefer, länglich viereckiger, grubenartiger Punkte durchzogen, welche durch schmale, erhabene, wellig erscheinende Längsrippen getrennt sind; unter diesen die Nahtrippe mit zahlreicheren, die übrigen mit sparsameren Punkten besetzt.

Diese ausgezeichnete Art wurde in einer grösseren Anzahl von Exemplaren beiderlei Geschlechts am See Jipe (December 1862) und bei Mombas gesammelt. Der Mehrzahl der (getrockneten und auf Nadeln gespiessten) Individuen haftete eine röthlich braune Vesicantien-Larve von $2^1/_3$—$2^1/_2$ Mill. Länge, ähnlich derjenigen, welche sich auf dem Pelze verschiedener einheimischer Bienen vorfindet und von Dufour als Gattung *Triungulinus* beschrieben worden ist, an. Da eine *Meloë*-Art auf der v. d. Decken'schen Expedition nicht erbeutet worden ist, *Mylabris*-Arten verschiedener Grösse sich dagegen unter den während derselben gesammelten Insekten in Mehrzahl vorfanden, so liegt die Vermuthung nahe, dass die erwähnte Larve einer jener Mylabriden als erstes Entwickelungsstadium angehöre. Zum Mindesten weicht dieselbe von der jungen *Meloë*-Larve durch die Form des Kopfes, die sehr viel schlankeren Beine und die grössere Länge der Fussklauen ab.

Polyhirma, Chaud.

Bullet. d. natur. de Moscou. 1850. 1. p. 44.

8. *Polyhirma spatulata*, Gerst.

Taf. IV. Fig. 5.

Nigra, supra opaca, verticis prothoracisque angusti vitta media, coleopterorum suturali, post medium abbreviata ibique spatulatim dilatata nec non marginali cinereis. Long. 27½ mill. ♂.

Polyhirma spatulata, *Gerstaecker, Archiv f. Naturgesch. XXXIII. 1. p. 11. No. 6.

Die Art steht in der Zeichnung, welche die graue Filzbekleidung auf der Oberseite des Kopfes, des Prothorax und der Flügeldecken bildet, der *Polyh.*

Cailliaudii, Lap. (Magas. de Zool. 1839. pl. 16) und der *Polyh. polioloma*, Chaud. (Bullet. d. natur. de Moscou, 1848. I. p. 130. No. 2) am nächsten, weicht aber schon durch die mehr flachgedrückten Flügeldecken und die sich weiter nach hinten erstreckende Nahtbinde ab. Der Kopf ist verhältnissmässig schmal, kaum breiter als der Prothorax an seiner weitesten Stelle, die Oberlippe vorn gewölbt und fast quer abgestutzt, die mittlere Stirnschwiele deutlich abgegrenzt, dreieckig zugespitzt, vorn glatt, hinten gleich dem Scheitel dicht punktirt. Der Prothorax schmal, fast um die Hälfte länger als breit, gegen die Basis hin herzförmig verengt und hier mit zwei tiefen Längsfurchen versehen; über seine Mittellinie zieht eine schon auf dem Scheitel beginnende, durchgehende, gleich breite, aschgraue Filzbinde hinweg, während die Seitenränder eine solche Färbung nur undeutlich erkennen lassen. Die Flügeldecken sind länglich eiförmig, seitlich hinter den abgerundeten Schultern leicht geschweift, nach hinten deutlich erweitert, gegen die Spitze hin wieder verengt und daselbst stumpf abgerundet. Die Oberfläche jeder einzelnen gegen die Naht hin mit fünf scharfen, hinter der Mitte der Länge allmählich schwächer werdenden Längsrippen versehen, die Zwischenräume derselben tief reihenweise grubig punktirt, die erste und sechste Punktreihe etwas schmaler als die übrigen. Die gelbgraufilzige Nahtbinde erstreckt sich von der Basis bis auf $^{2}/_{3}$ der Länge und ist beiderseits deutlich, nach hinten mehr spatelförmig erweitert. An den Aussenrändern bildet das mehr aschgraue Toment eine nach hinten breiter werdende und vor der Spitze nach innen winklig hervorspringende Binde, welche sich, ohne die Naht zu erreichen, zuletzt zuspitzt.

Ein weibliches Exemplar liegt von Aruscha (November 1862) vor.

9. *Polyhirma bihamata*, Gerst.

Taf. IV. Fig. 6.

Nigra, supra opaca, capite, prothoracis cordati vittis tribus, coleopterorum macula suturali, basali communi duabusque anteapicalibus, hamatis, margini laterali annexis cinereo-tomentosis. Long. 28 mill. ♀.

Polyhirma bihamata, * Gerstaecker, Archiv f. Naturgesch. XXXIII. p. 12. No. 7.

In nächster Verwandtschaft mit *Polyh. Rusconii*, Bertol. (Coleopt. Mozamb. p. 8. No. 5) stehend, jedoch durch die Filzzeichnung der Flügeldecken abweichend. Kopf beträchtlich grösser und besonders auch breiter als bei der vorhergehenden Art, oberhalb ungleichmässig grau befilzt, mit wenig scharf abgegrenzter mittlerer Stirnschwiele; Oberlippe gegen die Spitze hin ziemlich gewölbt und fast abgestutzt. Auch der Prothorax dem Kopfe entsprechend beträchtlich breiter als bei *Pol. spatulata*, nur wenig länger als an seiner weitesten Stelle breit, rückwärts stark herzförmig verengt, in der vorderen Hälfte beiderseits gerundet, längs der Mittellinie tief gefurcht, hier sowohl als längs der Seitenränder schwach grau befilzt. Die Flügeldecken ziemlich regelmässig länglich eiförmig, seitlich nicht ausgeschweift, an der Spitze abgerundet; jede einzelne oberhalb von sechs scharfen, gegen die Spitze hin schwächer werdenden Längsrippen durchzogen, welche fünf Reihen tiefer, grubenförmiger, im Grunde rostroth befilzter Punkte einschliessen; die beiden der Naht zunächst gelegenen Punktreihen sehr viel breiter als die übrigen, die Gruben derselben bis zur Mitte der Flügeldeckenlänge fast länglich viereckig. Der gemeinsame graufilzige Nahtfleck der Basis wie bei *Polyh. Rusconii* von geringer Längsausdehnung; die beiden mit der Aussenrandsbinde zusammenhängenden grauen Filzflecke vor der Spitze, welche gleichsam einen nach vorn umgebogenen Endhaken jener bilden, sind von der Naht und dem Seitenrand gleich weit entfernt, hinten breit abgerundet, vorn gegen die dritte und vierte Punktreihe hin auslaufend. Die Unterseite des Körpers ist mit Ausnahme der graubefilzten Brust und Hüften glänzend schwarz.

Gleichfalls nur ein einzelnes, am See Jipe (December 1862) gefangenes Weibchen vorliegend.

10. *Polyhirma lagenula*, Gerst.

Taf. IV. Fig. 7.

Nigra, subnitida, prothorace oblongo, basi apiceque fere aeque angustato, medio canaliculato, cinereo-vittato; elytris basin versus fortius attenuatis, apice profunde arcuatim excisis, costatis, maculis duabus discoidalibus transversis, altera ante medium, altera ante apicem sita albo-tomentosis. Long. 19 mill. ♀.

Polyhirma lagenula, *Gerstaecker, Archiv f. Naturgesch. XXXIII. 1. p. 18. No. 8.

Eine der zierlichsten bis jetzt bekannt gewordenen Anthiiden-Formen, unter den übrigen *Polyhirma*-Arten durch Umriss, Skulptur und Zeichnung der Flügeldecken gleich ausgezeichnet. Kopf im Verhältniss zu dem schmächtigen Prothorax auffallend gross und besonders breit, vor der starken halsförmigen Einschnürung deutlich gewinkelt, wiewohl hier bereits schmaler als im Bereich der Augen; seine Oberseite überall runzlig punktirt, matt, greis behaart, der Scheitel mit weitem, quer dreieckigem Eindruck, die mittlere Stirnschwiele wenig ausgeprägt, die Oberlippe stumpf dreieckig, vor der Spitze beiderseits abgeflacht. Fühler langgestreckt, zurückgeschlagen die Mitte der Flügeldeckenlänge erreichend, die drei Basalglieder schwarz und greis rauhhaarig. Prothorax mehr denn um die Hälfte länger als vor der Mitte breit, hier beiderseits gerundet, gegen die Spitze und Basis hin fast gleich stark, nach letzterer hin aber allmählicher verengt, oberhalb tief und zerstreut runzlig punktirt, in der Mitte durchgehends gefurcht und bindenartig grau befilzt, im Uebrigen glänzend. Flügeldecken mit ganz geschwundenen Schultern, gegen die Basis hin allmählich bis auf die Prothoraxbreite verschmälert, sonst regelmässig eiförmig mit grösster Breite hinter der Mitte der Länge, die Spitze jeder einzelnen schräg und tief bogig ausgeschnitten, so dass der Nahtwinkel weiter nach hinten ausgezogen ist als die Seitenecken. Die Oberfläche beiderseits von der Nahtrippe mit sieben fast bis zur Spitze reichenden scharfen Längsrippen versehen, deren Zwischenräume eine einzelne Reihe grubiger Punkte enthalten. Die Schildchengegend in Form eines zugespitzten Dreiecks gelblich, der Seitenrand weisslich befilzt; die beiden queren weissfilzigen Scheibenflecke erstrecken sich auf den vierten bis sechsten Zwischenraum und sind, der vordere kurz vor der Mitte, der hintere in einiger Entfernung von der Spitze gelegen. Die gelblich grau behaarte Spitze der Flügeldecken ist an Stelle der Längsrippen dicht punktirt. Die Unterseite des Körpers ist gleich den Beinen überall greis behaart.

Ein einzelnes Exemplar wurde bei Mombas (Oktober 1862) erbeutet.

11. *Polyhirma quadriplagiata*, Gerst.

Taf. IV. Fig. 8.

Nigra, supra fere opaca, prothorace oblongo, ante basin utrinque sulcato, supra aequaliter dense punctato; coleopteris oblongo-ovatis, apice rotundatis, ultra medium usque costatis et seriatim foveolatis, maculis duabus discoidalibus, altera pone medium, altera ante apicem sita cinereo-tomentosis. Long. 19½ mill. ♂.

Polyhirma quadriplagiata, *Gerstaecker, Archiv f. Naturgesch. XXXIII. 1. p. 18. No. 9.

Die Art ist durch die Skulptur und Fleckenzeichnung der Flügeldecken der *Polyh. tetrastigma*, Chaud. (Bullet. d. natur. de Moscou, 1848. I. p. 128. No. 1), mit welcher *Polyh. Galinieri*, Reiche (in: Ferret et Galinier, Voyage en Abyssinie, Zoologie. pl. 16. Fig. 1) zusammenfällt, nahe verwandt, nähert sich aber durch die geringere Grösse und die schlankere Körperform mehr der *Polyh. scrobiculata*, Bertol., mit welcher sie sonst allerdings keine näheren Beziehungen hat. Der Kopf ist etwas breiter als der Prothorax, dicht aber nicht besonders tief punktirt, der Scheitel doppelt eingedrückt, die mittlere Stirnschwiele fast verstrichen, die Oberlippe trapezoidal, abgestutzt. Der Prothorax verhältnissmässig schmal, länglich, vor der Mitte gerundet erweitert, oberhalb durchgängig punktirt, der Länge nach gefurcht, die Pleuren glänzend, verloschen punktirt. Die Flügeldecken länglich und nach hinten stumpf eiförmig, die Schultern zwar schmal, aber doch nicht ganz eingegangen, so dass die Basis etwas breiter als der Prothorax erscheint; jede einzelne oberhalb sechsrippig, in den Zwischenräumen mit je einer Längsreihe tiefer, länglicher Grubenpunkte besetzt; die Rippen bis über die Mitte der Länge hinaus deutlich, die zweite, vierte und sechste höher als die übrigen, die sechste zugleich etwas länger. Von den beiden aschgrauen Filzflecken ist der vordere kürzer, etwas schräg gestellt und mehr quer viereckig, der hintere, dicht vor der Spitze stehende etwas länger und oval; jener, hinter der Mitte der Flügeldeckenlänge gelagert, erstreckt sich auf den dritten bis fünften Zwischenraum, dieser ist von der Naht und dem Seitenrande gleich weit entfernt. Die Unterseite des Körpers ist glatt, glänzend, fast unpunktirt, die Brustseiten jedoch dünn greis behaart. An den Vordertarsen des Männchens sind die drei Basalglieder nach innen spitz dreieckig ausgezogen.

Vom See Jipe, wo das einzige vorliegende Männchen im December 1862 erbeutet wurde.

Acanthogenius, Reiche.

Annal. soc. entom. de France. XI. p. 334.

12. *Acanthogenius sculpturatus*, Gerst.

Totus niger, subnitidus, coleopteris retrorsum sat ampliatis, truncato-ovatis, singulis acute quadricostatis, interstitiis plurifariam punctatis, costis sublaevibus. Long. 23 mill.

Acanthogenius sculpturatus, *Gerstaecker, Archiv f. Naturgesch. XXXIII. 1. p. 14. No. 11.

Unter den bis jetzt bekannten Arten der Gattung am nächsten mit *Acanth. ferox*, *Erichs. (Archiv f. Naturgesch. IX. 1. p. 213. No. 8.) aus Angola verwandt, mit welchem er wenigstens in der starken Verbreiterung der Flügeldecken gegen die Spitze hin übereinstimmt, von dem er jedoch gleich wie von den übrigen durch die Skulptur der letzteren auffallend abweicht. Am Kinn ist der mittlere Lappen sehr spitz, kaum kürzer als die seitlichen; das Endglied der Lippentaster ist ziemlich kurz, die Oberlippe gerundet. Der Kopf oberhalb stark runzlig punktirt, die Stirn der Quere nach undeutlich eingedrückt, die Augen seitlich wenig heraustretend. Prothorax herzförmig, kaum länger als breit, längs der Mitte tief gefurcht, unregelmässig grob punktirt, die Punkte beiderseits von der Mittelfurche zu einer Längsschwiele zusammenfliessend. Flügeldecken kaum um die Hälfte länger als zusammen breit, gegen die Basis hin allmählich verschmälert, an der Spitze breit abgestutzt, jede derselben mit vier stark erhabenen, glatten, fast bis zur Spitze reichenden Längsrippen, deren erste nahe der Naht verläuft; die Zwischenräume in mehreren Längsreihen punktirt, ihre Mittellinie jedoch glatt, glänzend, fast punktlos und gleichfalls etwas rippenartig erhaben.

Mit der vorhergehenden Art gleichzeitig am See Jipe angetroffen.

Pheropsophus, Sol.

Annal. soc. entom. de France. II. p. 461.

13. *Pheropsophus marginatus*, Dej.

Brachinus marginatus, Dejean, Spec. génér. d. Coléopt. I. p. 305. No. 16.

Ein von Cooke auf Sansibar gefundenes Exemplar dieser Art weicht von der Stammform dadurch ab, dass die gelbe Mittelbinde der Flügeldecken bis auf einen der fünften Längsrippe entsprechenden Punkt eingegangen ist und dass die helle Färbung des Spitzenrandes sich auf die Ausläufer der Längsrippen beschränkt. Dagegen lassen sich an demselben Form- und Skulptur-Unterschiede nicht nachweisen. — Die Art ist ausser in Guinea (Dejean) auch in Ober-Egypten (Ehrenberg in Mus. Berol.) einheimisch.

14. *Pheropsophus Kersteni*, Gerst.

Taf. IV. Fig. 8.

Niger, capite cum antennis, prothorace (marginibus exceptis), pectore pedibusque rufis, elytris apice testaceo-limbatis, opacis, octocostatis, interstitiis subtilissime aciculatis, quam costae fere duplo latioribus. Long. 18—20 mill.

Pheropsophus Kersteni, *Gerstaecker, Archiv f. Naturgesch. XXXIII. 1. p. 15. No. 11.

Unter den Arten mit ungefleckten Flügeldecken dem *Pherops. arcuatus*, *Erichs. (Archiv f. Naturgesch. IX. 1. p. 212. No. 3.) aus Angola am ähnlichsten, jedoch durch ansehnlichere Grösse, nach hinten stärker verengten Prothorax und die durchgehende schwarze Säumung desselben unterschieden. Kopf am Innenrande der Augen leicht eingedrückt und sehr fein nadelrissig; Oberkiefer mit schwarzer Spitze. Prothorax etwas länger als breit, vor der Mitte leicht gerundet, nach hinten herzförmig verengt, längs der Mittellinie fein gefurcht; die Seitenränder nur schmal, der Basal- und Spitzenrand dagegen breit schwarz gesäumt und besonders der letztere Saum gegen die Mitte hin dreieckig erweitert. Die Längsrippen der Flügeldecken sind glatt, etwas stärker erhaben als bei *Pherops. arcuatus*, gegen die Spitze hin schwächer werdend und am Endrande gelb gefärbt; die matten, sehr fein nadelrissigen Zwischenräume fast doppelt so breit als die Rippen. Unterseite des Körpers schwärzlich pechbraun, ein Fleck der Mittel- und Hinterbrust, die Parapleuren so wie zwei mehr oder weniger deutlich hervortretende Querbinden des Hinterleibes rostroth.

Die Art wurde in mehreren übereinstimmenden Exemplaren bei Kisuani (im Oktober) und bei Aruscha (im November 1862) gesammelt.

Drypta, Fab.

Syst. Eleuth. I. p. 230.

15. *Drypta setigera*, Gerst.

Taf. V. Fig. 1.

Nigro-cyanea, antennis pedibusque concoloribus, elytris apice oblique truncatis et subemarginatis, supra profunde punctato-sulcatis, interstitiis externis densius, internis parcius punctulatis, 3., 5., 7. setis nonnullis longioribus flavescentibus obsitis. Long. 15 mill.

Drypta setigera, *Gerstaecker, Archiv f. Naturgesch. XXXIII. 1. p. 16. Nr. 12.

Etwas grösser als *Drypt. cyanea*, Lap. (Étud. entom. p. 141. No. 2.), besonders auch in den Flügeldecken breiter. Kopf dicht und runzlig punktirt, die Stirn mit fast glatter Mittellinie, die Augen mässig hervortretend, Mandibeln und Taster schwärzlich pechbraun. Prothorax bis jenseits der Mitte fast cylindrisch, an der Basis eingeschnürt, seitlich der ganzen Länge nach deutlich gerandet, oberhalb dicht und unregelmässig punktirt, hier und da querrunzlig. Flügeldecken verhältnissmässig breit, nach hinten allmählich erweitert, mit breit abgestutzter Spitze und spitz ausgezogenen Seitenwinkeln; jede einzelne oberhalb mit neun gedrängt punktirten Längsfurchen, welche nach hinten schwächer werden, und mit erhabenen Zwischenräumen, von denen die vier der Naht zunächst liegenden weniger dicht punktirt und daher glänzender erscheinen. Der dritte, fünfte und siebente Zwischenraum sind mit vereinzelten längeren, gelblichen Borstenhaaren besetzt. Im Uebrigen ist der Körper ober- und unterhalb greis beborstet. Die Fussklauen sind ganzrandig.

Ein einzelnes Exemplar von Mombas (Oktober 1862) vorliegend.

Galerita, Fab.

Syst. Eleuth. I. p. 214.

16. *Galerita procera*, Gerst.

Taf. V. Fig. 2.

Tota nigra, vertice late impresso, fronte longitudinaliter calloso-carinata, prothorace magno, oblongo-cordato, angulis posticis fere rectis: elytris cyanescentibus, basin versus fortiter angustatis, apice late et recte truncatis, supra novemcostatis, costis alternantibus altioribus, interstitiis subtiliter coriaceis et uniseriatim punctatis. Long. 27 mill. ♀.

Galerita procera, *Gerstaecker, Archiv f. Naturgesch. XXXIII. 1. p. 16. No. 13.

Den in der Diagnose hervorgehobenen Merkmalen dieser ansehnlichen und mit keiner der bekannten zu verwechselnden Art ist hinzuzufügen, dass der kräftige, abgerundet viereckige Kopf dicht runzlig punktirt, die Mittellinie der Stirn aber schwielig erhaben und fast glatt, glänzend ist. Der verhältnissmässig umfangreiche Prothorax ist um die Hälfte breiter als der Kopf, vor der Mitte gerundet erweitert, gegen die Spitze hin schneller und etwas stärker verengt als nach der Basis zu, seine Hinterecken kaum abgestumpft, die Oberfläche stark und theilweise runzlig punktirt. Die Flügeldecken sind 2½ mal so lang als der Prothorax, hinter der Mitte ihrer Länge doppelt so breit als an der Basis, deren Schultern verstrichen sind; von den Längsrippen der Oberfläche die zweite, vierte und sechste viel weniger erhaben als die übrigen, die Zwischenräume breit, der Quere nach leicht gerunzelt, beiderseits fein reihenweise gekörnt, in der Mitte mit einer einzelnen Reihe grösserer Punkte. Die Unterseite des Körpers ist dicht punktirt und fein querrunzlig, die Pleuren des Prothorax glänzender und glatt.

Am See Jipe im Oktober 1862 gefunden.

17. *Galerita angustipennis*, Gerst.

Taf. V. Fig. 3.

Tota nigra, elongata, angusta, vertice deplanato, fronte carinata, prothorace angusto, latitudine dimidio longiore, ante medium leviter ampliato, angulis posticis fere rectis; coleopteris oblongo-ovatis, basin versus sensim angustatis, singulis supra novemcostatis, costis subaequalibus, interstitiis rugoso-punctatis. Long. 24 mill. ♂.

Galerita angustipennis, *Gerstaecker, Archiv f. Naturgesch. XXXIII. 1. p. 16. No. 14.

Fast von gleicher Körperlänge wie *Galer. Africana*, Dej. (Spec. génér. d. Coléopt. I. p. 190. No. 4), der Prothorax aber fast um die Hälfte länger, die Flügeldecken kürzer und bei weitem schmaler, überdies nicht bläulich, sondern rein schwarz. Kopf länglich eiförmig, runzlig punktirt, die erhabene Mittellinie der Stirn glatt und glänzend. Prothorax mit leicht aufgebogenen Seitenrändern, nach vorn etwas stärker und weniger allmählich als nach hinten verengt, die Hinterwinkel leicht abgestumpft, die Oberseite gleichmässig und oberflächlich runzlig punktirt. Flügeldecken mit verstrichenen Schulterecken, fast doppelt so lang als hinter der Mitte ihrer Länge breit, die Längsrippen ihrer Oberseite nach aussen hin allmählich schwächer werdend, die Zwischenräume matt lederartig, querrunzlig, in drei Längsreihen punktirt. Unterseite des Körpers nebst den Beinen dicht und fein, die Prothoraxseiten sparsam und verloschen punktirt.

Ein einzelnes männliches Exemplar von Endara (December 1862) vorliegend.

Calleida, Dej.

Spec. génér. I. p. 220.

18. *Calleida angusticollis*, Boh.

Calleida angusticollis, *Boheman, Insect. Caffrar. I. p. 58. No. 60.

Ein einzelnes Exemplar von Mombas (Oktober 1862). Dasselbe weicht von den durch Boheman aus dem Kafferlande mitgetheilten nur durch die etwas ins Röthliche gehende Hinterleibsspitze ab.

Lasiocera, Dej.

Spec. génér. V. p. 753.

19. *Lasiocera assimilis*, Gerst.

Aenea, nitidula, antennis, pedibus elytrorumque vittis duabus sinuatis, pone medium interruptis nec non punctis nonnullis anteapicalibus, suturae approximatis testaceis; elytris punctato-sulcatis, interstitiis planis, transverse rugulosis. Long. 5 mill.

Lasiocera assimilis, *Gerstaecker, Archiv f. Naturgesch. XXXIII. 1. p. 17. No. 16.

Der *Lasioc. tessellata*, *Klug (Insekt. v. Mossamb. p. 174. Taf. 9. Fig. 8) sehr ähnlich und trotz ihrer nicht zu verkennenden Unterschiede möglicherweise doch nur eine Varietät derselben. Sie weicht durch etwas geringere Grösse, kürzeren und nach hinten schwächer verengten Prothorax, welcher gleich dem Kopf lebhafter grünlich kupferfarben schimmert, so wie durch feiner gefurchte Flügeldecken mit breiteren und mehr abgeflachten Zwischenräumen, auf denen sich auch die gelbe Zeichnung etwas anders gestaltet, ab. Der sechste Zwischenraum ist bis über die Mitte hinaus ohne Unterbrechung gelb, der gleichfarbige hintere Fleck dehnt sich auf den dritten bis sechsten, die hintere der beiden Nahtmakeln auf den ersten und zweiten Zwischenraum aus; die vordere nimmt nur den zweiten ein.

Das einzige vorliegende Exemplar wurde zwischen dem See Jipe und Moschi gefangen.

Tetragonoderus, Dej.

Spec. génér. IV. p. 486.

20. *Tetragonoderus biguttatus*, Thunb.

Carabus biguttatus, Thunberg, Nov. Insect. spec. p. 76.
Tetragonoderus biguttatus, Dejean, Spec. génér. d. Coléopt. IV. p. 486. No. 8.

Bei Mbaramu (Oktober 1862) aufgefunden.

21. *Tetragonoderus simplicissimus*, Gerst.

Subtus niger, supra obscure aeneus, antennarum basi palpisque apice testaceis, prothorace basin versus minus angustato, elytris parum profunde striatis, in disco bipunctatis. Long. 5 mill.

Tetragonoderus simplicissimus, *Gerstaecker, Archiv f. Naturgesch. XXXIII. 1. p. 17. No. 16.

Von der Grösse der vorhergehenden Art, mit *Tetrag. immaculatus*, Bohem. (Fregatten Eugenies Resa, Insekter p. 8. No. 17) durch die ungefleckten Flügeldecken übereinstimmend und derselben, nach der Beschreibung zu urtheilen, überhaupt nahe verwandt. An den Fühlhörnern sind die drei Basalglieder ganz, das vierte an der Basis gelb, ebenso die Spitze der Taster. Kopf und Prothorax sind düsterer, die Flügeldecken lebhafter erzfarben. Am Prothorax der Basalrand kaum schmaler als der Spitzenrand, die seitlichen stark gerundet, aufgebogen, die Hinterecken fast rechtwinklig. Die Flügeldecken lassen über die Scheibe hin nur einen sehr leichten Seidenschimmer wahrnehmen; von den beiden gewöhnlichen eingedrückten Punkten kommt der vordere dem dritten, der hintere dem zweiten Streifen zu, während der Submarginalstreifen mit acht grossen, sich auf zwei Zwischenräume erstreckenden Gruben versehen ist. An den pechbraunen Beinen sind die Trochanteren und die Schenkelbasis gelb.

Einige Exemplare dieser Art wurden bei Aruscha (November 1862) gesammelt.

Coptodera, Dej.

Spec. génér. I. p. 273.

22. *Coptodera equestris*, Boh.

Coptodera equestris, Boheman, Insect. Caffrar. I. p. 60. No. 61.

Auf den Ugono-Bergen im Oktober 1862 erbeutet.

Lebia, Latr.

Hist. nat. d. Crust. et d. Insect. VIII.

23. *Lebia hypoxantha*, Gerst.

Infra cum pedibus fulvo-testacea, supra nigro-picea, glabra, subnitida, ore, antennarum basi, prothorace, scutello elytrorumque margine laterali rufescentibus, his sat profunde sulcatis, interstitiis convexis, subtilissime coriaceis. Long. 8 mill.

Lebia hypoxantha, *Gerstaecker, Archiv f. Naturgesch. XXXIII. 1. p. 18. No. 20.

Etwas grösser und länglicher als *Lebia nobilis*, Bohem. (Insect. Caffrar. I. p. 52. No. 54), abgesehen von der Färbung auch durch die viel gewölbteren Zwischenräume der Flügeldecken-Furchen unterschieden. Kopf oberhalb unregelmässig faltig, hier und da verloschen punktirt; Clypeus, Oberlippe und Oberkiefer rostroth, an den Fühlern die drei Basalglieder rostgelb. Prothorax quer quadratisch, doppelt so breit als lang, vorn beiderseits breit abgerundet, die Hinterecken rechtwinklig, der Basalrand jederseits deutlich ausgeschnitten, die Seitenränder breit aufgebogen, die Oberfläche der Quere nach nadelrissig gerunzelt, mit mittlerer Längsfurche, von Farbe rothbraun. Die Flügeldecken gleich breit, ihren gemeinsamen Querdurchmesser um die Hälfte an Länge übertreffend, an der Spitze schräg und unter deutlicher Ausbuchtung abgestutzt, oberhalb schmal aber tief gefurcht, die Furchen nicht punktirt, die dritte von der Naht aus jedoch mit den beiden gewöhnlichen eingedrückten Gruben versehen; die Zwischenräume breit, seidig glänzend, der Submarginalraum mit einer Reihe von Gruben, welche je einen Höcker tragen, versehen. Brust, Hüften und Schenkel licht rostgelb, Hinterleib röthlich, an der Spitze gebräunt.

Bei Endara im December 1862 gefangen.

24. *Lebia deplanata*, Gerst.

Taf. V. Fig. 4.

Glabra, ferruginea, capite prothoraceque supra rufis, antennis basi excepta fuscis, elytris depressis, parum profunde sulcatis, ubique subtilissime coriaceis, nigris, humeris, margine laterali plagisque duabus disci magnis, anteriore oblonga, posteriore rotundato-quadrata testaceis. Long. 8 mill.

Lebia deplanata, *Gerstaecker, Archiv f. Naturgesch. XXXIII. 1. p. 19. No. 21.

Kopf beiderseits nadelrissig gefaltet, Clypeus, Oberlippe und die drei ersten Fühlerglieder rostfarben, die übrigen schwärzlich braun mit gelber Spitze. Prothorax quer, fast doppelt so breit als lang, der Vorderrand beiderseits abgerundet, die Basis zweibuchtig, die Hinterecken fast rechtwinklig; oberhalb fein querrunzlig, längs der Mittellinie gefurcht, schwach glänzend, rostroth, die aufgebogenen Basal- und Seitenränder lichter, mehr gelb. Schildchen von letzterer Farbe. Auf den Flügeldecken sind ein kleiner, querer Schulterfleck und der vor der Mitte der Länge etwas erweiterte Seitenrand, ausserdem zwei Paare grosser Scheibenflecke licht scherbengelb. Von diesen nimmt der vordere, welcher vorn gegen die Naht hin schräg abgeschnitten, hinten dagegen abgerundet ist und sich etwas über die Mitte der Flügeldeckenlänge hinaus erstreckt, den zweiten bis siebenten Zwischenraum ein, während der vor der Spitze stehende, vorn gerundete und hinten schräg abgestutzte, nach innen bis an den Nahtraum grenzt. Die Furchen der Flügeldecken sind unpunktirt, schmal, die Zwischenräume flach. Die Fussklauen fünfzähnig.

Zwischen den Bura-Bergen und dem See Jipe im December 1862 gefunden.

25. *Lebia calycina*, Gerst.

Taf. V. Fig. 5.

Pallide testacea, pubescens, capite cum palpis antennarumque basi nec non prothoracis disco rufo-ferrugineis, coleopteris punctato-sulcatis, interstitiis subconvexis, confertim punctatis, macula communi scutellari magna quadrata fasciaque posteriore sinuata triloba, illi affixa nigris. Long. 5½ mill.

Lebia calycina, *Gerstaecker, Archiv f. Naturgesch. XXXIII. 1. p. 19. No. 22.

Die Art ist der *Leb. Chinensis*, Bohem. (Fregatt. Eugenies Resa, Insekter p. 6. No. 12) in Grösse, Skulptur, Behaarung und Färbung sehr ähnlich, weicht aber in der Zeichnung der Flügeldecken von derselben ab. Kopf rostroth, weniger glänzend, auf dem Scheitel und der Stirn dichter punktirt. Fühler röthlich braun, die drei ersten Glieder rostfarben. Prothorax etwas schmaler als bei der genannten Art, oberhalb durchweg deutlich, hier und da runzlig punktirt, längs der Mittellinie mit breiter Furche, mit Ausnahme der gelben Basal- und Seitenränder rostroth. Schildchen gebräunt. Flügeldecken viel tiefer punktirt gefurcht, ihre Zwischenräume gewölbter und stärker punktirt, der gemeinsame schwarze Fleck der Schildchengegend grösser, die mit ihm verbundene hintere Querbinde deutlich dreilappig, von der Spitze ziemlich weit entfernt, den Seitenrand aber wenigstens nicht erreichend. Unterseite des Körpers gleich den Beinen blass scherbengelb, die Hinterleibsspitze gebräunt, die Tarsen rostfarben.

Ein einzelnes Exemplar von Mombas (September 1862) vorliegend.

Tefflus, Latr.

Hist. nat. d. Coléopt. d'Europe. (1822) p. 67.

26. *Tefflus juvenilis*, n. sp.

Minor, niger, opacus, prothoracis vix hexagoni angulis lateralibus obtuse rotundatis, marginibus deplanatis, basi subincrassato; elytris oblongo-ovatis, carinulatis, interstitiis angustis, transverse crenulatis. Long. 33, latit. elytr. 12 mill. ♂.

Bei etwas geringerer Grösse merklich schlanker gebaut als *Tefl. carinatus*, *Klug (Insekt. v. Mossamb. p. 161. Taf. IX. Fig. 7, Monatsber. d. Akad. d. Wissensch. 1853. p. 244 ff.), — *Tefl. Thomsonii*, Thomson (Annal. soc. entom. de France. 3. sér. IV. 1856. p. 325. pl. 8. Fig. 2), mit welchem die gegenwärtige Art zunächst verwandt ist und mit welchem sie sogar in der Mehrzahl der Charaktere übereinstimmt. An dem allein vorliegenden Männchen stellen sich als Unterschiede gegen das mir ausschliesslich bekannte Weibchen des *Tefl. carinatus* folgende heraus: Der Körper ist auf dem Pronotum und den Flügeldecken, ferner auch auf Pro- und Mesosternum mit zahlreicheren schwarzen Haarborsten besetzt. Die Stirnseiten und der Scheitel sind merklich, das Pronotum sehr beträchtlich gröber runzlig punktirt, auf letzterem die Runzeln zu zwei neben der Mittellinie verlaufenden, fast glatten Längsschwielen zusammenfliessend. Der viel schmalere

Prothorax ist kaum noch als hexagonal zu bezeichnen, da seine Seitenwinkel stumpf abgerundet erscheinen; die Seitenränder sind weder deutlich abgesetzt noch aufgebogen, was an dem stärker verdickten Basalrand wenigstens noch in geringem Grade der Fall ist. Auf den Flügeldecken sind die Rippen zwar ebenso scharf ausgeprägt und durchaus nicht feiner als bei *Teffl. carinatus*, die Zwischenräume dagegen fast um ⅓ schmaler als dort. Von den vier nach vorn abgekürzten Zwischenrippen fehlt die äusserste (von der Nahtrippe an gezählt die achte) ganz, die vorletzte reicht nicht so weit gegen die Basis hin wie bei *Teffl. carinatus*. Die Beborstung der Schienen ist nicht rothbraun, sondern schwarz und zugleich etwas länger. Die Stutzfläche an dem erweiterten Endgliede beider Tasterpaare ist licht gelb befilzt.

In der Tula-Colonie (1° 6‴ südl. Br.) von R. Brenner aufgefunden.

Craspedophorus, Hope.

The Coleopt. Manual. II. p. 165.

27. *Craspedophorus custalactus*, Gerst.

Taf. V. Fig. 6.

Niger, nigro-pilosus, antennis compressis, dilatatis, capite prothoraceque elongatis, angustis, hoc oblongo-hexagono, elytris ovalis, convexis, fortiter punctato-sulcatis, guttis decem flavis ornatis. Long. 19½ mill. ♀.

Craspedophorus custalactus, *Gerstaecker, Archiv f. Naturgesch. XXXIII. 1. p. 20. No. 23*).

Die hier in Rede stehende Art ist dem *Craspedophorus (Isotarsus) eximius*, Sommer (Annal. de la soc. entom. de France 2. sér. X. pl. 11. Fig. 1), = *Epicosmus Sommeri*, Chaud. (Bullet. d. natur. de Moscou, XXXIV. 2. p. 349. No. 16) äusserst ähnlich, stimmt mit demselben sogar in allen diese Art auszeichnenden plastischen Merkmalen überein, weicht aber durch etwas geringere Grösse, länglichere Flügeldecken und die etwas verschiedene Vertheilung der gelben Flecke auf letzteren ab; wenigstens lässt die mir zur Beurtheilung allein vorliegende Abbildung des *Craspd. eximius* die genannten Unterschiede deutlich hervortreten. Wiewohl unsere Art habituell lebhaft an *Tefflus* erinnert, ist sie doch nach den stark hervortretenden Augen, der Haarbekleidung der Fühler, dem gewölbten Mitteltheil der Stirn, dem länglich dreieckigen Schildchen u. s. w. durchaus ein *Craspedophorus*. Der weit heraustretende Kopf ist mit einem verlängerten, hinter den Augen punktirten, rückwärts quer gefalteten Halse versehen, die Stirn stark runzlig punktirt, nach vorn aufgetrieben und hier gleich dem Kopfschilde glatt. Fühler lang und kräftig, die acht letzten Glieder zusammengedrückt und erweitert. Der Prothorax ist fast um die Hälfte länger als an seinen seitlichen Ecken breit, vorn und hinten in gleichem Maasse verschmälert, länglich hexagonal mit etwas abgestumpften Seitenwinkeln; seine Oberfläche überall grob und netzartig punktirt, längs der Mittellinie undeutlich gefurcht. Die gewölbten, fast regelmässig ovalen Flügeldecken sind an der Basis etwas stumpfer als an der Spitze zugerundet, jede von neun tiefen, kettenartig und grubig punktirten Furchen durchzogen; die Zwischenräume der letzteren sind schmal, gewölbt und fast glatt, der vierte von der Naht aus mit zwei, der sechste mit einem, der achte und neunte

*) Die Körperlänge der Art ist hier durch einen Druckfehler auf 2½ Mill. angegeben.

in Gemeinschaft abermals mit zwei gattgelben, tropfenartigen runden Schwielenflecken geziert. In der Richtung von vorn nach hinten betrachtet, bilden diese zehn Flecke vier Querreihen, von denen die erste vier, die drei folgenden je zwei in sich begreifen. Die beiden inneren Flecke der ersten Querreihe sind etwas weiter nach vorn gerückt als die äusseren, die zwei der zweiten stehen etwas vor der Mitte der Flügeldeckenlänge und sind weiter von der dritten als von der ersten Querreihe entfernt; die in ziemlicher Entfernung von der Spitze stehenden Flecke der vierten liegen fast in derselben Längslinie mit denjenigen der zweiten. Brust und Hinterleibsbasis sind beiderseits grob punktirt; die Beine kräftig, mit unterhalb rothborstigen Tarsen.

Die Art wurde in einigen Exemplaren am See Jipe (December 1862) gesammelt.

Chlaenius, Bon.

Observat. entom. 1.

28. *Chlaenius Boisduvalii*, Dej.

Chlaenius Boisduvalii, Dejean, Species génér. d. Coléopt. V. p. 625. No. 77.
Chlaenius canus, *Klug, Symbol. physic. Dec. III. No. 2.
Chlaenius bipustulatus, *Klug, ibidem tab. XXIV. Fig. 3.

Ein Exemplar dieser am Senegal häufigen und auch in Oberegypten (Ehrenberg in Mus. Berol.) vorkommenden Art wurde bei Mombas (September 1862) aufgefunden.

29. *Chlaenius posticus*, Fab.

(1798) *Carabus posticus*, Fabricius, Entom. syst. suppl. I. p. 57. No. 102–103.
(1840) *Chlaenius Nilgherriensis*, Guérin, Rev. zool. par la soc. Cuvierienne. 1840. p. 39.
(1856) *Chlaenius malvalvus*, *Nietner, Entomol. papers IV. p. 15. No. 52.
(1856) *Chlaenius wrightiensis et formosus*, Chaudoir, Bullet. d. natur. de Moscou. XXIX. 2. p. 206. No. 80. und 81.

Von dieser ursprünglich in Ostindien einheimischen Art liegt ein von Cooke auf der Insel Sansibar gefundenes Exemplar vor. Dasselbe stimmt in Grösse, Skulptur und Färbung, besonders auch in der eigenthümlichen Form des Halsschildes durchaus mit den ostindischen Exemplaren überein oder weicht von ihnen wenigstens nicht mehr ab, als sie selbst untereinander. Das Halsschild der letzteren ist bald dicht und fast gleichmässig, bald unregelmässig und sperrig punktirt, ebenso oft erzgrün wie zum Theil kupferfarbig schimmernd, mitunter auch auf der Scheibe fast schwärzlich.

30. *Chlaenius cincticollis*, Boh.

Chlaenius cincticollis, *Boheman, Insect. Caffrar. I. p. 148. No. 156.

In mehreren Exemplaren von Cooke auf der Insel Sansibar gesammelt. Dieselben stimmen mit den typischen Boheman's aus dem Kafferlande in jeder Beziehung überein.

31. *Chlaenius sericeus*, Gerst.

Taf. V. Fig. 7.

Subtus niger, supra obscure aeneus, pubescens, fere opacus, antennis, palpis, trochanteribus, geniculis tarsisque rufo-ferrugineis, femoribus tibiisque pallidis: prothorace transverso, cordato, fortiter punctato, coleopteris punctato-sulcatis, per discum aureo-, lateribus et apice albo-pubescentibus. Long. 11 mill. ♂ ♀.

Chlaenius sericeus, *Gerstaecker, Archiv f. Naturgesch. XXXIII. 1. p. 21. No. 25.

In Habitus und Skulptur dem *Chlaen. xanthoceras*, Wiedem. (Zoolog. Magaz. II. 1. p. 51. No. 74), näher verwandt als irgend einer anderen Art der Gattung, von diesem aber nicht nur durch die einfarbigen Flügeldecken, sondern auch durch die geringere Grösse des Kopfes und der Augen abweichend. — Kopf oberhalb grünlich erzfarben, tief und unregelmässig, zwischen den Augen selbst runzlig punktirt; Oberkiefer röthlich pechbraun, Taster rostroth, diejenigen der Unterkiefer mit gelber Basis, das erste Fühlerglied blassgelb. Prothorax quer, vor der Mitte gerundet erweitert, nach der Basis hin herzförmig verengt, die aufgebogenen Seitenränder röthlich durchscheinend; die Oberfläche zu beiden Seiten der Basis tief eingedrückt, längs der Mittellinie fein gefurcht, überall stark und gedrängt punktirt, goldig seidenhaarig. Die Zwischenräume der Punktstreifen auf den Flügeldecken überall sehr fein nadelrissig und mit erhabenen Punkten besetzt, die sieben nach der Naht zu gelegenen mit goldiger, die äusseren gleich der Spitze mit silberschimmernder Seidenbehaarung. Unterseite des Körpers ziemlich glänzend schwarz; die Hüften röthlich pechbraun, die Beine im Uebrigen licht gelb mit rostrothen Trochanteren, Knieen, Schienenspitzen und Tarsen.

Beide Geschlechter bei Mbaramu im Oktober 1862 aufgefunden.

Oodes, Bon.

Observat. entom. I.

32. *Oodes lucidus*, Gerst.

Oblongo-ovatus, niger, supra nitidissimus, aeneo-micans, antennis palpisque gracilibus, tibiis posticis vix arcuatis: prothorace in medio basis parum sinuato, utrinque profunde sulcato, coleopteris apice ovato-rotundatis, profunde punctato-sulcatis. Long. 16½ mill. ♀.

Oodes lucidus, *Gerstaecker, Archiv f. Naturgesch. XXXIII. 1. p. 21. No. 26.

Den in der Diagnose hervorgehobenen Merkmalen dieser schon durch ihre ansehnliche Grösse und den lebhaften Glanz der Körperoberfläche ausgezeichneten Art ist noch Folgendes hinzuzufügen: Die Stirn ist flach, zwischen den Fühlern mit zwei eingestochenen Punkten versehen, die Clypeal-Furche sehr fein; Fühler und Taster pechbraun. Der Prothorax fast halbkreisförmig, an der Spitze unter leichter Ausrandung abgestutzt, die Hinterecken etwas stumpf, die sehr feine mittlere Längsfurche beiderseits abgekürzt, die beiden hinteren Eindrücke von einer kurzen und tiefen Furche durchzogen. Die Längsfurchen der Flügeldecken ziemlich tief und kettenförmig punktirt, der dritte Zwischenraum zwei grössere eingestochene Punkte führend. Der Prosternalfortsatz lanzettförmig, die Pleuren des Prothorax erloschen, diejenigen des Meso- und Metathorax siebförmig punktirt;

die Seiten des Hinterleibes violett schimmernd, fein und theilweise runzlig punktirt.

Bei Endara im December 1862 gefangen.

Anisodactylus, Dej.

Spec. génér. IV. p. 132.

33. *Anisodactylus amplicollis*, Gerst.

Niger, nitidus, antennis, palpis pedibusque rufis: prothorace transverso, lateribus ante medium rotundato-ampliato, retrorsum angustato, elytris sulcatis, interstitiis subconvexis, secundo pone medium bipunctato. Long. 11—11½ mill. ♀.

Anisodactylus amplicollis, *Gerstaecker, Archiv f. Naturgesch. XXXIII. 1. p. 22. No. 27.

Kopf verhältnissmässig kurz, mit deutlicher Querfurche auf der Grenze zum Clypeus hin, die beiden sich ihr nach hinten anschliessenden Gruben tief eingedrückt. Oberlippe in der Mitte ausgebuchtet, vorn mit sechs Gruben versehen, röthlich pechbraun. Oberkiefer ziemlich kurz, aussen bis jenseits der Mitte ihrer Länge weit ausgehöhlt, an der Spitze abgestutzt, schwärzlich pechbraun. Kinn mit deutlichem, einfachen Mittelzahn, nebst der Unterlippe, den Unterkiefern und Tastern rostroth. Prothorax kaum schmaler als die Flügeldecken zusammengenommen, seitlich gerundet erweitert, längs der Mittellinie sehr fein gefurcht, die Oberfläche ziemlich gewölbt, beiderseits hinter der Mitte und im Bereich der Basis abgeflacht und hier dicht und fein punktirt, die Ecken sämmtlich abgerundet. Die Furchen der Flügeldecken glatt, unpunktirt, die zweite bis auf den fünften Theil der Länge abgekürzt, die Zwischenräume leicht gewölbt, zerstreut und sehr fein punktirt, der dem Seitenrande zunächst liegende mit grossen, unregelmässigen Punkten besetzt. Unterseite des Körpers sehr glänzend und glatt, Brust und Hüften röthlich pechbraun, alle Schenkel und die hintersten Trochanteren lichter rostroth.

Nur Weibchen vorliegend; bei Endara im December 1862 aufgefunden.

Hypolithus, Dej.

Spec. génér. IV. p. 168.

34. *Hypolithus holosericeus*, Dej.

Hypolithus holosericeus, Dejean, Spec. génér. d. Coléopt. IV. p. 171. No. 3.

Ein Exemplar dieser in Senegambien, Mossambik und Madagaskar (Goudot in Mus. Berol.) einheimischen Art wurde von Cooke auf der Insel Sansibar angetroffen.

35. *Hypolithus paroesinus*, Gerst.

Niger, cyaneo- et viridi-micans, glaber, antennarum basi, palpis, pedibus, prothoracis limbo laterali, elytrorum apicali rufo-testaceis: elytris punctato-striatis, interstitiis confertim rugoso-punctulatis, alternis serie punctorum majorum obsitis. Long. 9—10½ mill. ♂ ♀.

Hypolithus paroesinus, *Gerstaecker, Archiv f. Naturgesch. XXXIII. 1. p. 23. No. 28.

In nächster Verwandtschaft mit *Hypolith. aciculatus*, Dej. (Spec. génér. d. Coléopt. IV. p. 173. No. 5), und *Hyp. caffer*, Bohem. (Insect. Caffrar. I. p. 196. No. 206) stehend; von ersterer Art durch drei Reihen stärkerer Punkte, von letzterer durch den Mangel der Behaarung auf den Flügeldecken unterschieden. Kopf glänzend schwarz, fein punktirt, Oberlippe und Mandibeln pechbraun, die drei Basalglieder der Fühler rostfarben. Prothorax gleich den Flügeldecken grün und cyanblau schimmernd, die Seitenränder in weiterer, die Basis in geringerer Ausdehnung rostroth; die Oberfläche überall gedrängt, gegen die Basis hin stärker und theilweise runzlig punktirt, mit beiderseits abgekürzter mittlerer Längsfurche. Die Flügeldecken zusammengenommen kaum breiter als der Prothorax, mit parallelen Seitenrändern, gegen die Spitze hin allmählich breiter rothgelb gesäumt, durchaus unbehaart; die eingestochenen Punkte des dritten Zwischenraumes jeder einzelnen tief und zahlreich, im fünften und siebenten sparsamer und flacher, im neunten (neben dem Seitenrande) grob und kettenartig mit einander verbunden. Unterseite des Körpers blau schimmernd, die Pleuren punktirt, das Brustbein und die Hüften rostroth.

Bei Aruscha im Oktober 1862, in den Bura-Bergen und am See Jipe im December desselben Jahres gesammelt.

36. *Hypolithus Aruschensis*, Gerst.

Niger, nitidus, glaber, antennis, palpis, pedibus prothoracisque limbo ferrugineis, elytris sulcatis, interstitiis parum convexis, dispersim punctatis, alternis punctis nonnullis majoribus obsitis. Long. 8—8½ mill. ♂ ♀.

Hypolithus Aruschensis, *Gerstaecker, Archiv f. Naturgesch. XXXIII. 1. p. 23. No. 29.

Dem *Hypol. interstitialis*, Bohem. (Insect. Caffrar. I. p. 199. No. 208), nach der Beschreibung desselben zu urtheilen, sehr nahe stehend und vielleicht nur eine Varietät dieser Art. Der Körper ist schmal, gleich breit, der Kopf sparsam und äusserst fein punktirt, deutlich nadelrissig, die Oberlippe und die Mandibeln röthlich pechbraun. Prothorax quer viereckig, seitlich vor der Mitte gerundet, seine Vorderecken ziemlich hervorgezogen, die hinteren abgestumpft; die Oberfläche sparsam und kaum wahrnehmbar, nur gegen die Basis hin dicht und deutlicher punktirt, überall fein nadelrissig, längs der Mittellinie fein gefurcht. Schildchen mit röthlicher Spitze. Die Furchen der Flügeldecken schmal, dicht crenulirt, die Zwischenräume unregelmässig punktirt, der dritte und fünfte mit sechs bis sieben, der siebente nur mit zwei bis drei grösseren Punkten, der Submarginalraum dagegen mit einer grösseren Anzahl tiefer Gruben versehen. Unterseite des Körpers schwärzlich pechbraun, die Brust, Hüften und die Spitzenränder der Hinterleibsringe rostroth.

Anfang Novembers 1862 bei Aruscha gefangen.

37. *Hypolithus venustulus*, Boh.

Hypolithus venustulus, Boheman, Insect. Caffrar. I. p. 202. No. 211.

Ein einzelnes Weibchen dieser zierlichen Art wurde von Cooke auf Sansibar gefunden.

Harpalus, Latr.

Hist. nat. d. Crust. et d. Insect. VIII.

38. *Harpalus cratognathoides*, Gerst.

Elongatus, subparallelus, rufo-brunneus, glaber, nitidus, pedibus testaceis: capite prothoraceque laevigatis, hoc retrorsum cordato-angustato, basi confertim punctato, elytris aeneo-micantibus, profunde sulcatis, interstitiis convexis, laevibus. Long. 7½ mill.

Harpalus cratognathoides, *Gerstaecker, Archiv f. Naturgesch. XXXIII. 1. p. 24. No. 30.

Eine eigenthümlich gestaltete Art, welche im Habitus lebhaft an *Cratognathus* erinnert. Kopf gewölbt, glatt, mit erzglänzender Stirn und wenig deutlich ausgeprägter Querfurche auf der Grenze zum Clypeus. Fühler kurz, rostroth, das vierte bis zehnte Glied um die Hälfte länger als breit; Mandibeln rostroth mit schwarzer Spitze. Der Mittelzahn des Kinnes kurz und stumpf. Prothorax quer, vor der Mitte gerundet, nach hinten stark verengt, mit stumpfen Vorder- und rechtwinkligen Hinterecken; die Oberfläche ziemlich gewölbt, bis jenseits der Mitte vollkommen punktlos, die dicht punktirte Basis beiderseits leicht eingedrückt, die Mittellinie deutlich gefurcht, die Seiten schmal gerandet. Schildchen glatt. Flügeldecken doppelt so lang als der Prothorax, bis über die Mitte hinaus gleich breit und zusammengenommen breiter als die Basis des Prothorax; ihre Längsfurchen tief und glatt, die Zwischenräume gewölbt, nicht punktirt. Unterseite des Körpers mit Einschluss der Hüften rostroth, die Beine lichter mit gelben Schenkeln.

Bei Mbaramu (Oktober 1862) in einem einzelnen Stücke aufgefunden.

Tachys, Dej.

Catal. d. Coléopt. I. édit.

39. *Tachys apicalis*, Boh.

Tachys apicalis, Boheman, Insect. Caffrar. I. p. 228. No. 240.

Ein einzelnes Exemplar, gleichfalls von Mbaramu (Oktober 1862).

Fam. Dyticidae, Leach.

Cybister, Curt.

British Entomol. IV.

Trogus, Leach.

40. *Cybister tripunctatus*, Oliv.

(1795) *Dytiscus tripunctatus*, Olivier, Entomol. III. No. 40. p. 14. pl. 3. Fig. 24.
(1798) *Dytiscus lateralis*, Fabricius, Entom. syst. suppl. p. 64. No. 6–7. — Syst. Eleuth. I. p. 259. No. 10.
(1834) *Cybister Africanus*, Laporte, Étud. entomol. p. 99.
(1836) *Trochalus meridionalis*, Géné, De quibusd. Insect. Sardin. nov. Fasc. I. p. 10. Tab. 1. Fig. 3.

(1838) *Cybister Africanus et tripunctatus*, Aubé, Spec. génér. d. Coléopt. VI. p. 71. No. 17 und p. 76. No. 20.
(1848) *Cybister Africanus*, Boheman, Insect. Caffrar. I. p. 233. No. 245.

Var. ♂ ♀. *Elytris plus minusve distincte pustulosis.*

(1838) *Cybister Temnenkii*, Aubé, Spec. génér. d. Coléopt. VI. p. 74. No. 19.
(1856) *Cybister Aegyptiacus*, Peyron, Annal. soc. entom. de France 3. sér. IV. p. 721.

Ein einzelnes von Cooke auf Sansibar gefundenes männliches Exemplar von 29 Mill. Länge zeigt fast die ganze Oberfläche der Flügeldecken, besonders deutlich aber den zwischen dem gelben Aussenrande und dem ersten, der Naht zunächst gelegenen Punktstreifen befindlichen Raum ziemlich dicht mit kleinen pustelförmigen Erhöhungen bedeckt. Gleiche Exemplare beiderlei Geschlechts beschreibt Aubé unter dem Namen: *Cybister Temnenkii* von den Sunda-Inseln, zwei männliche Peyron als *Cybister Aegyptiacus* von Kairo. Uebergänge von dieser Form zu der gewöhnlichen mit glatten Flügeldecken besitzt die hiesige Entomologische Sammlung aus Senegambien und Angola, so dass von einer Abtrennung solcher Exemplare als eigene Art nicht die Rede sein kann.

Der bereits von Erichson (Archiv f. Naturgesch. IX. 1. p. 205) und von Klug (Insekt. v. Mossamb. p. 175) ausgesprochenen Ansicht, dass die von Aubé (a. a. O.) als verschiedene Arten aufgestellten *Cybister lateralis*, Fab. und *Africanus*, Lap. nicht zu trennen seien, kann ich nach wiederholtem Vergleich einer ansehnlichen Zahl von Exemplaren aus Sardinien, den verschiedensten Theilen Afrikas und Asiens nur beipflichten. Der von Aubé hervorgehobene Unterschied in der Grösse ist, abgesehen von der Geringfügigkeit der Differenz, nicht einmal durchgreifend, da ein mir vorliegendes Sardinisches so wie mehrere Afrikanische Exemplare durchaus nicht grösser sind als zwei Ostindische. Da übrigens Olivier für seinen *Dyt. tripunctatus* den Fundort Isle de France angiebt, so würde derselbe mit grösserer Wahrscheinlichkeit auf den *Cyb. Africanus*, Lap., als (nach Aubé) auf den *Dyt. lateralis*, Fab. zu beziehen sein, falls beide getrennt werden könnten. Die Art mit Klug (a. a. O.) *Cybister lateralis*, Fab. zu nennen, ist deshalb nicht statthaft, weil der Olivier'sche Name *Cyb. tripunctatus* um drei Jahre älter ist.

41. *Cybister auritus*, n. sp.

Parvus, nigro-piceus, nitidus, supra aeneo-micans, antennis, labro, clypei fascia anteriore, prothoracis margine laterali testaceis vel ferrugineis, pedibus anterioribus elytrorumque macula subapicali (interdum deleta) rufis: elytris perspicue triseriatim punctatis, tibiarum posticarum calcare externo breviusculo, acute lanceolato. Long. 15½–17 mill. ♂ ♀.

Var. ♀. *Elytrorum disco obsolete et minus confertim pustuloso.*

Zu den kleinsten Arten der Gattung gehörend, nicht grösser als die von Perty (Delect. animal. articul. Brasil.) mit dem Namen *Cybister marginithorax* belegten kleineren Individuen des Brasilianischen *Cyb. laevigatus*, Fab., welchem die hier in Rede stehende Art auch in der Färbung und Zeichnung sehr ähnlich ist. Sie unterscheidet sich von jener durch den flacheren und nach vorn deutlicher verschmälerten Körper, durch das schmalere und niedrigere Prosternum und durch den breiteren und kürzeren messerförmigen Endsporn der Hinterschienen. Von dem mir unbekannten *Cyb. marginicollis*, Bohem. (Insect. Caffrar. I. p. 235.

No. 249), welchem eine gleiche Grösse und ähnliche Färbung zugeschrieben werden, würde sie u. A. durch den breiten hellen Saum des Prothorax und den schwarz gefärbten umgeschlagenen Rand der Flügeldecken abweichen. — An den rostrothen Tastern ist das Endglied meist schwärzlich braun; die gelbe oder rostfarbene Querbinde des Clypeus ist beiderseits abgerundet, hinten parallel mit dem Vorderrande gerade abgeschnitten. Die beiden Eindrücke des Clypeus sind tief, oval, die beiden Stirngruben flacher und weiter. Auf dem Prothorax sind nicht nur die hellen Seitenränder, sondern auch der (dunkel gefärbte) Vordersaum durch eine unregelmässige Punktreihe abgegrenzt. Die ganze Oberseite des Körpers und besonders der Flügeldecken spiegelt ziemlich lebhaft grünlich und violett metallisch; letztere sind bei normalen Individuen glatt und glänzend, mit den gewöhnlichen drei Punktreihen der Scheibe und einer dichteren, unregelmässigeren am Seitenrande versehen. Der rostrothe Fleck vor der Spitze ist zuweilen nahezu verschwunden, der umgeschlagene Rand gleich der Oberseite dunkel gefärbt. Vorder- und Mittelbeine sind rostroth, die Mitteltarsen pechbraun, die beiden Endsporen der Mittelschienen an Länge und Stärke wenig verschieden. Hinterbeine gleich der Brust und dem Hinterleib schwärzlich pechbraun, mit blutrothen Trochanteren und Schienensporen; von diesen ist der äussere dolchförmige ziemlich kurz und breit, mit seiner Spitze bei weitem nicht den Endrand des zweiten Tarsengliedes erreichend, scharf lanzettlich zugespitzt, aussen stumpf gekielt. Schwimmhaare der Tarsen rothbraun. Der zweite und dritte Hinterleibsring beiderseits rostroth gefleckt.

Drei von Cooke auf Sansibar gefangene Weibchen dieser Art zeigen die Scheibe der Flügeldecken von der Naht bis zum zweiten Punktstreifen in verschiedenen Graden von Deutlichkeit schwach pustelartig granulirt, während von zwei aus Madagaskar (Goudot) stammenden Männchen das eine durchaus glatte, das andere sogar sehr flach grubig eingedrückte Flügeldecken besitzt.

42. *Cybister immarginatus*, Fab.

Dytiscus immarginatus, Fabricius, Entom. syst. IV. p. 444. No. 4—5. — Syst. Eleuth. I. p. 258. No. 6.

Cybister immarginatus, Aubé, Spec. génér. d. Coléopt. VI. p. 82. No. 24. — Boheman, Insect. Caffrar. I. p. 233. No. 247.

Var. a. (♂ ♀) *Elytris plus minusve distincte pustulosis.*

Var. b. (♀) *Pronoto elytrisque profunde aciculatis.*

Cybister binotatus, Aubé, Spec. génér. d. Coléopt. VI. p. 84. No. 25.

Cybister binotatus, Boheman, Insect. Caffrar. I. p. 234. No. 248.

Cybister Owas, Laporte, Étud. entomol. p. 100. — Aubé, Spec. génér. VI. p. 85. No. 26.

Ein von Cooke auf Sansibar gefangenes Paar dieser Art gehört der Var. a. an und entbehrt zugleich in Uebereinstimmung mit mehreren mir vorliegenden Exemplaren aus Madagaskar des rostrothen Fleckes vor der Spitze der Flügeldecken. Das Männchen misst 38, das Weibchen nur 34 Mill. in der Länge; bei ersterem ist die pustelförmige Granulirung der Flügeldecken stärker ausgeprägt und von weiterer Ausdehnung als beim Weibchen. Im Uebrigen sind Unterschiede von den normalen, durch glatte Flügeldecken ausgezeichneten Individuen nicht nachweisbar.

In Betreff der von Laporte, Aubé und Boheman unter den Namen: *Cybister Owas*, *bimaculatus* und *binotatus* aufgestellten Arten ist zu bemerken, dass die letztere derselben überhaupt nur auf ein weibliches Individuum begründet ist, dass die beiden ersteren aber, wiewohl nach beiden Sexus beschrieben, nur im weiblichen Geschlechte von *Cyb. immarginatus*, und zwar durch eine eigenthümliche und in der That recht auffallende Skulptur des Pronotum und der Flügeldecken, abweichen. Für das Männchen des *Cyb. bimaculatus* giebt Aubé keinen anderen Unterschied als den grösseren rostgelben Subapikalfleck der Flügeldecken, für dasjenige des *Cyb. Owas* überhaupt keinen recht in die Augen springenden an, wie denn auch an den mir vorliegenden Männchen aus Senegambien, Guinea, Mosambik und Madagaskar in der That keine durchgreifende Differenz nachweisbar ist. Die zwischen ihnen bestehenden Unterschiede in der Grösse sind ebenso geringfügig wie die an dem Flügeldeckenfleck hervortretenden; letzterer ist bald von grösserer Ausdehnung und lichterer Färbung, bald kleiner und dunkler bis zum gänzlichen Verschwinden. Es würden mithin hier Arten vorliegen, welche nur im weiblichen Geschlecht verschieden, deren Männchen aber identisch sind. Unter so bewandten Umständen wird sich unwillkürlich die Frage aufdrängen, ob die für die Weibchen jener präsumirten Arten hervorgehobene nadelrissige Skulptur ihrer Körperoberfläche, auf welche ihre Abtrennung von *Cyb. immarginatus* ausschliesslich basirt ist, in der That als ein specifisches Merkmal angesehen werden könne. Jedenfalls muss dies als in hohem Grade zweifelhaft angesehen werden, wenn man erwägt, dass 1) eine nicht unbeträchtliche Variabilität in der Skulptur der Deckflügel, wie bereits Erichson geltend gemacht hat, bei den *Cybister*-Arten wiederholt zur Beobachtung gekommen ist, 2) dass die Skulptur bei den Weibchen des *Cyb. Owas, bimaculatus* und *binotatus* zwar auffallend genug von derjenigen des regulären Weibchens des *Cyb. immarginatus*, unter ihnen selbst aber nur dem Grade und der Ausdehnung nach verschieden ist und dass 3) noch sehr viel auffallendere Skulpturverschiedenheiten bei den Weibchen anderer Dyticiden, vor allen des *Hydaticus zonatus*, Illig. (Var. ♀ *verrucosus*, Sahlb.) im Norden Europas, vorkommen. Alles dies in Betracht gezogen, hat es jedenfalls die bei weitem grössere Wahrscheinlichkeit für sich, dass es sich bei dem *Cyb. Owas*, Lap., *bimaculatus*, Aubé und *binotatus*, Boh. nicht um selbständige Arten, sondern lediglich um eine zweite und zwar ziemlich häufig neben der regulären auftretende Form des Weibchens handelt, über deren Entstehungsweise vorläufig allerdings ebenso wenig eine Vermuthung ausgesprochen werden kann, wie über die gleichzeitige Existenz von glatten und gerippten Weibchen bei den einheimischen *Dyticus*-Arten. Ob jene nadelrissigen Weibchen des *Cyb. immarginatus* mit den regulär gebildeten in gleicher Weise wie die beiden weiblichen *Dyticus*-Formen gemeinschaftlich in denselben Gewässern vorkommen, darüber fehlen bis jetzt Angaben vollständig und es wäre mithin eine Annahme lokaler Einflüsse wenigstens vorläufig nicht ganz von der Hand zu weisen. Jedenfalls ist es in hohem Grade bemerkenswerth, dass alle vorliegenden Exemplare der drei von Cooke auf Sansibar aufgefundenen *Cybister*-Arten eine und dieselbe Abweichung von der normalen Skulptur der Flügeldecken darbieten, indem letztere durchweg mehr oder weniger deutlich granulirt erscheinen.

Laccophilus, Leach.

Zoolog. Miscell. III. p. 69.

43. *Laccophilus vermiculosus*, Gerst.

Oblongo-ovatus, ferrugineus, prothoracis margine basali plagaque disci transversa nigris, elytris fusco-conspersis, margine laterali (basi et ante medium maculatim dilatato) testaceo. Long. 4½ mill.

Laccophilus vermiculosus, *Gerstaecker, Archiv f. Naturgesch. XXXIII. 1. p. 25. No. 32.

Dem *Laccoph. vividosus*, *Klug (Insekt. v. Madagascar, p. 48. No. 87) nicht unähnlich, aber etwas kleiner und von abweichender Zeichnung des Prothorax. Kopf einfarbig rostgelb, der Vorderrand des Prothorax nur wenig gebräunt, der Basalrand mit Ausnahme der beiden Seiten schwarz gefärbt und zwar gegen die Mitte hin in weiterer Ausdehnung; ein zweilappiger, querer Fleck der Scheibe in deutlicher Abtrennung von dem Basalrande gleichfalls schwarz. Flügeldecken scherbengelb mit schwärzlich braunen, parallelen, wellig verlaufenden, hier und da zusammenfliessenden Längslinien, welche indessen einige längliche Flecke an der Basis und dem Seitenrand für die helle Grundfarbe freilassen. Unterseite des Körpers nebst den Beinen rostfarben, braun gescheckt.

Zwei übereinstimmende Exemplare wurden bei Mombas im September 1862 gefischt.

Fam. Gyrinidae, Erichs.

Dineutus, Mac Leay.

Annulos. Javan. p. 30.

Cyclous, Esch. — *Cyclinus*, Kirby.

44. *Dineutus aereus*, Klug.

Gyrinus aereus, *Klug, Symbol. phys. IV. No. 2. Tab. 34. Fig. 8.
Dineutes aereus, Aubé, Spec. génér. d. Coléopt. VI. p. 769. No. 7. — Boheman, Insect. Caffrar. I. p. 263. No. 285.

Von dieser in Afrika weiter verbreiteten Art wurden zahlreiche Exemplare zwischen Mombas und Wanga, bei Mbaramu und Kisuani im Oktober 1862 gesammelt.

45. *Dineutus Africanus*, Aubé.

Dineutes Africanus, Aubé, Spec. génér. d. Coléopt. VI. p. 771. No. 8.

Von Mosebi (November 1862) nur in einem Exemplare vorliegend.

46. *Dineutus subspinosus*, Klug.

Gyrinus subspinosus, *Klug, Symbol. phys. IV. No. 3. Tab. 34. Fig. 9.
Dineutes subspinosus, Aubé, Spec. génér. d. Coléopt. VI. p. 786. No. 19. — Boheman, Insect. Caffrar. I. p. 264. No. 287.

Die Art wurde in grösserer Anzahl bei Mombas im September 1862 gefischt; sie ist gleichfalls weit über Afrika ausgedehnt.

Gyrinus, Geoffr.

Insect. d. envir. de Paris. I. p. 193.

47. *Gyrinus caffer*, Aubé.

Gyrinus caffer, Aubé, Spec. génér. d. Coléopt. VI. p. 712. No. 39.

Ein einzelnes Exemplar dieser auch am Kap einheimischen Art wurde im December 1862 bei Endara gefangen.

Orectochilus, Lacord.

Faune entom. Paris. I. p. 344.

48. *Orectochilus schistaceus*, Gerst.

Taf. V. Fig. 8.

Infra cum pedibus ferrugineus, supra aeneus, violaceo-micans, prothorace elytrisque testaceo-limbatis, cinereo-tomentosis, illius disco, horum costa lata, elevata, pone medium terminata plagaque scutellari communi subquadrata glabris, nitidis. Long. (ano excepto) $8\frac{1}{2}$ mill.

Orectochilus schistaceus, *Gerstaecker, Archiv f. Naturgesch. XXXIII. 1. p. 25. No. 37.

In nächster Verwandtschaft mit dem *Orectoch. Madagascariensis*, Aubé (Spec. génér. d. Coléopt. VI. p. 730. No. 3), stehend und den kleineren Individuen desselben an Grösse gleich kommend, aber durch den rostfarbenen Bauch, aschgraues Toment der Rückenseite, den viel kürzeren glatten Nahtfleck der Flügeldecken und schärfer zugespitzte Aussenecken ihrer hinteren Abstutzung abweichend. Kopf violett schimmernd, Clypeus grünlich kupferfarben. Prothorax hinter der Mitte quer eingedrückt, grünlich erzfarben, mit fast violetter mittlerer Querbinde. Flügeldecken ebenfalls violett schimmernd, gleich den Seiten des Prothorax aschgrau befilzt; glatt und glänzend sind auf denselben eine nach hinten allmählich verschmälerte, grünlich erzfarbene Längsrippe jeder einzelnen und ein beiden gemeinsamer, an der Spitze ausgeschnittener Fleck der Schildchengegend, welcher weit vor der Mitte ihrer Länge endigt und mehr violett metallisch gefärbt ist. Der auf letzteren folgende Nahtsaum ist feilenartig punktirt und mit längeren rothgelben Haaren bekleidet. An den Vorderbeinen sind die Kniee, Schienen und Tarsen, ferner die Seiten der Brust und des Hinterleibes gebräunt und violett schimmernd.

Im Oktober 1862 bei Mbaramu erbeutet.

Fam. Palpicornia, Latr.

Berosus, Leach.

Zoolog. Miscell. III. p. 92.

49. *Berosus furcatus*, Boh.

Berosus furcatus, Boheman, Insect. Caffrar. I. p. 590. No. 647.

Das einzige vorliegende Exemplar dieser auch im Kafferlande einheimischen Art wurde auf dem Wege zwischen Kisuani und den Ugono-Bergen im Oktober 1862 angetroffen.

Cyclonotum, Erichs.

Käfer d. Mark. I. p. 212.

50. *Cyclonotum abdominale*, Fab.

Sphaeridium abdominale, *Fabricius, Entom. syst. I. p. 79. No. 10. — Syst. Eleuth. I. p. 94. No. 6.
Cyclonotum abdominale, Mulsant, Annal. de la soc. d'agricult. de Lyon. VII. p. 167 ff. No. 11.
Sphaeridium (Cercyon) depressum, *Klug, Insekt. v. Madagasc. p. 72. No. 85.
Cyclonotum nitidum, *Boheman, Insect. Caffrar. I. p. 602. No. 640.

In zwei Exemplaren von Mombas (Dr. Kersten) und von Sansibar (Cooke) vorliegend. Die Art ist fast kosmopolitisch verbreitet, da sie ausser in Westindien (nach Fabricius) bereits in Brasilien, auf Ceylon (Nietner), auf Madagaskar (Goudot), in Sennaar (Hartmann) und bei Port Natal (Wahlberg) gefunden worden ist.

Cercyon, Leach.

Zoolog. Miscell. III. p. 95.

51. *Cercyon figuratum*, Gerst.

Breviter ovatum, convexum, nigrum, nitidum, prothoracis angulis anticis elytrisque rufis, his apicem versus flavescentibus, basi, sutura plagaque magna laterali nigris: elytrorum striis 4. et 5. basi fortiter divergentibus, 6. ibidem abbreviata. Long. 2½ mill.

Cercyon figuratum, *Gerstaecker, Archiv f. Naturgesch. XXXIII. 1. p. 26. No. 30.

Dem *Cerc. scapulare*, Bohem. (Insect. Caffrar. I. p. 608. No. 666) augenscheinlich nahe verwandt, aber in der Körperfärbung und Zeichnung abweichend. Kopf ganz schwarz, dicht punktirt, zwischen den Augen mit tiefer Querfurche; Taster und Fühlerbasis gelb. Prothorax nach vorn stark verengt, überall dicht punktirt, glänzend schwarz, mit blutrothen Vorderecken. Schildchen äusserst fein punktirt, schwarz. Flügeldecken mehr denn dreimal so lang als der Prothorax, stark gewölbt, gedrängt punktirt, jede einzelne mit zehn leicht gefurchten Punktstreifen, welche sämmtlich vor der Spitze verschwinden; der erste der Naht zunächst liegende undeutlicher als die übrigen und vom zweiten weiter entfernt, der fünfte nahe der Basis nach aussen umgebogen, der sechste vor derselben abgekürzt. Ein nach vorn dreieckig erweiterter gemeinsamer Nahtfleck, eine mit demselben zusammenhängende Querbinde der Basis und ein mit dieser wieder am Seitenrande verbundener grosser Aussenfleck auf rothem Grunde schwarz gefärbt. Unterseite des Körpers gleichfalls schwarz, an den Beinen die Schienen und Tarsen rostfarben.

In einigen Exemplaren bei Aruscha (November 1862) aufgefunden.

Fam. Staphylinidae, Latr.

Staphylinus (Lin.), Erichs.

Käfer der Mark. I. p. 430.

52. *Staphylinus cerdo*, Gerst.

Fusco-niger, antennis pedibusque concoloribus, undique confertim punctatus, opacus, scutello atro-tomentoso, capite, prothorace elytrisque fulvo-pilosis, abdomine supra bistriatim nigro-maculato; tibiis intermediis spinosissimis. Long. 10½ mill.

Staphylinus cerdo, *Gerstaecker, Archiv f. Naturgesch. XXXIII. 1. p. 27. No. 40.

Von der Grösse des *Staph. chloropterus*, Panz. (Faun. Insect. German. 86, 20), aber durch die viel kürzeren Fühler in näherer Verwandtschaft mit *Staph. antiquus* und *Hottentottus*, Nordm. stehend. Kopf kurz, quer viereckig, schmaler als der Prothorax, gleichmässig und dicht runzlig punktirt. Taster rostroth, Fühler schwarzbraun, die beiden ersten Glieder mit röthlich pechbrauner Spitze, die beiden letzten licht braun; das zweite und dritte Glied eiförmig, das vierte bis zehnte quer. Prothorax kaum länger als breit, parallel, vorn abgestutzt, an der Basis stumpf abgerundet; seine Oberfläche ebenso gedrängt wie der Kopf punktirt, mit stark abgekürztem, glattem Mittelkiel nahe der Basis. Die Flügeldecken zusammengenommen nicht breiter als die Basis des Prothorax, nach hinten allmählich verbreitert, quer viereckig, an der Spitze ausgerandet; jede einzelne mit zwei länger rothgelb behaarten Aussenmakeln, deren vordere unterhalb der Schulter steht. Die vorderen Hinterleibssegmente sind scherbengelb gesäumt, das vorletzte am Spitzenrande rothgelb befilzt. Unterseite des Körpers pechbraun, etwas glänzend, ziemlich sparsam punktirt und behaart. Die Mittelschienen mit sehr zahlreichen stärkeren Dornen bewehrt, die Tarsen unterhalb rothgelb beborstet.

Bei Aruscha im Oktober 1862 aufgefunden.

Philonthus, Curt.

British Entomol. XIII.

53. *Philonthus cordicollis*, Gerst.

Prothorace oblongo-cordato, dense et fere aequaliter punctato, niger, nitidus, palpis, antennarum basi, pectore elytrisque rufis, his confertim et subrugose punctatis. Long. 11 mill.

Philonthus cordicollis, *Gerstaecker, Archiv f. Naturgesch. XXXIII. 1. p. 28. No. 41.

Die Art gehört der von Erichson (Gen. et spec. Staphyl. p. 503) aufgestellten achten Gruppe der Gattung an, steht durch die eigenthümliche Form des Prothorax dem *Phil. elatus*, *Erichs. (a. a. O. p. 508. No. 138) am nächsten und ist auch nur wenig kleiner als dieser. Der Kopf ist gerundet viereckig, kaum breiter als der Prothorax, nach hinten leicht verschmälert, an der Basis und zu beiden Seiten gedrängt, in der Mitte sparsamer punktirt, ausserdem noch mit einigen grösseren Punkten, von denen einer zwischen, zwei hinter den Augen stehen, besetzt. Fühler pechbraun, ihr erstes Glied ganz, das zweite und dritte an der Basis rostroth; Taster gleichfalls, aber lichter rostfarben. Prothorax deutlich länger als breit, stark gewölbt, vorn leicht gerundet, hinter der Mitte herzförmig verengt, dicht und fein punktirt, sparsam braun behaart, glänzend, jederseits mit zwei grösseren eingestochenen Punkten versehen, von denen der eine sich nahe der Basis, der andere vor der Spitze findet. Schildchen dicht und fein runzlig punktirt, fast matt, schwarz. Flügeldecken blutroth mit gebräunter Basis, dicht punktirt, behaart; auf jeder zwei lange Borstenhaare, das eine nahe dem Schildchen, das andere am Seitenrande, bemerkbar. Hinterleib dicht punktirt, leicht glänzend, schwarz mit bläulichem Schimmer. Brust beiderseits stark siebartig punktirt, nebst den Hüften und Trochanteren der beiden hinteren Beinpaare blutroth; Tarsen rostbraun, unterhalb rothgelb befilzt.

Ein einzelnes Exemplar von Moschi (November 1862) vorliegend.

Paederus, Fab.

Syst. Entom. p. 268.

54. *Paederus sabaeus*, Erichs.

Paederus sabaeus, *Erichson, Gen. et spec. Staphylin. p. 656. No. 15.

Diese bereits aus Guinea und Abyssinien bekannte Art wurde bei Mombas in Mehrzahl gesammelt.

55. *Paederus aestuans*, Erichs.

Paederus aestuans, *Erichson, Gen. et spec. Staphylin. p. 656. No. 16. — Boheman, Insect. Caffrar. I. p. 291. No. 318.

Von Cooke auf Sansibar angetroffen. Die Art ist über einen grossen Theil Afrikas (Senegambien, Egypten, Kafferland) verbreitet.

56. *Paederus tumidicollis*, Gerst.

Taf. V. Fig. 9.

Niger, nitidus, nigro-pilosus, antennarum basi pedibusque rufo-ferrugineis, prothorace abdominisque segmentis duobus ultimis sanguineis, elytris cyaneis, parum profunde rugoso-punctatis; prothorace convexo, oblongo-ovato, obsolete et disperse punctato. Long. 13½ mill.

Paederus tumidicollis, *Gerstaecker, Archiv f. Naturgesch. XXXIII. 1. p. 28. No. 42.

Grösser und besonders schlanker als der zunächst verwandte *Paed. crassus*, Bohem. (Insect. Caffrar. I. p. 288. No. 315). Der Kopf ist gerundet viereckig, glänzend schwarz, mit zahlreichen aber wenig tiefen Punkten bedeckt, die Mittellinie der Stirn glatt; die Mandibeln an der Basis röthlich pechbraun, die Taster und die beiden Grundglieder der (unvollständig erhaltenen) Fühler rostroth. Prothorax schmaler als der Kopf, deutlich länger als breit, gegen die Basis hin allmählich verengt, oberhalb ziemlich gewölbt, fast aufgetrieben erscheinend, hier und da verloschen punktirt, in der Mitte glatt und glänzend, von Farbe blutroth. Schildchen fein punktirt, dunkel blutroth mit gebräunter Spitze. Die Flügeldecken zusammengenommen wenig breiter als die Basis des Prothorax und nicht ganz von der Länge desselben, nach hinten leicht und allmählich verbreitert, an der Spitze gemeinsam ausgeschnitten, oberhalb fein runzlig punktirt, lebhaft cyanblau.

Hinterleib fein punktirt, tief schwarz, die beiden Endsegmente ihrer ganzen Ausdehnung nach oberhalb dunkler, unterhalb heller blutroth, das vorletzte unten mit einer grossen, länglichen, geglätteten mittleren Grube, zu beiden Seiten dicht gedrängt punktirt. Beine ganz rostroth, greishaarig.

Das einzige vorliegende Exemplar wurde von Dr. Kersten am 28. November 1862 auf dem Kilimandscharo in einer Höhe von 8000' gefunden.

57. *Paederus pedestris*, Gerst.

Niger, nitidus, parce pilosus, palpis, antennarum basi et apice, coxis, trochanteribus femoribusque basi rufo-ferrugineis; prothorace rotundato-quadrato, sanguineo, elytris cyaneis, fortiter rugoso-punctatis. Long. $9\frac{1}{2}$ mill.

Paederus pedestris, *Gerstaecker, Archiv f. Naturgesch. XXXIII. 1. p. 29. No. 43.

Dem *Paed. crinitus*, Reiche (Voyage en Abyssinie, Zoologie. pl. 17. Fig. 1), nicht unähnlich und an Grösse ziemlich gleich, aber sofort durch die Färbung der Beine zu unterscheiden. Kopf dicht und ziemlich stark punktirt, auf der Mitte der Stirn glatt, schwarz, mit röthlich pechbraunen Mandibeln. Fühler schwärzlich braun, die vier Basal- und die beiden Spitzenglieder rostfarben. Prothorax fast von Kopfbreite, ein wenig länger als breit, seitlich gerundet, nach hinten allmählich verengt, oberhalb ziemlich gewölbt, beiderseits von der glatten Scheibe zerstreut punktirt, hell blutroth, stark glänzend. Schildchen fein punktirt, dunkelroth. Flügeldecken zusammengenommen nur wenig breiter als die Basis des Prothorax, kaum kürzer als dieser, durchweg stark runzlig punktirt, lebhaft cyanblau, fein weisslich beborstet. Hinterleib glänzend schwarz, dicht narbig punktirt, schwarz behaart. Vorderschenkel bis zur Mitte, die mittleren und hinteren in geringerer Ausdehnung an der Basis roth; die Beine im Uebrigen schwarz mit pechbraunen Tarsen.

Bei Moschi im November 1862 angetroffen.

Oedichirus, Erichs.

Gen. et spec. Staphylin. p. 681.

58. *Oedichirus stilicinus*, Gerst.

Taf. V. Fig. 10.

Alatus, piceus, pallide pilosus, capite prothoraceque rufo-brunneis, elytris nigris, parcius punctatis, abdominis segmentis lateribus-limbatis. Long. $6\frac{1}{4}$ mill.

Oedichirus stilicinus, *Gerstaecker, Archiv f. Naturgesch. XXXIII. 1. p. 30. No. 45.

Kaum länger, aber etwas schlanker als der mit ihm zunächst verwandte *Oedich. terminatus*, *Erichs. (Archiv f. Naturgesch. IX. 1. p. 223. No. 83). Der Kopf mit Einschluss der Mandibeln röthlich braun, glatt und glänzend, zwischen dem Ursprung der pechbraunen Fühler mit einigen symmetrisch gestellten Punkten versehen; Taster gleichfalls pechbraun. Prothorax ein wenig länger als breit, seitlich gerundet, gegen die Basis hin herzförmig verengt, glänzend rothbraun mit schwärzlicher Basis, über die Scheibe hin in vier Längsreihen grob punktirt. Schildchen schwarz, fein punktirt. Flügeldecken zusammengenommen abgerundet quadratisch, doppelt so breit als die Basis des Prothorax, glänzend schwarz, gegen die Basis hin dichter, rückwärts und seitlich sparsamer grob punktirt. Hinterleib fast cylindrisch, pechbraun mit röthlich durchscheinender Spitze, die einzelnen Segmente hinten scherbengelb gesäumt, in drei Querreihen punktirt. Beine schwärzlich pechbraun mit rothen Trochanteren und scherbengelben Knieen, Schienenspitzen und Tarsen. Brust und Mitte des Bauches blutroth.

Nur ein einzelnes bei Aruscha (Oktober 1862) gefangenes Exemplar.

Lispinus, Erichs.

Gen. et spec. Staphylin. p. 828.

59. *Lispinus singularis*, Gerst.

Niger, supra fere glaber, subtiliter punctatus, nitidus, pedibus abdominisque segmentorum margine apicali rufis: his utrinque regulariter oblique strigulosis. Long. 4 1/3 mill.

Lispinus singularis, *Gerstaecker, Archiv f. Naturgesch. XXXIII. 1. p. 30. No. 46.

Die durch ihre Hinterleibs-Skulptur sehr ausgezeichnete Art gleicht in Habitus und Grösse am meisten dem *Lisp. laticollis*, *Erichs. (Gen. et spec. Staphylin. p. 828. No. 2), doch ist der Kopf weniger breit, vor den Augen verschmälert, an der Spitze fast abgestutzt, oberhalb ziemlich fein und sparsam punktirt. Die Mandibeln sind röthlich pechbraun, die Fühler von gleicher Färbung, mit hellerer Basis und Spitze, ziemlich kurz, so dass sie kaum bis zur Basis des Prothorax reichen. Letzterer ist quer viereckig, von der Basis bis über die Mitte hinaus fast gleich breit, sodann gerundet verschmälert, oberhalb leicht gewölbt, fein punktirt, vor den Hinterecken mit weitem Eindruck. Die Flügeldecken zusammengenommen von Prothoraxbreite, regelmässig quadratisch, jede einzelne mit dem gewöhnlichen Nahtstreifen versehen. Hinterleib oberhalb äusserst fein punktirt, der Spitzenrand der fünf vorderen Segmente schmaler, derjenige des sechsten breiter blutroth gefärbt; auf der Seite lässt jedes Segment oberhalb sechs, unterhalb acht schräg und parallel verlaufende, fein eingegrabene Striche erkennen. Die Beine sind satt rostroth.

Auf den Ugono-Bergen im Oktober 1862 aufgefunden.

Fam. Palpatores, Latr.

Scydmaenus, Latr.

Gen. Crust. et Insect. I. p. 281.

60. *Scydmaenus pinguiculus*, n. sp.

Palporum maxillarium articulo quarto obsoleto, mesosterno carinato, tarsis anticis basin versus dilatatis: obesus, nigro-piceus, griseo-pilosus, nitidus, antennis, palpis pedibusque rufis, prothorace rotundato-quadrato, satis convexo, coleopteris ovatis, basi subtruncatis, obsolete punctatis. Long. 2 3/4—3 mill.

Nach der Verkümmerung des vierten Gliedes der Kiefertaster und der gekielten Mittelbrust in die Untergattung *Eumicrus*, Casteln. gehörend und sich durch die an der Basis erweiterten Vordertarsen dem *Scydm. tarsatus*, Müll., Kunze (Schrift. d. naturf. Gesellsch. in Leipzig. I. p. 11. Taf. 1. Fig. 3) annähernd anschliessend; andererseits durch den viel gedrungeneren Körper mehr an *Scydm. antidotus*, Germ. (Faun. Insect. Europ. 22, 3.), erinnernd, welchen die hier in Rede stehende Art übrigens sehr beträchtlich an Grösse übertrifft. — Der etwas quere und abgerundet viereckige Kopf ist bedeutend schmaler als das Halsschild und gleich dem Vorderrande dieses zuweilen lichter als der übrige Rumpf, nämlich röthlich braun gefärbt. Die kräftigen Fühler sind dunkel rostroth und erreichen zurückgeschlagen die Basis des Prothorax; ihr erstes Glied ist weniger langgestreckt als bei *Scydm. antidotus*, die drei folgenden unter einander gleich gross, das fünfte deutlich länger und breiter, an der deutlich abgesetzten Keule das eiförmige Endglied nicht viel kürzer als die beiden ersten zusammengenommen. Der an der Basis fast rechtwinklige Prothorax erscheint im Verhältniss etwas kürzer und breiter als bei *Scydm. antidotus*, sein vorderer Theil beträchlich höher gewölbt und längs der Mitte zuweilen undeutlich gefurcht; vor dem Hinterrande zeigt sich jederseits ein grubenförmiger Eindruck. Die Flügeldecken sind von Grund aus deutlich breiter als der Hinterrand des Halsschildes, ihre Basis niedergedrückt und quer abgestutzt erscheinend, die Schultern beulenförmig aufgetrieben, ihr Umriss eiförmig mit grösster Breite bei der Mitte der Länge und stärkerer Verengung gegen die Spitze hin; ihre Oberfläche ziemlich fein und seicht, sperrig punktirt, gleich dem Vorderkörper grob greis behaart. Unterseite des Körpers rothbraun, die Beine lichter, die keulenförmige Verdickung ihrer Schenkelspitzen ziemlich stark.

Einige Exemplare dieser ansehnlich grossen Art wurden im Oktober 1862 bei Mbaramu in Gesellschaft einer kleinen *Atta* gefunden.

Fam. Histerini, Erichs.

Placodes, Erichs.

Jahrbüch. d. Insectenk. p. 163.

61. *Placodes Senegalensis*, Payk.

Hister Senegalensis, Paykull, Monogr. Histeroid. p. 13. No. 5. Tab. 4. Fig. 6.
Placodes Senegalensis, de Marseul. Annal. de la soc. entom. de France. 3. sér. I. p. 232. No. 1. pl. 5. Fig. VI. 1. — Essai monogr. sur la famille des Histérides, eod. loc.

Die Art wurde von Dr. Kersten in einem Exemplare bei Mombas, von Cooke auf Sansibar gefunden.

Apobletes, de Mars.

Annal. soc. entom. 3. sér. VIII. p. 852.

62. *Apobletes Migneauxi*, de Mars.

Apobletes Migneauxi, de Marseul. Annal. de la soc. entom. de France, 3. sér. VIII. p. 856. No 2. pl. 2. Fig. X. 2. — Supplém. à la monogr. d. Histérides. p. 51. Nr. 2.

Einige Exemplare dieser Art liegen von Mombas (September 1862) vor.

Platysoma, Leach.

Zoolog. Miscell. III. p. 77.

63. *Platysoma pullum*, Gerst.

Oblongum, cylindricum, nigrum, nitidum, aeneo-micans, prothorace striato, subtiliter punctato, elytrorum stria suturali striaque, secunda post basin abbreviata, sequentibus tribus subintegris. Long. 2 mill.

Platysoma pullum, * Gerstaecker, Archiv f. Naturgesch. XXXIII. 1. p. 31. No. 49.

Zu den kleinsten bis jetzt bekannten Arten der Gattung gehörend. Kopf mit feinen Pünktchen dicht gedrängt besetzt, die Stirn beiderseits gefurcht, und zwar so, dass die Furchen gegen den Clypeus hin convergiren. Prothorax quer, mit parallelen Seitenrändern, breit abgerundeten Vorder- und rechtwinkligen Hinterecken, seine Basis in der Mitte gewinkelt; die Punktirung der Oberfläche durchgehends fein, doch sind die Punkte gegen die Basis hin deutlich grösser. Flügeldecken um die Hälfte länger als der Prothorax, gleichbreit, nahe der Spitze dicht punktirt; jede einzelne mit sechs deutlich punktirten Längsstreifen, von welchen der an der Naht stehende vorn und hinten, der zweite nicht weit hinter der Basis, der sechste nach vorn bis auf die Hälfte abgekürzt erscheint, während der fünfte vollkommen durchgehend, der dritte und vierte beiderseits wenigstens nur in sehr geringem Maasse verkürzt sind. Das Propygidium ist stärker, das eigentliche Pygidium feiner, beide übrigens dicht punktirt, glänzend und erzschimmernd; die Beine erscheinen blutroth.

Bei Kisuani im Oktober 1862 erbeutet.

Pachycraerus, de Mars.

Annal. soc. entom. 3. sér. I. p. 417.

64. *Pachycraerus cyanescens*, Erichs.

Hister cyanescens. * Erichson, Jahrbuch. d. Insektenk. p. 155. No. 72.
Hister cyanescens. * Boheman, Insect. Caffrar. I. p. 538, No. 586.
Pachycraerus cyanescens, de Marseul, Annal. de la soc. entom. de France. 3. sér. I. p. 438. No. 7. pl. 14. Fig. XII. 7.

Die Art wurde in zahlreichen Exemplaren bei Kiriama (December 1862) und Mombas (September 1862) unter Baumrinde, ausserdem auch von Cooke auf Sansibar gefunden.

Hister, Lin.

Syst. nat. II. p. 566.

65. *Hister nigrita*, Erichs.

Hister nigrita. * Erichson, Jahrbuch. d. Insektenk. p. 131. No. 7.
Hister nigrita, de Marseul, Annal. de la soc. entom. de France. 3. sér. II. p. 186. No. 8. pl. 6. Fig. 8.
Hister caffer, Boheman, Insect. Caffrar. I. p. 531. No. 575.

In beiden Geschlechtern von Sansibar (Cooke) vorliegend. Gleich der vorhergehenden ist diese Art ausserdem am Senegal, in Guinea und im Kafferlande einheimisch.

66. *Hister striolatus*, de Mars.

Hister striolatus, * de Marseul, Annal. de la soc. entom. de France. 3. sér. II. p. 201. No. 21. pl. 6. Fig. 21.

Ein von Cooke auf Sansibar gefundenes Exemplar stimmt genau mit einem typischen de Marseul's vom Senegal; die Art kommt ausserdem auch in Sennar (Hartmann) und bei Port Natal (Poeppig) vor.

67. *Hister tropicalis*, de Mars.

Hister tropicalis, de Marseul, Annal. de la soc. entom. de France. 3. sér. II. p. 217. No. 34. pl. 7. Fig. 34.

Das einzige vorliegende Exemplar dieser auch am Senegal vorkommenden Art stammt von Endara (December 1862).

68. *Hister latobius*, de Mars.

Hister latobius, de Marseul, Annal. de la soc. entom. de France. 3. sér. II. p. 219. No. 36. pl. 7. Fig. 36.

In der Umgebung des See Jipe im December 1862 gefunden; die Art ist auch am Kap einheimisch.

Saprinus, Erichs.

Jahrbüch. d. Insektenk. p. 172.

69. *Saprinus splendens*, Payk.

Hister splendens, Paykull, Monogr. Histeroid. p. 63. No. 50. Tab. IV. Fig. 7.
Saprinus splendens, * Erichson, Jahrbüch. d. Insektenk. p. 178. No. 13. — Boheman, Insect. Caffrar. I. p. 540. No. 588. — de Marseul, Annal. de la soc. entom. de France. 3. sér. III. p. 390. No. 22. pl. 10. Fig. 22.

Diese in Afrika weit verbreitete und gemeine Art wurde in grösserer Individuenzahl bei Aruscha, am See Jipe und bei Endara im November und December 1862 gesammelt; auf Sansibar (Cooke) ist sie gleichfalls einheimisch.

70. *Saprinus cupreus*, Erichs.

Saprinus cupreus, * Erichson, Jahrbüch. d. Insektenk. p. 192. No. 27. — Boheman, Insect. Caffrar. I. p. 541. No. 589. — de Marseul, Annal. de la soc. entom. de France. 3. sér. III. p. 418. No. 73. pl. 18. Fig. 73.

Ein einzelnes Exemplar von Kiriama (December 1862). Die Art ist sowohl in Südost- wie in Westafrika einheimisch.

71. *Saprinus amoenulus*, Bohem.

Saprinus amoenulus, Boheman, Insect. Caffrar. I. p. 544. No. 593. — de Marseul, Annal. de la soc. entom. de France. 4. sér. II. p. 141. No. 17a. pl. 12. Fig. 4. — Supplém. à la monogr. d. Histérides p. 215. No. 4.

Nur in einem Exemplare bei Kisuani (Oktober 1862) gefunden. Ausser im Kaffernlande ist die Art auch in Nubien (Ehrenberg in Mus. Berol.) einheimisch.

Paratropus, Gerst.

Archiv f. Naturgesch. XXXIII. 1. p. 32.

Phylloscelis, de Mars.

72. *Paratropus testudo*, Gerst.

Breviter ovatus, nigro-piceus, supra laevis, nitidus, antennis pedibusque rufo-brunneis, elytrorum stria suturali basin versus, secunda arcuata ante medium abbreviata, tertia quintaque integris. Long. 4 mill.

Paratropus testudo, *Gerstaecker, Archiv f. Naturgesch. XXXIII. 1. p. 32. No. 56.

Die Art weicht von ihrem einzigen Gattungsverwandten: *Paratr. ovides* (*Phylloscelis ovides*, de Marseul, Annal. soc. entom. de France. 4. sér. II. p. 194. Nr. 1. pl. 10. Fig. XXXVI. 1. — Supplém. à la monogr. d. Histér. p. 34. No. 1) durch die Zahl und Anordnung der Flügeldeckenstreifen nicht unbeträchtlich ab. Bei demselben ist der scharfe Stirnrand leicht gerundet, in der Mitte abgestutzt, die Fühlerkeule rostgelb. Der Prothorax zeigt einen stumpfwinkligen Basalrand, ist vorn und an beiden Seiten schmal, vor den Hinterecken dagegen breiter gerandet; auch erscheint die Randfurche daselbst tiefer eingegraben. Die Flügeldecken sind fast doppelt so lang als der Prothorax, seitlich leicht gerundet, an der Spitze abgestutzt, weniger glänzend als jener; der von der Spitze bis über die Mitte hinausreichende Nahtstreifen ist beträchtlich feiner als die Rückenstreifen, deren erster verkürzt und an der Basis gegen die Naht hin umgebogen, der zweite und vierte durchgehend, der dritte jenseits der Mitte abgeschnitten erscheint. Der Subhumeralstreifen ist ziemlich undeutlich, aber fast bis zur Mitte der Flügeldeckenlänge fortgesetzt, die drei Seitenstreifen tief und gleich den übrigen unpunktirt. Unterseite des Körpers lichter röthlich pechbraun, die Schulterblätter der Quere, die Parapleuren der Länge nach gestreift, die Seiten der Hinterbrust dichter, die des Hinterleibes sparsamer und feiner punktirt. Die Form der Sterna und der Beine ist fast dieselbe wie bei *Paratr. ovides*, de Mars.

Ein einzelnes Exemplar dieser interessanten Art wurde bei Kisuani (Oktober 1862) gefunden.

Onthophilus, Leach.

Zoolog. Miscell. III. p. 76.

73. *Onthophilus novemcostatus*, de Mars.

Onthophilus novemcostatus, de Marseul, Annal. de la soc. entom. de France. 3. sér. IV. p. 563. No 7. pl. 11. Fig. XI. 7.

Diese bis jetzt nur vom Senegal bekannte Art wurde in einem Exemplare bei Uru (November 1862) angetroffen.

Fam. **Phalacridae,** Erichs.

Phalacrus, Payk.

Faun. Suec. III. p. 438.

74. *Phalacrus aethiops*, n. sp.

Breviter ovatus, convexus, niger, subaeneo-micans, nitidissimus, elytris obsolete sulcatis, disperse et subtilissime punctulatis, antennis piceis, clava oblonga, obtusiuscula. Long. 2 mill.

Den mittleren Exemplaren des *Phalacr. corruscus*, Payk. (Faun. Suec. III. p. 438. Nr. 1) an Grösse gleich und habituell sehr ähnlich, bei näherer Betrachtung jedoch von etwas stumpfer eiförmigem Umriss und höherer Wölbung des Körpers; überdies in der Skulptur des Halsschildes und der Flügeldecken nicht unwesentlich verschieden. Fühler pechbraun, mit etwas kürzerer und stumpferer Keule als bei der genannten einheimischen Art. Kopf und Seiten des Halsschildes äusserst fein und sparsam, kaum wahrnehmbar punktirt, die Mitte des letzteren gleich dem Schildchen vollkommen glatt, spiegelblank. Flügeldecken mit sieben seichten, gegen die Basis hin verschwindenden und nahe der Spitze feiner werdenden Längsfurchen versehen, von welchen die der Naht zunächst verlaufende nach vorn fast bei der Mitte der Länge abgekürzt erscheint. Ausserdem zeigt sich seitlich nahe der Basis eine bogige Schulterfurche. Die Punktirung zwischen den Furchen überall sehr fein und weitläufig, gegen die Basis hin fast ganz verloschen. Hinterleibsringe deutlich punktirt, bräunlich greis behaart; ebenso die Beine, deren Kniee und Tarsen röthlich braun durchscheinen.

Ein einzelnes Exemplar dieser Art liegt von Mombas (September 1862) vor.

Fam. **Nitidulariae,** Latr.

Brachypeplus, Erichs.

Archiv f. Naturgesch. VIII. 1. p. 148.

75. *Brachypeplus depressus*, Erichs.

Brachypeplus depressus, *Erichson in Germar's Zeitschr. f. d. Entomol. IV. p. 247. No. 3. — Murray, Monogr. of the fam. of Nitidulariae (Transact. Linnean soc. of London XXIV.) p. 294. No. 8.

Zahlreiche Exemplare dieser auch am Kap und im Kafferlande einheimischen Art liegen von Mbaramu vor, wo sie im Oktober 1862 unter Baumrinde gefunden wurden.

Carpophilus, Leach.

Stephens. Illustr. Brit. Entom. III. p. 50.

76. *Carpophilus hemipterus*, Lin.

Dermestes hemipterus, Linné, Syst. nat. I. p. 565. Nr. 20. — de Geer, Mémoires IV. p. 224. No. 3 pl. 18. Fig. 8.

Nitidula flexuosa, *Paykull, Faun. Suec. I. p. 351. No. 9. — Herbst, Käfer V. p. 246. No. 21. Taf. 54. Fig. 6.

Nitidula bimaculata, Olivier, Entomol. II. No. 12. p. 6. No. 5. Taf. 2. Fig. 11. — Gyllenhal, Insect. Suec. I. p. 224. No. 34.
Nitidula quadrata, *Fabricius, Entom. syst. suppl. p. 74. No. 27—28. — Syst. Eleuth. I. p. 354. No. 33.
Nitidula cadaverina, *Fabricius, Syst. Eleuth. I. p. 354. No. 34.
Sirons firus, *Fabricius, Syst. Eleuth. II. p. 608. Nr. 5.
Cateretes dimidiatus, Heer, Faun. Coleopt. Helvet. I. p. 413. No. 10.
Carpophilus hemipterus, *Erichson in Germar's Zeitschr. f. d. Entomol. IV. p. 256. No. 4. — *Erichson, Naturgesch. d. Insekt. Deutschl. III. p. 135. No. 2. — Murray, Monogr. of the fam. Nitidulariae, p. 362. No. 39. Tab. 32. Fig. 10.

Ein einzelnes Exemplar dieser kosmopolitisch verbreiteten Art wurde im Oktober 1862 bei Mbaramu aufgefunden.

77. *Carpophilus fumatus*, Bohem.

Carpophilus fumatus, Boheman, Insect. Caffrar. I. p. 564. No. 618. — Murray, Monogr. of the fam. Nitidulariae, p. 375. No. 69.

Die Art wurde in beträchtlicher Individuenzahl auf den Ugono-Bergen im Oktober 1862 aufgefunden; ausser bei Port Natal ist sie auch in Mosambik einheimisch.

Aus den zahlreichen vorliegenden Exemplaren ist zu ersehen, dass der *Carpoph. fumatus* gleich mehreren anderen Arten der Gattung mannigfachen Farbenabänderungen unterworfen ist. Die von Boheman und Murray (a. a. O.) beschriebene Varietät mit rostrothen, am Spitzenrande pechbraunen Flügeldecken fand sich am zahlreichsten vertreten, doch waren auch Exemplare mit vorwiegend schwärzlichen Flügeldecken, auf welchen nur ein der Naht zugewandter länglicher Basalfleck rostroth oder röthlich gelb gefärbt ist, nicht selten. Seltener war eine hellere Abänderung mit ganz rostgelber Ober- und Unterseite; Uebergangsfärbungen von dieser zu der Stammform fanden sich gleichfalls vor und zwar zeigten sich dieselben theils einfarbig rostroth oder röthlich braun, theils wenigstens am Kopf, Prothorax und Hinterleib von dieser Färbung, während die Flügeldecken schon die dunkle Säumung der Spitze erkennen liessen. — Die von Murray (a. a. O. p. 376) geäusserte Ansicht, der *Carpoph. fumatus* möchte nur eine Varietät des *Carpoph. mutilatus* *Erichson (Germar's Zeitschr. f. d. Entomol. IV. p. 258. No. 9), sein, wird durch die mir vorliegenden Exemplare vollständig widerlegt; sie stimmen in der dichten und feinen Punktirung und der reicheren Behaarung der Oberfläche unter einander ebenso genau überein, wie sie von denjenigen des *Carpoph. mutilatus* constant abweichen.

78. *Carpophilus obsoletus*, Erichs.

Carpophilus obsoletus, *Erichson in Germar's Zeitschrift f. d. Entomol. IV. p. 260. No. 13. — Murray, Monograph of the fam. Nitidulariae, p. 338. No. 47.

Ein einzelnes Exemplar dieser im Indischen Archipel weiter verbreiteten Art wurde bei Mombas aufgefunden. An den rostrothen Fühlern sind das erweiterte Basalglied und die Keule schwarz, auf den Flügeldecken der Seitenrand in weiterer Ausdehnung röthlich braun.

Aethina, Erichs.

Germar's Zeitschr. f. d. Entom. IV. p. 295.

79. *Aethina combusta*, n. sp.

Oblongo-ovata, subparallela, confertim punctulata, ferruginea, prothorace, scutello elytrorumque basi flavescenti-sericeis, his ceterum brunneis et latera versus infuscatis, setulis nigris dense obsitis. Long. 4—6 mill.

Von der Madagaskarischen *Aeth. pubescens*, *King (in Mus. Berol.) und der *Aeth. tumida*, Murray (Annals of nat. hist. 3. ser. XIX. p. 177) durch den mehr ovalen und gleich breiten, im Bereich des Halsschildes sogar nach vorn etwas verschmälerten Körper abweichend, von ersterer Art überdies durch die sehr viel dichtere und feinere Punktirung des Prothorax, von letzterer durch die dicht behaarte Körperoberfläche unterschieden. An den Fühlern sind die der Keule vorangehenden Glieder pechbraun, die Mandibeln an der Spitze schwärzlich, der Kopf dunkler rostroth als das Halsschild. Dieses ist gleich den Flügeldecken am Seitenrande dicht gewimpert, gleich von der Basis aus nach vorn deutlich, wenngleich allmählich verschmälert, gleichmässig und dicht, fein körnig punktirt, nur auf der Mitte der Scheibe mit feinen schwarzen Börstchen, im Uebrigen gleich dem Schildchen und der Flügeldeckenbasis mit längerer gelber, seidig schimmernder Behaarung bekleidet. Die Flügeldecken sind zusammengenommen fast regelmässig quadratisch, matt rothbraun, entweder nur am Seitenrande oder bis auf einen breiten hellen Nahtstreifen geschwärzt, ebenso dicht wie das Halsschild punktirt und den Punkten entsprechend fein schwarz beborstet. Das ähnlich punktirte Pygidium so wie die Unterseite des Körpers wieder goldgelb behaart, die Beine von Körperfarbe, mit breiteren, mehr länglich viereckigen Mittel- und Hinterschienen als bei *Aeth. pubescens* und mit kürzeren, gegen die Basis hin weniger verschmälerten Vorderschienen. Etwas abweichend von der genannten Art ist auch der Prosternalfortsatz, welcher zwischen den Vorderhüften merklich schmaler und hinter denselben kaum erweitert ist.

Bei Mombas im September 1862 aufgefunden; auch von Sansibar (Cooke) vorliegend.

Meligethes, Steph.

Illustr. Brit. Entom. III. p. 45.

80. *Meligethes heteropus*, n. sp.

Niger, subaeneo-micans, confertim punctulatus, sericeus, antennis pedibusque anticis rufo-brunneis, tarsorum articulis 1.—3. testaceis; tibiis anticis latis, margine externo serrato, ante apicem bidentato, unguiculis simplicibus. Long. 1¾ mill.

Die Art gehört nach der Bildung der Fussklauen, der Vorderschienen und des Prosternum in die von Erichson (Naturgesch. d. Insekt. Deutschl. III. p. 188) begründete Gruppe D der Gattung und ähnelt in Grösse, Form und Behaarung am meisten dem *Melig. fumatus*, *Erichs. und *planatus*, *Erichs. (a. a. O. p. 204 f., No. 44 und 45). Von ersterer Art unterscheidet sie sich jedoch schon durch die Färbung der Beine, von letzterer durch das nach vorn stärker verengte Halsschild und die nicht verbreiterten Vordertarsen, von beiden gleichzeitig durch die Zähnelung der

Vorderschienen. — Die Oberseite des Körpers lässt einen deutlichen Erzschimmer erkennen, ist auf Kopf, Halsschild und Flügeldecken in fast übereinstimmender Weise gleichmässig dicht und fein punktirt und mit bräunlich greiser, niederliegender, etwas seidenglänzender Behaarung bedeckt. Das Halsschild ist nach vorn unter leichter Rundung der sehr schmal gerandeten Seiten deutlich, aber allmählich verengt, der Basalrand beiderseits vom Schildchen leicht ausgebuchtet, die Hinterecken etwas stumpfwinklig. Das Schildchen erscheint auf der vorderen Hälfte durch feine Ciselirung matt, während es vor der Spitze dicht gedrängt, übrigens feiner als der Prothorax punktirt ist. Die Flügeldecken sind reichlich um $^{2}/_{3}$ länger als das Halsschild, bis zum letzten Viertheil ihrer Länge gleich breit, sodann verengt und an der Spitze gerundet abgestutzt; ihre Schulterbeulen etwas aufgetrieben. Die Vorderbeine sind im Gegensatz zu den schwärzlich pechbraunen beiden hinteren Paaren von den Hüften ab röthlich braun, der Aussenrand der Schienen jedoch gleich dem Endgliede der Tarsen und den Fussklauen schwarz. Die gegen die Spitze hin stark dreieckig erweiterten Vorderschienen lassen eine deutliche sägeartige Einkerbung ihres ganzen Aussenrandes und vor der Spitze zwei deutliche Zähne erkennen, von denen der vorletzte etwas länger und spitzer ist als der letzte.

Bei Kisuani im Oktober 1862 aufgefunden.

Lordites, Erichs.

Germar's Zeitschr. f. d. Entom. IV. p. 316.

81. *Lordites claudus*, n. sp.

Nigro-piceus, confertim punctatus, pubescens, ore, antennarum basi, prothoracis elytrorumque lateribus, tarsis nec non femorum dimidio apicali rufis, elytrorum interstitiis 3., 5., 7. costulatim elevatis, seriatim sanguineo-maculatis: ♂ tibiis anterioribus apice fortiter incurvis, posticis arcuatis, apice dilatatis. Long. 4½ (♀) — 6 (♂) mill.

Die Art steht mit *Lord. testudinarius*, Klug von Madagaskar und mit den von Boheman (Insect. Caffrar. I. p. 567 ff.) unter *Soronia* beschriebenen *Lord. caffer, costipennis, curvipes* u. s. w. nach Färbung, Zeichnung und Skulptur in naher Verwandtschaft, scheint jedoch schon nach der Schienenbildung des Männchens von den mir in natura nicht bekannten Boheman'schen Arten verschieden zu sein. Zu ihrer Kenntlichmachung ist den in der Diagnose angegebenen Merkmalen noch Folgendes hinzuzufügen: Der Körper ist fast gleich breit, länglich viereckig, mit eiförmiger Zurundung an beiden Enden, der Prothorax nicht, wie bei der Madagaskarischen Art, breiter, sondern sogar noch etwas schmaler als die Basis der Flügeldecken, seine Verschmälerung nach vorn unter leichter Rundung der Seitenränder stark, die Punktirung der Oberfläche beträchtlich gröber, runzlig gekörnt. Auf den Flügeldecken sind der dritte, fünfte und siebente Zwischenraum etwas stärker gerippt als die übrigen, die ihnen entsprechenden blutrothen Flecken mit Ausnahme der beiden neben dem Schildchen und auf der Schulterbeule gelegenen grösseren scharf abgegrenzt, rundlich, während die mehr nach aussen gelegenen unregelmässig erscheinen und theilweise mit dem hellen Seitenrande zusammenfliessen. An allen drei Schenkelpaaren ist die kleinere Spitzenhälfte scharf abgesetzt rostroth und ebenso licht gefärbt wie die Tarsen; die beiden vorderen Schienenpaare beim Männchen an der Spitze stark eingekrümmt, das erste ausserdem an der Innenseite dreieckig erweitert, das dritte deutlich gebogen, längs der Aussenfläche gekielt, an der hinterwärts stark erweiterten Spitze quer abgestutzt. Die Punktirung des Metasternum und der Abdominalringe ist im Vergleich mit der Madagaskarischen Art grob, der Glanz auf beiden nur gering.

Auf den Ugono-Bergen im Oktober 1862 gefunden.

Trogosita, (Oliv.) Latr.

Gen. Crust. et Insect. III. p. 22.

82. *Trogosita mauritanica*, Lin.

Tenebrio mauritanicus, Linné, Syst. natur. I. p. 674. No. 4.
Trogosita mauritanica, Olivier, Entomol. II. No. 19. p. 6. No. 2. pl. 1. Fig. 2. — Gyllenhal, Insect. Suec. I. p. 72. No. 1. — Shuckard, Coleopt. delin. pl. 31. Fig. 3. — *Erichson, Naturgesch. d. Insekt. Deutschl. p. 243. No. 1.
Trogosita caraboides, Fabricius, Syst. Eleuth. I. p. 151. No. 6. — Herbst, Käfer VII. p. 270. No. 2. Taf. 112. Fig. 8. — Panzer, Faun. Insect. German. III. 4. — Sturm, Deutschl. Insekt. II. p. 242. No. 2. Taf. 48.

Diese kosmopolitisch verbreitete Art wurde von Cooke auf Sansibar in Mehrzahl angetroffen.

Fam. Colydii, Erichs.

Cerylon, Latr.

Hist. nat. d. Crust. et d. Insect. III. p. 205.

83. *Cerylon pygmaeum*, n. sp.

Deplanatum, rufo-ferrugineum, nitidum, prothorace subquadrato, apicem versus angustato, supra sat confertim punctato, elytris punctato-striatis, striis apicem versus obsoletioribus. Long. $1\frac{3}{4}$ mill.

Unter den einheimischen Arten der Gattung dem *Cer. angustatum*, *Erichs. (Naturgesch. d. Insekt. Deutschl. III. p. 295. No. 2) am nächsten stehend, jedoch bei gleicher Breite kürzer, überdies in der Form und Punktirung des Prothorax, in der feineren Streifung der Flügeldecken u. s. w. abweichend. Der Körper ist, wie bei der genannten Art, glänzend rostbraun, ziemlich abgeflacht; der Kopf breiter und besonders auf dem Scheitel sehr viel dichter, fast gedrängt punktirt. Der Prothorax nicht nur breiter, sondern auch merklich kürzer, fast quer erscheinend, von der Basis bis über die Mitte hinaus gleichbreit, dann unter leichter Rundung der Seitenränder verschmälert, die Vorderecken stumpf und wenig hervortretend; die Scheibe etwas dichter, aber weniger grob punktirt, die Seiten fast glatt, der Eindruck zu beiden Seiten der Basis nur schwach. Das Schildchen gross, halbkreisförmig, glatt. Die Flügeldecken zwischen Basis und Mitte nur sehr schwach erweitert, gleichfalls merklich kürzer als bei *Cer. angustatum*, die Punktstreifen schon vorn sehr viel feiner und seichter, gegen die Spitze hin aber fast ganz verstrichen, letztere ohne schwielige Verdickung.

Ein einzelnes Exemplar dieser — auch auf Madagaskar einheimischen — Art wurde zwischen Kisuani und den Ugono-Bergen gefunden. Dieselbe gehört derjenigen Gruppe an, welcher die Fühlerrinnen fehlen.

Fam. Cucujini, Gerst.

Laemotmetus, nov. gen.

(Trib. *Passandrini*.)

Tarsorum articulus primus brevissimus. Processus jugulares late truncati. Labrum obtectum. Mandibulae obtusae. Caput declive, tumidum, haud sulcatum. Oculi fere obtecti, rotundato-triangulares. Antennae breviusculae, moniliformes.

Diese neue Gattung stimmt mit *Passandra*, Dalm., *Hectarthrum*, Newm. und *Catogenus*, Westw. in der starken Verkürzung des ersten Tarsengliedes überein, weicht aber von allen dreien in der Bildung des Kopfes, der Fühler und Augen recht wesentlich und zwar in viel höherem Maasse ab, als jene untereinander. Zunächst fehlt dem Kopf sowohl die Querfurche des Scheitels als die doppelte Längsfurche der Stirn gänzlich; auch ist derselbe nicht abgeflacht, sondern abgesehen von einem mittleren Längseindruck seiner vorderen Hälfte aufgetrieben erscheinend, ziemlich stark gewölbt, dabei übrigens ebenso deutlich abwärts geneigt wie bei den drei genannten Gattungen. Die abgerundet dreieckigen, grob facettirten Augen sind unter dem Seitenrande des Kopfes fast ganz verborgen und liegen in der etwas ausgehöhlten Seitenfläche desselben der Vorderbrust genähert. Die elfgliedrigen, perlschnurförmigen Fühler sind nur wenig länger als der Kopf, ihre sämmtlichen Glieder kürzer als breit, die drei letzten deutlich quer. Die Oberlippe scheint durch den nach vorn verengten, sich den Mandibeln dicht anlegenden Clypeus vollständig verdeckt zu sein; die Mandibeln sind kurz, mit geschwollener Vorderseite und stumpfer Spitze. Die beiden nach vorn hervortretenden Seitenplatten der Kehle sind vorn breit und fast quer abgestutzt und lassen zwischen sich nur einen kleinen, viereckigen Ausschnitt übrig, in dessen Tiefe das kleine Kinn bemerkbar ist; hinter jenem Ausschnitt verläuft eine tiefe und breite Mittelfurche gegen den Prothorax hin, welche die Kehle in zwei seitliche Hälften scheidet. Der Prothorax ist gewölbter und nach hinten weniger stark verengt als bei *Catogenus*, übrigens in entsprechender Weise scharf gerandet; die Flügeldecken sind über ihre ganze Fläche hin regelmässig gefurcht.

84. *Laemotmetus ferrugineus*, n. sp.

Elongatus, parallelus, rufo-ferrugineus, nitidus, glaber, capite prothoraceque sat confertim punctatis, elytris dilutioribus, regulariter punctato-sulcatis, sulcis apicem versus obsoletioribus. Long. 3½ mill.

Die Fühler sind pechbraun, mit drei lichteren, fast rostrothen Endgliedern, die Mandibeln etwas dunkler als der Kopf, röthlich braun. Vom Vorderrande des Clypeus bis gegen die Stirn hinauf reicht eine mittlere, kerbartige Vertiefung des Kopfes, welcher oberhalb gleichmässig dicht und ziemlich fein punktirt erscheint. Der Prothorax ist etwa so breit wie lang, von der Mitte ab gegen die abgerundete Basis hin leicht verengt, sein Vorderrand leicht ausgeschnitten, die Hinterecken in Form eines Spitzchens hervortretend; die Oberfläche kissenartig gewölbt, etwas tiefer und sperriger als der Kopf, jedoch ebenfalls gleichmässig punktirt. Schildchen sehr kurz, quer, scheinbar glatt. Flügeldecken etwas mehr denn doppelt so lang als der Prothorax, bis gegen die abgerundete Spitze hin gleich breit, jede einzelne von zehn punktirten Längsfurchen durchzogen, welche nach hinten allmählich seichter werden; die Zwischenräume auf der vorderen Hälfte leicht gewölbt, in einer Längsreihe fein punktirt, die Spitze jederseits von der schwielig erhabenen Naht mit deutlichem Längseindruck. Vorder- und Hinterbrust nebst Pleuren dicht und grob, die Hinterleibsringe gegen die Spitze hin allmählich feiner und weitläufiger punktirt, das Endsegment muldenförmig ausgehöhlt. Beine von Körperfarbe, mit gebräunten Schienen.

Die Art liegt nur in einem einzelnen Exemplar aus der Gegend von Mombas (September 1862) vor.

Fam. Dermestini, Latr.

Dermestes, (Lin.) Erichs.

Naturgesch. der Insekt. Deutschl. III. p. 424.

85. *Dermestes vulpinus*, Fab.

Dermestes vulpinus, Fabricius, Spec. Insect. I. p. 64. No. 9. — Entom. syst. I. p. 229. No. 11. — Gyllenhal, Insect. Suec. I. p. 147. No. 2. — *Erichson, Naturgesch. d. Insekt. Deutschl. III. p. 425. No. 1.

Dermestes maculatus, de Geer, Mémoires IV. p. 223. No. 2.

Dermestes senex, (*Dahl) Germar, Insect. spec. nov. p. 88. No. 114.

Dermestes lupinus, (*Eschscholtz) Mannerheim, Bullet. d. natur. de Moscou, 1843. p. 85. No. 181. — *Erichson, Archiv f. Naturgesch. IX. 1. p. 236. Anmerkung.

Dermestes Senegalensis, *Dejean, Catal. d. Coléopt. 3. édit. p. 139.

Diese kosmopolitisch verbreitete Art wurde an den verschiedensten Orten des von v. d. Decken durchforschten Gebietes (Mombas, Kisuani, Ugono-Berge, Aruscha, See Jipe) in zahlreichen Exemplaren beiderlei Geschlechts angetroffen und auch von Cooke auf Sansibar gesammelt.

86. *Dermestes cadaverinus*, Fab.

Dermestes cadaverinus, Fabricius, Syst. Entom. p 55. No. 3. — Entom. syst. I. p. 228. No. 3. — Syst. Eleuth. I. p. 313. No. 3. — Olivier, Entom. II. No. 9. p. 7. No. 3. pl. 2. Fig. 9. — Herbst, Käfer IV. p. 127. No. 9.

Var. *Corpore supra densius fulvescenti-sericeo.*

Die Art ist gleichfalls kosmopolitisch verbreitet; Cooke fand beide Geschlechter auf Sansibar, Dr. Kersten zwei Weibchen bei Mombas. Jene Exemplare gehören sämmtlich, von letzteren das eine der Stammform mit rostroth gewimperter Basis des Pronotum und dünn, etwas scheckig gelbbraun behaarten Flügeldecken an. Das zweite von Mombas stammende Weibchen dagegen zeichnet sich durch eine dichte und gleichmässige, braungelbe, seidenglänzende Behaarung der ganzen Körperoberfläche aus, während es sonst in jeder Beziehung, u. A. in der charakteristischen Fleckung des Hinterleibes mit der Stammform übereinstimmt.

Trogoderma, Latr.

Règne anim. 2. édit. IV. p. 511.

87. *Trogoderma haemorrhoa*, n. sp.

Antennarum clava oblonga, triarticulata, corpore breviter ovato, pubescente, nigro, antennarum basi, pedibus intermediis elytrorumque parte postica rufo-brunneis. Long. $1\frac{3}{4}$ mill.

In der Bildung der Fühlerkeule mit *Trogod. villosula*, Duft., Erichs. (Naturgesch. d. Insekt. Deutschl. III. p. 449. No. 4) übereinstimmend, aber durch kürzer eiförmigen Körperumriss, dichtere und mehr anliegende Behaarung, überdies auch in der Färbung abweichend. Die Fühler sind bis auf die beiden schwärzlichen Endglieder der Keule rostroth; letztere ist langgestreckt, ihr letztes Glied mehr denn doppelt so lang als das vorhergehende. Die ganze Oberfläche des Körpers ist ziemlich gleichmässig dicht und fein punktirt und entsprechend dicht behaart, daher bei weitem weniger glänzend als bei *Trog. villosula*, die Behaarung gleichzeitig kürzer, schwarz mit bräunlichem Schimmer. Der Prothorax ist gegen die Spitze hin stärker verengt, in der Mitte der Oberfläche weniger gewölbt, beiderseits vom Scutellarlappen schwächer eingedrückt, seitlich in übereinstimmender Weise gerandet. Die Flügeldecken sind dicht hinter der Basis am breitesten und bilden mit dem Halsschilde zusammen ein kurzes, nach hinten stumpferes Oval; ihre kleinere Spitzenhälfte ist abweichend von der tief schwarzen Färbung des übrigen Körpers dunkel röthlich kirschbraun und zwar erstreckt sich diese Färbung längs des Seitenrandes etwas weiter nach vorn als an der Naht. An den Mittelbeinen sind Schenkel und Schienen ziemlich licht rostroth, an den vorderen dagegen pechbraun.

Bei Endara im December 1862 aufgefunden.

Hypocaeuthes, nov. gen.

Ab Anthreno differt corpore glabro, confertissime et profunde punctato, prothoracis lobo scutellari retrorsum magis producto et acutiore, oculis minoribus.

Durch die vollständig nackte und stark punktirte Oberfläche des Körpers erinnert die Gattung zunächst an *Orphilus*, Erichs., stimmt jedoch in den wesentlichsten plastischen Merkmalen, wie in der Bildung des Prosternum, in der Form und Lage der Fühlergruben und in dem bedeckten Schildchen mit *Anthrenus* überein. Eine Abtrennung von letzterer Gattung scheint schon durch den Umstand geboten zu werden, dass die zahlreichen bekannten *Anthrenus*-Arten sämmtlich in der bekannten eigenthümlichen Schuppenbekleidung und andererseits in der ziemlich indifferenten Skulptur ihres Integumentes übereinstimmen, die im Folgenden zu charakterisirende Art mithin unter ihnen ganz isolirt stehen würde. Ob letztere zugleich nennenswerthe Unterschiede in der Fühlerbildung darbietet, lässt sich leider an dem vorliegenden Exemplar nicht feststellen; die im Seitenrande des Halsschildes liegende Fühlergrube, welche *Anthrenus* gegenüber nur eine etwas geringere Grösse zeigt, möchte kaum auf solche schliessen lassen. Sonstige Abweichungen von *Anthrenus* liegen in der geringeren Grösse der Netzaugen, in der — mit dem Einzelauge besetzten — breiteren Stirn, in dem nicht geschwungenen Seitenrande des

Halsschildes und in der mehr zugespitzt dreieckigen Form seines Scutellarlappens, welcher sich bei stärkerer Wölbung des ganzen mittleren Theiles durch ein Paar seitliche Eindrücke überhaupt schärfer absetzt.

88. *Hypocaulkes aterrimus*, n. sp.

Breviter ovatus, fortiter punctatus, glaber, niger, subnitidus, prothoracis margine basali, elytrorum apice et margine laterali obscure rufo-brunneis. Long. 2½ mill.

Etwa von der Grösse des *Anthrenus museorum*, Lin., aber gedrungener eiförmig, mit stumpfer abgerundetem vorderem Körperende. Der Kopf und die Seiten des Prothorax durch äusserst dicht gedrängte, körnige Punktirung matt kohlschwarz, der Mittellappen des letzteren nach hinten allmählich seichter und feiner punktirt, ziemlich glänzend, die Spitze desselben und der jederseits doppelt geschwungene Basalrand schmal rothbraun durchscheinend. Flügeldecken in der vorderen Hälfte der Nahtgegend weniger gedrängt als am Seitenrand und an der Spitze punktirt und etwas glänzend, im Bereich der dunkel rothbraunen Färbung durch sehr dichte, körnige Punktirung matt.

Bei Kisuani Ende Oktobers 1862 aufgefunden.

Fam. Lamellicornia, Latr.

Figulus, M. Leay.

Horae entom. I. p. 110.

89. *Figulus sublaevis*, Palis.

Figulus sublaevis, Palisot de Beauvois, Insect. recueill. en Afrique. p. 5. pl. 1. Fig. 3. — Westwood, Entom. Magaz. V. p. 262. No. 3. — Burmeister, Handb. d. Entom. V. p. 431. No. 1.
Figulus nigrita, Westwood, Entom. Magaz. V. p. 261. No. 2.

Ein männliches Exemplar dieser zuerst aus West-Afrika bekannt gewordenen Art wurde von Cooke auf Sansibar angetroffen. Der Madagaskarische *Fig. anthracinus*, *Klug (Insekt. v. Madagaskar. p. 85. Nr. 116) — *Fig. ebenus*, Westw. (Annal. scienc. natur., nouv. sér. 1. p. 120. pl. 7. Fig. 4. — Entom. Magaz. V. p. 261. No. 1) scheint nur auf stärker entwickelte Exemplare derselben Art begründet zu sein.

Plaesiorrhina, Burm.

Handb. d. Entom. III. p. 211.

90. *Plaesiorrhina specularis*, Gerst.

Taf. VI. Fig. 1.

Glaberrima, nitida, supra nigra, olivaceo-micans, clypeo, prothoracis margine laterali, elytrorum vitta lata pygidiique lateribus rufo-ferrugineis: infra cum pedibus rufa, metasterni disco abdominisque segmentorum marginibus nigro-olivaceis. Long. 18 mill. ♂

Plaesiorrhina specularis, *Gerstaecker, Archiv f. Naturgesch. XXXIII. 1. p. 35. No. 58.

Von der Grösse der *Plaesiorrh. trivittata*, Westw. (Arcan. entom. I. pl. 46. Fig. 3), in der Zeichnung der Flügeldecken mehr mit *Plaes.* [illegible], Schaum (Transact.

entom. soc. of London. V. p. 64. No. 1) übereinstimmend. Kopf wie bei *Plaes. trivittata* gebildet, oberhalb weniger dicht, aber etwas stärker punktirt, der Clypeus in seiner ganzen Ausdehnung, auf der Stirn eine mittlere Längsbinde roth. Prothorax schmaler als bei der genannten Art, seitlich undeutlicher nadelrissig, gegen die Scheibe hin sparsamer punktirt, rostroth, sehr glänzend, der Spitzenrand und ein grosser, die Basis berührender dreieckiger Scheibenfleck schwarz, zwei undeutliche Punkte vor der Mitte des hellen Seitenrandes etwas lichter, mehr graubraun. Schildchen gleichfalls schwarz, fast glatt; Schulterblätter rostfarben. Flügeldecken leicht gewölbt, sparsam und fast in Längsreihen punktirt, besonders ein Punktstreifen zunächst der Naht ziemlich regelmässig; im hinteren Theil des Seitenrandes und vor der Spitze quer nadelrissig, theilweise mit schuppigem Ansehen; die Scheibe glänzend rostgelb, alle Ränder schwärzlich olivengrün und zwar der Basalrand sehr schmal, der Seitenrand schon beträchtlich breiter, jedoch nicht viel mehr denn halb so breit als der Naht- und Spitzensaum, welche bei ihrer Vereinigung eine gerundete Ausbuchtung zeigen. Pygidium abgeflacht, fein lederartig gerunzelt, matt, rostroth mit schwärzlicher Mittelbinde; Hinterleib des Männchens mit schwacher Mittelfurche auf den drei vorderen Segmenten, sonst kaum vertieft. Der Mesosternal-Fortsatz stärker verschmälert als bei *Plaes. trivittata*, unterhalb fast abgeflacht. Alle Schienen an der Aussenseite ungezähnelt.

Das einzige vorliegende Exemplar stammt von Mombas, wo es Mitte Septembers 1862 erbeutet wurde.

Trymodera, Gerst.

Archiv. f. Naturgesch. XXXIII. 1. p. 34.

Clypeus reflexo-marginatus, apice sinuatus, frons excavata. Prothorax parvus, antrorsum declivis, lateribus fere rectis, margine basali ante scutellum sinuato, utrinque oblique truncato, angulis posticis obtusis: supra ante basin profunde biimpressus. Scapulae brevissimae, supra ad scutellum usque patentes; scutellum elongato-triquetrum, apicem versus utrinque declive. Elytra pone humeros profunde excisa, apice singulatim rotundata, supra multifariam impressa, sutura posteriore elevata, inermi. Processus mesosterni crassus parum superans, apice truncatus, subcompressus. Abdomen maris infra late impressum et profunde sulcatum. Pedes graciles, tibiis anticis et posticis extus unidentatis. Corpus totum nudum, nitidissimum.

Von *Plaesiorrhina*, Burm., mit welcher diese neue Gattung zunächst verwandt ist, unterscheidet sie sich durch die hervorgehobene Bildung des Prothorax, durch die Form der Schulterblätter und des Mesosternal-Fortsatzes sowie durch die eigenthümliche, grubige Skulptur ihrer Körperoberfläche.

91. *Trymodera aterrima*, Gerst.

Taf. VI. Fig. 2 und 2a.

Nigra, glabra, nitidissima, fere impunctata, prothoracis lateribus foveisque duabus basalibus, scutelli basi et lateribus, elytrorum margine externo et apicali fortiter aciculato-rugosis, his supra biseriatim impressis. Long. 15½ mill. ♂.

Trymodera aterrima, *Gerstaecker, Archiv f. Naturgesch. XXXIII. 1. p. 34. No. 60.

Der Clypeus ist nach vorn leicht verschmälert, beiderseits grubig vertieft, in der Mitte leicht gefurcht, dicht runzlig punktirt, hinterwärts seitlich gleich der Stirn längsstreifig. Prothorax mit leicht buckelig erhabener Scheibe und auf dieser fast glatt, beiderseits stark abschüssig und schräg nadelrissig gestreift, gegen die Basis hin mit zwei grossen, dreieckigen, von einander entfernten Gruben, welche nach aussen von einer erhabenen, glatten Falte begrenzt sind; der Seitenrand zweibuchtig, nach hinten verdickt, zerstreut punktirt. Die Flügeldecken an der Basis viel breiter als der Prothorax, hinter den Schultern verengt, sodann gleich breit, jede einzelne oberhalb mit schwacher, mittlerer Längsrippe, welche zwei der Naht zunächst liegende, auf einander folgende länglich viereckige Eindrücke der hinteren Hälfte nach aussen begrenzt; letztere sind gleich drei an ihrer Aussenseite und mehr nach vorn hin liegenden schwächeren Eindrücken reihenweise fein punktirt. Pygidium schwach gewölbt, querfaltig, gegen die Spitze hin beiderseits eingedrückt. Hüften und Vorderschenkel mit rothgelber, die Hinterleibsringe beiderseits in Form von Flecken mit lichter gelber Behaarung bekleidet. Hinterleib des Männchens mit einem tiefen rhombischen, längs der Mittellinie breit gefurchten Eindruck; die Furche auf dem zweiten bis vierten Segmente blutroth gefärbt. Vorderschienen mit stumpf dreieckigem Aussenrandszahn, über demselben mit winkligem Vorsprung. Alle Tarsen innen rostroth gewimpert.

Die Art stammt von den Ugono-Bergen und wurde im Oktober 1862 gefangen.

Heteroclita, Burm.

Handb. d. Entom. III. p. 604.

92. *Heteroclita corpulenta*, Gerst.

Taf. VI. Fig. 3 und 3a.

Nigra, nitida, fusco-pilosa, antennis rufo-piceis, prothorace angusto, irregulariter et profunde, lateribus rugoso-punctato ibique cinereo-maculoso, coleopteris subquadratis, fere nudis, singulis quadricostatis, interstitiis seriatim punctatis, pruinosis. Long. 17 mill. ♂.

Heteroclita corpulenta, Gerstaecker, Archiv f. Naturgesch. XXXIII. 1. p. 35. No. 60.

Eine recht eigenthümliche Art, welche von *Heterocl. Raeuperi*, Burm. (Handb. d. Entom. III. p. 604. No. 1) und *Het. Haworthii*, Gory, Perch. (Monogr. d. Cétoin. pl. 51. Fig. 2) sowohl im Gesammthabitus wie in der Skulptur und Färbung wesentlich abweicht; durch kurzen, gedrungenen Körper, breiteren Clypeus, schmaleren und mehr abgeflachten Prothorax, die hinter den Schultern kaum ausgerandeten und stärker gerippten Flügeldecken ausgezeichnet. Der Kopf ist gedrängt punktirt, oberhalb schwarzbraun behaart, der Clypeus tief ausgehöhlt und von der Stirn durch einen scharfen Querkiel getrennt, die Kehle dicht und zottig rothbraun behaart, die Fühlerkeule gross, wiewol der Kopflänge nicht gleichkommend. Prothorax doppelt so kurz als die Flügeldecken, gegen die Spitze hin allmählich verschmälert, mit geschwungenen Seitenrändern, abgerundeten Hinterecken, die Basis vor dem Schildchen ausgebuchtet und beiderseits schräg abgestutzt; die Oberseite gegen die Basis hin und in der Mitte sparsamer als im Uebrigen, durchweg aber stark punktirt, schwarzbraun behaart, die Punktirung längs der Seiten und nahe der Spitze zusammenfliessend und mit aschgrauem Toment bedeckt. Schildchen langgestreckt dreieckig, allmählich zugespitzt, glatt, nur beiderseits an der Basis stark und zerstreut punktirt. Flügeldecken wenig länger als zusammen breit, nach hinten kaum verschmälert, an der Spitze gerundet abgestutzt, der Nahtwinkel stumpf, hervortretend; ihre Längsrippen ziemlich erhaben, breit, sehr glänzend, zerstreut punktirt, die längs der Naht verlaufende bis zur Spitze fortgesetzt, die zweite abgekürzt, vor der Spitze durch Umbiegen nach aussen eine Schwiele bildend, in welche zugleich die dritte und die schwächere vierte Rippe auslaufen; die Zwischenräume matt, bleigrau bereift, zerstreut und unregelmässig reihenweise punktirt. Pygidium senkrecht abfallend, gewölbt, der Länge nach leicht gekielt, zerstreut narbig punktirt, unten beiderseits mit breitem Eindruck. Mesosternal-Fortsatz sehr kurz, quer dreieckig, Hinterbrust gefurcht. Die ganze Brust nebst den beiden vorderen Beinpaaren dicht schwarzbraun behaart, beiderseits gedrängt, in der Mitte zerstreut punktirt. Hinterleib stark glänzend, längs der Mitte in Form eines zugespitzten Ovales eingedrückt und fast glatt, seitlich narbig punktirt. Beine schlanker als bei den übrigen Arten der Gattung, die Tarsen fast fadenförmig; die Hinterschienen kürzer gewimpert, alle an der Aussenseite mit einem einzelnen Zahne bewehrt, welcher am ersten Paar gleich dem Endzahn abgestumpft ist und über sich noch einen winkligen Vorsprung erkennen lässt.

Diese ausgezeichnete Art stammt vom Kilimandscharo, auf welchem sie von Dr. Kersten am 30. November 1862 in einer Höhe von 8000' gefunden wurde.

Discopeltis, Burm.

Handb. d. Entom. III. p. 509.

93. *Discopeltis lateralis*, Gerst.

Taf. VI. Fig. 4.

Oblonga, subparallela, nigra, subtus nitida, supra opaca, tomentosa, prothoracis margine laterali elytrorumque plaga magna externa, humeros attingente miniatis. Long. 12 mill. ♀.

Discopeltis lateralis, *Gerstaecker, Archiv f. Naturgesch. XXXIII. 1. p. 36. No. 61.

Etwas schmaler als *Discop. vidua*, *Klug (Insekt. v. Mossamb. p. 264. Taf. 15. Fig. 9), in Form und Färbung an *Gametis aequinoctialis*, Fab. und *Gam. balteata*, de Geer erinnernd. Kopf dicht und stark punktirt, die beiden Vorderlappen des Clypeus und die Mittelschwiele der Stirn fast glatt. Prothorax quer, fast sechsseitig, seitlich gegen die Basis hin leicht verschmälert, oberhalb schwach gewölbt, vor der Basis abgeflacht und beiderseits schwach eingedrückt, fein und sparsam punktirt, schwarz, der ganze Seitenrand und die Vorderwinkel mennigroth. Schildchen spitz dreieckig, unpunktirt, gleich den Schulterblättern schwarz. Flügeldecken zusammen viel breiter als die Basis des Prothorax, hinter den Schultern stark ausgerandet, sodann fast gleich breit, gleich der übrigen Oberfläche durch feines Toment matt, mennigroth, nach aussen hin mit sieben undeutlichen Punktstreifen; ein gemeinsamer, die Basis und Spitze erreichender sanduhrförmiger Nahtfleck, welcher sich hinter der Mitte verschmälert, tief schwarz. Pygidium etwas aufgetrieben, zerstreut narbig punktirt, schwarz, matt. Sternalfortsatz wie bei *Discop. vidua* gestaltet. Unterseite des Körpers glänzend, zerstreut punktirt, kurz weisslich beborstet; Beine gelblich gewimpert, Vorderschienen an der Aussenseite oberhalb des zweiten Zahnes winklig erweitert.

Diese schön gefärbte Art wurde von Cooke auf Sansibar in mehreren, von Dr. Kersten bei Wanga in einem Exemplar gesammelt.

Oxythyrea, Muls.

Lamellic. d. France. p. 572.

Leucocelis, Burm.

94. *Oxythyrea lucidicollis*, Gerst.

Elongata, aenea, prothorace sanguineo-limbato, utrinque albo-unipunctato, elytris laete viridibus, guttis tribus albis marginalibus ornatis, pygidio laete rufo. Long. 11½ mill. ♂.

Oxythyrea lucidicollis, *Gerstaecker, Archiv f. Naturgesch. XXXIII. 1. p. 37. No. 62.

Der *Oxyth. aeneicollis*, Schaum (Annal. soc. entom. de France. 2. sér. II. p. 409. No. 8) sehr ähnlich, aber durch breiteren Prothorax und verschiedene Vertheilung der weissen Flecke auf den Flügeldecken abweichend; von *Oxyth. haemorrhoidalis*, Fab. (Syst. Eleuth. II. p. 154. No. 79), welcher sie gleichfalls nahe verwandt ist, schon durch die erzglänzende Scheibe des Prothorax unterschieden. Kopf dunkel grünlich erzfarben, Stirn stark, aber weniger gedrängt als bei *Oxyth. aeneicollis* punktirt, die Lappen des Clypeus rothbraun. Prothorax breiter als lang, von der Basis bis zur Mitte der Länge kaum verschmälert, oberhalb zerstreut, gegen die Spitze hin dichter punktirt, sehr glänzend, blutroth, ein grosser gelappter, mit dem Vorderrand zusammenhängender Scheibenfleck grünlich kupferfarben, ein kleiner Punkt jederseits kreideweiss. Schildchen kupfrig glänzend, glatt, Schulterblätter ebenso gefärbt, weissfleckig. Flügeldecken mit feineren schwarzen Punkten und Linien als bei *Oxyth. aeneicollis*; von den drei kreideweissen Punktflecken liegt der vorderste nahe am Seitenrande hinter der Mitte der Länge, der zweite ganz seitlich, der dritte an der Spitze. Pygidium lebhaft roth, mit weisslichen Borstchen bekleidet, ungefleckt; Hinterleib beim Männchen ohne Eindruck, schwärzlich erzfarben, die beiden Endsegmente roth. An den Vorderschienen der Spitzen- und Aussenrandszahn gleich scharf, letzterer aber kürzer und etwas breiter.

Das einzige vorliegende Exemplar wurde im Oktober 1862 bei Mbaramu gefangen.

95. *Oxythyrea amabilis*, Schaum.

Oxythyrea amabilis, Schaum, Annal. de la soc. entom. de France 2. sér. II. p. 408. No. 6.

Var. *heterospila. Prothoracis macula laterali externa oblongo-ovata, continua, elytrorum anteriore lobata.*

Oxythyrea amabilis, var. *heterospila*, *Gerstaecker, Archiv f. Naturgesch. XXXIII. 1. p. 37. No. 61.

Ein bei Mombas im September 1862 aufgefundenes Exemplar dieser Art weicht von den aus dem Kafferlande und Mosambik stammenden in der kreideweissen Fleckung der Oberseite folgendermassen ab: Der Prothorax zeigt jederseits einen grossen, ungetheilten, länglich ovalen kreideweissen Fleck, welcher aus der Vereinigung der beiden gewöhnlichen Randflecke hervorgegangen ist; die beiden vor der Basis stehenden weissen Punkte sind etwas grösser als sonst. Auf den Flügeldecken erscheint der vordere Fleck stark gelappt und zwar setzt sich der vordere und äussere Lappen auf die Schultern fort, der innere reicht bis zur dritten Punktreihe; der mittlere Fleck ist sehr gross, in zwei aufgelöst, von denen der hintere kleiner. Ausser den Randflecken zeigen sich drei der Naht genäherte Punkte, deren vorderster hinter dem Schildchen, während der zweite fast in der Mitte der Flügeldeckenlänge gelegen ist.

Ein zweites, von Sansibar (Cooke) stammendes Exemplar stellt gleichfalls eine ziemlich auffallende Varietät dar, bei welcher sich auf dem Prothorax ausser den gewöhnlichen beiden weissen Randflecken drei Paare weisser Scheibenpunkte vorfinden, bei welcher die drei Randflecke der Flügeldecken auffallend klein und der vorderste derselben in zwei hinter einander stehende Punkte aufgelöst ist; ausserdem sind zwei Paare kleinerer weisser Nahtflecke und jederseits ein weisser Scheibenpunkt zur Ausbildung gekommen.

Pachnoda, Burm.

Handb. d. Entom. III. p. 511.

96. *Pachnoda sobrina*, Gory.

Cetonia sobrina, Gory et Percheron, Monogr. d. Cétoines. p. 234. No. 26. pl. 44. Fig. 4.
Pachnoda sobrina, Burmeister, Handb. d. Entom. III. p. 528. No. 19.

Var. a. *Viridi-olivacea, elytrorum strigis cretaceis retrorsum in puncta dissolutis, maculis transversis anteapicalibus tenuioribus.*

Var. b. *Olivaceo-brunnea, elytrorum pictura ut in var. a.*

Pachnoda virginea, *Klug, Insekt. v. Mossamb. p. 257. Taf. 15. Fig. 11. *Gerstaecker, Archiv f. Naturgesch. XXXIII. 1. p. 38. No. 64

Eine Reihe von Exemplaren, welche bei Mombas in der ersten Hälfte Septembers 1862 und von Cooke auf Sansibar gesammelt wurden, stellt eine sich ziemlich gleich bleibende und zwischen den Kordofaner *(Pachn. sobrina)* und Mosambiker Exemplaren *(Pachn. virginea)* gerade die Mitte haltende Varietät dar, aus welcher die specifische Identität jener beiden Formen zur Evidenz hervorgeht. Mit der von Gory und Percheron als *Pachn. sobrina* beschriebenen stimmen sie in der mehr olivengrünen Färbung der Oberseite, mit der Mosambiker Form in der dünneren kreideweissen Streifen- und Fleckenzeichnung überein. Von den drei Längsstreifen der vorderen Flügeldeckenhälfte ist der verkürzte mittlere in seiner ganzen Ausdehnung, der äussere und innere von der Mitte der Flügeldeckenlänge ab in Punkte aufgelöst; der vor den Querlinien nahe der Naht liegende Punkt ist nicht streifenförmig ausgezogen, die Querlinien des Spitzendrittheils sind wie bei *Pachn. virginea* sämmtlich etwas feiner und meist auch kürzer als bei *Pachn. sobrina*. In der Grösse wie in der Plastik aller Körpertheile stimmen alle drei Formen vollkommen mit einander überein.

97. *Pachnoda euparypha*, n. sp.

Oblongo-ovata, subparallela, viridis, infra nitida, albo-maculata, supra opaca, tomentosa, fronte, pronoti marginibus, elytrorum limbo toto pygidioque croceis, hoc albo-viridique signato. Long. 18½—21 mill. ♂ ♀.

Var. a. *Elytrorum disco toto laete rufo, vitta exteriore tantum viridi.*

Die Art steht in unmittelbarer Verwandtschaft mit der westafrikanischen *Pachn. marginella*, Fabr. (Syst. Entom. p. 46. No. 10. — Olivier, Entomol. I. No. 6. pl. 12. Fig. 119), welcher sie in Gestalt, Kolorit und Zeichnung sogar auffallend gleicht, von welcher sie jedoch durch eine Reihe konstanter Merkmale specifisch verschieden zu sein scheint. Zunächst ist die Grösse durchschnittlich etwas geringer, dabei aber die Punktirung der Oberseite und zwar besonders der Flügeldecken eine merklich ausgeprägtere, auch die Anordnung der Punkte zu paarigen Längsstreifen eine deutlicher hervortretende. Der Clypeus ist nicht gleich der Stirn smaragdgrün, sondern entweder lebhaft orangegelb mit vier grünen Fleckchen auf der vorderen Hälfte, oder wenigstens von einem sehr lichten, stark mit Gelb gemischten Grün. Am Pronotum und an den Flügeldecken ist der gelbe Seiten- (resp. Spitzen-) Rand doppelt so breit als bei *Pachn. marginella*, ersteres ausserdem längs des Vorderrandes, zuweilen selbst an der Basis schmaler gelb gesäumt. Die Grundfarbe des Pygidium ist gleichfalls rothgelb; ausser den beiden seitlichen kreideweissen Flecken finden sich in der Mitte zwei sattgrüne Längsbinden. Die Färbung der Unterseite wechselt von lebhaftem Grün bis zu bleichem Olivenbraun; anstatt des grossen durchgehenden weissen Seitenfleckes der Hinterbrust (bei *Pachn. marginella*) finden sich jederseits zwei kleinere, welche durch einen weiten Zwischenraum getrennt sind. Im Uebrigen stimmt die Fleckenzeichnung der Bauchseite mit *Pachn. marginella* überein.

Beim Männchen ist der Clypeus gleichbreit, am Vorderrande fast gerade abgeschnitten. Die Vorderschienen sind schmal, haben in der Mitte ihrer Länge eine winklige Hervorragung und unterhalb derselben zwei kurze und schmale, schwarzgefärbte Zähne. Am Hinterleib sind der zweite bis vierte Ring längs der Mitte leicht eingedrückt. Das Weibchen hat einen beiderseits gerundet erweiterten Clypeus mit deutlich ausgebuchtetem und aufgebogenem Vorderrand; die Vorderschienen sind ausserhalb mit drei grossen und scharfen, gleichfalls dintenschwarzen Zähnen bewehrt.

Die Var. a. unterscheidet sich von der Stammform dadurch, dass die ganze Scheibe der Flügeldecken licht rothbraun gefärbt ist und dass von der grünen Grundfarbe nur jederseits eine Längsbinde übrig bleibt, welche die Abgrenzung gegen den gelben Seitenrand vermittelt.

Diese Art wurde von Cooke auf Sansibar gesammelt; auch ist sie bei Inhambane in Mosambik (Peters in Mus. Berol.) einheimisch.

98. *Pachnoda ephippiata*, Gerst.

Taf. VI. Fig. 5.

Subtus cum capite pedibusque rufo-brunnea, supra aurantiaca, subnitida, prothoracis macula magna triangulari, scutello, coleopterorum plaga magna communi subquadrata, a basi ad medium usque extensa, fascia posteriore illi connexa maculaque posthumerali rufo-brunneis. Long. 23 mill. ♀.

Pachnoda ephippiata, *Gerstaecker, Archiv f. Naturgesch. XXXIII. 1. p. 38. No. 63.

Wiewohl diese Art sich in der Zeichnung der Oberseite zunächst an *Pachn. fasciata*, Fab., Burm. (Handb. d. Entom. IV. p. 567) und an *Pachn. Abyssinica*, Reiche (Voyage en Abyssinie, Zoolog. pl. 21. Fig. 7) anschliesst, steht sie doch mit *Pachn. sinuata*, Fab., Burm. (Handb. d. Entom. III. p. 522. No. 11) in näherer Verwandtschaft. Der Clypeus ist runzlig punktirt, rostroth gesäumt, die Stirn fast glatt. Der Prothorax wie bei *Pachn. sinuata* gegen die Spitze hin weniger stark verschmälert, auf dem vorderen Theil der Scheibe mit doppeltem Eindruck, gegen die Seiten hin fein und zerstreut punktirt, lebhaft orangefarben mit schwarzem Vordersaum und einem grossen, stumpf dreieckigen Scheibenfleck von rothbrauner

Farbe, welcher bis zur Basis reicht, aber in einiger Entfernung von der Spitze endigt. Schildchen gleichfalls rothbraun, glatt. Die Flügeldecken unregelmässig und verloschen schwärzlich punktirt, hinter den Schultern allmählich gegen die Spitze hin verschmälert, auf orangefarbenem Grunde mit folgender rothbrauner Zeichnung. In der Mitte der Basis findet sich ein grosser, die Schildchengegend einnehmender, länglich viereckiger Fleck, welcher sich demjenigen des Pronotum unmittelbar und auch in der Breite ziemlich genau anschliesst, sich rückwärts plötzlich etwas erweitert, bis über die Mitte der Flügeldeckenlänge hinanreicht, am Ende rundlich abgestutzt erscheint und durch eine schmale Brücke mit einer im Bereich des hinteren Drittheils gelegenen buchtigen Querbinde zusammenhängt; derselbe ist gleich letzterer, welche vorn bogig gerundet erscheint und vor dem Seitenrande schräg abgestutzt endigt, schwarz gesäumt. Auch ein hinter den Schultern liegender, isolirter dreieckiger Fleck ist dunkler schwärzlich braun. Der Sternalfortsatz ist abgeflacht, gerundet, lebhafter roth als die Brust; das Pygidium und der Bauch sind rothbraun, ungefleckt, die Beine lichter roth. Die Vorderschienen des Weibchens über dem Endzahn mit zwei flachen und stumpfen, schwarz gerandeten Zähnen bewehrt.

Ein einzelnes weibliches Exemplar von Endara (December 1862) vorliegend.

Diplognatha, Gory.

Monogr. d. Cétoines p. 31.

99. *Diplognatha silicea*, M. Leay.

Diplognatha silicea, Mac Leay, Illustr. of the zoology of South Africa. III. (Annulosa) p. 22. No. 15. — Burmeister, Handb. d. Entom. III. p. 621. No. 1.

Ein Exemplar dieser bereits aus Süd-Afrika bekannten Art wurde von Dr. Kersten Ende Decembers 1862 bei Endara, ein zweites von Cooke auf Sansibar erbeutet.

100. *Diplognatha hebraea*, Oliv.

Cetonia hebraea, Olivier, Entomol. I. No. 6. p. 80. No. 116. pl. 12. Fig. 115.
Cetonia mucorum, Thunberg, Mémoires de l'acad. de St. Pétersbourg. VI. p. 422.
Diplognatha hebraea, Gory et Percheron, Monogr. d. Cétoines p. 125. No. 5. pl. 18. Fig. 8. — Burmeister, Handb. d. Entom. III. p. 621. No. 3.

Ein von Cooke auf Sansibar gefundenes Exemplar dieser Art gehört der dunkler roth gefärbten und schärfer schwarz gezeichneten Varietät, wie sie bei Port Natal und in Mosambik vorkommt, an.

Cymophorus, Kirby.

Zoolog. Journ. III. p. 271.
Ptychophorus, Schaum.

101. *Cymophorus undatus*, Kirby.

Cymophorus undatus, Kirby, Zoolog. Journal III. p. 271. pl. 6. Fig. 6.

Die Art liegt in zwei Exemplaren von der Sansibar-Küste vor, wo sie im Frühjahr 1863 gefangen wurde.

Hoplostomus, M. Leay.

Illustr. zool. of South Africa. III. p. 20.

102. *Hoplostomus fuliginosus*, Oliv.

Cetonia fuliginosa, Olivier, Entomol. I. No. 6. p. 20. No. 17. pl. 31. Fig. 18.
Cremastochilus fuliginosus, Gory et Percheron. Monogr. d. Cétoines p. 110. No. 1. pl. 1b. Fig. 1.
Hoplostomus fuliginosus, Burmeister, Handb. d. Entom. III. p. 657. No. 1.

Es liegt von dieser Art ein einzelnes bei Uru im November 1862 gefangenes Exemplar vor.

Coenochilus, Schaum.

Germar's Zeitschr. f. d. Entom. III. p. 268.

103. *Coenochilus appendiculatus*, Gerst.

Taf. VI. Fig. 6.

Elongatus, parallelus, totus rufo-brunneus, nitidus, prothorace aequaliter disperse punctulato, basi leviter bifoveolato, elytris obsolete costatis, secundum suturam depressis, ante apicem albo setulosis, tibiis anticis submuticis, posticis intus late dentatis. Long. 19½ mill. ♂

Coenochilus appendiculatus, *Gerstaecker, Archiv f. Naturgesch. XXXIII. 1. p. 39. No. 68.

Von *Coenoch. maurus*, Fab., Burm. (Handb. d. Entom. IV. p. 568), durch mindere Grösse und feinere Skulptur des Kopfes und Prothorax, von *Coenoch. glabratus*, Bohem. (Insect. Caffrar. II. p. 50. No. 743) u. A. schon durch die Färbung abweichend, mit beiden übrigens, nach der Beschreibung derselben zu urtheilen, nahe verwandt. Kopf dicht, aber kaum runzlig punktirt, der Scheitel der Quere nach erhaben, die Stirn gewölbt, beiderseits mit einem Längseindruck, der Clypeus deutlich dreibuchtig, sparsamer punktirt, glänzend. Prothorax fast kreisrund mit leicht abgestutzter Basis, vor dem Schildchen ausgebuchtet und daselbst mit zwei queren, glatten Grübchen versehen; oberhalb abgeflacht, überall fein und zerstreut punktirt, an der Innenseite des leicht aufgebogenen Seitenrandes mit einigen grösseren Punkten, auf der Scheibe mit einer verkürzten, sehr feinen, kaum eingedrückten mittleren Längslinie. Schildchen fein und zerstreut punktirt, mit fast glatter Mitte; Schulterblätter schuppig geritzt. Flügeldecken um mehr denn die Hälfte länger als zusammengenommen breit, längs der Naht bis jenseits der Mitte stark niedergedrückt, jede einzelne mit zwei seichten Längsfurchen, zwischen denselben in einer, über die Scheibe hin in mehreren Reihen punktirt, hinter dem seitlichen Ausschnitt leicht narbig eingedrückt, vor der Spitze mit einigen kurzen und dicken Borstchen besetzt. Pygidium stumpf abgerundet, gewölbt, sehr dicht der Quere nach nadelrissig. Der Prosternalfortsatz, die beiden vorderen Schenkelpaare unterhalb und die Mittelschienen an der Innenseite mit rostrothen Haaren gewimpert. Die Brust dicht punktirt, der Hinterleib glatt, beiderseits gleich den Hinterhüften nadelrissig; das erste Segment des letzteren mit deutlichem Mittelkiel, das zweite bis fünfte in der Mitte leicht abgeflacht. Vorderschienen an der Spitze dreieckig erweitert, unterhalb des Enddorns innen mit kurzem rostrothem Haarbüschel; Hinterschienen am Innenrande mit einem sehr breiten, abgestutzten Zahn bewehrt, ausserhalb vor der Spitze ausgerandet.

Das einzige vorliegende Exemplar dieser ausgezeichneten Art wurde im December 1862 bei Endara gefangen.

Syrichthus, Hope.

Coleopt. Manual. I. p. 91.

104. *Syrichthus clathratus*, Gerst.

Taf. VI. Fig. 7.

Subdepressus, niger, nitidus, rufo-fimbriatus, vertice prothoracisque margine antico unituberculatis, hoc rude punctato et in medio late sulcato; coleopteris parallelis, profunde striato-foveatis, interstitiis angustis, alternis elevatioribus. Long. 18 ad 20½ mill.

Syrichthus clathratus, *Gerstaecker, Archiv f. Naturgesch. XXXIII. 1. p. 40. No. 71.

Durch die zugespitzte Form des Clypeus und der Mandibeln sowie durch den weniger umfangreichen und schwächer gewölbten Prothorax reiht sich die vorstehende Art dem *Syrichthus sparius*, *Burm. (Handb. d. Entom. V. p. 168. No. 2), eng an und würde mit diesem, wie schon Lacordaire (Gen. d. Coléopt. III. p. 456) richtig vermuthet, von dem *Syr. verus*, Burm. (*Geotrupes Syrichthus*, Fab.) selbst generisch geschieden werden können. Der Mangel des Eindrucks auf dem Prothorax so wie die sehr grobe Skulptur der ganzen Körperoberfläche geben derselben übrigens auch ein von dem *Syr. sparius* wesentlich verschiedenes Ansehn. Der Körper ist tief und glänzend schwarz, seitlich rostroth gewimpert. Der Clypeus mit aufgebogenem Rande, an der Spitze mit kurzem, aufgerichtetem Horn, der Scheitel runzlig punktirt und mit stumpf kegelförmigem, glattem Mittelhöcker versehen; Mandibeln aussen ungezähnt. Prothorax quer, seitlich gerundet, nach vorn verengt, mit hervorgezogenen Vorderwinkeln, an der Basis beiderseits von der Mitte niedergedrückt und daher leicht zweibuchtig erscheinend; die Oberfläche leicht gewölbt, durchweg grob und unregelmässig, nach vorn zugleich dicht gedrängt punktirt, längs der Mittellinie tief gefurcht, nahe dem Vorderrand mit kleinem mittlerem Höcker. Schildchen fast glatt. Flügeldecken zusammen wenig breiter als der Prothorax und fast von doppelter Länge, nach hinten stumpf abgerundet, oberhalb abgeflacht und mit zehn Längsreihen grosser quadratischer Punkte, welche ihrerseits ocellenförmig eingedrückt sind, versehen. Die Zwischenräume derselben sind schmal, leistenartig, zerstreut punktirt, der dritte, fünfte und siebente nur wenig höher als die übrigen; alle weit vor der Spitze, in gleicher Querlinie mit der verdickten Flügeldecken-Schwiele aufhörend, der Spitzentheil gleichmässig dicht und tief punktirt. Pygidium glänzend, mit zerstreuten Punkten. Vorderschienen aussen stark dreizähnig, Tarsen einfach.

Am See Jipe Ende Oktobers und im December 1862 aufgefunden.

Rhizoplatys, Westw.

Transact. entom. soc. of London. IV. p. 23.

Trionychus, Burm.

105. *Rhizoplatys ambiguus*, n. sp.

Taf. VII. Fig. 2.

Mandibulis angustis, tuberculo frontali pyramidali, clypeo acuminato, mento apicem versus angustato et profunde excavato; subdepressus, niger, nitidulus, prothorace fortiter marginato, basin versus canaliculato, inter puncta majora confertim punctulato, elytris subcostatis, subtiliter cicatricoso-punctatis. Long. 26 mill.

Die vorstehende Art stimmt mit den von Burmeister (Handb. d. Entom. V. p. 140 ff.) unter *Trionychus* aufgeführten drei ersten Arten nicht nur im Habitus und in der verhältnissmässig feinen Skulptur der Flügeldecken, sondern auch in der stark entwickelten, den eigentlichen Fussklauen an Länge fast gleichkommenden Afterklaue vollkommen überein, weicht dagegen durch die schmalen, am Aussenrande nicht gewinkelten Mandibeln und das länglich viereckige, vorn verschmälerte, an der Spitze stark aufgebogene und tief eingekerbte Kinn ab. Letztere beide Merkmale hat sie mit den von Burmeister (a. a. O. p. 166) zur Gattung *Phileurus* gebrachten *Geotrupes planatus* und *platypterus*, Wiedem. (Zoolog. Magaz. II. 1. p. 5 ff. No. 2 u. 3) gemein, welche sich dagegen durch die grobe Skulptur der Oberseite wesentlich von ihr unterscheiden. In der Kinnbildung scheint auch nach der von Westwood (Transact. entom. soc. of London. IV. pl. 2. Fig. 3 f.) gegebenen Abbildung der mir aus eigener Anschauung nicht bekannte *Rhizoplatys cribrarius*, Westw. sowohl mit der hier in Rede stehenden als mit den beiden Wiedemann'schen Arten mehr als mit den eigentlichen *Trionychus* übereinzustimmen, sich dagegen letzteren durch die breiteren und gewinkelten Mandibeln, dem Wiedemann'schen *Geotr. platypterus* und dem *Trionychus cribricollis*, Burm. (Handb. d. Entom. V. p. 142. No. 4) durch die kürzere Afterklaue anzuschliessen. Es würde somit die gegenwärtige Art gleich ausgesprochene Beziehungen zu *Trionychus*, *Rhizoplatys* und der nach Lacordaire's Vorschlag (Gen. d. Coléopt. III. p. 457) auf die *Phileurus*-Arten der alten Welt zu begründenden neuen Gattung aufzuweisen haben und vielleicht zu der Erwägung Anlass geben können, ob nicht alle drei besser zu einer einzigen Gattung zu vereinigen seien.

Das allein vorliegende Weibchen des *Rhiz. ambiguus* kommt demjenigen des *Trionychus mucronatus*, Palis. an Grösse ziemlich gleich, erscheint aber mehr abgeflacht und weicht, abgesehen von den bereits hervorgehobenen Merkmalen, durch den stärker gerandeten, nach hinten mehr verengten und verschieden punktirten Prothorax so wie durch feiner und weniger gedrängt punktirte Flügeldecken ab. Der Clypeus ist schärfer zugespitzt, der Stirnhöcker beträchtlich höher, stumpf pyramidal, die Punktirung der Stirn weniger gedrängt und nicht zu Runzeln zusammenfliessend. Der Prothorax kürzer, deutlicher in die Quere gezogen, die Hinterecken nicht heraustretend, sondern abgestumpft, die Seitenränder stärker gerundet, sehr viel dicker, deutlich aufgebogen und gleich dem Hinterrand durch eine tiefe Furche abgesetzt; die vordere Hälfte derselben mit rothen Borstenhaaren gewimpert, welche etwas länger und sperriger erscheinen als die gleichfarbigen des Vorderrandes; die Oberseite flach gewölbt, im Bereich der hinteren Hälfte breit und seicht gefurcht, zwischen den grösseren, grubenartigen Punkten, welche am Vorderrande sehr viel dichter gedrängt sind und seitlich sogar zu Runzeln zusammenfliessen, überall dicht und fein, fast körnig punktirt. Schildchen nahe der Basis seicht und unregelmässig punktirt. Flügeldecken mit etwas deutlicherer Rippenbildung und flacherer, mehr glänzender Endschwiele als bei *Trion. mucronatus*. Pygidium und Propygidium merklich feiner und seichter querrunzlig, die Punktirung der Bauchseite und der Beine feiner und weitläufiger. Prosternalzapfen stärker zusammengedrückt, lang rostroth behaart. Die ganze Unterseite nebst Hüften und Schenkeln lichter als die Oberseite, mehr rothbraun gefärbt.

In einem Exemplar von der Insel Sansibar vorliegend.

Cyphonistes, Burm.

Handb. d. Entom. V. p. 213.

106. *Cyphonistes vallatus*, Wiedem.

Geotrupes vallatus, Wiedemann, Zoolog. Magaz. II. 1. p. 4. No. 1.
Cyphonistes vallatus, Burmeister, Handb. d. Entom. V. p. 213. No. 1. — Boheman, Insect. Caffrar. II. p. 1. No. 670.

Ein einzelnes männliches Exemplar dieser besonders am Kap und im Kafferlande einheimischen Art wurde von Cooke auf Sansibar gefunden.

Oryctes, Illig.

Käfer Preussens. p. 11.

107. *Oryctes Boas*, Fab.

Scarabaeus Boas, Fabricius, Syst. Entom. p. 8. No. 17. — Entom. syst. I. p. 8. No. 21. — Olivier, Entom. I. No. 3. p. 35. No. 38. pl. 4. Fig. 24 a, b.
Geotrupes Boas, Fabricius, Syst. Eleuth. I. p. 8. No. 23.
Oryctes Boas, Castelnau, Hist. nat. d. Ins. Coléopt. II. p. 114. No. 2. — Burmeister, Handb. d. Entom. V. p. 196. No. 15. — Boheman, Insect. Caffrar. II. p. 1. No. 669.
Oryctes Senegalensis, *Klug in Erman's Reise. p. 35. No. 80. — Burmeister, Handb. d. Entom. V. p. 200. No. 6.

Von dieser in Afrika weit verbreiteten Art — dieselbe findet sich in Senegambien, in der Sierra Leone, am Kap, im Kafferlande und in Mosambik — liegen auch einige Sansibarische Exemplare, von der Insel sowohl als vom Festlande vor.

108. *Oryctes monoceros*, Oliv.

Scarabaeus monoceros, Olivier, Entom. I. No. 3. p. 37. No. 40. pl. 13. Fig. 123.
Oryctes monoceros, Burmeister, Handb. d. Entom. V. p. 203. No. 19.

Einige Exemplare wurden von Cooke auf Sansibar gesammelt. Die Art hat eine gleich ausgedehnte Verbreitung über Afrika wie die vorhergehende.

Temnorhynchus, Hope.

Coleopt. Manual. I. p. 93.

109. *Temnorhynchus Diana*, Palis.

Scarabaeus Diana, Palisot de Beauvois, Insect. recueill. en Afrique, Coléopt. p. 4. pl. 1. Fig. 4.
Temnorhynchus Diana, Burmeister, Handb. d. Entom. V. p. 192. No. 2. — Boheman, Insect. Caffrar. II. p. 5. No. 675.
Temnorhynchus clypeatus, fem., *Klug, Insekt. v. Mossamb. p. 251. Taf. XIV. Fig. 14.

Ausser einem an der Küste von Sansibar gefundenen Weibchen von 24 mill. Länge und pechbrauner Körperfärbung liegen zwei Paare dieser Art von der Insel Sansibar (Cooke) vor, welche bei der geringeren Länge von 20—21½ mill. lichter rothbraun gefärbt sind. Von zwei unter letzteren befindlichen Männchen hat das eine das Pronotum nur im Bereich des mittleren Drittheils (in der Querrichtung), das zweite noch in weit geringerer Ausdehnung ausgehöhlt, während bei den Weibchen ein Eindruck überhaupt vermisst, vielmehr durch eine leichte schwielige

Auftreibung, welche vor der Mitte bemerkbar ist, ersetzt wird. Bei allen diesen Exemplaren sind abweichend von Burmeister's Angaben und zugleich im Gegensatz zu zwei mir vorliegenden männlichen Exemplaren von Guinea und Port Natal die Flügeldecken mit den drei gewöhnlichen Doppel-Punktstreifen und mit deutlichen Punktreihen in den Zwischenräumen versehen. Eine specifische Verschiedenheit kann dieser Skulptur bei sonstiger Uebereinstimmung der betreffenden Exemplare, besonders auch in der Form des Clypeus und der Stirnlamelle beider Geschlechter nicht zuerkannt werden. Das von Klug (a. a. O.) als Weibchen seines *Temnorh. clypeatus* gedeutete Exemplar unterscheidet sich von dieser Art im Umriss sowohl wie in Skulptur und Färbung wesentlich, stimmt dagegen mit den Sansibarischen Weibchen des *Temnorh. Diana* vollkommen überein.

Heteronychus, Burm.

Handb. d. Entom. V. p. 90.

110. *Heteronychus atratus*, Klug.

Heteronychus atratus, *Klug. Monatsber. d. Akad. d. Wissensch. zu Berlin. 1855. p. 657. — Insekt. v. Mossamb. p. 253.

Ein im Frühling 1863 an der Küste von Sansibar aufgefundenes Exemplar dieser Art stimmt mit dem einzigen von Klug beschriebenen aus Tette in Grösse und Skulptur genau überein, weicht dagegen durch lichtere Färbung des Körpers und besonders durch die röthlich pechbraune der Flügeldecken ab.

Adoretus, (Lap.) Burm.

Handb. d. Entom. IV. 1. p. 467.

Trigonostomum, Dej.

111. *Adoretus cephalotes*, Gerst.

Oblongus, subparallelus, nigro-fuscus, supra aeneo-micans, griseo-pilosus, elytris setulis rariis albidis quinqueseriatis obsitis: capite amplissimo, tibiis anticis extus tridentatis. Long. 14½ mill.

Adoretus cephalotes, *Gerstaecker, Archiv f. Naturgesch. XXXIII. 1. p. 47. No. 87

Von *Adoretus punctipennis*, Boheman (Insect. Caffrar. II. p. 67. No. 765), durch grösseren, mehr gleichbreiten Körper, besonders durch breiteren Kopf und Prothorax, ausserdem durch sparsamere Beborstung der Flügeldecken, von *Adoretus vestitus*, Reiche (in Ferret et Galinier, Voyage en Abyssinie. III. p. 319. No. 1. pl. 21. Fig. 3), mit welchem er gleiche Grösse hat, durch unbewehrte Hinterschenkel, sowie durch die Skulptur und Bekleidung der Flügeldecken unterschieden. Körperfärbung schwarzbraun, auf Kopf und Prothorax mit deutlichem Erzglanz; Fühler und Taster rothbraun. Kopf überall stark runzlig punktirt, zerstreut beborstet; Stirn leicht gewölbt, fast viermal so breit als die Augen, Clypeus halbkreisförmig. Prothorax auffallend kurz, mit zweibuchtiger Basis und gerundeten Seiten, nach vorn verschmälert, oberhalb dicht gedrängt, aber etwas feiner als der Kopf runzlig punktirt. Schildchen mit gleicher Skulptur. Flügeldecken an der Basis etwas schmaler als der Prothorax, bis zur Mitte der Länge hin allmählich breiter werdend; ihre Oberfläche durchweg gedrängt punktirt und querrunzlig, dichter behaart als der Prothorax, auf jeder einzelnen fünf regelmässige Längsreihen von ziemlich entfernt stehenden weissen Börstchen. Unterseite des Körpers schwärzlich pechbraun, glänzend, grau behaart. An den Vorderschienen der oberste Zahn des Aussenrandes kürzer und stumpfer als die übrigen.

Ein einzelnes Exemplar vom See Jipe (Mitte Decembers 1862).

112. *Adoretus Jipensis*, Gerst.

Elongatus, subparallelus, testaceus, albo-pilosus, capite abdomineque disco ferrugineis, tarsis rufo-piceis; prothorace confertim sed parum profunde punctato, elytris obsolete costatis, parce albo-setulosis. Long. $10^1/_2$ mill.

Adoretus Jipensis, *Gerstaecker, Archiv. f. Naturgesch. XXXIII. 1. p. 48. No. 88.

Dem *Adoretus subcostatus*, *Klug (Insekt. v. Mossamb. p. 261) zunächst verwandt und sehr ähnlich, aber durch die dichtere Behaarung der Oberseite, dichtere Punktirung des Kopfes, stärkere Rundung des Clypeus und undeutlichere Längsrippen der Flügeldecken unterschieden. Kopf breit, runzlig punktirt, matt rostroth, mit schwarz gesäumtem Clypeus. Prothorax kurz, mit gerundeten Seitenrändern und Hinterecken, fast glatter Mittellinie und nirgends zusammenfliessender Punktirung der Oberseite. Flügeldecken bis gegen die Mitte der Länge hin leicht erweitert, überall dicht punktirt und mit fünf schwach erhabenen Längsrippen versehen, ausser der weisslichen Behaarung sparsame dickere, aufgerichtete Borstchen führend. Hinterleib glänzend, mit glatter und der Länge nach eingedrückter Scheibe. Beine lichtgelb mit gebräunten Knieen; Vorderschienen mit drei schwärzlichen Aussenrandszähnen.

Gleichfalls nur in einem einzelnen Exemplar vom See Jipe (Ende Oktobers 1862) vorliegend.

Phaenomeris, Hope.

Transact. zoolog. soc. of London. I. p. 97.

Euryga, Mannerh.

113. *Phaenomeris Beckei*, Mannerh.

Euryga Beckii, Mannerheim, Bullet. d. natur. de Moscou. 1838. I. p. 35.
Phaenomeris Beckii, Burmeister, Handb. d. Entom. IV. 1. p. 336. No. 1.
Phaenomeris Beckei, Boheman, Insect. Caffrar. II. p. 58. No. 753.

Nach den zahlreichen Exemplaren, in welchen diese Art sowohl vom Festlande (Wanga und Küstenstrich) wie von der Insel Sansibar (Cooke) vorliegt, scheint sie in dem von v. d. Decken bereisten Gebiet ebenso häufig zu sein, wie auf der Insel St. Johanna und in Mossambik. Sämmtliche Individuen gehören der am häufigsten vorkommenden, smaragdgrün gefärbten Varietät an.

Popilia, Latr., Burm.

Handb. d. Entom. IV. 1. p. 292.

114. *Popilia bipunctata*, Fab.

Trichius bipunctatus, Fabricius, Mant. Insect. I. p. 25. No. 4. — Entom. syst. I. 2. p. 130. No. 7. — Syst. Eleuth. II. p. 132. No. 7.

Melolontha bipunctata, Olivier, Entomol. I. No. 5. p. 37. No. 44. pl. 6. Fig. 69.
Popilia bipunctata, Castelnau, Hist. nat. d. Ins. Coléopt. II. p. 136a. No. 2. — Burmeister, Handb. d. Entom. IV. 1. p. 306. No. 25. — Boheman, Insect. Caffrar. II. p. 58. No. 754.

Von dieser aus dem Kafferlande und aus Mosambik bekannten Art wurden übereinstimmende Exemplare bei Wanga (Kersten) und auf der Insel Sansibar (Cooke) aufgefunden.

Anomala, (Sam.), Burm.

Handb. d. Entom. IV. 1. p. 230.

115. *Anomala tendinosa*, Gerst.

Ovata, testacea, supra glabra, nitida, capite prothoraceque macula discoidali nec non punctis duabus lateralibus piceis, elytris nigricantibus, flavocostatis. Long. 16 mill.

Anomala tendinosa, *Gerstaecker, Archiv f. Naturgesch. XXXIII. 1. p. 47. No. 64

Var. *Prothorace fere toto elytrisque fascia humerali excepta testaceis.*

Die Art steht der *Anomala varicolor*, Schönh. (Synon. Insect. III. Append. p. 114. No. 158) nahe, ist aber etwas grösser und weniger gewölbt. Kopf von gleicher Form und Färbung wie dort. Prothorax breiter und kürzer, nach vorn stärker verengt, die Vorderwinkel spitzer und mehr hervortretend; die Oberfläche feiner zerstreut punktirt, längs der Mittellinie seicht gefurcht, glänzend rostgelb, ein den Vorderrand erreichender, quer viereckiger, hinterwärts in der Mitte unterbrochener Mittelfleck und jederseits eine punktförmige Makel schwärzlich pechbraun. Schildchen in der Mitte fast glatt, scherbengelb, braun gesäumt. Flügeldecken an der Basis kaum breiter als der Prothorax, rückwärts erweitert, an der Spitze gemeinsam abgerundet, ihre Oberfläche stark, aber gegen die Naht hin nicht ganz regelmässig reihenweise punktirt; glänzend schwarz, mit olivenfarbigem Stich, auf jeder drei in gleichen Abständen verlaufende Streifen, die Naht und ein hinter der Schulter liegender Aussenfleck scherbengelb. Körper unterhalb gelb, glänzend, die Brust dünn gelbhaarig. Beine rostgelb mit röthlicher Schienenspitze und pechbraunen Tarsen. Vorderschienen aussen zweizähnig; die Aussenklaue der Vorder- und Mitteltarsen gespalten, die übrigen einfach. Mittelbrust nicht hervortretend.

In einem Exemplar von Uru (November 1862) vorliegend. — Bei einem zweiten, von der Insel Sansibar (Cooke) stammenden Individuum ist die Färbung der Oberseite beträchtlich heller. Das Pronotum ist nur in der Mitte des Vorderrandes leicht gebräunt, die beiden Seitenmakeln fast ganz verschwunden. Auf den Flügeldecken herrscht die licht scherbengelbe Färbung vor, indem nur jederseits eine Schulterbinde und mehrere sich derselben nach innen anschliessende Punktstreifen schwarzbraun gefärbt sind.

116. *Anomala Kerstenii*, Gerst.

Ovata, testacea, supra glabra, nitida, clypeo, tibiis posticis tarsisque omnibus rufo-piceis; capite rugoso-, prothorace subtiliter, elytris fortius seriato-punctatis, his obsolete tricostatis. Long. 18 mill.

Anomala Kerstenii, *Gerstaecker, Archiv f. Naturgesch. XXXIII. 1. p. 48. No. 83.

Von ähnlichem Colorit wie *Anomala fusipes*, Bohem. (Insect. Caffrar. II. p. 62. No. 760), aber beträchtlich grösser und kräftiger gebaut. Kopf dicht runzlig, auf dem Scheitel etwas loser punktirt, wenig glänzend, rostfarben, mit rothbraunem, schwarz gesäumtem Clypeus. Taster und Fühler rostroth, letztere mit lichterer Basis und Keule. Prothorax breit, von der Mitte ab nach vorn stark verschmälert, die Vorderwinkel hervortretend und zugespitzt; die Oberfläche ziemlich gleichmässig fein punktirt, glänzend scherbengelb mit gebräuntem Spitzenrand und zwei gleichgefärbten, aber wenig deutlich markirten Seitenflecken. Schildchen quer dreieckig, fein punktirt. Flügeldecken von der Basis bis über die Mitte ihrer Länge hinaus deutlich erweitert, hinter den Schultern erhaben gerandet, oberhalb mit drei schwachen Längsrippen und unregelmässiger reihenweiser Punktirung. Brust dünn greishaarig, Mesosternum nicht hervortretend. Vorder- und Mittelschienen rostroth, erstere aussen schwarz, zweizähnig, Hinterschienen und sämmtliche Tarsen röthlich pechbraun. An den beiden vorderen Beinpaaren die äussere Klaue gespalten, die übrigen einfach.

Bei Endara Ende Decembers 1862 gefangen.

117. *Anomala (Heteroplia) ancilla*, Gerst.

Oblonga, subparallela, nitida, testacea, clypei margine antico, tibiis posticis tarsisque omnibus rufo-piceis, elytris seriato-punctatis, obsolete tricostatis. Long. 15 mill.

Anomala (Heteroplia) ancilla, *Gerstaecker, Archiv f. Naturgesch. XXXIII. 1. p. 45. No. 82.

Von der Grösse der *Anomala ypsilon*, Wied., Burm. (Handb. d. Entom. IV. 1. p. 235. No. 6) und ihr überhaupt ähnlich. Kopf fast wie bei jener Art geformt, mit grossen Augen und schmaler Stirn; letztere gegen den Scheitel hin allmählich sparsamer punktirt, scherbengelb, Clypeus runzlig punktirt, rostroth, sein erhabener Rand gebräunt. Taster rostroth, Fühlerkeule nicht verlängert. Prothorax nach vorn verengt, seitlich leicht gerundet, in der Mitte der Basis fast abgestutzt, die Mitte des Vorderrandes nicht hervorgezogen, die Oberfläche zerstreut und wenig tief punktirt, einfarbig. Schildchen klein, sparsam punktirt. Flügeldecken nach rückwärts wenig erweitert, ziemlich tief streifig punktirt, die Naht und drei Zwischenräume der Scheibe leicht rippenartig erhöht. Pygidium stumpf dreieckig, gewölbt, narbig punktirt. Brust blassgelb behaart, Hinterleibsringe und Hinterschenkel reihenweise beborstet. Vorder- und Mittelschienen rostfarben, die hinteren rothbraun; Aussenrand der Vorderschienen dreizähnig, geschwärzt. Die äussere Klaue der Vordertarsen gespalten, alle übrigen einfach.

Ein einzelnes Exemplar von Kiriama (Ende Decembers 1862).

118. *Anomala (Heteroplia) mixta*, Fab.

Melolontha mixta, Fabricius, Entom. syst. I, 2. p. 165. No. 45. — Syst. Eleuth. II. p. 171. No. 60.
Anomala mixta (Fab., var. *axillaris*, Dej.), *Klug in Erman's Reise. p. 35. No. 83.
Anomala mixta, Burmeister, Handb. d. Entom. IV. 1. p. 234. No. 4.
Melolontha plebeja, Olivier, Entomol. I. No. 5. p. 25. No. 23. pl. 8. Fig. 97.

Sowohl ein auf dem Küstenstrich des Festlandes wie einige von Cooke auf der Insel Sansibar gefundene Exemplare dieser besonders in Guinea und Senegambien einheimischen Art gehören der Varietät mit hellgefärbten Flügeldecken an, welche von Olivier als *Melol. plebeja* beschrieben, von Dejean als

Anomala scutellaris abgetrennt worden ist. Dass dieselbe von der durch geschwärzte Flügeldecken ausgezeichneten *Anom. mixta*, Fab. nicht specifisch verschieden sei, ist bereits von Klug (a. a. O.) ausgesprochen worden.

Leucopholis, (Dej.), Blanch.

Hist. d. Insect. I. p. 216.

119. *Leucopholis lepidota*, Klug.

Leucopholis lepidota, *Klug, Insekt. v. Mossamb. p. 266, Taf. 16. Fig. 5.

In je einem Exemplare von der Küste des Festlandes und von der Insel Sansibar (Cooke) vorliegend.

Hypopholis, Erichs.

Naturgesch. d. Insekt. Deutschl. III. p. 657.

120. *Hypopholis conspurcata*, Gerst.

Unguiculis apice fissis, mesosterno simplici: ovata, supra fere glabra, rufo-ferruginea, nitida, capite prothoraceque aeneo-micantibus, elytris quadriseriatim nigro-maculatis, rugoso-punctatis. Long. 15½ mill.

Hypopholis conspurcata, *Gerstaecker, Archiv f. Naturgesch. XXXIII. 1. p. 42. No. 74

Kleiner und nach vorn mehr verschmälert als *Hypoph. Sommeri*, Burm. (Handb. d. Entom. IV. 2. p. 283. No. 1), mit welcher die um zwei Jahre später publicirte *Hypoph. sulcicollis*, Bohem. (Insect. Caffrar. II. p. 92. No. 789) zusammenfällt. — Kopf gleichmässig runzlig punktirt, zwischen den grossen Punkten noch mit zahlreichen feinen besetzt, rothbraun, erzschimmernd, zwischen den Augen weisslich behaart; der Clypeus gerundet, mit aufgebogenem Rande, von der Stirn durch eine Bogenlinie deutlich geschieden. Taster und Fühler röthlich pechbraun, die Keule der letzteren lang gestreckt, schwarz. Prothorax quer, nicht länger als der Kopf, nach vorn verengt, mit zugespitzten Vorderecken; die Oberfläche glänzend rostroth mit Erzschimmer, zwischen den grösseren Punkten überall fein punktirt, längs der Mitte tief gefurcht, beiderseits hinter den Augen mit weitem Eindruck. Schildchen rostroth, wie der Prothorax punktirt. Die Flügeldecken an der Basis zusammen wenig breiter als dieser, seitlich bis über die Mitte hinaus erweitert, an der Spitze einzeln stumpf abgerundet, durchweg runzlig punktirt, unbehaart, wie gefirnisst aussehend, rostroth; jede einzelne undeutlich zweirippig, nach vorn bis in vier Längsreihen, seitlich fast bis zur Spitze grünlich schwarz gefleckt. Pygidium sehr fein lederartig gerunzelt und ausserdem runzlig punktirt, röthlich pechbraun, fast matt, hell beborstet. Unterseite des Körpers nebst den Beinen röthlich braun mit Erzglanz, die Brust sparsam behaart, der Hinterleib beiderseits in Form von Flecken, sonst gleichmässig greis beborstet. Mesosternalfortsatz nicht über die Mittelhüften hinausragend. Beine zierlich mit verlängerten Tarsen; alle Fussklauen mit tief gespaltener Spitze.

Das einzige vorliegende Exemplar wurde auf dem Wege vom See Jipe nach Moschi erbeutet.

Anmerkung. Es ist bemerkenswerth, dass die drei bis jetzt zur Kenntniss gekommenen Hypopholis-Arten jede eine besondere Klauenbildung zeigen: a) Sämmtliche Fussklauen an der Spitze tief gespalten: *Hypoph. compressicollis*, Gerst. b) Sämmtliche Fussklauen in der Mitte stark gezähnt: *Hypoph. Sommeri*, Burm. (*sulcicollis*, Bohem.). c) Fussklauen an Mittel- und Hinterbeinen einfach; an den Vorderbeinen die innere einfach, die äussere gespalten. *Hypoph. vittata*, Bohem. (Insect. Caffrar. II p. 51. No. 588).

Coniopholis, Erichs.

Naturgesch. d. Insekt. Deutschl. III. p. 657.

121. *Coniopholis elephas*, Gerst.

Taf. VI. Fig. 9.

Robusta, nigra, elytris interdum brunneis, palpis, antennis tarsisque rufis: capite, prothorace pygidioque confertim rugoso-punctatis, squamis pallide ochraceis dense tectis, elytris parcius griseo-, abdomine pedibusque albido-squamosis. Long. 26—30 mill. ♂♀ in cop.

Coniopholis elephas, *Gerstaecker, Archiv f. Naturgesch. XXXIII. 1. p. 40. No. 72.

Sehr viel grösser als die übrigen bisher bekannten Arten der Gattung, durch die Massigkeit des Körpers und die dichte Schuppenbekleidung lebhaft an *Leucopholis* erinnernd. Kopf stark runzlig punktirt, der Vorderrand des Clypeus hoch aufgebogen, in der Mitte leicht ausgebuchtet, die Stirn vom Clypeus durch eine wenig in die Augen springende, geschwungene Linie abgetrennt. Prothorax quer, nach vorn verengt, seitlich stumpf gewinkelt, weniger grob als der Kopf punktirt und mit körnchenartigen Schuppen überall dicht bekleidet. Schildchen dicht runzlig punktirt. Flügeldecken zusammen länglich eiförmig, nach hinten erweitert, an der Spitze einzeln abgerundet, die Naht und die glatte Schulterschwiele erhaben; die Oberfläche undeutlich gerippt, dicht und unregelmässig punktirt, mit gelbgrauen Schuppen sparsam bekleidet. Pygidium stumpf herzförmig, wenig gewölbt, erhaben gerandet, dicht ockergelb beschuppt. Brust mit gelblichem Wollhaar bekleidet, Hinterleib dicht und fein punktirt, gleich den Beinen weisslich beschuppt.

Zwei Paare dieser ausgezeichneten Art wurden bei Endara Mitte Decembers 1862 in Begattung angetroffen.

122. *Coniopholis melolonthoides*, Gerst.

Taf. VI. Fig. 8.

Rufo-ferruginea, nitida, punctata, supra parcius, subtus utrinque dense albo-squamosa, pectore lanuginoso, antennarum clava ferruginea, tibiis anticis nigro-tridentatis. Long. 23 mill.

Coniopholis melolonthoides, *Gerstaecker, Archiv. f. Naturgesch. XXXIII. 1. p. 41. No. 73.

Von der Grösse der *Melolontha hippocastani*, Fab. und dieser im Habitus nicht unähnlich. Kopf grob punktirt, die Punkte je mit einer Haarschuppe besetzt

Clypeus doppelt so lang als die Stirn, beiderseits abgerundet, aufgebogen gerandet, gegen die Stirn hin stark eingeschnürt und von derselben durch eine geschwungene Linie geschieden. Fühlerkeule licht rostfarben, so gross wie die sechs vorhergehenden Glieder zusammengenommen. Prothorax mit leicht zweibuchtiger Basis, fast bis zur Mitte seiner Länge gleich breit, dann gegen die Spitze hin stark verschmälert, die Seitenränder crenulirt und kurz gewimpert; seine Oberfläche vor dem Schildchen leicht eingedrückt, über die Scheibe hin sparsamer, gegen die Ränder hin gedrängt punktirt, überall in den Punkten mit je einem kleinen, rundlichen, schneeweissen Haarschüppchen besetzt. Schildchen undeutlich gefurcht, mit nackter Spitze. Flügeldecken mehr denn doppelt so lang als der Prothorax, hinter den Schultern wenig erweitert, an der Spitze gemeinsam leicht abgestutzt, ihre Oberfläche verloschen dreirippig, dicht und fast gleichmässig punktirt und beschuppt. Pygidium stumpf herzförmig, leicht gewölbt, querrunzlig, mit Ausnahme der glatten Spitze gleichfalls Schüppchen tragend. Brust und Beine lang gelblich behaart, die Seiten des Prothorax und Hinterleibes von weissen Schuppen dicht bedeckt und ausserdem längere Borsten führend.

In einem Exemplare von Uru (November 1862) vorliegend.

Empycastes, nov. gen.

(Trib. *Melolonthidae.*)

A *Psilonycho* Burm. *differt antennarum clava graciliore, clypei crassuli margine apicali profunde trisinuato utroque quadridentato, prothoracis angulis anticis auriculato-recurvis, ejusdem margine apicali incrassato, scutello cordiformi, tibiis anticis extus fortiter tridentatis, intermediis bispinosis, tarsis anterioribus validis, elongatis, pedibus posticis breviusculis, robustis, tarsis dilatatis, depressis.*

Der Kopf ist ebenso tief in das Halsschild eingesenkt, wie bei der zunächst verwandten Gattung *Psilonychus*, Burm. (Handb. d. Entom. IV. 2. p. 288), zeichnet sich jedoch dadurch aus, dass die Stirn gegen den Scheitel, von welchem sie eine scharfe Kante trennt, senkrecht abfällt, dass die Grenzlinie zwischen Stirn und Clypeus fast verstrichen ist und dass letzterer durch den stark aufgebogenen und zugleich stumpf vierzähnigen Vorderrand muldenförmig ausgehöhlt erscheint. Die Fühler sind wie bei *Psilonychus* zehngliedrig, aber schlanker, die Keule mehr verlängert; das dritte, vierte und fünfte Glied sind untereinander fast gleich und etwas länger als das zweite; das sechste und siebente verkürzt, die Keule dreigliedrig. Das Endglied der Kiefertaster ist länglich spindelförmig und lässt auf der Aussenseite die bekannte, mit zahlreichen Poren dicht besetzte Schnittfläche sehr deutlich erkennen. Der Prothorax zeigt die für *Psilonychus* charakteristische Skulptur der Oberfläche, weicht aber durch die aufgebogenen, fast ohrenförmigen Vorderwinkel ab. An den Beinen fällt besonders die Kürze und Derbheit aller Theile des dritten Paares und der beträchtliche Längsunterschied zwischen den Mittel- und Hintertarsen auf, an letzteren neben ihrer Kürze auch die starke Abplattung. Die Zähne an der Aussenseite der kräftigen Vorderschienen reichen fast bis zur Basis hinauf und zwar ist besonders der oberste breit und stumpf lappenförmig; die beiden Zähne der schmalen Mittelschienen sind dagegen dornartig.

123. *Empycastes coronatus*, n. sp.

Taf. VII. Fig. 1 und 1a.

Rufo-piceus, parum nitidus, supra fere nudus, infra dense fulvo-villosus, antennis ferrugineis, prothorace rufescente, confertim cicatricoso-punctato callisque tribus basalibus instructo, elytris parallelis, rugoso-punctatis, parce albo-squamulosis. Long. 17½—18½ mill. ♂.

Von gleichem Körperumriss wie *Psilonychus Eckloni*, Burm. (Handb. d. Entom. IV. 2. p. 289. No. 1), aber doppelt so gross. Der aufgebogene, stumpf vierzähnige Endrand des Clypeus, die breit abgestutzten und ohrförmig aufgerichteten Vorderecken des Prothorax und die drei Aussenzähne der Vorderschienen sind schwärzlich pechbraun gefärbt, Kopf, Prothorax und Beine im Uebrigen dunkel rostroth, die Fühler heller. Die dicht runzlig punktirte obere Aushöhlung des Kopfes ist mit starren, anliegenden gelben Borstenhaaren bekleidet, während am Prothorax nur die gekerbten Seitenränder mit Wimpern und zwei narbige Eindrücke auf dem vorderen Theil der Scheibe mit längeren Borsten von gleicher Farbe besetzt sind; die kurzen, den tiefen Punkten der Oberfläche einsitzenden Härchen sind mehr schuppenförmig und weisslich gelb. Von den drei glatten, glänzenden Schwielenflecken der Basis erstrecken sich die beiden seitlichen etwas mehr nach vorn als der mittlere; ein weniger in die Augen fallender glatter Fleck findet sich auch auf der Grenze von Basis und Seitenrand. Vor dem Schildchen tritt die reiche, lange und zottige Behaarung, welche die Brust bekleidet, auch auf dem in ziemlicher Ausdehnung frei liegenden Mesonotum zu Tage. Die fast gleich breiten Flügeldecken, welche fast um die Hälfte länger als zusammen breit sind, lassen ausser dem Nahtstreifen noch zwei Längsrippen auf der Mitte der Scheibe erkennen, sind im Uebrigen runzlig punktirt und mit sparsamen gelben Haarschuppen besetzt. Pygidium von der Form eines stumpfen sphärischen Dreiecks, schuppig punktirt, matt, dünn beborstet. Die Bauchseite des Hinterleibes abweichend von der rostrothen Brust bis zum fünften Ringe schwärzlich pechbraun, beiderseits ziemlich dicht, aber fein behaart.

Auf der Insel Sansibar (Cooke) aufgefunden.

Schizonycha, (Dej.) Erichs.

Naturgesch. d. Insekt. Deutschl. III. p. 658.

124. *Schizonycha valida*, Bohem.

Schizonycha valida, Boheman, Insect. Caffrar. II. p. 96. No. 792.

Von dieser zuerst im Kafferlande aufgefundenen grossen Art liegt ein einzelnes Exemplar von Endara (Mitte Decembers 1862) vor.

125. *Schizonycha tumida*, Casteln.

Schizonycha tumida, *Illiger in Mus. Berol. — Dejean, Catal. d. Coléopt. 3. édit. p. 179. — Blanchard, Catal. d. Mus. d'hist. nat. p. 150. No. 1149. — Burmeister, Handb. d. Entom. IV. 2. p. 267. No. 6.

Rhizotrogus tumidus, Castelnau, Hist. nat. d. Ins. Coléopt. II. p. 133. No. 7.

Ein einzelnes, mit den kapensischen übereinstimmendes Exemplar von der Insel Sansibar befindet sich in der von Cooke zusammengebrachten Sammlung.

126. *Schizonycha rorida*, Gerst.

Rufa, capite prothoraceque castaneis, pectoris lateribus coxisque posticis dense, corpore reliquo parcius albo-squamuloso; prothorace lateribus crenulato, confertim profunde punctato, in medio calloso. Long. 17 mill.

Schizonycha rorida, *Gerstaecker, Archiv f. Naturgesch. XXXIII. 1. p. 43. No. 78.

Die Art gehört, da die obere Spitze der Fussklauen beträchtlich feiner als die untere ist, in Burmeister's Abtheilung B. der Gattung (a. a. O. p. 271) und ist der *Schiz. livida*, *Klug (Insekt. v. Mossamb. p. 275) sehr ähnlich; sie weicht jedoch durch ansehnlichere Grösse, breitere Haarschüppchen der Hautdecken und die fast verstrichenen beiden queren Schwielen an der Basis des Prothorax ab. Kopf pechbraun, Stirn schwächer runzlig punktirt. Prothorax röthlich pechbraun mit stumpferen, kaum hervorgezogenen Hinterecken, stärker crenulirtem Seitenrand und tiefer eingestochenen, schuppentragenden Punkten. Schildchen nicht gefurcht, auf der Scheibe stark punktirt. Flügeldecken lebhafter rostroth, weniger gedrängt, vor der Spitze sogar lose punktirt. Pygidium quer, seitlich sparsamer punktirt. Die den Brustseiten und den Hinterhüften clausitzenden weissen Haarschuppen sind gross, eiförmig.

Ein einzelnes Exemplar von Endara (December 1862).

Serica, M. Leay.

Hor. entom. I. p. 146.

127. *Serica aberrans*, Gerst.

Ovata, rufo-ferruginea, punctata, flavescenti-pilosa, clypeo bilobo, supra excavato, prothorace basi utrinque profunde impresso, elytris sulcatis, suturam versus subcostatis. Long. 8 mill.

Serica aberrans, *Gerstaecker, Archiv f. Naturgesch. XXXIII. 1. p. 45. No. 80.

Kopf dunkel rostroth, stark runzlig punktirt; Clypeus nach vorn verengt, mit aufgebogenem und tief ausgebuchtetem Rande, seine Oberfläche beiderseits tief ausgehöhlt und daselbst fein und sparsam punktirt. Fühler zehngliedrig mit kleiner dreigliedriger, rostfarbener Keule. Prothorax trapezoidal, seitlich wenig gerundet, mit zugespitzten Vorder- und Hinterecken; oberhalb bucklig gewölbt, dicht punktirt, behaart, vor dem Schildchen beiderseits tief grubig eingedrückt. Schildchen länglich dreieckig, dicht punktirt. Flügeldecken zusammen eiförmig, rückwärts nur leicht erweitert, seitlich hinter der Mitte deutlich gerandet, überall dicht punktirt und gelblich behaart, der Länge nach gefurcht, der Nahtstreifen sowie der dritte und fünfte Zwischenraum etwas gewölbter als die übrigen. Pygidium stark gewölbt, stumpf dreieckig, fein punktirt, behaart. Vorderschienen aussen stark dreizähnig, Hinterschenkel beträchtlich erweitert, zusammengedrückt; Schienen und Tarsen der Hinterbeine röthlich pechbraun.

Bei Endara (December 1862) in einem einzelnen Exemplare aufgefunden.

Trochalus, Casteln.

Hist. nat. d. Ins. Coléopt. II. p. 149.

128. *Trochalus chrysomelinus*, Gerst.

Ovatus, rufo-brunneus, aeneo-micans, parum nitidus, clypeo apicem versus minus angustato, ecarinato, prothorace elytrisque disperse punctatis, his perspicue punctato-striatis. Long. 9 mill.

Trochalus chrysomelinus, *Gerstaecker, Archiv f. Naturgesch. XXXIII. 1. p. 43. No. 77.

Etwas kleiner als *Troch. piceipes*, *Klug (Insekt. v. Mossamb. p. 258), sparsamer punktirt. Kopf röthlich pechbraun, bereift, Scheitel glatt, Stirn zerstreut und feiner, Clypeus stark runzlig punktirt, dieser vor der Spitze kaum eingeschnürt, überall erhaben gerandet. Fühler rostroth mit gelblicher Keule. Prothorax nach vorn verengt, seitlich leicht gerundet, vor dem Schildchen zweigrubig, durchweg zerstreut und fast gleichmässig punktirt, lebhaft in Regenbogenfarben spielend, leicht glänzend. Schildchen punktirt. Flügeldecken zusammen stumpf eiförmig, bis über die Mitte hinaus allmählich verbreitert, in gleicher Weise wie der Prothorax punktirt und schillernd, dabei aber bereift; jede einzelne mit neun deutlich punktirten Längsstreifen versehen, von denen der erste (Nahtstreifen) und der neunte etwas gefurcht erscheinen, am Seitenrande gelbbraun beborstet. Unterseite des Körpers rothbraun, wenig gewölbt, das Mesosternum gefurcht, die Pleuren und Hüften grob, das Endsegment des Hinterleibes stärker und dichter als die vorhergehenden punktirt. Vorderbeine einfach, die Schienen aussen zweizähnig.

Am See Jipe (Ende Oktobers 1862) in zwei Exemplaren aufgefunden.

129. *Trochalus corinthia*, Gerst.

Breviter ovatus, nigro-fuscus, subtus nitidissimus, supra opacus, pruinosus, clypeo ante apicem constricto, subcarinato, prothorace confertim, elytris parcius punctatis, his obsolete striatis; trochanteribus femoribusque anticis infra lamellatis. Long. 7 mill.

Trochalus corinthia, *Gerstaecker, Archiv f. Naturgesch. XXXIII. 1. p. 44. No. 78.

Dem *Troch. Bohemani*, Gerst. (Archiv f. Naturgesch. XXXIII. 1. p. 44), = *Troch. piceipes*, Bohem. (Insect. Caffrar. II. p. 126. No. 822) sehr ähnlich und an Grösse gleich, aber in Folgendem abweichend: Der Scheitel ist hinter den Augen nicht eingedrückt, dicht punktirt, die Stirn seichter und sparsamer punktirt, oberhalb fast glatt, die quere Stirnleiste viel niedriger, diejenige des Clypeus in der Mitte fast verstrichen. Der Prothorax ist etwas länger, feiner und weniger dicht punktirt, die Brustseiten weniger grob und sparsamer, die Hinterleibsringe zerstreut und minder tief. Die Erweiterung der vorderen Trochanteren und Schenkel ist geringer.

Gleichfalls in zwei Exemplaren am See Jipe, gleichzeitig mit dem vorhergehenden, gefunden; ausserdem auch von der Insel Sansibar (Cooke) vorliegend.

130. *Trochalus sulcipennis*, Gerst.

Ovatus, niger, chalybeo-micans, supra pruinosus, clypeo rugoso-punctato, carinato, prothorace sat confertim, elytris parcius punctatis, his regulariter subsulcatis. Long. 5½—7 mill.

Trochalus sulcipennis, *Gerstaecker, Archiv f. Naturgesch. XXXIII. 1. p. 44. No. 79.

Kleiner und schmaler als der vorhergehende. Kopf schwärzlich pechbraun, runzlig punktirt, Scheitel fast glatt, mit Erzglanz, Clypeus erhaben gerandet, vor der Spitze leicht eingeschnürt, oberhalb ungekielt, von der Stirn durch eine eingedrückte Linie geschieden. Taster und Fühler rostroth. Prothorax fast doppelt so breit als lang, nach vorn verschmälert, seitlich leicht gerundet, oberhalb ziemlich dicht, gegen die Basis hin undeutlicher punktirt, vor dem Schildchen zweireihig, gleich dem Scheitel erzschimmernd. Schildchen fein punktirt. Flügeldecken zusammen stumpf eiförmig, bis über die Mitte hinaus allmählich verbreitert, deutlich längsgefurcht und in den Furchen punktirt, die Zwischenräume leicht gewölbt und zerstreut punktirt. Körper unterhalb lebhaft glänzend, Mesosternum gefurcht, die Pleuren und Hinterhüften grob, die Hinterleibsringe feiner und zerstreut punktirt. Vorderbeine einfach, rothgelb behaart, mit zweizähnigen Schienen.

Mit den beiden vorhergehenden Arten am See Jipe (Ende Oktobers 1862) in Mehrzahl gesammelt.

Hoplia, Illig.

Magaz. d. Insektenk. II. p. 226.

131. *Hoplia retusa*, Klug.

Hoplia retusa, *Klug, Insekt. v. Madagasc. p. 63. No. 103. Taf. III. Fig. 9. — Burmeister, Handb. d. Entom. IV. 1. p. 199. No. 25.

Drei an der Küste des Festlandes im Frühling 1863 gesammelte Exemplare dieser Art stimmen mit den Madagaskarischen vollständig überein.

Trox, Fab.

Syst. Entom. p. 31.

Trox et Omorgus, Erichs.

132. *Trox (Omorgus) squalidus*, Oliv.

Trox squalidus, Olivier, Entom. I. No. 4. p. 12. pl. 2. Fig. 12.

Diese über Afrika weit verbreitete Art, von welcher die hiesige Entomologische Sammlung Exemplare vom Kap, von Port Natal, vom Senegal, aus Sennaar und Abyssinien besitzt, wurde in der Gebirgsgegend von Aruscha (Anfang Novembers 1862) in zahlreichen Individuen gesammelt.

133. *Trox (Omorgus) baccatus*, Gerst.

Ovatus, niger, opacus, prothorace lateribus distincte crenulato, elytris confertim et aequaliter seriato-tuberculatis, tibiis anticis extus obsolete bidentatis. Long. 13—13½ mill.

Trox (Omorgus) baccatus, *Gerstaecker, Archiv f. Naturgesch. XXXIII. 1. p. 49. No. 91.

Grösser und kräftiger gebaut als *Trox radula*, *Erichs. (Archiv f. Naturgesch. IX., 1. p. 235. No. 62), mit welchem *Trox variolosus*, *Bohem. (Insect. Caffrar. II. p. 378. No. 1058) identisch ist; von diesem auch durch grössere und gedrängter stehende Höcker der Flügeldecken unterschieden. Die gleichmässigere Vertheilung der letzteren unterscheidet die Art zugleich leicht von dem grösseren *Trox muricatus*, *Erichs. (Archiv f. Naturgesch. IX, 1. p. 235. No. 61). — Kopf und Prothorax fast wie bei dieser Art gebildet, aber der Seitenrand des letzteren ist stumpf sägezähnig, zwischen den Zähnen kurz gewimpert. Die Flügeldecken sind eiförmig, hinten stumpf abgerundet, nach vorn verschmälert, am Seitenrande vorn stärker, hinten schwächer crenulirt; ihre Oberfläche ziemlich gewölbt, die zahlreichen eiförmigen Höcker, welche sie dicht und gleichmässig bedecken, auf jeder einzelnen in zehn regelmässige Längsreihen angeordnet. In der ersten und zehnten Reihe sind diese Höcker etwas kleiner als in den übrigen. An den Vorderschienen der Endzahn stark erweitert, zusammengedrückt, fast quadratisch, glänzend; die beiden oberen Aussenrandzähne sehr kurz und stumpf.

Zwei übereinstimmende Exemplare dieser Art wurden Anfang Novembers 1862 zwischen dem See Jipe und Aruscha gefunden.

Hybosorus, M. Leay.

Hor. entom. I. p. 120.

134. *Hybosorus Illigeri*, Reiche.

Hybosorus Illigeri, Reiche, Annal. soc. entom. de France. 3. sér. I. p. 88. — Boheman, Insect. Caffrar. II. p. 370. No. 1046.
Scarabaeus arator, *Illiger, Magaz. d. Insektenk. II. p. 210. No. 7.
Hybosorus arator, Castelnau, Hist. nat. d. Ins. Coléopt. II. p. 108. No. 1.
Hybosorus arator et *Laportei*, Westwood, Transact. entom. soc. of London. IV. p. 158 f. No. 1 und 5.
Hybosorus Carolinus, Le Conte, Journ. acad. nat. scienc. of Philadelphia. I. p. 84.

Auf den Inseln Mombas und Sansibar in gleicher Weise wie im übrigen Afrika einheimisch; von letzterer Lokalität liegt eine ganze Reihe von Individuen (Cooke) vor. Ueber Süd-Europa weit, über Afrika, wie es scheint, ganz allgemein verbreitet, geht diese Art zugleich auf Asien (Arabia in Mus. Berol.) über und tritt ganz übereinstimmend auch in Nord-Amerika auf.

Aphodius, Illig.

Käfer Preussens. p. 15.

135. *Aphodius marginicollis*, Dej.

Aphodius marginicollis, Dejean, Catal. d. Coléopt. 3. éd. p. 162. — *Klug, Insekt. v. Mossamb. p. 214.
Colobopterus marginicollis, v. Harold, Berl. Entom. Zeitschr. III. p. 204. und V. p. 101.

Auf der Insel Sansibar von Cooke in Mehrzahl gefunden. Die Art ist über einen grossen Theil Afrikas (Senegambien, Kap, Port Natal und Mossambik) verbreitet.

136. *Aphodius moestus*, Fab.

Aphodius moestus, Fabricius, Syst. Eleuth. I. p. 78. No. 45. — Boheman, Insect. Caffrar. II. p. 351. No. 1082.
Aphodius Madagascariensis, Dejean, Catal. d. Coléopt. 3. éd. p. 161. — v. Harold, Berl. Entom. Zeitschr. III. p. 208 und V. p. 114.
Aphodius maerens, Walker, Annals of nat. hist. 3. ser. II. p. 207.

Die Art liegt in einem Exemplar von der Insel Sansibar (Cooke) vor; sie ist ausserdem auf Madagaskar, in Mosambik, Ostindien und auf Ceylon einheimisch.

137. *Aphodius anthrax*, n. sp.

Niger, glaber, nitidus, capitis prothoracisque marginibus, tibiis tarsisque rufo-piceis, illo irregulariter disperse punctato, elytris profunde punctato-sulcatis, interstitiis apicem versus costulatim elevatis. Long. 3½ mill.

Mit *Aphod. nigrita*, Fab. (Syst. Eleuth. I. p. 73. No. 24) und *Aphod. angusticus*, *Klug (Symb. phys. V. No. 8, tab. 42. Fig. 8) zunächst verwandt, von letzterem durch die geringere, fast nur halbe Grösse, von ersterem durch gewölbteren und schmaleren Körper, von beiden durch die nach hinten stark rippenartig gewölbten Zwischenräume der Flügeldecken abweichend. Der ringsherum rothbraun gesäumte Kopf ist fein und gleichmässig dicht punktirt, ohne höckerartige Auftreibungen, die Stirnnaht sehr deutlich ausgeprägt, furchenartig vertieft. Der Prothorax ist nahe dem Vorderrand schmaler, am Seitenrand breiter rothbraun getüncht, seine Oberfläche nicht nur relativ, sondern selbst absolut grober punktirt als bei *Aphod. angusticus*, die dazwischen bemerkbare feine Punktirung sparsamer und deutlicher als bei jenem. Als ein Unterschied im Umriss ist hervorzuheben, dass bei *Aphod. anthrax* die Hinterecken weniger breit abgerundet, sondern fast abgestumpft rechtwinklig sind. Schildchen glatt, röthlich braun. Flügeldecken mit pechbraunem Naht- und Seitenrand, sonst glänzend schwarz, tief punktirt gefurcht, mit glatten, vorn leicht gewölbten und breiten, hinten allmählich verschmälerten und rippenartig erhabenen Zwischenräumen, von denen der erste bis siebente die Spitze erreichen, während die beiden folgenden oberhalb des Seitenrandes abgekürzt sind. Hinterleib deutlich punktirt, mit rostrothem Endsegment. An den Beinen die Schienen und Tarsen, auch die Vorderhüften und die Spitze der Schenkel rothbraun; Taster und Fühler etwas lichter, fast rostroth.

Ein einzelnes Exemplar von Uru (Mitte Novembers 1862) vorliegend.

Ateuchus, Web.

Observ. entom. p. 10.

a) Enddorn der Mittel- und Hinterschienen verwachsen; Schildchen freiliegend *(Ateuchus)*.

138. *Ateuchus prodigiosus*, Erichs.

Ateuchus prodigiosus, *Erichson, Archiv f. Naturgesch. IX. 1. p. 231. No. 51 (♀).

Beide Geschlechter vom Küstenstrich des Festlandes (Kersten) und von der Insel Sansibar (Cooke) in Mehrzahl vorliegend. — Die von Erichson beschriebenen Angolensischen Exemplare sind Weibchen, welche sich durch die besonders in ihrem mittleren Theile sehr dichte, hell rothbraune, von der Spitze bis zum obersten Viertheil der Hinterschienen hinaufreichende Haarbürste auszeichnen. Beim Männchen hat die gleichfalls rothbraune Haarreihe der oberen

Schienenkante zwar dieselbe Ausdehnung, ist aber beträchtlich sperriger und besteht bis zum obersten Drittheil aus durchaus gleich langen Borsten.

b) Enddorn der Mittel- und Hinterschienen verwachsen; Schildchen nicht hervortretend (*Heliocantharus*).

139. *Ateuchus Aegyptiorum*, Latr.

Ateuchus Aegyptiorum, Latreille in Cailliaud, Voyage à Méroé. IV. p. 279. No. 10. — Castelnau, Hist. nat. d. Insect. Coléopt. II. p. 65. No. 12. — Guérin, Iconogr. d. règne animal. Insectes. pl. 21. Fig. 1.

Var. *purpurascens*.

Supra purpureo-cupreus, infra cum pedibus aterrimus, rarius pro parte viridi-micans.

Eine Reihe von Exemplaren beiderlei Geschlechts, welche im September 1862 bei Mombas gesammelt wurde, zeigt in ganz übereinstimmender Weise und abweichend von der in Ober-Aegypten einheimischen Stammform eine lebhaft kupfrig roth gefärbte Oberseite nebst Pygidium, während die Bauchseite gleich den Beinen tief und glänzend schwarz und nur bei einigen Individuen theilweise schwärzlich grün erscheint. Alle plastischen und Skulptur-Merkmale sind genau dieselben wie bei dem grün gefärbten *Ateuch. Aegyptiorum*, so dass die Annahme einer besonderen Art keinerlei Stütze hat. Die Behaarung der Hinterschienen ist (bei beiden Farbenvarietäten) tief schwarz; diejenige der Oberkante beim Männchen gleichmässig sperrig und etwas kürzer, beim Weibchen zu einer das mittlere Drittheil der Länge einnehmenden, aus längeren Haaren bestehenden Bürste verdichtet. — Die vorliegenden Exemplare variiren auffallend in der Grösse, nämlich zwischen 20 und 33 mill.

140. *Ateuchus aeratus*, n. sp.

Taf. VII. Fig. 5.

Fronte tuberculata, elytrorum margine laterali bicarinato, tibiarum anticarum dente superiore fere obsoleto: obscure aeneus, subnitidus, pronoti confertim granoso-punctati linea media utrinque duabus antebasalibus laevigatis, elytrorum interstitiis cicatricoso-punctatis, dispersim setulosis, sutura elevata, nitida. Long. 23—29 mill. ♂♀.

♀ *Tibiarum posticarum scopa nigra, abbreviata.*

Var. minor. *Pronoti areis antebasalibus obsoletis.* Long. 20 mill.

Vorstehende Art scheint mit dem mir aus eigner Anschauung nicht bekannten *Ateuch. nigroaeneus*, Bohem. (Insect. Caffrar. II. p. 165. No. 863) nahe verwandt zu sein, kann jedoch mit demselben schon deshalb nicht identificirt werden, weil das für jenen angegebene Schildchen an ihr nicht wahrnehmbar ist, weil die glatte Mittellinie des Prothorax niemals zwei Seitenäste aussendet und weil die Zwischenräume der Flügeldecken nirgends lederartig gerunzelt, sondern zwischen den narbigen Punkten fast glatt erscheinen. — Der Körper ist merklich flacher gewölbt als bei *Ateuch. Aegyptiorum*, Latr., schwach glänzend, dunkel und zuweilen selbst schwärzlich erzfarben, auf den Flügeldecken, der Bauchseite und den Beinen mit grünlichem Schimmer. Die vier Zähne des Clypeus sind bei wohlerhaltenen Exemplaren fast gleichseitig dreieckig mit etwas rundlich abgestumpfter Spitze; der vor der unterbrochenen Querleiste liegende Stirnhöcker ist deutlich ausgeprägt und auf der sonst dicht und grob netzartig punktirten Oberseite schon durch seine Glätte auffallend. Der Prothorax ist nach vorn weniger stark erweitert als bei *Ateuch. Aegyptiorum*, sein Seitenrand vor der Mitte grob und stumpf zahnartig, hinter derselben beträchtlich feiner crenulirt, der Basalrand im Bereich des mittleren

Drittheils deutlich aufgebogen und ganzrandig; die Oberfläche erscheint durch die dicht gedrängte, gegen die Seiten hin sogar körnige oder leicht runzlige Punktirung matt, nur die Schwiele jederseits über der Mitte des Seitenrandes, eine durchgehende und nach hinten erweiterte Mittelstrieme und zwei Spiegelflecke nahe der Basis bleiben glatt und glänzend. Auf den Flügeldecken ist dies in entsprechender Weise mit dem erhabenen Nahtstreifen der Fall, auf welchem sich nur einige zerstreute Pünktchen wahrnehmen lassen; die übrigen Zwischenräume werden von grösseren und kleineren, narbenartigen und je ein kurzes Borstchen führenden Punkten ausgefüllt, welche in ihrer Anordnung unregelmässig und stellenweise ineinanderfliessend, sich von der leicht glänzenden übrigen Oberfläche durch ihren matten, wie bestäubt aussehenden Grund deutlich abheben. Der Seitenrand ist oberhalb der senkrecht abfallenden Epipleuren mit zwei scharfen, parallelen Längskanten versehen. An den Vorderschienen ist der oberste Zahn im Verhältniss zu den drei langen und scharfen unteren sehr schwach entwickelt, bei abgenutzten Individuen kaum noch angedeutet; die Behaarung der Mittel- und Hinterschienen ist schwarz. Tarsen nur wenig länger als der grosse Enddorn der Mittel- und Hinterschienen. Mesosternum beträchtlich schmaler als bei *Ateuch. Aegyptiorum*, die Spitze stumpfer, der vordere Absturz weniger geradlinig.

Beim Weibchen ist die gleichfalls schwarze Haarbürste der Hinterschienen auffallend kurz, nämlich von wenig mehr als einem Viertheil der Schienenlänge; am untersten Viertheil und längs der kleineren oberen Hälfte lassen diese Hinterschienen nur sehr sparsame Haarborsten wahrnehmen.

Zwei auffallend kleine Individuen von nur 20 mill. Länge unterscheiden sich von der Stammform durch den fast gänzlichen Mangel der beiden Spiegelflecke nahe der Basis des Vorderrückens und durch etwas dunklere, mehr schwärzlich metallische Färbung.

Bei Mombas (September) und bei Moschi (Ende Novembers 1862) in Mehrzahl aufgefunden.

141. *Ateuchus pustulosus*, n. sp.

Fronte vix tuberculata, elytrorum margine laterali bicarinato, tibiarum anticarum dente superiore fere obsoleto; parum convexus, niger, subnitidus, pronoti discum versus laxius punctati linea media apice abbreviata laevi, elytrorum interstitiis sat fortiter disperse punctatis, punctis opacis, setigeris. Long. 22—32 mill. ♂♀.

♀ *Tibiarum posticarum scopa fusca, elongata.*

Etwas gestreckter gebaut und flacher gewölbt als die vorhergehende Art, rein schwarz, etwas glänzend. Der Kopf unterscheidet sich bei ähnlicher Punktirung der Oberfläche durch den kaum angedeuteten, nur als glatte Schwiele erscheinenden Stirnhöcker. Der Prothorax erscheint bei stärkerer seitlicher Rundung etwas kürzer als bei *Ateuch. aeratus*, auch nicht vor, sondern etwas hinter der Mitte am breitesten, weicht aber bei übereinstimmender Bildung des Seiten- und Basalrandes ausserdem noch darin ab, dass die seitlich gleichfalls dicht gedrängte, körnige Punktirung gegen die Scheibe hin beträchtlich sperriger wird und diese daher, auch abgesehen von der nach vorn abgekürzten glatten Mittelstrieme, etwas glänzend erscheinen lässt. Die Flügeldecken sind nach hinten etwas mehr verschmälert und erscheinen daher länglicher, ihr Nahtstreifen ist nur im Bereiche der vorderen Hälfte glatter und glänzender als die übrige Oberfläche, die Längsfurchen der letzteren sind sehr verstrichen, übrigens beträchtlich breiter als bei *Ateuchus aeratus*, die Zwischenräume auf fein lederartig gerunzeltem Grunde mit zerstreuten, flach grubigen, nirgends zusammenfliessenden Punkten besetzt, diese gleichfalls matt und ein kurzes, gelbliches Borstchen führend. Mesosternum nicht bis zur Spitze horizontal, sondern unter breiter, stumpf höckerartiger Anschwellung allmählich in den vorderen Absturz übergehend. An den Vorderschienen ist der oberste Zahn nur durch eine hervorspringende Ecke angedeutet; die Behaarung der Hinterschienen schwarz, beim Männchen kurz und sperrig. Tarsen ebenso kurz wie bei der vorhergehenden Art.

Beim Weibchen erstreckt sich die längere und dichtere Behaarung der Hinterschienen fast auf die Hälfte der ganzen Länge und zeigt wenigstens an der Spitze einen deutlich fahlbraunen Schimmer. Sie ist nicht, wie bei der vorhergehenden Art, gegen die sparsamere Behaarung des oberen und unteren Endes scharf abgesetzt, sondern geht besonders nach unten allmählich in dieselbe über.

Beide Geschlechter von Moschi (Ende Novembers 1862) vorliegend.

c) Enddorn der Mittel- und Hinterschienen beweglich eingelenkt, Schildchen nicht sichtbar (*Actinophorus*).

142. *Ateuchus catenatus*, n. sp.

Taf. VII. Fig. 4.

Fronte haud tuberculata, elytrorum margine laterali dilatato, acutissimo, tibiis anticis acute quadridentatis, mesosterno lanceolato, apice recurvo, femoribus anticis fortiter dilatatis, basi bidentatis, posticis basi carinis: niger, subopacus, pronoto confertim punctato, foveis majoribus setigeris dispersis obsito, elytris subsulcatis, interstitiis interrupte unicostatis. Long. 27—29 mill.

In der Skulptur der Körperoberfläche am meisten dem Süd-Europäischen *Ateuch. variolosus*, Fab. gleichend, von diesem jedoch durch eine ganze Reihe plastischer Merkmale, wie sie in der Diagnose enthalten sind und zu denen noch die nicht dornförmig verlängerten hinteren Trochanteren kommen, wesentlich abweichend. — Die vier Zähne des Kopfschildes sind bei wohl erhaltenen Exemplaren etwas länger als breit, an der Spitze abgestumpft, die Querleiste schwach ausgeprägt, breit unterbrochen, ein Stirnhöcker nicht vorhanden; die Oberfläche dicht netzartig gerunzelt, auf dem Scheitel jedoch sperrig und verloschen punktirt und mit gelbbraunen Borstchen besetzt. An dem seitlich stark gerundeten Prothorax ist der Vorderrand glatt, aufgebogen, der ganze Hinter- und die Seitenränder dagegen deutlich crenulirt, letztere in ihrer vorderen Hälfte sogar stumpf zahnartig eingeschnitten, lang und sperrig schwarz gewimpert. Die Oberfläche erscheint durch die ziemlich dichte, grubige Punktirung matt, fast kohlschwarz und lässt nur im Bereich der stumpf kielförmig erhabenen Mittellinie, wo die Punkte kleiner und sperriger werden, einen leichten Glanz erkennen; ausser dieser Grundskulptur ist sie mit zerstreuteren, aber dabei doch recht zahlreichen grösseren, kreisrunden Gruben, welche in ihrem matten Grunde je einen eingestochenen Punkt und eine daraus entspringende gelbe Borste zeigen, bedeckt. Die oberhalb des Seitenrandes befindliche Schwiele ist von diesem ziemlich weit entfernt, nur schwach erhaben und ohne allen Glanz. Die Flügeldecken sind noch flacher gewölbt als bei *Ateuch. variolosus*, ihnen im Umriss übrigens ähnlich; die schwielig aufgetriebene, glänzende Naht bis auf einige tiefe Punkte in der Nähe der Basis glatt, der die schräg nach unten und innen abfallenden Epipleuren überragende Seitenrand schneidend scharf, ohne Spur einer zweiten Kante; die Längsfurchen der Oberseite fein, deutlich punktirt, die Zwischenräume je mit einer stumpfen mittleren Längsrippe versehen, welche im Gegensatz zu dem matten Grunde geglättet erscheint, aber durch tiefe grubenartige, je eine Borste führende Punkte etwas unregelmässig kettenartig unterbrochen wird. Das Pygidium mit tiefen Punkten sparsam besetzt, matt glänzend, die Unterseite des Körpers dagegen tief und glänzend schwarz, mit Ausnahme der dicht punktirten Brustseiten und der Basis des ersten Hinterleibsringes sogar spiegelblank. Das nach vorn lanzettlich zugespitzte Mesosternum erscheint zipfelartig aufgebogen und bildet hier einen abgerundeten, seitlich etwas comprimirten Höcker. Die an ihrem Vorderrand stark erweiterten Vorderschenkel sind an ihrer äussersten Basis, dicht hinter dem Trochanter, mit zwei nach vorn gerichteten, stumpfen Zähnen bewehrt, deren äusserer länger und mehr griffelförmig ist; die Vorderschienen sind scharf vierzähnig, der oberste Zahn aber fast nur halb so lang als der folgende. Der Aussenrand der Mittelschienen ist in der Mitte seiner Länge zu zwei stumpf dreieckigen, dicht beborsteten Zähnen ausgezackt, unterhalb derselben glatt. An den Hinterbeinen sind die Trochanteren einfach, die Schenkel an ihrem Hinterrande zwischen der Basis und der etwas zahnartig erweiterten Mitte in flacherem oder tieferem Bogen ausgeschnitten, die Schienen schmal, schwach gekrümmt, aussen bis auf die nackte Spitze ziemlich dicht und verhältnissmässig kurz beborstet und mit zwei Zähnen bewehrt, deren oberster gerade die Mitte der Länge einnimmt. Die etwas längere und mehr sperrige Beborstung der oberen Kante reicht von der Spitze bis auf zwei Dritttheile der Länge. Tarsen mehr denn doppelt so lang als der verhältnissmässig schwache und deutlich gekrümmte Enddorn der hinteren Schienen.

Diese ausgezeichnete Art wurde zwischen dem See Jipe und Aruscha (Oktober 1862), ausserdem auch bei Endara gesammelt. Von den drei vorliegenden Exemplaren zeigen zwei den Ausschnitt der Hinterschenkel flacher, das dritte beträchtlich tiefer. Ob hierin ein Geschlechtsunterschied zu suchen sei, erscheint mir bei sonstiger völliger Uebereinstimmung in der Form aller Körpertheile zum Mindesten zweifelhaft.

d) Enddorn der Mittel- und Hinterschienen beweglich eingelenkt, Schildchen hervortretend; Vorderschenkel stark verdickt *(Pachylomerus)*.

143. *Ateuchus femoralis*, Kirby.

Pachylomera femoralis, Kirby. Zool. Journal. III. p. 520. Taf. 14. Fig. 1.
Pachylomerus femoralis, Bertoloni, Illustr. rer. natur. Mozambici, Coleopt. I. p. 12. No. 8.
Ateuchus femoralis, *Erichson, Naturgesch. d. Insekt. Deutschl. III. p. 751.
Ateuchus lucidus, *Boheman, Insect. Caffrar. II. p. 179. No. 874.

Ein männliches Exemplar dieser bereits aus Mosambik und dem Kaffernlande bekannten Art liegt von Dschagga (Dafeta) vor.

Gymnopleurus, Illig.

Magaz. d. Insektenk. II. p. 199.

144. *Gymnopleurus splendidus*, Bertol.

Gymnopleurus splendidus, Dejean, Catal. d. Coléopt. 3. éd. p. 150. — Bertoloni, Illustr. rer. natur. Mozambici, Coleopt. I. p. 15. No. 10. — *Klug, Insekt. v. Mossamb. p. 215.
? *Gymnopleurus splendens*, Castelnau, Hist. nat. d. Ins. Coléopt. II. p. 71. No. 7.
Gymnopleurus profanus, Latreille in: Cailliaud, Voyage à Méroé. IV. p. 281. No. 12.
Gymnopleurus Wahlbergi, *Boheman, Insect. Caffrar. II. p. 163. No. 879.

Zwei bei Endara (20. December 1862) gefundene Exemplare dieser Art weichen, bei vollständiger Uebereinstimmung in Form und Skulptur, von den Mossambikern und Natalensern nur durch dunkel blaugrüne Färbung ab.

Anmerkung. Die vorstehende Art nach v. Harold (Catal. Coleopt. p. [illegible]) *Gymnopleurus splendens*, Castelu. zu nennen, ist nicht wohl thunlich, da die aphoristische Beschreibung des Letzteren nichts für *Gymnopl. splendidus* Charakteristisches hervorhebt, in der Angabe, dass die Unterseite ebenso wie die Oberseite gefärbt sei, dem Sachverhalt aber sogar widerspricht. Ebenso wenig ist die (ebenda) vorgenommene Abtrennung des *Gymnopl. Wahlbergi*, Bohem., als besondere Art gerechtfertigt.

145. *Gymnopleurus umbrinus*, n. sp.

Taf. VII. Fig. 6.

Clypeo sexdentato, mesosterno obtuse tuberculato, fusco-aeneus, supra confertim granulatus ibique breviter fulvo-pilosus; pronoti basi profunde biimpresso, disco posteriore obsolete tricalloso, elytrorum interstitiis alternis maculatim denudatis. Long. 10½—11½ mill. ♂ ♀.

♂ *Tibiarum anticarum calcare obtuso, apice incurvo, dentibus tribus externis brevioribus; femoribus anticis minus dilatatis, muticis.*

♀ *Tibiarum anticarum calcare acuminato, dentibus tribus externis longioribus; femoribus anticis fortiter dilatatis, unidentatis.*

Durch die eigenthümliche Skulptur und Fleckung der Oberseite den drei Ostindischen Arten: *Gymnopl. maculosus*, M. Leay (= *Gymnopl. exanthematicus*, Wiedem.), *umbrosus*, Guér. und *miliaris* (Fab.), Oliv. näher stehend als irgend einer der bekannten Afrikanischen; mit den beiden letztgenannten auch in den kürzeren Beinen und den am Innenrande nicht ausgeschnittenen Vorderschienen übereinstimmend. — Der Körper ist dunkel erzfarben, erscheint aber oberhalb durch die dichte und kurze, anliegende, fast rostgelbe Behaarung matt umbrabraun. Die dichte, körnige Skulptur ist auf Kopf und Vorderrücken beträchtlich grober und besonders auf der Scheibe des letzteren merklich dichter als auf den Flügeldecken, wo sie gleich der Behaarung von nackten, glatten Flecken, welche sich auf dem ersten, dritten, fünften und siebenten Zwischenraume in schachbrettartiger Anordnung vorfinden, sogar ganz unterbrochen wird. Am Clypeus sind die beiden längeren und stumpferen Mittelzähne durch einen tieferen Einschnitt getrennt als die seitlichen. Der Prothorax ist etwas länger und schmaler, überdies mehr kissenartig gewölbt als bei *Gymn. miliaris*, seitlich in flacherem Bogen gerundet; die glatte Doppelgrube oberhalb der Mitte des Seitenrandes ist sehr deutlich ausgeprägt, die beiden Eindrücke in der Mitte der Basis sind dreieckig, glänzend und so tief eingesenkt, dass der zwischen ihnen liegende Theil deutlich zipfelartig heraustritt, die drei glatten Schwielen auf dem hinteren Theil der Scheibe klein, die mittlere nach hinten in eine feine Längsfurche auslaufend. Die Flügeldecken sind etwas kürzer und stumpfer abgerundet als bei *Gymn. miliaris*, seitlich weniger tief ausgeschnitten, der dritte, fünfte und siebente Zwischenraum etwas gewölbt, von den dazwischen liegenden flachen der zweite fast doppelt so breit als der vierte und dieser wieder fast doppelt so breit als der sechste. Die Brust ist sparsamer als die Oberseite behaart, längs der Mitte gefurcht, die Mittelbrust stumpf und breit höckerförmig hervortretend; die Hinterleibsringe sind in Querreihen punktirt und beborstet. Schenkel und Schienen schimmern deutlich grünlich erzfarben.

Beim Männchen ist der Enddorn der Vorderschienen mit seiner stumpfen Spitze stark nach unten gekrümmt; die Aussenzähne derselben sind deutlich kürzer und überhaupt schwächer entwickelt als beim Weibchen, die Vorderschenkel ungezähnt. Beim Weibchen sind letztere besonders gegen die Basis hin stark erweitert und jenseits der Mitte des Vorderrandes mit einem scharfen Zahn bewehrt.

Zwei Exemplare von Endara (December 1862).

146. *Gymnopleurus virens*, Erichs.

Gymnopleurus virens, *Erichson, Archiv f. Naturgesch. IX. 1. p. 231. No. 62.
? *Gymnopleurus laevicollis*, Castelnau, Hist. nat. d. Ins. Coléopt. II. p. 71. No. 11.
Gymnopleurus pumilus, Reiche in: Ferret et Galinier, Voyage en Abyssinie. III. p. 308. No. 3. pl. 18. Fig. 10.
Gymnopleurus gibbosus, Roth, Archiv f. Naturgesch. XVII. 1. p. 123.

Ein Exemplar von der Sansibar-Küste lässt eine etwas feinere, vier von Mombas (Mitte Septembers 1862) stammende eine etwas stärkere Punktirung des Pronotum erkennen als die typischen Exemplare von Angola. Da die ganze Anordnung der Punkte die nämliche ist, im Uebrigen sich weder Form- noch Skulpturunterschiede nachweisen lassen, kann jenen Abweichungen eine specifische Bedeutung nicht beigelegt werden. — Auf ein mir aus Sennaar vorliegendes Exemplar dieser Art passt die aphoristische Beschreibung des ebendaher stammenden *Gymnopl. laevicollis*, Casteln. so vollständig, dass ich an der Identität desselben mit dem Erichson'schen *Gymnopl. virens* kaum zweifeln kann; doch glaube ich die Castelnau'sche Benennung der sicheren Erichson'schen um so weniger vorziehen zu dürfen, als derselben die Skulptur des Halsschildes geradezu widerspricht.

Sisyphus, Latr.

Gen. Crust. et Insect. II. p. 79.

147. *Sisyphus nodifer*, n. sp.

Taf. VII. Fig. 7.

Parvulus, capite prothoraceque subaeneo-micantibus, hoc basin versus canaliculato; elytris catenato-striatis, seriatim ferrugineo-setulosis, trochanteribus posticis appendice brevi, apice dilatato instructis. Long. 5 mill. ♂.

Von der geringen Grösse des *Sisyphus Helwigii*, Fab. (Entom. syst. suppl. p. 35. No. 220—21), welchem die vorstehende Art überhaupt in Körperform und Skulptur der Flügeldecken sehr nahe steht, von welchem sie sich jedoch schon durch den Erzglanz auf Kopf und Prothorax und besonders durch die Form des Anhanges an den hinteren Trochanteren unterscheidet. Die Fühler sind düster rothbraun, die beiden Tasterpaare lichter, mehr rostfarben. Der Kopf ist bei gleichem Umriss beträchtlich dichter und stärker, grob körnig punktirt, die Stirn gegen den Clypeus durch eine tiefe mittlere Quergrube abgesetzt. Der Prothorax, fast ebenso deutlich erzschimmernd wie der Kopf, ist einerseits gleichmässiger, d. h. auch auf der Scheibe ziemlich dicht, andererseits merklich feiner punktirt als bei *Sis. Helwigii*, ganz besonders auf der Mitte, während längs der Basis und der Seitenränder sich gleichfalls grosse Ocellenpunkte zeigen; seine Basis ist stärker gerandet, seine Mittellinie nach hinten tief und ziemlich breit gefurcht. Die Flügeldecken haben dasselbe matt seidig glänzende Ansehen wie bei der genannten Art und auch entsprechend gebildete Kettenstreifen, unterscheiden sich indessen dadurch, dass die in Längsreihen angeordneten Borstchen etwas zahlreicher und kürzer, ausserdem aber nicht schwarz, sondern lebhaft rostgelb gefärbt sind. An den beiden hinteren Beinpaaren sind die an der Spitze knotig verdickten Schenkel deutlich schlanker, die Schienen schmaler und diejenigen des dritten Paares einerseits stärker gebogen, andererseits am Innenrande schärfer sägezähnig. Der — vermuthlich nur beim Männchen vorhandene — Anhang der hintersten Trochanteren ist kurz, stielförmig, mit etwas gewölbtem und nach aussen spitzig verlängertem Endknopfe.

Zwischen Mbarama und Kisuani, Mitte Oktobers 1862 gefunden.

148. *Sisyphus seminulum*, n. sp.

Minutus, niger, aeneo-micans, fere opacus, elytrorum margine pedibusque sanguineis; capite prothoraceque disperse punctatis et pallide setulosis, elytris subtilissime aciculatis, catenato-striatis, interstitiis uniseriatim punctatis. Long. $3\frac{1}{2}$—4 mill. ♀.

Noch beträchtlich kleiner als die vorhergehende Art, von welcher sie sich schon durch die ganz verschiedene Punktirung des Kopfes und Prothorax unterscheidet. Der oberhalb fast matte Körper lässt einen leichten Metallschimmer erkennen, welcher auf Kopf und Prothorax bräunlich bronzefarben, auf den Flügeldecken mehr grün erscheint. Taster und Fühlerschaft an der Spitze rostfarben, Fühlerkeule pechbraun. Clypeus durch einen tiefen mittleren Einschnitt zweizipflig und beiderseits noch einmal leicht ausgebuchtet. Punktirung des Kopfes und Prothorax in übereinstimmender Weise sperrig und verhältnissmässig fein, jeder Punkt eine lange, anliegende gelbe Borste führend; der Prothorax mit scharfem, nicht aufgebogenem Basalrand, längs der Mittellinie bis auf $^2/_3$ der Länge deutlich, an der Basis sogar tief gefurcht. Flügeldecken ausser den gewöhnlichen Kettenstreifen mit einfachen Reihen borstentragender Punkte besetzt, der hinten stark aufgeworfene Nahtrand bis gegen die Mitte hin, ausserdem der Spitzen- und Aussenrand ziemlich licht blutroth. Pygidium gleich der Bauchseite matt schwarz, Brust und Hüften dagegen ziemlich lebhaft metallisch grün. Beine mit Ausnahme der metallisch grün schimmernden Schenkelbasis lichter oder dunkler rothbraun, die Schienenspitzen und Tarsen zuweilen selbst rostroth. Hinterbeine bei allen vorliegenden Individuen unbewehrt, die Trochanteren am Ende schräg abgestutzt.

Von Cooke auf Sansibar gesammelt.

Anachalcos, Hope.

Coleopt. Manual I. p. 50.

Chalconotus, Reiche.

149. *Anachalcos procerus*, n. sp.

Taf. VII. Fig. 3 und 3a.

Oblongus, cupreo-aeneus, subopacus, coleopteris latitudine perspicue longioribus, evidenter striatis, pygidii apice fortiter reflexi superficie ventrali laevi, lucida, tibiis anterioribus apicem versus acute tridentatis, posticis longissimis, arcuatis. Long. 31 mill.

Von *Anachalc. cupreus*, Fab. (Syst. Entom. p. 29. No. 115) und *An. convexus*, Bohem. (Insect. Caffrar. II. p. 196. No. 891) nicht nur durch beträchtlichere

Grösse, sondern auch durch den viel gestreckteren Körper, die eigenthümliche Bildung des Pygidiums und die auffallend verlängerten, Sförmig geschwungenen Hinterschienen abweichend. Für den Kopf ist kein anderer Unterschied hervorzuheben, als dass die beiden seitlich von dem mittleren Einschnitt des Clypeus liegenden zahnförmigen Hervorragungen schwächer entwickelt sind und sich vom Vorderrand wenig absetzen. Am Prothorax fällt sofort eine beträchtlichere Längsentwickelung in die Augen, welche diejenige der beiden genannten Arten um ein Viertheil übertrifft; ferner ist nicht nur der Seitenrand in seiner ganzen Ausdehnung, sondern auch der gerundete Basalrand beiderseits deutlich gesäumt, dieser Saum auch an den Seitenrändern feiner und deutlicher aufgebogen. Die beiden Seitenschwielen sind deutlicher ausgeprägt, die Mittellinie nach vorn schwach kielförmig erhaben, hinten zu einer kurzen Furche eingedrückt. Die Flügeldecken sind merklich länger als zusammen breit, stumpf eiförmig, hinter der Mitte ihrer Länge am breitesten, fein aber deutlich furchenartig gestreift, die Zwischenräume auf matt ciselirtem Grunde mit zahlreichen glatten und glänzenden Körnchen besetzt. Die Vereinigung des dritten mit dem vierten und des fünften mit dem sechsten Streifen ist mit *Anach. cupreus* ganz übereinstimmend, dagegen der hintere Rand der Flügeldecken dicker, aufgewulsteter, auch der Seitenrand mehr schwielig verdickt und weiter nach rückwärts reichend. Die Mittelbrust ist nach vorn feiner gerandet, stark geglättet, fast spiegelblank, der mittlere Eindruck gross und tief, sphärisch dreieckig. Die Hinterleibsringe zu beiden Seiten merklich schwächer punktirt als in der Mitte und daselbst von Längsfalten durchzogen, der sechste Ring in der Mittellinie nicht gekielt. Das auf seiner Rückenseite matte und dicht narbig punktirte Pygidium ist von einem verdickten, glatten und an der Spitze stark schneppenartig aufgebogenen Rande umgeben (Taf. VII. Fig. 3a), wie denn auch seine stark gewölbte Unterseite glatt und sehr glänzend erscheint. Die Beine sind in allen Theilen länger gestreckt als bei *Anach. cupreus*, die Vorderschenkel auf der Grenze zum Trochanter mit einem Büschel aufgerichteter, rostrother Borsten, welche beträchtlich länger als die gleichfarbigen Wimpern des Vorderrandes sind, besetzt, die Vorderschienen mit ihrer Spitze stärker eingekrümmt, schmaler, längs der oberen Hälfte des Aussenrandes ganz ungezähnt, glattrandig; zwischen dem zweiten und dritten scharfen Aussenrandszahn der unteren Hälfte findet sich noch ein kleinerer Kerbzahn. An den Hinterbeinen sind die Schienen fast um ein Drittheil länger als die Schenkel, stark Sförmig geschwungen, sehr schlank, erst dicht vor dem lang zugespitzten Ende erweitert. Die Haarreihen und Wimpern der beiden hinteren Schienenpaare sind brennend rostroth.

Ein einzelnes Exemplar von Moschi (Ende Novembers 1862).

Anmerkung. Da bei der vorstehend beschriebenen Art neben — allerdings sehr auffallenden — Formdifferenzen einzelner Körpertheile doch auch zahlreiche Uebereinstimmungen, wie z. B. in Skulptur und Färbung, mit den beiden bekannten Arten der Gattung vorhanden sind, so drängt sich unwillkürlich die Frage auf, ob die hier als Artmerkmale aufgefassten Eigenthümlichkeiten nicht etwa nur sexueller Natur seien. Es scheint mir dies trotz der wesentlichen Verschiedenheit im Körper-Umriss, welche den beiden Sexus der übrigen Coprophagen-Gattungen sonst vollständig abgeht, durchaus nicht ganz unwahrscheinlich: einerseits deshalb, weil an den bis jetzt bekannt gewordenen *Anachalcos*-Exemplaren in die Augen tretende Geschlechtsdifferenzen überhaupt nicht nachweisbar waren, andrerseits, weil mir aus der Sierra Leona gleichsam eine Parallelform des *Anach. procerus*, nämlich ein in ähnlicher Weise langgestrecktes und mit verlängerten Hinterschienen versehenes Individuum vorliegt, welches, von dem hier beschriebenen durch plastische Merkmale, wie z. B. die Bildung des Pygidium, specifisch verschieden, möglicher Weise das *alter sexus* des *Anach. cupreus*, Fab. sein könnte. — In Betreff des *Anach. cupreus*, Fab., wie er bis jetzt in den

Sammlungen vorlag, ist zu bemerken, dass Olivier denselben (Entomol. I. No. 3. p. 166. No. 190. pl. VII. Fig. 57 b) recht kenntlich beschreibt und abbildet, dass er aber bei seiner Beschreibung irrig Fig. 58 citirt, welche eine *Onitis*-Art darstellt. Wodurch er veranlasst worden ist, die Abbildung des *Anach. cupreus* neben 57a bei seinem *Scarabaeus Sphinx* (*Onitis*) zu citiren, mit welchem die genannte Art nicht die geringste Aehnlichkeit in Form und Färbung hat, ist nicht recht erklärlich. Dass der *Onitis Belial*, Fab. (Entom. syst. suppl. p. 27. No. 6.) von Cayenne nicht, wie Hope (Coleopt. Manual I. p. 60) angiebt, zu *Anachalcos* gehören und am wenigsten mit *Anach. cupreus* identisch sein kann, geht aus der ausführlichen Charakteristik desselben deutlich hervor. Dieselbe deutet mit grosser Wahrscheinlichkeit auf eine wirkliche *Onitis*-Art hin, in welchem Fall allerdings die Vaterlands-Angabe: Cayenne, unrichtig wäre.

Copris, Geoffr.

Insect. d. envir. de Paris I. p. 87.

150. *Copris Neptis*, Reiche.

Copris Neptis, Reiche in: Ferret et Galinier, Voyage en Abyssinie. III. p. 314. No. 2. pl. 19. Fig. 3.

Von der Insel Sansibar liegt aus Cooke's Sammlung eine kleine *Copris*-Art vor, auf deren männliche Individuen die von Reiche gegebene Beschreibung seiner *Copris Neptis* wenigstens so weit passt, dass sie keine entgegenstehenden Angaben enthält. Die etwas kleineren Weibchen unterscheiden sich durch den Mangel des Stirnhornes und die etwas weiter nach vorn reichende Punktirung des Pronotum, welches beim Männchen zwar gleichfalls keine Höcker trägt, längs des Vorderrandes aber wulstig aufgetrieben und glatt erscheint. Für den Fall, dass die hier in Rede stehende Art mit der Reiche'schen identisch ist, kann letztere nicht, wie Guérin (in Lefèbvre, Voyage en Abyssinie. VI. p. 311) angiebt, als weibliche Form zu *Copris orphanus*, Guér. (ebend. p. 310. pl. IV. Fig. 4) gezogen werden. Nach zwei mir vorliegenden Exemplaren aus Abyssinien weicht letztere Art schon durch die Bildung des männlichen Prothorax wesentlich von *Copr. Neptis* ab.

Onitis, Fab.

Entom. syst. suppl. p. 25.

151. *Onitis Inuus*, Oliv.

Scarabaeus Inuus, Olivier, Entom. I. No. 3. p. 138. No. 165. pl. 14. Fig. 135. — Fabricius, Entom. syst. I. p. 22. No. 68.

Onitis Inuus, Fabricius, Entom. syst. suppl. p. 25. No. 1. — Syst. Eleuth. I. p. 26. No. 1. — *Klug, Insekt. v. Mossamb. p. 222.

var. *Elytris ferrugineis.*

Onitis Alexis, Dejean, Catal. d. Coléopt. 2. éd. p. 143. — *Klug in Erman's Reise. p. 30. No. 60. — Insekt. v. Mossamb. p. 222. — Boheman, Insect. Caffrar. II. p. 256. No. 344.

Von dieser über den grössten Theil Afrika's verbreiteten und — nach einem Exemplar der hiesigen Entomologischen Sammlung — auch noch bei Konstantinopel vorkommenden Art wurden mehrere Individuen von Cooke auf Sansibar aufgefunden. Dieselben gehören theils der Stammform mit grünmetallischen, theils der Var. *Alexis*, Dej., mit gelbbraunen Flügeldecken an.

Onthophagus, Latr.

Hist. nat. d. Crust. et d. Insect. III. p. 141.

152. *Onthophagus lanista*, Casteln.

Onthophagus lanista, Castelnau, Hist. nat. d. Ins. Coléopt. II. p. 84. No. 3. — v. Harold, Coleopt. Hefte, II. p. 40. No. 4.
Onthophagus [illegible], Dejean, Catal. d. Coléopt. 3. éd. p. 160. — Boheman, Insect. Caffrar. II. p. 266. No. 952.

Ein einzelnes Weibchen dieser besonders am Kap und im Kafferlande einheimischen Art wurde am See Jipe (Mitte Decembers 1862) aufgefunden.

153. *Onthophagus loricatus*, Klug.

(1855) *Onthophagus loricatus*, *Klug, Monatsber. d. Akad. d. Wissensch. zu Berlin. 1855. p. 653. — Insekt. v. Mossamb. p. 231. — v. Harold, Coleopt. Hefte, II. p. 39. No. 2.
(1857) *Onthophagus collaris*, Boheman, Insect. Caffrar. II. p. 268. No. 953.

Gleichfalls nur ein einzelnes und zwar schwach entwickeltes Exemplar von nur 9 mill. Länge am See Jipe aufgefunden. Die Art ist ausserdem von Mossambik und aus dem Kafferlande bekannt.

154. *Onthophagus catta*, Fab.

(1787) *Scarabaeus catta*, Fabricius, Mantiss. Insect. I. p. 12. No. 115. (♀) — (1789) Olivier, Entom. I. No. 3. p. 125. No. 147. pl. 23. Fig. 201 (♀).
(1792) *Scarabaeus gazella*, *Fabricius, Entom. syst. I. p. 56. No. 183 (♂).
(1801) *Copris gazella*, Fabricius, Syst. Eleuth. I. p. 47. No. 76 (♂).
(1798) *Copris metallicus*, Fabricius, Entom. syst. suppl. p. 28. No. 142—43 (♀)
(1789)? *Scarabaeus Dorcas*, Olivier, Entom. I. No. 3. p. 131. No. 141. pl. 4. Fig. 29.
Onthophagus gazella, *Klug, Insekt. v. Mossamb. p. 232. — Boheman, Insect. Caffrar. II. p. 275. No. 960 (♂ ♀).

Sowohl von Mombas (Kersten) wie von der Insel Sansibar (Cooke) in beiden Geschlechtern vorliegend. Die Art ist über ganz Afrika und einen grossen Theil Asiens (von Arabien bis nach Bengalen und Ceylon hin) verbreitet. — Der auf das Weibchen begründete Name *Onthoph. catta* verdient als der ältere den Vorzug vor *Onthoph. gazella*.

155. *Onthophagus pinguis*, n. sp.

Obscure viridi-aeneus, parum nitidus, clypeo transverse rugoso nec non verticis cornu erecto subviolaceis: prothorace confertim granoso-punctato, ante apicem bicalloso, elytris punctulato-striatis, interstitiis internis parcius, externis confertim granulosis, perspicue pubescentibus. Long. 12—13½ mill. ♂.

In unmittelbarer Verwandtschaft mit *Onthoph. mus*, Bohem. (Insect. Caffrar. II. p. 271. No. 955) stehend, mit welchem er in der Bildung der Augen, der Plastik des Kopfes und Prothorax, so wie in der Skulptur der Oberfläche wesentlich übereinstimmt, von dem er sich aber durch ansehnlichere Grösse, schwärzlich grüne Färbung, kürzeres und nicht nach vorn geneigtes Scheitelhorn des Männchens, feinere und dichtere Punktirung des Prothorax u. s. w. unterscheidet. Taster und Fühler sind braunroth, an letzteren die Keule rostgelb. Der trapezoidale Kopf ist an der Spitze schwächer abgestutzt und diese Abstutzung weniger stark aufgebogen, der vorn schwärzlich violett gefärbte Clypeus gleich den Backen dicht und scharf querrunzlig, auch der vordere Theil der Stirn noch deutlich runzlig punktirt. Das ganz kurze, stumpf zapfenförmige Scheitelhorn des Männchens fein punktirt, kupfrig violett, glänzend. Der seitlich etwas stärker gerundete Prothorax ist ganz ähnlich wie bei *Onth. naso* nicht weit hinter dem Vorderrand mit zwei schwielenartigen, glänzenden Querleisten versehen, welche den zwar weitläufiger, aber dennoch tief punktirten vorderen Absturz gegen die Scheibe hin abgrenzen; letztere erscheint gleich den Seiten und der Basis gleichmässig und dicht gedrängt körnig punktirt und dadurch fast matt. Als charakteristisch für die Flügeldecken ist hervorzuheben, dass die Punkte der Zwischenräume nicht, wie bei *Onth. naso*, eingestochen, sondern deutlich körnig erhaben sind, sowie dass sie auf den vier der Naht zunächst liegenden sparsamer und feiner, auf den äusseren dagegen allmählich stärker und gedrängter auftreten. Das den letzteren ähnlich punktirte Pygidium lässt gleich den Flügeldecken-Seiten eine kurze, gelbbraune Behaarung erkennen. Mittelbrust und Schenkel sind bei gleicher Färbung wie die Oberseite merklich glänzender, dabei aber sehr viel dichter und stärker punktirt als bei *Onth. naso*. Die pechbraun durchscheinenden Vorderschienen sind oberhalb der vier grossen, mit Ausnahme des ersten breit und stumpf-dreieckigen Zähne am Aussenrande noch mit fünf kleinen Kerbzähnen versehen.

Auf Sansibar einheimisch; nur im männlichen Geschlecht vorliegend.

156. *Onthophagus pugionatus*, Boh.

Onthophagus pugionatus, Bohemann, Insect. Caffrar. II. p. 286. No. 969.

In einem einzelnen männlichen Exemplar auf der Insel Sansibar gefunden.

157. *Onthophagus exasperatus*, n. sp.

Ovatus, fusco-aeneus, subnitidus, setulosus, clypeo subtruncato, vertice cornu erecto, triangulari instructo, prothorace aequaliter scabroso-punctato, ante apicem leviter bituberculato, elytris crenulato-striatis, interstitiis dispersè granoso-punctatis. Long. 5 mill. ♂.

Mit dem Ostindischen *Onthoph. Mopsus* (*Scarabaeus Mopsus*, Fabricius, Entom. syst. I. p. 58. No. 189) nahe verwandt, aber nur halb so gross, beträchtlich grober punktirt und durch dunkel erzfarbene Flügeldecken unterschieden. Kopf des Männchens ganz ähnlich gebildet, der Clypeus jedoch in der Mitte deutlicher abgestutzt, beiderseits stärker gerunzelt, die gebogene Stirnleiste niedriger und stumpfer, die Stirn selbst nicht ausgehöhlt, das aufrechte Scheitelhorn höher, gleichschenklig dreieckig, stumpf zugespitzt, rothbraun. Prothorax von gleichem Umriss und ganz analoger Wölbung, dunkler erzfarben mit leichtem grünlichem und kupfrigem Schimmer, die Punktirung der Oberfläche sehr viel grober, stark aufgestochen, der Absturz vor den beiden kleinen Mittelhöckern kürzer, nicht ausgehöhlt, zerstreut und fein punktirt. Flügeldecken gleichfalls dunkel grünlich erzfarben, nur am Seiten- und Spitzenrand röthlich pechbraun durchscheinend; die Längsfurchen wenigstens gegen die Naht hin deutlich doppelstreifig, leicht kettenartig punktirt, die aufgestochenen Punkte beträchtlich feiner als auf dem Prothorax, im ersten, zweiten und vierten Zwischenraum nur zu zwei, auf dem deutlich breiteren dritten und fünften zu drei unregelmässigen Längsreihen angeordnet. Das stumpf herzförmige Pygidium, die Brust und die Schenkel intensiver grünlich erzfarben als die Flügeldecken, sämmtlich sehr grob, fast grubig punktirt. Innenseite der Schenkel so wie die Schienen und Tarsen rothbraun. Die gelbe Beborstung der Unterseite und der Beine beträchtlich grober und länger als diejenige des Rückens.

Ein einzelnes Männchen von den Bura-Bergen (Mitte Decembers 1862).

158. *Onthophagus laceratus*, n. sp.

Taf. VII. Fig. 9.

Clypeo amplo, bicuspidato, niger, parum nitidus, parce flavo-setulosus, antennis, palpis femoribusque posterioribus rufis, pronoti macula laterali postica elytrisque aurantiacis, horum plaga magna discoidali, multifariam excisa atra. Long. 7—9 mill. ♂♀.

♂ *Clypeo acute bidentato, prothorace latiore, convexiore.*

♀ *Clypeo sinuato, prothorace angustiore, subdepresso.*

Von ganz ähnlicher Färbung und Zeichnung der Flügeldecken wie *Onthoph. bituberculatus* (*Scarab. bituberculatus et discoideus*, Olivier, Entom. I. No. 3. p. 131. No. 156. u. p. 171. No. 212. pl. 22. Fig. 196 und 197) und demselben auch durch die übereinstimmende Kopfbildung nahe verwandt, übrigens durch den beiderseits hell gefleckten Prothorax und die abweichende Skulptur dieses sowohl wie der Flügeldecken leicht zu unterscheiden. — Taster und Fühler rostroth, letztere mit lichtgelber Keule. Kopf beim Männchen nicht viel kürzer als breit, mit schwach ausgeprägter Stirnleiste und scharf zweizähnigem, deutlich aufgebogenem Vorderrand des Clypeus; im Bereich der Stirn und der Mitte des Clypeus nur fein und zerstreut, zu beiden Seiten des letzteren stark, fast schuppenartig punktirt, glänzend schwarz, pechbraun durchscheinend: beim Weibchen etwas kürzer, mit nur leicht ausgebuchtetem und gleichmässig grob gekörntem Clypeus. Prothorax nur matt, speckartig glänzend, ausser mit zahlreichen feinen noch mit weitläufigeren stärkeren, etwas aufgeworfenen und je ein gelbes Borstchen tragenden Punkten besetzt, nahe der Basis mit abgekürzter, seichter Mittelfurche; schwarz mit kaum bemerkbarem Erzschimmer und einem rothgelben, die Hinterwinkel einnehmenden Seitenflecke: beim Männchen merklich breiter und auf der Scheibe stärker gewölbt als beim Weibchen, daher gegen den Vorderrand hin stärker abfallend. Flügeldecken kaum um die Hälfte länger als der Prothorax, seitlich schon vom zweiten Dritttheil ab nach hinten allmählich verengt, etwas niedergedrückt, mit furchenartig vertieften, kettenartigen Punktstreifen versehen, deren leicht gewölbte Zwischenräume durch äusserst dichte und feine Ciselirung fast matt, mit zwei regelmässigen Längsreihen aufgestochener, borstentragender Punkte besetzt sind; im ganzen Umkreis von lebhaft orangegelber Färbung, zwei Punkte und ein Längswisch am Seitenrand, ein Fleck vor dem Spitzenrand, die Naht bis zur Spitze und eine sich an diese anschliessende grosse, bis an die Basis heranreichende, beiderseits und hinten stark ausgezackte Scheibenmakel tief schwarz. Pygidium rostgelb, etwas seidig glänzend, ziemlich dicht aber seicht punktirt; Brust und Bauch glänzend schwarz, erstere erzglänzend und besonders zu beiden Seiten sehr grob punktirt. An Mittel- und Hinterbeinen die Schenkel fast ganz, die Schienen an der Spitze, ebenso alle Tarsen rostroth.

Auf der Insel Sansibar von Cooke in Mehrzahl gesammelt.

159. *Onthophagus binumbus*, Klug.

Onthophagus binumbus, *Klug, Insekt. v. Madagascar. p. 75. No. 93.

Nach einem von Cooke aufgefundenen männlichen Exemplar hat die Insel Sansibar die vorstehende Art mit Madagaskar gemein.

160. *Onthophagus vinctus*, Erichs.

Onthophagus vinctus, *Erichson, Archiv f. Naturgesch. IX. 1. p. 234. No. 68. — Boheman, Insect. Caffrar. II. p. 294. No. 962.

Gleichfalls von Cooke auf Sansibar gefunden. Die bis jetzt aus Angola und dem Kafferlande bekannt gewordene Art wird unzweifelhaft weiter über den Afrikanischen Continent verbreitet sein.

161. *Onthophagus picticollis*, n. sp.

Taf. VII. Fig. 8.

Frontis excavatae margine antico elevato, cum carina clypei angulari transversa connexo: oblongo-ovatus, glaber, nitidus, capite prothoraceque piceis, aeneo-micantibus, hujus disco et lateribus flavo-maculatis, elytris prothorace subtilius punctatis, testaceis, fusco-pictis. Long. 7 mill.

Diese ausgezeichnete Art bildet in Gemeinschaft mit dem ihr sehr nahe stehenden *Onthoph. apicalis*, Bohem. (Insect. Caffrar. II. p. 297. No. 981) eine eigene, durch die Kopfbildung sehr scharf charakterisirte Gruppe, welcher schon der länglich eiförmige, fast gleich breite Körper ein eigenthümliches Ansehn verleiht. Bei beiden Arten ist der Kopf in übereinstimmender Weise auffallend kurz, die Stirn gegen den Clypeus hin scharf und hoch gerandet, dieser Rand sich auf die Backen fortsetzend, um vor den Augen eine erhabene Leiste zu bilden; der Clypeus kurz, mit quer abgestutztem und aufgebogenem Vorderrand, ausserdem gerade über die Mitte hin von einem scharfen, winkligen Querkiel durchzogen, welcher mit der Stirnleiste durch einen mittleren Längskiel verbunden wird. — Bei der gegenwärtigen Art, welche sich von dem *Onth. apicalis* durch Skulptur und Färbung hinlänglich unterscheidet, ist die Stirn tiefer ausgehöhlt und dadurch höher und schärfer gerandet, der Clypeus weniger verkürzt und am Vorderrand stärker abgestutzt, auch daselbst breiter aufgebogen. Taster und Fühler licht rostroth, letztere mit gelber Keule. Kopf lebhafter metallisch glänzend als bei *Onth. apicalis*, die Stirn weitläufiger und tiefer punktirt; Prothorax von gleichem Umriss, aber schwächer gewölbt, gröber und weniger gedrängt punktirt, in der Mitte des Vorderrandes sogar auf eine kleine Strecke hin glatt: auf röthlich pechbraunem, deutlich metallisch glänzendem Grunde sechs röthlich gelbe Flecke, von denen zwei kleinere jederseits am Aussenrande hintereinander, die beiden langgestreckten grossen jederseits von der Scheibe leicht halbmondförmig gekrümmt sind und die Basis zwar nicht berühren, aber doch nahe an dieselbe heranreichen. Flügeldecken etwas abgeplattet, furchenartig punktirt gestreift, die Zwischenräume grob, aber ziemlich gleichmässig und weitläufig punktirt; auf licht scherbengelbem, etwas metallisch schimmerndem Grunde eine Nahtbinde, welche sich vor der Mitte erweitert und jederseits mit einem länglich viereckigen Fleck des dritten Zwischenraumes verbindet, eine hinterwärts gegabelte Längsbinde des fünften Zwischenraums und ein länglicher Subhumeralfleck des siebenten, welcher nach vorn und aussen noch einen gekrümmten Ausläufer abschickt, pechbraun mit kupfrig violettem Glanz. Das dicht narbig punktirte Pygidium, die Bauchfläche des Hinterleibs, die innere und hintere Säumung der mittleren Hüftpfannen so wie die Mittel- und Hinterschenkel gleichfalls licht gelb, die übrige Unterseite röthlich braun mit grünlichem Erzglanz, die äusserste Basis der Hinterleibsringe pechbraun. Tarsen licht rostroth, mit Kupferschimmer.

Ein einzelnes Exemplar von Uru (Mitte Novembers 1862).

162. *Onthophagus aterrimus*, n. sp.

Taf. VII. Fig. 10.

Niger, glaber, nitidus, prothorace disperse punctato, elytris vix breviore, his subtilissime aciculatis, catenato-striatis, in interstitiis parce punctulatis. Long. $8\frac{1}{2}$ mill. ♂ ♀.

♂ *Clypeo breviusculo, subtruncato, frontis excavatae carina arcuata, acuta, prothorace gibboso, apicem versus utrinque retuso et tuberculato.*

♀ *Clypeo longiore, transversim rugulato, frontis carina transversa obtusiuscula, prothorace simplici, fortius punctato.*

Männchen. Mit ähnlicher Prothoraxbildung wie *Onthoph. Hybneri*, Fab. und *carbonarius*, *Klug (Insekt. v. Mossamb. p. 233), aber bei der sparsameren Punktirung der Oberfläche beträchtlich glänzender als beide und in dieser Beziehung dem *Onthoph. interstitialis*, *Bohem. (Insect. Caffrar. II. p. 282. No. 965) näher stehend. — Taster und Fühler rothbraun, letztere mit rostgelber Keule. Clypeus nicht länger als die durch eine hohe und scharfe Kante abgegrenzte und deutlich ausgehöhlte Stirn, mit schmal aufgebogenem, in der Mitte abgestutztem Vorderrand, gleich den Backen dicht und grob, die Stirn dagegen feiner und sperriger punktirt. Die Wimpern an den Kopfseiten, so wie die längeren der Halsschildränder rostroth. Prothorax seitlich nur leicht gerundet, kaum über die Breite der Flügeldecken heraustretend, in der Mitte bucklig gewölbt und gegen den Vorderrand hin abfallend, beiderseits von den Vorderecken her breit und stark eingedrückt und dieser Eindruck gegen die Scheibe hin durch einen aufgewulsteten Höcker abgegrenzt; an den Vorderecken ziemlich dicht, sonst sperrig und durchweg eher fein als grob punktirt, stärker glänzend als die Flügeldecken. Diese kaum merklich länger als der Prothorax, vom zweiten Dritttheil der Länge an allmählich verschmälert, etwas niedergedrückt, kettenartig punktirt gestreift, die Zwischenräume flach, sehr fein und dicht ciselirt, überdies in drei bis vier unregelmässigen Längsreihen zerstreut punktirt, die Punkte auf der Scheibe ziemlich fein und seicht, am Seitenrand beträchtlich gröber und tiefer. Pygidium fast matt, dichter punktirt. Unterseite glänzend, die Mitte der Brust feiner und dichter als die Seiten punktirt. Hinterleib beiderseits gelbborstig. Beine von Körperfarbe, mit röthlich pechbraunen Schienspornen und Tarsen.

Beim Weibchen ist der Clypeus merklich länger als die Stirn, mit breiter aufgebogenem Rande und durchweg querrunzliger Oberfläche; die Stirn nur schwach vertieft, dichter punktirt und nach vorn durch eine beträchtlich niedrigere und stumpfere Querleiste abgegrenzt. Der gleichmässig und flach gewölbte Prothorax ist etwas stärker und nahe den Vorderecken auch weniger dicht punktirt.

Zwischen dem See Jipe und den Bura-Bergen (Anfang Decembers 1862) gefunden.

163. *Onthophagus tumidulus*, n. sp.

Nigro-piceus, aeneo-micans, glaber, nitidus, clypeo rotundato, capite prothoraceque inermibus, hoc disperse punctato, elytris subsulcatis, sulcis subtilius, interstitiis fortius et parce punctatis. Long. 6½—9½ mill. ♂ ♀.

♂ *Clypeo breviusculo, subrugose punctato, frontis excavatae carina arcuata, acuta, prothorace apicem versus leviter gibboso et subtilius punctato.*

♀ *Clypeo longiore, confertim transversim rugoso, frontis densius punctatae carina transversa, obtusiore, prothorace aequaliter convexo.*

Der vorhergehenden Art sehr nahe verwandt, aber u. A. durch die einfachere Prothoraxbildung des Männchens abweichend. Der Körper bei gleicher Breite etwas länglicher, gestreckt oval, glänzend pechbraun, besonders auf Kopf, Vorderrücken und Unterseite mit deutlichem Metallglanz. Taster und Fühler licht rostroth, letztere mit gelber Keule. Der Clypeus des Männchens ist halbkreisförmig gerundet, deutlich kürzer als die Stirn, mit schmal aufgebogenem Rande und besonders an den Seiten leicht runzlig punktirter Oberfläche; die durch eine scharfe, bogenförmige Leiste abgegrenzte Stirn ist tief ausgehöhlt und erscheint bei ihrer feinen Punktirung stark glänzend. Der Prothorax kommt den Flügeldecken an Länge durchaus gleich und übertrifft die Breite derselben durch seine seitliche Rundung nur um ein Weniges; seine Wölbung wäre an und für sich noch keine besonders starke zu nennen, doch erweist er sich im Vergleich mit demjenigen des Weibchens nach vorn etwas kissenartig aufgetrieben und in der Mitte gegen den Kopf hin ziemlich steil abfallend, während er zu beiden Seiten schwach eingedrückt erscheint. Seine Punktirung ist durchgehends, selbst gegen die Vorderecken hin, sperrig und verhältnissmässig fein, auf dem vorderen Theil der Scheibe sogar fast verschwindend. Von den Punktstreifen der Flügeldecken sind die inneren nur schwach, die drei äusseren dagegen sehr deutlich furchenartig vertieft, die Zwischenräume äusserst fein, kaum wahrnehmbar ciselirt und mit groben, unregelmässig vertheilten Punkten ziemlich weitläufig besetzt; nur die dem Spitzen- und Seitenrande zunächst liegenden Punkte sind mit je einem kurzen, gelblichen Borstchen versehen. Das Pygidium ist gleich dem Endsaume der Flügeldecken meistens rostroth gefärbt, matt, sparsam und fein punktirt, gleich dem übrigen Hinterleib lang gelbborstig. Sternum längs der Mitte fast glatt, am Innenrand der Mittelhüften gleich den Brustseiten grob punktirt. Beine von Körperfarbe, mit lichteren, fast rostrothen Schenkeln.

Beim Weibchen ist der Clypeus um die Hälfte länger als die Stirn und durchweg dicht querrunzlig, matt; auch die nur schwach vertiefte Stirn, welche durch eine stumpfere Querleiste abgegrenzt wird, bei ihrer sehr viel stärkeren Punktirung wenig glänzend. Der Prothorax seitlich schwächer gerundet, flacher und gleichmässig gewölbt, durchgehends stärker und auch auf dem vorderen Theil der Scheibe durchaus deutlich punktirt.

In einigen Exemplaren am See Jipe (Mitte Decembers 1862) aufgefunden.

164. *Onthophagus ovulum*, n. sp.

Ovatus, nitidus, supra glaber, capite prothoraceque cupreo-micantibus, disperse et sat fortiter punctatis, illius vertice excavato carinaque transversa terminato: elytris nigro-aeneis, subsulcatis, in sulcis geminato-striatis et punctatim impressis, interstitiis fortiter biseriatim punctatis. Long. 3⅓ mill.

Der Clypeus dieser kleinen, im Umriss eiförmigen und wenig gewölbten Art ist in der Mitte des Vorderrandes leicht abgestutzt, von der Stirn nur sehr undeutlich durch einen verwischten Eindruck abgesetzt, diese gegen den ausgehöhlten Scheitel hin durch eine scharfe Querleiste, welche seitlich die Augen nicht erreicht und in der Mitte etwas niedriger erscheint, getrennt. Die Punktirung auf Scheitel und Stirn sparsam, auf dem Clypeus dichter. Prothorax gleichmässig gewölbt, nicht ganz so breit wie die Flügeldecken, seitlich leicht gerundet, nach vorn kaum verschmälert, nur durch die tief herabgezogenen Vorderecken bei der Ansicht von oben so erscheinend; gleich dem Kopf kupferglänzend, fast gleichmässig und zerstreut, nach beiden Seiten hin aber beträchtlich grober punktirt als auf der Scheibe. Flügeldecken von den Schultern ab nur sehr wenig verbreitert, dunkel erzfarben mit wenig bemerkbarem Kupferschimmer, schwach längsfurchig, in den Furchen mit fein eingegrabenem Doppelstrich und getrennten punktförmigen Eindrücken; der Nahtstreif mit einer, die übrigen Zwischenräume mit zwei unregelmässigen Längsreihen ziemlich grober Punkte besetzt. Pygidium dicht gedrängt punktirt, erzfarben. Unterseite schwärzlich, Hinterleibsringe reihenweise beborstet und punktirt. Schenkel metallisch glänzend, die Schienen an Basis und Spitze so wie die Tarsen röthlich pechbraun.

Ein einzelnes Exemplar vom See Jipe (Ende Oktobers 1862).

165. *Onthophagus sculptilis*, n. sp.

Ovalus, aeneus, setulosus, nitidus, capite prothoraceque subcupreis, illius vertice bicorni, hoc rude punctato, antice apicem unituberculato, elytris punctatissimis, suturam versus costatis, costis laevigatis. Long. 5½ mill. ♂.

Mit *Onthoph. brevicornis*, *Klug (Insekt. v. Mossamb. p. 236. Taf. XIV. Fig. 8), und — nach der Beschreibung zu urtheilen — vermuthlich auch mit *Onth. chalconotus*, Bohem. (Insect. Caffrar. II. p. 310. No. 995), in naher Verwandtschaft stehend, von ersteren jedoch schon durch die sehr viel grobere Skulptur der Körperoberfläche, von beiden durch die deutliche Stirnleiste des Männchens und den vorn gehöckerten Prothorax abweichend. — Taster und Fühler licht rostfarben, letztere mit pechbraunem Schaft. Clypeus fast von Stirnlänge, dicht querrunzlig punktirt, mit deutlich aufgebogenem, in der Mitte erweitertem und daselbst tief zweilappig ausgeschnittenem Rande. Die durch eine scharfe Querleiste abgegrenzte Stirn zwar grober, aber weniger gedrängt punktirt, der Scheitel mit zwei kurzen, durch einen halbkreisförmigen Ausschnitt getrennten Hörnchen bewehrt. Prothorax sehr grob und fast gleichmässig dicht gedrängt punktirt, die Punkte mit langen, niederliegenden gelben Borstenhaaren besetzt, durch welche der an und für sich recht lebhafte Kupferglanz etwas gedämpft wird; die Oberfläche ziemlich stark kissenartig gewölbt, oberhalb der glatten Seitenschwiele grubig vertieft, in der Mitte des Vorderrandes dagegen zu einem kleinen kegelförmigen Höcker aufgetrieben. Die Flügeldecken weniger grob, aber im Bereich der Aussenhälfte ebenso gedrängt wie der Prothorax punktirt, auf der Nahthälfte indessen deutliche glatte und leicht rippenartig hervortretende Längsstreifen freilassend, gegen welche die regulären, hier schwach furchenartig vertieften Punktstreifen sehr verschwinden; die Borstenhaare merklich kürzer als auf dem Prothorax, die metallische Färbung mehr grünlich, auf den Längsrippen jedoch gleichfalls kupfrig. Pygidium grob und dicht gedrängt runzlig punktirt, lang und fast zottig behaart. Brustbein vorn stumpf gekielt, tief und nach hinten sperrig punktirt, stark metallisch glänzend. Die Beborstung an den Brust- und Hinterleibsseiten sehr dicht, blassgelb, an den Hüften und Schenkeln der Vorderbeine besonders lang und rostfarben.

Zwischen Mbaramu und Kisuani (Mitte Oktobers 1862) in einem einzelnen männlichen Exemplare aufgefunden.

166. *Onthophagus morosus*, n. sp.

Nigro-aeneus, opacus, confertim punctatus, breviter setulosus, clypeo subtruncato, fronte bicarinata, vertice bituberculato, prothorace apicem versus binodoso, utrinque leviter retuso, elytris catenato-striatis, interstitiis parce granoso-punctatis. Long. 6½ mill. ♂.

In Form, Skulptur und Färbung dem *Onthoph.* (*Caccobius*) *ovatus*, Fab. nicht unähnlich, aber den kräftigsten Individuen desselben an Grösse und Robustheit noch etwas überlegen und schon durch die Plastik des Kopfes wesentlich abweichend. — Taster und Fühler licht rostfarben. Clypeus beträchtlich kürzer als die Stirn, mit abgestutztem und in der Mitte leicht ausgebuchtetem Vorderrande, abgeflacht, dicht und grob, beiderseits selbst etwas runzlig punktirt, gegen die Backen hin nicht durch einen Kiel abgesetzt. Stirn mit zwei parallel laufenden, bogigen, seitlich das Auge zwischen sich einschliessenden Querleisten, gleich dem Scheitel fast ebenso dicht wie der Clypeus punktirt. Scheitel mit zwei kurzen, zusammengedrückten und so dicht bei einander stehenden Höckern bewehrt, dass sie fast eine in der Mitte ausgebuchtete Querleiste zu bilden scheinen. Prothorax von Flügeldeckenlänge, seitlich nicht erweitert und nur leicht gerundet, mit Ausnahme des Vorderrandes überall dicht gedrängt, seitlich sogar leicht runzlig punktirt, in der Mitte oberhalb des Vorderrandes zu zwei stumpfen, dicht bei einander stehenden, schwielenartigen Höckern aufgetrieben und auf diesen sowohl wie in zwei sich nach aussen ihnen anschliessenden Eindrücken beträchtlich feiner und weitläufiger als im Uebrigen punktirt. Die Mehrzahl der Punkte auf dem Prothorax mit einem sehr kurzen, staubartigen, diejenigen der Flügeldecken mit einem etwas längeren gelben Börstchen besetzt. Die feinen Doppelstreifen der letzteren durchweg seicht, kettenartig punktirt, die Zwischenräume flach, durch sehr feine Ciselirung matt, die aufgestochenen, körnchenartigen Punkte in unregelmässigen Doppelreihen stehend, ziemlich fein. Pygidium matt, seicht und sparsam punktirt und beborstet. Mitte der Brust und Beine röthlich pechbraun, die Punktirung der ersteren seicht und ziemlich lose.

Zwischen dem See Jipe und Moschi aufgefunden; gleichfalls nur in einem Exemplare vorliegend.

167. *Onthophagus lamelliger*, n. sp.

Ovatus, niger, subaeneo-micans, fere opacus, setulosus, clypeo breviusculo, vertice lamina erecta subquadrata, apice bifida instructa, prothorace fortiter punctato, antice profunde excavato, supra angulatim producto, elytrorum macula humerali marginque apicali rufo-ferrugineis, interstitiis biseriatim punctatis. Long. 5½ mill. ♂.

Dem *Onthoph. maculatus*, *Klug (Insekt. v. Mossamb. p. 236) in Grösse, Umriss, Skulptur und Färbung äusserst ähnlich und im Grunde nur mit plastischen Unterschieden am Kopf und Prothorax versehen, welche jedoch bei ihrer Prägnanz bis auf den Nachweis von Uebergangsformen als specifische angesprochen werden müssen. Bei gleicher Form und Punktirung des Clypeus weicht zunächst die gebogene Stirnleiste von *Onth. lamelliger* darin ab, dass sie scharfkantiger und niedriger als bei *Onth. mactatus* ist; sodann erhebt sich in ziemlich kurzem Abstand hinter derselben eine senkrechte, quer quadratische, an ihrem oberen scharfen Rande bogig ausgeschnittene und daher zweizipflige Platte, welche indessen bei weitem nicht so breit ist wie die ihr entsprechende einfache Scheitelleiste des *Onth. mactatus.* In dem Umriss und der Punktirung des Prothorax sind wesentliche Unterschiede zwischen beiden Arten nicht wahrzunehmen; die dichtere gelbe Beborstung bei *Onth. lamelliger* ist möglicher Weise nur durch die bessere Conservation des Individuums bedingt. Dagegen ist nicht nur der senkrechte Absturz von der Scheibe gegen den Vorderrand hin bei der gegenwärtigen Art ein sehr viel höherer, sondern auch die vordere Aushöhlung eine beträchtlich tiefere und umfangreichere; dieselbe ist in gleicher Höhe mit der Scheitelplatte oberhalb scharf gerandet, dieser Rand in der Mitte schneppenartig nach vorn heraustretend, die Aushöhlung selbst unpunktirt, grünlich metallisch glänzend. An den Flügeldecken und sonstigen Körpertheilen sind Unterschiede nicht nachweisbar.

Das einzelne vorliegende Männchen stammt von Arnscha (Anfang Novembers 1862).

Oniticellus, Lepel., Serv.

Encycl. méthod. X. p. 356.

168. *Oniticellus nasicornis*, Reiche.

Oniticellus nasicornis, Reiche in: Ferret et Galinier, Voyage en Abyssinie. III. p. 339. No. 3. pl. 20. Fig. 7. — *King, Insekt. v. Mossamb. p. 225.
Oniticellus intermedius, Reiche, a. a. O. p. 337. No. 1. pl. 20. Fig. 6.
Oniticellus pallens, Castelnau, Hist. nat. d. Ins. Coléopt. II. p. 91. No. 7. (excl. synon.). — Boheman, Insect. Caffrar. II. p. 319. No. 1004. (excl. synon.).

Von dieser über Afrika weit verbreiteten Art liegen zwei auf Sansibar (Cooke) gesammelte Exemplare vor.

169. *Oniticellus planatus*, Casteln.

Oniticellus planatus, *Illiger in Mus. Berol. — Castelnau, Hist. nat. d. Ins. Coléopt. II. p. 91. No. 3. — *Klug, Insekt. v. Mossamb. p. 225. — Boheman, Insect. Caffrar. II. p. 318. No. 1002.

Unversehrte Exemplare dieser eigenthümlichen Art zeichnen sich durch eine Reihe weisser Borstenhaare am Endsaum der Flügeldecken aus. Dieselbe wurde in Mehrzahl zwischen dem See Jipe und den Bura-Bergen Anfang Decembers 1862 erbeutet und ist längs der Ostküste Afrika's bis zum Kap hin verbreitet.

170. *Oniticellus humilis*, n. sp.

Oblongus, depressus, sordide testaceus, supra fuscus, opacus, ferrugineo-varius, setulosus, capite prothoraceque confertim cicatricoso-punctatis, illius clypeo simplice, aeneo-micante, hoc basin versus sulcato: elytris subtilissime aciculatis, rufo-limbatis, apice setulis bacilliformibus obsitis. Long. 5⅓ – 6⅓ mill.

Mit *Onitic. spinipes*, Roth (Archiv f. Naturgesch. XVII. 1. p. 128. No. 77) und *Onitic. caricopalus*, Bohem. (Insect. Caffrar. II. p. 320. No. 1005) durch den flachgedrückten Körper, die eigenthümliche Skulptur des Prothorax und den der

Querleisten ganz entbehrenden Kopf nahe verwandt. Taster und Fühler licht rostroth, letztere mit gelber Keule. Kopf pechbraun, im Bereich des Clypeus grünlich metallschimmernd, beiderseits vor den Augen mit einem scharf abgegrenzten rothgelben Wangenfleck. Der von der Stirn durch keine Leiste abgeschiedene Clypeus schmal aufgebogen gerandet, in der Mitte leicht ausgebuchtet, beträchtlich feiner und weitläufiger als die Stirn punktirt, eine mittlere Schwiele sogar fast glatt. Der beiderseits lang gewimperte Prothorax lässt den grünen Metallglanz nur noch am Vordersaum und auf den beiden glatten Seitenschwielen erkennen, ist im Uebrigen fast matt, pechbraun mit rostrothen Rändern und drei Paar aufeinander folgenden Scheibenflecken; die Punktirung ziemlich grob und dicht, aufgestochen und daher von narbigem Ansehn, jeder Punkt ein niederliegendes hellgelbes Borstenhaar führend; die mittlere Längsfurche an der Basis ziemlich tief, aber schon bei der Mitte der Länge endigend. Schildchen länglich dreieckig, metallisch grün. Flügeldecken matt schwarz mit rostrothem Naht- und Endsaum und lichter rothgelber Fleckung der äussersten Basis und des Seitenrandes; die flachen Längsfurchen beiderseits scharf contourirt, die Zwischenräume sehr fein nadelrissig und mit borstentragenden Punkten bedeckt. Die Spitze der Flügeldecken mit längeren, der scharfe Seitenrand des Hinterleibes mit kürzeren, dicken, stabförmigen weissen Borsten besetzt. Pygidium gleich dem übrigen Hinterleib matt ledergelb, schwarzscheckig, dicht beborstet. Brust gleich den Mittel- und Hinterschenkeln licht scherbengelb, metallglänzend, stark punktirt, erstere mit grünen Flecken geziert. Vorderbeine so wie Mittel- und Hinterhüften metallisch grün, ebenso an Mittel- und Hinterbeinen die Innenseite, die Spitze und die langen Endsporen der Schienen, endlich auch die drei ersten Tarsenglieder. Hinterschenkel unterhalb mit einer Reihe dicker weisser Borsten. Erstes Glied der Mittel- und Hintertarsen lang und dünn, gleich den Schienen dicht und stark bedornt.

Zwischen **Mbaramu** und **Kisuani**, Mitte Oktobers 1862 gefunden.

171. *Oniticellus carinatus*, n. sp.

Capite utrinque auriculato, clypeo amplo, apice bilobo, fronte basin versus acute carinata: niger, opacus, setulosus, prothorace confertim ocellato-punctato, basin versus profunde, in disco brevius compluries impresso, elytris obsolete quadricostatis. Long. 5 mill.

Eine sehr eigenthümliche Art, welche in der — überhaupt wenig homogenen — Gattung *Oniticellus* bis jetzt ganz isolirt steht und bei einer naturgemässen Abgrenzung der letzteren gleich verschiedenen anderen Arten daraus zu entfernen sein wird. — Taster und Fühler sind schwärzlich pechbraun gefärbt. Der Clypeus umfangreich, dicht runzlig punktirt, schwach metallisch schimmernd, sein Vorderrand breit aufgebogen, in der Mitte quer abgestutzt, deutlich ausgerandet und dadurch zweizipflig; während er in die Stirn ohne deutliche Grenze übergeht, ist er von den Backen nicht nur durch eine deutliche Naht, sondern auch durch eine seitliche Einkerbung geschieden, so dass letztere in Form eines ohrförmigen Zipfels jederseits heraustreten. Auf dem hinteren Theil der Stirn, nicht weit vor dem Halsschildrande erhebt sich eine hohe und scharfe, bogig geschwungene Querleiste. Der nach vorn etwas erweiterte, quer viereckige Prothorax ist mit ocellenförmigen Punkten dicht gedrängt und — gleich dem Kopf — mit sehr viel sparsameren, aufgerichteten, groben rostgelben Borsten besetzt; seine flach gewölbte Oberseite erscheint durch zahlreiche Eindrücke uneben und zwar nimmt der umfangreichste und tiefste derselben die Mitte der Basis, der nächstgrösste, aber schon merklich flachere den vorderen Theil der Mittellinie, die übrigen kleineren die Seiten der Scheibe ein, so dass auch noch die beiden Seitenschwielen von einem solchen nach oben hin begrenzt werden. Das Schildchen ist klein, rundlich viereckig, matt. Die Flügeldecken lassen auf ganz matt ciselirtem Grunde sehr feine, leicht glänzende Längsstreifen und zwischen denselben sieben Längsreihen von Borsten erkennen, welche gleich denjenigen auf der Basalhälfte des Prothorax dick und an der Spitze leicht gekeult sind. Ausser der Naht sind noch drei Zwischenräume, die beiden äusseren besonders an der Basis, rippig erhaben. Pygidium dunkel pechbraun, gleich dem schwarzen Hinterleib durch fein lederartige Runzelung durchaus matt und mit dicken gelben Borsten bekleidet. Brustbein vorn und zu beiden Seiten durch sehr grosse und dicht aneinandergedrängte Ocellenpunkte matt, längs der Mitte tief gefurcht und bei etwas sperrigerer Punktirung leicht metallisch glänzend. Beine schwärzlich pechbraun mit leichtem Erzglanz, die Schenkel in gleicher Weise wie der Prothorax dicht narbig punktirt und gleich den Schienen gelbborstig, die Tarsen röthlich pechbraun.

Bei Aruscha Anfang Novembers 1862 gefunden.

Drepanocerus, Kirb.

Zoolog. Journ. III. p. 521.

Ixodina, Boh.

172. *Drepanocerus laticollis*, Boh.

Drepanocerus laticollis, Boheman, Insect. Caffrar. II. p. 325. No. 1008.

Ein Pärchen von Sansibar (Cooke). — Das Weibchen unterscheidet sich von dem durch Boheman allein charakterisirten Männchen durch die schwache, nicht zu einer Lamelle aufgerichtete Stirnleiste, die nur leicht vertiefte, grob und gedrängt punktirte Stirn, die gleichfalls grobere Punktirung des Prothorax und die beträchtlich schwächeren Eindrücke seiner Oberseite, von denen überdies der die Mittellinie einnehmende basale nach vorn etwas stärker erweitert ist.

Fam. Buprestidae, Sol.

Steraspis, Sol.

Annal. soc. entom. de France. II. p. 267.

173. *Steraspis fastuosa*, n. sp.

Taf. VIII. Fig. 1 u. 1a.

Infra cum pedibus cyanea, maculatim albido-tomentosa, supra aureo-viridis, elytrorum margine laterali purpurascenti-cupreo; pronoti profunde sulcati foveis lateralibus ante basin abbreviatis. Long. 45 mill. ♀.

Die Art steht in Skulptur und in der Tomentbekleidung der Bauchseite der *Steraspis speciosa* (*Buprestis speciosa*, *Klug, Symb. phys. I. No. 11. Tab. I. Fig. 11) am nächsten, unterscheidet sich aber von derselben durch die tief indigoblaue Färbung der Unterseite, den kupfrig-purpurrothen Seitenrand der Flügeldecken, die nach hinten verkürzten Seitengruben des Vorderrückens u. s. w. — Die Fühler sind im Bereich der vier ersten Glieder tief violett, sodann schwarz, sehr viel kürzer und gedrungener als bei *Ster. speciosa*, so dass sie zurückgeschlagen nur das erste Drittheil der Halsschildlänge decken. Der Kopf ist indigoblau mit goldig grüner, sehr schwach gerunzelter Stirngrube. Der Prothorax auf gleichfalls dunkelblauem Grunde über die Scheibe hin mit sparsameren, unregelmässigen, runzlig verbundenen goldgrünen Punkten besetzt, von einer tiefen, nach vorn verloschenen Mittelfurche durchzogen; die beiden dicht gerunzelten, goldgrünen, bei den Vorderecken beginnenden Seitengruben endigen, einem queren Eindruck der Scheibe entsprechend, schon beim Beginn des letzten Drittheils der Länge. Mit demjenigen der *Ster. speciosa* verglichen, erscheint der Prothorax der gegenwärtigen Art merklich kürzer und nach vorn stärker verengt, während die Flügeldecken hinter der Basis etwas breiter und gegen die Spitze hin mehr verschmälert sind. Ausserdem sind sie regelmässiger und weitläufiger punktirt gestreift, ihre Punktstreifen gegen die Naht hin durch breitere glatte, schwarzblaue Zwischenräume getrennt, so dass die Mitte der Scheibe fast wie geglättet aussieht: ihr Colorit ist lebhafter goldgrün, der ganze Seitenrand unter beträchtlicher Breitezunahme gegen die Spitze hin feurig purpurroth. Die ganze Unterseite einschliesslich der Beine tief indigoblau mit violettem Schimmer, auf dem Prosternum, in der Mittellinie des Hinterleibes und am Hinterrande der einzelnen Segmente grob und zerstreut, eingestochen punktirt, im Bereich der Brustseiten, der Hinterhüften und der vorderen Hälfte der einzelnen Hinterleibsringe auf goldgrünem, dicht punktirtem Grunde in Form von breiten Querbinden weiss seidig behaart und mit der bekannten gelbweissen, kreidigen Ausschwitzung bedeckt. Das fünfte Hinterleibssegment des Weibchens am Hinterrande bogig ausgeschweift und in der Mitte mit zwei verhältnissmässig langen und schmalen Zähnen bewehrt. Der über das sechste Bauchsegment hervorgezogene Endrand des letzten Dorsalringes etwas aufgewulstet und grob punktirt.

Bei Kiriama am 24. December 1862 gefangen.

Sphenoptera, Sol.

Annal. soc. entom. de France. II. p. 299.

174. *Sphenoptera neglecta*, Klug.

Buprestis neglecta, *Klug in Erman's Reise, p. 30. No. 41.
Sphenoptera neglecta, Laporte et Gory, Buprestides. IV. p. 315. pl. 53. Fig. 311. — Boheman, Insect. Caffrar. I. p. 536. No. 374.

Ein bei Endara (December 1862) gefangenes Exemplar stimmt mit den vom Senegal stammenden durchaus überein. Die Art ist ausserdem aus dem Kafferlande bekannt.

175. *Sphenoptera quadraticollis*, n. sp.

Elytris apice trispinosis, prothorace quadrato, utrinque ante basin subsinuato, supra disperse punctato: angusta, aenea, nitida, elytris prothorace obscurioribus. Long. $8\frac{1}{2}$ mill.

Der *Sphen. Perrotetii*, Guér. (Rev. zoolog. par la soc. Cuvier. 1841. p. 328. Gory, Buprestides. IV. pl. 58. Fig. 312) in der Form des Halsschildes nicht ähnlich, aber bei gleicher Länge merklich schmaler. Kopf, Prothorax und Bauchseite lichter broncefarben, Flügeldecken beträchtlich dunkler, fast schwärzlich. Fühler dünn, schwarz, die beiden Basalglieder lebhaft kupfrig glänzend. Kopf von der Breite des Prothorax und in diesen fast bis zum Hinterrand der etwas glotzenden Augen eingesenkt, daher sehr kurz erscheinend; die Stirn beiderseits nicht über den Vorderrand der Augen hervortretend, ohne merkliche Eindrücke, fast gleichmässig punktirt, der Scheitel mit schwacher Längsfurche. Oberkiefer gleich dem Kopf hell erzfarben, Oberlippe grünlich schimmernd. Prothorax fast vollkommen quadratisch, am Vorderrand beiderseits sehr schwach, seitlich dagegen zwischen Mitte und Basis deutlicher ausgebuchtet, flach gewölbt, längs der Scheibe sogar etwas niedergedrückt und hier, abgesehen von der feinen und dichten Grundpunktirung, mit grösseren Punkten nur sparsam besetzt; gegen den Seitenrand hin werden letztere immer dichter und fliessen endlich zu Runzeln zusammen. Die dem Seitenrand des Prothorax entsprechende schmale Längskante verläuft in gerader Richtung und deutlicher Ausprägung bis zur Mitte der Länge, um sodann allmählich zu verschwinden. Das Schildchen ist gegen die Basis hin fein und zerstreut punktirt. Die nach hinten allmählich schmaler werdenden Flügeldecken zeigen ausser der feineren, gegen den Seitenrand hin mehr runzligen Grundpunktirung die gewöhnlichen, überall deutlichen Punktreihen und gegen die Spitze hin den vierten und sechsten Zwischenraum leistenartig erhaben; von den drei Spitzenzähnen ist der den Nahtwinkel bildende sehr klein, der breitere mittlere und der äussere scharf zugespitzt. Die Unterseite ist über die ganze Länge ihrer Mitte hin kupfrig roth, längs der Seiten mehr broncefarben; die der zerstreuten Punktirung entsprechende sparsame Behaarung ist greis.

In einem Exemplare von Mombas (September 1862) vorliegend.

Anmerkung. Dieser Art steht eine mir aus Ceylon (Nietner) vorliegende *Sphenoptera* so nahe, dass die specifische Verschiedenheit beider sogar fraglich erscheinen könnte: die goldig grün gefärbte Mundgegend und die etwas schwächere Punktirung der Flügeldecken ergeben sich als die alleinigen, an der Ceylonesischen Art hervortretenden Unterscheidungsmerkmale.

Belionota, Eschsch.

Zoolog. Atlas. I. p. 9

176. *Belionota canaliculata*, Fab.

Buprestis canaliculata, Fabricius, Mantiss. Insect. I. p. 181. No. 58. — Entomol. syst. I. 2. p. 205. No. 82. — Syst. Eleuth. II. p. 204. No. 102.
Belionota canaliculata, Laporte et Gory, Buprestides. II. p. 7. pl. 1. Fig. 6.

Von dieser bis jetzt in Guinea, Port Natal und Madagaskar aufgefundenen Art liegt ein Exemplar von Sansibar (Cooke) vor. — Die aus Madagaskar stammenden Individuen weichen von denen des Afrikanischen Festlandes durch sehr viel intensiveres, kupfrig rothes Colorit der Bauchseite ab.

Chrysobothris, Eschsch.

Zoolog. Atlas. I. p. 9.

177. *Chrysobothris serrata*, Fab.

Buprestis serrata, Fabricius, Entomol. syst. I. 2. p. 201. No. 61. — Syst. Eleuth. II. p. 199. No. 77.
Chrysobothris serrata, Laporte et Gory, Buprestides. II. p. 8. pl. 2. Fig. 11.

Bei Mombas im September 1862 gefangen. Die Art ist einerseits in Senegambien und Guinea, andererseits im Kafferlande und in Mosambik einheimisch.

178. *Chrysobothris empyrea*, n. sp.

Taf. VIII. Fig. 2.

Supra viridi-cyanea, dispersim punctata, nitida, infra cum pedibus cupreo-metallica, utrinque maculatim albo-pilosa, capite aureo-viridi, vertice prothoracisque trapezoidei lateribus purpurascenti-cupreis: femoribus anticis incrassatis, unidentatis, segmento ventrali ultimo apice exciso, fortiter carinato. Long. 7 mill. ♂.

Der *Chrys. cyanicollis*, Gory (Buprestides. II. p. 5. pl. 1. Fig. 5) zunächst verwandt, jedoch abgesehen von der Färbung und der geringeren Grösse schon durch den nach vorn stark trapezoidal verbreiterten Prothorax abweichend. Kopf goldig grün mit kupfrig rothem, tief gefurchtem Scheitel, bis zum unteren Rande der quer eiförmigen, scharf abgesetzten Stirnschwiele dicht gedrängt, fast runzlig punktirt, über und zwischen den Fühlergruben flach schuppig genarbt. An den Fühlern die drei ersten Glieder goldig grün, die folgenden dunkel kupferfarben. Prothorax unter leichter Rundung der Seitenränder nach vorn stark erweitert, daher trapezoidal, der Vorderrand beiderseits ausgebuchtet, in der Mitte etwas schneppenartig hervorgezogen und leicht aufgeworfen, die blaugrüne, gegen die Basis hin etwas violett schimmernde Scheibe zerstreut punktirt, die kupfrig purpurrothen Seiten stark und dicht runzlig; die Pleuren zunächst unterhalb der scharfen, geradlinigen Seitenkante nadelrissig. Flügeldecken glänzend blaugrün, über die Scheibe hin fein und zerstreut, längs der Seitenränder grober und dicht, stellenweise selbst runzlig punktirt, an der Basis mit einem tieferen Eindruck innerhalb der Schultern und einem kleineren, flacheren beiderseits vom Schildchen, vor der Mitte der Länge mit einem grösseren, aber seichteren queren; der Seitenrand im Bereich der hinteren zwei Drittheile allmählich deutlicher und schärfer gesägt. Unterseite mit Einschluss der Beine düster kupferfarben, an der Brust nur stellenweise goldgrün glänzend. Brustseiten, Hinterhüften, erstes und letztes Abdominalsegment scharf nadelrissig, die drei mittleren dagegen zerstreut und flach punktirt, nur jederseits in Form eines Dreiecks nadelrissig und hier anliegend weiss seidenhaarig. Der Mittelkiel des Endsegments beim Männchen sehr scharf und hoch, der hintere Ausschnitt flach, bogig dreieckig. Die sehr stark verdickten, nadelrissigen Vorderschenkel jenseits der Mitte ihres Unterrandes mit einem schmalen Zahn bewehrt.

Ein einzelnes Exemplar von der Insel Sansibar.

Pseudagrilus, Lap.

Silbermann, Rev. entomol. III. p. 165.

179. *Pseudagrilus zonatus*, Roth.

Pseudagrilus zonatus, Roth, Archiv f. Naturgesch. XVII. 1. p. 119. No. 27.

Diese schöne, zuerst in Abyssinien entdeckte Art wurde in beiden von Roth charakterisirten Farben-Varietäten von Cooke mehrfach auf Sansibar gesammelt.

Aphanisticus, Latr.

Règne animal. 2. éd. IV. p. 448.

180. *Aphanisticus nodosus*, n. sp.

Taf. VIII. Fig. 3.

Infra obscure aeneus, supra cupreus, elytris apice excepto nigro-cyaneis; capite bicornuto, prothoracis disco fortiter quadrinodoso, basi utrinque profunde foveolato, elytris interrupte costulatis, apice unidentatis. Long. 4 1/3 mill.

Zur Gruppe der Madagaskarischen *Aphan. mitratus*, Chevr. (*bicornutus*, Gory) und *Aphan. Goudoti*, Gory (Buprestidea. II. pl. 1. Fig. 1 u. 3) gehörend, aber abgesehen von der Färbung und der etwas bedeutenderen Grösse schon durch die Skulptur des Halsschildes und die an der Spitze gezähnten Flügeldecken unterschieden. Der — gleich dem Prothorax — kupfrig erzfarbene Kopf ist noch etwas tiefer und scharfwinkliger eingeschnitten als bei *Aphan. mitratus*, die im Grunde gefurchte Aushöhlung der Oberseite bis zum Vorderrand des Halsschildes reichend und verloschen punktirt. Der Prothorax fast um die Hälfte breiter als der Kopf, von der Basis aus nach vorn unter gerundeten und flach abgesetzten Seitenrändern beträchtlich erweitert, mit tiefer mittlerer Längs- und dicht hinter dem Vorderrand verlaufender Querfurche, hinter welcher sich zunächst zwei grosse, quergezogene Wulste bemerkbar machen, während zwischen diesen und der Basis zwei kleinere, fast runde folgen. Nach aussen von diesen sind die beiden Basalwinkel tief grubenartig ausgehöhlt, im Grunde etwas geschwärzt und glatt, während in den übrigen Vertiefungen ocellenartige, flache Punkte, in ziemlich regelmässigen Reihen angeordnet, sichtbar sind. Schildchen schwärzlich. Flügeldecken an der Basis und bei der Mitte am breitesten, dazwischen seitlich tief ausgebuchtet, nach hinten allmählich verengt, an der Spitze quer abgestutzt und in der Mitte der Abstutzung mit einem scharf dreieckigen Zahn bewehrt; ihre Oberfläche matt speckartig glänzend, verloschen gestreift punktirt, vor der Mitte der Scheibe nahe der Naht grubenartig eingedrückt. Von drei auf derselben hervortretenden Längsrippen beginnt die eine von den Schultern, nimmt von innen her einen Gabelast auf, wird auf der Scheibe unterbrochen, setzt sich aber dann in schwächerer Ausprägung bis zur Spitze fort; die zweite verläuft dicht oberhalb des Seitenrandes von der Basis bis zur Spitze, die dritte oberhalb dieser im Bereich der hinteren Hälfte. Die Färbung der Flügeldecken ist schwärzlich blau, geht aber im letzten Viertheil unter Violett ins kupfrig Broncefarbene über. Unterseite nebst Beinen dunkel erzfarben; Hinterleib äusserst fein und dicht ciselirt, die beiden grossen verwachsenen Basalringe mit grösseren und deutlicheren, flachen Ocellenpunkten besetzt als die folgenden.

Das einzige vorliegende Exemplar dieser zierlichen Art stammt von Mombas, wo es im September 1862 gefangen wurde.

Fam. Elateridae, Eschsch.

Agrypnus, Eschsch.

Thon's Entomol. Archiv. II. 1. p. 32.

181. *Agrypnus maculicollis*, n. sp.

Elytris apice integris, fuscus vel rufo-brunneus, flavescenti-pubescens, prothorace dorsum versus laxius punctato, linea media plagisque duabus anterioribus laevibus, his pube densiore circumdatis. Long. 22–25 mill.

In nächster Verwandtschaft mit *Agrypn. luridus*, Fab., Cand. und *ocellatus*, Cand. (Monogr. d. Elatérides. I. p. 37. No. 20. u. p. 39. No. 22) stehend, von beiden aber schon durch die glatte Mittellinie des Prothorax abweichend. Fühler pechbraun, das dritte Glied etwas kürzer als das vierte, die beiden ersten röthlich braun. Stirn vorn abgeflacht, beiderseits von der etwas eingedrückten Mittellinie mit zwei glatten Schwielen. Prothorax viel kürzer und breiter als bei *Agr. ocellatus*, im Umriss mehr demjenigen des *Agr. luridus* gleichend, aber nach vorn etwas mehr verengt, mit weniger seitlich heraustretenden Hinterecken; die Punktirung beiderseits dicht körnig, nach vorn grober und runzlig zusammenfliessend, gegen die Scheibe hin immer loser werdend, die Mittellinie selbst bis zum Basalhöcker vollständig glatt und glänzend. Die gelbe Behaarung besonders reich zwischen Mitte und Seitenrand sowie im Umkreis zweier vor der Mitte liegender glatter Stellen ocellenartig verdichtet. Die Seiten des Prothorax und die Flügeldecken zuweilen licht rothbraun, das Schildchen jedoch auch in diesem Fall dunkel. Die Flügeldecken mit zugerundeter Spitze und deutlichen Punktstreifen, die Zwischenräume flach, fein und zerstreut punktirt. Unterseite glänzend, der oberen entsprechend verhältnissmässig lose und schwach, nur längs der Seitenränder gedrängt punktirt. Beine licht roth- oder pechbraun, gleich den Brustseiten dicht gelbhaarig.

Auf Sansibar von Cooke entdeckt.

Alaus, Eschsch., Cand.

Monogr. d. Elatérides. I. p. 211.

182. *Alaus atropos*, n. sp.

Taf. VIII. Fig. 6.

Scutello plano, oblongo-quadrato, elytrorum angulo suturali submucronato: infra niger, supra rufo-brunneus, flavescenti-tomentosus, prothoracis disco denudato: hujus maculis duabus ovalis elytrorumque fasciis duabus, altera post medium, altera ante apicem sitis, atro-tomentosis. Long. 18 mill. ♀.

Zu der Abtheilung mit angebrochenem, nach vorn allmählich herabgesenktem Schildchen und aussen abgerundeter, innen zahnartig ausgezogener Flügeldeckenspitze gehörend; Hinterbrust ohne Querfurche hinter den Mittelbeinen. Die Art schliesst sich durch den schmalen Körper und durch die Augenflecke des Prothorax habituell mehr den Nord-Amerikanischen Arten und der Gruppe des *Al. oculatus*, Lin. und *myops*, Fab., als den übrigen Afrikanischen an. — Fühler im Bereich der drei ersten Glieder rothbraun, sonst tief schwarz, auffallend kurz, zurückgeschlagen bei weitem nicht die Mitte des Prothorax erreichend; das vierte Glied fast quadratisch, das fünfte bis zehnte kürzer als breit. Kopf schwarz, mit zwei blutrothen Scheitelflecken, unregelmässig punktirt, in der Mitte mit einigen schwarzen, sonst mit ocherbeugelben Schuppen bekleidet. Prothorax fast um ein Drittheil länger als breit, im Ganzen fast gleich breit erscheinend, im vordersten Theil jedoch um ebensoviel verschmälert als an der Basis durch die nach aussen gewandten Hinterwinkel erweitert; die Scheibe in ihrer ganzen Ausdehnung glänzend und fast nackt, ziemlich fein und etwas unregelmässig punktirt, bis nahe an die Basis heran deutlich gekielt, röthlich pechbraun; die Seiten etwa in gleicher Breite dicht gelbfilzig und auf der Grenze gegen die Scheibe hin mit einem vor der Mitte stehenden, sammetschwarzen, ovalen Augenfleck geziert. Schildchen nach vorn etwas gelblich beschuppt. Flügeldecken fast doppelt so lang als der Prothorax und von dessen mittlerer Breite, jenseits der Mitte allmählich verschmälert; ihre Oberfläche grob punktirt gestreift, die vier der Naht zunächst liegenden Zwischenräume gegen die Basis hin stark schwielenartig erweitert, im Uebrigen rippenartig erhaben und glatt. Die rothbraune Grundfarbe tritt längs der Naht, wo die Beschuppung sehr sparsam ist, frei zu Tage, ist dagegen längs der grösseren Aussenhälfte durch letztere verhüllt. Die Farbe der Beschuppung ist auf zwei nach innen abgekürzten Querbinden, von denen die eine dicht hinter der Mitte, die zweite vor der Spitze liegt, tief schwarz, im Uebrigen blass ocherbeugelb. Letztere Färbung zeigt sie auch auf der Unterseite mit Ausnahme der Mitte der Brust und des Hinterleibes, welche glänzend schwarz, nackt und sehr verloschen punktirt erscheinen. Das Ende des fünften Abdominalsegments beim Weibchen dicht ocherbraun befilzt. Beine pechbraun mit röthlichen Gelenken und Tarsen.

Am See Jipe, Mitte Decembers 1862 entdeckt.

Lacon, Lap., Cand.

Monogr. d. Elatérides. I. p. 90.

183. *Lacon occidentalis*, Cand.

Lacon occidentalis Candèze, Monogr. d. Elatérides. I. p. 130. No. 48.

Diese kleine, bereits aus Senegambien bekannte Art liegt in mehreren Exemplaren vom See Jipe (Ende Oktobers 1862) vor.

Ischiodontus, Cand.

Monogr. d. Elatérides. II. p. 90.

184. *Ischiodontus pedestris*, n. sp.

Supra nigro-fuscus, infra cum antennis pedibusque rufo-castaneus, cervino-pubescens, prothorace apicem versus sensim angustato, punctis umbilicatis laxe obsito, sat nitido, angulis posticis acute carinatis, rufo-brunneis. Long. 11 mill.

Durch den nach vorn allmählich verschmälerten Prothorax unter den Afrikanischen Arten dem *Isch. litigiosus* und *puberulus*, Cand. (Monogr. II. p. 123. No. 48 und 49. *Dicrepidius id.*, Bohem., Insect. Caffrar. I. p. 386 u. 388) am nächsten stehend, von beiden aber schon durch die Stirnbildung verschieden. — Fühler licht rostroth, zurückgeschlagen die Hinterecken des Halsschildes noch etwas überragend, ihr kleines zweites Glied um ein Drittheil kürzer als das dritte. Stirn weit hervortretend, in flachem Bogen abgerundet, weder eingedrückt noch deutlich gekielt, gleich dem Scheitel mit grossen, genabelten Punkten dicht bedeckt. Prothorax kaum länger als an der Basis breit, bei seiner allmählichen und fast geradlinigen Verschmälerung jedoch länglich erscheinend, am Vorderrand nur so breit wie der zwischen den Hinterecken liegende Theil der Basis; die überall genabelten Punkte seiner Oberfläche längs der Ränder gedrängt, auf der Scheibe dagegen sperrig und diese daher deutlich glänzend; die Mittellinie vor der Basis leicht gefurcht, die Hinterwinkel divergirend, etwas abgestumpft, oberhalb in weiter Ausdehnung scharf gekielt, gleich dem Basalrande röthlich braun gefärbt. Schildchen zugespitzt eiförmig, punktirt. Flügeldecken gleich von der Basis aus allmählich verschmälert, mit deutlichen aber nicht besonders groben Punktstreifen und flachen, aufgestochen punktirten, gegen die Basis hin sogar ziemlich grob gekörnten Zwischenräumen. Die Behaarung der ganzen Oberseite dünn, aber grob, intensiv braungelb, unterhalb feiner und besonders am Hinterleib dichter. Die ganze Unterseite licht röthlich kastanienbraun, die Beine sogar rostroth; die Punktirung der Sterna, der Pleuren, der Hinterhüften und der Seiten des ersten Hinterleibsringes grob und genabelt, auf dem übrigen Hinterleib beträchtlich feiner.

In einem Exemplare von der Insel Sansibar vorliegend.

Monocrepidius, Eschsch.

Thon's Entom. Archiv. II. 1. p. 31.

185. *Monocrepidius advena*, n. sp.

Elytris apice rotundatis, tarsorum articulo quarto anguste lamellato: breviusculus, nigro-piceus, nitidus, subtiliter cervino-pubescens, antennis pedibusque ferrugineis, prothoracis basi fortiter declivi, rufescente. Long. 4 mill.

Den kleinen Arten der Candèze'schen Sectio 4. der Gattung (Monogr. d. Elatérides. II. p. 199) am nächsten stehend, wiewohl in der Bildung des Prothorax — freilich aber nicht in der Art seiner Punktirung — mehr an *Heteroderes* erinnernd. — Fühler licht rostfarben, das zweite Glied um die Hälfte kürzer als das dritte, dieses nicht ganz so lang und auch etwas schmaler als das vierte. Stirnrand in regelmässigem Bogen gerundet, Oberseite des Kopfes ziemlich dicht und gleichmässig punktirt. Prothorax kaum länger als breit, von der Basis bis über die Mitte hinaus parallel, sodann nach vorn leicht und allmählich verschmälert; gleich dem Kopf schwärzlich pechbraun, tiefer und beträchtlich sperriger punktirt als dieser, daher glänzend; der hintere Theil der Scheibe gegen die stark abschüssige Basis wie durch eine Querkante abgegrenzt erscheinend, letztere in ansehnlicher Ausdehnung rothbraun, fast verloschen punktirt, die gerade nach hinten gerichteten, kurzen Hinterecken spitz, oberhalb scharf gekielt. Schildchen rundlich, punktirt, rothbraun. Flügeldecken grob punktirt-gefurcht, auf den schmalen Zwischenräumen durch eingestochene Punkte runzlig erscheinend, ebenso dünn gelbbraun wie der Prothorax behaart, einfarbig pechbraun. Beine licht rostgelb; Lamelle des vierten Tarsengliedes so schmal, dass sie von oben her kaum bemerkbar ist. Prosternum und Rand der Hinterhüften licht rostroth, ersteres glänzend, grob und zerstreut punktirt, längs der Mitte glatt. Hinterleib dicht und fein punktirt, gleich der Hinterbrust schwärzlich, die beiden Endsegmente röthlich pechbraun.

Ein einzelnes Exemplar von Aruscha (Ende Oktobers 1862).

Heteroderes, Latr., Cand.

Monogr. d. Elatérides. II. p. 350.

186. *Heteroderes acutangulus*, n. sp.

Tarsorum articulo quarto anguste lamellato, prothorace basi vix latiore, longiore quam latiore, angulis posticis acutissimis, carinatis: fuscus, flavescenti-sericeus, antennis pedibusque testaceis. Long. 8—8½ mill.

Dem *Heter. complanatus* (*Elater complanatus*, *Klug, Insekt. v. Madagasc. p. 67. No. 72) am nächsten verwandt, aber durch den beträchtlich längeren, seitlich fast geradlinigen Prothorax und die ungefleckten Flügeldecken leicht zu unterscheiden. — Fühler viel länger als bei der genannten Art, zurückgeschlagen die Basis des Halsschildes erreichend, licht rostgelb, das dritte Glied mehr denn doppelt so lang als das zweite, das vierte etwas kräftiger als die gleich langen folgenden. Die Punktirung des Kopfes und Prothorax tief eingestochen und zwischen der feinen greisgelben Behaarung sehr deutlich hervortretend, mit Ausnahme der Seiten des letzteren auch nicht besonders dicht gedrängt. Der Prothorax fast um ein Viertheil länger als an der Basis breit, nach vorn unter sehr leicht geschwungenen Seitenrändern stark verschmälert, so dass sein Vorderrand nur etwa dem zwischen den Hinterecken liegenden Theil der Basis gleich kommt; seine Oberfläche leicht gewölbt, in der Mitte der niedergedrückten Basis nur schwach gehöckert, die Hinterecken lang ausgezogen, scharf zugespitzt und gekielt, leicht nach aussen gewandt. Schildchen fast abgerundet viereckig. Flügeldecken nicht viel mehr denn um die Hälfte länger als der Prothorax, nach hinten in gewöhnlicher Weise allmählich verschmälert, ziemlich tief, aber schmal punktirt-gefurcht, die Punktirung der leicht gewölbten Zwischenräume fein und zerstreut, unter der feinen Behaarung ziemlich versteckt. Beine gleich den Tastern blass scherbengelb, die Tarsen mehr rostfarben. Unterseite des Prothorax etwas weitläufiger, sonst aber ebenso tief wie die Rückenseite punktirt, das Metasternum und die Hinterhüften schon schwächer, der Hinterleib sogar seicht und zerstreut.

Zwischen Mbaramu und Kisuani, Mitte Oktobers 1862, gefunden.

Melanoxanthus, Eschsch., Germ.

Zeitschr. f. d. Entom. V. p. 191.

187. *Melanoxanthus melanocephalus*, Fab.

Elater melanocephalus, Fabricius, Spec. Insect. I. p. 272. No. 38. — Entom. syst. II. p. 229. No. 61. — Syst. Eleuth. II. p. 239. No. 91. — Thunberg, Nov. Insect. spec. III. p. 62. — Olivier, Entom. II. No. 31. p. 41. No. 55. pl. 4. Fig. 38. — Herbst, Käfer. X. p. 111. No. 132. Taf. 168. Fig. 10.

Melanoxanthus melanocephalus, Candèze, Monogr. d. Elatérides. II. p. 612. No. 1. pl. 7. Fig. 12.

Diese über das tropische Asien, Madagaskar und Isle Bourbon verbreitete, aber auch schon bei Rio de Janeiro aufgefundene Art wurde von Cooke auf der Insel Sansibar in Mehrzahl gesammelt.

Cardiophorus, Eschsch., Cand.

Monogr. d. Elatérides. III. p. 106.

188. *Cardiophorus hoploderus*, Cand.

Cardiophorus hoploderus. Candèze, Monogr. d. Elatérides. III. p. 175. No. 83.

Bei Mombas (September 1862) in einigen Exemplaren aufgefunden; die Art ist zuerst aus Senegambien bekannt geworden.

189. *Cardiophorus obsoletus*, n. sp.

Unguiculis simplicibus, piceus, cinereo-pubescens, antennis, pedibus elytrisque rufo-brunneis, his suturam versus infuscatis: prothorace oblongo, parce et obsolete punctato, in medio basees nitidiusculo. Long. 8 mill.

Auf den ersten Anblick dem *Card. fulvicornis*, *Erichs. (Archiv f. Naturgesch. IX. 1. p. 225. No. 40) sehr ähnlich und demselben an Grösse wenig nachstehend, aber durch den seitlich schwächer gerundeten, sehr viel sparsamer und fast verloschen punktirten Prothorax, dessen Hinterecken zugleich länger und spitzer ausgezogen sind, unterschieden. — Fühler rostroth, die Basis der einzelnen Glieder gebräunt, am dritten bis siebenten sogar in weiterer Ausdehnung. Stirnrand sehr schwach gerundet, beiderseits leicht aufgebogen, Oberseite des Kopfes ziemlich grob und zerstreut punktirt. Prothorax mit leicht Sförmig geschwungenen Seitenrändern, deutlich hervorgezogenen Vorder- und zugespitzten, auswärts gekehrten Hinterecken; etwas länger als breit, nach vorn verschmälert, kissenartig gewölbt, auf der Scheibe sehr fein und verloschen gefurcht, in der Mitte der mit einem feinen Höcker versehenen Basis sehr glatt und glänzend, im Uebrigen auf fein ciselirtem Grunde schwach und zerstreut punktirt, besonders gegen die Ränder hin staubartig greisgelb behaart, schwärzlich pechbraun, gegen den Vorderrand hin jedoch mehr röthlich braun. Schildchen äusserst fein punktirt, unbehaart. Flügeldecken besonders gegen die Naht hin mit schwächeren Punktstreifen als bei *Card. fulvicornis*, auch die Zwischenräume flacher, feiner und zerstreuter punktirt; die Behaarung ganz ähnlich wie bei diesem, die Bräunung der Naht etwas geringer und auf die drei inneren Zwischenräume beschränkt. Beine licht rostroth, auch die hinteren an Schenkel und Schiene nur schwach gebräunt. Unterseite schwärzlich pechbraun, die Vorderecken des Prothorax und der Umkreis des Hinterleibes röthlich kirschbraun; die feine Punktirung unter der gleichmässigen, greisgelben Behaarung nur undeutlich wahrnehmbar.

Bei Endara im December 1862 gefangen.

Melanotus, Eschsch.

Thon's Entom. Archiv. II. 1. p. 42.

Cratonychus, Lacord. Erichs.

190. *Melanotus umbilicatus*, Schönh.

Elater umbilicatus, Schönherr, Synon. Insect. III. Append. p. 137. No. 188.
Cratonychus umbilicatus, *Erichson, in Germar's Zeitschr. f. d. Entom. III. p. 107. No. 23.
Cratonychus Africanus, Boheman, Insect. Caffrar. I. p. 409. No. 454.
Melanotus umbilicatus, *Candèze, Monogr. d. Elatérides. III. p. 322. No. 20.

Von Cooke auf der Insel Sansibar gefunden. Die Art ist zugleich in Senegambien, Guinea, am Kap und im Kafferlande einheimisch.

Ludius, Latr., Cand.

Monogr. d. Elateriden IV. p. 294.

191. *Ludius penicillatus*, n. sp.

Taf. VIII. Fig. 6.

Fuscus, umbrino-pubescens, antennis, pedibus, scutello, elytris abdomineque rufo-brunneis; prothoracis oblongi angulis posticis acute carinatis, apice penicillatis. Long. 15 mill.

Im Habitus dem *Lud. hepaticus*, Germ., Cand. (a. a. O. p. 307. No. 18) nicht unähnlich und derselben Gruppe angehörend, aber abgesehen von der geringeren Grösse durch längere und dünnere Fühler, durch die Bildung der Stirn, den nach vorn schmaleren Prothorax u. s. w. verschieden. — Die röthlich braunen Fühler sind so lang, dass sie zurückgeschlagen die Basis des Halsschildes erreichen, ihr zweites und drittes Glied noch beträchtlich kleiner als bei *Lud. hepaticus*, das vierte ein wenig länger als das fünfte und gleich den folgenden verhältnissmässig schwach erweitert, das elfte mit deutlich abgesetztem Anhangsgliede. Die Stirn ist mit ihrer abgestumpft rechtwinkligen Spitze ziemlich weit herabgezogen, die Oberfläche des Kopfes übereinstimmend mit der Scheibe des Prothorax dicht und stark punktirt, ohne dass jedoch dadurch der Glanz verloren gegangen wäre, wie es an den mehr runzlig punktirten Seiten des letzteren der Fall ist. Deutlich länger als breit, erscheint der Prothorax nach vorn allmählich, aber ziemlich stark und zwar bis über die Mitte hinaus fast geradlinig verschmälert; die durchgehenden Seitenkanten desselben sind scharf und im vorderen Theil kaum abwärts gebogen, die Hinterwinkel lang ausgezogen, gerade nach hinten gerichtet, oberhalb mit einem sehr scharfen, glatten Längskiel versehen, an der schmal abgestutzten Spitze einen Büschel von fünf bis sechs starren, nach hinten und aufwärts gerichteten rostrothen Borsten tragend. Das länglich herzförmige Schildchen dicht punktirt und gleich der Flügeldeckenbasis sehr viel schwächer als der übrige Körper behaart, daher glänzender. Die Flügeldecken mehr denn doppelt so lang als der Prothorax, dicht hinter den Schultern am breitesten, von da ab allmählich verschmälert; die Oberfläche mit ganz ähnlicher Skulptur wie bei *Lud. hepaticus*, nur dass die in Streifen angeordneten grösseren Punkte weniger tief eingestochen sind. Prosternaldorn ohne deutlich abgesetzte Spitze wie bei der genannten Art, vielmehr gleich dick. Prothoraxseiten, Hinterleib und Beine licht rothbraun, die Punktirung der Ventralringe sehr viel seichter und sparsamer als auf dem Metasternum, welches längs der Mitte sogar sehr grob runzlig punktirt erscheint.

Nur einmal zwischen Mbaramu und Kisuani, Mitte Oktobers 1862 erbeutet.

Fam. Malacoderma, Latr.

Lampyris, Geoffr.

Insect. d. envir. de Paris. I. p. 165.

192. *Lampyris amplicollis*, n. sp.

Taf. VIII. Fig. 4.

Prothorace amplo, reflexo-marginato, basin versus acute carinato, ante apicem utrinque pellucido: aurantiaca, antennis, prothoracis macula didyma elytrorumque disco nigricantibus, tibiis tarsisque piceis. Long. 10—11, lat. 4 mill. ♂.

Im Colorit sowohl wie im Umriss der *Lamp. marginipennis*, Bohem. (Insect. Caffrar. I. p. 439. No. 481) und der *Lamp. Dybowskii*, Casteln., Guér. (Voyage en Abyssinie. VI. p. 301. pl. 8. Fig. 14) verwandt, beiden jedoch an Grösse nicht unbeträchtlich nachstehend; von ersterer überdies durch den gefleckten Prothorax, die helle Fühlerbasis u. s. w., von letzterer durch kürzere Flügeldecken und gedrungeneres Halsschild abweichend. — Fühler schwärzlich pechbraun, ihre beiden Basalglieder gleich der unteren Stirn- und der Mundgegend intensiv rostfarben; Oberkiefer nicht heraustretend. Prothorax beträchtlich breiter als lang, an der Basis fast gerade abgestutzt, die Hinterecken daher fast rechtwinklig, die Seitenränder zuerst durchaus parallel verlaufend, erst gegen die Mitte der Länge hin convergirend, der Vorderrand fast regulär halbkreisförmig, schmal aber stark aufgebogen und deutlich verdickt erscheinend, die Mittellinie durchgehends, nach hinten jedoch schärfer gekielt, die Punktirung überall körnig, quer über die Mitte der Scheibe und gegen die Hinterwinkel hin merklich gröber; die beiden glashellen Stellen zunächst des Vordersaumes ziemlich ausgedehnt, breit mondsichelförmig, der pechbraune Doppelfleck der Scheibe näher der Mitte als der Basis liegend, durch den Längskiel getheilt. Schildchen gleich dem Prothorax orangegelb, fünfeckig, hinten abgerundet. Flügeldecken kaum 2½ mal so lang als der Prothorax, an der äussersten Basis beträchtlich schmaler, nach Entwickelung des Schulterrandes aber deutlich breiter als jener, im Ganzen fast parallel erscheinend, an der Spitze ziemlich stumpf abgerundet; mit Ausnahme des schmalen Naht-, Spitzen- und Seitenrandes, welche die orangegelbe Färbung des Körpers zeigen, matt schwarzbraun, dicht körnig punktirt, ausser den drei gewöhnlichen schrägen Längsrippen ihrer Nahthälfte noch von einer schwachen vierten, mehr gerade verlaufenden Aussenrippe durchzogen. Unterseite durchaus rothgelb, nur die Schultergrube der Flügeldecken sowie Kniee, Schienen und Tarsen pechbraun. Die Leuchtorgane des siebenten Ventralringes durch Granulirung und weisse Färbung ausgezeichnet, die Seitentheile der vorhergehenden stark eingefaltet. Letzter Dorsalhalbring deutlich zweibuchtig, mit stärker hervortretendem Mittellappen; die Seitenlappen der beiden vorhergehenden lanzettlich zugespitzt.

Auf der Insel Sansibar von Cooke entdeckt.

193. *Lampyris vidua*, n. sp.

Aptera, angusta, subparallela, pallide testacea, opaca, prothorace apicem versus angustato, rufo-tincto, plaga disci gemina notato, areis hyalinis nullis. Long. 14 ad 17, lat. 3½—4 mill. ♀.

Die vorliegenden Weibchen müssen einer Art aus der nächsten Verwandtschaft der *Lamp. fuscipennis*, Bohem. (Insect. Caffrar. I. p. 443. No. 465) angehören, deren Körper schmal, parallel, deren Prothorax gleich von der Basis aus verschmälert und nicht mit Fensterflecken versehen ist. Durch den gänzlichen Mangel der Flügeldecken würden sie der weiblichen *Lamp. noctiluca* gleichen, sich von dieser aber durch den mehr parallelen Körper unterscheiden. — Die Fühler sind sehr viel kürzer als bei dem Weibchen der *Lamp. noctiluca*, bis zur Spitze hin gleich dick, die gleichfalls zu elf vorhandenen Glieder vom zweiten ab breiter als lang, das erste kubisch; ihre Farbe licht graubraun, an der Basis mehr gelblich. Kopf pechbraun, Augen von gleicher Bildung wie bei *Lamp. noctiluca*. Prothorax so lang wie breit, an der Basis fast gerade abgeschnitten und niedergedrückt, nach vorn ganz allmählich verengt und etwas spitz zugerundet, die Seitenränder nur leicht, der Vorderrand deutlicher schmal aufgebogen, die Scheibe beiderseits von der erhabenen, aber nicht gekielten Mittellinie eingedrückt, die ganze Oberfläche dicht chagrinartig gekörnt, matt, auf gelbem Grunde rosenroth getüncht, in der Mitte mit zwei gesonderten, länglich pechbraunen Makeln. Auf dem Mesothorax sind noch die Mittellinie und die Hinterwinkel zarter roth angeflogen, die Brustseiten aller drei Ringe dagegen durchgehends und ziemlich intensiv roth. Beine scherbengelb mit blass graubraunen Schienen und Tarsen. Hinterleibsringe matt und licht lehmgelb, dicht granulirt, fein weisslich behorstet; die drei letzten (leuchtenden) Ventralhalbringe mehr braungelb und etwas glänzend.

Am See Jipe (Ende Oktobers 1862) aufgefunden; Männchen unbekannt.

Luciola, Lap.

Annal. soc. entom. de France. II. p. 146.

194. *Luciola cisteloides*, Klug.

Luciola cisteloides. *Klug, Insekt. v. Mossamb. p. 272.

Ein zwischen Mombas und Wanga (Oktober 1862) gefangenes Exemplar stimmt mit denjenigen aus Mossambik vollständig überein.

195. *Luciola bimaculicollis*, Boh.

Colophotia bimaculicollis, Boheman, Insect. Caffrar. I. p. 445. No. 487.

Bei Mombas und am See Jipe (Ende Oktobers 1862) aufgefunden.

196. *Luciola linearis*, n. sp.

Elongata, parallela, dilute fusca, fronte tota prothoracisque aurantiaci macula oblonga subapicali nigris, scutello, elytrorum limbo pedumque basi testaceis. Long. 7½ mill. ♂.

Mit *Luc. discicollis*, Lap. (Annal. soc. entom. de France. II. p. 147. No. 2) in der lang gestreckten, gleich breiten Form übereinstimmend, aber beträchtlich grösser und u. A. schon durch die vorwiegend dunkel gefärbten Beine unterschieden. Fühler an der Basis schwärzlich pechbraun, gegen die Spitze hin lichter. Kopf tief schwarz, etwas glänzend, deutlich und ziemlich gedrängt punktirt, der Scheitel tief gefurcht, die Stirn nicht eigentlich ausgehöhlt, sondern nur beiderseits eingedrückt. Prothorax im Verhältniss etwas länger als bei *Luc.*

cincticollis, sonst von ganz ähnlicher Form und Schwielenbildung, die Punktirung etwas feinkörniger, der nahe an den Vorderrand stossende, länglich viereckige schwarze Mittelfleck etwas weiter nach hinten reichend. Flügeldecken fast noch mehr verlängert als bei der genannten Art, in gleicher Weise punktirt und seidenartig glänzend, ihr Naht-, Spitzen- und Aussensaum gleich dem Schildchen rothgelb, die ganze Oberfläche weich gelbhaarig. Vorder- und Mittelbrust sowie der umgeschlagene Flügeldeckenrand licht gelb, die Hinterbrust und der grösste Theil der Beine pechbraun; an letzteren sind nur die Hüften und die Basalhälfte der Schenkel gelb. Die vier ersten Hinterleibsringe pechschwarz, die beiden leuchtenden Endringe glänzend gelblich weiss, der vorletzte jedoch beiderseits dunkel gerandet.

Gleichfalls am See Jipe (Ende Oktobers 1862) gefunden.

197. *Luciola cincticollis*, Klug.

Luciola cincticollis. *Klug, Insekt. v. Mossamb. p. 203.

Ein am See Jipe (Ende Oktobers 1862) aufgefundenes Weibchen dieser Art unterscheidet sich von dem durch Klug bekannt gemachten Männchen durch etwas bedeutendere Grösse, breiteres Halsschild, kleinere und weiter getrennte Augen sowie durch Form und Färbung des Hinterleibes. Die vorderen Ringe sind gelbbraun, der vierte pechschwarz, der leuchtende fünfte wachsgelb mit schwärzlichem Seitenfleck, der in der Mitte seines Hinterrandes tief ausgeschnittene sechste gleich dem schmalen, stumpf dreieckigen siebenten wieder mehr rostfarben.

198. *Luciola laeta*, n. sp.

Nigra, supra fere glabra, prothorace brevi, transverso, profunde sulcato, reflexo-marginato, basi truncato, disperse punctato, nitido: pectore, ventre, coxis femoribusque aurantiacis. Long. 6½ mill. ♀.

Der südeuropäischen *Luc. Lusitanica*, Charp. zwar im Colorit ähnlich, aber in der Form und Skulptur des Prothorax wesentlich verschieden, überdies beträchtlich kleiner. Stirn weniger breit, besonders nach unten hin mehr verschmälert, ausgehöhlt, glänzend schwarz, zerstreut und undeutlich punktirt. Oberkiefer licht rostroth, Oberlippe, Taster und Fühler schwarz. Prothorax weniger in die Quere gezogen, mit ziemlich stark gerundetem Vorderrand, über welchen der Kopf nur wenig hervortritt; die Basis fast gerade abgeschnitten, die Hinterecken daher nicht ausgezogen, sondern rechtwinklig, die Seitenränder leicht aufgebogen und gegen die Scheibe flach abgesetzt, die Mittellinie äusserst tief und breit gefurcht, die Scheibe zu beiden Seiten derselben noch mehrfach eingedrückt, zerstreut und fein punktirt, glänzend. Schildchen lichter rothgelb, gleich den Rändern des Prothorax dicht gedrängt punktirt. Die Skulptur der schwarzen Flügeldecken beträchtlich feiner als bei *Luc. Lusitanica*, die Längsrippen nur wenig ausgeprägt. Unterseite gleich den Hüften und Schenkeln lebhaft rothgelb, glänzend, ein Kniefleck, die Schienen und Tarsen schwärzlich pechbraun.

In einem Exemplare bei Mombas (September 1862) aufgefunden.

Lycus, Fab.

Mant. Insect. I. p. 163.

199. *Lycus constrictus*, Boh.

Lycus constrictus, Boheman, Insect. Caffrar. I. p. 434. No. 478 (♀).
Lycus cuspidatus, *Klug, Insekt. v. Mossamb. p. 200. Taf. XII. Fig. 8 (♂).

Die beiden Geschlechter dieser Art wurden von Dr. Kersten am See Jipe, Ende Oktobers 1862, wiederholt an Papyrus in Begattung angetroffen, ausserdem aber auch bei Mombas und — von Cooke — auf der Insel Sansibar gefunden. — Ob sich die für eine sichere Bestimmung wenig Anhalt bietende Boheman'sche Beschreibung in der That auf die hier in Rede stehende Art bezieht, könnte etwas zweifelhaft erscheinen; dass letztere jedoch im Kafferlande einheimisch ist, geht aus zwei aus Port Natal von Pöppig herrührenden Exemplaren hervor. Die Art steht dem *Lycus praemorsus*, Dalm. (in Schönherr, Synon. Insect. III. Append. p 25. No. 38. Taf. V. Fig. 1), besonders aber dem *Lyc. melanurus*, Dalm. (ebenda p. 28. No. 42. Taf. V. Fig. 7) und *Lyc. Aeolus*, Murray (Annals of nat. hist. 4. ser. I. p. 331. No. 12. pl. 9. Fig. 19) sehr nahe, unterscheidet sich aber von ersterem durch die der schwarzen Seitenflecken entbehrenden Flügeldecken, vom zweiten durch das gelbgerandete Abdomen, vom dritten durch schmalere Prothoraxbinde und die gelben Seiten der Vorderbrust.

Anmerkung. Dass der *Lycus melanurus*, Dalm. nicht als Weibchen zu *Lyc. praemorsus*, Dalm. gehören kann, ergiebt sich sowohl aus der verschiedenen Zeichnung der Flügeldecken als aus dem Umstande, dass von letzterer Art beide Geschlechter mit übereinstimmender Fleckung bekannt sind.

200. *Lycus congener*, n. sp.

Taf. VIII. Fig. 8.

Nigra, prothoracis abdominisque lateribus nec non elytrorum dimidio majore aurantiacis: prothoracis lobo apicali acuminato, angulis posticis divaricatis, elytrorum interstitiis quatuor internis aequaliter latis. Long. 19, lat. 8 mill. ♀.

Zwischen dem Weibchen der vorhergehenden Art und des *Lyc. sinuatus*, Dalm. (in Schönherr, Synon. Insect. III. Append. p. 28. No. 43. tab. V. Fig. 8) gewissermassen die Mitte haltend, mit ersterem in der Grösse und der Färbung des Hinterleibes, mit letzterem in den schmaleren Flügeldecken übereinstimmend, von beiden u. A. schon durch die den Vorderrand des Halsschildes nicht erreichende schwarze Binde und den mehr zugespitzten Mittellappen desselben unterschieden. — Fühler bei fast gleicher Breite deutlich kürzer als bei *Lyc. constrictus*, der Scheitel stärker gewölbt. Prothorax nicht in die Quere gezogen, nur wenig breiter als lang, die Seitenflügel nur von halber Scheibenbreite, die Hinterecken mehr angespitzt und schärfer abgesetzt, die schwarze Mittelbinde an der Basis weniger breit und den Vorderrand nicht erreichend. Die Flügeldecken ohne aufgerichtete und bauchige Schulterleiste und mit vorn nicht erweitertem Seitenrand; die vier Längsrippen ihrer Scheibe untereinander gleich weit entfernt, die beiden der Nahtrippe zunächst gelegenen jedoch deutlich stärker entwickelt als die beiden äusseren; der schwarze Spitzenfleck beiderseits weniger weit nach vorn reichend, sonst ganz ähnlich ausgeschnitten. Unterseite von gleicher Färbung und Zeichnung wie bei *Lyc. constrictus;* das letzte Hinterleibssegment weniger abgeflacht, an der Spitze nicht eingekerbt.

Bei Mombas im September 1862 gefunden; Männchen unbekannt.

201. *Lycus latissimus*, Lin.

Lampyris latissima, Linné, Syst. natur. I. 2. p. 646. No. 14 (♂).
Lycus latissimus, Olivier, Entom. II. No. 29. p. 5. pl. 1. Fig. 2 (♂). — Guérin, Voyage en Abyssinie. VI. p. 296. No. 1. pl. 3. Fig. 5 (♂).

In einem männlichen Exemplare von Mombas vorliegend.

202. *Lycus gravidulus*, n. sp.

Taf. VIII. Fig. 9.

Oblongo-ovatus, niger, nitidus, prothoracis abdominisque limbo laterali nec non elytris — macula apicali bifida excepta — aurantiacis, horum interstitio secundo ceteris latiore. Long. 15, lat. 8 mill. ♀.

Dem Weibchen des *Lyc. hamatus*, Guér. (Voyage en Abyssinie. VI. p. 297. pl. 3. Fig. 12) zunächst verwandt, aber durch die mehr erweiterten, eiförmigen, feiner gegitterten Flügeldecken und den tief eingeschnittenen und weiter nach vorn reichenden Spitzenfleck derselben unterschieden. — Fühler kurz und verhältnissmässig schwach verbreitert, ihre beiden Basalglieder gleich dem Rüssel pechbraun. Stirn sehr glänzend, kaum eingedrückt, mit feinem Mittelkiel; Scheitel leicht gewulstet. Prothorax nur wenig breiter als lang, mit schwach gewinkeltem Vorderrand, verhältnissmässig schmalen, stark aufgebogenen Seitenflügeln und breiter, glänzender, stumpf gekielter Scheibe, welche mit einem nach vorn dreieckig verschmälerten pechbraunen Fleck gezeichnet ist. Schildchen gleich dem Prothorax glatt, tief gefurcht, hinten zweiwulstig, fein punktirt, rostfarben. Flügeldecken zusammengenommen eiförmig, abgeflacht; der in der vorderen Hälfte zuerst schräg nach innen, dann senkrecht abfallende Seitenrand im Bereich der hinteren Hälfte flach ausgebreitet, daher die grösste Breite hinter der Mitte der Länge. Von den Längsrippen der Oberseite ist die Schulterrippe am stärksten, nächstdem die beiden der Naht zunächst verlaufenden entwickelt, schwach dagegen die der Schulterrippe zunächst liegende dritte; der zweite Zwischenraum reichlich um ein Dritttheil breiter als der erste, alle fein und unregelmässig netzartig gerunzelt. Die beiden Spaltäste des schwärzlich pechbraunen Spitzenfleckes gleich weit nach vorn reichend, der innere jedoch viel breiter, über die drei ersten Zwischenräume ausgedehnt. Hinterflügel safrangelb, ihre Spitze in gleicher Ausdehnung wie an den Flügeldecken stark gebräunt. Brust und Hinterleib kastanienbraun, letzterer mit rostgelben Einschnitten und Seiten, sehr fein staubartig behaart; das Endsegment länglich eiförmig, an der Spitze zugerundet. Beine pechbraun mit schwärzlichen Tarsen.

Am See Jipe (Mitte Decembers) aufgefunden.

Eros, Newm.

Entom. Magaz. V. p. 382.

Dictyopterus, Klug. — *Caenia*, Lac. — *Calopteron*, Boh.

203. *Eros favosus*, n. sp.

Antennis breviter flabellatis, pedibus compressis; elongatus, niger, opacus, antennarum basi, prothoracis circuitu elytrorumque dimidio majore flavis: pronoto triareolato, elytris costatis, interstitiis biseriatim foveatis. Long. 7—8 mill.

Dem *Eros notabilis* (*Calopteron notabile*, Bohem., Insect. Caffrar. I. p. 437. No. 479), wie es nach der Beschreibung scheint, sehr nahe verwandt, aber durch die Farbenvertheilung an Fühlern und Prothorax abweichend. Kopf oberhalb schwarz, bei der Insertion der Fühler rostroth. An diesen das Basalglied ganz und von den auf das kleine zweite Glied folgenden die beiden ersten mit Ausnahme des Spitzenrandes licht rothgelb, die übrigen schwarz; die Glieder vom dritten bis neunten stark erweitert und an der Spitze in einen dünnen Ast ausgezogen. Prothorax so lang wie an der Basis breit, mit ringsherum aufgebogenem und verdicktem Rande; die Seiten ausgeschweift, der Hinterrand zweibuchtig mit zugespitzten Hinterwinkeln, der Vorderrand in flachem Bogen gerundet. Auf der schwärzlich pechbraun gefärbten Scheibe durch hohe Leisten abgegrenzt drei tiefe Gruben, eine lang gestreckte lanzenförmige unpaare hintere und zwei sich derselben gegen den Vorderrand hin anschliessende stumpf dreieckige, kürzere; der rothgelbe Seitenrand gleichfalls durch eine mittlere Querkante in zwei Hälften getheilt. Schildchen quadratisch, hinten stumpf zweizipflig, matt schwarz. Flügeldecken wohl sechsmal so lang als der Prothorax, bis gegen das letzte Dritttheil hin fast gleich breit, ausser der Seitenrands- und Nahtrippe mit vier Längsrippen versehen, welche je zwei Reihen quadratischer Grübchen einschliessen. Färbung im Bereich der zwei vorderen Dritttheile licht orangegelb, im hintersten schwärzlich pechbraun. Von letzterer Färbung auch die Hinterflügel, die ganze Unterseite und die Beine, von diesen jedoch die Hüften und die Schenkelbasis bräunlich gelb.

Am See Jipe und bei Endara aufgefunden.

Melyris, Fab.

Syst. Entom. p. 65.

204. *Melyris nobilis*, n. sp.

Taf. VIII. Fig. 7.

Supra glabra, caerulea, antennarum basi pedibusque cinnabarinis, pectoris lateribus abdominisque basi viridi-micantibus: prothorace confertim cicatricoso-punctato, utrinque carinato, elytris alte costatis, interstitiis quadriseriatim profunde punctatis. Long. 9—11 mill.

Der *Melyr. rufiventris*, *Bohem. (Insect. Caffrar. I. p. 479. No. 520) durch die übereinstimmende Skulptur des Prothorax zunächst stehend, aber bei bedeutenderer Länge gedrungener gebaut, auch durch den Mangel der Behaarung und die gröbere Punktirung der Flügeldecken, sowie durch die Färbung des Hinterleibes hinreichend unterschieden. Von sämmtlichen durch Guérin, Reiche und Roth bekannt gemachten Abyssinischen Arten der Gattung theils durch Skulptur, theils durch Färbung und Grösse noch in höherem Maasse abweichend. — Körperfärbung in der Regel rein cyanblau, seltener mit einem Stich ins Violette oder Grüne. Die drei ersten Fühlerglieder ganz, die beiden folgenden an der Rückenseite blutroth, die übrigen tief schwarz; das fünfte bis zehnte Glied sehr kurz und quer, gleich gross. Mundtheile schwarz. Kopf dicht gitterartig und narbig punktirt, matt, mit stumpf gekieltem Clypeus und undeutlichem Scheiteleindruck. Prothorax breiter als lang, nach vorn stark verschmälert, abgestutzt dreieckig; Vorder- und Hinterrand deutlich aufgebogen, letzterer in der Mitte ausgebuchtet, die Seitenränder in flachem Bogen gerundet, scharfkantig, der oberhalb derselben verlaufende Seitenkiel bei der Mitte der Länge eingeknickt, dann unter welliger Biegung in den Vorderrand einmündend, die Basis an seiner Innenseite tief grubig eingedrückt; die kissenartig gewölbte Scheibe mit fast durchgehender, tiefer Mittelfurche, dicht und fast gleichmässig mit netzartig verbundenen, genabelten Punkten besetzt, die Seitentheile grober und mehr runzlig, sonst aber in übereinstimmender Weise punktirt. Das viereckige, nach hinten leicht verschmälerte Schildchen grob punktirt. Flügeldecken doppelt so lang als zusammen breit, bis auf die zugerundete Spitze parallel erscheinend, mit aufgewulsteten und etwas geglätteten Schulterbeulen, ausser der Naht und dem Seitenrand noch mit drei starken Längsrippen der Scheibe, von denen die erste und dritte fast bis zur Spitze reichen, die gleich breiten Zwischenräume je mit vier nicht ganz regelmässigen Reihen grober Punkte besetzt. Brust und zwei Basalringe des Hinterleibes blaugrün oder stahlblau, erstere dichter, fast körnig, letztere sparsamer und feiner punktirt; die vier letzten Hinterleibsringe fast schwarz und weniger glänzend. Beine bis auf die in der Regel pechschwarzen oder bräunlichen Tarsen intensiv mennigroth.

In Mehrzahl am See Jipe (Ende Oktobers 1862) und bei Uru aufgefunden.

205. *Melyris parvula*, n. sp.

Viridis vel coerulea, breviter nigro-setulosa, antennarum basi pedibusque rufis: prothorace confertim cicatricoso-punctato, utrinque carinato, medio profunde sulcato, elytris alte costatis, interstitiis triseriatim rugoloso-punctatis. Long. 4½—5 mill.

Von der Grösse der *Melyr. sulcicollis*, Bohem. (Insect. Caffrar. I. p. 482. No. 523) und der kleineren Exemplare der *Melyr. lineata*, Fab. (Entom. syst. I. p. 226. No. 8), von beiden jedoch schon durch die Färbung der Beine, von letzterer u. A. auch durch die viel weniger grobe Punktirung der Flügeldecken unterschieden. — Körperfärbung ebenso oft ganz dunkel smaragdgrün wie tief cyanblau, zuweilen der Vorderkörper von ersterer, die Flügeldecken von letzterer Farbe; Fühler und Mundtheile wie bei der vorhergehenden Art gefärbt. Auch die Art der Punktirung des Kopfes wie dort, der Clypeus jedoch flach, die Stirn mit einer deutlichen Mittelgrube. Prothorax verhältnissmässig kürzer, gegen die Basis hin seitlich stärker gerundet, längs der Mittellinie breiter und tiefer gefurcht, die Seiten der Basis innerhalb der Längskiele nicht grubig vertieft, diese gleich dem Seitenrand weniger scharf, letzterer sogar leicht wulstig; die Punktirung ebenso gedrängt, gitterartig und genabelt wie dort. Schildchen runzlig. Flügeldecken im Verhältniss etwas kürzer, ihre Längsrippen noch beträchtlich schärfer ausgeprägt, die Punkte der tief liegenden Zwischenräume nur in drei Reihen angeordnet und deutlich zu Querrunzeln zusammenfliessend. Unterseite bis zur Spitze des Hinterleibes gold- oder blaugrün, glänzend, ziemlich fein und zerstreut punktirt. Beine entweder ganz roth oder mit pechbraunen Tarsen.

Die Art wurde in grösserer Anzahl bei Endara (December 1862) gesammelt.

Prionocerus, Perty.

Colеopt. Ind. orient. p. 33.

Idgia, Lap. — *Deromma*, Redt. — *Dipromorphus*, Muls.

206. *Prionocerus dimidiatus*, n. sp.

Taf. VIII. Fig. 11.

Ater, pubescens, scutello elytrorumque dimidio basali majore aurantiacis, apicali cyanescenti: oculis distantibus, antennis breviusculis, articulis 4.–10. subdilatatis. Long. 12–15 mill.

Prionocerus dimidiatus, *Boheman in lit.

Langstreckiger als *Prion. coeruleipennis*, Perty (a. a. O. p. 33. Fig. 4), von welchem *Prion. bicolor*, Redtenb. (Reise der Novara, Käfer. p. 109. Taf. 4. Fig. 3) nur eine Varietät mit rostgelben Flügeldecken ist; mit demselben in der Breite der Stirn übereinstimmend, dagegen durch die seitlich stärker hervorgewölbten Augen und die längeren, schwächer erweiterten Fühler abweichend, in letzterer Beziehung zwischen der Perty'schen und den von Laporte als besondere Gattung *Idgia* abgetrennten Arten die Mitte haltend. Kopf nebst Fühlern und Mundtheilen tief und glänzend schwarz, besonders auf dem Scheitel und der Stirn lang gleichfarbig behaart und hier fein und zerstreut punktirt; Stirn fast um die Hälfte schmaler als der Querdurchmesser der seitlich heraustretenden Augen. An den Fühlern das dritte Glied ebenso lang, aber schmaler als das erste, die folgenden nach innen allmählich stärker dreieckig erweitert, aber zugleich kürzer werdend, so dass das zehnte nur wenig länger als breit ist; Endglied schmal, länglich pfriemförmig. Prothorax abgerundet viereckig, etwas länger als an der leicht ausgebuchteten Basis breit, vor der Mitte, wo die Seitenränder in den halbkreisförmigen Vorderrand übergehen, am breitesten; die Oberfläche uneben, in der Mitte der Scheibe schwach gefurcht, nahe der Basis zu zwei seitlichen Schwielen aufgetrieben, nahe dem Seiten- und Vorderrand jederseits eingedrückt, ziemlich dicht, aber seicht punktirt, auf der Scheibe kürzer und gelblich, längs der Ränder lang und schwarz, aufrecht behaart, glänzend rothgelb, mit zwei undeutlichen schwärzlichen Punkten vor der Spitze. Das quer viereckige Schildchen dicht körnig punktirt. Flügeldecken lang gestreckt, seitlich zwischen den abgerundeten Schultern und der Mitte leicht ausgeschweift, nach hinten deutlich erweitert, jede einzelne an der Spitze stumpf zugerundet, am Ende der Naht klaffend; die Oberfläche dicht körnig punktirt, auf hellem Grunde goldgelb, auf dunkelem russschwarz seidig, anliegend behaart, die gewöhnlichen, kettenartig punktirten Längsrippen nur schwach ausgeprägt, in den Punkten mit aufgerichteten schwarzen Borstenhaaren besetzt; die kleinere schwarze Spitzenhälfte bläulich schimmernd, gegen die vordere orangegelbe nicht ganz scharf in einer nach hinten geöffneten Bogenlinie abgesetzt. Die ganze Unterseite bis auf den Prothorax, mit Einschluss der Beine tief und glänzend schwarz, gleichfarbig behaart, fein punktirt, die Hinterleibsringe beiderseits mit ringförmigen Eindrücken. Fussklauen rostroth.

In einigen Exemplaren von Mombas (September 1862) vorliegend; die Art ist auch bei Port Natal (Boheman) einheimisch.

207. *Prionocerus apicalis*, n. sp.

Aurantiacus, capite posteriore elytrorumque apice nigris: oculis approximatis, antennis filiformibus. Long. 10 mill.

In Grösse, Form und Färbung dem *Prion. terminatus* (*Idgia terminata*, Laporte, Hist. nat. d. Ins. Coléopt. I. p. 275), nahe verwandt, jedoch durch die ganz rothgelben Beine und Fühler, sowie durch grössere Länge und Dünnheit der letzteren unterschieden. — Kopf glänzend schwarz, nur die Seitenränder der Stirn, der Saum des Clypeus, die Oberlippe, Kiefer, Taster und Fühler licht rothgelb; die dünne Behaarung des Scheitels und der Stirn schwarz, aufrecht, letztere durch die grossen Augen so eingeengt, dass sie unten kaum dem vierten Theil des Querdurchmessers dieser gleichkommt. Fühler lang, fadenförmig, nur das erste Glied derselben leicht erweitert; dieses so lang wie das vierte, aber beträchtlich kürzer als das dritte und das noch längere fünfte; das langgestreckte Endglied innen leicht ausgebuchtet, kaum schmaler als das vorhergehende. Prothorax abgerundet quadratisch, kaum länger als breit, flach gedrückt, mit stärkerem Eindruck vor der Mitte der Basis und leichter schwieliger Auftreibung innerhalb der Hinterecken, dicht runzlig punktirt, nur leicht glänzend, fein schwärzlich behaart, längs der Ränder ebenso gewimpert. Flügeldecken etwas kürzer und mehr gleich breit als bei der vorhergehenden Art, abgesehen von dem schwarzen, nur das hinterste Fünftheil einnehmenden Spitzenfleck gleich dem Prothorax rothgelb, durch dicht gedrängte, feinkörnige Punktirung fast matt, auf den mit tieferen Punkten besetzten schwachen Längsrippen in regelmässigen Abständen schwarz beborstet, der hintere Theil des Seitenrandes und die stumpf abgerundete Spitze gleichfarbig gewimpert. Die ganze Unterseite mit Einschluss der Beine licht rothgelb, fein punktirt und anliegend seidig behaart.

Bei Mombas (September 1862) von Dr. Kersten, auf der Insel Sansibar von Cooke gesammelt.

Fam. Clerii, Latr.

Phloeocopus, Lacord.

Phloiocopus, Guér., Iconogr. règne anim., Insect. p. 54.

208. *Phloeocopus cinctus*, n. sp.

Taf. VIII. Fig. 10.

Niger, griseo-hirtus, antennis pedibusque concoloribus, elytris basi sanguineis, fascia pone medium sita, angusta eburnea: prothorace nitido, profunde punctato, ante medium perspicue bicalloso. Long. 14 mill. ♀.

Von ganz analoger Färbung und Zeichnung wie *Phl. tricolor*, Guér. (*interruptus*, *Klug) und *Phl. basalis*, *Klug (Gatt. u. Art. d. Clerii. p. 313. No. 12 u. 13), von beiden jedoch durch die ganz dunkle Färbung der Fühler und Beine, durch die schmalere elfenbeinfarbige Binde der Flügeldecken und den grober punktirten, vorn stark zweischwieligen Prothorax abweichend; in der Skulptur der Flügeldecken der erstgenannten Art näher stehend als dem *Phl. basalis*, mit diesem dagegen in dem längeren und schmaleren Endglied der weiblichen Fühler übereinstimmend. Fühler und Mundtheile durchaus schwarz, erstere gleich den Tastern nur mit rothbraun durchscheinendem Saume des Endgliedes. Kopf etwas grober runzlig punktirt als bei *Phl. tricolor*, die Stirn zwischen den Augen mehr verschmälert. Prothorax etwas kürzer und nach vorn nicht verengt, tief und glänzend schwarz, beträchtlich grober, wiewohl gleichfalls unregelmässig punktirt, vor einem die kurze Längsfurche kreuzenden Quereindruck zu zwei sehr deutlichen Wulsten aufgetrieben, auch zwischen diesen und dem Vorderrand stärker gewölbt als bei *Phl. tricolor*. Die dunklere, mehr blutrothe Färbung der Flügeldeckenbasis das erste Drittheil der Länge nur wenig überschreitend, die auf tief schwarzem Grunde stehende knochenfarbige Querbinde sehr schmal und mehr nach vorn gerückt, die Punktirung der vorderen Hälfte äusserst grob und tief, siebförmig, ziemlich regelmässige Längsreihen bildend, die schwächere des hinter der Binde liegenden Theiles gleichfalls schärfer markirt und reihenweise angeordnet. Die Unterseite nebst den Beinen in ihrer ganzen Ausdehnung tief schwarz, die Punktirung der Brust grobkörnig und stellenweise runzlig, diejenige des Hinterleibes zerstreut, aber tief eingestochen. Die besonders an dem Kopf, Prothorax und den Beinen lange Behaarung ist gelblich greis.

Das einzige vorliegende Exemplar stammt vom See Jipe (Ende Oktobers 1862).

Necrobia, Latr.

Préc. d. caract. gén. d. Insect. p. 33.

209. *Necrobia rufipes*, de Geer.

(1775) *Clerus rufipes*, de Geer. Mémoires. V. p. 165. No. 1. pl. 15. Fig. 4.
(1781) *Anobium rufipes*, Thunberg. Nov. Insect. spec. p. 10.
(1781) *Dermestes rufipes*, Fabricius, Spec. Insect. I. p. 65. No. 14. — Mant. Insect. I. p. 35. No. 16.
(1792) *Korynetes rufipes*, Herbst, Käfer. IV. p. 151. No. 2.
(1801) *Corynetes rufipes*, Fabricius, Syst. Eleuth. I. p. 286. No. 2.
Necrobia rufipes, Olivier, Entom. IV. No. 76. p. 5. No. 2. pl. 1. Fig. 2a, b.
Corynetes rufipes, *Klug, Gatt. u. Art. d. Clerii. p. 350. No. 8.
Necrobia rufipes, Spinola, Essai sur les Clérites. II. p. 101. No. 1.

Diese kosmopolitisch verbreitete Art wurde sowohl auf dem Festlande (Wanga, Kisuani u. s. w.) als auch besonders zahlreich von Cooke auf der Insel Sansibar angetroffen.

Fam. Xylophaga, Latr.

Atractocerus, Palis.

Mém. sur un nouv. genre d'Insect. 1801.

Macrogaster, Thunb.

210. *Atractocerus brevicornis*, Lin.

Necydalis brevicornis, Linné, Syst. natur. I. 2. p. 643. No. 11.
Lymexylon abbreviatum, Fabricius, Mant. Insect. I. p. 164. No. 1. — Entom. syst. I. 2. p. 92. No. 2. — Syst. Eleuth. II. p. 87. No. 2.
Macrogaster abbreviatus, Thunberg, Götting. gelehrt. Anzeig. 1806. p. 281.

Atractocerus necydaloides, Palisot de Beauvois, Mémoire sur un nouveau genre d'Insectes, trouvé en Afrique. — Castelnau, Hist. nat. d. Ins. Coléopt. I. p. 291. No. 2. — *King, Insekt. v. Mossamb. p. 225. Taf. XII. Fig. 6.
Atractocerus Madagascariensis, Laporte in Silbermann, Rev. entom. IV. p. 59. No. 1
Atractocerus Africanus, Boheman, Insect. Caffrar. I. p. 519. No. 562.

Var. *Fronte inter oculos paullo latiore.*

Atractocerus frontalis, *Klug, Insekt. v. Mossamb. p. 225. Taf. XII. Fig. 5, 5a.

Zwei von Cooke auf der Insel Sansibar erbeutete Exemplare dieser Art stimmen mit solchen vom Kap, aus dem Kafferlande und aus Madagaskar durchaus überein.

Anmerkung. Nach drei mir aus Madagaskar (Goudot) vorliegenden Exemplaren, auf welche Laporte's kurze Charakteristik seines *Atractocerus Madagascariensis* vollkommen passt, zeigt diese (gleichfalls auf Goudot'sche Exemplare begründete) Art nicht den geringsten Unterschied von dem über das Afrikanische Festland weit verbreiteten Linné'schen *Atractocerus brevicornis* (*necydaloides*, Palis.). Etwas anders verhält es sich mit dem von Klug auf zwei aus Mossambik (Sena) stammende Individuen begründeten *Atractocerus frontalis*, für welchen eine zwischen den Augen etwas breitere Stirn nicht in Abrede gestellt werden kann. Hierauf reduciren sich indessen alle von Klug hervorgehobenen Unterschiede den kapensischen und Natalensischen Exemplaren gegenüber, indem der Kopf weder breiter noch weniger verlängert oder abweichend gefärbt und punktirt, ebenso wenig der Prothorax im Mindesten anders gestaltet erscheint. Ein mehrfach wiederholter, sorgsamer Vergleich der Mossambiker Exemplare mit den aus anderen Gegenden Süd-Afrikas stammenden hat mich keinerlei weitere Unterschiede auffinden lassen, wie denn auch Klug selbst die vorwiegende Uebereinstimmung mit dem *Atract. brevicornis* zugesteht. Dem Unterschied in der Stirnbildung eine specifische Bedeutung beizulegen, muss ich aber um so mehr Bedenken tragen, als einerseits die beiden zur Begründung des *Atract. frontalis* benutzten Exemplare in der Breite der Stirn nicht genau übereinstimmen, andererseits auch bei den verschiedenen Individuen des *Atract. brevicornis* in diesem Merkmal leichte Schwankungen nachweisbar sind. Es ist mithin für die Abtrennung jener Mossambiker Exemplare zu einer eigenen Art ein vereinzeltes Merkmal benutzt worden, welches offenbar als eine individuelle oder zufällige Eigenthümlichkeit angesehen werden muss.

Xyloperthe, Guér.

Bullet. soc. entom. de France. 1845. p. 17.

211. *Xyloperthe crinitarsis*, Imh.

*(1843) *Xyloperthe crinitarsis*, Imhoff, Bericht über die Verhandl. d. naturforsch. Gesellsch. in Basel. V. p. 177.
(1852) *Xyloperthe sericea*, Mulsant et Wachanru, Mémoires de l'acad. de Lyon. 2. sér. II. p. 14. — Opusc. entomol. I. p. 174. No. 17.

In einem einzelnen Exemplare von der Insel Sansibar (Cooke) vorliegend. Gleich vielen Arten dieser und der verwandten Gattungen hat auch die hier in Rede stehende eine auffallend weite Verbreitung. Exemplare, welche die hiesige Entomologische Sammlung vom Senegal (Buquet) und aus Madagaskar (Goudot) besitzt, lassen sich von solchen aus Pará (Sieber) durch nichts unterscheiden. Während Imhoff die Art zuerst nach Guineensischen Individuen beschrieb, giebt Mulsant für die seinigen Vorder-Asien (Caramanien) als Vaterland an. In der Beschreibung, welche letzterer Autor von seiner *Xylop. sericea* giebt, fehlt allerdings jede Angabe über die auffallende Behaarung der Hintertarsen, welche übrigens nicht ausschliesslich die gegenwärtige Art charakterisirt, sondern auch anderen zukommt. Im Uebrigen passt jedoch die Mulsant'sche Beschreibung vollkommen, besonders auch in Betreff der zwei auf dem hinteren Flügeldecken-Absturz befindlichen Zähnchen — das von Imhoff erwähnte sehr kleine dritte kann ich nicht wahrnehmen —, so dass an der Identität seiner Art kaum zu zweifeln ist.

Xylographus, Mellié.

Rev. zoolog. 1847. p. 109.

212. *Xylographus perforatus*, n. sp.

Prothoracis sinuati angulis anticis rotundatis, niger, glaber, fortiter punctatus, elytris ultra medium usque subcrenulatis. Long. 3½—4 mill. ♂ ♀

♂ *major. Mandibula sinistra cornuta, vertice profunde excavato.*

♂ *minor. Mandibula sinistra subcornuta, vertice plano, disperse punctato.*

♀ *Mandibula sinistra inermi, vertice plano, sat confertim punctato.*

Zu der ersten von Mellié (Annal. soc. entom. de France. 2. sér. VI. p. 221) gegründeten Gruppe gehörend und von den bis jetzt bekannten Arten derselben schon durch die auffallend grobe Punktirung der Oberseite abweichend. Der Körper ist bei ausgefärbten Exemplaren tief pechschwarz, bei unreifen licht rothbraun oder selbst rostfarben, die Fühler von letzterer Farbe, die Beine röthlich pechbraun mit helleren Tarsen. Scheitel bei den grössten männlichen Individuen, deren linke Mandibel ein längeres Horn trägt, tief ausgehöhlt und sparsam punktirt, bei den kleineren, an deren linker Mandibel nur ein kleines, aufrechtes Spitzchen bemerkbar ist, durchaus flach und schon zahlreicher punktirt, bei den Weibchen am dichtesten, zugleich deutlich gewölbt. Prothorax so lang wie an der Basis breit, die Mitte seines Vorderrandes bei grösseren Männchen deutlich quer abgestutzt und aufgebogen gerandet, bei kleineren und den Weibchen ganz allmählich in die beiderseitige Ausbuchtung übergehend; die Vorderwinkel abgerundet, die Seiten und die Basis deutlich gerandet, die ganze Oberfläche ziemlich dicht und grob, nach vorn und gegen die Seiten hin sogar leicht runzlig punktirt. Schildchen äusserst klein, punktförmig. Flügeldecken nur um ein Drittheil länger als der Prothorax, bis zum hintersten Drittheil gleich breit, an der Spitze stumpf abgerundet; im Profil gesehen, von der Basis bis über die Mitte hinaus allmählich ansteigend, hinten unter starker Wölbung abfallend. Die Oberfläche noch grober und etwas sperriger als das Halsschild punktirt, neben der Naht schmal eingedrückt, längs des Seitenrandes gleich der Unterseite fein staubartig behaart. Hinterleib grob und runzlig punktirt, Metasternum glatt und leicht glänzend.

Von Cooke auf der Insel Sansibar in grösserer Individuen-Zahl gesammelt.

Fam. Melasoma, Latr.

Zophosis, Latr.

Gen. Crust. et Insect. II. p. 148.

213. *Zophosis sculptilis*, n. sp.

Oblongo-ovata, apicem versus acuminata, capite prothoraceque confertim punctatis, elytris basi subtiliter coriaceis, deinde nitidissimis, parce punctulatis, utrinque fortiter et oblique rugoso-plicatis. Long. 5½ mill.

Nach der von Deyrolle (Annal. soc. entom. de France. 4. sér. VII. p. 86 ff.) gegebenen Uebersicht der Zophosis-Arten würde sich die vorstehende durch die den Seitenrand der Flügeldecken einnehmende Epipleural-Leiste (p. 99, A A.), den Mangel deutlicher Längsrippen auf den Flügeldecken (p. 102, S S.) und den länglich eiförmigen Umriss (p. 104, X X.) den drei zuletzt aufgeführten Arten (No. 102—104) zunächst anschliessen, von welchen sie durch die auffallende Skulptur der Flügeldecken leicht zu unterscheiden ist. — Sie gehört zu den kleinsten Arten der Gattung und ist von länglich eiförmigem Umriss mit starker Zuspitzung nach hinten. An den dunkel pechbraunen Fühlern ist das zweite Glied um ein Dritttheil kürzer als das dritte. Der Kopf gleichmässig und dicht punktirt, fast matt, ohne Eindrücke, der Vorderrand abgeflacht und hinter der Oberlippe leicht ausgeschnitten; das Kinn mit schmaler, dreieckiger Ausrandung. Prothorax der Quere nach stark gewölbt, dreimal so breit als in der Mitte lang, mit gerundeter, beiderseits tief ausgebuchteter Basis, lang ausgezogenen, spitzen Hinter- und mehr abgestumpften, aber gleichfalls weit hervortretenden Vorderecken; überall sehr dicht und ziemlich fein, beiderseits fast lederartig gerunzelt-punktirt, gleich dem Kopf nur matt glänzend. Flügeldecken mehr denn doppelt so lang als der Vorderkörper, an der äussersten Basis deutlich schmaler als der Prothorax, nach leichter und kurzer seitlicher Erweiterung gegen die Spitze hin allmählich, aber stark zugespitzt verschmälert; die Oberfläche im Bereich der Basis und längs des Aussenrandes fein lederartig gerunzelt, matt, über die Scheibe hin stark glänzend, fast spiegelblank, leicht metallisch schimmernd, sehr fein und zerstreut punktirt, die Aussenhälfte von der Mitte bis zur Spitze mit schrägen, leistenartigen Runzeln, welche nach innen und oben breiter und glatter, mehr faltenartig werden, bedeckt. Vorderbrust dicht lederartig gerunzelt, matt, Prosternalfortsatz schmal lanzettlich, stumpf zugespitzt, horizontal, einzeln punktirt; Mesosternum zugespitzt herzförmig, ungerandet, nur wenig vertieft, der mittlere Theil des Metasternum zerstreut punktirt, hinten bis auf ein Dritttheil seiner Länge eingeschlitzt. Epipleuren breit, deutlich nadelrissig, speckartig glänzend. Beine pechbraun mit lichteren, mehr rothbraunen Hüften und Schenkeln; Schienensporen rostroth, die vorderen länger als das erste Tarsenglied.

In einem Exemplare bei Mbaramu (Oktober 1862) aufgefunden.

214. *Zophosis congesta*, n. sp.

Acuminato-ovata, plerumque aeneo-micans, capite prothoraceque confertim et subtilius, elytris fortius punctulatis, tricostatis; fronte leviter impressa, clypei margine subincrassata. Long. 6½—7½ mill.

Der *Zoph. abbreviata*, Sol. (Annal. soc. entom. de France. III. p. 606. No. 3) sehr nahe verwandt und mit derselben in allen von Deyrolle (ebenda 4. sér. VII. p. 86) sub A. bis H. aufgeführten plastischen Merkmalen übereinstimmend, aber durch die zwischen den Längsrippen stark punktirten Flügeldecken, die Bildung des Vorderkopfes, die schärfer zugespitzten Hinterecken des Prothorax u. s. w. abweichend. — Der Körper ist in gleicher Weise, wie bei der genannten Art, eiförmig, mit deutlicher Zuspitzung nach hinten, meist mit ziemlich lebhaftem Bronzeschimmer, seltener schwärzlich. Die Fühler mit gleichen Längsverhältnissen der einzelnen Glieder, das Kinn schmal dreieckig ausgeschnitten. Der Clypeus ist von der Stirn durch eine feine glatte Linie abgesetzt, sein Vorderrand im Bereich der Oberlippe nicht abgestutzt und flach gedrückt, sondern gerundet und deutlich aufgewulstet; die Stirn auf der Grenze gegen den Clypeus mit einem flachen mittleren Eindrucke versehen, nicht ganz so gedrängt, aber etwas tiefer als bei *Zoph. abbreviata* punktirt. Letzteres ist auch am Prothorax ersichtlich, welcher sich überdies durch etwas geringere Breite und durch mehr ausgezogene Vorder- und Hinterecken unterscheidet. Am auffallendsten ist jedoch die hier in Rede stehende Art durch die zwischen den drei Längsrippen und der Naht überall deutlich hervortretende gedrängte und tief eingestochene Punktirung, welche fast als grob zu bezeichnen ist, charakterisirt. Gegen den Seitenrand hin wird diese Punktirung, gerade umgekehrt als bei *Zoph. abbreviata*, merklich feiner, erscheint jedoch bei grösserer Gedrängtheit gleichfalls leicht runzlig und selbst nadelrissig. Die Längsrippen erscheinen bei schärferer Ausprägung glatt und glänzend, doch zeigt in diesem Falle die Naht nicht (wie bei *Zoph. abbreviata*) dieselbe Beschaffenheit; bei ihrem Verschwinden nimmt die Oberfläche eine fast gleichmässige Punktirung an. Prosternalfortsatz deutlich schmaler und mehr lanzettlich zugespitzt als bei *Zoph. abbreviata*, der Schlitz des Metasternum und der Verlauf der Epipleural-Leiste ganz wie dort; die Epipleuren noch etwas gleichmässiger und schärfer nadelrissig. Vorderhüften und Schienensporen licht braunroth.

Die Art liegt in einer Reihe von Exemplaren von Mbaramu, dem See Jipe, Endara und Mombas vor, wo sie während der Monate September bis December gesammelt wurde.

215. *Zophosis alternata*, n. sp.

Obtuse ovata, aterrima, nitida, fronte prothoraceque subtilissime, clypeo distincte separato multo fortius punctato, elytrorum costis tribus latis, laevigatis, interstitiis distincte punctatis. Long. 9 mill.

Diese Art würde sich nach den von Deyrolle (a. a. O.) verwertheten plastischen Merkmalen seiner 20. bis 23. Art zugesellen, über welche zu bemerken ist, dass die Epipleural-Leiste derselben (wenigstens von *Zoph. Bori*, Sol. und *agaboides*, Gerst.) im Grunde nicht regelmässig gebogen, sondern nahe der Spitze deutlich ausgebuchtet erscheint, in ähnlicher Weise, wie es bei den unter E. E. (p. 97) aufgeführten Arten der Fall ist. In letzterem Merkmal gleichfalls mit jenen vier Arten übereinstimmend, unterscheidet sich *Zoph. alternata* von denselben ausser der Kopfbildung schon durch die auffallend breiten, abgeflachten und geglätteten Längsrippen der Flügeldecken. Der Körper ist stumpf eiförmig, vorn und hinten fast gleich breit zugerundet, tief und ziemlich glänzend schwarz. Zweites Fühlerglied um ein Drittheil kürzer als das folgende; das Kinn nur schwach ausgebuchtet, auf seiner Fläche mit zwei deutlichen Gruben. Zwei ähnliche lässt auch der Clypeus erkennen, welcher sich nicht nur durch seine sehr viel gröbere und gedrängtere Punktirung, sondern auch durch etwas stärkere Wölbung sehr deutlich von der Stirn und den Backen absetzt; die auf diese Art gebildete Grenzlinie verläuft beiderseits schräg nach vorn und aussen, in ihrem mittleren, mit einer Ausbuchtung versehenen Theile quer. Prothorax stark in die Quere entwickelt, mehr denn dreimal so breit als in der Mitte lang, seine Basis bis auf die zugespitzten und nach hinten ausgezogenen Hinterecken fast gerade abgeschnitten, die Seitenränder unter starker Convergenz nach vorn in flachem Bogen gerundet, die Oberfläche glänzend, auf der Scheibe noch beträchtlich feiner und sperriger als in der Mitte der Stirn, beiderseits dagegen deutlicher und gedrängter punktirt. Flügeldecken bis über die Mitte hinaus fast gleich breit und auch im hinteren

Theil nur wenig verschmälert; die Naht und drei breite, abgeflachte Längsrippen stark glänzend, wie geglättet, nur ganz vereinzelt und sehr fein punktirt, die mit ihnen alternirenden matten Zwischenräume etwas schmaler als die Rippen, mit zahlreichen isolirten, gegen die Spitze hin allmählich tiefer und länglicher werdenden Punkten besetzt. Der umgebogene Aussenrand der Flügeldecken oberhalb der Epipleural-Leiste deutlich längsrissig, die Spitze auch oberhalb in ziemlicher Ausdehnung feilenartig rauh, die Epipleuren selbst glänzend, kurz und tief, fast schuppenartig eingerissen. Prosternum fein lederartig gerunzelt, Prosternalfortsatz blank, fein und zerstreut punktirt, horizontal, stumpf lanzettlich. Metasternum fast bis auf die Hälfte seiner Länge tief und breit eingeschlitzt, die Basalhälfte vertieft und dicht gedrängt punktirt; die beiden schrägen Seitenfurchen nach vorn grubig erweitert. Beine nebst Schienensporen tief schwarz, nur die Vorderhüften rothbraun.

Ein einzelnes Exemplar vom See Jipe (December 1862).

216. *Zophosis funerea*, n. sp.

Oblongo-ovata, atra, subopaca, prothorace subtilissime, capite elytrisque distinctius punctatis, his obsolete tricostatis; fronte clypeum versus leviter biimpressa. Long. 8 mill.

Derselben Gruppe wie die vorhergehende Art angehörend und innerhalb derselben durch den lang gestreckten, schmalen Körper in Verbindung mit dem sehr fein punktirten Prothorax ausgezeichnet; von *Zoph. agaboides*, * Gerst. (Insekt. v. Mossamb. p. 271) neben der sehr viel feineren und weitläufigeren Punktirung der Oberseite durch den gewölbteren und nach hinten viel stärker als nach vorn verschmälerten Körper abweichend. — Zweites Fühlerglied etwas dicker und deutlich kürzer als das dritte. Kopf dicht und deutlich punktirt, der Clypeus nicht merklich grober als die Backen und der untere Theil der Stirn, daher nicht scharf abgegrenzt; nur zwei Eindrücke jederseits, von denen die beiden oberen, auf der vorderen Grenze der Stirn gelegenen durch einen leichten Wulst begrenzt werden, lassen seinen Umkreis erkennen. Prothorax nur doppelt so breit als lang, in der Mitte der Basis nur äusserst leicht gerundet, zu beiden Seiten derselben vor dem Hinterrand und parallel mit demselben furchenartig vertieft, die spitzigen Hinterecken viel kürzer als die abgestumpften vorderen, die Oberfläche durchweg äusserst fein und seicht, nach den Seiten zu aber etwas dichter punktirt. Flügeldecken fast 2½ mal so lang als der Vorderkörper, schon vom ersten Dritttheil an nach hinten verschmälert, auf fein ciselirtem und fast mattem Untergrunde von vorn nach hinten allmählich stärker und zahlreicher punktirt, längs des Aussenrandes nadelrissig, die drei Längsrippen schwach, schmal und in der Punktirung kaum eine Unterbrechung hervorrufend. Epipleural-Leiste vor der Spitze deutlich ausgebuchtet, die Epipleuren selbst sperrig und leistenartig eingerissen. Prosternum matt, fein lederartig gerunzelt, Prosternalfortsatz horizontal, stumpf lanzettlich, zerstreut punktirt, glänzend. Metasternum nicht ganz bis auf die Mitte der Länge eingeschlitzt, zerstreut punktirt, vorn nicht vertieft. Beine schwarz, Vorderhüften, Schienensporen und Fussklauen licht rothbraun.

Bei Mbaramu im Oktober 1862 aufgefunden.

217. *Zophosis convexiuscula*, Gerst.

Zophosis convexiuscula, *Gerstaecker, Bericht d. Akad. d. Wissensch. zu Berlin. 1854. p. 530. — Insekt. v. Mossamb. p. 272. — *Deyrolle, Annal. soc. entom. de France. 4. sér. VII. p. 90 u. 123. No. 16.

Diese bisjetzt nur aus Mossambik bekannte Art liegt in einem übereinstimmenden Exemplar von der Insel Sansibar (Cooke) vor.

Diodontes, Sol.

Annal. soc. entom. de France. III. p. 518.

218. *Diodontes areolatus*, n. sp.

Taf. IX. Fig. 6.

Oblongo-ovatus, fronte pronotoque rude reticulato-punctatis, hoc late sulcato; elytrorum costis acutis, ramis transversis areolatim inter se conjunctis. Long. 9 mill.

Kleiner und besonders schmaler als *Diod. porcatus*, Sol. (a. a. O. III. p. 519. No. 1), von mehr länglich eiförmigem Umriss, durch längeren und schmaleren Prothorax sowie durch die Skulptur dieses und der Flügeldecken sehr auffallend unterschieden. — Drittes Fühlerglied nur wenig länger als das zweite und vierte, die folgenden weniger scharf von einander abgesetzt als bei *Diod. porcatus*; die Mandibeln kürzer, vorn nur schwach ausgehöhlt und hier sehr grob punktirt. Clypeus in der Mitte des Vorderrandes deutlich dreizähnig, gleich dem Stirnwulst nur sparsam grob punktirt. Stirn über die Mitte hin netzartig gerunzelt punktirt, gegen die Augenleiste hin breit grubig vertieft. Prothorax kaum doppelt so breit als lang, gegen die Spitze hin allmählich und unter fast geradlinigen Seitenrändern verengt, die hervorgezogenen Vorderecken abgestumpft, der Vorderrand in der Mitte gerade abgeschnitten, beiderseits ausgeschweift, die ganze Oberfläche sehr grob netzartig punktirt-gerunzelt und diese Runzeln zu vier glatten Schwielen zusammenfliessend, von denen zwei die breite mittlere Längsfurche begrenzen, zwei mehr nach vorn gelegene von je einem undeutlichen Eindruck begleitet sind. Flügeldecken abgesehen von der vorderen Abstutzung fast regulär oval, etwas vor der Mitte am breitesten, ausser der feingekörnten Naht mit den gewöhnlichen vier Längsrippen versehen, welche sich bei der gegenwärtigen Art aus dem matt erdigen Grunde scharf und als glänzend schwarze, glatte Leisten hervorheben; die erste derselben ist mit der zweiten durch zwei, diese mit der dritten durch vier und die dritte mit der vierten durch fünf gleichfalls glänzende und erhabene Querrippen verbunden, so dass die Rückenfläche der Flügeldecken in ihrer Gesammtheit eine sehr zierliche Felderung zeigt, welche noch durch zwei aus dem Endfelde der zweiten und dritten Reihe hervorgehende und gegen die Naht hin verlaufende Rippen vervollständigt wird. Auch die Epipleuren zeigen eine, wenngleich weniger regelmässige Felderung. Bauchseite nackt, fast matt; das Endsegment zahlreicher, die vorhergehenden ganz vereinzelt mit groben Punkten besetzt, aber gleich der Mittelbrust längs der Basis eingekerbt. Schenkel und Schienen sehr grobpunktig, Vorderhüften und Vorderschienen röthlich pechbraun, letztere (wohl durch Abnutzung) am Aussenrande nur schwach gezähnt.

Ein einzelnes Exemplar dieser zierlichen Art liegt von Endara (20. December 1862) vor.

Adesmia, Fisch.

Entomogr. d. l. Russie. I. p. 158

Macropoda, Sol.

219. *Adesmia baccata*, n. sp.

Taf. IX. Fig. 1.

Mandibulis excavatis, capite rugoso-, prothorace fortius reticulato-punctato, hujus disco bicalloso, elytris acuminato-ovatis, confertim et subaequaliter seriato-tuberculatis. Long. 16 mill.

Aus der Verwandtschaft der von Solier als besondere Gattung abgesonderten *Adesm. variolaris*, Oliv., *reticulata*, *Gerst. (Insekt. v. Mossamb. p. 273. Taf. XVI. Fig. 1) und *Abyssinica*, Reiche (Voyage en Abyssin. pl. 22. Fig. 5 u. 6), und besonders letzterer Art durch die starke und dichte Tuberkulirung der Flügeldecken nahe stehend, aber durch geringere Grösse, spitzer ovale Flügeldecken, kürzeren und anders skulpirten Prothorax unterschieden. — Fühler von ganz ähnlichen Formverhältnissen der einzelnen Glieder wie bei *Adesm. reticulata*, Gerst., auch der Kopf mit ganz entsprechender Skulptur, nur die Runzelung in der Mitte der Stirn weniger grob. Prothorax bei gleicher Länge etwas breiter, mit stärker hervorgezogenen Vorderecken, minder grober, netzartiger Punktirung seiner Oberfläche und zwei schärfer begrenzten, glatten, mit einer Grube versehenen Schwielen vor der Mitte der Scheibe. Flügeldecken nicht nur beträchtlich schmaler eiförmig, sondern auch von geringerer Wölbung hinter der Mitte ihrer Länge, überdies in der Skulptur ihrer Oberfläche sehr verschieden; letztere ist von glänzenden und glatten, ziemlich gleich grossen, warzenförmigen Höckern, welche mit Einschluss der Naht acht nicht ganz regelmässige und etwas alternirende Längsreihen bilden, so dicht besetzt, dass die Zwischenräume merklich kleiner als die Höcker selbst sind. Die Epipleuren sehr grob und tief siebartig punktirt. Vorderbrust sparsamer, Schenkel dichter grob punktirt, Schienen scharfig gerunzelt; Mittel- und Hinterbrust gleich der Basis der drei vorderen Abdominalringe faltig eingekniffen, der Endrand der beiden vorletzten und der Umkreis des letzten Hinterleibsringes zerstreut punktirt.

Gleichfalls nur in einem Exemplare vom See Jipe (Mitte Decembers 1862) vorliegend.

Rhytidonota, Agass.

Rytinota, Eschsch., Zoolog. Atlas. IV. p. 7.

Arumia, Reiche.

a) Die Seiten des Prothorax und die Basis der Flügeldecken durchgehends granulirt.

220. *Rhytidonota stupida*, n. sp.

Antennarum articulo tertio brevi, prothorace rotundato-quadrato, scutello elevato, transverso, elytris prothorace parum latioribus, secundum suturam fortiter depressis. Long. 12–13½, lat. 4–4½ mill. ♂♀.

Durch den eigenthümlich gestalteten Prothorax von den übrigen Arten der Gattung habituell wesentlich abweichend, mit bald stärker, bald matter glänzender Körperoberfläche. Fühler verhältnissmässig kurz und derb, besonders das dritte Glied sehr viel weniger verlängert als gewöhnlich, nur um ein Viertheil länger als das folgende. Kehlrand noch tiefer ausgeschnitten als bei *Rhyt. subrimacula*, fast stumpfwinklig. Kopf oberhalb sehr verloschen, nur nach vorn deutlich, aber auch hier sehr fein punktirt, die oberhalb der Augen verlaufenden seitlichen Längsfurchen auffallend tief und nach vorn bis zu den beiden Eindrücken des Clypeus hin verlängert, der Scheitel leicht aufgewulstet und gegen den Hinterkopf mehr oder weniger deutlich abgesetzt. Prothorax so lang wie an der Basis breit, im Ganzen quadratisch, jedoch mit deutlicher Verschmälerung gegen die Spitze hin; die Seitenränder von der Basis bis über die Mitte hinaus parallel, sodann unter leichter Rundung convergirend, der Vorderrand fast gerade abgeschnitten, so dass die Vorderecken kaum oder nur sehr schwach über denselben hervortreten; die Hinterecken nach hinten etwas ausgezogen, dabei aber durchaus stumpf, fast abgerundet; die Oberseite deutlich abgeflacht, längs der Basis stark niedergedrückt, mit äusserst feiner, kaum wahrnehmbarer Punktirung. Der Basalrand fein aufgebogen, der von den Hinter- bis zu den Vorderecken reichende Seitenrand hinter der Mitte leicht geschwungen. Schildchen grösser als gewöhnlich, aufgeworfen, quer viereckig. Flügeldecken an der Basis deutlich breiter als der Prothorax, dann aber seitlich kaum merklich erweitert, von der Mitte der Länge ab stark zugespitzt verengt; ihr Basalrand stark *S*förmig geschwungen, deutlich aufgebogen, bei seiner starken Krümmung gegen die hervorspringenden Schulterecken hin sogar aufgewulstet; ihre Oberfläche ohne bemerkbare Skulptur, gegen die Naht hin besonders im Bereich der vorderen Hälfte so stark abfallend, dass dieselbe rinnenförmig vertieft erscheint. Prosternalfortsatz lanzettlich zugespitzt, über die Hüften hinaus verlängert und hier schräg nach oben abfallend; seine Fläche rinnenförmig ausgehöhlt, seine Ränder wulstig verdickt, seine Spitze leicht aufgebogen. Auf der Mitte des Prosternum und der beiden ersten Hinterleibsringe zeigt sich in gleicher Weise wie an der Innenseite der Schenkel bei zwei der vorliegenden Exemplare eine feine raspelartige Punktirung, welche dem dritten, etwas gedrungener gebauten fehlt; vermuthlich charakterisirt jene Skulptur das männliche Geschlecht.

Bei Mombas (Anfang Septembers) und am See Jipe (Ende Oktobers 1862) aufgefunden.

b) Die Seiten des Prothorax durchgehends, die Basis der Flügeldecken dagegen nicht gerandet.

221. *Rhytidonota ventricosa*, n. sp.

Antennarum articulo tertio longiore, prothorace transverso, lateribus rotundatis, angulis anticis productis, margine basali truncato; scutello punctiformi, elytris acuminato-ovatis, suturam versus depressis, angulis humeralibus reflexis, tuberculatis. Long. 12½—15, lat. 4½—6 mill. ♂♀

Sehr viel kürzer und gedrungener gebaut als *Rhytid. praelonga* (*Acmonia praelonga*, Reiche, Voyage en Abyssinie. III. p. 364. No. 1. pl. 22. Fig. 4), ausserdem durch die an der Basis nicht gerandeten Flügeldecken und den sehr feinen Basalrand des Prothorax unterschieden. Oberfläche des Körpers in der Regel stark glänzend. Fühler kurz und derb, das dritte Glied fast um die Hälfte länger als das folgende. Kehlrand in flachem Bogen gerundet, mit leichter Winkelung in der Mitte. Kopf fast oval, beträchtlich schmaler als bei *Rhyt. praelonga*, feiner punktirt, die obere Augenfurche schmal, vorn stark abgekürzt, weit nach aussen von den seitlichen

Clypeus-Furchen liegend. Prothorax, auch abgesehen von der starken Rundung der Seiten, breiter als lang, mit ausgeschnittenem Vorder- und Hinterrand und gleich deutlich hervortretenden Vorder- und Hinterecken; der Basalrand merklich feiner als der nach hinten allerdings etwas verbreiterte Seitenrand, letzterer bis zu den Vorderecken deutlich und hinter der Mitte geschwungen; die Oberfläche fast gleichmässig gewölbt, ohne wahrnehmbare Punktirung. Schildchen klein, dreieckig, eingesenkt. Flügeldecken mit den Schulterecken etwas breiter als die Prothoraxbasis, schmaler oder breiter zugespitzt eiförmig, auch in ersterem Fall hinter den Schultern gerundet erweitert und deutlich breiter als die Mitte des Prothorax, in letzterem sogar bauchig erscheinend; die Oberfläche der Quere nach gewölbt, längs der Naht abgeflacht oder selbst eingedrückt, die Epipleural-Kante an den Schulterecken stärker aufgeworfen, knopfartig verdickt, die übrige Basis jedoch ungerandet. Prosternalfortsatz stumpf lanzettlich, hinter den Hüften senkrecht abfallend, bei den — offenbar das männliche Geschlecht repräsentirenden — schmaleren Individuen flach längsfurchig. Letztere zeichnen sich vor den breiteren und bauchigeren ausserdem durch eine deutliche Tuberkulirung der Kinnplatte und der Innenseite der Schenkel aus.

Diese Art liegt in Mehrzahl vom See Jipe, von Uru und den Bura-Bergen (Oktober und November 1862) vor.

222. *Rhytidonota gravidula*, n. sp.

Antennarum articulo tertio longiore, prothoracis angulis anticis haud productis, margine basali incrassato; scutello punctiformi, elytris acuminato-ovalis, humeris tuberculatis. Long. 14–15, lat. 6 mill.

Der vorhergehenden Art so nahe stehend, dass es selbst zweifelhaft erscheinen könnte, ob die zur Unterscheidung herangezogenen Merkmale in der That von specifischer Bedeutung sind. Die Fühler erscheinen etwas schlanker und das dritte Glied derselben im Verhältniss zum folgenden noch gestreckter. Der Kehlrand zeigt bei schwächerer Biegung seiner beiden seitlichen Abschnitte eine tiefe mittlere Ausrandung. Am Prothorax macht sich neben der geringeren Breite und der meist etwas stärkeren Wölbung die gerade Abstutzung des Vorderrandes, mit welcher ein Hervortreten der Vorderecken wegfällt, ausserdem aber die grössere Breite und stärkere Aufwulstung des Basalrandes, welche diejenige des Seitenrandes deutlich übertrifft, bemerkbar. An den Flügeldecken sind durchgreifende Unterschiede nicht wahrnehmbar, da die seitliche bauchige Erweiterung derselben je nach den Individuen variirt und eine undeutliche Längsstreifung ihrer Oberfläche zuweilen in gleichem Grade verschwindet wie bei *Rhyt. ventricosa.*

Bei Uru und Aruscha (November 1862) aufgefunden.

c) Die Seiten des Prothorax unvollständig, die Basis der Flügeldecken gar nicht gerandet

223. *Rhytidonota gracilis*, n. sp.

Prothorace subcordato, margine laterali ante medium obsoleto, processu prosternali brevi, obtuso, elytris oblongo-ovalis, angulis humeralibus simplicibus, rotundatis. Long. 10½–11½, lat. 3–3½ mill.

Der *Rhytid. praelonga*, Reiche durch den schlanken Körperbau ähnlicher als die vorhergehenden Arten, aber bei weitem kleiner und durch den seitlich stärker gerundeten Prothorax, dessen Seitenrand nach vorn verstrichen ist, sowie durch die nicht gerundete Flügeldeckenbasis abweichend. Fühler mit gleichen Längsverhältnissen der einzelnen Glieder wie bei *Rhyt. ventricosa*, Kehlrand in flachem Bogen ausgeschnitten. Kopf überall deutlich, längs des Vorderrandes und innerhalb der beiden aufgewulsteten Seitenränder sogar dichter und ziemlich tief punktirt, die obere Augenfurche nach vorn in den Seiteneindruck des Clypeus auslaufend. Prothorax etwas breiter als lang, seitlich stark bogig und ohne Ausschweifung vor der Basis gerundet, nach hinten beträchtlich stärker als nach vorn verengt, am Vorder- und Hinterrand gerade abgeschnitten, so dass weder die Vorder- noch die Hinterecken hervortreten; die Oberfläche gleichmässig gewölbt, ohne sichtbare Punktirung, der durchgehende Basalrand gleich dem kaum bis zur Mitte reichenden Seitenrand sehr fein abgesetzt, längs der grösseren Vorderhälfte Rücken und Pleuren allmählich und unter stumpfer Abrundung ineinander übergehend. Schildchen klein, rundlich, eingesenkt. Flügeldecken länglich eiförmig, nach hinten spitz ausgezogen, vor der Mitte am breitesten, der Quere nach flach gewölbt, längs der Naht nicht eingedrückt; die Oberfläche gleich dem Halsschilde ohne Skulptur, die Epipleuralkante fein, gegen die abgerundeten Schultern hin aufsteigend, hier aber weder aufgeworfen noch mit einem Höcker versehen. Prosternalfortsatz nicht über die Vorderhüften hinausragend, am Ende abgestumpft und allmählich aufgebogen, seine Fläche mit leichter Mittelrinne und aufgeworfenen Seitenrändern.

In einigen Exemplaren von Aruscha (Anfang Novembers) und Endara (Mitte Decembers 1862) vorliegend.

Pogonobasis, Sol.

Annal. soc. entom. de France. VI. p. 161.

224. *Pogonobasis plateosa*, n. sp.

Antennarum articulo tertio parum longiore quam latiore, nigra, nitida, prothorace elytrisque aequaliter latis, disperse punctatis et fulvo-pilosis, marginibus lateralibus acutis, serratis. Long. $6\frac{1}{2}-7\frac{1}{2}$ mill.

Kaum halb so gross als *Pogon. opatroides* (*Pogon. opatroides* et *ornata*, Solier, a. a. O. p. 163. No. 1 und 2), stumpf oval, mit eng aneinander schliessenden, gleich breiten Halsschild und Flügeldecken. Fühler kurz und gedrungen, zurückgeschlagen kaum die Basis der Flügeldecken erreichend, das dritte Glied nur wenig länger als breit, das zweite und die auf das dritte folgenden um die Hälfte kürzer. Kopf dicht und grob fellenartig punktirt-gerunzelt, matt, gelbbraun beborstet, mit eingedrückter Stirn und einer rundlichen Grube jederseits vor dem Auge. Prothorax seitlich nicht über die Flügeldeckenbreite hinaus erweitert, von vorn nach hinten unter leichter Rundung der scharf und fein gezähnten Seitenränder verschmälert, über die Mitte der Scheibe hin mit deutlichem Quereindruck, auf dieser fein und verloschen, beiderseits dagegen grob punktirt, sparsam aber lang und aufrecht gelb behaart; die Filzbekleidung am Vorder- und Hinterrand sowie längs der Basis der Flügeldecken brennend rostroth. Flügeldecken bis über die Mitte hinaus von Prothoraxbreite, nur an der äussersten Basis leicht verschmälert, hinten allmählich zugerundet, mit etwas zipflig ausgezogener Spitze; ihre Oberfläche beträchtlich glänzender als diejenige des Halsschildes, unregelmässig und nicht besonders dicht mit verschieden grossen Punkten und aufrechten, rostrothen Haaren besetzt, dazwischen leicht gerunzelt. Der Seitenrand sehr scharfkantig, erst kurz vor der Spitze endigend, weniger scharf aber dichter gesägt als derjenige des Prothorax, nach vorn mehr stumpf gekerbt, sparsam gewimpert. Epipleuren ziemlich dicht und grob, aber dabei seicht punktirt. Prosternalfortsatz nach hinten verbreitert, stumpf abgerundet. Brust und Bauch sehr fein und zerstreut, das End segment des Hinterleibes dicht und deutlich punktirt, letzteres zugleich deutlicher behaart. Beine mit schuppenförmigen gelben Börstchen dicht bekleidet.

Am See Jipe (Mitte Decembers 1862) in Mehrzahl gefunden.

Machla, Herbst.

Käfer. VIII. p. 158.

225. *Machla hamaticollis*, n. sp.

Taf. IX. Fig. 7.

Prothoracis margine laterali tenui, reflexo, longe ante basin truncato, elytris acuminato-ovatis, cribrato-punctatis, suturam versus scabris, in margine laterali et disco seriatim tuberculatis. Long. 13 mill.

Zu den kleineren Arten der Gattung gehörend und von allen bekannten schon durch die auffallende Bildung des Prothorax unterschieden. An den Fühlern sind das erste und dritte Glied nur sehr wenig länger als das vierte, die Endglieder kaum verbreitert, das zehnte im Verein mit dem elften fast kuglig. Mandibeln, Oberlippe und Clypeus gelb beborstet, die Stirn in zwei seitlichen Eindrücken grob punktirt und schwarzborstig. Prothorax an Spitze und Basis schmal, von vorn bis über die Mitte hinaus in schräger Richtung stark trapezoidal erweitert, der in dieser Weise gebildete, etwas aufgebogene und verhältnissmässig dünne Seitenrand nach hinten hin plötzlich quer abgestutzt, der Basalrand durch doppelte Einbuchtung leicht dreizipflig, der Vorderrand tief, fast halbkreisförmig ausgeschnitten, die Vorderwinkel lang ausgezogen und zugespitzt, die hinteren rechtwinklig; die Oberfläche durch Eindrücke uneben, grob und unregelmässig punktirt, längs der Mittellinie breit gefurcht und diese Rinne von zwei Reihen nach hinten hin höher werdender und mit schwärzlichen Borsten bekleideter Höcker eingefasst; die Unterseite grob durchlöchert, aber zerstreut punktirt, die Fühlergrube bis nahe an die Spitze des flügelartigen Seitenrandes reichend. Flügeldecken länglich und spitz ausgezogen eiförmig, hinter der Mitte am breitesten, ihre Oberfläche von der Basis bis zum Beginn des letzten Drittheils unter leichter Wölbung horizontal, sodann stark abschüssig; der Seitenrand zu acht starken, stumpf kegelförmigen Höckern ausgezackt, welche an ihrer Spitze dicke gelbliche Schuppen tragen; die Mitte der Scheibe mit einer unregelmässigen Längsreihe von niedrigen, mehr abgeplatteten, schwarzspitzigen Tuberkeln versehen. Der Nahtraum, welcher von diesen beiden Höckerreihen in Gemeinschaft bis jenseits der Mitte der Länge eingefasst wird, erscheint schorfig und schrägrunzlig, der ausserhalb derselben liegende Raum dagegen ist gleich dem ganzen Spitzen-Drittheil, den senkrecht abfallenden Seitenwänden und der Bauchseite grob durchlöchert punktirt. Gleich letzterer sind die ganzen Beine dicht und brennend rostroth befilzt, die Schenkel mit gelben, die Schienen vorwiegend mit schwarzen Borsten bekleidet.

Das einzige vorliegende Exemplar wurde am See Jipe (Mitte Decembers 1862) gefunden.

Psammodes, Kirby.

Transact. Linn. soc. of London. XII. p. 412.

Phanerotomea, Sol.

226. *Psammodes carbonarius*, Gerst.

Phanerotomea carbonaria, *Gerstaecker, Bericht d. Akad. d. Wissensch. zu Berlin. 1854. p. 532. No. 18. — Insekt. v. Mossamb. p. 283. Taf. XVII. Fig. 2.

Ein von Cooke auf Sansibar gefundenes Exemplar stimmt mit den aus Mossambik vorliegenden genau überein.

Phrynocolus, Lacord.

Gen. d. Coléopt. V. p. 201.

Cryptogenius, Sol.

227. *Phrynocolus petrosus*, n. sp.

Taf. IX. Fig. 4.

Robustus, niger, opacus, indumento rufo-brunneo tectus, prothorace utrinque fortiter binodoso, supra deplanato et rude rugoso-punctato, elytris acuminato-ovatis, alte bicostatis, inter suturam et costam superiorem depressis, ubique irregulariter tuberculatis. Long. 27 mill.

Mehr denn doppelt so gross als *Phryn. dentatus* (*Cryptogenius dentatus*, Solier, Memor. della acad. di Torino. 2. ser. VI. p. 251), von dem er durch gestreckteren Bau und Skulptur habituell wesentlich abweicht. Die Oberfläche des Körpers ist, abgesehen von den zahlreichen höcker- und leistenförmigen Erhabenheiten, welche tief schwarz und glatt erscheinen, mit feinen, schuppenförmigen, ocherbraunen Härchen und einem erdig erscheinenden Toment von gleicher Farbe dicht bedeckt; letzteres, mit der Schuppenbekleidung eng verbunden, macht eher den Eindruck einer Hautsekretion als einer Ablagerung anorganischer Bestandtheile. Die Fühler sind sehr viel derber als bei *Phryn. dentatus*, ihr drittes Glied nur doppelt so lang als breit, die folgenden bis zum neunten dick, länglich viereckig. Die abgeflachte Stirn zeigt auf der Grenze gegen den aufgewulsteten Clypeus hin einen tiefen Quereindruck und ist gleich diesem grob, aber seicht gitterartig gerunzelt. Der Prothorax steigt sowohl von dem tief ausgeschnittenen, aber nicht aufgebogenen Vorder-, wie von dem Sförmig geschwungenen, scharfen Seitenrand gegen die flachgedrückte Scheibe hin stark an, ist gegen die Basis hin leicht trapezoidal verengt, hat ohrartig hervortretende Vorderecken und hinter denselben bogenförmig gerundete Seiten; die Scheibe desselben ist jederseits von zwei knollenförmigen Hervorragungen, einer grösseren vorderen und schwächeren hinteren, gegen die fast senkrecht abfallenden Seitenwände hin abgegrenzt; letztere sind vorwiegend glatt, nur mit vereinzelten, grubenartigen Punkten und Eindrücken versehen, die Scheibe dagegen äusserst grob gitterartig gerunzelt, mit der Andeutung zweier seitlicher Längswülste und einem scharf ausgeprägten, feinen Mittelkiel. Flügeldecken bis zum letzten Dritttheil der Länge fast parallel, der tief herabgezogene Endtheil scharf abgeschnürt und stumpf abgerundet; die Scheibe zwischen der Naht und der oberen scharfen Längsrippe vollkommen horizontal, abgeflacht, letztere am Ende nach innen hakenförmig eingekrümmt und nach hinten einen dicken Höcker bildend, die zweite (äussere) Längsrippe sehr viel weiter nach hinten reichend und in eine Querleiste auslaufend; sowohl die horizontale Scheibe wie der Raum zwischen beiden Rippen unregelmässig mit groben, isolirten, zum Theil quergezogenen Höckern, die Epipleuren dagegen mit dickeren, mehr zusammenfliessenden Wulsten bedeckt, die leistenartig erhabene Naht gleich dem hinteren Theil des Seitenrandes deutlich eingekerbt. Unterseite des Körpers ohne deutliche Skulptur, gleich den Beinen sehr fein und dicht haarförmig beschuppt. Prosternum hinterwärts tief gefurcht, zweiwulstig.

Diese ausgezeichnete Art liegt in einem einzelnen Exemplare vom See Jipe (Mitte Decembers 1862) vor.

228. *Phrynocolus frondosus*, n. sp.

Taf. IX. Fig. 5.

Gracilior, niger, cinereo-tomentosus, prothorace utrinque calloso, lineis tribus disci elevatis instructo, elytris supra tricostatis, costis pinnatis, interna abbreviata, media apice hamata calloque semilunari terminata. Long. 15 mill.

Etwas kürzer als *Phryn. dentatus*, Sol., mit stärker gerundetem Prothorax, nach hinten weniger abschüssigen Flügeldecken und sehr verschiedener Skulptur der Körperoberfläche. Letztere ist, abgesehen von den glänzend schwarzen Skulpturen, mit einem licht aschgrauen Toment überzogen, welches die darunter liegende Schuppenbekleidung fast ganz verhüllt; nur auf den Epipleuren, wo das Toment dünner wird, sind die rundlichen Schuppen deutlich zu erkennen. Die Fühler sind verhältnissmässig ebenso derb wie bei der vorhergehenden Art, mit kurzen weisslichen und längeren greisgelben Borsten dicht bekleidet. Der quere Eindruck auf der Grenze von Stirn und Clypeus erstreckt sich seitlich bis zu den Augen, die Skulptur der ersteren ist sehr verloschen und reducirt sich auf einige Schwielen, deren oberste sich durch trapezoidale Gestalt auszeichnet. Der Prothorax ist beiderseits vor der Mitte stark gerundet erweitert, nach hinten stärker als nach vorn verengt, die Vorderwinkel ohrförmig nach vorn ausgezogen, die hinteren kleiner, aber gleichfalls deutlich ausgebildet, der Vorderrand etwas schwielig verdickt, glänzend; die flachgewölbte Scheibe ist jederseits durch eine vor der Mitte liegende starke Längsschwiele gegen die abfallenden Seitentheile abgegrenzt und in der Mitte von drei glatten, erhabenen Längslinien durchzogen, deren beide seitliche gegen den Vorderrand hin *S*förmig geschwungen und ansehnlich verbreitert erscheinen. Die Flügeldecken bilden im Umriss ein nach hinten zugespitztes Oval; ihre Oberfläche ist bis zum Ende der zweiten Längsrippe horizontal und fällt gegen die Spitze hin schräg ab. Ausser der Naht treten drei ziemlich feine, glänzend schwarze, glatte Längsrippen hervor, welche sich nach beiden Seiten hin gleich einem gefiederten Blatt verästeln; die innerste ist an der Basis abgekürzt und endigt schon fast bei der Hälfte der ganzen Flügeldeckenlänge, die zweite krümmt sich am Ende hakenförmig nach innen und bildet gegen den hinteren Absturz eine starke, glänzende, halbmondförmige Querschwiele; zwischen der dritten, welche den oberen seitlichen Contour bildet, und dem Aussenrand finden sich in Mehrzahl grössere, schwielenartige, glatte Flecke. Die Bauchseite ist verloschen und zerstreut punktirt; die Beine sind sehr dicht aschgrau behaart und fein weisslich beborstet.

Gleichfalls nur in einem, an derselben Lokalität aufgefundenen Exemplare vorliegend.

229. *Phrynocolus plicatus*, n. sp.

Robustus, niger, prothorace rotundato-quadrato, supra confertissime et aequaliter rugoso-punctato, elytris nitidissimis, disperse punctulatis, rufescenti-setulosis, latere versus marginem fortius longitudinaliter plicatis. Long. 22–25 mill. ♂♀.

♂ *Abdominis segmento secundo plaga media rufo-tomentosa instructo.*

♀ *Abdominis segmentis duobus primis in medio confertim punctatis et setulosis.*

Habituell mehr an die *Psammodes*-Arten mit kleinem Prothorax als an die beiden vorhergehenden erinnernd. Fühler lang und dünn, fast fadenförmig, zurückgeschlagen die Prothoraxbasis weit überragend; ausser dem dritten auch das vierte bis achte Glied lang gestreckt, selbst die beiden Endglieder länger als breit. Kopf in ähnlicher Weise wie der Prothorax dicht runzlig punktirt, jedoch minder grob. Prothorax, abgesehen von den zipfelartig heraustretenden Vorderecken, abgerundet quadratisch, nur am Vorderrande abgestutzt; der abwärts gebogene Seitenrand ohne Unterbrechung und in regulärem Bogen in den Basalrand übergehend und gleich diesem leicht crenulirt; seine Oberfläche nicht bucklig, sondern nur leicht und fast gleichmässig gewölbt, sehr grob und dicht netzförmig gerunzelt-punktirt, daher rauh und matt erscheinend, die Runzeln jederseits vor der Mitte zu einer kleinen glatten Schwiele zusammenfliessend. Die Flügeldecken erscheinen, wenn sie der ihnen aufsitzenden Erdkruste entledigt werden, glänzend schwarz, sind fein und zerstreut ausgestochen punktirt, in den Punkten mit aufgerichteten, rostfarbenen Borsten besetzt; ihr Umriss ist ziemlich regelmässig, nach hinten jedoch zugespitzt eiförmig, ihre Wölbung in der Querrichtung eine gleichmässige, weder durch Abplattungen noch durch Leisten unterbrochene. Die Längsfaltung ihrer Oberseite hebt in einiger Entfernung von der Naht schwach an, wird aber gegen den Seitenrand hin, über welchem sich die fünfte und sechste Falte finden, ziemlich stark. Epipleuren nur wenig schmaler als der Abstand des Seitenrandes von der äussersten Längsfalte, die ziemlich grob eingestochenen Punkte ihrer Oberfläche runzlig zusammenfliessend; auch oberhalb des gegen die schneppenartig ausgezogene Spitze hin deutlich aufgebogenen Seitenrandes ist die Punktirung sehr viel gröber als auf der Rückenfläche. Der Prosternalfortsatz ist fast abgeflacht, wenigstens seitlich nicht aufgetrieben, die Seiten der Mittel- und Hinterbrust äusserst grob siebartig punktirt. Der nur matt glänzende Hinterleib ist auf dem ersten und letzten Segment gröber und dichter, auf den übrigen feiner und zerstreut punktirt; nur längs der Mittellinie, wo beim Männchen das zweite Segment einen scharf abgeschnittenen, dicht rothfilzigen Fleck, beim Weibchen die beiden ersten Ringe eine feine anliegende Borstenbekleidung zeigen, sind die Punkte wieder dichter gedrängt. Beine in gewöhnlicher Weise dicht beborstet.

Am See Jipe, bei Aruscha und Endara (Oktober bis December 1862) aufgefunden.

Sepidium, Fab.

Syst. Entom. p. 250.

Vieta, Lap. — *Dymonus*, Sol.

230. *Sepidium muscosum*, n. sp.

Taf. IX. Fig. 9.

Antennis perspicue 11-articulatis, dense cervino-tomentosum, nigro-canoque setosum, prothoracis processu apicali bilobo, dentibus lateralibus magnis, hamatis, elytris subcaudatis, ante apicem fortiter obtuse cornutis. Long. 18½–20 mill.

Diese Art steht in Form, Skulptur und Haarbekleidung dem von Laporte unter dem Namen *Vieta*, von Solier als besondere Gattung *Dymonus* abgetrennten *Sepidium vestitum*, Gory (in Guérin, Iconogr. d. règne anim., Insectes p. 114. pl. 28 bis. Fig. 5) sehr viel näher als den von den genannten Autoren unter ihrer Gattung *Sepidium* belassenen Arten, stimmt aber mit letzteren in den deutlich elfgliedrigen Fühlern überein. Von der genannten Gory'schen Art, welche hiernach wieder in die Gattung *Sepidium* aufgenommen werden muss, unterscheidet sie sich leicht durch den grossen zweilappigen Spitzenfortsatz und die langen, hakenförmigen Seitenzähne des Prothorax, durch die zweispitzigen Flügeldecken und den grossen zapfenförmigen Fortsatz ihres hinteren Endes. Die dichte Tomentbekleidung des ganzen Körpers variirt je nach den Individuen zwischen Rehfarben und Rostroth, die aufgerichteten groben Borsten der Rückenfläche sind längs der Seitenränder vorwiegend blass gelbbraun, über die Mitte hin fast durchgehends schwarzbraun gefärbt. An den Fühlern sind die einzelnen Glieder etwas gestreckter als bei *Sepid. vestitum*, die Beborstung bis gegen die Spitze hin licht rehfarben, an dieser vorwiegend schwarz; die beiden deutlich getrennten Endglieder sind fast nackt, schwärzlich. Der vom Vorderrand des Prothorax aufsteigende Zapfen ist breit, doppelt so hoch als bei *Sepid. vestitum*, schräg nach vorn und oben gerichtet, gegen die Spitze hin erweitert und durch einen tiefen, winkligen Einschnitt zweilappig; die beiden Seitenzähne äusserst kräftig, fast von halber Prothoraxlänge, kegelförmig, mit der Spitze rückwärts gekrümmt. Flügeldecken mit gleicher Skulptur wie bei *Sepid. vestitum*, nur die senkrecht abfallenden Seitenränder in ihrer ganzen Ausdehnung gleichmässig reihenweise gegrubt; bei gleicher Breite merklich länger, am Ende einzeln zugespitzt, so dass beide in Gemeinschaft zweizinkig erscheinen; die seitliche Leiste auf der Grenze zwischen dem horizontalen und dem abschüssigen Theil in einen dicken, etwas nach aussen und oben gerichteten, stumpf abgerundeten Zapfen auslaufend. Bauchseite dicht und gleichmässig befilzt; Beine etwas länger beborstet als bei *Sepid. vestitum*.

Die Art wurde in Mehrzahl zwischen dem See Jipe und den Bura-Bergen, ausserdem auch bei Endara (December 1862) gesammelt.

Anchophthalmus, Gerst.

Bericht d. Akad. d. Wissensch. 1854. p. 533.

Die Angabe Lacordaire's (Gen. d. Coléopt. V. p. 241), dass diese Gattung mit der durch Mulsant und Rey (Opusc. entom. IV. p. 90) von *Opatrinus* abgezweigten Untergattung *Zulinus* zusammenfalle, ist völlig unbegründet. Während die der letzteren angehörenden Arten: *Zad. ovalis* und *Madagascariensis*, langgestreckt und gleich breit sind und mit einem kleinen, nach vorn verengten Prothorax eine typische, von Mulsant angegebene Flügeldeckenstreifung verbinden, handelt es sich bei den *Anchophthalmus*-Arten um breite, *Scleropatrum*-ähnliche Formen mit grossem, seitlich gerundetem und flach ausgebreitetem Prothorax und gerippten Flügeldecken, so dass sie eher an manche *Opatrum*-Arten der neuen Welt erinnern. Von letzteren unterscheiden sie sich schon durch die seitlich nicht ausgeschnittenen Flügeldecken, deren nach hinten allmählich verschmälerte Epipleuren den Hinterleib in vollständiger Continuität bis zur Spitze umschliessen.

231. *Anchophthalmus clathratus*, n. sp.

Obtuse ovatus, niger, parum nitidus, glaber, prothoracis margine explanato sat lato, extus rugoloso, disco convexiusculo, subtiliter punctato, elytris seriatim foveolato-punctatis, interstitiis 3., 5., 7. costatim elevatis. Long. 13, lat. 6 mill.

Bei gleicher Breite beträchtlich kürzer als *Anch. silphoides*, *Gerst. (Ber. d. Akad. d. Wissensch. 1854. p. 533. No. 28. — Insekt. v. Mossamb. p. 288), auch nicht matt kohlschwarz, sondern mit sichtbarem, wenngleich geringem Glanz besonders auf der Oberseite des Prothorax. (Fühler fehlen.) Kopf etwas schmaler als bei der genannten Art, in übereinstimmender Weise dicht gedrängt punktirt, vor den Augen etwas stärker aufgewulstet. Prothorax merklich kürzer, mit etwas stärker ausgezogenen Vorder- und Hinterecken, flach abgesetztem und sogar leicht aufgebogenem Seitenrand, stärker kissenartig gewölbter Scheibe und sehr viel feinerer, in der Mitte sogar deutlich sperriger Punktirung; dieselbe fliesst selbst zu beiden Seiten der Scheibe, wo sie beträchtlich dichter ist, nirgends zu Runzeln zusammen, nur die Seitentheile lassen solche zunächst dem aufgeworfenen Aussensaum deutlich erkennen. Schildchen mit gleicher Punktirung wie der Prothorax. Flügeldecken nur um ein Viertheil länger als zusammen breit, bis zum letzten Drittheil parallel, sodann eiförmig zugerundet. Die gewöhnlichen neun Punktstreifen der auf der hinteren Hälfte stärker gewölbten Oberfläche furchenartig vertieft, die Punkte selbst sehr grob, grubenartig, etwas in die Quere gezogen, die Zwischenräume sehr fein und zerstreut punktirt, gewölbt, der dritte, fünfte und siebente schon für das unbewaffnete Auge deutlich rippenartig erhöht, der dritte und siebente hinten miteinander schleifenartig verbunden, die dazwischenliegenden daher verkürzt. Vorder- und Hinterbrust gleich dem Hinterleib deutlicher, die Epipleuren dagegen verloschen fein und zerstreut punktirt, die Oberfläche zwischen den Punkten stellenweise leicht gerunzelt. Alle drei Schienenpaare einfach und gerade.

Am See Jipe (Mitte Decembers 1862) gefunden.

232. *Anchophthalmus scutatus*, n. sp.

Oblongo-ovalus, niger, subnitidus, glaber, prothoracis subtiliter punctati margine laterali explanato, apicem versus angustato, elytris punctato-sulcatis, alternatim subcostatis. Long. 10, lat. 4 1/2 mill.

Mehr denn doppelt so lang als breit, ziemlich parallel, tief und etwas glänzend schwarz, nackt. Fühler kurz, zurückgeschlagen nur bis auf 1/3 der Prothoraxlänge reichend, das dritte Glied nicht ganz so lang wie die beiden folgenden zusammengenommen, die Glieder vom fünften an nicht länger als breit. Kopf ziemlich stark und dicht, aber nirgends runzlig punktirt. Prothorax kaum um ein Viertheil breiter als lang, erst in der vorderen Hälfte allmählich gegen die Spitze hin verschmälert, mit abgestumpften Vorder- und spitzwinkligen Hinterecken; der von der Scheibe deutlich und flach abgesetzte Seitenrand hinten sehr breit, nach vorn stark verschmälert, mit aufgebogenem Aussensaum, nicht dichter, aber beträchtlich stärker punktirt als die kissenartig gewölbte und mit feiner Mittellinie versehene Scheibe. Schildchen mit sehr feiner Punktirung. Flügeldecken um die Hälfte länger als zusammen breit, an den abgerundeten Schulterecken etwas breiter als in der Mitte, jenseits derselben nach hinten eiförmig zugerundet, mehr seidenartig glänzend als der Prothorax, in den fein furchenartig vertieften Längsstreifen sperrig punktirt, die Zwischenräume mit feinen, zerstreuten Pünktchen besetzt, der dritte, fünfte und siebente stärker gewölbt und leicht rippenartig heraustretend, der fünfte und siebente vor der Spitze mit einander verbunden, letzterer sich auch mit dem dritten vereinigend. Unterseite des Körpers und Epipleuren sehr verloschen punktirt. Schienen einfach und gerade, Tarsen gleich den Tastern rothbraun.

Mit dem vorhergehenden gleichzeitig beim See Jipe gefunden.

Opatrinus, Latr.

Règne anim. 2. éd. V. p. 19.

233. *Opatrinus trivialis*, n. sp.

Oblongo-ovatus, ater, opacus, prothorace deplanato, elytris anguste et subtiliter punctato-sulcatis, interstitiis fere planis, disperse punctulatis. Long. 11—12 mill. ♂ ♀.

♂ *Tibiis anticis arcuatis, intus bisinuatis.*

Beträchtlich kleiner als *Opatr. infernalis* (*Eurynotus infernalis*, *Gerst. Insekt. v. Mossamb. p. 287), von etwas gestreckterer Form, zwar ebenso tief, aber weniger matt schwarz. Fühler mit gleichen Längsverhältnissen der einzelnen Glieder. Oberlippe dichter und weniger grob punktirt, durch gelbe Behaarung braun schimmernd, Clypeus tiefer bogig ausgeschnitten; Punktirung des Kopfes nicht ganz so gedrängt, nirgends runzlig, in der Mitte der Stirn am tiefsten. Prothorax beträchtlich schmaler und daher weniger quer, mit flacher ausgeschnittenem Vorderrand und stärker ausgezogenen, schärfer zugespitzten Hinterecken; zwar etwas weniger abgeflacht als bei der genannten Art, so dass die Scheibe sich gegen die Seitenränder deutlicher absetzt, aber immerhin eher als niedergedrückt denn als gewölbt zu bezeichnen; die Punktirung weder feiner noch sparsamer, der Grund aber trotzdem nicht matt schwarz. Schildchen glänzend, deutlich punktirt. Flügeldecken verhältnissmässig schmaler, spitzer zugerundet, deutlich schmaler gefurcht und in den Furchen nicht nur weniger grob, sondern auch bei weitem sperriger punktirt, die Zwischenräume in entsprechender Weise sehr flach gewölbt und mit zerstreuten Pünktchen besetzt; der vierte bis sechste durch den sich mit dem dritten verbindenden siebenten abgekürzt. Prosternalfortsatz hinten etwas stumpfer abgerundet, Mesosternum breiter ausgehöhlt, mit nur schwach aufgewulsteten Rändern. Hinterleib fein und zerstreut punktirt, seitlich fein längsrissig. Beine staubartig gelb behaart.

Beim Männchen sind die Vordertarsen stark erweitert, die gekrümmten

Vorderschienen am Innenrande vor und hinter der Mitte deutlich ausgebuchtet, hinterwärts körnig punktirt und mit einer gelbfilzigen mittleren Grube versehen.

Bei Mombas von Dr. Kersten, in grösserer Anzahl von Cooke auf Sansibar gefunden.

234. *Opatrinus elevatus*, n. sp.

Oblongo-ovatus, ater, parum nitidus, prothorace convexiusculo, subquadrato, elytris late et profunde punctato-sulcatis, interstitiis convexis, disperse punctulatis. Long. 8½—10 mill. ♂♀.

♂ *Tibiis anticis arcuatis, intus emarginatis ibique flavo-fimbriatis.*

Kleiner als die vorhergehende Art, übrigens von ähnlichem Umriss, bei gleich tief schwarzer Färbung mit einigem, wenn auch schwachem, seidenartigem Glanz. Fühler von gleichen Längsverhältnissen der einzelnen Glieder. Kopf grober und besonders auf dem Clypeus auch gedrängter punktirt, die Stirn mit schwachem Längskiel, der Vorderrand des Clypeus mehr stumpfwinklig eingeschnitten als bogig ausgerandet. Prothorax wenigstens beim Männchen erst von der Mitte anfangend und nach vorn schwächer verengt, im Bereich der Scheibe etwas gewölbter, der Länge nach seicht gefurcht, die Punktirung relativ, wenn auch nicht absolut stärker, der Seitenrand feiner, weniger verdickt. Schildchen punktirt. Flügeldecken merklich kürzer, nach hinten jedoch kaum stumpfer zugerundet, die Punkte in den Furchen mindestens doppelt so breit als bei *Opatr. trivialis* und letztere daher nur wenig schmaler als die Zwischenräume erscheinend; diese fein und zerstreut punktirt, gegen die Naht hin nur leicht, nach aussen jedoch allmählich stärker gewölbt und hier fast rippenartig erscheinend. In gleicher Weise wie der dritte mit dem siebenten, verbindet sich innerhalb derselben der vierte mit dem sechsten Zwischenraume, so dass der am meisten abgekürzte fünfte also doppelt eingeschachtelt erscheint. Prosternalfortsatz eiförmig abgerundet, fein gerandet, auf der Fläche punktirt; Mesosternum im Bereich der vorderen Hälfte fein gekielt, hinterwärts tief gefurcht. Hinterleib glänzend, fein und zerstreut punktirt, auf den drei vorderen Segmenten überall deutlich längsrunzlig.

Beim Männchen sind die Vordertarsen nur leicht erweitert, die gekrümmten Vorderschienen innerhalb längs der grösseren Spitzenhälfte bogig ausgerandet und in dem oberen Theil dieser Ausrandung mit gelber Haarwimperung versehen; ihre Rückseite ist grob schartig punktirt.

In einem Paare von Kisuani (Ende Oktobers) und Endara (20. December 1862) vorliegend.

Anomalipus, Latr.

Guérin, Iconogr. d. règne anim. p. 117.

Heterocelis, Latr.

235. *Anomalipus heraldicus*, n. sp.

Taf. IX. Fig. 3.

Oblongus, deplanatus, niger, opacus, prothorace ante medium subhamato-dilatato, hexagono, supra bivalloso, elytris sulcatis, interstitiis convexis, subtiliter granulatis, post medium tuberculis magnis, laevibus, in series duas transversas dispositis ornatis, margine laterali fortiter undulato; femoribus simplicibus, tibiis angustis, intermediis extus emarginatis. Long. 20½ mill. ♂.

Eine sehr ausgezeichnete Art, welche sich von allen bis jetzt bekannten der Gattung durch Umriss und Skulptur gleich auffällig unterscheidet. Die Fühler gleichen in ihrer Derbheit und in der Form der einzelnen Glieder denjenigen des *Anom. lineatus* (*Heteroscelis lineatus*, *Gerst. Insekt. v. Mossamb. p. 275. Taf. XVI. Fig. 4), weichen aber dadurch ab, dass das dritte Glied um ein Viertheil kürzer ist. Der Kopf ist merklich schmaler als bei der genannten Art, sein mittlerer Ausschnitt etwas flacher und breiter, die beiden vorderen Lappen wulstiger gerandet, die Oberfläche dichter und seichter punktirt. Der abgeflachte Prothorax hat die Form eines unregelmässigen, queren Sechseckes, welches in seiner vorderen Hälfte sehr viel breiter und dessen vordere Kante gleich den beiden hinteren seitlichen tief bogig ausgeschnitten ist. Vorder- und Hinterwinkel sind stark ausgezogen, jene viel breiter und stumpfer abgerundet als diese, die Seitenwinkel gleichfalls stark abgestumpft, erscheinen aber bei dem tiefen, hinter ihnen liegenden Ausschnitt fast hakenförmig heraustretend. Die Mitte des Vorder- und Hinterrandes ist wulstig verdickt, die Oberfläche durch vier vor der Mitte liegende grubige und zwei jederseits der hinteren Hälfte liegende Längseindrücke uneben, vor der Mitte der Länge mit zwei erhabenen, glatten, runden, augenförmigen Schwielen versehen, im Uebrigen dicht gedrängt netzartig, aber seicht gerunzelt-punktirt, die Seitenränder im Bereich der vorderen Hälfte deutlich eingekerbt. Die Flügeldecken sind fast doppelt so lang als die Mittellinie des Prothorax, bis über die halbe Länge hinaus horizontal und flach gedrückt, sodann stark nach unten abfallend; nach einer winkligen Erweiterung hinter der sich dem Prothorax eng anschliessenden Basis verlaufen ihre stark wellig eingefalteten Seitenränder bis zum letzten Viertheil der Länge nahezu parallel. Ihre Oberfläche ist seicht längsfurchig, die acht schmalen Zwischenräume sind fein und dicht gekörnt, deutlich gewölbt, der dritte und fünfte rippenartig erhaben, ersterer zugleich gegen die Basis hin nach aussen gekrümmt, letzterer nahe der Mitte der Länge mit einem oder zwei kleineren Tuberkeln versehen. Auf der hinteren Hälfte treten in zwei Querreihen angeordnet stärkere, knollige, theilweise zu Querwulsten vereinigte Höcker mit glatter Oberfläche hervor, deren hintere auf jeder Flügeldecke zwei starke, glatte Längsrippen aus sich hervorgehen lassen. Der lanzettliche Prosternalfortsatz ist gleich dem zwischen den Hinterhüften liegenden Theil des Hinterleibes beiderseits wulstig gerandet, ebenso die vier vorderen Hinterleibsringe an ihrem Endrande stark aufgewulstet; letztere sind im Uebrigen glänzend, zerstreut punktirt und flach wellig gerunzelt. Die grobkörnig punktirten Beine sind nicht verdickt, die Schienen gerade und schlank, die vorderen mit langem und schmalem End- und stumpfem Mittelzahn der Aussenseite; die mittleren zwischen der leicht winklig heraustretenden Mitte und der dreieckig erweiterten Spitze flach bogig ausgeschnitten.

Am See Jipe, Mitte Decembers 1862, entdeckt.

Opatrum, Fab.

Syst. Entom. p. 76.

236. *Opatrum contractum*, n. sp.

Alatum, latiusculum, fusco-nebulosum, prothoracis lateribus leviter reflexis, basin versus vix sinuatis, elytris obsolete punctato-sulcatis, interstitiis convexis, subtiliter granulatis. Long. 9—11, lat. 4¹⁄₄—5³⁄₄ mill.

Dem *Opatr. aequale*, *Erichs. (Archiv. f. Naturgesch. IX. 1. p. 247. No. 84) zunächst verwandt, aber durchschnittlich grösser, bei ansehnlicherer Breite auch beträchtlich gedrungener gebaut. Fühler merklich kürzer und derber, das dritte Glied nicht länger als die beiden folgenden fast kugligen zusammengenommen. Clypeus durch eine tiefere bogige Furche von der Stirn abgesetzt, jederseits von der Mitte deutlich zweiwulstig. Prothorax beträchtlich grösser und zwar nicht nur länger und mit weiter hervortretenden Vorderecken, sondern auch seitlich stärker gerandet und gegen die Basis hin schwächer oder selbst kaum merklich ausgebuchtet; die Scheibe stärker gewölbt und gegen die flachen, etwas aufgebogenen Seitenränder deutlicher abgesetzt, die ganze Oberfläche wie dort dicht und fein granulirt. Flügeldecken fast um den vierten Theil kürzer als bei *Opatr. aequale*, bis über die Mitte hinaus gleich breit, dann allmählich oval zugerundet; die Längsfurchen der Oberseite sehr viel seichter und fast verloschen punktirt, die Zwischenräume leicht gewölbt, flach granulirt, mit feineren und zahlreicheren rothbraunen Börstchen besetzt. Bauchseite rein schwarz, aber durch die etwas stärkere und dichtere Punktirung weniger glänzend, die Hinterbrust und das runzlig punktirte Endsegment des Hinterleibes sogar fast matt. Schienen und Tarsen etwas lichter als die Schenkel, mehr pechbraun.

In grösserer Anzahl am See Jipe (Ende Oktobers 1862) gesammelt.

237. *Opatrum patruele*, Erichs.

Opatrum patruele, *Erichson, Archiv f. Naturgesch. IX. 1. p. 248. No. 84.

In mehreren Exemplaren bei Mombas (September 1862) gefunden. Die Art ist an der Westküste von Senegambien bis nach Angola verbreitet.

238. *Opatrum dermestoides*, n. sp.

Scutello elevato, glabro, oblongum, alatum, fusco-setulosum, prothorace apicem versus sat fortiter angustato, angulis posticis depressis, elytris distincte punctato-sulcatis, interstitiis transversim rugulosis. Long. $7^1/_3$—8, lat. $3^2/_3$ mill.

Mit *Opatr. virgatum*, *Erichs. (Archiv. f. Naturgesch. IX. 1. p. 249. No. 88) zunächst verwandt und von annähernd gleicher Grösse und Form, einem *Dermestes* im Habitus nicht unähnlich; bei ähnlicher Skulptur und Borstenbekleidung von der genannten Art durch etwas längeren, gewölbteren und vorn tiefer ausgeschnittenen Prothorax sowie durch unpunktirtes, glänzendes Schildchen unterschieden. — Fühler röthlich pechbraun, mit dunklerer Keule, das dritte Glied so lang wie die beiden folgenden zusammen. Der Eindruck zwischen Stirn und Clypeus seicht, quer, in der Mitte fast verstrichen. Prothorax mit schwach gerundeten Seiten, nach hinten kaum, nach vorn dagegen stark verschmälert, die grössere hintere Hälfte der Seitenränder und die Hinterwinkel — letztere in weiterer Ausdehnung — niedergedrückt, so dass sich die leicht gewölbte Scheibe mit deutlichem Wulst gegen dieselben absetzt; die Oberfläche ebenso dicht gekörnt und beborstet wie auf dem Kopf. Schildchen deutlich aufgeworfen, glatt und glänzend, entweder ganz oder wenigstens an der Spitze licht pechbraun. Flügeldecken reichlich dreimal so lang als der Prothorax, bis über die Mitte der Länge hinaus gleich breit, sodann ziemlich spitz zugerundet; die Punktstreifen deutlich vertieft und ziemlich grob, die flach gewölbten, etwa dreimal so breiten Zwischenräume fein querrunzlig, bei abgeriebener Beborstung ziemlich glänzend, die kurzen rostrothen Börstchen fast dreizeilig angeordnet. Unterseite schwärzlich pechbraun, zuweilen längs der Mitte rothbraun, leicht glänzend, sperrig und grob punktirt, die Seiten der Hinterbrust jedoch dicht körnig und etwas gerunzelt. Hüften, Schenkelbasis und Tarsen pechbraun oder licht rothbraun.

In Mehrzahl bei Aruscha (Anfang Novembers 1862) gesammelt.

Anmerkung. Das von Reiche (Voyage en Abyssinie. III. p. [illegible]. No. 2) beschriebene *Opatrum* [illegible], welches der vorstehenden Art in Grösse und Gestalt so gleichen scheint, und für welches gleichfalls ein glattes und glänzend braunes Schildchen hervorgehoben wird, kann deshalb nicht auf dieselbe bezogen werden, weil ihr Prothorax nach vorn und hinten gleich stark verengt und schmaler als die Basis der Flügeldecken sein soll.

239. *Opatrum debile*, n. sp.

Oblongum, coriaceum, opacum, parce fulvo-setulosum, antennis, palpis, tibiis tarsisque rufo-brunneis; prothoracis transversi angulis anticis obtusis, haud productis, tibiis anticis apice dilatatis, subuncinatis. Long. 5 mill.

Zu den kleinsten Arten der Gattung gehörend und sowohl habituell als durch die Bildung des Prothorax und der Vorderschienen von der Mehrzahl etwas abweichend. Der längliche, fast gleichbreite Körper ist oberhalb durch dichte, runzlige Punktirung matt, schwärzlich pechbraun, mit anliegenden gelben Borstenhärchen etwas scheckig bekleidet; die Oberlippe, Taster und Fühler, die Seitenränder des Prothorax, die Schienen und Tarsen licht rothbraun. An den Fühlern ist das dritte Glied nur um die Hälfte länger als das zweite und wenig länger als das dritte. Die Stirn ist gewölbt, der Clypeus von derselben nur durch einen schwachen Eindruck abgesetzt. Der quere Prothorax an der Basis ein wenig breiter als die Flügeldecken und daselbst tief zweibuchtig, nach vorn unter leichter Rundung der Seitenränder stark verengt, am Vorderrand nur in flachem Bogen ausgebuchtet, so dass die Vorderecken abgestumpft erscheinen und den Kopf seitlich nicht umfassen; die Punktirung der bis zum Seitenrand fast gleichmässig gewölbten Oberfläche sehr gedrängt, die Behaarung hier und da fleckenartig verdichtet. Schildchen klein, gleichfalls dichter behaart. Flügeldecken dreimal so lang als der Prothorax, erst von Beginn des letzten Dritttheils ab eiförmig zugerundet, in den ziemlich tiefen Längsfurchen dicht gedrängt, auf den flachen Zwischenräumen körnig und zu Querrunzeln zusammenfliessend punktirt. Auch die Bauchseite durch dichte Punktirung und Beborstung matt. Vorderschienen am Aussenrand gegen die Spitze hin allmählich, aber ziemlich stark erweitert, die Spitze selbst leicht hakenförmig nach aussen gebogen.

In einem einzelnen Exemplare vom See Jipe (Ende Oktobers 1862) vorliegend.

Cyplus, nov. gen.

(Trib. *Opatrini*.)

Antennae breviusculae, articulis 7.—10. transversis. Oculi divisi. Palporum maxillarium articulus ultimus truncato-ovatus. Prothorax transversus, in medio basios productus; angulis anticis obtusis, marginibus lateralibus breviter ciliatis. Processus prosternalis lanceolatus. Scutellum transverse triquetrum. Coleoptera ovata, basi angulariter excisa, lateribus ciliatis. Abdominis processus intercoxalis triqueter. Tibiarum calcaria breviuscula. Tibiae anticae digitatae, apice late truncatae.

Nach dem nur schwach erweiterten Endglied der Kiefertaster, den getheilten Augen und den gegen die Spitze hin stark verbreiterten Vorderschienen würde sich diese neue Gattung zunächst an *Microsoma*, Redt. anschliessen, von derselben jedoch durch noch zahlreichere und auffallendere Merkmale, wie die deutlich ausgebildeten Schienensporen, die Form des Prothorax, die an der Basis winklig ausgeschnittenen Flügeldecken, die Bildung des Prosternalfortsatzes, die Skulptur und seitliche Wimperung des Körpers u. s. w. unterscheiden. Die Fühler sind kurz und ziemlich dünn, das dritte Glied verlängert, fast so lang wie das erste, das Endglied quer oval. Das Kinn ist quer fünfeckig, das Endglied der Kiefertaster schwach erweitert, abgestutzt. Der Clypeus ist tief bogig ausgerandet, von der Stirn durch einen Quereindruck geschieden. Die Augen sind dem grösseren Theile nach durch einen ziemlich breiten und wulstigen Wangenfortsatz in zwei Hälften geschieden. Der Prothorax ist abwärts geneigt, vorn zwar ausgeschnitten, den Kopf aber seitlich nicht umfassend, die Mitte des Hinterrandes stumpfwinklig ausgezogen. Der Prosternalfortsatz breit lanzettlich, abschüssig. Das Schildchen sehr breit und kurz, dreieckig zugespitzt. Die Flügeldecken dem Prothorax entsprechend mit ziemlich tief winklig ausgeschnittenem Basalrand, die Hinterflügel ausgebildet. Der zwischen die Hinterhüften hineinragende Fortsatz des ersten Hinterleibsringes abgestumpft dreieckig, der Hinterrand des vierten bogig ausgeschnitten. Der Endrand der quer abgestutzten Vorderschienen ihrer halben Länge gleichkommend; an den Mittel- und Hintertarsen das erste und letzte Glied gleich lang. Der ganze Körper ist ober- und unterhalb dicht gedrängt körnig punktirt und kurz beborstet, die Flügeldecken tief längsfurchig.

240. *Cyptus scabrosus*, n. sp.

Taf. X. Fig. 1.

Ovatus, convexus, nigro-fuscus, opacus, confertim scabroso-punctulatus, prothorace elytrisque rufo-ciliatis, his aequaliter granulosis et sulcatis. Long. 9 mill.

Fühler und Taster licht rothbraun, erstere gelbborstig. Oberlippe pechbraun, beiderseits dicht goldgelb befilzt. Kopf dicht gedrängt und tief grubig punktirt, die Punkte auf der Stirn gitterartig mit einander verschmelzend. Prothorax doppelt so breit als lang, seitlich erst von der Mitte ab nach vorn verschmälert, mit scharf rechtwinkligen Hinter- und abgestumpften Vorderecken, hinter dem Ausschnitt des Vorderrandes quer eingedrückt, im Uebrigen der Quere nach ziemlich stark und gleichmässig gewölbt, ohne dass die Seitentheile von der Scheibe irgendwie abgesetzt erscheinen; längs der Basis dichter, an den feinen, eingekerbten Seitenrändern sparsamer rostroth gewimpert, fast ebenso dicht, aber nicht ganz so grob wie der Kopf und mehr schuppig punktirt, in jedem Punkt ein ovales Borstchen führend. Schildchen mit gelbfilziger Basis und glattem, braunem Spitzenrand. Flügeldecken etwa doppelt so lang als der Vordertheil des Körpers, genau von Prothorax-Breite, regulär eiförmig zugerundet, die ganze Oberfläche gleichmässig und dicht grobkörnig, ziemlich tief längsfurchig, der dritte mit dem siebenten und der vierte mit dem sechsten Zwischenraum hinten spitzwinklig zusammenstossend; Beborstung und Bewimperung etwas länger als am Prothorax. Prosternalfortsatz, Mittel- und Hinterbrust, Hinterleib und Beine röthlich pechbraun, gleichfalls dicht und scharfig gekörnt-punktirt, gelbborstig. Vorderschienen hinterwärts tuberkulirt, auf der breiten Endfläche jedoch glatt und glänzend; der oberste Zahn des Aussenrandes kaum halb so gross als der zweite, fast nur höckerförmig, der letzte breit und stumpf dreieckig.

In einem Exemplare von der Insel Sansibar vorliegend.

Platydema, Lap., Brull.

Annal. scienc. nat. XXIII. p. 330.

Diaperis, Klug.

241. *Platydema variipenne*, Gemm.

Platydema variipenne, Gemminger, Coleopt. Hefte. VI. p. 122.
Diaperis varipennis, * Klug, Insekt. v. Madagascar. p. 83. Taf. IV. Fig. 6. (*D. signata* p. 134).

Zwei am See Jipe, Ende Oktobers 1862 aufgefundene Exemplare stimmen mit den von Madagaskar herstammenden genau überein.

Uloma, Redtenb.

Faun. Austr. p. 663.

242. *Uloma pusilla*, n. sp.

Rufo-brunnea, nitida, pronoti disco elytrisque margine basali excepto piceis; prothorace transverso, apicem versus angustato, utrinque fortiter, per discum subtilius et disperse punctato, elytris anguste sulcatis, abdominis lateribus rude cribrato-punctatis. Long. 6 – 6½ mill. ♀.

Zu den kleinsten Arten der Gattung gehörend, noch um die Hälfte kleiner als eine von Buquet als *Uloma Senegalensis*, Dej. versandte Westafrikanische Art; von dieser u. A. durch kürzeren, mehr queren Prothorax und feiner gefurchte Flügeldecken unterschieden. Fühler und Taster gleich dem vorderen Kopfrand, der Unterseite des Körpers und den Beinen licht rothbraun, fast rostroth. Stirn und Scheitel dunkel pechbraun, letzterer sparsamer und grober als erstere punktirt. Prothorax fast um die Hälfte breiter als lang, seitlich bis über die Mitte hinaus fast gleich breit, dann gegen die Spitze hin stark verschmälert, mit rechtwinkligen Hinter- und abgerundeten Vorderecken, gleichmässig flach gewölbt, über die Scheibe hin fein und zerstreut, vorn und seitlich dagegen dichter und tiefer, beiderseits an der Basis sogar ziemlich grob punktirt. Die Ränder des Prothorax, das Schildchen und der Basalrand der Flügeldecken rothbraun, die übrige Oberseite pechbraun. Die Längsfurchen der Flügeldecken schmal und mässig tief, ihre Punkte besonders vorn und hinten eng aneinander gereiht; die sechste und siebente Furche nach vorn bei der Schulterbeule, die achte noch beträchtlich stärker abgekürzt; die Zwischenräume so fein und verloschen punktirt, dass sie fast glatt erscheinen. Die Seiten der Vorderbrust nach vorn und aussen sehr dicht und grob runzlig punktirt; Prosternalfortsatz hinter den Vorderhüften nicht aufgetrieben, beiderseits etwas wulstig gerandet. Metasternum tief gefurcht, in der Mitte glatt, beiderseits und längs des Hinterrandes sehr grob punktirt. Die drei vorderen Hinterleibsringe beiderseits mit sehr tiefen, grubenförmigen Punkten siebartig besetzt, zwischen denselben längsrunzlig; die beiden letzten nur längs der Basis tiefer, sonst fein und zerstreut punktirt. Vorderschienen aussen stumpf dreizähnig.

Von Cooke auf der Insel Sansibar entdeckt.

Alphitobius, Steph.

Illustr. Brit. Entom. V. p. 11.

243. *Alphitobius ovatus*, Hbst.

(1799) *Tenebrio ovatus*, *Herbst, Käfer. VIII. p. 16. No. 40. Taf. 118. Fig. 6 u. C.
(1799) *Tenebrio fagi*, Panzer, Faun. Insect. German. 61. 3.
? *Alphitobius mauritanicus*, Stephens, Illustr. Brit. Entomol. V. p. 11.

In Mehrzahl von Mombas, Moschi und Aruscha vorliegend. Die Art ist kosmopolitisch.

244. *Alphitobius piceus*, Oliv.

(1795) *Helops piceus*, Olivier, Entomol. III. No. 58. p. 17. No. 22. pl. 2. Fig. 13 a, b.
(1797) *Tenebrio diaperinus*, Panzer, Faun. Insect. German. 37. 16.
(1799) *Tenebrio oryzae*, *Herbst, Käfer VIII. p. 18. No. 42. Taf. 118. Fig. 10 u. K.
(1792)? *Tenebrio mauritanicus*, Fabricius, Entom. syst. I. 1. p. 113. No. 15.
Heterophaga opatroides, *Dejean, Catal. d. Coléopt. 3. éd. p. 220.

Bei Mombas und auf der Insel Sansibar gefunden; gleichfalls kosmopolitisch.

245. *Alphitobius parallelus*, Thoms.

Heterophaga parallela, Thomson, Archiv. entomol. II. p. 87. No. 185.

Von dieser zuerst in Guinea (Gabon) aufgefundenen Art liegen zwei von Uru (Mitte Novembers 1862) stammende Exemplare vor.

246. *Alphitobius opacus*, n. sp.

Oblongo-ovatus, convexus, niger, opacus, ore, antennis pedibusque rufis: prothorace basi profunde bisinuato, utrinque sulcato, supra subtilissime punctulato, elytris suturam versus obsolete striato-punctatis, iridescentibus. Long. 4⅓ mill.

Durch den stärker gewölbten Körper dem *Alphit. parallelus*, Thoms. und *chrysomelinus*, Fab. näher stehend als dem *Alphit. ovatus* und *piceus*, jedoch auch von ersteren sowohl habituell als durch die sehr verloschene Skulptur der Oberfläche wesentlich abweichend. — Der Körper ist länglich eiförmig, mit grösster Breite an der Basis des Prothorax, nach hinten stärker als nach vorn verschmälert, die Oberseite durchaus matt, wie angehaucht, nur die Flügeldecken mit leichtem Seidenglanz und etwas farbenspielend. Beine, Mundtheile und Fühler rostroth, letztere mit ziemlich stark erweiterten fünf letzten Gliedern. Kopf auffallend kurz, die Stirn eingedrückt und gegen den flachen Clypeus stark abfallend, dieser sehr fein, jene etwas stärker, aber gleichfalls dicht gedrängt punktirt. Prothorax stark kissenartig gewölbt, nach vorn allmählich gerundet verschmälert, mit weit nach hinten ausgezogenen, übrigens fast rechtwinkligen Hinterecken und daher tief zweibuchtiger Basis; der stark gerundete Mittellappen der letzteren jederseits durch einen feinen, furchenartigen Längseindruck abgegrenzt, die Oberfläche äusserst fein, kaum wahrnehmbar punktirt; matt kohlschwarz, der fein abgesetzte Seitenrand rothbraun durchscheinend. Schildchen und Flügeldecken sehr fein und zerstreut punktirt, letztere im Bereich ihrer horizontalen Innenhälfte mit fünf regelmässigen, wenngleich wenig deutlichen Punktstreifen, welche der gegen den Seitenrand hin stark abfallenden Aussenhälfte vollständig abgeben. Hinterleib an der Spitze rothbraun gesäumt.

In einem einzelnen Exemplare von den Ugono-Bergen (Ende Oktobers 1862) vorliegend.

Hypophloeus, Fab.

Entom. syst. I. 2. p. 500.

247. *Hypophloeus volvulus*, n. sp.

Elongatus, rufo-brunneus, capite prothoraceque castaneis, hoc apicem versus sensim dilatato, utrinque subtiliter marginato, elytris striato-punctatis, seriebus alternis paullo subtilioribus. Long. 5 mill.

Bei etwas geringerer Länge noch merklich schlanker als der Europäische *Hyp. cimeterius*, Hbst. (*castaneus*, Fab.), von welchem er sich überdies durch die charakteristische Form des Prothorax und die viel feinere Punktirung der Oberseite unterscheidet. Fühler etwas schlanker als bei der genannten Art, sonst von gleichen Grössenverhältnissen der einzelnen Glieder. Kopf weiter aus dem Prothorax heraustretend und etwas weniger grob punktirt. Prothorax fast doppelt so lang als an der Basis breit, nach vorn allmählich und unter geradlinigen, nur hinter der Mitte leicht ausgeschweiften Seiten erweitert, besonders vorn ziemlich stark, kissenartig gewölbt, gleichmässig fein und zerstreut punktirt, längs der Basis und zu beiden Seiten fein und scharf gerandet, die Seitenränder nur sehr leicht geschwungen und nahe den Vorderecken von der gewölbten Oberfläche deutlicher abgesetzt. Schildchen quer, einzeln punktirt. Flügeldecken langgestreckt und mit Einschluss des Hinterleibes cylindrisch, merklich breiter als die Basis des Prothorax, mit scharf rechtwinkligen, leicht hervortretenden Schulterecken; die Oberfläche fein und in ziemlich regelmässigen Längsstreifen punktirt, welche sich jedoch nicht so deutlich in Haupt- und Zwischenstreifen sondern wie bei *Hyp. cimeterius* und sich gegen die Spitze hin ganz auflösen. Pygidium dicht gedrängt und fein punktirt, die Unterseite des Hinterleibes grober und weitläufiger.

Gleichfalls von den Ugono-Bergen und nur in einem Exemplare vorliegend.

Platyotus, nov. gen.

(Trib. *Ulomidae*.)

Antennae breviusculae, apicem versus sensim dilatatae. Frons bicornis. Prothorax subquadratus, apice trilobus. Scutellum brevissimum, transversum. Corpus oblongum, parallelum, subdepressum.

Grösse und allgemeine Körperform dieser neuen Gattung erinnern zunächst an den Europäischen *Hypophloeus melinus*, Hbst. (*depressus*, Fab.), welcher von den übrigen Arten der Gattung in mehreren Merkmalen so wesentlich abweicht, dass Mulsant auf denselben mit Recht eine besondere Untergattung *Palorus* (welcher ohne Weiteres der Rang einer selbstständigen Gattung zuerkannt werden darf), begründet hat. Wie bei diesem ist der Körper länglich, gleich breit, niedergedrückt, die Flügeldecken den Hinterleib ganz bedeckend, das Schildchen sehr kurz und stark in die Quere gezogen, abgestutzt, die Mundtheile ohne bemerkenswerthe Unterschiede. Auch die Form der Fühler ist wenig abweichend, nur dass sich die fünf Endglieder etwas deutlicher absetzen. Auffallendere Differenzen liegen dagegen in der Bildung des Kopfes und Prothorax, von denen ersterer die Gattung in eine gewisse Analogie mit *Pracia*, Lacord. und *Gnathocerus*, Thunb. versetzt. Der Stirnrand erhebt sich nämlich beiderseits zu einem breiten, blattförmig zusammengedrückten, nach oben und etwas nach aussen gerichteten Horn, dessen Aussenrand die Augen zwar nicht vollständig verdeckt, ihre Ansicht von oben jedoch wesentlich beschränkt. Der nach vorn stärker, fast kissenartig gewölbte Prothorax tritt mit einem mittleren schuppenartigen Vorsprung über einen Theil des Scheitels hervor und berührt mit seinen gleichfalls ausgezogenen Vorderwinkeln den Hinterrand der Augen.

248. *Platyotus glabratus*, n. sp.

Rufo-piceus, glaber, nitidus, antennis pedibusque dilute castaneis, prothorace obscuriore, perspicue punctato, basi lateribusque marginato, elytris distincte punctato-striatis, interstitiis punctulatis. Long. 3¼ mill.

Kopf und Prothorax schwärzlich pechbraun, die aufgerichteten Hörner des ersteren gleich dem übrigen Körper lichter, mehr rothbraun; Fühler, Beine und Mundtheile fast rostroth. Fühler noch etwas kürzer als bei *Hypophl. mellinus*, die beiden Kopfhörner mit geradem Aussen- und bogenförmigem Innenrand, gegen die Spitze hin verschmälert; Stirn ausgehöhlt, fein und zerstreut punktirt, gegen den aufgewulsteten Scheitel deutlich abgesetzt. Prothorax in der Mittellinie ziemlich so lang wie breit, im Ganzen quadratisch, an der Basis und an den Seiten deutlich gerandet; über die ganze Oberfläche hin fein und lose, auf Sternum und Pleuren dagegen dicht und grob punktirt. Schildchen quer linear, etwas erhaben. Flügeldecken etwas mehr denn doppelt so lang als der Prothorax, nach hinten allmählich und leicht verschmälert, an der Spitze regelmässig abgerundet; die Oberfläche mit acht regelmässigen und deutlichen Punktstreifen, deren äusserster von dem Seitenrande ziemlich weit entfernt ist, in den flachen Zwischenräumen unregelmässig fein und zerstreut punktirt, gegen die Naht hin stellenweise leicht querrunzlig erscheinend. Hinterleib weniger grob als die Brustseiten, aber durchaus deutlich und ziemlich dicht punktirt.

Das einzige vorliegende Exemplar wurde auf den Ugono-Bergen (Oktober 1862) mit der vorhergehenden Art zusammen unter Baumrinde gefunden.

Tribolium, M. Leay.

Annulos. Javan. p. 158.

Stene, Steph. *Margus*, Dej.

249. *Tribolium ferrugineum*, Fab.

(1781) *Tenebrio ferrugineus*, Fabricius, Spec. Insect. I. p. 324 No. 12. — Mant. Insect. I. p. 212. No. 17. — Sturm, Deutschl. Fauna, Käfer. II. p. 229. No. 6. Taf. 47. Fig. D.

(1787) *Dermestes navalis*, Fabricius, Mant. Insect. I. p. 35. No. 14.

(1792) *Lyctus navalis*, Fabricius, Entom. syst. I. 2. p. 504. No. 10.

(1792) *Trogosita ferruginea*, Fabricius, Entom. syst. I. 2. p. 116. No. 7. — Syst. Eleuth. I. p. 155. No. 23.

(1798) *Ips testacea*, Fabricius, Entom. syst. suppl. p. 179. No. 14—15.

(1797) *Colydium castaneum*, Herbst, Käfer VII. p. 282. No. 3 Taf. 112. Fig. 13.
Tribolium castaneum, M. Leay, Annulos. Javan. p. 150. No. 92.

Diese kosmopolitische Art wurde im September 1862 bei Mombas aufgefunden.

Cossyphus, Oliv.

Entom. III. No. 44 bis.

250. *Cossyphus dentiventris*, n. sp.

Taf. X. Fig. 2.

Alutus, oblongo-ovatus, prothoracis elytrorumque lateribus fusco-conspersis reflexo-marginatis, horum disco bicostato et utrinque profunde crenato-punctato: femoribus anticis dilatatis, abdominis segmentis duobus ultimis fortiter bidentatis. Long. 12, lat. 6 mill. ♂.

Bei gleicher Grösse ein wenig schmaler als *Coss. depressus*, Oliv. (Entom. III. No. 44 bis. p. 4. No. 1. pl. 1. Fig. 1) = *Coss. planus*, Fab. (Syst. Eleuth. II. p. 98. No. 2), von diesem ausserdem durch den stärker aufgebogenen Seitenrand des Prothorax und der Flügeldecken, durch die viel gröbere seitliche Punktreihe der letzteren u. s. w. abweichend; unter den übrigen Arten dem *Coss. punctatissimus*, de Brême (Essai monogr. d. Cossyph. II. p. 23. No. 8. pl. 2. Fig. 4) am nächsten stehend und von demselben möglicher Weise sogar nur sexuell verschieden. — Bei einem Vergleich mit der erstgenannten Olivier'schen Art ergeben sich für die gegenwärtige folgende Unterschiede: Die Färbung ist lichter, oberhalb hell kastanienbraun, unterhalb mit Ausnahme des schwarzen Kopfes rothbraun, die seitliche Ausbreitung deutlicher dunkel getüpfelt, ihr aufgebogener Rand nicht geschwärzt. Die vier Endglieder der Fühler beträchtlich schmaler, das dritte Glied etwas schlanker. Der Prothorax etwas kürzer, sein Hinterrand im Bereich der seitlichen Ausbreitungen in durchaus rechtem Winkel abgestutzt; der Mittelkiel desselben schwächer und mehr verkürzt. Die Scheibe der Flügeldecken zwischen den Längsrippen und der äusseren Punktreihe gleichmässiger gewölbt und fein punktirt, letztere äusserst grob und tief eingestochen, so dass die Zwischenräume der Punkte perlenartig heraustreten. Die Vorderschenkel sind stark erweitert und zugleich von vorn nach hinten deutlich verdickt, so dass die beiden Kanten der Unterseite sich ziemlich weit von einander entfernen; auch die Vorderschienen sind breiter und zeigen einen stärker gebogenen Aussenrand. Auf dem vorletzten Hinterleibsringe (Taf. X. Fig. 2) entspringen in weiter Entfernung von einander, etwas hinter der Mitte der Länge zwei mit der Spitze nach innen und hinten gekrümmte hakenförmige Zähne von schwärzlicher Farbe, welche ein etwas abgeflachtes und gleichfalls geschwärztes Mittelfeld einschliessen. Auf dem letzten Segment verlaufen in etwas geringerer Entfernung von einander zwei Längsleisten, welche, indem sie sich nach vorn allmählich mehr erheben, nahe dem Vorderrand gleichfalls zwei Zähne bilden und eine muldenförmige, glänzende, fein punktirte Vertiefung einschliessen.

In einem Exemplare zwischen dem See Jipe und Aruscha (Ende Oktobers 1862) gefunden.

Anmerkung. de Brême (Essai monogr. sur les Cossyphides. II. p. 9) spricht den *Cossyphus*-Arten sexuelle Differenzen überhaupt und speciell für den Hinterleib ab. Es treten jedoch nicht nur an dem vorstehend beschriebenen Exemplare, sondern auch an mehreren mir vorliegenden der

Coss. insularis, Lap., de Brême (a. a. O. p. 16 No. 3), mit welchem ich den *Coss.* [illegible] Guér., de Brême (a. a. O. p. 18 No. 4) vom Senegal für identisch halte, plastische Merkmale hervor, welche offenbar nur als sexuelle angesehen werden können. Bei dem Weibchen des *Coss. dentiventris* werden aller Wahrscheinlichkeit nach die Vorderbeine und die beiden letzten Hinterleibssegmente in gewöhnlicher Weise einfach gebildet sein und es wäre, wie gesagt, nicht unmöglich, dass de Brême dasselbe als *Coss. punctatissimus* beschrieben hat. Bei *Coss. insularis* kommen neben Exemplaren mit einfacher Hinterleibsbildung und schmalen Vorderschenkeln solche vor, welche sich bei sonstiger Uebereinstimmung durch erweiterte Vorderschenkel, etwas breitere Vorderschienen und zwei scharfe Längskiele auf dem letzten Hinterleibssegment unterscheiden; die zwischen letzteren liegende Vertiefung ist längsrunzlig, das vorletzte Segment beiderseits eingedrückt und am Hinterrand mit zwei leichten Zahnvorsprüngen versehen. Bei keiner der übrigen, mir zum Theil in ansehnlicher Individuenzahl vorliegenden *Cossyphus*-Arten haben sich derartige Differenzen nachweisen lassen, so dass für diese entweder eine formelle Uebereinstimmung beider Geschlechter oder eine besondere Seltenheit der männlichen Individuen angenommen werden muss. Auch bei *Coss. insularis* sind die als Männchen angesprochenen, mit plastischen Auszeichnungen versehenen Individuen die bei weitem seltneren.

Nyctobates, Guér.

Magas. de Zool. 1834. Insectes.

251. *Nyctobates brachialis*, n. sp.

Antennis breviusculis, subclavatis, clypeo transversim impresso, prosterno inter coxas dilatato, apice acuminato, pronoti lateribus immarginatis: angustulus, niger, opacus, elytris sat fortiter striato-punctatis, pedibus crassiusculis. Long. $11^{1}/_{3}$ mill.

Beträchtlich kleiner und besonders schmaler als *Nyct. punctatus* (*Helops punctatus*, Fab., Syst. Eleuth. I. p. 160. No. 30), mit welcher die vorstehende Art in der Bildung des Mesosternum übereinstimmt, von welcher sie aber durch die kurzen Fühler, die gedrungenen Beine, die nicht gerandeten Prothoraxseiten u. s. w. wesentlich abweicht. Der Körper ist gestreckter als bei der genannten Art, einfarbig matt schwarz. Der Kopf ragt weniger weit aus dem Prothorax hervor, der Clypeus ist gegen die Stirn durch einen deutlicheren Eindruck abgesetzt und hinten der Quere nach gefurcht, die Punktirung auf der ganzen Oberseite gleichmässig fein und zerstreut. Die Fühler sind kurz und erscheinen durch die starke Erweiterung der Endglieder deutlich gekeult; das sechste Glied ist gleichseitig dreieckig, das siebente bis zehnte in allmählicher Progression breiter als lang, das letzte abgerundet quadratisch. Der Prothorax ist quer viereckig, nach vorn beträchtlich stärker als nach hinten verengt, mit abgerundeten Vorder- und rechtwinkligen Hinterecken, an der Basis und Spitze fein, aber deutlich gerandet, an den Seiten dagegen abgerundet; die Oberfläche vorn beiderseits undeutlich eingedrückt, gegen die Basis hin mit schwacher Mittelfurche, ziemlich gleichmässig verloschen und zerstreut punktirt, matt kohlschwarz. Das Prosternum zwischen den Vorderhüften jederseits lappig erweitert, flach, nicht gefurcht, nach hinten kegelförmig zugespitzt, das Mesosternum dreieckig ausgeschnitten, seine beiden Seitenkiele vorn in einen Höcker auslaufend. Schildchen kurz und abgerundet dreieckig. Flügeldecken fast dreimal so lang als der Prothorax, fast parallel, beim Beginn des letzten Dritttheils nur leicht erweitert, hinter dem etwas aufgebogenen Basalrand leicht eingedrückt, sonst gleichmässig flach gewölbt, zwischen den ziemlich starken, in gewöhnlicher Weise angeordneten Punktstreifen auf mattem Grunde äusserst fein und zerstreut punktirt. Beine kurz und gedrungen, mit gegen die Spitze hin deutlich verdickten Schenkeln und leicht gekrümmten Schienen;

besonders fällt die Derbheit und Verdickung der Schenkel an den kürzeren Vorderbeinen auf. Hinterleib etwas deutlicher punktirt als die Hinterbrust, auf deren Mitte wenigstens die Punktirung fast verloschen erscheint.

Auf den Ugono-Bergen, Ende Oktobers 1862 gefunden.

Lyprops, Hope.

Transact. entomol. soc. of London. I. p. 101.

Oligurus, Dej.

252. *Lyprops breviusculus*, n. sp.

Nigro-piceus, pubescens, punctatissimus, fere opacus, antennarum articulis 6.—10. subquadratis, prothorace transverso, lateribus rotundato, coleopteris ovalis, apicem versus dilatatis. Long. 7 mill.

var. *Corpore infra elytrisque dilute brunneis.*

Von *Lypr. chrysophthalmus*, Hope (a. a. O. p. 101. pl. 14. Fig. 5) durch die sehr viel kürzeren und nach hinten erweiterten Flügeldecken, den vorn beiderseits abgerundeten und nach hinten schwächer verengten Prothorax, die kürzeren Fühler und Beine habituell abweichend und mehr an eine kleine *Lagria* erinnernd, übrigens von analoger Färbung, Skulptur und Behaarung. Die kurzen und derben Fühler erreichen zurückgeschlagen kaum die Basis des Prothorax; ihr drittes Glied ist kaum um die Hälfte länger als das vierte, das fünfte bis zehnte sind unter allmählicher Breitenzunahme quadratisch, das letzte kurz und stumpf eiförmig. Der Kopf ist mit Einschluss des deutlich aufgewulsteten Stirnrandes dicht gedrängt, der Prothorax merklich sperriger punktirt, letzterer im Verhältniss zu den Flügeldecken klein, quer und stumpf herzförmig, mit zurückweichenden und breit abgerundeten Vorderecken und gerade abgestutzter Basis und Spitze. Das Schildchen abgerundet dreieckig, deutlich punktirt. Die Flügeldecken fast doppelt so breit als die Basis des Prothorax, nach hinten leicht erweitert und daher stumpf eiförmig, gegen den Seitenrand und die Spitze hin etwas dichter punktirt als auf der Scheibe. Der Prosternalfortsatz durch die Hüften nach vorn nicht ganz so stark eingeschnürt wie bei *Lypr. chrysophthalmus*, die Hinterbrust gleich der Mitte des Halsschildes glänzend und zerstreut punktirt. Beine mit Einschluss der Tarsen kurz, das vorletzte Glied dieser stark verbreitert und unterhalb dicht gelbfilzig.

Unausgefärbte Individuen zeigen nur den Kopf pechschwarz gefärbt, die Fühler und den Prothorax dagegen pechbraun, die Unterseite des Körpers und die Flügeldecken sogar gelbbraun.

Bei Wanga im Herbst 1863 aufgefunden.

Diphastops, nov. gen.

(Trib. *Tenebrionini.*)

untere Hälfte getheilt sind; der beide von einander trennende Raum entspricht der seitlichen Fortsetzung des aufgeworfenen Stirnrandes. An den derben Fühlern sind die drei vorletzten Glieder quer viereckig und gleich dem stumpf ovalen Endgliede dicht feinkörnig punktirt, matt, viel feiner behaart als die Basalglieder. Der kleine, quere Prothorax ist nach hinten nur sehr schwach verengt, daher nicht herzförmig, das Prosternum zwischen den Vorderhüften gleich breit. Das Grössenverhältniss zwischen Prothorax und Flügeldecken ist ähnlich wie bei *Lagria*, welcher Gattung die hier in Rede stehende überhaupt habituell gleicht.

253. *Dichastops subaeneus*, n. sp.

Taf. X. Fig. 3 u. 3a.

Rufo-piceus, aeneo-micans, punctatissimus, griseo-pubescens, antennis nigris, elytris laetioribus, latera versus subrugose punctatis. Long. 10—11½ mill.

Von der Grösse und dem Habitus der *Lagria villosa*, Fab. Der Kopf, Prothorax und die ganze Unterseite des Körpers sind licht röthlich pechbraun oder selbst rothbraun, mit deutlichem Metallglanz übergossen; schwärzlich pechbraun erscheinen die Beine von der Schenkelbasis an und die Fühler, deren fünf Endglieder selbst als matt kohlschwarz zu bezeichnen sind. Das dritte Fühlerglied ist nicht ganz so lang wie die beiden folgenden zusammengenommen, das vierte bis sechste gleich lang und gleich breit, das siebente etwas breiter. Der Kopf ist etwas dichter und weniger grob punktirt als der Prothorax, auf dessen Scheibe indessen die Zwischenräume der Punkte trotzdem als Querrunzeln erscheinen. Derselbe ist um die Hälfte breiter als lang, nach hinten nur wenig stärker als nach vorn verengt, mit leicht gerundetem Seiten- und gerade abgestutztem Vorder- und Hinterrande. Das stumpf herzförmige Schildchen ist dicht und ziemlich fein punktirt. Die Flügeldecken sind zusammen fast doppelt so breit als die Halsschildbasis, beiderseits im ersten Drittheil der Länge nur schwach, hinter der Mitte dagegen deutlich erweitert, nach hinten eiförmig zugerundet; ihre Färbung licht gelbbraun, mit leichtem grünlichem Metallglanz auf der Scheibe, welche etwas sperriger als die mit deutlichen Querrunzeln versehene Basis, Spitze und Aussenhälfte punktirt ist. Auf der Unterseite ist die ganze Hinterbrust und die Mitte der drei vorderen Hinterleibsringe bei weitläufiger Punktirung stärker glänzend als die Seiten und die Endsegmente des Hinterleibes.

Bei Endara im December 1862, ferner auf Sansibar (Cooke) in Mehrzahl gefunden.

Himatismus, Erichs.

Archiv f. Naturgesch. IX. 1. p. 243.

Imatismus, Dej. *Helops*, Fab.

254. *Himatismus trivialis*, n. sp.

Fuscus, confertim punctatus, supra maculatim cinereo-pubescens, oculis parum prominentibus, prothorace transverso. Long. 11—13 mill. ♂♀.

♂ *Palpis maxillaribus securiformibus, trochanteribus posticis in spinam brevem productis.*

Durch den queren Prothorax zunächst mit *Himat. helopioides*, Gerst. (Insekt. v. Mossamb. p. 292. Taf. XVII. Fig. 8.) verwandt, unterscheidet sich die vorliegende Art von jener, abgesehen von ihrer geringeren Grösse, durch die seitlich nicht heraustretenden Netzaugen, im männlichen Geschlecht ausserdem durch die viel kürzeren Fühler, die nur in einen sehr kurzen Dorn ausgezogenen Trochanteren der Vorderbeine und die ansehnlichere Grösse der Prosternal Warze. Mit *Himat. tessulatus*, *Gerst. (a. a. O. p. 292) in der Grösse, der Länge der Fühler (wenigstens beim Weibchen) und der Augenbildung übereinstimmend, lässt sie sich von diesem sowohl wie von *Himat. variegatus*. Fab. sofort durch den sehr viel breiteren Prothorax unterscheiden, von letztgenannter Art ausserdem durch die Augen und im männlichen Geschlecht durch die beilförmig erweiterten Maxillartaster so wie durch die Bewehrung der vorderen Trochanteren. Im Uebrigen stimmt der *Himat. trivialis* mit den genannten drei Arten in der eigenthümlichen Haarbedeckung der Oberseite durchaus überein, erweist sich aber dadurch als etwas buntscheckiger, dass die alternirenden schmaleren, gleichmässig behaarten Streifen der Flügeldecken lichter als die übrige Oberfläche, nämlich rothbraun gefärbt sind. In Betreff der Skulptur ist hervorzuheben, dass die grobe Punktirung des Kopfes längs der Mitte etwas sperriger, auf dem Prothorax dagegen dicht gedrängt und gleichmässig ist, daher jener etwas glänzend, dieser ziemlich stumpf erscheint. Die Länge des Prothorax zu seiner Breite verhält sich fast wie 2 : 3; letztere ist übrigens bald in der Mitte, bald bei den Vorderecken am bedeutendsten.

Auf dem Festlande bei Wanga, ausserdem in grösserer Anzahl auf Sansibar von Cooke gesammelt.

255. *Himatismus Senegalensis*, Haag.

Himatismus Senegalensis, Haag, Coleopt. Hefte. VI. p. 69. No. 6.

In einem weiblichen Exemplare von Endara (Mitte Decembers 1862) vorliegend. Die Art ist ausser am Senegal auch in Mosambik einheimisch.

Das bis jetzt nicht beschriebene Männchen stimmt mit dem Weibchen in Grösse und Umriss durchaus überein, zeigt keine Unterschiede in der Bildung der Fühler, Taster und Trochanteren der Vorderbeine und ist daher nur an der Schwiele des Prosternum kenntlich, welche glatt, grubig vertieft und mit einem gelben Borstenbündel versehen ist.

Pycnocerus, Westw.

Transact. entomolog. soc. of London. III. p. 212.

Dinoscelis, Gerst.

256. *Pycnocerus Passerinii*, Bertol.

Odontopus Passerinii, Bertoloni, Illustr. rer. natur. Mozamb. II. p. 40. No. 30. Fig. 7.
Dinoscelis Passerinii, *Gerstaecker, Insekt. v. Mossamb. p. 291. Taf. XVII. Fig. 7.

Zwei mit den Mosambikern vollkommen übereinstimmende Exemplare dieser ausgezeichneten Art wurden bei Mbaramu (Oktober 1862) in einem hohlen Baume gefunden.

Aspidosternum, Mäkl.

Monogr. d. Gatt. Strongylium. p. 392.

Lagria (pars) Dej., Gerst. *Pseudolamus*, Dej.

Diese von Lacordaire (Gen. d. Coléopt. V. p. 403. Anmerk.) und auf seine Autorität hin von Mäklin (Monogr. d. Gatt. Strongylium p. 392) zur Gruppe der

Strongyliinen gestellte Gattung lässt mit diesen keinerlei nähere Verwandtschaft erkennen, sondern schliesst sich, abgesehen von dem verbreiterten Prosternum, nach allen wesentlichen Merkmalen auf das Engste an die Gattung *Odontopus*, Silberm. (*Prodontus*, Dej.) an, welcher sie offenbar noch bedeutend näher steht als dies mit *Calostega*, *Chiroscelis*, *Prioscelis* und *Pycnocerus* der Fall ist. Ausser dem *Tenebrio cyaneus*, Fab. (*Lagria speciosa*, Dej.) gehört dieser Gattung auch die *Lagria aeruginea*, *Gerst. (Insekt. v. Mossamb. p. 294. Taf. XVII. Fig. 8) so wie folgende, ihr nahe verwandte neue Art an:

257. *Aspidosternum festivum*, n. sp.

Taf. X. Fig. 4

Viridi-aeneum, glabrum, confertim punctatum, coleopteris purpurascenti-cupreis, ante apicem ampliatis, singulis obsolete unicostatis, prothorace his multo angustiore: antennis validis, cribrato-punctatis, tibiis posticis rectis. Long. 20 mill.

Dem *Aspid. aerugineum* (*Lagria aeruginea*, *Gerst. a. a. O.) durch den kleinen Prothorax, die hinterwärts bauchig erweiterten Flügeldecken und die längeren Fühler habituell viel näher stehend als dem *Aspid. cyaneum*, Fab.; abgesehen von der Färbung jedoch durch deutlichen Glanz der Oberseite, derbere und tiefer punktirte Fühler, etwas länger gestreckte und grober skulpirte Flügeldecken und fast gerade Hinterschienen abweichend. — Fühler metallisch grün, gegen die Basis hin mit Goldglanz, das Endglied stumpf schwarzblau; das dritte Glied etwa so lang wie die beiden quadratischen folgenden zusammengenommen. Der metallisch grüne Kopf und Prothorax deutlich kupfrig schimmernd, ersterer nur am Halstheil feinkörnig, sonst gleich letzterem sehr grob und tief, theilweise runzlig punktirt, die Stirn mit querem Eindruck. Prothorax quer, mehr denn um die Hälfte breiter als lang, vorn und hinten gerade abgestutzt, beiderseits gerundet, nach vorn etwas stärker als nach hinten verengt; die ziemlich scharfe Seitenkante geradlinig, die Zwischenräume der Punkte auf der Scheibe glatt und glänzend, in der Mitte der Basis eine grössere Schwiele bildend. Der freiliegende Theil des Mesonotum matt schwärzlich blau und beträchtlich grober als das rein grüne Schildchen punktirt. Flügeldecken schön purpurfarben mit metallisch grünem Seitenrand und Spitze, an der Basis zusammen reichlich um die Hälfte breiter als der Prothorax, von den Schultern aus bis zum Ende des zweiten Drittheils allmählich breiter werdend, von da ab rundlich zugespitzt; ihre Punktirung noch sehr viel grober als diejenige des Prothorax, dicht gedrängt und fast gleichmässig, die erhabenen Zwischenräume nahe der Naht eine mit dieser parallel laufende, schwache Längsrippe bildend. Unterseite kupfrig glänzend, Vorder- und Mittelbrust mehr grün; Prosternalfortsatz mit dreiläufigem Mittelwulst. Metasternum hinten quer eingedrückt, der Länge nach gefurcht, über die Mitte hin glatt und glänzend, beiderseits chagrinartig gerunzelt. Hinterleib mit stark glänzender, seicht punktirter und gerunzelter Scheibe, aber grob punktirten, durch Eindrücke abgesetzten Seitentheilen; Endsegment mehr gleichmässig punktirt. Beine metallisch grün, theilweise mit Goldglanz; die beiden Zähne an der Spitze aller drei Schenkelpaare klein und stumpf.

Das einzige vorliegende Exemplar wurde am 24. December 1862 bei Kiriama gefangen.

Micrantereus, Sol.

Studi entomol. I. p. 175.

258. *Micrantereus variolosus*, n. sp.

Taf. IX. Fig. 9.

Prothorace obsolete punctulato, coleopteris breviter ovatis, supra irregulariter tuberculatis, inter tubercula parce punctulatis, opacis pilisque minutis adpressis ferrugineis obtectis: pedibus simplicibus, tibiis rectis. Long. 15, lat. 9½ mill. ♀.

In der Skulptur und Haarbekleidung der Flügeldecken mehr dem *Micr. anomalus*, Guér. (Magas. d. Zoolog. 1834. pl. 112. Fig. 7), im Körperumriss dagegen mehr dem *Micr. costatus*, *Gerst. (Insekt. v. Mossamb. p. 283. Taf. XVII. Fig. 3) gleichend, jedoch in den Flügeldecken noch beträchtlich kürzer als dieser. — Fühler kürzer als der halbe Körper, fadenförmig, im Bereich der sechs Endglieder etwas dicker, die beiden ersten röthlich pechbraun. Kopf fein und zerstreut, auf dem Clypeus etwas dichter punktirt, gleich dem Prothorax wie angehaucht, nur matt glänzend. Dieser quer, um die Hälfte breiter als lang, unter leicht gerundeten Seiten erst im vordersten Drittheil verengt, der bogige Ausschnitt des Vorderrandes durch eine feine eingedrückte Linie gesäumt, der scharfe Seitenrand S förmig geschwungen, der gerade Hinterrand schmal aufgeworfen; die Oberfläche der Quere nach gleichmässig gewölbt, gegen den Vorderrand hin dagegen stark abfallend, zerstreut und fein, fast verloschen punktirt. Schildchen wulstig, gleichfalls fein punktirt. Flügeldecken kurz und vorn stumpf eiförmig, nach hinten tief herabgezogen, zugespitzt, längs der Basis und im Bereich der senkrecht abfallenden Seitenwände glänzend schwarz und glatt, auf letzteren gleichzeitig in drei parallelen Längsreihen etwas unregelmässig punktirt; auf der Oberseite ausserdem die vordere Hälfte der Naht und zahlreiche, verschieden grosse und unregelmässig vertheilte pustelförmige Erhabenheiten, deren grösste in einiger Entfernung von der Naht je eine deutlicher hervortretende Längsreihe darstellen, glatt und glänzend, der Grund dagegen, von welchem sie sich erheben, matt kohlschwarz, aber durch zahlreiche, niederliegende rostgelbe Härchen erdbraun erscheinend. Prosternalfortsatz hinter den Vorderhüften mit aufgebogenem, gerundetem Endzipfel. Meso- und Metasternum gleich den stark aufgewulsteten drei vorderen Hinterleibsringen deutlich längsrissig, letztere ausserdem am Hinterrand fein punktirt; die Punktirung des Endsegments an der Spitze deutlicher und dichter. Beine sämmtlich einfach, die beiden hinteren Paare in ihrer ganzen Ausdehnung dicht und grob runzlig punktirt.

In einem einzelnen weiblichen Exemplare von Endara (December 1862) vorliegend.

259. *Micrantereus femoratus*, n. sp.

Taf. IX. Fig. 8.

Capite prothoraceque distincte punctulatis, nitidis, coleopteris oblongo-ovatis, glabris, aterrimis, irregulariter profunde punctatis et verrucosis: pedibus elongatis, femoribus incrassatis, anterioribus subtus dentato-dilatatis, tibiis arcuatis, intermediis brevissimis. Long. 13½–15, lat. 7½–8 mill. ♂♀.

Bei gleicher Länge beträchtlich schmaler als der vorhergehende, von dem er sich durch die grössere Länge der Fühler, durch die Skulptur und Glätte der

Flügeldecken und durch die auffallende Bildung der Beine leicht unterscheiden lässt. — Fühler um ein Drittheil länger als bei *Micr. variolosus* und zugleich etwas derber, die drei Endglieder jedoch merklich dünner als die vorhergehenden. Kopf glänzender, sonst von gleicher Form und Punktirung. Prothorax deutlich schmaler, von vorn nach hinten schwächer gewölbt und daher gegen den Vorderrand hin weniger steil abfallend, der Seitenrand nur leicht geschwungen, der Glanz stärker, die Punktirung deutlicher. Schildchen nicht abweichend. Flügeldecken schmal und nach hinten zugespitzt eiförmig, auf den senkrecht abfallenden Seitenwänden in drei Längsreihen grob punktirt, auf der durchweg unbehaarten und tief schwarzen Oberfläche mit viel zahlreicheren, dichter aneinander gereihten Tuberkeln besetzt, der zwischen denselben liegende, etwas mattere Grund grob und unregelmässig zerstreut punktirt; letztere Skulptur tritt besonders deutlich auf dem hintersten Drittheil hervor, auf welchem die glänzenden Höcker beträchtlich sparsamer und kleiner als vorn erscheinen. Prosternalfortsatz am Ende nicht gerandet, Mesosternum nicht gerieft, nur seitlich fein punktirt. Metasternum an beiden Seiten, erster Hinterleibsring bis auf den Endsaum, der zweite im Bereich der Basis längsrissig, der ganze übrige Hinterleib bis auf die stärker punktirte Spitze des letzten Ringes sehr fein punktirt und stark glänzend. Schenkel sehr viel länger als bei der vorhergehenden Art und stark verdickt, die beiden vorderen Paare ausserdem am Unterrande vor der Spitze zahnartig erweitert und zwar die mittleren beträchtlich stärker und stumpfer als die vorderen, abweichend von diesen aber sowohl an der Vorder- wie an der Rückseite; die Hinterschenkel überall gleich breit, unterhalb und an der Basalhälfte der Aussenseite grob schartig punktirt. Vorderschienen mit winkligem Vorsprung in der Mitte des Innenrandes, zwischen diesem und der Spitze flach bogig ausgeschnitten, der ganzen Länge nach sperrig gewimpert. Mittelschienen äusserst kurz, vorn dem Schenkelzahn entsprechend tief ausgehöhlt, hinterwärts jenseits der Mitte löffelartig erweitert. Hinterschienen doppelt so lang als die Mittelschienen, leicht bogig gekrümmt und gleichzeitig — wie die Ansicht von hinten ergiebt — geschwungen. Erstes Tarsenglied der Hinterbeine deutlich länger als dasjenige der mittleren; die Schienensporen jener kürzer, stumpfer und weniger gekrümmt als der Aussensporn der Mittelschienen.

Unter den vorliegenden Exemplaren weicht eines von den übrigen bei etwas breiterem und stumpfer endigendem Hinterkörper dadurch ab, dass das zweite Abdominalsegment die Aufwulstung des Hinterrandes in der Mitte nicht unterbrochen und eingedrückt zeigt. Während bei den übrigen ferner das Endsegment des Hinterleibes schmaler und flacher erscheint und den männlichen Genitalapparat hinter sich hervortreten lässt, ist dieses Endsegment bei dem erwähnten einzelnen Exemplare breiter abgerundet und deutlich gewölbt, auch nicht von den Flügeldecken abgehoben. Sonstige Unterschiede, z. B. in der Bildung der Beine sind an demselben nicht wahrnehmbar, so dass es immerhin nicht ohne alle Bedenken als Weibchen angesprochen werden kann.

Diese Art wurde in Mehrzahl bei Mbaramu (Oktober) und bei Endara (December 1862) gesammelt.

Eupezus, (Dej.) Lacord.

Gen. d. Coléopt. V. p. 472.

260. *Eupezus longipennis*, n. sp.

Ater, subnitidus, glaber, elytris oblongo-ovatis, striato-punctatis. Long. 25½ mill.
♂ *Tibiis anterioribus intus rufo-barbatis, abdomine glabro, nitidissimo, longitudinaliter plicato, segmento ultimo apice excavato.*

Nicht nur grösser, sondern auch besonders langstreckiger als *Eupezus longipes*, Fab. (Entom. syst. I. p. 121. No. 20), von diesem ausserdem durch nicht tomentirte, ungefurchte Flügeldecken und durch die dem Männchen eigenthümlichen Merkmale in der Vorderschienen- und der Hinterleibsbildung unterschieden. Die Fühler sind merklich derber und in ihren einzelnen Gliedern kürzer als bei *Eup. longipes* mas, der Clypeus feiner und etwas weitläufiger punktirt. Der Prothorax beträchtlich breiter und unter stärkerer seitlicher Rundung nach vorn verengt, der durch eine vertiefte Linie abgesetzte Vordersaum breiter, die Punktirung eher feiner und zerstreuter, aber unter dem nur schwachen, hauchartigen Toment der Oberfläche dennoch deutlicher hervortretend. Das Schildchen fein punktirt, gleich den Flügeldecken nackt und leicht glänzend. Diese bei den Schultern am breitesten, in den ersten zwei Dritttheilen ihrer Länge nur leicht verschmälert, im letzten plötzlich stark, fast dreieckig verengt, so dass sie ein langgestrecktes und nach hinten zugespitztes Oval darstellen; die acht Punktstreifen der Oberfläche nur schwach ausgeprägt, nicht vertieft, die Punkte in denselben weitläufig, die Zwischenräume flach und skulpturlos. Die Hinterbrust in der Mitte und zu beiden Seiten fein und zerstreut punktirt, vor den Hinterhüften jederseits aufgewulstet und querrunzlig. Der Hinterleib unbehaart, glänzend, wie gefirnisst, die vier vorderen Ringe in ihrer ganzen Ausdehnung längsrunzlig und diese Runzeln besonders über die Mitte hin so stark, dass die Oberfläche wie gekniffen, die Hinterränder aber eingekerbt erscheinen; zwischen den Runzeln überall feine, aber ziemlich tiefe Punkte sichtbar. Das dritte Hinterleibssegment ist vor seinem Hinterrande stark aufgewulstet und gegen letzteren hin geglättet, spiegelblank. Das matte, dicht punktirte Endsegment ist jederseits der Basis ohrartig gelappt und an der Spitze tief grubenartig ausgehöhlt; die quer ovale Grube beiderseits von einer Leiste und einem Büschel kurzer, rostrother Filzhaare begrenzt. Vorder- und Mittelschienen sind innen mit einer dichten, rostrothen Haarbürste bekleidet, welche bis zum Beginn des obersten Dritttheils hinaufreicht und — abweichend von *Eupezus longipes* mas — an den Vorderschienen fast ebenso stark entwickelt ist wie an den mittleren. Die Hinterschienen sind etwas weniger deutlich geschwungen als bei jener Art, der hintere Metatarsus kürzer.

Ein einzelnes männliches Exemplar vom See Jipe (Mitte Decembers 1862).

Anmerkung. Ueber den auch in Mozambik einheimischen *Eupezus Natalensis* macht Lacordaire (Gen. d. Coléopt. V. p. 473) die irrige Angabe, dass das Männchen glatte, das Weibchen dagegen befilzte Schienen habe. In Uebereinstimmung mit der vorstehenden sowohl wie mit der Fabricius'schen Art finde ich auch bei *Eup. Natalensis* die Filzbekleidung der Schienen dem Männchen eigen, nur dass sie sich hier auf alle drei Schienenpaare erstreckt.

Gonocnemis, Thoms.

Arch. entomol. II. p. 101.

261. *Gonocnemis brevicollis*, n. sp.

Taf. X. Fig. 5.

Aterrima, nitida, antennis validis, apicem versus serratis, oculis permagnis, prothorace fortiter transverso, lateribus distincte marginato, inaequaliter dispersim punctato, elytris profunde punctato-striatis, interstitiis externis subcarinatis. Long. 17 mill.

Beträchtlich robuster als *Gonocn. dentipes*, Dej. (Cat. d. Coléopt. 3. éd. p. 227), von welcher Art die gegenwärtige überdies durch den starken Glanz der Oberseite, den viel kürzeren und seitlich scharf gerandeten Prothorax, die groberen Punktstreifen der Flügeldecken, die Fühlerbildung u. s. w. wesentlich abweicht. — Die Fühler sind verhältnissmässig kurz und derb, das dritte Glied nicht ganz doppelt so lang als das erste, die sieben letzten nach innen dreieckig erweitert, in Gemeinschaft daher gesägt erscheinend; das Endglied etwas länger als die vorhergehenden und an der Spitze schräg abgestutzt. Der Clypeus und der mittlere Theil der Stirn sind grob, die beiden aufgerichteten Seitentheile der letzteren, unter welchen die Fühler entspringen, feiner punktirt und glänzend; das die sehr grossen Augen trennende Stirnband ist um die Hälfte schmaler als bei *Gon. dentipes*. Der Prothorax ist fast doppelt so breit als lang, quer viereckig, im vordersten Dritttheil plötzlich stark verschmälert, der scharfe Vorderrand fein aufgebogen, die Basis tief zweibuchtig, die Seiten scharf gerandet, die Oberfläche leicht der Quere nach gewölbt, beiderseits nahe dem Vorderrand und vor der Basis deutlich eingedrückt; der Glanz stark, die Punktirung zerstreut und unregelmässig, besonders in der vorderen Hälfte jederseits durch eine glatte Stelle unterbrochen. Schildchen kurz herzförmig, sehr fein und vereinzelt punktirt. Flügeldecken breiter als das Halsschild, nicht ganz doppelt so lang als an der Basis zusammen breit, seitlich zwischen Basis und Mitte leicht ausgeschweift, vom letzten Dritttheil der Länge an allmählich eiförmig zugerundet; oberhalb gleichmässig gewölbt, fast ebenso stark glänzend wie der Prothorax, in gewöhnlicher Weise mit neun durchgehenden und einem abgekürzten Punktstreifen versehen. Die Punkte sehr viel grober als bei *Gon. dentipes*, auf den äusseren Streifen gegen die Basis hin selbst grubenförmig und nicht viel schmaler als die Zwischenräume, welche dadurch etwas rippenartig gewölbt erscheinen und von denen der äusserste sogar deutlich gekielt ist; auf sämmtlichen Zwischenräumen sind feine und sehr vereinzelte Pünktchen bemerkbar. Die Mitte des Prosternum breiter und deutlicher zweilappig als bei *Gon. dentipes*, die Mittelbrust fein querrissig, am Hinterrand der Mittelhüften grob punktirt; Hinterleib verloschen und weitläufig, gegen die Spitze hin dichter fein punktirt. Zahn der Vorderschenkel von gleicher Form und Grösse wie bei *Gon. dentipes*, die Vorderschienen kräftiger, fast ganz gerade; die Tarsen nicht heller gefärbt als Schienen und Schenkel.

In einem einzelnen Exemplare vom See Jipe (Mitte Decembers 1862) vorliegend.

Praogena, Gerst.

Insekt. v. Mossamb. p. 293.

Praeugena, Castelu.

262. *Praogena nobilis*, Mäkl.

Praogena nobilis, Mäklin, Act. soc. scient. Fennicae. VII. p. 568. No. 10.

Von dieser mit *Praog. rubripennis*, Mäkl. (a. a. O. No. 16) in nächster Verwandtschaft stehenden Art liegen einige von Cooke auf der Insel Sanaibar gesammelte Exemplare vor.

Dysgena, Mäkl.

Act. soc. scient. Fenn. VII. p. 555.

263. *Dysgena scabripennis*, n. sp.

Rufo-brunnea, flavescenti-pilosa, subopaca, capite prothoraceque fuscescentibus: antennarum articulis 3. et 4. subaequalibus, pronoto confertim cicatricoso, elytrorum interstitiis parcius granoso-punctatis. Long. 14—15 mill.

Weniger dicht, aber länger und grober behaart als *Dysg. pilosula*, Mäkl. (a. a. O. p. 551. No. 2), abgesehen von der Färbung auch durch grössere Augen, schmalere Stirn, die Längsverhältnisse der Fühlerglieder, die sperriger und deutlich körnig punktirten Zwischenräume der Flügeldecken unterschieden. — Körper matt, rothbraun, dünn gelblich behaart, Kopf, Fühler und Prothorax dunkeler, mehr pechbraun. Viertes Fühlerglied nur wenig kürzer als das dritte, mit welchem das fünfte gleich lang ist. Augen seitlich hervortretend, vorn durch die Backen quer abgeschnitten, hinterwärts stark gerundet. Oberlippe und Stirn grob, erstere jedoch dichter punktirt, der Halstheil des Kopfes feinkörnig; Stirn vorn fast nur halb so breit als jedes Auge, nach hinten erweitert. Prothorax quer, etwa um ein Drittheil breiter als lang, seitlich gerundet, gegen die fast gerade abgeschnittene und gerandete Basis hin kaum merklich, nach vorn dagegen stark verschmälert, der feine und sehr scharfe Seitenrand von oben her nicht sichtbar, tief herabgezogen, bogig, die ganze, nur flach gewölbte Oberseite durch dicht aneinandergedrängte, genabelte Punkte matt, dünn und aufrecht behaart. Schildchen quer und geradlinig dreieckig, zerstreut punktirt. Flügeldecken zusammen um die Hälfte breiter als der Prothorax, fast 2½ mal so lang als zusammen breit, bis zum letzten Viertheil parallel, grob und dicht punktirt-gestreift, die Streifen gegen den Seitenrand hin allmählich tiefer werdend, die Zwischenräume flach, mit aufgestochenen, körnigen Punkten, welche beträchtlich schwächer als diejenigen der Streifen sind und je ein niederliegendes gelbes Borstenhaar führen, in zwei alternirenden Längsreihen besetzt. Prosternalfortsatz in seinem hinteren vertikalen Verlauf merklich schmaler als in dem horizontalen; die Pleuren der Vorderbrust glatt und glänzend, der mittlere Theil grob punktirt. Die Hinterbrust gleich den drei vorderen Abdominalringen grober und weitläufiger, etwas aufgestochen punktirt, die beiden Endsegmente beträchtlich feiner und seichter. An den Beinen die Schenkel dicht narbig punktirt, die Schienen feinkörnig.

Auf der Insel Sansibar von Cooke entdeckt.

Miltoprepes, nov. gen.

(Trib. *Strongyliini.*)

A Praogena differt fronte lata, convexa, a clypeo vix discreta, sulcis intraocularibus nullis: palporum maxillarium articulo terminali vix dilatato: antennarum articulis 3.–10. brevioribus, ovatis: prothorace subcordato, laevi, elytris magis parallelis, subtiliter striato-punctatis.

In der Bildung des Prosternum mit der Mehrzahl der *Praogena*-Arten (*Pr. marginata*, Fab., *festiva*, Gerst., *rubripennis*, Mäkl., u. A.) übereinstimmend, unterscheidet sich die im Folgenden charakterisirte von allen bis jetzt bekannt gewordenen schon habituell durch den nach hinten deutlich verengten und dadurch etwas herzförmigen Prothorax, welchem überdies jede Punktirung abgeht, ferner auch durch die mehr gleichbreiten und nur von feinen Punktstreifen — nicht von Längsfurchen — durchzogenen Flügeldecken. Diese Abweichungen würden für sich allein eine generische Vereinigung mit *Praogena* vielleicht noch zulassen, erhalten aber durch andere, in der Kopf- und Fühlerbildung liegende offenbar eine grössere Bedeutung. Die seitlich hervortretenden, wie bei *Praogena* grob facettirten Augen lassen zwischen sich eine Stirn von fast doppelter Breite als ihre eigene frei; dieselbe ist deutlich gewölbt, entbehrt der seitlichen Längsfurchen gegen die Augen hin und ist auch durch keinen deutlichen Eindruck vom Clypeus abgegrenzt. Das Endglied der Kiefertaster ist sehr viel schwächer als bei *Praogena*, kaum merklich erweitert, die Fühler sehr viel kürzer, indem allein das Endglied lang gestreckt, die Glieder vom dritten bis zehnten nur länglich eiförmig und annähernd gleich gross sind.

264. *Miltoprepes laetus*, n. sp.

Taf. X. Fig. 6.

Cyaneus, laevis, nitidus, antennis, tibiis tarsisque nigris, elytris laete rubris, punctato-striatis, interstitiis planis, disperse subtilissimeque punctulatis. Long. 11–12½ mill.

Fühler tief schwarz, nicht ganz von halber Körperlänge, die fünf ersten Glieder glänzend, die übrigen durch dichte und feine Punktirung matt; das dritte bis fünfte allmählich an Länge ab- und an Breite etwas zunehmend, das achte bis zehnte walzenförmig, das verlängerte elfte gegen die Spitze hin pfriemartig verdünnt. Oberlippe und Taster schwärzlich pechbraun, Kopf und Prothorax glänzend metallisch blau, glatt; letzterer vorn und hinten gerade abgeschnitten, seitlich in regelmässigem Bogen fein gerandet, vorn um ein Vierttheil breiter als lang, nach hinten unter sehr schwacher Rundung der Seiten ziemlich stark verengt; die Oberseite gleichmässig gewölbt, jederseits zwischen Mitte und Basis mit einem grubenförmigen Eindruck. Schildchen gleichseitig dreieckig, leicht vertieft, glänzend stahlblau. Flügeldecken zusammen um die Hälfte breiter als der Prothorax, bis fast zum letzten Vierttheil der Länge parallel, dann spitz zugerundet; glänzend zinnoberroth, mit neun regelmässigen, ziemlich feinen Punktstreifen, von welchen nur der äusserste, unmittelbar über dem Seitenrande verlaufende stark furchenartig vertieft ist. Unterseite des Körpers nebst Hüften und Schenkeln metallisch blau, die Brust jedoch nur matt glänzend. Metasternum fein und verloschen querrunzlig,

Hinterleib ohne sichtbare Skulptur, beiderseits jedoch mit Eindrücken. Schienen und Tarsen pechschwarz.

Am See Jipe (Ende Oktobers 1862) aufgefunden.

Monomma, Klug.

Insekt. v. Madag. p. 94.

265. *Monomma triplacinum*, n. sp.

Ovatum, parum convexum, supra nigro-piceum, infra cum pedibus rufo-brunneum, capite prothoraceque confertim, elytris parcius et subtilius punctulatis, distincte punctato-striatis, stria suturali obsoletiore. Long. 5½ mill.

Von ähnlicher, nach hinten verschmälerter Eiform wie *Mon. brunnipes*, Guér., Thoms. (Annal. soc. entom. de France. 3. sér. VIII. p. 21. No. 13. pl. 2. Fig. 4) und nur wenig kleiner als diese Art, jedoch durch fast rechtwinklige Hinterecken des Prothorax, durchaus deutliche Punktstreifen und zerstreut punktirte Zwischenräume der Flügeldecken leicht zu unterscheiden. — Der Vorderrand des Kopfes und Prothorax und die Seitenränder des letzteren röthlichbraun durchscheinend; die Oberfläche des ersteren dicht gedrängt und gleichmässig, die des letzteren etwas sperriger und unregelmässiger punktirt, daher etwas glänzend. Die herabgezogenen Vorderecken des Prothorax abgerundet, die Hinterecken fast rechtwinklig, die Seitenränder in der vorderen Hälfte schmal aufgebogen, der Hinterrand beiderseits leicht gewulstet. Schildchen deutlich, dreieckig. Flügeldecken von den Schultern ab allmählich eiförmig verschmälert, bei der Mitte ihrer Länge seitlich kaum merklich ausgeschweift, die zehn Längsstreifen jeder einzelnen gegen die Naht hin allmählich feiner werdend, der innerste sich nach vorn hin von der Naht stark entfernend und allmählich verlöschend, die Punkte der Streifen flach, länglich, dicht aneinander gereiht, auf den nach aussen gelegenen Streifen übrigens beträchtlich grösser und dichter; die zerstreute Punktirung der flachen Zwischenräume sehr viel feiner als diejenige des Prothorax. Unterseite ziemlich glänzend, beiderseits gleich den Beinen rothbraun. Metasternum in der Mitte feiner, beiderseits grob siebartig punktirt, der Hinterleib gegen die Spitze hin allmählich feiner. Die beiden Gruben des Endsegmentes tief, halbmondförmig.

Am See Jipe (Mitte Decembers 1862) aufgefunden.

Fam. Lagriariae, Latr.

Lagria, Fab.

Syst. Entom. p. 84.

266. *Lagria villosa*, Fab.

Lagria villosa, Fabricius, Spec. Insect. I. p. 160. No. 9. — Entom. syst. I. 2. p. 79. No. 8. — Syst. Eleuth. II. p. 69. No. 3. — Olivier, Entom. III. 49. p. 4. No. 1. pl. 1. Fig. 2.

Sowohl von Mombas als von der Insel Sansibar vorliegend. Die Art ist von der ganzen Westküste, vom Kap und von der Ostküste bis nach Mossambik hinauf bekannt und zugleich auf Madagaskar einheimisch.

267. *Lagria mollis*, n. sp.

Antennis gracilibus, pedibus validis, tibiis arcuatis, nigra, dense griseo-villosa, capite, prothorace abdomineque rufo-brunneis, coleopteris testaceis, confertim punctatis, oblongis, fere parallelis, parum convexis. Long. 10 mill.

Die lange und weiche Behaarung des ganzen Körpers in Verbindung mit den gedrungenen, kräftigen Beinen und dem kleinen, vorn gerundeten Prothorax verleihen dieser Art einen eigenthümlichen, von den meisten übrigen Afrikanischen Arten wesentlich verschiedenen Habitus. Die Fühler sind mit Ausnahme der beiden rothbraunen Basalglieder tief schwarz, schlank, das dritte und vierte Glied schmal, das fünfte bis zehnte dreieckig, allmählich breiter und kürzer werdend, jedoch so, dass nur das neunte und zehnte ein wenig breiter als lang sind; das Endglied zugespitzt eiförmig. Die Oberlippe und das Endglied der Kiefertaster schwarz, die übrigen Mundtheile gleich dem Kopf licht rothbraun. Letzterer verhältnissmässig klein, gleich von den Augen ab nach hinten verschmälert, vorn und zu beiden Seiten dicht und grob, in der Mitte der Stirn weitläufig punktirt und daher hier glänzend. Prothorax klein, so lang wie breit, seitlich vor der Mitte stark gerundet, nach vorn viel stärker als nach hinten verengt, sehr flach gewölbt, beiderseits hinter der Mitte sehr tief, vor der Basis flacher quer eingedrückt, besonders dicht und lang weichhaarig, auf der Scheibe fein und verloschen, gegen die Seiten hin deutlich und dicht gedrängt punktirt, rothbraun, über die Mitte hin und beiderseits schwärzlich. Schildchen abgerundet viereckig, fein gerunzelt, von der Färbung der Flügeldecken. Diese zusammen fast doppelt so breit als der Prothorax, mehr denn doppelt so lang als breit, bis auf das spitz zugerundete letzte Viertheil parallel, sehr flach gewölbt, gleichmässig und dicht gedrängt punktirt, mit engen, runzlig zusammenfliessenden Zwischenräumen, unter der langen und dichten, aufrechten greisen Behaarung deutlich glänzend, licht braungelb. Hinterbrust und Beine glänzend schwarz, Hüften, Trochanteren und Hinterleib rothbraun. Letzterer vorn fein und zerstreut, hinten dichter und aufgestochen punktirt, die Ringe beiderseits in Form von Kreisen narbig eingedrückt. Beine gedrungen, mit etwas verdickten Schenkeln und breiten, deutlich einwärts gekrümmten Schienen; erstes Tarsenglied verhältnissmässig kurz.

Am See Jipe (Ende Oktobers 1862) gefunden.

268. *Lagria semicyanea*, n. sp.

Antennis apicem versus incrassatis, pedibus gracilibus, nigro-cyanea, griseo-pilosa, supra confertim punctata, elytris dilute brunneis; capite et prothorace subquadratis. Long. 7–8 mill. ♂ ♀.

♂ *Prothorace angustiore, elytris aurichalceo-micantibus, antennarum articulo ultimo oblongo, 6. et 7. ceteris latioribus.*

♀ *Prothorace transverso, antennarum articulo ultimo acuminato-ovato.*

Kopf, Prothorax, Schildchen, Unterseite des Körpers nebst Schenkeln und Schienen schwärzlich stahlblau, Fühler und Mundtheile schwarz, Flügeldecken gelbbraun. Behaarung greis, aufrecht, sparsam, auf Kopf und Prothorax länger als auf den Flügeldecken. Kopf hinter den Augen fast gleich breit, daher abgerundet viereckig, Prothorax seitlich fast geradlinig, nach hinten deutlich verengt, klein; beide sehr grob und gedrängt punktirt, so dass die schmalen Zwischenräume zu glatten Runzeln zusammenfliessen. Schildchen dicht und feinkörnig punktirt. Flügeldecken schon an der Basis zusammengenommen fast doppelt so breit als der Prothorax, nach hinten beim Weibchen stärker erweitert und zugleich höher gewölbt als beim Männchen, ebenso dicht gedrängt, aber weniger grob runzlig punktirt als der Prothorax. Metasternum und Hinterleib glänzend, fein und zerstreut punktirt. Beine einfach, schlank, Schienen nicht gekrümmt, Tarsen schwärzlich pechbraun.

Beim Männchen sind die etwas längeren Fühler schon vom dritten Gliede an beträchtlich dicker als beim Weibchen, das vierte und fünfte gegen die Spitze hin dreieckig erweitert, das sechste und siebente quer, trapezoidal, deutlich breiter als die folgenden, das stumpf zugespitzte Endglied nicht ganz so lang wie die drei vorletzten zusammengenommen. Der Prothorax ist ebenso lang wie breit, die Flügeldecken deutlich messingschimmernd.

Beim Weibchen sind das dritte bis sechste Fühlerglied länger als breit, die drei folgenden fast quadratisch, das elfte am breitesten, zugespitzt eiförmig. Der Prothorax ist deutlich breiter als lang, die Flügeldecken entbehren des Metallglanzes.

Auf der Insel Sansibar einheimisch, jedoch auch aus Mosambik vorliegend.

269. *Lagria plebeja*, n. sp.

Antennis apicem versus incrassatis, pedibus gracilibus, picea, griseo-pilosa, supra confertim punctata, scutello elytrisque rufescenti-testaceis; capite et prothorace subquadratis. Long. 8–9½ mill. ♂ ♀.

♂ *Prothorace angustiore, antennarum articulo ultimo elongato, 8.—10. transversis.*

♀ *Prothorace latiore, antennarum articulo ultimo oblongo, acuminato.*

Von gleicher Form und Skulptur wie die vorhergehende Art, aber durchschnittlich etwas grösser und schon durch die Körperfärbung abweichend. Fühler, Mundtheile, Kopf, Prothorax und Beine schwärzlich pechbraun, der Scheitel sowie Vorder- und Hinterrand des Prothorax meist lichter rothbraun. Die grobe und dichte Punktirung des Vorderkörpers bildet schmale, glatte Zwischenräume, welche sich in der Mittellinie des Kopfes und Prothorax zu einem schwachen Längskiel vereinigen. Die Flügeldecken, deren dichte runzlige Punktirung kaum weniger grob als diejenige des Prothorax ist, sind gleich dem feinkörnigen Schildchen gelblich oder röthlich braun gefärbt und scheinbar dichter greis behaart als der Vorderkörper. Hinterbrust und Hinterleib glänzend röthlich pechbraun, fein und zerstreut punktirt. Hüften und Trochanteren, zuweilen auch die Schenkelbasis gleichfalls rothbraun.

Beim Männchen sind die Fühlerglieder vom dritten an beträchtlich breiter als beim Weibchen, das sechste und siebente fast gleichseitig dreieckig und etwas schmaler als die drei folgenden, das Endglied fast noch breiter als diese und ihnen zusammengenommen an Länge gleichkommend. Der Prothorax ist regulär viereckig, etwas länger als breit; die Flügeldecken zeigen zuweilen einen leichten Messingschimmer.

Beim Weibchen sind das sechste und siebente Fühlerglied noch etwas länger als breit, das neunte und zehnte leicht quer, das letzte so lang wie die beiden vorhergehenden zusammengenommen und zugespitzt. Der Prothorax ist so lang wie breit und erscheint bei seiner leichten Verschmälerung nach hinten etwas trapezoidal. Die Flügeldecken sind bauchiger und gewölbter als beim Männchen.

Bei Mombas im August 1862 und auf Sansibar (Cooke) gesammelt.

270. *Lagria pulverulenta*, n. sp.

Antennis apicem versus incrassatis, pedibus gracilibus, rufo-brunnea, flavescenti-pubescens, aenescens, capite prothoraceque nigro-piceis, hoc transverso quadrato, subsulcato. Long. 7½ mill. ♀.

Der vorhergehenden Art in Form, Skulptur und Färbung sehr ähnlich, aber durch die kurze und niederliegende, auf Kopf und Prothorax fast filzig, auf den Flügeldecken staubartig erscheinende Behaarung leicht zu unterscheiden. Die Mundtheile mit Ausnahme des Endgliedes der Kiefertaster, die Oberlippe und die beiden ersten Fühlerglieder rothbraun, der Kopf im Uebrigen pechschwarz, dicht und grob punktirt, gleich dem Prothorax unter der dichten, anliegenden gelben Behaarung fast aschgrau erscheinend, nur der Clypeus und die Mitte der Stirn leicht glänzend; derselbe erscheint, abgesehen von der tiefen halsartigen Einschnürung, quer und abgerundet viereckig. Fühler verhältnissmässig kurz und derb; das siebente und achte Glied etwa so lang wie breit, stumpf dreieckig, das neunte und zehnte quer, trapezoidal, das letzte kurz eiförmig. Prothorax etwas breiter als der Kopf, quer viereckig, nach hinten leicht verengt, mit fein furchenartig vertiefter Mittellinie, ebenso dicht wie der Scheitel punktirt, sein Hinterrand gleich dem Schildchen und den Flügeldecken rostroth. Letztere schon an der Basis zusammengenommen fast doppelt so breit als der Prothorax, nach hinten bauchig erweitert, gleichmässig dicht gedrängt und leicht querrunzlig punktirt, etwas länger und gröber, aber sperriger als der vordere Körpertheil gelb behaart, so dass die Grundfarbe nur leicht gedämpft erscheint. Unterseite nebst Hüften, Trochanteren und Schenkelbasis glänzend rothbraun, die Beine im Uebrigen gleich der Mitte der Hinterbrust pechbraun. Letztere sehr fein und zerstreut, der Hinterleib von vorn nach hinten allmählich deutlicher und dichter, aufgestochen punktirt, sparsamer und dünner als die Oberseite behaart.

In einem einzelnen Exemplare von der Insel Sansibar vorliegend.

Entypodera, nov. gen.

Corpus gracile, glabrum, nitidum. Antennae apicem versus sensim validiores, articulo ultimo oblongo. Caput liberum, rotundato-quadratum. Prothorax capite angustior, oblongus, pone medium fortiter constrictus, bipartitus. Scutellum minutum, oblongo-triquetrum. Coleoptera subparallela, depressa, punctato-sulcata. Femora clavata: tarsorum articulus penultimus bilobus.

Durch den glatten, glänzenden Körper steht diese neue Gattung in näherer Verwandtschaft mit *Eutrapela*, Dej. und *Statira*, Serv., als mit *Lagria*, Fab., unterscheidet sich jedoch auch von jenen durch die auffallende Bildung des Prothorax, welche an diejenige der Carabiden-Gattung *Casnonia* erinnert. Fühler- und Kopfbildung stimmen im Wesentlichen mit derjenigen von *Lagria* überein: die Fühlerglieder vom dritten an nehmen allmählich an Breite zu, während sie sich bis zum zehnten an Länge fast gleich bleiben; das Endglied ist länglich eiförmig. Die frei hervorragende Oberlippe ist quer eiförmig, das Endglied der Kiefertaster stark beilförmig erweitert. Die Netzaugen sind grob facettirt, ziemlich stark in die Länge entwickelt, am Vorderrand durch die Fühlerinsertion kaum merklich ausgebuchtet und durch eine Stirn getrennt, welche ihren Querdurchmesser etwas an Breite übertrifft. Der Hinterkopf ist stark entwickelt, abgerundet viereckig, mit scharf abgesetztem, dünnem Halstheil. Der längliche und schmale Prothorax ist durch einen tiefen Einschnitt in eine grössere rundliche Vorder- und eine kleinere trapezoidale Hinterhälfte getheilt. Die aneinander schliessenden kugligen Vorderhüften entspringen auf der Grenze beider Abschnitte, so dass ihre geschlossenen Hüftpfannen noch einen ansehnlichen Theil der Vorderbrust hinter sich zu liegen haben. Die ziemlich flachgedrückten und fast gleichbreiten Flügeldecken sind mit zehn regelmässigen, vertieften Punktstreifen versehen, von denen die beiden äussersten der senkrecht abfallenden Seitenwand zukommen. An den schlanken Beinen sind die Schenkel ziemlich stark gekeult, das vorletzte Tarsenglied wie bei *Lagria* zweilappig.

271. *Entypodera anthicoides*, n. sp.

Taf. X. Fig. 7.

Rufo-brunnea, glabra, nitida, capite, antennarum apice pedibusque nigro-piceis, elytris aeneo-fuscis: prothoracis parte antica profunde foveata, postica binodosa. Long. $4\frac{1}{2}$—$5\frac{1}{2}$ mill.

Fühler rostroth, die drei bis fünf letzten Glieder allmählich dunkler pechbraun; das Endglied fast so lang wie die beiden vorhergehenden zusammengenommen. Oberlippe rothbraun, Kiefertaster schwarzbraun. Kopf pechbraun, zwischen den Augen schwärzlich, glatt und glänzend, zerstreut aber ziemlich grob punktirt, die Stirn mit breiter, grubenartiger Längsfurche. Prothorax rothbraun bis licht rostroth, um die Hälfte länger als breit, feiner und sparsamer als der Kopf punktirt, der vordere gewölbte Abschnitt mit tiefer, herzförmiger Grube nahe der Spitze, der hintere durch eine mittlere Längsfurche zweiwulstig; die Einsenkung vor diesen beiden Wulsten dichter punktirt als die übrige Oberfläche. Schildchen etwas ansteigend, klein, länglich dreieckig, rostroth. Flügeldecken schwärzlich braun mit deutlichem Metallschimmer, die Punktirung der Längsfurchen grob und dicht gedrängt, die Zwischenräume schmal, leicht gewölbt, glatt. Unterseite glänzend rothbraun, Hinterleib gegen die Spitze hin in grösserer oder geringerer Ausdehnung schwärzlich pechbraun; Beine von letzterer Färbung, mit rostrothen Hüften und Schenkelbasis.

Von den Ugono-Bergen (Ende Oktobers 1862) stammend.

Fam. Rhipiphoridae, Gerst.

Rhipiphorus, Fab., Gerst.

Rhipiphorid. disp. syst. p. 18.

Emenadia, Castelu. *Macrosiagon*, Hentz.

272. *Rhipiphorus bipunctatus*, Fab.

Rhipiphorus bipunctatus, *Fabricius, Syst. Eleuth. II. p. 120. No. 17.
Rhipiphorus bipunctatus, *Gerstaecker, Rhipiphorid. disp. syst. p. 24. No. 14.
Emenadia bipunctata, Costa, Faun. del regno di Napoli. Mordellidei. p. 5. tab. XIX. Fig. 4—5.
Rhipiphorus apicalis, Westwood in: Royle, Illustr. of the Himalayan mountains. Entom. p. 55. tab. 9. Fig. 11.
? *Emenadia terminata*, Castelnau, Hist. nat. d. Ins. Coléopt. II. p. 262.
Rhipiphorus tropicus, *Nietner, Entomol. papers. I. 1856. p. 7. — Journ. Asiat. soc. of Bengal. 1856. p. 873.

Eine grössere Reihe von Exemplaren beiderlei Geschlechts, welche bei Mombas, Wanga und auf der Insel Sansibar (Cooke) gesammelt wurden, ergiebt, dass diese über Süd-Europa (Neapel, Costa), Ostindien und das tropische Afrika verbreitete Art bei weitem grössere Körperdimensionen eingeht, als ich in meiner Monographie der Familie (p. 24) angegeben habe und sich innerhalb gleicher Grössendifferenzen wie der Süd-Europäische *Rhip. bimaculatus*, Fab. bewegt. Die grössten mir vom Sansibarischen Küstenstrich vorliegenden Weibchen erreichen nämlich die ansehnliche Länge von 13 mill., während die von der Insel stammenden bis auf 6 mill. herabgehen. Diese grösseren Individuen unterscheiden sich, abgesehen von ihrer robusteren Gestalt, von den kleineren durch den schärfer zugespitzten, fast schneppenartig ausgezogenen Scheitel, den durch gedrängtere Punktirung matteren und deutlicher gekielten Prothorax und durch einen vor der ausgehöhlten Spitze stärker aufgewulsteten Scutellarlappen; variiren übrigens in der Färbung des Körpers und der Beine in gleichem Maasse wie jene, während die Färbung und die Bindenzeichnung der Flügeldecken noch weiteren Abänderungen unterworfen ist. An Stelle der drei schwarzen Querbinden auf scherbengelbem Grunde zeigen die Flügeldecken bei den grössten Individuen in der Regel auf schwarzem Grunde zwei rostfarbene Querbinden, welche sich nur ausnahmsweise verbreitern und bei der Naht zusammenfliessen; durch letztere Varietät wird der Uebergang zu der Zeichnung und Färbung der kleineren Individuen vermittelt.

273. *Rhipiphorus flabellatus*, Fab.

(1781) *Mordella flabellata*, *Fabricius, Spec. Insect. II. Append. p. 501. No. 3—4. — Mant. Insect. I. p. 218. No. 5. — Cyrilli, Entom. Neapol. tab. IV. Fig. 1. — *Rossi, Faun. Etrusc. I. p. 244. No. 602. — ed. Illig. I. p. 290. No. 602.
Ripiphorus flabellatus, *Fabricius, Entom. syst. I. 2. p. 111. No. 6. — Syst. Eleuth. II. p. 119. No. 7. — Olivier, Entom. III. 65. p. 4. No. 2. pl. 1. Fig. 2 a. 3.
(1787) *Mordella ferruginea*, *Fabricius, Mant. Insect. I. p. 217. No. 1.
Ripiphorus ferrugineus, *Fabricius, Entom. syst. I. 2. p. 110. No. 2. — Syst. Eleuth. II. p. 118. No. 2.

Emenadia flabellata, Castelnau, Hist. nat. d. Ins. Coléopt. II. p. 262. No. 2. — Costa, Faun. del regno di Napoli. Mordellidei. p. 7. tab. XIX. Fig. 3.
Rhipiphorus flabellatus, Küster, Käfer Europ. XIII. 77. — *Gerstaecker, Rhipiphor. disp. syst. p. 28. No. 17. — Mulsant, Coléopt. de France. Longipèdes. p. 157.

Von dieser gleichfalls über Süd-Europa, Ostindien und den grössten Theil Afrikas verbreiteten Art liegen einige weibliche Exemplare von Mombas und der Insel Sansibar vor.

Fam. Vesicantia, Latr.

Horia, Fab.

Mant. Insect. I. p. 164.

274. *Horia cephalotes*, Oliv.

Horia cephalotes, Olivier, Entom. III. 53 bis. p. 5. No. 3. Taf. 1. Fig. 3. (♂).

Diese Art stammt nicht, wie Olivier irrthümlich angiebt, aus Süd-Amerika, sondern aus Afrika und ist keineswegs, wie Lacordaire (Gen. d. Coléopt. V. 2. p. 664) und nach ihm Gemminger (Catal. Coleopt. p. 2130) annehmen, mit der auf den Sunda-Inseln einheimischen *Horia maxillosa*, Fab. identisch. Die ganz naturgetreue Abbildung des Männchens bei Olivier widerspricht letzterer Art durchaus, passt dagegen mit der Angabe des Textes: „*Pedes nigri, femoribus basi ferrugineis*" sehr wohl auf die vorliegende, in Guinea (Kap Palmas) und auf der Insel Sansibar einheimische. Abgesehen von der Färbung der Beine, welche bei *Hor. maxillosa*, Fab. durchaus schwarz sind, ist *Hor. cephalotes* durch den längeren und nach hinten nicht verbreiterten, vielmehr quadratischen Kopf und die grossen, seitlich hervortretenden Augen des Männchens, den kleineren und nach vorn verschmälerten Prothorax beider Geschlechter, die dichtere gelbe Behaarung des ganzen Körpers und die mehr rost- als zinnoberrothe Färbung des letzteren leicht zu unterscheiden.

Von Cooke auf Sansibar gesammelt.

Mylabris, Fab.

Syst. Entom. p. 261.

a) Fühler elfgliedrig (*Mylabris* sens. strict.).

275. *Mylabris bizonata*, Gerst.

Mylabris bizonata, *Gerstaecker, Bericht d. Akad. d. Wissensch. zu Berlin. 1854. p. 694. No. 3. — Insekt. v. Mossamb. p. 298. Taf. XVII. Fig. 13.

In grösserer Anzahl bei Wanga im Herbst 1863 aufgefunden, auch von der Insel Sansibar (Cooke) vorliegend. Die von beiden Lokalitäten stammenden Exemplare zeigen in der Bindenzeichnung der Flügeldecken ebenso geringe Schwankungen, wie die in Mossambik gefundenen. Insbesondere entbehrt die meist breitere Vorderbinde durchweg der Ausbuchtungen, welche der hinteren eigen sind und letztere stumpfer oder schärfer gezackt, gegen den Seitenrand hin aber stets verschmälert erscheinen lassen.

Anmerkung. Die *Myl. bizonata*, Gerst. wird von Gemminger (Catal. Coleopt. p. 2136) unbegründeter Weise in die Synonymie einer „*Myl. dicincta*, Bertol.“ verwiesen, während eine Art dieses Namens im Grunde gar nicht existirt und, wenn sie existirte, mit dieser sprachlich unrichtigen Benennung nicht angenommen werden könnte. Zunächst gewährt die kurze Diagnose, welche der „*Myl. dicincta*“ beigefügt wird, nicht die mindeste Garantie dafür, dass darunter die *Myl. bizonata*, Gerst. begriffen worden sei, denn sie lässt sich mit demselben Recht auf die ihr nahe verwandte *Myl. bifasciata*, Oliv. anwenden. Sodann will aber Bertoloni (Illustr. rer. natur. Mozamb., Dissert. I. Coleopt. p. 41. No. 81) mit diesem Namen keine neue Art bezeichnen, sondern er hält die von ihm diagnosticirte trotz ihrer „dreifachen Grösse“ für identisch mit einer aus Egypten und Arabien stammenden „*Myl. dicincta*, Klug“. Unter einem solchen Namen hat Klug aber selbstverständlich überhaupt keine *Mylabris*-Art beschrieben, sondern er hat nur den Namen *Myl. bicincta* für eine mit *Myl. bifasciata*, Oliv. nahe verwandte Art aus Sierra Leone in der hiesigen Sammlung verwandt, ohne ihn indessen näher zu begründen. Es liegt daher auf der Hand, dass die Bertoloni'sche Benennung, auch abgesehen von ihrer Incorrektheit, auf einer irrigen Anschauung beruht und dass der hier in Rede stehenden Art nur der Name *Myl. bizonata*, Gerst. beigelegt werden kann.

276. *Mylabris bifasciata*, Oliv.

Mylabris bifasciata, Olivier, Entom. III. 47. p. 5. No. 3. pl. 1. Fig. 10. und pl. 2. Fig. 10b. — Billberg, Monogr. Mylabrid. p. 62. No. 36. tab. 6. Fig. 2.

Zwei bei Uru (Mitte Novembers 1862) und auf Sansibar (Cooke) gesammelte Exemplare dieser Art gehören der auch am Senegal einheimischen Varietät ohne gelben Basalfleck der Flügeldecken an.

277. *Mylabris praestans*, n. sp.

Taf. X. Fig. 8.

Antennis croceis, capite prothoraceque praeter hirsutiem atram albo-pilosis, elytris glabris, stramineis, summa basi, macularum paribus duabus fasciaque apicali, antice sinuata nigris. Long. 23 mill.

Der *Myl. oculata*, Thunb. (*bifasciata*, de Geer) und *Myl. tripartita*, *Gerst. (Insekt. v. Mossamb. p. 299. Taf. XVII. Fig. 14) zunächst stehend, jedoch abgesehen von den beiden in paarige Flecke aufgelösten Mittelbinden der Flügeldecken schon durch die niederliegende weisse Behaarung des Kopfes und Prothorax unterschieden. — Fühler lebhaft orangefarben mit tiefschwarzem erstem und zweitem Gliede. Kopf grob und dicht, zum Theil runzlig punktirt, mit glatter und nach unten schwieliger Mittellinie der Stirn und des Scheitels; die aufrechte schwarze Behaarung kürzer, die niederliegende weisse dünner als auf dem Prothorax, so dass die schwarze Grundfarbe dadurch wenig beeinträchtigt wird. Prothorax in der vorderen Hälfte stark verschmälert, durch dichte runzlige Punktirung matt und durch die anliegende weisse Behaarung eisengrau erscheinend, die aufrechte schwarze besonders auf der Scheibe lang und dicht; bei der Mitte der Länge jederseits eine schmale, schräg verlaufende, dazwischen eine mittlere rundliche glatte Schwiele, letztere durch eine Längsfurche mit einer vor der Basis liegenden queren Grube verbunden. Schildchen schwarz, runzlig, quer eingedrückt. Flügeldecken licht strohgelb, bis auf die schwarzborstige Basis fast glatt, leicht glänzend, mit den gewöhnlichen drei Längslinien und ziemlich dichter, verhältnissmässig feiner Punktirung; die äusserste Basis mit fleckenartiger Verbreiterung um das

Schildchen und jederseits auf der Schulter, zwei Fleckenpaaren am Ende des ersten Viertheils der Länge und hinter der Mitte, so wie die Spitze in ansehnlicher Breite tief schwarz. Von den beiden Flecken der ersten Querreihe ist der äussere, quer ovale gross und erreicht mit seinem inneren spitzeren Ende die mittlere Längslinie; der kleine innere ist rundlich, der Naht näher gerückt als dem äusseren und vorn abgestutzt. Die zweite Querreihe wird von fast gleich grossen Flecken gebildet; der äussere, mehr der Länge nach ausgedehnte ist nach innen gerundet und erreicht nicht ganz die äussere der drei Längslinien, der innere, mehr quer liegende ist nach innen zugespitzt und überschreitet hier ein wenig die der Naht zunächst verlaufende. Der schwarze Spitzenfleck ist aussen gerade abgeschnitten, sodann ausgebuchtet und gegen die Naht hin schuppenartig nach vorn hervortretend. Brust und Hinterleib dicht runzlig punktirt, aufrecht schwarz und niederliegend weiss behaart, daher silberschimmernd; die weisse Behaarung am Hinterrand der einzelnen Ringe dichter. Hinterste Schienensporen mit rostfarbener Spitze; Fussklauen pechbraun, Afterklauen lichter, braungelb.

Bei Endara im December 1862 gefunden.

278. *Mylabris amplectens*, n. sp.

Taf. X. Fig. 9.

Antennis croceis, corpore elytrisque praeter hirsutiem nigram cinereo-pubescentibus, his rufo-brunneis, fasciis tribus flavis, anteriore basali, ampla, humeros amplectente, posterioribus duabus angustis, subundulatis ornatis. Long. 7—13½ mill.

Zur Gruppe der *Myl. vestita*, Reiche (Voyage en Abyssinie. III. p. 381. No. 4. pl. 23. Fig. 7) gehörend, jedoch durch die nicht in Flecke aufgelösten Flügeldeckenbinden unterschieden. — Fühler mit drei schwarzen Basalgliedern, sonst rothgelb. Kopf und Prothorax mit Ausnahme der etwas glatteren Mittellinie dicht punktirt und in übereinstimmender Weise aufrecht schwarz und niederliegend greis behaart, letzterer ohne deutlich hervortretende Schwielen, nahe der Spitze stark der Quere nach eingedrückt, in der Mitte der Basis grubig vertieft, davor zuweilen seicht längsfurchig. Schildchen dicht feinkörnig, mit abgekürztem glattem Längskiel. Flügeldecken an der Basis schwarzborstig, auf kirschbraunem Grunde silberweisshaarig, grob und dicht gedrängt punktirt, auf goldgelbem beträchtlich sperriger und hier mit vereinzelten schwarzen Haaren besetzt. Von ersterer Farbe sind die äusserste Basis und Schildchengegend, ein den Aussenrand nicht berührender, stumpf dreieckiger Schulterfleck, zwei breite, durchgehende Mittelbinden und die Spitze in grosser Ausdehnung; es verbleiben daher auf dunkelem Grunde eine breite gelbe Querbinde dicht hinter der Basis, welche den Schulterfleck von allen Seiten, nur nicht an seinem vorderen Ende umfasst, und zwei schmale, leicht gezackte Bänder, von denen das vordere gerade in der Mitte der Länge, das hintere etwa beim Beginn des letzten Viertheils verläuft. Unterseite und Beine greishaarig.

Auf dem Festlande bei Uru (November 1862) und Wanga, auch von Cooke auf Sansibar in Mehrzahl gesammelt. Die Zeichnung der Flügeldecken ist bis auf die bald schmalere, bald breitere gelbe Basalbinde durchaus constant.

279. *Mylabris callicera*, n. sp.

Taf. X. Fig. 10.

Antennis nigris, femoribus tibiisque rufis, corpore dense flavo-sericeo, elytrorum vitta suturae approximata abbreviata, altera laterali angustiore maculaque apicali aurantiacis. Long. 9—13 mill. ♂♀.

♂ *Antennis longioribus, fortiter serratis.*

Diese Art gehört in die Gruppe der *Myl. trifurca* und *ruficrus*, *Gerst. (Insekt. v. Mossamb. p. 301), *Angolensis*, Gemm. (*phalerata*, *Erichs., Archiv f. Naturgesch. IX. 1. p. 256. No. 95) und einer von Drege als *Myl. vittata*, Dej. (Cat.) eingesandten Südafrikanischen Art, mit welchen sie in der dichten, seidigen Behaarung des Kopfes, Prothorax und der Brust, in der Anordnung der hellen Flügeldeckenzeichnung und — wenigstens mit den drei letztgenannten — in der theilweise rostrothen Färbung der Beine übereinstimmt. An *Myl. trifurca*, Gerst. schliesst sie sich ferner durch die verlängerten und stark gesägten Fühler des Männchens an. Von *Myl. vittata*, Dej., welcher sie in der Flügeldeckenzeichnung am ähnlichsten ist, unterscheidet sie sich leicht dadurch, dass die der Naht genäherte Längsbinde weit stärker abgekürzt und nicht mit der Seitenrandsbinde vereinigt ist. — Fühler durchaus schwarz, bei beiden Geschlechtern mit verlängertem und gegen die Basis hin verdünntem Basalgliede; beim Weibchen das dritte Glied doppelt so lang als das zweite und gleich den drei folgenden gegen die Spitze hin etwas dreieckig erweitert, die fünf letzten enger aneinanderschliessend und eine gedrungene Keule darstellend. Beim Männchen das dritte Glied stark erweitert, fast gleichseitig dreieckig, die sieben folgenden im Profil gesehen nach aussen in einen Querast verlängert, in Wirklichkeit aber tellerförmig ausgebreitet; das Endglied kurz gestielt, schief, unregelmässig eiförmig. Kopf kurz und quer, gleich dem Prothorax dicht gedrängt punktirt und mit gelbgreisem oder goldgelbem Filz bekleidet; letzterer breiter als lang, vorn schwach gekielt, nahe der Basis leicht eingedrückt, längs des Rückens gleich der Flügeldeckenbasis aufrecht schwarz behaart. Schildchen fein runzlig punktirt. Flügeldecken parallel, niedergedrückt, überall sehr dicht gedrängt und runzlig, auf gelbem Grunde aber merklich grober punktirt, dicht und fein staubartig greis behaart, daher wie bereift; rothgelb gefärbt sind eine schmale, gleichbreite, von der Schulterecke bis zum letzten Fünftheil reichende Seitenrandsbinde, eine doppelt so breite, der Naht genäherte Längsbinde der Scheibe von gleicher Ausdehnung, welche sich gegen die Basis hin allmählich, an ihrem hinteren Ende plötzlich erweitert und hier stumpf abgerundet ist — endlich ein querer, ovaler, vom Nahtwinkel beginnender Spitzenfleck. Brust und Hinterleib ebenso dicht gelbfilzig wie Kopf und Prothorax. Beine kurz und kräftig, lebhaft rostroth, die Hüften, Trochanteren, Schenkelspitzen und Tarsen schwarz; Schienensporen gelb, Fussklauen rothbraun.

Beide Geschlechter wurden in Mehrzahl bei Mombas (Ende Augusts 1862) angetroffen.

b) Fühler zehngliedrig (*Dices*, Latr.).

280. *Mylabris Kersteni*, n. sp.

Taf. X. Fig. 11.

Antennis croceis, corpore elytrisque praeter hirsutiem nigram cinereo-pubescentibus, his rufo-brunneis, punctatissimis, maculis sex flavis in series duas longitudinales dispositis ornatis. Long. 13 mill.

Trotz der abweichenden Fühlerbildung der *Myl. amplectens* sehr nahe verwandt und von ganz ähnlicher Anordnung der hellen Flügeldeckenzeichnung, welche hier jedoch in paarige Flecke aufgelöst ist. — An den Fühlern die vier ersten Glieder pechschwarz, die übrigen brennend rothgelb. Kopf und Prothorax von gleicher Form, Skulptur und Behaarung wie bei der genannten Art. Flügeldecken auf kirschbraunem Grunde beträchtlich feiner und mehr lederartig gerunzelt punktirt, dünner und mehr staubartig weiss behaart, das letzte Viertheil fast kohlschwarz. Die gelben Fleckenbinden zwar ebenso grob, aber seichter punktirt, überdies fast glanzlos; in der ersten Querreihe ein länglicher, von der Schulter beginnender Seitenrand- und ein quer eiförmiger Fleck hinter dem Schildchen nahe der Naht; in der zweiten eine vor der Mitte der Länge stehende, die Naht berührende schmale Halbbinde und ein etwas mehr nach vorn gerückter, schräger, abgerundet viereckiger Aussenrandsfleck; in der dritten (beim Beginn des letzten Viertheils) ein quer eiförmiger, nach innen zugespitzter Naht- und ein schmalerer, schräg nach vorn und innen gerichteter Aussenrandsfleck. Unterseite und Schenkel greishaarig; Beine ganz schwarz mit rothbraunen Schienspornen und Fussklauen.

Ein einzelnes Exemplar von Wanga (Herbst 1863).

281. *Mylabris Deckeni*, n. sp.

Taf. X. Fig. 12.

Antennis croceis, corpore elytrisque praeter hirsutiem nigram cinereo-pubescentibus, his rufo-brunneis, punctatissimis, fasciis duabus anterioribus amplis, confluentibus, tertia in maculas duas dissoluta flavis ornatis. Long. 14 mill.

Der vorhergehenden Art so nahe verwandt, dass sie sich mit der Zeit nur als eine extreme Zeichnungsvarietät derselben herausstellen könnte; die abweichende Skulptur eines Theiles der Flügeldecken würde dem insofern nicht widerstreiten, als die grössere Ausdehnung der groben Punktirung von derjenigen der gelben Färbung in direkter Abhängigkeit steht. — Fühler wie bei *Myl. Kersteni* brennend rothgelb, mit vier pechschwarzen Basalgliedern. Kopf und Prothorax ohne merkliche Unterschiede. Flügeldecken gegen die Spitze hin gleichfalls, wenn auch in geringerem Maasse geschwärzt, auf braunem Grunde in übereinstimmender Weise, auf gelbem dagegen tiefer punktirt und zugleich glänzender. Die vordere Hälfte goldgelb mit folgender brauner Zeichnung: die ganze Basis von den Schultern bis um das Schildchen herum, die Naht mit einem sich derselben anlegenden viereckigen Fleck, ausserdem zwei kleinere rundliche Flecke, von denen der eine in der Mitte der Scheibe, der andere weiter nach vorn nahe dem Seitenrande gelegen ist. Die hintere Hälfte dunkel kirschbraun, auf ihrer vorderen Grenze seitlich zweimal ausgezackt, vor der Mitte ihrer Länge mit zwei gelben Flecken, deren innerer, quer eiförmiger die Naht nicht ganz erreicht, während der schräg und unregelmässig viereckige äussere an den Seitenrand grenzt. Unterseite und Beine wie bei *Myl. Kersteni.*

Gleichfalls nur in einem einzelnen, von den Ugono-Bergen (Ende Oktobers 1862) stammenden Exemplare vorliegend.

282. *Mylabris dorsalis*, n. sp.

Taf. X. Fig. 13.

Antennis croceis, corpore elytrisque praeter hirsutiem nigram cinereo-pubescentibus, his punctatissimis, distincte tricostatis, rufo-brunneis, apice nigris, maculis duabus basalibus, interiore transversa, exteriore longitudinali, fasciisque duabus angustis, undulatis flavis ornatis. Long. 9–12 mill.

Den beiden vorhergehenden Arten nahe verwandt, aber neben der geringeren Grösse und der Flügeldecken-Zeichnung schon durch die deutlich dreirippigen Flügeldecken unterschieden. — An den Fühlern die vier bis fünf ersten Glieder schwärzlich pechbraun, die folgenden brennend rothgelb. Kopf dicht gedrängt, zum Theil runzlig punktirt, bei der sparsamen greisen Behaarung fast rein schwarz erscheinend. Prothorax vorn gleichfalls dicht, auf dem hinteren Theil der Scheibe dagegen sperriger punktirt und etwas glänzend, die schwache Längsfurche hinter der Mitte grubig vertieft und erweitert; sowohl die aufrechte schwarze als die niederliegende greise Behaarung verhältnissmässig spärlich. Schildchen und Basis der Flügeldecken lang, die übrige Oberfläche der letzteren kurz aufrecht schwarz, ausserdem staubartig greis behaart. Die Punktirung auf dunkelem Grunde ebenso grobkörnig wie bei *Myl. amplectens*, die drei Längsrippen meist noch schärfer ausgeprägt; auf gelbem Grunde die Punkte, wie gewöhnlich, tiefer und sperriger. Grundfarbe von der Basis bis zur dritten Binde licht kirschroth, der Seitenrand und das Spitzendrittheil pechschwarz; nicht weit hinter dem Schildchen, von der Naht ausgehend und etwas schräg nach vorn verlaufend eine etwas zackige gelbe Halbbinde; neben ihr am Seitenrande ein lang gestreckter Schulterfleck von gleicher Farbe. Von den beiden schmalen, etwas welligen, zum Theil unregelmässig ausgezackten und nach aussen dünner werdenden gelben Querbinden liegt die vordere vor der Mitte der Flügeldeckenlänge, die hintere etwa beim Beginn des letzten Drittheils. Unterseite und Beine greisbaarig, Fussklauen rothbraun.

In Mehrzahl bei Uru (Mitte Novembers 1862) gesammelt.

283. *Mylabris ambigua*, n. sp.

Taf. X. Fig. 14.

Antennis croceis, corpore elytrisque dense flavescenti-sericeis, prothorace ante basin profunde sulcato, elytris confertim rugoso-punctatis, obsolete tricostatis, vittis duabus, altera dorsali ante medium abbreviata, altera marginali longiore, intus incisa, maculisque tribus dimidii posterioris flavis ornatis. Long. $8\frac{1}{2}$–$10\frac{1}{2}$ mill.

Von ganz ähnlicher Flügeldeckenzeichnung wie *Myl. (Decatoma) catenata*, Gerst. (Insekt. v. Mossamb. p. 302. Taf. XVII. Fig. 3) und derselben trotz der abweichenden Fühlerbildung überhaupt sehr nahe verwandt, besonders in der Furchung des Prothorax, der Skulptur und Behaarung aller Körpertheile mit ihr übereinstimmend. — Fühler licht rostroth, mit fünf pechschwarzen Basalgliedern, das dritte bis fünfte jedoch zuweilen mit lichter Basis. Kopf dicht punktirt, mit einer meist deutlich ausgeprägten glatten, schwieligen Mittellinie, gleich dem Prothorax mit seidig glänzendem, gelbem Filze dicht bedeckt. Letzterer von der Mitte bis zur Basis tief gefurcht, vor dem aufgebogenen Hinterrand leicht quer eingedrückt. Schildchen feinkörnig gerunzelt. Flügeldecken lang gestreckt, parallel, vorn grober, nach hinten allmählich feiner dicht gedrängt, runzlig punktirt, auf schwarzem, durch dichte gelbe Seidenbehaarung bleigrau erscheinendem Grunde mit folgenden gelben Zeichnungen: am Seitenrande eine schmale, von der Schulter bis zum Beginn des letzten Drittheils reichende Längsstrieme, welche bei der Mitte eingeschnitten und zackig erweitert ist, ausserdem ein vom hinteren Theil des Seitenrandes ausgehender und vorn gerundet erweiterter Sichelfleck; auf der Scheibe eine nahe der Basis beginnende und vor der Mitte der Länge endigende, hinten verschmälerte und etwas nach einwärts gerichtete Längsbinde, sodann dicht hinter der Mitte ein unregelmässig r förmiger und zwischen diesem und der Spitze ein abgerundet rhombischer Fleck. Unterseite und Beine gelblich seidenhaarig; Tarsen pechbraun mit rostrother Basis und Fussklauen.

Sowohl von Mombas (Ende Augusts 1862) als von der Insel Sansibar in Mehrzahl vorliegend.

284. *Mylabris parenthesis*, n. sp.

Taf. X. Fig. 16.

Antennis croceis, corpore elytrisque dense flavescenti-sericeis, prothorace ante basin sulcato, elytris confertim rugoso-punctatis, obsolete tricostatis, maculis tribus dorsalibus — anteriore elongata, arcuata — totidemque marginalibus, omnibus secretis, flavis ornatis. Long. 10 mill.

Mit *Myl. Hermanniae*, Fab. (Entom. syst. I. 2. p. 89. No. 7) zunächst verwandt, jedoch durch länger gestreckte und besonders grober punktirte Flügeldecken unterschieden, deren helle Zeichnung überdies, wenn auch von entsprechender Anordnung, in mehrfacher Beziehung abweicht; besonders erscheint der vorderste Rückenfleck, welcher schmal, lang gestreckt und bogig gekrümmt ist, für die vorliegende Art charakteristisch. — Fühler licht rostroth, die beiden ersten Glieder ganz, das dritte oder das dritte bis fünfte ausserdem an der Spitze pechbraun. Kopf dicht und tief punktirt, mit glatter mittlerer Stirnlinie, tief und glänzend schwarz, nur dünn greis behaart. Prothorax dichter gelb seidenhaarig, etwas grober punktirt, vorn leicht gekielt, längs der Basalhälfte gefurcht, vor dem Hinterrande quer eingedrückt. Flügeldecken auf schwarzem, durch die dichte greise Behaarung bleigrau erscheinendem Grunde gedrängt runzlig punktirt, nach hinten feiner und mehr lederartig gerunzelt; von gelber Färbung sind längs des Seitenrandes ein länglicher, nach hinten allmählich breiter werdender Schulterfleck und zwei kurze quere Mondflecke, von denen der eine vor der Mitte der Länge, der andere vor Beginn des letzten Viertheils gelegen ist; auf der Scheibe eine in der Mitte der Basis entspringende, bis zum Ende des ersten Drittheils reichende, bogig nach der Naht hin gekrümmte Längsbinde und hinter derselben zwei aufeinander folgende Querflecke, welche je etwas rückwärts von den entsprechenden des Seitenrandes gelegen sind und von denen der vordere schmaler, hinten ausgebuchtet und etwas schräg gerichtet, der hintere breiter und stumpfer ist. Unterseite und Beine greishaarig, letztere mit rothbraunen Fussklauen.

Zwischen dem See Jipe und den Bura-Bergen, ferner bei Endara (December 1862) gesammelt.

Lytta, Fab.

Syst. Entom. p. 260.

Cantharis, Lin., Geoffr.

285. *Lytta strangulata*, Gerst.

Lytta strangulata, Gerstaecker, Bericht d. Akad. d. Wissensch. zu Berlin. p. 686. No. 15. — Insekt. v. Mossamb. p. 286.

Von dieser in Mossambik und im Kaffernlande einheimischen Art liegt ein von Cooke auf der Insel Sansibar erbeutetes Exemplar vor.

Im Anschluss an die vorstehend verzeichneten Arten ist noch einer Vesicantien-Larve zu erwähnen, welche, im ersten Entwickelungsstadium begriffen, von ihren bis jetzt bekannten Altersgenossen der Gattungen *Sitaris*, *Meloë* und *Lytta* in mehreren Punkten erheblich abweicht und nicht nur, weil sie aller Wahrscheinlichkeit nach einer auf ihre Entwickelungsgeschichte bisher nicht bekannten Gattung angehört, sondern auch wegen verschiedener Eigenthümlichkeiten in Körperbau und Lebensweise, einer näheren Betrachtung werth erscheinen möchte. In Bezug auf das Vorkommen dieser Larve ist bereits auf S. 58 dieses Bandes hervorgehoben worden, dass dieselbe sich in grösserer Anzahl an verschiedenen Stellen der Körperoberfläche (Flügeldecken, Beine, Bauchseite) der dort beschriebenen *Anthia cavernosa*, Gerst. angeklammert vorfand. Obwohl bereits eingetrocknet, erwiesen sich die von den Anthien abgelesenen und in verdünntem Weingeist aufgeweichten Exemplare der Mehrzahl nach vollständig intakt und liessen, in Glycerin untersucht, folgende Formverhältnisse erkennen:

Der Körper der licht rothbraun gefärbten Jugendlarve (Taf. XI. Fig. 1) misst bei einer Maximal-Breite von etwa $^2/_3$ mill. (im Bereich des Hinterleibes) $2^1/_3$ bis $2^2/_3$ mill. in der Länge, möchte aber, da eine durch das Eintrocknen bewirkte Zusammenziehung der Hinterleibsringe nicht zu verkennen ist, im Leben verhältnissmässig gestreckter erscheinen. Zunächst fällt an dieser Larve, deren Körper zwar niedergedrückt, aber nicht gerade abgeplattet ist, die eigenthümliche Gestaltung des Kopfes auf. Derselbe ist nicht, wie bei der von L. Dufour*) unter dem Namen *Triungulinus andrenetarum* beschriebenen und später von Newport**) in detaillirterer Weise erörterten kleinen gelben Larve des *Meloë violaceus*, unter halbkreisförmiger vorderer Abrundung breiter als lang oder, wie bei der schon von Frisch***) beobachteten und später von Kirby†) als *Pediculus melittae*

*) Description d'un genre nouveau d'Insectes de l'ordre des Parasites (Annal. d. scienc. natur. XIII. 1828. p. 62–66. pl. 9 B.).

**) On the natural history, anatomy and development of the Oil Beetle, Meloë (Transact. of the Linnean soc. of London XX. p. 297–356 pl. 14. — XXI p. 167–183. pl. 20.).

***) Von einer Laus, so auf einer Biene gefunden worden (Beschreibung von allerley Insecten in Teutschland. VIII p. 34. No 16. — Linné begründete (Syst. natur. p. 1020 No. 10) auf diese Larve seinen *Pediculus apis*.

†) Monographia Apum Angliae II. p. 168. tab. XIV Fig. 10–12.

charakterisirten grösseren schwarzbraun gefärbten des *Meloë variegatus* (nach Brandt und Ratzeburg *), welche mir gleich jener ersten in Glycerin-Präparaten zum Vergleich vorliegt, von dem Umriss eines sphärischen Dreiecks, sondern erscheint durch eine umfangreiche schildförmige Entwickelung seines Stirnrandes stumpf eiförmig mit querer Abstutzung seines hinteren Endes oder, wenn man will, länglich viereckig mit breiter und stumpfer Abrundung seines Vordertheiles. Dass auf Rechnung dieser schildförmigen Ausbreitung ein beträchtlicher Theil des so umfangreich erscheinenden Kopfes zu setzen ist, ergiebt sich nicht nur daraus, dass die sich kreuzenden Mandibeln sehr weit rückwärts vom Vorderrande desselben, etwa am Ende des ersten Drittheils der Gesammtlänge gelegen sind, sondern auch aus der Einlenkung der Fühler, welche nicht unmittelbar vom Seitenrand, sondern von der Unterseite ihren Ursprung nehmen, so dass der Basaltheil derselben von oben her überdacht erscheint. Von der hinteren Hälfte des Kopfes gehen jederseits zwei nach auswärts gerichtete, starke Borstenhaare aus; bei der Mitte seiner Länge sind die runden, schwarz pigmentirten, aber einer facettirten Cornea entbehrenden Augen gelegen, welchen je eine leichte Einbuchtung des von ihnen nur wenig entfernten Seitenrandes entspricht.

Die an der unteren Kopffläche entspringenden Fühler (Taf. XI. Fig. 1 a) bestehen in gleicher Weise wie diejenigen der jungen *Meloë*-Larven aus drei aufeinander folgenden Gliedern, lassen aber sonst sehr wesentliche Differenzen erkennen. Auf ein kurzes und breites Basalglied folgt nämlich ein gleichfalls sehr massiges und gegen die Spitze hin sich noch etwas verbreiterndes zweites, welches, mehr denn doppelt so lang als jenes, an seiner Aussenseite nahe dem Ende mit einer Borste versehen ist. Aus der Endfläche dieses zweiten Gliedes entspringt nun zunächst das auch bei der *Meloë*-Larve vorhandene schmale cylindrische Endglied, welches im vorliegenden Fall noch nicht einmal der halben Breite des zweiten Gliedes gleichkommt, sich gegen das Ende hin etwas verschmälert und hier ausser der sehr langen und starken Endborste noch zwei kürzere und dünnere seitliche trägt. Neben diesem dritten Gliede nimmt aber aus dem rückwärts von ihm liegenden Theil des dicken zweiten Gliedes ein eigenthümlich gestalteter, stumpf lanzettlicher, kurzer Fortsatz seinen Ursprung, welcher, einem eigenen kleinen, napfförmigen Vorsprung aufsitzend, sich von den übrigen Theilen des Fühlers durch zartere Contourirung und durch lichteres, milchglasartiges Ansehen unterscheidet. Abgesehen von seiner bedeutenden Grösse muss derselbe nach Sitz, Form und Zartheit seiner Wandung unwillkürlich an die sogenannten Sinneszapfen erinnern, welche von Leydig, Claus u. A. an den Fühlern verschiedener Arthropoden nachgewiesen worden sind.

Von den gleichfalls an der Unterseite des Kopfes entspringenden Mundtheilen sind die bereits erwähnten Mandibeln (Taf. XI. Fig. 1 b), welche an einem verhältnissmässig starken Chitingerüst eingelenkt sind, von schmal sichelförmiger Gestalt und so lang, dass sie sich, in situ betrachtet, gegenseitig kreuzen. An ihrer viereckig erweiterten Basis treten die gewöhnlichen Gelenkknöpfe, von denen sich besonders der innere durch stärkere Längenentwickelung hervorthut, deutlich in die Augen. Ausser ihnen konnten nur noch die Maxillen isolirt und in ihrer Zusammensetzung erkannt werden. Dieselben (Taf. XI. Fig. 1 c) bestehen aus einem lang gestreckten Stipes, dessen Innenrand eine einzelne Borste trägt,

*) Medicinische Zoologie II. p. 105. Taf. XVII. Fig. 19.

während die Aussenseite mit zwei Paaren solcher besetzt erscheint. Eine eigentliche Kaulade fehlt; dagegen ist der Taster aus zwei kürzeren und breiteren Basalgliedern, deren zweites an der Innenseite gleichfalls eine Borste führt, und aus einem längeren und schmaleren Endgliede mit kurz beborsteter End-Stutzfläche zusammengesetzt. Dass diese schon an und für sich sehr kurzen Taster nicht, wie bei anderen Vesicantien-Larven, über den Umkreis des Kopfes hervorragen, braucht in Rücksicht auf den Bau des letzteren kaum erwähnt zu werden.

Der Rumpf besteht ausser den drei beintragenden Thoraxringen aus neun Abdominalsegmenten. Von ersteren ist der unter geradlinigen Seiten nach vorn verschmälerte, trapezoidale Prothorax so lang wie Meso- und Metathorax zusammengenommen, an seinem Hinterrande nur wenig breiter als lang. Gleich dem Meso- und Metathorax, welche fast gleich lang und auch an Breite nur unmerklich verschieden sind, ist derselbe nahe seinen Seitenrändern mit je zwei Borsten besetzt. Die an allen drei Thoraxringen gleich gestalteten Beine sind auffallend schlank und entbehren besonders ganz der starken Erweiterung der Schenkel, welche die *Meloë*-Larven charakterisirt. Während die etwas kürzeren und stärkeren Schenkel nur nahe der Spitze mit einer vorderen und hinteren, ausserdem mit einer dritten Borste am Hinterrande versehen sind, zeigen die längeren und schlankeren Schienen ihre ganze Innenseite mit solchen besetzt. Auch die an der Spitze der Schienen entspringenden drei Klauen (Taf. XI. Fig. 1d), von denen die mittlere als Afterklaue anzusehen ist, erweisen sich als auffallend schlank; die etwas kräftigere unpaare ist um mehr denn die Hälfte länger als die seitlichen. — Der Hinterleib, welcher ziemlich der Hälfte der ganzen Körperlänge gleichkommt, verbreitert sich allmählich bis zum sechsten Ringe, um sodann unter stumpfer hinterer Abrundung wieder schmaler zu werden; mit Ausnahme des verkürzten letzten sind die ihn zusammensetzenden Ringe von annähernd gleicher Länge und jeder derselben beiderseits mit zwei Borsten bekleidet. Das zweite (mittlere) Borstenpaar des Endringes ist beträchtlich länger als die übrigen, keineswegs aber so lang und kräftig wie bei der Larve des *Meloë violaceus*. Von den grossen maulbeerförmigen Stigmen, welche sich bei der letztgenannten Larve zu jeder Seite des Mesothorax und des ersten Hinterleibsringes zeigen, ist bei der hier in Rede stehenden nichts wahrzunehmen.

Ein Vergleich der im Vorstehenden charakterisirten Larve mit den bereits bekannten ergiebt, dass dieselbe der durch Fabre*) bekannt gemachten der *Sitaris humeralis* bei weitem ferner steht, als denjenigen von *Meloë* und *Lytta*. Nähert sich die Larve von *Sitaris* auch keineswegs, wie Lacordaire (Genera des Coléoptères. V. p. 639) zu finden meint, durch irgend ein Merkmal den ganz und gar davon verschiedenen Stylopiden-Jugendlarven mehr als die *Meloë*-Larve an, so weicht sie doch von dieser ebenso wohl wie von der unsrigen durch den Mangel der paarigen Fussklauen und durch die alleinige Ausbildung der grossen Afterklaue ab, der wesentlich verschiedenen Körperform dabei gar nicht zu gedenken. Ungleich deutlicher sind schon die verwandtschaftlichen Beziehungen, welche die hier in Rede stehende Larve mit derjenigen von *Meloë* erkennen lässt; dennoch bieten die Fühlerbildung, die Form des Kopfes, die nicht verbreiterten Schenkel, die kurzen Springborsten, der Mangel der grossen Stigmen u. s. w. der Unterschiede

*) Mémoire sur l'hypermétamorphose et les moeurs des Méloïdes (Annal. d. scienc. natur. 4. sér. VII. 1857. p. 299—365. pl. 17. Fig 9).

zur Genüge dar. Nicht mit gleicher Sicherheit lassen sich ihre Uebereinstimmungen, resp. Unterschiede der jungen *Lytta*-Larve gegenüber fixiren, für deren Beurtheilung bei dem Mangel conservirter Exemplare auf die Beschreibungen und Abbildungen derjenigen Autoren zurückgegriffen werden musste, welche sie lebendig zu beobachten Gelegenheit gehabt, trotzdem aber versäumt haben, eine sich auf die wesentlichen Merkmale erstreckende Charakteristik derselben zu liefern. Letzteres ist ebenso wohl in der Medicinischen Zoologie von Brandt und Ratzeburg (II. Bd. p. 120. Taf. XVIII. Fig. 5 u. 6) als in den Forst-Insekten des Letzteren (Käfer. p. 89. Taf. II. Fig. 27 B) der Fall, welche Werke zur Kenntlichmachung der Larve fast noch weniger beitragen als die viel älteren Mittheilungen Loschge's *) aus dem Jahre 1788. Aus diesen scheint sich unter Zuhülfenahme der Abbildungen mit ziemlicher Evidenz zu ergeben, dass die junge *Lytta*-Larve der unsrigen noch näher steht als diejenige von *Meloë* und zwar nicht nur in der Form des Thorax und Hinterleibes, sondern auch in den dünneren, der erweiterten Schenkel entbehrenden Beinen. Wenn Loschge an letzteren die Fussklauen als nur zu zweien vorhanden angiebt, so möchte dieses Verhalten vielleicht weniger auf Rechnung der Larve als auf diejenige einer ungenauen Beobachtung von Seiten des Autors zu setzen sein und die Ausbildung von dreien auch für *Lytta* als wahrscheinlich angenommen werden können. Jedenfalls erscheint die Angabe dadurch verdächtig, dass, während Brandt und Ratzeburg (Medic. Zoologie. p. 120) diesen Punkt überhaupt mit Stillschweigen übergehen, Letzterer (Forstinsekten, Käfer. p. 89) im Gegensatz zu Loschge von nur „einklauigen Beinen" spricht, mithin dasselbe gesehen zu haben glaubt, was Fabre für die *Sitaris*-Larve angiebt. Da weder die Loschge'sche noch die Brandt und Ratzeburg'sche Abbildung der Larve — diejenige in den Forst-Insekten ist nur eine Copie aus der Medicinischen Zoologie — ihrer Kleinheit halber über diesen Punkt Aufklärung giebt, so muss derselbe einer ferneren Erledigung vorbehalten bleiben.

Wie nahe oder ferner nun aber auch die Verwandtschaft der jungen *Lytta*-Larve mit der unsrigen sein möge, so kann es doch schon nach der verschiedenen Kopf- und Fühlerbildung beider kaum einem Zweifel unterliegen, dass sie verschiedenen, wenn auch möglicher Weise sich sehr nahe stehenden Gattungen angehören. Dass der Kopf der *Lytta*-Larve sehr viel kürzer ist und an seinem Vorderrande die Mundtheile (wenigstens die Taster) frei hervortreten lässt, geht aus den Angaben Loschge's und Ratzeburg's in übereinstimmender und unzweifelhafter Weise hervor und dass die Fühler derselben, mögen sie nun nach Loschge's Versicherung drei- oder, wie Ratzeburg behauptet, viergliedrig sein, von denen der hier in Rede stehenden Larve abweichen, kann als nicht minder ausgemacht gelten. Aber auch mit der Annahme einer generischen Verschiedenheit würde der Beantwortung der Frage, welcher der in Afrika einheimischen Vesicantien-Gattungen unsere neue Larvenform angehören möge, noch wenig näher getreten sein, da nach Ausschluss von *Meloë* und *Lytta* immer noch sechs Gattungen, nämlich *Horia*, *Mylabris*, *Eletica*, *Zonitis*, *Apalus* und *Nemognatha* in Betracht zu ziehen wären. Von diesen bietet nun allerdings die Gattung *Eletica* mit ihrer einzigen bisher bekannten Guineensischen Art so gut wie gar keinen, *Zonitis*,

*) Beitrag zur Geschichte der spanischen Fliege, *Meloë vesicatorius*, L. (Der Naturforscher. 23. Stück. S. 37–48 Taf. I. Fig. 1–8).

Apalus und *Nemognatha* mit ihren vereinzelten kapensischen Arten jedenfalls nur einen geringen Grad von Wahrscheinlichkeit für die Zugehörigkeit zu jener Larve dar und es würden mithin vorzugsweise *Horia* und *Mylabris* in Frage zu kommen haben. Dass gegen die *Horia cephalotes*, Oliv., welche, wenn auch nicht vom Festlande, so doch von der Insel Sansibar vorliegt, das Vorkommen der Larve auf Anthien ebenso wenig beweisend sein kann, wie das von Landsdown Guilding*) beobachtete Parasitiren einer *Horia*-Art (*H. maculata*) an den Larven von *Xylocopa*, liegt nach den gegenwärtig bekannten Thatsachen über die wechselvollen Geschicke der Vesicantien-Larven auf der Hand; erstere, die Anthien, haben den jungen Larven in Ermangelung ihrer eigentlichen Wirthsthiere eben nur als Vehikel gedient, wie es in anderen Fällen bereits von Volucellen, Sarcophagen u. s. w. beobachtet worden ist. Die Gattung *Horia* jedoch vorzugsweise für unsere Larve in Anspruch zu nehmen, liegt angesichts der zahlreichen mit ihr an denselben Lokalitäten gesammelten *Mylabris*-Arten gewiss der geringste Anlass vor und so möchte sich denn offenbar letztere Gattung als diejenige ergeben, welche die meisten Chancen für die Angehörigkeit der im Vorstehenden charakterisirten Vesicantien-Larve aufzuweisen hat. Den direkten Nachweis hierfür wird allerdings nur die Zucht der bis jetzt auffallender Weise gänzlich unbekannten jungen *Mylabris*-Larven aus den von den Weibchen abgelegten Eiern, wie sie bei *Meloë* und *Lytta* bereits versucht und geglückt ist, liefern können. In Bezug hierauf mag noch beiläufig erwähnt werden, dass die Angabe Newport's**), wonach Gebler die jungen *Mylabris*-Larven in Sibirien direkt beobachtet und sie als in der Erde lebend angegeben haben soll, auf einem Missverständniss der Worte Gebler's beruht. Letzterer***) sagt im Gegentheil, dass auch ihm die Eier sowohl wie die jungen Larven von *Mylabris* gänzlich unbekannt geblieben seien. Dass erstere vom Weibchen in die Erde abgesetzt werden und dass letztere ebenda, vielleicht in den Nestern von Hymenopteren leben mögen, spricht er nur als Vermuthung aus, welche er darauf begründet, dass in Sibirien die von den *Mylabris*-Arten bewohnten Gegenden jährlich ihres gesammten Pflanzenwuchses durch Anzünden beraubt würden, so dass dieser jedenfalls den Larven nicht als Nahrung dienen könne. Er setzt mithin lediglich für *Mylabris* diejenigen Fakta voraus, welche für *Meloë* und *Lytta* bereits nachgewiesen waren und bei der nahen Verwandtschaft der Gattung mit *Lytta* allerdings als durchaus wahrscheinlich gelten müssen. Sollten die *Mylabris*-Larven in der That gleich denen von *Meloë* und *Lytta* aus der Erde hervorkommen und unsere hier in Rede stehende Larve dieser Gattung angehören, so würde auch das wiederholte Anklammern derselben auf den Anthien, welche als Raubkäfer vorzugsweise an den Erdboden gebunden sind, nichts besonders Befremdendes haben. Interessant ist dieses Vorkommen auf dem Körper eines Käfers indessen immerhin, da die jungen *Meloë*-Larven bis jetzt zwar auf verschiedenen Dipteren und auch auf solchen Hymenopteren, welche ihnen keine Nahrung darbieten können, wie Tenthrediniden, Vesparien, schmarotzende

---

*) The natural history of Xylocopa Teredo and Horia maculata (Transact. of the Linnean soc. of London. XIV. p. 313—317. c. tab.)

**) Transact. of the Linnean soc. of London. XX. p. 326.

***) Des Mylabrides de la Sibérie occidentale (Mémoires d. l. soc. d. natural. de Moscou. VII. 1829 p. 152).

Apiarien u. s. w.*), aber, so viel mir bekannt, noch auf keinem Insekt aus einer anderen Ordnung beobachtet worden sind.

Fam. **Oedemeridae**, Latr.

Ditylus, Fisch.

Mém. d. natur. de Moscou. V. p. 469.

Minetes, Eschsch.

286. *Ditylus vittaticollis*, n. sp.

Pubescens, testaceus, capite prothoraceque fere glabris, confertim at parum profunde punctatis, fusco-vittatis, elytris tricostatis, punctatissimis. Long. 11 mill.

Von der Grösse des *Dit. helvolus*, *Klug (Insekt. v. Madag. p. 99. No. 150) aber mit beträchtlich breiterem Kopf und Prothorax, für welche überdies die dunkele Bindenzeichnung, die Skulptur und der Mangel der Behaarung charakteristisch ist. Die Fühler sind nur im Bereich der drei Basalglieder scherbengelb, sonst licht rostbraun, die zweispitzigen Mandibeln am Ende schwärzlich pechbraun. Die Oberseite des Kopfes dicht und ziemlich grob, wenngleich seicht punktirt, die Mitte des Scheitels deutlich gebräunt. Der Prothorax so lang wie am Vorderrande breit, nach hinten ziemlich stark und unter fast geradlinigen Seiten verengt, daher mehr trapezoidal als herzförmig, der Basal- und Spitzenrand deutlich, letzterer etwas stärker aufgebogen, die Mittellinie nach vorn leicht erhaben, nahe der Basis grubig eingedrückt, die Oberfläche etwas sperriger und unregelmässiger als der Kopf punktirt, gleich diesem nackt und leicht glänzend, gelb, mit brauner mittlerer Längsbinde. Schildchen dicht chagrinartig punktirt. Auf den Flügeldecken ausser der Naht zwei derselben genäherte, parallele Längslinien und ebenso eine dritte oberhalb des Seitenrandes leicht rippenartig erhaben und lichter gelb gefärbt als die dicht und fein körnig punktirten und behaarten Zwischenräume. Die Hinterbrust und die Seiten des zweiten bis vierten Hinterleibsringes licht pechbraun gefleckt. Beine durchaus gelb, die doppelten Schienensporen schwärzlich.

Ein einzelnes Exemplar von der Insel Sansibar.

Fam. **Curculionina**, Gerst.

Episus, Schönh.

Curcul. disp. meth. p. 78.

287. *Episus tuberosus*, n. sp.

Prothorace inermi, profunde trisulcato: squamulis griseis undique dense tectus, elytris prope suturam undulato-sulcatis, tuberculis disci duobus, apicis obtusi quinque obsoletis. Long. 12½ mill.

---

*) v. Siebold, Ueber die Larven der Meloiden (Stettin. Entom. Zeitung 1841. p. 130 ff. — Drewsen und Schiödte in: Kroyer, Naturhist. Tidsskr. II. p. 128 Anmerkung).

Dem *Epis. cyathiformis*, Schönh. (Gen. et spec. Curcul. I. p. 376. No. 2) sehr nahe verwandt und mit ganz analoger Skulptur der Körperoberfläche, bei gleicher Länge aber gedrungener gebaut, heller, mehr weisslich grau beschuppt und durch die stärkeren, mehr knolligen Tuberkeln der Flügeldecken unterschieden. — Die Fühler etwas derber, der Kopf bei gleicher Breite kürzer, oberhalb tiefer gefurcht. Der Prothorax beträchtlich breiter, nach vorn nicht allmählich verschmälert, sondern von der Basis bis zum Beginn des vordersten Dritttheils parallel und erst von hier aus verengt; die drei Längsfurchen der Oberseite tief, rinnenförmig, den Vorder- und Hinterrand nicht ganz erreichend; oberhalb des leicht aufgewulsteten Seitenrandes vor der Mitte der Länge ein rundliches Grübchen. Flügeldecken kürzer, nach hinten stärker erweitert und daher fast keilförmig; die beiden neben der Naht verlaufenden Längsfurchen tiefer und gleich den von ihnen begrenzten erhabenen Zwischenräumen wellig geschwungen, die beiden an ihrer Aussenseite liegenden Höcker lang gezogen und mindestens eben so stark erhaben wie die Naht, gleich den fünf auf dem hinteren Absturz befindlichen Tuberkeln dunkler als die übrige Oberfläche, mehr pechbraun gefärbt. Letztere beträchtlich dicker und stumpfer als bei *Epis. cyathiformis*, der vordere der äusseren Reihe die unmittelbare Fortsetzung des stärker aufgewulsteten Seitenrandes bildend; die Spitze weniger tief herabgezogen, breiter und stumpfer abgerundet. Unterseite und Beine abgesehen von der lichteren, fast weisslichen Beschuppung ohne bemerkbare Unterschiede.

Ein einzelnes Exemplar von Uru (Mitte Novembers 1862).

Microcerus, Schönh.

Gen. et spec. Curcul. I. p. 441.

288. *Microcerus spiniger*, Gerst.

Microcerus spiniger, *Gerstaecker, Monatsbericht d. Akad. d. Wissensch. zu Berlin. 1855. p. 83. No. 6. — Insekt. v. Mossamb. p. 307. Taf. XVIII. Fig. 8.

Ein bei Mombas im September 1862 gefundenes Exemplar stimmt mit den aus Mossambik stammenden bis auf die etwas schwächer ausgeprägten Höcker der Flügeldecken überein.

Blosyrus, Schönh.

Gen. et spec. Curcul. I. p. 552.

289. *Blosyrus angulatus*, n. sp.

Fronte biundata, prothorace basin versus angustato, supra vermiculoso calloque longitudinali instructo, elytris rotundato-quadratis, pone basin oblique truncatis, sutura fasciisque duabus abbreviatis cinereo-squamulosis, interstitio secundo ante medium, quarto ante apicem altius elevatis. Long. 9 mill.

Etwas kleiner als *Blos. carinatus*, Schönh. (a. a. O. VIII. 2. p. 401) und von diesem u. A. schon durch den Mangel des starken seitlichen Höckers der Flügeldecken unterschieden; von *Blos. saccus* und *trux*, Schönh. (a. a. O. V. p. 907 f. No. 4 u. 5) durch den gegen die Basis hin verengten Prothorax abweichend. Der Körper ist, abgesehen von der Naht und zwei abgekürzten undeutlichen Querbinden der Flügeldecken, welche aschgrau erscheinen, dunkel erdbraun beschuppt, auf der Scheibe des Prothorax fast nackt. An den Fühlern ist der Schaft etwas länger und stärker gekeult, das zweite Glied kürzer und dicker als bei *Blos. aurinatus*. Der Rüssel kürzer und schmaler, mit tieferer und breiterer Längsfurche; die drei Längsfurchen der Stirn sehr tief eingegraben, so dass sich zwei starke, polsterförmige Mittelwulste abheben. Der Prothorax quer, in der vorderen Hälfte fast gleich breit, nach hinten stark verengt und vor der Basis selbst etwas eingeschnürt; die Oberfläche sehr grob und unregelmässig punktirt, so dass die engen Zwischenräume wurmförmig gewundene Runzeln bilden; die vordere Hälfte der Mittellinie zu einer ziemlich breiten, glatten Längsschwiele erhoben. Flügeldecken für das blosse Auge kurz und stumpf oval erscheinend, bei näherer Betrachtung mehr abgerundet viereckig, mit schräg abgestutzten Schulterecken und fast geradlinigem Seitenrand; die Punktreihen der Oberfläche tief, regelmässig, der Nahtstreifen flach, die übrigen gewölbt, der zweite und vierte (abgesehen vom Nahtstreifen) breiter und stärker rippenartig erhaben und zwar der zweite besonders bei der Mitte der Flügeldeckenlänge, der stark abgekürzte und von einer Schleife des dritten und fünften eingefasste vierte an seinem hinteren Ende. Beine mit kurzen, schuppenförmigen Borsten von gelbgreiser Farbe besetzt, Hinterschienen einfach.

Bei Wanga im Herbst 1863 aufgefunden.

Synaptoplus, nov. gen.

(Trib. *Brachyderidae*.)

Maxillae obtectae. Prothorax haud lobatus. Sulci antennales laterales, lineares. Antennae breviusculae, scapo marginem oculorum anticum vix attingente. Corbiculae tibiarum posticarum obtectae. Unguiculi omnino coaliti. Scutellum minutum, elytra breviter ovata. Corpus dense squamulosum.

Diese schon durch die Bildung der Fussklauen ausgezeichnete neue Gattung würde sich nach den vom Kinn bedeckten Maxillen, dem vorn gerade abgestutzten Prothorax, dem kurzen, gleichbreiten, vierkantigen Rüssel, der seitlich verlaufenden Fühlerfurche, den bedeckelten Schienenkörbchen u. s. w. der von Lacordaire (Gen. d. Coléopt. VI. p. 31) unter den Brachyderiden abgezweigten Gruppe der *Cneorrhinidae* einzureihen haben. Von den drei dieser Gruppe angehörenden Gattungen, mit welchen sie in der Bildung des Hinterleibes und der Verwachsung der Fussklauen übereinstimmt: *Mimaulus, Mesturus* und *Cneorrhinus* unterscheidet sie sich schon dadurch, dass überhaupt nur eine einzelne, mässig lange und fein zugespitzte Fussklaue vorhanden ist, an welcher die etwa zu supponirende Verschmelzung aus zwei ursprünglichen wenigstens nicht mehr wahrzunehmen ist. Ausserdem bietet auch die Form des Rüssels, der Fühlerfurche, der Augen und der Fühler Unterschiede genug dar. Der Rüssel ist durchaus parallel, um ein Drittheil länger als breit, seine Dicke dem Querdurchmesser gleich; oberhalb ist derselbe durch eine feine aber tiefe, bogige Furche gegen die Stirn hin abgegrenzt, vor dieser mit zwei Längseindrücken versehen, an der Spitze tief und in Form eines gleichschenkligen Dreiecks ausgeschnitten und hier jederseits mit langen, convergirenden Borsten gewimpert. Die auf seinen Seitenwänden zuerst nach hinten verlaufende Fühlerfurche senkt sich bald unter winkliger Krümmung gegen den Unterrand des Rüssels hinab, bleibt bis zu diesem tief und scharf abgegrenzt und endigt gerade auf der Grenze von Rüssel und Kehle. An den kurzen Fühlern ist die Geissel nicht ganz doppelt so lang als der Schaft, ausser der zugespitzt ovalen Keule siebengliedrig, ihr drittes bis sechstes Glied kurz, knopfförmig, die beiden ersten doppelt so lang, gleich gross, das siebente länger und breiter als die vorhergehenden; der Schaft dünn, leicht gekeult, den Vorderrand der Augen kaum erreichend. Letztere gross, oberhalb abgerundet, unten und vorn eckig, sehr fein facettirt, ganz flach, so dass sie seitlich nicht aus dem Kopf hervorragen. Prothorax wie bei *Cucorrhinus* gestaltet, Schildchen klein, schmal dreieckig; Flügeldecken an der Basis genau von Prothoraxbreite, bei den Schultern schräg abgestutzt. Hinterbrust sehr kurz, der vordere Fortsatz des Hinterleibes sehr breit, quer abgestutzt, der zweite Hinterleibsring etwas länger als jeder der beiden folgenden und vom ersten durch eine leicht geschwungene, undeutlich zweibuchtige Linie getrennt. Die Körbchen der Hinterschienen von gleicher Bildung wie bei *Cucorrhinus*.

290. *Synaptoplus cervinus*, n. sp.

Taf. XI. Fig. 2.

Corpore elytrorumque lateribus cano-, horum dorso cervino-squamosis, prothoracis linea media denudata, elytris sat profunde striato-punctatis, ante apicem leviter trinodosis, sutura retrorsum subcarinata. Long. 10 mill.

Die Färbung des dichten Schuppenkleides ist unterhalb und seitlich licht greisgelb, auf der Oberseite des Kopfes und Prothorax mit Ockergelb gemischt, über die Rückenseite der Flügeldecken hin streifig graubraun; letztere erscheint übrigens durch zahlreiche eingestreute helle Schuppen fein gesprenkelt. Die Umgebung des vorderen Ausschnittes des Rüssels sparsam hellblau beschuppt, die langen Wimperhaare über den Mandibeln gelb; die Längsfurchen der Oberseite fein, schräg nach aussen und vorn verlaufend. Prothorax quer, um die Hälfte breiter als lang, seitlich leicht gerundet, nach vorn stärker als nach hinten verengt, die unbeschuppte Mittellinie glänzend, fein gerunzelt, die übrige Oberfläche mit dunkelen warzenartigen Pünktchen besetzt und dadurch rauh erscheinend. Flügeldecken gedrungen eiförmig, vom Basal- gegen den Seitenrand hin schräg abgestutzt und beim Beginn des letzteren unterhalb höckerartig aufgetrieben, nach hinten ziemlich dünn zugespitzt; die vier der Naht zunächst gelegenen Punktstreifen jeder einzelnen durchaus regelmässig, die beiden innersten bis zur Spitze reichend, die Punkte derselben vorn grösser und tiefer; die fünfte bis siebente Punktreihe schon feiner und geschwungen verlaufend, die achte bis elfte ziemlich unregelmässig und von zahlreichen ausser der Reihe stehenden Punkten durchsetzt. Die Naht vorn flach, im Bereich des abschüssigen hinteren Theiles allmählich deutlicher gekielt; der fünfte Zwischenraum etwa beim Beginn des letzten Viertheils mit einem schwieligen Höcker, welchem nach hinten und aussen noch zwei andere, etwas schwächere folgen. Brust und Basis des Hinterleibes ockergelb, die Mitte des letzteren licht grau beschuppt.

Bei Mombas und Wanga im September 1862 gefunden.

Mitophorus, Gerst.

Monatsber. d. Akad. d. Wissensch. 1855. p. 84.

291. *Mitophorus aeneipennis*, n. sp.

Antennarum scapo gracili, recto, prothorace oblongo, ante medium leviter dilatato, transverse rugoso, elytris oblongo-ovatis, aeneo-micantibus, subtilissime fusco-pubescentibus, profunde punctato-sulcatis. Long. 7 mill.

Schlanker als *Mitoph. pruinosus*, *Gerst. (a. a. O. p. 84. No. 13. Insekt. v. Mossamb. p. 312. Taf. XVIII. Fig. 12), durch den Glanz und die Skulptur der Flügeldecken leicht zu unterscheiden. Fühlerschaft, so weit er erhalten, nicht ganz so fein wie bei jener Art, gerade. Kopf und Rüssel schmaler und länger gestreckt, nur fein staubartig behaart, glänzend, ersterer deutlich querrunzlig, Stirn fein und tief gefurcht, Mittelkiel des Rüssels scharf. Prothorax schmal, um ein Dritttheil länger als breit, im Ganzen cylindrisch, doch mit leichter seitlicher Erweiterung vor der Mitte der Länge, über die ganze Oberseite hin ziemlich stark und unregelmässig querrunzlig, etwas dichter als der Kopf staubartig greis behaart. Flügeldecken mit der vorderen Körperhälfte gleich lang, schmal und nach hinten etwas zugespitzt oval, stark gewölbt, deutlich erzglänzend, äusserst fein punktirt und kurz staubartig behaart, die regelmässigen und ziemlich tiefen Längsfurchen grob kettenartig punktirt, die beiden der Naht zunächst gelegenen bis zur Spitze reichend, die dritte mit der sechsten und die vierte mit der fünften schleifenartig vereinigt. Hinterschienen derb, an der Spitze deutlich eingekrümmt. Erstes Hinterleibssegment dicht lederartig gerunzelt, die folgenden fein längsriefig.

Ein einzelnes Exemplar von Endara (December 1862).

292. *Mitophorus inflatus*, n. sp.

Antennarum scapo valido, arcuato, prothorace subquadrato, granuloso, elytris subglobosis, profunde sulcatis, aeneo-micantibus, griseo-pubescentibus. Long. 7 mill.

Bei gleicher Länge in allen Theilen sehr viel gedrungener gebaut als der vorhergehende. Fühlerschaft nicht nur beträchtlich kürzer als bei *Mitoph. pruinosus*, sondern auch mit Ausnahme der verdünnten Basis derb, durch Abplattung verbreitert, deutlich geschwungen; die Geissel nicht abweichend, höchstens ein wenig derber. Kopf und Rüssel in der Form mehr mit *Mit. pruinosus* als mit *Mit. aeneipennis* übereinstimmend, jedoch dünner, mehr staubartig behaart, die seicht und etwas runzlig punktirte Stirn deutlich erzglänzend, ihre Mittelfurche stark abgekürzt, ziemlich tief. Prothorax nicht länger als breit, fast cylindrisch, nach hinten ein wenig stärker als nach vorn verengt, in gleicher Weise wie der Kopf behaart, mit leicht erhabenen, glänzenden Höckerchen besetzt, welche hier und da zu feinen Querrunzeln zusammenfliessen. Flügeldecken fast halbkuglig, nur wenig länger als zusammen breit, wie bei der vorhergehenden Art deutlich erzglänzend, aber dichter und mehr aschgrau staubartig behaart; die Längsfurchen ebenso tief, aber bei ihren viel weniger deutlichen, oberhalb sogar kaum wahrnehmbaren Punkten viel schmaler erscheinend, die Zwischenräume dagegen um die Hälfte breiter als dort. Hinterschienen kürzer, dünner und kaum gekrümmt. Hinterleibsringe sämmtlich fein lederartig gerunzelt.

Gleichfalls in einem einzelnen Exemplare von Endara vorliegend.

Siderodactylus, Schönh.

Gen. et spec. Curcul. II. p. 125.

293. *Siderodactylus falciger*, n. sp.

Taf. XI. Fig. 8.

Mandibulis elongatis, falciformibus, breviusculus, niger, subnitidus, squamulis viridi-caeruleis parce obsitus, prothorace basin versus rotundato-dilatato, confertim tuberculato, profunde sulcato, elytris punctato-sulcatis. Long. 8½ mill. ♂.

Eine durch die Bildung der Mandibeln höchst ausgezeichnete Art von verhältnissmässig kurzer, gedrungener Gestalt. Der tief schwarze und leicht glänzende Körper fast nackt, nur sehr sparsam mit kleinen bläulich-grünen, rundlichen Schuppen besetzt. Fühler rothbraun, die beiden grossen Basalglieder der Keule pechbraun. Kopf der ganzen Länge nach bis zum Ausschnitt des Rüssels tief gefurcht, in schräger Richtung seicht runzlig granulirt, der Rüssel oberhalb breit eingedrückt, verhältnissmässig schmal, die Mandibeln aus demselben in Form zweier schmaler Sicheln, welche seiner eigenen Länge gleichkommen, frei hervortretend; dieselben sind grob gerunzelt, lang gelblich beborstet und an der Spitze abgestutzt. Prothorax kurz und quer, nach hinten stark bauchig erweitert, an der äussersten Basis aber wieder deutlich eingeschnürt; seine Oberfläche mit grossen, abgeflachten, warzigen Höckern dicht besetzt, zwischen denselben sparsam grün beschuppt, seine Mittellinie schmal und tief gefurcht, die Wimperung der Vorderrandseiten auf wenige Borsten beschränkt. Flügeldecken nur wenig länger als die vordere Körperhälfte, seitlich gerundet erweitert, an der Basis scharf und fein gerandet, oberhalb ziemlich grob punktirt-gefurcht, die Zwischenräume fein lederartig gerunzelt, unregelmässig und leicht scheckig beschuppt. An den Vorderbeinen die Hüften, Trochanteren und Schenkel stark verdickt, glänzend schwarz, fast glatt; die Schienen körnig punktirt, weisshaarig, lang und dünn, Sförmig geschwungen, am Innenrand bis über die Mitte hinaus fein und sperrig gezähnelt. Kniee der Mittel- und Hinterbeine gleich allen Tarsen rothbraun durchscheinend, an letzteren das Endglied sogar licht rostroth. Brust und Seitenrand der Flügeldecken stellenweise goldgrün beschuppt; Seiten der Hinterbrust granulirt, Hinterleib seicht querrunzlig, ziemlich glänzend, das Endsegment matter, fein lederartig gerunzelt.

Ein einzelnes Exemplar von Endara (December 1862).

Dialmelus, nov. gen.

(Trib. *Otiorrhynchidae*).

Maxillae obtectae. Prothorax haud lobatus. Scrobiculi antennales superi, arcuati. Antennarum scapus validus, prothoracem medium attingens, funiculus illo longior, septemarticulatus, articulis duobus primis elongatis. Rostrum apice dilatatum, a fronte separatum. Oculi prominuli. Scutellum inconspicuum. Elytra ovata, apice singulatim rotundata, angulis humeralibus porrectis. Corbiculae tibiarum posticarum obtectae. Unguiculi basi coaliti. Abdominis segmentum secundum sequentibus multo longius. Corpus subdepressum, dense squamulosum.

Diese neue Otiorrhynchiden-Gattung könnte mit gleichem Recht den von Lacordaire (Gen. d. Coléopt. VI. p. 145) aufgestellten Gruppen der Celeuthetiden und Oosomiden, welche durch die ihnen beigelegten Charaktere nicht scharf geschieden sind, zuertheilt werden. Durch die langen und zugleich derben Fühler, das verlängerte zweite Hinterleibssegment so wie nach ihrer habituellen Aehnlichkeit mit *Elytrurus*, Schönh. würde sie sich den Celeuthetiden offenbar naturgemässer einreihen, wenn für diese Gruppe nicht die freien Fussklauen als Charakter aufgestellt wären. Da letztere an der Basis verwachsen sind, so würde entweder für die genannte Gruppe dieses Merkmal in Wegfall kommen müssen oder die Gattung unter die Oosomiden in dieselbe Unterabtheilung mit *Hadrorrhinus* und *Catalalus*, Schönh. zu bringen sein. Von letzterer Gattung schon durch die Lage der Fühlergruben unterschieden, weicht sie von *Hadrorrhinus* durch die Form des Rüssels, den bis zur Mitte des Prothorax reichenden Fühlerschaft, die gleichlangen zwei ersten Geisselglieder und die Bildung der Flügeldecken ab. — Der Körper ist oberhalb abgeflacht, dicht mit Schuppen bekleidet. Kopf nebst Rüssel durchaus horizontal, letzterer von der Stirn durch eine feine, stumpfwinklige Querlinie getrennt, vor der Einlenkung der Fühler seitlich gerundet erweitert; die Fühlergruben auf seiner Oberseite gelegen, tief, scharf abgegrenzt, bogenförmig, jenseits des Ursprungs der Fühler in eine gegen den Oberrand der Augen gerichtete seichte Längsrinne auslaufend. Fühler mit sehr derbem, leicht gekrümmtem, dicht beschupptem, bis zur Prothorax-Mitte reichendem Schaft und schlanker, ihn an Länge übertreffender Geissel, deren beide gleich grosse Basalglieder doppelt so lang als die folgenden sind; Keule lang und spitz eiförmig. Augen seitlich stark heraustretend. Prothorax quer, trapezoidal. Flügeldecken an der Basis etwas breiter als dieser, daselbst flach ausgeschnitten und mit etwas ausgezogenen Seitenwinkeln versehen, an der Spitze einzeln und stumpf abgerundet, vor derselben eingekniffen. Mesosternalfortsatz ziemlich breit, Metasternum verkürzt. Die Naht zwischen dem ersten und zweiten Hinterleibsringe leicht geschwungen, der zweite Ring fast so lang wie die beiden folgenden zusammengenommen. Beine derb, Schenkel vor der Spitze gekeult; Körbe der Hinterschienen breit bedeckelt; erstes Tarsenglied verhältnissmässig kurz, ebenso die an der Basis verwachsenen Klauen.

294. *Diatmetus praemorsus*, n. sp.

Taf. XI. Fig. 4.

Cervino-squamosus, antennarum funiculo tarsisque coerulescentibus, elytrorum sutura denudata, aterrima, nitidissima, basin versus tuberculata. Long. 12½ mill.

Die rehfarbene Beschuppung, welche den Körper sonst dicht bedeckt, ist auf der Mitte des Vorderrückens nur etwas lockerer, lässt dagegen längs der Flügeldecken-Naht, auf dem verdickten Theil der Schenkel und längs der Mitte des Hinterleibes durch theilweisen oder gänzlichen Mangel die schwarze Grundfarbe frei hervortreten; an der Spitze des Fühlerschaftes, im Bereich der sieben Geisselglieder, auf Hüften, Knieen und Tarsen macht sie einer licht bläulichen Platz. Stirn und Fühlergeissel sind eingestochen schwarz punktirt, erstere der Länge nach gefurcht. Prothorax um die Hälfte breiter als lang, in der Mitte der Basis eingedrückt, der Vorderrand flach winklig ausgeschnitten, der Hinterrand gerundet, die Seiten geradlinig. Flügeldecken hinter den abgestumpften, zipfelförmigen Aussenecken der Basis ausgeschweift und gegen den Seitenrand hin fast abgestutzt, vor der Mitte ihrer Länge am breitesten, ihre aufgewulstete Spitze gegen die schräg abfallende Oberfläche deutlich abgesetzt; eine Punktstreifung derselben ist zwar nicht zum deutlichen Ausdruck gelangt, aber stellenweise durch sehr feine nackte Pünktchen wenigstens angedeutet. Die bis auf das letzte Viertheil fast unbeschuppte, glänzend schwarze Naht ist jederseits durch eine Reihe grubiger Punkte abgegrenzt, zwischen welchen sich auf der vorderen Hälfte glatte, warzenförmige Höcker erheben; diesen schliesst sich nach aussen jederseits noch eine zweite Längsreihe von fünf weiter auseinander liegenden glänzenden Erhebungen an und weiter nach aussen noch einige nackte Tüpfel. Das erste Hinterleibssegment mit einer grossen mittleren Vertiefung am Hinterrande, welche unbeschuppt und fein querriefig erscheint; die drei folgenden Ringe am Hinterrande aufgewulstet, trotz ihrer dichten Punktirung glänzend, der letzte an der Basis und vor der Spitze eingedrückt.

Zwischen Kisuani und den Ugono-Bergen Ende Oktobers 1862 aufgefunden.

Chaunoderus, nov. gen.

(Trib. *Otiorrhynchidae*).

Maxillae obtectae. Prothorax haud lobatus. Scrobiculi antennales superi, recti. Antennarum scapus validus, oculorum marginem posticum attingens, funiculus breviusculus, septemarticulatus, articulis duobus primis oblongis. Rostrum subparallelum, a fronte separatum. Oculi prominuli. Scutellum apertum. Elytra acuminato-ovata, angulis basalibus subproductis. Corbiculae tibiarum posticarum obtectae. Unguiculi basi coaliti. Abdominis segmentum secundum sequentibus longius. Corpus parcius squamulosum.

Die bedeckelten Körbe der Hinterschienen, die an der Basis verwachsenen Fussklauen und die den Prothorax seitlich nicht überragenden Flügeldecken würden diese neue Gattung der Lacordaire'schen Gruppe *Oosomidae* (Gen. d. Coléopt. VI. p. 145. No. 3) zuweisen, von welcher sie jedoch durch das deutlich ausgebildete Schildchen abweicht. Von diesem Merkmale abgesehen, schliesst sie sich durch das vergrösserte zweite Hinterleibssegment zunächst an *Hadrorrhinus* und *Catalalus*, Schönh. an, weicht aber von beiden schon durch die Form der Fühlergruben und die Längsverhältnisse der Fühler ab. Eine nicht zu verkennende Verwandtschaft zeigt die Gattung mit *Diatmetus*, Gerst., wenigstens durch den queren, nach vorn stark verschmälerten Prothorax und die hervorspringenden Aussenwinkel der Flügeldeckenbasis; die Form der Fühlergrube, die Kürze der Fühler, der gleichbreite Rüssel, die Ausbildung des Schildchens, die gewölbten und hinten gemeinsam zugespitzten Flügeldecken bieten indessen genug Anhaltspunkte zur Unterscheidung. — Rüssel vierkantig, schmaler als der Kopf, um die Hälfte länger als breit, fast parallel, vorn nur sehr leicht erweitert, durch eine tiefe Querfurche von der Stirn getrennt. Fühlergruben gerade auf der Grenze von der Ober- und den Seitenflächen gelegen, in gerader Richtung nicht ganz bis zur Mitte der Länge verlaufend. Fühler mit derbem, bis zum Hinterrand der Augen reichendem Schaft; Geissel kurz und gedrungen, nur die beiden ersten Glieder länger als breit, das erste dünn gestielt; Keule elliptisch. Augen seitlich etwas hervortretend. Prothorax kurz, trapezoidal, mit leicht gerundeten Seiten. Schildchen stumpf abgerundet dreieckig. Flügeldecken zugespitzt oval, etwas ansteigend, hinten stark abfallend und tief herabgezogen. Zweites Hinterleibssegment nur um die Hälfte länger als

Jedes der beiden folgenden, vom ersten durch eine bogige Naht getrennt. Erstes Glied der Hintertarsen nicht breiter als das zweite, sein Stiel durch den breiten Schienendeckel stark gekrümmt.

295. *Chaenoderus stupidus*, n. sp.

Taf. XI. Fig. 6.

Niger, nitidulus, cinereo-squamulosus, prothorace alutaceo, elytris profunde striato-punctatis, apicem versus sulcatis. Long. 9—10½ mill.

♂ *Corpore densius squamuloso, elytris tuberculo humerali instructis, sutura posteriore squamis magnis, verruciformibus obtecta: abdominis segmento ultimo acuminato, ante apicem calloso.*

♀ *Corpore parcius squamuloso, elytris simplicibus: abdominis segmento ultimo plano, obtuso.*

Dem europäischen *Barynotus Schoenherri*, Boh. im Habitus nicht unähnlich und von gleicher Grösse. Körper mit Einschluss der Fühler und Beine tief schwarz, ziemlich glänzend, bei wohl erhaltenen Exemplaren des Männchens überall fein aschgrau oder graubraun beschuppt, beim Weibchen auf der Oberseite des Kopfes und Prothorax fast nackt. Rüssel oberhalb deutlich dreikielig, vorn und zu beiden Seiten gleich dem Kopf und Prothorax dicht und fein lederartig gerunzelt punktirt. Stirn mit tiefer, nach hinten abgekürzter Längsfurche. Fühlerschaft gegen die Spitze hin allmählig verdickt, das dünn gestielte erste Glied der Geissel etwas länger und an der Spitze breiter als das zweite, die folgenden bis zur Keule quer, knopfförmig. Prothorax doppelt so breit als lang, unter leicht gebogenen und vor der Mitte etwas gewinkelten Seitenrändern nach vorn fast auf die Hälfte der Basalbreite verengt, längs der Mittellinie zuweilen deutlich fein gekielt. Flügeldecken an der Basis stumpfwinklig ausgeschnitten, mit leicht hervorgezogenen und etwas auswärts gebogenen Seitenecken, am Ende des ersten Dritttheils ihrer Länge am breitesten, dann allmählig verschmälert, im Ganzen zugespitzt eiförmig. Die Oberfläche im Bereich der etwas abgeplatteten Rückenseite in neun regelmässigen Längsreihen grob und tief punktirt, die fünf innersten dieser Reihen auf dem hinteren Absturz in schmale Furchen auslaufend; die senkrecht abfallenden Seiten gleichfalls sehr grob und reihenweise, aber unregelmässig und zum Theil runzlig punktirt. Die Zwischenräume der Punktstreifen überall lederartig gerunzelt.

Beim Männchen, dessen Gestalt etwas plumper und dessen Flügeldecken stumpfer eiförmig erscheinen, ist das vordere Ende des vierten Zwischenraumes der letzteren wulstig aufgetrieben und der Seitenrand bei den Schultern (dem vorderen Ende des siebenten Zwischenraumes entsprechend) mit einem grösseren, stumpf dreieckig hervorspringenden Höcker versehen; der hintere Theil der Naht mit einer doppelten Reihe grosser, warzenförmiger Schuppen besetzt. Der letzte Ventralring hat die Form eines sphärischen Dreiecks und zeigt vor der Spitze eine erhabene, glatte Längsschwiele.

Das etwas schmalere und nach hinten mehr zugespitzte Weibchen ist auf Kopf und Prothorax nur so fein und dünn beschuppt, dass diese Theile fast rein schwarz erscheinen; den Flügeldecken fehlen die erwähnten Auszeichnungen und der halbkreisförmige letzte Ventralring ist flach und gleichmässig lederartig gerunzelt.

Beide Geschlechter wurden in grösserer Anzahl bei **Endara** (December 1862) gesammelt.

Anmerkung. Die beiden im Vorstehenden erwähnten Formen als Männchen und Weibchen einer und derselben Art anzusehen, gab neben dem gemeinsamen Fundort ihre völlige Uebereinstimmung in der Form und Skulptur aller Körpertheile bis auf die speciell namhaft gemachten Merkmale Anlass. Die mit dem Schulterhöcker versehenen, etwas breiteren Exemplare von den übrigen specifisch zu trennen, erschien zwar auf den ersten Anblick naheliegend; doch musste diese Ansicht der Erwägung weichen, dass jeder dieser Formen eine besondere Bildung des letzten Hinterleibsringes, wie sie sich bei den verwandten Gattungen als sexuelle Differenz herausgestellt hat, zukam. Sollten trotzdem durch weitere Erfahrungen sich beide Formen als besondere Arten ergeben, so würde der Name *Chaen. stupidus* für die mit einfachen Flügeldecken versehene zu verbleiben, für die durch den Schulterhöcker ausgezeichnete dagegen die Benennung *Chaen. armatus* einzutreten haben.

Sphrigodes, nov. gen.

(Trib. *Otiorrhynchidae.*)

Maxillae obtectae. Prothorax haud lobatus. Scrobiculi sulcoformes superi, apicales. Antennae elongatae, filiformes, scapo prothoracis medium attingente, funiculi articulo secundo longissimo, clava oblonga, acuminata. Rostrum a fronte separatum, apicem versus dilatatum. Scutellum inconspicuum, coleoptera rotundata. Corbiculae tibiarum posticarum obtectae. Unguiculi basi connati. Abdominis segmentum secundum sequentibus duobus longius.

Gleichfalls der Gruppe *Oosomidae*, **Lacord.** (Gen. d. Coléopt. VI. p. 145. No. 8) angehörend und am nächsten mit *Ellimenistes*, **Schönh.** verwandt, indem das zweite Glied der Fühlergeissel auffallend verlängert und die Flügeldecken sehr kurz und breit eiförmig sind; von dieser Gattung unterschieden durch den an der Spitze erweiterten Rüssel, die breit getrennten Fühlergruben, das längere erste Geisselglied der Fühler, die grösseren Augen und die an der Basis fast quer abgestutzten Flügeldecken. — Rüssel vorn tief ausgeschnitten, vierkantig, von der Stirn durch eine Querfurche geschieden. Fühlergruben zu beiden Seiten des Ausschnittes gelegen, kurz und breit. Fühlerschaft lang und derb, etwa bis zur Mitte des Prothorax reichend; die beiden ersten Geisselglieder so lang wie die fünf folgenden, gleichfalls länglichen zusammengenommen, das zweite nicht ganz doppelt so lang als das erste; Keule länglich und zugespitzt oval. Augen ziemlich gross, kurz eiförmig, seitlich etwas hervorragend. Prothorax quer, trapezoidal; Flügeldecken von der Basis aus stark gerundet erweitert, gestreift punktirt. Zweites Hinterleibsegment nur um die Hälfte länger als die folgenden. Körper dicht beschuppt.

296. *Sphrigodes margaritaceus*, n. sp.

Taf. XI. Fig. 6.

Fronte profunde sulcata, corpore elytrisque dense cretaceo-, horum dorso interdum cinereo-squamoso, punctorum striis apicem versus sulcatulis, 1.–7. abbreviatis. Long. $6\frac{1}{2}$–7 mill.

Fühlerschaft leicht gebogen, an der Spitze etwas verdickt, gleich den beiden ersten Geisselgliedern mit groben, anliegenden weissen Borsten bekleidet; die Beborstung der folgenden Fühlerglieder länger und sperriger. Stirn mit kurzer und tief eingegrabener Furche, Rüssel leicht gekielt, bei der Einlenkung der Fühler mit metallisch grün glänzenden Schuppen, ausserdem auch mit Borsten bekleidet.

Prothorax an der Basis doppelt so breit als lang, nach vorn unter fast geradlinigen Seiten stark verschmälert, so dass der Vorderrand den Längsdurchmesser nur wenig an Ausdehnung übertrifft; seine Oberfläche mit kreisrunden, etwas perlmutterschillernden Schuppen auf der Scheibe weniger dicht als zu beiden Seiten bekleidet, so dass im Bereich jener die schwarze Grundfarbe hindurchscheint. Auf den sehr kurz eiförmigen, von oben her fast kreisrund erscheinenden Flügeldecken, deren Höhe ihrem halben Längsdurchmesser gleich kommt, ist diese Beschuppung so gleichmässig dicht gedrängt, dass bei wohl erhaltenen Exemplaren abgesehen von den eingestochenen Punkten nirgends die Grundfarbe zu erkennen ist; bei theilweise abgeschuppten erweist sich letztere als tief und glänzend schwarz, während die ihr aufliegenden Schuppen entweder durchweg weiss oder im Bereich der Rückenseite gelbgrau sind. Von den zehn regelmässigen Punktstreifen erscheinen die fünf der Naht zunächst gelegenen bei weitem grober als die den Seiten entsprechenden äusseren, doch vertiefen sich auch letztere gegen die Spitze hin merklich zu Furchen; nur die drei ersten und die drei letzten dieser Punktstreifen erstrecken sich fast bis zum Ende der Flügeldecken, während der vierte bis siebente zwischen ihnen abgekürzt und paarweise verbunden sind. Auf den Zwischenräumen ist ausser den anliegenden Schuppen eine einzelne Reihe sparsamer und feiner weisser Borstchen bemerkbar, auf den Schenkeln zahlreichere und grobere; die Schienen sind neben den Schuppen und Borsten an der Innenseite auch mit steifen Haaren bekleidet.

Bei Endara im Herbst 1862 aufgefunden.

Pyctoderes, Schönh.

Curcul. disp. meth. p. 196.

297. *Pyctoderes plicatus*, n. sp.

Niger, dense viridi-squamosus, antennis pedibusque ferrugineis: prothorace transverso, apicem versus fortiter angustato, elytrorum interstitiis 5. et 7. basi costatim elevatis.
Long. 5 mill.

Bei gleicher Grösse etwas gedrungener gebaut als *Pyctod. murinus*, Schönh. (Gen. et spec. Curcul. VII. p. 162. No. 7), von diesem durch die Fühlerbildung, den kürzeren, nach vorn stark verschmälerten Prothorax und die seitliche Rippung der Flügeldecken leicht zu unterscheiden. Fühler beträchtlich schlanker, der Schaft dünn, mit leicht gekeulter Spitze, die beiden ersten Geisselglieder an Länge ziemlich gleich, das erste aber merklich stärker. Rüssel nicht wie bei der genannten Art oberhalb gefurcht, sondern fein gekielt, überdies beträchtlich kürzer; Stirn mit deutlicher, bis über die Augen hinausreichender Mittelfurche. Die grüne Beschuppung des Kopfes und des Rüssels stärker goldig glänzend als diejenige des Prothorax, welche in der Mitte der Scheibe durch matt kupfrig rothe ersetzt wird. Prothorax um ein Drittheil breiter als lang, seitlich gerundet, von hinten nach vorn sehr stark, nämlich bis auf die Hälfte der Basalbreite verengt, gleichmässig gewölbt, der Vorderrand durch eine oberhalb seichte, seitlich tiefere Querfurche deutlich abgesetzt. Flügeldecken gleich hinter der Basis ziemlich stark, fast winklig erweitert, vor der Mitte am breitesten, länglich oval, vorn im Bogen ausgeschnitten; die zehn regelmässigen Punktstreifen deutlich aber fein, die Zwischenräume flach und breit, der an der Naht liegende jedoch schmal und nach hinten etwas kielförmig erhaben, der fünfte und siebente an der Basis schwielig aufgetrieben und den dazwischenliegenden zugleich verengend; die lebhaft grüne Beschuppung zum Theil goldglänzend, nach hinten viel mit matt kupfrig rother gemischt. Brust und Bauch sparsamer als die Oberseite, die licht rostrothen Beine perlmutterfarbig beschuppt.

Zwischen Moschi und dem See Jipe aufgefunden.

Embrithes, Schönh.

Gen. et spec. Curcul. VII. p. 392.

298. *Embrithes muscosus*, n. sp.

Infra cinereo-, supra fusco-squamosus, antennis setosis, capite et prothorace supra pilis erectis, crassis, squamiformibus dense vestitis, elytris punctato-sulcatis, tubercula duo basalia denudata gerentibus. Long. 9½ mill.

Bei gleicher Länge etwas schmaler als *Sciobius griseus*, Schönh. (Gen. et spec. Curcul. II. p. 536. Nr. 5), schwarz, unterhalb und seitlich mit licht aschgrauen, über den Rücken hin mit dunkel braungrauen Schuppen ganz dicht bedeckt. Fühler derber als bei *Embr. agnatus*, Schönh., besonders der Schaft mehr verdickt und durch längere Borsten fast zottig erscheinend; die drei ersten Geisselglieder an Länge und Dicke allmählig abnehmend, die Keule nackt, tief sammetartig schwarz. Rüssel schwach gekielt, runzlig punktirt, gleich der Stirn mit schuppigem, braungelbem Haarfilz bekleidet; die Stirn von dem dünn beschuppten Scheitel durch eine tiefe, zwischen den Augen liegende Querfurche geschieden. Prothorax an der Basis fast doppelt so breit als lang, seitlich leicht gerundet, nach vorn deutlich verschmälert, beiderseits mit grossen, rundlichen, niederliegenden Schuppen bedeckt, oberhalb durch aufgerichtete, schuppenförmige, gelbbraune Haare wie bemoost erscheinend. Flügeldecken fast regelmässig oval, hinten tief herabgezogen und leicht zugespitzt erscheinend, an der Basis genau von der Halsschildbreite, schon von Beginn des zweiten Drittheils an allmählig verschmälert; die zehn regelmässigen Punktstreifen furchenartig vertieft, die vier der Naht zunächst gelegenen jederseits im Grunde nackt erscheinend, der erste je in eine grosse dreieckige, nackte, schwielige Auftreibung, welche unmittelbar der Halsschildbasis anliegt, auslaufend. Beine gleich der Unterseite dicht lichtgrau beschuppt, die Schienen ausserdem gelblich beborstet.

Am See Jipe im December 1862 aufgefunden.

Syntates, nov. gen.

(Trib. Otiorrhynchidae.)

Maxillae obtectae. Prothorax haud lobatus. Scrobiculi antennales superi, ampli. Antennae elongatae, filiformes, scapo prothoracis apicem superante, funiculi articulis duobus primis longioribus, clava elongata, acuminata. Rostrum a fronte separatum. Scutellum inconspicuum, coleoptera ovata. Corbiculae tibiarum posticarum apertae. Unguiculi basi connati. Abdominis segmenta tria intermedia subaequalia.

Die dieser neuen Gattung angehörenden Arten, welche im südöstlichen Afrika nicht gerade sparsam zu sein scheinen, erinnern in ihrem Gesammthabitus zunächst an die Otiorrhynchen, von denen sie sich indessen nicht nur durch die an der Basis verwachsenen Fussklauen, sondern auch durch den mittels einer tiefen Querfurche von der Stirn abgesetzten Rüssel und die Form- und Grössenverhältnisse der Hinterleibsringe unterscheiden, während sie die Bildung der Hinterschienen mit ihnen gemein haben. Sowohl nach letzterem Merkmal als nach der Form der Fühlerkeule würde sich die Gattung den Laparoceriden Lacordaire's (Gen. d. Coléopt. VI. p. 145 u. p. 196) anzuschliessen haben, von diesen aber durch den Mangel des Schildchens und die Hinterleibsbildung abweichen, von *Laparocerus* in specie ausserdem auch noch durch den von der Stirn abgesetzten Rüssel und die Längsverhältnisse der Fühlerglieder, von denen das erste der Geissel meist länger als das zweite oder mindestens nicht kürzer ist. Ueberhaupt kann nicht verkannt werden, dass die Gattung unter den Laparoceriden eine isolirte Stellung einnehmen würde, während sie sich weit naturgemässer zunächst *Sciobius*, Schönh. anschliesst. Wenn sie von dieser Gattung durch die an der Basis verwachsenen Fussklauen abweicht, während sie sonst in den wesentlichsten Merkmalen mit ihr übereinstimmt, so würde dieser Fall gleich verschiedenen anderen nur dafür sprechen, dass der von Lacordaire aus den Fussklauen hergenommene Eintheilungsgrund, als den natürlichen verwandtschaftlichen Beziehungen nicht entsprechend, als hinfällig anzusehen und u. A. für die engere Gruppe der Otiorrhynchiden zu streichen sei. Mit einzelnen *Sciobius*-Arten, welche sich, wie *Sciob. tottus*, Schönh., durch schmaleren Körper und dünnen Fühlerschaft auszeichnen, ist die Uebereinstimmung der *Systates*-Arten sogar eine so vollständige, dass ausser den verwachsenen Fussklauen überhaupt nur ein Unterscheidungsmerkmal übrig bleibt, nämlich das verschiedene Längsverhältniss der beiden ersten Geisselglieder der Fühler: das auffallende Missverhältniss, welches die *Sciobius*-Arten in dem kurzen ersten zu dem sehr verlängerten zweiten Geisselglied erkennen lassen, geht, wie gesagt, den Arten der gegenwärtigen Gattung durchweg ab. Sonst weichen letztere z. B. in der verschiedenen Dicke des Fühlerschaftes ganz nach Art der Sciobien, in der bald dünneren Haar-, bald dichteren Schuppenbekleidung ihres Körpers so wie in den schwankenden Längsverhältnissen ihrer Fühlerglieder in analoger Weise wie die *Otiorrhynchus*-Arten unter einander ab.

a) Fühlerschaft dünn, an der Spitze gekeult; Körperbekleidung sparsam, haarförmig.

299. *Systates pollinosus*, n. sp.

Taf. XI. Fig. 7.

Antennis longiusculis, scapo prothoracis medium fere attingente: niger, subopacus, tenuiter cano-pubescens, prothorace rugoso, coleopteris ovatis, fortiter seriato-punctatis, interstitiis transversim rugosis. Long. 8—11½ mill. ♂♀.

♂ *Angustior, tibiis intus emarginatis ibique cano-pilosis, abdominis segmento secundo basi, quinto apice impresso.*

Dem *Otiorrhynchus pulverulentus*, Germar (Spec. Insect. I. p. 352. No. 485) in Grösse und Habitus sehr ähnlich. Der durchaus schwarze Körper erscheint bei wohl erhaltenen Exemplaren durch zahlreiche, kurze und grobe, anliegende greisgelbe Borstchen, welche sich besonders dicht zu beiden Seiten des Prothorax und der Flügeldecken anhäufen, wie mit Pollen bestäubt, während bei mehr abgeriebenen die Grundfarbe nur ein bereiftes oder schwärzlich schieferfarbenes Ansehn darbietet. Fühler äusserst schlank, reichlich von halber Körperlänge, die Spitze des Schaftes fast die Mitte des Prothorax erreichend, das erste Geisselglied um die Hälfte länger als das zweite, die folgenden sämmtlich gleichfalls langgestreckt. Rüssel oberhalb scharf dreikielig, Stirn mit tief eingegrabener Längsfurche. Prothorax quer, seitlich gerundet, vor der Mitte am breitesten, nach vorn etwas stärker als nach hinten verengt, überall mit warzenförmigen, in ihrer Mitte gegrabten Höckern dicht und gleichmässig bedeckt. Flügeldecken beim Weibchen regelmässig eiförmig, beim Männchen schmaler und daher länglicher erscheinend, in der bei den verwandten Gattungen gewöhnlichen Weise von zehn Punktreihen durchzogen, von denen die vierte und fünfte vor der Spitze abgekürzt erscheint; die Punkte grob, fast quadratisch, tief eingestochen, nur durch schmale Brücken getrennt, aber beim Weibchen nur halb so breit als die ebenen Zwischenräume, welche durch zahlreiche den Punkten entsprechende Querrunzeln etwas schartig erscheinen. Brust und Beine mit groberen Haaren und dichter, Unterleib mit feineren sparsamer bekleidet, längs der Mitte sogar fast nackt.

Bei dem schlankeren und meist auch kleineren Männchen sind die Schienen aller drei Paare am Innenrand der Spitzenhälfte flach ausgeschnitten und daselbst mit langen greisgelben Haaren gewimpert. Der Hinterleib zeigt einen sich auf die beiden ersten Ringe vertheilenden, aber an der Basis des zweiten deutlicher hervortretenden Eindruck, ausserdem eine Abflachung an der Spitze des Endringes.

Die Art wurde in Mehrzahl bei Endara (December), bei Mombas (September 1862) und von Cooke auf Sansibar gesammelt.

300. *Systates seminudus*, n. sp.

Antennis breviusculis, niger, subnitidus, parce albido-setulosus, elytrorum apice densius cervino-villoso; prothorace confertim varioloso, elytris basi marginatis, supra profunde seriato-punctatis, interstitiis subtiliter coriaceis. Long. 7—8½ mill. ♂♀.
♂ *Angustior, tibiis arcuatis et intus longe pilosis, abdominis basi impresso.*

Durchschnittlich fast nur halb so gross als die vorhergehende Art und durch den geringeren Umfang der Flügeldecken im Verhältniss zum Prothorax habituell ziemlich verschieden. Der glänzend schwarze und leicht metallisch schimmernde Körper ist dem grösseren Theile nach nur mit vereinzelten oder zu kleineren Fleckchen vereinigten, dicken weisslichen Borstchen bekleidet; nur das Spitzendrittheil der Flügeldecken erscheint mit mehr rehfarbenen so dicht besetzt, dass die Grundfarbe unter denselben fast ganz verhüllt wird. Fühlerschaft den Vorderrand des Prothorax merklich, aber nicht weit überragend, die Geissel beim Weibchen nicht bedeutend länger als jener; das erste Glied um die Hälfte länger als das zweite, von den folgenden das fünfte und sechste ziemlich kurz. Am Rüssel nur der Mittelkiel scharf ausgeprägt, die seitlichen undeutlich; Stirn vorn mit tiefer in die Querrinne einmündender Längsfurche. Prothorax im Verhältniss grösser als bei *Syst. pollinosus*, quer, seitlich gerundet, nach vorn stärker als nach hinten verengt, mit grossen, abgeflachten Warzenhöckern dicht gedrängt besetzt, zuweilen gegen die Spitze hin eine glatte Mittellinie zeigend. Flügeldecken mit fein aufgebogenem Basalrand, länglich eiförmig, vor der Mitte am breitesten; von den zehn Punktreihen die drei dem Aussenrand zunächst liegenden furchenartig vertieft, die Punkte grob, grubenartig, fast quadratisch, durch grössere Zwischenräume als bei der vorhergehenden Art getrennt, die flachen Zwischenräume ohne deutliche Querrunzeln, unregelmässig fein punktirt und lederartig erscheinend. Brust und Hinterleib glänzend, sparsam beborstet, ersterc theilweise fein gerunzelt. Beine gedrungen, dichter behaart, mit gekeulten Schenkeln und deutlich geschwungenen Schienen.

Bei dem schlankeren Männchen ist die Fühlergeissel merklich gestreckter und die Keule grösser als beim Weibchen, der Prothorax kaum breiter als lang; die Flügeldecken sind mehr verlängert, die Schienen stärker gekrümmt und am Innenrand mit langen und dünnen greisen Haaren sperrig gewimpert; die beiden ersten Hinterleibsringe erscheinen gemeinsam grubig vertieft, die Spitze des letzten abgeplattet.

Gleichfalls in Mehrzahl bei Endara (Ende Decembers 1862) gesammelt.

b) Fühlerschaft dünn, an der Spitze gekeult; Körperbekleidung dicht, aus Schuppen bestehend.

301. *Systates amplicollis*, n. sp.

Taf. XI. Fig. 8.

Antennis filiformibus, elongatus, niger, dense cervino-squamulosus, prothorace fortiter rotundato-ampliato, disperse tuberculato, coleopteris oblongo-ovalis, punctato-sulcatis, interstitiis dorsalibus breviter fusco-setulosis. Long. 9 mill. ♂.

♂ *Tibiis anticis apice fortiter incurvis, intermediis intus excisis, posticis arcuatis, ante apicem appendiculatis.*

Schlanker als die übrigen Arten und von diesen zugleich durch den stark gerundeten Prothorax abweichend; das allein vorliegende Männchen durch eine Reihe plastischer Merkmale sehr ausgezeichnet. Körper matt schwarz, aber durch die dichte Schuppenbekleidung rehfarben erscheinend. Fühler sehr lang und dünn, rothbraun, mit schwärzlicher Schaftspitze und Keule; der Schaft fast bis zum Anfang des zweiten Drittheils der Prothoraxlänge reichend, das erste Glied der Geissel nur sehr wenig länger als das zweite, etwa dem dritten und vierten zusammengenommen gleich, auch die folgenden alle langgestreckt. Rüssel fein dreikielig, Stirn nur schwach gefurcht. Prothorax kaum breiter als lang, bei seiner starken seitlichen Rundung fast kreisförmig erscheinend, nach vorn jedoch beträchtlich stärker verengt als an der Basis; aus der die runzlige Oberfläche fast ganz verdeckenden braungelben Schuppenbekleidung ragen zerstreute, nackte, warzenförmige Höcker von geringer Grösse hervor. Flügeldecken verlängert eiförmig, an der scharf gerandeten Basis genau von Thoraxbreite, schon vom Beginn des zweiten Drittheils ihrer Länge an nach hinten allmählich schmaler werdend; die zehn Punktstreifen ihrer Oberfläche fein gefurcht, die Punkte selbst ziemlich weitläufig und bei der Schuppenbekleidung wenig hervortretend, die sieben der Rückenseite angehörenden flachen Zwischenräume mit vereinzelten, reihenweise angeordneten, aufgerichteten kurzen Borsten von roth- oder dunkelbrauner Farbe besetzt. Brust und Seiten des Hinterleibes in gleicher Weise wie die Oberseite beschuppt, an letzterem das erste Segment breit und tief eingedrückt, das zweite etwas länger als jedes der beiden folgenden, das fünfte der Länge nach seicht und breit gefurcht. Schenkel und Schienen sparsam beschuppt, letztere ausserdem beborstet. Vorderschienen mit stark hakenartig eingebogener Spitze, welcher ein sehr tiefer runder Ausschnitt vorhergeht; letzterer erscheint um so auffallender, als die Spitze selbst nach starker Einengung tellerartig verbreitert ist, der ihm vorangehende Theil der Schiene aber zahnartig nach innen hervortritt. Mittelschienen mit starkem, bogenförmigem Ausschnitt der unteren Hälfte ihres Innenrandes und zahnartigem Vorsprung an beiden Enden dieser Ausrandung; Hinterschienen ziemlich stark Sförmig geschwungen, am Innenrand vor der Spitze mit einer flachen, stumpf zahnartig hervortretenden Lamelle von rothbrauner Farbe.

Ein einzelnes Exemplar von Endara (Ende Decembers 1862).

302. *Systates hystrix*, n. sp.*)

Antennis gracilibus, niger, cinereo-squamulosus, prothorace angusto, supra tuberculato, coleopteris ovalis, setis sat longis albidis seriatim obsitis. Long. 8 mill. ♀.

Im Habitus am meisten an einen *Eusomus* erinnernd; schwarz, ziemlich dicht und gleichmässig mit rundlichen aschgrauen Schuppen bedeckt. Fühler im Schaft etwas kürzer als bei der vorhergehenden Art, sonst fast ebenso schlank, auch die beiden ersten Geisselglieder von annähernd gleicher Länge. Rüssel fein und scharf dreikielig, Stirn mit kurzer Mittelfurche. Prothorax verhältnissmässig klein, kaum breiter als lang, seitlich schwach gerundet, nach vorn deutlich verschmälert, der Vorderrand ziemlich breit aufgewulstet, die Rückenfläche mit genarbten, glänzend schwarzen, aus der Beschuppung hervortretenden Warzenhöckern besetzt. Die Flügeldecken doppelt so breit als jener, regulär eiförmig, im Profil gesehen mit fast wagerechter Rückenfläche und nach hinten stark, fast senkrecht abfallend; ihr fein aufgebogener Basalrand schmaler als die Prothoraxbasis, die Punktstreifen der Oberseite fein, furchenartig vertieft, die Zwischenräume breit und flach, die sieben oberen mit ziemlich langen, aufgerichteten, weisslichen Borsten in einzelner Längsreihe besetzt. Brust und Bauch mehr gelblich grau, aber gleichfalls ziemlich dicht beschuppt; die Beine neben den Schuppen mit Borsten bekleidet.

Ein einzelnes Exemplar von Mombas (September 1862).

303. *Systates amoenulus*, n. sp.

Antennis filiformibus, fronte latissima, niger, dense albo-griseoque squamulosus, prothorace subcylindrico, coleopteris breviter ovalis, cervino-maculatis, interstitiis seriatim setulosis. Long. 4—4½ mill. ♂♀.

♂ *Angustior, abdominis segmento basali leviter impresso.*

*) Eine mit *Syst. hystrix* nahe verwandte neue Art aus Mozambik (Tette) mag bei dieser Gelegenheit nachträglich charakterisirt werden:

Systates conspersus, n. sp. *Niger, subopacus, elytris nitidulis, corpore ubique, hic inde maculatim, albo-squamoso. Antennae graciles, scapo elongato, prothoracis medium fere attingente. Rostrum carinatum. Prothorax transversus, rotundatus, supra disperse tuberculatus, cum fronte fusco setulosus, utrinque densius fasciatim albo-squamulosus. Coleoptera ovata, profunde et irregulariter punctata, latera versus maculatim albo-squamosa, inter puncta setis erectis testaceis, basin versus longioribus, seriatim obsitis.* Long. 6 mill. ♀.

Von *Pachnaeus*-artigem Habitus und durch die sehr breite, abgeflachte Stirn von den vorhergehenden Arten abweichend. Die schwarze Grundfarbe des Körpers wird durch die dicht aufliegenden, theils grauen, theils weisslichen Schüppchen überall fast vollständig verdeckt. Fühler sehr schlank, dunkel blutroth mit schwärzlicher Schaftspitze und Keule; der Schaft den Vorderrand des Prothorax überragend, das erste Geisselglied reichlich um die Hälfte länger als das zweite. Rüssel kurz und breit, gekielt; Stirn durchgehends fein gefurcht. Prothorax fast cylindrisch, mit leichter Verengung nach hinten, etwas breiter als lang, zwischen der hellen Beschuppung schwarz punktirt und in den Punkten fein beborstet. Flügeldecken (beim Weibchen) doppelt so breit als der Prothorax, kurz oval, regelmässig punktirt gestreift, über den Rücken hin durch weisse und gelbbraune Beschuppung scheckig gewürfelt, in den breiten und flachen Zwischenräumen hinten mit kurzen weissen, vorn mit längeren braunen Borstchen reihenweise besetzt. Brust und Beine mit schmalen, haarförmigen Schüppchen, der Hinterleib sogar vorwiegend mit Härchen bekleidet.

Das schmalere Männchen unterscheidet sich von dem Weibchen nur durch einen seichten mittleren Längseindruck des ersten Hinterleibsringes und durch die leicht gebogenen, innen sparsam behaarten Schienen.

Auf der Insel Sansibar von Cooke gesammelt.

c) Fühlerschaft verdickt; Körper dicht beschuppt und beborstet.

304. *Systates hirtus*, n. sp.

Niger, dense cinereo-squamulosus, capite prothoraceque brevius, elytris longius setosis, his sat fortiter striato-punctatis. Long. $5\frac{2}{3}$– $6\frac{2}{3}$ mill. ♂♀.

♂ *Angustior, abdominis segmento basali deplanato, tibiis intus parce pilosis, intermediis spinulosis.*

Im Körperumriss dem *Syst. hystrix* am ähnlichsten, aber beträchtlich kleiner als dieser. Die schwarze Grundfarbe erscheint oberhalb bis auf die der Hautbedeckung eigenthümlichen Skulpturen durch gelbgraue Schüppchen fast vollständig verdeckt. Der gegen die Spitze hin immer stärker verdickte Fühlerschaft erscheint durch dichte Beborstung rauh, ist deutlich gekrümmt und reicht zurückgeschlagen bis über den Vorderrand des Prothorax hinaus; an der Geissel ist das erste Glied kaum länger als das zweite, dieses nur wenig kürzer als die drei folgenden zusammengenommen. Rüssel mit feinem, aber scharfem Mittelkiel, Stirn vorn tief gefurcht; beide gleich dem Prothorax oberhalb mit aufgerichteten weisslichen und braunen Borstchen bekleidet. Dieser beträchtlich breiter als lang, seitlich gerundet, nach hinten noch etwas stärker als nach vorn verengt, oberhalb mit zahlreichen, kleinen, glänzend schwarzen Warzenhöckern übersäet. Flügeldecken (beim Weibchen) von doppelter Thoraxbreite, vorn abgestumpft oval, grob gestreift punktirt, die tief eingestochenen Punkte in Abständen von halber Breite der flachen Zwischenräume; diese mit einer einzelnen Reihe langer, aufgerichteter Borsten, welche auf der Scheibe vorwiegend dunkelbraun, an der Basis, der Spitze und gegen die Seiten hin dagegen weiss gefärbt sind, besetzt. Brust und Hinterleib nur zum Theil mit rundlichen, ausserdem gleich den Beinen mit mehr haarförmigen Schüppchen bekleidet; Schienen und Tarsen nebenbei beborstet.

Bei dem kleineren und schlankeren Männchen erweist sich das erste Hinterleibssegment abweichend vom Weibchen als abgeflacht und gegen den Hinterrand hin schwach eingedrückt; die etwas längeren und deutlich geschwungenen Schienen sind am Innenrand sparsam lang behaart, die mittleren hier zugleich mit vier Dörnchen bewehrt, die hinteren gebüchert.

Bei Mombas im September 1862, ausserdem in Mehrzahl von Cooke auf der Insel Sansibar gesammelt.

Peribrotus, nov. gen.

(Trib. *Otiorrhynchidae.*)

Maxillae obtectae. Prothorax haud lobatus. Scrobiculi antennales superi, profundi. Rostrum apice dilatatum, a fronte separatum. Antennae breviusculae, setosae, scapo valido, funiculi articulis 3.—7. abbreviatis, clava acuminato-ovata, solida. Oculi superi, rotundati. Scutellum inconspicuum, coleoptera ovata. Abdominis segmentum secundum sequentibus vix longius. Tibiarum posticarum corbiculae apertae. Unguiculi basi coaliti.

Nach der von Lacordaire (Gen. d. Coléopt. VI. p. 145) aufgestellten Eintheilung der Otiorrhynchiden würde diese neue Gattung der Periteliden-Gruppe angehören, deren wesentlichste Merkmale: die offenen Schienenkörbe, die an der Basis verwachsenen Fussklauen und die verhältnissmässig kurzen, derben Fühler sie theilt. Innerhalb dieser Gruppe würde sie sich nach den zusammenstossenden Vorderhüften und dem nicht verlängerten zweiten Hinterleibsring zunächst an *Isaniris*, Thomps., *Catrectus* und *Holcorrhinus*, Schönh. anschliessen, sich aber von ersterer und letzterer durch die kurzen Fühler, von *Catrectus* schon durch die Form der Augen wesentlich unterscheiden. Im Habitus erinnert die Gattung lebhaft an einen *Otiorrhynchus* mit kurzen Fühlern, dem sie auch durch den flügelartig erweiterten Rüssel gleicht. — An den dichtborstigen, gedrungenen Fühlern ist der verdickte Schaft so lang wie die Geissel ohne die Keule, die beiden ersten Geisselglieder sind untereinander fast gleich, nicht ganz so lang wie drei der folgenden knopfförmigen zusammengenommen; die Keule zugespitzt oval, scheinbar ohne Gliederung. Die sehr tiefen, rundlichen Fühlergruben setzen sich nach hinten in seichte, gegen die Augen hin auslaufende Rinnen fort. Die vollkommen kreisrunden und verhältnissmässig kleinen Augen sind auf die Oberseite des Kopfes gerückt, dabei aber durch eine breite Stirn getrennt. Die Flügeldecken sind regelmässig gestreift-punktirt, gleich der übrigen Körperoberfläche dicht beschuppt. Der Hinterrand des ersten Abdominalsegmentes ist leicht geschwungen, das zweite wenig länger als jedes der beiden folgenden. Die Beine sind kurz und gedrungen.

305. *Peribrotus pustulosus*, n. sp.

Taf. XI. Fig. 9.

Niger, opacus, hic inde squamulis cervinis variegatus, prothorace transverso, supra tuberculato, coleopteris acuminato-ovalis, punctorum seriebus ultra medium usque tubercula laevia, nitida gerentibus. Long. 8 mill. ♀.

Etwa von der Grösse und Form des *Otiorhynchus compressus*, Hbst. Der Körper ist vorwiegend mit schwärzlichen, beiderseits vom Prothorax dagegen und auf den Flügeldecken in Form von unregelmässigen Flecken mit rehfarbenen Schuppen bedeckt. Die Beborstung der Fühler ist schmutzig gelbbraun; die mattschwarze Keule erscheint fast nackt. Der mit einer breiten, oberen Längsfurche versehene Rüssel ist in der Mitte schwach gekielt, die Stirn mit einem kurzen, furchenartigen Eindruck versehen. Der Prothorax ist fast um ein Dritttheil breiter als lang, seitlich gerundet, nach vorn stärker als nach hinten verschmälert, der Vorderrand durch eine oberhalb feine, nach unten aber allmählig tiefer und breiter werdende Furche deutlich abgesetzt, die Scheibe mit zahlreichen, aus der Beschuppung hervortretenden, glatten, warzenförmigen Höckerchen besäet. Flügeldecken kurz, aber nach hinten zugespitzt oval, nicht ganz doppelt so breit als der Prothorax, dem sie an der Basis gleich kommen, während sie sich gleich von dieser aus stark erweitern; die zehn regelmässigen Längsstreifen besonders oberhalb grob und tief punktirt und von der Basis bis über die Mitte hinaus mit glänzenden und glatten, warzenartigen Erhabenheiten, welche je zwischen zwei aufeinanderfolgenden Punkten hervortreten, besetzt. Brust und Beine vorwiegend licht graubraun beschuppt, die Schienen ausserdem dicht und grob beborstet.

Bei Mombas im September 1862 aufgefunden.

Brachycerus, Oliv.

Encycl. méthod. V. p. 181.

306. *Brachycerus atrox*, n. sp.

Taf. XI. Fig. 10.

Oblongus, squamulis rufescenti-fuscis indutus, rostro utrinque biplicato, orbitis planis, prothorace transverso hexagono, supra fortiter bicalloso, elytris rude reticulatis, supra biseriatim tuberculatis, tuberculis exterioribus conicis, acutis; femoribus tibiisque annulatim cervino-squamosis. Long. 20 mill.

Zur Gruppe des *Brachyc. turrifer* und *rudis*, Schönh. (Gen. et spec. Curcul. V. p. 628 und 625) gehörend, von beiden aber durch noch schlankeren Bau, nicht aufgewulstete Augenränder und die viel höheren und angespitzten Höcker der äusseren Reihe der Flügeldecken unterschieden. Der mattschwarze Körper ist mit dunkel rothbraunen Schuppen dicht bedeckt und erhält dadurch ein Ansehen wie verrostetes Eisen; nur an den Seitenwänden der Flügeldecken tritt die Grundfarbe zum Theil frei hervor. Der vorn flügelartig erweiterte Rüssel zeigt im vordersten Dritttheil oberhalb zwei grubige Vertiefungen, auf der hinteren Hälfte jederseits zwei schräge und tief eingegrabene Furchen; zwischen den durch dieselben gebildeten Wulsten verläuft ein deutlicher Mittelkiel. Die Oberfläche des Rüssels ist gleich derjenigen des Kopfes unregelmässig punktirt; letztere ist lichter gelbbraun beschuppt, der Augenrand nicht aufgeworfen. Der Prothorax quer sechseckig, fast um die Hälfte breiter als lang, auf der vorderen Hälfte mit zwei, durch eine tiefe Einsattelung getrennten, dicken Längswulsten, auf welche zunächst drei von zwei schrägverlaufenden Schwielen eingefasste Gruben und sodann ein gegen die Basis hin verlaufender Längskiel folgen. Beiderseits von dieser Yförmigen Skulptur der

Scheibe erheben sich zwei nach aufwärts und hinten gerichtete Zapfen, welche von dem vor ihnen liegenden konischen Seitenwinkeln durch einen tiefen Einschnitt getrennt sind. Zwischen diesen Erhabenheiten zeigt der Grund tiefe, grubenartige Punkte; die über den Hüften liegenden Seitenwände sind dagegen mit warzenförmigen Tuberkeln bedeckt. Flügeldecken schmal eiförmig, im Profil gesehen rhombisch, mit bis zum letzten Drittheil ansteigendem Rücken und starkem Absturz nach der Spitze hin; auf die der Naht zunächst verlaufenden Höcker- und Punktreihen folgt eine höhere Leiste, von welcher sich vor und hinter der Mitte der Gesammtlänge zwei dicke Zapfen, deren hinterer etwas höher ist, erheben, während ein zweiter, den seitlichen Contour bildender Längskiel mit vier bis fünf kegelförmigen, scharf zugespitzten und (mit Ausnahme des vordersten) ansehnlich hohen Höckern besetzt ist. Der ganze seitliche Absturz erscheint grob grubig gegittert und reihenweise mit hohen, zum Theil geglätteten, warzenförmigen Tuberkeln besetzt. Hinterleib sehr tief grubig punktirt und beborstet; Schenkel an der Basis rothfleckig, jenseits der Mitte gleich den Schienen in Form eines scharf abgegrenzten Ringes licht gelb beschuppt.

Auf der Insel Sansibar einheimisch.

Cleonus, Schönh.

Curcul. disp. meth. p. 145.

307. *Cleonus sannio*, Hbst.

Curculio sannio, Herbst, Käfer VI. p. 104. No. 65. Taf. 66. Fig. 9.
Cleonus sannio, *Erichson, Archiv f. Naturgesch. IX. 1. p. 210.
Curculio maculatus, Germar, Magaz. d. Entom. I. 1. p. 132. No. 21.
Cleonus vittatus, *Schönherr, Gen. et spec. Curcul. II. p. 196. No. 37.
Lixus tuberculosus, *Illiger in Mus. Berol.

Zahlreiche Exemplare dieser Art wurden Mitte Decembers 1862 am See Jipe in dürren Aesten gesammelt. Ihre Verbreitung über Afrika ist eine sehr ausgedehnte: Cap der guten Hoffnung (Lichtenstein), N'Gami (Wahlberg), Angola (Schönlein), Senegal (Buquet), Sennaar (Ehrenberg, Hartmann).

308. *Cleonus mitis*, n. sp.

Taf. XI. Fig. 11.

Rostro obtuse angulato, supra profunde bisulcato, prothorace fortiter constricto, scutello vix conspicuo: cinereo-tomentosus, prothoracis plaga magna media triquetra fasciisque duabus lateralibus, elytrorum maculis duabus dorsalibus obliquis femorumque annulo subapicali fuscis. Long. 17—20 mill.

Cleonus Sennaariensis, *Kollar i. lit.

Der vorhergehenden Art in der Bildung des Rüssels, in der langgestreckten Form der Augen, dem an der Spitze tief eingeschnürten Prothorax und selbst in der Zeichnung nahe verwandt, aber abgesehen von der fast doppelten Körpergrösse durch die dichtere und längere Pubescenz, die viel feineren Punktstreifen und den Mangel des tiefen Eindruckes vor der Spitze der Flügeldecken unterschieden. Fühler mit sehr schmaler, nicht deutlich abgestutzter Keule. Rüssel oberhalb gleichmässig dicht graufilzig, ohne alle nackten Kiele, beiderseits von dem erhabenen, gegen die Augen hin sich zuspitzenden Mittelwulst breit und tief gefurcht. Augen oberhalb weiss eingefasst, der Scheitel sonst tief umbrabraun befilzt. Letztere Färbung zeigt auch die Behaarung des queren, vor der Spitze tief und bei der Mitte schwächer eingeschnürten Prothorax einerseits auf dem Rücken in Form eines grossen, sich über die ganze Länge erstreckenden und vorn abgestutzten Dreiecks, andrerseits zu beiden Seiten, während auf den beiden licht aschgrauen, nach hinten verschmälerten Längsbinden ausser einem Vorderrandsfleck wenigstens einige Punkte dunkel erscheinen. Schildchen äusserst klein, hinter dem stark angezogenen Mittellappen des Prothorax kaum hervortretend. Flügeldecken im Verhältniss etwas gestreckter als bei *Cleon. annulo*, an der Spitze fast abgestutzt, mit sehr viel feineren; unter der dichten Befilzung nur wenig hervortretenden Punktstreifen; die Farbe der Behaarung vorwiegend licht aschgrau mit dunkelbrauner Sprenkelung besonders der hinteren Hälfte; die grössere vordere Hälfte der Rückenmitte vorwiegend graubraun, durch zwei Paar schräger Flecke von dunkel umbrabrauner Färbung gegen das Grau der Seiten abgegrenzt; ein kleinerer solcher ausserdem vor der Mitte des Aussenrandes. Brust und erstes Hinterleibssegment aschgrau, die folgenden vorwiegend dunkelbraun befilzt; die drei mittleren jedoch je mit vier, der letzte mit zwei viereckigen aschgrauen Flecken gewürfelt. An den aschgrau behaarten Beinen zeigen die Schenkel vor der Spitze der Aussenseite eine bräunliche Halbbinde; Schienen- und Klauenbildung wie bei der vorhergehenden Art.

Am See Jipe Mitte Decembers 1862 in Mehrzahl gefunden; ausserdem auch im Sennaar einheimisch.

Lixus, Fab.

Syst. Eleuth. II. p. 498.

309. *Lixus haerens*, Schönh.

Lixus haerens, *Schönherr, Gen. et spec. Curcul. III. p. 49. No. 64.
?*Lixus aethiops*, *Gerstaecker, Insekt. v. Mossamb. p. 311.
?*Curculio aethiops*, Herbst, Käfer VI. p. 48. No. 7. Taf. 62. Fig. 7.

In einem Exemplare von Aruscha (Anfang Novembers 1862) vorliegend; auch sonst längs der ganzen Ostküste vom Cap (Krebs) bis nach Aegypten (Ehrenberg) verbreitet. — Wegen der zweifelhaften und zum Mindesten sehr unkenntlichen Herbst'schen Abbildung seines *Curculio aethiops* ist diese für die Mossambiker Exemplare der vorstehenden Art gebrauchte Benennung hier aufgegeben und dagegen die durch ein typisches Exemplar gesicherte Schönherr'sche Bestimmung in Anwendung gebracht worden. Uebrigens scheint wenigstens der aus Ostindien stammende Schönherr'sche *Lixus aethiops* von der gegenwärtigen Art nicht specifisch verschieden zu sein.

310. *Lixus coarctatus*, Klug.

(1833) *Lixus coarctatus*, *Klug, Insekt. v. Madagascar. p. 110. No. 170.
(1843) *Lixus rhomboidalis*, Schönherr, Gen. et spec. Curcul. VII. p. 452. No. 103.
(1858) *Lixus compressirostris*, Thomson, Archiv. entomol. II. p. 131. No. 214.

Bei Endara im December 1862 gefunden; ausserdem auf Madagascar (Goudot), in Sennaar (Hartmann), in Senegambien (Buquet) und Guinea (Hope) einheimisch. — An den von Klug beschriebenen Madagassischen Exemplaren, welche ihrer feinen Behaarung verlustig gegangen sind, tritt der rhombische Rückenfleck wenig in die Augen; sie sind jedoch von denen des Festlandes nicht specifisch unterscheidbar.

311. *Lixus sulcirostris*, n. sp.

Elongatus, rostro basin versus supra bisulcato, prothoracis conoidei dorso confertim rugoso, elytris profunde striato-punctatis, cinereo-nebulosis, apice leviter oblique truncatis. Long. 11½ mill.

Lixus truncicollis, Waltl i. lit. (non Schönh.).

Von ähnlicher Form wie die vorhergehende Art, aber etwas kleiner und in den Flügeldecken schmaler; durch die Furchung des Rüssels und die Skulptur des Prothorax leicht kenntlich. Fühler licht rothbraun. Augen merklich kürzer als bei *Lix. coarctatus*; Rüssel schwächer und mehr cylindrisch, auf der Basalhälfte mit glattem Mittelkiel und einer matten Furche zu beiden Seiten desselben. Kopf dicht und fein gekörnt, matt, Stirn ohne Eindruck. Prothorax ganz ähnlich gebaut wie bei der genannten Art, nur ein wenig länger und daher vorn schmaler erscheinend; die ganze Rückenfläche mit starken, von der Mittellinie aus jederseits schräg nach vorn verlaufenden Runzeln bedeckt, die Seiten dagegen glatt und glänzend, fein greis behaart, vor der Mitte der Länge deutlich eingedrückt. Flügeldecken mehr denn doppelt so lang als der Prothorax, nach hinten allmählig und nur schwach erweitert, vor der Spitze abgeflacht und eingedrückt, diese selbst von der Naht aus leicht schräg abgestutzt; die Punktreihen der Oberfläche durchweg deutlich, die der Naht zunächst gelegenen sogar grob und gedrängt, die feine, aschgraue, etwas wolkig erscheinende Behaarung zu beiden Seiten, besonders aber auf dem Spitzendritttheil dicht und hier theilweise fleckenartig erscheinend. Die drei vorletzten Hinterleibsringe mit vier Reihen röthlich gelber Haarflecke. Tarsen nebst Fussklauen licht rothbraun.

Am See Jipe Ende Octobers 1862 aufgefunden; ausserdem auch von Port Natal (Pöppig) und aus Aegypten (Waltl) vorliegend.

312. *Lixus pinguis*, n. sp.

Oblongo-ovatus, rostro breviusculo, fronte foveolata, prothorace confertim punctulato punctisque majoribus obsito, coleopteris cuneatis, fortiter striato-punctatis, basi profunde impressis, nitidis, fasciis duabus — anteriore laterali — apiceque densius cinereo-pubescentibus. Long. 10½, lat. 4⅓ mill.

Eine auffallend kurze und breite Art, fast vom Ansehen eines *Larinus*, nach der Bildung der Augen, des Rüssels und der Form der Flügeldecken übrigens zur Gruppe des *Lix. haereus*, Schönh. gehörend. Rüssel noch etwas dicker als bei dieser Art, oberhalb feiner, beiderseits stärker und runzlig punktirt, in der Mitte seiner Länge kurz gefurcht. Stirn mit tiefer, punktförmiger Grube; Augen etwas schmaler und nach unten hin spitzer oval als bei *Lix. haereus*. Prothorax breiter als lang, nach vorn trapezoidal verschmälert, nahe der Spitze deutlich eingeschnürt, bei der Mitte der Länge mit ziemlich tiefem und weitem seitlichem Eindruck, im Bereich dieses und dahinter dichter, fast fleckenartig greis behaart, über den ganzen Rücken hin mit dicht gedrängten feinen und ausserdem mit sparsamen, viel gröberen Punkten besetzt. Schildchen klein, punktförmig, tief eingesenkt. Flügeldecken gleich hinter der Basis stark erweitert, an ihrer breitesten Stelle um die Hälfte breiter als der Prothorax, nur um die Hälfte länger als breit, nach hinten in Form eines gleichschenkligen, abgestumpften Dreiecks verschmälert; ihre Oberfläche vorn tief, grubenartig, nach hinten allmählig feiner reihenweise punktirt, in der Mitte der Basis mit einer gemeinsamen quer viereckigen Vertiefung, jede einzelne ausserdem seitlich hinter den Schultern und vor der Spitze deutlich eingedrückt; die ganze Oberfläche fein staubartig, die genannten Eindrücke dagegen sowie eine Querbinde beim Beginn des letzten Drittheils und die Spitze selbst dichter und fast filzig aschgrau behaart. Unterseite ziemlich dicht greis befilzt; erstes Hinterleibssegment in der Mitte mit grossem dreieckigem Eindruck, auch das zweite daselbst abgeflacht; auf diesem in der Mitte und beiderseits eine glatte Schwiele sichtbar. (Beine fehlen.)

In einem einzelnen Exemplare von Aruscha (Anfang Novembers 1862) vorliegend.

313. *Lixus baculus*, n. sp.

Elongatus, subcylindricus, rostro angusto, carinato, prothorace profunde sulcato, apicem versus attenuato, elytris apice rotundatis, supra distincte sulcatis, maculatim cinereo-pubescentibus, interstitiis convexis, coriaceo-rugulosis. Long. 18 mill.

Dem *Lix. cylindroides*, Sparrm. habituell am nächsten stehend, aber durch kürzeren und kräftigeren Rüssel und besonders durch die Skulptur der Flügeldecken unterschieden. Rüssel fast von Halsschildlänge, leicht gebogen, drehrund mit oberer basaler Abflachung, von den Augen bis zur Mitte der Länge fein aber deutlich gekielt, vorn feiner, hinten und seitlich grober und etwas runzlig punktirt. Stirn ziemlich breit, gerunzelt, ohne Grube; Backen deutlich nadelrissig, Augen breit oval. Prothorax zwar schmal und länglich erscheinend, aber an der Basis ebenso breit wie lang, nach vorn unter geradlinigen Seiten allmählig bis auf ⅔ der Basalbreite verschmälert, daher abgestutzt kegelförmig; nahe der Spitze schwach, bei der Mitte der Länge stärker seitlich eingedrückt, seine Oberfläche dicht und unregelmässig gerunzelt, längs der Mitte bis nahe zum Vorderrande hin tief und ziemlich breit gefurcht, die Seiten mit greis-filziger Längsbinde. Schildchen deutlich, dreieckig. Flügeldecken fast dreimal so lang als der Prothorax, annähernd halbcylindrisch, gleich hinter den etwas hervortretenden Schultern seitlich leicht ausgeschweift, an der Spitze gemeinsam und ziemlich regelmässig eiförmig abgerundet; die Schildchengegend deutlich niedergedrückt, die übrige Oberfläche regelmässig gewölbt, schmal und tief gefurcht, im Grunde der Furchen mit wenig hervortretenden Punkten, aber mit fleckenartiger greiser Behaarung, die Zwischenräume etwas rippenartig erhaben, ziemlich grob lederartig gerunzelt, der 4.—7. ziemlich weit vor der Spitze zusammentreffend. Vorderbrust schwielig gerunzelt und daher glänzender als die dicht und körnig punktirte Hinterbrust. Hinterleib dicht und fein chagrinartig gerunzelt, die Hinterwinkel der einzelnen Ringe fleckig greisgelb behaart, die beiden vorderen Ringe jederseits mit rundlichem, narbigem Eindruck.

Das einzige vorliegende Exemplar wurde am 28. November 1862 auf dem Kilimandscharo in einer Höhe von 8000' gefunden.

Apoderus, Oliv.

Entomol. V. No. 81.

314. *Apoderus submarginatus*, Schönh.

Apoderus submarginatus, Schönherr, Gen. et spec. Curcul. V. p. [illegible]. No. 11.

Ein im September 1862 bei Wanga erbeutetes Exemplar lässt keine Abweichungen von den aus dem Cafferlande (Drege) stammenden wahrnehmen.

315. *Apoderus nigripennis*, Fab.

Attelabus nigripennis, Fabricius, Entom. syst. I. 2. p. 386. No. 6. — Syst. Eleuth. II. p. 419. No. 13.

Von Cooke in einigen Exemplaren auf Sansibar gefunden. Dieselben gehören sämmtlich einer auch im Cafferlande (Poeppig) vorkommenden Färbungsvarietät an, bei welcher die Flügeldecken auf der ganzen Scheibe ebenso intensiv mennigroth gefärbt sind wie der übrige Körper und mithin nur eine schwarze Umsäumung zeigen. Uebergänge zu der Varietät mit ganz schwarzen Flügeldecken, wie sie Fabricius vom Cap der guten Hoffnung beschreibt — Schönherr ist diese Art überhaupt unbekannt geblieben — liegen mir aus Port Natal vor.

Apion, Hbst.

Käfer. VII. p. 100.

Apion et Piezotrachelus, Schönh.

316. *Apion nasutum*, n. sp.

Rostro valido, utrinque ante oculos sulcato, frontem versus deplanato, opaco, prothorace conoideo, ante medium constricto, basin versus leviter foveato, supra dispersae punctato, subnitido, coleopteris oblonge ovatis, valde convexis, ad humeros angulatis, distincte sulcatis, interstitiis planis, subtiliter alutaceis. Long. (c. rostr.) 3 mill.

Unter den *Piezotrachelus*-Arten im Sinne Schönherr's dem *Apion Natalense*, *Gerst. (Stettin. Entom. Zeit. XV. p. 273. Nr. 48) und *Ap. conicicolle*, *Gerst. (ebend. p. 270. Nr. 45) am nächsten stehend, von ersterem jedoch schon durch die viel geringere Grösse und die kurz eiförmigen Flügeldecken, von letzterem durch den mehr verlängerten Prothorax, den kräftigeren und nach vorn nicht zugespitzten Rüssel, die breitere Stirn u. s. w. unterschieden. Rüssel so lang wie Kopf und Prothorax zusammengenommen, sehr derb, leicht gekrümmt, hinter der Mitte etwas angeschwollen, beiderseits vor den Augen bis über die Fühlerinsertion hinaus deutlich gefurcht, von da bis zur Spitze zerstreut punktirt, oberhalb bis auf das leicht glänzende vordere Drittheil matt, gegen die Stirn hin abgeflacht; diese breit und leicht ausgehöhlt. Augen gross; Fühler derb, schwärzlich pechbraun. Prothorax beträchtlich länger als an der Basis breit, nach vorn stark kegelförmig verengt, beiderseits vor der Mitte eingedrückt, oberhalb zerstreut und seicht punktirt, in der Mitte vor der Basis mit flacher rundlicher Grube, oberhalb wie angehaucht und hier matter glänzend als an den Seiten. Schildchen klein, oval. Flügeldecken von gleich hoher Wölbung und mit entsprechend hervorspringenden Schulterecken wie bei *Ap. conicicolle*, Gerst., aber etwas breiter und nach hinten stumpfer zugerundet; die Furchen beträchtlich breiter und tiefer, aber nur durch sehr undeutliche Punkte kettenartig unterbrochen, die Zwischenräume sehr fein und verloschen punktirt und lederartig gerunzelt, leicht metallisch blau schimmernd. Beine noch länger, zugleich aber auch merklich derber als bei *Ap. conicicolle*, die Schienen ziemlich grobkörnig gerunzelt.

Bei Mombas im September gefangen.

317. *Apion gallinula*, n. sp.

Rostro valido, punctatissimo, utrinque subsulcato, fronte impressa, prothorace constricto, apicem versus leviter attenuato, supra transversim rugoso, longitudinaliter sulcato, coleopteris oblongo-ovatis, anguste sulcatis, humeris parum prominentibus. Long. (c. rostr.) 8 mill.

Bei gleicher Länge schmaler als die vorhergehende Art, von welcher sie sich überdies durch die geringere Länge und die grobe Skulptur des Rüssels, den kürzeren und nicht kegelförmigen Prothorax, die feiner gefurchten Flügeldecken u. s. w. unterscheidet. Rüssel nur doppelt so lang als der Kopf, im Profil gesehen nur schwach und zwar vorwiegend durch deutliche Krümmung der Firste gebogen, bei der Mitte seiner Länge merklich erweitert, gegen die Spitze hin leicht pfriemförmig verdünnt; seine ganze Oberfläche dicht und grob punktirt, dabei aber etwas glänzend, die Seiten ausserdem mit schwacher, gegen die Augen hin erlöschender Längsfurche. Fühler derb, Augen gross, Stirn schmal, auf der Grenze gegen den Rüssel der Länge nach eingedrückt. Prothorax kaum länger als an der Basis breit, unter leichter Verschmälerung nach vorn im Ganzen cylindrisch, vor und hinter der Mitte deutlich eingeschnürt, oberhalb seicht, nach vorn jedoch allmählig deutlicher querrunzlig, mit feiner, vor der Basis in eine Grube endigender mittlerer Längsfurche. Schildchen klein, oval. Flügeldecken länglich eiförmig, bei der Mitte am breitesten, nach hinten stärker als nach vorn verschmälert, hoch gewölbt, sehr fein und scharf eingerissen längsfurchig, die breiten und flachen Zwischenräume ohne merkliche Skulptur, leicht metallisch glänzend; der Spitzenrand hinter den beiden der Naht zunächst verlaufenden und am Ende stark vertieften Längsfurchen wulstig verdickt. Beine beträchtlich feiner als bei der vorhergehenden Art, mehr wie bei *Ap. conicicolle*, Gerst. gestaltet.

Gleichfalls von Mombas.

Alcides, Schönh.

Curcul. disp. meth. p. 270.

318. *Alcides convexus*, Oliv.

(1790) *Curculio convexus*, Olivier, Encycl. méth. V. p. 507. No. 107.
Rhynchaenus convexus, Olivier, Entomol. V. 83. p. 176. No. 152. pl. 8. fig. 88.

Rhynchaenus crenatus, Olivier, ibidem p. 199. No. 184. pl. 8. fig. 94.
(1792) *Curculio gibbus*, Fabricius, Entom. syst. I. 2. p. 431. No. 157. — Herbst, Käfer. VI, p. 307. No. 280. Taf. 84. Fig. 4.
Rhynchaenus gibbus, Fabricius, Syst. Eleuth. II. p. 471. No. 163.
Alcides gibbus, *Klug, Insekt. v. Madagasc. p. 110. No. 171. — Schönherr, Gen. et spec. Curcul. VIII. p. 85. No. 21.
Alcides crenatus, Schönherr, Gen. et spec. Curcul. III. p. 605. No. 23.

Zwei Exemplare dieser auch auf Madagascar, Isle Bourbon, Insel St. Johanna und bei Port Natal vorkommenden Art wurden bei Aruscha (Anfang Novembers 1862) gefunden. Die Exemplare des Festlandes sind durchschnittlich von geringerer Grösse, weniger grober Skulptur der Flügeldecken, schwächerer Tuberkulirung der Oberseite des Prothorax und gegen die Spitze hin etwas mehr verschmälert als diejenigen von den Inseln, so dass sie auf den ersten Blick den Eindruck einer verschiedenen Art machen. Eine specifische Differenz lässt sich jedoch an ihnen nicht nachweisen; auch fehlt es nicht an vermittelnden Uebergängen, wie solche z. B. gerade durch die von Aruscha stammenden Exemplare zwischen denen von Port Natal und Madagascar gegeben sind.

319. *Alcides exilis*, Schönh.

Alcides exilis, Schönherr, Gen. et spec. Curcul. III. p. 613. No. 8.
Alcides lineatus, *Klug in Mus. Berol.

In einem Exemplare von Endara (December 1862) vorliegend. Die Art ist über Mossambik und das Natal-Land bis zum Cap hin verbreitet.

320. *Alcides obsoletus*, n. sp.

Oblongus, niger, opacus, subtus cinereo-squamosus, femorum basi elytrisque sanguineis, his fortiter striato-punctatis, interstitiis 3., 5., 7. ante apicem strigatim albo-squamulosis: rostro supra disperse punctato, nitido, prothorace brevissimo, ante apicem constricto, confertim rugoso-punctato. Long. (c. rostr.) 8 mill. ♀.

Etwa von der Grösse und dem Habitus des *Alcid. fasciculatus*, Schönh. (Gen. et spec. Curcul. III. p. 614. No. 9) und mit diesem in der Skulptur des Prothorax und der Flügeldecken übereinstimmend, dagegen durch etwas kürzeren Körper, die Form und Punktirung des Rüssels, die Fleckenzeichnung der Oberseite u. s. w. abweichend. Rüssel des Weibchens dünner und länger als bei *Alcid. fasciculatus*, schwarz, beiderseits vor den Augen dicht gedrängt, im Uebrigen oberhalb zerstreut und gegen die Spitze hin sogar fein punktirt, daher glänzend; jenseits der Mitte ist eine längliche Grube, an der äussersten Basis ein feiner Mittelkiel bemerkbar, welcher die punktförmige Stirngrube nicht erreicht. Fühler schwarz, mit greis behorsteter Geissel und Keule. Die Kehle gleich den Seiten des kurzen und queren, vorn stark eingeschnürten und durch sehr dichte, körnig-runzlige Punktirung durchaus matt schwarzen Prothorax mit greisgelben schmalen Schuppen bekleidet, welche an letzterem bis auf den Rücken hinaufreichen, an jeder Seite jedoch einen rundlichen Raum in Form eines nackten Flecken freilassen. Auch auf der Spitze des Scutellarlappens ist ein beschuppter Fleckchen wahrnehmbar. Schildchen kreisrund, schwärzlich, glatt. Flügeldecken merklich kürzer und nach hinten stärker verschmälert als bei *Alcid. fasciculatus*, sonst mit ganz übereinstimmender Skulptur und von gleicher Färbung; anstatt der zahlreichen weissen Haartüpfel jenes zeigen sich jedoch nur der 3., 5. und 7., in weniger hervortretender Weise auch der 9. Zwischenraum im Bereich der hinteren Hälfte streifenförmig weiss beschuppt, und zwar der 3. und 5. in viel kürzerer Ausdehnung als der 7., ersterer übrigens zugleich in der Nähe des Schildchens. Brust und Hinterleib dicht und grob körnig punktirt, längs des Seitenrandes dichter als in der Mitte greisgelb beschuppt. Beine schwarz, die Basalhälfte der Schenkel und der grössere Theil der Schienen dunkel blutroth; die Bewehrung der ersteren wie bei *Alcid. fasciculatus*.

Bei Mombas im September 1862 aufgefunden.

Phaenomerus, Schönh.

Gen. et spec. Curcul. III. p. 632.

321. *Phaenomerus leucogrammus*, n. sp.

Taf. XI. Fig. 12.

Elongatus, niger, subnitidus, antennis clava excepta, tibiis tarsisque rufo-brunneis: rostro cylindrico, aciculato, prothorace punctatissimo, hujus fascia media angulisque posticis, elytrorum basi, fascia media arcuata suturaque posteriore, scapulis pectoreque niveo-pilosis. Long. $4^1/_2$ mill.

Bei gleicher Länge kräftiger gebaut als *Phaen. Sundewalli*, Schönh. (a. a. O. p. 633. No. 1), auch in Skulptur und Haarbekleidung wesentlich verschieden. Rüssel cylindrisch, von oben betrachtet durchaus gleich breit, im Profil gesehen gegen die Spitze hin allmählig verdünnt; seine Mittellinie durchgehends fein gekielt, seine Oberseite gegen die Basis hin stärker, nach der Spitze zu feiner längsrissig, die Seiten fein körnig gerunzelt. Fühler mit tief schwarzer Keule, sonst licht rothbraun. Augen ebenso gross und gleich nahe aneinandergerückt wie bei *Phaen. Sundewalli*. Prothorax merklich breiter und im Verhältniss zu den Flügeldecken von grösserer Längenentwickelung, nach vorn weniger verschmälert, vor der Basis bis auf $^3/_4$ seiner Länge gleich breit, in der Mitte der Basis deutlich eingedrückt, im Uebrigen leicht gewölbt und längs des mittleren Drittheils selbst fein gekielt; überall dicht gedrängt und fast gleichmässig punktirt, leicht glänzend, tief schwarz, mit rothbraunem Vorderrand; durch anliegende, grobe weisse Haare wird jederseits ein Fleck an den Hinterecken und eine vor den Vorderhüften breit beginnende, gegen den Rücken hin sich verschmälernde und hier leicht unterbrochene mittlere Querbinde hergestellt. Schildchen punktförmig. Flügeldecken an der Basis ein wenig breiter als der Prothorax und kaum um ein Drittheil länger als dieser, im Bereich des hintersten Drittheils allmählig verengt; die Oberfläche regelmässig und fein gefurcht und diese Furchen im Bereich der zwei vorderen Drittheile dicht und beträchtlich grober punktirt als ihre körnig erscheinenden Zwischenräume, im letzten Drittheil sehr fein, linienförmig, die Zwischenräume hier sperrig punktirt. Färbung schwarz mit licht rothbraunem Seitenrand, die weissen Haarbinden hier dichter und filziger als auf dem Prothorax; die erste derselben die Basis einnehmend, die zweite in der Mitte der Länge, einen nach vorn convexen Bogen beschreibend: ausserdem das letzte Viertheil der Naht weisshaarig. Schulterblätter und Seiten der Hinterbrust durch sehr dichte Behaarung kreideweiss erscheinend, der Hinterleib dünner behaart; die beiden ersten Segmente desselben mit grossem, flachem Eindruck, das letzte mit tiefer, rundlicher Grube. Die Mittelschenkel gleich den vorderen nur mit einem Zahn an der Unterseite, die Mittelschienen beim Beginn des letzten Drittheils ausserhalb scharfwinklig erweitert; Schienen und Tarsen rothbraun, auch die Hinterschenkel mit pechbrauner Basis.

In einem einzelnen Exemplare von den Ugono-Bergen (Ende Octobers 1862) vorliegend.

Sphadasmus, Schönh.

Gen. et spec. Curcul. VIII. p. 20.

322. *Sphadasmus figuratus*, n. sp.

Ovatus, niger, confertim punctatus, supra maculatim, infra aequaliter et densius cervino-squamulosus, antennis rufo-brunneis, rostri linea media laevi, prothorace transverso, apicem versus distincte carinato, elytris punctato-sulcatis, interstitiis 1., 3., 5 elevatis. Long. 5½ mill.

Sehr viel kleiner als *Sphad. camelus*, Schönh. (Gen. et spec. Curcul. III. p. 819. No. 1) und in den Flügeldecken beträchtlich kürzer, demselben übrigens durch die analoge Fleckenzeichnung der Oberseite und den — allerdings sehr viel schwächeren — Mittelkiel der vorderen Prothoraxhälfte nahe verwandt. Schmal eiförmig, matt schwarz, unterhalb mit Einschluss der Kopf- und Prothoraxseiten dicht röthlich gelb und weiss scheckig beschuppt. Rüssel schwärzlich pechbraun, an der Basis durch dichte und feinkörnige Punktirung matt, auf der Spitzenhälfte sparsam punktirt und etwas glänzend, die Mittellinie glatt. Fühler rothbraun, im Bereich der Geissel gelb beborstet. Stirn dicht, nach vorn sogar körnig punktirt, nackt, die Augenränder rothgelb beschuppt. Prothorax quer, kürzer und nach vorn schwächer verengt als bei *Sphad. camelus*, längs der vorderen Hälfte mit schmalem und mässig erhabenem Mittelkiel, beiderseits von demselben niedergedrückt und nahe der Spitze leicht eingeschnürt, am Vorder- sowohl wie am Hinterrande mit vier bräunlich gelb beschuppten Flecken, von denen die mittleren grösser sind und fast aneinanderstossen. Schildchen rundlich, dicht gelbgrau beschuppt. Flügeldecken nur so lang wie Kopf und Prothorax zusammengenommen, von der Form eines sphärischen Dreiecks, schmal punktirt-gefurcht, mit deutlich rippenartig gewölbtem 1., 3. und 5. Zwischenraum; die Oberfläche dicht körnig punktirt, matt, schwärzlich pechbraun, ein gemeinsamer grösserer, fast herzförmiger Fleck in der Schildchengegend so wie zahlreiche kleinere, in unterbrochenen Längsreihen angeordnete scheckig rothgelb und weiss beschuppt. Alle drei Schenkelpaare mit deutlichem, schmalem Zahn; Hinterschienen stärker S förmig gekrümmt als bei *Sphad. camelus*. Der Hinterleib ganz dicht und gleichmässig, die Beine bis auf einige schwarze Makeln rehfarben beschuppt; letztere zeigen sich auf der Vorderseite der Vorderschienen, an den Hinterbeinen rückwärts vor der Spitze der Schenkel und an der Basis der Schienen.

Am See Jipe im December 1862 gefunden.

Psalistus, nov. gen.

(Trib. *Zygopinae.*)

Antennarum funiculus 7-articulatus, articulo primo crassiusculo, secundo oblongo, ceteris brevissimis. Prosternum ante coxas distincte canaliculatum. Pleurae metathoracicae parallelae. Abdominis segmenta 1. et 2. ampla, medio connata. Pygidium fere obtectum. Femora compressa, fortiter dentata, postica haud elongata.

Diese neue Gattung weicht von sämmtlichen Zygopiden der alten Welt, wie sie Lacordaire (Gen. d. Coléopt. VII. p. 135) festgestellt hat, dadurch ab, dass mit einem zum Einschlagen des Rüssels deutlich gefurchten Prosternum gleich breite Hinterbrustseiten und eine siebengliedrige Fühlerkeule verbunden sind, so dass sie mit *Copturus* und *Sphadasmus*, Schönh. fast gleich nahe Beziehungen hat. Mit ersterer Gattung stimmt sie in der Form der Hinterbrustseiten und in der Vergrösserung der beiden ersten Hinterleibsringe, mit letzterer in der geringeren Grössenentwickelung der Augen und dem durch die Flügeldecken fast vollständig bedeckten Pygidium überein; von beiden weicht sie schon durch die Fühlerbildung, die nicht verlängerten Hinterbeine u. s. w. ab. — Augen in der Mitte zusammenstossend, tiefer herabgerückt als bei *Sphadasmus*, bis an die Basis des Rüssels reichend; dieser derb, von Prothoraxlänge, an der Basis drehrund, gegen die Spitze hin abgeflacht. Fühler in der Mitte seiner Länge entspringend; der Schaft von gleichem Längsverhältniss wie bei *Sphadasmus*, an der Geissel das erste Glied verdickt, kurz eiförmig, das zweite schmal, verlängert, die folgenden ganz kurz, knopfförmig. Prothorax quer, seitlich gerundet, an der Basis zweibuchtig; Flügeldecken oval. Prosternalfurche breit, bis zu den Vorderhüften reichend, jederseits durch einen scharfen Längskiel abgegrenzt. Vorderhüften nur durch eine schmale Brücke getrennt. Seiten der Hinterbrust nach hinten eher erweitert als verschmälert. Hinterleib abschüssig, die beiden in der Mitte verschmolzenen ersten Ringe sehr gross, der dritte und vierte stark verkürzt. Beine seitlich zusammengedrückt, an Länge nicht auffallend verschieden; Schenkel unterhalb mit grossem dreieckigem Zahn; Fussklauen sehr fein.

323. *Psalistus sordidus*, n. sp.

Oblongo-ovatus, niger, opacus, pilis crassiusculis supra cervinis, infra cinereis vestitus, antennis rufis, clava fusca. Long. 4 mill.

Im Habitus einem *Ceutorrhynchus* nicht unähnlich, matt schwarz, dicht körnig punktirt, mit groben, anliegenden Haaren oberhalb von rehbrauner, unterhalb von mehr aschgrauer Färbung ziemlich dicht bekleidet. Rüssel schwärzlich pechbraun, bis auf das Basaldrittheil nackt und etwas glänzend, ziemlich grob punktirt, längs der Mittellinie fein gekielt, die Basis beiderseits längsriefig. Fühler rostroth, mit pechbrauner Keule. Kopf körnig punktirt, mit nacktem Scheitel. Prothorax unter leicht gerundeten Seiten nach vorn bis auf die Hälfte seiner Basalbreite verschmälert, an der Spitze kaum eingeschnürt; die doppelte Ausbuchtung des Hinterrandes tief, dieser jederseits nach hinten vorspringend und vor den Schultern schräg abgestutzt. Schildchen oval, abweichend von der übrigen Oberfläche weisslich beschuppt.

Flügeldecken an der Basis breiter als der Prothorax, mit seitlich etwas hervortretenden, übrigens abgerundeten Schulterecken, von diesen ab nach hinten allmählig und stumpf eiförmig verschmälert; oberhalb schmal punktirt-gefurcht, die Furchen bis zur Spitze hin deutlich, wenngleich allmählig feiner werdend. Die beiden ersten Hinterleibsringe dicht gedrängt netzartig, aber sehr flach punktirt; der Hinterrand der beiden kurzen folgenden aufgebogen. An den Beinen der grosse Schenkelzahn, der Endhaken der Schienen und das letzte Tarsenglied licht rostroth.

Zwischen Mbaramu und Kisuani Mitte Octobers 1862 gefunden.

Baridius, Schönh.

Curcul. disp. meth. p. 274.

Baris, Germ.

324. *Baridius Wahlbergi*, Schönh.

Baridius Wahlbergii, Schönherr, Gen. et spec. Curcul. VIII. p. 163. No. 28.

Diese zuerst von Wahlberg bei Port Natal aufgefundene Art liegt in einem Exemplare von Endara (December 1862) vor.

325. *Baridius speciosus*, n. sp.

Taf. XI. Fig. 13.

Ovatus, laete cyaneus, punctatissimus, glaber, subnitidus, rostro confertim rugoso-punctato, prothorace transverso, apice fortiter constricto, elytris profunde punctato-sulcatis, sulcis viridi-micantibus, interstitiis planis, seriatim punctatis. Long. 6 mill.

Dem *Barid. alcyoneus*, Erichs. (Archiv f. Naturgesch. IX. 1. p. 261. No. 110) = *Barid. atrocoeruleus*, Schönh., Gen. et spec. Curcul. VIII. p. 138. No. 58) sehr nahe verwandt, aber von etwas gedrungenerem Bau, nach hinten weniger verschmälert, durch lebhaft azurblaue Färbung, grober und runzlig punktirten Rüssel, breiteren und an der Spitze stärker eingeschnürten Prothorax und die Skulptur der Flügeldecken abweichend. Rüssel gegen die Spitze hin wenig verdünnt, stark gebogen, überall dicht gedrängt und grob, stellenweise selbst runzlig punktirt, schwärzlich blaugrün, fast matt. Fühler schwarz, mit pechbraunem Schafte; erstes Geisselglied länger als die beiden folgenden zusammengenommen. Kopf blaugrün, glänzend, zerstreut punktirt. Prothorax quer, nach vorn weniger stark verschmälert, an der Spitze aber tiefer eingeschnürt als bei *Barid. alcyoneus*, dicht und grob siebartig punktirt, längs der Mittellinie schwach gekielt. Schildchen halbkreisförmig mit hinterer Abstutzung, in der Mitte punktirt. Flügeldecken mit weniger stark hervortretenden Schulterecken als bei *Barid. alcyoneus* und nach hinten weniger verschmälert, gleich dem Prothorax cyanblau, jedoch noch etwas glänzender und intensiver, die Furchen in der Tiefe goldgrün glänzend; letztere breit und tief, kettenartig punktirt, nach hinten allmählig feiner werdend. Zwischenräume flach, vorn um die Hälfte breiter als die Furchen, die drei der Naht zunächst liegenden sehr viel feiner und sparsamer punktirt als die folgenden, auf welchen die Punkte mehr quadratisch sind. Brust, Beine und Bauch in den Punkten mit je einem feinen Börstchen besetzt; erstere beide sehr grob und dicht gedrängt, letzterer schon an der Basis beträchtlich weitläufiger, nach hinten aber zugleich allmählig feiner punktirt, die Mitte der drei letzten Ringe sogar glatt.

Von den Bura-Bergen stammend.

326. *Baridius sculptilis*, n. sp.

Oblongus, niger, punctatissimus, supra in punctis subtilissime setulosus, infra plagiatim cano-squamosus, antennis tibiisque rufo-piceis: prothorace oblongo, apicem versus angustato, elytris profunde punctato-sulcatis, interstitiis uniseriatim punctulatis, basin versus sulcis vix angustioribus. Long. 5½ mill.

In Grösse und langstreckiger Form dem *Barid. memnonius*, Schönh. (Gen. et spec. Curcul. III. p. 675. No. 37) nicht unähnlich, aber durch grobe, siebartige Punktirung des Prothorax, tief und breit gefurchte Flügeldecken, grubig punktirte, schmale Zwischenräume derselben u. s. w. unterschieden; von *Barid. opacus*, Schönh. (a. a. O. VIII. p. 143. No. 62) durch länglichere Gestalt, glänzendere Oberfläche und gleichfalls durch die Skulptur der letzteren abweichend. — Fühler rothbraun; das erste Geisselglied so lang wie die drei folgenden zusammengenommen. Rüssel mit niedergedrückter und dabei deutlich erweiterter Spitze, beiderseits grob und dicht gedrängt, oberhalb zerstreut und nach vorn hin allmählig feiner punktirt, glänzend. Kopf gleichfalls fein und zerstreut punktirt. Prothorax etwas länger als an der Basis breit, von dieser bis über die Mitte hinaus nur schwach, im vordersten Drittheil dagegen stark verschmälert, nahe der Spitze schwach eingeschnürt; die Oberseite grob siebartig, auf dem vorderen Theil der Scheibe übrigens sperriger als an der Basis und zu beiden Seiten punktirt, leicht glänzend, die Punkte je mit einem sehr feinen, staubartigen Börstchen besetzt. Schildchen weiss beschuppt. Flügeldecken um die Hälfte länger als der Prothorax, bei den Schultern merklich breiter als dessen Basis, im Uebrigen bis zum letzten Drittheil fast parallel, die vorn sehr tiefen und breiten, nach hinten allmählig feiner werdenden Furchen gedrängt punktirt, die Zwischenräume nahe der Basis kaum breiter als diese, flach, eine einzelne Reihe ziemlich dicht stehender, viereckiger, gleichfalls ein Börstchen führender Punkte zeigend. Pygidium und Propygidium grob und dicht gedrängt punktirt; Vorderbrust, Schulterblätter und Hinterbrust mit besonders grossen, greisgelben Schuppen besetzt, Hinterleib an Basis und Spitze grober punktirt und dichter beschuppt als in der Mitte. An den Beinen die Schienen und Tarsen röthlich pechbraun.

Bei Mombas im September 1862 aufgefunden.

Calandra, Clairv.

Helvet. Entom. I. p. 62.

Sitophilus, Schönh.

327. *Calandra oryzae*, Lin.

Curculio oryzae, Linné, Center. Insect. p. 12. No. 19. — Fabricius, Spec. Insect. I. p. 171. No. 57. — Entom. syst. I. 2. p. 414. No. 89.
Rhynchophorus oryzae, Herbst, Käfer VI. p. 16. No. 10. Taf. 60. Fig. 9.

Calandra oryzae, Olivier, Entomol. V. 83. p. 97. No. 31. pl. 7. Fig. 81. — Fabricius, Syst. Eleuth. II. p. 438. No. 41.
Sitophilus oryzae, Schönherr, Gen. et spec. Curcul. IV. p. 981. No. 13.

Von den Bura-Bergen; die Art ist kosmopolitisch.

328. *Calandra linearis*, Hbst.

? *Rhynchophorus linearis*, Herbst, Käfer. VII. p. 5. No. 23. Taf. 100. Fig. 1
Sitophilus linearis, Schönherr, Gen. et spec. Curcul. IV. p. 979. No. 12.
Calandra tamarindi, *Christy, Transact. entom. soc. of London. I. p. 36.

In Mehrzahl am See Jipe und auf den Ugono-Bergen gesammelt. Wenngleich bis jetzt weniger weit verbreitet als *Cal. oryzae*, ist doch auch die vorstehende Art schon aus Westindien, Süd-Amerika, Bengalen und vom Cap bekannt geworden.

Cossonus, Clairv.

Helvet. Entom. I. p. 59.

329. *Cossonus abscissus*, Schönh.

Cossonus abscissus, Schönherr, Gen. et spec. Curcul. IV. p. 1036. No. 43.

Von dieser ausgezeichneten, zuerst im Cafferlande entdeckten Art liegt ein bei Aruscha (Anfang Novembers 1862) gefundenes Exemplar vor.

330. *Cossonus procerus*, n. sp.

Rostro carinato, prothoracis confertim punctati linea media laevi, basi bisinuata, disco postice profunde biimpresso: abdomine, pedibus elytrisque rufis, his nigro-limbatis, profunde striato-punctatis, interstitiis angustis, uniseriatim punctulatis. Long. 7½–8 mill.

Aus der Verwandtschaft des *Cosson. elongatulus*, Fab., Schönh. (Gen. et spec. Curcul. IV. p. 1022. No. 29), aber um die Hälfte grösser, durch nicht gefurchten und vorn stärker erweiterten Rüssel, dichter punktirten und vor der Basis tiefer eingedrückten Prothorax u. s. w. unterschieden. Kopf nebst Rüssel und Fühlern schwärzlich pechbraun, die beiden ersteren dicht gedrängt und fast gleichmässig punktirt, matt, die Stirn mit punktförmiger Grube, der nach vorn stark erweiterte Rüssel mit feinem, glattem Mittelkiel. Prothorax entweder gleich den Flügeldecken ganz rothbraun oder schwärzlich braun mit rother Scheibe jeder Längshälfte; deutlich länger als breit, seitlich gerundet, nach hinten nur leicht, gegen die Spitze hin dagegen bis fast auf die Hälfte seiner Basalbreite verengt und vor derselben tiefer eingeschnürt; die Basis tief zweibuchtig, die Oberfläche besonders zu beiden Seiten dicht gedrängt, gitterartig, im Bereich der Scheibe etwas loser punktirt, die Mittellinie in ansehnlicher Ausdehnung glatt und deutlich erhaben, nahe der Basis in Form eines Kieles zwei tiefe Eindrücke scheidend. Schildchen klein, kreisrund, schwärzlich. Flügeldecken doppelt so lang als der Prothorax und bis über die Mitte hinaus etwas breiter als dieser, in gleicher Weise regelmässig und tief gestreift punktirt wie bei *Coss. elongatulus*, die Punkte jedoch mehr länglich viereckig, die schmalen und abgeflachten Zwischenräume sehr deutlich und dicht in einer etwas unregelmässigen Längsreihe punktirt; ihre Oberfläche etwas glänzender als diejenige der vorderen Körperhälfte, licht rothbraun mit pechschwarzem Aussenrand. Die ganze Brust pechbraun, sehr grob und dicht, der rostrothe Hinterleib beträchtlich sperriger punktirt, glänzend, das Endsegment des letzteren mit flacher mittlerer Randgrube. Beine pechbraun, der grössere Theil aller Schenkel und das Tarsen-Endglied rostroth.

Bei Endara Ende Decembers 1862 in einem Feigenbaum gesammelt.

Fam. **Brenthidae**, Lacord.

Ceocephalus, Schönh.

Gen. et spec. Curcul. I. p. 367.

331. *Ceocephalus picipes*, Oliv.

Brentus picipes, Olivier. Entom. V. 84. p. 442. No. 15. pl. 2. Fig. 18.
Brenthus picipes, Schönherr, Gen. et spec. Curcul. I. p. 356. No. 24.
Ceocephalus picipes, Schönherr, ibidem V. p. 516. No. 8.

Diese bereits aus Senegambien, Guinea, dem Cap- und Cafferlande bekannte und hier überall sehr gemeine Art wurde in grosser Menge bei Uru, Kisuani und Endara in Feigenbäumen gesammelt. Die vorliegenden Exemplare beiderlei Geschlechts schwanken in der Länge zwischen 8 und 19 mill.

Fam. **Bostrichidae**, Erichs.

Bostrichus, Fab.

Syst. Eleuth. II. p. 384.

Tomicus, Latr.

332. *Bostrichus ferrugineus*, Fab.

Bostrichus ferrugineus, *Fabricius, Syst. Eleuth. II. p. 388. No. 20.
Bostrichus xylographus, Say, Journ. acad. nat. scienc. of Philadelphia. V. p. 256.

In einem Exemplare von Mombas vorliegend. — Die Art ist, wie bereits Erichson (Archiv f. Naturgesch. II. 1. p. 63) bemerkt hat, weit verbreitet, indem sie von Goudot auf Madagascar aufgefunden worden ist und aus den verschiedensten Theilen Amerikas: Vereinigte Staaten, Mexico, Westindien, Columbien und Brasilien vorliegt.

Diamerus, Erichs.

Archiv f. Naturgesch. II. 1. p. 57.

Hylesinus, Klug.

333. *Diamerus pulverulentus*, n. sp.

Oblongo-ovatus, niger, punctatissimus, cinereo-sericeus, antennis tarsisque rufis: clypeo impresso, vertice subtiliter sulcato, prothorace transverse quadrato, basin versus subcarinato, coleopteris fere parallelis, latera versus profundius sulcatis. Long. 3½—4½ mill.

Von längerem, mehr gleichbreitem Umriss als *Dinox. hispidus* (*Hylesinus hispidus*, *Klug, Insekt. v. Madagasc. p. 114. No. 181), auch in der Färbung und Beschuppung der Oberseite, in der Form der Fühlerkeule u. s. w. abweichend. Letztere ist etwas kürzer als der übrige Theil des Fühlers, breit und stumpf eiförmig, pechbraun. Stirn leicht gewölbt, Clypeus nur flach eingedrückt, kaum ausgehöhlt, beide dicht und fein runzlig punktirt, greis befilzt, der Scheitel mit feiner mittlerer Längsfurche. Der beträchtlich längere und schmalere Prothorax erscheint quer viereckig, mit deutlicher aber allmähliger Verschmälerung nach vorn und leichter Einschnürung vor der Spitze; seine Oberseite dicht gedrängt, fast körnig punktirt, mit glatter, leicht gekielter Mittellinie auf der hinteren Hälfte, über die Scheibe hin sehr kurz schwarz befilzt (so dass er bei der Ansicht von oben hier fast nackt und etwas glänzend erscheint), beiderseits bis zu den scharfen Pleuralleisten dichter, unterhalb derselben sparsam greis beborstet, die glänzenden Pleuren besonders nach hinten mit grossen, grubigen Punkten besetzt. Flügeldecken mit stark aufgebogenem Basalrand, um die Hälfte länger als zusammen breit, an der Spitze stumpf abgerundet, oberhalb verhältnissmässig fein, gegen den Seitenrand hin beträchtlich tiefer punktirt gestreift, die Zwischenräume ziemlich dicht und regelmässig punktirt, nur schwach glänzend, die Oberfläche ausser mit kurzen, dicken, aufrechten schwarzen Börstchen mit staubartigen greisen Schüppchen bedeckt, welche längs der Naht und im Bereich des meist röthlich braun gefärbten hinteren Absturzes etwas dichter auftreten. Beine schwarz, mit licht rostrothen Tarsen, gleich der Brust und dem Hinterleib greis behaart.

Auf den Bura-Bergen, am See Jipe und bei Endara während der Monate October bis December aufgefunden.

Fam. **Anthribidae**, Lacord.

Phloeobius, Schönh.

Curcul. disp. meth. p. 36.

Anthribus, Schönh.

334. *Phloeobius pustulosus*, n. sp.

Taf. XII. Fig. 1.

Cervino- cinereoque tomentosus, prothorace ante basin quadrifariam impresso, fasciculis setarum rufarum quinque ornato: elytris fasciculos binos basales fuscos majores, antiapicales minores minutosque septem gerentibus, tibiis tarsisque rufescentibus. Long. 9—10 mill. ♂.

Von der Grösse und dem Umriss des *Phloeob. griseus* (*Anthribus griseus*, Fab., Entom. syst. I. 2. p. 377. No. 8) und des *Phloeob. cervinus* (*Anthribus cervinus*, *Klug, Insekt. v. Madagasc. p. 100. No. 152 — *Anthrib. nigrounguiculatus*, Schönh., Gen. et spec. Curcul. I. p. 133. No. 6 und V. p. 241. No. 2), von welch' letzterem er sich durch die Borstenbüschel des Prothorax und der Flügeldecken unterscheidet.

In der Anwesenheit dieser mit der erstgenannten Art und mit *Phloeob. subpenicillatus*, Thoms. (Archiv. entomol. II. p. 113. No. 178) übereinstimmend, weicht er von beiden durch die Zahl, Grösse und Färbung derselben ab. — Fühler des Männchens licht aschgrau befilzt, mit matt schwarzer Keule, im Bereich des 4. bis 8. Gliedes merklich länger als bei *Phloeob. cervinus*; das dritte Glied der Keule nur wenig länger als jedes der beiden vorhergehenden, schwach hakenförmig gebogen, aussen bei der Mitte seiner Länge gewinkelt. Stirn durch die Augen vorn weniger eingeengt als bei *Phloeob. cervinus*, gleich dem Clypeus scheckig aschgrau, der Scheitel dagegen einfarbig braungelb befilzt. Prothorax von gleichem Umriss wie bei der genannten Art, längs der Mittellinie vorn leicht gekielt, hinten flach grubig vertieft, ausserdem mit vier deutlichen, weiter nach vorn reichenden Längseindrücken versehen, welche bei der Mitte der Länge durch fünf in einer Querreihe stehende dichte Büschel aufrechter, brennend rostrother Borsten geschieden werden; von diesen ist der mittlere der kleinste, die beiden zunächst folgenden lassen nach vorn und innen je einen dichter behaarten weissen Punkt erkennen. Schildchen punktförmig, quadratisch, dicht weissfilzig. Flügeldecken mit regelmässigen Reihen von Punkten, welche jedoch nur nahe der Basis tiefer sind und unter der dichten Befilzung deutlich hervortreten; von den Zwischenräumen der 3., 5. und 7. besonders in der hinteren Hälfte merklich erhaben. Aus der aschgrauen und rehfarbenen Befilzung ragen nahe der Basis, dem 3. und 5. Zwischenraum entsprechend, zwei grössere schwarzbraune Borstenbüschel hervor, während auf der hinteren Hälfte zwischen der Mitte der Länge und dem hinteren Absturz sieben kleinere und kürzere von mennigrother Farbe bemerkbar sind, von welchen auf den dritten Zwischenraum drei, auf den fünften und siebenten je zwei kommen. Zwischen und hinter denselben ist die Befilzung der Oberfläche fleckenartig weiss. Brust, Hinterleib und Beine mehlweiss befilzt, an letzteren die Schienen und Tarsen licht rostfarben, die Fuss- und Afterklauen pechbraun.

Ein einzelnes Exemplar dieser auch auf Madagascar (Goudot) einheimischen Art wurde Ende Octobers 1862 am See Jipe gefunden.

Fam. **Longicornia**, Latr.

Cantharoctenus, Westw.

Proceed. entom. soc. of London. 1866. p. 134.

335. *Cantharoctenus insignis*, n. sp.

Taf. XII. Fig. 2.

Rufo-piceus, supra glaber, nitidus, antennis 20-articulatis, mandibulis basin versus bidentatis, coxis, femorum basi tibiisque intus dense fulvo-pilosis. Long. 28 mill. ♂.

Die Westwood'sche Beschreibung des aus dem Damara-Lande stammenden *Cantharoct. Burchellii* passt abgesehen von den gleich zu erwähnenden Abweichungen in der Fühler- und Oberkieferbildung so vollständig auf das einzige vorliegende Exemplar der gegenwärtigen Art, dass die specifische Verschiedenheit der letzteren wohl in Frage kommen könnte. Wenn sie hier trotzdem als eine selbstständige aufgeführt wird, so geschieht dies mit allem Vorbehalt und weniger mit Rücksicht auf den verschiedenen Fundort, als weil bis jetzt für eine Schwankung in der Zahl der Fühlerglieder bei einer und derselben Art, auch wenn dieselbe die gewöhnliche Zahl elf übersteigt, analoge Fälle in der Familie der Longicornien nicht vorliegen. In jedem Fall wird es zur Charakteristik der gegenwärtigen Art genügen, auf ihre Abweichungen den von Westwood hervorgehobenen Merkmalen des *Cantharoct. Burchellii* gegenüber hinzuweisen. Zunächst sind an den Fühlern nicht achtzehn, sondern zwanzig Glieder ausgebildet, von denen die beiden ersten einfach, das dritte nur an der Spitze, alle übrigen dagegen an der Basis und Spitze nach unten in paarige Aeste auslaufen; letztere sind am Endgliede nur kurz, zahnartig, an allen übrigen lang und sowohl bei dem basalen wie dem apikalen Paare bis auf den Grund von einander getrennt. Sodann zeigen die an der zweizähnigen Spitze und längs der Schneide glatten, sonst oberhalb grob punktirten Mandibeln an der Basis des Innenrandes nicht einen einzelnen kleinen (wie bei *Cantharoct. Burchellii*), sondern zwei ansehnlich grosse, stumpf dreieckige, alternirende Zähne, welchen sich an der rechten nach hinten noch ein kleinerer dritter anschliesst. Die Oberlippe trägt rostrothe Borsten. Der quere Prothorax ist vorn und hinten rostroth gewimpert, sein Vorderrand in der Mitte und beiderseits leicht ausgeschweift, seine Vorderecken zipfelartig hervorgezogen, mehr abgestutzt als abgerundet, der Seitenrand vor den Hinterecken schräg abgestutzt und zugleich leicht bogig ausgeschnitten, vor und hinter diesem Ausschnitt mit zahnartigem Vorsprung, der Rücken jederseits etwas vor der Mitte der Länge schwielig aufgewulstet und daselbst viel sparsamer punktirt als im Uebrigen. Das Schildchen sehr glatt und glänzend, nur mit einigen Punkten nahe der Basis. Die Hinterbrust dicht und filzig gelbbraun behaart, die Hinterleibsringe mit steiferen und intensiver rostrothen Haaren gewimpert. Der Innenrand der Hüften, der Schenkel bis jenseits der Mitte und der Schienen besonders an der Spitzenhälfte dicht und lang rothgelb behaart.

Bei Endara im December 1862 aufgefunden.

Macrotoma, Serv.

Annal. soc. entom. de France I. p. 137.

Prionhine, Mals.

336. *Macrotoma palmata*, Fab.

Prionus palmatus, Fabricius, Entom. syst. I. 2. p. 249. No. 26. — Syst. Eleuth. II. p. 263. No. 29.
Prionus senegalensis, Olivier, Entomol. IV 66. p. 22. No. 21. pl. 7. Fig. 25 a. b.

Von dieser in Guinea, Senegambien und Sennaar einheimischen Art liegen Exemplare beiderlei Geschlechts von der Insel Sansibar (besonders in der Cooke'schen Sammlung zahlreich vertreten) vor.

337. *Macrotoma Natala*, Thoms.

Macrotoma Natala, Dejean, Catal. d. Coleopt. 3. éd. p. 317. — Thomson, Essai d'une classif. d. Cérambycides. p. 314. No. 177.

Ein von den Bura-Bergen (Mitte Decembers 1862) stammendes Weibchen lässt keine Abweichungen von den Exemplaren aus Port Natal erkennen.

338. *Macrotoma mitis*, n. sp.

Pedibus antennisque inermibus, harum articulo tertio sequenti duplo longiore: obscure rufo-brunnea, opaca, prothorace ubique rude reticulato-punctato, callis tribus disci sublaevigatis, elytris apice mucronatis, supra confertim ruguloso-granulatis et quadricostatis, costa exteriore plicatim dilatata. Long. 32 mill. ♀.

Das allein vorliegende Weibchen ist dunkel rothbraun, oberhalb matt, auf Kopf und Prothorax dünn greis behaart, auf Mittel- und Hinterbrust dicht greis befilzt. Fühler von 1/3 der Körperlänge, durchaus unbedornt, die drei ersten Glieder grob und dicht, die folgenden zerstreut punktirt, das dritte beträchtlich stärker, aber nur doppelt so lang als das vierte. Taster rothbraun; Mandibeln zweizähnig, mit schwarzer Spitzenhälfte. Kopf dicht körnig und gerunzelt punktirt, die Stirn beiderseits von einem feinen Längskiel leicht eingedrückt. Prothorax um die Hälfte breiter als lang, nach vorn stark trapezoidal verschmälert, der Seitenrand grob kerbzähnig und vor der Basis mit einem nach aussen gerichteten, mässig langen Dorn bewehrt; die Oberfläche durch einen unpaaren vorderen und zwei seitliche hintere Eindrücke uneben, überall äusserst grob und netzartig zusammenfliessend punktirt, längs der aufgewulsteten Basis und auf drei schwieligen Erhabenheiten der Scheibe geglättet und dadurch leicht glänzend. Schildchen matt, besonders gegen die Spitze hin grob punktirt. Flügeldecken fast 2½ mal so lang als zusammen breit, nahe der Basis grob und feilenartig rauh, nach hinten allmählig feiner und mehr runzlig granulirt, am Nahtwinkel in einen scharfen Dorn ausgezogen. Von den vier Längsrippen der Oberfläche die beiden der Naht zunächst verlaufenden schwach, aber deutlich, die dritte kaum angedeutet, die äussere stark und zu einer oberhalb des Seitenrandes verlaufenden Falte verbreitert. Prosternum vor den Hüften zu einem dicken Wulst aufgetrieben. Die licht braunrothen Beine bis auf einige schwache Dörnchen an der Unterseite der Schenkel ganz unbewehrt, zerstreut punktirt, glänzend, an den Schenkeln greis gewimpert, die Innenseite der Schienen seidig gelb behaart. Hinterleib pechbraun, glänzend, fein und zerstreut punktirt.

Ein einzelnes Exemplar von der Sansibar-Küste.

339. *Macrotoma micros*, White.

Macrotoma micros, White, Catal. of Coleopt. in the collect. of the Brit. Mus., Longicornia I. p. 30. No. 15.

Ein einzelnes Exemplar von der Insel Sansibar passt auf die allerdings sehr unzulängliche Beschreibung White's wenigstens so weit, dass die Identität als wahrscheinlich angenommen werden kann. In diesem Fall würde die Art bis nach Port Natal hin verbreitet sein.

Xystrocera, Serv.

Annal. soc. entom. de France. III. p. 69.

340. *Xystrocera globosa*, Oliv.

Cerambyx globosus, Olivier, Entomol. IV. 67. p. 27. No. 30. pl. 12. Fig. 81.
Xystrocera globosa, Serville, Annal. soc. entom. de France. III. p. 70. No. 1.

Von dieser auf den Sunda-Inseln einheimischen und auf Isle de France besonders häufigen Art liegen zwei bei Mombas gesammelte Exemplare vor.

Cordylomera, Serv.

Annal. soc. entom. de France. III. p. 23.

341. *Cordylomera spinicornis*, Fab.

Cerambyx spinicornis, Fabricius, Syst. Entom. p. 167. No. 13. — Entom. syst. I. 2. p. 254. No. 16. — Syst. Eleuth. II. p. 271. No. 22.

Cerambyx torridus, Olivier, Entomol. IV. 67. p. 31. No. 37. pl. 14. Fig. 95.

Var. *Prothorace pedibusque rufis.*

Cordylomera nitidipennis, *Dejean, Catal. d. Coléopt. 3. éd. p. 327. — Serville, Annal. soc. entom. de France III. p. 24. No. 1.

Var. ♀ *Prothorace supra fortius tuberculato, elytris confertius punctatis, subopacis, rufo-violaceis, vitta media aureo- vel cupreo-viridi.*

Die von Dejean (a. a. O.) zuerst benannte und von Serville beschriebene *Cordylomera nitidipennis* ist von der Fabricius'schen Art nur durch die helle Färbung des Körpers und der Beine verschieden, während die von Serville (a. a. O. p. 24. No. 2) als *Cordyl. spinicornis*, Fab. aufgeführte Art mit der hier in Rede stehenden offenbar nicht identisch ist. — Drei von Sansibar (Cooke) vorliegende Weibchen unterscheiden sich von den Guineensischen und Senegambischen Exemplaren durch etwas stärkere Wulste des Pronotum, welches fast fünfhöckerig erscheint, ausserdem durch dichter und stellenweise sogar leicht runzlig punktirte Flügeldecken. Bei der Uebereinstimmung in allen plastischen Merkmalen und bei der ganz analogen Farbenvertheilung kann diesen Abweichungen eine specifische Bedeutung nicht zuerkannt werden.

Compsomera, White.

Catal. Longicorn. Brit. Mus. I. p. 152.

342. *Compsomera fenestrata*, n. sp.

Taf. XII. Fig. 3.

Capite prothoraceque rubris, hoc obsolete nigro-signato, elytris obscure cyaneis, nigro-pictis, macula obliqua triquetra testacea ornatis. Long. 18 mill. ♀.

Fast um die Hälfte kleiner als *Comps. elegantissima*, White (a. a. O. p. 152. No. 1. pl. 4. Fig. 7), welcher die vorstehende Art näher verwandt ist als der *Comps. speciosissima*, *Gerst. (Insekt. v. Mossamb. p. 322. Taf. XIX. Fig. 7); von jener durch lichtere Färbung des Körpers, durch reineres Blau der Flügeldecken, die helle Fleckenzeichnung der letzteren, beträchtlich schlankere Beine u. s. w. abweichend. — Die Stirn ist nicht schwarz gefleckt, der Scheitel kaum gebräunt. Am Prothorax fehlen die ausgedehnten schwarzen Zeichnungen der *Comps. elegantissima*; sie reduciren sich auf eine schmale Säumung des Vorder- und Hinterrandes und auf einen schmalen Wisch nach innen von den seitlichen weissen Haarflecken: ausser diesen zeigt sich auch ein dünner lichtgelber Haarfleck in der Mitte der Basis, vor dem ebenso befilzten Schildchen. Die Flügeldecken sind intensiver und lichter indigoblau und zeigen folgende Unterschiede in der Zeichnung: die äussere schräge Binde der Basalhälfte gabelt sich hinterwärts und zwar läuft der innere Ast mit der zweiten (inneren) Binde parallel, um sich schliesslich mit derselben zu verbinden. Zwischen diesen beiden Binden ist die Grundfarbe durchaus blau. Der gelbe Fensterfleck, welcher gerade die Mitte der Länge einnimmt, verläuft vom Aussenrande her schräg nach vorn und innen, ist breiter als bei *Compsa. elegantissima*, lichter gefärbt und biegt sich nicht winklig nach vorn um, sondern endigt in zwei divergirende Spitzen, von welchen die vordere etwas länger ausgezogen ist. An den verhältnissmässig zierlichen Beinen erreichen die Hinterschenkel nicht ganz die Spitze der Flügeldecken, während die Hinterschienen deutlich schmaler und stärker S förmig geschwungen sind als bei *Compsa. elegantissima*. An allen drei Paaren sind die Hüften, Trochanteren und die Schenkel unterhalb bis auf die Spitze tief schwarz, die Hinterschenkel auch oberhalb, während die vorderen und mittleren hier längs der Aussenhälfte gleich Schienen und Tarsen rostroth gefärbt sind. Das Prosternum zeigt zwischen Vorderrand und Hüften eine rostrothe Querbinde.

Ein einzelnes weibliches Exemplar vom See Jipe (Mitte Decembers 1862).

Rhopalisus, Thoms.

Syst. Cerambyc. p. 179.

Callichroma auct.

343. *Rhopalisus Sansibaricus*, n. sp.

Taf. XII. Fig. 4.

Aureo- vel cyanescenti-viridis, subnitidus, antennis pedibusque nigris, femoribus basi apiceque exceptis laete rubris: prothorace minus confertim plicato, elytris alutaceis, scutellum versus distincte punctatis. Long. 23—26 mill. ♂♀.

Von *Rhop. albitarsis*, Fab. (Syst. Eleuth. II. p. 267. No. 4 = *Ceramb. femoralis*, Oliv., Entomol. IV. 67. p. 29. No. 34. pl. 7. Fig. 45) schon durch die Färbung und Skulptur der Oberseite abweichend; sehr viel näher mit einer am Cap und bei Port Natal häufigen, ganz gleich gefärbten Art verwandt, aber durch sparsamere Querriefung des Prothorax und die in der Schildchengegend deutlich punktirten und daher etwas glänzenden Flügeldecken unterschieden. Fühler und Spitzenhälfte der Mandibeln schwarz, die Basis der letzteren gleich dem Kopf glänzend metallisch grün, dicht punktirt; Stirn gefurcht. Prothorax mit starkem kegelförmigem Seitendorn, im Bereich der vorderen Abschnürung nur fein und zerstreut punktirt, die Querriefung der Scheibe grob und wenig gedrängt, längs der Mittellinie nach vorn umbiegend, die Punktirung dazwischen stark und unregelmässig. Schildchen nicht ausgehöhlt, querrissig. Flügeldecken durch sehr dichte und feine Granulirung matt, aber gegen das Schildchen hin mit deutlich getrennten und selbst ziemlich groben Punkten besetzt, zwischen denen ein glatter und etwas glänzender Grund hervortritt. Unterseite des Körpers mehr goldig grün, weissseidig behaart, auf sehr fein ciselirtem Grunde zerstreut punktirt. Beine abgesehen von den metallisch grünen Hüften schwarz, die Schenkel mit breit blutrother Mitte; Tarsen weissseidig behaart.

Auf der Insel Sansibar einheimisch.

Mastododera, Thoms.

Archiv. entom. I. p. 318.

Toxotus, Klug.

344. *Mastododera nodicollis*, Klug.

Toxotus nodicollis, *Klug. Insekt. v. Madagasc. p. 121. No. 186. Taf. V Fig. 9. (♀).
Toxotus humeralis, Dejean, Catal. d. Coléopt. 3. éd. p. 380. (♀).
Toxotus lateralis, Guérin, Iconogr. du règne anim., Insectes p. 202. — Thomson, Classif. d. Cérambyc. p. 158. No. 107. (♂).

Ein aus der Umgegend von Mombas vorliegendes weibliches Exemplar weicht von den Madagassischen durch beträchtlichere Grösse (28½ mill. lang) und dadurch ab, dass sowohl die Basis wie der Aussenrand der Flügeldecken in weiterer Ausdehnung geschwärzt ist; die schwarze Färbung der Basis erstreckt sich fast auf ein Viertheil der Gesammtlänge, diejenige des Aussenrandes bis auf die Oberseite.

Diatomocephala, Blanch.

Voyage au pole sud, Zoolog. IV. p. 266.

Stenocorus, Gyll.

345. *Diatomocephala simplex*, Gyll.

Stenocorus simplex, Gyllenhal, in: Schönherr, Synon. Insect. III. Append. p. 178. No. 248.
Diatomocephala maculaticollis, Blanchard, Voyage au pole sud, Zoolog. IV. p. 267. Coléopt. pl. 16. Fig. 9.
Callidium vile, Newman, Entomologist p. 231.
Arhopalus ambiguus, Newman, ibid. p. 246.
Hesperophanes guttaticollis, Fairmaire, Rev. et Magas. de Zoolog. 1850. p. 69.

Von dieser über die Inseln des Indischen und Stillen Oceans weit verbreiteten und nach Lacordaire auch nach Amerika verschleppten Art liegen einige von Cooke auf der Insel Sansibar gesammelte Exemplare vor.

Phantasis, Thoms.

Essai d'une classif. d. Cérambyc. p. 25.

Phrissoma, Guér.

346. *Phantasis gigantea*, Guér.

Phrissoma giganteum, Guérin, Iconogr. du règne anim., Insect. p. 241. — *Gerstaecker, Insekt. v. Mossamb. p. 331. Taf. XX. Fig. 3.

In einem weiblichen Exemplare vom See Jipe (December 1862) vorliegend; die Art ist über Mosambik bis nach dem Cafferlande verbreitet, ausserdem auch in Südwest-Afrika (Herero) einheimisch.

Coptops, (Serv.) Casteln.

Hist. nat. d. Coléopt. II. p. 466.

347. *Coptops aedificator*, Fab.

Lamia aedificator, Fabricius, Entom. syst. I. 2. p. 275. No. 53. — Syst. Eleuth. II. p. 292. No. 69.
Coptops aedificator, de Castelnau, Hist. nat. d. Coléopt. II. p. 467.
Cerambyx fuscus, Olivier, Entomol. IV. 67. p. 83. No. 108 pl. IV. Fig. 25.

Von Mombas und der Insel Sansibar vorliegend. — Die Art ist über einen grossen Theil Afrikas (Senegambien, Guinea, Cap, Port Natal) verbreitet und geht über Isle de France bis nach Ceylon und Ostindien hinüber.

Sternotomis, Perch.

Gen. d. insect. pl. 16.

Sternodonta, Dej.

348. *Sternotomis Bohemani*, Westw.

Sternotomis Bohemani, Westwood, Arcan. entom. II. p. 164. pl. 85. Fig. 3.
Sternotomis Ferreti, Westwood, ibidem p. 163. pl. 85. Fig. 1.
Sternodonta Ferreti, Reiche, Voyage en Abyssinie. III. p. 396. pl. 24. Fig. 7.

Auf der Insel Sansibar von Cooke in Mehrzahl gesammelt; auch von Mombas vorliegend. Die Art scheint daher über die ganze Ostküste von Abyssinien bis nach Port Natal hinab verbreitet zu sein.

Phryneta, (Dej.) Casteln.

Hist. nat. d. Coléopt. II. p. 477.

349. *Phryneta spinator*, Fab.

Lamia spinator, Fabricius, Entom. syst. I. 2. p. 276. No. 36. — Syst. Eleuth. II. p. 293. No. 62.

Ein Exemplar dieser am Cap und bei Port Natal häufigen Art wurde von Cooke auf Sansibar gefunden.

Ceratites, Serv.

Annal. soc. entom. de France. IV. p. 34.

350. *Ceratites jaspidea*, Serv.

Ceratites jaspidea, Serville, Annal. soc. entom. de France. IV. p. 35. No. 1. — de Castelnau, Hist. nat. d. Coléopt. II. p. 476.

Einige am See Jipe gesammelte Exemplare dieser Art weichen von den Senegambischen durch deutlicher hervortretende dunkele Grundfarbe und sparsamere gelbe Binden- und Fleckenzeichnung der Flügeldecken ab. Ein ganz ähnliches aus dem Cafferulande stammendes Individuum wurde von Boheman als *Ceratites subsignata*, Boh. eingesandt.

Tragocephala, (Dej.) Casteln.

Hist. nat. d. Coléopt. II. p. 472.

351. *Tragocephala variegata*, Bertol.

Tragocephala variegata, Bertoloni, Illustr. rer. natur. Mozamb. I. p. 25. No. 21. Tab. I. Fig. 9. — *Gerstaecker, Insekt. v. Mossamb. p. 297. Taf. XIX. Fig. 11 und 12.
Tragocephala ornata, *Klug in Mus. Berol. — Thomson, Archiv. entom. I. p. 30. pl. 5. Fig. 6.

Von dieser in Mosambik häufigen Art wurden mehrere Exemplare auf Sansibar (Cooke) und bei Mombas gesammelt.

Frea, Thoms.

Archiv. entom. II. p. 174.

352. *Frea marmorata*, n. sp.

Taf. XII. Fig. 6.

Fronte angusta, capite prothoraceque cano-tomentosis, hoc supra nigro-consperso, elytris basin versus fortiter punctatis, fusco-cinereoque nebulosis, plagis duabus, altera basali, altera anteapicali dense flavescenti-tomentosis. Long. 14 mill.

Den kleineren Exemplaren der *Frea sparsa* (*Lamia sparsa*, *Klug, Insekt. v. Madag. p. 119. No. 192. Taf. V. Fig. 5) an Grösse noch etwas nachstehend und abgesehen von der Zeichnung und Färbung der Oberseite durch schmalere Stirn, die Form des Prothorax, die stärker hervortretenden Schultern u. s. w. abweichend. — Fühler pechbraun, aschgrau behaart, die Glieder vor der Spitze dunkel geringelt, das fünfte und die folgenden mit einigen schwärzlichen, nach aussen gerichteten, feinen Endborsten. Kopf dicht gelbgreis befilzt, Stirn zwischen den Augen kaum von der Breite des ersten Fühlergliedes. Prothorax mit starkem Seitenhöcker, nach vorn fast geradlinig und stark verschmälert, mit gleichfarbiger Befilzung wie der Kopf, oberhalb aber dicht schwärzlich getüpfelt, an der Basis mit drei grösseren dunklen Flecken. Schildchen stark quer, gelbfilzig, in der Mitte schwärzlich. Flügeldecken mit stark aufgewulsteten, nackten Schultern, pechbraun, an der Basis und Naht röthlich durchscheinend, überall deutlich, in der Schildchen- und Schultergegend jedoch sehr grob und tief punktirt, scheckig erdbraun und aschgrau befilzt, gegen die Spitze hin in schärferer Abgrenzung weisslich gefleckt, nahe der Basis und beim Beginn des letzten Viertheils der Länge mit je einer grossen, dicht gelbfilzigen Makel. Brust und Beine dicht und fein greis behaart, der Hinterleib beiderseits ochergelb befilzt.

In einem einzelnen Exemplare von Mbaramu (October 1862) vorliegend.

Crossotus, Serv.

Annal. soc. entom. de France. IV. p. [illegible]

353. *Crossotus barbatus*, n. sp.

Antennarum articulis tribus primis infra dense fimbriatis, prothorace brevi, apicem versus fortiter angustato; cano-tomentosus, elytris cinereis, cervino-strigosis, basin versus profunde seriatim punctatis, litura albida tuberculoque fusco signatis. Long. 11 mill. ♀.

Dem *Cross. [illegible]*, Dej. (Catal. d. Coléopt. 3. éd. p. 344) in Grösse und Form nahe stehend, aber durch länger und dichter gewimperte Basalglieder der Fühler, kürzeren und stärker verschmälerten Prothorax sowie durch Färbung und Zeichnung der Flügelflecken unterschieden. Fühler aschgrau befilzt, das erste und dritte Glied durch nackte Fleckchen schwarz getüpfelt erscheinend, beide unterhalb sehr dicht, das erste aber beträchtlich kürzer und dunkler gefranst; auch am fünften und sechsten nahe der Spitze ein dichterer Büschel von Haaren, während die drei folgenden nur mit einzelnen Borsten besetzt sind. Scheitel fast mehlweiss bestäubt, die Stirn nur sparsam bräunlich befilzt; Oberlippe rostroth. Prothorax kurz und quer, von dem Seitenhöcker an nach vorn stark und geradlinig verschmälert, nahe dem Vorderrand mit einem einzelnen, auf der Scheibe mit fünf schwachen Höckern versehen, unregelmässig punktirt, scheckig gelbbraun und weisslich befilzt. Schildchen nach vorn trapezoidal verbreitert, aschgrau behaart. Flügeldecken zusammen länglich und stumpf dreieckig, an der Spitze einzeln schräg abgestutzt, die Schultern und ein Wulst zur Seite des Schildchens etwas nach vorn hervortretend, gegen die Basis hin grob und etwas unregelmässig streifig punktirt, dazwischen deutlich längsrippig, längs der Punktreihen schiefergrau, auf den Zwischenräumen und der hinteren Hälfte vorwiegend rehfarben befilzt; hinter der Mitte der Länge mit weisslichem Scheibenfleck, an welchen sich ein schwarzbraun beborstetes Höckerchen anschliesst. Brust und Beine röthlich pechbraun, grob weissfilzig, letztere mit zahlreichen nackten Fleckchen getüpfelt. Hinterleib schwarz, mit tiefer Basalgrube und halbkreisförmiger hinterer Aushöhlung. Das rothbraune Endsegment durch weissliche und gelbliche Befilzung buntscheckig.

Am See Jipe Mitte Decembers 1862 in einem Exemplare angetroffen.

Niphona, Muls.

Coléopt. de France. Longicornes. p. 169.

364. *Niphona appendiculata*, n. sp.

Subdepressa, cinereo-tomentosa, prothorace quinqueseriatim tuberculato, elytris basin versus cristatis, apice excisis, angulo suturali appendiculato. Long. 14—16 mill.

Von der Grösse und Form der Europäischen *Niph. picticornis*, Muls., aber in den Flügeldecken mehr abgeflacht. Fühler und Kopf wie bei dieser Art gestaltet und befilzt, letzterer längs der Mittellinie mehr weisslich; Augen in ihrer unteren Hälfte beträchtlich grösser und die Stirn daher schmaler. Prothorax seitlich stärker gehöckert, oberhalb grober und in fünf ziemlich regelmässigen Längsreihen tuberculirt, vorwiegend grau, zwischen den Tuberkeln zum Theil weisslich befilzt. Flügeldecken nach hinten allmählig verschmälert, deutlich niedergedrückt, vorn grob und unregelmässig, nach hinten fein und sperrig punktirt, zwischen den Punkten schwach längsrippig, der zweite Zwischenraum nahe der Basis zu einer kurzen, schwarzbraun befilzten Leiste erhoben; die Spitze abgestutzt und tief ausgeschnitten, die Seitenecken derselben kürzer und stumpfer als die lang ausgezogenen und hakenförmig nach aussen gekrümmten Nahtecken. Die Befilzung der Oberseite licht aschgrau mit wenig hervortretender weisslicher und dunkelbrauner Scheckung; längs des Aussenrandes eine pechbraune, bei der Schulter und in der Mitte der Länge fleckenartig erweiterte Strieme; zwei lichter, fast mehlweiss befilzte, querbindenartige Scheibenflecke heben sich von der Grundfarbe zuweilen nur undeutlich ab. Brust, Beine und Hinterleib weisslich befilzt und schwärzlich getüpfelt; die Ringe des letzteren am Hinterrand ockergelb gefranst.

Von dieser auch am Cap und im Cafferlande einheimischen Art liegt ein am See Jipe (Mitte Decembers 1862) gefundenes Exemplar vor.

Sthenias, (Dej.) Casteln.

Hist. nat. d. Coléopt. II. p. 465.

355. *Sthenias cylindrator*, Fab.

Lamia cylindrator, Fabricius, Syst. Eleuth. II. p. 292. No. 57.

Bei Mbaramu im October 1862 angetroffen. Die zuerst aus Guinea beschriebene Art ist auch am Cap und bei Port Natal einheimisch.

Pharyctus, nov. gen.

(Trib. *Apomecynidae*.)

Corpus latiusculum, subdepressum. Caput angustum, vertice declivi, a fronte vix separato. Antennae corpore dimidio breviores, articulo tertio subarcuato. Prothorax transversus, muticus, apicem versus angustatus. Elytra prothorace latiora, apice truncata et quasi appendiculata, supra multifariam tuberculata. Prosternum retrorsum fortiter dilatatum, mesosternum transversum, trapezoideum. Pedes breviusculi, validi, tibiis posterioribus arcuatis, compressis, apicem versus extus ciliatis et dilatatis, intermediis intus angulatis; femoribus posterioribus subdentatis.

Im Habitus mehr an einen *Liopus* oder *Acanthoderes* als an *Apomecyna* erinnernd, aber in der Kopf- und Fühlerbildung mit letzterer Gattung übereinkommend. An dem auffallend kleinen und besonders schmalen Kopf geht der abschüssige Scheitel noch unmerklicher als bei *Apomecyna* in die Stirn über, welche ihrerseits durch die näher aneinander gerückten Fühler und Augen schmaler, sonst in gleicher Weise ausgehöhlt und gefurcht ist. Erstes Fühlerglied ein wenig länger als bei *Apomecyna*, das dritte in entsprechender Weise gebogen, aber an der Spitze deutlicher erweitert, das vierte nur wenig kürzer als das dritte, die folgenden so kurz, dass der ganze Fühler nicht über die Mitte der Flügeldeckenlänge hinausragt. Der kurze und breite, seitlich unbewehrte und abgerundete Prothorax ist an der Basis zweibuchtig, am Vorderrand leicht bogig, die Hinterecken etwas spitz nach aussen hervortretend. Schildchen quer, abgerundet viereckig. Flügeldecken etwas niedergedrückt, noch nicht doppelt so lang als an der Basis zusammen breit, an der Spitze einzeln quer abgestutzt und diese Abstutzung vom Seitenrande unter einem Winkel so scharf abgesetzt, dass sie wie ein lappenförmiger Anhang erscheint; die Oberfläche gestreift punktirt, dicht befilzt, ausserdem mit zahlreichen beborsteten Höckern besetzt. Beine kurz und kräftig, die beiden hinteren Schenkelpaare innen gezähnt, die entsprechenden Schienen nach aussen schneidig zusammengedrückt und an der Spitzenhälfte des Hinterrandes dicht mit Borstchen gewimpert, gegen die Spitze hin stark erweitert und deutlich geschwungen, die mittleren am Innenrande winklig erweitert.

356. *Pharyctus mucoreus*, n. sp.

Taf. XII. Fig. 6.

Cervino-tomentosus, albo-variegatus, elytrorum tuberculis rufo-setosis. Long. 12 mill.

Kopf nebst Fühlern rehfarben befilzt, die Basis der einzelnen Fühlerglieder weisslich. Prothorax ohne alle hervortretenden Tuberkeln, aber jederseits mit zwei stumpfen Längswulsten, welche mit den beiden Hauptrippen der Flügeldeckenbasis correspondiren; die Scheibe vorn der Quere nach erhaben, vor der Basis deutlich eingedrückt; zerstreut und ziemlich tief punktirt, etwas scheckig weiss und rehfarben befilzt, der etwas hervortretende Mittellappen der Basis deutlich gewimpert. Flügeldecken in der Schildchengegend grob, im Uebrigen wenigstens deutlich gestreift punktirt, mit zwei bis zur Mitte der Länge reichenden Rippen, von denen die innere beträchtlich breiter und wulstiger ist als die äussere; die dichte rehfarbene Befilzung besonders auf der vorderen Hälfte fein weiss marmorirt, längs der Naht und des Aussenrandes sogar schärfer weiss getüpfelt, die mit aufgerichteten rostrothen Borsten bekleideten Tuberkeln sind so vertheilt, dass auf der vorderen Hälfte drei der Aussen-, zwei dicht aufeinander folgende der Innenrippe angehören, während von denjenigen der hinteren Hälfte die drei vorderen hintereinander und zugleich in schräger Richtung von aussen gegen die Naht hin, die übrigen und zwar die grössten in zwei Querreihen angeordnet sind. Unterseite und Beine gleichfalls scheckig rehfarben und weisslich befilzt.

Zwei im October 1862 gefundene Exemplare, welche nach der Angabe des Entdeckers in copula angetroffen worden sind, lassen weder an den Fühlern noch am Hinterleibe Geschlechtsunterschiede wahrnehmen.

Praonetha, (Dej.) Pasc.

Transact. entom. soc. of London. 3. ser. III. p. 163.

Prisnacia, Blanch.

357. *Praonetha melanura*, Pasc.

Praonetha melanura, Pascoe, Transact. entom. soc. of London. 2. ser. IV. p. 106. — ibid. 3. ser. III. p. 167.

Von dieser über Ceylon, Hinterindien, Java u. s. w. verbreiteten Art liegen zwei von Cooke auf Sansibar gesammelte Exemplare vor, welche von den indischen keinerlei Unterschiede erkennen lassen. Wie es scheint, sind auf die mehrfachen leichten Abänderungen, welche diese Art in Grösse, Färbung und Zeichnung erkennen lässt, zum Theil auch auf die nach dem Grade der Abnutzung bald mehr, bald weniger deutlich hervortretende Punktirung der Oberfläche von Pascoe (a. a. O. 3. ser. III. p. 165—170) mehrere Arten begründet worden, aus deren Charakteristiken sich greifbare Unterschiede wenigstens nicht herausfinden lassen.

358. *Praonetha scripta*, n. sp.

Cervino-pubescens, prothorace fortiter punctato, transverse calloso, elytris latera versus albo- fuscoque pictis, supra fasciculorum seriebus duabus longitudinalibus ornatis. Long. $6\frac{2}{3}$ mill.

Fühler etwas scheckig rehfarben befilzt, das dritte Glied beträchtlich stärker und etwas länger als das vierte, mit Ausnahme der Basis schwärzlich pechbraun, beide unterhalb nicht gefranst. Kopf und Prothorax vorwiegend rehfarben befilzt, ersterer jedoch unterhalb der Fühler mit greiser Beimischung, letzterer an der Basis weissfleckig. Prothorax kaum breiter als lang, seitlich leicht gerundet, oberhalb mit drei schwachen, an Basis und Spitze etwas deutlicher ausgeprägten, in der Mitte durch einen glatten Querwulst unterbrochenen Längskielen; seine Oberseite vorn und hinten quer eingedrückt, über die Mitte hin dicht und grob punktirt. Flügeldecken nach hinten deutlich verschmälert, an der Spitze einzeln und spitz abgerundet, in unregelmässigen Reihen punktirt und in den Punkten fein beborstet, über den Rücken hin rehfarben, zu beiden Seiten in Form eines grösseren länglichen Fleckes schwarzbraun befilzt, letzterer nach oben hin von weisslichen Makeln eingefasst. Von den drei zwischen den Punktreihen hervortretenden schwarzen Längsrippen, welche nahe dem senkrecht abfallenden Seitentheil der Flügeldecken verlaufen, ist die innere und äussere je mit sieben bis acht kleinen Höckern, deren aufrechte Beborstung vorwiegend schwarzbraun, zum Theil aber auch licht gelb gefärbt ist, versehen. Unterseite und Beine greisgelb befilzt, letztere durch nackte Fleckchen gescheckt erscheinend.

In einem einzelnen Exemplare von Endara (December 1862) vorliegend.

Hippopsicon, Thoms.

Archiv. entom. II. p. 185.

359. *Hippopsicon virgatum*, n. sp.

Taf. XII. Fig. 7.

Nigro-piceum, confertim punctatum, cinereo-pubescens, prothoracis lateribus elytrorumque margine suturali densius albo-tomentosis, his rufo-pictis, trifariam flavescenti-lineatis. Long. 10½ mill.

Fühler mit pechschwarzem Basalglied, sonst rothbraun, das dritte und vierte Glied unterhalb nur spärlich und kurz gewimpert. Kopf und Prothorax schwärzlich pechbraun, dicht und ziemlich grob punktirt, an ersterem die Gesichtsseiten, eine breite Längsbinde hinter den Augen und eine schmalere Scheitelstrieme, an letzterem drei schmale Rückenstriemen licht gelb behaart; die Seiten des Prothorax breit und dicht weissfilzig. Flügeldecken mehr denn doppelt so lang als Kopf und Prothorax zusammengenommen, jede einzelne an der Basis nicht viel schmaler als die — deutlich verschmälerte — Prothoraxbasis, die schmal abgerundete Spitze mit einem etwas nach aussen gerückten Zähnchen bewehrt; die Oberseite gegen die Basis hin grob, nach hinten und längs der Naht allmählig feiner und weitläufiger punktirt, lichter als der Prothorax, mehr röthlich braun gefärbt, aschgrau behaart, die Basis und Naht dichter weisslich, drei schmale parallele Längsstreifen hellgelb befilzt. Unterseite und Beine röthlich pechbraun, grob greishaarig, besonders dicht die Hinterbrustseiten und die Schienen.

Am See Jipe im December 1862 gefunden.

360. *Hippopsicon rusticum*, n. sp.

Antennarum articulis 3.—6. fimbriatis, breviusculum, piceum, cinereum, vertice bicalloso, prothorace disperse sed fortiter punctato, ante basin constricto, elytris submaculatim pubescentibus. Long. 8 mill.

Verhältnissmässig kürzer als die vorhergehende Art, pechbraun, dünn und leicht seidigglänzend behaart. Das dritte Fühlerglied fast um ein Drittheil länger als die folgenden, gleich dem vierten bis achten unterhalb ziemlich lang gewimpert, das erste verhältnissmässig kurz und kräftig. Gesicht zerstreut und deutlich punktirt, der Scheitel durch sehr feine, staubartige Behaarung matt, hinter den Fühlern mit zwei glatten, nach hinten divergirenden Schwielen. Prothorax quadratisch, nach hinten deutlich verschmälert, vor der Basis eingeschnürt, oberhalb etwas wolkig aschgrau behaart, grob und sperrig punktirt. Flügeldecken vorn ziemlich grob und unregelmässig, bis zum letzten Drittheil allmählig feiner punktirt, an der verschmälerten Spitze abgestutzt; die verhältnissmässig dünne graue Behaarung stellenweise fleckenartig verdichtet und diese Flecke zu undeutlichen Längsstriemen aneinandergereiht. Unterseite und Beine etwas lichter pechbraun als die Oberseite, gleichfalls greis behaart.

Gleichzeitig mit der vorhergehenden Art am See Jipe aufgefunden.

Tetraglenes, Newm.

Entomologist. p. 300.

361. *Tetraglenes phantoma*, n. sp.

Taf. XII. Fig. 8.

Antennis corpore brevioribus, parce fimbriatis, picea, confertim punctata, maculatim cinereo-tomentosa, coleopteris lanceolatis, apice profunde excisis. Long. 10 mill.

Da die beiden Asiatischen Arten dieser merkwürdigen Gattung: *Tetragl. insignis*, Newm. und *fusiformis*, Pasc. nicht zum Vergleich vorliegen, lassen sich die specifischen Eigenthümlichkeiten der gegenwärtigen nicht in der wünschenswerthen Schärfe hervorheben. An dem einzigen vorliegenden Exemplar sind die Fühler nicht, wie es Pascoe für die Gattung hervorhebt, länger, sondern merklich kürzer als der Körper, das walzige Basalglied etwas länger als der Kopf und dicker als die folgenden wolzenfilzig, die Glieder vom dritten ab unterhalb lang und sperrig gewimpert, an Länge schnell abnehmend. Der Kopf ist so lang und in seinem Backentheil deutlich breiter als der Prothorax, zwischen den beiden aufgebogenen mittleren Fühlerhöckern tief gefurcht, in der Höhe der oberen Augenhälfte leicht der Länge nach eingedrückt, auf dem Scheitel deutlich und ziemlich dicht punktirt, hier auch weniger dicht befilzt als vorn und zu beiden Seiten. Prothorax mit leicht aufgebogenem Vorderrand und niedergedrückter, durch einen deutlichen Querwulst abgesetzter Basis, seitlich hinter der Mitte schwach erweitert, oberhalb weitläufiger punktirt und mehr fleckig befilzt als der Kopf. Flügeldecken nicht ganz doppelt so lang als der Kopf und Prothorax zusammengenommen, an der Basis zusammengenommen kaum von der Breite des letzteren, bis über die Mitte der Länge hinaus deutlich erweitert und daher lanzettlich, ihre zugespitzten Enden unter einem gleichseitig dreieckigen Ausschnitt klaffend; die Punktirung der Oberseite vorn und hinten gleich deutlich, bei der Mitte der Länge etwas grober und theilweise runzlig; die greisgelbe Befilzung stellenweise verdichtet und durch nackte Flecken unterbrochen. Unterseite und Beine dichter und gleichmässiger greis befilzt, der Hinterleib durch die Punktirung wie getüpfelt erscheinend. Mittel- und Hinterschienen an der Spitze des Aussenrandes, die vorderen oberhalb der inneren Ausrandung schwarzborstig.

In einem Exemplare von der Insel Sansibar vorliegend.

Fam. Chrysomelinae, Latr.

Lema, Fab.

Entom. syst. suppl. p. 90.

362. *Lema Hottentota*, Lac.

Lema Hottentota, Lacordaire, Monogr. d. Coléopt. subpentam. I. p. 326. No. 10.

Diese Art ist auf der Insel Sansibar (Cooke) ebenso häufig wie bei Port Natal.

363. *Lema foveicollis*, n. sp.

Prothorace fortiter constricto et transverse sulcato, apice utrinque tuberculato, ante medium profunde bifoveato, basin versus plicato: nigro-aenea, griseo-pubescens, elytris cyaneis vel purpurascenti-cupreis. Long. 6½ mill.

Var. a. *Capite prothoraceque viridi-aeneis.*
Var. b. *Occipite, vertice prothoraceque sanguineis.*

Der fünften Lacordaire'schen Gruppe (Monogr. d. Coléopt. subpent. I. p. 316) angehörend und sich der *Lema glyptodera*, Lacord. (a. a. O. p. 331. No. 14) zunächst anschliessend, aber kleiner und abgesehen von der verschiedenen Färbung der Oberseite durch weniger grob punktirte Flügeldecken und die Form der Eindrücke auf der Scheibe des Prothorax abweichend. — Fühler schlank, matt schwarz, das fünfte Glied deutlich länger als das sechste, aber kaum gestreckter als das siebente. Kopf ganz wie bei *L. glyptodera* gestaltet, der Scheitel jedoch breiter und tiefer gefurcht, beiderseits deutlicher punktirt. Auch der Prothorax von ganz ähnlicher Bildung, vorn jedoch etwas breiter und daher stärker eingeschnürt erscheinend; die Vorderecken spitzer und mit feineren und deutlicher abgesetzten Seitenhöckern versehen, die drei zwischen der Querfurche und der Basis liegenden Falten näher aneinander gerückt, der vordere Theil der Scheibe ohne Längsfurche, jederseits von der Mittellinie mit einer sehr tiefen, quer ovalen, nach aussen zuweilen zugespitzten Grube versehen; die Punktirung sehr fein chagrinartig, der Glanz daher matter und mehr seidenartig als auf den Flügeldecken. Schildchen quadratisch, mit ausgerandeter Spitze, fein ciselirt. Flügeldecken mit etwas stumpfer abgerundeten und durch einen Eindruck nach innen deutlicher abgesetzten Schultern als bei *L. glyptodera*, auch weniger abgeflacht und glänzender als bei dieser, die Punkte der Längsstreifen weniger grob und sperriger, beträchtlich schmaler als die flachen, sehr fein lederartig gerunzelten Zwischenräume. Unterseite nebst Beinen schwärzlich erzfarben, an Schenkeln und Hinterbrust zuweilen grünlich schimmernd; Behaarung sehr dicht, seidenartig, grau. Letztes Hinterleibssegment mit ovalem, spiegelblankem Mittelfelde, welches leicht grubig vertieft erscheint.

Von zwei bei Mbaramu (October 1862) gefangenen Exemplaren ist das eine am Kopf und Prothorax grünlich erzfarben und mit stahlblauen Flügeldecken versehen; das andere zeigt letztere kupfrig purpur-, den vorderen Körpertheil dagegen bronzefarben. Ein drittes von Mombas (September 1862) stammendes verbindet mit stahlblauen Flügeldecken einen licht blutrothen Prothorax, Hinterkopf und Scheitelmitte. So auffallend verschieden diese Färbungen sind, kann ihnen bei völliger Uebereinstimmung aller plastischen und Skulptur-Merkmale eine specifische Bedeutung nicht zuerkannt werden.

364. *Lema morosa*, n. sp.

Breviuscula, nigra, subopaca, dense cinereo-pubescens, prothorace elytrisque rufo-brunneis, illo ante basin transverse sulcato, subtiliter et sat dense, in dorso medio fortius punctato, elytris convexiusculis, fortiter striato-punctatis, interstitiis subtilissime coriaceis. Long. 5½ mill.

Trotz des seitlich nicht tuberkulirten Prothorax den Arten der fünften Lacordaire'schen Gruppe näher verwandt als den übrigen Afrikanischen; von kurzem und gedrungenem Bau, tief schwarz, dicht greis behaart, der Prothorax und die Flügeldecken nackt und rothbraun. Fühler derb, das fünfte Glied fast um ein Viertheil länger als das sechste. Kopf breit, auf Clypeus und Scheitel grob und dicht punktirt, letzterer mit beiderseits stark abgekürzter, aber tiefer Mittelfurche. Prothorax quer, seitlich vor der Mitte stark eingeschnürt, vor der Basis mit ziemlich tiefer, aber schmaler Querfurche, hinter derselben leicht gefaltet, oberhalb fein und dicht, etwas unregelmässig punktirt, längs der Mittellinie und beiderseits gegen den Vorderrand hin deutlich grober und sperriger, daher hier etwas glänzender. Schildchen auf schwarzem Grunde dicht greishaarig. Flügeldecken zusammen fast doppelt so breit als die Prothoraxbasis, nicht mehr denn zweimal so lang als zusammen breit, fast parallel, ziemlich gewölbt, grob gestreift punktirt, die Punkte länglich viereckig, deutlich isolirt, nicht breiter als die flachen und durch sehr feine lederartige Runzelung matten Zwischenräume. Beine kurz, Schenkel derb, spindelförmig.

In einem einzelnen Exemplare von der Insel Sansibar vorliegend.

365. *Lema nigriventris*, n. sp.

Supra cum pedibus antennisque testacea, capitis rufo-ferruginei macula verticali, labro, pectore abdomineque nigris, griseo-pubescentibus; prothorace elytrisque nitidissimis, illo disperse punctato, ante basin sulcato. Long. 4½ mill.

Der siebenten Lacordaire'schen Gruppe (a. a. O. I. p. 333) angehörend und mit *L. humeralis*, Guér., Lac. (p. 335. No. 29) wenigstens in der schwarzen Fleckung des Kopfes übereinstimmend, sonst schon durch die Färbung der Fühler und Beine verschieden. Fühler derb, blass rostgelb mit gebräunter Spitze des zweiten bis vierten Gliedes, durch feine Behaarung greis schimmernd; die Glieder vom sechsten an merklich kürzer und dicker als das fünfte. Kopf rostroth, gelb seidig glänzend behaart, die Oberlippe und ein grosser Scheitelfleck schwarz; gegen das vordere Ende des letzteren hin eine sehr kurze, fast punktförmige, tief eingegrabene Längsfurche; der Nacken glänzend und glatt, der ganze vordere Theil des Kopfes punktirt und matt. Prothorax etwas breiter als lang, seitlich hinter der Mitte nur leicht eingeschnürt, vorn jederseits deutlich gewinkelt, aber nicht gehöckert, vor der Basis mit tiefer Querfurche, dahinter leicht gerieft, über den ganzen vorderen Theil hin weitläufig und fein, aber deutlich punktirt, gleich den Flügeldecken licht rostgelb, glatt und glänzend. Schildchen dicht gelb seidenhaarig. Flügeldecken doppelt so lang als zusammen breit, hinter den glatten Schultern seitlich leicht ausgebuchtet, die Punkte in den Streifen ziemlich dicht stehend und grob, aber nicht so breit wie die glatten und glänzenden Zwischenräume. Mittel- und Hinterbrust gleich dem Hinterleib schwarz, dicht gelblich-greis seidenhaarig; an letzterem der Spitzenrand der einzelnen Ringe so wie der letzte in ganzer Ausdehnung rothbraun. Beine licht rostgelb, die Spitze der Schienen und der einzelnen Tarsenglieder gleich den Fussklauen schwärzlich pechbraun.

Gleichfalls von der Insel Sansibar.

Clythra, Laich.

Verz. d. Tyrol. Insekt. I. p. 165.

306. *Clythra (Diapromorpha) haemorrhagica*, n. sp.

Taf. XII. Fig. 9.

Subtus dense cano-sericea, supra glabra, disperse punctata, nitida, nigra, prothoracis fascia subapicali, lateraliter ad basin usque producta, elytrorum fasciis duabus — altera basali, altera submedia ad humeros usque extensa — saturate flavis, horum maculis duabus subapicalibus laete rubris; tibiis tarsisque rufis, abdomine cyanescenti. Long. 11—14 mill. ♂♀.

In Grösse und Flügeldeckenzeichnung der *Diapr. argutula*, Fab., Lacord. (Monogr. d. Coléopt. subpent. II. p. 229. No. 2) und der *Diapr. Walleri*, Baly (Transact. entom. soc. of London. 3. ser. II. p. 224) zunächst stehend, von beiden aber schon durch die blutrothen Spitzenflecke der Flügeldecken, von ersterer ausserdem durch sehr viel sperrigere Punktirung und den Glanz der Oberseite unterschieden. Kopf nur oberhalb der Fühlerinsertion und bei weitem nicht bis zum oberen Augenrande hinauf anliegend greisgelb behaart, der Clypeus und Scheitel nackt, dicht und ziemlich fein, etwas nadelrissig punktirt, letzterer aufgewulstet und längs der Mittellinie seicht gefurcht. Oberlippe mit blutrothem Saum, Fühler pechbraun, durch dichte Behaarung greis schimmernd, die drei ersten Glieder rostroth. Prothorax unter deutlich ausgeschweiften Seitenrändern nach vorn stark verschmälert, ziemlich grob, aber sehr zerstreut punktirt, im Bereich der Mitte zuweilen sogar fast glatt, glänzend schwarz; eine beiderseits nach rückwärts verbreiterte und längs der Seitenränder bis zur Basis reichende Querbinde dicht hinter dem Vorderrande, welche in der Mittellinie zuweilen die Spur einer Theilung zeigt, lebhaft goldgelb. Schildchen stumpf dreieckig, sehr fein und zerstreut punktirt, glänzend schwarz. Flügeldecken mit gerundeten, seitlich hervortretenden Schultern, nach hinten allmählig, aber stark keilförmig verschmälert, nicht viel dichter, aber nach vorn regelmässiger und beträchtlich grober punktirt als der Prothorax, glänzend schwarz mit folgender heller Zeichnung: zwei gemeinsame breite Querbinden, deren vordere die Basis einnimmt und seitlich innerhalb der Schultern abgerundet endigt, deren hintere sich dagegen unter welligen Rändern und schmaler werdend bis zum Seitenrande erstreckt, an welchem sie sich bis zur Basis hinzieht, lebhaft goldgelb; zwei mit einander zusammenhängende, vor der Spitze liegende Flecke, von denen der die Naht berührende grössere rundlich, der dem Aussenrand genäherte oval ist, intensiv und licht blutroth, der letztere an seiner Aussenseite zuweilen goldgelb gewaschen. Brust und Schenkel schwarz, Kniee, Schienen und Tarsen licht rostroth; Hinterleib metallisch grünlich-blau, das Pygidium jedoch fast rein schwarz, mit Ausnahme einer breiten glatten Mittellinie dicht körnig punktirt.

Beim Männchen ist das etwas längere Endsegment des Hinterleibes in der Mitte abgeflacht oder nur unmerklich eingedrückt, kahl; beim Weibchen durch eine tiefe hintere Ausrandung in der Mitte verkürzt und stark grubig ausgehöhlt, die Grube mit einer glänzenden Mittelfurche versehen.

Auf der Insel Sansibar (Cooke) einheimisch.

367. *Clythra Wahlbergi*, Lac.

Clythra Wahlbergi. *Lacordaire, Monogr. d. Coléopt. subpent. II. p. 197. No. 5.

Von dieser im Cafferlande häufigen Art liegt ein bei Mombas (September 1862) erbeutetes Exemplar vor.

368. *Clythra (Gynandrophthalma) asphaltina*, n. sp.

Aterrima, infra albido-sericea, supra glabra, nitidissima, antennarum basi, genubus tarsisque piceis, elytris violaceo-micantibus, disperse et subtiliter punctatis: capite inter oculos transverse impresso, fronte biforeolata. Long. 4 – 4½ mill. ♂♀.

Im Körperumriss zumeist der *Clythra (Gynandr.) haemorrhoidalis*, *Lacord. (a. a. O. II. p. 272. No. 19) gleichend, aber durchschnittlich kleiner und schon durch die Färbung abweichend. Kopf mit tiefem Quereindruck auf der Grenze von Scheitel und Stirn, letztere durch feine Ciselirung matt, ausserdem zerstreut punktirt und mit zwei Gruben versehen. Die Basis der schwarzen Fühler und die Taster pechbraun. Prothorax gleich dem Scheitel sehr glänzend schwarz, etwas gewölbter als bei *Gynandr. haemorrhoidalis*, sonst in gleicher Weise nach vorn verschmälert und an den Hinterwinkeln abgerundet, nur vor dem Schildchen mit einigen deutlicheren, sonst mit äusserst feinen, kaum wahrnehmbaren Pünktchen besetzt und daher als fast glatt zu bezeichnen. Schildchen abgestumpft dreieckig, gegen die Spitze hin kielartig zusammengedrückt. Flügeldecken nach hinten allmählig erweitert, zusammen schmal eiförmig, deutlich violett schimmernd, lebhaft glänzend, längs der Naht und ganz besonders hinter dem Schildchen beträchtlich stärker, sonst fein, ziemlich weitläufig und unregelmässig punktirt. An den Beinen die Kniee und Tarsen, zuweilen auch die Schienen pechbraun. Brustseiten greis und dicht, die übrige Unterseite gleich dem Pygidium dünner, fast scheckig und mehr silberweiss behaart. Die einzelnen Hinterleibsringe gegen das Ende fein runzlig punktirt, der fünfte beim Männchen in der Mitte abgeflacht und gefaltet, beim Weibchen in geringerer Ausdehnung grubig ausgehöhlt.

Auf der Insel Sansibar von Cooke entdeckt.

369. *Clythra (Gynandrophthalma) amoenula*, n. sp.

Oblonga, apicem versus leviter dilatata, rufo-ferruginea, supra glabra, nitida, elytris violaceis, disperse punctatis, sutura, margine externo posteriore vittaque lata media ante apicem abbreviata, nec non scutello pleurisque nigris. Long. 4 mill. ♀.

Unter den bis jetzt bekannten *Gynandrophthalma*-Arten der *G. dorsalis*, *Lacord. (a. a. O. II. p. 274. No. 21) noch am nächsten stehend, aber auch von dieser schon durch die Färbung des Kopfes und der Unterseite, die feinere Punktirung der Flügeldecken u. s. w. unterschieden. — Kopf gleich dem Prothorax licht rostroth, durch die dichte und feine Punktirung nur wenig glänzend, die Stirn dreieckig eingedrückt, nach oben hin leicht gefurcht. Fühler mit licht rostgelber Basis, sonst schwärzlich pechbraun. Prothorax etwas grösser als bei der genannten Art, trapezoidal, fein und zerstreut punktirt, deutlicher glänzend als der Kopf. Schildchen schwärzlich pechbraun, mit lichterer Spitze. Flügeldecken strohgelb, glänzend, mässig grob und ziemlich unregelmässig, nur hier und da längsstreifig punktirt, die Naht in ihrer ganzen Ausdehnung, der Aussenrand im Bereich der zwei letzten Dritttheile und eine fast das mittlere Dritttheil der Breite einnehmende, von der Schulterbeule beginnende, aber vor der Spitze abgekürzte Längsbinde schwarz. Unterseite des Körpers nebst Beinen licht rostfarben, weiss seidenhaarig, die Pleuren der Mittel- und Hinterbrust schwarz. Das fünfte Hinterleibssegment beim Weibchen mit einer flachen Mittelgrube.

Von Mombas (September 1862) und der Insel Sansibar.

370. *Clythra (Damia?) confusa*, n. sp.

Clypeo truncato, oblonga, subparallela, nigra, subtus griseo-pubescens, supra glabra, nitida, antennis tibiisque basi ferrugineis, prothorace elytrisque laete flavis, hoc plagis duabus magnis basalibus, intermedia minore plerumque inter se connexis, his maculis tribus (1. 2.) fasciaque pone medium sita et utrinque abbreviata nigris. Long. 7—7½ mill. ♂♀.

♂ *Capite latiore, pedum anticorum tibiis arcuatis tarsisque elongatis, gracilibus.*

Die gegenwärtige Art könnte mit gleichem Rechte den Lacordaire'schen Untergattungen *Damia* und *Melitonoma* (a. a. O. II. p. 382 und 371), oder auch, da sie mit den Charakteren keiner von beiden genau zusammentrifft, einer neuen, zwischen beiden die Mitte haltenden zuertheilt werden. Während sie nämlich in der Kopfbildung des Männchens, in der Form des Prothorax und in der Fleckenzeichnung der Flügeldecken an *Melitonoma* erinnert, schliesst sie sich in der sexuellen Verschiedenheit der Vorderbeine mehr an *Damia* an, ohne indessen hierin auch mit dieser ganz übereinzustimmen. — Kopf tief und glänzend schwarz, auf der Grenze von Scheitel und Stirn quer eingedrückt, zwischen den Augen mit zwei, besonders beim Männchen deutlichen grubigen Eindrücken. Clypeus fast gerade abgeschnitten; Oberlippe gross, quer viereckig, die Mandibeln beim Weibchen fast vollständig deckend. An den Fühlern die drei Basalglieder licht rostfarben, die übrigen schwärzlich pechbraun. Prothorax verhältnissmässig klein, mit breit abgerundeten Hinterwinkeln, beim Weibchen nach vorn viel stärker als beim Männchen verschmälert, nur gegen die Basis hin fein und zerstreut punktirt, stark glänzend, auf goldgelbem Grunde mit zwei grossen, vorn zweitheiligen schwarzen Basalflecken, welche mit einem kleinen mittleren mehr oder weniger zusammenfliessen und dann durch diesen unter einander zusammenhängen. Schildchen gleichfalls schwarz, glatt und glänzend. Flügeldecken fast parallel, seitlich zwischen Schulter und Mitte leicht ausgeschweift, weniger glänzend als der Prothorax und etwas lichter gelb, mit ziemlich feinen schwärzlichen Punkten zerstreut besetzt, ein rundlicher Schulter-, zwei neben einander vor der Mitte stehende Flecke und eine beiderseits abgekürzte, buchtige, ziemlich breite Querbinde beim Beginn des letzten Dritttheils schwarz. Unterseite des Körpers nebst den Beinen schwarz, dicht greis seidenhaarig; Schienen und Tarsen dunkler oder lichter pechbraun.

Beim Männchen sind die Schenkel der Vorderbeine merklich, die Schienen wohl um ein Dritttheil länger als beim Weibchen, dünn und deutlich gebogen, gleich den Mittelschienen bis über die Mitte hinaus rostroth; die Vordertarsen reichlich von Schienenlänge, das sehr schlanke erste Glied um ein Dritttheil länger als das zweite. — Beim Weibchen ist die Mitte des fünften Hinterleibssegmentes tief grubig ausgehöhlt.

Auf der Insel Sansibar von Cooke gesammelt.

371. *Clythra (Melitonoma) litigiosa*, Lac.

Clythra (Melitonoma) litigiosa, Lacordaire, Monogr. d. Coléopt. subpent. II. p. 278. No. 7. — *Gerstaecker, Insekt. v. Mossamb. p. 334.

In Mehrzahl von Mombas (September 1862) vorliegend. Ausser in Mossambik und bei Port Natal ist die Art (nach Lacordaire) auch am Senegal einheimisch.

Cryptocephalus, Geoffr.

Hist. d. Insect. I. p. 231.

372. *Cryptocephalus tabidus*, n. sp.

Vertice angustato, antennarum articulis sex ultimis elytrorumque limbo basali nigro-piceis, ceterum dilute testaceus, nitidus, elytris stramineis, fortiter striato-punctatis, interstitiis disperse punctulatis. Long. $4\frac{1}{3}$ mill. ♂.

In Grösse und Färbung dem Europäischen *Crypt. sulphureus*, Oliv. nicht unähnlich, u. A. aber durch die Augenbildung und den stark gewölbten, sehr glänzenden Prothorax wesentlich abweichend; in erster Beziehung so wie durch die sehr viel geringere Grösse auch von dem *Crypt. floridus*, *Suffr. (Linnaea entom. XI. p. 100. No. 17), dem er sonst in Colorit und Skulptur nicht unähnlich ist, verschieden. Die Fühler sind mittellang, licht gelb, vom sechsten Gliede an schwärzlich pechbraun und greishaarig. Der Scheitel wird durch die weit hinaufreichenden Augen so eingeengt, dass er kaum dem oberen Theil derselben an Breite gleichkommt; er ist gleich der abgeflachten Stirn zerstreut und seicht punktirt, ausserdem aber leicht gefurcht. Der quere Prothorax ist nach vorn unter sehr schwacher Rundung seiner Seiten trapezoidal verschmälert, verhältnissmässig länger als bei *Crypt. floridus*, gleich diesem fein bräunlich marmorirt und stark glänzend, aber deutlicher, wenn auch gleichfalls noch sehr fein zerstreut punktirt. Schildchen etwas spitzer und weniger ansteigend als bei der genannten Art. Flügeldecken mehr gleich breit, an der Basis nicht bucklig, lichter gelb, regelmässiger und geradliniger gestreift punktirt, indem auch die drei der Naht zunächst liegenden Streifen gegen die Basis hin nicht geschwungen erscheinen; zwischen den beiden äussersten Punktstreifen fehlen die bei *Crypt. floridus* vorhandenen braungefärbten Punkte gänzlich. Pygidium dichter gedrängt, stellenweise sogar leicht querrunzlig punktirt, sonst gleichfalls weiss beborstet und matt blassgelb. Mittelbrust sehr grob punktirt, gräulich durchscheinend. Hinterleib rein gelb, dicht narbig punktirt, weissborstig, das Endsegment mit einem glatten, abgeflachten oder selbst leicht eingedrückten, viereckigen Mittelfelde, an dessen Basis ein kurzer Mittelkiel bemerkbar ist. An den Beinen die Mitte der Schenkel etwas dunkler rostgelb, die Fussklauen mit schwarzer Spitzenhälfte.

Von der Insel Sansibar.

373. *Cryptocephalus Kersteni*, n. sp.

Ferrugineus, elytris dilutioribus, subtiliter crenulatis, pectore, abdomine, prothoracis maculis duabus rotundatis, scutello, elytrorum limbo vittaque discoidali, ante apicem abbreviata nigris. Long. 8½ mill. ♀.

Zu der siebenten Suffrian'schen Gruppe (Linnaea entom. XI. p. 110) gehörig und dem *Crypt. haemorrhous*, *Suffr. (a. a. O. p. 115. No. 26) näher als den übrigen Arten stehend, aber abgesehen von der verschiedenen Färbung und Zeichnung durch die viel feinere Punktstreifung und Ciselirung der Flügeldecken abweichend. Kopf gleich dem Prothorax und den Beinen licht rostgelb, stark punktirt, der Scheitel mit einem, die Stirn mit zwei kleinen pechbraunen Flecken. (Fühler abgebrochen.) Prothorax kurz, vorn fast quer abgeschnitten und bis auf die Hälfte der Basalbreite verschmälert, von oben gesehen mit sehr leicht gerundeten Seiten, der Aussenrand selbst leicht geschwungen, die Oberfläche zerstreut und fein, aber durchaus deutlich punktirt, mässig glänzend, mit einem grossen, fast kreisrunden Fleck jederseits von der Mittellinie, welcher dem Vorderrand etwas näher gerückt ist als der Basis. Schildchen tief schwarz, länglich und abgestumpft dreieckig. Flügeldecken nach hinten ziemlich stark keilförmig verschmälert, viel weniger grob und sperriger streifig punktirt als bei *Crypt. haemorrhous*, durch sehr feine Ciselirung der ganz flachen Zwischenräume matt seidenartig glänzend, fast rein goldgelb mit schmal schwarz gesäumter Basis, Naht und Spitze; ausserdem mit einer etwa dem fünften bis achten Zwischenraum entsprechenden pechschwarzen Längsbinde, welche bei den Schultern etwas breiter beginnt und beim letzten Viertheil der Länge abgerundet endigt. Mittel- und Hinterbrust, Leib nebst Pygidium schwarz, dicht punktirt, fein weisshaarig; letztes Hinterleibssegment des Weibchens mit grosser, abgerundet dreieckiger, tiefer Mittelgrube.

In einem einzelnen Exemplare von Mombas (September 1862) vorliegend.

374. *Cryptocephalus callias*, Suffr.

Cryptocephalus callias, *Suffrian, Linnaea entom. XI. p. 122. No. 30.

Var. β. *Elytris violaceis, macula apicali aurantiaca.*

Zwei von Cooke auf Sansibar gefundene weibliche Individuen von 8½ mill. Länge stimmen mit der von Suffrian aus dem Cafferlande beschriebenen Farbenvarietät bis auf kleine Abweichungen in der Form und Ausdehnung der stahlblauen Flügeldeckenbinden überein. Bei einem dritten von Wanga (September 1862) stammenden Weibchen sind die ganzen Flügeldecken bis auf einen quer ovalen rothgelben Spitzenfleck stahlblau, so dass sie auf den ersten Anblick mehr dem *Crypt. chalybeipennis*, *Suffr. (a. a. O. p. 124. No. 31) gleichen. Von letzterem unterscheidet sich jene Varietät durch die schwarze Färbung der Bauchseite, des Pygidiums und der Hinterschenkel, worin sie mit der Stammform übereinstimmt.

375. *Cryptocephalus apertus*, n. sp.

Taf. XII. Fig. 10.

Corpore pedibusque nigris, prothoracis lucidi macula laterali elytrisque — puncto humerali et signatura communi cruciata exceptis — laete aurantiacis. Long. 6—6½ mill. ♂ ♀.

Der 21. Suffrian'schen Gruppe (Linnaea entom. XI. p. 208) angehörend, in Färbung und Zeichnung dem Südeuropäischen *Crypt. Rossii*, Suffr. näher stehend als einer der Afrikanischen Arten. Körper mit Einschluss der Beine tief schwarz, unterhalb dicht punktirt und greis behaart, oberhalb glatt und glänzend. Die Taster und vier Basalglieder der Fühler unterhalb licht rostfarben; Kopf ziemlich grob und zerstreut punktirt. Prothorax kurz und quer, in der Mitte stark bauchig gewölbt, mit abgerundeten Seitenrändern, durchgehends deutlich, beiderseits aber tief eingekerbter Basis, sehr glänzender, nur zerstreut und fast verloschen punktirter Oberfläche; tief schwarz, mit grossem, den Vorderrand erreichendem ovalem, hoch gelbrothem Seitenfleck. Schildchen äusserst fein und zerstreut punktirt, glänzend schwarz, herzförmig. Flügeldecken lebhaft orangefarben, verhältnissmässig fein und sehr klar streifig punktirt. Von schwarzer Färbung auf denselben sind ausser dem schmalen Basal- und Seitenrand ein mit ersterem zusammenhängender, meist stumpf abgerundeter Schulterfleck, eine beim ersten Dritttheil der Länge zu einem rhombischen Fleck erweiterte Nahtbinde und eine mit letzterer ein Kreuz bildende breite, den Aussenrand erreichende Querbinde im Bereich des letzten Dritttheils, hinter welcher demnach auf jeder Flügeldecke ein eiförmiger Spitzenfleck von der Grundfarbe übrig bleibt.

Beim Männchen ist die Mitte des letzten Hinterleibssegmentes nur flach dreieckig eingedrückt, beim Weibchen dagegen zu einer tiefen runden Grube ausgehöhlt, deren Vorderrand länger greis behaart als die übrige Oberfläche und fast gewimpert erscheint.

Von Cooke in Mehrzahl auf Sansibar gesammelt.

Pachnephorus, (Dej.) Redt.

Faun. Austr. p. 559.

376. *Pachnephorus conspersus*, n. sp.

Oblongus, fusco-aeneus, disperse albo-squamulosus, prothorace truncato-ovato irregulariter, elytris fortius et striatim punctatis, interstitiis suturam et apicem versus latioribus, punctulatis. Long. 3 mill.

Etwas weniger gestreckt als der Europäische *Pachnph. cylindricus*, Küst., sonst ihm in der Form nicht unähnlich, aber von sehr viel groberer Skulptur. Bräunlich erzfarben, glänzend, mit sparsamen weissen, platten Schuppen auf Kopf und Prothorax zerstreut, auf den Flügeldecken reihenweise besetzt. Fühler an der

Basis röthlich pechbraun. Kopf ziemlich gleichmässig grob und dicht, Prothorax auf dem vorderen Theil der Scheibe merklich feiner und sparriger als zu beiden Seiten und besonders an der Basis punktirt, beide zwischen den Punkten mit theils linearen, theils eiförmigen weissen Schüppchen, welche ihnen ein bestäubtes Ansehen verleihen. Prothorax länger als breit, von oben gesehen ein hinten quer abgestutztes, sonst fast regelmässiges Oval darstellend, mit scharfer und fast gerader, von der Basis bis zur Mitte reichender Seitenkante. Schildchen klein, abgerundet quadratisch. Flügeldecken länglich eiförmig, vor der Mitte am breitesten, bei den Schultern verschmälert, aber noch deutlich breiter als die Prothoraxbasis; in elf regelmässigen Längsreihen vorn sehr grob, nach hinten allmählig feiner punktirt, die erste derselben (bei der Naht) nur aus 6—7 Punkten bestehend, die Zwischenräume vorn beträchtlich schmaler als die Punkte, nach hinten und gegen die Naht hin breiter werdend und hier mit vereinzelten, feinen Pünktchen besetzt; die ovalen Schüppchen zwischen den Punktstreifen reihenweise angeordnet. Hinterbrust und Bauch gleich dem umgeschlagenen Rande der Flügeldecken grünlich erzfarben, nebst den Beinen grob punktirt und weisslich beborstet. Knie und Tarsen, zuweilen auch die Mitte der Schienen rothbraun durchscheinend.

Bei Wanga im September 1862 aufgefunden.

Corynodes, Hope.

Coleopt. Manual. III. p. 162.

Platycorynus, Dej., Baly.

377. *Corynodes Dejeani*, Gerst.

Corynodes Dejeani, *Gerstaecker, Insekt. v. Mossamb. p. 336.
Corynodes compressicornis, (Fab.) var. Marshall, Journ. of the Linnean soc., Zoology. VIII. p. 31. No. 1.

Ein bei Mombas (September 1862) gefundenes Exemplar stimmt in Färbung und Skulptur genau mit denjenigen von Port Natal und Tette überein. — Die von Marshall (a. a. O.) angenommene Art-Identität des *Coryn. Dejeani* mit dem *Coryn. compressicornis*, Fab. (= Var. *Senegalensis*, Oliv.) erscheint insofern nicht ganz unzweifelhaft, als sich für ersteren neben der, wie es scheint, constant verschiedenen Färbung auch Form- und Skulptur-Unterschiede nachweisen lassen. Der Prothorax des *Coryn. Dejeani* ist nach vorn schwächer und weniger regelmässig konisch verschmälert, die Flügeldecken erscheinen merklich feiner und weitläufiger punktirt. Dass diese Abweichungen indessen ebensowohl nur auf eine lokale Varietät hinweisen können, ist nicht in Abrede zu stellen.

Scelodonta, Westw.

Proceed. zoolog. soc. 1837. p. 129.

378. *Scelodonta Zanzibarica*, n. sp.

Cupreo-aenea, infra dense, supra variegatim albido-setulosa, prothorace transverso, confertim rugoso-punctato, elytris rude seriatim et basin versus reticulato-punctatis, interstitiis disci pro parte calloso-, externis costatim elevatis et violaceo-tinctis. Long. 4—4½ mill.

Nur wenig länger, aber merklich gedrungener gebaut als *Sciod. nitidula*, Baly (Transact. entom. soc. of London. 3. ser. IV. p. 157. No. 4), von dieser ausserdem durch grösseren Kopf, breiteren Prothorax und die zu stärkeren Schwielen aufgetriebenen Zwischenräume der Flügeldecken unterschieden. — Die fünf Basalglieder der Fühler gleich dem Körper kupfrig erzfarben, die übrigen matt schwarz. Kopf mit tiefer Scheitelfurche, durch sehr feine Ciselirung matt glänzend, seicht und zerstreut punktirt, mit niederliegenden weissen Härchen nur dünn bekleidet. Prothorax deutlich quer, nach vorn allmählig verschmälert, besonders auf der Scheibe beiderseits von der Mittellinie stark querriefig und hier zugleich etwas stahlblau oder violett angelaufen; sonst dicht runzlig punktirt, längs der Mittellinie und der beiden Seiten etwas dichter, fast bindenförmig weiss behaart. Schildchen quer fünfeckig, zerstreut punktirt. Flügeldecken zusammen länglich und stumpf herzförmig, hinter den stark nach aussen hervortretenden Schultern deutlich ausgeschweift, nur gegen die Naht hin etwas loser und feiner, sonst grob und dicht gedrängt längsstreifig punktirt, die Punkte besonders gegen die Basis hin zu Querrunzeln zusammenfliessend, die Zwischenräume weitläufig, aber deutlich punktirt und gleich den Punktstreifen mit niederliegenden weissen Börstchen besetzt, welche jedoch die schwielig erhabenen und violett gefärbten Stellen fast frei lassen. Von solchen sind besonders eine stark querrunzlige zwischen Schulter und Naht, eine glattere auf der Mitte der Scheibe, eine gemeinsame auf der Naht nicht weit hinter dem Schildchen und zwei hinter einander liegende längs der Seiten, den von der Schulterbeule ausgehenden, gerippten Zwischenräumen entsprechend, hervorzuheben. Brustseiten dicht greisgelb befilzt, die übrige Unterseite gleich den Beinen kupfrig erzfarben, weiss beborstet. Alle drei Schenkelpaare unterhalb vor der Endausbuchtung mit kleinem, aber deutlichem Zahn.

Von der Insel Sansibar.

Pseudocolaspis, Lap.

Revue entomol. I. p. 23.

379. *Pseudocolaspis chrysites*, n. sp.

Cupreo-aenea, confertim punctata, pilis decumbentibus aureo-micantibus variegatim obsita, prothorace subgloboso, scutello apice trilobo, femoribus omnibus unispinosis. Long. 3½—4½ mill.

Durch die gleichmässige Bewehrung aller drei Schenkelpaare der *Pseudocol. metallica*, Lap. (a. a. O. p. 24. No. 2) näher stehend als den von Marshall (Journ. of Entomol. II. p. 347 ff.) beschriebenen Süd-Afrikanischen Arten, von welchen die gegenwärtige überdies schon durch die Färbung abweicht; auch von der Laporte'schen Art nicht nur hierin, sondern auch durch geringere Grösse unterschieden. — Der Körper ist mit Einschluss der Beine und der Fühlerbasis kupfrig erzfarben, erscheint aber besonders oberhalb durch die niederliegende goldglänzende Behaarung fast messingfarben. An den Fühlern sind die fünf stärker erweiterten Endglieder matt bläulich schwarz, die vorhergehenden röthlich braun. Der dicht und grob runzlig punktirte Kopf zeigt nur in der Mitte der Stirn eine kleine, etwas schwielige, glatte Stelle, gegen den Scheitel hin eine schwache mittlere

Längsfurche. Der Prothorax ist verhältnissmässig schmal, kaum breiter als lang, abgesehen von der hinteren Abstutzung fast rundlich, mit deutlicher Verengung nach vorn; von der dichten Punktirung, welche derjenigen des Kopfes durchaus gleicht, ist nur ein schmaler glatter Mittelstreifen der hinteren Hälfte frei, während die sonst ziemlich dichte, anliegende goldige Behaarung grössere Flecke an der Basis und zu beiden Seiten der Mittellinie, wenn auch nicht ganz frei, so doch merklich kahl erscheinen lässt. Das quadratische Schildchen zeigt einen deutlich dreispitzigen Hinterrand. Die herzförmigen Flügeldecken sind nur wenig länger als bei den seitlich stark hervortretenden Schulterbeulen breit, bei gleicher Punktirung wie der Prothorax noch dichter und länger, stellenweise selbst filzig goldglänzend behaart, am dichtesten hinter den Schultern und nahe der Naht auf der hinteren Hälfte, dazwischen gleichfalls stellenweise fast nackt. Brust und Bauch länger und dichter behaart als die sehr grob und schuppig punktirten Beine, welche abgesehen von der bürstenartig behaarten Schienenspitze nur kurze Börstchen tragen. Alle drei Schenkelpaare mit langem und schmalem, dornartigem Zahn.

Gleichfalls von der Insel Sansibar (Cooke).

Rhyparida, Baly.

Journ. of Entomol. I. p. 286.

380. *Rhyparida collaris*, n. sp.

Rufo-brunnea, glabra, nitida, antennarum basi palpisque testaceis, prothorace infuscato, coleopteris multo angustiore, disperse et subtilissime punctulato, elytris fere parallelis, regulariter striato-punctatis, femoribus omnibus subtus dentatis. Long. $5^1/_2$ mill.

Fühler sehr schlank, im Bereich der fünf ersten Glieder licht rostgelb, vom sechsten an allmählig dunkler pechbraun und hier dicht greis behaart. Scheitel nur seicht narbig, Clypeus gröber und dichter punktirt, die Stirn mit kurzer und tiefer Längsfurche. Beide Tasterpaare hellgelb, der Kopf im Uebrigen glänzend rothbraun. Prothorax zwar stark quer, aber beträchtlich schmaler als die Flügeldecken, nach vorn unter fast geradlinigen Seiten trapezoidal verschmälert, nur längs des fein abgesetzten Basalrandes deutlich, über die ganze Oberfläche hin dagegen sehr fein und zerstreut punktirt, glänzend, im Bereich der Basalhälfte geschwärzt. Schildchen länglich und abgerundet dreieckig, glatt. Flügeldecken länglich, fast gleich breit, nach hinten oval zugerundet, licht rothbraun, der 3.—5. Punktstreifen gegen die Basis hin kaum merklich, die übrigen dagegen deutlich gröber als auf der hinteren Hälfte, die Punkte selbst durchgehends sperrig, die flachen Zwischenräume nur sehr vereinzelt und äusserst fein punktirt. Brust und Bauch dunkel rothbraun, stellenweise sogar geschwärzt, erstere ohne deutliche Skulptur, letzterer verloschen querriefig. Schenkel stark erweitert, mit deutlichem, kurz dreieckigem Zahn; Schienen und Tarsensohlen greisgelb behaart.

In einem Exemplare von der Insel Sansibar vorliegend.

381. *Rhyparida cyanipennis*, n. sp.

Ovata, glabra, nitida, laete ferruginea, capite, prothorace scutelloque rufescentibus, antennarum articulis quatuor ultimis nigro-piceis, elytris obscure cyaneis, fortiter striato-punctatis, femoribus omnibus acute dentatis. Long. $3^1/_3$ mill.

Typophorus cyanipennis, *Boheman i. lit.

Kopf sehr fein und verloschen punktirt, glänzend rostroth, die Stirn eingedrückt und fein gefurcht; Mandibeln an der Spitze schwärzlich pechbraun, ebenso die vier letzten Fühlerglieder. Prothorax an der Basis nicht sehr viel schmaler als die Flügeldecken (so dass er mit diesen zusammen ein fast reguläres Oval bildet), stark quer, nach vorn unter leichter Rundung der Seiten verschmälert, über die Scheibe hin mit Ausnahme einer ovalen glatten Stelle ziemlich grob und dicht, gegen die Seiten hin allmählig viel feiner und weitläufiger punktirt, gleich dem glatten Schildchen licht rost- oder fast mennigroth. Flügeldecken glänzend schwärzlich blau, sperrig gestreift punktirt, die Punkte der inneren Streifen gegen die Basis hin, die der äusseren bis über die Mitte der Länge hinaus ziemlich grob, die Zwischenräume äusserst fein und zerstreut punktirt. Unterseite nebst den Beinen sehr glänzend und lebhaft rostgelb, an letzteren die Hüften rostroth, die Tarsen licht pechbraun; alle drei Schenkelpaare kurz, aber scharf gezähnt.

Ein bei Mombas (September 1862) aufgefundenes Exemplar stimmt genau mit einem von Boheman unter obiger Benennung aus Port Natal eingesandten überein.

382. *Rhyparida micans*, n. sp.

Ovata, glabra, nitida, rufo-brunnea, prothorace latiusculo, supra infuscato et aeneo-micante, disperse punctato: pedibus testaceis, femoribus omnibus dentatis. Long. 3½ mill.

Ein wenig schmaler eiförmig als die vorhergehende Art, rothbraun, leicht erzglänzend. Taster und Fühler licht rostgelb, letztere mit pechbraunen Endgliedern; Mandibeln rothbraun mit schwärzlicher Spitze. Kopf ganz verloschen, nur auf dem Scheitel etwas deutlicher punktirt, Stirn mit feiner Längsfurche. Prothorax stark quer, nur wenig schmaler als die Flügeldecken, bis zur Mitte nur leicht, dann aber nach vorn stark verschmälert, über die Scheibe hin deutlich gebräunt und stärker erzglänzend als die übrige Oberfläche, nicht gerade grob, aber sehr deutlich zerstreut punktirt, gegen die Seitenränder hin fast glatt. Schildchen sphärisch dreieckig, glatt. Auf den Flügeldecken besonders die Punktstreifen vom 5.—11. zwischen Schulterbeule und Mitte grob, die Punkte des 2.—10. gegen die Spitze hin allmählig feiner und sperriger werdend. Zwischenräume scheinbar glatt, auch nahe der Naht nur mit äusserst feiner, kaum wahrnehmbarer, zerstreuter Punktirung. Unterseite und Beine licht rostfarben, die Schienen gegen die Spitze hin durch ihre Behaarung hellgelb erscheinend, die Hüften rothbraun. Alle drei Schenkelpaare unterhalb mit kleinem, aber deutlichem Zahn, ihre Spitzenhälfte tief längsfurchig.

In Mehrzahl von Mombas (September 1862) und der Insel Sansibar vorliegend.

383. *Rhyparida trivialis*, n. sp.

Ovata, glabra, nitida, rufo-brunnea, prothorace angustiore, fortius punctato, antennarum articulis quatuor ultimis nigris: pedibus concoloribus, femoribus acute dentatis. Long. 3—3⅔ mill.

Typophorus testaceus, *Boheman i. lit.

Der *Rhyp. micans* sehr nahe stehend, aber durch schmaleren und grober punktirten Prothorax, ausserdem auch durch die Färbung der Fühler und Beine unterschieden. — Körper glänzend rothbraun, ohne merklichen Erzglanz. Taster und Fühler rostfarben, an letzteren die vier Endglieder schwarz oder dunkel pechbraun. Kopf fein und zerstreut, auf dem Scheitel deutlicher und dichter punktirt, die abgekürzte Stirnfurche grubig erweitert. Prothorax quer, nach vorn unter leicht gerundeten Seiten stark verschmälert, über die Scheibe hin grob und zerstreut, gegen die Seiten hin sehr viel feiner punktirt. Schildchen glatt. Punktstreifung der Flügeldecken ganz wie bei der vorhergehenden Art, der Unterschied in der Grobheit der Punkte je nach den Reihen jedoch weniger hervortretend. Unterseite des Körpers nebst den Beinen kaum heller als die Oberseite, rothbraun, die Hüften sogar pechbraun; Schenkel kurz, aber scharf gezähnt.

Bei nicht völlig ausgefärbten Exemplaren erscheint die Ober- und Unterseite gleichmässig und licht rostroth; ein derartiges wurde unter obiger Benennung von Boheman aus Port Natal eingesandt.

Von Mombas (September 1862) und der Insel Sansibar.

384. *Rhyparida obscurella*, n. sp.

Ovata, glabra, nitida, fusco-aenea, antennis, tibiis tarsisque ferrugineis; prothorace coleopteris multo angustiore, sat fortiter disperse punctato, humeris callosis, rufo-piceis. Long. $3^3/_4$ mill.

Beträchtlich kleiner als die drei vorhergehenden Arten und durch den schmaleren Prothorax nach vorn mehr zugespitzt oval erscheinend; dunkel erzfarben, glänzend, mit rothbraun durchscheinenden Flügeldecken. Taster und Fühler durchaus licht rostfarben. Kopf auf Stirn und Clypeus vorwiegend rothbraun, nur gegen den Scheitel hin deutlich fein punktirt. Prothorax im Verhältniss zu den Flügeldecken schmal, dabei aber deutlich quer, um die Hälfte breiter als lang, nach vorn unter gerundeten Seiten stark verschmälert, verhältnissmässig grob und zerstreut, übrigens fast gleichmässig punktirt, rein erzfarben. Schildchen stumpf dreieckig, fast rundlich. Flügeldecken oval, von der Basis aus bis zum Ende der stark aufgewulsteten Schulterbeulen in schräger Richtung stark erweitert, der zweite bis vierte Punktstreifen nur wenig schwächer als die äusseren, alle nach hinten nicht auffallend an Stärke abnehmend. Brust glänzend schwarz, Hinterleib und Beine röthlich pechbraun, letztere mit licht rostfarbenen Schienen und Tarsen; Schenkel nur schwach erweitert und undeutlich gezähnt.

In einem einzelnen Exemplare von Mombas (September 1862) vorliegend.

Colasposoma, Lap.

Rev. entom. I. p. 22.

385. *Colasposoma subcostatum*, n. sp.

Tibiis anticis rectis, antennarum basi ferruginea, aurichalceum vel metallico-viride, glabrum, nitidum, capite confertim rugoso-, prothorace elytrisque laxius profunde punctatis, his obsolete quinquecostatis. Long. $5^2/_3 - 6^1/_2$ mill.

Dem *Colasp. affine* (*Acis affinis*, *Dej., Catal. d. Coléopt. 3. éd. p. 411) sehr nahe stehend und nur durch etwas gedrungenere Form und weniger grobe Punktirung der Flügeldecken abweichend. Kopf in übereinstimmender Weise dicht gedrängt und runzlig punktirt, Fühler bis auf die fünf schwärzlich pechbraunen

Endglieder rostroth oder licht rothbraun. Prothorax bei gleichem Umriss etwas grober, zugleich aber merklich sperriger punktirt. Flügeldecken kürzer, hinten stumpfer abgerundet, beträchtlich feiner und weitläufiger punktirt, daher stärker glänzend; die Punktirung lässt ausser der Naht vier in gleichen Abständen von einander verlaufende Längslinien, welche sich als schwache Rippen markiren, frei. Unterseite und Beine mit der genannten Art übereinstimmend, auch die Vorderschienen vollkommen gerade. Körperfärbung meist licht erzfarben, seltener lebhaft metallisch grün; in letzterem Fall das Schildchen goldig glänzend.

In grösserer Anzahl zwischen dem See Jipe und Aruscha (Anfang Novembers 1862), ausserdem auch auf Sansibar (Cooke) gefunden.

386. *Colasposoma compactum*, n. sp.

Breviusculum, aeneum, subnitidum, capite disperse et subtiliter, prothorace fortius punctato, latera versus confertim strigoso, linea media laevi: elytris suturam versus disperse et subtilius, post humeros fortiter rugoso-punctatis. Long. 5½ mill.

Von viel kürzerem und gedrungenerem Bau als die vorhergehende Art, auch in der Skulptur wesentlich abweichend. Fühlerbasis gleich den Tastern rothbraun. Kopf gleich dem Prothorax grünlich erzfarben, am Clypeus und oberhalb der Fühlerinsertion kupfrig glänzend, im Uebrigen durch sehr dichte und feine Ciselirung fast matt, sperrig und fein punktirt. Prothorax sehr kurz, fast dreimal so breit als lang, nach vorn stark verschmälert, mit flach gerundeten Seiten, schmal abgesetztem Rande und spitz ausgezogenen Vorderecken; die Oberfläche abgesehen von der glatten Mittellinie über die Scheibe hin beträchtlich dichter und grober als der Kopf, im Vergleich mit der vorhergehenden Art aber immer noch fein und seicht punktirt, die Punkte gegen den Seitenrand hin allmählig kleiner werdend und immer mehr durch sehr zahlreiche und feine, sich strahlig nach allen Seiten ausbreitende Runzeln verdrängt. Schildchen halbkreisförmig, vereinzelt punktirt. Flügeldecken nur wenig länger als zusammen breit, auf dem der Naht zunächst liegenden Drittheil der Breite weitläufig punktirt, zwischen den grösseren Punkten übrigens noch mit vereinzelten, sehr feinen besetzt; hinter der stark aufgeworfenen, lebhaft glänzenden Schulterbeule bis gegen den Seitenrand und nach hinten etwa bis zum Beginn des letzten Drittheils grob, gedrängt und zu Querrunzeln zusammenfliessend punktirt. Prosternum sehr breit, gleichmässig und seicht runzlig punktirt, ebenso das Mesosternum; die Mitte der Hinterbrust dagegen glatt und glänzend, ihre Seiten fein querriefig, der Hinterleib seicht punktirt gerunzelt.

Bei Mombas (September 1862) gefunden.

Ceralces, Gerst.

Monatsber. d. Akad. d. Wissensch. 1855. p. 637.

Paradomela, Baly.

387. *Ceralces Natalensis*, Baly.

Paradomela Natalensis, Baly. Transact. entom. soc. of London. 2. ser. IV. p. 68. No. 9.

Var. *Corpore infra, antennarum basi pedibusque ferrugineis.*

Ein von Endara (December 1862) stammendes Exemplar dieser Art unterscheidet sich von den Natalensischen durch nichts als die lichtere Färbung der

Unterseite und der Beine; zwei andere auf Sansibar (Cooke) und am See Jipe (Ende Octobers 1862) gefundene bilden zu letzteren dadurch den Uebergang, dass wenigstens die Beine schon schwarz gefärbt sind.

Chrysomela, Lin.

Syst. natur. ed. 1.

388. *Chrysomela ponderosa*, Gerst.

Chrysomela opulenta, Reiche in: Ferret et Galinier, Voy. en Abyssin. III. p. 406. No. 1. Zool. pl. 25. Fig. 7.

Von dieser bereits aus Abyssinien und Fazoglu (Waltl in Mus. Berol.) bekannten Art, deren ihr von Reiche beigelegter Name, als zuvor an eine Europäische Art vergeben, geändert werden musste, liegt ein aus dem Dschagga-Lande (Dafeta) stammendes Exemplar von 12 mill. Länge vor. Dasselbe wäre nach der durchaus misslungenen Abbildung im Atlas der Voyage en Abyssinie — dieselbe zeigt einen viel zu schmalen Umriss und eine regelmässige Punktstreifung der Flügeldecken — kaum zu erkennen gewesen, passt aber auf die von Reiche gegebene Beschreibung vollkommen.

Entomoscelis, Redt.

Faun. Austr. p. 552.

389. *Entomoscelis ochroptera*, Stål.

Entomoscelis ochroptera, *Stål, Öfvers. Vetensk. Akad. Förhandl. XIV. p. 60. No. 1.

Diese bei Port Natal häufige Art wurde am See Jipe und bei Mombas während der Monate September und October in Mehrzahl angetroffen.

Plagiodera, (Chevr.) Erichs.

Archiv f. Naturgesch. XIII. 1. p. 158.

390. *Plagiodera impolita*, n. sp.

Breviter ovata, nigra, supra viridi-cyanea, nitida, antennarum basi, labro, prothoracis lateribus elytrorumque margine externo miniaceis; prothorace subtilissime, elytris perspicue et disperse punctatis. Long. 6 – 6½ mill.

Plagiodera impolita, *Vogel l. lit.

Von ähnlichem Körperumriss wie *Plagiod. cinctipennis*, Dej. (Catal. d. Coléopt. 2. éd. p. 405), aber durchschnittlich grösser und, abgesehen von der verschiedenen Färbung, auch durch etwas geringeren Glanz der Oberseite abweichend. Fühlerbasis und Oberlippe licht rostroth, Taster pechbraun. Kopf gleich der Scheibe des Prothorax und dem Schildchen dunkel grünlich blau, metallisch glänzend, fein und zerstreut punktirt. Die rothgelbe Färbung der Prothoraxseiten am Vorderrande mehr als ein Dritttheil, an der Basis dagegen kaum ein Viertheil der Gesammtbreite einnehmend, so dass die grünblaue Färbung der Mitte die Form eines liegenden und vorn breit abgestutzten Dreiecks darbietet. Im Bereich des letzteren ist die Oberfläche äusserst fein und dicht, fast chagrinartig, auf rothem Grunde gleichfalls sehr fein, aber vereinzelt punktirt. Der von den Schultern bis zur Spitze reichende rothgelbe Seitenrand der Flügeldecken überall gleich breit, um die Hälfte schmaler als derjenige des Prothorax; die im Uebrigen grünlich blaue, metallisch glänzende Oberfläche äusserst fein chagrinartig gerunzelt, ausserdem zerstreut und überall deutlich, gegen die Naht hin aber merklich feiner punktirt als nach aussen. Die ganze Unterseite nebst den Beinen dunkeler grünlich blau als die Flügeldecken, mässig glänzend, zerstreut punktirt.

Vom See Jipe (October 1862) in Mehrzahl vorliegend.

Adorium, Fab.

Syst. Eleuth. I. p. 409.

391. *Adorium palliatum*, n. sp.

Taf. XII. Fig. 11.

Acuminato-ovatum, glabrum, atrum, supra opacum, prothorace antennisque aurantiacis, illo disperse punctulato, elytris alutaceis, confertim punctatis: abdominis segmento quinto (maris?) apice retuso. Long. 11 mill.

Eine sehr eigenthümliche, schon durch die Färbung auffallende Art, kürzer eiförmig und nach hinten stärker zugespitzt als *Ador. ferrugineum*, Fab. (a. a. O. p. 409. No. 1), ausserdem auch noch höher gewölbt. Fühler kürzer und derber, an der Spitze am dicksten, das Endglied kurz eiförmig. Kopf gleich den Fühlern tief schwarz, matt glänzend, der Scheitel auf fein ciselirtem Grunde zerstreut punktirt, nach hinten tief gefurcht; Clypeus und Oberlippe pechbraun. Prothorax sehr kurz, 2½ mal so breit als lang, die stark gerundeten Seiten gegen die hervorgezogenen Vorderecken hin ausgeschweift; die Oberfläche fein und vereinzelt punktirt, glänzend, licht orangegelb. Schildchen quer dreieckig mit breit abgerundeter Spitze, auf sehr feinkörnigem Grunde zerstreut und seicht punktirt, leicht seidig glänzend. Flügeldecken hoch gewölbt, bei der Mitte am breitesten, nach hinten stark dreieckig verjüngt; matt kohlschwarz, auf fein gekörneltem Grunde dicht gedrängt und grob, nur an der Spitze etwas seichter punktirt, längs des fein aufgebogenen Seitenrandes fast glatt. Unterseite glänzend schwarz, die Hinterbrust selbst spiegelblank; Hinterleib fein ciselirt, deutlich punktirt und leicht querriefig, das Endsegment sehr viel dichter runzlig punktirt, in der Mitte der orangegelben Spitzenhälfte stark ausgehöhlt und schräg abfallend, beiderseits höckerartig aufgetrieben. Auch das weiter nach hinten hervortretende und halbkreisförmig ausgeschnittene letzte Dorsalsegment lebhaft orangegelb gefärbt.

Ein einzelnes Exemplar, bei Mombas (Mitte Septembers 1862) aufgefunden.

Apophylia, (Chevr.) Thoms.

Archiv. entomol. II. p. 221.

392. *Apophylia nobilitata*, n. sp.

Taf. XII. Fig. 12.

Oblonga, subparallela, opaca, testacea, capitis vitta lata media plagisque duabus postocularibus, prothoracis maculis tribus scutelloque nigris, elytris smaragdinis, confertim granuloso-punctatis, margine laterali incrassato. Long. 7 mill.

Grösser und besonders langstreckiger als *Apoph. chloroptera*, Thoms. (a. a. O. II. p. 221. No. 306), von welcher sie u. A. schon durch die Färbung des Kopfes und der Unterseite abweicht. Körper mit Einschluss der Fühler und Beine matt und trübe rostgelb, fein greis behaart. Mandibeln mit schwärzlich pechbrauner Spitze, Fühler von der Spitze des vierten Gliedes an gebräunt. Kopf oberhalb der Fühler dicht runzlig punktirt, der Scheitel mit deutlicher Längsfurche; eine breite, oberhalb der Stirnschwiele erweiterte Mittelbinde und ein sich dem Halsschilde anlegender Querfleck hinter jedem Auge auf licht gelbem Grunde matt schwarz. Prothorax von gleichem Umriss wie bei *Apoph. chloroptera*, ebenso dicht, aber merklich feiner als der Kopf runzlig punktirt; ein grosser, die Mitte der Scheibe einnehmender, abgerundet viereckiger und zwei kürzere, auf die Unterseite übergreifende Querflecke auf gelbem Grunde gleich dem Schildchen schwarz. Flügeldecken etwa doppelt so lang als zusammen breit, bis auf die abgerundete Spitze fast parallel, gleichmässig fein und dicht körnig punktirt, lebhaft smaragdgrün, matt seidenartig schimmernd, der Seiten- und Spitzenrand in schmaler Ausdehnung goldig glänzend. Hinterbrust und Hinterleibsbasis licht pechbraun; Schenkel mit bräunlichem Fleck auf der Mitte der Unterseite.

In einem einzelnen Exemplare von Endara (December 1862) vorliegend.

393. *Apophylia marina*, n. sp.

Nigra, confertim punctata, griseo-pubescens, opaca, antennarum basi, coxis femoribusque ferrugineis, capitis linea media laevi. Long. 5—6 mill.

Von den übrigen Arten der Gattung durch das düstere, einförmige Colorit auffallend abweichend, in allen Form- und Skulpturverhältnissen aber durchaus übereinstimmend. Fühler lang und derb, schwärzlich pechbraun, das erste Glied ganz, die beiden folgenden an der Basis rostgelb. Oberlippe und Clypeus rothbraun durchscheinend oder selbst bräunlich gelb. Kopf und Prothorax grob narbig, Schildchen und Flügeldecken sehr viel dichter und feiner körnig punktirt, alle matt schwarz, erstere beide durch die feine Behaarung fast schieferfarben, letztere mehr mäusegrau schimmernd. Auf dem Kopfe die quere Stirnschwiele und eine von dieser ausgehende mittlere Längslinie glatt, glänzend und etwas erhaben. Auch auf dem Prothorax lassen die in der Mitte weniger gedrängten Punkte zuweilen einen schmalen Längsstreifen frei. Unterseite schwärzlich pechbraun, greis behaart; die Brust matt, der Hinterleib leicht glänzend und mit röthlich pechbraunen Endrändern der einzelnen Segmente. Hüften, Schenkel und Basis der Schienen rost- oder ockerbengelb, die Beine im Uebrigen pechbraun.

Auf der Insel Sansibar von Cooke entdeckt.

Diamphidia, Gerst.

Monatsber. d. Akad. d. Wissensch. 1856. p. 638.

Cladocera, Hope.

394. *Diamphidia pectinicornis*, Oliv.

Clythra pectinicornis, Olivier, Entomol. VI. p. 849. No. 13. pl. 1. Fig. 10.
Diamphidia pectinicornis, Baly, Journ. of Entomol. I. p. 199.

Ein von Cooke auf Sansibar gefundenes weibliches Exemplar von 14 mill. Länge stimmt in der hellen Färbung der Schenkel, in den kleinen punktförmigen

Flecken der Flügeldecken und in dem Vorhandensein von zwei solchen vor der Spitze der letzteren mit den Senegambischen Exemplaren überein und unterscheidet sich hierdurch von der nahe verwandten *Diamph. Bohemani*, Baly (Journ. of Entomol. I. p. 198).

Monolepta, (Chevr.) Erichs.

Archiv. f. Naturgesch. IX. 1. p. 266.

395. *Monolepta favcola*, Gerst.

Monolepta favcola, *Gerstaecker, Monatsber. d. Akad. d. Wissensch. 1855. p. 639. No. 12. — Insekt. v. Mossamb. p. 344.

Diese bereits von Port Natal und aus Mossambik bekannte Art wurde auf dem Festlande bei Mombas, Wanga und Aruscha, in Mehrzahl auch auf Sansibar angetroffen.

396. *Monolepta rubricosa*, n. sp.

Rubra, subtiliter punctata, nitida, elytrorum fasciis duabus, altera basali, altera anteapicali nigris, antennis, tibiis tarsisque pallide testaceis, illorum articulis duobus ultimis nigro-fuscis. Long. 4½ mill.

Von der Grösse der *Monol. trivialis*, *Gerst. (Insekt. v. Mossamb. p. 345), lebhaft rostroth, oberhalb glatt und glänzend. Fühler licht gelb, vom vierten Gliede an weichhaarig, die beiden letzten schwärzlich braun, das zweite und dritte ganz kurz, quadratisch. Kopf äusserst fein und vereinzelt punktirt, der Scheitel mit schwacher Längsfurche, etwas dunkler roth als der Prothorax gefärbt. Dieser fast doppelt so breit als lang, in der Mitte des Vorderrandes deutlich ausgebuchtet, die Vorderecken aufgeworfen und etwas hervortretend, die Seitenränder fast gerade, von dem bogigen Basalrand unter einem stumpfen Winkel abgesetzt, die Oberfläche vorn und beiderseits dicht gedrängt, an der Basis sperriger, auf der Scheibe sogar weitläufig, überall aber fein punktirt. Schildchen glatt. Flügeldecken zusammen oval, fein und unregelmässig, gegen die Basis hin etwas weitläufiger punktirt, ihr vorderes Vierttheil, der Seitenrand in schmaler Ausdehnung und eine Querbinde zwischen Mitte und Spitze schwärzlich pechbraun. Unterseite glänzend rostroth, sparsam greis behaart; Kniee, Schienen und Tarsen licht ockergelb.

In einem Exemplare von der Insel Sansibar vorliegend.

397. *Monolepta didyma*, n. sp.

Pallide testacea, supra glabra, parum nitida, antennis apice fuscis, elytrorum fasciis duabus abbreviatis nigris: elytris subtiliter alutaceis, vix confertim punctatis. Long. 4 mill.

Körper mit Einschluss der Fühler und Beine blassgelb, an ersteren die drei Endglieder pechbraun, das zweite oval, das dritte etwas schlanker; die Mandibeln rostroth. Kopf äusserst fein und verloschen, Prothorax deutlicher punktirt, beide leicht glänzend; ersterer mit schwach gefurchtem Scheitel, letzterer um die Hälfte breiter als lang, mit bogigem Hinterrand und fast geraden Seiten. Schildchen sehr fein punktirt. Flügeldecken zusammen oval, flach gewölbt, durch sehr feine lederartige Runzelung und ziemlich dichte, wenn auch seichte Punktirung fast matt, nur die Schulterbeulen glänzend und glatt; eine dicht auf die Basis folgende, aber die drei Ränder selbst frei lassende Querbinde sowie ein hinter der Mitte der Länge liegender, unregelmässig halbkreisförmiger, mit der Convexität nach hinten gekehrter Fleck schwarz. Unterseite glänzend, fein und sperrig behaart.

Gleichfalls nur ein einzelnes Exemplar von **Wanga** (September 1862) vorliegend.

398. *Monolepta vincta*, n. sp.

Testacea, punctata, subnitida, capite ventreque rufo-ferrugineis, antennis apice infuscatis, elytrorum limbo basali et humerali nec non fascia angusta, pone medium sita nigro-piceis. Long. 4 mill.

Fühler rostroth mit zwei pechbraunen Endgliedern; das zweite und dritte Glied fast gleich kurz. Kopf lebhaft rostroth, gegen den Scheitel hin fast blutroth, hier auf sehr fein gestrichelten Grunde zerstreut und verloschen punktirt. Prothorax kürzer als bei *Monol. didyma*, fast doppelt so breit als lang, beiderseits leicht, an der Basis in stärkerem Bogen gerundet, bei ziemlich dichter, wenngleich seichter und feiner Punktirung nur mässig glänzend, gleich dem Schildchen und den Flügeldecken rostgelb. Letztere zusammen stumpf oval, etwas sperriger punktirt und daher merklich glänzender als der Prothorax, die Basis in breiterer, der Aussenrand bis zum Ende des ersten Drittheils in schmalerer Ausdehnung, so wie eine schmale, hinter der Mitte liegende, leicht geschwungene, weder Naht noch Seitenrand ganz berührende Querbinde schwärzlich pechbraun. Von letzterer Färbung unterhalb auch der erweiterte Theil des umgeschlagenen Flügeldeckenrandes. Hinterbrust und Mitte des Hinterleibes intensiv rostroth, die übrige Unterseite nebst den Beinen gelblich.

Bei **Mombas** (September 1862) aufgefunden.

399. *Monolepta vinosa*, n. sp.

Oblongo-ovata, subtiliter punctata, nitida, testacea, capite, scutello, elytrorum sutura et apice pectoreque rufis, vertice elytrorumque fasciis duabus, altera basali, [illegible], altera media, vitta marginali inter se conjunctis, nigris. Long. 6 mill.

Von der Form und Grösse der *Monol. bioculata* (*Crioceris bioculata*, **Fab.**, Entom. syst. I. 2. p. 9. No. 31), oberhalb glatt und glänzend, scherbengelb. Die vier ersten Fühlerglieder rostfarben, die übrigen mit Ausnahme des gebräunten achten heller gelb, die Spitze des Endgliedes schwarz; das dritte Glied ein wenig länger als das ovale zweite. Kopf zerstreut punktirt, blutroth, mit schwärzlichem Scheitel; Oberlippe und Taster rostfarben, Mandibeln mit pechbrauner Spitze. Prothorax um die Hälfte breiter als lang, unter fast geraden Seitenrändern nach vorn leicht verschmälert, mit aufgeworfenen Vorderecken und stark bogiger, in der Mitte leicht ausgeschweifter Basis; flach gewölbt, fein und zerstreut punktirt, an den Seitenrändern deutlich gebräunt. Schildchen lebhaft rostroth, glatt. Flügeldecken zusammen schmal eiförmig, ziemlich stark gewölbt, fein und seicht, gegen die Naht hin aber beträchtlich dichter als auf der Aussenhälfte punktirt, scherbengelb, die Naht, die Spitze und die hintere Hälfte des Seitenrandes in ziemlicher Breite licht blutroth, eine tief ausgebuchtete, fast in zwei Flecke aufgelöste Basalbinde, die vordere Hälfte des Aussenrandes und eine die Naht nicht erreichende Querbinde bei der Mitte der Länge schwarz; auch vor der rothen Spitze ist ein schwärzlicher Querwisch bemerkbar. Unterhalb der vordere Theil des umgeschlagenen Flügeldeckenrandes tief schwarz, die Hinterbrust blutroth, glänzend, sehr fein und zerstreut punktirt; der Hinterleib rostroth, mit lichteren Segmenträndern, dicht gedrängt narbig punktirt. Beine gelb mit gebräunter Schenkelbasis.

In einem Exemplare vom See Jipe (Ende Octobers 1862) vorliegend.

400. *Monolepta ephippiata*, n. sp.

Oblonga, punctata, subnitida, testacea, capite, elytrorum fasciis duabus — altera basali, extus abbreviata, altera ante medium sita lata, undulata, ad suturam et marginem lateralem producta — pygidioque nigris, pectore abdomineque rufescentibus. Long. 4 mill.

Kleiner, schmaler und mehr gleich breit als die vorhergehende Art, stärker punktirt, weniger glänzend, gleichfalls scherbengelb. Fühler licht rostfarben mit schwärzlich pechbraunem Endgliede; das zweite und dritte Glied länglich, gleich gross. Kopf fein nadelrissig, tief schwarz, der Clypeus beiderseits gelblich braun. Prothorax fast doppelt so breit als lang, nach vorn kaum merklich verschmälert, die Vorderecken nur schwach verdickt, der Hinterrand leicht bogig; die Punktirung der Oberfläche seicht, aber dicht, der Glanz daher gering. Schildchen tief schwarz. Flügeldecken fast doppelt so lang als an der Basis zusammen breit, gegen die Mitte hin nur schwach erweitert und im Ganzen daher fast parallel erscheinend, dunkler gelb als der Prothorax, deutlich und ziemlich dicht verworren punktirt, leicht glänzend, die Basis, eine Querbinde vor der Mitte, der zwischen beiden gelegene Theil der Naht und des Seitenrandes sowie das hintere Ende der Naht schwarz. Die Basalbinde ist nach aussen bei den Schulterbeulen abgeschnitten, der Schulterrand selbst jedoch gleichfalls schwarz; die hintere Querbinde ist breit, wellig, längs der Naht in Form eines dreieckigen Vorsprunges mit der Basalbinde verbunden, seitlich eingeschnürt, gegen den Aussenrand hin aber wieder nach vorn und hinten verbreitert. Mittel- und Hinterbrust gleich dem Hinterleib rostroth, letzterer am Hinterrand der einzelnen Segmente und auf der Afterklappe schwärzlich pechbraun. Beine einfarbig und licht gelb.

Gleichfalls vom See Jipe (Ende Octobers 1862) in einem Exemplare vorliegend.

Rhaphidopalpa, Rosenh.

Thiere Andalus. p. 325.

401. *Rhaphidopalpa vinula*, Erichs.

Rhaphidopalpa vinula, *Erichson in: Klug, Doubletten-Verzeichniss. 1842. p. 12. No. 188.
Galleruca festiva, *Gerstaecker, Insekt. v. Mossamb. p. 343. Taf. XX. Fig. 13.

Von dieser in Senegambien und am Cap häufigen, aber auch in Mossambik einheimischen Art liegen zwei bei Wanga (September 1862) aufgefundene Exemplare vor.

Diacantha, (Chevr.) Reiche.

Voy. en Abyssin. III. p. 402.

Idacantha, Fairm.

402. *Diacantha duplicata*, n. sp.

Flava, supra glabra, nitida, elytris ferrugineis, ad basin late atris. Long. 6 mill. ♀.

Von der Grösse der *Diac. bidentata* (*Crioceris bidentata*, Fab., Ent. syst. I. 2. p. 1. No. 2 — *Galleruca melanoptera*, Thoma., Archiv. entomol. II. p. 219. No. 392) und dieser überhaupt sehr nahe stehend, jedoch abgesehen von der Färbung auch durch den breiteren und mehr rechtwinkligen Prothorax unterschieden. Die (nur an der Basis erhaltenen) Fühler gleich dem Kopf, Prothorax, Schildchen, der ganzen Unterseite und den Beinen licht gelb, die Spitze der Mandibeln pechbraun. Scheitel sehr zerstreut und fein punktirt, glänzend. Prothorax doppelt so breit als lang, nach vorn hin allmählig und leicht erweitert, mit deutlich abgesetztem, schmalem Seitenrand und deutlich verdickten Vorderecken; über die Scheibe hin sehr zerstreut und fein, seitlich grober und dichter punktirt. Schildchen glatt. Flügeldecken etwas kürzer als bei *Diac. bidentata*, stärker punktirt, licht rostgelb, im Bereich des ersten Dritttheils tief schwarz, diese Färbung von der Naht bis zur Schulterbreite scharf und quer abgeschnitten, seitlich sich dagegen unter allmähliger Verschmälerung bis zur Mitte der Länge erstreckend. Hinterbrust sehr glänzend und lebhaft, Abdomen trüber gelb; an den Beinen auch die Tarsen licht gelb, nur die Fussklauen rothbraun.

Ein einzelnes weibliches Exemplar von Uru (Mitte Novembers 1862).

Xenarthra, Baly.

Journ. of Entomol. I. p. 279.

Die von Baly für diese Gattung hervorgehobene auffallende Fühlerbildung ist nur dem männlichen Geschlecht eigenthümlich, während das Weibchen der *Xen. cervicornis*, Baly kürzere und einfach fadenförmige Fühler besitzt. Die im Folgenden charakterisirte Art wird der Gattung nur vorläufig und zwar in Rücksicht auf ihre wesentlich übereinstimmende Körperbildung zuertheilt; ob die eigenthümliche Gestaltung der Fühler und die von *Xenarthra* etwas abweichende Form der beiden letzten Tasterglieder die Begründung einer eigenen Gattung erfordert, wird sich erst bei der Kenntniss zahlreicherer Arten entscheiden lassen.

403. *Xenarthra (?) calcarata*, n. sp.

Taf. XII. Fig. 13.

Tibiis posticis ante apicem longe calcaratis, antennarum articulis 4.—8. arcuatis, tumidulis: laete rufo-ferruginea, glabra, nitida, elytris subtiliter fusco-punctulatis, ad humeros splendide cyaneis, pedibus antennisque dilute flavis, harum articulis duobus ultimis fuscis. Long. 6 mill.

Scheitel mennigroth, auf sehr fein ciselirtem Grunde zerstreut und verloschen punktirt; Stirn rostfarben, Clypeus, Oberlippe und Fühler licht gelb, an letzteren die beiden Endglieder pechbraun. Die Fühler fast von Körperlänge, die Glieder vom dritten an dicht filzig behaart, das dritte ein wenig länger als das erste und die fast gleich langen folgenden, das vierte bis achte nach auswärts bogig gekrümmt und bei der Mitte etwas angeschwollen. Die beiden Endglieder der Kiefertaster zusammen kürzer und breiter spindelförmig als bei *Xen. cervicornis.* Prothorax klein, quer, vorn fast doppelt so breit als lang, nach hinten unter leicht gerundeten Seiten deutlich verengt, oberhalb der Quere nach tief und breit eingedrückt, licht mennigroth, sehr glänzend, äusserst fein und zerstreut punktirt. Schildchen mehr rostgelb, glatt. Flügeldecken parallel, fast doppelt so lang als an der Basis zusammen breit, nahe der Naht zwischen Basis und Mitte zweimal hintereinander eingedrückt, äusserst fein chagrinartig rauh, mit bräunlichen Pünktchen getüpfelt, nach innen von den Schulterbeulen mit lebhaft stahlblauem, querem Basalfleck. Seiten der Mittelbrust pechbraun, die übrige Unterseite lebhaft rostroth mit gelblichen Segmenträndern des Hinterleibes und sperriger gelber Behaarung. Beine blassgelb, Fussklauen licht pechbraun. Hinterschienen nach innen und rückwärts vor der Spitze in einen sehr langen, scharfen, die Hälfte des Metatarsus erreichenden Dorn ausgezogen.

In einem Exemplare von der Insel Sansibar vorliegend.

Malacosoma, Rosenh.

Thiere Andalus. p. 327.

404. *Malacosoma pusilla,* n. sp.

Nigra, glabra, nitida, antennarum basi, fronte, prothorace, elytrorum apice et lateribus nec non pedibus ferrugineis: elytris viridi-micantibus, disperse punctatis et transverse rugulosis. Long. 3½ mill.

Sehr viel kleiner als die übrigen bis jetzt bekannten Arten der Gattung. Fühler mässig derb und lang, pechschwarz, das Basalglied licht, die beiden folgenden dunkler rostroth. Kopf und Mundtheile gleichfalls rostroth, der Scheitel jedoch tief schwarz mit leichtem, grünlichem Erzglanz; oberhalb der beiden gewöhnlichen Stirnwulste eine meist tiefe, runde Grube. Prothorax verhältnissmässig klein, um die Hälfte breiter als lang, beiderseits stark gerundet, nach hinten etwas stärker als nach vorn verengt, Vorder- und Hinterecken etwas verdickt und aufgebogen; die Oberfläche kissenartig gewölbt, mit fast glatter Mitte, beiderseits zerstreut und unregelmässig punktirt. Flügeldecken gleich dem Schildchen schwarz mit grünem Erzglanz, der Seitenrand von der Mitte ab, der Nahtrand im Bereich des letzten Drittheils und die Spitze in weiter Ausdehnung rostgelb; die Oberfläche fein ciselirt, seidenartig glänzend, gegen die Naht hin zerstreut und fein, längs der Mitte dichter und grober punktirt, zwischen den Punkten zu leichten Querrunzeln erhoben. Brust und Hinterleib tief schwarz mit leichtem Erzglanz, greis behaart; Beine rostgelb mit pechbraunen Tarsen.

Vom See Jipe (Ende Octobers 1862) und von der Insel Sansibar (Cooke) vorliegend.

405. *Malacosoma (?) litura,* n. sp.

Glabra, nitida, testacea, antennis apicem versus fuscis, prothoracis macula lineari media, elytrorum sutura, pectore abdomineque nigro-piceis: prothorace utrinque oblique punctato-sulcato, elytris subtiliter punctatis, supra marginem lateralem profunde impressis. Long. $2\frac{1}{2}$–3 mill.

Körper oberhalb glatt und sehr glänzend scherbengelb, die Fühler vom fünften Gliede an leicht gebräunt, die Endglieder pechbraun; das dritte und vierte Glied gleich lang, die folgenden bis zum neunten an Länge und Breite ein wenig zunehmend, die beiden letzten merklich dünner. Die Fühler im Ganzen schwach, nur von $^2/_3$ der Körperlänge. Scheitel stark glänzend, ohne Eindruck und wahrnehmbare Punktirung. Prothorax leicht quer, seitlich stark gerundet, vorn und hinten fast gleich breit, gleichmässig gewölbt, fein aber deutlich, gesperrt punktirt, lebhaft glänzend, längs der Mitte mit einer linearen oder schmal eiförmigen, die Basis und Spitze freilassenden pechschwarzen Makel; von den Vorderwinkeln gegen die Scheibe hin verläuft jederseits eine durch sehr grobe Punkte gebildete, furchenartige Linie. Schildchen gebräunt, die Naht der Flügeldecken in geringer Breite pechbraun. Letztere fast doppelt so lang als an der Basis zusammen breit, parallel, etwas dichter und stärker als der Prothorax, dabei aber nur seicht punktirt, im Bereich der Nahthälfte mit zwei feinen lichten Längslinien, oberhalb des Seitenrandes vor der Mitte der Länge mit tiefem und schmalem Längseindruck, welcher von dem grob punktirten Rande selbst durch eine erhabene Falte geschieden wird. Brust und Hinterleib tief pechschwarz, glänzend; Beine durchaus rostgelb.

In einigen Exemplaren bei Mombas (September 1862) gesammelt.

Oedionychis, Latr.

Règne anim. 2. éd. V. p. 154.

406. *Oedionychis rubiginosa*, n. sp.

Oblongo-ovata, convexa, parum nitida, rufa, antennis basi excepta, mandibularum apice, genubus, tibiis tarsisque nigris; prothorace subtilius et disperse, elytris confertim punctatis. Long. 9 mill.

Fühler derb, matt schwarz, die drei ersten Glieder rostroth; das zweite nur um ein Drittheil kürzer als das dritte und dem vierten an Länge fast gleichkommend. Mandibeln mit schwärzlich pechbrauner Spitzenhälfte. Scheitel zerstreut, Stirn runzlig punktirt, letztere zwischen der Querfurche und der Fühlerinsertion mit zwei länglich viereckigen Wulsten. Prothorax quer, nach vorn trapezoidal verschmälert, stark gewölbt, mit ziemlich breitem, flach abgesetztem Seitenrande; über die Scheibe hin fein und zerstreut, seitlich und besonders nahe der Basis grob und ziemlich dicht punktirt, etwas glänzender als die Flügeldecken. Schildchen nur an der äussersten Basis mit einigen Punkten, sonst glatt. Flügeldecken oval, an der Basis etwas breiter als der Prothorax, nach hinten allmählig und leicht erweitert, mit Ausnahme der glatten Schulterbeulen dicht und bis zum letzten Drittheil fast gleichmässig stark punktirt, die Punkte gegen die Spitze hin allmählig feiner werdend; der abgesetzte Seitenrand etwas lichter als die intensiv rostrothe Oberseite. Brust ausser der feinen Punktirung dicht querriefig, Hinterleib grober und dicht punktirt, behaart. Kniee, Schienen und Tarsen pechschwarz; Hinterschenkel sphärisch dreieckig, höchstens um $^1/_3$ länger als breit; Klauenglied der Hintertarsen sehr stark kuglig angeschwollen.

In einem einzelnen Exemplare von Mombas (Ende Novembers 1862) vorliegend. Die Art steht einer von Boheman unter dem Namen *Oxocephala pallida* versandten und von Port Natal stammenden sehr nahe.

407. *Oedionychis (?) vernicata*, n. sp.

Tarsorum anteriorum articulis duobus primis inflatis: oblongo-ovata, parum convexa, glabra, nitidissima, testacea, antennis basi excepta, capite, scutello, elytrorum vitta suturali maculisque duabus discoidalibus — subhumerali oblonga, posteriore permagna, triquetra — pectore abdominisque basi nigro-piceis: vertice utrinque grosse, prothorace subtiliter punctato. Long. 8½ mill.

Eine durch die Bildung der Vorder- und Mitteltarsen sehr ausgezeichnete Art, welche vielleicht als besondere Gattung abgeschieden werden dürfte. — Stirn nebst den vier ersten Fühlergliedern rostfarben, die folgenden pechbraun, das Endglied gleich den Tastern wieder lichter braun. Scheitel tief schwarz, spiegelblank, jederseits oberhalb des Auges mit einer Gruppe grober Punkte. Prothorax stark quer, doppelt so breit als lang, nach vorn leicht trapezoidal verschmälert, die breiten, flach abgesetzten Seitenränder nur schwach gerundet, etwas lichter gelb als die schwach gewölbte Scheibe, welche bei zerstreuter und feiner, nur vor der Basis etwas stärkerer Punktirung gleich den Flügeldecken einen lebhaften, firnissartigen Glanz zeigt. Schildchen pechschwarz, gelb gerandet. Flügeldecken an der Basis von Prothoraxbreite, bis über die Mitte der Länge hinaus allmählig verbreitert, hinten eiförmig abgerundet, leicht gewölbt, auf gelbem Grunde mit einer gemeinsamen, durchgehenden, zwischen Basis und Mitte etwas winklig erweiterten und an der Spitze fleckenartig nach aussen gebogenen Nahtbinde, sowie mit zwei Scheibenflecken von schwärzlich pechbrauner Farbe: von letzteren ist der vordere, sich der Schulterbeule nach innen und hinten anschliessende klein und länglich viereckig, der vor der Mitte der Länge beginnende hintere vorn mehr denn doppelt so breit und hier schräg abgestutzt, rückwärts stark dreieckig verschmälert und etwa bis zum letzten Viertheil reichend. Die Punktirung auf der ganzen hinteren Hälfte der Oberfläche sehr fein und zerstreut, auf der vorderen besonders längs der Naht und zwischen den beiden Flecken sehr deutlich und viel dichter, stellenweise sogar grob. Hinterbrust und Hinterleib bis auf die beiden Endsegmente glänzend schwarz. An den beiden vorderen Beinpaaren die Spitzenhälfte der Schenkel, die Schienenbasis und die Tarsen pechbraun, an letzteren die beiden Basalglieder blasig aufgetrieben, glatt und glänzend. Hinterbeine dunkel kastanienbraun, mit schwärzlicher Schenkelspitze und Schienenbasis; Schenkel oval, sehr glänzend, zerstreut punktirt, das Endglied der Tarsen halbkuglig gewölbt, kastanienbraun, die vorhergehenden licht rostgelb.

Bei Uru Mitte Novembers 1862 aufgefunden.

Haltica, Illig.

Magaz. f. Insektenk. I. p. 138.

Altica, Geoffr.

408. *Haltica (Aphthona) Cookei*, n. sp.

Ovata, nitida, ferruginea, antennarum apice femoribusque posticis nigro-piceis, femoribus anterioribus fusco-annulatis; elytris subtilissime disperse punctulatis. Long. 3 mill.

Der *Halt. laevigata*, Illig. (Magaz. f. Insektenk. VI. p. 61. No. 11) sehr nahe stehend, von gleicher Form und Grösse, aber dunkler rostfarben, lebhafter glänzend und durch die Färbung der Beine leicht zu unterscheiden. Fühler bei weitem dünner, die vier ersten Glieder licht rothgelb, das fünfte bräunlich, die übrigen schwarz. Am Kopf die Stirnwulste beträchtlich kleiner, der Scheitel anscheinend glatt. Prothorax nach vorn mehr verschmälert, mit breiter abgerundeten Vorderecken und stärker gewölbter Oberfläche; letztere lebhaft glänzend, über die Scheibe hin nur sehr vereinzelt und kaum wahrnehmbar, an der Basis etwas deutlicher, aber auch hier noch äusserst fein punktirt. Flügeldecken zusammen kurz eiförmig, in der den Seitenrand absetzenden Furche stärker als bei *Halt. laevigata* punktirt, im Uebrigen nur mit sehr feinen und zerstreuten Pünktchen besetzt, welche bei der bräunlichen, fast in Längslinien angeordneten Tüpfelung der Oberfläche um so schwerer bemerkbar sind. Vorder- und Mittelschenkel mit breitem pechbraunem Ringe; Hinterschenkel glänzend pechschwarz, mit rothbraun durchscheinender Basis, die Hinterschienen gegen die Spitze hin und sämmtliche Tarsen gebräunt.

Von Mombas (September 1862) und der Insel Sansibar (Cooke).

409. *Haltica (Crepidodera) tosta*, n. sp.

Ovata, nitida, rufo-brunnea, prothorace disperse punctulato, ad basin bisulco, elytris aeneo-micantibus, striato-punctatis, interstitiis subtilissime punctulatis. Long. 2½—3 mill.

Im Körperumriss der Europäischen *Halt. Modeeri*, Lin. gleichend, aber etwas grösser. Körper mit Einschluss der Fühler und Beine einfarbig rothbraun, nur die Flügeldecken an der Naht etwas dunkler und hier mit deutlichem grünem Erzglanz. Fühler an der Basis lichter rostroth, Mandibeln mit schwärzlicher Spitze. Scheitel mit kaum wahrnehmbarer Punktirung, sehr glänzend. Prothorax nach vorn etwas weniger verschmälert als bei *Halt. Modeeri*, mit tiefer herabgebogenem und feinerem Seitenrand, gleichmässiger gewölbt, eher etwas dichter, aber beträchtlich feiner punktirt, die beiden Längsfurchen der Basis kurz, scharf abgegrenzt, nicht durch einen Quereindruck verbunden. Schildchen glatt. Flügeldecken zusammen kurz oval, die Punktstreifen nahe der Naht feiner und regelmässig, nach aussen allmählig stärker und hinter der Mitte etwas verworren, alle gegen die Spitze hin undeutlicher werdend; die Zwischenräume mit äusserst feinen Pünktchen unregelmässig besetzt. Hinterbrust und Hinterleib etwas dunkler rothbraun als die Beine.

Von Mombas (September 1862).

Argopus, Fisch.

Entomogr. Imp. Ross. II. p. 1[illegible].

410. *Argopus pusillus*, n. sp.

Oculis amplis, fronte angusta: breviter ovatus, rufus, disperse punctatus, subnitidus, ore, antennis pedibusque ferrugineis. Long. 2½ mill.

Sehr viel kleiner als der Europäische *Arg. Ahrensi*, Germ., flacher gewölbt, von dunklerer Färbung, durch kürzere Fühler, schmalere Stirn u. s. w. abweichend.

Körper braunroth, ziemlich glänzend, glatt. Fühler licht rostfarben mit gelblicher Basis, das zweite Glied um ein Drittheil kürzer als das erste, das dritte und vierte zusammengenommen kaum länger als das zweite; die folgenden an Länge und Breite allmählig zunehmend, die vier vorletzten nur um die Hälfte, das elfte doppelt so lang als breit, zugespitzt eiförmig. Augen gross, grob facettirt, die Stirn schmal, kaum von Augenbreite, der Scheitel verloschen punktirt. Prothorax verhältnissmässig schmal, deutlich gerandet, der Rand an den Vorderecken aufgewulstet, die oberhalb derselben liegenden Seitentheile nicht eingedrückt, sondern vielmehr etwas aufgetrieben, die Scheibe überall fein und zerstreut, fast gleichmässig punktirt. Schildchen dreieckig, glatt. Flügeldecken von gleichem Umriss wie bei *Arg. Ahrensi*, etwas stärker und weitläufiger als der Prothorax, gegen die Naht hin übrigens merklich feiner als nach aussen punktirt, wo die Punkte zugleich mehr reihenweise angeordnet sind. Hinterleib an der Basis gebräunt. Beine licht rostfarben; Schienen fast gerade, ohne scharfe Längskante.

In einem einzelnen Exemplare vom See Jipe (Ende Octobers 1862) vorliegend.

Hispa, Lin.

Syst. nat. ed. XII. p. 603.

411. *Hispa quadrifida*, n. sp.

Antennis prothoracisque disco inermibus, hujus lateribus anterius spinis quatuor longis, basi conjunctis, posterius unica minore armatis: atra, glabra, elytris leviter aeneo-micantibus, irregulariter rude punctatis et multispinosis, spinis dorsalibus pro parte validissimis. Long. 4–4½ mill.

Zur Gruppe der Südeuropäischen *Hispa testacea*, Lin. gehörend, gleich dieser mit einfachen Fühlern und unbedorntem Prothoraxrücken; schwarz, die Flügeldecken mit leichtem Erzglanz. Fühler verhältnissmässig kurz und derb, das Basalglied an der Spitze rothbraun durchscheinend, das dritte Glied ihm an Länge fast gleichkommend und um die Hälfte länger als das vierte, die fünf Endglieder dicht seidig, greisgelb behaart. Mundgegend pechbraun, Scheitel gegen die Fühler hin gefurcht. Seiten des Prothorax vorn mit vier langen, gespreizten, aus einem gemeinsamen kurzen Stamme entspringenden Dornen bewehrt, welchen weiter nach hinten noch ein einzelner, kürzerer und schwächerer folgt; der Rücken niedergedrückt, matt kohlschwarz, hinter der Mitte stark quer eingedrückt, beiderseits von der seichten Mittelfurche dicht grubig punktirt. Schildchen halbkreisförmig, durch sehr feine und dichte Granulirung matt. Flügeldecken unregelmässig und äusserst grob punktirt, am Seitenrand mit zwölf horizontalen, nach hinten sehr viel kürzer werdenden Dornen bewehrt; die aufgerichteten der Oberfläche ziemlich scharf in kurze, dünne und in sehr kräftige, lange gesondert, von letzteren besonders vier nahe der Naht, vier längs der Mitte, sechs gegen den Aussenrand hin in die Augen fallend. Metasternum und Hinterleib glänzend, fast glatt, gleich den Beinen schwärzlich pechbraun.

Auf der Insel Sansibar von Cooke gesammelt.

412. *Hispa pachycera*, n. sp.

Taf. XIII. Fig. 1.

Antennis crassiusculis, inermibus, prothoracis disco utrinque bi-, lateribus trispinosis: testacea, parce setulosa, elytris profunde seriatim punctatis, interstitiis linearibus, alternis subcostulatis, spinis marginalibus gracilioribus, dorsalibus apicem versus conicis, congestis. Long. 5½ mill.

Zur Gruppe der *Hispa aculeata*, *Klug (in Erman's Reise p. 47. No. 172) gehörend, indem die Fühler unbewehrt, der Prothorax dagegen sowohl oberhalb wie seitlich bedornt ist; von gleicher Grösse wie die genannte Art, aber in der Fühlerbildung und der Bedornung der Flügeldecken wesentlich verschieden, licht ockerbraungelb, matt, auf dem Prothorax mit niederliegenden, auf den Flügeldecken mit aufgerichteten weisslichen Borstenhärchen sparsam besetzt, alle Dornen mit rothbrauner und zuletzt schwärzlicher Spitze. Fühler nur von halber Körperlänge, sehr dick, licht braun mit schwärzlicher Basis; das erste Glied um die Hälfte, das dritte bis fünfte nur wenig länger als das quadratische zweite, von den mit feinen, staubartigen gelben Härchen bekleideten fünf Endgliedern das erste und letzte deutlich länger als die mittleren. Backen und Scheitel licht braun, letzterer mit zwei aufeinander folgenden Grübchen. Auch der Prothorax über die Scheibe hin röthlich braun, beiderseits mit schwärzlicher Strieme; sowohl die beiden Rücken- wie die drei Seitendornen jeder Hälfte aus einer gemeinschaftlichen Wurzel entspringend. Schildchen stumpf dreieckig, durch feine Ciselirung matt, an den Rändern gebräunt. Flügeldecken in regelmässigen Längsreihen sehr grob, wellenartig punktirt, die linearen Zwischenräume abwechselnd leistenartig erhaben. Am Seitenrand elf, vom dritten an sehr lange und schlanke Dornen, welche vom vierten an sehr viel kürzere und dünnere zwischen sich haben. Die Naht mit kleinen spitzen Höckern, gegen das Schildchen hin dagegen mit zwei bis drei Dornen besetzt; auf der ersten Längsrippe zeichnen sich zwei Doppel- und vor der Spitze drei einfache Dornen durch besondere Stärke aus, während auf den beiden folgenden die dickeren, kegelförmigen überhaupt nach dem hinteren Ende hin zusammengedrängt erscheinen. Mittel- und Hinterbrust gebräunt, letztere querrunzlig; Hinterleib besonders längs der Mitte ziemlich grob runzlig punktirt, gleich den Beinen matt gelb.

Gleichfalls von der Insel Sansibar.

Aspidomorpha, Hope.

Coleopt. Manual. III. p. 158.

413. *Aspidomorpha quadrimaculata*, Oliv.

Cassida quadrimaculata, Olivier, Entomol. VI. 97. p. 945. No. 35. pl. 4. Fig. 68. (♂).
Aspidomorpha quadrimaculata, Boheman, Monogr. Cassidid. II. p. 263. No. 20. (♂).
Aspidomorpha Westermanni, (Dej.) Boheman, ibid. II. p. 262. No. 19. (♀).

Ein der Olivier'schen Figur entsprechendes männliches Exemplar mit schmalerem abgesetztem Seitenrande der Flügeldecken liegt von der Sansibar-Küste vor. Die Art ist ausserdem in Senegambien, Guinea und Mosambik einheimisch.

Cassida, Lin.

Syst. nat. ed. XII. p. 574.

414. *Cassida tigrina*, Oliv.

Cassida tigrina, Olivier, Entom. VI. 97. p. 957. No. 54. pl. 5. Fig. 78. — *Boheman, Monogr. Cassidid. II. p. 336. No. 6.

Von dieser am Cap und im Cafferlande häufigen Art liegen zwei bei Endara (December 1862) gesammelte Exemplare vor, welche sich von den Südafrikanischen durch ganz, resp. grösstentheils gelb gefärbte Brust unterscheiden; abgesehen von dieser Uebereinstimmung repräsentiren dieselben in Betreff der Fleckung der Oberseite zwei extreme Varietäten.

415. *Cassida vigintimaculata*, Thunb.

Cassida vigintimaculata, Thunberg, Nov. Insect. spec. p. 86. Fig. 25. — Herbst, Käfer VIII. p. 264. No. 34. Taf. 132. Fig. 6. — *Boheman, Monogr. Cassidid. II. p. 351. No. 24.

In einem Exemplare von Endara (December 1862) vorliegend, sonst am Cap und im Cafferlande einheimisch.

416. *Cassida dorsovittata*, Boh.

Cassida dorsovittata, *Boheman, Monogr. Cassidid. II. p. 385. No. 59.

Von dieser am Cap und bei Port Natal einheimischen Art wurde ein Exemplar auf Sansibar von Cooke gefunden.

417. *Cassida lacrymosa*, Boh.

Cassida lacrymosa, *Boheman, Monogr. Cassidid. II. p. 387. No. 61.

Ein bei Mbaramu (October 1862) aufgefundenes Exemplar stimmt mit solchen vom Cap und Port Natal durchaus überein.

Fam. Erotylidae, Gerst.

Episcapha, (Dej.) Lac.

Monogr. d. Erotyl. p. 48.

418. *Episcapha scenica*, n. sp.

Taf. XIII. Fig. 2.

Nigra, confertim punctata, pubescens, subnitida, prothoracis maculis duabus oblongis, elytrorum annulo humerali fasciisque duabus posterioribus angustis, undulatis sanguineis; antennarum clava angusta, elytrorum striis prope suturam tantum perspicuis. Long. 12½ mill.

Der *Episc. oculata*, Lacord. (a. a. O. p. 51. No. 2) zunächst stehend, aber schmaler, weniger gewölbt, mit stärker punktirtem, roth geflecktem Prothorax; auch in der Flügeldeckenzeichnung und der Fühlerbildung abweichend. — Drittes Fühlerglied deutlich länger als die gleich langen 4.—8., die Keule um die Hälfte schmaler, überhaupt kleiner als bei *Episc. oculata*. Kopf gleich dem Prothorax grober und wenigstens in der Mitte weniger gedrängt punktirt, beide nur schwach greis behaart, so dass die Grundfarbe fast rein schwarz erscheint; der Prothorax ausserdem etwas kürzer, nach vorn mehr verschmälert, seitlich feiner gerandet, beiderseits von der Mitte mit einem den Vorderrand fast berührenden und hier etwas erweiterten, auf die halbe Länge ausgedehnten blutrothen Längsfleck gezeichnet. Schildchen dicht punktirt. Flügeldecken schmaler und etwas länger als bei *Epim. oculata*, sehr viel feiner als der Prothorax, aber nicht so dicht wie dessen Seiten punktirt, auf dunklem Grunde schwarzbraun, auf hellem goldgelb behaart; von den gewöhnlichen Punktstreifen sind nur die beiden der Naht zunächst liegenden deutlich wahrnehmbar und auch diese nur bis jenseits der Mitte ausgeprägt. Die Anordnung der rothen Zeichnung ist ganz diejenige der *Epim. oculata*, ihre Ausdehnung aber viel geringer; der Schulterring ist am Aussenrand nicht geschlossen, der hintere sowohl an der Naht wie am Seitenrande breit unterbrochen und so in zwei schmale, wellige Querbinden aufgelöst. Seiten der Vorderbrust sehr grob und gedrängt, Prosternum sperriger und feiner punktirt, leicht querrunzlig; Hinterbrust breit und seicht gefurcht, die Mitte bei feiner und zerstreuter Punktirung glänzend. Hinterleib durch stärkere und dichte Punktirung fast matt.

In einem einzelnen, von den Ugono-Bergen stammenden Exemplare vorliegend.

Fam. **Endomychidae**, Leach.

Ancylopus, (Dej.) Costa.

Faun. d. regno di Napoli, Endomichid. p. 14.

419. ***Ancylopus unicolor***, Gerst.

Ancylopus unicolor, *Gerstaecker, Monogr. d. Endomychid. p. 194. No. 4

Von dieser bereits aus Port Natal bekannten Art liegt ein einzelnes, noch nicht völlig ausgebildetes, nämlich weichhäutiges und unausgefärbtes Exemplar von Mombas (September 1862) vor.

Fam. **Coccinellina**, Gerst.

Bulaea, Muls.

Spec. d. Coléopt. sécurip. p. 69.

420. ***Bulaea Bocandei***, Muls.

Bulaea Bocandei, Mulsant, Spec. d. Coléopt. sécuripalpes p. 71. No. 2.

Ein von der Insel Sansibar stammendes Exemplar mit grossen, theilweise zusammenfliessenden Flügeldeckenflecken weicht von den Mulsant'schen Angaben durch schwarzes Schildchen und eine gleichfarbige Querbinde des Metasternum ab, ist aber von den Senegambischen offenbar nicht specifisch verschieden.

Coccinella, (Lin.) Muls.

Coléopt. d. France, Sécurip. p. 71.

421. *Coccinella repanda*, Thunb.

(1781) *Coccinella repanda*, Thunberg. Nov. Insect. spec. p. 18. Fig. 25. — Mulsant, Spec. d. Coléopt. sécurip. p. 124. No. 30.

(1781) *Coccinella transversalis*, Fabricius, Spec. Insect. I. p. 97. No. 24. — Mant. Insect. I. p. 57. No. 31. — Entom. syst. I. 1. p. 275. No. 45. — Syst. Eleuth. 1. p. 365. No. 54.

(1787) *Coccinella tricincta*, Fabricius, Mant. Insect. I. p. 55. No. 20. — Entom. syst. I. 1. p. 271. No. 25. — Syst. Eleuth. I. p. 361. No. 33. — Olivier, Entom. VI. p. 997. No. 14. pl. 1. Fig. 7.

Coccinella variana, Fabricius, Entom. syst. suppl. p. 78. No. 29—30. — Syst. Eleuth. I. p. 363. No. 41.

Coccinella contempta et Tongatabou, Boisduval, Voyage de l'Astrolabe. p. 592. No. 5 u. p. 595. No. 12. pl. 8. Fig. 24.

Unter fünf von der Insel Sansibar (Cooke) vorliegenden Exemplaren gehört eins der Varietät mit durchgehender zweiter Querbinde der Flügeldecken an; bei den übrigen ist dieselbe gegen die Naht hin abgekürzt. — Die Art gehört zu den am weitesten verbreiteten Coccinellinen, indem sie vom Cap über Ostindien, die Sunda-Inseln und Philippinen bis nach Australien und den Südsee-Inseln reicht.

Thea, Muls.

Coléopt. d. France, Sécurip. p. 159.

422. *Thea imbecilla*, n. sp.

Dilute flava, prothorace ante scutellum et utrinque — hic latius — impresso, marginibus lateralibus pellucidis: elytris perspicue et sat dense punctatis, maculis novem, pro parte confluentibus nigro-fuscis. Long. 2¼ mill.

Beträchtlich kleiner als *Thea variegata*, Fab., Muls. (Spec. d. Coléopt. sécurip. p. 206. No. 1) und *Thea nasuta*, *Erichs. (*Coccin. nasuta*, Archiv f. Naturgesch. IX. 1. p. 266. No. 122), von beiden durch ungefleckten Prothorax, stärkere Punktirung der Flügeldecken und die Anordnung der Flecken auf letzteren unterschieden. — Körper sehr licht strohgelb. Kopf und Prothorax glatt und glänzend, letzterer mit tiefem, grubenförmigem Eindruck vor dem Schildchen und zwei grossen viereckigen seitlichen; der Seitenrand in ansehnlicher Breite ungefärbt, glasartig durchscheinend. Schildchen schwärzlich braun. Flügeldecken ziemlich gleichmässig dicht und verhältnissmässig stark punktirt, längs der Naht und innerhalb des Seitenrandes intensiver, d. h. mehr citronengelb gefärbt, ihre schwarzbraune Fleckenzeichnung von folgender Anordnung: die erste Querreihe nahe der Basis aus zwei grossen, zusammenfliessenden, die zweite aus drei Flecken bestehend, deren innerster (3.) bei der Mitte der Länge, isolirt, der 4. und 5. dagegen zu einer commaförmigen, weiter nach vorn reichenden Makel vereinigt sind; die dritte Querreihe gleichfalls durch drei Flecke gebildet, von denen der innerste (6.) schmal ist und die Naht berührt, der 7. und 8. gross und mit einander verschmolzen sind; in der vierten Reihe (vor der Spitze) nur ein einzelner, kleiner Fleck. Unterseite nebst Beinen einfarbig gelb.

In einem einzelnen Exemplare von den Ugono-Bergen vorliegend.

Leis, Muls.

Spec. d. Coléopt. trimères sécurip. p. 241.

423. *Leis vigintiduo-signata*, Muls.

Leis vigintiduo-signata, Mulsant, Spec. d. Coléopt. sécurip. p. 255. No. 10.

Zwei von Cooke auf der Insel Sansibar gefundene Exemplare zeigen übereinstimmend den innersten Punkt der zweiten Querreihe auf den Flügeldecken fleckenartig vergrössert, alle übrigen klein. Bei den nicht unbeträchtlichen Schwankungen in der Fleckenzeichnung, welche diese Art eingeht, ist es nicht unwahrscheinlich, dass auch *Leis dilatata*, Muls. (a. a. O. p. 253. No. 9) in ihre Varietäten-Reihe gehört. Ausser Sansibar ist dieselbe bereits aus Guinea (Mulsant) und Senegambien (Bequet in Mus. Berol.) bekannt.

Alesia, Muls.

Spec. d. Coléopt. sécurip. p. 343.

424. *Alesia Olivieri*, Gerst.

Alesia Olivieri, *Gerstaecker, Insekt. v. Mossamb. p. 347.
Coccinella striata, Olivier, Entom. VI. p. 99[illegible] No. 8. pl. V. Fig. 59.

In zahlreichen Exemplaren von Mombas und Arusche (September 1862) vorliegend. Die Art ist über Mosambik und das Cafferland bis zum Cap hin verbreitet.

425. *Alesia Aurora*, n. sp.

Taf. XIII. Fig. 3

Breviter ovata, supra testacea, nitida, puncto frontali, prothoracis signatura basali quadrifenestrata, scutello, elytrorum marginibus strigaque discali basin attingente ramumque internum emittente nigris, his insuper roseo-bivittatis. Long. 6½ mill.

Der Körper dieser schön gezeichneten Art ist unterhalb tief schwarz, oberhalb licht ockergelb, glänzend und glatt, kaum bemerkbar punktirt. Mandibeln mit schwarzer Spitze, Endglied der Taster rostfarben. Ein mit der Spitze nach hinten gekehrter Stirnfleck, ebenso der Basal-, ein Theil des Seitenrandes und eine mit beiden im Zusammenhang stehende gitterförmige Zeichnung der Halsschildbasis schwarz; letztere besteht aus vier in der Querrichtung aneinander gereihten Ringen, welche eben so viele Flecke der Grundfarbe (die mittleren nierenförmig, die seitlichen quer dreieckig) einschliessen. Gleich dem Schildchen sind ferner auf den Flügeldecken die innere Hälfte des Basalrandes schmal, der ganze übrige Umkreis dagegen breit schwarz gesäumt; von gleicher Breite ausserdem ein von der Mitte des Basalrandes ausgehender und hinten in den Nahtsaum einmündender mittlerer Längsstreifen, welcher nicht weit hinter der Basis unter einem rechten Winkel einen Querast nach innen absendet. Im Centrum der durch den schwarzen Streifen gebildeten beiden Längsfelder jeder Flügeldecke verläuft auf gelbem Grunde eine rosenrothe Längsbinde, welche im Innenfelde vorn durch den Querast abgekürzt, dagegen doppelt so breit als im Aussenfelde erscheint. Beine rostfarben; die

Vorderschenkel an der Basis, die mittleren bei der Mitte, die hinteren im Bereich der beiden letzten Drittheile unterhalb pechbraun geringelt.

In einem einzelnen, bei Uru (November 1862) gefundenen Exemplare vorliegend.

426. *Alesia amoenula*, n. sp.

Hemisphaerica, subtilissime punctulata, nitida, aurantiaca, capite prothoraceque testaceis, illius macula magna triquetra, hujus dimidio basali — maculis duabus flavis exceptis —, labro, scutello elytrorumque margine toto nigris. Long. $3\frac{1}{3}$ – $3\frac{2}{3}$ mill.

Körper fast kreisrund, halbkuglig gewölbt, oberhalb äusserst fein punktirt, glänzend. Fühler und Taster licht rostfarben. Kopf blass scherbengelb, mit grossem, die ganze Breite des Vorderrandes einnehmendem, nach hinten zugespitztem schwarzem Stirnfleck; Oberlippe gleichfalls schwarz. Prothorax vorn und seitlich blass scherbengelb, die ganze Basis in Form eines grossen, vorn vierlappigen Fleckes, dessen beide breitere und quer abgestutzte Mittellappen bis nahe an den ausgeschnittenen Theil des Vorderrandes herantreten, tief schwarz; auf seiner Mitte zwei schräge gelbe Fleckchen. Schildchen schwarz. Flügeldecken lebhaft orangegelb, ringsherum schwarz gesäumt; der Saum an der Basis beträchtlich schmaler als längs der Naht und des Aussenrandes, an welch' letzterem er auch auf die Unterseite übergeht. Brust und Schenkel pechbraun, Schienen, Tarsen und Hinterleib licht rostfarben.

Auf der Insel Sansibar von Cooke entdeckt.

Cydonia, Muls.

Spec. d. Coléopt. sécurip. p. 480.

427. *Cydonia lunata*, Fab.

(1775) *Coccinella lunata*, Fabricius, Syst. Entom. p. 83. No. 43. — Spec. Insect. I. p. 103. No. 53. — Mant. Insect. I. p. 61. No. 90. — Entom. syst. I. 1. p. 289. No. 106. — Syst. Eleuth. I. p. 384. No. 146. — Olivier, Entom. VI. p. 1057. No. 108. pl. IV. Fig. 61.
Cydonia lunata, Mulsant, Spec. d. Coléopt. sécurip. p. 481. No. 2.
(1781) *Coccinella* [illegible], Thunberg, Nov. Insect. spec. p. 22. Fig. 33.
Coccinella sulphurea, Olivier, Encycl. méth. VI. p. 77. No. 125. — Entom. VI. p. 1058. No. 109. pl. I. Fig. 6.
Coccinella vulpina, Fabricius, Entom. syst. suppl. p. 80. No. 116—117. — Syst. Eleuth. I. p. 386. No. 159.

Zwischen dem See Jipe und Moschi in grösserer Anzahl gesammelt; ausserdem auch von der Insel Sansibar (Cooke) vorliegend. Bei der Mehrzahl der Exemplare ist die Grundfarbe der Flügeldecken auf der Scheibe gelb, im Umkreis blutroth, bei einigen durchweg roth. — Die Art ist über West-, Süd- und Ost-Afrika verbreitet und erstreckt sich über Madagascar und Bourbon sogar bis nach Ostindien (Olivier).

Cheilomenes, Muls.

Spec. d. Coléopt. sécurip. p. 443.

428. *Cheilomenes (?) pardalina*, n. sp.

Taf. XIII. Fig. 4.

Breviter ovata, testacea, dense punctulata, subnitida, prothoracis maculis quatuor — intermediis basalibus, triquetris — nec non signatura V formi disculi elytrorumque sutura brunneis, horum punctis quatuordecim (4. 4. 4. 1. 1.) nigro-fuscis. Long. 6 mill.

Die vorstehende Art scheint sich in keine der von Mulsant (a. a. O.) errichteten Gattungen genau einzufügen, schliesst sich aber am nächsten an *Cheilomenes* an, von deren typischer Art (*Cheil. sexmaculata*, Fab.) sie durch den weniger ausgeschnittenen Clypeus, etwas kürzeren und mehr queren Prothorax, kleineres, gleichseitig dreieckiges Schildchen und den vorn nicht aufgebogenen Seitenrand der überdies stumpfer abgerundeten Flügeldecken abweicht. — Kopf nebst Mundtheilen und Fühlern licht rostfarben, letztere mit geschwärztem Endgliede. Prothorax mit wenig hervortretenden, stumpf abgerundeten Vorderecken und schmal aufgebogenen Seitenrändern, bei der dichten Punktirung der Oberseite nur mässig glänzend, auf scherbengelbem Grunde mit einem Vförmigen Scheiben-, zwei länglich dreieckigen Basal- und zwei kleineren rundlichen Seitenflecken von licht brauner Farbe. Eine solche zeigen ausserdem das Schildchen und die Flügeldecken-Naht bis auf das hinterste Fünftheil. Der scherbengelbe Grund der Flügeldecken scheckig grau unterlaufen, in der nächsten Umgebung der schwarzen Punkte jedoch rein und licht, so dass letztere in einen Ring eingefasst und ocellenförmig erscheinen. Zwölf derselben sind in drei Querreihen zu je vieren angeordnet, deren vorderste in einiger Entfernung von der Basis, die zweite bei $^2/_5$, die dritte bei $^3/_4$ der Flügeldeckenlänge verläuft. Der innerste Punkt der ersten Querreihe (1.) der Basis näher stehend als die übrigen, dicht hinter dem Schildchen, länglich, der 2. klein, der auf der Schulterbeule stehende 3. gross, nach vorn commaförmig verlängert, der 4. wieder klein und weiter vorgerückt. Der innerste Fleck der zweiten und dritten Querreihe (5. und 9.) gross, rundlich, den Nahtstreifen berührend, heller als die übrigen, mehr pechbraun; die beiden äusseren in jeder (7. 8. und 11. 12.) einander genähert und der dem Seitenrand zunächst stehende länger, mehr wischartig. Zwischen beiden hintereinander stehenden Einzelpunkten des letzten Drittheils zeigt sich noch ein von der Naht ausgehender, leicht bogiger schwärzlicher Querstrich. Hinterbrust und Hinterleib licht rostroth; Beine mehr röthlich gelb.

In einem einzelnen, am See Jipe (Ende Octobers 1862) gefundenen Exemplare vorliegend.

Chilocorus, Leach.

Edinb. Encycl. IX. 1. p. 116.

Coccinella, Klug

429. *Chilocorus distigma*, Klug.

Coccinella distigma, Klug in: Erman's Reise. p. 40. No 197.
Chilocorus rufipes, Mulsant, Spec. d. Coléopt. sécurip. p. 457. No. 7.

In zwei Exemplaren von Mombas vorliegend. Die Art ist von Senegambien um das Cap herum bis nach Abyssinien verbreitet.

430. *Chilocorus Wahlbergi*, Muls.

Chilocorus Wahlbergi, Mulsant, Spec. d. Coléopt. sécurip. p. 462. No. 13.

In einem Exemplare von Wanga (September 1862), in Mehrzahl von der Insel Sansibar (Cooke) vorliegend. Die Art ist auch im Cafferlande und in Mosambik einheimisch.

Exochomus, Redt.

Germar's Zeitschr. f. d. Entom. V. p. 118.

431. *Exochomus flavipes*, Thunb.

(1781) *Coccinella flavipes*, Thunberg, Nov. Insect. spec. p. 21. (♂)
(1790) *Coccinella aurita*, Scriba, Beitr. z. Insektengesch. I. p. 105, No. 86. Taf. 8. Fig. 16. — Journ. f. Liebh. d. Entom. p. 276. No. 150.
Coccinella nigripes, Wiedemann in: Germar's Magaz. d. Entom. IV. p. 163. No. 20. (♀)
Exochomus auritus, Redtenbacher in: Germar's Zeitschr. f. d. Entom. V. p. 121. — Faun. Austr. Käfer. p. 575. — Mulsant, Coléopt. d. France, Sécurip. p. 176. No. 2. — Spec. d. Coléopt. sécurip. p. 483. No. 7.

Beide Geschlechter vom See Jipe (Ende Octobers 1862) und von der Insel Sansibar (Cooke) vorliegend. — Ausser in Europa und Klein-Asien ist diese Art in ganz Süd-Afrika (Cap, Cafferland) und auf Madagascar einheimisch.

432. *Exochomus pulchellus*, n. sp.

Elytris subcordatis, supra cyaneus, punctulatus, subnitidus, prothoracis lateribus aurantiacis; infra cum pedibus rufus, pectore abdominisque basi nigris. Long. 3½—4 mill.

♂ *Capite et prosterno aurantiacis.*
♀ *Capite et prosterno nigris.*

Von ganz analoger Färbungsdifferenz der beiden Geschlechter wie die vorhergehende Art und dieser überhaupt sehr nahe stehend; die Oberseite des Körpers jedoch nicht rein schwarz, sondern dunkel cyanblau, matter glänzend, die Flügeldecken ausserdem etwas kürzer und von mehr herzförmigem Umriss. Der Kopf ohne merklichen Unterschied von *Exoch. flavipes*. Der Prothorax ein wenig breiter, die gelbgefärbten Seitenlappen etwas länger ausgezogen und an ihren Vorderecken weniger stumpf abgerundet; die Punktirung der schwärzlich blauen Scheibe etwas dichter, die feine Ciselirung des Grundes deutlicher und der Glanz daher geringer. Beides ist auch auf der lebhafter blauen Oberfläche der Flügeldecken der Fall, deren grösste Breite überdies vor der Mitte liegt und welche nach hinten stärker zugespitzt erscheinen als bei *Exoch. flavipes*. Die Unterseite des Körpers von gleicher Färbung wie bei diesem.

Beim Männchen ist der Kopf und die ganze Unterseite des Prothorax rothgelb, beim Weibchen die Mitte der letzteren gleich dem Kopf schwarz gefärbt.

In beiden Geschlechtern mehrfach am See Jipe (Ende Octobers 1862) aufgefunden.

433. *Exochomus ventralis*, n. sp.

Hemisphaericus, subtus rufo-ferrugineus, supra niger, nitidus, prothoracis lobis lateralibus ferrugineo-limbatis. Long. $3\frac{1}{2}$ mill. ♂♀.

♂ *Fronte clypeoque aurantiacis.*

Von der Form des *Exoch. nigripennis* (*Chilocorus nigripennis*, *Erichs., Archiv f. Naturgesch. IX. 1. p. 267. No. 123), jedoch etwas kleiner und durch die Färbung des Kopfes und Prothorax unterschieden. Der Körper ist unterhalb mit Einschluss der Beine rostroth, oberhalb schwarz, fein punktirt, glänzend. Kopf beim Weibchen schwarz, nur der Clypeus jederseits rostroth gesäumt; beim Männchen mit Einschluss der Oberlippe rothgelb, jedoch auf dem Scheitel und am Innenrand der Augen schwarz. Mandibeln und Endglied der Kiefertaster pechschwarz, erstere mit blutrother Spitze. Prothorax beiderseits am Vorderrande, auf der Grenze zu den Seitenlappen mit deutlicher Grube; jene an ihrem freien Rande ringsherum rostfarben gesäumt, zuweilen auch sie selbst pechbraun durchscheinend. Die Oberseite zwar fein, aber viel deutlicher als diejenige der Flügeldecken punktirt, welche gleich dem Schildchen einfarbig und glänzend schwarz sind.

In einem Paare von Mombas (September 1862) vorliegend.

Brumus, Muls.

Spec. d. Coléopt. sécurip. p. 492.

434. *Brumus nigrifrons*, n. sp.

Ovalis, laete rufus, nitidus, fronte, scutello, elytrorum vittis duabus — altera suturali, communi, altera discali, latiore —, metasterno, abdomine pedibusque nigris. Long. $3\frac{1}{2}$ mill.

Von ganz ähnlicher Flügeldecken-Zeichnung wie *Brum. suturalis* (*Coccinella suturalis*, Fab., Entom. syst. suppl. p. 78. No. 16—17), aber nicht nur merklich grösser, sondern auch von mehr ovalem Umriss und durch die schwarze Stirn, die weiter nach hinten reichenden Binden der Flügeldecken u. s. w. unterschieden. Körper oberhalb licht gelbroth, glänzend. Am Kopf von dieser Farbe nur die Oberlippe und Mandibeln; die Stirn, der Clypeus und das Endglied der Kiefertaster dagegen schwarz. Prothorax äusserst fein punktirt, etwas trüber roth als die Flügeldecken, längs der Basis der Scheibe schwärzlich pechbraun getüncht. Schildchen gleich einer gemeinsamen Naht- und einer vorn und hinten abgekürzten, breiten Scheibenbinde der Flügeldecken tief schwarz, letztere im Uebrigen lebhaft orangeroth. Die Nahtbinde von der Basis beginnend und erst kurz vor der Spitze unter schräger Abstutzung ihrer beiden Hälften endigend, der Nahtrand selbst jedoch auch noch hinter derselben fein schwarz gesäumt; die vorn schräg abgestutzte, hinten stumpf abgerundete Scheibenbinde jeder einzelnen um die Hälfte breiter als der zwischen ihr und der Nahtbinde liegende Streifen der Grundfarbe, mindestens $^{2}/_{3}$ der Flügeldeckenlänge gleich kommend. Unterhalb ist das Metasternum, der ganze Hinterleib, die Vorderschenkel, die Mittel- und Hinterbeine bis auf die Tarsen schwarz, das Mesosternum braunroth.

In einem einzelnen Exemplare von Mombas (September 1862) vorliegend.

Epilachna, Muls.

Coléopt. d. France. Sécurip. p. 192.

435. *Epilachna tetracycla*, n. sp.

Taf. XIII. Fig. 5.

Ovata, nigra, cinereo-pubescens, elytris cyanescentibus, annulis duobus magnis aurantiacis, posteriore intus aperto, ornatis. Long. 5½, lat. 4 mill.

Der kurz eiförmige Körper ist oberhalb sehr fein und dicht gedrängt, unterhalb stärker punktirt, unter der dichten aschgrauen Behaarung, welche die schwarze Grundfarbe dämpft, deutlich glänzend. Die Stirn beiderseits grubig eingedrückt, der Clypeus längs der Mitte etwas aufgewulstet, Oberlippe und Mandibeln röthlich braun durchscheinend. Prothorax 2½mal so breit als in der Mitte lang, ebenso dicht, aber beträchtlich feiner als die Flügeldecken punktirt, in der Mitte der Scheibe mit einer kurzen, seichten, auf die vordere Hälfte beschränkten Längsfurche versehen; die Seitenlappen nach vorn ziemlich stark abfallend, mit fast geradlinigem, leicht aufgebogenem Seitenrande, innerhalb desselben mit ziemlich starkem Längseindruck. Schildchen gleichseitig dreieckig. Flügeldecken beim ersten Viertheil der Länge am breitesten, allmählig verengt und nach hinten deutlich zugespitzt; der bei den abgerundeten Schultern deutlich aufgebogene Seitenrand kaum bis zur Mitte der Länge flach abgesetzt, die Oberfläche mässig gewölbt, dicht an der Basis neben dem Schildchen tief eingedrückt. Die schwarze Grundfarbe leicht blau schimmernd, aber durch die dichte und feine Behaarung schiefergrau erscheinend; von den beiden grossen orangegelben Ringen jeder einzelnen nimmt der vordere das Basaldritttheil der Länge ein, während der hintere einen ziemlich gleichen Abstand von der Mitte und Spitze zeigt. Der von dem vorderen eingeschlossene dunkle Fleck ist kleiner und mehr sphärisch dreieckig, der hintere grösser und fast kreisrund; ersterer steht in dem ihn umgebenden hellen Hof mehr nach aussen, letzterer mehr nach innen und durchbricht sogar letzteren an seiner Innenseite etwas. Unterseite nebst Beinen einfarbig schwarz; nur die Fussklauen im Bereich der gespaltenen Spitzen rothbraun.

Ein Exemplar dieser ausgezeichneten Art wurde Ende Novembers 1862 auf dem Kilimandscharo in einer Höhe von 8000' aufgefunden.

436. *Epilachna quatuordecim-signata*, Reiche.

Epilachna quatuordecim-signata, Reiche in: Ferret et Galinier, Voy. en Abyssin. III. p. 416. No. 5. pl. 26. Fig. 9. — Mulsant, Spec. d. Coléopt. sécurip. p. 741. No. 29.

Var. *Corpore pedibusque rufo-brunneis, elytrorum maculis duabus anterioribus parvis, basin haud attingentibus.*

Ein vom See Jipe (Ende Octobers 1862) stammendes Exemplar von nur 6½ mill. Länge weicht von den Abyssinischen durch die braunrothe Färbung des Körpers und der Beine, sowie durch geringere Grösse der beiden rothgelben Basalflecken der Flügeldecken ab; in geringerem Grade sind auch der vierte und sechste Fleck verkleinert.

437. *Epilachna Proserpina*, n. sp.

Taf. XIII. Fig. 6.

Subcordata, infra cum pedibus rufo-ferruginea, supra fusca, dense cinereo-pubescens, elytrorum maculis quinque (2. 2. 1.) magnis fulvis. Long. 8½, lat. 7½ mill.

In nächster Verwandtschaft mit *Epil. introguttata*, Muls. (Spec. d. Coléopt. sécurip. p. 746. No. 85) stehend, jedoch beträchtlich grösser und von dunkeler Färbung der Oberseite, wie die vorhergehende Art; von dieser durch die Zahl und Grösse der Flügeldecken-Flecke unterschieden. — Fühler und Mundtheile licht rostroth, die Spitze der Mandibeln und das Endglied der Kiefertaster nur leicht gebräunt. Kopf flach, gleichmässig dicht befilzt. Prothorax mit feiner und kurzer glänzender Mittellinie, stumpfwinkligem Basal- und fast geradlinigen Seitenrändern, welche sich jedoch gegen die Vorderecken hin winklig umbiegen; die Seitenlappen leicht muldenförmig vertieft. Schildchen gleich der Basis des Prothorax lichter rothbraun. Flügeldecken zusammen herzförmig, beim ersten Viertheil der Länge am breitesten, hochgewölbt, jederseits vom Schildchen leicht eingedrückt, mit deutlich abgesetztem, aber schräg abfallendem Seitenrand; die dunkelbraune Grundfarbe durch die sehr dichte aschgraue, seidig glänzende Behaarung fast vollständig verhüllt, die fünf grossen rothgelben Flecke goldgelb behaart. Von diesen ist der innere der zweiten Querreihe (3. Fleck) nicht unbeträchtlich grösser als die übrigen, besonders als die drei längs des Aussenrandes stehenden. Der erste ist von Naht und Basis gleich weit, etwa um ⅔ seines eigenen Durchmessers entfernt, während der zweite dem Seitenrand fast doppelt so nahe als der Basis, nämlich weit nach aussen und hinten von der Schulterbeule steht. Der vierte, dem Seitenrand noch etwas näher gerückte, liegt etwa bei 3/5 der Länge, der dritte etwas hinter der Mitte der Flügeldecken. Brust, Hinterleib und Beine sind gleich dem umgeschlagenen Rand der Flügeldecken — letzterer bis auf einen breiten braunen Saum — licht rostroth.

Gleichfalls nur in einem Exemplare vom See Jipe (Ende Octobers 1862) vorliegend.

438. *Epilachna callipepla*, n. sp.

Taf. XIII. Fig. 7.

Subcordata, laete rufa, subtiliter pubescens, nitida, prothoracis fascia discoidali fusca, elytrorum maculis quinque (2. 2. 1.) aurantiacis, late nigro-cinctis. Long. 7½, lat. 6½ mill.

Etwas weniger breit herzförmig als die beiden vorhergehenden Arten, von welchen sie ausser der hellen Grundfarbe der Oberseite auch durch sehr viel dünnere, den Glanz und die Färbung des Integumentes kaum verhüllende Behaarung abweicht. Körper licht und lebhaft rostroth, die Flügeldecken noch intensiver, fast zinnoberroth. Fühler und Mundtheile gleich dem Kopf ganz hell gefärbt. Prothorax vor dem Schildchen deutlich quer abgestutzt, sonst an der Basis in flachem Bogen gerundet, der zuerst gerade Seitenrand sich bogig gegen die Vorderecken hin einwärts biegend; die Seitenlappen flach muldenförmig vertieft, die Mittellinie in kurzer Ausdehnung seicht gefurcht; auf licht rothem Grunde verläuft über die Mitte der Scheibe hin eine nach hinten dreieckig erweiterte, dunkele Querbinde.

Schildchen länglich dreieckig, spitz, rothgelb. Flügeldecken hochgewölbt, mit kaum abgesetztem, durchweg schräg abfallendem Seitenrand, überall zerstreut und deutlich, wenn auch seicht punktirt, der Grund ausserdem noch fein chagrinirt; die feine Behaarung überall goldgelb. Die in ähnlicher Weise wie bei der vorhergehenden Art angeordneten fünf orangegelben Flecke erscheinen durch ihre breite schwarzbraune Umsäumung einerseits sehr viel grösser, andererseits ocellenartig. Am einfachsten ringförmig ist diese Einfassung am ersten und fünften Fleck, übrigens auch an letzterem vorn, an ersterem hinten breiter; bei den drei übrigen wird sie durch partielle starke Verbreiterung theils (2. Fleck) mehr vier-, theils (3. und 4.) mehr dreieckig. Unterseite nebst Beinen licht rostfarben.

Das einzige vorliegende Exemplar dieser schönen Art stammt von der Insel Sansibar.

439. *Epilachna macropis*, n. sp.

Taf. XIII. Fig. 8.

Subcordata, laete rufo-ferruginea, flavescenti-pubescens, subnitida, elytris nigris, sutura maculisque quinque (2. 2. 1.) magnis aurantiacis. Long. 6½, lat. 5¼ mill.

Var. a. *Elytrorum maculis duabus anterioribus fasciatim confluentibus, externa marginem lateralem attingente.*

Var. b. *Elytris aurantiacis, fasciis tribus angustis, anterioribus duabus undulatis, tertia obliqua, utrinque abbreviata, cum praecedente striga longitudinali conjuncta, nigris.*

Abermals etwas schmaler und länglicher als die vorhergehende Art, auch weniger hoch gewölbt; unterhalb mit Einschluss der Beine licht rothgelb, oberhalb intensiver, fast rostroth gefärbt, fein greishaarig, ziemlich glänzend. Fühler und Mandibeln gleich dem Kopf von lichter Färbung, nur die Spitze der Mandibeln pechbraun. Prothorax etwas breiter als bei *Epil. callipepla*, die Seitenlappen fast schräg abgestutzt, flach, von der leicht gewölbten Scheibe kaum durch einen Eindruck abgesetzt, die Oberfläche fein und dicht gedrängt punktirt, ohne dunkle Zeichnung. Schildchen gleich dem Prothorax licht rostroth, spitz dreieckig. Flügeldecken am Ende des ersten Drittheils am breitesten, nach hinten in Form eines sphärischen Dreiecks verengt und zugespitzt, selbst bei den Schultern ohne abgesetzten Seitenrand, diese daher zu den Seiten des Halsschildes nicht nach vorn hervortretend; der Basal-Eindruck zur Seite des Schildchens und die Schulterbeulen schwach ausgeprägt, die Oberfläche seicht und weitläufig punktirt, ausserdem fein chagrinirt, sowohl auf schwarzem wie auf hellem Grunde greisgelb behaart. Ausser fünf grossen Flecken jeder einzelnen ist ein schmaler Nahtstreifen, ebenso ein feiner Saum des vorderen und hinteren Seitenrandes rothgelb; von den Flecken ist der erste, fast kreisrunde der grösste, nur wenig kleiner der zweite und dritte, beträchtlich dagegen der vierte und fünfte. Der erste ist viel weiter nach vorn gerückt als der ganz hinter der Schulterbeule stehende, rundlich viereckige zweite; der kurz ovale, schräg gerichtete dritte nimmt die Mitte der Flügeldeckenlänge ein und berührt mit seinem hinteren, inneren Theile den Nahtstreifen, der vierte, quer eiförmige den Seitenrand; der fünfte, sphärisch dreieckige steht letzterem näher als der Naht und dem Spitzenwinkel.

Eine ziemlich auffallende Abänderung entsteht durch Vergrösserung der rothgelben Flecke im Allgemeinen und durch das Zusammenfliessen der beiden vorderen zu einer Querbinde im Besonderen. Letztere tritt nicht nur näher an die Basis und die Naht heran, als es bei dem isolirt bleibenden ersten Fleck der Fall ist, sondern sie erreicht auch vollständig den Seitenrand, dessen ganzer vorderer Theil bis zu den Halsschildecken rothgelb gefärbt ist. Auch der hintere Theil des Seitenrandes und die Naht ist bei solchen Exemplaren breiter hell gesäumt.

Bei noch weiterem Schwinden des Schwarzen fällt auch die Längsbinde, welche bei der Var. a. noch den ersten und fünften Fleck von dem hellen Nahtraum trennt, ganz weg und die zwischen dem dritten und vierten Fleck wird äusserst schmal, linear. Es überwiegt hier die helle Grundfarbe, so dass man die Flügeldecken passender als gelb mit drei schmalen schwarzen Querbinden kennzeichnen kann: die erste basale und die zweite vor der Mitte liegende stark wellig, nach aussen bis zu den Seitenrand reichend, die dritte beiderseits abgekürzt, bogig und mit der zweiten durch einen schmalen Längsast verbunden.

Von sieben durch Cooke auf der Insel Sansibar gefundenen Exemplaren gehören drei der Stammform, zwei der ersten und zwei der zweiten Abänderung an.

440. *Epilachna scalaris*, n. sp.

Taf. XIII. Fig. 9.

Breviter ovata, nigra, cinereo-pubescens, capite, prothorace scutelloque rufis, elytrorum disco, semifasciis duabus e sutura procedentibus nigris interrupto, ferrugineo. Long. 7—8, lat. 5½—6 mill. ♂♀.

Der kurz eiförmige Körper ist unterhalb mit Einschluss der Beine tief schwarz, durch dichte Behaarung schiefergrau erscheinend, der Kopf und Prothorax lebhaft roth, das Basalglied der Fühler, die Spitze der Mandibeln und das Endglied der Kiefertaster schwärzlich pechbraun. Prothorax mit stumpfwinkliger, beiderseits gerade abgeschnittener Basis, breit und stumpf abgerundeten, von der Scheibe durch einen seichten Eindruck abgesetzten Seitenlappen und dicht punktirter, unter der greisen Behaarung leicht glänzender Oberfläche. Schildchen licht roth, sehr dicht grau behaart. Flügeldecken etwa beim ersten Dritttheil der Länge am breitesten, nach hinten allmählig verengt und stumpf zugespitzt, mit schmalem, flach abgesetztem Seitenrand und stark gewölbter, fein und zerstreut punktirter, in der Schildchengegend nicht eingedrückter Oberfläche; leicht glänzend, rostgelb, mit folgender schwarzer Zeichnung: ein grosser, gemeinsamer, das Schildchen rings umgebender, länglich viereckiger und hinten abgerundeter, basaler Nahtfleck setzt sich beiderseits in einen zuerst bei der Schulter, dann jenseits der Mitte stark verbreiterten Aussensaum fort, welcher unter abermaliger Erweiterung am Spitzenwinkel wieder mit einem schmalen gemeinsamen Nahtsaum im Zusammenhang steht; von letzterem entspringen zwei Querbinden, deren vordere, etwa die Mitte der Flügeldeckenlänge einnehmende und quer verlaufende bei der halben Breite abgerundet endigt, während die zuerst schräg nach vorn verlaufende hintere winklig gebrochen ist und in den breiten Aussensaum einmündet. — Bei dem etwas kleineren Männchen sind das 3.—6. Hinterleibssegment schmal roth gesäumt, letzteres an der Spitze leicht ausgeschnitten; beim Weibchen sämmtliche Segmente durchaus schwarz, das fünfte gross, stumpf zugespitzt.

Bei Uru, Mitte Novembers 1862 gefunden.

441. *Epilachna canina*, Fab.

Coccinella canina, Fabricius, Spec. Insect. I. p. 107. No. 75. — Entom. syst. I. 1. p. 291. No. 119. — Syst. Eleuth. I. p. 387. No. 169. — Olivier, Entom. VI. p. 1060. No. 114 pl. III. Fig. 28.
Coccinella viginti-punctata, Thunberg, Nov. Insect. spec. p. 24. Fig. 36.
Epilachna canina, Mulsant, Spec. d. Coléopt. sécurip. p. 764. No. 42.
Var. *Corpore pedibusque laete rufis, elytris tenuiter nigro-reticulatis.*

Einige von Cooke auf der Insel Sansibar gesammelte Exemplare weichen von der typischen, am Cap einheimischen *Coccinella canina*, Fab. durch ganz rothgelbe Färbung der Unterseite, der Beine, des Kopfes und Prothorax, zugleich auch durch sehr viel schmalere schwarze Gitterung der Flügeldecken, welche den gelben Areolen eine besondere Grösse verleiht, ab. In allen diesen Eigenthümlichkeiten stimmen sie mit zwei von Boheman aus dem Cafferlande eingesandten, in letzterem Merkmal auch mit den von Mulsant (Sécuripalpes p. 750 ff. No. 38 bis 41) als besondere Arten angesehenen *Epilachna Parryi*, *nigritarsis*, *lupina* und *Dregei*, welche gerade hiernach von *Epil. canina* unterschieden werden, überein. Ohne die Selbstständigkeit dieser Mulsant'schen Arten direkt in Abrede stellen zu wollen, muss ich wenigstens für die hier in Rede stehenden Sansibarischen Exemplare die Art-Identität mit der *Coc. canina*, Fab. trotz ihrer Färbungs- und Zeichnungs-Unterschiede in Anspruch nehmen, indem letztere einerseits nicht der Uebergänge zu der Stammform entbehren, andererseits aber Form- und Skulptur-Unterschiede nicht nachweisbar sind.

442. *Epilachna hirta*, Thunb.

Coccinella hirta, Thunberg, Nov. Insect. spec. p. 23. Fig. 35.
Coccinella duodecim-verrucata, Fabricius, Syst. Eleuth. I. p. 385. No. 161.
Epilachna hirta, Mulsant, Spec. d. Coléopt. sécurip. p. 756. No. 44.

Bei Wanga (September 1862) und auf der Insel Sansibar (Cooke) in Mehrzahl gesammelt. Alle Exemplare gehören der Varietät mit seitlich abgekürzter, d. h. den Aussensaum nicht erreichender erster Querbinde der Flügeldecken an.

443. *Epilachna capicola*, Muls.

Epilachna capicola, Mulsant, Spec. d. Coléopt. sécurip. p. 808. No. 77.
Var. *Elytrorum maculis duabus anterioribus fasciatim inter se conjunctis.*

Ein bei Uru (Mitte Novembers 1862) aufgefundenes Exemplar dieser Art weicht von der im Cafferlande einheimischen Stammform in ziemlich auffallender Weise dadurch ab, dass die beiden schwarzen Basalflecke der Flügeldecken zu einer von der Naht bis zur Schulterbeule reichenden Querbinde zusammengeflossen sind.

444. *Epilachna Proteus*, n. sp.

Oblongo-cordata, laete rufa, griseo-pubescens, elytrorum maculis octo (3. 2. 2. 1.) nigris, sexta reliquis majore. Long. $6^{2}/_{3}$—8, lat. $5^{1}/_{3}$—$6^{2}/_{3}$ mill.
Var. a. *Elytrorum limbo externo, cum maculis 2. 5. 7. 8. conjuncto, nigro.*
Var. b. sicut Var. a., sed *maculis 1. et 3. semper striga suturali nigra inter se conjunctis.*

Var. c. sicut Var. a., *sed maculis 3., 4., 5. insuper fere fasciatim inter se conjunctis, corpore infra cum pedibus nigro.*

Var. d. sicut Var. c., *sed maculis 1., 3., 6., 8. insuper vitta suturali nigra inter se conjunctis et prothoracis lobis lateralibus nigris.*

Mit *Epil. discors* und *Chenoni*, Muls. (Spec. d. Coléopt. sécurip. p. 820 ff. No. 94 und 95), nach der Beschreibung derselben zu urtheilen, in naher Verwandtschaft stehend und in mindestens ebenso ausgiebiger Weise wie die erste dieser Arten variirend. Die von Mulsant gegebene Charakteristik seiner *Epil. Chenoni* würde auf die als Stammform anzusehenden Exemplare mit verhältnissmässig kleinen und nirgends zusammenfliessenden schwarzen Flügeldecken-Flecken ziemlich vollständig zutreffen, wenn Mulsant nicht den inneren Fleck der dritten Querreihe (6.), welcher bei sämmtlichen vorliegenden Exemplaren von allen der grösste ist, gerade als besonders klein („*punctiforme*") bezeichnete. Bei denselben ist der Körper länglich herzförmig, abgesehen von der schwärzlichen Mandibelspitze und den acht punktförmigen Flügeldecken-Flecken licht rostroth oder rothgelb, greis behaart, leicht glänzend. Der Prothorax verhältnissmässig schmal, dicht und fein, die Flügeldecken auf chagrinartigem Grunde ziemlich grob und lose punktirt, mässig stark gewölbt, mit breitem, deutlich abgesetztem, bei den Schultern leicht aufgebogenem, sonst schräg abfallendem Seitenrande. Der erste schwarze Fleck oval, schräg, der Basis näher gerückt als der schmalere zweite, welcher die Schulterbeule nach aussen begrenzt; der dritte und vierte so gross oder grösser als der erste, meist länglich und unregelmässig viereckig, der fünfte kleiner, auf der Grenze zu dem abgesetzten Seitenrande stehend; der sechste von allen der grösste, rundlich oder quer oval, von der Naht beträchtlich weiter abgerückt als der erste und dritte und mehr nach vorn liegend als der kleine siebente; der vor der Spitze stehende achte der kleinste von allen, meist nur punktförmig; der zweite, vierte, sechste und achte, ebenso der erste, dritte und achte in einer geraden Linie liegend.

Dieser durch fünf Exemplare vertretenen, nur leichte Abänderungen in der Grösse der schwarzen Flecke darbietenden Stammform schliessen sich zunächst solche Individuen an, bei welchen die vier längs des Seitenrandes liegenden Flecke (2., 5., 7., 8.) zum Theil oder sämmtlich vergrössert und durch eine breite schwarze Aussenrandsbinde mit einander verbunden sind; verbreitert sich letztere und fliesst sie vollständig mit den Flecken zusammen, so entsteht ein stark welliger schwarzer Aussensaum.

Diese erste Abweichung von der normalen Zeichnung und Färbung findet sich bei allen übrigen, auf weiterer Ueberhandnahme der schwarzen Farbe beruhenden Varietäten, wenn auch keineswegs in gleicher Ausprägung vor. Neben ihr tritt zunächst eine Vergrösserung, resp. ein theilweises Zusammenfliessen der vier auf der Innenhälfte der Flügeldecken liegenden Flecke auf, zuweilen schon in Verbindung mit einer partiellen Bräunung der Beine. In einigen Fällen sind es der erste und dritte Fleck, welche durch eine an der Naht verlaufende Längsstrieme mit einander verbunden werden; in anderen erweitert sich der sechste zu einer schrägen, die Naht erreichenden Halbbinde, während jene getrennt bleiben. Letzteres kann noch der Fall sein, wenn schon der dritte bis fünfte Fleck zu einer fast continuirlichen Querbinde zusammenflossen und die Unterseite nebst den Beinen bereits vollständig schwarz erscheint. Die extremste bis jetzt vorliegende Varietät combinirt gewissermaassen sämmtliche vorhergehende in sich, geht aber noch darin einen Schritt weiter; dass auch die ganzen Seitenlappen des Prothorax oberhalb geschwärzt erscheinen; auf den Flügeldecken derselben sind neben dem vierzackigen Aussensaum auch der 1., 3., 6. und 8. Fleck durch eine continuirliche schwarze Nahtbinde mit einander verbunden, der 3., 4. und 5. wenigstens so weit vergrössert, dass sie eine Flecken-Querbinde darstellen; nur der 1. und 2. sowie der 6. und 7. bleiben unter einander ausser Zusammenhang.

Die diese Varietäten-Reihe zusammensetzenden Exemplare wurden an den verschiedensten Lokalitäten des von v. d. Decken bereisten Gebietes gesammelt. Während die Stammform nur von Endara vorliegt, wurde die Var. a. bei Aruscha und am See Jipe, dort in Gemeinschaft mit Var. b., hier in Gesellschaft von Var. c. aufgefunden. Die Var. d. endlich liegt in einem Exemplare von Uru vor.

Anmerkung. So nahe verwandt die *Epil. diversa*, Muls. (a. a. O.) der vorstehend beschriebenen Art zu sein scheint, so ist doch nicht anzunehmen, dass beide nur Varietäten einer und derselben Species sind. Bei jener ist nach Mulsant's Angabe der Kopf und Prothorax in der Regel ganz schwarz, bei dieser ersterer stets, letzterer fast durchweg ganz roth. Die für *Epil. diversa* hervorgehobene circumflex-ähnliche Form des zweiten (Schulterbeulen-) Fleckes fehlt hier vollständig, ebenso die Vereinigung desselben mit dem vierten.

445. *Epilachna Paykulli*, Muls.

Epilachna Paykullii, Mulsant, Spec. d. Coléopt. sécurip. p. 833. No. 105.

Diese bereits aus dem Cafferlande und Mosambik bekannte Art wurde von Cooke in Mehrzahl auf der Insel Sansibar gefunden. Die Exemplare sind theils rostroth, theils rothgelb gefärbt, variiren auch in der Grösse der schwarzen Flügeldecken-Punkte merklich.

446. *Epilachna punctipennis*, Muls.

Hemisphaerica, rufo-ferruginea vel testacea, griseo-pubescens, elytrorum punctis decem (2. 1. 2. 1. 2. 1. 1.) nigris. Long. $4^{2}/_{3}$—$5^{1}/_{3}$ mill.

Epilachna punctipennis, Mulsant, Spec. d. Coléopt. sécurip. p. 875. No. 146.
Epilachna distincta, (Thunb.) *Erichson, Archiv f. Naturgesch. IX. 1. p. 211.

Var. *Elytrorum punctis majoribus, anterioribus interdum confluentibus.*

Epilachna multinotata, *Boheman l. 94.

Von dieser über einen grossen Theil Afrikas verbreiteten Art liegen zahlreiche Exemplare aus Mombas, Aruscha und vom See Jipe vor. Bei allen ist abweichend von der Mulsant'schen Angabe der Prothorax ungefleckt; die zehn schwarzen Punkte der Flügeldecken sind zwar durchgehend von derselben, für die Art charakteristischen Anordnung, aber in ihrer Grössenausdehnung mehrfach schwankend. Bei den vom See Jipe stammenden Individuen sind sie klein, in Wirklichkeit nur punktförmig, bei den übrigen — mit Uebergängen zu der ersten Form — grösser, fleckenartig und zwar entweder alle annähernd gleich gross oder der 3., 4., 5. und 6. grösser. Varietäten entstehen durch Zusammenfliessen des 1., 2. und 3. oder des 5. und 4., endlich auch aller mit Ausnahme der beiden einzeln stehenden hintersten.

Exemplare dieser Art aus Guinea (Mulsant) liegen mir nicht vor; dagegen zwei aus Angola stammende, welche von Erichson (a. a. O.) irriger Weise als *Cocein. distincta*, Thunb. bestimmt worden sind. Von der Ostküste aus dem Cafferlande, Mosambik und der Insel Sansibar.

Microrhymbus, nov. gen.

Corpus pubescens. Caput prominens, clypeus latus, oculos infra cingens, in medio marginis excisus. Labrum et antennarum basis obtecta. Prothoracis margo basalis ante scutellum sinuatus, utrinque subtruncatus. Pedes breves, femoribus tibiisque latis, his compressis, margine externo arcuato. Unguiculi bifidi.

Mit *Chnoodes* und *Exoplectra*, Muls. zunächst verwandt, unterscheidet sich diese neue Gattung von beiden sehr auffallend durch die Bildung des Kopfes. Derselbe ragt aus dem vorderen Ausschnitt des Prothorax so weit hervor, dass der Clypeusrand noch über den Seitenrand der Halsschildlappen hinaustritt, mithin sich zu letzteren ganz ähnlich wie bei *Exochomus* verhält. Mit dieser Gattung stimmt die hier in Rede stehende auch darin überein, dass der mit der Stirn verschmolzene Clypeus sich beiderseits am Unterrande der Augen entlang zieht; dagegen ist seine mittlere Ausrandung sehr viel tiefer, fast winklig, ohne dabei eine Oberlippe sichtbar werden zu lassen. Dass dieselbe weit rückwärts entspringen muss, geht daraus hervor, dass die breit dreieckigen, aber in eine scharfe Spitze endigenden Mandibeln in dem Ausschnitt des Clypeus frei zu Tage treten. Auch die mit einer schmalen, dreigliedrigen Endkeule versehenen Fühler sind bei ihrem Ursprung vollständig vom Clypeus überdacht. Der in ähnlicher Weise wie bei *Exochomus* geformte Prothorax ist in der Mitte der Basis, vor dem Schildchen deutlich ausgeschnitten, zu beiden Seiten kaum gerundet, fast schräg abgeschnitten. An den sehr kurzen Beinen sind die Schenkel auffallend breit, fast länglich eiförmig, hinterwärts zum Einlegen der Schienen weit ausgehöhlt; die Schienen gleichfalls breit, stark comprimirt, mit Sförmig geschwungenem Aussenrande. Die Fussklauen haben einen so stark entwickelten Innenzahn, dass sie fast gespalten erscheinen.

Die Gattung ist auf die *Coccinella mesomela*, *Klug (Insekt. v. Madagascar. p. 127. No. 213.) und auf die folgende neue Art begründet:

447. *Microrhymbus rufipennis*, n. sp.

Breviter ovatus, niger, griseo-pubescens, subnitidus, capite et prothoracis angulis anticis pallide flavis, elytris abdominisque apice rufis, pedibus anticis latis, posteriorum genubus, tibiis tarsisque ferrugineis. Long. $3\frac{1}{3}-3\frac{2}{3}$ mill.

Kurz eiförmig, schwarz, greis behaart, leicht glänzend. Kopf fein und dicht punktirt, blassgelb mit leicht gebräuntem Vordersaum des Clypeus; Mandibeln pechbraun, Fühler und Kiefertaster licht rostfarben. Prothorax ebenso dicht, aber etwas deutlicher punktirt, tief schwarz, ein grosser viereckiger Fleck am Vorder- und Aussenrand der beiden Seitenlappen, wie der Kopf, blassgelb; der Seitenrand bogig, die Vorderecken stumpf. Schildchen spitz dreieckig, punktirt, gleich den Flügeldecken rostroth. Diese vor der Mitte am breitesten, nach hinten allmählig verengt und stumpf zugerundet, aussen sehr fein gerandet; die Oberfläche mässig gewölbt, gleichmässig dicht und fein, fast verloschen punktirt. Unterseite verhältnissmässig grob punktirt, schwach behaart, glänzend; Vorder- und Mittelbrust ganz, das Metasternum bis auf die Seiten, am Hinterleib die Mitte des Basalsegmentes pechschwarz, die Hinterbrustseiten und der grössere Theil des Hinterleibes rostroth. An den Beinen die Trochanteren von letzterer Farbe, die Mittelschenkel an der Basis, die hinteren bis auf die Spitze schwärzlich pechbraun; Knie, Schienen und Tarsen licht rostfarben, die Vorderbeine fast scherbengelb.

In zwei Exemplaren von der Insel Sansibar vorliegend.

Nachtrag.

(Fam. Nitidulariae.)

Alindria, Erichs.

Germar's Zeitschr. f. d. Entom. V. p. 451.

448. (82a.) *Alindria elongata*, Guér.

Trogosita elongata, Guérin, Iconogr. d. règne anim., Insectes. p. 200.

Von dieser in Guinea häufigen Art liegt ein bei Uru (Mitte Novembers 1862) aufgefundenes Exemplar von 16 mill. Länge vor.

Melambia, Erichs.

Germar's Zeitschr. f. d. Entom. V. p. 450.

449. (82b.) *Melambia subcyanea*, n. sp.

Elongata, nigra, opaca, prothoracis lateribus rotundatis, elytris parallelis, cyanescentibus, humeris haud marginatis, punctorum striis apice internis sulcatulis. Long. 14—15, lat. 4½ — 5 mill.

Etwas schlanker und in den Flügeldecken mehr gleich breit als die kleineren Exemplare der *Melamb. striata* (*Trogosita striata*, Oliv., Entom. II. 19. p. 7. No. 4. pl. 1. Fig. 4), von welcher sie ausserdem durch die nicht gerandeten Schultern und den bläulichen Schimmer der Flügeldecken, weniger hervortretende Vorderecken des Prothorax u. s. w. abweicht; von *Melamb. maura*, Pascoe (Journ. of Entomol. I. p. 319) gleichfalls durch die Farbe der Flügeldecken und durch die deutlich ausgeprägten Hinterecken des Prothorax, von *Melamb. gigas* (*Trogosita gigas*, Fab., Syst. Eleuth. I. p. 151. No. 4) durch viel geringere Grösse, weniger verkürzten Prothorax, flachere, nach hinten nicht verbreiterte und ganz matte Flügeldecken unterschieden. — An den Fühlern das Basalglied und die Keule rothbraun durchscheinend, die Taster lichter rothbraun. Kopf mit breit eingedrückter, seicht gefurchter Stirn, auf matt schwarzem Grunde in gewöhnlicher Weise grubig punktirt; die Mandibeln leicht glänzend, feiner punktirt. Prothorax um die Hälfte breiter als lang, nach hinten stark verengt, die Basis flacher, die Seitenränder stärker gerundet, vor den deutlich hervortretenden Hinterecken nicht ausgebuchtet und fein crenulirt, die Vorderecken nur mässig hervortretend, dick gerandet und leicht hakenförmig nach innen gebogen, die Oberfläche fast glanzlos, seitlich dicht und grubig, gegen die Mitte hin allmählig weitläufiger und feiner punktirt. Schildchen deutlich punktirt. Flügeldecken mehr denn zweimal so lang als zusammen breit, fast parallel, an der Basis nur beiderseits vom Schildchen gerandet, an den leicht quer abgestutzten Schultern dagegen nicht: auf der Scheibe abwechselnd grober und feiner reihenweise punktirt, die sieben der Naht zunächst verlaufenden groberen Punktstreifen nach innen je von einer feinen Längsrippe begleitet, die Punktirung der Seiten zwar gleichfalls reihenweise, aber beträchtlich feiner und gleichmässiger; die ganze Oberfläche matt, wie behaucht, schwärzlich indigoblau. Prosternum stark glänzend, beiderseits zerstreut punktirt, in der Mitte glatt; Metasternum vorn jederseits mit sehr groben, genabelten Punkten dicht, hinterwärts mit feinen zerstreut besetzt. Die Punktirung des Hinterleibes gleichmässig dicht, seitlich etwas grober. Beine röthlich braun durchscheinend.

Am See Jipe Ende Octobers und bei Aruscha Anfang Novembers 1862 aufgefunden.

(Fam. Lamellicornia.)

450. (125 n.) *Schizonycha oblonga*, Boh.

Schizonycha oblonga, Boheman, Insect. Caffrar. II. p. 102. No. 798.

Ein von Witu im Galla-Lande (2° 30' s. Br.) stammendes Exemplar lässt keinerlei Unterschiede von solchen aus dem Cafferlande (von Boheman unter dem Namen *Schizon. rufescens* versandt) erkennen.

451. (126 n.) *Schizonycha capito*, n. sp.

Elongata, subparallela, rufo-ferruginea, subnitida, dense punctata et albido-setulosa: capite magno, clypeo brevi, sat fortiter sinuato, tibiis anticis bidentatis, tarsorum posticorum articulo basali secundo breviore, unguiculis inaequaliter bifidis. Long. 15½ mill.

Der *Schizon. rorida*, *Gerst. (s. oben p. 116. No. 126) nahe verwandt und auch in der Fussklauenbildung mit derselben übereinstimmend, aber bei etwas geringerer Grösse langstreckiger, fast gleich breit und durch den viel grösseren Kopf mit deutlich ausgebuchtetem Clypeus-Rand unterschieden. — Körper rostfarben, Kopf, Prothorax und Beine dunkler, mehr rostroth. Kopf von ⅔ der Prothoraxbreite, mit fast stumpfwinklig hervortretender Stirnleiste und sehr deutlicher mittlerer Ausbuchtung des Clypeus, welcher fast nur der halben Stirnlänge gleichkommt; die Punktirung des ersteren narbig, der Stirn mehr zu Querrunzeln zusammenfliessend. Prothorax mehr denn doppelt so breit als lang, nach vorn nur leicht und in flachem Bogen der Seitenränder verschmälert, auf der Mitte der Scheibe mit deutlichem, nach vorn durch einen kleinen Höcker begrenztem Eindruck, grob aber nirgends gedrängt punktirt, die Punkte je mit einer platten, weisslichen Borste besetzt, der fein punktirte Hinterrand durch einen glatten Querwulst abgesetzt. Schildchen nur mit einem Halbkreis grober Punkte besetzt. Flügeldecken mehr denn 1½ mal so lang als zusammen breit, hinter den Schultern seitlich leicht ausgeschweift, weniger grob aber etwas dichter als der Prothorax punktirt, in entsprechender Weise wie dieser weiss beborstet. Vorderschienen aussen nur zweizähnig; erstes Glied der Hintertarsen beträchtlich kürzer und dicker als das zweite. Die Seiten der Hinterbrust gleich den Hinterhüften mit grösseren, anliegenden, weissen Schuppenborsten dicht bedeckt. Hinterleib in der Mitte glatt und glänzend, gegen die Seiten hin allmählig dichter grob punktirt und weissborstig. Pygidium dicht siebartig punktirt, die Börstchen der Punkte sehr fein.

Von der Insel Sansibar.

452. (126 b.) *Schizonycha aberrans*, n. sp.

Oblonga, rubro-testacea, supra glabra, subnitida, prothorace obsolete et laxius, elytris densius punctatis, horum margine laterali subserrato et longe setoso; clypeo reflexo subtruncato, carina frontali nulla, tibiis anticis bidentatis. Long. 14½ mill.

Zu Sect. II. Burm. (Handb. d. Entom. IV. 2. p. 272) gehörend. Körper licht rostfarben, mit mehr röthlichem Kopf und Prothorax; oberhalb glatt, leicht glänzend. Clypeus fast von Stirnlänge, mit stark aufgebogenem, in der Mitte quer abgestutztem Vorderrande; sein vorderer Absturz beträchtlich länger als gewöhnlich. Stirn ohne Querleiste vor der Naht, gleich dem Clypeus grob, aber ziemlich sperrig punktirt. Prothorax bei der Mitte am breitesten, nach vorn stark verschmälert, mit stumpf abgerundeten Vorderecken und deutlich zweibuchtigem Vorderrande; die Oberfläche leicht firnissartig glänzend, seicht und ziemlich weitläufig, gegen die Seiten hin undeutlicher punktirt, beiderseits vor der Basis leicht aufgewulstet, in der Mitte mit glatter Längsschwiele. Schildchen mit vereinzelten groben Punkten besetzt. Flügeldecken hinter den Schultern deutlich ausgeschweift und bis zur Mitte der Länge leicht erweitert, der Seitenrand weitläufig sägeartig eingeschnitten und mit langen, steifen Borsten besetzt, die Oberfläche auf lederartig gerunzeltem Grunde vorn fein und sperrig, im Uebrigen ziemlich dicht und zusammenfliessend punktirt. Hinterbrust und Hinterhüften gelbhaarig, Hinterleib seicht runzlig punktirt und dünn beborstet. Vorderschienen nur zweizähnig; das erste Glied der Hintertarsen deutlich kürzer als das zweite. Der untere Spaltzahn der Fussklauen etwas breiter als der obere.

An der Sansibar-Küste aufgefunden.

453. (133 a.) *Trox (Omorgus) larvatus*, n. sp.

Capite fortiter bituberculato, prothoracis disco anteriore elevato triangulari, utrinque declivi, basi media profunde excavato, margine laterali haud inciso, postice rotundato, fere trilobo: coleopteris ovatis, humeris angulato-productis versus perspicue angustatis, supra striato-punctatis, interstitiis omnibus tuberculis terro-indutis et porosis obsitis, 2., 4., 6., 8. insuper callos nonnullos laevigatos gerentibus. Long. 12 mill.

Durch die Skulptur der Flügeldecken den Nord-Amerikanischen Arten aus der Gruppe des *Tr. scabrosus*, Palis. (Insect. rec. en Afrique. pl. 46. Fig. 4) und *Tr. asper*, Le C. (Proceed. acad. nat. scienc. of Philad. VII. p. 215. No. 7) bei weitem näher stehend als den Afrikanischen; mit letztgenannter Art auch in der Grösse übereinstimmend, aber durch den seitlich nicht eingeschnittenen Prothorax, die Skulptur seiner Oberfläche, die nach vorn verschmälerten und mit winklig hervortretenden Schultern versehenen Flügeldecken u. s. w. abweichend. — Kopf dicht tuberculirt, die beiden Stirnwulste fast kreisrund und beträchtlich grösser als bei *Tr. asper*. Prothorax verhältnissmässig klein, vor der Mitte seiner Länge am breitesten, nach vorn schwächer, nach hinten stärker und in fast ununterbrochener Bogenlinie (beim Uebergang des Seiten- in den Hinterrand) verschmälert; die Seitenlappen mit ihrem gerade abgeschnittenen Innenrand sich den Backen ziemlich eng anschliessend, der sattelförmig erhabene vordere Theil der Scheibe fast gleichseitig dreieckig, nahe dem Vorderrand beiderseits stark abschüssig, längs der Mittellinie tief und nach hinten breiter gefurcht; die Basis vor dem gerundeten Mittellappen tief grubig ausgehöhlt, der diese Grube seitlich begrenzende Längswulst bis an die Kanten des dreieckigen Sattels verlängert, sie selbst durch einen stumpfen Längskiel getheilt, die ganze Oberfläche schiefergrau, leicht geglättet. Flügeldecken schmal eiförmig, an der Basis gegen die winklig hervortretenden Schulterecken hin ziemlich stark verschmälert, auf matt schwarzem Grunde regelmässig und ziemlich stark, aber sperrig gestreift punktirt, die Zwischenräume mit länglichen, erdbraunen, deutlich porös erscheinenden Höckern besetzt, welche in dem der Naht zunächst folgenden klein, in den übrigen grösser und nach der Spitze hin dicker und unregelmässiger erscheinen. Während die ungeraden Zwischenräume nur solche erdfarbene und eingestochene Höcker führen, wechseln dieselben auf dem 2., 4., 6. und 8. mit breiteren, flachen, glänzenden Schwielen nicht ganz regelmässig ab. Im dritten Zwischenraume grenzen die Höcker dichter aneinander und lassen denselben dadurch besonders gegen die Basis hin kielförmig erscheinen. Vordertarsen auffallend kurz, nur mit dem Endgliede über die Schienenspitze hinausragend; Aussenrand der Vorderschienen an der Spitze stark erweitert, bei der Mitte mit kleinem Zahn. Mittel- und Hinterschienen unterhalb in regelmässigen Reihen, fast leistenartig punktirt. Metasternal-Platte hinten stumpf zugespitzt, fast quer herzförmig.

Ein einzelnes Exemplar von der Insel **Sansibar**.

(Fam. Malacodermata.)

454. (202a.) *Lycus vallatus*, n. sp.

Prothorace transverso, coleopteris ultra medium usque ovato-dilatatis et flavo-marginatis: aurantiacus, subtiliter pubescens, opacus, antennis, pedibus (basi excepta) pectoreque piceis, elytrorum plaga scutellari apiceque lato nigris. Long. 18—19, lat. elytr. 11—11½ mill. ♂.

In nächster Verwandtschaft mit *Lyc. trabeatus*, Guér. (in: Lefèbvre, Voy. en Abyssin. VI. p. 287. pl. 3. Fig. 1—4) stehend, von demselben aber ebenso wie die von Boheman (Insect. Caffrar. I. p. 431. No. 473) irrig als *Lyc. trabeatus* beschriebene Caffrische Art schon durch den viel kürzeren und dickeren Rüssel, ferner durch die Form des Prothorax, die schwächer erweiterten Flügeldecken des Männchens, die dunkele Färbung der Beine u. s. w. abweichend. — Kopf röthlich gelbbraun, die rüsselartige Verlängerung desselben um die Hälfte kürzer als bei *Lyc. trabeatus*, nicht länger als der Stirntheil, verhältnissmässig dick; Taster und Fühler schwärzlich pechbraun, letztere mit lichterer, rothbraun durchscheinender Basis. Prothorax quer pentagonal, um die Hälfte breiter als lang, einfarbig rothgelb, durch feine, seidige Behaarung matt; die Mittelfurche zu einer lanzettlichen Grube erweitert, die schräg aufgerichteten Seitenränder in ihrem vorderen Theil sehr viel breiter als die Hälfte der Scheibe. Mesothoraxstiel und Schildchen gleich einer das letztere umgebenden quadratischen Makel der Flügeldecken pechbraun oder schwärzlich. Flügeldecken mit gleichem, stark wallartig aufgeworfenem

Aussenrand wie bei *Lyc. trabeatus*, aber im Bereich der zwei vorderen Drittheile zusammengenommen nur breit eiförmig gerundet; der Innensaum des Randwulstes von der zweiten Längsrippe nur um Weniges weiter entfernt als diese von der ersten, zunächst der Naht verlaufenden. Die schwarz gefärbte und leicht violett schimmernde Spitze kommt reichlich dem dritten Theile der Flügeldeckenlänge gleich; auch reicht die pechbraune Färbung der Hinterflügel viel weiter nach vorn als bei *Lyc. trabeatus*. An den Beinen ist nur der Trochanter und die Schenkelbasis rothgelb, alles Uebrige gleich der dicht gelb behaarten Brust und zwei Längsstriemen des Hinterleibes pechbraun.

Zwei männliche Exemplare von der Sansibar-Küste.

Collops, Erichs.

Entomograph. p. 64.

455. (203 a.) *Collops erlutinus*, n. sp.

Subtus niger, supra cyaneus, cano-sericeus, antennarum articulis duobus basalibus laete aurantiacis, elytris violaceis: prothoracis appendiculis carnosis cretaceis. Long. 3½ mill. ♀.

Etwas kleiner als der Nordamerikanische *Coll. quadrimaculatus* (*Malachius quadrimaculatus*, Fab., Entom. syst. suppl. p. 70. No. 7—8), in den Flügeldecken nach hinten weniger verbreitert. Kiefertaster schwarz, wie bei den übrigen Arten der Gattung mit nicht erweitertem Endgliede. Fühler etwas schwächer als bei den Amerikanischen Arten, besonders im Bereich der tief schwarzen acht letzten Glieder, von denen das Endglied oval, die sieben vorhergehenden fast kuglig sind; von den lebhaft rothgelben Basalgliedern das zweite (eigentlich dritte) dünner und um ein Drittheil kürzer als das erste. Kopf grünlich blau, matt glänzend, durch die dichte Behaarung greis schimmernd; die Stirn mit seichter Mittelgrube. Prothorax unter leichter Rundung der Seiten nach vorn allmählig erweitert, reiner stahlblau als der Kopf, kurz und aufrecht russbraun behaart, leicht glänzend; die unter seinen Seitenrändern hervortretenden fleischigen Carunkeln, von denen die hintere sehr viel grösser als die vordere ist, im Tode rein kreideweiss. Flügeldecken hinten stumpf abgerundet, tief violett, unter dem feinen greisen Toment in gewisser Richtung fahl schimmernd; das mittlere Drittheil der Oberfläche scheinbar narbig punktirt, die Basis und Spitze dagegen glatt. Unterseite nebst Beinen fahlbraun schimmernd; Vordertarsen deutlich fünfgliedrig.

In einigen Exemplaren von der Sansibar-Küste vorliegend.

(Fam. Melasoma.)

456. (236 a.) *Opatrum aequale*, Erichs.

Opatrum aequale, *Erichson, Archiv f. Naturgesch. IX. 1. p. 247. No. 84.

Ein einzelnes Exemplar dieser bereits aus Angola, Senegambien, vom Cap und aus Mosambik bekannten Art liegt von der Sansibar-Küste, mehrere andere von der Insel gleichen Namens (Cooke) vor.

(Fam. Vesicantia.)

457. (276 a.) *Mylabris aperta*, n. sp.

Antennis croceis, capite prothoraceque nigro-pilosis, elytris citrinis, fasciis quatuor — prima basali, cum secunda antrorsum versus abbreviata ad humeros connexa, tertia mediana undulata, marginem lateralem versus dilatata, quarta lata, apicali, antice sinuata — *nigris.* Long. 24 mill.

Etwas grösser als *Myl. praestans*, *Gerst. (vgl. p. 206. No. 277), mit welcher die vorstehende Art in der Bildung und Färbung der Fühler übereinstimmt, von welcher sie jedoch, abgesehen von der Flügeldeckenzeichnung, durch den Mangel der weissen Behaarung auf Kopf und Prothorax abweicht; noch näher mit *Myl. oculata*, Thunb. (*bifasciata*, de Geer) verwandt, von dieser jedoch durch geringere Grösse, losere Punktirung des Prothorax, die Färbung der Taster u. s. w. unterschieden. — Fühler orangegelb mit zwei schwarzen Basalgliedern; Kiefertaster vorn rostroth, schwarzfleckig, hinten licht gelb. Kopf beträchtlich kürzer als bei *Myl. oculata*, der Scheitel flach abgerundet, nicht höher als die halbe Stirnbreite; die Oberfläche abgesehen von einer kreuzförmigen glatten Stirnschwiele fast gleichmässig grob, nirgends gedrängt oder zu Runzeln zusammenfliessend punktirt. Oberlippe in der Mitte seicht und zerstreut punktirt. Prothorax nur wenig länger als breit, fast abgerundet quadratisch mit leichter Verschmälerung nach vorn, gleich dem Kopf nur schwarz behaart und in ganz ähnlicher Weise wie dieser punktirt, in den beiden vorderen seitlichen und dem unpaaren basalen Eindruck jedoch feiner und gedrängter; die Mittellinie besonders im Bereich der vorderen Hälfte glatt, kielartig erhaben. Schildchen dicht körnig punktirt und schwarz behaart. Flügeldecken an der Basis und längs des vordersten Theiles der Naht aufrecht schwarz behaart, auf citronengelbem Grunde fein und zerstreut schwärzlich punktirt, mit vier deutlichen Längsrippen; der schwarze Grund dicht körnig und leicht quermaschig punktirt. Von letzterer Färbung die ganze Basis in Form einer bei der Naht dreieckig nach hinten ausgezogenen Querbinde, welche längs des Aussenrandes in ansehnlicher Breite, aber unter Freilassung eines kleinen ovalen Fleckes an der Aussenseite der Schulterbeule, mit einer zweiten, die Naht nicht erreichenden und gegen diese hin zangenförmig abgerundeten Querbinde zusammenhängt. Die in der Mitte der Länge verlaufende dritte Querbinde vorn und hinten wellig, gegen den Seitenrand hin fast um das Doppelte breiter werdend; das gleichfalls schwarze Spitzen-Viertheil mit doppelter vorderer Ausbuchtung. Die Vorderseite der Vorderschenkel sowie die Innenseite der Vorderschienen dicht und fein graugelb befilzt, die Beine im Uebrigen gleich der Bauchseite schwarzhaarig; die Endsporen der Hinterschienen und die Afterklauen rothbraun.

In einem Exemplare aus dem Dschagga-Lande (Dafeta) vorliegend.

(*Fam.* Curculionina.)

Cratopus, Schönh.

(Curcul. disp. meth. p. 120.)

458. (293 a.) *Cratopus humeralis*, Schönh.

Cratopus humeralis, Schönherr, Gen. et spec. Curcul. II. p. 52. No. 11.

Diese bis jetzt nur von Isle Bourbon bekannte Art wurde in Mehrzahl beiderlei Geschlechts an der Sansibar-Küste aufgefunden.

Ordo IV.

Hymenoptera, Lin.

Fam. Apiariae, Latr.

Apis, (Lin.) Latr.

Annal. d. mus. d'hist. nat. IV. p. 391.

1. *Apis mellifica*, Lin.

Apis mellifica, Linné, Faun. Suec. p. 421. No. 1697. — Syst. natur. ed. XII. p. 955. No. 22.

Var. *Minor, scutello abdominisque segmentis basalibus aurantiacis.*

Apis fasciata, Latreille, Annal. d. mus. d'hist. nat. V. p. 171. No. 5. pl. 13. Fig. 9. — Recueil d'observ. de Zoolog. p. 332. No. 6. pl. XIX. Fig. 7. — Lepeletier, Hist. nat. d. Hyménopt. I. p. 406. No. 11.

Apis Adansonii, Latreille, Annal. d. mus. d'hist. nat. V. p. 172. No. 6. — Recueil d'observ. p. 332. No. 7. — Guérin, Iconogr. du règne anim. Insectes. p. 450. pl. 75. Fig. 4.

Apis nigritarum, Lepeletier, Hist. nat. d. Hyménopt. I. p. 405. No. 12.

Apis mellifica, var. Gerstaecker, Insekt. v. Mossamb. p. 439 ff. — Ueber die geographische Verbreitung und die Abänderungen der Honigbiene. (Potsdam, 1862) p. 57 ff. — Bienenzeitung. XVIII. p. 284 ff. — Annals of nat. hist. 3. ser. XI. p. 270 u. 333 ff. — Archiv. f. Naturgesch. XXXIII. 2. p. 314 f.

Nach einer Reihe von Arbeiter-Bienen, welche von Dr. Kersten bei Uru, Wanga und Mombas eingesammelt worden sind und welche bei einer Länge von 10½—11½ mill. das Schildchen und die Basis der drei ersten Hinterleibsringe rothgelb gefärbt zeigen, stimmt die Honigbiene des von v. d. Decken bereisten Gebietes mit derjenigen Aegyptens, Senegambiens und Mosambiks überein. Durch die mehr gelblich-braune als weissliche Behaarung würde sie am meisten der von Latreille als *Apis Adansonii* beschriebenen Senegambischen Varietät entsprechen, welche keineswegs, wie F. Smith (Annals of nat. hist. 3. ser. XV. p. 372 ff.) behauptet, eine von *Apis mellifica* Var. *fasciata*, Latr. verschiedene Art repräsentirt, auch von dieser nicht durch bedeutendere Grösse abweicht, sondern sich von der Aegyptischen Varietät, deren Art-Identität mit der Europäischen Form der *Apis mellifica* und der Var. *Ligustica*, Spin. gegenwärtig durch die mit Erfolg ins Werk gesetzte Copulation und Fortpflanzung sicher verbürgt ist, einzig und allein durch die etwas trübere Haarbekleidung unterscheidet und dadurch den Uebergang von der Aegyptischen zu der Italienischen Biene vermittelt. Der von mir im J. 1862 geführte Nachweis von der Art-Identität sämmtlicher in Afrika vorkommender lebender Honigbienen, soweit sie der Gattung *Apis* sens. striet. angehören, mit der *Apis mellifica*, Lin. hat trotz der Smith'schen Ausführungen auch heut zu Tage noch seine volle Gültigkeit. Die von Smith als *Apis Adansonii* aufgeführte und als specifisch verschieden hingestellte Form, welche grösser als *Apis fasciata*, Latr., sein soll, kann schon aus diesem Grunde nicht auf die *Apis Adansonii*, Latr., bezogen werden; denn Latreille giebt für letztere in Uebereinstimmung mit

Apis fasciata die Länge von 11 mill. zu. Andererseits kann dieselbe aber auch nicht als besondere Art angesehen werden, da, abgesehen von dem aus der Beborstung des hinteren Metatarsus entnommenen, aber nicht zutreffenden Merkmale, specifische Unterschiede für sie nicht nachgewiesen worden sind.

Xylocopa, Latr.

Hist. nat. d. Insect. XIV. p. 61.

2. *Xylocopa nigrita*, Fab.

Apis nigrita, Fabricius, Entom. syst. II. p. 316. No. 5 (♀).
Xylocopa nigrita, Fabricius, Syst. Piezat. p. 340. No. 6. (♀). — Lepeletier, Hist. nat. d. Hyménopt. II. p. 179. No. 7. (♀).

Mas. *Niger, fulvo-villosus, abdomine ferrugineo, femoribus anticis infra sulcatis, tibiis tarsisque anterioribus longe ciliatis; pedum posticorum femoribus dilatatis, in angulo basali pilosis, retrorsum emarginatis, infra impressis et tuberculo dentiformi instructis, tibiis intus villosissimis, ante apicem excisis et denudatis.*

Xylocopa conjuncta, Smith, Catal. Hymenopt. Ins. of the Brit. Mus. II. p. 360. No. 31.

Da die wenigen von Smith über das Männchen gemachten Angaben sich auf die Färbung beschränken und auch in Bezug auf diese ungenau sind, indem z. B. der Körper kurzweg als „*rufo-testaceous*" bezeichnet wird, mag zur Kenntlichmachung dieses Sexus Folgendes dienen. Der Kopf ist abgesehen von der rostrothen Zeichnung des Clypeus, der Mandibeln u. s. w., der Brustkasten mit Ausnahme des hinteren Absturzes tief schwarz; am Hinterleib erscheinen wenigstens die Ränder der beiden Basalringe geschwärzt. An den schlanken Fühlern ist das zweite Geisselglied etwas kürzer als die drei folgenden zusammengenommen. Die dichte wollige Behaarung des Thoraxrückens ist intensiver rothgelb als diejenige der Brustseiten und des grössten Theiles des Hinterleibes; an letzterem wird sie jedoch im Bereich der drei letzten Ringe brennend fuchsroth, besonders am Endring, wo sie ober- und unterhalb zugleich sehr lang ist, zu beiden Seiten des scharf gekielten letzten Ventralringes auch zwei isolirte aufgerichtete Büschel bildet. Die Beine sind pechschwarz, die Spitze der Trochanteren am ersten und dritten Paar rothbraun. Vorderschenkel nackt, unterhalb mit seichter Längsfurche; Mittelschenkel dicht und zottig goldgelb behaart. Die sehr langgestreckten Tarsen der beiden vorderen Paare beiderseits, ausserhalb jedoch gleich den Schienen sehr viel länger gelb gefranst. Hinterbeine verlängert und sehr kräftig: die Schenkel an der Basis um mehr denn die Hälfte breiter als die Trochanteren, am Innenrand mit einem dünnen Büschel gelber Haare, auf der Unterseite bis zur Mitte nackt, jenseits eines breiten basalen Eindruckes mit einem aufgerichteten, stumpf hakenförmigen Zähnchen bewehrt; am Hinterrand zwischen der Basis und einem winkligen Vorsprung der Mitte ausgeschnitten. Hinterschienen leicht gekrümmt, an der ganzen Aussenseite anliegend, innerhalb bis über die Mitte hinaus dicht bürstenartig behaart, vor der Spitze nackt und daselbst bogig ausgeschnitten, die Spitze selbst nach hinten in einen breiten, abgerundeten Lappen ausgezogen.

Einige im September 1862 bei Mombas gesammelte männliche Individuen stimmen durchaus mit solchen überein, welche der hiesigen Entomologischen Sammlung durch Westermann aus Guinea und zwar zusammen mit dem von

Fabricius als *Apis nigrita* beschriebenen und durch seine Grösse und Färbung leicht kenntlichen Weibchen übersandt worden sind. Für ihre Zugehörigkeit zu letzterem würde neben dem gemeinsamen Vorkommen hauptsächlich die entsprechende Körpergrösse ins Gewicht fallen. Dass die Art übrigens in Afrika weit verbreitet ist, ergiebt sich aus zwei von Port Natal (Poeppig) stammenden Männchen.

3. *Xylocopa caffra*, Lin.

Apis caffra, Linné, Syst. natur. ed. XII. p. 960. No. 39. (♀). — Fabricius, Entom. syst. II. p. 319. No. 19. (♀).
Bombus caffrus, Fabricius, Syst. Piezat. p. 346. No. 17. (♀).
Xylocopa caffra, Lepeletier, Hist nat. d. Hyménopt. II. p. 197. No. 41. (♂♀). — *Klug in: Illiger's Magaz. f. Insektenk. VI. p. 205. — *Gerstaecker, Insekt. v. Mossamb. p. 441.

Das von Lepeletier nur nach der Färbung kurz charakterisirte Männchen dieser Art, auf welches der von ihm citirte *Bombus olivaceus*, Fab. offenbar nicht bezogen werden kann, erscheint oberhalb durch die auf schwarzem Grunde entspringende gelbe Behaarung licht grünlich gelb; zu beiden Seiten des Aftersegmentes finden sich jedoch gleich wie auf der Unterseite desselben zahlreiche lange schwarze Haare. Auf dem Clypeus ist eine mittlere Längs- sowie eine Querbinde des Vorderrandes rostroth, ebenso zwei Seitenflecke der Oberlippe und ein Punkt an der Basis der Mandibeln. An den Vorderbeinen sind die Hüften gelbgreis, ihr an den Trochanter grenzender Fortsatz kupfrig roth behaart; die Spitze der Trochanteren ist rückwärts dornartig ausgezogen, die breiten Schenkel sind unterhalb flach, matt schwarz, mit rostfarbenem Spitzenfleck. An der Basis der Mittelschenkel ist die Behaarung gleich derjenigen der Trochanteren fuchsroth, gegen die Spitze hin tritt dagegen spärlichere schwarzbraune auf. An den nicht verlängerten Hinterbeinen sind die Schenkel gegen die Basis hin dreieckig erweitert, so dass sie in einem spitzen Winkel über den Trochanter hinaustreten; ihr Hinterrand gerade abgeschnitten, ihre Unterseite unbewehrt. Die Hinterschienen sind kurz, fast gerade, an der Spitze des Innenrandes zu einem breiten, stumpf dreieckigen, rostroth gesäumten Fortsatz erweitert. Die Behaarung der Aussenseite ist an allen drei Schienenpaaren sowie an den Vordertarsen goldgelb, an den Tarsen der beiden hinteren Paare mehr fuchsroth. An der Spitzenhälfte der Hinterschienen markirt sich eine tief schwarze Längsstrieme; die Innenseite des mittleren und hinteren Metatarsus ist russschwarz behaart.

Zahlreiche männliche Individuen dieser Art wurden bei Mombas von Ende Augusts bis Ende Septembers 1862 gesammelt. Die Art ist über Mosambik und das Cap bis nach dem südwestlichen Afrika (Damara-Land) verbreitet.

4. *Xylocopa lateritia*, Smith.

Xylocopa lateritia, Smith, Catal. Hymenopt. of the Brit. Mus. II. p. 346. No. 8. (♀). — *Gerstaecker, Insekt. v. Mossamb. p. 441. Taf. XXIX. Fig. 1 u. 2. (♂♀).

Das Männchen dieser Art unterscheidet sich von demjenigen der *Xyloc. caffra* bei gleicher Form durch etwas geringere Grösse, die stärker und gleichmässig gebräunten, lebhaft violett schillernden Flügel und die theilweise dunklere Behaarung. Schon auf dem fünften und sechsten Hinterleibsring sind die gelben Haare sparsamer, die schwarzen dagegen reichhaltiger vertreten; am Aftersegment ist die gelbe Bewimperung aber fast ganz verdrängt und wie auf der ganzen Bauchseite durch schwarze ersetzt. Die Behaarung der Vorderhüften ist rostbraun, der Dorn der vorderen Trochanteren länger und feiner als bei *Xyloc. caffra*; die Hinterschenkel sind zwar im Ganzen übereinstimmend gebildet, die dreieckige Erweiterung der Basis aber mehr hervortretend und schärfer gerandet. Die Behaarung der Aussenseite ist an den Vorderschienen bis zur Spitze, an den mittleren und hinteren nur im Bereich der Basis gelb, im Uebrigen gleich derjenigen der Tarsen schwarz.

Zwei im September 1862 bei Mombas gefangene Weibchen stimmen mit den Mosambiker Exemplaren durchaus überein.

Megilla, Fab.

Syst. Piezat. p. 328.

Anthophora et Saropoda, Latr. — *Heliophila*, Klug.

Dass die von Latreille unter dem Namen *Saropoda*, von Klug als *Heliophila* abgesonderte *Apis rotundata*, Panz. (♀ *Apis bimaculata*, Panz.) im Grunde nichts als eine *Megilla* mit leicht modificirten Lippentastern ist, kann angesichts der sonstigen völligen Uebereinstimmung im ganzen Körperbau gewiss nicht zweifelhaft sein. Wenn ausser dem Unterschied in der Bildung der Lippentaster, welche bei den eigentlichen *Megilla- (Anthophora-)*Arten die beiden kleinen Endglieder rechtwinklig abgesetzt und vor der Spitze des zweiten Gliedes entspringend, bei *Saropoda* sich dagegen der Spitze des zweiten Gliedes in gleicher Flucht anschliessend zeigen, auch die Kiefertaster als different hervorgehoben worden sind, so ist darüber zu bemerken, dass dieser Unterschied einerseits nichts weniger als typisch, andererseits aber auch nicht einmal durchgreifend ist. Die für *Megilla* als charakteristisch hervorgehobenen sechs Kiefertasterglieder sind durchaus nicht immer ausgebildet, sondern reduciren sich nicht selten, wie ich es z. B. an einem Männchen der *Megilla garrula*, Rossi finde, auf fünf. In anderen Fällen, wie z. B. bei einem Weibchen derselben Art, erreichen sie eine so geringe Grösse und sind so wenig von einander geschieden, dass sie zusammengenommen nur einem fünften Gliede (von gewöhnlicher Entwickelung) entsprechen. Da nun nach Latreille's Angabe mitunter auch bei der *Saropoda rotundata* ausser den gewöhnlichen vier Gliedern ein fünftes an den Kiefertastern zur Ausbildung gelangt, so ist eine Unterscheidung beider Gattungen nach diesem Merkmal völlig illusorisch. Dem einzigen mithin als differentiell verbleibenden Charakter eine generische Bedeutung beizumessen, wird man aber offenbar um so mehr Bedenken tragen müssen, als die *Saropoda rotundata* in allen übrigen Beziehungen mit einzelnen *Megilla*-Arten, wie mit *Meg. quadrimaculata*, Panz., ferner mit den zur Gruppe der *Meg. nidulans*, Fab. gehörenden, wie *Meg. garrula*, Rossi, *albigena*, Lepel., *flabellifera*, Lepel., *zonata*, Lin., *fasciata* und *cingulata*, Fab. offenbar viel näher verwandt ist, als diese mit anderen unter *Megilla* belassenen Arten, wie *Meg. pilipes*, Fab., *parietina*, Fab. und Verwandten. Will man daher die Gattung *Megilla* (*Anthophora*, Latr.) nicht gleichfalls nach der natürlichen Verwandtschaft der Arten in secundäre Gattungen auflösen, so wird man auch die *Apis rotundata*, Panz. unter derselben belassen müssen.

5. *Megilla caligata*, n. sp.

Taf. XIII. Fig. 10.

Capite, thorace pedibusque fulvo-hirtis, tegulis ferrugineis, frontis macula triangulari, clypeo (nigro-bimaculato), labro mandibulisque basi testaceis, abdominis segmentis 1.–4. apice cano-fasciatis, ano nigro-piloso: tibiarum posticarum angulo apicali albo-, metatarsis posticis fusco-, ad basin flavo-pilosis. Long. 11½ mill. ♀.

Der *Megilla cingulata* (*Andrena cingulata*, Fab., Entom. syst. II. p. 314. No. 30) nahe verwandt und von gleicher Grösse. Der Fühlerschaft des Weibchens zeigt vorn einen gelben Längsfleck; die beiden ersten Geisselglieder sind an der Spitze rothbraun, die folgenden vorn rostroth. Der Kopf ist rothgelb behaart, die Stirn mit quer dreieckigem gelben Fleck auf der Grenze zum Clypeus und gleich gefärbten Seitentheilen. Oberlippe, Mandibeln und Clypeus von ganz ähnlicher Färbung und Fleckung wie bei *Meg. cingulata*, die beiden Flecke des letzteren jedoch kaum divergirend, der Vordersaum desselben schmaler und licht pechbraun, die beiden Punkte an der Basis der Oberlippe wenig bemerkbar. Der aufrechten, geschorenen Behaarung des Thoraxrückens und Schildchens sind schwarze Haare beigemengt; diejenige der rostrothen Tegulae und die längere, büschelartige zu beiden Seiten des Schildchens erscheint dagegen rein orangegelb. Die sehr fein und dicht punktirten Brustseiten sind greis, die Vorderhüften nebst der Kehle sogar rein weiss behaart. An den Vorderschenkeln ist die lange Behaarung unterhalb bis zur Mitte weisslich gelb, jenseits derselben dagegen schwarzbraun; die kürzere der Mittel- und Hinterschenkel gelb und russbraun gemischt. Schienspornen gleich der grösseren Endhälfte der Fussklauen tief schwarz, die Basis der letzteren rothgelb, die vier letzten Tarsenglieder röthlich pechbraun. An den Vorderbeinen die ganzen Schienen und Tarsen, an den beiden hinteren Paaren nur die ersteren ausserhalb rein goldgelb behaart, der äusserste Spitzenwinkel der Hinterschienen jedoch weiss; Metatarsus der Mittel- und Hinterbeine an der Basis gleichfalls hellgelb, im Uebrigen scharf abgeschnitten russbraun behaart. Letztere Färbung zeigt auch die ganze Innenseite der beiden hinteren Schienen- und Tarsenpaare. Flügel leicht und gleichmässig gelb getrübt, etwas metallisch schimmernd; Geäder schwarzbraun. Behaarung der Flügelfläche längs des Vorderrandes bis in die erste Cubitalzelle hinein sehr deutlich. Hinterleib tief schwarz, leicht glänzend, mit blassgelbem Endsaum der vier ersten Segmente. Die aufrechte Behaarung an dem vorderen Absturz des Basalringes licht gelb, die mehr niederliegende längere und gröbere an der Basis der folgenden Ringe tief schwarz. Die vier vorderen Ringe am Spitzenrande mit bindenartiger, sehr dichter, greisgelber Behaarung, der dritte und vierte ausserdem auch auf der schwarzen Basalhälfte staubartig greis befilzt. Auch der am Endrande lang und dicht schwarzbraun bewimperte fünfte Ring erscheint an der Basis gelb bestäubt. Bauchseite über die Mitte hin röthlich braun, beiderseits länger greis behaart.

In einem einzelnen, bei Mombas (September 1862) gefangenen Weibchen vorliegend.

Eucera, Fab.

Entom. syst. II. p. 343.

Eucera et Macrocera, Latr. — *Tetralonia*, Spin.

6. *Eucera (Tetralonia) macrognatha*, n. sp.

Mandibulis elongatis, falciformibus, antennarum flagello breviusculo, infra ferrugineo, pedum posticorum tibiis metatarsisque arcuatis, illis apicem versus, his basi dilatatis: unguiculis omnibus validis. Long. 12 mill. ♂.

Das einzige vorliegende, in seiner Haarbekleidung durch Aufbewahrung in Weingeist leider völlig verdorbene Exemplar kann hier vorwiegend nur nach seinen, zum Theil allerdings sehr bemerkenswerthen plastischen Eigenthümlichkeiten charakterisirt werden. Der Kopf fällt im Vergleich mit anderen Männchen der Gattung durch seine Grösse und besonders durch seine Breite auf, was in entsprechender Weise wie bei den Männchen mancher einheimischer Andrenen durch die ausnahmsweise verlängerten Mandibeln bedingt wird. Dieselben sind schmal sichelförmig, kreuzen sich gegenseitig mit $^2/_3$ ihrer Länge, so dass sie zusammengelegt mit der Spitze bis nahe an die Basis der gegenüberliegenden reichen, zeigen sich an der äussersten Spitze abgestumpft, im Bereich der Endhälfte licht rostfarben, in der Mitte und an der Basis schwarz, dazwischen rothbraun. Die Fühler sind für ein Männchen dieser Gattung ungewöhnlich kurz, nur von Thoraxlänge, der Schaft kräftig, pechschwarz, die Geisselglieder mit Ausnahme des kurzen ersten unterhalb licht rostfarben, das zweite um mehr denn die Hälfte kürzer als die gleich langen folgenden. Das Gesicht ist, der eigenthümlichen Form des Kopfes entsprechend, nach unten hin nicht, wie gewöhnlich, verschmälert, sondern am unteren Ende des Clypeus beträchtlich breiter als in der Ocellengegend, Scheitel und Stirn fein und zerstreut, der Clypeus dicht und grob feilenartig punktirt. Oberlippe gross, quer viereckig, pechbraun. Die Behaarung, soweit sie noch zu erkennen, auf Kopf und Thoraxrücken rothgelb, gegen den Clypeus hin mehr weisslich, auf den Brustseiten fahl braun. Tegulae licht und durchscheinend scherbengelb; Flügel mit drei geschlossenen Cubitalzellen, das Geäder schwärzlich. Beine pechbraun mit rostrothen Schienensporen, Tarsen und Fussklauen; letztere auffallend gross, im Bereich der zweitheiligen Spitze schwarz. Behaarung der Vorderbeine zum Theil gelb, der beiden hinteren Paare durchaus russbraun, an letzteren die Trochanteren dicht gefranst. Hinterschienen kurz und kräftig, bogig gekrümmt, gegen die Spitze hin stark erweitert, ihr innerer Endsporn stark, fast stumpfwinklig gekrümmt. Hinterer Metatarsus gleichfalls bogig, besonders an der Basis stark erweitert, ausserhalb dicht borstig gewimpert. Hinterleib sehr fein punktirt, die einzelnen Segmente mit sehr breitem farblosem Endsaum.

Bei Mombas im September 1862 gefangen.

Allodape, Lepel.

Encycl. méth. X. p. 18.

7. *Allodape trochanterata*, n. sp.

Pedum posticorum trochanteribus apice tuberculatis, femoribus ante medium dentato-dilatatis: nigra, fuscescenti-pilosa, clypei vitta, tibiarum calcaribus tarsisque apice ferrugineo, abdomine confertim punctulo, apicem versus sordido. Long. 6 mill. ♀.

Von der Grösse der Europäischen *Ceratina cucurbitina*, Rossi (*albilabris*, Fab.), schwarz, wenig glänzend, auf Kopf und Thoraxrücken spärlich und kurz, an den Brustseiten und der Hinterleibsbasis lang und dichter gelb behaart. Fühler durch die feine staubartige Behaarung matt aschgrau, die beiden ersten Glieder glänzend schwarzbraun. Stirn und Clypeus dicht, aber seicht punktirt, eine nach vorn verschmälerte mittlere Längsbinde des letzteren gleich den Mandibeln licht rostfarben. Mesonotum und Schildchen auf fein ciselirtem Grunde undeutlich und zerstreut punktirt, der hintere Absturz des Brustkastens chagrinartig rauh, leicht querriefig. Tegulae durchscheinend rostfarben mit gebräunter Basis. Flügel glashell, mit licht pechbraunem Stigma und Geäder. An den Vordertarsen die drei, an den mittleren und hinteren die vier Endglieder licht rostfarben, die Schienensporen gelb; die Behaarung aller Tarsen und der Hinterschienen intensiv fuchsroth. Die Hintertrochanteren an der Spitze in einen glatten, glänzenden, knopfartigen Höcker ausgezogen, die Hinterschenkel unterhalb vor der Mitte zahnartig erweitert und daher gegen die Basis hin ausgeschnitten erscheinend. Hinterleib kurz, fast kreisrund, matt schwarz, über den Rücken hin fein staubartig, seitlich und an der Spitze sperrig und lang gelb behaart, dicht und fein runzlig punktirt, von der hinteren Hälfte des dritten Segmentes an ausserdem in zunehmender Stärke durch aufgestochene Höckerchen feilenartig rauh erscheinend. Bauchseite glatt, leicht seidig glänzend, auf fein ciselirtem Grunde grob eingestochen punktirt; der Endsaum der Segmente schmal rostfarben.

Von Mombas.

8. *Allodape flavitarsis*, n. sp.

Pedum posticorum trochanteribus acuminatis, femoribus breviter tuberculatis: nigra, mesonoto nitido, abdominis segmentis testaceo-limbatis, mandibulis, labro, clypei macula magna, tegulis, tibiarum calcaribus tarsisque flavis. Long. 6 mill. ♂.

Schlanker als die vorhergehende Art, weniger matt schwarz, der Mittelrücken sogar ziemlich lebhaft glänzend. Fühlergeissel matt aschgrau, das accessorische dreizehnte Glied des Männchens länglich eiförmig; Fühlerschaft unterhalb scherbengelb. Oberlippe, Mandibeln, jederseits ein schmaler Fleck am inneren, unteren Augenrande sowie ein sehr grosser, fast die ganze Länge einnehmender des Clypeus, welcher vor der Mitte jederseits viereckig ausgeschnitten erscheint, licht gelb. Mittelrücken wie polirt, nur mit sehr verloschenen Pünktchen sparsam besetzt; Tegulae scherbengelb. Flügel glashell, mit schwärzlich pechbraunem Stigma und Geäder. Knie und Schienenspitzen röthlich pechbraun, Schienensporen und Tarsen licht gelb, nur der vordere Metatarsus gebräunt. Auch die dichte Beborstung aller Tarsen sowie die Behaarung der Hinterbeine hellgelb; an letzteren die Trochanteren scharf zugespitzt, die Schenkel unterhalb vor der Mitte leicht höckerartig aufgetrieben. Hinterleib oval, die Endränder aller Segmente ober- und unterhalb ziemlich breit scherbengelb; die beiden vorderen Ringe und die Basis des dritten nur sehr fein ciselirt, die folgenden auf leicht glänzendem Grunde mit flachen, je ein schwarzes Börstchen führenden Höckern sparsam besetzt.

Bei Wanga im September 1862 gefangen.

Megachile, Latr.

Hist. nat. d. Insect. XIV. p. 51.

Anthophora, Fab.

9. *Megachile larvata*, Gerst.

Alis fuscis, atra, opaca, abdomine dorso rufo-tomentoso, tibiarum calcaribus ferrugineis.

♂. *Fronte, clypeo thoracisque lateribus niveo-pilosis, tarsis anticis dilatatis tibiarumque anticarum dimidio terminali rufis; coxis anticis aculeatis, abdominis segmento ultimo supra excavato, apice marginato, medio exciso.* Long. 12—13 mill.

Megachile larvata, *Gerstaecker, Monatsber. d. Akad. der Wissensch. 1857. p. 461. No. 18. — Insekt. v. Mossamb. p. 456. Taf. XXIX. Fig. 11.

♀. *Capite crasso, cubico, fronte tuberculata, clypeo perpendiculari, utrinque scabro, scopa ventrali rufa.* Long. 16—18 mill.

Megachile rufiventris, Guérin in: Bellanger, Voyage aux Indes orient. p. 502. pl. IV. Fig. 6 (♀). — Smith, Catal. Hymenopt. Brit. Mus. I. p. 178. No. 99 (♂.).
Megachile mystacea, (Fab.) Guérin, Iconogr. du règne anim., Insectes. p. 451 f. (♂♀.)

Es steht diese Art, welche nach den gedornten Vorderhüften und den erweiterten Vordertarsen des Männchens in die Gruppe der *Megach. lagopoda*, Lin., *maritima*, Kirby, u. s. w. (vgl. Gerstaecker, Stett. Entom. Zeit. XXX. p. 353) gehört, in nächster Verwandtschaft mit der Guineensischen *Megach. rufipes* (*Apis rufipes*, Fab., Entom. syst. II. p. 325. No. 62), deren Weibchen sich gleichfalls durch dicken, kubischen Kopf, den starken Stirnhöcker und den senkrecht abfallenden, sehr breiten Clypeus auszeichnet.

In beiden Geschlechtern von Mombas und Wanga (August bis September 1862) vorliegend. Die Art ist ausserdem in Mosambik, auf Isle de France und in Vorder-Indien einheimisch. Die gegen letzteren Fundort von Guérin (Iconogr. d. règne anim. p. 451) erhobenen Zweifel finden ihre Erledigung durch ein in der hiesigen Entomologischen Sammlung befindliches Exemplar aus Pondichery.

Anmerkung. Guérin glaubte in dieser von ihm zuerst als *Megach. rufiventris* beschriebenen Art später (Iconogr. p. 451) die *Megach. mystacea*, Fab. (Entom. syst. II. p. 336. No. 97) wiedererkennen (deren Vaterlandsbezeichnung „Neu-Holland" er in Zweifel ziehen zu dürfen meinte) und wandte bei der ausführlichen, sich auf beide Geschlechter erstreckenden zweiten Charakteristik mit Unterdrückung seiner früheren Benennung die Fabricius'sche an. Nachdem F. Smith (Catal. Hymenopt. I. p. 166 f.) die *Megachile mystacea*, Fab. als eine von der Guérin'schen verschiedene und in der That aus Australien stammende Art nachgewiesen hatte, stellte er für die hier in Rede stehende (a. a. O. p. 178) den Namen *Megach. rufiventris* wieder her. Vermuthlich hat er dabei ebenso wie Guérin übersehen, dass dieser Artname innerhalb der Gattung bereits von Fabricius (*Anthophora rufiventris*, Syst. Piezat. p. 378. No. 20) vergeben worden und mithin nicht disponibel war. Beiläufig bemerkt ist diese *Anthoph. rufiventris*, Fab. nach Vergleich des typischen Exemplares das Weibchen der von den Autoren als die *Megachile lagopoda*, Lin. angesehenen grossen einheimischen Art, deren Männchen sich von der *Megach. maritima*, Kirby (= *Megach. lagopoda*, Fab., Illig.) durch das nicht erweiterte Endglied der Fühler, sowie durch die dunkele Zeichnung der Vorderbeine unterscheidet, von welcher es aber noch keineswegs unzweifelhaft festgestellt ist, dass Linné sie bei der Beschreibung seiner *Apis lagopoda* vor sich gehabt habe, so dass möglicher Weise der Fabricius'sche Name noch für sie eintreten müsste. In keinem Fall kann die Benennung des Letzteren für eine andere Art der Gattung in Anwendung kommen und es ist daher für die gegenwärtige die auf das Männchen bezügliche: *Megach. larvata*, Gerst. zu adoptiren.

Nomia, Latr.

Hist. nat. d. Insect. XIII. p. 369.

10. *Nomia amoenula*, n. sp.

Taf. XIII Fig. 11.

Scutello fortiter bispinoso, ventre pedibusque posticis simplicibus, antennarum flagello, tibiis posticis tarsisque ferrugineis, abdominis dorso rufo, nigro-fasciato. Long. 5½ mill. ♂.

Beträchtlich kleiner als die Europäische *Nomia diversipes*, Latr. (= *humeralis*, Jur., Costa) und abgesehen von der Färbung durch die einfachen Hinterbeine des Männchens, die starken Dornen des Schildchens u. s. w. wesentlich abweichend. — Männliche Fühler von gleichen Längsverhältnissen, an der Basis schwarz, vom dritten Gliede an rostfarben. Kopf und vorderer Theil des Thoraxrückens gelbfilzig, die Mitte des letzteren und das Vorderschildchen fast nackt, matt schwarz, dicht und fein lederartig gerunzelt, die beiden langen und kräftigen Seitendornen des letzteren rostfarben. Tegulae ebenso gross wie bei *Nomia diversipes*, aber hinten und aussen mehr abgerundet, licht gelb, mit rothbrauner Wurzel. Flügel getrübt, schwarzaderig; die mittlere Cubitalzelle klein. An den Beinen die Tarsen licht rothgelb, die Mittelschienen längs des Hinterrandes, die hinteren bis auf einen schwärzlichen Längswisch rostfarben. Hinterbeine des Männchens in allen Theilen einfach und schlank, beide Schienensporen regulär gebildet. Hinterleib über die Mitte des Basalringes hin äusserst grob, siebartig, auf dem vorderen Theil der folgenden dichter und allmählig feiner punktirt, der durchscheinende, farblose Hintersaum aller glatt. Grundfarbe oberhalb licht rothbraun; auf dem ersten Segment ein grosser trapezoidaler Fleck, auf den vier folgenden ein mittleres Querband schwarz, die Behaarung greisgelb. Bauchseite pechbraun, die Hinterränder der Segmente gleichfalls farblos; die fünfte Ventralplatte hinten leicht ausgeschweift, die sechste abgerundet, beide durchaus flach.

Bei Mombas im September 1862 gefangen.

Fam. Vespariae, Latr.

Eumenes, Fab.

Syst. Piezat. p. 284.

11. *Eumenes tinctor*, Christ.

Sphex tinctor, Christ, Hymenopt. p. 311. Taf. 31. Fig. 1.
Vespa Guineensis, Fabricius, Entom. syst. II. p. 277. No. 65.
Zethus Guineensis, Fabricius, Syst. Piezat. p. 283. No. 2.
Eumenes Savignyi, Spinola, Annal. de la soc. entom. de France. VII. p. 483. — Guérin, Iconogr. du règne anim., Insect. pl. 72. Fig. 4.
Eumenes tinctor, de Saussure, Monogr. d. Guêpes solit. p. 49. No. 30.

In Mehrzahl bei Mombas (September 1862) gefangen. Die Art ist auch in Guinea, Senegambien, Nubien, Aegypten und Mossambik häufig.

Anmerkung. Die Angabe de Saussure's (Suppl. monogr. d. Guêpes solit. p. 131), dass die *Vespa Guineensis*, Fab. sich nicht auf die vorstehende Art, sondern auf den *Belonogaster junceus* beziehe, ist durchaus irrthümlich. Fabricius' Beschreibung passt sehr wohl und sogar nur auf den *Eumenes tinctor*, Christ., dagegen gar nicht auf eine *Belonogaster*-Art, an welchen durchgehends die graue seidige Behaarung durch „*cinerea*" gekennzeichnet wird. Schon dass Fabricius seine *Vespa Guineensis* durch mehrere *Eumenes*-Arten (*V. pomiformis*, *coarctata* und *petiolata*) von den beiden *Belonogaster* (*V. grisea* und *cinerea*) trennt, dürfte bei dem sehr distinkten Habitus der letzteren als beweisend gegen die Saussure'sche Ansicht gelten können.

12. *Eumenes Lepeletieri*, Sauss.

Eumenes Lepeletieri, de Saussure, Monogr. d. Guêpes solit. p. 45. No. 24. pl. X. Fig. 3.
Eumenes formosa, de Saussure, ibid. p. 55. No. 39.

Ein einzelnes, vom See Jipe (December 1862) stammendes Weibchen weicht von der Saussure'schen Beschreibung seiner *Eum. Lepeletieri*, mit welcher er die *Eum. formosa* später selbst vereinigt hat, bei vorwiegender Uebereinstimmung nur in so untergeordneten Färbungsmerkmalen ab, dass darin wohl nur eine Varietät gemuthmaasst werden kann. An den rostrothen Fühlern ist nicht die Spitze selbst, sondern die Oberseite des siebenten bis neunten Gliedes geschwärzt. Dem Mesonotum fehlen die kleinen rothen Randflecke, welche übrigens auch in der Saussure'schen Abbildung nicht hervortreten. Die Nähte und die Seitenbinde der Pleuren sind nicht schwarz, sondern röthlich kirschbraun. An der kreuzförmigen Zeichnung des Hinterleibes ist nur die Querbinde im eigentlichen Sinne schwarz, die an der Spitze des fünften Segmentes endigende Längsbinde dagegen rothbraun und nur an der Basis der einzelnen Ringe geschwärzt. Das sechste Segment ist licht rostroth. Die Hinterbeine sind ganz, die Mittelbeine bis auf einen gelben Spitzenfleck der Schenkel und Schienen rostroth.

Synagris, Latr.

Hist. nat. d. Insect. XIII. p. 344.

13. *Synagris tarsalis*, n. sp.

Scutello bituberculato, metanoto transverso rugoso, utrinque spinoso: atra, tuberculo frontali, clypeo abdominisque segmentis quatuor (♀) *vel quinque* (♂) *ultimis miniaceis, tarsorum anticorum articulo ultimo ferrugineo.* ♂♀.

♂ *Palpis maxillaribus 5-articulatis, mandibulis elongatis, inter basin dilatatam et medium arcuato-excisis, clypeo apice emarginato.* Long. corp. 25, alar. 21 mill.

♀ *Palpis maxillaribus 4-articulatis, mandibulis cultriformibus, clypeo apice truncato.* Long. corp. 22, alar. 19½ mill.

In der Körperfärbung sowie in der Form der männlichen Mandibeln der *Synagr. Heydeniana*, Sauss. (Mélang. hyménopt. II. p. 24. No. 18. pl. 2. Fig. 9) sehr nahe stehend, aber durch die Zahl der Kiefertaster-Glieder, die Färbung der Vordertarsen u. s. w. abweichend. Nach Untersuchung an zwei Männchen und zwei Weibchen erwiesen sich die angegebenen Zahlen fünf und vier der Kiefertaster-Glieder als für die beiden Sexus charakteristisch und constant. Clypeus des Männchens im oberen Theil mehr sechseckig als bei *Syn. Heydeniana*, der verschmälerte untere Theil etwas kürzer und an der Spitze stumpfer zweizipflig, beim Weibchen am Ende etwas breiter abgestutzt. Mandibeln des Männchens ganz mit der Saussure'schen Fig. 9m (*Syn. Heydeniana*) übereinstimmend, höchstens etwas schlanker. Hinterwand des Thorax sehr scharf querriefig. Zweiter Ventralring des Hinterleibes bei beiden Geschlechtern mit flachem, nach vorn deutlicherem Eindruck und aufgeworfenem Vorderrand. Der Hinterleib vom dritten Segment an mennigroth, das dritte Segment jedoch oberhalb an der Basis, unterhalb mit Ausnahme der Hinterwinkel schwarz. Bei beiden Geschlechtern der Fühlerschaft unterhalb roth, beim Weibchen auch die Innenseite der Geissel licht rostfarben; die beiden einschlagbaren Endglieder beim Männchen orangefarben. Beim Weibchen ist ausser dem Clypeus nur der vordere Stirnrand, beim Männchen dagegen noch ein quer dreieckiger Fleck über letzterem und der obere innere Augenrand mennigroth, die Mandibeln an Basis und Innenrand röthlich kastanienbraun. Der übrige Körper wie bei der Mehrzahl der Arten tief schwarz, sammetartig matt, die Flügel schwarzbraun, mit lebhaft violettem Schimmer.

Beide Geschlechter in Mehrzahl aus Mombas vorliegend, wo sie im September 1862 zum Theil im Zimmer gefangen wurden.

Odynerus, Latr.

Hist. nat. d. Insect. XIII. p. 346.

14. *Odynerus jocosus*, n. sp.

Postscutello perpendiculari, utrinque tuberculato, abdominis segmento basali semigloboso: niger, capite thoraceque flavo-pictis, abdominis segmentis 1.—6. flavo-fasciatis, metanoti lateribus sanguineo-maculatis. Long. $8\frac{1}{2}$ mill. ♂.

Zu der Abtheilung mit abgestumpften Seiten der hinteren Thoraxwand, senkrechtem Postscutellum und vorn abgerundetem, glockenförmigem Basalringe des Hinterleibes (Subgen. *Leionotus*, Sauss.) gehörend; tief schwarz, dicht punktirt, mit reicher goldgelber Zeichnung. Fühler des Männchens rostroth, mit goldgelbem, oberhalb schwarz gestriemtem Schaft und vorn stark gebräunter Geissel, die beiden kleinen Endglieder klauenförmig eingeschlagen. Mandibeln gelb, mit rostfarbener Spitze und pechbrauner Schneide. Clypeus herzförmig, so lang wie breit, zweispitzig, gleich einem grossen, quer dreieckigen Stirnfleck, dem damit verbundenen inneren Augensaum, dem Kiel zwischen den Fühlern und einem Längsfleck hinter den Augen goldgelb. Thorax robust, oberhalb grobkörnig punktirt, das vorn quer abgestutzte Pronotum bis auf die Hinterecken goldgelb, das Mesonotum bis zur Mitte fein gekielt; ein grosser rundlicher Fleck der Brustseiten, die Tegulae, die Oehrchen zu beiden Seiten des Schildchens, eine Querbinde des letzteren und das Postscutellum goldgelb, dieses beiderseits am Oberrande mit zahnförmigem Höcker. Die Hinterwand des Brustkastens dicht runzlig gekörnt, mit feinem mittleren Längs- und oberem Querkiel, längs der abgestumpften Seiten mit blutrothem Fleck. Beine licht gelb, die vier Endglieder der Tarsen rostfarben, die Hüften und Trochanteren gleich der Basis der Hinterschenkel schwarz. Flügel wässrig gebräunt, die vorderen längs der Costa und in weiterer Ausdehnung an der Spitze dunkel braun mit violettem Schimmer. Das kurze und quere Basalsegment des Hinterleibes beiderseits doppelt so breit gelb als in der Mitte des Hinterrandes; die gelbe Hinterrandsbinde des zweiten gleichfalls breit, vorn zweibuchtig, über die ganze Unterseite fortgesetzt, diejenige des dritten schmal, der drei folgenden seitlich abgekürzt. Der dritte Dorsalring vor dem hellen Saum äusserst grob und gedrängt punktirt, die folgenden dagegen beträchtlich seichter und sperriger als der zweite, auch mehr pechbraun gefärbt. Das dritte bis fünfte Ventralsegment am Hinterrand dicht gelbbraun gewimpert.

In einem einzelnen männlichen Exemplare von Mombas (September 1862) vorliegend.

Belonogaster, Sauss.

Monogr. d. Guêpes soc. p. 348.

Rhaphigaster, Sauss. ant.

15. *Belonogaster junceus*, Fab.

Vespa juncea, Fabricius, Spec. Insect. I. p. 468. No. 60. — Olivier, Encycl. méth. VI. p. 673. No. 14.
Vespa cinerea, Fabricius, Entom. syst. II. p. 279. No. 92.
Zethus cinereus, Fabricius, Syst. Piezat. p. 283. No. 3.
Rhaphigaster junceus, de Saussure, Monogr. d. Guêpes soc. p. 14. No. 1.

Mehrere Exemplare beiderlei Geschlechts, von Mombas und Wanga (September 1862) stammend, gehören der einfarbigen Varietät (ohne helle Hinterleibsflecke) an. Die Art ist auf der Westküste von Senegambien bis Loanda, auf der Ostküste von Abyssinien bis nach Mosambik verbreitet.

Icaria, Sauss.

Monogr. d. Guêpes soc. p. 22.

Epipona, Lepel.

16. *Icaria cincta*, Lepel.

Epipona cincta, Lepeletier, Hist. nat. d. Hyménopt. I. p. 541. No. 9.
Icaria cincta, de Saussure, Monogr. d. Guêpes soc. p. 30. No. 18.

Von dieser bereits aus Senegambien und der Sierra Leona bekannten Art liegt ein einzelnes Weibchen von Wanga (September 1862) vor.

Polistes, Latr.

Hist. nat. d. Insect. XIII. p. 348.

17. *Polistes hebraea*, Fab.

Vespa hebraea, Fabricius, Mant. Insect. I. p. 292. No. 58. — Entom. syst. II. p. 274. No. 74. — Olivier, Encycl. méthod. VI. p. 250. No. 105.
Polistes hebraeus, Fabricius, Syst. Piezat. p. 273. No. 21. — de Saussure, Monogr. d. Guêpes social. p. 53. No. 10. — Lepeletier, Hist. nat. d. Hyménopt. I. p. 525. No. 12.
Vespa Mauritiana, Fabricius, Entom. syst. II. p. 259. No. 22.
Polistes Mauritianus, Fabricius, Syst. Piezat. p. 272. No. 12. — de Saussure, Monogr. d. Guêp. social. pl. VII. Fig. 1.

In einigen weiblichen Exemplaren von der Sansibar-Küste (und von den Seychellen) vorliegend. Die Art ist sonst von Mauritius und aus dem grössten Theile Asiens (Persien bis China) bekannt.

18. *Polistes marginalis*, Fab.

Vespa marginalis, Fabricius, Syst. Entom. p. 367. No. 24. — Spec. Insect. I. p. 463. No. 29. — Entom. syst. II. p. 264. No. 62. — Christ, Hymenopt. p. 240.
Polistes marginalis, Fabricius, Syst. Piezat. p. 272. No. 17. — de Saussure, Monogr. d. Guêpes soc. p. 62. No. 20. pl. VI. Fig. 2.
Polistes ornata, Lepeletier, Hist. nat. d. Hyménopt. I. p. 531. No. 10.

Ein einzelnes Weibchen wurde im December 1862 am See Jipe gefangen. Die Art ist am Cap häufig.

19. *Polistes badia*, n. sp.

Taf. XIV. Fig. 1.

Rufo-brunnea, griseo-pubescens, metanoti lineis duabus abdominisque segmenti basalis margine stramineis, clypei et oculorum limbo, pronoti medio abdominisque segmentorum 2. et 3. margine apicali vitellinis, alis flavescentibus, apice fuscis: fronte inter antennas distincte carinata, clypeo rotundato-ovato. Long. 13 mill. ♀.

Zur Gruppe der *Pol. marginalis*, Fab. (Syst. Entom. p. 367. No. 24) gehörend, von etwas kürzerem und gedrungenerem Bau als diese. Die rothbraune Grundfarbe des Körpers durch greisgelbe Behaarung verhüllt. Fühlergeissel vom dritten Gliede an oberhalb gebräunt, unterhalb licht rostfarben. Stirn zwischen den Fühlern mit deutlichem Längskiel. Der ganze vordere Halbkreis des rundlich eiförmigen Clypeus und die Innenseite der Augen bis zu dem einspringenden Winkel breit goldgelb gesäumt; auch die Stirn dicht über dem Ursprung der Fühler jederseits gelb, der Scheitel mit zwei, von den seitlichen Ocellen ausgehenden, schwärzlichen Längslinien. Die Mandibeln und ein schmaler unterer Saum der Backen gleichfalls gelb. Am Thorax der ganze mittlere Theil des Pronotum sowie der Vorderrand desselben bis zu den Hüften hinab, die Seitentheile des Meso- und Metanotum, endlich eine Querlinie zwischen Schildchen und Hinterschildchen goldgelb. Auf der in der Mitte gefurchten, beiderseits deutlich querriefigen Hinterwand des Brustkastens zwei nach oben abgekürzte Längsbinden von blasser gelber Farbe. An den Beinen nur die Kniee in geringer Ausdehnung und die Innenseite der Vorderschienen gelb. Flügel mit rostfarbenem Stigma, längs der Costa gelb getüncht, die Spitze fleckenartig gebräunt. Das erste Hinterleibssegment hinten und beiderseits blass strohgelb, das zweite und dritte dagegen lebhaft goldgelb gesäumt; während am dritten Ringe die helle Randbinde schmal und beiderseits abgekürzt erscheint, reicht sie auf dem zweiten auch um die Bauchseite herum und ist oberhalb beiderseits von der Mitte und gegen die Aussenwinkel hin ansehnlich breit.

In einem einzelnen weiblichen Exemplare von Wanga (September 1862) vorliegend.

20. *Polistes plebeja*, n. sp.

Rufo-ferruginea, griseo-pubescens, clypei dimidio apicali, oculorum margine interno, fasciola postscutellari, lineis duabus metanoti abdominisque segmentorum 1. et 2. margine apicali flavis, alis apice infuscatis: clypeo subpentagono, disperse fortiter punctato. Long. 11½—12½ mill. ♀.

Kleiner und besonders schlanker als die vorhergehende Art, von welcher sie sich durch die Form und Färbung des Clypeus, den einfarbigen Prothorax und das nicht hell gesäumte dritte Hinterleibssegment unterscheidet. — Grundfarbe des Körpers durchschnittlich lichter, mehr rostroth, übrigens in gleicher Weise durch greise Behaarung verhüllt. Fühlergeissel oberhalb von der Basis oder vom dritten Gliede an stark gebräunt. Clypeus deutlich länger als breit, fast pentagonal, d. h. vorn winklig zugespitzt, mit groben, borstentragenden Punkten zerstreut besetzt, licht gelb, mit einem grösseren oder kleineren, zuweilen ganz verschwindenden Basalfleck von Körperfarbe. Der innere Augenrand bis zum einspringenden Winkel und die untere Ecke der Backen gleichfalls gelb, die Mandibeln licht rostfarben. Mesonotum etwas düsterer rostroth als der Prothorax und das Schildchen; an ersterem nur der ganz feine Vordersaum rothgelb, an der Basis des Postscutellum ein jederseits fleckig erweitertes Querband weisslich gelb. Die ebenso gefärbten beiden Längsstriemen der hinteren Thoraxwand nach oben abgekürzt. Beine von Körperfarbe. Flügel mit rothgelbem Stigma und ebenso getünchtem Vorderrand, an der Spitze fleckig gebräunt. Das erste Hinterleibssegment oberhalb am Hinterrand und den Seiten breit hellgelb gesäumt; das zweite mit einer sich auf die Bauchseite fortsetzenden, beiderseits etwas breiteren Hinterrandsbinde von intensiver gelber Färbung.

Einige in Färbung und Zeichnung ganz übereinstimmende weibliche Exemplare liegen von Wanga (September 1862) vor.

21. *Polistes defectiva*, n. sp.

Rufo-brunnea, griseo-pubescens, antennis apice nigris, clypei margine apicali, oculorum interno, linea postscutellari, metanoti vittis duabus abdominisque segmentorum 1. et 3. margine postico flavis: alis apice fuscis, clypeo transverso pentagono. Long. 13½ mill. ♀.

Noch etwas grösser und kräftiger als *Pol. badia*, von dieser sowohl wie von der vorhergehenden Art durch die Form des Clypeus und die Bindenzeichnung des Hinterleibes unterschieden. Grundfarbe des Körpers ebenso dunkel wie bei der ersten Art, aber durch die greisgelbe Behaarung etwas weniger verhüllt. Fühlergeissel vom dritten Gliede an oberhalb tief schwarz, unterhalb rostfarben. Clypeus kürzer, deutlich breiter als lang, vorn stumpf schneppenartig ausgezogen, daher unregelmässig fünfeckig; im Bereich des breiten goldgelben Vordersaumes mit starken, borstentragenden Punkten besetzt. Der innere Augenrand bis zum einspringenden Winkel und die untere Ecke der Backen gleichfalls gelb; Mandibeln rostroth. Der Vorder- und der ausgeschnittene Hinterrand des Pronotum ganz schmal goldgelb gesäumt, das Mesonotum durch drei dunkele Längslinien der Scheibe geschwärzt erscheinend. Die obere Kante des Postscutellum und zwei oberhalb abgekürzte Längsbinden der hinteren Thoraxwand gelb; letztere besonders zu beiden Seiten stärker querriefig als bei den vorhergehenden Arten. Beine von Körperfarbe. Flügel mit pechbraunem Geäder und Stigma, die Spitze mit dunkelbraunem, leicht violett schimmerndem Fleck. Am ersten Hinterleibssegment der ganze Seitenrand in weiter Ausdehnung, der Hinterrand dagegen in der Mitte nur schmal citronengelb; das zweite einfarbig, das dritte mit orangegelber, in der Mitte und beiderseits etwas breiterer Randbinde, seine Ventralplatte gleichfalls, aber schmaler und lichter gelb gesäumt.

In einem einzelnen weiblichen Exemplare von Uru (Mitte Novembers 1862) vorliegend.

Fam. **Pompilidae**, Leach.

Hemipepsis, Dahlb.

Hymenopt. Europ. I. p. 462.

Mygnimia, Smith.

22. *Hemipepsis vindex*, Smith.

Mygnimia vindex, Smith, Catal. Hymenopt. Ins. Brit. Mus. III. p. 186. No. 18. (♀).

Die schwarzbraunen Flügel dieser Art zeigen den der Gattung eigenthümlichen Ocellenfleck an der Basis der ersten Discoidalzelle und eine strichförmige Makel an der Spitze der ersten Cubitalzelle. Bei dem von Smith allein kurz charakterisirten Weibchen haben die Fussklauen unterhalb bei der Mitte einen grösseren, gegen die Basis hin einen kleinen Zahn, wie es von Dahlbom für die Gattung überhaupt als bezeichnend angegeben wird. Dem Männchen fehlt dagegen an den Klauen der Mittel- und Hinterbeine der grössere Zahn. Dasselbe ist bei geringerer Länge (31—35 mill.), wie gewöhnlich, schlanker als das Weibchen, zeigt die Hinterschienen nur schwach bedornt und entbehrt der rothbraunen Fleckung der Fühler, welche das Weibchen sehr auszeichnet. Die einfarbig und matt schwarzen männlichen Fühler erscheinen vielmehr unterhalb mit Ausnahme des ersten Gliedes durch feines Toment fahl graubraun.

Von dieser besonders am Cap einheimischen Art liegt ein bei Mombas (September 1862) erbeutetes männliches Exemplar vor.

23. *Hemipepsis prodigiosa*, n. sp.

Taf. XIII. Fig. 12.

Maxima, atra, capite thoraceque velutino-opacis, alis saturate fuscis, violaceo-micantibus, anticis distincte ocellatis: clypeo, labro et mandibularum basi rufo-brunneis, antennis pedibusque fulvis, horum coxis trochanteribusque infuscatis: metanoto retrorsum truncato, supra leviter transverse strigoso. Long. corp. 41, alar. 39 mill. ♀.

Eine der grössten bis jetzt bekannten Pompiliden-Arten der alten Welt. Der Körper rein und tief schwarz, im Bereich der vorderen Hälfte sammetartig matt, der Hinterleib mit leichtem Seidenglanz. Der in der Mitte quer abgestutzte Clypeus mit Ausnahme der schwarzen Basis röthlich kirschbraun, vorn lang schwarzborstig; die Oberlippe und die Mandibeln mit Ausnahme der Spitze dunkel rostroth. Fühler gegen die Spitze hin allmählig lichter gelbbraun, die einzelnen Glieder vom dritten an oberhalb mit mennigrothem Spitzenfleck. Die Backen, die Vorderecken des Thorax und die Basis der Vorderhüften abstehend schwarz behaart. Beide Schildchen gewölbt, das vordere leicht gekielt, das hintere stumpf kegelförmig. Der durch einen tiefen Eindruck abgeschnürte kurze vorderste Abschnitt des sogenannten

Metanotum (Hinterleibsbasis) mit tiefer, grubiger Mittelfurche, beiderseits dunkel kirschroth gefleckt, nicht gerieft; der grosse hintere Abschnitt dagegen bis zu der erhabenen Querleiste, hinter welcher er senkrecht abgestutzt erscheint, von deutlichen, wenn auch verhältnissmässig feinen Querfalten durchzogen, durch das ihn bekleidende Toment beiderseits etwas fuchsig schimmernd. Flügel nicht ganz so tief schwarzbraun wie bei der vorhergehenden Art und weniger intensiv violett-blau schillernd; der Ocellenfleck an der Basis der ersten Discoidalzelle dagegen sehr viel lichter und auffallender. Die längliche dritte Cubitalzelle der Vorderflügel nach aussen schräg abgestutzt, nicht weiter gegen die Flügelspitze hin ausgezogen als die Radialzelle; die Mündung des ersten Nervus recurrens, wie gewöhnlich, auf die zweite Cubital-Querader stossend. In den Hinterflügeln die Analzelle über den Ursprung des Cubitalnerven hinaus verlängert. Tegulae gleich dem Thorax tief schwarz. Beine bis auf die oberhalb geschwärzten, sonst satt umbrabraunen Hüften und Trochanteren lebhaft röthlich gelbbraun, die Schienen und Tarsen durch mennigrothe Seidenbehaarung kupfrig schimmernd. Hinterschienen aussen dicht und stark, doppelt sägeartig gedornt; Schienensporen gleich den dichten Dornenreihen aller Tarsenglieder intensiv rostroth. Die beiden Endglieder der Tarsen gebräunt, die Fussklauen mit geschwärzter Spitze, unterhalb mit grösserem Mittel- und kleinerem Basalzahn. Hinterleib leicht schwarzbraun bereift, bei seitlicher Ansicht fahl schimmernd. Einige Borsten an den Seiten des vierten und fünften, sowie die zahlreichen auf der Spitzenhälfte des sechsten Segmentes tief schwarz.

Ein weibliches Exemplar dieser ansehnlichen Art wurde Ende Novembers 1862 bei Moschi erbeutet.

24. *Hemipepsis contumax*, n. sp.

Taf. XIV. Fig. 2.

Atra, capite thoraceque velutino-opacis, alis saturate fuscis, violaceo-micantibus, anticis distincte ocellatis: labro et mandibularum basi rufo-brunneis, pedibus laete rufis, tibiarum posticarum apice tarsorumque omnium articulis quatuor ultimis nigris; metanoto declivi, ubique fortiter transversim rugoso. Long. corp. et alar. 22 mill. ♂.

Von der vorhergehenden Art durch geringere Grösse, die Färbung der Fühler und Beine, die Skulptur des hinteren Thoraxrückens und die Form der dritten Cubitalzelle unterschieden. Körper gleichfalls rein und tief schwarz, ebenso die männlichen Fühler, deren Geissel indessen durch feines Toment fahlbraun schimmert. Der quer abgestutzte Clypeus über die Mitte hin dunkel kirschbraun, am Vorderrande breit geschwärzt; Oberlippe und Basis der Mandibeln dunkel rothbraun. Backen, Vorderecken des Thorax und Basis der Vorderhüften abstehend schwarz behaart; Pro- und Mesonotum gleich den beiden Schildchen sammetartig matt, letztere von gleicher Bildung wie bei *Hem. prodigiosa*. Sowohl der kleine vordere, wie der grössere hintere Abschnitt des sogenannten Metanotum gleichmässig und scharf querriefig, letzterer auch hinten nicht abgestutzt, sondern fast allmählig abschüssig; die ganze Oberseite desselben speckartig glänzend. Flügel von gleicher Färbung wie bei der vorhergehenden Art, der Ocellenfleck der vorderen jedoch etwas weniger licht und auffällig. Dritte Cubitalzelle der Vorderflügel beträchtlich weiter gegen die Spitze hin reichend als die Radialzelle, ausserdem weniger schräg abgestutzt und daher stumpfer als bei *Hem. prodigiosa*. Beine mit Einschluss der

Hüften und Trochanteren licht und brennend rostroth, die äusserste Spitze der Hinterschienen, der mittleren und hinteren Metatarsen sowie die vier letzten Tarsenglieder aller Beine mit Einschluss der Fussklauen pechschwarz. Schienensporen und die feinen Dornen an Schienen und Tarsen röthlich braun. Fussklauen an allen drei Beinpaaren unterhalb mit doppeltem Zahn. Hinterleib oberhalb leicht seidig schimmernd, unterhalb ziemlich lang schwarz behaart; der Hinterrand des zweiten bis fünften Ventralringes pechbraun durchscheinend.

Zwischen Mombas und Wanga im October 1862 gefangen.

Priocnemis, Schioedte.

Kroyer's Naturh. Tidsskr. I. p. 324.

25. *Priocnemis fatalis*, Gerst.

Pompilus fatalis, *Gerstaecker, Monatsber. d. Akad. d. Wissensch., Novbr. 1857. No. 4. — Insekt. v. Mossamb. p. 484.

Ein weibliches Exemplar dieser zuerst in Mossambik aufgefundenen Art liegt von Mombas (Mitte Septembers 1862) vor. Dasselbe ist bei 26 mill. Körperlänge, wie gewöhnlich, beträchtlich kräftiger gebaut als das Männchen, mit welchem es sonst in der Färbung, dem Flügelgeäder, der Bildung der Fussklauen u. s. w. durchaus übereinstimmt. Die Hinterschienen desselben sind an der Aussenseite dicht und stark sägeartig gezähnt und reicher bedornt als beim Männchen, die Hintertarsen innen nicht gewimpert, sondern gleich den beiden vorderen Paaren stark zweizeilig gedornt. Die Art ist mithin der — von *Pompilus* übrigens kaum verschiedenen — Gattung *Priocnemis* einzureihen.

Pompilus, Fab.

Entom. syst. suppl. p. 246.

26. *Pompilus Bretoni*, Guér.

Pompilus Bretonii, Guérin, Magas. de Zool. 1843. Insect. p. 4. pl. 115. Fig. 2. (♂♀).
? *Pompilus xanthocerus*, Dahlbom, Hymenopt. Europ. I. p. 446. No. 24.
Pompilus rufipes, Taschenberg, Zeitschr. f. d. gesammt. Naturwiss. XXXIV. p. 54. No. 14.

In einigen weiblichen Exemplaren von Mombas (Mitte Septembers) und Kiriama (Ende Decembers 1862) vorliegend. Diese über einen grossen Theil Afrikas (Cap, Mossambik, Chartum, Senegal) verbreitete Art erstreckt sich zugleich auf Arabien (Ehrenberg im Mus. Berol.) und nach Guérin auch auf Sicilien. Dieselbe gehört nach der von Guérin (a. a. O.) hervorgehobenen Differenz in der Bildung der Fussklauen je nach den Geschlechtern (zweispaltig beim Männchen, in der Mitte kurz gezähnt beim Weibchen), sowie nach dem Flügelgeäder, besonders nach der weit über den Ursprung der Cubitalader hinaus verlängerten Analzelle der Hinterflügel in die Gruppe des *Pomp. fuliginosus*, *Klug (Symbol. phys. Dec. IV. No. 6. Taf. 38. Fig. 6) und ist, wie hier gleichzeitig erwähnt werden mag, nicht unbeträchtlichen Färbungs-Abänderungen unterworfen. Der Kopf und Prothorax nebst dem ersten Beinpaar ist nämlich ebenso häufig bräunlich roth wie gleich dem übrigen Körper schwärzlich gefärbt, im letzteren Fall selbst der Clypeus zuweilen kaum merklich lichter. Selbst die auffallende und die Art leicht kenntlich machende Färbung der Fühler ist nicht constant, indem dieselben bei einem mit der Stammform sonst durchaus übereinstimmenden und mit jener in Gemeinschaft bei Mombas gefangenen weiblichen Exemplare oberhalb durchaus pechschwarz erscheinen und die normale rothgelbe Färbung nur an der Unterseite des fünften bis elften Gliedes hervortreten lassen.

Anmerkung. Die früher von mir (Archiv f. Naturgesch. XXVIII. 2. p. 420) gemachte Angabe, dass der von Dufour (Annal. de la soc. entom. de France. 4. sér. I. p. 7. pl. I. Fig. 3) beschriebene und abgebildete, in Spanien, Sicilien und einem grossen Theile Afrikas einheimische *Pomp. croceicornis*. (*Klug i. lit.) mit der vorstehenden Art identisch sei, ist dadurch veranlasst worden, dass letztere Art in der hiesigen Entomologischen Sammlung von Erichson irrthümlich als der *Pomp. Bretoni*, Guér. bestimmt worden ist. Nachdem mir die sehr eingehende Beschreibung Guérin's im Magas. de Zoologie selbst vorgelegen hat, bin ich zu der Ueberzeugung gelangt, dass so ähnlich beide Arten auch in der Färbung und Grösse sind, von einer Identität doch nicht im Entferntesten die Rede sein kann. Der mit deutlich blauem, schillernartig glänzendem Hinterleib versehene *Pomp. cyaneicornis* (*Klug i. lit.) Duf. hat die Fussklauen bei beiden Geschlechtern in übereinstimmender Weise gespalten und im weiblichen Geschlechte gesägte Hinterschienen, ausserdem auch ein deutlich querriefiges Metanotum. Durch alle diese Merkmale leicht von *Pomp. Bretoni*, Guér. zu unterscheiden, gehört er nach der Bildung der weiblichen Schienen der Gattung *Priocnemis* an.

Fam. Sphecodea, Gerst.

Ampulex, Jur.

Nouv. méth. Hyménopt. p. 132.

Chlorion, Fab.

27. *Ampulex compressa*, Fab.

Sphex compressa, Fabricius, Entom. syst. II. p. 206. No. 52.
Chlorion compressum, Fabricius, Syst. Piezat. p. 219. No. 7.
Ampulex compressa, Dahlbom, Hymenopt. Europ. I. p. 29. No. 1. (♂♀). — Lepeletier, Hist. nat. d. Hyménopt. III. p. 325. No. 1. (♂♀) pl. 29. Fig. 4. (♀).
Ampulex Sinensis, de Saussure, Hymenopt. d. Novara. p. 43. No. 1. Taf. II. Fig. 25. (♂).

Einige bei Mombas und Wanga (Ende Septembers 1862) gefangene Exemplare beiderlei Geschlechts stimmen mit solchen aus der Sierra Leona, Ostindien und Java in jeder Beziehung genau überein. Auch die von de Saussure auf ein bei Hongkong gefangenes Männchen begründete *Ampul. Sinensis* lässt nach der davon gegebenen Beschreibung und Abbildung keinerlei Unterschiede von der leicht kenntlichen und weit verbreiteten Fabricius'schen Art erkennen*).

Pelopoeus, Latr.

Hist. nat. d. Insect. XIII. p. 194.

Sceliphron, Klug.

28. *Pelopoeus Spinolae*, Lepel.

Pelopoeus Spinolae, Lepeletier, Hist. nat. d. Hyménopt. III. p. 317. No. 4. — de Saussure, Hymenopt. d. Novara. p. 27. No. 6.

*) Eine zweite von de Saussure (Hymenopt. d. Novara. p. 44. No. 2. Taf. II. Fig. 26) beschriebene und abgebildete chinesische Art: *Ampulex Novarae*, bei welcher nur die Hinterschenkel roth gefärbt sind, ist ohne Zweifel identisch mit *Ampulex amoena*, Stål (Öfvers. Vetensk. Akad. Förhandl. XIV. p. 63. No. 1).

Pelopoeus Eckloni, Dahlbom, Hymenopt. Europ. I. p. 434. No. 12. — Taschenberg, Zeitschr. f. d. gesammt. Naturwiss. XXXIV. p. 419. No. 5.

Bei Mombas in zahlreichen Exemplaren beiderlei Geschlechts (September 1862) gesammelt; auch im Cafferlande häufig (Krebs in Mus. Berol.). Sämmtliche Individuen haben, wie de Saussure es an seinen gleichfalls aus Süd-Afrika stammenden hervorhebt, ausser den sieben ersten Fühlergliedern auch den Clypeus rostroth gefärbt. Da Lepeletier über die Farbe des letzteren nichts erwähnt, die Fühlerbasis (beim Männchen nur die sechs ersten Glieder) aber als „*fulva*“ bezeichnet, endlich seine Art aus Bombay stammen lässt, so könnte die Identität derselben mit der Saussure'schen und Dahlbom'schen zweifelhaft erscheinen; wahrscheinlicher ist jedoch, dass die abweichenden Angaben auf Ungenauigkeit beruhen.

29. *Pelopoeus violaceus*, Fab.

Sphex violacea, Fabricius, Entom. syst. II. p. 201. N. 12.
Pepsis violacea, Fabricius, Syst. Piezat. p. 211. No. 16.
Pelopoeus violaceus, Lepeletier, Encycl. méth. X. p. 30. No. 6. — Hist. nat. d. Hyménopt. III. p. 321. No. 21.
Chalybion violaceum, Dahlbom, Hymenopt. Europ. I. p. 21. No. 1.

Ein einzelnes Exemplar von der Sansibar-Küste. Die weit verbreitete Art ist bereits vom Cap, von Isle de France, Fajum, aus Ostindien, Java und Ceylon, aus Arabien, Syrien, Rhodus und Sicilien bekannt.

Ammophila, Kirby.

Transact. Linnean soc. IV. p. 198.

Psammophila, Dahlb. — *Miscus*, Jur.

Die Sonderung der hierher gehörigen Arten in solche mit eingliedrigem und mit zweigliedrigem Petiolus des Hinterleibes, wie sie Lepeletier (Hist. nat. d. Hyménopt. III. p. 364 und 372) vorgenommen hat und welche bei Dahlbom (Hymenopt. Europ. I. p. 16) sogar bis zu der Abtrennung einer besonderen Gattung *Psammophila* ausgeartet ist, beruht nicht auf einem in der Natur existirenden Unterschiede, sondern nur auf der ganz willkürlichen Auffassung des Begriffs eines „Petiolus“. Bei allen *Ammophila*-Arten ist der wirkliche Petiolus nur eingliedrig und wird, wie ich bereits früher (Ueber die Gattung *Oxybelus*, p. 35. Anmerk.) hervorgehoben habe, ausschliesslich durch die nach oben theilweise bloss liegende Ventralplatte des ersten freien (in Wirklichkeit des zweiten) Hinterleibsringes gebildet. Ist die das hintere Ende dieses Petiolus deckende Dorsalplatte des ersten freien Hinterleibsringes nach hinten dreieckig erweitert und daher kegelförmig, so reden die genannten Autoren von einem eingliedrigen (*Psammophila*, Dahlb.), ist sie dagegen gleichfalls dünn griffelförmig (*Ammophila* sens. strict. und *Miscus*, Jur.), von einem zweigliedrigen Petiolus, gedenken aber dabei nicht der allmähligen Uebergänge, welche diese Bildungen zeigen. Die Annahme einer besonderen Gattung *Miscus* ist um so weniger gerechtfertigt, als zwischen ihr und den mit dünn gestieltem Hinterleib versehenen *Ammophila*-Arten nicht einmal ein formeller Unterschied existirt, während die Bildung der gewöhnlich gestielten dritten Cubitalzelle bekanntlich je nach den Individuen, ja sogar auf den beiden Flügeln eines und desselben Exemplares Schwankungen unterworfen ist.

30. *Ammophila ponderosa*, n. sp.

Taf. XIV. Fig. 8.

Unguiculis basi bidentatis, tota nigra, opaca, thorace confertim granoso-punctato, scutello utroque longitudinaliter rugoso; abdominis segmenti primi lamina dorsali acuminata tertiam petioli partem tegente: alis nigro-fuscis, splendide cyaneo-micantibus, cellula cubitali tertia retrorsum angustata. Long. 32 mill. ♀.

Mit der *Ammoph. cyanipennis**), Lepel. (Hist. nat. d. Hyménopt. III. p. 370. No. 9) und, wie es nach der Beschreibung scheint, auch mit der *Ammoph. Ludovicus*, Smith (Catal. Hymenopt. Brit. Mus. IV. p. 212. No. 29) nahe verwandt, von ersterer jedoch schon durch die Färbung, von letzterer durch Skulptur und Behaarung unterschieden. — Der Körper ist überall, mit alleiniger Ausnahme der rothbraun durchscheinenden Mitte der Mandibeln, tief schwarz; die Fühlergeissel grau bereift, das Gesicht sehr dünn aschgrau behaart, gleich dem Scheitel, den Backen und den Mandibeln lang schwarz beborstet. Clypeus ohne den starken seitlichen Zahnvorsprung der *Ammoph. cyanipennis*, schwach gerundet, mit seichter mittlerer Ausbuchtung, beiderseits mit groben, die erwähnten Borsten tragenden Punkten zerstreut besetzt. Scheitel in der nächsten Umgebung der Ocellen fast glatt, vor und hinter denselben deutlich punktirt. Pro- und Mesonotum dicht gedrängt körnig, die beiden Schildchen sperriger und grober punktirt, letztere zugleich viel deutlicher und schärfer längsriefig als das hintere Ende des Mesonotum. Das hinter dem Postscutellum liegende sogenannte Metanotum (Hinterleibsbasis) oberhalb noch dichter und grobkörniger als der Thoraxrücken punktirt, gegen die Seiten hin allmählig deutlicher querriefig, ganz besonders stark hinter den grossen Stigmenhöckern, wo die Querrippen ein ziemlich scharf abgegrenztes, reiner schwarzes und leicht glänzendes Feld bilden. Die Behaarung der Seitenwände dieses Körpertheiles durchaus schwarz. Flügel gesättigt braun mit lebhaftem, stahlblauem, auf der Basalhälfte ins Violette spielendem Schimmer; zweite und dritte Cubital-Querader nach hinten stark convergirend, die dritte Cubitalzelle daher rückwärts verschmälert und in weiterer Entfernung von der Flügelspitze endigend als die Radialzelle. Tegulae glänzend schwarz. Vorderbeine gleich den beiden hinteren Schienenpaaren glänzend, an Schenkeln und Schienen sperriger, am Trochanter länger und dichter schwarzborstig; die Bedornung und die Schienensporen schwarz, die Fussklauen an der Basis stark zweizähnig. Hinterleib doppelt so lang als der Brustkasten, das gestielte Basalsegment so lang wie die folgenden zusammengenommen; die nur das letzte Drittheil des Petiolus deckende Rückenplatte gleichschenklig dreieckig, um die Hälfte länger als am Hinterrande breit. Die ganze Oberseite des Hinterleibes fein greis seidenhaarig, die Bauchseite glatt, ziemlich lebhaft glänzend, die Spitze der letzten Ventralplatte mit gelbbraunen Borsten sparsam besetzt.

Ein weibliches Exemplar dieser ansehnlichen Art wurde Ende Decembers 1862 zwischen Endara und Kiriama gefangen.

*) *Parapsammophila miles*, Taschenberg (Zeitschr. f. d. gesammt. Naturwiss. XXXIV. p. 430. No. 1) scheint trotz der geringeren Grösse mit dieser Art identisch zu sein.

Sphex, (Lin.) Latr.

Gen. Crust. et Insect. IV. p. 56.

31. *Sphex incompta*, n. sp.

Alis infuscatis, anticarum cellula radiali subtruncata, cubitalibus 2. et 3. longitudine fere aequalibus: nigra, opaca, cano-villosa, clypeo basin versus carinato, mandibulis ante apicem rufis. Long. 18 mill. ♂.

Der Süd-Europäischen *Sph. paludosa*, Rossi nicht unähnlich und besonders in der Form der 2. und 3. Cubitalzelle mit ihr übereinstimmend, aber durch stärker und gleichmässiger gebräunte Flügel, den an der Basis gekielten Clypeus und den vom zweiten Segment an tief schwarzen Hinterleib abweichend. — Körper mit Einschluss der Fühler und Beine tief und matt schwarz, besonders an den Brustseiten und dem hintern Theil des Brustkastens dicht und wollig greisgelb behaart. Stirn und Seiten des Clypeus fein und anliegend weiss seidenhaarig, ausserdem mit aufgerichteten, theils greisgelben, theils schwarzen Borstenhaaren bekleidet; der vorn abgestutzte Clypeus besonders gegen die Basis hin stark gewölbt und hier mit abgekürztem, stumpfem Längskiel, unterhalb längs der Mitte nackt, zerstreut punktirt. Oberlippe und Maxillen licht rostroth, Mandibeln zwischen Basis und Spitze mit blutrother Binde. Thoraxrücken nebst den beiden Schildchen ziemlich fein punktirt, das sogenannte Metanotum körnig gerunzelt. Flügel satt rauchbraun, die vorderen längs der Costa und dem Hinterrande geschwärzt und leicht metallisch schimmernd; Radialzelle an der Spitze leicht abgestutzt, zweite Cubitalzelle rhombisch, länger als hoch, die dritte kaum kürzer, von der Form eines abgestumpften liegenden Dreiecks. Erster Nervus recurrens beim letzten Viertheil der zweiten, zweiter vor der Mitte der dritten Cubitalzelle einmündend. Schenkel hinterwärts dünn greis behaart, das Toment an der Innenseite der Hinterschienen fahlbraun. Am Hinterleib nur der glockenförmig erweiterte Theil des ersten Segmentes grau seidenhaarig, die übrige Rückenseite tief schwarz; Bauchseite der beiden ersten Ringe sparsam greis, die folgenden beiderseits schwarz behaart.

Bei Wanga gefangen.

Fam. Bembecidae, Latr.

Bembex, Fab.

Mant. Insect. I. p. 285.

32. *Bembex lusca*, Spin.

Bembex lusca, *Klug in Mus. Berol. — Spinola, Annal. de la soc. entom. de France. VII. p. 467. No. 20. — Lepeletier, Hist. nat. d. Hyménopt. III. p. 274 No. 10.

Ein von Wanga stammendes weibliches Exemplar lässt, soweit der mangelhafte Zustand desselben ein Urtheil gestattet, keine Unterschiede von den Aegyptischen erkennen.

Fam. **Heterogyna,** Klug.

Scolia, Fab.

Entom. syst. II. p. 229.

33. *Scolia ruficornis,* Fab.

Scolia ruficornis, Fabricius, Entom. syst. II. p. 230. No. 9. — Syst. Piezat. p. 241. No. 11. — Coquebert, Illustr. iconogr. Tab. XIII. Fig. 5. (♂). — Burmeister, Abhandl. d. naturf. Gesellsch. zu Halle. I. 4. p. 28. No. 62. — de Saussure et Sichel, Catal. spec. gen. Scoliae. p. 82. No. 62. (♂♀).

Var. *Antennis nigris, apice rufis.*

Scolia melanaria, *Klug in Mus. Berol. — Burmeister, Abhandl. d. naturf. Gesellsch. zu Halle. I. 4. p. 28. No. 63. (♂). — *Gerstaecker, Insekt. v. Mossamb. p. 494. (♂♀). — de Saussure et Sichel, Catal. spec. gen. Scoliae. p. 82. No. 60. (♂♀).

Vier bei Mombas (September 1862) gefangene männliche Exemplare zeigen bei sonstiger völliger Uebereinstimmung theils die Fühlerfärbung der *Scol. melanaria*, theils einen unmittelbaren Uebergang zu derjenigen der *Scol. ruficornis*, indem die vorwiegend licht rothe Fühlergeissel nur oberhalb vom 3. bis 9. Gliede leicht gebräunt erscheint. An letzteren Exemplaren schwindet somit der einzige Unterschied, welcher überhaupt für die beiden oben citirten Arten nachweisbar war und ich stehe daher nicht an, dieselben als einfache Farbenvarietäten zusammenzuziehen. — Die in dieser Weise festgestellte *Scolia ruficornis* ist vom Cap über Port Natal und Mosambik bis nach Abyssinien, an der Westküste über Guinea und Senegambien verbreitet, findet sich aber ausserdem auch in Arabien (Ehrenberg in Mus. Berol.).

Elis, Fab.

Syst. Piezat. p. 248.

34. *Elis aliena,* Klug.

Scolia aliena, *Klug, Symbol. phys. Dec. III. No. 12. Tab. XXVII. Fig. 3. (♂).
Elis aliena, de Saussure et Sichel, Catal. spec. gen. Scoliae. p. 161. No. 158. (♂.).

Von dieser in Arabien, Aegypten und Abyssinien einheimischen Art liegt ein bei Mombas (September 1862) gefangenes Männchen vor.

35. *Elis (Dielis) hymenaea,* n. sp.

Nigra, flavescenti-hirta, clypei apice mandibulisque pro parte sanguineis, abdominis segmentis 1.—4. supra laete aurantiacis, fascia basali in segmentis 2. et 3. utrinque cum macula laterali confluente — atra: alis flavescentibus, leviter infuscatis. Long. 13—15½ mill. ♀.

Scolia fasciatella, (Klug) fem. var. *Gerstaecker, Insekt. v. Mossamb. p. 496.

♂ *Clypeo, mandibularum basi, pronoto, tegulis, scutello utroque abdominisque segmentorum 1.—6. dimidio apicali vitellinis, ano pedibusque rufis, femoribus tibiisque flavo-strigatis.* Long. 11—15 mill.

Weibchen. Der *Scol.* [illegible], *Klug (Symb. phys. Dec. III. No. 20. Tab. XXVII. Fig. 11) so nahe stehend, dass ich sie früher für eine Varietät derselben gehalten habe, jedoch neben der etwas ansehnlicheren Grösse, wie es scheint, durch das Colorit des Integumentes und der Haarbekleidung constant verschieden; ob und in wie weit von der *Elis felina*, Sauss. (Stett. Entom. Zeit. XX. p. 265) abweichend, lässt sich aus der zu kurzen Beschreibung der letzteren nicht mit Sicherheit beurtheilen. — Fühler gleich dem Kopf durchaus pechschwarz, am Clypeus der querriefige Endsaum, an den Mandibeln die Basis und Spitze licht blutroth. Ocellengegend und Hinterhaupt nur vereinzelt punktirt, die Stirn beiderseits dicht. Die Behaarung des Kopfes vorn greisgelb, hinterwärts gleich derjenigen des Brustkastens mehr goldgelb. Pronotum beiderseits vor den Tegulis dicht gedrängt, Mesonotum und Schildchen beträchtlich grober, aber sperrig, auf der Mitte sogar weitläufig punktirt und hier daher stark glänzend. Hinterschildchen gleich dem sogenannten Metanotum wieder feiner und dichter punktirt, der kurze horizontale Theil des letzteren in der Mitte etwas spitzig ausgezogen. An den pechschwarzen Beinen die Glieder der Vordertarsen mit rostrother Spitze, die untere Schneide der Hinterschenkel blutroth durchscheinend; die Bedornung der Schienen und Tarsen scherbengelb, die Schienensporen blass strohgelb, der lange hintere des letzten Paares gekerbt. Flügel gelblich oder zugleich braun getrübt, das Geäder rothbraun, die Costa schwärzlich. Hinterleib unterhalb pechschwarz mit rothbraun durchscheinendem Hinterrande des zweiten und dritten Ringes und dichter goldgelber Franzung des zweiten bis vierten. Die Oberseite der vier vorderen Ringe lebhaft orangegelb, glanzlos, auf dem ersteren die grössere Basalhälfte, auf dem zweiten und dritten die in der Mitte etwas dreieckig ausgezogene Basis und jederseits ein mit derselben zusammenhängender, abgerundeter Fleck tief schwarz. Die aufrechte Behaarung der Basis blassgelb, die borstige der folgenden Ringe und die dichte Endfranse des ersten bis vierten brennend rothgelb; die beiden letzten Ringe ober- und unterhalb pechschwarz beborstet.

Männchen. Es ist demjenigen der *Elis* [illegible] (*Scolia* [illegible], *Gerst., Insekt. v. Mossamb. p. 496. Taf. XXXI. Fig. 12) sehr ähnlich, aber durchschnittlich um die Hälfte kleiner, durch die Färbung der Beine und die deutlich gelbe (nicht weissgraue) Behaarung unterschieden. Der gelbe Clypeus zeigt einen quer dreieckigen, pechschwarzen Mittelfleck nahe dem Vorderrande; die gleichfalls gelben Mandibeln sind an der äussersten Basis und an der Spitzenhälfte schwarz. Stirn, Hinterkopf und Thoraxrücken sehr dicht goldgelb behaart, an letzterem das Pronotum mit Ausnahme eines vor den Tegulis liegenden pechbraunen Längsfleckes, die Tegulae und die beiden Schildchen goldgelb. Beine licht blutroth, an den Schienen fast die ganze Aussenseite, an den Schenkeln wenigstens ein Längsstreifen goldgelb. Flügel schwächer getrübt als beim Weibchen, mit deutlichem Messingglanz; die Radialzelle der vorderen an der Spitze stumpf, fast abgestutzt. Hinterleib oberhalb goldgelb mit schwarzer Basis der sechs vorderen Ringe; letztere Färbung erstreckt sich am ersten Segment auf $^2/_3$, am zweiten und dritten etwa auf $^2/_3$, am vierten auf die Hälfte der Länge, während sie auf den beiden vorletzten nur einen schmalen Saum darstellt. Auf dem zweiten bis vierten Ringe ist die gelbe Hinterhälfte ausserdem noch jederseits mit einer bräunlichen Quermakel gezeichnet. Aftersegment rostroth, mit tief schwarzen Dornen. Bauchseite pechbraun, stellenweise rothbraun durchscheinend, der Hinterrand von Segment 2.—5. breit goldgelb.

Beide Geschlechter von Mombas und Wanga, das Männchen in grösserer Anzahl vorliegend. Die Art ist zugleich in Mosambik einheimisch.

36. *Elis (Dielis) soleata*, n. sp.

Taf. XIV. Fig. 4.

Nigra, dense flavescenti-pilosa, clypeo — macula marginali excepta —, pronoti margine antico, tegularum lateribus, scutelli fascia arcuata, abdominis segmentorum 1. – 4. parte posteriore tibiisque anterioribus extus flavis: alis dilute fuscis. Long. 22 mill. ♂.

Den stärksten Exemplaren der *Elis* [illegible], *Gerst. (a. a. O. p. 496. Taf. XXXI. Fig. 12) an Grösse gleich, aber weniger schlank, besonders in der breiteren und kaum abgeschnürten Hinterleibsbasis abweichend. Die Behaarung des Kopfes, des Brustkastens, der Beine und der vier vorderen Hinterleibsringe durchweg gelb, auf der Stirn, dem Hinterhaupt und dem sogenannten Metanotum besonders dicht und lang, wollig, auf dem Thoraxrücken anliegend. Fühler matt schwarz, der Schaft gelbhaarig. Clypeus licht gelb, der Vordersaum und ein mit demselben verbundener, sphärisch dreieckiger Mittelfleck der vorderen Hälfte gleich den Mandibeln tief schwarz. Auf dem Thoraxrücken der Vordersaum des Pronotum, die Aussenhälfte der Tegulae und eine bogige mittlere Querbinde des Schildchens gelb; letzteres am Hinterrande glatt, an der Basis gleich dem Mittelrücken sperrig grob punktirt. An den schwarzen Beinen die ganze Aussenseite der Vorderschienen, eine Längsbinde an derjenigen der Mittelschienen, ein Längsstrich an dem vorderen, unteren Rande der Mittel- und Hinterschenkel, die Schienensporen und die Tarsendornen licht gelb, die Fussklauen rostroth. Flügel gleichmässig wässrig braun, mit pechbraunem Geäder; Radialzelle der Vorderflügel breit und stumpf abgerundet. Hinterleib mit querem, kurz gestieltem Basalsegment, bis zu den drei tief schwarzen Endsegmenten oberhalb vorwiegend gelb; nämlich: das erste Segment im Bereich der halbkreisförmigen Spitzenhälfte, das zweite mit Ausnahme einer sich an die Basis anlehnenden hufeisenförmigen Zeichnung, das dritte bis auf eine breitere, aber gleichfalls hinten bogig ausgeschnittene Basalbinde, das vierte im Bereich des hintersten Drittheils der Länge. Der schwarze Grund nach hinten allmählig stärker und dichter, auf dem fünften und sechsten Ringe körnig punktirt. Die drei Dornen des Endringes lang und kräftig. Bauchseite tief schwarz, das zweite und dritte Segment am Hinterrande jederseits mit gelber Halbbinde, das vierte mit ebenso gefärbtem punktförmigem Fleck.

Ein einzelnes Männchen von Wanga (September 1862).

Myzine, Latr.

Hist. nat. d. Insect. XIII. p. 269.

Plesia, Jur. (fem.)

Nachdem es seit langer Zeit auf Grund directer Beobachtung feststand, dass den von Jurine (Hyménopt. p. 160) als besondere Gattung *Plesia* bezeichneten Heterogynen-Weibchen die Amerikanischen Arten der Gattung *Myzine*, Latr. als Männchen angehören, musste es in hohem Grade überraschen, durch Perris (Annal. de la soc.

Linnéenne de Lyon 1852. p. 101) den Nachweis geführt zu sehen, dass die Europäische *Myzine volvulus*, Latr. sich mit der von *Plesia* generisch weit entfernenden *Meria tripunctata*, Rossi begatte: überraschen, nicht nur deshalb, weil die Form- und Färbungsdifferenz zwischen den beiden Geschlechtern hier einen so hohen Grad erreicht, dass sie nur etwa durch die bekannte *Methoca ichneumonides* (mas: *Tengyra Sanvitali*, Latr.) und einige Neu-Holländische Thynniden-Formen noch übertroffen wird, sondern auch weil bei dem sehr auffallenden Unterschieden im Flügelgeäder, wie sie die weiblichen Plesien und Merien erkennen lassen, zum Mindesten doch eine merkliche Differenz auch bei den Männchen zu erwarten stand. Wiewohl nun Letzteres nicht der Fall ist, kann weder die Richtigkeit der speciellen Perris'schen Beobachtung, noch die Annahme, dass die Männchen sämmtlicher bekannter *Meria*-Arten unter den zahlreichen Europäischen und Afrikanischen männlichen Myzinen zu suchen sind, irgend wie zweifelhaft sein, da nach meiner eigenen Erfahrung auch für eine zweite inländische Art die Zugehörigkeit einer männlichen *Myzine* zu einer *Meria* feststeht. Ich habe nämlich die kleinste Europäische *Myzine*, welche von Panzer (Faun. Insect. German. 87. 19) unter dem Namen *Sapyga cylindrica* abgebildet worden ist, in der Umgegend Berlins wiederholt in grösserer Individuenzahl zusammen mit der *Tiphia glabrata*, *Fab. (Entom. syst. suppl. p. 254. No. 1—2 = *Bethylus glabratus et dorsalis*, *Fab., Syst. Piezat. p. 237. No. 2 und p. 238. No. 6), auf Umbelliferen-Blüthen angetroffen und beobachtet, wie die Männchen in eifriger Verfolgung der Weibchen behufs ihrer Begattung begriffen waren: während die betreffenden Lokalitäten und Blüthen niemals ein anderes, diesem Verwandtschaftskreise angehörendes Insekt darboten, welches als das Männchen der *Meria (Bethylus)* oder als das Weibchen der *Myzine (Sapyga)* hätte angesprochen werden können.

Kann es hiernach sowohl, als weil sämmtliche bekannte *Meria*-Arten sonst überhaupt der Männchen entbehren würden, keinen Augenblick zweifelhaft sein, dass die Myzinen im Latreille'schen Sinne, vielleicht sogar zu annähernd gleichen Theilen, bei *Plesia* und *Meria* untergebracht werden müssen, so ist es angesichts der so auffälligen Differenzen, welche die Weibchen beider Gattungen zur Schau tragen, merkwürdig genug, dass die Männchen solche ganz vermissen lassen. Zwar hat Erichson (Archiv f. Naturgesch. 1839. II. p. 357 f.) die Ansicht geäussert, dass „zwischen den Amerikanischen Arten und denen der alten Welt ein bemerkenswerther Unterschied darin bestehe, dass bei jenen der zweite rücklaufende Nerv auf den zweiten Cubital-Quernerven, bei diesen auf die Mitte der dritten Cubitalzelle treffe, dieser Unterschied aber unmöglich hinreichen könne, die Amerikaner als Gattung zu trennen". Prüft man jedoch auf dieses Merkmal hin eine grössere Reihe von Arten und Individuen, so gewahrt man bald, dass dasselbe nichts weniger als stichhaltig ist. Einerseits zeigen sich diejenigen Amerikanischen Arten, bei welchen der zweite rücklaufende Nerv constant auf den dritten Cubital-Quernerven trifft, wie *Myz. (Elis) sexcincta*, Fab., in der entschiedenen Minorität solchen gegenüber, bei welchen er, wie bei *Myz. maculata*, Fab., *obscura*, Fab. (= *fuliginosa*, Lepel.) u. A. in die Basis der dritten Cubitalzelle einmündet. Andererseits stehen aber auch unter den Arten der alten Welt solchen, bei denen der zweite rücklaufende Nerv nahe der Mitte der dritten Cubitalzelle einmündet (*Myz. sexfasciata*, Rossi, *cylindrica*, Panz., u. A.), andere gegenüber, bei welchen die Einmündung in Uebereinstimmung mit der Mehrzahl der Amerikanischen Arten in die Basis der dritten Cubitalzelle, dicht hinter dem zweiten Cubital-Quernerven stattfindet (z. B. *Mys. cingulata*, Gerst.). Auch sonstige Unterschiede, wie sie die Form des Kopfes, die Grösse der Augen u. s. w. darbieten und auf welche man zuerst eine Scheidung der männlichen Myzinen Amerikas von denjenigen der alten Welt begründen zu können glaubt, erweisen sich bei dem Vergleich eines grösseren Materials durchaus nicht als stichhaltig. In gleicher Weise sucht man vergebens nach einem äusseren Merkmal, welches die männlichen Myzinen der alten Welt als zwei verschiedenen Typen (*Plesia* und *Meria*) angehörig nachwiese, während doch, wie sich sogleich ergeben wird, schon die weiblichen Myzinen der alten Welt (Afrika, Asien) von denjenigen Amerikas im Flügelgeäder nicht unschwer zu unterscheiden sind (sich übrigens auch durch ihr düsteres, einfarbiges, mehr an *Tiphia* erinnerndes Colorit habituell von ihnen entfernen) so dass man füglich sogar drei verschiedene Categorien von Männchen zu erwarten hätte.

Wenn Jurine (Hyménopt. p. 150) es als den auffallendsten Charakter seiner Gattung *Plesia* hervorhebt, dass die Radialzelle der Vorderflügel sich vom Vorderrande derselben weit entferne, so geht daraus hervor, dass er nur die Weibchen einiger Amerikanischen *Myzine*-Arten (im Latreille'schen Sinne) vor sich gehabt habe. Da aber dieses Merkmal keineswegs allen weiblichen Myzinen zukommt, so ergiebt sich ferner, dass die von Latreille später (Gen. Crust. et Insect. IV. p. 112) vorgenommene Identificirung von *Plesia*, Jur. mit *Myzine*, Latr. nur bedingt richtig ist, d. h. nur für die meisten Amerikanischen Arten Gültigkeit hat. Solche sind z. B. *Myzine (Plesia) namea*, *obscura* und *ephippium*, Fab., *dichroa*, Perty u. A. Abweichend von diesen verhält sich die weibliche *Myzine bipunctata* (*Tiphia bipunctata*, Perty, Delect. animal. p. 139. Tab. 27. Fig. 12), ebenso drei andere mir vorliegende Arten aus Brasilien und Chile. Bei diesen fällt in Uebereinstimmung mit zwei Australischen: *Mys. unicolor* und *signata*, Smith, mit einer von Ceylon stammenden und sämmtlichen Süd-Afrikanischen Arten, wie *Mys. (Plesia) abdominalis*, Guér., *nigra*, Fab. (*Tiphia nigra*, Fab., Entom. syst. II. p. 225. No. 9) und der im Folgenden zu beschreibenden *Mys. xanthocera* der Vorderrand der Radialzelle mit demjenigen des Flügels zusammen, so dass also hier das charakteristische Merkmal der Gattung *Plesia*, Jur. fehlt. Abgesehen von dem Verhalten der Radialzelle, zeigen die weiblichen Myzinen übrigens noch eine andere Schwankung im Geäder der Vorderflügel, auf welche sich gleichfalls eine Gruppirung der Arten basiren liesse. Bei den Amerikanischen Arten ist nämlich die mittlere Cubitalzelle stark in die Quere gezogen, weit gegen die Basis des Flügels hin reichend und daselbst nicht vollständig geschlossen; bei denjenigen Australiens ist sie ebenso langgestreckt, aber an der Basis vollständig geschlossen; bei den Afrikanischen endlich verbindet sie mit letzterer Eigenschaft eine sehr viel geringere Ausdehnung.

In Berücksichtigung des Umstandes, dass unter dem Namen *Myzine* die männlichen Formen zweier im weiblichen Geschlecht wesentlich von einander verschiedenen Gattungen vereinigt worden sind — wie denn auch noch gegenwärtig unter denselben unzweifelhaft eine Anzahl von *Meria*-Männchen figurirt — dürfte es übrigens sehr wohl in Frage kommen, ob nicht der Name *Myzine* als ein Collektiv-Begriff ganz fallen zu lassen und, wie es auf der einen Seite durch *Meria* bereits geschehen, so auch auf der anderen durch *Plesia* zu ersetzen sei. Ich würde mich trotz der für *Myzine* sprechenden Priorität ohne Bedenken zu dieser Veränderung bekennen, wenn nicht, wie gesagt, von Jurine bei Charakteristik seiner Gattung *Plesia* ein Merkmal vorangestellt worden wäre, welches trotz seiner Auffälligkeit doch nur einem Theil der hierher gehörigen Weibchen zukommt und also nicht als charakteristisch für die Gattung gelten kann.

37. *Myzine xanthocera*, n. sp.

Taf. XIV. Fig. 5.

Atra, nitida, parce albo-pilosa, mandibulis sanguineis, antennis laete fulvis, alis nigro-fuscis, cyaneo-micantibus; capite thoraceque dorso fortiter cribrato-punctatis, metanoti parte anteriore horizontali longitudinaliter bicarinata: abdominis segmentis anterioribus supra parce punctatis, lucidis. Long. 12½ mill. ♀.

Körper tief schwarz, die abstehende, borstige Behaarung vorwiegend rein weiss, auf der Oberseite des Kopfes und Thorax — theilweise auch des Hinterleibs — jedoch russbraun bis greisgelb. Fühler intensiv rothgelb, der Schaft etwas dunkler; die Mandibeln mit Ausnahme der Spitze, der Mittelkiel des Clypeus und die beiden Stirnhöcker über der Einlenkung der Fühler blutroth; die Beborstung des Fühlerschaftes und der Mandibeln gelb, braun untermischt. Clypeus durch feine Ciselirung matt, Stirn und Scheitel äusserst grob und gedrängt, zu netzartig verstrickten Runzeln zusammenfliessend punktirt, die Backen etwas sperriger. Pronotum bis zu den Vorderhüften hinab ebenso grob und dicht, aber noch schärfer längsriefig als der Kopf punktirt, das Mesonotum und Schildchen dagegen weitläufiger, wenn auch tiefer und mehr grubig. Hinterschildchen fein punktirt, Tegulae glatt. Das sogenannte Metanotum im Bereich der vorderen Hälfte vollkommen horizontal, durch verhältnissmässig feine und dichte, körnige Punktirung matt, von zwei parallelen, glatten mittleren Längskielen durchzogen; dieser horizontale Theil durch eine aufgeworfene, bogige Kante gegen den schräg abfallenden, in der Mitte zerstreut, an den Rändern dagegen dicht runzlig punktirten hinteren abgesetzt. Die Seiten dieses Metanotum sind abweichend von den sehr grob punktirten Brustseiten fein und dicht querriefig und dadurch speckartig glänzend. Flügel satt schwarzbraun, stahlblau schimmernd, bei durchfallendem Lichte mit feinen, glashellen Längslinien, welche, besonders in den drei Cubital- und der grossen Discoidalzelle verlaufend, hier gewissermaassen ein zweites Adernetz darstellen. Radialzelle durchaus randständig, die mittlere Cubitalzelle nicht gegen die Basis hin verlängert. An den Hinterschenkeln die Kniee und der hervortretende Winkel der Unterseite rothbraun durchscheinend; Schienensporen des ersten Paares rothgelb, der beiden hinteren gelblich weiss; Fussklauen nebst den langen Dornen der Tarsen rostfarben. Hinterleib beiderseits und auf den zwei Endsegmenten dicht gedrängt, fast körnig, in der Mitte der vorderen jedoch sparsam punktirt und hier stark glänzend; Bauchseite mit Ausnahme des fein punktirten Endsegmentes dicht und grob, theilweise runzlig punktirt.

Ein einzelnes weibliches Individuum vom See Jipe (Mitte Decembers 1862). Nach einem ganz übereinstimmenden Exemplar ist die Art auch am Cap einheimisch.

Mutilla, Lin.

Syst. natur. ed. XII. p. 966.

38. *Mutilla strabo*, n. sp.

Taf. XIV. Fig. 6.

Antennarum articulo tertio oblongo, lamina scutellari nulla, abdominis ovati segmento basali utrinque uncinato, capite antrorsum angustato, oculis foveolatis: nigra, thorace oblongo-quadrato sanguineo, abdominis segmentorum 1.—2. litura parva marginali media, 2. insuper maculis duabus dorsalibus albo-tomentosis, segmentis 5. et 6. albido-pilosis. Long. 12 mill. ♀.

Zu der Gruppe mit nicht abgeschnürtem ersten Hinterleibssegment, verlängertem drittem Fühlergliede und fehlender Scutellarlamelle des Thorax gehörend. In der eigenthümlichen Kopfbildung mit *Mut. bilunata*, Gerst.*) (Insekt. v. Mossamb. p. 488. Taf. XXXI. Fig. 8) und *Cephens*, Smith (Catal. Hymenopt. of the Brit. Mus. III. p. 18. No. 116) übereinstimmend, von beiden aber durch die helle Fleckung des Hinterleibes verschieden. — Kopf kaum breiter als der Thorax, vom oberen Augenrande ab nach vorn verschmälert, so dass die verhältnissmässig kleinen Augen nicht ganz seitlich liegen, sondern etwas auf die Vorderseite gerückt sind; die Oberfläche sehr grob gitterartig, in der Mitte der Stirn zugleich deutlich längsrunzlig punktirt, oberhalb schwarzborstig, am Hinterhaupt, an den Backen und unterhalb der Fühler greishaarig. Stirn oberhalb der Fühlerinsertion nicht merklich aufgewulstet; das dritte Fühlerglied um die Hälfte länger als das vierte, das siebente bis zehnte etwas erweitert und abgeflacht, gleich den beiden schmalen letzten unterhalb rothbraun. Brustkasten länglich quadratisch, nur um ein Dritttheil länger als breit, oberhalb sehr scharf längsriefig, die erhabenen Leisten seitlich und hinten gitterartig anastomosirend; der hintere Absturz schwächer runzlig punktirt, die Seitenwände fast glatt; letztere weiss behaart, der Rücken dünn schwarzborstig. Beine greishaarig, Schienensporen pechschwarz mit rother Spitze, Fussklauen rostroth. Hinterleib oval, das erste Segment an der Basis beiderseits stumpf höckerartig gezähnt, unterhalb mit hohem, nach vorn gehöckertem Kiel, das grosse zweite oberhalb dicht und fein längsriefig, beiderseits grober gitterartig gerunzelt. Auf tief schwarzem Grunde je ein kleiner viereckiger Fleck in der Mitte des Hinterrandes der beiden ersten Ringe, auf dem zweiten ferner bei der Mitte der Länge zwei rundliche Mondflecke weissfilzig; ausserdem ist der Spitzenrand des dritten Ringes fast rein weiss, der ganze sechste greisgelb behaart. Der zweite Bauchring über die Mitte hin kirschroth, sehr grob körnig punktirt, gleich den folgenden mit ungefärbtem Endsaum und dicht gelbgreiser Fransung.

Am See Jipe Mitte Decembers 1862 gefunden.

39. *Mutilla pygidialis*, n. sp.

Taf. XIV. Fig. 7.

Antennarum articulo tertio oblongo, lamina scutellari nulla, abdominis ovati segmento basali utrinque uncinato, capite transverso, oculis lateralibus: nigra, thorace oblongo-quadrato sanguineo, abdominis segmentis 1. et 2. in ipso margine fasciatim, tertio utrinque ante marginem, ultimo toto albido-pilosis. Long. 10—11 mill. ♀.

Derselben Gruppe wie die vorhergehende Art angehörend, aber von verschiedener Kopfbildung. Körper mit Ausnahme des blutrothen Brustkastens schwarz. Kopf von Thoraxbreite, quer, bis zum Vorderrande der verhältnissmässig grossen und seitlich stehenden Augen nicht verschmälert, sehr grob und gedrängt längs-

*) Da von Burmeister der Name *Mut. bilunata* bereits i. J. 1854 an eine Brasilianische Art vergeben worden ist, muss die Afrikanische eine andere Benennung erhalten; sie mag *Mut. stupida* heissen.

runzlig punktirt, die Stirn oberhalb der Fühler-Insertion zu zwei halbkugligen Höckern aufgetrieben, über denselben schwach längsfurchig; die lange, aufrechte Behaarung bis zu den Fühlern hinab schwarz, auf dem Clypeus greis, doch sind auf der Stirn, dem Hinterhaupt und längs der Backen kürzere weissliche Haare beigemengt. Drittes Fühlerglied nur wenig kürzer als die beiden folgenden zusammengenommen. Brustkasten länglich viereckig, um die Hälfte länger als breit, seitlich nur leicht ausgeschweift, oberhalb äusserst grob längsrunzlig und gitterförmig punktirt, auf den Pleuren stark glänzend; die Behaarung nur an den Vorder- und Hinterecken weisslich, sonst durchweg schwarz, lang und sperrig. An den Beinen die Schienensporen und die Fussklauen licht rostfarben, die Behaarung greis. Das grosse zweite Hinterleibssegment oberhalb dicht und scharf längsriefig, am ersten die Mitte des Hinterrandes in Form eines liegenden, mit der Spitze nach hinten gewandten Dreiecks, am zweiten der ganze Hinterrand als Querbinde, am dritten ein jederseits vor dem Rande liegender Querfleck, sowie die ganze Oberseite des Endsegmentes gelblich weiss und seidig glänzend befilzt. Die Seitenzähne an der Basis des ersten Segmentes gross, hakenförmig, der Längskiel seiner Unterseite nach vorn ansteigend. Zweites Segment unterhalb vor der Spitze quer aufgetrieben, undeutlich dreiwulstig und daselbst sehr grob punktirt; der Endsaum dieses und der folgenden Ringe scherbengelb, dicht greis gewimpert.

In zwei bei Moschi (Ende Novembers 1862) aufgefundenen weiblichen Exemplaren vorliegend.

40. *Mutilla suavis*. n. sp.

Taf. XIV. Fig. 8.

Antennarum articulo tertio oblongo, lamina scutellari distincta, capite transverso, oculis lateralibus, thorace oblongo-quadrato: sanguineis, abdomine nigro, segmenti secundi maculis duabus basalibus, tertio et sexto totis flavescenti-sericeis. Long. 6–7 mill. ♀.

Zu der Gruppe mit verlängertem drittem Fühlergliede, deutlich ausgebildeter Scutellarlamelle des Thorax und leicht abgeschnürtem erstem Hinterleibssegment gehörend. Kopf mit Einschluss der Fühler und Mandibeln gleich dem Thorax licht blutroth, die Stirn, der Fühlerschaft, die Taster und die Spitze der Mandibeln pechbraun; die borstige, aufrechte Behaarung bräunlich, die kürzere, niederliegende sowie die längere am Hinterhaupt und an den Vorderecken des Thorax silberweiss. Kopf quer, von Thoraxbreite, bis zum Vorderrand der grossen, seitlichen Augen fast gleich breit, vorn in flachem Bogen abgerundet, dicht körnig und etwas längsrunzlig punktirt, die Stirn mit zwei licht rostrothen Tuberkeln über dem Ursprung der Fühler; an diesen das dritte Glied fast so lang wie die beiden folgenden zusammengenommen. Thorax etwa um ein Drittheil länger als breit, in der Mitte der parallelen Seitenränder kaum merklich ausgeschweift, oberhalb dicht und grob längsrunzlig punktirt, vor dem Hinterrande mit kleiner, aber deutlich aufgerichteter Scutellarschuppe; die glatten und glänzenden Pleuren entweder gleichfalls blutroth oder tief schwarz. Beine mit pechschwarzen Schenkeln und gebräunten Schienen, an den Tarsen gelblich, im Uebrigen weiss beborstet. Erstes Hinterleibssegment unterhalb gekielt, ohne deutliche Basalzähne, sehr kurz, quer, von dem bauchigen zweiten Segment seitlich leicht abgeschrägt. Dieses dicht und fein, nicht merklich runzlig punktirt, schwarz befilzt und sparsam beborstet, jederseits nahe der Basis mit einem kreisrunden Fleck von gelber, seidig glänzender Behaarung. Die Oberseite des dritten und sechsten Segmentes ganz, diejenige des vierten zu beiden Seiten gelbfilzig. Zweites Bauchsegment pechbraun, blutroth gerandet, glänzend, sehr grob und zerstreut punktirt; die folgenden fein querriefig, am Endrande punktirt und greisgelb beborstet.

Bei Mombas (September 1862) aufgefunden. Die Art ist auch am Cap einheimisch.

Fam. Chrysididae, Latr.

Pyria, Lepel.

Encycl. méth. X. p. 494.

41. *Pyria stilboides*, Spin.

(1838) *Pyria stilboides*, Spinola, Annal. de la soc. entom. de France. VII. p. 446. No. 3.
(1842) *Stilbum aerolineatum*, Guérin, Rev. zoolog. p. l. soc. Cuvier. 1842. p. 145. No. 2.
(1845) *Chrysis nobilis*, *Klug, Symbol. phys. Dec. V. No. 1. Tab. XLV. Fig. 2. — *Dahlbom, Hymenopt. Europ. II. p. 317. No. 195.

In einem weiblichen Exemplare von Mombas vorliegend. Die Art ist in Afrika weit verbreitet, da sie bereits aus Algerien, Senegambien, Ober-Aegypten, Mosambik und vom Cap bekannt ist.

Fam. Formicariae, Latr.

Polyrhachis, (Shuck.) Smith.

Catal. Hymenopt. Brit. Mus., Formic. p. 58.
Hoplomyrmus, Gerst.

42. *Polyrhachis schistacea*, Gerst.

Hoplomyrmus schistaceus, *Gerstaecker, Monatsber. der Akad. d. Wissensch. v. J. 1858. p. 262. No. 10. — Insekt. v. Mossamb. p. 508. Taf. XXXII. Fig. 6.

Von dieser zuerst in Mosambik aufgefundenen Art liegt ein bei Mombas (September 1862) gefangenes Arbeiter-Exemplar vor.

43. *Polyrhachis gagates*, Smith.

Polyrhachis gagates, Smith. Catal. of Hymenopt. Ins. in the collect. of the Brit. Mus., Formic. p. 71. No. 47. pl. IV. Fig. 14.

Gleichfalls von Mombas (September 1862) in zwei Arbeiter-Exemplaren vorliegend; dieselben stimmen mit solchen von Port Natal durchaus überein.

Oecophylla, Smith.

Journ. proceed. Linnean soc., Zool. V. p. 101.

Formica, Fab.

44. *Oecophylla longinoda*, Latr.

Formica longinoda, Latreille, Hist. nat. d. Fourm. p. 184. pl. XI. Fig. 72.
Formica virescens, (Fab.) Smith, Catal. Hymenopt. Brit. Mus., Formic. p. 59. No. 27. pl. III. Fig. 24—27 (pro parte).

Eine Reihe von Arbeiter-Exemplaren aus Mombas (September 1862) vorliegend. Dieselben entsprechen gleich solchen von Liberia (Benson) den von Latreille für seine *Formica longinoda* hervorgehobenen Form- und Färbungsmerkmalen vollkommen, nicht aber den von Fabricius (Syst. Entom. p. 392. No. 9) über seine *Form. virescens* und von Kirby (Transact. Linnean soc. XII. p. 478. No. 33) über seine *Form. viridis* gemachten Angaben in Betreff der Färbung. Wollte man auch die Diagnose Kirby's: „*Glauco-viridis, antennis oreque rufis, abdominis segmentis margine albis*" als auf ein Weibchen bezüglich hier ganz ausser Betracht lassen, so müsste schon die eine Arbeiter-Ameise bezeichnende der Fabricius'schen *Form. virescens*: „*Pallida, capite abdomineque virescentibus*" gewichtige Bedenken erwecken, die gegenwärtige, überall licht rostfarbene Art auf dieselbe zu beziehen. Ueberdies ist es gerade für eine auf Bäumen lebende Art höchst unwahrscheinlich, dass sie gleichzeitig in Australien (Fabricius, Kirby) und einem grossen Theile Afrikas (nach Latreille am Senegal u. s. w.) einheimisch ist. Ein näherer Vergleich zwischen der Afrikanischen *Form. longinoda* und einer in Nord-Australien einheimischen *Oecophylla*, auf welche die Fabricius'sche Diagnose seiner *Form. virescens* vollkommen passt, ergiebt nun auch unschwer, dass beide trotz ihrer nahen Verwandtschaft unzweifelhaft specifisch verschieden sind. Abgesehen von der Färbung zeigt die Australische Art nicht nur den Kopf hinter den Augen weniger bauchig gerundet, sondern auch besonders einen beträchtlich längeren, dünneren und oberhalb der ganzen Länge nach gefurchten Hinterleibsstiel. Es beruht daher die von Smith aufgestellte und auch in die Formicarien-Verzeichnisse von Roger und Mayr übergegangene Synonymie und die darauf begründete Vaterlands-Angabe lediglich auf der Vermengung zweier verschiedener Arten.

Camponotus, Mayr.

Europ. Formic. p. 35.

Formica, auct.

45. *Camponotus longipes*, Gerst.

Formica longipes, *Gerstaecker, Monatsber. d. Akad. d. Wissensch. v. J. 1858. p. 262. No. 12. — Insekt. v. Mossamb. p. 509. Taf. XXXII. Fig. 7.

In Gesellschaft eines dem Mosambiker Exemplare vollkommen gleichenden kleinköpfigen Arbeiters wurden bei Endara (December 1862) zwei grossköpfige gefangen, welche die charakteristischen Eigenthümlichkeiten der Art noch schärfer hervortreten lassen. Dieselben stehen zu dem kleinköpfigen Arbeiter ziemlich in demselben Verhältniss wie bei *Camp. maculatus*, Fab., welcher Art die gegenwärtige habituell übrigens ferner steht als z. B. der *Form. gigas*, Latr., indem sie sich dieser durch die grössere Länge und Schlankheit der Fühler und Beine näher anschliesst. Wie bei *Camp. maculatus* sind auch bei *Camp. longipes* die grossköpfigen Arbeiter bis auf die Fühler beträchtlich dunkler gefärbt als die kleinköpfigen, der Körper selbst fast kohlschwarz, die Beine bis auf die rothbraunen Hüften und Trochanteren wenigstens dunkel pechbraun. Der Kopf ist nicht nur beträchtlich länger, sondern auch durch tiefere Ausbuchtung des Scheitels stärker herzförmig als bei *Camp. maculatus*, seine Oberfläche durch dichte und feine, chagrinartige Punktirung durchaus matt, der Clypeus nach oben hin stärker verengt und höher gekielt, mit zahlreicheren grubigen, borstentragenden Punkten besetzt. Der Prothorax schmal birnförmig, gleich dem Mesothorax viel länger als breit, beide überhaupt — wie auch der Hinterrücken und die Schuppe — von der dem kleinköpfigen Arbeiter eigenen Bildung formell wenig unterschieden.

46. *Camponotus maculatus*, Fab.

Formica maculata, Fabricius, Spec. Insect. I. p. 491. No. 15. — Entom. syst. II. p. 355. No. 23. — Syst. Piezat. p. 403. No. 29. — Latreille, Hist. nat. d. Fourm. p. 183. — Olivier, Encycl. méth. VI. p. 495. No. 22. — Lepeletier, Hist. nat. d. Hyménopt. I. p. 215. No. 19. — *Gerstaecker, Insekt. v. Mossamb. p. 509.
Formica thoracica, Fabricius, Syst. Piezat. p. 397. No. 5. (♀).
Formica maculata et cognata, Smith, Catal. Hymenopt. Brit. Mus., Formic. p. 28. No. 96 und p. 36. No. 117.
Camponotus maculatus, Roger, Berl. Entom. Zeitschr. VII. p. 129. — Mayr, Verhandl. d. zoolog.-botan. Gesellsch. zu Wien. XII. p. 654. No. 1. — Reise d. Novara, Formic. p. 27. No. 3.

Nach den zahlreichen aus der Gegend von Mombas (September 1862) vorliegenden gross- und kleinköpfigen Arbeiter-Exemplaren gehört diese über ganz Afrika verbreitete Art auch an der Sansibar-Küste zu den häufigsten.

47. *Camponotus Kersteni*, n. sp.

Niger, opacus, parce setosus, antennis tarsisque apicem versus piceis, segmentorum abdominalium margine decolori: capite oblongo-quadrato, prothoracis lateribus rotundatis, petiolo angusto, compresso. Long. 5½—6 mill. Oper.

Der vorhergehenden Art in den Längsverhältnissen der Fühler und Beine, in der sparsamen Beborstung der Körperoberfläche und in der Thoraxbildung nahe stehend, aber beträchtlich kleiner, tief und matt schwarz. Kopf mässig gross, von vorn gesehen länglich viereckig, mit flach abgerundetem Scheitel, auf sehr fein ciselirtem Grunde zerstreut punktirt. Stirn mit feiner, abgekürzter Längsfurche, Clypeus mit stumpfem, nach oben wulstig erweitertem Mittelkiel. Mandibeln stärker als der Kopf punktirt, vor der vierzähnigen Schneide rothbraun. Fühler schlank, der Schaft etwas länger als der Kopf, die Geissel pechbraun durchscheinend. Prothorax so breit wie lang, seitlich stark gerundet, hinter der Mitte am breitesten, gleich dem nach hinten dreieckig verschmälerten Mesothorax nur mit zwei dünnen, rückenständigen Borsten besetzt; beide oberhalb äusserst fein, auf den Pleuren etwas deutlicher chagrinartig ciselirt. Beine schlank, mit pechbraunen Schienensporen und Tarsenspitzen. Schuppe schmal, von vorn nach hinten zusammengedrückt, oberhalb scharfrandig und abgerundet. Die Hinterleibsringe mit schmalem, farblosen Hinterrande, auf ihrer Vorderhälfte nur mit vereinzelten, am Hinterrande mit zahlreicheren lichten Borsten besetzt.

Einige Arbeiter-Exemplare dieser Art wurden von Dr. Kersten bei der Besteigung des Kilimandscharo am 28. November 1862 in einer Höhe von 8000' gesammelt.

48. *Camponotus chrysurus*, n. sp.

Taf. XIV. Fig. 9.

Niger, opacus, capite thoraceque parcius, abdomine densius fulvo-setosis, hoc insuper auro-sericeo: capitis oblongo-quadrati vertice emarginato, prothorace rotundato, petiolo latiusculo, compresso, antennis pedibusque breviusculis. Long. 8—9½ mill. Oper.

Durch die Farbe der Hinterleibsbekleidung dem *Camp. fulvopilosus* (*Form. fulvopilosa*, de Geer, Mémoires. VII. p. 612. pl. 45. Fig. 18) auf den ersten Blick nicht unähnlich, aber durch viel kürzere Fühler und Beine, schmaleren Kopf, nicht gewinkelten Prothorax, feinere, mehr seidige Behaarung des Hinterleibes u. s. w. verschieden. Der Körper ist tief schwarz, matt, wie angehaucht. Der Kopf bei grösseren Exemplaren länglich viereckig, mit ausgerandetem, an den Hinterecken etwas zipfelartig ausgezogenem Scheitel, bei kleineren fast abgerundet quadratisch. Der Scheitel und die Stirn mit längeren gelben Borsten sparsam, die Backen und der Clypeus mit kürzeren und mehr goldigrothen dichter bekleidet. Die Stirn verhältnissmässig breit, mit deutlicher, durchgehender Mittelfurche; der Clypeus breiter und tiefer gefurcht, auf fein chagrinartigem Grunde gleich den Backen grob und zahlreich punktirt. Mandibeln mit scharf vierzähniger Schneide, aussen dicht punktirt. Fühler kurz, der zusammengedrückte Schaft kürzer als der Kopf, die etwas längere Geissel bis auf die dunklere Spitze röthlich pechbraun. Thorax ausser der aufrechten, rostrothen Beborstung sehr fein und gelblich seidenhaarig und hierdurch bräunlich schimmernd. Prothorax so breit wie lang, seitlich gerundet, die beiden hinteren Ringe fast gleichbreit, von oben gesehen jeder für sich quadratisch; die Pleuren etwas deutlicher chagrinartig als der Rücken. Beine kurz und kräftig, besonders diejenigen des ersten Paares; Endglieder der Tarsen röthlich pechbraun. Schuppe ziemlich breit, von vorn nach hinten stark comprimirt, mit quer abgestutztem, nicht ganz scharfem oberem Rande. Der übrige Hinterleib mit anliegender, rothgelber, seidenglänzender Behaarung dicht bekleidet, ausserdem mit zahlreichen Borsten von gleicher Farbe, welche an dem Hinterrande der einzelnen Ringe dichter angehäuft sind, besetzt.

In einigen Arbeiter-Exemplaren von Endara (December 1862) vorliegend.

49. *Camponotus erinaceus*, n. sp.

Taf. XIV. Fig. 10.

Ater, opacus, mandibulis, antennarum scapo pedibusque sanguineis, capite thoraceque parcius, abdomine densius flavo-setosis: prothorace transverse pentagono, petiolo fortiter compresso, pedibus breviusculis, anticis validissimis. Long. 6—7 mill. Oper.

Aus der Verwandtschaft des *Camp. fulvopilosus* (*Form. fulvopilosa*, de Geer, a. a. O.) und *[illegible]*, Mayr (Verhandl. der zoolog.-botan. Gesellsch. zu Wien. XII. p. 665. No. 20. — Reise der Novara, Formic. p. 85. No. 16. Taf. I. Fig. 8); von ersterem durch geringere Grösse, viel kürzere Beine, die auf dem Hinterleib sparsamere, dagegen auf den Vorderkörper übergehende Beborstung, von letzterem durch kräftigeren Bau, matter kohlschwarzen Körper und gelbe Beborstung, von beiden durch licht blutrothe Beine unterschieden. — Körper ziemlich gedrungen, matt kohlschwarz. Kopf von ähnlichem Umriss wie bei *Camp. fulvopilosus*, von vorn gesehen jedoch etwas kürzer viereckig; die Stirn beträchtlich breiter, mit feiner, durchgehender Mittelfurche, der Clypeus nach oben hin stumpf gekielt. Die ganze Oberfläche sehr fein und dicht chagrinartig sculpirt, die Backen ausserdem grob und dicht punktirt; der Scheitel mit zahlreichen, die Stirn und der Clypeus nur mit vereinzelten, groben, licht gelben Borsten besetzt. Mandibeln kurz, punktirt, blutroth, mit geschwärzter, vierzähniger Schneide. Fühler kurz, der Schaft und das erste Geisselglied licht blutroth, die übrigen pechbraun; die Geissel von Kopflänge, der zusammengedrückte Schaft beträchtlich kürzer. Prothorax breiter als lang, pentagonal, bei der grössten, vor der Mitte liegenden Breite stumpf gewinkelt; Meso- und Metathorax quer viereckig, allmählig schmaler werdend. Die Pleuren aller drei Ringe zwar gleichfalls sehr fein, aber doch deutlicher als der Rücken chagrinartig sculpirt, letzterer vorn sparsamer, auf dem Metathorax jedoch mit sehr langen, aufgerichteten gelben Borsten dicht besetzt. Beine licht blutroth, kurz und gedrungen; die des ersten Paares auffallend kräftig, mit stark verbreiterten Schenkeln. Hüften und Schenkel aller drei Paare unterhalb weisslich beborstet. Petiolus stark comprimirt, an seinem gerundeten, schneidigen oberen Rande mit zahlreichen, radiär gespreizten, gelben Borsten besetzt; seine Vorderseite durch feine Ciselirung seidig glänzend. Der übrige Hinterleib matt kohlschwarz, zwischen den zahlreichen, unregelmässig vertheilten gelben Borsten mit sehr feinen und kurzen, goldgelben Seidenhärchen zerstreut besetzt, so dass die schwarze Grundfarbe nirgends verdeckt wird.

In einigen Arbeiter-Exemplaren bei Aruscha (Anfang Novembers 1862) gesammelt.

Platythyrea, Rog.

Berl. Entom. Zeitschr. VII. p. 172.

Ponera, Gerst.

50. *Platythyrea cribrinodis*, Gerst.

Ponera cribrinodis, *Gerstaecker, Monatsber. d. Akad. d. Wissensch. v. J. 1858. p. 262. No. 7. — Insekt. v. Mossamb. p. 504. Taf. XXXII. Fig. 3.

Von dieser zuerst in Mossambik aufgefundenen Art liegt eine Reihe ganz übereinstimmender Arbeiter-Exemplare von Mombas (September) und den Ugono-Bergen (Ende Octobers 1862) vor.

Plectroctena, Smith.

Catal. Hymenopt. Brit. Mus., Formic. p. 101.

51. *Plectroctena mandibularis*, Smith.

Plectroctena mandibularis, Smith, Catal. of Hymenopt. Ins. in the collect. of the Brit. Mus., Formic. p. 101. No. 1. pl. VII. Fig. 1—5.

Bei Wanga (September 1862) in zwei Arbeiter-Exemplaren gefangen, von denen das eine am Körper pechbraun, an den Beinen fast rothbraun gefärbt ist. Die Art ist auch bei Port Natal und am Cap einheimisch.

Anomma, Shuck.

Annals of nat. hist. V. p. 326.

52. *Anomma molesta*, Gerst.

Anomma molesta, *Gerstaecker, Monatsber. d. Akad. d. Wissensch. v. J. 1858. p. 262. No. 4. — Insekt. v. Mossamb. p. 508. Taf. XXXII. Fig. 2.

Von drei in den Bura-Bergen und an der Sansibar-Küste aufgefundenen Arbeiter-Exemplaren stimmt das eine mit den Mosambikern in Grösse und Form genau überein, während die beiden anderen bei 10½—12 mill. Länge beträchtlich grösser sind und einen verhältnissmässig kräftiger entwickelten Kopf zeigen. Auf die für die Art charakteristische Bildung der Mandibeln, durch welche sie sich von der in Guinea einheimischen *Anomma Burmeisteri*, Shuck. (Annals of nat. hist. V. p. 326. No. 1. — Monogr. of the Dorylidae. p. 40. No. 1) unterscheidet, übt diese Vergrösserung des Kopfes keinen Einfluss aus.

Die früher von mir (Insekt. v. Mossamb. p. 502), ausgesprochene Vermuthung, dass die vorstehende Art als Arbeiter zu *Dorylus diadema*, *Gerst. (ebenda p. 500. Taf. XXXI. Fig. 13) gehören möchte, hat, ohne bis jetzt direkt widerlegt zu sein, durch die seitdem gewonnenen Erfahrungen über das Zusammenleben verschiedener *Dorylus* mit *Typhlopone*-Arten, jedenfalls viel an Wahrscheinlichkeit eingebüsst (vgl. *Dorylus*).

Rhogmus, Shuck.

Annals of nat. hist. V. p. 325.

53. *Rhogmus fimbriatus*, Shuck.

Rhogmus fimbriatus, Shuckard, Annals of nat. hist. V. p. 325. No. 1. — Monogr. of the Dorylidae. p. 39. No. 1. — Westwood, Arcan. entom. I. p. 80. No. 1.

Ein einzelnes männliches Exemplar dieser grossen und ausgezeichneten Dorylиden-Form liegt von der Sansibar-Küste vor; dasselbe stimmt mit zwei anderen, von Accra (Guinea) und Faschoda, 10° n. Br. (Schweinfurth) stammenden in jeder Beziehung überein. Nach Shuckard ist die Art auch am Gambia einheimisch.

Dorylus, Fab.

Entom. syst. II. p. 365.

Vespa et Mutilla, Lin.

Dass die von Linné zuerst seiner Gattung *Vespa*, später seiner Gattung *Mutilla* eingereihten *Dorylus*, Fab. männliche Ameisen sind, kann gegenwärtig als allgemein anerkannt gelten. Shuckard (Annals of nat. hist. V. p. 188 ff.) hat die theils bereits von früheren Autoren (Jurine), theils von ihm selbst bekannt gemachten Arten vier verschiedenen Gattungen zuertheilt, von denen die durch das Flügelgeäder sich mehr isolirende Gattung *Labidus*, Jur., nach den bisherigen Erfahrungen nur durch Amerikanische Arten, die drei in näherer Beziehung zu einander stehenden *Dorylus*, Fab., *Aenictus*, Shuck. und *Rhogmus*, Shuck. wohl ausschliesslich[*]) durch Arten der alten Welt repräsentirt sind und zwar so, dass *Dorylus* und *Aenictus* neben Afrikanischen auch Asiatische, *Rhogmus* dagegen nur eine einzelne des ersteren Landes enthält.

Der, wie es scheint, zuerst von Latreille (Gen. Crust. et Insect. IV. p. 124) hervorgehobene auffallende Umstand, dass sämmtliche *Dorylus* im Fabricius'schen Sinne männlichen Geschlechts seien, ist offenbar für Shuckard der Anlass gewesen, nach der dazu gehörigen weiblichen Form unter den Ameisen zu suchen, nachdem von Haliday und Lepeletier die engen Beziehungen zwischen *Dorylus* und den Formicarien hervorgehoben worden waren. Mit unverkennbarem Scharfsinn hat Shuckard die mehrfachen Analogien zwischen den männlichen *Labidus* und einer von Westwood (Introd. to the mod. classif. of Insects. II. p. 226. Fig. 86) unter dem Namen *Typhlopone* abgebildeten, durch den Mangel der Netzaugen ausgezeichneten flügellosen Ameisenform geltend gemacht und, ohne irgend welchen empirischen Anhalt für ihre Zusammengehörigkeit zu besitzen, letztere sogar ohne Weiteres als die weibliche Form von *Labidus* in Anspruch genommen. In seinem Monograph of the Dorylidae, p. 22 und 40 ff. führt er fünf solcher Typhloponen-Formen, welche er sämmtlich für Amerikaner gehalten zu haben scheint, geradezu als *Labidus- (Typhlopone-)* Arten auf — vielleicht nicht mit Unrecht, jedenfalls aber darin irrend, dass er sie als wirkliche Weibchen anstatt als Arbeiter ansieht. Von dieser Zusammengehörigkeit — wenn auch gleichsam nur instinktiv — überzeugt, sah sich Shuckard veranlasst, eine mit *Typhlopone* sehr analog gebildete Afrikanische Ameisenform, welche er (a. a. O. p. 40) unter dem Namen *Anomma* bekannt machte, gleichfalls den Doryliden zuzurechnen, ohne sie freilich der Gattung *Dorylus* in gleich direkter Weise als Weibchen zu vindiciren, wie *Typhlopone* zu *Labidus*. Unzweifelhaft hatte letztere Ansicht, welcher ich mich selbst früher (Insekt. v. Mossamb. p. 497 f.) zugeneigt habe, um so mehr etwas Verlockendes, als sie durch die damalige Kenntniss von der geographischen Verbreitung der Typhloponen einer- und der *Dorylus*-Arten andererseits unterstützt wurde. Nachdem sie jedoch zuerst durch den Nachweis, dass auch der alten Welt eigentliche Typhloponen keineswegs fehlten, erschüttert worden war, hat ihr schliesslich die Beobachtung, dass letztere in Gemeinschaft mit männlichen *Dorylus* lebten und ausschwärmten, immer mehr den Boden entzogen. Ausser der von mir früher irrig als *Anomma* gedeuteten, aber der Gattung *Typhlopone* (Westw.) Shuck. in Wirklichkeit angehörenden „*Typhlopone*" *Oraniensis*, Luc. (Explor. scient. de l'Algérie, Hyménopt. p. 302. No. 336. pl. XVI. Fig. 11) sind nach und nach verschiedene Afrikanische und Asiatische Arten der Gattung (*Typhl. punctata*, Smith, *brevinodosa*, Mayr, *laevigata*, Smith), ja durch Roger (Berl. Ent. Zeitschr. III. p. 246) sogar eine Italienische: *Typhl. europaea*, Rog. zur Kenntniss gekommen. Ein colonienweises Zusammenleben von *Dorylus* und *Typhlopone*, wobei erstere (die Männchen) in zahlreichen, letztere (die Arbeiter) in Hunderten oder Tausenden von Individuen vertreten sind, ist aber gegenwärtig von so verschiedenen Seiten und

[*]) Dass der von Haldeman (Proceed. acad. nat. scienc. of Philadelphia IV. p. 205) bekannt gemachte *Dorylus pallipes* aus Nord-Amerika in Wirklichkeit dieser Gattung angehöre, möchte wohl noch einer näheren Begründung bedürfen.

in so übereinstimmender Weise constatirt, dass darin etwas Zufälliges zu erblicken, ebenso unbedingt von der Hand gewiesen werden muss, wie die Thatsache selbst in Abrede stellen zu wollen; höchstens könnte letztere in Betreff der daraus zu ziehenden Folgerungen noch verschiedene Ansichten herausfordern. Bereits im J. 1845 gelangte durch Capt. Boys an Westwood (Journ. proceed. entom. soc. of London. p. 127) die Mittheilung, dass derselbe zu Goruckpore in Nord-Indien männliche *Dorylus* in Gesellschaft „wirklicher Ameisen" *(true ants)* aus einer kleinen Oeffnung in dem Boden eines Hauses ausschwärmen sah und dabei die Ueberzeugung gewann, dass beide gemeinschaftlich in unterirdischen Wohnungen lebten. Da diese Beobachtung eines wesentlichen Erfordernisses, nämlich der Constatirung der Arbeiter-Ameisen als *Typhlopone* ermangelt, selbst nicht einmal der Angehörigkeit derselben gedenkt, so dürfte sie, obwohl unzweifelhaft derselben Categorie wie die folgenden angehörend, nicht als absolut beweisend angesehen werden können. Um so weniger lassen aber die mit ihr sowohl als unter einander übereinstimmenden Angaben von Elliot (Transact. entom. soc. of London. 2. ser. V. Proceed. p. 28) und Jerdon (Proceed. entom. soc. of London 1865. p. 93 f., Entomol. monthl. magaz. II. p. 8 u. 23) irgend einen Zweifel aufkommen, da in den von ihnen beobachteten Fällen die Verificirung der Arbeiter-Ameisen als *Typhlopone* durch specielle Kenner, wie Westwood und Smith, stattgefunden hat. Elliot beobachtete dasselbe Phänomen wie Boys, einmal in Madras, Jerdon dreimal an verschiedenen Orten Central- und Nord-Indiens. Ausserdem ist aber neuerdings auch mir selbst eine Mittheilung über einen ganz entsprechenden Vorgang aus Guinea, und zwar unter Hinzufügung der demselben zu Grunde liegenden Objekte zugekommen. Nachdem nämlich ein seit mehreren Jahren in Accra ansässiger Deutscher, Herr Ungar, von dorther neben verschiedenen anderen Insekten auch einzelne *Dorylus*-Individuen eingesandt hatte, machte ich ihn mit den eben erwähnten Beobachtungen über die Lebensweise und das Vorkommen dieser Insekten bekannt und forderte ihn, zugleich mit Hinweis auf das noch unbekannte oder in der Gattung *Dichthadia*, Gerst. wenigstens nur vermuthete fortpflanzungsfähige Weibchen, auf, bei der ersten sich darbietenden Gelegenheit eines *Dorylus*- und *Typhlopone*-Schwarmes nicht nur alle dabei betheiligten Individuen sorgfältig einzusammeln, sondern auch den unter der Schwärmöffnung liegenden Grund und Boden möglichst genau auf eine etwa noch vorhandene dritte Form zu untersuchen. In der That kam nun auch nach nicht allzulanger Zeit in Accra ein den aus Indien mitgetheilten ganz analoger Fall zur Beobachtung; denn auch hier schwärmten grosse *Dorylus*-Individuen in Gemeinschaft mit einer *Typhlopone*-Art aus einer im Boden befindlichen Oeffnung innerhalb eines Gebäudes aus, um sofort von Herrn Ungar eingesammelt und zusammen in Weingeist aufbewahrt zu werden. Der Inhalt des eingesandten Glases, dessen Musterung meinerseits sich natürlich zunächst auf die Anwesenheit eines Weibchens richtete, ohne jedoch ein solches zu ergeben, bestand einerseits aus nahe an dreissig geflügelten *Dorylus*, sämmtlich einer und derselben Art angehörig, andererseits aus Tausenden von *Typhlopone*-Individuen, welche zwar sehr beträchtliche Grössendifferenzen (von 11 bis 5 mill. Länge herab), aber ebenfalls keine specifische Verschiedenheit erkennen liessen. Für erstere konnte durch die an einem Individuum vorgenommene Untersuchung des sehr voluminösen inneren Geschlechtsapparates und durch die Ermittelung, dass allen übrigen gleiche äussere Copulationsorgane zukamen, das ausschliesslich männliche Geschlecht ausser Zweifel gestellt werden. Um über die sexuelle Natur der *Ty-*

phlopone-Individuen Gewissheit zu erlangen, bedurfte es bei der sehr schwankenden Körpergrösse und der Möglichkeit einer von derselben abhängigen Verschiedenheit weiblicher Fortpflanzungsorgane der genauen Untersuchung einer grösseren Anzahl von Exemplaren. Dieselbe ergab bei Individuen der verschiedensten Grösse den übereinstimmenden Befund, dass die grössten ebenso wie die kleinsten eines ausgebildeten inneren Geschlechtsapparates und vor Allem jeder Spur von Eiern entbehrten, während doch alle übrigen der Hinterleibshöhle eigenthümlichen Organe sich nach ihren einzelnen Theilen ohne Mühe zur Anschauung bringen liessen. Als von besonderem Interesse für die Kenntniss der eingesammelten Art mag beiläufig noch erwähnt werden, dass die männlichen Individuen sich als identisch mit dem zuerst aus Mossambik bekannt gewordenen *Dorylus badius*, *Gerst. (Insekt. v. Mossamb. p. 499. Taf. XXXI. Fig. 14) herausstellten, während die Arbeiter-Ameisen sich durch nichts von der *Typhlopone Oraniensis*, Luc. (a. a. O.) unterscheiden liessen. Da diese Uebereinstimmung angesichts der so verschiedenen Fundorte in hohem Grade auffällig erscheinen musste, wurde der Vergleich von mir mehrfach, auf das Sorgfältigste und unter Anwendung der stärksten Vergrösserungen wiederholt, ohne jedoch irgend einen Anhalt für die Unterscheidung der von beiden Lokalitäten stammenden Individuen zu liefern; während andere Arten der Gattung, wie *Typhlop. Europaea*, Rog., *laevigata*, Smith und *Curtisi*, Shuck. in ihrer Verschiedenheit sowohl untereinander als von *Typhlop. Oraniensis* sich ohne Schwierigkeit erkennen liessen. Uebrigens ist auch bereits von Mayr (Verhandl. d. zoolog.-botan. Gesellsch. zu Wien. XIII. p. 457) das Vorkommen der *Typhlop. Oraniensis* (var. *brevinodosa*, Mayr) an der Goldküste constatirt worden, nur dass er an den von ihm beobachteten Individuen — was bei den aus Accra stammenden nicht der Fall ist — geringe Unterschiede in der Färbung und in der Form des Petiolus erwähnt.

Einschliesslich dieses in Accra beobachteten und nach allen Seiten hin sicher gestellten Falles liegen demnach bereits fünf, und mit Hinzunahme des oben erwähnten Boys'schen selbst sechs verschiedene Beobachtungen vor, nach welchen die männlichen *Dorylus* unter volkreichen *Typhlopone*-Colonien lebend und in Gemeinschaft mit denselben aus ihrem Erdbau ausschwärmend angetroffen worden sind, während für das von Shuckard supponirte generische Zusammenfallen oder, was dasselbe sagen will, für die nur sexuelle Differenz zwischen *Typhlopone* und *Labidus* bisher kein einziger empirischer Anhalt gegeben ist. Anders verhält es sich mit der Gattung *Anomma*, Shuck., welche, nachdem sie einmal als Dorylidenform geltend gemacht worden war, sich noch vor nicht langer Zeit nach ihrem Vaterlande (Afrika) zunächst als die Arbeiterform von *Dorylus* aufdrängte und als solche auch um so mehr in Anspruch genommen werden durfte, als das Vorkommen von Typhloponen in der alten Welt damals noch nicht bekannt oder wenigstens nicht unzweifelhaft festgestellt worden war. Ueber das Zusammenleben von *Dorylus* mit *Anomma* liegt nun gleichfalls eine Mittheilung vor, welche, wenn sie eine verwandtschaftliche Beziehung beider Formen gleich nicht in demselben Maasse nahe legt, wie die über *Typhlopone* gemachten, so doch die Annahme einer solchen immerhin nicht als ungerechtfertigt erscheinen lässt. Savage (Proceed. acad. nat. scienc. of Philadelphia. IV. p. 200 ff.) berichtet nämlich über die von ihm zuerst beschriebene *Anomma rubella*, welche nach der auf p. 209 gegebenen Abbildung eine wahre *Anomma*, nicht etwa eine *Typhlopone* ist, dass er am Gabon inmitten eines grossen Wanderzuges dieser als „Treiber-Ameise" *(driver-ant)* bekannten Art eine Anzahl von *Dorylus*-Individuen angetroffen habe, deren Art, sich unter den Arbeiter-Ameisen zu bewegen, ihm den überzeugenden Eindruck gewährte, dass sie diesem als alter sexus angehörten. Die von ihm an eine Commission zur Begutachtung eingesandten *Dorylus*-Individuen hatten nach Angabe dieser sich sämmtlich ihrer Flügel bereits entledigt und schienen dem *Dorylus nigricans*, Illig. (Magaz. f. Insektenk. I. p. 188. No. 16) anzugehören.

Stellt man diese verschiedenen Beobachtungen und Thatsachen der von Shuckard über die Beziehungen von *Typhlopone* zu *Labidus* aufgestellten und von *Anomma* zu *Dorylus* wenigstens angedeuteten Hypothese gegenüber, so wird man ohne Weiteres zugestehen müssen, dass sich die mannigfachen Zweifel und Räthsel, welche der Kenntniss über das Geschlechtsleben der Dorylidén noch anhafteten, im Verlauf der Zeit nicht nur nicht geklärt und gehoben, sondern nur immer mehr gehäuft und complicirt haben. Falls die Hypothese Shuckard's über die Zusammengehörigkeit von *Labidus* und *Typhlopone* begründet ist und die Beobachtungen über das colonienweise Zusammenleben von *Dorylus* und *Typhlopone* zu dem Schluss berechtigen, letztere als Sexualformen derselben Art anzusehen, so würde einer und derselben Arbeiter-Gattung in Amerika eine andere männliche Form als in Afrika und Asien angehören; denn so unzweifelhaft die Typhloponen der alten und neuen Welt generisch eins sind, so wesentlich von einander verschieden sind die beiden Gattungen *Dorylus* und *Labidus*. Andererseits würden, falls auch die Savage'sche Beobachtung die Folgerung rechtfertigen sollte, dass *Anomma rubella* die Arbeiterform von *Dorylus nigricans* sei, zwei Arten einer und derselben Gattung, wie es *Dor. nigricans*, Illig. und *badius*, Gerst. unzweifelhaft sind, sich auf zwei verschiedene Gattungen von Arbeiterformen, als welche *Typhlopone* und *Anomma* doch angesehen werden müssen, vertheilen. Nun entbehrt aber, wie gesagt, die Zusammengehörigkeit von *Typhlopone* und *Labidus* bis jetzt jedweden empirischen, aus der Lebensweise entnommenen Anhaltes; und in Betreff der Arbeiterform von *Dorylus* müssen wohl die an *Typhlopone* gemachten direkten Beobachtungen über ein staatliches Zusammenleben offenbar als bei weitem entscheidender angesehen werden als diejenige über ein möglicherweise zufälliges, einmaliges gesellschaftliches Wandern von *Dorylus* unter *Anomma*. Jedenfalls ist es bei der Savage'schen Mittheilung verdächtig, dass die von ihm angetroffenen Männchen durchweg der Flügel entbehrten und es ist keineswegs unmöglich, dass die als Raub- und Wander-Ameise bekannte *Anomma rubella* jene Individuen nur unterwegs aufgegriffen und als Sklaven mit sich geführt habe. Dass hiermit die Möglichkeit des Gegentheils nicht widerlegt ist, versteht sich natürlich von selbst; nur ist es gewiss nicht wahrscheinlich, dass die Arbeiter-Formen einzelner *Dorylus*-Männchen zu *Anomma*, diejenigen der übrigen zu *Typhlopone* gehören.

Eine andere hier gleichfalls zu erörternde Frage ist freilich die, ob ein colonienweises Zusammenleben von *Dorylus* und *Typhlopone* für sich allein in der That auch zu der Annahme berechtige, sie als sexuelle Formen einer und derselben Art anzusehen; denn es würde durch dieses gemeinsame Vorkommen noch immer nicht die Möglichkeit ausgeschlossen sein, dass die — nach ihren fortpflanzungsfähigen Weibchen bis jetzt nicht bekannten — *Dorylus* nur als Gäste in der *Typhlopone*-Colonie lebten. Eine solche Eventualität würde schon deshalb nicht ganz ausser Betracht gelassen werden können, weil analoge Fälle, wenngleich nur vereinzelt, unter den Ameisen bereits zur Kenntniss gekommen sind. Sie könnte aber auch selbst einen gewissen Grad von Wahrscheinlichkeit für sich in Anspruch nehmen und zwar nicht nur deshalb, weil die Grössendifferenz zwischen *Dorylus* und *Typhlopone* unbestreitbar eine viel beträchtlichere und auffallendere ist, als sie sonst unter den Ameisen die Regel bildet, sondern auch weil z. B. der nur aus dem tropischen Afrika bekannt gewordene *Dorylus badius*, Gerst. gegenwärtig in Gesellschaft der bis nach Algier verbreiteten und in diesem Lande zuerst aufgefundenen *Typhlopone Oraniensis*, Luc. angetroffen worden ist. Ueberdies lassen sich aber die neben den mehrfachen Uebereinstimmungen bestehenden Differenzen beider Formen nicht in Abrede stellen. Wollte man unter diesen auch weder dem Mangel der Netzaugen (bei den Arbeitern), noch den Abweichungen in der Fühler- und Mandibelbildung (bei beiden) ein irgendwie entscheidendes Gewicht beilegen, so würde immer noch der Unterschied in der Tasterbildung in Betracht zu ziehen sein. Während nämlich *Typhlopone* sehr charakteristisch geformte, lange und dünne zweigliedrige Lippentaster besitzt, deren zweites Glied sich kurz nach seinem Ursprung rechtwinklig gegen das erste umbiegt — eine Bildung, welche übrigens der Gattung *Anomma* in ganz entsprechender Weise zukommt —, so erscheinen die Lippentaster der männlichen *Dorylus* als kurze und verhältnissmässig dicke, eingliedrige Stummel, welche den Vorderrand der Unterlippe nur wenig überragen. Ferner sind den *Typhlopone*- (und *Anomma*-) Arbeitern zweigliedrige, den *Dorylus*-Männchen dagegen nur eingliedrige Kiefertaster eigen, und zwar sind diejenigen der ersteren, wenngleich in der Kürze mit denen von *Dorylus* übereinstimmend, durch das quer eiförmige Basalglied sehr ausgezeichnet. So wenig indessen diese Unterschiede übergangen oder in ihrer Prägnanz herabgemindert werden dürfen, sind sie dennoch in keiner Weise geeignet, einen entscheidenden Beweis gegen die Zusammengehörigkeit von *Dorylus* und *Typhlopone* abzugeben; denn es sind auch bereits sonst unter den Ameisen und zwar gerade in der den Dorylidenam nächsten stehenden Gruppe der Poneriden einzelne Fälle (*Ponera*, *Pachycondyla*) bekannt geworden, in welchen die Gliederzahl beider Tasterpaare je nach dem Sexus eine verschiedene ist. Beiläufig mag bemerkt werden, dass auch bei *Labidus*, Jur. die Form der Kiefertaster eine von *Typhlopone* ganz verschiedene ist und, falls auf dieselbe ein entscheidendes Gewicht gelegt werden sollte, der Zusammengehörigkeit beider widersprechen müsste.

In Erwägung des Umstandes, dass noch gegenwärtig reichlich die Hälfte der beschriebenen Ameisen-Gattungen nur nach einem Geschlechte bekannt ist, ist es selbstverständlich keineswegs undenkbar, dass die *Typhlopone*- und *Anomma*-Arten nur nach der Arbeiter-Form, die *Dorylus* nur nach dem männlichen Geschlecht zur Kenntniss gelangt wären und dass mithin, da die Morphologie einen entscheidenden Ausschlag weder für noch gegen die generische Zusammengehörigkeit giebt, letztere nur als Gäste in den Colonien der ersteren vorkämen. Zieht man aber in Betracht, dass die genannten Formen nach ihrer Hinterleibsbildung einer und derselben engeren Gruppe angehören und dass besonders *Typhlopone* mit *Dorylus* zugleich in der Bildung der Beine eine überraschende und in gleicher Weise kaum weiter vorkommende Analogie erkennen lässt, so muss dies in Verbindung mit der Erfahrung über ihr colonienweises Zusammenleben, über das gleichzeitige Ausschwärmen von Männchen und Arbeitern aus einer und derselben Erdöffnung wohl unzweifelhaft ein grösseres Gewicht für die Annahme in die Wagschale werfen, dass sie der Gattung und resp. der Art nach identisch seien. Wie dem aber auch sei und wie sich auch, falls eine nur sexuelle Verschiedenheit zwischen ihnen besteht, die Beziehungen von *Anomma* und *Typhlopone* zu den einzelnen *Dorylus*-

Arten gestalten mögen, das kann jedenfalls keinem Zweifel unterliegen, dass es sich bisher immer nur um Arbeiter einer- und um Männchen andererseits gehandelt hat und dass das eigentliche fortpflanzungsfähige Weibchen von *Dorylus* sich weder unter der als *Anomma* noch als *Typhlopone* bezeichneten Ameisenform vorfindet. Wie Westwood (Transact. entom. soc. of London. V. p. 1—15) für *Anomma arcens*, so habe ich selbst für *Typhlopone Oraniensis* (vgl. oben) mit voller Bestimmtheit ermitteln können, dass, worauf schon die geringe Entwickelung des Hinterleibes hinweist, Ovarien mit ausgebildeten Eiern allen Individuen fehlen. Mögen die *Dorylus* nur Einmiether in den Colonien der *Typhlopone*-, resp. *Anomma*-Arten, oder mögen sie die dazu gehörigen Männchen sein, der eigentliche Brennpunkt für die Frage über die Naturgeschichte dieser Insekten bleibt zunächst immer das die Fortpflanzung der Art vermittelnde Weibchen.

Ueber dieses haben bereits Latreille (Gen. Crust. et Insect. IV. p. 124) und King (Ueber die Insektenfamilie *Heterogyna*, Latr. und die Gattung *Thynnus*, Fab. p. 2) die Vermuthung ausgesprochen, dass dasselbe aller Wahrscheinlichkeit nach flügellos sein werde. Dieser Ansicht hat sich auch neuerdings Jerdon (Proceed. entom. soc. of London. 1865. p. 93), ohne noch das von mir kurz zuvor unter dem Namen *Dichthadia glaberrima* beschriebene und als Doryliden-Weibchen geltend gemachte flügellose Hymenopteren-Weibchen zu kennen, angeschlossen und zwar auf Grund direkter Anschauung von dem gemeinsamen Vorkommen der männlichen *Dorylus* und der *Typhlopone*-Arbeiter. Indem er die unterirdische Lebensweise dieser beiden Formen mit derjenigen der Termiten vergleicht, spricht er seine Ueberzeugung dahin aus, dass, wenn sich unter den geflügelten Individuen nicht beide Geschlechter (d. h. Männchen und Weibchen) befänden — was wenigstens bei den mir vorliegenden des *Dorylus badius* entschieden nicht der Fall ist — das ihm sodann unbekannt gebliebene Weibchen zeitlebens ungeflügelt sein und im Neste befruchtet werden müsse, oder, wenn geflügelt, so lange gewaltsam im Neste gefangen gehalten, bis seine Flügel abgebrochen seien. Ist nun diese von drei Seiten vorausgesetzte Flügellosigkeit des *Dorylus*-Weibchens in der Natur verwirklicht, so kann mit gutem Grunde auch vermuthet werden, dass mit derselben zwei weitere Eigenschaften, nämlich eine der unterirdischen Lebensweise entsprechende mangelhafte Ausfärbung des Körperintegumentes und ein Mangel jedweden Gesichtsorganes verbunden ist. Allen diesen offenbar logisch folgerichtigen Postulaten entspricht nun genau die von mir (Stett. Entom. Zeit. XXIV. p. 76 ff., Taf. I. Fig. 2) bekannt gemachte *Dichthadia glaberrima*, welche in allen, nicht durch den Sexus und seine besonderen Lebensbedingungen beeinflussten Körpertheilen, wie in der Bildung der Mundtheile und Beine in überraschender Weise mit *Dorylus*, zugleich freilich auch, wie in dem Mangel der Augen, in den Fühlern u. s. w. mit *Typhlopone* übereinstimmt, ausserdem aber nach ihrem ganzen Körperbau und zwar ganz besonders nach dem aussergewöhnlich umfangreich entwickelten Hinterleib sich sofort als ein unzweifelhaftes Weibchen zu erkennen giebt. Nachdem ich bereits bei der ersten Bekanntmachung dieses höchst merkwürdigen Hymenopteren-Weibchens ausführlich die Gründe entwickelt habe, weshalb dasselbe trotz seiner besonders in der Thoraxbildung hervortretenden auffallenden Abweichungen von allen übrigen bisher bekannten Formicarien-Weibchen dennoch nur der Familie der Ameisen angehören könne, und zugleich die Merkmale, welche es z. B. von der Familie der Heterogynen und aus der Verwandtschaft von *Thynnus*, *Methoca*, *Mutilla* u. s. w. ausschliessen, hervorgehoben, glaube ich die entgegengesetzten, eine völlige Unkenntniss des Gegenstandes dokumentirenden Ausführungen Schaum's (Berl. Ent. Zeitschr. VII. p. 381) ohne Weiteres auf sich beruhen lassen zu können, besonders nachdem die Gattung seitdem in übereinstimmender Weise von Roger und Mayr in ihre Verzeichnisse der Formicarien aufgenommen und unter den Doryliden, wohin ich sie gestellt, belassen worden ist. Dagegen glaube ich zweien Einwendungen, welche gegen meine Auffassung der *Dichthadia* als Doryliden-Weibchen erhoben worden sind, hier noch begegnen zu müssen. Westwood, offenbar von der durchaus begründeten Ansicht ausgehend, dass die *Dorylus* männliche Ameisen seien, und nach der Beobachtung Elliot's und Jerdon's zugleich annehmend, dass die Typhlopouen ihnen als Arbeiter angehören, äussert sich (Entom. monthly magaz. II. p. 23) über das Weibchen von *Dorylus* dahin, er müsse nach der Analogie bezweifeln, dass dasselbe flügellos sei. In Bezug hierauf ist ohne Weiteres zuzugeben, dass, wenn die Prämisse richtig wäre, der Schluss seine Berechtigung hätte; dagegen zu erwidern, dass die Prämisse nicht zugestanden werden kann und damit der Schluss hinfällig ist. Daraus, dass bis jetzt noch kein fortpflanzungsfähiges Ameisen-Weibchen, welches zeitlebens flügellos, bekannt geworden ist, folgern zu wollen, dass ein solches überhaupt nicht existiren könne, entspricht nicht, sondern widerspricht der Analogie, nämlich der Erfahrung, dass in zahlreichen Insekten-Familien der verschiedensten Ordnungen neben geflügelten Gattungen und Arten auch ungeflügelte, sei es nach beiden, sei es nur nach dem weiblichen Geschlecht vorkommen. So wenig man auf die Erfahrung, dass die weiblichen *Scolia*, *Tiphia*, *Myzine* u. s. w. geflügelt sind, den Schluss basiren kann, auch die Weibchen von *Thynnus* und *Mutilla* müssten Flügel haben, oder die Gattung *Borrus* könne nicht zu den Canorpiden gehören, weil sie abweichend von den übrigen Gattungen der Flügel entbehre, so wenig dürfte auch die Folgerung berechtigt sein, ein Formicarien-Weibchen müsse unter allen Umständen ursprünglich Flügel besitzen. *Dichthadia* ist eben nach allen übrigen Charakteren ein Ameisen- (Doryliden-) Weibchen; es entbehrt der Flügel offenbar nur deshalb, weil es derselben seiner Lebensweise nach zu keiner Zeit bedarf. — Abweichend von Westwood, welcher bei seiner Ansicht, ein Doryliden-Weibchen müsse geflügelt sein, *Dichthadia* nicht für ein solches zu halten scheint — während er sonst gleich Smith ein fortpflanzungsfähiges Hymenopteren-Weibchen („*large female*") darin nicht verkennt — acceptirt Mayr (Verhandl. d. zoolog.-botan. Gesellsch. XIII. p. 407) zwar ohne Weiteres die Doryliden-Natur der genannten Gattung, spricht sie aber seinerseits wieder nicht für ein Weibchen, sondern wegen der Thoraxbildung und des Mangels der Augen für eine Arbeiterform an, indem er nicht einsieht, warum „ein etwas grösserer Hinterleib" ein Weibchen charakterisiren solle; in den Formicinen der Novara-Reise (p. 17) führt er die Gattung *Dichthadia* sogar ohne Weiteres als Arbeiterform auf. Gegen die an ersterem Ort vom Verfasser geltend gemachten Gründe ist nun zunächst zu erwidern, dass eine Uebereinstimmung in der Thoraxbildung zwischen *Dichthadia* und einer Arbeiter-Ameise überhaupt nur in so fern vorhanden ist, als beiden die Flügel abgehen. Im Uebrigen weicht *Dichthadia*, wie besonders aus der von mir gegebenen Profil-Abbildung ihres Thorax (Stett. Entom. Zeit. XXIV. Taf. I. Fig. 8d) leicht zu ersehen ist, von den Arbeiter-Ameisen sehr wesentlich durch die geringere Längsentwickelung des Pronotum, das dadurch in weiterer Ausdehnung freiliegende Mesonotum, durch die Grösse und Form des zweiten Thoraxstigma's, endlich aber auch und ganz besonders (Taf. I. Fig. 8) durch den seitlich nicht comprimirten Brustkasten ab.

Alle diese Eigenschaften sprechen nun ebenso entschieden gegen eine Arbeiterform wie für ein Weibchen, geben sich aber allerdings den geflügelten Ameisen-Weibchen gegenüber als — eben durch den Mangel der Flügel — nicht unwesentlich modificirt zu erkennen. Was zweitens den Mangel der Augen betrifft, so versteht es sich wohl ganz von selbst, dass dieser in keiner Weise für die Arbeiter-Natur des Thieres den Ausschlag geben kann; und den Hinterleib von *Dichthadia* auch nur nach der davon gegebenen Abbildung als „einen etwas grösseren" zu bezeichnen, muss angesichts seiner enormen Entwickelung — er hat etwa den vier- bis fünffachen Cubikinhalt des ganzen Vorderkörpers — geradezu als absurd erscheinen. Als ich der *Dichthadia glaberrima* zuerst ansichtig wurde, frappirte mich zuvörderst und vor Allem die habituelle Aehnlichkeit mit einem Termitenweibchen, und dieser Eindruck konnte bei der völlig abweichenden Bildung aller übrigen Körpertheile eben nur auf der ungewöhnlichen Grössenentwickelung des Hinterleibes beruhen; mag dieselbe derjenigen einer Termitenkönigin gegenüber gleich noch gering sein, so musste sie doch im Vergleich mit allen übrigen Insektenweibchen immerhin im höchsten Grade auffallend erscheinen. Nichts wäre mir damals unglaublicher erschienen, als dass bei diesem Maasse von Hinterleibsentwickelung die Weibchen-Natur jener Insektenform von irgend Jemand hätte in Zweifel gezogen werden können, und nur daraus kann ich es mir nachträglich erklären, dass ich nicht sofort durch Oeffnung der Bauchhöhle die Anwesenheit umfangreicher Ovarien constatirte. Es gereicht mir daher zu um so grösserer Genugthuung, gegenwärtig das damals Versäumte nachholen und alle Zweifel über die Geschlechtsnatur der *Dichthadia* für immer beseitigen zu können. Nach mehrfachen vergeblichen Bemühungen, eines zweiten solchen Weibchens, und zwar aus demjenigen Welttheile, aus welchem man es wohl am ersten erhoffen durfte, nämlich aus Afrika, habhaft zu werden, hat mir ein glücklicher Fund neuerdings eine zweite *Dichthadia*-Art zugeführt, freilich auch diesmal in einer Weise, welche keinerlei Auskunft oder Anhalt über die Lebensweise, resp. über die Beziehungen derselben zu *Dorylus* oder *Typhlopone* gewährt. Dieses zweite, mit einigen Orthopteren zusammen in ein Spiritusglas geworfene, wahrscheinlich also ebenso beiläufig wie diese aufgegriffene Weibchen, welches mit *Dichth. glaberrima* in allen wesentlichen Gattungsmerkmalen übereinstimmte, bot eine mindestens ebenso bedeutende Längsentwickelung des Hinterleibes, welcher überdies mehr parallel und mit einem abweichend geformten Endsegment versehen war, dar und forderte daher zu einer sofortigen Untersuchung seiner Eingeweide auf. Sogleich der erste Einschnitt in die zwischen Dorsal- und Ventralplatten befindliche Bindehaut liess den mit voller Sicherheit erwarteten Sachverhalt leicht erkennen: es trat dabei sofort ein Theil des Ovariums der betreffenden Seite zu Tage. Eine völlige Exenterirung der Bauchhöhle ergab sodann, dass dieselbe ihrer ganzen Länge nach von den sehr umfangreichen Ovarien ausgefüllt war und dass diese gegen ihr hinteres Ende hin zahlreiche legereife Eier beherbergten. Letztere maassen bei 0,10 mill. in der Breite 0,32 mill. in der Länge, zeigten also etwa die Form der langstreckigen Eier von *Stratiomys*, *Sarcophaga* und anderen Dipteren; gegen das vordere Ende der Eiröhren hin gingen sie allmählig bis auf 0,20 mill. Länge bei einer verhältnissmässig grösseren Breite herab. Die Gesammtzahl der in den Ovarien enthaltenen Eier genau zu bestimmen, hielt bei ihrer Menge sehr schwer; so viel ist jedoch sicher, dass sie sich auf mehrere hundert, wo nicht gar auf nahe an tausend veranschlagen lässt.

Wenn es durch diesen Befund unwiderleglich bewiesen ist, dass *Dichthadia*, was überhaupt niemals zweifelhaft sein konnte, ein fortpflanzungsfähiges Weibchen, und wenn es ferner nach den vorhergehenden Ausführungen gleichfalls als ausgemacht gelten kann, dass diese Gattung nur als den Formicarien und in specie den Dorylidēn angehörig zu betrachten ist, so bliebe neben der Erforschung ihrer immer noch völlig dunklen Lebensweise zuvörderst die Frage zu erörtern, wie weit ihre bis jetzt allein bekannten morphologischen Eigenthümlichkeiten geeignet sind, einen einigermassen sicheren Anhalt für die Beurtheilung ihrer verwandtschaftlichen Beziehungen zu *Dorylus* und eventuell gleichzeitig zu *Typhlopone* zu gewähren. (Die Gattung *Anomma* lasse ich bei dieser Erörterung geflissentlich ausser Betracht, weil sie sich den drei mit augenfälligen Uebereinstimmungen und Analogien behafteten Formen: *Dichthadia*, *Dorylus* und *Typhlopone* ziemlich fremd und durch eine weitere Kluft getrennt gegenüberstellt.) Bei unbefangener Abwägung aller diese drei Gattungen vereinigenden sowohl wie trennenden Charaktere hat sich in mir immer mehr die Ansicht befestigt, dass *Dichthadia*, wenn sie auch vielleicht numerisch gleiche Uebereinstimmungen mit *Typhlopone* erkennen lässt, durch qualitativ überwiegende doch in ein näheres Verhältniss zu *Dorylus* tritt, so dass man sich mit Hintenansetzung der Frage, ob es sich bei der in ihren Einzelformen erst zu construirenden Gattung zugleich um Arbeiterformen handelt, zunächst jedenfalls der Annahme zuwenden müsste, in *Dichthadia* das Weibchen von *Dorylus* zu erblicken. Neben der übereinstimmenden Bildung der Mandibeln und Beine fällt hierfür, *Typhlopone* gegenüber: 1) die quere Form und die durch eine mittlere Längsfurchung bewirkte Zweitheiligkeit des Kopfes, 2) die ganz übereinstimmende Bildung der kurzen, eingliedrigen Lippentaster und 3) die sich bei beiden Gattungen entsprechende, aussergewöhnliche Längsentwickelung des Hinterleibes besonders in das Gewicht. Nur wenn *Dichthadia* als das Weibchen von *Dorylus* zu gelten hat, könnte auch an die Frage, ob *Typhlopone* beiden als Arbeiterform angehöre, herangetreten werden; denn ein Weibchen ist ein für *Dorylus* unbedingt nothwendiges Postulat, eine Arbeiterform erst in zweiter Reihe erforderlich, in der That aber nicht ganz unwahrscheinlich. Existirt eine solche, so würde *Typhlopone* dafür jedenfalls mit mehr Grund als irgend eine andere geschlechtslose Ameisenform in Anspruch genommen werden können: da die Beine sie mit beiden Geschlechtsformen, der Petiolus des Hinterleibs sie mit *Dorylus*, die Fühler und der Mangel der Augen mit *Dichthadia* verbinden. Der hervorgehobene Unterschied in der Bildung der Lippentaster möchte jenen Uebereinstimmungen gegenüber wohl nicht allzu schwer ins Gewicht fallen, vielmehr die vollkommenere Ausbildung derselben gerade den Arbeitern, welchen sämmtliche Geschäfte in der Colonie und besonders die Auffütterung der Brut obliegen würde, einen unentbehrlichen Ersatz für den Mangel der Augen liefern.

Wie sich von selbst versteht, wird die Bestätigung aller dieser nur auf induktivem Wege gewonnenen Resultate allein durch anhaltende und vielfach wiederholte Beobachtung der *Dorylus*-Colonien an Ort und Stelle, durch sorgsame Untersuchung ihrer Schlupfwinkel zu verschiedenen Jahres- und wo möglich auch Tageszeiten gewonnen werden können. Jedenfalls bietet der an *Dorylus*-Arten besonders reiche Afrikanische Continent für diese ebenso interessanten als, wie es nach den bisherigen Versuchen scheinen möchte, schwierigen Ermittelungen den ergiebigsten Boden dar. Das gegenwärtig bestätigte Vorkommen einer *Dichthadia* in Süd-Afrika zeigt, wie es der Vermuthung, in dieser Form das bis dahin unbekannte *Dorylus*-

Weibchen vor sich zu haben, eine neue Stütze verleiht, zugleich einen Impuls dazu abgeben, dasselbe in den *Dorylus*-Bauten selbst nachzuweisen.

Auch in dem von v. d. Decken bereisten Ländergebiet hätte sich bei dem Vorkommen zweier *Dorylus*-Arten leicht eine Gelegenheit bieten können, nähere Ermittelungen über die Lebensweise dieser allen Anstrengungen einen so hartnäckigen Widerstand entgegensetzenden Gattung anzustellen, und es kann in der That nicht genug bedauert werden, dass der um die Beschaffung der hier bearbeiteten Insekten so verdiente Dr. Kersten, von dessen Eifer und Scharfsinn eine Lösung der beregten Fragen mit gutem Grunde zu erwarten gewesen wäre, nicht, bevor er das Land betrat, über den Sachverhalt genauer unterrichtet war.

54. *Dorylus nigricans*, Illig.

Dorylus nigricans, *Illiger, Magaz. f. Insektenk. I. p. 188. No. 18. — Fabricius, Syst. Piezat. p. 427. No. 2. — Shuckard, Annals of nat. hist. V. p. 271. No. 1. — Monogr. of the Dorylidae, p. 28. No. 1. — Westwood, Arcan. entom. I. p. 79. No. 1.

Von dieser in der Sierra Leona, in Accra und auf der Insel St. Thomas (Golf von Guinea) einheimischen Art liegt ein der Flügel beraubtes Exemplar aus den Bura-Bergen vor. Dasselbe weicht, bei sonstiger völliger Uebereinstimmung, von den westafrikanischen Individuen durch licht pechbraune — anstatt schwärzliche — Körperfärbung ab. — Der Umstand, dass dieses Exemplar — was sonst bei den männlichen Doryliden selten vorkommt — sich aller Flügel entledigt hatte oder dieselben wenigstens nicht mehr besass und an derselben Lokalität mit zwei Exemplaren der *Anomma molesta*, Gerst. (vgl. No. 52) gesammelt worden ist, giebt unwillkürlich der Vermuthung Raum, dass zwischen beiden möglicher Weise ein ähnliches Verhalten obgewaltet habe, wie es von Savage (Proceed. of the acad. of nat. scienc. of Philadelphia. IV. p. 200) zwischen derselben *Dorylus*-Art und der *Anomma rubella* beobachtet und mitgetheilt worden ist. Es liegt mir indessen keine bestimmte Nachricht darüber vor, dass dieses *Dorylus*-Individuum sich in einem Zuge der *Anomma molesta* befunden habe.

55. *Dorylus affinis*, Shuck.

Dorylus affinis, Shuckard, Annals of nat. hist. V. p. 316. No. 3. — Monogr. of the Dorylidae, p. 30. No. 3. — Westwood, Arcan. entom. I. p. 79. No. 3.

In Mehrzahl von Sansibar und Mombas vorliegend. Die Art ist auch in Sennaar, Ober-Aegypten und Senegambien einheimisch.

Pseudomyrma, Guér.

Iconogr. du règne anim., Insect. p. 427.

Leptalea, Spin. — *Tetraponera*, Smith.

56. *Pseudomyrma Capensis*, Smith.

Pseudomyrma Capensis, Smith, Catal. of Hymenopt. in the coll. of the Brit. Mus., Formic. p. 160. No. 28 (Oper.).
Pseudomyrma Natalensis, Smith, ibidem. p. 160. No. 29. (♀).

Zwei aus den Ugono-Bergen (Ende Octobers) und von Endara (December 1862) stammende Arbeiter-Exemplare von 7—7½ mill. Länge lassen, wie es die Smith'sche

Beschreibung angiebt, nur zwei Ocellen wahrnehmen und unterscheiden sich dadurch von einem dritten, am Cap gesammelten, bei welchem auch die vordere Ocelle zur Ausbildung gelangt ist. Im Uebrigen stimmen diese drei Exemplare mit einander überein, auch darin, dass die Spitze der Mandibeln gebräunt und die Unterseite des letzten Hinterleibssegmentes jederseits schwärzlich pechbraun gefärbt ist, wie es Smith als charakteristisch für das Weibchen seiner *Pseud. Natalensis* hervorhebt und wie ich es auch an einem Capensischen, mit dem ebenerwähnten Arbeiter zusammen gefangenen Weibchen wahrnehme. Da auf letzteres die Beschreibung der *Pseud. Natalensis*, auf die Arbeiter diejenige der *Pseud. Capensis*, Smith (mit Ausnahme der nicht erwähnten Färbung der Hinterleibsspitze) zutrifft, so stehe ich nicht an, diese beiden Arten für einerlei zu halten.

Heptacondylus, Smith.

Catal. Hymenopt. Brit. Mus., Formic. p. 141.

Physatta, Smith.

57. *Heptacondylus cumenoides*, Gerst.

Heptacondylus cumenoides, *Gerstaecker, Monatsber. d. Akad. d. Wissensch. v. J. 1858, p. 263. No. 15 (♀). — Insekt. v. Mossamb. p. 514 Taf. XXXII. Fig. 9. (♀).

? *Physatta Natalensis*, Smith, Catal. Hymenopt. of the Brit. Mus. p. 178. No. 4 (♀).

Eine Reihe bei Mombas (September 1862) gesammelter Arbeiter-Exemplare kann mit den aus Mossambik stammenden Weibchen des *Hept. cumenoides* wohl ohne Bedenken als der Art nach identisch angesehen werden. Dieselben sind theils licht rothbraun, theils kastanienbraun gefärbt, 7—7½ mill. lang und zeigen den geschlechtlichen Weibchen gegenüber keine anderen Unterschiede, als sie der Arbeiter-Form allgemein zukommen. Solche liegen zunächst in der grösseren Länge und Schlankheit einerseits der beiden Dornen des Hinterrückens, andererseits des Stieles des ersten abgeschnürten Hinterleibssegmentes. Während die längsrissige Skulptur an den Seiten des Kopfes, besonders vor den Augen fast ebenso dicht wie bei den Weibchen ist, erscheint sie auf der Stirn, dem Scheitel und dem Thoraxrücken sehr viel sparsamer und mehr weitläufig maschenförmig.

Anmerkung. Ob diese Art in Wirklichkeit von der gleichfalls auf weibliche Individuen begründeten *Physatta Natalensis*, Smith (a. a. O.) specifisch verschieden ist, erscheint mir trotz einiger abweichenden Angaben dieses Autors fraglich. In der Grösse und Skulptur scheinen sich beide jedenfalls sehr nahe zu stehen und auf die lichtere Färbung der Smith'schen Art ist jedenfalls kein allzugrosses Gewicht zu legen. Wenn für letztere die Dornen des Hinterrückens als „stout" und die Behaarung der Körperoberfläche als „pale" angegeben wird, so ist für den *Hept. cumenoides* allerdings keine dieser beiden Bezeichnungen zutreffend. Denn wenn auch die kürzere Behaarung des letzteren bei schiefer Beleuchtung etwas rostroth schimmert, so lässt sich doch die längere aufgerichtete deutlich als pechschwarz erkennen.

Cremastogaster, Lund.

Annal. d. scienc. nat. XXIII. p. 132.

Acrocoelia, Mayr.

58. *Cremastogaster cephalotes*, n. sp.

Capite scutelloque magnis, rufo-ferrugineus, abdominis parte ventrali picea vel rufo-brunnea: thorace scutelloque nitidis, dispersе punctatis, metanoto strigoso, breviter bimucronato. Long. 9½—10 mill. ♀.

Oper. *Piceus, capite anteriore mandibulisque rufo-brunneis, pronoto anterius transverse rugoloso, posterius longitudinaliter strigoso, metanoto fortiter rugoso, longe bimucronato, abdominis segmento primo subrotundo, secundo transverse ovato.* Long. 3¾—4 mill.

Weibchen. Kaum grösser als dasjenige des *Crem. scutellaris*, Oliv. (Encycl. méth. VI. p. 497), aber abgesehen von der Färbung durch den aussergewöhnlich stark entwickelten Kopf, welcher besonders durch seine Breite auffällt, habituell verschieden; licht rostroth, mit pechschwarzem oder dunkel rothbraunem Bauchtheil des Hinterleibes. Fühler kurz und derb, röthlich braun, der Schaft zurückgeschlagen bei weitem nicht bis zum Hinterrand des Kopfes reichend, die Keule dreigliedrig. Mandibeln längsrissig, dazwischen punktirt, dunkel rostroth, mit schwärzlicher Schneide. Kopf von oben gesehen quer viereckig, um ein Virttheil breiter als der Brustkasten, der Clypeus, die Wangen und die Seiten der Stirn zwischen Fühlern und Augen dicht und fein längsriefig, die Mitte der Stirn gleich Scheitel und Hinterhaupt deutlich, aber ziemlich fein und zerstreut punktirt, leicht glänzend. Stirn mit tiefer, von der vorderen Ocelle ausgehender mittlerer Längsfurche, Scheitel mit grubigen Eindrücken vor und neben den grossen Ocellen. Netzaugen auffallend gross, länglich eiförmig, reichlich einem Dritttheil der Kopflänge gleich. Pro- und Mesonotum gleich dem Schildchen stark glänzend, in den feinen und zerstreuten Punkten kurz, staubartig behaart; Pronotum auf der Vorderhälfte mit zwei parallel laufenden mittleren Längsfurchen, entweder ganz licht rostfarben oder pechbraun gestriemt. Die untere Hälfte der Meso- und Metapleuren gleich dem jederseits mit einem kurzen kegelförmigen Dorn bewehrten Hinterrücken dicht und fein längsriefig. Beine von Thoraxfarbe. Flügel besonders längs der Costa gelblich getrübt, mit röthlich braunem Geäder und Stigma. Die beiden schmalen, knotenförmigen vorderen Ringe des Hinterleibes licht rostroth, die erweiterten hinteren pechschwarz oder dunkel rothbraun; von jenen beiden der vordere abgesehen von der stielförmigen Basis breiter als lang, herzförmig, vorn stark erweitert, der hintere kurz, quer oval, oberhalb dicht punktirt, in der Mitte des Hinterrandes deutlich ausgebuchtet; die breiten hinteren auf äusserst fein ciselirtem Grunde zerstreut punktirt und kurz, staubartig behaart.

Arbeiter. Etwas kürzer und gedrungener als derjenige des *Crem. scutellaris*, Oliv., schwärzlich pechbraun, der Vorderrand des Kopfes nebst den Mandibeln licht braunroth, letztere dicht längsrissig. Fühlerschaft fast bis zum Hinterrand des Kopfes reichend, pechbraun, die Keule lichter, braunroth. Form und Skulptur des Kopfes dieselbe wie beim Weibchen, die Punktirung der nicht gefurchten Stirn eher noch etwas sparsamer, die Netzaugen verhältnissmässig etwas weniger gross. Pronotum von weniger als halber Kopfbreite, weniger herzförmig als trapezoidal, mit stumpf abgerundeten Vorderecken; auf dem vordersten Dritttheil seiner Oberfläche quer und leicht schuppig gerunzelt, im Uebrigen beiderseits von einer feinen, glatten, kielförmigen Mittellinie, welche vorn mit einer kleinen buckligen Auftreibung endigt, fein längsriefig. Mesonotum nur schwach abgesetzt; das durch eine tiefe Einkerbung abgeschnürte Metanotum grob längsrunzlig, jederseits mit einem ziemlich langen und scharfen, nach aussen und leicht nach oben gerichteten Dorn bewehrt. Beine röthlich pechbraun. Hinterleib, abgesehen von der geringeren Grössenentwickelung, von gleichen Formverhältnissen wie beim Weibchen.

Bei **Mombas** (Ende Septembers 1862) aufgefunden. Einige Weibchen bewohnten zusammen mit einer grösseren Anzahl Arbeiter einen gallenartigen Auswuchs einer Acacia.

Pheidole, Westw.

Annals of nat. hist. VI. p. 87.

Oecophthora, Heer.

59. *Pheidole talpa*, n. sp.

Taf. XIV. Fig. 11.

Rufo-brunnea, parce pilosa, antennis pedibusque ferrugineis, abdomine piceo: capitis parte anteriore longitudinaliter strigosa, subopaca, posteriore disperse punctata, nitida, prothorace rhomboidali, acutangulo, supra transversim aciculato, metanoto bispinoso, abdominis segmento primo intermedio, ante apicem binodoso, secundo transverso. Long. 4 mill. Miles.

Beträchtlich robuster gebaut als der Soldat der *Pheid. pallidula*, Nyl. (Formic. bor., Addit. alt. p. 42) und durch den deutlich punktirten Hinterkopf sowie durch den queren, rhombischen Prothorax leicht zu unterscheiden; rothbraun oder dunkel rostroth mit lichteren Fühlern und Beinen und pechbraunem Hinterleib. An den Fühlern die dreigliedrige Keule beträchtlich länger als der vorhergehende Theil der Geissel. Mandibeln sehr glänzend rothbraun mit schwarzer Schneide, zerstreut punktirt. Der sehr plumpe Kopf von vorn gesehen abgerundet viereckig, mit tiefem, herzförmigem Ausschnitt des Scheitels; der in der Mitte des Vorderrandes ausgerandete Clypeus fein, die Stirn und die Wangen bis über die Augen hinauf stark und scharf längsriefig und dadurch fast matt, der mit tiefer mittlerer Längsfurche versehene Oberkopf zwar lebhaft glänzend, aber überall deutlich und keineswegs fein, an den Hinterecken auch ziemlich dicht punktirt. Die Stirn ohne Rinne zum Einschlagen des Fühlerschaftes. Prothorax quer, rhombisch, beiderseits scharfwinklig, fast von halber Kopfbreite, oberhalb fein querrissig, länger und dichter als der übrige Körper beborstet, matt glänzend, von dem glatteren Mesothorax nicht deutlich geschieden. Hinterrücken scheinbar glatt, glänzend, längs der Mitte furchenartig vertieft, beiderseits mit aufgerichtetem, spitzem Dorn bewehrt. Beine licht rostfarben, schwach beborstet. Erster Hinterleibsring doppelt so lang als hinten breit, bald hinter der schmalen Basis winklig erweitert, nach hinten stark (im Profil gesehen dreieckig) ansteigend und hier durch deutliche Einkerbung zweihöckerig; der zweite kurz, quer eiförmig, gleich den erweiterten folgenden pechbraun. Diese glänzend, scheinbar glatt, fein und zerstreut beborstet.

Eine Anzahl Soldaten von Mbaramu (October 1862) vorliegend. Es ist dies die auf S. 84 als *Atta* bezeichnete Ameise, in deren Gesellschaft der dort beschriebene *Scydmaenus pinguiculus*, Gerst. (No. 60) gefunden wurde.

60. *Pheidole scabriuscula*, n. sp.

Rufo-picea, confertim granoso-punctulata, parce setulosa, fere opaca, mandibulis pedibusque dilutioribus, abdomine nigricante, nitido: prothorace rotundato, supra bicalloso, metanoto fortiter rugoso, acute bispinoso. Long. 3½ mill. Oper.

Fühler schlank, der pechbraune Schaft zurückgeschlagen den Hinterrand des Kopfes weit überragend, die lichtere Keule nicht ganz so lang wie die vorhergehenden Geisselglieder zusammengenommen. Mandibeln gleich dem Vorderkopf licht braunroth, mit schwärzlicher Schneide; nur die übergreifende und abwärts gekrümmte Spitze glänzend, zerstreut punktirt, die übrige Oberfläche dicht längsrissig. Kopf von vorn gesehen durch die hervorspringenden Augen fast regelmässig sechseckig, hinten bogenförmig ausgeschnitten, mit spitz hervortretenden Hinterwinkeln; die Stirn mit tiefem Eindruck über dem Clypeus und deutlicher, aus ersterem hervorgehender Mittelfurche, der Clypeus längs der Mitte gleichfalls vertieft; die Wangen scharf längsriefig, der ganze oberhalb der Augen liegende Theil des Kopfes fein und dicht gedrängt, fast chagrinartig punktirt, matt seidig glänzend. Prothorax herzförmig, vorn seitlich stark gerundet, bei der Mitte der Länge oberhalb jederseits mit einer höckerartigen Schwiele versehen, beträchtlich grober gekörnt als der Kopf und gleichzeitig leicht gerunzelt; Mesonotum von gleicher Skulptur. Metanotum grob längsrunzlig, hinten jederseits in einen scharfen, schräg aufgerichteten Dorn auslaufend. Beine schlank, pechbraun, die Hüften, Knie, Schienenspitzen und Tarsen lichter rothbraun. Erstes Hinterleibssegment doppelt so lang als breit, dicht hinter der Basis jederseits zahnförmig erweitert, sodann allmählig breiter werdend und (von der Seite gesehen) ansteigend, vor der Spitze zweihöckerig; das zweite kurz, quer eiförmig, seitlich leicht gewinkelt, die folgenden erweiterten glänzend pechbraun, sehr fein punktirt, sparsam behaart.

Ein einzelnes Arbeiter-Exemplar von Endara (December 1862).

Fam. **Braconidae,** Wesm.

Bracon, (Fab.) Nees.

Hymenopt. Ichneum. affin. I. p. 46.

61. ***Bracon Kersteni,*** n. sp.

Taf. XIV. Fig. 12.

Pedibus crassiusculis, tarsorum articulis 3. et 4. triquetris, 4. intus longe producto: rufus, nitidus, mandibularum apice, antennis nec non verticis macula magna nigris, abdomine ovato, scabro, alis fuscis, anticarum radice, costa, stigmatis parte majore rufo-ferrugineis, fascia a cellula cubitali prima ad marginem internum percurrente lutea. Long. corp. 8—9, terebr. $4\frac{1}{2}$—5 mill. ♀.

Nach Form und Skulptur des Hinterleibes in die Gruppe des *Bracon fastidiator* (*Ichneumon fastidiator*, Fab., Syst. Entom. II. p. 165. No. 95 = *Brac. coccineus*, Brullé, Hyménopt. IV. p. 428. No. 111), des *Brac. flagrator*, *Gerst. (Insekt. v. Mossamb. p. 521. Taf. XXXII. Fig. 11), *pictus* und *incisus*, Brullé (Hyménopt. IV. p. 420 f., No. 112 und 113) gehörend und besonders dem *Brac. pictus* in der geringen Grösse und der hellen Binde der Vorderflügel nahestehend, aber durch die Bildung der Tarsen, den ungefleckten Thorax, die Färbung des Stigmas u. s. w. leicht zu unterscheiden. — Kopf etwas breiter und kürzer als bei dieser Art, oberhalb der Fühler beiderseits halbkreisförmig eingedrückt, vor der mittleren Ocelle gefurcht, glatt und glänzend, lebhaft rostroth mit grossem, die Ocellen bedeckendem, viereckigem, tief schwarzem Fleck, welcher sich bis zum Hinterrand ausdehnt, dagegen die Augenränder nicht erreicht; Gesicht (unterhalb der Fühler) matt, dicht punktirt und aufrecht greisgelb behaart. Augen licht braun, Taster rostgelb, die Spitze der Mandibeln und die sehr langen, derben Fühler durchaus schwarz. Der ganze Thorax mit Einschluss der Tegulae licht rostroth, stark glänzend, sparsam greisgelb behaart, die Haare aus vereinzelten, auf der Rückenseite etwas deutlicheren Punkten entspringend. Flügel satt braun; an beiden Paaren der Aussenrand, an den vorderen ausserdem die Wurzel und die vorderen zwei Dritttheile des Stigmas intensiv orangeroth, das hintere Dritttheil und das Geäder pechschwarz; eine von der ersten Cubitalzelle beginnende und gegen den Innenrand verlaufende Querbinde gleich einem Fleck auf der Grenze der Basal- und der Diskoidalzellen lichter, mehr gelblich. Beine kurz und gedrungen, von Thoraxfarbe, nur das Arolium und die Spitze der Fussklauen schwarz; die beiden vorletzten Glieder der Tarsen dreieckig, nach hinten spitzig ausgezogen, das vierte Glied der beiden hinteren Paare an der Innenseite sogar dornförmig verlängert. Hinterleib breit, eiförmig, durch die den verwandten Arten eigenthümliche dichte, runzlige Punktirung matt, trübe zinnoberroth, die glatten Seitenschwielen des 2. und 3. Ringes gross und stark aufgewulstet. Letzte Ventralplatte des Weibchens länglich und spitz dreieckig, gekielt, an der Spitze seitlich zusammengedrückt; der Legebohrer röthlich pechbraun, die Valvulae tief schwarz.

Zwei weibliche Exemplare von Mombas (September 1862).

Fam. **Evaniales**, Latr.

Evania, Fab.

Entom. syst. II. p. 192.

Sphex, Lin.

62. ***Evania appendigaster***, Lin.

Sphex appendigaster, Linné, Syst. natur. ed. XII. p. 943. No. 12.

Evania appendigaster, Fabricius, Entom. syst. II. p. 192. No. 1. — Syst. Piezat. p. 178. No. 1. — Westwood, Transact. entom. soc. of London III. p. 241. No. 1.

Evania laevigata, Olivier, Encycl. méth. VI. p. 453. No. 2. — Latreille, Gen. Crust. et Insect. III. p. 251. No. 1. — *Gerstaecker, Insekt. v. Mossamb. p. 520.

Evania Cubae, Guérin, Iconogr. du règne anim., Insectes pl. 65. No. 1.

Ein Exemplar dieser kosmopolitisch verbreiteten Art liegt aus Mombas (September 1862) vor; wahrscheinlich wird dieselbe auch hier als Parasit der grösseren Blattinen, besonders der hier häufigen *Periplaneta Americana* auftreten.

Ordo V.

Lepidoptera, Lin.

Fam. **Rhopalocera,** Boisd.

Papilio, (Lin.) Latr.

Gen. Crust. et Insect. IV. p. 201.

1. *Papilio Demoleus,* Lin.

Papilio Demoleus, Linné, Syst. natur. ed. X. p. 464. No. 35. — Mus. Ludov. Ulric. p. 214. No. 33. — Syst. natur. ed. XII. p. 753. No. 46. — Kleemann, Beitr. z. Natur- u. Insect.-Gesch. p. 13. Taf. 1. Fig. 2 u. 3. — Cramer, Pap. exot. pl. 231. Fig. A, B. — Palisot de Beauvois, Insect. rec. en Afrique. p. 120. Lépid. pl. IIb. Fig. 2. — Fabricius, Entom. syst. III. 1. p. 31. No. 101. — Godart, Encycl. méth. IX. p. 43. No. 52. — Boisduval, Spec. génér. d. Lépidopt. I. p. 237. No. 60. — Trimen, Rhopal. Afric. austr. p. 17. No. 6. — Wallengren, Lepid. Rhopal. Caffr. p. 5. No. 2.

Papilio Demodocus, Esper, Ausl. Schmetterl. Taf. 51. Fig. 1.

In drei Exemplaren von Endara (December 1862) vorliegend. Die Art ist von Aegypten und Senegambien abwärts über ganz Afrika verbreitet und auch auf Madagascar einheimisch.

Pieris, (Schr.) Latr.

Gen. Crust. et Insect. IV. p. 203.

Pontia, Fab.

2. *Pieris Severina,* Cram.

Papilio Severina, Cramer, Pap. exot. pl. 338. Fig. G, H. (♀).

Pieris Severina, Godart, Encycl. méth. IX. p. 131. No. 36. (♀). — Boisduval, Spec. génér. d. Lépidopt. I. p. 507. No. 101. (♂♀). — Trimen, Rhopal. Afric. austr. p. 22. No. 19. (♂♀). — *Hopffer, Insekt. v. Mossamb. p. 352. (♂♀).

Pinacopteryx Severina, Wallengren, Lepid. Rhopal. Caffr. p. 8. No. 9.

Von zwei bei Endara (December 1862) gefangenen männlichen Individuen zeigt das eine die schwarze Aderung auf der Unterseite der Hinterflügel sehr deutlich, das andere dieselbe fast verschwunden. Die Art ist zugleich am Cap, im Cafferlande und in Mosambik einheimisch.

3. *Pieris Abyssinica,* Luc.

Pieris Abyssinica, Lucas, Rev. et Magas. de Zool. 2. sér. IV. p. 328.

Pieris Nephim, *Kollar i. lit.

Zwei von Endara (December 1862) vorliegende männliche Individuen dieser Art zeichnen sich den Capensischen und Abyssinischen gegenüber durch ansehnliebere Grösse (53—58 mill. Flügelspannung) und ausgedehntere schwarze Zeichnung der Oberseite aus; besonders ist der die Spitze der Diskoidalzelle begrenzende Bogenstrich auffallend breit. — Da diese Art einerseits aus Abyssinien, von Chartum und vom oberen Nil bekannt ist, andererseits am Cap vorkommt, so scheint sie längs der Ostküste Afrikas überhaupt einheimisch zu sein.

Callosune, Doubl.

Gen. of diurn. Lepidopt. I. p. 57.

Anthopsyche, Walleng. — *Anthocharis*, Boisd.

4. *Callosune Eupompe*, Klug.

Pontia Eupompe, *Klug, Symb. phys. Dec. I. No. 4. Tab. VI. Fig. 11—14. (♂♀).
Papilio Erippe fem., Cramer, Pap. exot. pl. 91. Fig. D. E. (♀).
Anthocharis Eupompe, Boisduval, Spec. génér. d. Lépidopt. I. p. 571. No. 17. (♂♀).
Anthopsyche Eupompe, Wallengren, Lepid. Rhopal. Caffr. p. 14. No. 7.
Anthopsyche Theopompe, Felder, Reise d. Novara, Lepidopt. p. 183. No. 175. (♂♀). — Hopffer, Stettin. Entom. Zeit. XXX. p. 432. No. 1.

Ein einzelnes weibliches Exemplar von Mombas (September 1862). Dasselbe ist von ebenso auffallender Grösse (47 mill. Flügelspannung) wie reicher schwarzer Zeichnung auf der Oberseite beider Flügelpaare. Auf beiden ist das Wurzel-Drittheil und der Hinterrand, auf den vorderen ausserdem die das rothe Spitzenfeld abgrenzende schräge Binde sowie die über dasselbe verlaufende Fleckenreihe sehr breit schwarz. — Diese weit verbreitete Art ist bereits vom Sinai, aus Aegypten, Abyssinien, Kordofan, Sennaar, Senegambien, Guinea (nach Cramer) und dem Cafferlande bekannt.

5. *Callosune Achine*, Cram.

Papilio Achine, Cramer, Pap. exot. pl. 338. Fig. E. F. (♀).
Pieris Achine, Godart, Encycl. méth. IX. p. 122. No. 13.
Anthocharis Achine, Boisduval, Spec. génér. d. Lépidopt. I. p. 571. No. 21. (♂♀). — Trimen, Rhopal. Afric. austr. p. 46. No. 29. (♂♀). — *Hopffer, Insekt. v. Mossamb. p. 362.
Anthopsyche Achine, Wallengren, Lepid. Rhopal. Caffr. p. 11. No. 1.
Anthocharis Erode fem., Reiche, Voy. en Abyssin. III. p. 460. No. 3. Zool. pl. 31. Fig. 5—6. (♀).

Ein einzelnes vom See Jipe stammendes Weibchen dieser Art ist bei 46 mill. Flügelspannung nicht unbeträchtlich grösser als die mir vorliegenden südafrikanischen Exemplare desselben Sexus, zeigt die Oberseite beider Flügelpaare gelblich angeflogen und die auf der schwarzen Spitze der Vorderflügel verlaufende Fleckenbinde nicht hochroth, sondern orangegelb; auch tritt dieselbe Farbe nochmals auf der Grenze des Schwarzen zu der hellen Grundfarbe auf, fast ganz so, wie es die Abbildung bei Reiche (a. a. O.) erkennen lässt. — Die Art ist zugleich am Cap, im Cafferlande und in Mossambik einheimisch, wahrscheinlich aber auch in Abyssinien.

Anmerkung. Es kann kaum einem Zweifel unterliegen, dass das von Reiche (a. a. O.) beschriebene und abgebildete Weibchen seiner *Anthoch. Erode* nicht dieser Art, sondern der *A. Achine*, Cram. angehört, deren Weibchen es in allen charakteristischen Merkmalen, wie in der Anwesenheit der schwarzen Diskoidalpunkte, in der Schwärzung der Diskoidalzelle der Vorder- und in dem Verlauf der dunkelen Binde auf den Hinterflügeln vollkommen gleicht. Das in der hiesigen Entomlogischen Sammlung vorhandene, mit dem Männchen aus gleicher Lokalität (Mozambik) stammende wirkliche Weibchen der *Anthoch. Eris*, Reiche zeigt eine mit dem Männchen sehr analoge Bindenzeichnung der Flügel und entbehrt in Uebereinstimmung mit diesem sowohl der Diskoidalpunkte wie der Schwärzung der Diskoidalzelle auf den Vorderflügeln.

6. *Callosune casta*, n. sp.

Taf. XV. Fig. 1 u. 1a.

Alis lacteis, basin versus cinerascentibus, anticis rotundatis: harum angulo apicali late aurantiaco, nigro-marginato, posticarum margine nigro-maculato, costali infra basin versus miniato. Exp. alar. 46 mill. ♂.

Der *Callos. Liagore* (*Pontia Liagore*, *Klug, Symb. phys. Dec. I. Tab. VI. Fig. 5-6) zunächst stehend, aber beträchtlich grösser, durch abgerundete und breiter schwarz gesäumte Vorderflügel, deren Basis ausserdem (durch eine schwarze Innenrandsbinde der Unterseite) in weiter Ausdehnung aschgrau durchscheint, durch die Zeichnung der Hinterflügel auf der Unterseite u. s. w. abweichend. Fühler oberhalb schwarz mit weissen Tupfen, unterhalb weiss beschuppt mit rothgelber Keule. Oberseite der Flügel rein weiss, die vorderen noch breiter und stumpfer abgerundet als bei *Callos. Eucharis*, Fab., God. Der orangerothe Spitzenfleck derselben von gleicher Grösse wie bei dieser Art, gegen den weissen Grund hin aber nicht citronengelb gesäumt. Der Costalrand bis auf das erste (basale) Fünftheil schwarz gesäumt, am breitesten bei Beginn des rothen Spitzenfleckes; der Hinterrand verhältnissmässig schmal schwarz gesäumt, den Adern entsprechend fleckig einspringend, auch diese selbst am vorderen und hinteren Ende des rothen Feldes fein schwarz linirt. Der über den rothen Fleck hinausgreifende Theil des schwarzen Hintersaumes, wie gewöhnlich, verbreitert. Auf der Unterseite ist die Spitze der Vorderflügel blass röthlich gelb und gegen die weisse Grundfarbe durch eine schräge orangefarbene Fleckenbinde abgegrenzt; längs des Innenrandes verläuft eine tief schwarze, von der Basis bis auf $^{2}/_{3}$ der Länge reichende, seitlich an die Vena mediana reichende Binde, welche oberhalb als aschgraue Trübung durchschimmert. Hinterflügel oberhalb mit sechs kleinen, zugespitzt dreieckigen, der Ausmündung der Längsadern entsprechenden, schwarzen Randflecken, jenseits des sechsten bis zum Innenrand sehr schmal schwarz gesäumt; längs des Costalrandes eine breite schwarze Binde, welche der eben erwähnten der Vorderflügel in der Ausdehnung entspricht. Unterhalb ist der Costalrand im Bereich des basalen Drittheiles mennigroth gesäumt; beim Beginne des letzten Drittheils geht von demselben ein bindenartiger, lichtbrauner, bis zum unteren Subcostal-Nerven reichender Fleck aus. Der Hinterrand hier nur sehr undeutlich braun gefleckt.

Ein einzelnes männliches Exemplar vom See Jipe (Ende Octobers 1862).

Anmerkung. Mit der vorstehenden Art scheint auch *Anthopsyche Dridamia*, Wallengr. (Wien. Entom. Monatschr. IV. p. 35. No. 7), für welche weder die Grösse noch das Genus angegeben ist, sehr nahe verwandt zu sein. In der Charakteristik derselben wird jedoch der schwarzen Innenrandsbinde auf der Unterseite der Vorderflügel nicht erwähnt, dagegen eine Scheidung des rothen Spitzenfleckes von der weissen Grundfarbe durch schwarze Schuppen hervorgehoben.

7. *Callosune hetaera*, n. sp.

Taf. XV. Fig. 2.

Alis lacteis, subtiliter nigro-venosis, anticarum angulo apicali late purpureo, nigro-marginato, posticarum margine nigro-maculato. Exp. alar. 65 mill. ♂.

Neben der *Callos. regina* (*Anthoch. regina*, Trimen, Transact. entom. soc. of London. 3. ser. I. p. 520) die grösste Art der Gattung, mit dieser und *Callos. Jone* (*Pieris Jone*, Godart, Encycl. méth. IX. p. 140. No. 74. — *Anthocharis Jone*, Reiche, Voy. en Abyssin., Zool. pl. 30. Fig. 1—8. — Insekt. v. Mossamb. Taf. XXI. Fig. 1—3) zunächst verwandt, von beiden aber durch die Farbe des Spitzenfleckes der Vorderflügel, durch den Mangel der vorderen schwarzen Einfassung desselben und durch die nur sehr unscheinbar schwarz geaderten Hinterflügel — während diese Aderung umgekehrt auf den vorderen sehr deutlich ist — unterschieden. — Fühler etwas schlanker als bei *Callos. Jone*, licht gelbbraun; die Keule oberhalb vor der Spitze dunkler. Grundfarbe der Flügel oberhalb rein milchweiss. Der purpurrothe Spitzenfleck der Vorderflügel bei weitem grösser als der violette von *Call. Jone*, auf seiner vorderen Grenze gegen die weisse Grundfarbe am intensivsten, gegen den Aussen- und Hinterrand hin allmählig durch Beimischung weisser Schuppen blasser, fast fahl werdend, seine schwarze Umsäumung verhältnissmässig schmal, der Einmündung der Adern entsprechend ausgezackt; diese selbst gleichfalls schwarz bestäubt. Auf weissem Grunde die hintere Hälfte der Vena subcostalis, die nach aussen fleckig erweiterte Vena disco-cellularis, die Vena mediana im Bereich ihrer Verästelung, die Hinterrandsader in ihrer hinteren Hälfte so wie alle von den erstgenannten ausgehenden Längsadern durch dunkele Beschuppung als feine, aber deutliche schwarze Linien erscheinend. Auf den an der Ausmündung der Adern mit schwarzen Randflecken versehenen Hinterflügeln ist diese schwarze Liniirung sehr viel feiner und gegen den Innenrand hin ganz verschwindend; deutlich nur auf den Längsadern von der oberen Vena subcostalis an bis zum zweiten Ast der Vena mediana. Die Unterseite beider Flügelpaare ist mehr mehl- oder gelblich weiss; diejenige der vorderen zeigt ausser dem Diskoidalpunkt besonders die Ausmündung des ersten und zweiten Astes der Vena mediana breit schwarzfleckig, ausserdem einige schwächere Flecke in schräger Richtung zwischen diesen und dem Aussenrande. Hinterflügel unterhalb mit schwacher querer Fleckenbinde beim letzten Drittheil der Länge, ausserdem gleichfalls mit zwei Randflecken.

Das vorliegende männliche Exemplar dieser ausgezeichneten Art wurde bei Endara (December 1862) gefangen.

Idmais, Boisd.

Spec. génér. d. Lépidopt. I. p. 584.

Pontia, Klug.

8. *Idmais Eris*, Klug.

Pontia Eris, *Klug, Symb. phys. Dec. I. No. 5. Tab. VI. Fig. 15—16. (♂).
Pieris Eris, Boisduval, Spec. génér. d. Lépidopt. I. p. 514. No. 111. (♂.).
Anthocharis Eris, Reiche, Voy. en Abyssin. III. p. 460. No. 2. Zool. pl. 31. Fig. 1—3. (♂♀). — *Hopffer, Insekt. v. Mossamb. p. 356. — Trimen, Rhopal. Afric. austr. p. 69. No. 39. (♂♀).
Anthopsyche Eris, Wallengren, Lepid. Rhopal. Caffr. p. 15. No. 8.

In beiden Geschlechtern vom See Jipe (Ende Oktobers 1862) vorliegend. Die weite Verbreitung dieser Art ergiebt sich aus ihrem Vorkommen in Senegambien einer- und von Aegypten über Kordofan, Abyssinien und Mossambik bis zum Cafferlande und Cap andererseits.

9. *Idmais Tritogenia*, Klug.

Pontia Tritogenia, *Klug, Symb. phys. Insect. I. No. 18. Tab. VIII. Fig. 17—18. (♂).
Pieris Tritogenia, Boisduval, Spec. génér. d. Lépidopt. I. p. 513. No. 110. (♂♀).
Anthocharis Tritogenia, *Hopffer, Insekt. v. Mossamb. p. 356.

In einem weiblichen Exemplare gleichfalls am See Jipe gefangen. Die Verbreitung der Art ist dieselbe wie bei *Idm. Eris*.

Callidryas, Boisd.

Lépidopt. d. l'Amér. sept. p. 73.

10. *Callidryas Florella*, Fab.

Papilio Florella, Fabricius, Syst. Entom. p. 479. No. 159. — Spec. Insect. II. p. 51. No. 224. — Entom. syst. III. 1. p. 213. No. 666.
Colias Florella, Godart, Encycl. méth. IX. p. 98. No. 23.
Callidryas Florella, Boisduval, Spec. génér. d. Lépidopt. I. p. 608. No. 2. — *Hopffer, Insekt. v. Mossamb. p. 365. — Trimen, Rhopal. Afric. austr. p. 68. No. 45. — Wallengren, Lepid. Rhopal. Caffr. p. 19. No. 2. — Guenée in: Maillard, Notes sur l'île de la Réunion. II. G. p. 6—8. pl. XXII. Fig. 1—3. (♀).
Colias Pyrene, Swainson, Zoolog. Illustr. I. pl. 51.

Bei Mombas gefangen. Die Art ist in Senegambien und Guinea, an der Ostküste vom Cap bis nach Aegypten verbreitet, ausserdem auch auf Bourbon und in Arabien einheimisch.

Terias, Swains.

Zoolog. Illustr. I. 22.

11. *Terias Zoë*, Hopf.

Terias Zoë, *Hopffer, Monatsber. d. Akad. d. Wissensch. v. J. 1855. p. 640. No. 5. — Insekt. v. Mossamb. p. 369. Taf. XXIII. Fig. 10—11. — Wallengren, Lepid. Rhopal. Caffr. p. 19. No. 9.

Zwei von Mombas (September 1862) stammende Exemplare dieser Art gleichen in jeder Beziehung den in Mosambik gesammelten; die Art ist auch im Cafferlande einheimisch.

Danais, God.

Encycl. méth. IX. p. 172.

Danaus, Latr. — *Euploea*, Fab.

12. *Danais Niavius*, Lin.

Papilio Niavius, Linné, Syst. natur. ed. X. p. 470. No. 76. — Mus. Ludov. Ulric. p. 263. No. 73. — Syst. natur. ed. XII. p. 766. No. 109. — Clerck, Icon. Tab. 32. Fig. 9. — Fabricius, Syst. Entom. p. 460. No. 162. — Spec. Insect. II. p. 52. No. 228. — Entom. syst. III. 1. p. 40. No. 120. — Cramer, Pap. exot. pl. 2. Fig. *F*, *G*. (♂). pl. 234. Fig. *A*. (♀). — Palisot de Beauvois, Ins. rec. en Afrique, Lépid. pl. VII. Fig. 1a—1b.
Danais Niavius, Godart, Encycl. méth. IX. p. 182. No. 22.
Danais Niavius, Trimen, Transact. Linnean soc. of London XXVI. p. 511. No. 4. pl. XLII. Fig. 6.

Von dieser bis jetzt nur aus Westafrika (Sierra Leona, Angola) bekannten Art liegen zwei Exemplare von Mombas vor, welche sich durch ein fast ebenso unfangreichen weissen Wurzelfeld der Hinterflügel auszeichnen, wie es von **Trimen** (a. a. O.) dargestellt worden ist.

13. *Danais Petiverana*, Doubl.

Danais Limniace (Cram.) var. *Petiverana*, Doubleday, Gen. of diurn. Lepidopt. p. 93. No. 31. pl. XII. Fig. 1.

Zwei bei **Mombas** (September 1862) gefangene Exemplare stimmen sowohl unter sich als mit der (a. a. O.) durch **Hewitson** gelieferten, sehr charakteristischen Abbildung genau überein. Den verwandten Asiatischen und Australischen Arten aus der Gruppe der *Dan. Limniace*, Cram. gegenüber sind dieselben ausser der übrigen Flügelfleckung durch den Mangel der hellen Längsstrieme, welche bei jenen die Innenrandsader der Vorderflügel nahe der Basis begleitet, charakterisirt. Da mir noch zwei andere, ganz gleich gefleckte Afrikanische Exemplare, welche vom oberen Nil (**Schweinfurth**) stammen, vorliegen, stehe ich nicht an, diese von **Doubleday** ohne nähere Begründung als Varietät der *Dan. Limniace*, Cram. angesprochene Afrikanische Form vorläufig als eigene Art aufzuführen, was nicht nur rücksichtlich des Vaterlandes, sondern auch des Umstandes, dass die als besondere Arten festgehaltenen Asiatischen Formen sich einander offenbar viel näher stehen, geboten erscheint.

Acraea, Fab.

Illiger's Magaz. f. Insektenk. VI. p. 284.

14. *Acraea Neobule*, Doubl.

Acraea Neobule, Doubleday, Gen. of diurn. Lepidopt. pl. XIX. Fig. 3. — Reiche, Voy. en Abyssin. III. p. 465. No. 1. Zool. pl. 33. Fig. 3—4.
Acraea Seis (Boisd.), Feisthamel, Annal. d. l. soc. entom. de France. 2. sér. VIII. p. 247. No. 1.

Einige mit der **Doubleday**'schen und **Reiche**'schen Abbildung übereinstimmende Exemplare wurden am See **Jipe** (Ende Octobers 1862) gefangen. Die Art ist bereits aus Guinea, Senegambien und Abyssinien bekannt.

15. *Acraea serena*, Fab.

Papilio Serena, Fabricius, Syst. Entom. p. 461. No. 76. — Spec. Insect. II. p. 33. No. 114. — Entom. syst. III. 1. p. 164. No. 507. (♂).
Acraea Serena, Godart, Encycl. méth. IX. p. 239. No. 7. (♂). — Hopffer, Insekt. v. Mossamb. p. 377. (♂). — Trimen, Rhopal. Afric. austr. p. 107. No. 67. (♂). — Guérin in: Lefebvre, Voy. en Abyssin. VI. p. 368 f. (♂).
Acraea Juniana, Godart, Encycl. méth. IX. p. 233. No. 10. (♀).
Acraea Manjaca, Boisduval, Faune entom. de Madagasc. p. 33. No. 9. pl. 4. Fig. 6. (♀). pl. 5. Fig. 6—7. (♂). — Wallengren, Lepid. Rhopal. Caffr. p. 22. No. 7. (♂).
Acraea Rougetii, Guérin in: Lefebvre, Voy. en Abyssin., Insect. pl. X. Fig. 6—7. (♂).
Papilio Eponina, Cramer, Pap. exot. pl. 268. Fig. *C—D*. (♂).

Beide Geschlechter von **Mombas** vorliegend. Die von den meisten genannten Autoren zum Theil als Weibchen angesehenen Exemplare mit lebhaft gelbrothen Flügeln sind sämmtlich Männchen, während das etwas grössere Weibchen dünner beschuppte, mehr gelbgraue Flügel und auf den vorderen vor der Spitze einen schrägen weissen Bindenfleck zeigt. Boisduval (a. a. O.) hat die beiden Geschlechter richtig erkannt, der bereits von Fabricius benannten Art jedoch einen neuen Namen beigelegt. Dieselbe ist in Abyssinien, Senegambien, Guinea, Mosambik, im Cafferlande, auf der Insel St. Johanna und Madagascar, nicht aber, wie Fabricius angiebt, in Ostindien einheimisch.

Junonia, Doubl.

Gen. of diurn. Lepidopt. I. p. 208.

Vanessa, Fab.

16. *Junonia Oenone*, Lin.

Papilio Oenone, Linné, Syst. natur. ed. X. p. 473. No. 92. — Mus. Ludov. Ulric. p. 274. No. 93 (excl. var.). — Syst. natur. ed. XII. p. 770. No. 138.
Papilio Clelia, Cramer, Pap. exot. pl. XXI. Fig. E. F.
Vanessa Clelia, Godart, Encycl. méth. IX. p. 317. No. 50.
Junonia Clelia, *Hopffer, Insekt. v. Mossamb. p. 380. — Trimen, Rhopal. Afric. austr. p. 129. No. 76.

Wie aus der Linné'schen Diagnose und der ausführlichen Beschreibung seines *Pap. Oenone* im Mus. Ludov. Ulric. deutlich zu ersehen ist, begreift er darunter keineswegs die vorwiegend orangegelb gefärbte und grosse *Junonia Oenone* der Autoren aus China, sondern die Afrikanische *Jun. Clelia*, Cram., welcher er jene allerdings nachträglich als besondere Varietät anreiht. Es muss daher der von den Autoren allgemein als *Jun. Clelia*, Cram., aufgeführten Art der ältere Linné'sche Name: *Oenone* zuerkannt werden.

Die bereits aus Guinea, Senegambien, Mosambik, Port Natal und Madagascar bekannte Art liegt in einem männlichen Exemplare aus Mombas (September 1862) vor.

17. *Junonia Cebrene*, Trim.

Junonia Cebrene, Trimen, Transact. of the entom. soc. of London. 1870. p. 353.
Junonia Oenone, Trimen, Rhopal. Afric. austr. p. 125. No. 75. — *Hopffer, Insekt. v. Mossamb. p. 380. — Wallengren, Lepid. Rhopal. Caffr. p. 27. No. 2.
Vanessa Oenone, Godart, Encycl. méth. IX. p. 318. No. 51.

Zwei männliche Exemplare vom See Jipe (Ende Octobers 1862). Die über einen grossen Theil Afrikas (Cap, Cafferland, Mosambik, Senegambien und Ober-Aegypten) verbreitete Art geht auch nach Arabien (Ehrenberg in Mus. Berol.) hinüber.

18. *Junonia (Salamis) anacardii*, Lin.

Papilio anacardii, Linné, Syst. natur. ed. X. p. 476. No. [illegible] — Mus. Ludov. Ulric. p. [illegible]. No. 55. — Syst. natur. ed. XII. p. 758. No. 74. — Clerck, Icon. Tab. 28. Fig. 3. — Fabricius, Entom. syst. III. 1. p. 183. No. 567.
Junonia anacardii, Trimen, Rhopal. Afric. austr. p. 141. No. 85.
Papilio Parrhasus, Drury, Exot. Insects. III. pl. IV. Fig. 1. 2.
Papilio aethiops, Palisot de Beauvois, Insect. rec. en Afrique. p. 22.
Papilio Aethiops, Palisot de Beauvois, ibid. Lépid. pl. III. Fig. 1. 2.
Vanessa Aglatonice, Godart, Encycl. méth. IX. p. 299. No. 8.

Ein männliches Exemplar dieses schönen Falters liegt aus Endara (December 1862) vor. Derselbe ist auch in Guinea und bei Port Natal einheimisch.

Euryphene, Doubl.

Gen. of diurn. Lepidopt. II. p. 285.

Aterica, Doubl. — *Campsus*, Feld.

19. *Euryphene Dardalus*, Fab.

(1779) *Papilio meleagris*, Cramer, Pap. exot. pl. LXVI. Fig. *A. B.* — Drury, Exot. Insects III. pl. XXVII. Fig. 3–4. — Fabricius, Entom. syst. III. 1. p. 126. No. 390.
Nymphalis meleagris, Godart, Encycl. méth. IX. p. 387. No. 130.
Aterica meleagris, *Hopffer, Insekt. v. Mossamb. p. 369. — Trimen, Rhopal. Afric. austr. p. 157. No. 93.
Adolias meleagris, Wallengren, Lepid. Rhopal. Caffr. p. 28. No. 1.
var. *Alis infra immaculatis*.
(1775) *Papilio Dardalus*, Fabricius, Syst. Entom. p. 463. No. 174.
Papilio Melanthe, Fabricius, Entom. syst. III. 1. p. 126. No. 394.
Vanessa meleagris, Reiche, Voy. en Abyssin. III. p. 463. Zool. pl. 32. Fig. 3–4. (♀).

In beiden Geschlechtern bei Kiriama ((December 1862) gefangen; die vorliegenden Exemplare gehören der unterhalb weissgetüpfelten Stammform an. Die Art ist von Abyssinien und Senegambien abwärts bis zum Cap verbreitet.

Nymphalis, (Latr.) Doubl.

Gen. of diurn. Lepidopt. II. p. 306.

Charaxes, Ochsenh.

20. *Nymphalis Ephyra*, God.

Nymphalis Ephyra, Godart, Encycl. méth. IX. p. 355. No. 18. (♂).
Charaxes Ephyra, Feisthamel, Annal. de la soc. entom. de France. 2. sér. VIII. p. 258. No. 10. (♂ ♀). — Wallengren, Lepid. Rhopal. Caffr. p. 29. No. 2.

Ein einzelnes, von Mbaramu (October 1862) stammendes männliches Exemplar zeigt eine Flügelspannung von nur 56 mill. Die Art ist zugleich von der Westküste Afrikas und aus dem Cafferlande bekannt.

Ypthima, (Hübn.) Doubl.

Gen. of diurn. Lepidopt. II. p. 385.

Hipparchia, Klug.

21. *Ypthima Asterope*, Klug.

Hipparchia Asterope, *Klug, Symb. phys. Dec. III. No. 4. Taf. XXIX. Fig. 11–14. (♂ ♀).
Ypthima Asterope, *Hopffer, Insekt. v. Mossamb. p. 385.
Satyrus Asterope, Lederer, Verhandl. d. zoolog.-botan. Ver. in Wien. V. p. 102. Syrisch. Schmett. Taf. 1. Fig. 6.

Zwei männliche Exemplare von Mombas (September 1862). Die zuerst aus Syrien und Arabien bekannt gewordene Art findet sich auch in Guinea und Mosambik.

Periplysia, nov. gen.

Ab Ypthima, Doubl., *quacum antennarum et palporum structura nec non innervatione alarum congruit, differt alarum anticarum vena mediana basin versus simplici, i. e. haud calloso-dilatata, alis ipsis tenerioribus, basin versus lacteis, supra haud ocellatis, infra ocellorum serie continua, a margine postico lineis duabus parallelis separata ornatis.*

Im Colorit der Gattung *Acrophthalmia*, Feld. (Wien. Ent. Monatsschr. V. p. 305) sehr ähnlich, lässt *Periplysia* nichts von dem für diese sowohl wie für *Ragadia*, Westw., charakteristischen und sehr eigenthümlichen Geäder der Hinterflügel erkennen, sondern stimmt in der normalen Bildung der Discoidalzelle sowohl als der Aderung überhaupt wesentlich mit *Ypthima*, Doubl. überein. Als ein allerdings ziemlich geringfügiger Unterschied von dieser wäre hervorzuheben, dass die Vena mediana der Vorderflügel an der Basis nicht schwielig aufgetrieben und erweitert ist. Bei der gleichfalls übereinstimmenden Bildung der Fühler und Taster würde demnach eine generische Abtrennung der im Folgenden zu beschreibenden zierlichen Art von *Ypthima* kaum gerechtfertigt erscheinen, wenn nicht das Colorit und die Zeichnung der Flügel von allen bekannten Ypthimen völlig und offenbar typisch verschieden wären. Zu der ausgedehnten schneeweissen Färbung an der Wurzel beider Flügelpaare, welche diesen ein besonders zartes Ansehn verleiht, kommt der völlige Mangel aller Ocellenflecke auf der Oberseite, während diejenigen der Unterseite, abgesehen von ihrer auffallenden Färbung, continuirliche Binden fast nach Art mancher Lycaenen (Bläulinge) darstellen.

22. *Periplysia Leda*, n. sp.

Taf. XV. Fig. 3 u. 3a.

Alis lacteis, supra ad marginem posticum late, anticis insuper ad marginem externum angustius fuscis; infra ante marginem posticum lineis duabus parallelis nigris fasciaque macularum crocearum, ocellum argenteum includentium, ornatis, anticarum limbo externo, posticarum interno (♀ dimidio basali) confertim fusco-strigosa. Exp. alar 33 (♂) — 41 (♀) mill..

Fühler oberhalb schwärzlich, unterhalb weiss beschuppt, mit rostgelber Keule. Flügel beim Männchen oberhalb von der Wurzel aus auf zwei Drittheile der Länge rein milchweiss, auf den vorderen der Aussenrand in geringerer, der Hinterrand in beträchtlicher Ausdehnung — nach aussen hin in fast dreifacher —, auf den hinteren nur der letztere — und zwar mit plötzlicher Absetzung vor dem Analwinkel — russig braun; unmittelbar vor dem Hinterrand beider Flügelpaare zwei parallele schwarze Linien (von der Unterseite her) durchscheinend, vor diesen am Analwinkel der Hinterflügel ein isolirter schwärzlicher Punkt auf gelblich beschupptem Grunde. Auf der Unterseite der Aussensaum der Vorderflügel dichter gedrängt, der Analrand der Hinterflügel weitläufiger schwarzbraun gestrichelt und daher dunkel marmorirt erscheinend; dasselbe ist auf den Vorderflügeln auch mit dem Innenwinkel des Hinterrandes und hier zwar in besonderer Intensität der Fall. Der Hinterrand selbst an beiden Flügelpaaren schmal schwarz gesäumt und rostbraun gefranst, mit ihm parallel zwei ebenso gefärbte, leicht wellige Randlinien; vor diesen eine ansehnlich breite, intensiv orangegelbe Binde, welche auf den Vorderflügeln, wo sie nach innen abgekürzt ist, aus fünf, auf den hinteren aus sieben, mit grosser, silberglänzender Pupille versehenen kreisrunden Flecken zusammengesetzt ist; die durch letztere gebildeten Einschnitte sind durch schwarzbraune Beschuppung ausgefüllt.

Das beträchtlich grössere Weibchen unterscheidet sich oberhalb durch etwas breitere, aber blasser braune Umsäumung der Flügel, auf welcher eine Reihe schwärzlicher Punkte (den silberfarbigen der Unterseite entsprechend) durchscheint. Unterhalb dehnt sich die braune Marmorirung auf den Vorderflügeln merklich weiter aus als beim Männchen; auf den Hinterflügeln erstreckt sie sich über den ganzen Aussenrand in beträchtlicher Breite und ausser dem Innenrand zugleich fast über die kleinere Basalhälfte der Flügelfläche. Letztere erscheint dabei bei der Dünnheit und Durchsichtigkeit der Flügel auch von oben her grau marmorirt.

Ein Paar dieser zierlichen Satyride wurde bei Mombas (September 1862) gefangen.

Hypanis, Boisd.

Faune entom. de Madag. p. 55

Biblis, God.

23. *Hypanis Ilithyia*, Drury.

Papilio Ilithyia, Drury, Exot. Insects. II. pl. XVII. Fig. 1—2. (♀). — Cramer, Pap. exot. pl. 213. Fig. *A. B.* u. pl. 214. Fig. *C. D.* (♂).
Papilio Ilithyia, Fabricius, Spec. Insect. II. p. 97. No. 428. — Entom. syst. III. 1. p. 131. No. 403.
Papilio Gentrius, Herbst, Schmetterl. Taf. 258. Fig. 1—4.
Papilio Polinice, Cramer, Pap. exot. pl. 375. Fig. *G. H.* (♂).
Biblis Ilithyia, Godart, Encycl. méth. IX. p. 327. No. 7.
Hypanis Ilithyia, Doubleday and Westwood, Gen. of diurn. Lepidopt. pl. 63 Fig. 1. — *Hopffer, Insekt. v. Mossamb. p. 290. — Trimen, Rhopal. Afric. austr. p. 214. No. 124.
Hypanis Anvatara, Boisduval, Faune entom. de Madag. p. 56. pl. 7. Fig. 5.
Hypanis Cora, Feisthamel. Annal. de la soc. entom. de France. 2. sér. VIII. p. 249. No. 2.
Hypanis Ilithyia et *Acheloia*, Wallengren, Lepid. Rhopal. Caffr. p. 29. No. 1 u. 2.

Beide Geschlechter von Mombas und dem See Jipe (September und October 1862) vorliegend. Die vielfachen Abänderungen unterworfene Art ist von Senegambien und Aegypten abwärts über ganz Afrika verbreitet, ausserdem aber auch auf Madagascar, in Arabien und Vorder-Indien einheimisch.

Lycaena, Fab.

Illiger's Magaz. f. Insektenk. VI. p. 285.

Polyommatus, Latr.

24. *Lycaena Jesous*, Guér.

Polyommatus Jesous, Guérin in Lefèbvre, Voy. en Abyssin. VI. p. 383. Insect. pl. XI. Fig. 3—4. (♂).
Lycaena Jesous, Trimen, Rhopal. Afric. austr. p. 250. No. 150. (♂♀). — Wallengren, Lepid. Rhopal. Caffr. p. 39. No. 10. (♂♀).
Lycaena Gamra, *Lederer, Verhandl. d. zoolog.-botan. Vereins in Wien. V. p. 182. Taf. I. Fig. 3. (♂♀).

Ein männliches Exemplar vom See Jipe. Die Art ist in Ober-Aegypten (Ehrenberg in Mus. Berol.), Sennaar, Abyssinien und dem Cafferland, ausserdem auch in Syrien (Lederer in Mus. Berol.) einheimisch.

25. *Lycaena Asopus*, Hopf.

Lycaena Asopus, *Hopffer, Monatsber. d. Akad. d. Wissensch. v. J. 1855. p. 642. No. 22. — Insekt. v. Mossamb. p. 410. Taf. XXVI. Fig. 13—15. (♂♀). — Trimen, Rhopal. Afric. austr. p. 249. No. 149. (♀).
Lycaena Kama, Trimen, Transact. of the entom. soc. of London. 3. ser. I. p. 403. (♀).

Beide Geschlechter von **Mombas** (September 1862) vorliegend. Das, nach der vollkommenen Conservirung und der Intensität der Färbung zu urtheilen, frisch aus der Puppe geschlüpfte Weibchen zeichnet sich den Mosambiker Exemplaren gegenüber durch dunkleres, fast schwarzes Colorit der Flügelfläche, durch zwei grössere, vorn roth umsäumte Randflecke auf beiden Seiten der Hinterflügel und durch ein zwischen beiden vom Hinterrande entspringendes langes und fadenförmig dünnes, schwarz und weiss geringeltes Schwänzchen aus, ohne im Uebrigen von ihnen specifisch unterschieden werden zu können. Da unter den Mosambiker Exemplaren nur ein Männchen und ein Weibchen vollkommen conservirt, die übrigen dagegen abgeflogen sind, muss es dahin gestellt bleiben, ob unter ihnen nicht gleichfalls ursprünglich geschwänzte Individuen vorhanden gewesen sind. In jedem Fall kann die Art nicht, wie es von **Trimen** geschieht, in die Categorie der durchgängig ungeschwänzten Lycaenen verwiesen werden.

26. *Lycaena Emolus*, God.

Taf. XV. Fig. 4.

? *Polyommatus Emolus*, Godart, Encycl. méth. IX. p. 656. No. 183. (♂).
Lycaena Emolus, Trimen, Rhopal. Afric. austr. p. 234. No. 136. (♂♀).

Ein bei **Mombas** (September 1862) gefangenes weibliches Exemplar von 38 mill. Flügelspannung, welches in der Färbung und Zeichnung der Unterseite der Flügel mit der von **Trimen** beschriebenen und mir aus dem Cafferlande vorliegenden typischen Form des Weibchens durchweg übereinstimmt oder sich höchstens durch einige schärfer markirte Punkte an der Basis der Hinterflügel auszeichnet, lässt oberhalb eine durchaus schwarzbraune Färbung, ohne alles Blau erkennen. Hierbei ist auf den Vorderflügeln die dem typischen Weibchen eigenthümliche dunkele Fleckung vollständig geschwunden, auf den Hinterflügeln wenigstens auf die ausserhalb der Diskoidalzelle liegende kurze Fleckenbinde beschränkt. Die Vergrösserung und die rothe Säumung des drittletzten Randfleckes der Hinterflügel zeigt sich bei dieser Varietät in gleicher Weise wie bei der Stammform.

Ob die von **Godart** für seinen *Polyomm. Emolus* gemachte Vaterlandsangabe „Bengalen" authentisch ist und ob das von ihm beschriebene Männchen in Wirklichkeit der gegenwärtigen Art angehört, bin ich bei dem Mangel eines genügenden Materials und bei der Kürze der **Godart**'schen Beschreibung zu entscheiden ausser Stande.

27. *Lycaena Kersteni*, n. sp.

Taf. XV. Fig. 5.

Alis supra fuscis, violaceo-micantibus, infra fusco-cinereis, multifariam albido undulato-fasciatis, anticis basin versus obscurioribus, posticarum punctis tribus basalibus nec non quarto margini costali approximato nigro-fuscis, duobus submarginalibus atris, splendide coeruleo-conspersis croceoque circumdatis. Exp. alar. 31½ mill. ♂.

Sowohl nach der Binden- und Fleckenzeichnung auf der Unterseite der Flügel wie nach der Fransung der Hinterflügel mit drei feinen Haarbüscheln in naher Verwandtschaft mit der vorhergehenden Art stehend, von dieser jedoch zunächst durch die Färbung der Oberseite beim Männchen, sodann aber durch die bis an die Basis der Vorderflügel reichende Bandirung der Unterseite abweichend. Das einzige vorliegende männliche Exemplar, welches der Fühler entbehrt und sich durch den fast vollständigen Mangel der Flügelfransen als stark abgeflogen ergiebt, zeigt dicht weisslich behaarte Augen, deren Innen-, Unter- und Aussenrand rein silberweiss beschuppt ist, während die mit tief schwarzen Schuppen besetzte Stirn ausserdem noch lang und aufrecht schwarz behaart erscheint. Thoraxrücken leicht schlackenartig blau schimmernd. Oberseite der Flügel satt und dunkel braun, mit deutlichem und gleichmässigem violettem Schimmer; Unterseite licht graubraun, mit reichhaltiger, welliger weisser Striemung oder, da beide Farbentöne fast gleich reich vertreten sind, weiss mit brauner Bandirung. Nimmt man für die Vorderflügel das Weiss als die Grundfarbe an, so würde zunächst ein dreieckiger Wurzelraum, sodann eine Doppelbinde beim ersten Drittheil der Flügellänge, welche, etwas bogig gekrümmt, von der Subcostalis bis zur Submediana reicht, dunkler als die übrigen erscheinen und fast als pechbraun zu bezeichnen sein. Sodann folgt eine blassere, gegen den Innenrand hin stark erweiterte blassbraune und auf diese noch drei wieder etwas dunklere Doppelbinden, von denen die erste und dritte zwischen der Mediana und Submediana fleckenartig endigen. Zwischen der hintersten dieser Doppelbinden (der fünften im Ganzen) und der doppelten welligen Randbinde zeigt sich gegen den Aussenrand hin noch eine einfache blassbraune Halbbinde. Auf den Hinterflügeln das Braun als Grundfarbe angenommen, so zeigen sich hier in der Richtung vom Costalrande gegen den Innenrandswinkel hin sechs weisse Striemen, welche sich zwischen Subcostalis und Mediana bis auf acht vermehren, sodann aber, auf vier reducirt, sich winklig gegen den Innenrand hin umbiegen. Drei ziemlich grosse, vom Costal- gegen den Innenrand hin gestellte Wurzelflecke so wie ein etwas kleinerer bei der Mitte des Costalrandes, welche weiss umringt sind, markiren sich durch dunkele, schwärzlich braune Färbung. Dem Hinterrande genähert stehen zwei tief schwarze, rothgelb umringte und glänzend himmelblau getüpfelte Augenflecke, der eine am Innenrandswinkel, der zweite jenseits des hintersten Astes der Mediana.

Bei Mbaramu im October 1862 gefangen.

28. *Lycaena Lysimon*, Hübn.

Papilio Lysimon, Hübner, Samml. Europ. Schmetterl. I. Taf. 106. Fig. 534—535. (♂). — Ochsenheimer, Schmetterl. v. Europa. I. 2. p. 24. No. 10. (♂ ♀).
Polyommatus Lysimon, Godart, Encycl. méth. IX. p. 701. No. 940. (♂ ♀).
Lycaena Lysimon, Gerhard, Monogr. d. Lycaen. Taf. 15. Fig. 2a—d. — Wallengren, Lepid. Rhopal. Caffr. p. 39. No. 8. — Trimen, Rhopal. Afric. austr. p. 256. No. 158. (♂ ♀).
Lycaena Gaika, Trimen, Transact. of the entom. soc. of London. 3. ser. I. p. 403. (♂).

Von dieser über den grössten Theil Afrikas so wie über Süd-Europa und Ostindien verbreiteten Art liegt neben drei von Mahé stammenden auch ein bei Mombas (September 1862) gefangenes Exemplar vor.

Ismene, Swains.

Zoolog. Illustr. I. 16.

Rhopalocampta, Walleng.

29. *Ismene Anchises*, n. sp.

Taf. XV. Fig. 6 u. 6a.

Fronte schistaceo-pilosa, occipite facieque croceo-squamosis, alis cinereo-senti-fuscis, posticis niveo-, ad angulum analem autem flavo-fimbriatis, infra fascia triangulari nivea utrinque abbreviata punctaque duo atra includente nec non maculis duabus croceis posterioribus ornatis: tibiis posterioribus rufo-barbatis, ventre albo croceoque picto. Exp. alar. 50—58 mill. ♂♀.

Mit *Ism. Forestan* (*Pap. Forestan*, Cram., Pap. exot. pl. 391. Fig. *E. F.*) und *Pisistratus*, Fab. (Entom. syst. III. 1. p. 345. No. 311 — *Rhopalocampta Valmaran*, Wallengr., Lepid. Rhopal. Caffr. p. 48. No. 2) zunächst verwandt, aber durch einfarbigen, graubraunen Colorit der Oberseite und die beiderseits abgekürzte weisse Binde auf der Unterseite der Hinterflügel auffallend genug unterschieden. — Fühler und Endglied der Taster schwärzlich pechbraun. Stirn schiefergrau behaart, die Augenränder dagegen oberhalb und vorn rothgelb; die Beschuppung des hinteren Augenrandes brennend fuchs- oder fast mennigroth, diejenige der Tasterbasis und Wangen orangegelb. Die Behaarung des Thoraxrückens und der Flügelbasis bläulich schiefergrau, längs des Innenrandes der Hinterflügel licht fahlbraun, vor dem Analwinkel sogar greis. Die Flügel oberhalb einfarbig braun, die vorderen lichter und mehr ins Graue fallend, die hinteren mit Ausnahme der Wurzel dunkeler pechbraun; der Hinterrand der ersteren nur schmal weiss gefranst, indem die Basalhälfte der Randschuppen noch braun gefärbt ist, die hinteren dagegen breit und rein kreideweiss, bei dem vorspringenden Hinterwinkel licht goldgelb gesäumt. Die kreideweisse Binde auf der Unterseite der Hinterflügel vom Innenrand etwas weiter als vom Aussenrand entfernt endigend, länglich und stumpf dreieckig, an der dem Innenrand zugewandten breiteren Basis einen grösseren runden und einen kleineren punktförmigen Fleck von tief schwarzer Farbe führend. Hinter denselben zwei orangeroth beschuppte Flecke, von denen der innere kleiner ist und unmittelbar am Analwinkel steht, der grössere äussere mehr nach vorn gerückt ist und in der Längsrichtung dem hervorspringenden Hinterrandswinkel entspricht. Vorderschenkel oberhalb schwärzlich, unterhalb rothgelb büschelförmig behaart; Mittel- und Hinterschienen mit weiss beschuppter Spitze und brennend fuchsroth behaarter Hinterseite. Brustseiten blaugrau behaart. Die Beschuppung des Hinterleibsrückens braungrau; der Bauch beiderseits kreideweiss, in der Mitte rothgelb gefleckt.

Diese schöne Art wurde in mehreren Exemplaren am See Jipe (Ende Octobers 1862) gefangen.

Fam. Sphingidae, Latr.

Macroglossa, (Scop.) Ochsenh.

Schmetterl. v. Europa. IV. p. 41.

30. *Macroglossa hirundo*, n. sp.

Taf. XV. Fig. 7.

Alis fuscis, anticis indistincte nigro-undulatis, corpore fusco-cinereo, capite thoraceque infra niveis, abdominis segmentis 3. et 4. supra interrupte albo- vel pallide coerulescenti-fasciatis, scopa anali atra, utrinque niveo-signata. Long. corp. 24—29, exp. alar. 37—42 mill. ♂.

Der Guineensischen *Macrogl. Commasiae*, Walk. (List of Lepidopt. Ins. Brit. Mus. VIII. p. 90. No. 9) zunächst und sehr nahe verwandt, von gleicher Form und Grösse, jedoch durch Färbung und Zeichnung constant verschieden. Die Beschuppung der Oberseite des Kopfes, des Thorax, der Hinterleibsbasis und der Flügel ist nicht schwarzbraun, sondern fahl mäusartig graubraun, die dunkele Bindenzeichnung der Vorderflügel darin abweichend, dass die Striemen nicht paarweise genähert, sondern fast gleich weit von einander entfernt sind. Auf der Rückenseite des Hinterleibes sind nicht der zweite und dritte, sondern der dritte und vierte Ring hell gebändert, die Binden überdies vorwiegend weiss und nur an den Rändern licht blau angelaufen, die vordere in der Mitte breit unterbrochen, die hintere selbst in zwei quere, dreieckige Flecke aufgelöst, welche den Seitenrand nicht erreichen, sondern nach aussen von einem tief schwarzen Felde begrenzt werden. Während der Endsaum der beiden vorderen Ringe braungrau beschuppt ist, erscheint derjenige des dritten rein kreideweiss, nach vorn durch schwarze Schuppen abgegrenzt. Der fünfte Ring ist beiderseits in weiter Ausdehnung tief schwarz beschuppt; die gleiche Färbung zeigt auch der lang- und dichtschuppige Afterbüschel des Männchens, welchem jedoch beiderseits nahe der Basis, wie bei *Macrogl. Commasiae*, ein schneeweisses Schuppenbündel eingemischt ist. Bauchwärts ist die Beschuppung der Taster, des Kopfes und der Brust ebenso rein weiss wie bei der genannten Art, diejenige der drei vordersten Leibesringe dagegen schmutzig graugelb, des dritten gegen die Spitze hin selbst braun untermischt. Die helle Beschuppung auf der Unterseite der Hinterflügel ist mehr auf den Innenrand beschränkt als bei *Macrogl. Commasiae* und nicht bläulich, sondern perlmutterweiss.

Ein männliches Exemplar dieser auch am Cap einheimischen Art wurde im September 1862 bei Mombas gefangen.

Fam. **Agaristariae**, Boisd.

Aegocera, Latr.

Gen. Crust. et Insect. IV. p. 211.

31. *Aegocera amabilis*, Drury.

Phalaena Noctua amabilis, Drury, Exot. Insects. II. pl. XIII. Fig. 3.
Aegocera amabilis, Boisduval, Spec. génér. d. Lépidopt. pl. 14. Fig. 6.

Ein bei Mombas (September 1862) gefangenes männliches Exemplar stimmt mit der recht gelungenen Drury'schen Abbildung darin ziemlich genau überein, dass die goldgelben Flecke der Vorderflügel gegen die rothe Grundfarbe durch deutliche schwarze Ringe scharf abgegrenzt sind, was bei einem zweiten, aus Guinea vorliegenden Männchen nicht der Fall ist.

Fam. **Cheloniariae**, Boisd.

Argina, Hübn.

Verz. bek. Schmett. p. 167.

32. *Argina cribraria*, Clerck.

Phalaena cribraria, Clerck, Icon. Tab. 54. Fig. 4. — Cramer, Pap. exot. pl. [illegible] Fig. D.
Phalaena Noctua Astrea, Drury, Exot. Insects. II. pl. VI. Fig. 3.

Bombyx Pylotis, Fabricius, Entom. syst. III. 1. p. 479. No. 94.
Eucheria Pylotis, Boisduval, Faune entom. de Madag. p. 85. No. 3.
Deiopeia Astrea, Walker, List of Lepidopt. Brit. Mus. II. p. 570. No. 8.

Beide Geschlechter in grösserer Anzahl von Mombas (September 1862) vorliegend; sämmtliche Exemplare gehören der dunkleren Varietät mit ziegelroth grandirten Vorderflügeln an. Ausser verschiedenen Theilen Afrikas (Guinea, Madagascar, Bourbon) und Asiens (Ostindien, Ceylon, Java, China) gehört diese Art auch Amerika und Australien an, wie zwei in der hiesigen Entomologischen Sammlung befindliche Exemplare von Port au Prince und den Fidji-Inseln erweisen. Unzweifelhaft ist diese weite Verbreitung erst durch den Schiffsverkehr bewirkt worden.

Nyctemera, (Hübn.) Walk.

List of Lepid. Ins. II. p. 391.

Leptosoma, Boisd.

33. *Nyctemera hymenaea*, n. sp.

Taf. XVI. Fig. 1.

Capite collarique miniaceo-squamosis, thorace alisque anticis dilute brunneis, illo pallide lineato, his fascia maculari obliqua nivea ornatis: alis posticis abdomineque totis aurantiacis. Long. corp. 15, exp. alar. 40 mill. ♀.

Von den übrigen bekannten Arten der Gattung durch etwas schmalere Vorder- und das Colorit der Hinterflügel abweichend, aber in allen wesentlichen Merkmalen mit ihnen übereinstimmend. Fühler tief schwarz, die allein erhaltene Basalhälfte derselben nicht sichtbar gezähnelt. Taster an der Basis gelb beschuppt, das vorletzte Glied auf der Oberseite, das letzte überall schwarzbraun. Kopf und Halskragen intensiv mennigroth beschuppt, auf ersterem ein Stirnpunkt, auf letzterem zwei seitliche Flecke pechbraun. Thoraxrücken braun, licht rahmfarben gestriemt, die Tegulae beiderseits weisslich gesäumt; Schildchen von gleicher Beschuppung wie der Kopf. Vorderflügel licht kaffeebraun; eine bei der Mitte des Aussenrandes beginnende und schräg nach hinten gegen den Innenrand verlaufende, diesen aber nicht erreichende, aus fünf Flecken bestehende Querbinde milchweiss. Die Venae disco-cellulares gegen die Flügelwurzel hin nicht winklig einspringend. Hinterflügel einfarbig orangegelb; die beiden vorderen Aeste der Mediana dicht bei einander und in weiter Entfernung von dem dritten entspringend. Vorderhüften weiss beschuppt, Schienen und Tarsen der Vorder- und Mittelbeine licht braun; Hinterbeine ganz gelblich weiss beschuppt. Hinterleib intensiv orangegelb mit lichterer Bauchseite.

Ein weibliches Exemplar, am See Jipe (Ende Octobers 1862) gefangen.

Asymbata, nov. gen.

Ab Aganai, Boisd., *quacum singulari palporum conformatione, antennis, oculis congruit, differt alis brevioribus, anticis triquetris, margine interno recto, posticarum areola discoidali ad rami mediani tertii ortum usque prolongata, cellula discoidali idro brevissima: tibiarum posticarum calcaribus elongatis, acutis, unguiculis minutis, simplicibus.*

In der Form des Kopfes, der Grösse der deutlich marmorirten Augen, in der auffallenden Bildung der Taster, der Längsentwickelung der Rollzunge, den Fühlern und dem Retinaculum stimmt diese neue Gattung mit *Aganais*, Boisd. fast vollständig überein, unterscheidet sich dagegen durch die geringere Länge und die Form der Flügel. Die vorderen sind nämlich kürzer und breiter, länglich dreieckig, ihr Innenrand nicht gerundet erweitert, sondern gerade, auch der bei *Aganais* vorhandenen Aufwulstung entbehrend. Die zwischen der Vena mediana und submediana verlaufende Längsfalte ist einfach vertieft, nicht gegen die Flügelwurzel hin aderartig verdickt; die zwischen den beiden Venulae discoidales liegende hört an der Spitze der Discoidalzelle auf. In den gleichfalls kürzeren Hinterflügeln entspringen die beiden vorderen Aeste der Vena mediana aus einem Punkte; die Venula discoidalis nimmt nicht in der Nähe dieser Gabelung ihren Ursprung, sondern setzt sich viel weiter gegen die Flügelwurzel hin fort, um erst dicht vor dem Abgang des hinteren (dritten) Astes der Vena mediana sich mit dieser zu vereinigen. Auf dieser Verlängerung beruht die auffallende Kürze der Cellula discoidalis. An den schlankeren Hinterschienen sind beide Spornpaare, besonders aber das vordere länger und schärfer zugespitzt als bei *Aganais*; die Fussklauen an sämmtlichen Beinen schwach, innen nicht gezähnt.

34. *Anymbola roseiventris*, n. sp.

Taf. XV. Fig. 8.

Abdomine roseo, alis pallide cervinis, anticarum striga discoidali fasciaque maculari obliqua antapicali niveis, posticis indistincte albido-fasciatis. Long. corp. 15½, exp. alar. 39 mill. ♀.

Das einzige vorliegende, ziemlich abgeflogene Exemplar ist der Beschuppung des Thorax und der Flügelfransen beraubt. Das Hinterhaupt ist orangefarben, die Stirn und die beiden Basalglieder der Taster lichter gelb beschuppt, das dünn griffelförmige Endglied der letzteren gleich den Fühlern pechbraun. Beide Flügelpaare sind blass rehbraun, längs des Hinterrandes etwas dunkler, unterhalb gleich dem Körper fast greis, ohne Zeichnung. Auf der Oberseite der Vorderflügel sind von schneeweisser Färbung ein schmaler Längswisch im Verlauf und ein grösserer ovaler Fleck am Ende der Vena mediana; ausserdem eine schmale, aus acht Flecken bestehende Querbinde, welche am Innenrand beim Beginn des hintersten Dritttheils der Länge beginnt und unter leichter S-förmiger Schwingung gegen die Flügelspitze hin verläuft. Auf den Hinterflügeln zeigt sich in gleicher Entfernung vom Hinterrande eine nur aus vier kleinen helleren Flecken bestehende, nach aussen ganz verschwindende und überhaupt wenig markirte Binde. Beine blassgelb beschuppt. Hinterleib oberhalb auf dem ersten Segment gelbgreis, auf den folgenden rosenroth, an der äussersten Spitze fast orangegelb beschuppt, die Bauchseite greis.

Am See Jipe (Ende Octobers 1862) gefangen.

Fam. Bombycidae, Latr.

Aphelia, Westw.

Proceed. zoolog. soc. XVII. p. 61.

Saturnia, Boisd.

35. *Aphelia apollinaris*, Boisd.

Saturnia apollinaris, Boisduval in: Delegorgue, Voy. dans l'Afrique austr. II. p. 601. No. 153.
Saturnia (Aphelia) apollinaris, Westwood, Proceed. zoolog. soc. of London. XVII. (1849). p. 61. No. 33.
Aphelia apollinaris, Walker, List of Lepidopt. Ins. in the collect. of the Brit. Mus. VI. p. 1330. No. 1.
Bombyx Boisduvalii, Guérin in: Lefèbvre, Voy. en Abyssin. Insect. pl. 12. Fig. 3—4. (♂?).
Heniocha paleacea, Herrich-Schäffer, Samml. aussereurop. Schmetterl. Fig. 208. (♀).

Von dieser zuerst bei Port Natal aufgefundenen Art liegt ein einzelnes, auffallend kleines und blass gefärbtes, sehr durchsichtiges Exemplar von Endara (December 1862) vor.

Cochlophora, v. Sieb.

Beitr. z. Parthenog. d. Arthropod. p. 136.

36. *Cochlophora (?) valvata*, n. sp.

Taf. XVI. Fig. 2 u. 2a.

Herr Dr. Kersten erwähnt in dem 25. Abschnitt seines Reiseberichtes (vgl. Band II. p. 83) bei Besprechung der Schmetterlinge des Küstengebietes „leichte, schneckenförmige Gehäuse, welche man bisweilen am Gezweige angeklebt sieht" und welche ich ihm als muthmaassliche Raupensäcke einer Psychide bezeichnet hatte. Obwohl weder die Raupe, welche dieselben verfertigt hat, noch der aus ihnen hervorgehende Spinner vorliegt, verdienen dieselben schon ihrer eigenthümlichen Form wegen, welche nur mit derjenigen der *Cochlophora helix*, v. Siebold (Parthenogenesis. p. 36 f. Fig. 1—3) verglichen werden kann, einer näheren Erwähnung und werden neben ihrer Form auch durch ihre ansehnliche Grösse die Aufstellung eines provisorischen Artnamens rechtfertigen. Die formelle Aehnlichkeit dieser Raupensäcke mit Schneckengehäusen ist eine noch bei weitem täuschendere als bei dem Sack der *Cochlophora helix*, indem einerseits ihre Windungen sehr viel regelmässiger und schärfer ausgeprägt sind, andererseits auch die mehr homogene Beschaffenheit der Oberfläche wenigstens nicht sofort auf eine Herstellung aus heterogenen Stoffen schliessen lässt. Die im Verhältniss zur Grösse sehr geringe Schwere in Verbindung mit einer feinfasrigen Struktur, welche sich besonders an der Mündung des gewundenen Ganges bei der Betrachtung mit der Lupe zu erkennen giebt, können es indess nicht zweifelhaft lassen, dass es sich hier um ein allerdings sehr kunstvolles Nachahmungs-Objekt handelt und dass dasselbe von einer Insektenlarve herrührt.

Die Frage, welche Schneckengattung durch ihr Gehäuse der hier in Rede stehenden Bombyciden-Raupe — denn um eine solche kann es sich offenbar nur handeln — bei der Anfertigung ihres Sackes gleichsam als Modell gedient hat, kann nur zu Gunsten der Gattung *Valvata*, Müll. entschieden werden. Bei einer ganz entsprechenden Aufthürmung und Verjüngung der drei vollständigen und eines halben Umganges halten die vorliegenden Raupensäcke in der Form gleichsam die Mitte zwischen den einheimischen Arten: *Valv. contorta*, Müll. und *piscinalis*, Müll., oder sie nähern sich vielmehr, da sie in dem Verhältniss des Basal-Durchmessers zur Höhe nicht unbeträchtlichen Schwankungen unterworfen sind, bald mehr der einen, bald mehr der anderen dieser Arten. Beide übertreffen sie jedoch, wie die nachfolgenden Maasse ergeben, sehr beträchtlich an Grösse und unterscheiden sich von ihnen dadurch, dass sie nicht constant nach derselben Seite, sondern theils rechts, theils links gewunden sind. An sieben zum Vergleich vorliegenden Raupensäcken ergeben sich diese Schwankungen in folgender Weise vertheilt:

	Grösster Breiten-Durchmesser	Höhe	Art der Windung
No. 1.	11 mill.	10 mill.	links gewunden.
„ 2.	$10\frac{1}{2}$ „	10 „	
„ 3.	$10\frac{1}{4}$ „	10 „	
„ 4.	11 „	$9\frac{1}{2}$ „	rechts gewunden.
„ 5.	11 „	9 „	
„ 6.	$9\frac{1}{2}$ „	10 „	
„ 7.	$9\frac{1}{4}$ „	8 „	

Zur näheren Form-Charakteristik dieser Raupensäcke möge Folgendes dienen. Die Höhe des obersten Umganges zu derjenigen des zweiten verhält sich etwa wie 1 : 2, die des zweiten zu derjenigen des dritten wie 2 : 3. Die Mündung des letzten Umganges ist annähernd kreisrund; die Dicke ihrer Wandung beträgt etwa $\frac{1}{3}$ mill., ihr Durchmesser im Lichten 3 mill. Die Umgänge winden sich um eine hohle Achse, deren untere Oeffnung kreisrund und kaum $1\frac{1}{2}$ mill. (im Durchmesser) gross ist, während die obere sich bis auf $\frac{1}{3}$—$\frac{2}{3}$ mill. verengt zeigt. Eine solche obere Oeffnung ist jedoch nur bei vieren der vorliegenden Exemplare, bei welchen man mithin eine Nadel durch die durchbohrte Columella hindurchführen kann, vorhanden; bei den drei übrigen zeigt sich an ihrer Stelle nur eine runde, nabelförmige Vertiefung, welche mehr das Ansehn eines verkitteten, als eines zugesponnenen Loches darbietet.

Die Färbung dieser schneckenförmigen Raupensäcke ist ein fahles Erd- oder Rehbraun, etwa wie an dem Gehäuse der *Helix pomatia*: zuweilen sind indessen die oberen Umgänge lichter, in einem Fall selbst weisslich gefärbt. Die Oberfläche erscheint dem unbewaffneten Auge stumpf, glanzlos und mit Ausnahme des untersten Umganges glatt; die Betrachtung mit der Lupe ergiebt einen leichten seidigen Glanz und höckerartige Rauhigkeiten, welche, durch dunklere Färbung ausgezeichnet, an der Spitze fein und zerstreut sind, gegen die Basis hin jedoch immer gröber und dichter werden, so dass der letzte Umgang ein ziemlich rauhes, rindenartiges Ansehn darbietet. Gegen die Mündung hin sind diese Unebenheiten sogar zu unregelmässigen Querreihen zusammengedrängt, wodurch das Ende des letzten Umganges leicht gerippt erscheint.

Wenn schon die eigenthümliche Textur der Oberfläche darauf hindeutet, dass diese merkwürdigen Gehäuse das Produkt eines mit Spinnvermögen begabten Insektes sind, so wird dies zu voller Gewissheit bei näherer Betrachtung der Mündung des letzten Umganges, deren dicker Rand zuweilen noch mit Fetzen eines filzigen, bräunlichen Gewebes besetzt ist. Eine nähere Untersuchung der Wandung des letzten Umganges ergiebt nun auch, dass letztere keineswegs homogen, sondern durch Verarbeitung und Verkittung verschiedener Substanzen hergestellt ist. Ein aus denselben herausgeschnittenes Stück zeigt eine rauhe, poröse, graubraune Schnittfläche, welche ganz das Ansehn von zerkauter vegetabilischer Substanz darbietet. Diese ziemlich derbe Schicht ist auf ihren beiden Flächen — in situ also sowohl auf der Oberfläche des Gehäuses wie auf der Innenwand der Umgänge — mit einem aus Chitinfäden bestehenden, dünnen, aber sehr dicht gewebten und resistenten, filzigen Ueberzug bekleidet. Für den vegetabilischen Ursprung der mittleren porösen Schicht spricht ihr Verhalten im Feuer; in eine Spiritusflamme gehalten, verbrannte ein herausgeschnittenes Stückchen des Gehäuses wie Holz zu Asche.

In keinem der vorliegenden Gehäuse liessen sich Reste einer Raupe oder einer Puppe nachweisen. Das, wie es schien, durchrissene Gewebe an der Mündung möchte darauf schliessen lassen, dass letztere von der Raupe bei der Verpuppung zugesponnen wird. Die Feststellung des diesem interessanten Gehäuse angehörigen Spinners durch die Zucht aus der Raupe oder der Puppe möchte späteren Besuchern der Sansibar-Küste als lohnende Aufgabe zu empfehlen sein.

Jana, Herr.-Sch.

Samml. aussereurop. Schmetterl. p. 17.

37. *Jana rhodoptera*, n. sp.

Taf. XVI. Fig. 3.

Fronte antennisque croceis, vertice et collari fusco-pilosis, alis cervinis, apice late infuscatis, anticis circa venas disco-cellulares nigro-signatis, ultra medium lineis duabus transversis — posteriore subtiliore, undulata — signatis: posticis ante medium arcuatim cinereo strigatis, basin versus roseo-villosis. Long. corp. 40, exp. alar. 90 mill.

Merklich kleiner als *Jana Tantalus*, Herr.-Schäff. (a. a. O., Heterocera, Fig. 99—100), welcher Art die vorstehende übrigens durch die Färbung der Fühler und der Stirnbehaarung nahe verwandt ist. — Die (nur zur Hälfte erhaltenen) Fühler gleich der dichten Filzbehaarung der ganzen Stirn intensiv rothgelb, diejenige der Taster, des Scheitels und des Halskragens russbraun. Die braune Behaarung der Tegulae an den Rändern mit Roth gemischt, diejenige auf dem hinteren Theil des Rückens graubraun. Flügel gleich dem Hinterleib licht rehfarben, im Bereich des letzten Drittheils ihrer Länge in scharfer Abgrenzung dunkler, mehr kaffeebraun, die vorderen auch an der Basis des Aussenrandes stärker gebräunt. Auf den Vorderflügeln oberhalb eine aus mehreren, zu beiden Seiten der Venae disco-cellulares liegenden Fleckchen bestehende schwarze Makel; dicht hinter der Mitte ihrer Länge eine vom Innenrand in rechtem Winkel ausgehende und nahe dem Aussenrand leicht eingebogene lineare schwärzliche Querstrieme, welche den Längsadern entsprechend nur leicht wellig gezackt ist; ausserdem unmittelbar vor dem dunkleren Spitzendrittheil, aber von der vorderen Grenze desselben durch einen schmalen Streifen der hellen Grundfarbe getrennt, eine zweite feinere dunkele Querlinie, welche auf den einzelnen Adern zahnförmig ausgezogen erscheint. Das dunklere Spitzendrittheil an seiner vorderen Grenze breit und zackig graubraun gebändert und dieses Band an seinen dem Hinterrand zugekehrten Einkerbungen licht gelbbraun getüpfelt. Auf dem entsprechenden Spitzendrittheil der Hinterflügel setzt sich dieses Band sehr viel undeutlicher von der hinter ihm liegenden braunen Grundfarbe ab; dagegen erscheint seine vordere Grenze dadurch viel schärfer, dass der Basaltheil beträchtlich blasser rehfarben erscheint als auf den Vorderflügeln. Ueber das ganze Wurzeldritttheil hin und längs der Adern strahlenförmig über dasselbe hinaus sind die Hinterflügel oberhalb dicht und etwas schmutzig rosenroth behaart, vor der Mitte ihrer Länge von einem grauen, gegen den Innenrand hin verschwindenden Bogenstrich durchzogen. Die gegen den Hinterrand hin nur wenig verdunkelte, rehbraune Unterseite beider Flügel lässt jenseits der Mitte zwei graue Querstriemen erkennen, von denen die hintere etwas breiter und deutlicher gewellt erscheint als die vordere. Ein leichter röthlicher Anflug fehlt auch hier den Hinterflügeln nicht, doch beschränkt sich derselbe mehr auf den Innenrand.

Auf der Insel Sansibar im April 1863 am Strande gefunden.

Fam. Noctuina, Latr.

Hypogramma, Guen.

Hist. nat. d. Noctuélites. III. p. 64.

38. *Hypogramma (?) ambigua*, n. sp.

Alis infra griseis, ante marginem posticum albidum infuscatis, anticis supra brunneis, cervino-fuscoque marmoratis, macula discoidali ovata liturisque nonnullis ante marginem posticum nigricantibus, exteriore majore maculam subapicalem albidam tangente: posticis fuscis, basin versus dilutioribus. Long. corp. 22, exp. alar. 47 mill. ♀.

In der Tasterbildung und dem Flügelgeäder mit *Hypogr. Damonia*, Cram. (= *Selima*, Stoll) übereinstimmend, entfernt sich die gegenwärtige Art durch kürzer dreieckige Vorderflügel und besonders durch die einer scharfen und grell gefärbten Zeichnung entbehrende Unterseite, so dass sie in dem von Guenée begründeten System unzweifelhaft eine besondere Gattung repräsentiren würde. Eine solche hier zu begründen, muss jedoch die mangelhafte Conservation des einzigen vorliegenden Exemplares Bedenken erregen. — Fühler und Rollzunge rostfarben, das (abgeschnppte) vorletzte Glied der Taster licht gelb, das dünn griffelförmige Endglied von Fühlerfärbung. Die gelbliche Beschuppung des Kopfes auf der Stirn stark braun melirt; diejenige des Thoraxrückens defekt. Vorderflügel ähnlich wie bei *Catocala* geschnitten, rostbraun, rehfarben und schwarzbraun marmorirt; erstere (hellere) Farbe besonders längs des Aussenrandes vorherrschend, letztere in ansehnlicher Breite längs des Innenrandes im Bereich der Wurzelhälfte. Tief schwarzbraun ein ovaler Fleck am Ende der Discoidalzelle, etwas weniger markirt zwei Querreihen von Makeln zwischen Mitte und Hinterrand, letztere der Mehrzahl nach klein, pfeilspitzenförmig, zwei der hinteren Reihe jedoch zu breiten Wischen vergrössert. Dem äusseren derselben, welcher zwischen den beiden Diskoidaladern gelegen ist, schliesst sich gegen die Flügelspitze hin ein zackiger, ziemlich auffallender, gelblich weisser Fleck an. Hinterflügel im Bereich der Aussenhälfte satt rauchbraun, gegen die Wurzel hin mehr mäusegrau. Unterseite beider Flügelpaare blass graubraun, längs des Hinterrandes in scharfer Abgrenzung weisslich, vor diesem Saum breit rostbraun; in den Vorderflügeln ausserdem der Aussenrand und die durchscheinende Discoidalmakel leicht geschwärzt.

Das einzige vorliegende weibliche Exemplar wurde bei Mbaramu (October 1862) erbeutet.

Remigia, Guen.

Hist. nat. d. Noctuélites. III. p. 312.

39. *Remigia latipes*, Guen.

Remigia latipes, Guenée, Hist. nat. d. Lépidopt., Noctuélites. III. p. 314. No. 1774.
Ophiusa repanda, Boisduval, Faune entom. d. Madag. p. 107. pl. 13. Fig. 3.

Beide Geschlechter von Mombas (September 1862) vorliegend, der mehr braungrauen Varietät, wie sie in verschiedenen Theilen Amerikas vorkommt, angehörend. Die weit verbreitete Art ist auch auf Isle de France, Madagascar, in Ostindien u. s. w. einheimisch. — Wahrscheinlich ist Boisduval (a. a. O.) im Recht, wenn er die von Guenée als besondere Art aufgeführte *Noctua repanda*, Fab. (Entom. syst. III. 2. p. 49. No. 133) auf die gegenwärtige bezieht, da die von Fabricius charakterisirte, besonders auf den Antillen einheimische, intensiv gelb gefärbte Form eben nur durch die Färbung abzuweichen scheint.

Fam. Uraniidae, Guen.

Thaliura, Dunc.

Foreign Butterfl. p. 135.

Leilus, Swains. — *Urania*, Guen.

40. *Thaliura Croesus*, n. sp.

Taf. XVI. Fig. 4.

A *Thal. Rhipheo*, Cram. *differt alarum anticarum fascia media smaragdina latiore, marginem externum versus furcatim divisa, strigis dimidii apicalis densioribus, posticarum area smaragdina et igneo-cuprea uberius nigro-conspersa et fasciata, appendicibus tribus posticis brevioribus; alis anticis infra ubique subaequaliter viridi-undulatis, posticarum area basali obscurius caeruleo-viridi.* Exp. alar. 78 (♂) — 82 (♀) mill.

Von gleichem Colorit wie *Thal. Rhipheus* (*Papilio Rhipheus*, Cram., Pap. exot. pl. 385. Fig. A. B. — *Urania Rhipheus*, Boisd., Faune entom. de Madag. p. 112. pl. 14. Fig. 1—2. Cuvier, Règne anim., édit. Masson, Insectes pl. 144. Fig. 5. — *Leilus orientalis*, Swains., Zoolog. Illustr. 2. ser. III. pl. 130) und derselben überhaupt sehr nahe stehend, aber mit reicherer und etwas verschieden angeordneter smaragdgrüner Beschuppung der Flügel, welche auch in ihrem Umriss deutliche Unterschiede erkennen lassen. Die Vorderflügel erscheinen dadurch, dass ihr Innenrand länger ist, merklich breiter und stumpfer dreieckig als bei *Thal. Rhipheus*, während an den hinteren sofort die geringere Längsentwickelung der drei schwänzchen des Hinterrandes auffällt. Auf der Oberseite der Vorderflügel vereinigen sich die beiden vom Aussenrand ausgehenden (und bei *Thal. Rhipheus* isolirt bleibenden) smaragdgrünen Querbänder bei der Mitte der Flügelbreite zu der breiten, in schräger Richtung gegen den Innenrand verlaufenden Binde; ausserdem ist aber sowohl das Wurzeldrittheil wie der Spitzentheil der Vorderflügel bei weitem reicher mit smaragdgrüner, zu mehrfach anastomosirenden Wellenstriemen vereinigter Beschuppung geschmückt. Noch auffallender verschieden ist diese (hier mehr blaugrüne) Zeichnung auf der Unterseite, indem sie hier eine grosse Anzahl schmaler welliger Striemen, welche von ebenso zahlreichen und schmalen der schwarzen Grundfarbe geschieden werden, darstellt. Auf den Hinterflügeln ist die Vertheilung von Smaragdgrün und feurigem Kupferroth ober- und unterhalb ganz entsprechend wie bei *Thal. Rhipheus*, doch ist auch hier die schwarze Bandirung und Fleckung der Spitzenhälfte sehr viel zerschlitzter, besonders letztere in mehrere schmale, mehrfach anastomosirende, mit dem Hinterrande parallel laufende Striemen ausgezogen. Die drei hintersten schwanzförmigen Auszackungen sind etwas schmaler weiss gefranst als bei *Thal. Rhipheus*, dabei aber neben ihrer geringeren Länge in der Flügelsubstanz selbst merklich breiter, reicher smaragdgrün beschuppt; vor denselben sind nicht wie bei *Thal. Rhipheus* vier, sondern nur drei deutliche zahnartige Auszackungen bemerkbar. Auf der Unterseite der Hinterflügel ist das Wurzeldrittheil nicht, wie bei *Thal. Rhipheus* licht gold-, sondern dunkel blau-grün, auch gleich dem Hinterrand zahlreicher schwarz gestriemt. Die fuchsrothe Behaarung der Brust und Beine so wie die grüne Beschuppung des Hinterleibs ist dieselbe wie bei *Thal. Rhipheus*.

Ein Paar dieser prachtvollen Art liegt von der Insel Sansibar vor.

Ordo VI.

Diptera, Lin.

Fam. Tabanina, Gerst.

Chrysops, Meig.

Illiger's Magaz. f. Insektenk. II. p. 267.

1. *Chrysops longicornis*, Macq.

Chrysops longicornis. Macquart. Dipt. exot. I. p. 166. No. 1. pl. 19. Fig. 2. (♀).
Chrysops tarsalis. Walker. List of Diptera in the coll. of the Brit. Mus. I. p. 200. (♀).

Ein von Mombas (September 1862) stammendes Weibchen dieser durch die sehr langen Fühler, die goldgelben Haarbinden des Thorax, die Färbung der Beine und die Flügelzeichnung leicht kenntlichen Art trifft auf die Walker'sche

Charaktoristik seiner *Chrys. tarsalis* (von Sierra Leone) vollkommen zu, indem das glänzend schwarze, schwielig aufgetriebene Untergesicht nur an den Seitenwinkeln und unterhalb der Fühlerinsertion in geringer Ausdehnung goldgelb behaart, der Hinterleib bis auf die licht gelben Seiten des zweiten Ringes pechschwarz gefärbt ist. Der Macquart'sche *Chrys. longicornis* soll bei sonstiger Uebereinstimmung ein „blassgelbes Untergesicht, mit zwei schwarzen Flecken“ haben, sein Hinterleib (nach der Abbildung) oberhalb vorwiegend gelb, mit dreieckigem schwarzem Mittelfleck des zweiten Segmentes, sein. In wie weit erstere Angabe etwa auf Ungenauigkeit, letztere auf einer Variabilität in der Färbung beruht, mag dahin gestellt bleiben; jedenfalls erscheint es bei den sonst so auffallenden, von beiden Autoren übereinstimmend hervorgehobenen Merkmalen sehr unwahrscheinlich, dass es sich bei denselben um zwei verschiedene Arten handelt. Sollte dies trotzdem der Fall sein, so müsste der hier in Rede stehenden der Walker'sche Name: *Chrysops tarsalis* zufallen.

Haematopota, Meig.

Illiger's Magaz. f. Insektenk. II. p. 267.

2. *Haematopota hieroglyphica*, n. sp.

Tibiis posterioribus testaceo-biannulatis, antennarum articulo primo haud incrassato, testaceo, callo frontali brevi, piceo, alis fusco-cinereis, albido-pictis, lineola antroapicali simplici, arcuata, spatio apicali maculam submarginalem gerente. Long. corp. 9 mill. ♀.

Untergesicht sehr kurz, gleich den Wangen mehlweiss bestäubt und dünn weisslich behaart, letztere gegen die Fühlerinsertion hin ohne schwarze Punktirung. Stirn von etwas mehr als Augenbreite, gegen den Scheitel hin leicht verschmälert, die Querschwiele kurz, von den Fühlern etwas entfernt, in der Mitte leicht schnepperförmig hervortretend und abgeplattet, glänzend pechbraun; der unpaare schwarze Fleck weit nach hinten gerückt, so dass er von der Stirnschwiele weiter entfernt ist als vom Hinterrande des Kopfes; die Oberfläche dunkel aschgrau, die Augenränder weiss bestäubt. Taster und Fühler scherbengelb, an letzteren der abgeschnürte, gegliederte Endtheil des dritten Gliedes tief schwarz; jene oberhalb schwarz, unterhalb hell beborstet, diese vorwiegend schwärzlich. Das erste Fühlerglied nicht verdickt, cylindrisch, von $^{1}/_{3}$ der Stirnlänge, das dritte um $^{1}/_{3}$ länger, bis zu dem abgeschnürten, schmaleren Endtheile parallel. Thorax auf aschgrauem Grunde unscheinbar licht braun und weisslich gestriemt, das Schildchen beiderseits bräunlich, die Pleuren mehlweiss. Beine pechbraun, an den Vorderschienen ausser der Basis nur ein Ring vor der Mitte, an den mittleren und hinteren je zwei solche scherbengelb; der Metatarsus der beiden hinteren Paare bis auf die dunkele Spitze weisslich gelb. Flügel graubraun mit weisslicher Zeichnung, der Aussenrand bis zum pechbraunen Stigma gelblich; die helle Fleckenzeichnung derjenigen von *Haem. ruricola*, Loew (Dipterenfauna Südafrikas. Taf. I. Fig. 26) noch am ähnlichsten, aber dadurch unterschieden, dass auf der Spitzenhälfte sowohl der mittlere Ring wie die von ihm ausgehenden und ihn umgebenden Wellenlinien nicht continuirlich, sondern in kleine Flecke aufgelöst sind und dass die vor der Spitze verlaufende Sförmig geschlängelte Linie nicht doppelt, sondern einfach ist, an ihrer Aussenseite aber, nahe dem Hinterrande des Flügels noch einen ovalen Fleck zu liegen hat. Schwinger mit pechbraunem, an der Spitze rostgelbem Endknopf. Hinterleib oberhalb licht braun, mit scherbengelber Säumung der einzelnen Ringe; die Basis und eine Mittelstrieme des zweiten Ringes, so wie je zwei Flecke auf den vier letzten aschgrau, auf diesen die Mittelstrieme mehr rehfarben. Die Bauchseite licht aschgrau bestäubt.

Ein weibliches Exemplar von Endara (December 1862).

Fam. Asilina, Gerst.

Promachus, Loew.

Linn. entom. III. p. 403.

3. *Promachus rapax*, n. sp.

Antennarum seta simplici, barba mystaceque nivea, hac setis atris intermixtis; thorace ochraceo-tomentoso, supra nigro-setoso, scutello, pleuris abdomineque flavescenti-pilosis; femoribus tibiisque sanguineis, albo-pilosis, illis infra nigro-vittatis, posticorum aculeis inferioribus nigris, superioribus testaceis. Long. corp. 19 mill. ♂.

Mit *Prom. vagator* (*Asilus vagator*, *Wiedem., Aussereurop. zweifl. Insekt. I. p. 492. No. 100) nahe verwandt und nur wenig grösser, aber durch die an der Spitze nicht verdickte Fühlerborste, den mit starken schwarzen Borsten durchsetzten Knebelbart, die oberhalb blutrothen Schenkel, die ebenso gefärbten (nicht rostgelben) Schienen u. s. w. leicht zu unterscheiden. — Fühler schwarz, an den beiden ersten Gliedern unterhalb schwarz beborstet, die Borste einfach; Taster dicht büschelförmig und grob schwarzborstig. Untergesicht längs der inneren Augenränder dicht weiss bestäubt. Backenbart ringsherum und der Knebelbart vorwiegend rein weiss, letzterer jedoch unterhalb der Fühler mit zahlreichen dünneren, oberhalb der Mundöffnung mit sparsameren, aber sehr langen und starken schwarzen Borsten untermischt. Der über den Fühlern liegende Theil der Stirn gleichfalls schwarzhaarig, besonders dicht beiderseits am Augenrande; der gelbgrau bestäubte Scheitel so wie der Hinterkopf mit greisgelber Behaarung dicht bekleidet. Auf dem Thorax die graubraune mittlere Rückenstrieme schmaler als bei *Prom. vagator*, in der Mittellinie durch einen gelblichen Strich getheilt; die ochergelbe Bestäubung beiderseits intensiver, bis zu den Schulterecken reichend, so dass diese nicht bleigrau erscheinen; auch die vorn abgekürzten, breiten Seitenstriemen durch das helle Toment mehr verdeckt als bei der genannten Art. Die aufrechte, dichte Behaarung des Rückens nur ganz vorn greisgelb, sonst durchweg tief schwarz, ebenso die langen und groben Borsten des hinteren Umkreises und der Mittelstrieme. Auf dem Schildchen sowohl die dichte weichere, als die längere borstenartige Behaarung licht gelb, diejenige der ochergelb bestäubten Pleuren etwas blasser. An den Beinen die Hüften und Trochanteren schwarz, die Schenkel und Schienen blutroth, die Tarsen dunkel pechbraun, die Behaarung bis auf letztere weiss, an der Unterseite der Schenkel und den Trochanteren länger. Alle drei Schenkelpaare unterhalb mit tief schwarzer, durchgehender Strieme, die vorderen auf der Ober- und Innenseite der Spitzenhälfte schwarzhaarig. Die Tarsen aller drei Paare, die Schienen der beiden vorderen und die Mittelschenkel unterhalb ausschliesslich mit schwarzen Stachelborsten besetzt; die Hinterschenkel dagegen nur unterhalb, während die obere Kante ihrer Aussenseite gleich der Innenseite der Hinterschienen hellgelbe trägt. Flügel glashell, an der Wurzel und längs des Aussenrandes mit rostfarbenem, sonst mit pechschwarzem Geäder; Halteren rothgelb. Hinterleib oberhalb gelb, unterhalb greis, fast weisslich, hier zugleich weicher, mehr wollig behaart; auf dem Rücken tritt die Grundfarbe im Bereich der grösseren Vorderhälfte der einzelnen Ringe in Form eines schwarzen Querbandes frei zu Tage. (Die Spitze des Hinterleibs mit der Haltezange ist an dem einzigen vorliegenden Exemplare zerstört, so dass nicht constatirt werden kann, ob sie oberhalb in ähnlicher Weise dicht behaart ist, wie bei *Prom. vagator*.)

Zwischen Endara und Kiriama im December 1862 gefangen.

Alcimus, Loew.

Linn. entom. III. p. 403.

4. *Alcimus rubiginosus*, n. sp.

Taf. XVI. Fig. 6.

Antennarum basi, tibiis tarsisque ferrugineis, his nigro-setosis et aculeatis, barba mystaceque croceis, hypostomatis margine et occipite nigro-setosis: thoracis dorso rubiginoso, nigro-vittato, ubique flavo-limbato, abdomine helvo, nigro-trivittato. Long. corp. 31 mill. ♀.

Etwas grösser als *Alc. minimus* (*Asilus minimus*, Wiedem., Aussereurop. zweifl. Insekt. I. p. 493. No. 102), welchem die vorstehende Art unter den bis jetzt beschriebenen am nächsten zu stehen scheint, von welchem sie sich aber u. A. schon durch die Färbung des Thorax und der Beine so wie durch die breiteren Mittelstriemen des Thoraxrückens unterscheidet. — Endglied der Fühler etwas länger und schmaler als bei *Alc. minimus*, gleich der Endborste pechschwarz; die beiden Basalglieder rostfarben mit gebräunter Spitze, die Beborstung der Vorderseite schwarz und rothgelb untermischt. Backen- und Knebelbart intensiv rothgelb, letzterer besonders nach oben hin nicht ganz so reich wie bei *Alc. minimus*, die Borsten des Mundrandes jederseits schwarz. Stirn und Scheitel dicht rothgelb, Hinterhaupt mehr graugelb befilzt; die aufrechten Stachelborsten des letzteren beiderseits von dem mittleren Einschnitt tief schwarz, mehr nach aussen brennend fuchsroth. Prothorax licht rehfarben, überall weiss seidig schimmernd und mit Ausnahme einer einzelnen schwarzen Borste jederseits nur weisslich und greisgelb behaart. Mesothorax oberhalb satt rostbraun, ringsherum licht rehfarben gesäumt und dieser Saum lebhaft gelblich-weiss seidig schimmernd; die beiden mittleren Rückenstriemen bis zur Quernaht tief pechschwarz, hinter derselben als bleigraue Streifen nur noch angedeutet; vorn breiter als der zwischen ihnen verbleibende Raum der Grundfarbe, an ihrer Aussenseite von einer schmalen, gelbseidig schimmernden Linie begleitet, welche jedoch nur in einer bestimmten Richtung deutlich hervortritt und sich vorn bogenförmig um die Seitenstriemen herumbiegt; letztere durch die Quernaht getheilt und hinter derselben nach aussen stark erweitert. Die starken Randborsten des Thoraxrückens durchweg tief schwarz, ebenso die kürzere Behaarung der Scheibe; am Seitenrande und hinterwärts längere und weichere blassgelbe Haare. Schildchen rehbraun, am Vorderrande seidig gelb schimmernd; die kurze Behaarung der Oberfläche gleich den Randborsten schwarz. Brustseiten rehfarben, lebhaft gelb seidig schimmernd; unterhalb der Flügelinsertion ein Büschel langer, weisslicher Haare, vor dem Ursprung der Halteren eine Reihe tief schwarzer und zu unterst eine einzelne rostrothe Borste. Beine rostfarben, mit grösstentheils pechbraunen Schenkeln, indem die beiden hinteren Paare nur an der äussersten Basis und Spitze, das vordere ausserdem längs der Aussenseite licht gefärbt ist. Die licht gelb bestäubten Hüften vorn durchweg gelbborstig, aussen mit einigen schwarzen Stachelborsten besetzt; Vorderschenkel unterhalb kurz schwarz-, aussen gegen die Basis hin lang gelbhaarig, die Mittel- und Hinterschenkel unter- und ausserhalb schwarzdornig. Gleichfalls ziemlich reich mit schwarzen Stachelborsten besetzt sind die Schienen und Tarsen aller drei Paare, doch zeichnen sich die Spitzendornen der Vorderschienen durch licht rostrothe Färbung aus; die Vorderschienen sind innerhalb vorwiegend gelblich, die mittleren mehr rauchbraun behaart, die Hinterschienen längs der Aussenseite mit Ausnahme der Basis intensiv pechbraun gestriemt. Die langen Fussklauen pechschwarz mit rothbrauner Basis, die Afterklauen rostfarben mit oberhalb gebräunter Spitze. Flügel leicht wässrig braun getrübt, an der Basis und längs der Costa rostgelb, im Uebrigen pechbraun geadert; Halteren licht gelb. Hinterleib rehfarben bestäubt, mit zwei schmaleren Seiten- und einer breiteren Mittelstrieme von schwärzlich pechbrauner Farbe; letztere vom dritten Ringe an unterbrochen und in allmählig schmaler werdende, den einzelnen Segmenten entsprechende Flecke aufgelöst, von denen derjenige des sechsten bereits linear ist.

In einem einzelnen weiblichen Exemplare von Mbarama (October 1862) vorliegend.

Machimus, Loew.

Linn. entom. IV. p. 1.

5. *Machimus lepturus*, n. sp.

Femoribus anticis subtus haud aculeatis, alis apice infuscatis, thoracis late cinerei vitta media nigro-fusca lata, postice furcata: tibiarum basi rufo-brunnea, abdominis segmentis 2.—4. apice cano-, sequentibus rufescenti-tomentosis, forcipe angusto, compresso. Long. corp. 18 mill. ♂.

Nach den unterhalb nicht gedornten Vorderschenkeln zur Gruppe des Europäischen *Mach. gonatistes*, Zell. (Isis. 1840. p. 65. No. 17) gehörend, an Grösse dieser Art etwas nachstehend. Kopf merklich kürzer und breiter, der Scheitel aschgrau, die Ocellengegend röthlich, das Gesicht perlweiss bestäubt; Backen- und Knebelbart rein weiss, letzterer sehr dicht, rings herum von schwarzen Borstenhaaren eingefasst, wie sie sich zugleich an der Vorderseite der beiden ersten Fühlerglieder, auf dem Scheitel und in der Mitte des Hinterhauptes finden; letzteres zu beiden Seiten greishaarig. Thorax licht aschgrau tomentirt, mit einem leichten Stich ins Gelbliche, die Längsstriemen des Rückens tief schwarzbraun; die mittlere sehr breit, in ihrem vorderen Theil nur durch eine sehr feine und bei der Ansicht von oben kaum bemerkbare hellbraune Linie getheilt, im Bereich des hinteren Viertheils in zwei schmalere Striemen gegabelt; die seitlichen gleichfalls scharf abgegrenzt, jedoch in vier Flecke aufgelöst, von denen die beiden letzten hinter der Quernaht und der dritte weiter nach aussen liegt als der zweite. Die schwarze Behaarung der Mittelstrieme weniger grobborstig, aber nach hinten hin sehr viel dichter als bei *Mach. gonatistes*, fast mähnenartig; auch die starken, seitwärts gerichteten Borsten oberhalb der Flügelinsertion und eine Anzahl dünnerer, aber gleichfalls sehr langer an der Spitze des Schildchens schwarz, dagegen die weiche Behaarung seiner Oberfläche und des zwischen den beiden Gabelästen der Mittelstrieme liegenden Raumes des Thoraxrückens weiss. Flügel glashell mit sehr deutlicher und selbst intensiver Bräunung der Spitze, welche nach vorn bis zur Gabelung der dritten Längsader und bis zum Beginn der Discoidalzelle reicht; die erste Längsader rothbraun mit lichterer, fast rostfarbener Basis, das übrige Geäder schwärzlich. Der Aussenrand hinter der Mitte der Flügellänge und mit ihm die Aussenrandszelle deutlich erweitert, die Flügelsubstanz zwischen der ersten und vierten Längsader ziemlich stark quer gerippt. Schwinger licht gelb. Beine schwarz, die Basis der Vorder- und Hinterschienen im Bereich des ersten Drittheils, diejenige der Mittelschienen in etwas weiterer Ausdehnung braunroth. Vorderschenkel innen und unten sehr lang und dicht gelbgreis, erst gegen die Spitze hin schwärzlich untermischt behaart; Vorderschienen vorn und hinten mit kürzerer schwärzlicher, aussen mit langer gelbgreiser Behaarung versehen, hier ausserdem gleich den Tarsen lange schwarze Stachelborsten führend. Mittel- und Hinterschenkel gleichfalls greisgelb, aber dünner behaart, erstere nach vorn nur mit vier, letztere unterhalb mit zahlreicheren schwarzen Stachelborsten bewehrt. Die untere Hälfte der Hinterschienen und der hintere Metatarsus innerhalb goldgelb seidenhaarig. Hinterleib an den Seiten der drei vorderen Ringe lang und weich greishaarig, oberhalb kürzer und dunkel untermischt behaart. Die vier ersten Ringe bis auf eine breite, greis tomentirte und seidig schimmernde Hinterrandsbinde des zweiten bis vierten und eine schmale Basalbinde des zweiten tief schwarz erscheinend und deutlich glänzend; der fünfte bis auf einen quadratischen Basalfleck, der sechste und siebente ganz licht ziegelröthlich tomentirt. Bauchseite der vier vorderen Ringe sehr lang und rauch greishaarig, der drei folgenden fast kahl; die achte Bauchplatte des Männchens stark zipfelförmig ausgezogen und schwarzbraun beborstet. Männliche Haltezange klein und schmal, seitlich zusammengedrückt, von oben gesehen in Form eines lang ausgezogenen, stumpf endigenden, gleichschenkligen Dreiecks; ihre beiden Arme von der Seite gesehen fast gleich breit, leicht nach oben gebogen (d. h. mit unterer Rundung und oberer Ausbuchtung), hinten in schräger Richtung breit abgestutzt.

Das einzige vorliegende männliche Exemplar stammt von Endara (December 1862).

Dasythrix, Loew.

Bemerk. Fam. d. Asilid. p. 51.

6. *Dasythrix dispar*, n. sp.

Corpore ♂ fusco-, ♀ cano-tomentoso, humeris tibiarumque basi sanguineis, alis cinereis, hypostomate parce setoso: mare ubique, femina vertice, thoracis lateribus scutelloque [illegible] nigro-setosis, tibiarum setis omnibus pallidis. Long. corp. 14 (♀) — 15 (♂) mill.

Der mangelhafte Zustand, in welchem sich ein einzelnes Pärchen dieser Art befindet, lässt zwar eine vollständige Charakteristik derselben nicht zu, dagegen ihre specifische Verschiedenheit von *Das. brachyptera*, Loew (Bemerk. üb. d. Fam. d. Asiliden. p. 21) mit voller Sicherheit erkennen, indem sie in beiden Geschlechtern merklich kräftiger gebaut und mit einem beträchtlich sparsameren Knebelbart versehen ist, im weiblichen Geschlecht sich aber ausserdem durch die verschiedene Färbung der Stachelborsten an den Schienen unterscheidet. Der schwarze, beim Männchen mit rostbraunem, beim Weibchen mit gelbgrauem Toment bekleidete Rumpf lässt die Schulterecken in weiter, den Seiten- und Hinterrand des Thoraxrückens in schmalerer Ausdehnung blutroth erscheinen; während beim Weibchen die Stirn und das Untergesicht in Uebereinstimmung mit dem übrigen Körper tomentirt sind, erscheinen beide beim Männchen beträchtlich lichter als dieser, nämlich lehmgelb. An den Fühlern des Männchens ist das zweite Glied besonders an der Spitze ziemlich licht rostroth, die sparsamen und kurzen Borsten desselben gleich den langen und starken des Basalgliedes durchweg schwarz. Dieselbe Färbung zeigen die Borsten des Scheitels, des Hinterhauptes, der Backen- und Knebelbart; letzterer, vorwiegend aus sehr langen und groben Borstenhaaren bestehend, ist beträchtlich sperriger als bei *Das. brachyptera.* Die lange Behaarung an der Unterseite des Rüssels fahlbraun schimmernd. Die Beborstung und Behaarung des Thorax und Hinterleibs, so weit sie erhalten, gleich derjenigen der Beine durchweg schwarz; Schienen und Metatarsen des ersten Paares innen rothgelb befilzt, die Basis aller drei Schienenpaare blutroth. Flügel mit rostgelbem Geäder, ihre Fläche besonders bei der Mitte wässrig gelbbraun getrübt; Halteren rostgelb.

Beim Weibchen ist nur der Scheitel mit langen schwarzen Borsten besetzt, dagegen sind diejenigen der Fühler, des Untergesichts und der Hinterhauptsseiten durchweg blassgelb, der Backenbart weisslich. Am Thorax sind die auswärts gerichteten langen Borsten des Seitenrandes gleich denjenigen des Schildchens schwarz, die am Hinterrand des Thoraxrückens und auf den Pleuren entspringenden dagegen blassgelb. Flügel und Schwinger wie beim Männchen. An den Vorderbeinen die ganze Unterseite der Schenkel und die Schienenbasis, an den mittleren nur die letztere blutroth; Hinterbeine ganz schwarz. Die Stachelborsten an allen Schenkeln und Schienen ausschliesslich, an den Tarsen wenigstens bei weitem überwiegend blassgelb. Die Behaarung der greis bestäubten Vorder- und Mittelhüften lang und reich, durchweg weisslich gelb. Der Hinterleib abweichend von *Das. brachyptera* durchaus schwarz, nirgends rostroth.

Ob das von Endara (*December* 1862) stammende Pärchen in copula angetroffen worden, ist nicht besonders bemerkt; doch kann es keinem Zweifel unterliegen, dass beide Geschlechter trotz der verschiedenen Färbung ihres Tomentes und ihrer Haarbekleidung einer und derselben Art angehören. Vermuthlich stehen *Das. brachyptera*, Loew (a. a. O.) und *Das. stenura*, Loew (Öfvers. Vetensk. Akad. Förhandl. XIV. p. 358. No. 57) in demselben Verhältniss zu einander; von ersterer Art sind bis jetzt nur Weibchen, von letzterer nur Männchen bekannt geworden.

Fam. Syrphidae, Latr.

Asarcina, Macq.

Dipt. exot. II. 2. p. 77.

7. *Asarcina salviae*, Fab.

Syrphus salviae, Fabricius, Entom. syst. IV. p. 306. No. 105. — Wiedemann, Aussereurop. zweifl. Insekt. II. p. 122. No. 9. — *Loew, Insekt. v. Mossamb. p. 16. (♀).
Eristalis salviae, Fabricius, Syst. Antliat. p. 240. No. 6.
Asarcina salviae, Loew, Öfvers. Vetensk. Akad. Förhandl. XIV. p. 380. No. 26. — Dipterenf. Süd-Afrik. p. 311. No. 2.
Dideo Macquartii, *Doleschall, Natuurk. Tijdschr. voor Nederl. Indië. XIV. p. 40.

Ein männliches Exemplar von Wanga (September 1862), welchem ein weiblicher Kopf angeklebt ist: so dass die Art ursprünglich in beiden Geschlechtern vorgelegen haben muss. Die schwarze Säumung der Hinterleibssegmente ist an diesem Männchen noch schmaler als an einem aus Guinea (Westermann) stammenden der hiesigen Entomologischen Sammlung und als an einem zweiten auf Amboina von Doleschall gesammelten, welches sich nur durch den Mangel des metallisch glänzenden, schwarzen Stirnfleckes von dem Guineensischen unterscheidet. Dass diese Art zugleich in einem grossen Theile Afrikas und auf den Südasiatischen Insel-Gruppen bis in den Stillen Ocean hinein (Fidji-Inseln) vorkommt, glaube ich gegen die Ansicht Wiedemann's und Loew's wenigstens nach den mir vorliegenden, allerdings nicht zahlreichen Exemplaren schliessen zu müssen. Wie das bereits erwähnte Männchen von Amboina (*Dideo Macquartii*, *Dolesch.) keine specifischen Unterschiede von zwei Afrikanischen erkennen lässt, so stimmt auch ein von Nietner auf Ceylon gesammeltes Weibchen mit dem von Loew aus Mosambik beschriebenen bis auf die etwas breiteren Hinterleibsbinden vollkommen überein.

Plagiocera, (Macq.) Loew.

Dipterenfauna Südafrik. p. 317.

8. *Plagiocera haemorrhoa*, n. sp.

Nigra, fronte thoraceque ochraceo- (♂) *vel cano-* (♀) *tomentosis, scutello dilute flavo, abdominis segmentis 2. et 3. rufo-limbatis, ano late ferrugineo: alarum margine costali fasciaque lata nigro-fuscis.* Long. corp. 16½ mill. ♂♀.

In unmittelbarer Verwandtschaft mit *Plagioc. latevittata* (*Eristalis latevittatus*, Bigot, Archiv. entom. II. p. 365. No. 669. pl. X. Fig. 9. — *Plagioc. maculipennis*, Loew, Öfvers. Vetensk. Akad. Förhandl. XIV. p. 381. No. 30. — Dipterenfauna Südafrik. p. 317) stehend, jedoch im Colorit der Flügel und der Hinterleibsspitze abweichend. Augen beim Männchen im vorderen Drittheil zusammenstossend, im Bereich der beiden hinteren durch ein gleichschenkliges Scheiteldreieck getrennt. Hinterhaupt und Stirnvorsprung dicht rothgelb befilzt, das Untergesicht beiderseits lichter gelb, letzteres mit stark hervortretendem, glänzend schwarzem Höcker. Fühler schwärzlich braun, mit gelber, nackter Borste. Thoraxrücken dunkler ocherfarben befilzt als bei *Plag. latevittata*, die Brustseiten nur wenig lichter; Schildchen von gleicher

Form, hell und durchscheinend gelb. Flügel von der Basis an längs des Aussenrandes und beim Beginn des zweiten Drittheils der Länge fast ihrer ganzen Breite nach schwärzlich braun, jedoch mit lichterem, grauem Kern der Discoidal- und der beiden ihr zunächst folgenden Hinterrandszellen; diese dunkele Färbung gegen die Basis hin unbestimmt, gegen die Spitze hin dagegen scharf geradlinig abgegrenzt, die lichter grau getünchte Spitze selbst von der dunkelen Binde durch eine milchweisse, die fussartige Knickung der Gabelader passirende Querstrieme abgesetzt. Der Costalraum vor der Einmündung des äusseren Astes der Gabelader mit Einschluss der Costa rostgelb, das übrige Flügelgeäder pechschwarz. Schuppen und Schwinger licht gelb. Beine pechbraun, Schienen schwarzhaarig, Tarsen rothbraun. Hinterleib schwarz, mit schlackenartigem Glanz, der kurze erste Ring dicht gelbfilzig, der zweite auf seiner grösseren Vorderhälfte fast in Form eines Halbkreises, der dritte nur längs der Basis niederliegend gelb behaart, der Hintersaum beider blutroth. Die Spitze des Hinterleibes mit Ausnahme eines pechbraunen dreieckigen Basalfleckes des vierten Ringes intensiv rostroth gefärbt, goldgelb behaart.

Das Weibchen unterscheidet sich vom Männchen zunächst durch die greise, fast aschgraue Befilzung des Kopfes sowohl wie des Thoraxrückens und der Brustseiten. Mit *Plag. luteivittata* verglichen, erscheint die Stirn etwas breiter und besonders nach hinten mehr gleich breit; die Ocellengegend ist merklich aufgewulstet und fast nackt, der Stirnvorsprung dagegen von ziemlich dichter, silberweisser Behaarung überdeckt, so dass sein Glanz wesentlich beeinträchtigt wird. Am Hinterleib ist der Basalring ebenso dicht hell befilzt wie beim Männchen, die mehr weissliche Behaarung auf der Oberseite des zweiten dagegen nicht nur viel feiner, sondern auch mehr auf die Basis beschränkt, nur längs der Mittellinie das erste Drittheil der Länge überschreitend; am dritten Ringe fehlt dieselbe ganz. Die Färbung des Endsaumes des 2. und 3. Ringes wie beim Männchen, der 4. und 5. ganz rostroth.

In beiden Geschlechtern von Wanga (September 1862) vorliegend.

Fam. **Muscina,** Gerst.

Calliphora, Rob. Desv.

Essai s. l. Myodaires. p. 433.

9. *Calliphora megacephala,* Fab.

Musca megacephala, Fabricius, Entom. syst. IV. p. 317. No. 18. — Syst. Antliat. p. 289. No. 27. — Wiedemann, Aussereurop. zweifl. Insekt. II. p. 399. No. 27.

Ein weibliches Exemplar von Mombas (September 1862). Die Art ist bis jetzt nur aus Guinea bekannt, gewiss aber über einen grösseren Theil Afrikas verbreitet.

Ochromyia, Macq.

Dip. exot. II. 3. p. 152.

10. *Ochromyia luteola,* Fab.

Musca luteola, Fabricius, Syst. Antliat. p. 286. No. 11. — Wiedemann, Aussereurop. zweifl. Insekt. II. p. 420. No. 63.

Ochromyia luteola, *Loew, Insekt. v. Mossamb. p. 21. (♂♀).
Ochromyia Senegalensis, Macquart, Dipt. exot. IV. Suppl. p 214. No. 8. (♂). — ?Bigot, Archiv. entom. II. p. 358. No. 632. (♂♀).

Beide Geschlechter von Moschi (Ende Novembers 1862). Die bis jetzt aus Guinea (Fabricius), Senegambien (Mion), Abyssinien (Ehrenberg) und Mozambik bekannte Art ist vermuthlich weit über Afrika verbreitet. Macquart giebt für das Männchen die beiden letzten Tarsenglieder als schwarz gefärbt an, während bei zwei mir vorliegenden Exemplaren nur das fünfte geschwärzt (beim Weibchen nur gebräunt) ist.

Pyrellia, Rob. Desv.

Essai s. l. Myodaires. p. 462.

11. *Pyrellia nudissima*, Loew.

Pyrellia nudissima, *Loew, Bericht. d. Akad. d. Wissensch. v. J. 1862. p. 660. — Insekt. v. Mossamb. p. 23.

Ein weibliches Exemplar dieser auffallenden Art, welches sich von dem aus Inhambane stammenden nur durch ein mehr in das Violette fallendes Blau unterscheidet, wurde bei Uru (Mitte Novembers 1862) erbeutet.

Fam. Coriacea, Latr.

Hippobosca, Lin.

Faun. Suec. p. 471.

12. *Hippobosca Francilloni*, Leach.

Hippobosca Francilloni, Leach, Genera and species of Eproboscideous Insects. p. 8. No. 3. Tab. 26. Fig. 8—10. — Wiedemann, Aussereurop. zweifl. Insekt. II. p. 606. No. 4.

Von dieser auch in Aegypten und Arabien einheimischen Art liegt ein zwischen dem See Jipe und den Bura-Bergen (Anfang Decembers 1862) gefangenes Exemplar vor.

Ordo VII.

Hemiptera, (Lin.) Geoffr.

Fam. Scutati, Burm.

Brachyplatys, Boisd.

Voy. de l'Astrolabe. II. p. 627.

Thyreocoris, Germ.

1. *Brachyplatys pallipes*, Fab.

(1781) *Cimex pallipes*, Fabricius, Spec. Insect. II. p. 343. No. 26. — Entom. syst. IV. p. 89. No. 88.
Tetyra pallipes, Fabricius, Syst. Rhyngot. p. 142. No. 66.
(1783) *Cimex aeneoides*, Thunberg, Nov. insect. spec. II. p. 29.
Tetyra aeneoides, Thunberg, Hemipt. rostr. Capens. II. p. 6.
Thyreocoris pallipes, Germar, Zeitschr. f. d. Entom. I. p. 81. No. 18. — Herrich-Schäffer, Wanzenart. Insekt. V. p. 15. Fig. 477.
Brachyplatys pallipes, Dallas, List of Hemipt. Ins. in the collect. of the Brit. Mus. I. p. 63. No. 1. — Stål, Hemipt. Afric. I. p. 8. No. 1.

Ein am See Jipe (Ende Octobers 1862) gefundenes Exemplar dieser Art stimmt mit solchen vom Senegal, aus Guinea, vom Cap und den Comoren genau überein.

Coptosoma, Lap.

Magas. de Zool. 1832. p. 73.

Thyreocoris, Germ.

2. *Coptosoma nigropunctatum*, Stål.

Coptosoma nigropunctatum, Stål, Öfvers. Vetensk. Akad. Förhandl. XII. p. 181. No. 1. — Ibid. XIII. p. 54. No. 1. — Hemipt. Afric. I. p. 13. No. 7.

Diese bisher nur aus Guinea bekannte Art liegt in einer Reihe von Exemplaren aus Wanga (September 1862) vor.

Graptocoris, Stål.

Hemipt. Afric. I. p. 37.

Pachycoris, Germ.

3. *Graptocoris pinguis*, Germ.

Scutellera pinguis, Germar in: Silbermann, Rev. entom. V. p. 191. No. 146.
Pachycoris rufilabris, *Germar, Zeitschr. f. d. Entom. I. p. 88. No. 10. Tab. I. Fig. 11.
Graptocoris pinguis, Stål, Hemipt. Afric. I. p. 38. No. 2.

In einigen Exemplaren aus dem Dschagga-Lande (Dafeta) vorliegend. Dieselben lassen in Betreff der Ausdehnung der rothen Färbung auf dem Schildchen dieselben Verschiedenheiten erkennen wie diejenigen vom Cap und aus dem Cafferlande.

Callidea, Burm.

Handb. d. Entom. II. p. 393.

Calidea, Lap. — *Libyssa*, Dall.

4. *Callidea duodecimpunctata*, Fab.

Cimex duodecimpunctatus, Fabricius, Entom. syst. suppl. p. 527. No. 4–5. — Coquebert, Illustr. icon. I. p. 39. Tab. 9. Fig. 7.
Tetyra duodecimpunctata, Fabricius, Syst. Rhyngot. p. 132. No. 16.
? *Callidea nana*, Hahn, Wanzenart. Insekt. III. p. 100. Fig. 325.
Callidea duodecimpunctata, *Schaum, Insekt. v. Mossamb. p. 35 (pro parte). — Stål, Hemipt. Afric. I. p. 44. No. 4.

Von dieser, nach Forskael auf Croton villosum lebenden Art liegt eine grosse Reihe von Exemplaren, bei Mombas (September 1862) gesammelt, vor. Während die Fleckenzeichnung der Oberseite durchweg in übereinstimmender Weise vorhanden ist, variirt die Färbung zwischen Violett, Cyanblau, Grünblau, Smaragdgrün und Goldgrün, letzteres zuweilen mit stellenweise kupfrigem Anflug; nur bei einzelnen Individuen zeigt sich, vermuthlich in Folge unvollkommener Ausfärbung, der Grund dunkel zinnoberroth. Neben Exemplaren mit licht mennigrothem Basalglied der Fühler kommen auch solche mit pechbraunem oder schwarzem vor. Bei allen ist das dritte Fühlerglied weniger denn doppelt so lang als das zweite, nach welchem Merkmal Stål (a. a. O.) die gegenwärtige Art von *Call. Dregei*, Germ. unterscheidet. Soll dasselbe maassgebend sein, so kann die von Germar (Zeitschr. f. d. Entom. I. p. 120. No. 20) als *Call. duodecimpunctata* beschriebene Art, bei welcher das zweite Fühlerglied viermal kleiner als das dritte sein soll, nicht, wie es Stål thut, hier angezogen werden. Die von Schaum erwähnten Mosambiker Exemplare gehören nach der Fühlerbildung theils der gegenwärtigen Art, theils der *Call. Dregei*, Germ. an. Erstere findet sich im Cafferland, in Mosambik, am Senegal und im wüsten Arabien.

Sphaerocoris, Burm.

Handb. d. Entom. II. p. 390.

Tetyra, Fab. — *Pachycoris*, Germ.

5. *Sphaerocoris Argus*, Drury.

(1782) *Cimex Argus*, Drury, Exot. Ins. III. p. 67. pl. 46. Fig. 9. — Voet, Beschr. hartschaal. Insekt. ed. Panzer. IV. p. 111. No. 9. Taf. 47. Fig. 9. — Stoll, Représ. d. Punaises. p. 148. pl. 37. Fig. 263.
(1787) *Cimex annulus*, Fabricius, Mant. Insect. II. p. 281. No. 7. — Entom. syst. IV. p. 82. No. 10.
Tetyra annulus, Fabricius, Syst. Rhyngot. p. 132. No. 20.
Sphaerocoris annulus, Hahn, Wanzenart. Insekt. III. p. 105. Fig. 330. — Schioedte in: Kroyer's Naturh. Tidsskr. IV. p. 290–292.
Pachycoris annulus, *Germar, Zeitschr. f. d. Entom. I. p. 103. No. 2.
Scutellera gibbosa, Palisot de Beauvois, Insect. rec. en Afrique. p. 231. Hémipt. pl. V. B. Fig. 2.

Sphaerocoris ocellatus, *Burmeister, Handb. d. Entom. II. p. 391. No. 1. — Amyot et Serville, Hist. nat. d. Hémipt. p. 40. No. 1. — Stål, Hemipt. Afric. I. p. 46. No. 1.
Pachycoris ocellatus, *Germar, Zeitschr. f. d. Entom. I. p. 82. No. 1.
Tetyra ocellata, *Klug, Symb. phys. V. No. 1. Tab. 43. Fig. 1—3.
Sphaerocoris distinctus, Signoret, Rev. et Magas. de Zool. 1851. p. 441. No. 8.
Sphaerocoris Argus, Stål, Hemipt. Afric. I. p. 47. No. 2.

Ein bei Uru (Mitte Novembers 1862) gefundenes Exemplar dieser Art stimmt in Form und Grösse mehr mit der von Fabricius als *Cimex annulus* beschriebenen Guineensischen, in der Zeichnung dagegen mit der von Klug als *Tetyra ocellata* unterschiedenen Varietät überein. Letztere, durch etwas länglicheren Umriss, lebhaftere Färbung und die nicht geschlossenen beiden hinteren Ringflecke des Schildchens ausgezeichnet, trotzdem aber von Schioedte (a. a. O.) gewiss mit Recht als nicht specifisch verschieden angesehen, scheint die in Afrika sehr viel weiter verbreitete Form zu sein, da sie mir aus Abyssinien, Senegambien, Port Natal und Mossambik vorliegt.

6. *Sphaerocoris punctarius*, Westw.

Punaise à écusson tigré, Stoll, Représ. d. Punaises. p. 145. pl. 37. Fig. 251.
(1837) *Sphaerocoris punctarius et polystictus*, Westwood, Catal. of Hemipt. in the coll. of the Rev. Hope. I. p. 13.
(1839) *Sphaerocoris tigrinus*, Germar, Zeitschr. f. d. Entom. I. p. 77. No. 1.
Sphaerocoris caffer, Stål, Öfvers. Vetensk. Akad. Förhandl. X. p. 210. No. 2.
Sphaerocoris pardalinus, *Schaum, Bericht d. Akad. d. Wissensch. v. J. 1853. p. 357. — Insekt. v. Mossamb. p. 38. Taf. II. Fig. 1. (var.)
Sphaerocoris punctarius, Stål, Hemipt. Afric. I. p. 49. No. 4.

Ein bei Mombas (September 1862) gefundenes Exemplar gehört der von Stoll abgebildeten Varietät mit unregelmässiger feiner schwarzer Punktirung des Thorax und Schildchens, auf welchen scharf umschriebene Flecke nicht zum Ausdruck gelangt sind, an. Die Art ist über einen grossen Theil Afrika's verbreitet, wie die mannigfaltigen Farben-Varietäten vom Senegal, aus Guinea, vom Cap, aus dem Caffernlande, Mossambik und Madagascar darthun.

Sergia, Stål.

Hemipt. Afric. I. p. 56.

7. *Sergia nigropunctata*, Stål.

Sergia nigropunctata, Stål, Hemipt. Afric. I. p. 57. No. 2.

Zwei Exemplare dieser auch am Senegal einheimischen Art liegen von Aruscha vor.

Balbocoris, Am. Serv.

Hist. nat. d. Hémipt. p. 50.

8. *Balbocoris rufus*, Westw.

Trigonosoma rufum, Westwood, Catal. of Hemipt. (Hope) I. p. 12.
Trigonosoma variabile, Germar in: Silbermann, Rev. entom. V. p. 184 No. 138
Trigonosoma rufa, Germar, Zeitschr. f. d. Entom. I. p. 57. No. 6. — Herrich-Schäffer, Wanzenart. Insekt. V. p. 42. Fig. 494.

[illegible] *tricolor*, Amyot et Serville, Hist. nat. d. Hémipt. p. 59. No. 1.
[illegible] *xanthopus*, Stål, Öfvers. Vetensk. Akad. Förhandl. X. p. 211. No. 2.
[illegible] *rufus*, Stål, Hemipt. Afric. I. p. 88. No. 1.

Von dieser am Cap und im Cafferlande häufigen Art liegt ein bei Mombas (September 1862) gefangenes Exemplar vor.

Podops, Lap.

Magas. de Zool. 1832. p. 74.

9. *Podops fibulatus*, Germ.

Podops fibulatus, *Germar, Zeitschr. f. d. Entom. I. p. 65. No. 6. — Stål, Hemipt. Afric. I. p. 103. No. 1.
Podops pallipes, Dallas, List of Hemipt. Ins. I. p. 53. No. 5.
Podops spinicollis, Stål, Öfvers. Vetensk. Akad. Förhandl. X. p. 211. No. 1.
Podops tibialis, Signoret, Annal. de la soc. entom. de France. 3. sér. VIII. p. 919. No. 70.

Zwei bei Mombas (September 1862) aufgefundene Exemplare stimmen mit den Capensischen genau überein. Ausser in Süd-Afrika ist die Art auch in Senegambien, Guinea und auf Madagascar einheimisch.

Dymantis, Stål.

Öfvers. Vetensk. Akad. Förhandl. XVIII. p. 199.

10. *Dymantis plana*, Fab.

Halys plana, Fabricius, Syst. Rhyngot. p. 183. No. 12. — Herrich-Schäffer, Wanzenart. Insekt. V. p. 70. Fig. 519.
Paramecocoris [illegible], Stål, Öfvers. Vetensk. Akad. Förhandl. XII. p. 181. No. 1. — ibidem XIII. p. 55. No. 1.
Dymantis plana, Stål, Hemipt. Afric. I. p. 110. No. 1.

Ein aus Endara (December 1862) stammendes Exemplar von 11½ mill. Länge unterscheidet sich von den Guineensischen und Senegambischen nur durch etwas lichtere Färbung.

Anarropa, nov. gen.

(Tribus *Sciocoridae*.)

Caput parvum, obtuse triquetrum, lobis lateralibus intermedio haud longioribus. Tubercula antennifera perspicua. Antennarum et rostri articuli 2. et 3. longitudine subaequales. Ocelli remoti, pone oculos siti. Prothoracis margines laterales integri, acuti. Hemelytra abdomen obtegentia, membrana corium superante, ampla, venis longitudinalibus novem instructa. Pedes inermes.

Mit *Caystrus*, Stål (Öfvers. Vetensk. Akad. Förhandl. XVIII. p. 199, Hemipt. Afric. I. p. 116) in den Längsverhältnissen der Saugrüssel-Glieder, den von oben her sichtbaren Fühlerhöckern, dem die Spitze des Kopfes etwas überragenden Basalglied der Fühler, den unbewehrten Schenkeln u. s. w. übereinstimmend, unterscheidet sich die vorstehende Sciocoriden-Gattung von jener nicht nur dadurch, dass das zweite Fühlerglied reichlich von der Länge des dritten ist, sondern auch besonders durch die Bildung des Kopfes, dessen Seitenlappen kaum merklich länger sind als der mittlere und sich nicht vor demselben vereinigen. Die hinter den grossen, seitlich stark hervortretenden Netzaugen gelegenen Ocellen sind grösser als bei *Dymantis*, Stål und untereinander mehr denn doppelt so weit als von jenen entfernt. Von letzterer Gattung weicht *Anatropa*, abgesehen von den verschiedenen Längsverhältnissen der Rüssel- und Fühlerglieder, durch den kleinen, quer dreieckigen Kopf, den nach vorn abschüssigen Prothorax und die längere Deckflügel-Membran ab, auf welcher überdies neun Längsadern ausgebildet sind. Von letzteren entspringen die zweite und dritte (von innen her gezählt) und sodann wieder die fünfte und sechste je aus einem gemeinsamen kurzen Stamm, während die achte sich um die Basis der nach vorn abgekürzten siebenten nach innen zu herumkrümmt.

11. *Anatropa trivialis*, n. sp.

Taf. XVII. Fig. 1.

Subdepressa, ovata, opaca, testacea, confertim fusco-punctata, depilis, prothoracis scutellique linea media angusta, prothoracis margine basali, scutelli apicali liturisque duabus parvis basalibus pallidis: membrana fere hyalina, abdomine in medio basi sanguineo, apicem versus fusco-vittato, ad stigmata utrinque densius vittatim fusco-punctulato. Long. corp. 11, lat. $6^1/_2$ mill.

Von der Grösse der *Dymantis plana*, Fab. (a. a. O.), aber etwas länglicher eiförmig und im Umriss darin abweichend, dass die grösste Breite weiter nach vorn liegt. Rüssel licht scherbengelb, Fühler leicht gebräunt, das zweite Glied um ein Weniges länger als das dritte (die beiden letzten fehlen). Kopf kürzer als bei den stark hervorquellenden Augen breit, gleich dem Prothorax, Schildchen und den Deckflügeln matt scherbengelb, durch dichte schwärzlich-braune Punktirung fahl braun erscheinend; ein Fleck jederseits zwischen Ocellen und Netzaugen so wie eine schmale Längsbinde des Mittellappens unpunktirt. Prothorax quer sechseckig, mit abgestumpften, aber über die Flügeldeckenbasis deutlich heraustretenden Seitenwinkeln, zwischen diesen vor der Basis quer aufgewulstet, nach vorn allmählig schräg abfallend, die vorderen Seitenränder scharf, leicht aufgebogen und Sförmig geschwungen; der Basal- und die hinteren Seitenränder etwas breiter als die Mittellinie von dunkelen Punkten entblösst, zwei vor dem undeutlichen Quereindruck des vorderen Theiles der Scheibe liegende Wulste gleichfalls theilweise blass scherbengelb. Schildchen länglich dreieckig, die Seitenränder im Bereich der hinteren Hälfte ausgeschweift, die Spitze stumpf lanzettlich; eine feine Mittellinie, die Ränder und zwei seitliche Punktflecke der Basis licht gelb. Deckflügel den Seitenrand des Hinterleibes fast ganz bedeckend, längs der Rippen dichter, im Uebrigen unregelmässiger und feiner als das Schildchen dunkel punktirt. Membran nur leicht gelblich grau getrübt, blass braun geadert. Brust schwärzlich punktirt mit einigen lichten Flecken; an den Beinen die Hüften und Trochanteren rein und blass gelb, die Tarsen leicht gebräunt, aber gleichfalls unpunktirt. (Vorderbeine fehlen.) Hinterleib mit scherbengelbem, bei den Einschnitten schwarz gefleckten Seitenrand, auch die Bauchseiten bis zu den schwarzen Stigmen lichter gefärbt und sparsam dunkel getüpfelt; längs der Stigmenreihen dagegen die schwärzliche Punktirung zu einer Strieme verdichtet. Die Basis der Bauchseite in Form eines bis zur Mitte des vierten Ringes reichenden Dreiecks intensiv blutroth, die Mitte der beiden letzten Ringe pechbraun; der sechste Ring mit tief einschneidender Längsfurche, zweiwulstig.

Ein einzelnes Exemplar von Uru (Mitte Novembers 1862).

Dichelocephala, Stål

Öfvers. Vetensk. Akad. Förhandl. X. p. 226.

Aelia, Fab.

12. *Dichelocephala lanceolata*, Fab.

Aelia lanceolata, Fabricius, Syst. Rhyngot. p. 189. No. 3.
Dichelocephala lanceolata, Stål, Hemipt. Afric. I. p. 181. No. 1.
Aelia (?) gracilis, White, Transact. entom. soc. of London. III. p. 91.
Dichelocephala virescens, Stål, Öfvers. Vetensk. Akad. Förhandl. X. p. 226. No. 1.

Zwei Exemplare dieser bereits aus Guinea und dem Cafferlande bekannten Art liegen von Mombas (September 1862) vor.

Aeliomorpha, Stål.

Öfvers. Vetensk. Akad. Förhandl. XV. p. 313.

Tetratoma, Sign.

13. *Aeliomorpha nasica*, n. sp.

Antennarum articulo secundo tertio parum breviore, ultimis duobus piceis: obovata, testacea, confertim punctata, prothoracis scutellique linea media, hujus insuper punctis duobus basalibus laevibus, pallidis, vitta verticis in prothoracem continuata, interdum quoque scutelli elytrorumque lituris nonnullis fuscis. Long. $6\frac{1}{3}$—9 mill. ♀.

♂ *Antennis totis testaceis, articulo secundo minuto: ventris segmentis 3. et 4. utrinque impressione opaca, impunctata signatis.* Long. $6\frac{2}{3}$ mill.

Der nur im männlichen Geschlechte bekannten *Aeliom. griseo-flava*, Stål (Öfvers. Vetensk. Akad. Förhandl. X. p. 218. No. 2. — Hemipt. Afric. I. p. 174. No. 55) offenbar sehr nahe stehend, jedoch, falls nicht die über die Hinterleibsbildung jener Art gemachten Angaben irrig sind, von derselben specifisch verschieden; besonders durch die Längsverhältnisse der weiblichen Fühler leicht kenntlich. Das zweite Glied derselben ist nämlich nicht, wie es für die Gattung als charakteristisch angegeben wird, viel kürzer als das dritte, sondern fast von dessen Länge; die drei ersten Glieder licht scherbengelb, die beiden letzten pechbraun oder wenigstens deutlich gebräunt. Am Kopf die Seitenränder und der Mittellappen, letzterer auf dem Scheitel in Form eines breiten viereckigen Längsfleckes gebräunt, ebenso eine Mittelbinde des Prothorax, welche durch eine feine gelbe Längslinie getheilt ist. Die beiden licht gelben Basalpunkte des Schildchens sehr deutlich, die helle Mittellinie besonders nach hinten braun gesäumt; zuweilen auch noch ein Seitenrandsfleck bei der Mitte der Länge schwärzlich. Deckflügel entweder mit einfarbig graugelbem Corium oder zwischen den Rippen pechbraun gefleckt; die Einschnitte des scherbengelben Hinterleibsrandes gleichfalls schwarzfleckig. Bauch mit einer pechbraunen mittleren Fleckenbinde, welche sich von der Basis bis zum fünften Ringe erstreckt, oder nur der vierte und fünfte Ring mit dunklem Fleck.

Bei dem kleineren Männchen ist das zweite Fühlerglied rudimentär, nur um die Hälfte länger als breit, die drei grossen, behaarten Endglieder scherbengelb. Der matte, unpunktirte Eindruck jederseits von der Mitte des Hinterleibes beginnt am Vorderrande des dritten Ringes und erstreckt sich bis auf die Basis des fünften.

Die in einem weiblichen Exemplare von Mombas (September 1862) vorliegende Art ist zugleich am Cap einheimisch.

Pentatoma, Oliv.

Encycl. méthod. IV. p. 25.

14. *Pentatoma (Carbula) marginella*, Thunb.

Cimex marginellus, Thunberg, Hemipt. rostr. Capens. II. p. 4.
Pentatoma (Carbula) marginella, Stål, Hemipt. Afric. I. p. 144. No. 18.

Ein bei Endara (December 1862) aufgefundenes Exemplar, auf welches die Stål'sche Beschreibung im Uebrigen zutrifft, zeigt auf der Bauchseite nur das mittlere Drittheil des ersten und einen rhombischen Mittelfleck des fünften Ringes schwärzlich pechbraun gefärbt, die dazwischen liegenden nur unregelmässig braun gesprenkelt. Auf einen specifischen Unterschied von den Capensischen Exemplaren dürfte dies jedoch kaum hinweisen.

15. *Pentatoma (Carbula) Jipensis*, n. sp.

Fusco-ferruginea, supra confertim nigro-punctata, capite, prothoracis angulis fortiter productis ventrisque fasciis tribus nigro-piceis, prothoracis marginibus anterioribus callosis scutellique maculis duabus magnis basalibus pallidis, hujus disco parce punctato, sublaevigato. Long. 8 mill.

Nach der Kopfbildung mit der vorhergehenden Art, der *Pent. trisignata*, Germ. (Rev. ent. V. p. 171. No. 104) und *Pent. Limpoponis*, Stål (Öfvers. Vetensk. Akad. Förhandl. X. p. 219. No. 5) einer und derselben Gruppe angehörend und besonders letzterer Art, nach der Beschreibung zu urtheilen, nahe verwandt. — (Fühler fehlen.) Kopf so grob und dicht schwarz punktirt, dass die rostbraune Grundfarbe darunter fast ganz schwindet, gegen die Spitze hin etwas deutlicher als bei *Pent. trisignata* verschmälert. Prothorax durch die sehr viel länger ausgezogenen und mehr zugespitzten Seitenwinkel beträchtlich kürzer als bei der genannten Art erscheinend; diese in Form eines gleichschenkligen Dreiecks über die Deckflügel hinaustretenden Seitenwinkel mit Einschluss ihrer Ränder und Unterseite tief schwarz, dicht und grob körnig punktirt, die Scheibe dagegen abgesehen von der dunkelen Punktirung und mit Ausnahme zweier dichter punktirter Schwielen der vorderen Hälfte vorwiegend rostbraun, die stark aufgewulsteten und deutlich gekerbten vorderen Seitenränder rothgelb. Schildchen mehr wie bei *Pent. marginella* als bei *Pent. trisignata* gestaltet, seitlich jedoch noch deutlicher ausgeschweift und mit stumpf lanzettlicher Spitze; die Basis und Seitenränder dicht, die ganze Scheibe und die Spitze dagegen nur zerstreut schwarz punktirt, letztere beide daher geglättet und vorwiegend rostgelb erscheinend; die beiden glatten hellen Basalflecke noch grösser als bei *Pent. trisignata*, rundlich viereckig. Deckflügel wie die hintere Hälfte des Prothorax punktirt; Membran gelbbraun getrübt. (Beine fehlen.) Hinterleib oberhalb schwarz mit halbmondförmigen Randflecken von rostrother Färbung. Bauch rostfarben mit blutrother Beimischung, zerstreut braun und schwarz punktirt; ein grosser dreieckiger, von der Basis bis zur Spitze des fünften Ringes reichender Mittelfleck und eine Längsbinde jederseits nach innen von der Stigmenreihe schwärzlich pechbraun; der Seitenrand rostgelb, bei den Einschnitten schwarz gefleckt.

Ein einzelnes Exemplar vom See Jipe (Anfang Decembers 1862).

16. *Pentatoma (Cappaea) plinthacrus*, Germ.

(1837) *Cimex plinthacrus*, *Germar, Rev. entom. V. p. 172. No. 107.
(1842) *Cimex apicalis*, Herrich-Schäffer, Wanzenart. Insekt. VI. p. 96. Fig. 664.
Pentatoma apicale, Herrich-Schäffer, ibid. VII. p. 96.
Pentatoma (Cappaea) apicalis, Stål, Hemipt. Afric. I. p. 165. No. 43.
Pentatoma inquinata, Stål, Öfvers. Vetensk. Akad. Förhandl. X. p. 218. No. 2.
Pentatoma bipunctipes, Signoret, Archiv. entom. II. p. 282. No. 625.

Ein bei Wanga (September 1862) gefangenes Exemplar stimmt mit den typischen Germar's vom Cap genau überein. Die Art ist ausserdem aus dem Cafferlande und Guinea bekannt, scheint aber sogar bis nach Süd-Europa zu reichen; wenigstens lassen einige mir aus Sicilien, Sardinien und Portugal vorliegende Exemplare (? *Pentat. amulis*, Costa) keine nennenswerthen Unterschiede erkennen. Ob und in wie weit *Pentat. scapularis*, Thunb., zu welchem von Stål (Hemipt. Afric. I. p. 167) der Germar'sche *Cimex plinthacrus* als synonym gezogen wird, von der vorstehenden Art verschieden ist, muss ich dahin gestellt sein lassen.

17. *Pentatoma (Caura) rufiventris*, Germ.

Cimex rufiventris, *Germar, Rev. entom. V. p. 167. No. 98.
Pentatoma rufiventre, Herrich-Schäffer, Wanzenart. Insekt. VII. p. 196. Fig. 757—759.
Pentatoma (Caura) rufiventris, Stål, Hemipt. Afric. I. p. 169. No. 47.

Ein Exemplar dieser bereits vom Cap und aus dem Cafferlande bekannten Art liegt von Mombas (September 1863) vor.

Nezara, Am. Serv.

Hist. nat. d. Hémipt. p. 143.

18. *Nezara viridula*, Lin.

Nezara viridula, Stål, Hemipt. Afric. I. p. 193. No. 9.
Rhaphigaster prasinus, Dallas, List of Hemipt. Ins. I. p. 274. No. 2.

var. a. *Viridis, unicolor, scutelli tantum punctis quinque basalibus flavis.*

Cimex viridissimus, Wolff, Icon. Cimic. p. 55. Fig. 52.
Cimex smaragdulus, Fabricius, Entom. syst. IV. p. 109. No. 114. — Syst. Rhyngot. p. 167. No. 61. — Wolff, Icon. Cimic. p. 56. Fig. 53.
Nezara smaragdula, Amyot et Serville, Hist. nat. d. Hémipt. p. 143. No. 1. — Fieber, Europ. Hemipt. p. 330.
Rhaphigaster subsericeus, Dallas, List of Hemipt. Ins. I. p. 275. No. 3.

var. b. *Fronte prothoraceque fascia apicali vitellinis.*

Cimex torquatus, Thunberg, Nov. Insect. spec. II. p. 40. Tab. 2. Fig. 53.

Cimex torquatus, Fabricius, Entom. syst. IV. p. 108. No. 107. — Syst. Rhyngot. p. 162. No. 54.
Rhaphigaster torquatus, Herrich-Schäffer, Wanzenart. Insekt. IV. p. 102. Fig. 447.
Pentatoma? flavicollis, Palisot de Beauvois, Insect. rec. en Afrique. p. 185.
Pentatoma? flavicornis, Palisot de Beauvois, ibid. Hémipt. pl. 11. Fig. 6.
Nezara smaragdula var. torquata, Amyot et Serville, Hist. nat. d. Hémipt. p. 143. — Fieber, Europ. Hemipt. p. 330.

var. c. *Supra vitellina, viridi-punctata.*

Cimex viridulus, Linné, Syst. natur. ed. X. p. 444. No. 29. — Mus. Ludov. Ulric. p. 179. No. 6. — Syst. natur. ed. XII. p. 721. No. 52. — Fabricius, Entom. syst. IV. p. 109. No. 110. — Syst. Rhyngot. p. 166. No. 57.
Cimex hemichlorus, Germar, Rev. entom. V. p. 168. No. 94.
Rhaphigaster orbus, Stål, Öfvers. Vetensk. Akad. Förhandl. X. p. 221. No. 1.

Drei bei Mombas (September 1862) aufgefundene Exemplare dieser häufigen und weit verbreiteten Art gehören den drei im Vorstehenden aufgeführten Farben-Varietäten an. Ueber ganz Afrika mit seinen Insel-Gruppen verbreitet, geht die *Nezara viridula* auch auf Süd-Europa, Vorder-Asien, Ostindien mit den Sunda-Inseln und Philippinen über, tritt aber ausserdem in übereinstimmenden Exemplaren auf den Antillen und in Süd-Amerika auf.

Antestia, Stål.

Hemipt. Afric. I. p. 200

19. *Antestia variegata*, Thunb.

Cimex variegatus, Thunberg, Nov. insect. spec. II. p. 46. Tab. II. Fig. 62. — Hemipt. rostr. Capens. II. p. 3.
Cimex chiromonus, Thunberg, Hemipt. rostr. Capens. II. p. 3.
Pentatoma orbitalis, Westwood, Catal. of Hemipt. (Hope) I. p. 35.
Cimex furcatus, Germar, Rev. entom. V. p. 172. No. 108.
Pentatoma lineaticollis, Stål, Öfvers. Vetensk. Akad. Förhandl. X. p. 220. No. 11.
Antestia variegata, Stål, Hemipt. Afric. I. p. 202. No. 3.

Einige auf der Insel Sansibar gefundene Exemplare von nur 6 mill. Länge gehören der von Stål (Hemipt. Afric. I. p. 203) als var. c aufgeführten Form dieser vielfach variirenden Art an. Dieselbe ist besonders am Cap häufig.

Aspongopus, Lap.

Magas. de Zool. 1832. p. 58.

20. *Aspongopus viduatus*, Fab.

Cimex viduatus, Fabricius, Entom. syst. IV. p. 117. No. 145.
Edessa viduata, Fabricius, Syst. Rhyngot. p. 153. No. 34. — Latreille in: Cailliaud, Voyage à Méroé. pl. 58. Fig. 29.
Aspongopus viduatus, Stål, Hemipt. Afric. I. p. 216. No. 6.
Aspongopus melanopterus, Herrich-Schäffer, Wanzenart. Insekt. VII. p. 78. Fig. 748.
Aspongopus bicolor, Guérin in: Lefébvre, Voy. en Abyssin., Insect. pl. 6. Fig. 5

var. *Niger, unicolor.*

Aspongopus unicolor, Herrich-Schäffer, Wanzenart. Insekt. IV. p. 93. Fig. 433.
Dinidor unicolor, Herrich-Schäffer, ibid. VII. p. 78.
Aspongopus niger, Fieber, Europ. Hemipt. p. 370.

Ein von der Insel Sansibar stammendes Exemplar gehört der in Afrika weit verbreiteten (Senegambien, Guinea, Loanda, Caffernland, Mosambik, Abyssinien, Nubien, Aegypten) Varietät mit gelbbrauner Färbung des Prothorax und Schildchens an. Die Art ist bis nach Vorder-Asien und der Türkei verbreitet.

Aethus, Dall.

List of Hemipt. Ins. I. p. 110.

Cydnus et *Macroscytus*, Fieb.

21. *Aethus torridus*, Erichs.

Cydnus torridus, *Erichson in: Klug, Doubletten-Verz. 1842. p. 72. No. 219.

Ein am See Jipe aufgefundenes Exemplar dieser Art weicht von den Senegambischen durch etwas geringere Grösse (5½ mill.) und durch schwärzlich pechbraune Beine, an denen nur die Tarsen rostgelb gefärbt sind, ab. — Die von Stål (Hemipt. Afric. I. p. 20. No. 1) als *Hiverus torridus*, Erichs. beschriebene Art, welche 8 mill. lang und bei welcher der Kopfrand seitlich über die Augen hervortreten soll, kann hiernach der vorstehenden Art nicht angehören.

22. *Aethus saprinoides*, n. sp.

Capitis rugoso-punctati margine antico spinuloso, lobo medio subparallelo verticeque laevibus: quadrato-ovatus, niger, nitidulus, antennis, coxis femoribusque rufo-brunneis, tarsis ferrugineis: prothorace trapezoideo, subtiliter disperse punctato, ad basin et ante medium laevi, hemelytrorum margine costali punctis quinque setigeris obsito. Long. 7 mill.

Von ähnlichem Körperumriss wie der Europäische *Aethus brunneus* (*Cydnus brunneus*, Fab., Syst. Rhyngot. p. 185. No. 5), aber kleiner, weniger abgeflacht und durch die Skulptur unterschieden. Kopf mit Ausnahme des glatten Scheitels und Mittellappens dicht und grob runzlig punktirt, vorn in regelmässigem Bogen gerundet, innerhalb des schmal aufgebogenen Vorderrandes fein gedörnelt und beborstet, der Mittellappen durchgehend, nach vorn kaum verschmälert. Ocellen klein, von den Netzaugen weit entfernt. An den Fühlern die beiden ersten Glieder rothbraun, die drei letzten licht pechbraun, mit gelblicher Spitze; das zweite und dritte gleich lang. Prothorax an der Basis nur um ein Drittheil breiter als lang, nach vorn allmählig und unter fast geradlinigen Seiten trapezoidal verschmälert, bei den Vorderecken etwa ebenso breit wie lang, oberhalb kissenartig gewölbt, in der Mitte des Vorderrandes und jederseits hinter der Mitte seiner Länge eingedrückt, längs der Basis und vor der Mitte in weiter Ausdehnung glatt, dazwischen querüber fein und zerstreut, längs der Seitenränder und hinter dem Kopfausschnitt dichter und stärker punktirt. Schildchen mit deutlich abgesetzter, abgerundet viereckiger Spitze, längs der Basis glatt, im Uebrigen zerstreut und nur mässig stark punktirt. Corium mit fast gerade abgestutztem Endrande, an der Basis und im Costalraume gröber und dichter, auf der Scheibe ziemlich fein und seicht punktirt; der leicht verdickte Costalrand im Bereich der Basalhälfte mit fünf grubenförmigen, je eine Borste führenden Punkten. Membran gelblich weiss, mit leichter Bräunung der Basis.

An den Beinen die Hüften und Schenkel röthlich pechbraun, die Tarsen rostgelb. Hinterleib in der Mitte spiegelblank, glatt, beiderseits punktirt.

Ein einzelnes Exemplar von Mombas (September 1862).

23. *Aethus sculptus*, n. sp.

Capitis fortiter rugoso-punctati margine antico inermi, lobo medio anterius angustato, transversim plicato: ovatus, niger, nitidus, rostro, antennis pedibusque rufo-piceis, tarsis ferrugineis; prothorace apicem versus rotundato-angustato, fortiter punctato, ante medium laevi et subcalloso-elevato, hemelytris scutello subtilius punctatis. Long. 6¾ mill.

Regelmässiger oval als die vorhergehende Art, von welcher sie sich überdies durch die grobe Punktirung des Kopfes, Prothorax und Schildchens auffallend genug unterscheidet. Kopf im Bereich der Seitenlappen sehr grob und dicht runzlig, auf dem Scheitel vereinzelter punktirt, der nach vorn deutlich verschmälerte und an der Spitze fast eingeschlossene Mittellappen wulstig erhaben und quer eingekerbt; Vorderrand gerundet, in der Mitte leicht eingekerbt, schmal und schwach aufgebogen, nicht gedörnelt. Ocellen deutlich grösser als bei der vorhergehenden Art. Rüssel und die beiden ersten Fühlerglieder rostroth, das dritte bräunlich (Endglieder fehlen). Prothorax beträchtlich kürzer und unter stärker gerundeten Seiten nach vorn mehr verschmälert als bei *Aeth. spinoides*, längs des Vorderrandes in geringerer, längs der Seitenränder in mindestens doppelt so weiter Ausdehnung dicht und grob punktirt, ebenso in Form eines Querbandes zwischen Mitte und Basis; der vordere Theil der Scheibe glatt und stark glänzend, leicht schwielig erhaben, längs der Mittellinie furchenartig eingedrückt, die Basis beiderseits wulstig aufgetrieben, nur vereinzelt punktirt. Schildchen mit weniger deutlich abgesetzter und beträchtlich breiterer (stumpf lanzettlicher) Spitze als bei der vorhergehenden Art, sehr viel grober und dichter punktirt, längs der Basis jedoch fast glatt. Corium hinten fast gerade abgestutzt, sehr viel feiner als das Schildchen (jedoch deutlich stärker als bei *Aeth. spinoides*) punktirt, der feine Aussenrand mit dicht aneinandergereihten, aber schwachen und borstenlosen Punkten besetzt. Membran gelblich weiss, die Hinterleibsspitze ziemlich weit überragend. Beine röthlich pechbraun, mit dunkleren Schienen und licht rostfarbenen Tarsen.

Ein einzelnes Exemplar von Moschi (Anfang Decembers 1862).

24. *Aethus macrops*, n. sp.

Oculis ocellisque magnis, capitis margine antico reflexo, inermi, lobis lateralibus disperse punctatis, anterius conniventibus: ovatus, castaneus, nitidus, prothoracis trapezoidei marginibus lateralibus setosis, hemelytris scutello densius punctatis, hujus apice angusto, lanceolato. Long 7 mill.

Von ähnlichem Körperumriss wie die vorhergehende Art, aber etwas flacher, durch den kürzeren und nach vorn stärker verschmälerten Prothorax, vor Allem aber durch die Bildung des Kopfes und die Grösse der Augen unterschieden. Körper oberhalb licht kastanienbraun, glänzend. Der Querdurchmesser der Netzaugen fast der halben Stirnbreite gleichkommend, die Ocellen fast doppelt so gross als gewöhnlich und von den Netzaugen nur um ihre eigene Breite entfernt.

Scheitel und Mittellappen glatt, letzterer nach vorn deutlich verschmälert und an der Spitze von den fast zusammenstossenden Seitenlappen umfasst; letztere seitlich und nach oben hin grob, aber zerstreut punktirt, der Vorderrand glatt, breit aufgebogen, fein schwarz gesäumt, lang beborstet. Scheitel dunkeler als der Vorderkopf, mehr pechbraun. (Fühler bis auf das rostrothe Basalglied fehlend.) Prothorax an der Basis doppelt so breit als lang, nach vorn unter fast geradlinigen Seiten stark trapezoidal, bis auf die Hälfte seiner Basalbreite verschmälert, die vordere Hälfte der Scheibe jederseits schwielig erhaben, glatt, die seitlich aufgewulstete Basis nur zerstreut punktirt. Die Oberfläche im Uebrigen nirgends gedrängt, aber ziemlich tief eingestochen, in der Mitte des ausgeschnittenen Vorderrandes theilweise selbst grob punktirt; der feine, durch eingestochene Punkte leicht gekerbt erscheinende Seitenrand mit langen, licht rostfarbenen Borsten gewimpert. Schildchen in entsprechender Weise wie die hintere Hälfte des Prothorax punktirt, seine schmale, herabgebogene und ziemlich scharf lanzettliche Spitze glatt. Deckflügel auf dem Mittelfelde mit ebenso starken, aber merklich dichteren Punkten als auf dem Schildchen besetzt, ihre hintere Abstutzung deutlich ausgeschweift, der leicht verdickte Aussenrand vorn eingestochen punktirt. Membran weiss, die Hinterleibsspitze ziemlich weit überragend. Beine noch lichter als die Oberseite des Körpers, fast rostroth, die Dornen der Schienen jedoch rothbraun, die Kammzähne am Aussenrand der vorderen sogar schwärzlich pechbraun. Brustseiten schwärzlich; Hinterleib dunkel kastanienbraun, seitlich fein ciselirt, in der Mitte glatt und glänzend.

Ein einzelnes Exemplar von Endara (Ende Decembers 1862).

Fam. **Coreodes,** Burm.

Mictis, Leach.

Zoolog. Miscell. I. p. 92.

Cerbus, Hahn, Burm.

25. ***Mictis heteropus,*** Latr.

Coreus heteropus, Latreille in: Cailliaud, Voy. à Méroé IV. p. 287. No. 30. pl. 58. Fig. 30.
Mictis heteropus, *Schaum, Insekt. v. Mossamb. p. 41.
Mictis apicalis, Westwood, Catal. of Hemipt. (Hope). II. p. 12.
Cerbus fuliginosus, *Klug, Doublett.-Verzeichn. 1842. p. 11. No. 214.
Mictis curripes, Stål, Hemipt. Afric. II. p. 29. No. 8.

Zwei weibliche Exemplare dieser auch in Senegambien, Mosambik, Sennaar und Ober-Aegypten einheimischen Art liegen von Kiriama (Ende Decembers 1862) vor. — Ob auf diese Art, wie es von Stål (a. a. O.) geschieht, der *Cimex curvipes*, Fab. (Mant. Insect. II. p. 288. No. 95) bezogen werden kann, ist in so fern zweifelhaft, als die Angaben: „thorax rufus" und „abdominis medio pallidiore" auf keines der mir vorliegenden Exemplare zutreffen, während sie auf eine mit *Mict. pectoralis*, Germ. durch die kürzeren Fühler näher verwandte Art aus dem Cafferlande sehr wohl anwendbar sind.

26. *Mictis cervina*, n. sp.

Prothoracis angulis rotundatis, abdominis segmento ventrali secundo triangulariter producto: supra cervina, infra pallide luteolenta, vitta supracoxali pectoris, ad abdominis apicem usque continuata densius tomentosa, pedibus antennisque cinnamomeis, horum articulo quarto aurantiaco, elongato: alis luteis, ante apicem infuscatum obscure maculatis, abdominis dorso miniaceo, apice dilute fusco. Long. 22 mill. ♀.

Der *Mict. vidua*, *Schaum (Insekt. v. Mossamb. p. 41. Taf. II. Fig. 5) nahe verwandt, aber bei etwas ansehnlicherer Grösse beträchtlich breiter, überdies durch die Färbung und Längsverhältnisse der Fühlerglieder, die gebräunte Spitze des Hinterleibsrückens, die nur im Bereich der Basalhälfte gelben, jenseits der Mitte braun gefleckten Hinterflügel u. s. w. unterschieden. Körper rost- oder zimmetroth, oberhalb durch die dünnere helle Befilzung rehfarben, unterhalb, wo dieselbe sehr dicht ist, lieht lehmgelb erscheinend. An den Fühlern das erste Glied um ⅙ länger als das zweite, aber fast um den vierten Theil kürzer als das sehr schlanke vierte; letzteres lebhaft orangeroth, die übrigen von Körperfarbe, ohne dunkele Spitzen. Prothorax mit seicht gefurchter Mittellinie, ohne Querleiste vor der Basis, nur jederseits mit einem Höcker versehen; die Seitenwinkel breit und stumpf abgerundet. Schildchen mit nackter, rostgelber Spitze. Mesonotum in der Mitte kohlschwarz, Metanotum düster mennigroth mit pechbrauner Basis. Deck- und Hinterflügel mit rosenrother Gelenkhaut; an ersteren die Membran schwarzbraun, letztere bis zur Mitte safrangelb und gelb geadert, jenseits derselben deutlich gebräunt, beim Beginn des dunkleren Theils mit einem scharf abgegrenzten, satt pechbraunen Fleck. Vorder- und Mittelschenkel mit einem grösseren, die hinteren ausserdem noch mit zwei kleineren Zähnen vor der Spitze; die diesen Zähnen vorangehende Schneide der Hinterschenkel fein sägezähnig. Eine über den Hüften verlaufende, hellere Filzbinde der Brustseiten setzt sich in etwas weniger markirter Weise auf den ganzen Hinterleib fort. Der zweite Bauchring des letzteren in der Mitte stumpf dreieckig nach hinten ausgezogen; die Rückenseite besonders auf den drei vorderen Segmenten sehr lebhaft, auf den folgenden matter mennigroth; ein Hinterrandsfleck des sechsten dunkler, die beiden letzten lichter pechbraun.

In einem einzelnen weiblichen Exemplare von Wanga (September 1862) vorliegend.

Leptocorisa, Latr.

Fam. nat. p. 421.

Gerris, Fab. — *Myodochus*, Burm.

27. *Leptocorisa phthisica*, n. sp.

Ferrugineo-testacea, antennarum articulis 2. et 3. apice piceis, hemelytrorum margine scutellari infuscato: oculis minus prominentibus, capite sat fortiter acuminato, prothoracis margine apicali basi fere dimidio tantum breviore. Long. 13½—14 mill.

Der *Lept. apicalis*, Westw. (Catal. of Hemipt. II_b p. 18) sehr nahe verwandt, aber durch folgende Form- und Färbungsmerkmale unterschieden: Der Kopf ist bei gleicher Breite länger, in seinem vorderen Theil stärker zugespitzt, die Seitenlappen über den mittleren nach vorn weiter hinausreichend; im Vergleich mit demjenigen von *Lept. apicalis* erscheint er um so schmaler, als auch die Netzaugen seitlich weniger heraustreten. Weder der Innenrand der Ocellen noch die Seitenlinie hinter den Augen geschwärzt. Fühler in allen Theilen, das 2. und 3. Glied selbst fast um ein Viertheil länger als bei *Lept. apicalis*, das erste ausserhalb kaum merklich gebräunt, nur vor der Spitze etwas dunkler; das zweite und dritte mit pechbraunem Ende. Prothorax nach vorn sehr viel weniger verschmälert, so dass der Vorderrand mehr als $^{3}/_{5}$ der Basallänge gleichkommt; seine vordere Einschnürung seichter und kürzer, der darauf folgende Quereindruck deutlicher, die Mittellinie kaum gekielt, die Punktirung der Oberfläche feiner, dichter runzlig und nicht gebräunt; die Seitenränder lichter gelb als die Scheibe, die beiden Basalschwielen mit letzterer gleich, d. h. hell gefärbt. Der Innenrand der Deckflügel mit Ausnahme des ersten Drittheils der Schildchenlänge geschwärzt, zuweilen auch der Clavus licht pechbraun. Beine etwas schlanker als bei *Lept. apicalis*, sonst von gleicher Färbung.

In zwei Exemplaren von Mbaramu (October 1862) vorliegend.

Camptopus, Am. Serv.

Hist. nat. d. Hémipt. p. 224.

Tupalus et Mirperus, Stål.

28. *Camptopus jaculus*, Thunb.

Stoll, Punaises p. 161. pl. 40. Fig. 292.
Cimex jaculus, Thunberg, Nov. Insect. spec. II. p. 34. Tab. 2. Fig. 50.
Tupalus jaculus, Stål, Hemipt. Afric. II. p. 96. No. 3.
Alydus cruciferus, Stål, Öfvers. Vetensk. Akad. Förhandl. XII. p. 30. No. 1.
Alydus Madagascariensis, Signoret, Annal. soc. entom. de France. 3 sér. VIII. p. 940. No. 119.

Beide Geschlechter von Mombas (September 1862) vorliegend. Die Art ist sowohl in Guinea und Senegambien, wie am Cap, im Cafferlande und Mosambik, ausserdem auch auf Madagascar einheimisch.

Phyllomorpha, Lap.

Magas. de Zool. 1832. p. 47.

Craspedum et Pephricus, Am. Serv.

29. *Phyllomorpha tetraptera*, n. sp.

Pallide testacea, abdominis disco nigro-consperso, hujus segmenti sexti laminis late et transversim truncatis, quarti et quinti maximis, lateraliter dilatatis ibique retrorsum lobato-productis, quinti laminas terminales longe superantibus. Long. 11 mill.

Das einzige vorliegende Exemplar dieser ausgezeichneten neuen Art ist leider so verstümmelt und zum Theil selbst zerstört, dass eine vollständige Charakteristik derselben nicht gegeben werden kann; im Bereich des besonders charakteristischen Hinterkörpers jedoch wenigstens so weit erhalten, dass ihre Verschiedenheit von den bisher bekannt gewordenen Arten sicher festgestellt werden konnte. Dieselbe steht durch die breite, quer abgestutzte Form der Lamellen des letzten Hinterleibsringen in nächster Verwandtschaft mit *Phyll. Latreillei*, Guér. (Rev. zoolog. 1839. p. 233. — Westwood, Arcan. entom. I. p. 8. No. 3. pl. 2. Fig. 3) und *Phyll. Madagascariensis*, Sign. (Annal. soc. entom. de France. 2. sér. VI. p. 185. pl. 7. Fig. 6a), weicht aber von beiden sehr wesentlich durch die Bildung der beiden vorhergehenden, flügelförmig gestalteten Lamellenpaare ab. Dieselben sind unter einander fast gleich gestaltet, haben einen stark Sförmig geschwungenen, schräg von vorn und innen nach hinten und aussen gerichteten Vorder- und Hinterrand, erweitern sich nach aussen hin stark, sind seitlich in fast gerader Richtung von vorn nach hinten abgeschnitten, der erweiterte Theil aber nach hinten lappenartig ausgezogen; dieser Seitenfortsatz des vorletzten, dem fünften Ringe angehörigen Lamellenpaares überragt den Hinterrand des sechsten nach hinten sehr weit, nämlich fast um $\frac{1}{4}$ der Länge des letzteren. Die Lamellen des drittletzten Paares (4. Hinterleibsring) sind an ihrem vorderen Ende bei weitem schwächer erweitert als bei *Phyll. Latreillei* und nur stumpf gewinkelt; die kleinen des zweiten und dritten Ringes leicht gerundet, ohne stark hervortretende Ecken. Am Vorderkörper ist der Prothorax leider gänzlich zerstört, der nicht besonders ausgezeichnete Kopf nur noch mit dem Basalgliede der Fühler versehen; an diesem erscheinen die Stacheln merklich kräftiger und zugleich etwas sparsamer als bei *Phyll. Latreillei*.

Zwischen Moschi und dem See Jipe, Anfang Decembers 1862 aufgefunden.

Mevania, Stål.

Hemipt. Afric. II. p. 110.

30. *Mevania hystrix*, n. sp.

Cinnamomea, scabra, opaca, griseo-hirta, antennis testaceis, articulo quarto fusco, subulato, oculis globosis: capite multispinoso, prothoracis angulis lateralibus mucronatis, marginibus anterioribus et postico bispinosis, dorso tuberculato: scutelli apice pallide flavo, nitido, hemelytris albo-fuscoque variegatis, membranae albidae macula magna fusca. Long. 6 mill.

Ob und in wie weit die vorstehende Art mit der einzigen bis jetzt bekannten *Mev. spiniceps*, Sign. (Annal. soc. entom. de France. 3. sér. VIII. p. 944. No. 128) generisch übereinstimmt, lässt sich aus der Charakteristik der letzteren nicht mit Bestimmtheit ersehen; zu ihrer Kenntlichmachung ist daher neben den specifischen theilweise auch auf die generischen Merkmale einzugehen. — Körper rindenartig rauh, dicht körnig punktirt, matt, abstehend behaart, auf Kopf und Prothorax stachlig und gehöckert. Kopf abgesehen von den stark glotzenden, kugligen Augen fast um ein Drittheil länger als breit, bis zum Ursprung der Fühler fast parallel, vor demselben sehr viel schmaler und sphärisch dreieckig zugespitzt; seine gewölbte Oberseite überall mit theils sehr langen, theils kurzen, licht rostgelben Dornen besetzt. Fühler etwa von halber Körperlänge, licht rostgelb, mit pechbraunem Endgliede; das erste Glied von $\frac{2}{3}$ der Kopflänge, mit dünner Basis und stark gekeulter, stachliger Spitzenhälfte, die beiden folgenden lang und dünn, das dritte etwa um $\frac{1}{3}$ länger als das zweite, das vierte verbreitert, spindelförmig, fast um $\frac{1}{4}$ kürzer als das dritte. Rüssel bis zu den Hinterhüften, das kurze erste Glied nicht über die Augen hinausreichend. Der quer hexagonale, nach vorn stark abschüssige Prothorax mit stark dornförmig ausgezogenen, schräg nach vorn und aussen gerichteten Seitenecken, im vordersten Drittheil mit tiefer Quer- und auf dem abschüssigen Theil mit breiter Längsfurche; die vorderen Seitenränder mit zwei längeren, die hinteren mit drei kurzen rostrothen, der Basalrand mit zwei dünnen hell gelben Dornen bewehrt; die sehr grob gekörnte, greishaarige Oberseite mit verschiedenen symmetrisch angeordneten Tuberkeln besetzt. Schildchen fast gleichseitig dreieckig, rothbraun mit glänzendem, glattem, wachsgelbem Spitzenfleck. Deckflügel auf Clavus und Corium grob reihenweise punktirt, rindenbraun, mit weissem, vorn und hinten schwarz gestricheltem Mittelfleck; Membran weisslich, ihre Basis in Form eines Dreiecks und ein grosser Querfleck vor dem Spitzendrittheil satt braun. Die (allein vorhandenen) Mittelbeine licht gelb, die zwei letzten Drittheile der stark gekeulten Schenkel jedoch zimmetbraun, dicht und kurz gestachelt. Die Seiten des zweiten bis sechsten Hinterleibsringes je in einen, dem Hinterrande entsprechenden, dreieckigen, aufgerichteten Dorn ausgezogen; diese Dornen stärker als der übrige Hinterleib gebräunt, ein jedesmal vor ihnen liegender Seitenrandsfleck gelb.

Ein einzelnes Exemplar von **Mombas** (September 1862).

Fam. **Lygaeodes**, Burm.

Ischnodemus, Fieb.

Weitenweber, Beitr. z. Naturwiss. I. p. 337.

Micropus, Spin. — *Blissus*, Stål.

31. *Ischnodemus bacillus*, n. sp.

Taf. XVII. Fig. 2.

Rostro coxas anticas superante, elongatus, niger, prothoracis basi genubusque rufo-piceis, tarsis ferrugineis, hemelytris pallide testaceis, membrana albida, margine interno, signatura communi cruciformi maculaque anteapicali rhomboidea nigro-fuscis. Long. 8½ mill.

Körper mehr denn viermal so lang als breit, tief schwarz. Kopf dicht punktirt, matt. Fühler mit pechbraunem Basalgliede; das zweite deutlich kürzer als das dritte, das vierte schmal lanzettlich, fast um die Hälfte länger als das dritte. Rüssel pechbraun, die Vorderhüften ein wenig überragend. Prothorax fast um ein Drittheil länger als breit, im Bereich der beiden hinteren Drittheile parallel, sodann nach vorn gerundet verschmälert; am Vorderrand dicht runzlig, zwischen Mitte und Basis querüber rauh, feilenartig punktirt, dahinter mit Ausnahme einiger, die Seitenschwielen nach innen begrenzender Punkte glatt und glänzend, der in der Mitte tief ausgebuchtete Basalrand ziemlich breit röthlich pechbraun. Schildchen gleichseitig dreieckig, grob runzlig punktirt, matt, jedoch mit glattem Mittelkiel. Deckflügel mit ausgebildeter, fast bis zum Hinterrand des vierten Abdominalringes reichender Membran, vorn licht scherbengelb, an der Spitze fast rein weiss; die äusserste Basis, der Innenrand, eine gemeinschaftliche X förmige Zeichnung vor und ein grosser rhombischer Fleck hinter der Mitte der Länge schwärzlich pechbraun. An den Beinen die Knie und Schienenspitzen rothbraun, die Tarsen lichter, rostfarben. Vorderschenkel birnförmig, besonders unterhalb stark gerundet und hier vor der Spitze mit sechs stärkeren, beiderseits von diesen noch mit einigen kleineren Zähnen bewehrt; Vorderschienen kurz, mit sehr fein gekerbtem und behaartem Innenrande. Hinterleib mit Ausnahme der glatten Bauchmitte dicht und feinkörnig punktirt, matt, durch sehr feine Behaarung greis schimmernd; fünftes Dorsalsegment in der Mitte loser und leicht querrunzlig punktirt, glänzend.

Das einzige vorliegende Exemplar dieser ausgezeichneten Art wurde zwischen Moschi und dem See Jipe Anfang Decembers 1862 gefunden.

Brosus, Am. Serv.

Hist. nat. d. Hémipt. p. 254

Ischnotarsus, Fieb.

32. *Brosus armipes*, Fab.

Lygaeus armipes, Fabricius, Entom. syst. IV. p. 164. No 102. — Syst. Rhyngot. p. 231. No. 132.
Lygaeus albostriatus, Fabricius, Syst. Rhyngot. p. 229. No. 122.
Pachymerus albostriatus, *Burmeister, Handb. d. Entom. II. p. 295. No. 5.
Brosus albostriatus, Stål, Hemipt. Afric. II. p. 168. No. 6.

In den Ugono-Bergen, Ende Octobers 1862 aufgefunden. Die Art ist auch aus Guinea, Senegambien und dem Cafferlande bekannt.

Lygaeus, Fab.

Entom. syst. IV. p. 133.

33. *Lygaeus famelicus*, Fab.

Cimex famelicus, Fabricius, Spec. Insect. II. p. 365. No. 159.
Lygaeus famelicus, Fabricius, Entom. syst. IV. p. 156. No. 73. — Syst. Rhyngot. p. 223. No. 92. — Thunberg, Hemipt. rostr. Capens. IV. p. 3. — Stål, Hemipt. Afric. II. p. 126. No. 2.
Cimex aulicus β. croceatus, Thunberg, Nov. Insect. spec. III. p. 56. Tab. 3. Fig. 65.
Lygaeus croceatus, Thunberg, Hemipt. rostr. Capens. IV. p. 3.
var. *Prothorace pone apicem nigro-fasciato, scutello croceo, ad basin nigro.*

Von dieser am Cap häufigen und durch ihre plastischen Auszeichnungen leicht kenntlichen Art liegen einige Exemplare von Aruscha (Anfang Novembers) und ein einzelnes vom Kilimandscharo (8000′) vor. Nur eines derselben ist oberhalb, wie gewöhnlich, mennigroth, die übrigen abgesehen von dem Kopf und dem Spitzensaum des Prothorax, welche diese Farbe beibehalten haben, orangegelb gefärbt. Der Prothorax zeigt durchweg nur eine bald schmalere, bald breitere schwarze Querbinde nahe der Spitze; aber auch das Schildchen ist nicht, wie gewöhnlich, ganz schwarz, sondern zum grössten Theile orangegelb und nur an der äussersten Basis schwarz gebändert.

34. *Lygaeus fasciativentris*, Stål.

Lygaeus fasciativentris, Stål, Öfvers. Vetensk. Akad. Förhandl. XV. p. 316. No 28. — Hemipt. Afric. II. p. 140. No. 28.

Von dieser bereits aus dem Cafferlande bekannten Art liegt ein bei **Mombas** (September 1862) gefundenes Exemplar vor; auch im wüsten Arabien (**Ehrenberg** in Mus. Berol.) ist dieselbe einheimisch.

35. *Lygaeus amoenulus*, n. sp.

Coccineus, griseo-pubescens, capite cum antennis, prothoracis fascia apicali maculisque duabus magnis quadratis basalibus, scutello macula apicali excepta, clavo, corii macula magna media rotunda, pectoris medio et lateribus, pedibus, ventris vitta segmentoque apicali nigris: membranae atrae maculis duabus transverse ovatis, altera ante medium sita, altera apicali, albis. Long. 5½ mill.

Zu den kleinsten Arten der Gattung gehörend und mit *Lyg. delicatulus* und *venustulus*, Stål (Öfvers. Vetensk. Akad. Förhandl. XV. p. 32. No. 3 und 4, Hemipt. Afric. II. p. 138. No. 20 und p. 139. No. 21) zunächst verwandt, von beiden jedoch durch die Fleckenzeichnung und noch geringere Grösse abweichend. Die scharlachrothe Grundfarbe durch feine greise Behaarung gedämpft. Kopf nebst Rüssel und Fühlern schwarz, nur die Backenränder röthlich. Die beiden Querlinien der vorderen Prothoraxhälfte S förmig geschwungen, tief eingegraben, im Grunde glänzend, die Mittellinie stumpf gekielt; auf rothem Grunde eine der Kopfbreite entsprechende Vorderrandsbinde und zwei grosse, viereckige, die Basis und den Seitenrand berührende, gegen die Mittellinie hin schräg abgeschnittene Flecke schwarz, letztere auf die Seite der Vorderbrust übergreifend. Schildchen schwarz mit rother Spitze. Auf den Deckflügeln der Clavus mit Ausnahme der Basis und ein grosser rundlicher Mittelfleck des Corium, welcher den Aussenrand berührt, schwarz; die ebenso gefärbte Membran mit einem kleineren Mittel- und einem grösseren queren Spitzenfleck von milchweisser Farbe. Beine schwarz, mit röthlich brauner Schienenspitze. Mittelbrust am Vorder- und Seitenrand, so wie vor den Hüften, Hinterbrust nur seitlich schwarz. Am Bauch eine durchgehende Mittelbinde und der grösste Theil des Endsegmentes, ausserdem Seitenflecke an der Basis der einzelnen Segmente schwarz.

Ein einzelnes Exemplar von **Wanga** (September 1862).

36. *Lygaeus nasalis*, n. sp.

Coccineus, griseo-pubescens, capitis fascia apicali maculisque duabus postocellaribus, antennis, rostro, prothoracis fascia apicali vittisque duabus ex illa prodeuntibus et ante basin dilatatis, scutello, clavi margine suturali, corii fascia submediana, extus triangulariter dilatata, prosterni margine antico, pleurarum macula magna, pedibus anoque nigris: membranae atrae summa basi ferruginea, macula parva subbasali apiceque albidis. Long. 11½ mill.

Bei gleicher Breite beträchtlich kürzer als *Lyg. militaris*, **Fab.** (Syst. Entom. p. 717. No. 108). Fühler und Rüssel durchaus schwarz. Kopf scharlachroth, nur der Mittellappen und ein Fleckchen hinter den Ocellen schwarz. Prothorax nur im Bereich des Basaltheiles stumpf gekielt, hinten gerade abgeschnitten, nach vorn stark trapezförmig verschmälert; auf scharlachrothem Grunde ein fast halbkreisförmiger, nach hinten bis zu den Quereindrücken reichender Vorderrands-Fleck so wie zwei breite, vor der Basis rechtwinklig nach aussen gekrümmte und daher erweiterte Längsbinden tief schwarz. Schildchen ganz von letzterer Färbung. Auf den scharlachrothen Deckflügeln der Nahtrand des Clavus und eine sich diesem anschliessende Querbinde des Corium, welche sich am Aussenrand nach hinten stark dreieckig erweitert, ebenso die Membran tief schwarz; letztere längs des Endrandes des Corium braungelb, beim ersten Dritttheil der Länge dagegen (gleich dem Endsaum) weiss gefleckt. Beine schwärzlich pechbraun. Vorderbrust schwarz mit scharlachrothem, die Hüften umgebendem Fleck; Mittel- und Hinterbrust innen und hinten breit scharlachroth gesäumt. Hinterleib bis auf einen schwarzen Querfleck zu jeder Seite des sechsten Ringes und den ebenso gefärbten After scharlachroth.

Gleichfalls in einem einzelnen Exemplare von Wanga (September 1862) vorliegend.

Asiacops, Boisd.

Voy. de l'Astrolabe. II. p. 637.

37. *Asiacops mutilatus*, n. sp.

Taf. XVII. Fig. 8.

Oblongo-ovatus, coccineus, capite prothoraceque nigro-pilosulis, antennis, rostro, pedibus, prothoracis callis anticis transversis, scutello, pectoris lateribus, hemelytrorum limbo externo membranaque rudimentaria nigro-piceis. Long. 10—11 mill.

Körper scharlachroth, auf Kopf und Prothorax mit kurzer, aufgerichteter schwarzer Behaarung. Fühler von ³/₄ der Körperlänge, pechschwarz, das erste Glied etwas lichter, mit der Hälfte seiner Länge über die Kopfspitze hinausragend, das zweite nur wenig länger als das vierte, das dritte dagegen deutlich kürzer. Rüssel bis über die Hinterhüften hinausreichend, schwarz, mit röthlich pechbraunem Basalgliede. Augen stark glotzend, roth, durch tiefe Abschnürung vom Kopf kurz gestielt erscheinend; Ocellen gross, untereinander fast doppelt so weit als vom Innenrand der Netzaugen entfernt. Nach innen von letzteren zwei licht pechbraune, zuweilen bis auf die Seitenlappen des Vorderkopfes ausgedehnte Längsstriemen. Prothorax quer, trapezoidal, abgeflacht, durch dichte, körnige Punktirung matt, seitlich und an der Basis scharf gerandet, vor letzterer aufgewulstet, längs der Mitte mit hohem, glattem, zwischen den beiden vorderen Querwulsten endigendem Kiel; letztere stark aufgewulstet, fast glatt, pechbraun, die Seitenränder ziemlich dicht schwarz gewimpert. Schildchen länger als breit, zugespitzt dreieckig, matt pechbraun, die hintere Hälfte zuweilen röthlich. Deckflügel entweder ebenso intensiv oder fahler scharlachroth als der Prothorax, mit schmalem pechschwarzem Aussensaum, durch dichte und feinkörnige, auf dem Clavus etwas stärkere Punktirung matt, kaum bis zum Spitzenrand des vierten Hinterleibsringes reichend, bei der Naht nur wenig übereinander greifend, in ihrer Form übrigens je nach den Individuen schwankend. Bei mangelnden Hinterflügeln gegen die Spitze hin verschmälert und am Ende stumpf abgerundet, in diesem Fall mit sehr rudimentärer (schwarzbrauner), kaum den inneren Ausschnitt des Corium ausfüllender Membran versehen; bei ausgebildeten und dann mit der Spitze hervorragenden Hinterflügeln seitlich gleich breit und mit Einschluss der stärker entwickelten Membran hinten rechtwinklig abgestutzt. Beine schwärzlich pechbraun, schlank, die hinteren verlängert; Hüften scharlachroth. An allen drei Brustringen das Hüftenfeld pechbraun, die breiten Säume gleich dem ganzen Hinterleib scharlachroth. Die Bauchseite des letzteren fein greishaarig, ausserdem aber mit feinen schwarzen Haaren sperrig besetzt. Vierter Dorsalring hinten flach dreieckig ausgeschnitten, der fünfte leicht bogig ausgerandet.

Bei Mombas (September 1862) entdeckt.

Pyrrhocoris, Fall.

Hemipt. Suec. p. 45.

Platynotus, Schill. — *Scantius*, Stål.

38. *Pyrrhocoris volneris*, n. sp.

Hemelytris alisque completis, lanceolatus, nigro-fuscus, opacus, prothoracis limbo laterali, apice strigaque basali media, scutelli apice, hemelytrorum margine externo basali nec non abdominis limbo laterali sanguineis: prothoracis trapezoidei lateribus sinuatis. Long. corp. 9, lat. 3½ mill. ♂.

Der *Pyrrhoc. Forsteri* (*Cimex Forsteri*, Fab., Spec. Insect. II. p. 368. No. 176) sehr nahe verwandt, in der Bildung und Färbung des Kopfes, Rüssels, der Fühler und Beine selbst mit derselben durchaus übereinstimmend, den dunklen Exemplaren dieser Art auch im Gesammtcolorit sehr gleichend, aber durch den schmaleren, nach vorn und hinten gleich stark verengten und daher stumpf lanzettlichen Körper, den nicht queren und seitlich ausgeschweiften Prothorax, so wie die vollkommen ausgebildeten Deck- und Hinterflügel unterschieden. Körper matt kohlschwarz, die Deckflügel und der Bauch mehr schwärzlich pechbraun. Der Mittellappen des Kopfes mit röthlich pechbraunem Anflug, die äusserste Basis des ersten Fühler- und Rüsselgliedes rostroth. Prothorax nur um den vierten Theil kürzer als breit, trapezförmig, nach vorn nicht ganz bis auf die halbe Basalbreite verschmälert, die Seitenränder hinter der Mitte der Länge deutlich ausgeschweift; letztere schmal (jedoch überall gleich breit), der Vorderrand in der Mitte breiter licht blutroth gesäumt, die Mittellinie hinter dem Quereindruck ebenso gefärbt. Unterhalb sind der Vorder- und die Seitenränder etwas breiter als oben roth gesäumt. Schildchen mit licht rother Spitze, davor rothbraun. Der Clavus merklich, das Corium beträchtlich feiner punktirt als bei *Pyrrhoc. Forsteri*, an letzterem der feine Aussensaum und der umgeschlagene Rand blutroth, der gleichfalls lichter gefärbte Endrand vom Ende des Clavus ab schräg nach aussen und hinten verlaufend und mit einer vollständig entwickelten, kohlschwarzen Membran versehen. Am Hinterleib oberhalb das Connectivum, unterhalb der (auch auf die Hinterbrust übergehende) Aussensaum blutroth; letztere Färbung an den Seiten des sechsten Ringes ober- und unterhalb besonders breit.

Ein einzelnes Exemplar von Wanga (September 1862).

Cenaeus, Stål.

Öfvers. Vetensk. Akad. Förhandl. XVIII. p. 196.

39. *Cenaeus abortivus*, n. sp.

Taf. XVII. Fig. 4.

Hemelytris abbreviatis, apice rotundatis, membrana nulla: ferrugineus, nitidus, capitis vitta percurrente, prothoracis area antica callosa, pectoris abdominisque posterioris lateribus nec non femorum apice piceis, hemelytris margine laterali excepto brunneis, dense fortiterque punctatis. Long. 7 mill.

Bei gleicher Länge etwas schmaler als *Cen. carnifex* (*Cimex carnifex*, Fab., Syst. Entom. p. 721. No. 120), von diesem u. A. durch kleineren Prothorax, die stärker punktirten, abgekürzten und der Membran entbehrenden Halbdecken, die Färbung der Unterseite u. s. w. unterschieden. — Fühler im Bereich der beiden Endglieder merklich kürzer als bei der genannten Art, schwärzlich pechbraun. Rüssel licht gelb, bis zwischen die Hinterhüften reichend. Kopf unterhalb rothbraun, oberhalb gegen den Scheitel hin rostroth, vorn lichter, mehr rothgelb, der Mittellappen und eine von diesem bis zum Scheitel fortgesetzte Längsbinde schwärzlich pechbraun. Prothorax verhältnissmässig klein, trapezoidal, an der Basis gerade abgeschnitten, nur um die Hälfte breiter als lang, die deutlich aufgebogenen Seitenränder hinter der Mitte leicht ausgeschweift, die Hinterwinkel verdickt und aufgewulstet; die hintere Hälfte rostgelb, die vordere stark schwielig aufgetrieben, licht pechbraun, glänzend, nach hinten durch eingestochene, schwarze Punkte abgegrenzt, vorn und beiderseits licht gelb gerandet. Schildchen gleich den Deckflügeln braun, letztere über die Scheibe hin geschwärzt, aussen rostgelb gesäumt; überall dicht und grob punktirt, unter gerader Naht aneinander stossend, hinten stumpf abgerundet und stark klaffend, das hinterste Drittheil des Hinterleibes frei lassend, ohne Spur einer Membran. Beine rostgelb, das letzte Drittheil der Schenkel und die Schienenspitze, ebenso das Ende der Tarsen pechbraun; Vorderschenkel unterhalb mit kleinem schwarzen Zahn nahe der Spitze. Alle drei Brustringe mit schwärzlich pechbrauner Scheibe, die Ränder und ein grosser Hüftenfleck gelb. Hinterleib glänzend rostfarben, der vierte bis sechste Bauchring mit pechbraunem, an Grösse nach hinten zunehmendem Seitenfleck; Aftersegment so wie der Hinterrand des vorletzten und die Scheibe des letzten Dorsalringes schwärzlich pechbraun, das Connectivum scherbengelb.

Ein einzelnes Exemplar von Mombas (September 1862).

Roscius, Stål.

Hemipt. Afric. III. p. 8.

40. *Roscius illustris*, n. sp.

Taf. XVII. Fig. 6.

Lanceolatus, niger, opacus, capite anoque coccineis, prothoracis maculis duabus lateralibus posticis, corii totidem majoribus, anteriore triquetra, posteriore rotundato-quadrata, aurantiacis, acetabulis, metasterni limbo apicali abdominisque segmentorum 2. et 3. plaga media maxima eburneis; antennis pedibusque gracillimis, rostro segmenti ventralis secundi marginem attingente. Long. 20 mill.

Dem *Ros. quadriplagiatus* (*Pyrrhocoris id.*, *Schaum, Insekt. v. Mossamb. p. 45) sehr nahe stehend, aber von ansehnlicherer Grösse und durch den mehr trapezoidalen Prothorax, so wie durch die Färbung dieses und der Bauchseite leicht zu unterscheiden. Fühler sehr schlank, von ³/₄ der Körperlänge, mit Ausnahme der scharlachrothen äussersten Basis des ersten Gliedes schwarz; das zweite Glied von der Länge des ersten, das gegen die Spitze hin allmählig dickere dritte um 1/3 kürzer. Rüssel bis zum Endrande des zweiten Bauchringes reichend, schwarz, mit pechbraunen Gelenken. Kopf durchaus lebhaft scharlachroth, nicht ganz so lang und vorn etwas spitzer als bei *Hoer. quadripustulatus.* Prothorax beträchtlich grösser als bei diesem, um ein Viertheil breiter als lang, nach vorn unter geradlinigen Seiten trapezoidal verschmälert, die stark aufgebogenen Seitenränder unter breit abgerundetem Winkel in den geraden Hinterrand übergehend; der tiefe Quereindruck der Oberfläche vor der Mitte der Länge verlaufend, der sich dem Vorderrande zunächst anschliessende bogig, nach hinten von zwei rundlichen Gruben gefolgt; die vordere Hälfte matt schwarz, am Vorderrand jederseits mit scharlachrothem Punkt, die hintere schwärzlich pechbraun mit lebhaft orangefarbenem Fleck der Seitenwinkel. Schildchen tief schwarz, ebenso an den Deckflügeln die Membran, während Clavus und Corium mehr ins Pechbraune fallen; auf letzterem zwei grössere, die ganze Breite ausfüllende, orangefarbene Flecke, von denen der vordere, die Schultern nicht erreichende dreieckig, der vor der Spitze stehende hintere abgerundet viereckig erscheint. Die sehr schlanken Beine schwärzlich pechbraun, mit röthlich braunen Hüften und Trochanteren; alle Schenkel unterhalb unbewehrt. Vorderrand und die Hinterecken der Vorderbrust in weiter Ausdehnung orangefarben; an allen drei Ringen die Hüftpfannen, am ersten und dritten auch der Hinterrand elfenbeinfarbig. Hinterleib auf der Bauchseite schwarz, durch feines Toment greisschimmernd; der zweite bis vierte Ring zu jeder Seite, der fünfte durchgehends — und zwar in der Mitte beträchtlich breiter — am Hinterrand scharlachroth, die beiden letzten ganz von dieser Farbe. Die Mitte des zweiten und dritten Bauchringes in weiter Ausdehnung wachsgelb, an beiden die Basis, am dritten auch ein dreieckiger Mittelfleck pechbraun.

Das einzige vorliegende Exemplar dieser schönen Art wurde zwischen Mombas und Wanga (Anfang Octobers 1862) aufgefunden.

Dysdercus, Am. Serv.

Hist. nat. d. Hémipt. p. 272.

Astemma, Lap.

41. *Dysdercus fasciatus*, Sign.

Dysdercus fasciatus, Signoret, Annal. d. l. soc. entom. de France. 3. sér. VIII. p. 954. No. 156. — Stål, Hemipt. Afric. III. p. 14. No. 9.
Dysdercus scrupulosus, Stål, Öfvers. Vetensk. Akad. Förhandl. XVIII. p. 109. No. 4.

Einige bei Mombas (September 1862) gesammelte Exemplare dieser durch die Längsverhältnisse der Fühlerglieder und durch die Bedornung der Vorderschenkel leicht kenntlichen Art sind auf Kopf, Prothorax und Schildchen so wie längs der Seiten der Deckflügel intensiv scharlachroth, auf der Fläche der letzteren fahler gefärbt. Auf dem Prothorax zeigt sich ausser der breiten Basalbinde durchweg auch eine schmale im Anschluss an den lichtgelben Vordersaum schwarz gefärbt. Die Hinterschenkel sind durchgängig, zuweilen aber auch die mittleren und selbst die vorderen pechbraun anstatt scharlachroth. Die pechbraune Fleckung an beiden Seiten der Basis der Hinterleibsringe erstreckt sich zuweilen auf alle, fehlt aber bei einem der vorliegenden Exemplare ganz.

42. *Dysdercus superstitiosus*, Fab.

Cimex superstitiosus, Fabricius, Syst. Entom. p. 719. No. 109. — Mant. Insect. II. p. 289. No. 197.
Lygaeus superstitiosus, Fabricius, Entom. syst. IV. p. 153. No. 61. — Syst. Rhyngot. p. 221. No. 78.
Dysdercus superstitiosus, Stål, Hemipt. Afric. III. p. 15. No. 4.
Lygaeus Koenigii, Wolff, Icon. Cimic. I. p. 28. Fig. 28.
Pyrrhocoris Koenigii, *Schaum, Insekt. v. Mossamb. p. 45.

var. *Prothoracis fascia basali nigra obsoleta, hemelytrorum lineari.*

Pyrrhocoris albicollis, *Schaum, Insekt. v. Mossamb. p. 45.

In Mehrzahl von der Sansibar-Küste vorliegend, einzelne Exemplare ohne schwarze Binde an der Basis des Prothorax und auf den Deckflügeln. Auf ein solches, dem erstere fehlt, letztere ganz linear, aber durchgehend ist, bezieht sich die *Pyrrh. albicollis*, *Schaum, welche sonst in jeder Beziehung mit der Fabricius'schen Art identisch ist. Die Art ist sowohl auf der West- (Senegambien, Guinea) wie auf der Ostküste Afrika's (Cafferland, Mosambik), nach einem Exemplar der hiesigen Entomologischen Sammlung aber auch in Ostindien einheimisch.

43. *Dysdercus cardinalis*, n. sp.

Dilute croceus, capite, prothoracis area antica et lateribus, scutello, ventre pedibusque coccineis, antennis, hemelytrorum fascia, membrana tarsorumque articulis duobus ultimis nigris, pectore ventreque eburneo-pictis: antennarum articulo secundo primo breviore, femoribus anticis ante apicem dentatis. Long. 11½—13½ l. ♂♀.

In nächster Verwandtschaft mit der vorhergehenden Art stehend und in den Längsverhältnissen der Fühlerglieder, der Bewehrung der Vorderschenkel, der Färbung der Drüsenporen u. s. w. mit derselben übereinstimmend, jedoch durch die Färbung der Beine, die Form der hellen Hinterleibsbinden, den nicht schwarz gebänderten Prothorax u. s. w. constant unterschieden. Kopf, Fühler und Rüssel von gleicher Form und Färbung wie bei *Dysd. superstitiosus*, ersterer zuweilen mit schwärzlichem Halse; Prothorax anscheinend etwas kürzer, blass röthlich gelb mit scharlachrothem Vorderfeld und Seiten, der Vordersaum beinfarben, die Basis ohne Schwärzung. Schildchen mennigroth. Deckflügel matt röthlich gelb mit etwas intensiver gefärbtem Aussenrand, die schwarze Querbinde meist von ansehnlicher Breite, den Aussenrand constant nicht erreichend, dagegen innen mit derjenigen der anderen Seite zusammentreffend. Die schwarze Membran schmal weisslich gesäumt. Beine bis auf die beiden schwärzlich pechbraunen Tarsen-Endglieder ganz rein und sehr lebhaft scharlachroth; Vorderschenkel unterhalb vor der Spitze mit zwei bis drei, zuweilen recht scharfen Zähnen. Brust und Bauch gleichfalls sehr intensiv scharlachroth, die elfenbeinweisse Ränderung besonders auf letzterem bedeutend ausgedehnter als bei *Dysd. superstitiosus*: die beiden ersten Hinterleibsringe sind nämlich über ihre ganze Fläche hin von dieser Farbe, während auf dem dritten und vierten wenigstens noch ein grosser, querer Mittelfleck von der scharlachrothen übrig bleibt. Am fünften ist der Hintersaum, am sechsten fast die Endhälfte elfenbeinweiss.

Von Mombas (September) und Kiriama (Ende Decembers 1862) in Mehrzahl vorliegend; die beiden Geschlechter wurden an letzterem Ort in copula angetroffen.

Fam. **Reduvina**, Burm.

Phonoctonus, Stål.

Öfvers. Vetensk. Akad. Förhandl. X. p. 263.

44. *Phonoctonus fasciatus*, Pal.

Reduvius fasciatus, Palisot de Beauvois, Insect. rec. en Afrique. p. 65. Hémipt. pl. 2. Fig. 5.
Harpactor fasciatus, *Schaum, Insekt. v. Mossamb. p. 48.
Phonoctonus fasciatus, Stål, Hemipt. Afric. III p. 82. No. 2.
Phonoctonus nigrofasciatus, Stål, Öfvers. Vetensk. Akad. Förhandl. XII. p. 43. No. 1. — Hemipt. Afric. III. p. 83. No. 3.

Zwei bei Mombas gesammelte Exemplare dieser Art stimmen mit solchen von Mossambik in allem Wesentlichen überein und messen gleich diesen 21—25½ mill. in der Länge. Dieselben auf den *Redur. fasciatus*, Pal. zu beziehen, kann kein Bedenken vorliegen, da zwar nicht, wie Schaum angiebt, die Abbildung, wohl aber die Beschreibung Palisot's auf dieselben durchaus zutrifft. Ebenso hebt auch die Stål'sche Charakteristik seines *Phonoct. nigrofasciatus* kein Merkmal hervor, welches auf eine specifische Verschiedenheit desselben von der Palisot'schen Art hinwiese; gleich der Grösse ist auch die Färbung des Körpers und der Beine bei derselben mehrfachen Abänderungen unterworfen.

Zugleich mit den ausgebildeten Individuen liegt eine Larve von 16 mill. Länge und bereits mit ansehnlichen Flügelstummeln versehen, vor. Wiewohl dieselbe hiernach der letzten Häutung nahe gewesen sein muss, zeigt ihr Prothorax noch fast dieselbe Form und Färbung wie der vordere abgeschnürte Theil desselben bei der Imago, nur dass er länger als dieser erscheint; die schildförmige hintere Hälfte ist noch nicht einmal angedeutet.

Pantoleistes, Stål.

Öfvers. Vetensk. Akad. Förhandl. X p. 262.

45. *Pantoleistes basalis*, n. sp.

Taf. XVII. Fig. 6.

Rufo-piceus, griseo-pubescens, capite nigro, rostri articulo primo antennisque croceis, his nigro-annulatis, hemelytrorum basi abdominisque lateribus pallide flavis, hoc infra nigro-maculato: prothoracis lobo anteriore laevi, nitido, posteriore granuloso-scabro. Long. 25 mill.

Bei gleicher Länge etwas schmaler als *Pantol. princeps*, *Stål (Öfvers. Vetensk. Akad. Förhandl. XII. p. 41. No. 1), durch Färbung und Skulptur leicht zu unterscheiden. Fühler intensiv orangegelb, das erste Glied, die äusserste Basis und ein breiter Ring an der Spitze des zweiten und dritten, endlich die Basis des vierten und fünften in geringer Ausdehnung tief schwarz. Rüssel röthlich pechbraun, mit lebhaft orangegelbem Basalgliede. Kopf besonders im Halstheile ein wenig schmaler als bei *Pantol. princeps*, sonst übereinstimmend gebildet, glänzend schwarz, greis behaart; die glatte Längsschwiele des Vorderkopfes vor den Fühlern nur leicht erweitert. Prothorax licht röthlich pechbraun, auf dem seitlich gerundeten und gleichmässig gewölbten Vorderlappen glatt und deutlich glänzend, über den ganzen Hinterlappen hin fast gleichmässig dicht körnig gerunzelt; die stark gewölbte und gegen die Seitentheile hin durch einen tiefen Eindruck abgesetzte Scheibe ohne mittlere Längsfurche. Schildchen von gleicher Farbe, am Grunde noch dichter greis behaart, die schwielige Spitze und die Seitenränder glatt. Deckflügel weisslich gelb, fast elfenbeinfarbig, am Innenrand und am hinteren Ende des Corium gleich der Membran licht pechbraun. Hinterflügel nicht viel mehr denn halb so lang als die Flügeldecken, glashell mit leicht gebräunter Spitze; die Aderung an der Basis licht gelb, im Uebrigen braun. Beine schlanker als bei *Pantol. princeps*, röthlich pechbraun, mit lichteren Trochanteren und Schienen. Bauchseite des Hinterleibes scherbengelb, an den Seiten fast elfenbeinfarbig; der zweite bis fünfte Ring je mit vier runden pechschwarzen Flecken, die folgenden über die Mitte hin ganz von dieser Farbe.

Ein einzelnes Exemplar dieser Art wurde Ende Decembers 1862 zwischen Endara und Kiriama aufgefunden.

Ectrichodia, Lep., Serv.

Encycl. méth. X. p. 279.

Physorhynchus, Am. Serv.

46. *Ectrichodia carnifex*, n. sp.

Taf. XVII. Fig. 7.

Ocellis distantibus, capite retrorsum angustato, prothorace transverso: sanguinea, capite, antennis, prothoracis sulcis, scutello, hemelytris basi excepta, pectore ventreque nigris: tibiarum anteriorum fossa apicali spongiosa ampla, ovata. Long. 25 mill.

In der Färbung mit *Ectrich. gigas*, Herr.-Schäff. (Wanzenart. Insekt. VIII. p. 54. Fig. 824) und *Ectrich. distincta*, Sign. (Archiv. entom. II. p. 315. No. 610. = *Ectrich. distinguenda*, Stål, Öfvers. Vetensk. Akad. Förhandl. XVI. p. 177. No. 6) übereinstimmend, letzterer Art auch durch die grossen befilzten Endgruben der beiden vorderen Schienenpaare nahe stehend, von beiden aber durch den queren und mit stärkeren Seitenwulsten versehenen Prothorax, den rückwärts verschmälerten Kopf, die weit auseinander gerückten Ocellen u. s. w. leicht zu unterscheiden. — Fühler schwärzlich pechbraun mit röthlicher Basis und Spitze, das zweite Glied gegen das Ende hin stärker verdickt, überhaupt kräftiger als bei *Ectrich. gigas*. Rüssel blutroth. Kopf hinter den Augen allmählig verschmälert, ohne winklig hervortretende Backen, die Stirn blutroth, der Scheitel röthlich pechbraun; die Ocellen untereinander viel weiter entfernt als vom Innenrand der Netzaugen. Der oberhalb blutrothe, nur in der kreuzförmigen Furchung geschwärzte Prothorax beträchtlich breiter als lang, mit kurzem, vorn halbkreisförmig gerundetem Vorderlappen und stark aufgewulsteten, seitlich hervortretenden, durch eine tiefe Furche von der Scheibe abgesetzten Rändern der hinteren Hälfte, die Oberfläche der letzteren glatt, ohne Runzeln. Die beiden starken hinteren Wulste des sonst schwarzen Schildchens dunkel blutroth. Basis und Aussenrand der tief schwarzen Deckflügel in noch weiterer Ausdehnung licht blutroth als bei *Ectrich.*

distincta. Hinterflügel um mehr denn ein Drittheil kürzer als die Deckflügel, wässrig braun mit blassgelber Basalhälfte. Beine blutroth, die beiden hinteren Paare mit pechbraunen Hüften und Trochanteren; Vorderschenkel unterhalb mit zwei deutlichen, die mittleren mit zwei sehr viel schwächeren Zahnhöckern; die Mittelschienen mit noch grösserer (fast einem Drittheil der Länge gleichkommender) ovaler Endgrube als die vorderen. Brust mit Ausnahme des Prothorax-Hinterrandes, Abdomen bis auf den blutrothen Seitenrand pechschwarz, der Bauch längs der Mitte röthlich pechbraun.

Ein einzelnes Exemplar von Mombas (Mitte Septembers 1862).

Platymeris, Lap.

Magas. de Zool. 1832 p. 80.

47. *Platymeris Rhadamanthus*, n. sp.

Taf. XVII. Fig. 6.

Prothoracis lobo antico inermi, postici angulis lateralibus aculeatis, scutello utrinque tuberculato: nigra, supra fere opaca, hemelytrorum macula transversa quadrata aurantiaca, femoribus late sanguineo-annulatis. Long. 37 mill.

Der *Platym. guttatipennis*, *Stål (Öfvers. Vetensk. Akad. Förhandl. XVI. p. 188. No. 3) durch die Färbung der Flecke auf den Deckflügeln am nächsten stehend, aber durch die in einen scharfen Dorn endigenden Seitenwinkel des Prothorax, das beiderseits nur gehöckerte Schildchen, die licht blutrothen Ringe der Schenkel u. s. w. abweichend. Körper tief schwarz, mit Ausnahme der glänzenden Mittellinie des Bauches fast matt. Kopf von gleicher Bildung wie bei *Platym. guttatipennis*, an der Aussenseite der Ocellen, zuweilen auch vor denselben mit blutrothem Fleck. Fühler rothbraun mit pechschwarzem Basalgliede, fein schwarz behaart. Vorderrand des Prothorax mit breiterem und stumpferem Seitenwulst als bei *Platym. guttatipennis*, der abgeschnürte vordere Lappen mit glattem und nach hinten nicht höckerartig heraustretendem Seitenrand, die erhabenen Wulste seiner Oberfläche von ähnlicher Anordnung, aber weniger stark ausgeprägt und seichter punktirt; die Seitenwinkel der grossen hinteren Hälfte in einen scharfen, nach rückwärts und oben gerichteten, übrigens ziemlich kurzen Dorn ausgezogen, die aufgewulstete Scheibe derselben gegen die Seitentheile weniger stark abgesetzt und beiderseits vor der Basis ohne deutliche höckerartige Auftreibung. Schildchen beiderseits nur ganz kurz, stumpf höckerartig gedornt, die hintere Spitze schmal, aufgebogen. Deckflügel matt kohlschwarz, mit einem etwas hinter der Schildchenspitze beginnenden, quer und abgerundet viereckigen, den Aussenrand nicht ganz erreichenden orangefarbenen Fleck. Hinterflügel von fast ⁴/₅ der Deckflügellänge, rauchbraun, am Innenrand und der Spitze lichter, mehr graubraun. Schenkel mit licht blutrothem Ringe, welcher an den beiden vorderen Paaren reichlich ihrer halben Länge gleichkommt, an den hinteren sehr viel kürzer oder (bei dem einen der vorliegenden Exemplare) selbst auf einen kleinen Fleck reducirt ist. Schienenspitze und Tarsen rothbraun. Behaarung der Beine schwarz, an den Schienen die kürzere fuchsroth. Bauchseiten matt, schwärzlich pechbraun, fein querrissig; die Mitte in ansehnlicher Breite vereinzelt punktirt, die starke rundliche Auftreibung an der Basis des siebenten Ringes spiegelblank, glatt, beiderseits von dichter und grober Punktirung eingeschlossen. Rückenseite des Hinterleibes mit licht rostfarbener Scheibe der fünf vorderen Ringe, im Uebrigen schwärzlich pechbraun.

Von den Ugono-Bergen (Ende Octobers) und von Endara (Ende Decembers 1862) vorliegend.

Cethera, Am. Serv.

Hist. nat. d. Hémipt. p. 348.

Macrops, Germ.

48. *Cethera musiva*, Germ.

Macrops musivus, Germar, Rev. entom. V. p. 128. No. 19.
Cethera musiva, Stål, Hemipt. Afric. III. p. 135. No. 1.
Cethera variata, Amyot et Serville, Hist. nat. d. Hémipt. p. 348. No. 1. pl. 12. Fig. 4.
Cethera diadema, Signoret, Annal. soc. entom. de France. 3. sér. VIII. p. 962. No. 172

Von dieser auch in Senegambien, Guinea, dem Cafferlande und auf Madagascar einheimischen Art liegen zwei zwischen Kisuani und den Ugono-Bergen (Ende Octobers 1862) gesammelte Exemplare vor.

Conorhinus, Lap.

Magas. de Zool. 1832. p. 78.

Triatoma, Lap.

49. *Conorhinus rubrofasciatus*, de Geer.

Cimex rubrofasciatus, de Geer, Mémoires. III. p. 349. No. 24. pl. 35. Fig. 12.
Conorhinus rubrofasciatus, Amyot et Serville, Hist. nat. d. Hémipt. p. 384. No. 1. pl. 8. Fig. 2. — Stål, Berl. Entom. Zeitschr. III. p. 106. No. 1. — Hemipt. Afric. III. p. 142. No. 1.
Reduvius gigas, Fabricius, Entom. syst. IV. p. 193. No. 1. — Syst. Rhyngot. p. 267. No. 3. — Wolff, Icon. Cimic. III. p. 119. Fig. 113.
Conorhinus gigas, Burmeister, Handb. d. Entom. II. p. 246. No. 1. — Herrich-Schäffer, Wanzenart. Insekt. VIII. p. 72. Fig. 841. 842.

Auf der Insel Sansibar aufgefunden. Die Art ist aus Afrika bereits von der Sierra Leona, Madagascar und Bourbon bekannt, zugleich aber über die Tropengegenden Asiens und Amerikas verbreitet.

Petalochirus, Pal. B.

Insect. rec. en Afrique. p. 13.

Platychiria, Herr.-Sch.

50. *Petalochirus umbrosus*, Herr.-Sch.

Platychiria umbrosa, Herrich-Schäffer, Wanzenart. Insekt. IX. p. 126. Fig. 945.
Petalochirus umbrosus, Stål, Hemipt. Afric. III. p. 145. No. 1.

Von dieser bereits aus dem Cafferlande bekannten Art liegt ein in den Bura-Bergen aufgefundenes weibliches Exemplar von 23 mill. Länge vor.

Oncocephalus, Klug.

Symbol. phys. II.

Sastrapada, Am. Serv.

51. *Oncocephalus lyra*, n. sp.

Prothoracis lateribus crenulatis, tuberculo medio instructis: obscure ferrugineus, scaber, opacus, capite prothoraceque fusco-strigatis, hujus dentibus apicalibus, tuberculis, angulis posticis sicut scutelli apice testaceis, femoribus tibiisque fusco-triannulatis, pectoris abdominisque lateribus nigro-piceis. Long. 9—11½ mill.

Nach der Prothoraxbildung zur Gruppe des *Oncoc. annulipes*, Stål (Öfvers. Vetensk. Akad. Förhandl. XII. p. 44. No. 1) gehörend, von diesem durch die geringere Grösse, die dunkelere Färbung, die Ringelung der Beine u. s. w. abweichend. Körper erdig braun, matt, rauh. Kopf hinter den Augen stark gezähnelt, seine Unterseite, zwei gabelig gespaltene Striemen des Vordertheiles und ein querer Scheitelfleck pechschwarz. Fühler von Körperfarbe, das erste Glied nicht dunkel geringelt, das zweite vor der pechbraunen Spitze lichter gelb. Am Prothorax die dornartigen Vorderecken, der stumpfe Höcker in der Mitte des Seitenrandes und die Hinterecken licht scherbengelb; die vordere Hälfte des Seitenrandes deutlich crenulirt, die Oberfläche auf der Quer- und den Längsrippen fein gekörnt, längs der Seiten, des Vorder- und Hinterrandes so wie in den drei Längsfurchen der Vorderhälfte geschwärzt. Schildchen mit licht gelber Spitze, in der Mitte der Basis und beiderseits schwarz. Deckflügel licht holzbraun, durch weissliche Tüpfelung marmorirt erscheinend; eine Strieme des Clavus, eine kleinere vor der sechseckigen Zelle des Corium, das Centrum dieser, ein kleinerer Fleck an der Basis und ein grosser, nach hinten spitz dreieckiger in der Aussenzelle der Membran tief schwarzbraun. Hinterflügel gelblich weiss, opalisirend. Beine kurz; Vorderschenkel stark verdickt, stumpf spindelförmig, innerhalb mit fünf bis sechs hellgelben Zähnen besetzt; Hinterschenkel viel kürzer als der Hinterleib, kaum den Endrand des fünften Ringes erreichend. Vorderschenkel reich pechschwarz marmorirt, die beiden hinteren Schenkel- und alle drei Schienenpaare mit drei schwarzbraunen Ringen; Endglied aller Tarsen nebst den Fussklauen pechbraun. Die Mitte der Brust gleich den Hüften und Trochanteren licht scherbengelb, die Seiten der ersteren schwärzlich. Bauch auf lichtem Grunde überall fein braun gesprenkelt, der ganze Umkreis schwärzlich oder pechbraun. Oberseite des Hinterleibes lichter, der Seitenrand jedes Segmentes mit zwei schwarzen Flecken.

Bei Mombas Mitte Septembers 1862 aufgefunden.

Fam. Nepidae, Latr.

Laccocoris, Stål.

Hemipt. Afric. III. p. 177.

52. *Laccocoris limigenus*, Stål.

Laccocoris limigenus, Stål, Hemipt. Afric. III. p. 178. No. 3.

Zwei aus den Ugono-Bergen (Ende Octobers 1862) stammende Exemplare dieser Art stimmen mit einem aus dem Cafferlande vorliegenden vollkommen überein.

Macrocoris, Sign.

Annal. soc. entom. 3 sér. VIII. p. 970.

53. *Macrocoris* spec.

Eine dieser Gattung angehörige Art liegt nur im Larvenzustand von Mombas (Mitte Septembers 1862) vor. Das ganz und gar licht scherbengelb gefärbte Exemplar misst 6 mill. in der Länge; ob dasselbe der gleichfalls aus Sansibar stammenden *Macrocoris flaviculis*, Sign. (a. a. O. p. 970. No. 191. — Stål, Hemipt. Afric. III. p. 176. No. 1) angehört, muss dahin gestellt bleiben.

Appasus, Am. Serv.

Hist. nat. d. Hémipt. p. 430.

54. *Appasus procerus*, n. sp.

Fusco-testaceus, confertim punctatus, capite prothoraceque area antica ferrugineis, illius vertice maculisque duabus anteocularibus brunneis, scutelli plaga magna basali quadrata, femoribus anticis tibiisque posterioribus infuscatis: membranae venis longitudinalibus numerosis, parallelis. Long. 20, lat. 11 mill.

Beträchtlich grösser als *App. natator*, Am. Serv. (Hist. nat. d. Hémipt. p. 431. No. 1), von welchem er sich neben der dunkeleren, mehr graugelben Färbung ganz besonders durch die eigenthümliche Aderung der Deckflügelmembran unterscheidet. Die Punktirung des Kopfes verhältnissmässig stärker als bei *App. natator;* ein grosser, bis zum Beginn des Mittellappens reichender Scheitelfleck so wie die Wangen zwischen Augen und Mittellappen intensiv rostbraun. Prothorax mit deutlich ausgeschweifter und vor dem Schildchen doppelt gerandeter Basis, hinten und beiderseits scherbengelb, zwischen der Querfurche und dem Vorderrand rostroth; ausser einem bräunlichen Fleck in der Mitte des letzteren keine dunkele Zeichnung. Punktirung zwar dicht, aber nirgends runzlig, zwei Schwielen der vorderen Hälfte sogar fast glatt; der Glanz der Oberfläche daher beträchtlich stärker als bei *App. natator.* Schildchen dicht körnig, vorn leicht querrunzlig punktirt, mit grossem, quadratischem, matt braunem Basalfleck. Deckflügel überall dicht gedrängt punktirt, ziemlich glänzend, das Corium auf der hinteren Hälfte netzförmig geadert; Membran grau, mit zehn regelmässigen, parallelen, nicht anastomosirenden Längsadern. Vorderschenkel gleich den Mittel- und Hinterschienen gebräunt, Vorderschienen licht rostfarben. Mitteltheil des Bauches beiderseits braun bandirt; Endsegment stumpf lanzettlich, bei weitem gestreckter als bei *App. natator*, das vorhergehende stark gekielt.

Ein einzelnes Exemplar von Mombas (September 1862).

Laccotrephes, Stål.

Hemipt. Afric. III. p. 186.

Nepa, Lin.

55. *Laccotrephes brachialis*, n. sp.

Fusco-cinereus, rostrorum tensim dilatatus, abdominis dorso atro, alis lacteis: pedibus anticis admodum robustis, prosterni carina aequaliter alta, antice tuberculata. Long. corp. 40, append. 35 mill.

. Reichlich von der Grösse des *Lacc. grossus* (*Nepa grossa*, Fab., Entom. syst. IV. p. 62. No. 5); von demselben neben der verschiedenen Rückenfärbung durch den nach hinten erweiterten Körper, die viel kräftigeren Vorderbeine, die Bildung des Prosternalkieles u. s. w. abweichend. Körper einfarbig erdbraun. Kopf hinter den Augen stärker verlängert, Prothorax nach vorn weniger verschmälert, ein wenig breiter als lang; der vor der Querfurche liegende Theil der Oberfläche mit stärker erhabenen Längswülsten, der hintere vor dem Schildchen in flacherem Bogen ausgerandet. Letzteres länger und schärfer zugespitzt. Deckflügel von der Basis bis jenseits der Mitte ihrer Länge um 2 mill. verbreitert; Hinterflügel milchweiss, braun geadert. Vorderbeine in ihren einzelnen Theilen etwas kürzer, zugleich aber beträchtlich plumper als bei *Lacc. grossus*, die Schenkel fast um den vierten Theil breiter und mindestens um die Hälfte dicker; die Rinne zum Einschlagen der Schienen daher auffallend breit, von stark aufgeworfenen Rändern begrenzt, die Schienen selbst merklich kräftiger. Auch die beiden hinteren Beinpaare weniger schlank als bei *Lacc. grossus*. Prosternalkiel stumpf, abgesehen von dem an seinem vorderen Ende liegenden Höcker überall gleich hoch. Rückenseite des Hinterleibes tief dintenschwarz. Athemröhren kürzer als der Körper, derb, gegen die Spitze hin nur wenig verdünnt.

Vom See Jipe (Ende Octobers 1862) stammend.

Hydrocyrius, Spin.

Tavol. sinott. gen. Hemipt. p. 106.

Hydrotrephes, Stål.

56. *Hydrocyrius herculeus*, Stål.

Hydrotrephes herculeus, Stål, Öfvers. Vetensk. Akad. Förhandl. XII. p. 46. No. 1.
Hydrocyrius herculeus, Stål, Hemipt. Afric. III. p. 181. No. 1.
Hydrocyrius Columbiae, Spinola, Tavol. sinott. del gen. Hemipt. p. 107.
Belostoma Algeriense, Dufour, Mémoir. soc. roy. d. scienc. de Liége X. p. 186 ff. pl. 1.
Hydrocyrius Algeriensis, Dufour, Annal. soc. entom. de France. 4. sér. III. p. 395. No. 1. — Lucas, ibid. p. 401 und 4. sér. IV. p. 219.

Ein aus den Bura-Bergen stammendes (mithin im Süsswasser gefundenes) Exemplar misst 62 mill. in der Länge und 25 mill. in der Breite, zeigt aber sonst keine Abweichungen von einem grösseren, mir aus Senegambien vorliegenden. Die Art ist ausserdem aus dem Cafferlande und Algerien bekannt geworden, hat also eine sehr ausgedehnte Verbreitung über Afrika. Die Spinola'sche Vaterlands-Angabe „Columbien" für seine mit der vorstehenden gewiss identische Art erscheint schon dadurch verdächtig, dass er letztere von Dupont erhielt, dessen Sammlung besonders reich an Senegambischen Insekten war. Wiewohl für den Fall der Identität eigentlich der Name *Hydrocyrius Columbiae* als der älteste der Art zukommen müsste, wird er doch als irreführend besser zu unterdrücken sein.

Fam. Notonectidae, Latr.

Enithares, Spin.

Essai s. l. Hémipt. p. 60.

Bothronotus, Fieb.

57. *Enithares concolor*, Fieb.

Bothronotus concolor, *Fieber, Rhynchotograph. p. 47. No. 3.

Ein bei Mombas gefangenes Exemplar stimmt mit dem von Isle de France stammenden, der hiesigen Entomologischen Sammlung gehörenden Typus Fieber's in jeder Beziehung überein.

58. *Enithares cincta*, n. sp.

Testacea, nitida, prothoracis fascia basali, scutelli maculis duabus lateralibus, pectore ventreque nigris, hoc ferrugineo-limbato, scutelli disco et hemelytrorum basi griseis, coxis femoribusque rufo-brunneis. Long. 9 mill.

Bei gleicher Länge merklich schmaler, seitlich weniger bauchig und nach hinten stärker zugespitzt als die vorhergehende Art, überdies in der Färbung und Sculptur abweichend. Kopf kleiner, mit deutlich schmalerer, licht scherbengelber Stirn und ziemlich grob punktirtem Scheitel; Clypeus, Oberlippe und Rüssel, letzterer mit Ausnahme des pechschwarzen Endgliedes, rostfarben. Prothorax weisslich gelb mit pechschwarzer, der Schildchenbreite gleichkommender Basalbinde und einem schwärzlichen isolirten Punkt jederseits hinter der Grube; die nach aussen von letzterer liegenden Schulterblätter lebhaft rothgelb. Die Querlinie der Oberseite vor der Mitte der Länge verlaufend, der hinter ihr liegende Theil glänzender als der fein gerunzelte vordere. Schildchen weniger verkürzt als bei *Enith. concolor*, äusserst fein und dicht punktirt, glänzend, ohne bemerkbare Querriefen vor der Spitze; die Scheibe beingelb mit leichtem grauem Anflug, die Basis jederseits mit schwarzem, rothgelb umflossenem Punkte. Deckflügel aussen und im Bereich der hinteren Hälfte rein gelb, auf dem Clavus und dem daran grenzenden Theil des Corium licht schiefergrau. Beine röthlich braun, mit rostfarbenen Schienen und Tarsen; die Hinterschienen jedoch rückwärts licht pechbraun. Brust und Bauch pechschwarz, letzterer mit braungelbem Mittelkiel und licht rostfarbenen Seitenrändern.

Ein einzelnes Exemplar von Mombas (September 1862).

Anisops, Spin.

Essai s. l. Hémipt. p. 58.

59. *Anisops pellucens*, n. sp.

Fusiformis, testacea, nitidus, rostro, femoribus anterioribus supra, unguium posticorum canthis internis, ventre abdominisque maculis lateralibus nigro-fuscis: capite semigloboso, fronte parallela, vertice vix impresso, prothoracem versus angustato. Long. 10½ mill.

Bei gleicher Länge merklich schmaler als *Anis. hyalinus*, *Fieb. (Rhynchograph. p. 58. No. 1) und von demselben besonders in der Form des Kopfes abweichend. Dieser ist von oben betrachtet bei gleicher Breite etwas länger und ohne Abplattung in der Mitte des Vorderrandes halbkreisförmig gerundet; der Scheitel nicht niedriger liegend als die Wölbung der Netzaugen, weniger breit und seichter gefurcht als bei *Anis. hyalinus*, gegen den Prothorax hin allmähliger verschmälert, die Stirn fast gleich breit, mehr weisslich gelb als der Oberkopf. Schnabel glänzend pechschwarz. Prothorax mit kleinerer Vorderrandsschwiele und kaum merklichem Längskiel hinter derselben; Schildchen etwas spitzer und flachrandiger. Deckflügel etwas gestreckter, sonst in übereinstimmender Weise gerundet und glasartig durchsichtig. Brustseiten licht pechbraun und schiefergrau gefleckt.

Vorder- und Mittelschenkel längs der Oberseite pechschwarz, die Beine im Uebrigen scherbengelb, die beiden Kanten an der Innenseite der Hinterschienen und Hintertarsen jedoch schwärzlich. Die Beborstung an der Innenseite der Mittelbeine so wie diejenige der Vorder- und Mitteltarsen von Körperfarbe; die Schwimmhaare der Hinterbeine von oben betrachtet licht gelbseidig schimmernd, bei der Ansicht von unten dagegen schwarzbraun erscheinend. Bauchseite des Hinterleibes pechschwarz mit gelber Mittelkante; die Rückenseite scherbengelb, seitlich bei den Einschnitten schwarzfleckig, die beiden vorletzten Ringe dunkel gebändert.

Bei Mombas im September 1862 gefangen.

60. *Anisops productus*, Fieb.

Anisops productus, *Fieber, Rhynchotograph. p. 60. No. 5. (♂♀). — Europ. Hemipt. p. 100. No. 1. — Stål, Hemipt. Afric. III. p. 191. No. 1.
Anisops niveus (Fab.), Spinola, Essai s. l. Hémipt. p. 58.
Anisops nivea, Rambur, Faune entomol. de l'Andalous. p. 190. — Amyot et Serville, Hist. nat. d. Hémipt. p. 454. No. 1. pl. 8. Fig. 8.
Anisops Natalensis, Stål, Öfvers. Vetensk. Akad. Förhandl. XII. p. 89. No. 1.

In beiden Geschlechtern von Mombas (September 1862) vorliegend. Die weit verbreitete Art ist ausserdem aus dem Cafferlande, von Isle de France, aus Aegypten, Süd-Europa und (nach Fieber) auch aus Ostindien bekannt.

61. *Anisops debilis*, n. sp.

Pallide stramineus, nitidus, rostro, femoribus anterioribus supra, pectoris maculis utrinque nigris: capite obtuso, fere transverse quadrato, fronte angusta, vertice prothoracem versus lineari. Long. 6½ mill. ♀.

Sehr viel kleiner als *Anis. productus*, *Fieb. (Rhynchotograph. p. 60. No. 5), von welchem er sich im weiblichen Geschlecht schon durch die Form des Kopfes auffallend unterscheidet. Derselbe ist verhältnissmässig kurz, quer und abgerundet viereckig, seitlich fast gleich breit, vorn fast abgestutzt oder wenigstens nur in sehr flachem Bogen gerundet. Die bei der Ansicht von oben fast stumpf viereckig erscheinenden Augen rücken hinterwärts ziemlich dicht aneinander, indem der schon vorn schmale Scheitel sich gegen den Prothorax stark, in Form eines gleichschenkligen Dreiecks verjüngt; Stirn nur halb so breit als bei *Anis. productus*. Prothorax, Schildchen und Deckflügel abgesehen von der geringeren Grösse und noch etwas lichteren Färbung ohne in die Augen fallende Unterschiede, höchstens ersterer jederseits stärker eingedrückt. Die beiden vorderen Schenkelpaare oberhalb, die Hinterschienen innen schwärzlich gestriemt; auch die Brustseiten dunkel gefleckt. Bauch schwärzlich; die übergreifenden Ränder der Dorsalringe den Einschnitten entsprechend schwarz gefleckt, letztere an den beiden vorletzten Ringen auch oberhalb dunkel gebändert.

Ein einzelnes weibliches Exemplar von Mombas (September 1862).

Sigara, Fab.

Entom. syst. IV. p. 59.

62. *Sigara hydroporina*, n. sp.

Oblongo-ovata, supra fusca, infra cum capite pedibusque pallide testacea: fronte obtuse rotundata, vertice summo subtuberculato, elytris perspicue punctulatis, prothorace laevi, obscuriore. Long. 3 mill.

Von der gleich grossen *Sig. sulcata*, Sign. (Annal. soc. entom. de France. 3. sér. VIII. p. 971. No. 193) schon durch die innerhalb nicht hell gesäumten Halbdecken abweichend. Der licht gelbe Kopf bei der Ansicht von oben in flachem, regelmässigem Bogen abgerundet, stumpf halbmondförmig, die Mitte des Scheitels (unmittelbar am Prothoraxrande) in Form eines kleinen Höckerchens aufgetrieben und vor demselben stumpf gekielt oder leicht gefaltet erscheinend; die Oberlippe pechbraun. Prothorax nicht länger als der Kopf, satt braun, glatt und glänzend, der Vorderrand fein aufgebogen. Schildchen glatt, gleich den Deckflügeln einfarbig und licht braun, letztere gleichmässig dicht und verhältnissmässig grob punktirt, in den Punkten fein greis behaart; Membran wenig lichter, glatt und glänzend. Bauchseite licht gelb, matt. Beine scherbengelb, die Hintertarsen durch die Schwimmhaare in gewisser Richtung pechbraun erscheinend.

Zwei Exemplare von Mombas (Mitte September's).

Fam. **Fulgorina**, Burm.

Pyrops, Spin.

Annal. soc. entom. de France. VIII. p. 231.

63. *Pyrops tenebrosus*, Fab.

? *Cicada flammea*, Linné, Amoen. acad. VI. p. 399. No. 39.

? *Fulgora flammea*, Linné, Syst. natur. ed. XII. p. 704. No. 7. — Westwood, Transact. Linn. soc. of London. XVIII. p. 143. No. 15.

Cicada laternaria fusca, de Geer, Mémoires. III. p. 200. No. 3. pl. 32. Fig. 1.

Stoll, Représ. d. Cigales. pl. 11. Fig. 7.

Fulgora tenebrosa, Fabricius, Syst. Entom. p. 674. No. 8. — Spec. Insect. II. p. 314. No. 9. — Entom. syst. IV. p. 3. No. 9. — Syst. Rhyngot. p. 3. No. 9. — Olivier, Encycl. méth. VI. p. 568. No. 7. — Burmeister, Gen. Insect., Pyrops Fig. 1. — Westwood, Transact. Linn. soc. of London. XVIII. p. 142. No. 14.

Flata tenebrosa, Germar, Magaz. d. Entom. III. p. 189. No. 2. — Thon's Entom. Arch. II. 2. p. 47. No. 6.

Pyrops tenebrosa, Spinola, Annal. soc. entom. de France. VIII. p. 235. No. 8. — Amyot et Serville, Hist. nat. d. Hémipt. p. 492. No. 1. — Stål, Hemipt. Afric. IV. p. 140. No. 1.

Fulgora Africana, Palisot de Beauvois, Insect. rec. en Afrique. p. 168. Hémipt. pl. 13. Fig. 8.

? *Pyrops Madagascariensis*, Signoret, Annal. soc. entom. de France. 3. sér. VIII. p. 183. No. 15. — Stål, Hemipt. Afric. IV. p. 140. No. 2.

Nach den zahlreichen im Frühjahr 1863 an der Sansibar-Küste gesammelten, der Mehrzahl nach noch im Nymphenstadium befindlichen Exemplaren scheint diese hauptsächlich von der Westküste Afrika's (Guinea, Cap Verd, Senegambien) bekannt gewordene Art auch in Ostafrika stellenweise sehr häufig zu sein. Zwei von Heseke eingesandte Exemplare zeigen, dass sie auch in Mosambik nicht fehlt, und es ist somit mehr als wahrscheinlich, dass die von Signoret (a. a. O.) als besondere Art: *Pyrops Madagascariensis* aufgestellte, aber offenbar nicht specifisch verschiedene Form ihr gleichfalls angehört und dass sie gleich zahlreichen anderen, auf dem Afrikanischen Continent weit verbreiteten Arten auch auf Madagascar einheimisch ist. Da die Sansibarischen Exemplare sowohl unter einander als den aus Mosambik und von der Westküste stammenden gegenüber in der Länge des Kopffortsatzes keine merklichen Unterschiede erkennen lassen, so stehe ich an, die

Art als *Pyrops flammeus*, Lin. aufzuführen, wiewohl es nach der von Stål (a. a. O.) über diese Form gegebenen Auskunft kaum zweifelhaft sein kann, dass sie mehr als eine — vielleicht sogar nur individuelle — Abänderung ist.

64. *Pyrops pustulosus*, n. sp.

Taf. XVII. Fig. 9.

Capite in processum horizontalem prolongato, prothorace scutelloque unitis paullo breviore: cervinus, minute nigro-conspersus, pedibus ventrisque lateribus testaceis, elytris ferrugineo-venosis, in corio tuberculis sex laevibus croceis obsitis, alis cinereo-hyalinis, fusco-venosis et basin versus infuscatis, abdominis dorso nigro, pruinoso, segmentorum margine apicali pallido. Long. corp. 22½, exp. tegm. 45 mill.

Noch nicht halb so gross als die vorhergehende Art, auf Kopf, Prothorax, Schildchen und Deckflügeln licht holzbraun oder rehfarben, fein schwarz gesprenkelt. Kopf mit Einschluss seines gerade nach vorn gerichteten, vollkommen horizontal verlaufenden Fortsatzes um ein Weniges kürzer als Prothorax und Schildchen zusammengenommen, jener von der Mitte der Gesammtlänge an gleich breit, mit schräg nach unten und hinten abgestutzter Spitze, dicht hinter dem aufgewulsteten Endrand beiderseits eingeschnürt. Wangen vor den Augen etwas stärker winklig heraustretend als bei *Pyr. tenebrosus*, die Backen hinter den Augen einen kegelförmigen, nach aussen und hinten gerichteten Zipfel darstellend. Die rehbraune Grundfarbe auf dem Scheitel und auf der Unterseite des Fortsatzes blass mennigroth getüncht, die Oberseite des letzteren mit zwei Längsreihen von drei bis vier grösseren schwarzen Punkten. Stirn mit drei stumpfen Längskielen, zwischen denselben vorn grob punktirt, hinten querriefig; Clypeus glatt, am Grunde licht rothgelb, im Uebrigen dicht schwarz marmorirt. Rüssel scherbengelb mit pechbraunen Gliederenden, die Spitze der Mittelhüften erreichend. Fühler blass graugelb mit schwarzer Endborste. Prothorax mit leichtem grubigen Eindruck auf der Mitte der Scheibe; Schildchen scharf zugespitzt, beiderseits glatt, auf der Scheibe leicht querrunzlig, mit einigen grösseren, in drei Längslinien angeordneten schwarzen Punkten. Deckflügel von gleichem Umriss wie bei *Pyr. tenebrosus*, längs des Aussenrandes und auf der Membran mit grösseren schwarzen Punkten zerstreut besetzt, im Bereich des Corium intensiv rostroth geadert und daselbst im Verlauf des äusseren Gabelastes der zweiten Längsader mit vier, der dritten mit zwei glatten, erhabenen, rothgelben Pusteln versehen. Hinterflügel wässrig graubraun, licht pechbraun geadert und von der Basis her bis über die Mitte hinaus in der Umgebung der Hauptadern streifig satter braun getüncht; das Analfeld weisslich grau, das maschige Geäder auf der Grenze zum Mittelfelde nahe dem Aussenrand milchweiss. Beine licht knochengelb, schwärzlich gesprenkelt, die Schenkel und die beiden vorderen Schienenpaare schwarz geringelt; Hinterschienen aussen mit zahlreichen schwarzen Warzenpunkten, vierdornig. Bruststücke scherbengelb, die beiden vorderen jederseits mit einem, die Hinterbrust mit zwei grossen schwarzen Flecken. Bauchseite des Hinterleibs licht rostgelb mit breiter, tief schwarzer Mittelbinde, zu beiden Seiten schwarz punktirt und am Aussenrande der einzelnen Segmente mit gleichfarbigem ovalem Stigmenfleck. Rückenseite des Hinterleibes gleich dem Meso- und Metanotum dintenschwarz, matt, durch weisse Wachsekretion pflaumenblau erscheinend, die Endränder der einzelnen Ringe blassgelb.

In einem einzelnen Exemplare vom See Jipo (Ende Octobers 1862) vorliegend.

Pyrgoteles, nov. gen.

Caput processu adscendente, leviter recurvo, apicem versus compresso instructum, prothorace multo angustius. Vertex oculis vix duplo latior, in processum continuatus, marginibus lateralibus reflexis. Frons bicarinata, clypeus rotundato-triqueter. Rostrum ad anum usque extensum. Antennarum articulus secundus ovalis. Prothorax lobato-productus, acute carinatus, basi excisus. Scutellum acuminatum, tricarinatum. Tegmina apice obtuse rotundata, ante medium vix reticulata. Tibiae posticae sexspinosae.

In der Bildung des Prothorax, Schildchens und Fühler-Endgliedes am meisten mit *Aphaena*, Guér., in der Form und dem Colorit beider Flügelpaare mit dieser Gattung sowohl wie mit *Belbina*, Stål nahe übereinstimmend, von beiden aber durch die Kopfbildung unterschieden; von *Prolepta*, Walk. durch schmaleren und ausgehöhlten Scheitel, gekielten und stärker lappig ausgezogenen Prothorax abweichend. Kopf fast nur halb so breit als der Prothorax, in einen schräg aufgerichteten, mit der Spitze leicht zurückgekrümmten und seitlich zusammengedrückten Fortsatz von der Form eines lang zugespitzten, gleichschenkligen Dreiecks auslaufend. Scheitel noch nicht von doppelter Augenbreite, vertieft, mit zwar nicht hohen, aber senkrecht aufgebogenen Seitenrändern, welche sich als scharfe Kiele und unter geringer Convergenz noch ziemlich weit über den vorderen Augenrand hinaus fortsetzen, um sich dann erst unter einem spitzen Winkel zu nähern, aber auch auf dem schmaleren Theil des Kopffortsatzes bis fast zu seiner Spitze getrennt neben einander fortlaufen. Jederseits vor den Augen sendet der Scheitel einen fast kreisrunden, rings umwallten Lappen auf die Wangen herab. Backen am Hinterrand der Augen in eine kurze, dornartige Spitze ausgezogen. Stirn lang und spitz dreieckig, stumpf zweikielig, mit flach bogig ausgeschnittenem Endrande; Clypeus stumpf sphärisch dreieckig, gegen das Ende hin gekielt. Rüssel das hintere Körperende erreichend. Fühler nur sehr wenig den Seitenrand der Stirn überragend, mit länglich eiförmigem Endgliede. Prothorax kurz, an der Basis stumpfwinklig ausgeschnitten, scharf gekielt, in Form eines abgerundet dreieckigen Lappens auf den Scheitel übergreifend. Schildchen mit pfeilförmig zugeschärfter Spitze, dreikielig. Beine schlank; Vorderschienen wenig, die mittleren deutlich länger als die Schenkel, die hinteren doppelt so lang, sechsdornig.

65. *Pyrgoteles siccus*, Walk.

Cervinus, nigro-conspersus, opacus, fronte scutelloque infuscatis, tegminibus irregulariter nigricanti-variegatis, abdominis dorso alisque miniaceis, his fusco-cinctis, dispersa albo-nigroque guttatis, plaga dimidii anterioris apicali magna nigro-fusca. Long. corp. 18, exp. tegm. 36 mill.

Enchophora sicca, Walker, List of Homopt. Ins. Brit. Mus. I. p. 272 No. 7. pl. III. Fig. 2.

Clypeus, Stirn und Stirnfläche des Kopffortsatzes pechbraun, letztere dicht und feinkörnig punktirt, die in der Mitte sogar leicht geschwärzte Stirn dicht längsriefig, der Clypeus schräg querriefig. Rüssel pechbraun, mit helleren Gelenken. Das aufgebogene Ende des Kopffortsatzes auf der Vorder- (Aussen-) seite mit scharfem Mittelkiel, seine beiden Seiten tief schwarz mit gelb gefleckten Rändern. Oberseite des Kopfes und Prothorax auf braungelbem Grunde nur fein schwarz punktirt, hier und da mit lichter gelben, etwas glänzenden, pustelartigen Erhebungen. Schildchen auf der Scheibe geschwärzt, der Rand und die glänzende Spitze licht rostgelb. Deckflügel vor der gegitterten Membran nur sehr sparsam zwischen den Längsrippen quer geadert, auf rehbraunem Grunde mit zahlreichen feinen Punkten und Strichelchen, stellenweise jedoch auch mit grösseren Flecken von schwärzlich pechbrauner Farbe gescheckt; von solchen fallen besonders vier am Aussen-, einer nahe dem Innenrande und ein auf der Scheibe, vor der Mitte der Länge stehender auf. Hinterflügel licht mennigroth, längs des ganzen Aussenrandes wässrig braun eingefasst, an der Spitze mit grossem schwarzbraunen, nach vorn bogig abgeschnittenem Fleck, welcher in gleicher Weise wie der mennigrothe Spiegel mehrere milchweisse Tupfen enthält. Die kleineren schwarzen Flecke concentriren sich besonders gegen den Aussenrand hin, lassen aber dabei das Analfeld frei. Vorder- und Mittelbeine vorwiegend pechbraun, gelb und schwärzlich getüpfelt; Hinterbeine lichter und besonders die Schenkel reicher gelb gefleckt. Brust und Bauch von Körperfarbe, aber grob schwarz gesprenkelt; Metanotum lichtgelb, braunfleckig, Hinterleibsrücken scharlachroth.

Ein einzelnes Exemplar von Kiriama, am Weihnachtstage 1862 gefangen. Die Art ist auch bei Port Natal einheimisch.

Anmerkung. In der Walker'schen Beschreibung ist die vorstehende Art kaum zu erkennen, da für dieselbe 10 Lin. Körper- und 24 Lin. Flügellänge angegeben werden, der Körper überhaupt als schwarz, der Hinterleib im Speciellen nur als beiderseits (oberhalb) roth bezeichnet wird, u. s. w. Die auf pl. III, Fig. 2 gegebene Abbildung lässt jedoch an der Identität der hier in Rede stehenden Art mit der *Fischoph. erea* keinen Zweifel.

Elasmoscelis, Spin.

Annal. soc. entom. de France. VIII. p. 389.

66. *Elasmoscelis cimicoides*, Spin.

Elasmoscelis cimicoides, Spinola, Annal. soc. entom. de France. VIII. p. 391 pl. 16. Fig. 4. — Stal, Hemipt. Afric. IV. p. 230. No. 1.

Von dieser auch am Cap, bei Port Natal und in Mossambik einheimischen Art liegt ein bei Mombas (September 1862) gefangenes Exemplar vor.

Fam. Membracina, Burm.

Centrotus, Fab.

Syst. Rhyngot. p. 18.

67. *Centrotus fenestratus*, n. sp.

Aterrimus, glaber, nitidus, tibiis tarsisque rufis, tegminibus flavescentibus, apice aurantiacis, radice, margine costali venisque tribus corii nigris; prothorace confertim punctato, subcarinato, supra angulos laterales inermi, processu postico a scutello remoto, elongato, tenui, supra carinato. Long. corp. $6^2/_3$ mill.

Von ähnlicher Prothoraxbildung wie der Europäische *Centr. genistae*, Fab., aber glatt und glänzend, durch breiteren Kopf, viel längeren Dornfortsatz u. s. w.

unterschieden. Kopf zerstreut, auf der Stirn merklich feiner als auf dem Scheitel punktirt, speckartig glänzend, längs des Stirnrandes und jederseits zwischen Ocellen und Netzaugen stark der Quere nach eingedrückt. Prothorax allmählig und unter leichter Wölbung ansteigend, in der Querrichtung fast halbkuglig gewölbt, nur jederseits hinter den Augen feiner und sparsam, sonst grob und gedrängt punktirt, vorn glänzend, gegen den Ursprung des Dornfortsatzes hin allmählig matter und körnig. Letzterer dünn, kaum so breit wie hoch, allmählig feiner zugespitzt, oberhalb zuerst stark und stumpf, nach hinten fein und scharf gekielt; bei seinem Ursprung weit über dem Schildchen verlaufend, unter leichter S förmiger Schwingung sich allmählig senkend und bis zum letzten Fünftheil der Deckflügel reichend. Diese mit fünf Rand- und zwei Diskoidalzellen, hinter der tief schwarzen Wurzel licht strohgelb, das der Membran entsprechende Spitzendrittheil safrangelb; die Aussenrandsrippe bis zu den Diskoidalzellen, die drei zunächst folgenden Längsadern des Corium vom zweiten Viertheil der Länge ab und die vorderen Grenzen der beiden Diskoidalzellen pechschwarz; das übrige Geäder licht rostfarben. Schildchen tief schwarz, grob punktirt. Schienen und Tarsen rostroth, erstere mit geschwärzter Basis. Bauchringe hell gerandet, das grosse Endsegment unterhalb röthlich pechbraun.

Bei Endara, Ende Decembers 1862 aufgefunden.

69. *Centrotus pacificus*, n. sp.

Rufo-piceus, pubescens, opacus, prothorace confertim punctato, subtiliter carinato, supra angulos laterales cornu horizontali, obtuse triquetro, supra deplanato armato, processu postico incumbente, ensiformi, tegminum cellulas discoidales retrorsum haud superante: scutello brevi, profunde exciso, angulis mucronatis erectis, testaceis, tegminibus leviter infuscatis, basi nigris. Long. corp. 8 mill.

Durch den flachen, aufliegenden Dolchfortsatz des Prothorax dem *Centrot. Capensis*, *Germ. (Rev. entom. III. p. 256. No. 2) nahe stehend, aber kleiner, mit groberer Punktirung und deutlicherer Kielung des Prothorax, dessen seitliche Hörner zugleich kürzer und mehr horizontal gerichtet sind. Körper matt, pechschwarz, unterhalb dicht, oberhalb sparsamer und feiner greisgelb behaart, der Prothorax und die Beine lichter, mehr rothbraun. Kopf gross, besonders sehr breit, mit stark glotzenden Augen, vor denselben durch fast quere Abstutzung plötzlich stark verengt. Prothorax hinten horizontal, nach vorn stark und jäh abfallend, gedrängt punktirt, mit Ausnahme des vordersten Endes der ganzen Länge nach fein gekielt, dieser Kiel auch in stärkerer Ausprägung auf den prismatischen, scharf dolchförmig zugespitzten, dem Schildchen ziemlich dicht aufliegenden, nach hinten aber etwas aufgerichteten, bis zum letzten Drittheil der Deckflügel reichenden hinteren Fortsatz übergehend. Die beiden Seitenhörner kurz, die Schultern nach aussen nur wenig überragend, länglich und stumpf dreieckig, ringsherum ziemlich scharf schwarz gerandet, fast horizontal, nur schwach auf- und rückwärts gerichtet. Schildchen kurz, quer, tief zweizipflig ausgeschnitten, die beiden Zipfel etwas aufgerichtet, kurz gedornt, rostgelb. Deckflügel mit fünf Rand- und zwei Diskoidalzellen, licht gelbbraun getrübt, mit schwärzlicher Basis und braunem Geäder. An den Beinen die Schenkel schwärzlich.

Bei Mombas im September 1862 aufgefunden.

Coloborrhis, Germ.

Rev. entom. IV. p. 72.

Eurypronotum et *Bohemania*, Stål.

69. *Coloborrhis perspicillaris*, n. sp.

Capite prothoraceque antice utrinque fusco-nigris, illius parte media limboque testaceis, hoc pone oculos foveolato, basin versus brunneo, testaceo-punctulato; scutello nigro, lituris tribus ferrugineis, tegminibus fuscis, clavi sutura externa, corii subcentrali membranaeque cellulis externis et apicalibus hyalinis. Long. 4½ mill.

Der *Colob. corticina*, Germ. (Rev. entom. IV. p. 73. = *Bohemania sobrina* et *patruelis*, Stål, Öfvers. Vetensk. Akad. Förhandl. XII. p. 97 und 98) an Grösse gleich, von derselben jedoch, nach der Beschreibung zu urtheilen, durch die Körperfärbung und die Zeichnung der Deckflügel verschieden. Scheitel am Vorderrande leicht ausgebuchtet, zwischen den Ocellen eingedrückt, körnig, matt scherbengelb, braun gescheckt, die beiden seitlichen Dritttheile schwärzlich pechbraun. Prothorax bucklig, vorn jederseits nach innen von den Augen mit zwei durch eine Schwiele getrennten grubigen Eindrücken und im Bereich derselben kohlschwarz gefärbt, im Uebrigen rothbraun, fein gelb getüpfelt, dicht körnig punktirt, matt, nahe der Basis mit kleinem schwarzem Seitenhöcker. Schildchen tief schwarz mit zwei seitlichen schrägen und einer mittleren gelben Längsmakel. Deckflügel dicht und grob punktirt, matt pechbraun gefärbt, die Adern mit Ausnahme der licht gelben Aussenrandsrippe rothbraun; der Nahtsaum des Clavus hellgelb, ein länglicher Fensterfleck am Aussenrande des letzteren, ein etwas breiterer hinter der Mitte des Corium so wie die Aussenrand- und Spitzenzellen der Membran glashell. An den Beinen die Schenkel pechbraun, die Kniee, Schienen und Tarsen knochengelb, letztere beide braun geringelt und gescheckt. Erstes und drittes Bauchsegment mit kielförmig erhabener Mittellinie. Bauchseite des Hinterleibes pechschwarz, der Hintersaum der einzelnen Ringe, der Seitenrand und das Genitalsegment licht scherbengelb.

In einem einzelnen Exemplare am See Jipe (Ende Octobers 1862) aufgefunden.

Fam. Cicadina, Burm.

Cercopis, Fab.

Entom. syst. IV. p. 47

70. *Cercopis (Locris) areata*, Walk.

Monecphora areata, Walker, List of Homopt. Ins. Brit. Mus. III. p. 675. No. 7.
Locris areata, Stål, Hemipt. Afric. IV. p. 60. No. 6.

In Mehrzahl bei Mombas (Mitte Septembers 1862) gesammelt, sonst auch im Cafferlande und in Mosambik einheimisch. Bei den von Mombas stammenden Exemplaren dieser schönen Art erscheint die helle Zeichnung des Kopfes und Prothorax nicht zinnoberroth, sondern gleich dem Basalfleck der Deckflügel lebhaft orangegelb; auch ist die breite Querbinde vor der Basis des Prothorax meistens durchgehend, d. h. nicht durch dunkele Flecke unterbrochen. Der orangegelbe Fleck der Flügeldecken setzt sich von dem scharlachrothen Grunde scharf ab.

71. *Cercopis cardinalis*, n. sp.

Taf. XVII. Fig. 10.

Tibiis posticis unispinosis, fronte tumida, haud carinata: oblongo-ovata, nigra, pubescens, capite prothoraceque nitidis, anterius laevibus, elytris confertim punctulatis, fere glabris, nitidulis, coccineis, fascia pone medium sita et in clavo basin versus producta, limbo apicali lato maculisque nonnullis anteapicalibus nigris. Long. 11 ad 11½ mill.

Im Umrisse, Colorit und Glanz der Oberfläche mehr an die Europäischen *Cercopis* (*Cerc. sanguinolenta*, Lin. u. s. w.) als an die Afrikanischen *Locris*-Arten erinnernd; mit letzteren zwar in der Bewehrung der Hinterschienen übereinstimmend, aber durch die gerundete, weder an der Basis, noch der Länge nach gekielte Stirn abweichend. Kopf und Thorax tief und sehr glänzend schwarz, dünn aufrecht behaart; ersterer vor den Augen eingeschnürt, die von oben betrachtet fast eirunde, stark gewölbte Stirn gegen den Scheitel hin durch eine tiefe Querfurche abgesetzt, nur sehr fein und undeutlich punktirt, fast glatt erscheinend. Prothorax schmal, hinter den Augen jederseits mit einer kleineren, vor den Seitenwinkeln mit vier in einer Querreihe stehenden grösseren und tieferen Gruben besetzt und in der Umgebung derselben glatt, fast spiegelblank; im Bereich der grösseren hinteren Hälfte dicht chagrinartig punktirt, aber nirgends runzelig. Schildchen schwarz, glänzend, mit tiefem, herzförmigem Basal-Eindruck. Deckflügel so schwach behaart, dass sie bei der Ansicht von oben glatt erscheinen, fein und dicht punktirt, glänzend, intensiv scharlachroth mit schwarzer Zeichnung; letztere besteht aus einer mittleren, stark zackigen Querbinde, welche längs des Aussenrandes des Clavus einen weit gegen die Basis hin reichenden Ast abgiebt, aus zwei Querreihen kleinerer Flecke, welche zwischen den stark erhabenen Rippen der Membran liegen, und aus einem mit der hinteren Reihe theilweise zusammenfliessenden breiten Spitzensaum. Hinterflügel an den Rändern und der Spitze rauchbraun, an der Basis scharlachroth. Vorder- und Mittelbrust nebst den Beinen schwarz, Hinterbrust mit dem letzten Hüftpaar rothbraun, zuweilen auch die Hinterschenkel licht pechbraun. Bauch einfarbig schwarz.

Bei Endara (Ende Decembers 1862) aufgefunden.

Ptyelus, Lepel., Serv.

Encycl. méth. X. p. 608.

Pitharrus, Spin.

72. *Ptyelus flavescens*, Fab.

Tettigonia flavescens, Fabricius, Entom. syst. IV. p. 34. No. 30.
Cercopis flavescens, Fabricius, Syst. Rhyngot. p. 88. No. 1.
Cercopis lividus, Fabricius, Syst. Rhyngot. p. 90. No. 7.
Ptyelus ferrum equinum, Lepeletier et Serville, Encycl. méth. X. p. 608. No. 1
Pitharrus Delegorguei, Spinola, Tavol. sinott. d. gen. insett. Hemipt. p. 113. No. 1.

Ptyelus Lesueuri, Stål, Öfvers. Vetensk. Akad. Förhandl. XII. p. 96. No. 1.
Ptyelus flavescens, Stål, Hemipt. Afric. IV. p. 70. No. 2
Ptyelus conifurnus et obtusus, Walker, List of Homopt. Ins. Brit. Mus. III. p. 703. No. 2 u. p. 704 No. 5.

Von dieser bereits aus Guinea, Angola und dem Cafferlande bekannten und die mannigfachsten Färbungs- und Zeichnungs-Varietäten eingehenden Art liegt ein von Uru (Mitte Novembers 1862) stammendes Exemplar von 18 mill. Länge vor. Dasselbe entspricht durch die nur an der Wurzel schwarzfleckigen Deckflügel am meisten der von Fabricius als *Cercopis lirida* beschriebenen Varietät, nur dass die Grundfarbe nicht dunkel aschgrau, sondern rein und lebhaft gelb, mit orangerother Säumung des Aussen- und Spitzenrandes, sowie des Clavus erscheint. — Ob die von Stål mit der vorstehenden Art vereinigte *Tettigonia olivacea*, Fab. in der That auf dieselbe zu beziehen ist, muss insofern sehr zweifelhaft erscheinen, als die vorangesetzte Bezeichnung „parva" einen scharfen Gegensatz zu *Tettig. lirida* auszudrücken scheint, überdies auch die Beine nicht als dunkel geringelt bezeichnet werden.

Clovia, Stål.

Hemipt. Afric. IV. p. 75.

73. *Clovia callifera*, Stål.

Ptyelus callifer, Stål, Öfvers. Vetensk. Akad. Förhandl. XIII. p. 199. No. 14.
Ptyelus planaris, Walker, List of Homopt. Ins. Brit. Mus., Suppl. p. 190.
Clovia callifera, Stål, Hemipt. Afric. IV. p. 77. No. 4.

Zwei von Wanga (September 1862) stammende Exemplare dieser bereits vom Cap und aus der Sierra Leone bekannten Art lassen der Stål'schen Charakteristik gegenüber nur leichte Unterschiede in der Färbung erkennen. Mittel- und Hinterbrust sind gleich den Beinen licht rostgelb, der Bauch nur auf der Scheibe gebräunt; die Stirn ist pechbraun, mit zwei vorn vereinigten, nach hinten sich auf die Vorderbrust-Seiten fortsetzenden gelben, divergirenden Längsbinden. Scheitel und Pronotum sind von vier licht braunen Längsstriemen durchzogen; die im Bereich des Clavus und des daran stossenden Theiles des Corium erbsengelben, am Aussenrande dagegen licht aschgrauen Deckflügel zeigen eine von der Schulter bis zur Spitze reichende pechbraune Längsstrieme.

Selenocephalus, Germ.

Rev. entom. I. p. 180.

74. *Selenocephalus compactus*, n. sp.

Taf. XVII. Fig. 11.

Abbreviatus, rufo-ferrugineus, nitidus, frontis genarumque basi, pectoris lateribus, femorum macula apicali, tibiarum striga externa nec non abdominis dorso nigro-piceis: verticis amplicati margine reflexo, prothorace scutelloque transverse strigosis, elytris fusco-conspersis, guttis nonnullis clari, corii limboque externi albidis. Long. 6½ mill.

Von auffallend kurzer, gedrungener Form, rostroth, auf Kopf und Prothorax fettig glänzend. Scheitel fast dreimal so breit als die Augen, in der Mitte um die Hälfte länger als seitlich, der stark gerundete Vorderrand deutlich aufgebogen, die Oberfläche sehr fein lederartig gerunzelt. Ocellen klein, aber deutlich. Die grössere Basalhälfte der leicht querriefigen und feinkörnigen Stirn, ebenso der an die Augen grenzende, vertiefte Theil der Wangen pechschwarz; eine Mittelstrieme des Clypeus und ein Punkt jederseits gleichfalls schwärzlich. Prothorax um die Hälfte länger als die Mitte des Scheitels, seine Oberfläche gleich derjenigen des Schildchens fein querrissig und zugleich punktirt. Deckflügel sparsam gelblich behaart, rostfarben, besonders auf der hinteren Hälfte zwischen Clavus und Aussenrand schwärzlich marmorirt, einige kleine Tupfen bei der Mitte und vor der Spitze des Clavus, vor und hinter der Mitte des Corium, sowie längs des Aussen- und Spitzenrandes weisslich. Hinterflügel am Rande grau getrübt. Beine mit schwärzlichem Schenkelfleck nahe der Spitze und pechbrauner Aussenstrieme der Schienen; Vorder- und Mitteltarsen gebräunt, Hintertarsen mit licht gelbem Basalgliede. Brustseiten und Seiten des Hinterleibsrückens schwarzbraun gefleckt, die Scheibe des letzteren bis auf die Endsegmente kohlschwarz.

Ein einzelnes Exemplar von Endara (Ende Decembers 1862).

Ausser den vorstehend verzeichneten Arten sind folgende, in der v. d. Decken-schen Sammlung nicht enthaltene, als in Sansibar einheimisch bekannt gemacht worden:

(Fam. Scutati.)

75. *Bolbocoris inaequalis*, Germ.

Trigonosoma inaequalis, Germar, Rev. entom. V. p. 188. No. 137.
Bolbocoris sordidus, Stål, Öfvers. Vetensk. Akad. Förhandl. X. p. 211. No. 1
Bolbocoris inaequalis, Stål, Hemipt. Afric. I. p. 87. No. 3.

Ausser in Sansibar auch im Cafferlande einheimisch.

76. *Pentatoma decorata*, Sign.

Mormidea decorata, Signoret, Annal. soc. entom. de France. 3. sér. VIII. p. 928. No. 92.
Pentatoma (Carbula) decorata, Stål, Hemipt. Afric. I. p. 140. No. 8.

Vaterland: Sansibar.

77. *Nezara acuta*, Dall.

Rhaphigaster acutus, Dallas, List of Hemipt. in the coll. of the Brit. Mus. I. p. 277. No. 9.
Nezara acuta, Stål, Hemipt. Afric. I. p. 197. No. 9.

Ausser in Sansibar auch in der Sierra Leona und am Senegal aufgefunden.

(Fam. Coreodes.)

78. *Clavigralla pilosicollis*, Stål.

Clavigralla pilosicollis, Stål, Öfvers. Vetensk. Akad. Förhandl. XII. p. 31. No. 4. — Hemipt. Afric. II. p. 105. No. 1.
Clavigralla similis, Signoret, Annal. soc. entom. de France. 3. sér. VIII. p. 941. No. 129.

In Sansibar und im Cafferlande einheimisch.

79. *Clavigralla horrida*, Germ.

Syromaster horridus, Germar, Rev. entom. V. p. 145. No. 58.
Clavigralla elongata (♂) *et flavipennis* (♀), Signoret, Annal. soc. entom. de France. 3. sér. VIII. p. 944. No 130. u. p. 945. No 131.
Clavigralla horrida, Stål, Hemipt. Afric. II. p. 104. No. 4.

Aus Sansibar, dem Cafferlande, von Madagascar und Mauritius bekannt.

(Fam. Reduvini.)

80. *Acanthaspis ungax*, Stål.

Acanthaspis ungax, Stål, Hemipt. Afric. III. p. 129. No. 6.

Vaterland: Sansibar.

(Fam. Nepidae.)

81. *Macrocoris flavicollis*, Sign.

Macrocoris flavicollis, Signoret, Annal. soc. entom. de France, 3. sér. VIII. p. 970. No. 191 — Stål, Hemipt. Afric. III. p. 176. No. 1.

Von Sansibar und Madagascar bekannt.

(Fam. Fulgorina.)

82. *Eddara euchroma*, Walk.

Eddara euchroma, Walker, List of Homopt. Ins. Brit. Mus., Suppl. p. 58.
Ulegoria bella, Stål, Berl. Entom. Zeitschr. III. p. 313. No. 1.

Bei Port Natal und in Sansibar einheimisch.

(Fam. Cicadina.)

83. *Dardania granulosa*, Stål.

Dardania granulosa, Stål, Hemipt. Afric. IV. p. 113. No. 1.

Vaterland: Sansibar.

Nachträge.

(Orthoptera p. 20.)

30—31. *Phalangopsis robusta*, n. sp.

Prothorace amplo, tumido, ante basin fortiter constricto, elytris abbreviatis, obtuse lanceolatis, alis nullis: griseo-testacea, tomentosa, pronoto et abdominis dorso fusco-maculatis, vitta frontali, femorum anteriorum annulis duobus, posticorum quatuor nigro-piceis. Long. corp. 20, tib. post. 24 mill. ♂.

Eine durch Körpergrösse, die Form des Prothorax und der Deckflügel höchst ausgezeichnete Art. Körper blass graugelb, seidig gelb tomentirt, ausserdem mit feinen schwärzlichen Haaren bekleidet. Kopf kurz, mit stark hervortretendem, fast horizontalem, an der Spitze etwas erweitertem Scheitelzipfel, oberhalb mit undeutlicher brauner Fleckung; eine vom unteren Augenwinkel ausgehende Längsstrieme der Backen, sowie eine durch eine gelbe Linie getheilte Stirnbinde pechbraun, glänzend. Mundtheile bis auf die Spitze der Mandibeln scherbengelb; Tasterglieder von gewöhnlicher Länge, das letzte der Kiefertaster nur leicht gekeult. Prothorax auffallend gross, seitlich stark bauchig erweitert, oberhalb gegen die Basis hin etwas aufgetrieben, vor derselben beiderseits stark eingeschnürt, so dass die Hinterecken lappenartig heraustreten; auf gelbgrauem Grunde oberhalb mit acht schwarzbraunen Flecken gezeichnet, von denen zwei am Vorderrande hinter den Augen, zwei quere vor der Mitte der Scheibe, zwei in der Mitte des Hinterrandes, die beiden letzten seitlich in den tiefen, vor den Hinterecken befindlichen Gruben liegen. Deckflügel schmal, nach hinten stumpf lanzettlich zugespitzt, bis zum Hinterrande des fünften Abdominalringes reichend, unregelmässig längsaderig, filzig behaart, ledergelb. Hinterflügel fehlen. Vorderbeine merklich länger und kräftiger als die mittleren, gleich diesen mit zwei pechbraunen Schenkelringen und einem undeutlichen dunkelen Wisch auf der Aussenseite beim Ende des ersten Drittheils. Hinterbeine mit vier pechbraunen Schenkelringen, ihre Schienen um die Hälfte länger als diejenigen des ersten Paares; die Dörnchen der Hinterseite pechbraun, die acht langen Rückendornen der unteren Hälfte gleich den Endsporen gelb mit brauner Spitze. An allen drei Beinpaaren die Spitze der Schienen und Metatarsen gebräunt. Hinterleibsringe oberhalb mit pechbraunen, in unregelmässige Flecke aufgelösten Querbinden. Raife lederfarben, licht gelb behaart.

Ein einzelnes männliches Exemplar von der Sansibar-Küste.

(Coleoptera p. 251.)

338. *Macrotoma mitis*, Gerst.

Das Männchen dieser auch von Port Natal (Poeppig) vorliegenden Art unterscheidet sich von dem a. a. O. allein beschriebenen Weibchen in gewöhnlicher Weise durch stärkere Entwickelung des Kopfes, Prothorax, der Fühler und Beine. Das dritte Fühlerglied ist fast so lang wie das vierte bis sechste zusammengenommen, dicht körnig punktirt, unterhalb mit einigen kleinen höckerartigen Hervorragungen versehen. Der Prothorax nach vorn weniger verschmälert als beim Weibchen, mit kürzer gezähnten Hinterecken. Vorderbeine sehr kräftig, überall dicht und grobkörnig punktirt, nicht nur am Unterrande der Schenkel, sondern auch an beiden Seiten der Schienen gezähnelt, das Spitzendrittheil der Innenseite dicht rothhaarig; Mittelschienen aussen gleichfalls mit drei bis vier Zähnen. Körperlänge 34—37 mill.

(Hymenoptera p. 342)

40—41. *Mutilla porphyrea*, n. sp.

Thoracis lateribus angulatis, lamina scutellari perspicua, abdominis segmento basali campanulato: gracilis, rufa, pilis aureo-micantibus vestita, capite, pedibus, abdominis segmento basali, secundi maculis duabus magnis basalibus bilobis limboque apicali nec non ultimis quatuor atris, 3.—5. macula dorsali flavescenti-villosa ornatis. Long. 9 mill. ♀.

Nach der Hinterleibsbildung zur Gruppe der Europäischen *Mut. maura*, Lin. gehörend, im Colorit der Ostindischen *Mut. rugosa*, Oliv. nicht unähnlich. An dem einzigen vorliegenden Exemplar ist, vermuthlich durch Tödtung in Weingeist, die Behaarung der Körperoberfläche verfilzt und daher in ihren Eigenthümlichkeiten nicht genau zu erkennen. Körperbau schlanker als bei *Mut. maura*, Lin., Kopf, Augen und Fühler wie bei dieser gebildet, letztere rothbraun mit pechschwarzem Schaft; ersterer oberhalb rostroth, an den Backen dagegen weisslich behaart, seine Grundfarbe schwarz. Thorax abgestutzt oval, nach hinten stark verschmälert, seitlich vor der Mitte stark gewinkelt, dahinter zweimal ausgebuchtet; Grundfarbe roth, Behaarung der Oberseite rostgelb, goldig schimmernd, kurz. Eine kleine, aber deutliche Scutellarlamelle, sowie zwei von den seitlichen Vorsprüngen ausgehende Schwielen der Pleuren glatt und glänzend. Beine mit Einschluss der Hüften schwarz, die Tarsen röthlich pechbraun. Der scharf abgeschnürte, glockenförmige Basalring des Hinterleibes vorn mit stumpfen Seitenzähnchen, oberhalb schwarz mit gelbfilziger Spitzenbinde, unterhalb scharf gekielt, blutroth. Das zweite grosse Segment unterhalb blutroth, grob punktirt, oberhalb durch die goldig schimmernde Behaarung mehr porphyrroth erscheinend; jederseits an der Basis ein grosser, tief zweilappiger Fleck, dessen dorsaler Lappen hinten quer abgestutzt erscheint, gleich dem Hinterraume tief schwarz, sammetartig befilzt. Auch die folgenden Segmente tief schwarz, das 3. bis 5. oberhalb mit einem gelbfilzigen Mittelfleck. Der zweite bis vierte Ventral-Halbring mit dichter, licht gelber Endfranse.

Am See Jipe Anfang Decembers 1862 aufgefunden.

Ueber den Charakter der Insektenfauna des Sansibar-Gebietes nebst Bemerkungen über die Verbreitung der Insekten in Afrika.

Die Zahl der gegenwärtig bekannten Europäischen Insekten aller Ordnungen lässt sich in runder Summe auf mindestens 60,000, diejenige einer einzelnen, mässig begünstigten Lokalität des mittleren Deutschlands auf 15 bis 16,000 veranschlagen. Zu letzterer Summe würde man wenigstens dann gelangen, wenn man das Verhältniss von 95 z. B. für Berlin, Frankfurt, Augsburg nachgewiesenen Rhopaloceren zu 300 Europäischen als auch für die übrigen Familien und Ordnungen maassgebend ansieht. Um wie viel grösser der Artenreichthum in den Tropengegenden und besonders in der Nähe des Aequators ist, ergiebt sich aus den Ermittelungen von Wallace und Bates, von welchen ersterer die Zahl der bei Pará vorkommenden Rhopaloceren auf 600, letzterer sogar auf 700 angiebt. Bei Zugrundelegung des obigen Verhältnisses würde hieraus die Gesammtzahl der bei Pará einheimischen Insekten auf mehr denn 100,000 zu veranschlagen sein. So wenig es nun zweifelhaft sein kann, dass irgend welche Lokalität des tropischen Afrika und am wenigsten eine an der Ostküste dieses Erdtheiles gelegene, sich an Artenreichthum mit der ausnahmsweise begünstigten Umgegend von Pará messen kann, so wird doch in keinem Falle mit der Voraussetzung fehl gegriffen werden, dass eine durch Mannigfaltigkeit des Terrains ausgezeichnete und eines üppigen Pflanzenwuchses wenigstens stellenweise nicht entbehrende, in unmittelbarer Nähe des Aequators gelegene Afrikanische Landschaft einer Gegend des mittleren Deutschland an Artenreichthum nicht nur nicht nachstehe, sondern dieselbe hierin nicht unwesentlich übertreffe, mithin gewiss nicht unter 20,000 Insekten-Arten besitze. Einer derartigen Summe gegenüber muss nun freilich die Zahl von 737 Arten, wie sie sich aus der Sichtung der im Vorstehenden verzeichneten Sammlung ergeben hat, als verschwindend gering erscheinen, ohne freilich bei Erwägung der in Betracht kommenden Verhältnisse irgendwie befremden zu können. Während die Zahl von 15,000 Insekten-Arten für eine einzelne Lokalität Deutschlands das Ergebniss hundertjähriger, eifriger und vielfach wiederholter Nachforschung von Seiten zahlreicher, mit den Bodenverhältnissen, der Flora, den Schlupfwinkeln und der Lebensweise der einzelnen Arten auf das Genaueste vertraut gewordener Sammler ist, handelt es sich im Vorliegenden um die ganz gelegentliche, gleichsam nur im Fluge gewonnene Ausbeute, wie sie eine während dreier Monate sich auf ein Terrain von etwa 300 Quadratmeilen erstreckende, in ununterbrochener Fortbewegung begriffene Expedition, welche überdies noch mit den mannigfachsten Schwierigkeiten und Hindernissen zu kämpfen hatte, naturgemäss mit sich bringt. In Anbetracht solcher erschwerenden Umstände, unter welchen — und der verhältnissmässig kurzen Zeit, während welcher sie zusammengebracht wurde, immerhin als reich zu bezeichnen, bei der Sachkenntniss, welche dem ebenso umsichtigen wie mit lebhaftem Interesse für den Gegenstand erfüllten Dr. O. Kersten zur Seite stand, sich sogar auf eine grössere Anzahl solcher Formen erstreckend, welche jedem im Sammeln Ungeübten unzweifelhaft entgangen wären, kann diese Ausbeute dennoch nur als ein erster Anlauf, die Insektenfauna jenes Gebietes zur Kenntniss zu bringen, angesehen werden. Gleich allen unter ähnlichen Verhältnissen in den Tropen veranstalteten Insektensammlungen gewährt sie offenbar nur einen sehr beschränkten Einblick in die für die dortige Fauna charakteristischen, einen beträchtlich umfassenderen schon in die ihr mit anderen gemeinsamen Formen; vor Allem liefert ihr verhältnissmässig geringer Umfang von Neuem den Beweis, wie schwer die Insektenfauna der Tropen zu erschöpfen ist und dass wir uns mit der Kenntniss derselben auch gegenwärtig noch in den ersten Anfangsstadien bewegen. Während sich in den sorgfältiger durchforschten Tropengegenden die zur Zeit bekannten Land-Wirbelthiere zu den überhaupt existirenden durchschnittlich gewiss wie 3 : 4 verhalten, übersteigt die Zahl der bis jetzt entdeckten Insekten offenbar nirgends $^1/_4$, meist vielleicht kaum $^1/_{10}$ der muthmasslich vorhandenen.

Für die Verbreitung der Insekten in Afrika muss es, besonders im Gegensatz zu Amerika und Asien, als charakteristisch angesehen werden, dass sie für die natürlichen Gruppen weiteren und engeren Umfangs (Gattungen und Untergattungen) eine auffallend gleichmässige und allgemeine, für eine grosse Anzahl von Arten eine aussergewöhnlich weit ausgedehnte ist: zwei Eigenthümlichkeiten, an welchen sich zugleich zahlreiche und unter diesen die grössten und bekanntesten Wirbelthiere betheiligen. Mit vielem Rechte hat zuerst Erichson*) darauf hingewiesen, dass diese weite Verbreitung zahlreicher Arten sich nicht nur, wie z. B. im nördlichen Asien, in der Richtung der geographischen Breite bewege, sondern zugleich von Norden nach Süden und in der Diagonale hervortrete. Schon die damals vorliegenden Erfahrungen, welche sich besonders auf die Kenntniss der Faunen Senegambien's, Guinea's, Sennaar's, Kordofan's, der Nil-Länder, Port Natal's, des Caplandes und Angola's stützten, verliehen der Annahme Ritter's, wonach das Innere Afrika's ein nahezu gleichförmiges oder wenigstens nicht von hohen Gebirgsketten durchsetztes Tafelland sei, eine gewichtige Stütze. Gleich wie nun Letzteres durch die seitdem gemachten geographischen Entdeckungen in immer weiterem Umfange bestätigt worden ist, ist auch durch die gleichzeitige Erforschung der Faunen Abyssinien's, Mossambik's, des Gabon-Gebietes, Liberia's, vor Allem aber des durch Wahlberg in ausgiebigster Weise zur Kenntniss gekommenen Cafferlandes nicht nur die Zahl der weit verbreiteten Arten sehr beträchtlich gesteigert, sondern auch der Verbreitungsbezirk der bereits bekannten vielfach erweitert worden. Einen wie beträchtlichen Procentsatz die weiter verbreiteten Arten in den faunistischen Uebersichten einiger dieser neu erforschten Gebiete ausmachen, ergiebt sich aus folgender Zusammenstellung:

*) Beitrag zur Insekten-Fauna von Angola (Archiv f. Naturgesch. IX. 1. p. 199. ff.).

	überhaupt gesammelt:	neu:	bekannt:	lokal:
Angola.				
Coleoptera	173 A.	123 A. (5/7)	50 A. (2/7)	105 A. (über 3/5)
Mosambik.				
Insecta	750 A.	2/3	1/3	
Coleoptera	364 A.	273 A. (3/4)	91 A. (1/4)	
Lepidoptera	109 A.	38 A. (1/3)	71 A. (2/3)	
Hymenoptera	107 A.	70 A. (2/3)	37 A. (1/3)	
Hemiptera	51 A.	19 A. (3/8)	32 A. (5/8)	
Gabon.				
Insecta	680 A.	480 A. (5/7)	200 A. (2/7)	
Sansibar.				
Insecta	737 A.	415 A. (4/7)	322 A. (3/7)	390 A. (über 1/2)
Coleoptera	458 A.	281 A. (5/8)	177 A. (3/8)	269 A. (3/5)
Orthoptera	88 A.	53 A. (3/5)	35 A. (2/5)	46 A. (über 1/2)
Hymenoptera	63 A.	28 A. (3/7)	35 A. (4/7)	24 A. (3/8)
Lepidoptera	40 A.	12 A. (kaum 1/3)	28 A. (über 2/3)	11 A. (über 1/4)
Hemiptera	74 A.	35 A. (kaum 1/2)	39 A. (über 1/2)	34 A. (kaum 1/2)

Uebrigens würde man weit fehlgreifen, wollte man diese Zahlenverhältnisse der bereits bekannten, also zugleich in anderen Theilen Afrika's vorkommenden zu den neuen, resp. auf die betreffende Lokalität beschränkten Arten als dem wirklichen Sachverhalt auch nur annähernd entsprechend ansehen. Dieselben hangen zunächst von dem Zeitpunkte ab, zu welchem die Fauna eine Lokalität zur Kenntniss gekommen ist; denn der Procentsatz der bereits bekannten Arten wird begreiflicher Weise um so grösser sein, je mehr Nachbarländer zuvor überhaupt, und besonders wenn sie in umfassenderer Weise durchforscht worden sind. Aber auch abgesehen hiervon kann das Zahlenverhältniss der weit verbreiteten zu den lokal begrenzten Arten keineswegs als maassgebend für die Verbreitungsverhältnisse der Afrikanischen Insekten im Allgemeinen angesehen werden; vielmehr muss es sich schon insofern als viel zu hoch erweisen, als erfahrungsgemäss die am weitesten verbreiteten Arten zugleich die häufigsten, die lokalen dagegen durchschnittlich seltener sind, mithin jene bei einer nur oberflächlichen Durchforschung des Landes dem Sammler nothwendig zuerst und am leichtesten in die Hände fallen. Ihr numerisches Ueberwiegen in einer Sammlung charakterisirt mehr die Art, wie diese zusammengebracht worden ist, als die Fauna der betreffenden Lokalität; je eingehender letztere ausgebeutet ist, desto höher stellt sich das Zahlenverhältniss der neuen und eigenthümlichen Arten. In dieser Beziehung macht sich z. B. zwischen Mosambik und Sansibar einer und dem Cafferlande andererseits ein sehr auffallender Gegensatz bemerkbar. Nach Boheman's*) Angabe hat Wahlberg längs des Gariep und Limpopo, sowie im Natal-Lande im Ganzen etwa 4740 Insekten-Arten gesammelt, von welchen allein 2334**) auf die Ordnung der Coleopteren fallen. Unter den von Boheman in den beiden ersten Bänden der „Insecta Caffrariae" beschriebenen 1064 Arten waren nur 262, also etwas über 1/4 bereits ander-

*) Insecta Caffrariae. I. p. IV.

**) Diese Zahl ist durch spätere Entdeckungen Wahlberg's noch ansehnlich erhöht worden. Als Nachtrag zu den von ihm bearbeiteten Familien führt Boheman (Öfvers. Vetensk. Akad. Förhandl. 1860 p. 3. u. p. 107 ff.) noch 198 fernere Arten auf.

weitig bekannt, die übrigen 782 neu. Noch sehr viel ansehnlicher ist aber augenscheinlich der Procentsatz der neuen Arten bei den von Ehrenberg in den Nil-Ländern, Arabien und Syrien veranstalteten, an Reichhaltigkeit allerdings ihres Gleichen suchenden Insektensammlungen, obwohl die in denselben enthaltenen weiter verbreiteten Arten eine doppelte geographische Beziehung, nämlich neben derjenigen zu den westlichen und südlichen Gebieten Afrika's auch zu der Mittelmeer-Fauna aufzuweisen haben.

Erscheint demnach die Zahl der in Afrika weit verbreiteten Arten offenbar nur vorläufig ungleich bedeutender, als sie es den lokal beschränkten gegenüber in Wirklichkeit ist, so bleiben für dieselben die grossen Entfernungen, in welchen sie auftreten und welche sich oft bis auf 850 geogr. Meilen in der Länge (Senegal bis Cap) sowohl wie in der Breite (Senegal bis Sennaar) erstrecken, immerhin im hohen Grade auffallend und bemerkenswerth. Auch ist die Zahl derselben ansehnlich genug, um der Afrikanischen Insektenfauna das Gepräge einer gewissen Gleichförmigkeit zu verleihen, welches ihr in noch höherem Grade allerdings durch die weit ausgedehnte Verbreitung der Gattungen und natürlichen Gruppen zu Theil wird. Eine Gliederung der Fauna in mehr oder weniger scharf abgegrenzte geographische Distrikte, wie sie vor Allem Amerika und Asien, bis zu einem gewissen Grade aber auch Europa erkennen lassen, geht dem Afrikanischen Continent in gleicher Weise wie dem Australischen fast vollständig ab. Was für ersteren seit längerer Zeit bekannt war und sich mit fortschreitender Kenntniss in immer allgemeinerer Weise herausgestellt hat, haben für letzteren die neuerdings an den entgegengesetztesten Punkten veranstalteten Sammlungen in nahe übereinstimmender Weise ergeben: während nur die Fauna von Cap York durch ihre Annäherung an diejenige Neu-Guinea's sich als eine mehrfach eigenthümliche erweist, stellen sich die am Swan-River gesammelten Insekten sowohl mit denjenigen von Ost- wie von Süd-Australien als sehr übereinstimmend heraus. Unter diesen Umständen liegt es natürlich nahe, die Homogenität der Fauna auf die Form- und Terrainbeschaffenheit beider Länder, deren mehrfache Uebereinstimmung sofort in die Augen fallen muss, zurückzuführen. Afrika sowohl wie Neu-Holland sind Massen-Continente mit leicht geschwungenen, tiefer und scharfer Einschnitte völlig entbehrenden Küsten, mit einem zu ihrem Quadrat-Inhalt gewissermassen im Missverhältniss stehenden, geringfügigen Flussnetz, ohne auffallend hohe und continuirliche, besonders aber nirgends die Ländermassen durchsetzende Gebirgszüge, so dass der weit ausgedehnten Verbreitung der Arten, falls man sie als auf spontaner Wanderung beruhend ansehen wollte, unüberwindliche Hindernisse durchaus nicht entgegenständen. Für die ebenso gleichmässige Vertheilung natürlicher Arten-Gruppen (in engerem sowohl wie weiterem Sinne) geben nun jene Terrainverhältnisse eine gleich einleuchtende Erklärung zur Zeit allerdings nicht ab; doch macht auch sie sich in so auffallender Weise geltend, dass man sich der Annahme eines causalen Zusammenhanges kaum entziehen kann. Neben zahlreichen indifferenten sind auch die meisten specifisch afrikanischen oder in diesem Welttheile wenigstens vorzugsweise reich vertretenen, durch Grösse und Schönheit der Arten hervorragenden Gattungen, wie *Anthia, Graphipterus, Acanthogenius, Tefflus, Craspedophorus, Pachnoda, Steraspis, Sternocera, Lycus, Pycnocerus, Sternotomis, Phryneta, Ceroplesis* u. A. in ziemlicher Allgemeinheit und Gleichmässigkeit bis zur Atlas-Kette und nach Abyssinien hinauf vertreten oder wenigstens der Ost- und Westküste gemeinsam, während die mehr lokalen Gattungen sich theils als weniger artenreich, theils — etwa eine Anzahl Guineasischen ausgenommen — als nicht besonders charakteristisch erweisen. Unter diesen Umständen ist es kaum thunlich, von einem Senegambischen, Guineensischen, Abyssinischen u. s. w. Faunengebiete zu reden, ja nicht einmal ein Ost- und Westafrikanisches zu unterscheiden, oder man müsste denn eben den Charakter eines solchen in die weniger hervorstechenden Gattungen und in die auf das betreffende Gebiet beschränkten Arten hineinverlegen. Selbst das durch seine üppige Niederungs-Vegetation und durch die an dieselbe gebundene Fülle von Insektenformen besonders begünstigte Guinea hat im Verlauf der Zeit manche seiner hervorstechendsten und früher als ihm eigenthümlich geltenden Gattungen mit anderen Gebieten theilen müssen, vor Allem die riesige Melitophilen-Gattung *Goliathus*, deren nachträglich aufgefundene vierte Art: *Gol. Fornasini*, Bertol. aus dem Inneren von Mosambik, in diagonaler Richtung möglichst weit von den übrigen einheimisch ist. Nur die durch den Hauptlauf des Gariep abgegrenzte Südspitze Afrika's (Cap-Colonie, Caffraria, Natal und Orange-Republik) ergiebt sich durch eine grössere Summe ihr eigenthümlicher oder wenigstens in besonderer Artenfülle auftretender Gattungen als ein von dem übrigen Continente faunistisch abgesondertes Gebiet, welches in vieler Beziehung selbst von der unmittelbar nach Nordosten sich anschliessenden Transvaal-Republik (südlich und westlich vom Limpopo begrenzt) recht wesentlich abweicht. Unter den Orthopteren sind es vor Allem die *Pneumora-* und *Batrachotetrix*-Arten, unter den Coleopteren die Gattungen *Trichostetha, Elaphinis, Scaptobius, Genuchus, Macrophylla, Leontochaeta*, die sämmtlichen sehr zahlreichen Pachycnemiden, sowie die überwiegende Mehrzahl der Hopliden (*Dichelus, Monochelus, Gymnoloma, Goniaspidius, Dicranocnemus, Scelophysa, Lepisia* u. s. w.), ferner *Hipporhinus, Byrsops* und die Masse der *Brachycerus*, endlich *Moluris, Psammodes, Trachynotus, Trigonopus* u. A., welche eine etwas umfangreichere, im Caplande veranstaltete Insektensammlung sofort und in auffallendster Weise kenntlich machen. Dieser sich bereits vor vier Decennien in den Sammlungen und Artenverzeichnissen geltend machende Unterschied zwischen der Fauna des Caplandes und derjenigen des übrigen Afrika's ist durch die seitdem gewonnenen Erfahrungen, welche vorzugsweise gerade die sich auf beiden Seiten nach Norden anschliessenden Küstenstriche betreffen, kaum abgeschwächt, geschweige denn vermittelt worden, so dass noch heut zu Tage das Capland unter allen Faunengebieten südwärts vom Atlas und von Nubien, selbst Guinea nicht ausgenommen, als das bei weitem abgeschlossenste und am meisten charakteristische zu gelten hat. Gleich den Faunen Angola's und Abyssinien's hat sich von jenen neuerdings zur Kenntniss gekommenen auch diejenige von Mosambik keineswegs als eine specifische, sondern vorwiegend als eine den allgemein Afrikanischen Charakter zur Schau tragende herausgestellt, welche, ohne mannigfache Beziehungen zu der Capensischen und Caffrarischen verkennen zu lassen, dennoch deren Eigenthümlichkeiten entbehrt und sich gleich der Senegambischen und Abyssinischen als vorwiegend indifferent erweist.

Dass ein Gleiches sich für die Fauna des Sansibar-Gebietes herausstellen würde, war bei der weiteren Entfernung vom Caplande einer-, der viel geringeren von Abyssinien andererseits leicht vorauszusetzen. In einzelnen der ihm eigenthümlichen Gattungen und Arten sich augenscheinlich zunächst an Abyssinien, Mosambik, das Limpopo-Gebiet und Port Natal anschliessend, ergiebt es sich im Allgemeinen als eines specifischen Faunen-Charakters in gleichem Maasse entbehrend wie die genannten Länder, den beiden letzten vielleicht sogar noch als hintenanstehend. Wie es durch zahlreiche, ihm mit anderen Theilen Afrika's gemeinsame

Arten der weiten Verbreitung der Insekten innerhalb dieses Continents von Neuem das Wort redet, so bestätigt und erweitert es durch die ihm eigenthümlichen abermals die bereits vorliegende Erfahrung von der grossen Gleichförmigkeit in der Vertheilung der Gattungen und Gruppen nach der geographischen Breite und Länge. Hat dies seine volle Gültigkeit für den Küstenstrich sowohl wie für das sich demselben nach innen anschliessende Terrassen-Land, so erhält andererseits die Fauna des Sansibar-Gebietes eine fremdartige Beimischung durch den eigenthümlichen und für das tropische Afrika doppelt auffallenden Umstand, dass sich aus seinem Plateau ein wenngleich isolirter, in seinem Umfang aber dennoch mächtiger und hoch bis in die Schneeregion aufsteigender Gebirgsstock erhebt, auf welchem der Faunen-Charakter der Tropen mit dem des Hochgebirges gewissermassen in einen Kampf gerathen oder mit demselben einen Ausgleich zu Wege bringen musste. In welchem Umfange und bis zu welchem Grade dies auf dem Kilimandscharo zum Austrag gebracht ist, welches die allmähligen Abstufungen zwischen der Fauna der Schneeregion bis zur Tropennatur herab sind, lässt sich leider aus der bis jetzt vorliegenden geringfügigen Ausbeute, welche in einer Erhebung von 8000' gemacht worden ist, nicht genügend beurtheilen. Immerhin ist diese kleine Sammlung aber dadurch von besonderem Interesse, dass sie zeigt, wie sich auch unter dem Aequator bei einem vertikalen Abstand von 5000' (gegen das umgebende Plateau) der faunistische Charakter wesentlich modificirt — und sie verdient daher, als gleichsam einer isolirten Insel inmitten des Tropengebietes angehörend, den übrigen das Sansibar-Gebiet charakterisirenden Insektenformen gegenüber einer besonderen und zusammenfassenden Betrachtung unterzogen zu werden.

Von den neun auf dem Kilimandscharo gesammelten Arten gehören zwei den Orthopteren, fünf den Coleopteren und je eine den Hymenopteren und Hemipteren an. Mit Ausnahme dieser letzten (*Lygaeus famelicus*, Fab.), welche zugleich am Cap einheimisch ist und auch dem Sansibarischen Tafellande nicht fehlt, haben sich sämmtliche Arten nicht nur als neu, sondern auch von denen des umgebenden Plateau's als specifisch verschieden erwiesen. Darin beruht jedoch der einzige ihnen gemeinsame Charakter: denn in Bezug auf ihre faunistische Verwandtschaft weichen sie nach den verschiedensten Richtungen hin auseinander. Während nämlich das einzige der Familie der Ameisen angehörende Hymenopteron: *Camponotus Kersteni*, Gerst., sowie von den Coleopteren der *Paederus tumidicollis*, Gerst. und *Lixus bucinus*, Gerst. sich anderen tropisch-afrikanischen Arten ganz eng anschliessen, ist bei zwei anderen: *Heteroclita corpulenta*, Gerst. und *Epilachna tetracycla*, Gerst. schon eine sehr viel weitere Kluft bemerkbar. Erstere gehört zwar noch einer specifisch Südafrikanischen Gattung an, weicht aber von den wenigen bereits bekannten Arten, über deren Vorkommen nähere Angaben nicht vorliegen, sowohl habituell als durch plastische Eigenthümlichkeiten ab; letztere entfernt sich dagegen von sämmtlichen, bekanntlich sehr zahlreichen Afrikanischen Arten der cosmopolitischen Gattung *Epilachna* ebenso auffallend, wie sie sich in Umriss und Colorit einzelnen Süd-Amerikanischen annähert. Von *Brachylabis laeta*, Gerst. ist ihr Auftreten in bedeutender vertikaler Erhebung und im Binnenlande insofern bemerkenswerth, als die ihr sehr nahe verwandte, über mehrere Erdtheile verbreitete *Brachyl. maritima*, Bon. nur in der Nähe der Meeresküste vorkommen soll. Bei weitem das grösste Interesse beanspruchen jedoch offenbar das *Sphenarium pulchripes*, Gerst. und der *Carabus Deckeni*, Gerst. Erstere hat ihre nächsten Verwandten nach den bisherigen Erfahrungen ausschliesslich in Mexico aufzuweisen, wenn es auch nicht ganz sicher ist, ob sie mit denselben auf die Dauer in einer und derselben Gattung wird vereinigt bleiben können. Letztere ist die erste überhaupt innerhalb der Wendekreise aufgefundene Art einer Gattung, welche ausserhalb derselben im Bereich der nördlichen Hemisphäre bekanntlich durch eine sehr grosse Anzahl von Arten, auf der südlichen wenigstens durch eine Reihe von Chilenischen vertreten ist*). Dass dieser *Carabus Deckeni* sich trotz seines eigenthümlichen, an *Calosoma* erinnernden Habitus durch seine wesentlichen Merkmale einigen alpinen Arten Europa's und des Caucasus anschliesst, ist bei seinem gleichfalls alpinen oder wenigstens subalpinen Vorkommen im tropischen Afrika von doppeltem Interesse, da daraus das Festhalten an einem bestimmten Typus unter den verschiedensten Breiten, sobald sie nur analoge Terrain- und Temperatur-Verhältnisse darbieten, in überzeugendster Weise hervorgeht.

Während sich schon nach diesen wenigen Bewohnern des Hochgebirges die Fauna des Kilimandscharo in einer Höhe von 8000′ als eine vorwiegend eigenthümliche, von derjenigen des umgebenden Terrassenlandes wesentlich verschiedene kundgiebt, macht sich ein irgendwie erheblicher Unterschied zwischen derjenigen des letzteren und des Küstengebietes einer-, sowie der Insel Sansibar andererseits in keiner Weise geltend, wie dies schon aus der nicht unbeträchtlichen Artenzahl, welche theils zweien dieser Gebiete, theils allen dreien gemeinsam ist, hervorgeht. Es können daher füglich die innerhalb derselben gesammelten neuen Arten, welche als die für das Land charakteristischen zu gelten haben, einer gemeinsamen Betrachtung unterzogen werden.

Von den 88 in der Sammlung befindlichen Orthopteren haben sich — nach Abzug der zwei vom Kilimandscharo stammenden — 51 als bisher unbekannt und von diesen 44 als dem Festland von Sansibar eigenthümlich ergeben; unter denselben sind die Blattinen mit 6, die Mantiden mit 5, die Phasmiden mit 1, die Grylliden mit 9, die Locustinen mit 7, die Acridier mit 15, die Forficulinen mit 1 und die Libellulinen mit 4 neuen Arten vertreten. Die Blattinen vertheilen sich auf vier Gattungen, von denen *Phyllodromia* und *Cerdinoptera* (je mit einer Art) weiter verbreitet, *Deracalymma* (mit 3 Arten) vorwiegend in Süd-Afrika einheimisch und hier sehr artenreich ist, die vierte: *Gynopeltis* endlich sich als neu ergeben hat. Die ihr angehörige Art: *Gynop. picta*, Gerst. erinnert trotz wesentlicher Verschiedenheiten in der sehr ausgesprochenen Sexualdifferenz an *Heterogamia*, Burm., findet sich übrigens ausser in Sansibar auch in Mosambik vor. Von den 8 neuen Mantiden gehören je 2 den specifisch Afrikanischen Gattungen *Tarachodes*, Burm. und *Danuria*, Stål, 3 der allgemein verbreiteten Gattung *Mantis* an, während auf die höchst eigenthümlich gestaltete achte eine besondere, durch die an *Conocephalus* erinnernde Kopfbildung ausgezeichnete Gattung begründet werden musste, von welcher seitdem übrigens bereits eine zweite Süd-Afrikanische Art zur Kenntniss gekommen ist**). Während die Phasmiden sich bis jetzt auf eine einzelne *Bacillus*-Art beschränken, sind die Grylliden mit 9 neuen Arten verhältnissmässig sehr reich repräsentirt; besonders bemerkenswerth ist unter denselben eine durch Grösse und Umriss ausgezeichnete *Phalangopsis*, ferner dass die Gattung *Gryllus* sens. strict. für sich allein sieben neue Arten aufzuweisen hat. Die Locustinen treten weder

*) Vgl. Gerstaecker, Die Chilenischen Arten der Gattung *Carabus* (Linnaea entomol. XII. p. 417 ff.).

**) *Pyrgomantis mamia*, Saussure (Mélanges orthoptérologiques. p. 296. fig. 67).

in besonders hervorstechender Artenzahl, noch in eigenthümlichen Gattungen auf, da sie sich theils allgemein verbreiteten (*Xiphidium*, *Phaneroptera*), theils vorwiegend Afrikanischen (*Eugaster*, *Cymatomera*) einreihen; dagegen thun sich *Eugaster loricatus* und *talpa*, sowie *Cymatomera paradoxa* unter ihren Gattungsverwandten als besonders ausgezeichnete Arten hervor. Unter den Acridiern sind von weiter verbreiteten Gattungen *Tryxalis*, *Opomala*, *Acridium* und *Tetrix* je durch 1, von vorwiegend oder ausschliesslich Afrikanischen *Poecilocera* durch 2, *Petasia*, *Pamphagus* und *Calantops* durch je 1 neue Art repräsentirt. Zwei vorläufig bei *Chrysochraon* untergebrachte neue Arten werden von dieser Gattung später vermuthlich generisch zu trennen sein, wie es mit zwei anderen, sich an *Caloptenus* anschliessenden Formen (*Stenocrobylus* und *Ischnostoma*) bereits geschehen ist. In dem Auftreten einer *Chorotypus*- und *Hymenotes*-Art zeigt die Sansibarische Orthopteren-Fauna eine deutliche Hinneigung zu der Ostindischen. Unter vier neuen Libellulinen gehört nur eine (*Libellago ambigua*) einer auf Afrika beschränkten Gattung an.

Die von allen Ordnungen bei weitem am reichhaltigsten vertretenen Coleopteren enthalten unter 453 (nach Abzug der bereits besprochenen) überhaupt gesammelten Arten 276 neue und unter diesen 261 bis jetzt nur im Sansibar-Gebiete aufgefundene. Diese neuen Arten vertheilen sich auf die einzelnen Familien folgendermassen:

	neu:	bekannt:		neu:	bekannt:
Carabidae	25	(13)	*Malacoderma*	13	(5)
Dyticidae	2	(2)	*Clerii*	1	(1)
Gyrinidae	1	(4)	*Xylophaga*	1	(2)
Palpicornia	1	(2)	*Melasoma*	42	(11)
Staphylinidae	5	(2)	*Lagriariae*	5	(1)
Scydmaenidae	1	(0)	*Vesicantia*	9	(4)
Histerini	2	(11)	*Oedemeridae*	1	(0)
Phalacridae	1	(0)	*Curculionina*	32	(13)
Nitidulariae	4	(6)	*Bostrichidae*	1	(1)
Colydii	1	(0)	*Anthribidae*	1	(0)
Cucujini	1	(0)	*Longicornia*	12	(15)
Dermestidae	2	(2)	*Chrysomelinae*	40	(10)
Lamellicornia	46	(40)	*Erotylidae*	1	(0)
Buprestidae	4	(4)	*Coccinellina*	14	(14)
Elateridae	7	(4)			

In der Familie der Carabiden ist aus der Cicindeliden-Gruppe eine durch gekeulte Fühler ausgezeichnete *Dromica* (*Myrmecoptera*), wie solche bereits von Port Natal und den oberen Nilländern bekannt sind, hervorzuheben, als besonders reich vertreten die *Anthia*-Gruppe zu nennen; von den sechs ihr angehörenden neuen Arten hat *Anth. lenzsticta*, Gerst. ihren nächsten Verwandten am Senegal, vier an *Polyhirma*, Chaud. gehörende in Abyssinien und Mossambik aufzuweisen, während die letzte (*Anth. cavernosa*, Gerst.) sich durch Form- und Skulptur-Merkmale von allen bisher bekannten ganz isolirt. Bei der verhältnissmässigen Armuth Afrika's an *Galerita*-Arten ist das Auftreten von zwei gleich ausgezeichneten neuen im Sansibar-Gebiet gewiss überraschend; sonst sind aus der Truncatipennen-Gruppe *Drypta*, *Pheropsophus* und *Acanthogenius* je mit einer, *Lebia* mit drei neuen Arten vertreten, von denen zwei sich Natalensischen, die dritte einer Chinesischen nahe anschliesst. Während die *Pheropsophus*- und *Acanthogenius*-Art je einer Angolensischen zunächst steht, ist dies bei einem neuen *Tefflus* und *Craspedophorus* mit Mosambiker Arten der Fall. Im Uebrigen gehören die neuen Carabiden, etwa mit Ausnahme einer *Lasiocera*-Art, allgemeiner verbreiteten Gattungen an, zeichnen sich aber zum Theil (*Chlaenius soricinus*, *Oodes lucidus*, *Harpalus cratognathoides*) wenigstens nach verschiedenen Richtungen hin als Arten aus. — Für die Dyticiden bestätigt sich die schon von Erichson betonte wesentliche Uebereinstimmung zwischen den Arten des Afrikanischen Continents und Madagascar's von Neuem dadurch, dass von den beiden einzigen neuen Arten die eine (*Cybister mirificus*) zugleich auf Madagascar einheimisch, die zweite: *Laccophilus vermiculosus* einer Madagassischen Art von allen am nächsten verwandt ist. Letzteres ist zugleich mit dem einzigen neuen Gyriniden (*Orectochilus schistaceus*) der Fall.

Unter den fünf sich auf die Gattungen *Staphylinus*, *Philonthus*, *Paederus*, *Oedichirus* und *Lispinus* vertheilenden neuen Staphyliniden lehnt sich der *Philonthus conicollis*, Gerst. auch seinerseits wieder zunächst an eine Madagassische Art an, während *Oedichirus stilicinus*, Gerst. als zweiter Afrikanischer Repräsentant dieser Gattung bemerkenswerth, dem Angolensischen *Oedich. terminatus*, Erichs. nahe verwandt ist. — Ein in der Gesellschaft der *Pheidole talpa*, Gerst. aufgefundener neuer *Scydmaenus*, der Gruppe des Europäischen *Scydm. tarsatus*, Müll. angehörend, zählt zu den ansehnlichsten bis jetzt bekannten Arten der Gattung, ein *Cercyon* und zwei Histerinen zu den weniger ausgezeichneten. Unter vier neuen Nitidularien bieten zwei: *Lordites claudus* und *Aethina combusta* wieder einen unmittelbaren Anschluss an Madagassische Arten dar, während eine dem Europäischen *Cerylon angustatum* sehr nahe verwandte Colydier-Art zugleich selbst auf Madagascar einheimisch ist. Durch je eine neue Gattung sind die Familien der *Cucujini* und *Dermestini* vertreten, und zwar schliesst sich diejenige der ersteren zunächst an *Catogenus*, Westw., die der letzteren an *Orphilus*, Erichs. an.

Von den Lamellicornien entbehrt die Cetonien-Gruppe eine für das Sansibar-Gebiet charakteristische Goliathiden-Form bis jetzt ganz, während die sich diesen zunächst anreihenden Uebergangsformen (*Amphiboli*, Burm.) einerseits durch eine schöne neue *Plaesiorrhina*, andererseits durch eine recht eigenthümliche, jener übrigens nahe verwandte neue Gattung *Trymodera* repräsentirt sind. Von weiter verbreiteten und artenreichen Cetonarien-Gattungen ist *Oxythyrea* durch eine, *Pachnoda* durch zwei, von mehr lokalen und ausgezeichneteren *Discopeltis* und *Coenochilus* durch je eine neue Art vertreten. Von zwei gleichen der Dynastiden-Gruppe angehörenden fällt die eine der in Asien sowohl wie in Afrika einheimischen Gattung *Rhizoplatys*, Westw., die andere der Süd-Afrikanischen *Syrichthus*, Burm. zu. Während 5 neue Anomalarien sich nur auf die weit verbreiteten Gattungen *Adoretus* und *Anomala* vertheilen, sind von den 11 neuen Melolonthiden eine als Typus einer neuen Gattung *Empycastes*, eine zu *Hypopholis* gehörende durch ihre abweichende Klauenbildung, zwei *Coniopholis* durch ihre auffallende Grösse und ihren fremdartigen Habitus bemerkenswerth; die übrigen vertheilen sich auf die Gattungen *Schizonycha*, *Serica* und *Trochalus*. Die Gattung *Trox* ist durch zwei, *Aphodius* nur durch eine neue Art vertreten; besonders reich an solchen sind dagegen die Copriden, indem auf *Ateuchus* 3, *Gymnopleurus* 1, *Sisyphus* 2, *Anachalcos* 1, *Onthophagus* 10 und *Oniticellus* 2 fallen. Unter den *Ateuchus*-Arten ist *At. catenatus*, Gerst. durch seine nahe Verwandtschaft mit dem Süd-Europäischen *At. variolosus*, der neue *Gymnopleurus* (*G. umbrinus*, Gerst.) als zur Gruppe des Ostindischen *Gymn. maculosus*, M'Leay gehörend erwähnenswerth.

In der Familie der Buprestiden beschränken sich die wenigen neuen Arten auf die Gattungen *Steraspis*, *Sphenoptera*, *Chrysobothris* und *Aphanisticus*; die den beiden letzteren angehörenden haben abermals ihre nächsten Verwandten auf Madagascar aufzuweisen. — Von den sieben neuen, sich auf die Gattungen *Agrypnus*, *Alaus*, *Ischiodontus*, *Monocrepidius*, *Heteroderes*, *Cardiophorus* und *Ludius* vertheilenden Elateriden verdienen nur *Alaus atropos* und *Ludius penicillatus*, Gerst. einer besonderen Erwähnung, erstere, weil sie sich den Amerikanischen Arten der Gattung ersichtlich näher anschliesst, als irgend einer der zahlreichen Afrikanischen, letztere, weil sie überhaupt die erste zur Kenntniss gekommene Afrikanische *Ludius*-Art ist. Letzteres ist unter den Malacodermen in gleicher Weise mit einer neuen *Collops*-Art der Fall; die übrigen zwölf diese Familie bereichernden vertheilen sich auf die in Afrika theils vorwiegend, theils wenigstens in ansehnlicher Zahl vertretenen Gattungen *Lampyris* (2), *Luciola* (2), *Lycus* (3), *Eros* (1), *Melyris* (2) und *Prionocerus* (2). Von Cleriern und Xylophagen liegt nur je eine neue Art vor.

Die Familie der Melasomen umfasst nächst den Lamellicornien die grösste Anzahl neuer Arten, bei 42 fast viermal so viele als bereits bekannte. Unter denselben fehlen die das Capland durch ihren Artenreichthum charakterisirenden Gattungen *Moluris*, *Psammodes*, *Trachynotus*, *Trigonopus* u. A. vollständig, während die gleichfalls dort dominirenden *Machla* und *Anomalipus* wenigstens durch je eine, wiewohl recht eigenthümliche und ausgezeichnete Art (*Machla hamaticollis* und *Anomalipus heraldicus*, Gerst.) vertreten sind. Dagegen treten die dem Caplande fremden Gattungen *Rhytidonota* (in Afrika von Abyssinien bis nach Aegypten verbreitet) und *Phrynocolus*, erstere in 4, letztere in 3 neuen Arten, für den geringen Flächeninhalt des durchforschten Gebietes also verhältnissmässig reichhaltig auf; überdies gehören *Phrynocolus petrosus* und *frondosus*, Gerst. nicht nur innerhalb ihrer Gattung, sondern unter den Afrikanischen Melasomen überhaupt zu den ausgezeichnetsten bis jetzt bekannt gewordenen Formen. Von weiter verbreiteten Gattungen haben *Zophosis* 4, *Dialonica*, *Adesmia*, *Pogonobasis* und *Sepidium* je eine, *Anchophthalmus* und *Opatrinus* je 2, *Opatrum* 3 neue Arten aufzuweisen; letzterer Gattung stellt sich ausserdem noch eine neue, durch die Bildung der Vorderschienen ausgezeichnete, welcher der Name *Cyptus* beigelegt worden ist, zur Seite. Unter den sich um *Tenebrio* gruppirenden Formen haben sich gleichfalls zwei als Typen neuer Gattungen ergeben, von denen die eine (*Platyolus*) sich zunächst an *Hypophloeus*, die andere (*Dichastops*) an *Lyprops* anschliesst und von dieser besonders durch getheilte Augen abweicht; ebenso tritt auch unter den Helopiden eine eigenthümliche, mit *Praogena* verwandte Gattung *Milloprepes* auf, von welcher eine zweite Art in Sennaar einheimisch ist. Während die übrigen diesen beiden Gruppen zufallenden neuen Arten sämmtlich weiter verbreiteten Gattungen (*Uloma*, *Alphitobius*, *Hypophloeus*, *Cossyphus*, *Nyctidara*, *Himatismus*, *Aspidosternum*, *Micrantereus*, *Eupezus* und *Dysgena*) angehören, tritt *Gonocnemis brevicollis* als erster Repräsentant einer bis jetzt nur aus Westafrika bekannt gewordenen auf. — Von den übrigen Heteromeren werden die Lagriarien neben vier neuen *Lagria*-Arten um eine eigenthümliche Gattung: *Entypodera anthicoides*, Gerst., welche durch die Glätte der Körperoberfläche zwar an *Eutrapela* erinnert, sonst aber von dieser wesentlich abweicht, bereichert. Die neuen Vesicantien (9 Arten) sind sämmtlich *Mylabris*, die einzige Oedemeride, der Gattung *Ditylus* angehörend, wieder einer Madagassischen Art nahe verwandt.

Von den für das Capland durch ihren Artenreichthum charakteristischen Curculionen-Formen sind unter den 32 neuen Arten des Sansibar-Gebietes *Hipporrhinus* und *Hyrnops* überhaupt nicht, *Brachycerus* und *Episus* nur je durch eine einzelne Art vertreten. Der Gruppe der Brachyderiden gesellt sich eine durch die Klauenbildung ausgezeichnete neue Gattung *Synaptoplus*, der bereits aus Mosambik vorliegenden Gattung *Mitophorus*, Gerst. zwei neue Arten hinzu. Besonders reich an eigenthümlichen Formen tritt die Gruppe der Otiorrhynchiden auf, welche ausser *Ptyctoderes* und *Embrithes*, Schönh. durch vier neue Gattungen: *Dicasticus*, *Chaunoderus* und *Peribrotus* (mit je einer), *Systates* (mit 6 Arten) repräsentirt wird; letztere scheint, da sie auch in Mosambik und Port Natal Arten aufzuweisen hat, über Ostafrika weiter verbreitet zu sein. Sonst gab zur Errichtung einer neuen Gattung nur noch eine zwar unscheinbare, aber mehrfacher Eigenthümlichkeiten nicht entbehrende Zygopiden-Form, zwischen denen der alten und neuen Welt gewissermassen die Mitte haltend, Anlass. Unter den übrigen Sansibar eigenthümlichen Arten verdient in geographischer Beziehung besonders ein *Pharsomerus* als zweiter Repräsentant dieser bis jetzt nur Ostindischen Gattung hervorgehoben zu werden, während sie sonst theils allgemein verbreiteten, theils Afrikanischen Gattungen, wie *Blosyrus* (1 A.), *Siderodactylus* (1 A.), *Cleonus* (1 A.), *Lixus* (3 A.), *Alcides* (1 A.), *Sphadasmus* (1 A.), *Baridius* (2 A.) und *Cossonus* (1 A.) angehören. — Bei zwei vereinzelten, den Bostrichiden und Anthribiden zufallenden neuen Arten tritt wieder die Verwandtschaft der Sansibar-Fauna mit der Madagassischen zu Tage, indem der *Diamerus pulverulentus*, Gerst. auf Madagascar seinen nächsten Verwandten aufzuweisen hat, der *Phloeobius pustulosus*, Gerst. dort sogar gleichfalls einheimisch ist.

Die Familie der Longicornien ist in der Sammlung zu spärlich vertreten, um zur Charakteristik der Sansibar-Fauna irgend wie wesentlich beizutragen. Unter den 12 neuen Arten fällt die grössere Hälfte solchen Gattungen zu, welche theils, wie *Macrotoma* (1 A.), *Rhopalizus* (1 A.), *Crossotus* (1 A.) und *Niphona* (1 A.) eine weitere, theils, wie *Compsomera* (1 A.), *Frea* (1 A.) und *Hippopsicon* (2 A.) eine beschränktere Verbreitung in Afrika haben. Bei einigen (*Praonetha scripta* und *Tetraglenes phantoma*, Gerst.) tritt eine Verwandtschaft mit Ostindischen, bei einer anderen (*Frea marmorata*, Gerst.) wieder mit einer Madagassischen Art hervor. Am bemerkenswerthesten sind eine eigenthümliche neue Apomecyniden-Gattung *Phorgelus* und eine zweite Art der ausgezeichneten, bereits aus dem Damara-Lande bekannten Gattung *Cantharocnemus*, Westw.

Unter den Chrysomelinen übertrifft die Zahl der neuen Arten (40) diejenige der bereits bekannten um 2⅓; von denselben gehören 3 den Crioceriden, 4 den Clythriden, 3 den Cryptocephaliden, 10 den Eumolpiden, 1 den Chrysomelen, 17 den Gallerucarien, 2 den Hispariern an. Nur zwei dieser Arten, vorläufig bei *Xenarthra*, Baly und *Oedionychis*, Latr. untergebracht, zeigen Eigenthümlichkeiten, welche später die Aufstellung besonderer Gattungen rechtfertigen möchten; alle übrigen fügen sich bereits bekannten und in Afrika meist artenreichen Gattungen ohne Zwang ein.

Von Erotyliden liegt nur eine vereinzelte *Episcapha*-Art (Gruppe der Engiden) vor, welche auffallender Weise einer Javanischen Art sehr viel näher steht als irgend einer Afrikanischen. Unter den zur Hälfte (14 A.) neuen Coccinellinen zeigen, abgesehen von der bereits erwähnten *Epilachna* [illegible], Gerst., eine *Chilomenes*- und *Brumus*-Art deutliche verwandtschaftliche Beziehungen zu

Ostindischen Formen, eine zu einer besonderen Gattung *Microrhymbus* abgesonderte dritte noch nähere zu einer Madagassischen Art (*Cocc. mesomela*, King). Alle übrigen, den Gattungen *Thea* (1 A.), *Alesia* (2 A.), *Exochomus* (2 A.) und *Epilachna* (5 A.) angehörend, schliessen sich bereits bekannten Afrikanischen Arten an.

In der Ordnung der Hymenopteren haben sich von 63 überhaupt gesammelten Arten nur 27 als neu und, nach Abzug von drei auch anderweitig vorkommenden, 24 als auf das Sansibar-Gebiet beschränkt herausgestellt. Keine einzige dieser neuen Arten weicht von den bereits bekannten Gattungstypen so erheblich ab, um sie generisch zu trennen; die grosse Mehrzahl derselben gehört vielmehr solchen Gruppen an, welche durch zahlreiche, nur wenige solchen, welche durch vereinzelte Arten repräsentirt sind. Steht dieser Mangel an eigenthümlichen, für das betreffende Faunen-Gebiet charakteristischen Formen in einem auffallenden Gegensatz zu den vorangehenden Orthopteren und Coleopteren, und mag er zum Theil immerhin auf Rechnung des Umstandes, dass dem Einsammeln der Hymenopteren eine verhältnissmässig geringere Aufmerksamkeit zugewendet worden ist, zu setzen sein, so entspricht er doch im Allgemeinen auf das Vollkommenste den über die Vertheilung der Hymenopteren gewonnenen Erfahrungen. Wiewohl den Coleopteren an Artenzahl gewiss nicht nachstehend, sie möglicher Weise hierin noch übertreffend, unterscheiden sich die Hymenopteren von denselben einerseits sehr auffallend durch die sehr viel geringere Anzahl von Gattungstypen oder, was dasselbe sagen will, durch die verhältnissmässig sehr grosse, einer und derselben Gattung angehörende Zahl von Arten, andererseits durch die ungemein weite und gleichmässige Verbreitung, welche diesen meist scharf charakterisirten und einer weiteren Zerlegung nicht besonders günstigen Gattungen zukommt. Eine sehr ansehnliche Reihe solcher artenreicher Gattungen, wie *Xylocopa*, *Megilla*, *Megachile*, *Prosopis*, *Nomia*, *Eumenes*, *Rhynchium*, *Odynerus*, *Polistes*, *Sphex*, *Ammophila*, *Pelopoeus*, *Cerceris*, *Tachytes*, *Scolia*, *Mutilla*, *Chrysis*, *Ponera*, *Formica*, *Foenus*, *Evania*, *Aulacus*, *Bracon*, *Leucospis*, *Chalcis* u. s. w. ist allen Erdtheilen gemeinsam und würde es der Mehrzahl nach selbst dann sein, wenn man sie nach sekundären, aber kaum stichhaltigen Merkmalen in Untergattungen auflösen wollte. Andere, wie *Bombus*, *Eucera*, *Ceratina*, *Epeolus*, *Anthidium*, *Coelioxys*, *Vespa*, *Ampulex* und die Dorylideen fehlen nur in Australien, die Thynniden nur in Afrika, *Trigona* und *Odontomachus* nur in Europa, *Crocisa* nur in Amerika, *Polyrhachis* nur in Europa und Amerika. Im Gegensatz dazu ist die Zahl der lokalisirten Gattungen verhältnissmässig gering, am ansehnlichsten noch in Amerika, wo *Melipona*, *Centris*, *Hemisia*, *Tetrapedia*, *Oxaea*, *Psaenythia*, *Acanthopus*, *Mesocheira*, *Mesoplia*, *Melissoda*, *Thalestria*, *Chrysantheda*, *Aglae*, *Rhathymus*, *Zethus*, *Pepsis*, *Stictia*, *Labidus*, *Eciton* u. s. w. ausschliesslich vertreten sind. Als vorwiegend oder ausschliesslich Europäische sind z. B. *Systropha*, *Panurgus*, *Andrena*, *Dasypoda* und *Nomada*, als Australische *Exoneura*, *Perragia*, *Exeirus* und *Myrmecia*, als Afrikanische *Synagris*, *Belonogaster*, *Apterogyna*, *Rhogmus* und *Anomma* zu nennen. Diesen Verhältnissen entsprechend gehören nun auch die 27 in Sansibar aufgefundenen neuen Arten dem grösseren Theile nach weiter und selbst allgemein verbreiteten, zu relativ wenigen dagegen mehr lokalen Gattungen an. Auf die einzelnen Familien vertheilen sie sich in der Art, dass 3 den Apiarien, 5 den Vesparien, 2 den Pompiliden, 2 den Sphecoden, 7 den Heterogynen, 5 den Formicarien und 1 den Braconiden zufallen.

Aus der Ordnung der Lepidopteren liegt leider nur die geringfügige Zahl von 40 Arten vor, welche einen Einblick in die Eigenthümlichkeiten der Falter-

Fauna des Sansibar-Gebietes um so weniger gestattet, als nur zwölf derselben sich als bisher unbekannt ergeben haben. Da jedoch schon unter diesen wenigen neuen Arten sich einige besonders ausgezeichnete vorgefunden haben, so wird mit der Voraussetzung kaum fehl gegriffen werden, dass bei einer eingehenderen lepidopterologischen Erforschung des Gebietes neben noch zahlreicheren, weit verbreiteten Arten auch der eigenthümlichen und bemerkenswerthen genug zur Kenntniss gelangen werden. Gänzlich unberücksichtigt geblieben sind bisher, auch was die bereits bekannten Arten betrifft, die Microlepidopteren; die 12 neuen beschränken sich auf die *Rhopalocera* (5 A.), *Sphingidae* (1 Art, zugleich am Cap einheimisch), *Chelonariae* (2 A.), *Bombycidae* (2 A.), *Noctuina* und *Uraniidae* (je 1 A.). Während 7 dieser neuen Arten sich theils Ost-, theils Süd-Afrikanischen unmittelbar anschliessen, 4 andere in Betreff ihrer verwandtschaftlichen Beziehungen vorläufig zweifelhaft bleiben müssen, hat die letzte (*Thaliura Croesus*, Gerst.) ihren einzigen Verwandten wieder auf Madagascar aufzuweisen.

Als völlig uncharakteristisch für die Insektenfauna des Sansibar-Gebietes erweisen sich die an Artenzahl noch viel geringfügigeren, bis jetzt vorliegenden Dipteren. Von den zur Hälfte (6) neuen Arten schliessen sich 1 Tabanide und 4 Asilinen Süd-Afrikanischen, 1 Syrphide einer Guineensischen zunächst an.

Die wieder etwas reichhaltiger in der Sammlung vertretenen Hemipteren sind der kleineren Hälfte nach, nämlich zu 35 von 74 Arten, neu. Die darunter befindlichen 6 *Scutati* gehören mit Ausnahme einer neuen Sciocoriden-Gattung *Anarropa*, welche übrigens auch ihrerseits keineswegs zu den auffallenden Formen gehört, theils überhaupt (*Platistoma*, *Aelius*), theils wenigstens in Afrika weiter verbreiteten (*Atliomorpha*) Formen an. Dasselbe ist mit dreien von 4 neuen Coreoden der Fall, während die vierte ihren einzigen bis jetzt bekannten Gattungsverwandten in Madagascar besitzt. Die 8 neuen Lygaeoden vertheilen sich auf sieben, die 4 neuen Reduvinen auf ebenso viele, sämmtlich in Afrika weit und zum Theil darüber hinaus verbreitete Gattungen, die 2 Nepiden und 4 Notonectiden auf solche, welche der alten Welt überhaupt gemeinsam sind. Unter den Homopteren erhält die ausschliesslich Afrikanische Fulgorinen-Gattung *Pyrops*, Spin. und die gleichfalls Afrikanische Membraciden-Form *Coloborrhis*, Germ. einen Zuwachs durch je 1, die weitverbreiteten Gattungen *Centrotus* durch 2, *Cercopis* und *Selenocephalus* durch je 1 neue Art.

Gebricht es nach vorstehender Uebersicht der Fauna des Sansibar-Gebietes gleichwohl nicht an einer Anzahl eigenthümlicher Gattungen und an einer grösseren Reihe charakteristischer und zum Theil ausgezeichneter Arten, so sind dieselben, wenigstens nach dem bis jetzt vorliegenden Material zu urtheilen, keineswegs weder numerisch so überwiegend, noch ihrer Erscheinung nach so hervorragend, dass darin ein specifischer, von dem allgemein Afrikanischen irgend wie auffallend verschiedener Gesammtcharakter zur Geltung käme. Wie von vorn herein zu erwarten, macht sich in erster Reihe ein Anschluss der Gattungen und Arten an diejenigen Ost-Afrika's und zwar in etwas weiterem Umfange an diejenigen der südlich (Mossambik und Cafferland), als der nördlich (Abyssinien) angrenzenden Gebiete bemerkbar, ohne dass dabei eine nahe Beziehung zu West-Afrikanischen Formen ganz fehlte; letztere sind aber kaum zahlreicher als diejenigen zu Madagassischen Gattungen und Arten, welche für das Sansibar-Gebiet um so mehr constatirt zu werden verdienen, als sie bisher weder an der Mossambiker, noch an der Caffrarischen Insektenfauna in irgendwie nennenswerther Weise hervorgetreten sind.

Kommen für den faunistischen Charakter irgend eines zuvor unbekannten Gebietes die ihm eigenthümlichen und unter diesen wieder die durch Grösse, Form, Färbung u. s. w. ausgezeichneten Arten offenbar zunächst in Betracht, so würde derselbe doch nur in ganz einseitiger Weise zur Auffassung gelangen, wollte man dabei der ihm mit anderen Gebieten gemeinsamen Arten überhaupt nicht gedenken. Jene sind positiv, diese negativ für dasselbe charakteristisch und daher offenbar in gleichem Maasse beachtenswerth; gerade für Afrika fallen letztere um so mehr in das Gewicht, als sie, wie gesagt, überall einen beträchtlichen Procentsatz der Arten ausmachen. Unter den aus dem Sansibar-Gebiet bis jetzt bekannt gewordenen bleiben diese weiter verbreiteten Arten nicht beträchtlich hinter der Hälfte der Gesammtzahl zurück, indem sie sich auf 347 von 737 belaufen. Dieselben lassen sich nach der Grösse des Areals, über welches sie sich erstrecken, folgendermassen gruppiren:

1) Arten des Sansibar-Gebietes, welche cosmopolitisch verbreitet sind oder sich wenigstens ausser in der alten Welt auch in Amerika vorfinden:

Periplaneta Americana, Lin.,
— *rhombifolia*, Stoll,
Panchlora Surinamensis, Lin.,
Eutyrrhapha pacifica, Coq.

Cyclonotum abdominale, Fab.,
Carpophilus hemipterus, Lin.,
Trogosita mauritanica, Lin.,
Dermestes vulpinus, Fab.,
— *cadaverinus*, Fab.,
Hybosorus Illigeri, Reiche.
Melanoxanthus melanocephalus, Fab.,

Necrobia rufipes, de Geer,
Alphitobius ovatus, Hbst.,
— *piceus*, Oliv.,
Tribolium ferrugineum, Fab.,
Calandra oryzae, Lin.,
— *linearis*, Hbst.

Apis mellifica, Lin.

Argina cribraria, Clerck.

Nezara viridula, Lin.,
Conorrhinus rubrofasciatus, de Geer.

2) Arten des Sansibar-Gebietes, welche bei allgemeiner Verbreitung über Afrika zugleich auf Europa und Asien übergehen:

Mantis religiosa, Lin.,
Truxalis nasuta, Lin.,
Oedipoda longipes, Charp.,
Caloptenus plorans, Charp.

Cybister tripunctatus, Oliv.,
Rhipiphorus bipunctatus, Fab.,
— *flabellatus*, Fab.,
Exochomus flavipes, Thunb.

Pompilus Bretoni, Guér.,
Pelopoeus violaceus, Fab.

Lycaena Lysimon, Hüb.

Aspongopus viduatus, Fab.,
Anisops productus, Fieb.

3) Arten des Sansibar-Gebietes, welche sich (meist über die Ost-Afrikanischen Insel-Gruppen) bis nach Ostindien (und zum Theil darüber hinaus) erstrecken:

Nauphoeta cinerea, Oliv.,
Panesthia aethiops, Stoll,
Xiphidium Iris, Serv.,
Oedipoda vulnerata, de Haan,
Acridium aeruginosum, Serv.,
Pyrgomorpha crenulata, Fab.

Chlaenius posticus, Fab.,
Carpophilus dimidiatus, Er.,
Aphodius moestus, Fab.,
Onthophagus catta, Fab.,
Xystrocera globosa, Oliv.,
Diastomorphus simplex, Gyll.,
Leptops aedificator, Fab.,

Praonetha melanura, Pasc.,
Coccinella repanda, Thunb.,
Cydonia lunata, Fab.

Megachile larvata, Gerst.,
Polistes hebraeus, Fab.,
Ampulex compressa, Fab.

Hypanis Ilithyia, Drur.,
Remigia latipes, Guen.

Anaerina salvias, Fab.

Dysdercus superstitiosus, Fab.

4) Arten des Sansibar-Gebietes, welche über den grössten Theil Afrika's verbreitet sind oder wenigstens zugleich an der Ost- und Westküste vorkommen. (Die mit * bezeichneten zugleich auf Süd-Europa oder Vorder-Asien [Syrien, Arabien] übergehend.)

Termes bellicosus, Smeathm.,
Mantis variegata, Oliv.,
* *Gryllus bimaculatus*, de Geer.
* *Oedipoda strigata*, Serv.,
Libellula leucosticta, Burm.,
Agrion Senegalense, Ramb.

Cicindela neglecta, Dej.,
Pheropsophus marginatus, Dej.,
Chlaenius Boisduvali, Dej.,
Hypolithus holosericeus, Dej.,
Cybister immarginatus, Fab.,
Dineutes aereus, Klg.,
— *Africanus*, Aub.,
— *subspinosus*, Klg.,
Paederus sabaeus, Er.,
— *eximius*, Er.,
Pachycraerus cyanescens, Er.,
Hister nigrita, Er.,
— *striolatus*, Mars.,
Saprinus splendens, Payk.,
— *cupreus*, Er.,
Hoplostomus fuliginosus, M'Leay,
Oryctes Boas, Fab.,
— *monoceros*, Oliv.,
Temnorhynchus Diana, Pal.,
Trox squalidus, Oliv.,
Aphodius marginicollis, Klg.,
Gymnopleurus virens, Er.,
Onitis Inuus, Oliv.,
Onthophagus vinctus, Er.,
Oniticellus nasicornis, Reiche,
Sphenoptera neglecta, Klg.,
Belionota canaliculata, Fab.,
Chrysobothris arcuata, Fab.,
Melanotus umbilicatus, Fab.,
Atractocerus brevicornis, Lin.,
Opatrum aequale, Er.,
Lagria villosa, Fab.,
Cleonus ornatus, Hbst.,
Lixus coarctatus, Klg.,
Ceuorphalus piceus, Oliv.,

Macrotoma palmata, Fab.,
Ceratites jaspideus, Serv.,
Sthenias cylindrator, Fab.,
Clythra litigiosa, Lac.,
Rhaphidopalpa vinula, Er.,
Aspidomorpha quadrimaculata, Oliv.,
Chilocorus distigma, Klg.,
Epilachna punctipennis, Muls.

Xylocopa nigrita, Fab.,
Eumenes tinctor, Christ.,
Belonogaster junceus, Fab.,
Pyria stilboides, Spin.,
Oecophylla longinoda, Latr.,
Camponotus maculatus, Fab.,
Rhogmus fimbriatus, Shuck.,
Dorylus affinis, Shuck.

Papilio Demoleus, Lin.,
* *Callosune Eupompe*, Klg.,
Idmais Eris, Klg.,
— *Tritogenia*, Klg.,
Callidryas Florella, Fab.,
Acraea Neobule, Doubl.,
— *serena*, Fab.,
Junonia Oenone, Lin.,
— *Cebrene*, Trim.,
— *anacardii*, Lin.,
Euryphene Daedalus, Fab.,
Nymphalis Ephyra, God.,
* *Ypthima Asterope*, Klg.

Ochromyia luteola, Fab.,
Calliphora megacephala, Fab.

Brachyplatys pallipes, Fab.,
Callidea duodecimpunctata, Fab.,
Sphaerocoris Argus, Drur.,
— *punctarius*, Westw.,
Podops fibulatus, Germ.,
Dichelocephala lanceolata, Fab.,
Pentatoma apicalis, H. Sch.,
Mictis heteropus, Latr.,
Cnemiopus furvus, Thunb.

[illegible] albostriatus, Fab.,
Dysdercus fasciatus, Spin.,
Phonoctonus fasciatus, Pal.,
Cethera musiva, Germ.,

Hydrocyrius herculeus, Stål.
Pyrops tenebrosus, Fab.,
Ptyelus flavescens, Fab.,
Clovia callifera, Stål.

5) Arten des Sansibar-Gebietes, welche sonst nur von der Westküste Afrika's (Senegambien, Guinea, Angola) bekannt sind:

Xiphidium [illegible], Gerst.

Palpares latipennis, Ramb.

Placodes Senegalensis, Payk.,
Hister tropicalis, Mars.,
Onthophilus [illegible], Mars.,
Alindria elongata, Guér.,
Figulus sublaevis, Pal. (auch Madagascar?),
Anomala mixta, Fab.,
[illegible] prodigiosus, Er.,
Lacon [illegible], Cand.,
Cardiophorus [illegible], Cand.,
Opatrum [illegible], Er.,
Alphitobius parallelus, Thoms.,
Horia cephalotes, Oliv.,
Mylabris bifasciata, Oliv.,

Cordylomera spinicornis, Fab.,
[illegible] pectinicornis, Oliv.,
[illegible] [illegible], Muls.,
Leis [illegible], Muls.

Eumenes Lepeletieri, Sauss.,
Icaria cincta, Lep.,
Dorylus nigricans, Oliv.

Danais Niavius, Lin.,
[illegible] amabilis, Drur.

Chrysops longicornis, Macq.

Coptosoma nigropunctatum, Stål.
Sorgia nigropunctata, Stål,
Dymantis plana, Fab.,
Aethus [illegible], Er.

6) Arten des Sansibar-Gebietes, welche sich über Mosambik bis zum Cafferlande und zum Theil bis zum Caplande erstrecken:

Poecilocera morbillosa, Lin.,
— *[illegible]*, Schaum,
Agrion glabrum, Burm. (auch auf Madagascar).

Carpophilus fumatus, Boh.,
Oxythyrea amabilis, Schaum,
Diplognatha silicea, M'Leay,
— *hebraea*, Oliv.,
Popillia bipunctata, Fab.,
[illegible] femoralis, Kirb.,
Gymnopleurus splendidus, Bert.,
Onthophagus [illegible], Klg.,
Oniticellus planatus, Lap.,
Lycus constrictus, Boh.,
[illegible] [illegible], Gerst.,

Alcides [illegible], Schh.,
Phantasis gigantea, Guér.,
Corynodes Dejeani, Gerst.,
Monolepta [illegible], Gerst.,
Alesia Olivieri, Gerst.,
Chilocorus Wahlbergi, Muls.,
Epilachna Paykulli, Muls.

Xylocopa caffra, Lin.,
[illegible] [illegible], Gerst.

Pieris Severina, Cr.,
Terias Zoë, Hopf.,
Lycaena Asopus, Hopf.

[illegible] [illegible], Spin.,
Cercopis arcuata, Walk.

7) Arten des Sansibar-Gebietes, welche sich im Caffern- und Caplande vorfinden, ohne bis jetzt für Mosambik nachgewiesen zu sein:

[illegible] fulviceps, Burm.,
[illegible] galeatus, Gerst.,
Poecilocera atriceps, Gerst.,
Catantops decoratus, Gerst.,
Agrion Kersteni, Gerst.,
Libellula distincta, Ramb.

Anthia [illegible], Perr.,
[illegible] angusticollis, Boh.,
Tetragonoderus [illegible], Thunb.,
Coptodera equestris, Boh.,
Chlaenius cincticollis, Boh.,
Hypolithus [illegible], Boh.,
Tachys apicalis, Boh.

Gyrinus caffer, Aub.,
Berosus furcatus, Boh.,
Apobletes Mignotanzi, Mars.,
Hister bolabius, Mars.,
Brachypeplus depressus, Er.,
Cymophorus undatus, Kirb.,
Cyphonistes vallatus, Wird.,
Schizonycha valida, Boh.,
— *tumida*, Cast.,
— *oblonga*, Boh.,
Onthophagus laeviatus, Cast.,
— *pugionatus*, Boh.,
Drepanocerus laticollis, Boh.,
Luciola bimaculicollis, Boh.,
Prionocerus dimidiatus, Gerst.,
Apoderus subemarginatus, Schh.,
— *nigripennis*, Fab.,
Alcides convexus, Oliv. (auch auf Madagascar und Bourbon),
Baridius Wahlbergi, Schh.,
Cimmerus nebulosus, Schh.,
Macrotoma Natala, Thoms.,
— *mitis*, Gerst.,
— *microps*, White.,
Phryneta spinator, Fab.,
Niphona appendiculata, Gerst.,
Lema hottentotta, Lac.,
Clythra Wahlbergi, Lac.,
Cryptocephalus callizonus, Suffr.,
Rhyparida cyanipennis, Gerst.,
— *trivialis*, Gerst.,
Ootheca Natalensis, Baly.,
Entomoscelis ochroptera, Stål,
Cassida tigrina, Oliv.,
Cassida vigintiguttata, Thunb.,
— *chlorovittata*, Boh.,
— *lacrymosa*, Boh.,
Asphylopus unicolor, Gerst.,
Epilachna canina, Fab.,
— *hirta*, Thunb.,
— *capicola*, Muls.

Polistes marginalis, Fab.,
Hemipepsis vindex, Smith,
Pelopaeus Spinolae, Lepel.,
Mygnimia xanthocera, Gerst.,
Mutilla amaris, Gerst.,
Polyrhachis gagates, Smith,
Plectroctena mandibularis, Smith,
Pseudomyrma Capensis, Smith.

Lycaena Exeulus, God. (auch in Ost-Indien?),
Macroglossa hirundo, Gerst.,
Aphelia apollinaris, Boisd.

Graptocoris pinguis, Germ.,
Bathycoelia rufa, Westw.,
Pentatoma marginalis, Thunb.,
— *rufiventris*, Germ.,
Adiamorpha amica, Gerst.,
Antestia variegata, Thunb.,
Lygaeus femoralis, Fab.,
— *fasciativentris*, Stål,
Ptilocheirus umbrosus, H. Sch.,
Lamprocoris limicola, Stål,
Pyrgotele sirena, Walk.

8) Arten des Sansibar-Gebietes, welche zugleich in Mosambik einheimisch sind, ohne sich bis zum Cafferlande hin zu erstrecken:

Gymnopleurus picta, Gerst.,
Cosmocephalus pungens, Schaum.,
Chrotogonus hemipterus, Schaum.

Palpares tristis, Hag.

Cicindela congrua, Klg. (auch auf Madagascar?),
Pachnoda superpyrpa, Gerst.,
Heterorrhina atratus, Klg.,
Pharaumeris Bertolonii, Mann.,
Leucocephalis lepidum, Klg.,
Luciola elateroides, Klg.,
— *cincticollis*, Klg.,
Zographus conversicornis, Gerst.,
Psammodes cordicollis, Gerst.,
Pycnocerus Passerinii, Bert.,
Lagria ornaticornis, Gerst.,
Mylabris bizonata, Gerst.,
Microcerus spiniger, Gerst.,
Tragocephala rubrigata, Bert.

Xylocopa lateritia, Smith,
Nomia amabilis, Gerst.,
Prionocnemis fatalis, Gerst.,
Elis hyalinata, Gerst.,
Polyrhachis schistacea, Gerst.,
Camponotus longipes, Gerst.,
Platythyrea cribrinodis, Gerst.,
Anomma molesta, Gerst.

Pyrellia mediomina, Loew.

9) Arten des Sansibar-Gebietes, welche sich auf die Ostküste Afrika's beschränken, von dieser aber zum Theil (*) auf Süd-Europa oder Vorder-Asien übergehen:

Orphulus Ferreti, Reiche.
Pholegopsis xanthographa, Guér.,
* *Epacromia thalassina*, Fab.,
* *Orthipoda longipes*, Charp.,
* *Pernaciurea biguttata*, Charp.,
* *Libellula erythraea*, Brull.

Saprinus ..., Sob.,
Pachnoda sobrina, Gory.
Ateuchus Aegyptiorum, Latr.,
Copris Nepos, Reiche.
Paradoxylilus ..., Reth.,
Lycus latissimus, Lin.,
Cleonus mitis, Gerst.,

Lixus ..., Schh.,
— *sulcirostris*, Gerst.,
Sternotomis Bohemani, Westw.,
Chrysomela ..., Gerst.,
Epilachna quatuordecimsignata, Reiche.

Bembex lusca, Spin.,
* *Elis aliena*, Klg.

Pieris Abyssinica, Luc.,
Callosune Arbine, Cr.,
Danais Petiverana, Doubl.,
* *Lycaena Jesous*, Guér.

Hippobosca Francilloni, Leach.

10) Arten des Sansibar-Gebietes, welche auch auf Madagascar einheimisch sind. (Die mit einem * bezeichneten finden sich zugleich in anderen Theilen des Afrikanischen Continents.):

* *Agrion glabrum*, Burm.

* *Cicindela congrua*, Klg.,
* *Hypolithus holosericeus*, Dej.,
* *Cybister immarginatus*, Fab.,
— *auritus*, Gerst.,
* *Cyclonotum abdominale*, Fab.,
Cryptops pygmaeus, Gerst.,
(?) *Figulus sublaevis*, Pal.,
Hoplia retusa, Klg.,
Onthophagus bicornis, Klg.,
* *Belionota canaliculata*, Fab.,
* *Atractocerus brevicornis*, Lin.,
* *Xylopertha crinitarsis*, Imh.,
Platydema rufipes, Gemm.,
* *Lixus coarctatus*, Klg.,
* *Alcides convexus*, Oliv.,
* *Bostrichus ferrugineus*, Fab.,

Phloeobius pustulosus, Gerst.,
Mastodontera nodicollis, Klg.,
* *Cyrtonia lineata*, Fab.,
* *Eruchemus ferrugineus*, Thunb.

* *Papilio Demoleus*, Lin.,
* *Acraea serena*, Fab.,
* *Junonia Oenone*, Lin.,
* *Hypanis Ilithyia*, Drur.,
* *Argiope cribraria*, Clerck.

* *Sphaerocoris punctarius*, Westw.,
* *Podops fibulatus*, Germ.,
* *Camptopus lateralis*, Thunb.,
* *Dysdercus fasciatus*, Sign.,
* *Cethera musiva*, Germ.,
* *Cosmoscarta rubrofasciatus*, de Geer,
* (?) *Pyrops tenebrosus*, Fab.

Die grösste Anzahl identischer Arten (wobei von den durchaus cosmopolitisch verbreiteten abgesehen worden ist) besitzt das Sansibar-Gebiet mit dem Cafferlande, nämlich 171; nächst diesem mit Mosambik (105), dem Caplande (104) und Senegambien (102). Erst in einem etwas weiteren Abstande folgt Guinea mit 89 Arten, in noch beträchtlich grösserem Abyssinien mit 44. Bemerkenswerth ist, dass die Zahl der ihm mit Madagascar gemeinsamen (33 A.) diejenige der auch in Angola vorkommenden (26) nicht unbeträchtlich übersteigt. Diese grössere Uebereinstimmung mit Madagascar tritt noch in schärferer Weise bei den neuen (nicht identischen) Arten hervor, unter welchen 13 in unmittelbarer Verwandtschaft mit Madagassischen, dagegen nur 3 mit Angolensischen stehen — und sie fordert daher unwillkürlich dazu auf, einen Blick auf den Gesammtcharakter der Madagassischen Fauna, insbesondere auf ihre Beziehungen zu der Continental-Afrikanischen zu werfen.

Bekanntlich hat man Madagascar in zoologischer Beziehung theils als einen eigenen, von der alten Welt (Afrika, tropisches Asien) scharf gesonderten Welttheil, welcher Süd-Amerika und Australien gleichzusetzen sei, mit dem Indischen Archipel aber noch deutlichere verwandtschaftliche Beziehungen als mit dem Continent Afrika's erkennen lasse, hinzustellen versucht, theils sogar eine Anlehnung seiner Fauna an diejenige Süd-Amerika's geltend machen wollen. Während letztere Ansicht*) sich vorläufig nur auf einige vereinzelte Wirbelthierformen stützt, von welchen diejenigen kaum in's Gewicht fallen können, welche ausser auf Madagascar und in Süd-Amerika auch auf den Südsee-Inseln vertreten sind, geht erstere**) einerseits von dem gänzlichen Fehlen der eigentlichen Affen, der grossen Pachydermen und der Wiederkäuer, andererseits von dem Dominiren der *Prosimii*, sowie dem Auftreten mehrerer eigenthümlicher Insectivoren- und Carnivoren-Formen, ähnlicher Fälle unter den Vögeln, Reptilien und Insekten nicht zu gedenken, mit gutem Grunde aus, basirt aber darauf Schlüsse, wie: dass sich die „Landthiere" (?) Madagascar's nicht nur specifisch, sondern fast durchgehends auch generisch von denjenigen aller übrigen Länder unterschieden, dass sich in Süd-Afrika sogar nicht eine einzige verwandte Gruppe fände, dass man nur in Ostindien (incl. der Inselgruppen) die in der Organisation am nächsten stehenden Gattungen antreffe u. s. w. Prüfen wir hier in Kurzem an den bis jetzt bekannt gewordenen Madagassischen Insekten-Formen, unter welchen die in grösserer Artenzahl vorliegenden Coleopteren sich als besonders charakteristisch erweisen, in wie weit jenen Angaben eine allgemeinere Gültigkeit zuerkannt werden darf.

Das Verhalten der Madagassischen Insektenfauna sowohl derjenigen der alten Welt im Allgemeinen als des Afrikanischen Continents speciell gegenüber lässt mehrere der augenscheinlichsten Analogieen mit den Säugethieren erkennen, in negativer nicht minder als in positiver Beziehung. Was bei jenen in verhältnissmässig niedrigen Zahlen zum Ausdruck gelangt, wird bei den Insekten durch Massenverhältnisse (an Gattungen sowohl wie an Arten) bestätigt. Zunächst das gänzliche Fehlen solcher Gruppen höheren sowohl wie niedrigeren Ranges, welche theils in einzelnen Distrikten des Afrikanischen Continents durch Artenfülle dominiren, theils sich über diesen allgemein verbreiten oder auch zugleich bis nach Ostindien reichen. Hierher gehören einerseits ganze Familien, wie die Paussiden und Vesicantien, von welchen letzteren weder die über die ganze alte Welt verbreitete und sehr artenreiche Gattung *Mylabris* noch die gleichzeitig in Amerika auftretende *Lytta* auf Madagascar — beide ebenso wenig in Neu-Holland — repräsentirt ist***) — andererseits eine sehr beträchtliche Anzahl artenreicher Gattungen. Unter den Carabiden fehlen von solchen: *Manticora*, *Dromica*, *Anthia*, *Polyhirma*, *Graphipterus*, *Acanthogenius*, *Galerita*, *Tefflus*; unter den Lamellicornien: *Ateuchus*,

*) Peters, Ueber die Säugethier-Gattung Solenodon. p. 19. — Sitzungsber. d. Gesellsch. naturf. Freunde. 1870. p. 54.

**) Isid. Geoffroy St.-Hilaire, Fragmentarische Bemerkungen über die geographische Vertheilung der Thiere (aus: Bélanger, Voyage aux Indes orientales in: Froriep's Neue Notizen aus dem Gebiete der Natur- und Heilkunde. XVIII. Bd. (1841) p. 21. — Auch reproducirt in: L. Schmarda, Die geographische Verbreitung der Thiere. p. 296 ff.

***) Diese grosse, gegenwärtig bereits über 800 beschriebene Arten umfassende Familie hat bis jetzt auf Madagascar als einzigen Repräsentanten den *Meloe Chevrolati*, Coq. aufzuweisen, während gerade diese Gattung auf dem Afrikanischen Continent, abgesehen von Algerien, sehr spärlich, nämlich nur durch eine Capensische und eine Aegyptische Art vertreten ist.

Sisyphus, *Gymnopleurus*, *Epirhinus*, *Copris*, *Onitis*, *Ablabera*, *Pachycnema*, *Peritrichia*, *Lepithrix*, *Dichelus*, *Elaphinis*, *Gnorimus*; unter den Malacodermen: *Lycus*; von typischen Melasomen: *Adesmia*, *Cryptochile*, *Eurychora*, *Machla*, *Moluris*, *Psammodes*, *Trachynotus*, *Sepidium*, *Trigonopus*, *Gonopus*, *Anomalipus*; von Curculionen: *Episus*, *Microcerus*, *Siderodactylus*, *Sciobius*, *Ellimenistes*, *Eremnus*, *Hyrnops*, *Spartecerus*, *Hypsodulus*, *Hipporhinus*, *Tanyrhynchus*, *Cleonus*; von Longicornien: *Promeces*, *Litopus*, *Jonthodes*, *Euporus*, *Ceroplesis* u. A.; von Vesparien z. B. *Synagris*. Sodann das gewissermassen verlorene Vorkommen einzelner Arten aus solchen Gattungen, welche gleich den oben genannten auf dem Afrikanischen Continent, resp. zugleich im südlichen Asien durch ihre Artenfülle hervortreten, wie bei *Abacetus*, *Cetonia* (sens. strict.), *Schizonycha*, *Monochelus*, *Zophosis*, *Opatrum*, *Brachycerus* und vielen anderen. Dass sich sowohl aus diesem gänzlichen Fehlen der einen, wie aus der Arten-Armuth der anderen Gruppe von Gattungen für Madagascar ein sehr auffallender negativer Charakter ergiebt, ist durchaus unbestreitbar; trotzdem erscheint der Unterschied dem gesammten Afrikanischen Continent gegenüber auf den ersten Blick bei weitem beträchtlicher, als er in Wirklichkeit ist. Bei näherem Eingehen auf den Sachverhalt ergiebt sich nämlich, dass Madagascar durch den Mangel jener Formen zunächst nur in einen scharfen Gegensatz zu dem Caplande tritt, dagegen in einen sehr viel weniger prägnanten zu dem übrigen tropischen Afrika, welchem, wie bereits oben erwähnt, gleichfalls eine ansehnliche Zahl der erwähnten Gattungen abgeht. Es entfernt sich daher Madagascar von dem grösseren Theil des Afrikanischen Continents faunistisch nur relativ stärker als das Capland, was insofern gewiss nicht verwundern kann, als dieses nur durch einen Flusslauf, jenes dagegen durch einen Meeresarm getrennt ist, welcher an seinen verschiedenen Stellen zwischen 75 und 150 geogr. Meilen in der Breite misst.

Lässt das Fehlen der bisher erwähnten Insektenformen eine deutliche Analogie mit dem Mangel der eigentlichen Affen, Wiederkäuer u. s. w. erkennen, so dürften andere in eine ähnliche Parallele mit den für Madagascar charakteristischen, jedoch nach beiden Seiten hin ausstrahlenden Halbaffen zu setzen sein. Neben einer Anzahl vereinzelter Gattungen, wie *Thyreopterus*, Dej. *(Carabidae)*, *Monomma*, Klug *(Melasoma)*, u. A. ist dies vor Allem mit der Cetonien-Gruppe der Schizorhiniden der Fall, welche auf Madagascar sowohl durch Arten- wie durch Gattungszahl (mit Einschluss von *Doryscelis* nämlich 10) dominirt und einerseits nach dem Afrikanischen Continent hin durch eine einzelne *(Amphistoros)*, andererseits nach Ostindien, den Sunda-Inseln, Philippinen, Molukken und Australien hin durch drei Gattungen vertreten ist, den übrigen Gebieten der Erdoberfläche dagegen abgeht. Durch dieses Verhalten würde Madagascar jedoch offenbar sich den übrigen Theilen der alten Welt weniger gegenüberstellen, als vielmehr die Afrikanische mit der Ostindischen Fauna vermitteln.

Drittens fehlt es Madagascar, wie an einigen Wirbelthiertypen, so auch selbstverständlich nicht an einer beträchtlichen Anzahl Insektengattungen, welche, in ihrem Vorkommen auf die Insel beschränkt, durch den Grad sowohl wie durch die Zahl ihrer verwandtschaftlichen Beziehungen zu anderweitig vorkommenden Gattungstypen für die Ermittelung des faunistischen Charakters des Landes vor Allem in's Gewicht fallen. Unter Hinweglassung der minder charakteristischen oder nur durch einzelne Arten repräsentirten mögen als solche specifisch Madagassische Formen hier nur folgende erwähnt werden: Von Carabiden: *Pogonostoma*, *Nycteis*, *Belonognatha*, *Sphaerostylus*, *Crepidopterus*, *Storthodontus*, *Eucamptognathus*; von Lamellicornien: *Hexodon, Heterorrhina, Euchroea, Cyriodera, Celidota, Encya, Euaria, Empecta, Epilissus, Synarmostes*; von Buprestiden: *Polybothris*; von Elateriden: *Melanthe, Ctenicera, Lycoreus, Pantolamprus, Pittophylus*; von Melasomen: *Nycteropus, Dolichoderus, Nesogena*; von Curculionen: *Holonychus, Stigmatrachelus, Tophoderes*; von Longicornien: *Hoplideres, Stellognatha, Mastododera, Sagridola*; von Endomychiden: *Dioedes*. Von diesen 34 Gattungen schliessen sich 22 zunächst und zum Theil unmittelbar an Continental-Afrikanische, 4 (*Sphaerostylus, Stigmatrachelus, Tophoderes, Dioedes*) näher an Ostindische an, während 4 (*Eucamptognathus, Hexodon, Nycteropus, Dolichoderus*) überhaupt ziemlich isolirt dastehen, 2 dagegen (*Mastododera* und *Sagridola*) von Europäischen (*Toxotus*) zwar habituell auffallend verschieden sind, aber nur graduell abweichen. Von den beiden noch übrig bleibenden tritt *Pogonostoma* nach der Bildung der Unterkiefer und Taster keiner Gattung der Cicindeliden so nahe wie der Süd-Amerikanischen *Ctenostoma*, von welcher sie sich dagegen in Skulptur und Colorit offenbar weiter entfernt als von der in Ostindien und den benachbarten Inselgruppen äusserst artenreichen Gattung *Collyris*: so dass ihre verwandtschaftlichen Beziehungen sich nach zwei Richtungen hin ziemlich die Wageschale halten, wie denn auch alle drei Gattungen ihrer ganz übereinstimmenden Lebensweise nach als vikariirende angesehen werden müssen. Auch an der den kugelförmigen Trogiden angehörenden Gattung *Synarmostes* war es bisher immerhin auffallend, dass sie mit zwei Madagassischen Arten den beiden in Amerika artenreichen Gattungen *Acanthocerus* und *Sphaeromorphus* gegenübertrat, ohne einen Continental-Afrikanischen Repräsentanten zu besitzen; nachdem aber von *Acanthocerus* neuerdings einige Australische, von *Sphaeromorphus* einige Ostindische Arten zur Kenntniss gebracht worden sind, kommt auch hier eine ausschliessliche Beziehung zu Amerika in Wegfall. Ueberhaupt ist in Bezug auf die Beurtheilung der Madagassischen Fauna daran zu erinnern, dass trotz ihrer verhältnissmässig noch sehr lückenhaften Kenntniss zu wiederholten Malen aus anderen Ländern nachträglich Formen bekannt geworden sind, welche die Annahme eines geographisch isolirten Vorkommens als voreilig haben erscheinen lassen. Bis vor Kurzem musste z. B. nothwendig die Madagassische *Thaliura Rhipheus*, Cr. als der einzige nahe Verwandte der Amerikanischen *Urania*-Arten auf eine augenscheinliche faunistische Uebereinstimmung zwischen Madagascar und Süd-Amerika schliessen lassen, während sich jetzt, nach der Entdeckung des Sansibarischen *Thal. Croesus*, Gerst. der Sachverhalt so stellt, dass Ost-Afrika (Sansibar und Madagascar) eine die Amerikanischen Uranien vertretende eigene Gattung besitzt. Anderweitigen Angaben von nahen oder gar exclusiven verwandtschaftlichen Beziehungen zwischen Madagassischen und Süd-Amerikanischen Insektenformen liegt eine allerdings durch die Zeit zu entschuldigende, thatsächlich aber irrige Anschauung zu Grunde. Kann z. B. das Auftreten von *Passalus*-Arten auf Madagascar schon deshalb nicht für die Verwandtschaft mit Süd-Amerika entscheidend sein*), weil die Gattung sich über alle Tropenländer gemeinsam ausbreitet, so verliert dasselbe um so mehr an Gewicht, als die Madagassischen Arten nach der Bildung des Prothorax und der Lippentaster nur mit solchen von Guinea, den Sunda-Inseln, Molukken und Australien übereinstimmen, von allen Amerikanischen dagegen abweichen. Ebenso kommen Madagascar wirkliche *Camaria*-Arten (im Sinne der Amerikanischen Gattung) überhaupt nicht zu; denn selbst die einzige ihnen näher verwandte *Camaria chal-*

*) Klug, Insekten von Madagascar. p. 32.

coptera, King ist generisch davon verschieden und hat noch ähnlichere Formen in Ostindien aufzuweisen. So häufig auch Madagassische Arten sich durchaus zwanglos solchen Gattungen einreihen, welche eine allgemeine Verbreitung über sämmtliche Erdtheile erkennen lassen, so scheint in der That unter den Insekten keine einzige scharf umschriebene und zugleich einigermassen charakteristische zu existiren, welche ausschliesslich Madagassische und Süd-Amerikanische Arten in sich vereinigte.

Im Gegensatz hierzu lässt sich jedoch eine ganze Reihe von Gattungen, welche sich aus besonders hervorragenden und charakteristischen Arten zusammensetzen, für Madagascar in Gemeinschaft einerseits mit der übrigen alten Welt, andererseits ausschliesslich mit dem Afrikanischen Continent nachweisen. Zu ersteren gehören von Coleopteren: *Isotarsus*, *Oryctes*, *Cladognathus*, *Nigidius*, *Figulus* (letztere drei die einzigen Lucaniden-Gattungen, welche überhaupt auf Madagascar vertreten sind), von Vesparien z. B. *Icaria*, welche sämmtlich von Afrika über Ostindien und seine Archipele bis nach Australien reichen, *Philorobius* und *Macrotoma*, welche mit dem Indischen Archipel abzuschneiden scheinen, *Distrigus*, welche ausser von Madagascar nur aus Ostindien bekannt ist. Als specifisch Afrikanische und ausserdem nur noch auf Madagascar vorkommende sind dagegen von Coleopteren: *Megalomma*, *Eunostus*, *Phryneta*, *Callimation*, *Tragocephala*, *Sternotomis* und *Frea*, von Vesparien: *Belonogaster*, von Hemipteren: *Plataspis* u. A. zu erwähnen; selbst *Tessaratoma*, welche nur durch eine einzelne Art nach Vorder-Asien übergreift, könnte hierher gezählt werden. Hierzu kommt aber noch, dass auch ganz allgemein in sehr umfangreichen und weit verbreiteten Gattungen, deren Arten sich durch leicht kenntliche Merkmale in natürliche Gruppen sondern, die Madagassischen zunächst und meist unmittelbar mit denjenigen des Afrikanischen Continents verwandt sind. Nirgends ist dies auffälliger, als in der sich durch ebenso mannigfache wie geographisch streng geschiedene Artengruppen auszeichnenden Gattung *Papilio (Equites*, Lin.), aus welcher nicht eine einzige Madagassische Art bekannt ist, welche sich nicht den Continental-Afrikanischen unmittelbar anschlösse. Das Gleiche gilt für zahlreiche Coleopteren-Formen, wie *Cicindela*, *Chlaenius*, *Pheropsophus*, *Brachinus*, *Drypta*, für die wenigen bis jetzt bekannten Hymenopteren aus den Gattungen *Mutilla*, *Scolia* u. s. w., und wird sich mit zunehmender Kenntniss der übrigen Ordnungen unzweifelhaft noch für viel zahlreichere Fälle herausstellen. Es liegt hierfür eine um so grössere Wahrscheinlichkeit vor, als erfahrungsgemäss die Zahl der nahe verwandten Arten für zwei Faunengebiete nicht unbeträchtlich grösser als diejenige der identischen ist. Dass die der letzteren aber zwischen Madagascar und dem Afrikanischen Continent eine keineswegs unbeträchtliche ist, ergiebt sich nicht nur aus den bereits oben angeführten, speciell auf das Sansibar-Gebiet bezüglichen Fällen, sondern auch z. B. daraus, dass von den 114 bis jetzt bekannten Madagassischen Hemipteren *(Heteroptera)* nicht weniger als 27 (also $^1/_4$ der Gesammtzahl) zugleich in verschiedenen Theilen des Afrikanischen Festlandes*), und von 66 durch Boisduval aufgeführten Madagassischen Rhopaloceren sogar 29 in Süd-Afrika**) einheimisch sind.

---

*) Signoret, Faune des Hémiptères de Madagascar (Annal. d. l. soc. entom. de France. 3. sér. VIII. p. 917 ff. pl. 13, 14). — Stål, Hemiptera Africana. I–III.

**) Boisduval, Faune entomologique de Madagascar, Bourbon et Maurice. Lépidoptères. Paris 1834. — Trimen, Rhopalocera Africae australis. London 1862–66.

Nach alledem werden die oben erwähnten Anschauungen über den Faunen-Charakter Madagascars durch die Insekten dieser merkwürdigen Insel nur dem geringeren Theil nach bestätigt, dem vorwiegend grösseren nach geradezu widerlegt. Entfernt sich Madagascar durch die ihm abgehenden Formen vom Caplande gleichwohl noch weiter als das übrige Afrika, so ist und bleibt es wenigstens in entomologischer Beziehung, auf Grund seiner ebenso mannigfachen wie augenscheinlichen Uebereinstimmungen mit dem benachbarten Continent, zunächst immer eine Afrikanische Provinz, welche, während sie mit Amerika überhaupt keine näheren Beziehungen erkennen lässt, die Fauna Afrika's mit derjenigen Ostindiens (im weitesten Sinne) allerdings in nicht zu verkennender Weise vermittelt.

Arachnoidea.

Ordo I.

Acarina, Dug.

Fam. Thrombidiidae, Gerst.

Thrombidium, Fab.

Syst. Entom. p. 430 (Trombidium).

1. *Thrombidium tinctorium*, Lin.

Acarus tinctorius, Linné, Syst. natur. ed. XII p. 1025. No. 20.
Trombidium tinctorium, Fabricius, Syst. Entom. p. 430. No. 1. — Spec. Insect. I. p. 534. No. 1. — Entom. syst. II. p. 398. No. 1. — Hermann, Mém. aptérol. p. 20. No. 1. pl. I. Fig. 1. — Latreille, Hist. nat. d. Crust. et d. Insect. VII. p. 397. pl. 61. fig. 1. — Gen. Crust. et Insect. I. p. 145. No. 1. — Gervais in: Walckenaer, Hist. nat. d. Ins. Aptères. III. p. 170. No. 40. — Cuvier, Règne anim. éd. Masson. Arachnid. pl. 24. fig. 1. — Pagenstecher, Beitr. z. Anatom. d. Milben. I. p. 27.
Acarus araneoides, Pallas, Spicil. zool. IX. p. 42. tab. III. fig. 11.
Trombidium barbatum, Koch, Uebers. d. Arachn. Syst. III. p. 44. tab. VIII. fig. 38.
? *Trombidium grandissimum*, Koch, ibid. p. 43. tab. VII. fig. 37.

Am See Jipe (Ende Octobers 1862) in Mehrzahl auf Wegen umherlaufend angetroffen (vergl. Bd. II. S. 86). — Auf die vorliegenden Exemplare passt die von Linné für seinen *Acarus tinctorius* gemachte Angabe: „tibiis pedum anteriorum paullo pallidioribus" besser als auf sonst übereinstimmende, mir aus Guinea vorliegende, bei welchen alle vier Beinpaare die scharlachrothe Färbung des Körpers zeigen. Sowohl bei letzteren wie bei den vom See Jipe stammenden lassen die beiden Endglieder des ersten Beinpaares nicht nur in Betreff der Länge, sondern auch in der deutlichen Färbung der Oberseite nicht unbeträchtliche Schwankungen wahrnehmen, welchen jedoch anderweitige Unterschiede nicht entsprechen. Es ist dies deshalb besonders hervorzuheben, weil auf Grund derartiger ganz relativer Differenzen von Koch (a. a. O.) die Existenz verschiedener Arten gemuthmasst worden ist, bei deren Aufstellung ein näherer Vergleich mit der Linné'schen Art übrigens vollständig mangelt. Dass für diese vermeintlichen Arten, von denen die eine nach Spiritus-Exemplaren, die andere nach einem einzelnen getrockneten aufgestellt worden ist, geringe Färbungs-Unterschiede nicht in's Gewicht fallen können, liegt auf der Hand; aber auch auf die von Koch betonte Färbung der eindigen Bein-Behaarung ist insofern kein allzugrosser Werth zu legen, als dieselbe einerseits je nach den Individuen zwischen Weiss und Roth schwankt, andererseits, auch wenn sie in Wirklichkeit weiss ist, bei gewisser Beleuchtung roth erscheint. Jedenfalls gewähren weder die Koch'schen Beschreibungen noch die in Zeichnung und Colorit gleich rohen Abbildungen irgend welchen Anhalt zu einer sicheren Unterscheidung seiner beiden Arten von der Linné'schen. — Die in Afrika, wie es scheint, weit verbreitete, wenigstens in Guinea, Sansibar, Nubien und Aegypten vorkommende Art ist auch in Bengalen einheimisch; ob die Pallas'sche Vaterlandsangabe: Surinam nicht auf einem Irrthum beruht, mag dahingestellt bleiben.

Fam. **Ixodidae**, Leach.

Ornithodoros, Koch.

Archiv f. Naturgesch. X. 1. p. 219.

2. *Ornithodoros morbillosus*, n. sp.

Obtuse ovatus, ferrugineus, granulosus, rostro pedibusque testaceis: tibiarum tarsorumque anteriorum appendicibus angustis, dentiformibus, posticorum fere nullis. Long. corp. $6^1/_3$, lat. $4^1/_2$ mill.

Der von Savigny in der Description de l'Egypte, Arachnides pl. IX. fig. 5 abgebildete und als Copie in den Atlas von Walckenaer's Hist. nat. d. Ins. Aptères. pl. 31. fig. 2 übergegangene *Argas Savignyi*, Aud. (Descript. de l'Egypte. Texte, Hist. nat. I. 2. p. 183), scheint zwar bis jetzt nirgends beschrieben zu sein, lässt sich aber nach der von ihm gegebenen bildlichen Darstellung mit Sicherheit bestimmen. Ich beziehe auf letztere einen mir aus Aegypten vorliegenden *Ornithodoros* von stumpf ovalem Körperumriss, düster schwarzbrauner Färbung, dicht und fein granulirter, matter Körperoberfläche und pechbraunen Beinen mit licht scherbengelb gefärbten drei Endgliedern. Derselbe weicht zwar von der Savigny'schen Abbildung, welche vermuthlich nach einem eingeschrumpften und dadurch deformirten Exemplare angefertigt ist, durch breiter und stumpfer ovalen, der seitlichen Einbuchtung entbehrenden Körper ab, stimmt aber in der Bildung der Beine, besonders in der charakteristischen Form der den beiden Endgliedern eigenthümlichen Anhänge so genau mit den dieselben wiedergebenden Figuren überein, dass an der Identität kaum zu zweifeln ist. — Von diesem *Ornithodoros Savignyi*, Aud., weicht die gegenwärtige Art bei gleichem Körper-Umriss durch geringere Grösse, lichtere Färbung, gröbere Granulation der Oberfläche und besonders durch die Form einzelner Beinglieder und ihrer Anhänge ab. Körperhaut licht rostbraun, dicht gekörnt, matt; die Granulation nicht nur relativ, sondern selbst absolut etwas grösser als bei *Ornith. Savignyi* und zwar auf der Bauchseite noch deutlicher als oberhalb. Punktaugen sehr viel kleiner und undeutlicher als bei *Ornith. coriaceus*, Koch (Archiv f. Naturgesch. X. 1. p. 219. No. 1.), übrigens entsprechend wie dort bauchwärts auf dem Seitenwulst gelegen; das vordere nach aussen von den Hüften des ersten, das hintere in der Mitte zwischen den Hüften des zweiten und dritten Beinpaares. Gleich dem Rüssel sind sämmtliche Beinpaare mit Einschluss der Hüften ganz licht gefärbt, an der Basis mehr röthlich gelb, die drei Endglieder fast knochenfarbig; letztere besonders am vierten Paar merklich kräftiger als bei *Ornith*

Savignyi. Wie bei dieser Art ist der Aussenrand der beiden letzten Glieder am ersten bis dritten Beinpaare je mit drei Auswüchsen geziert; dieselben haben jedoch nicht die Form eines gestielten Knopfes, sondern sind einfach schräg und stumpf zahnförmig, überdies auch kürzer als bei *Ornith. Savignyi*. Am vierten Beinpaar ist das vorletzte Glied breiter, weniger drehrund und lässt gleich dem letzten an Stelle der — bei *Ornith. Savignyi* sehr deutlich ausgebildeten — Zähne des Aussenrandes nur sehr kleine dornartige Spitzchen erkennen.

Ein einzelnes Exemplar vom See Jipe, Ende Octobers 1862 gefunden. Ueber das Wirthsthier ist keine Angabe vorhanden.

Amblyomma, Koch.

Archiv f. Naturgesch. X. 1. p. 223.

3. *Amblyomma variegatum*, Fab.

Acarus variegatus, Fabricius, Entom. syst. suppl. p. 572. No. 7—8 (♂).
Amblyomma venustum, *Koch, Archiv f. Naturgesch. X. 1. p. 224. No. 5. — Uebers. d. Arachn. Syst. IV. tab. IX. fig. 31 (♂).

Ein einzelnes männliches Exemplar von Aruscha (November 1862). Dasselbe stimmt mit den von Koch beschriebenen und abgebildeten Senegalensischen in Grösse, Form, Färbung und Punktirung genau überein und zeigt nur darin eine leichte Abweichung, dass die beiden den vorderen hellen Rückenfleck theilenden Striemen der Grundfarbe etwas schmaler und hinten abgekürzt sind. — Eine Anfeuchtung getrockneter Exemplare ergiebt übrigens, dass wie bei vielen anderen Zecken auch bei dieser Art die licht (hier orangegelb) gefärbten Stellen des Rückenschildes im Leben einen Goldglanz zeigen. — Ueber die Identität der Koch'schen Art mit dem Fabricius'schen *Acarus variegatus* kann nach der sehr treffenden Charakteristik des letzteren kaum ein Zweifel obwalten.

4. *Amblyomma eburneum*, n. sp.

Taf. XVIII. Fig. 1.

Obtuse ovatum vel suborbiculare, nitidum, disperse punctulatum, eburneum, rostri basi pedibusque rufo-brunneis, his late albo-annulatis; scuti dorsalis limbo albo-fuscoque tessellato, disci signatura anteriore H-, posteriore Y-formi strigisque utrinque tribus radiatim dispositis brunneis. Long. corp. $5-5\frac{1}{2}$ mill. ♂.

Fem. *Abdomine coerulescenti-nigro, scuto dorsali testaceo, fortiter et sat dense fusco-punctato, vittis duabus anterius sinuatim dilatatis rufo-brunneis.* Long. corp. $5\frac{2}{3}$ mill.

Dem *Ambl. hebraeum*, *Koch (Arch. f. Naturgesch. X. 1. p. 225. No. 9, Uebers. d. Arachn. Syst. IV. tab. X. fig. 36.), so nahe verwandt, dass man es fast für eine Farben-Varietät desselben anzusehen geneigt sein könnte, wenn nicht die Unterschiede sich bei einer Reihe von Exemplaren als durchaus constant erwiesen. Für das Rückenschild des Männchens ergeben sich bei gleicher Form, Skulptur und Färbung folgende Differenzen in der Zeichnung: An den zur Einlenkung des Rüssels dienenden Ausschnitt des Vorderrandes schliesst sich ein Fleck von der Form eines liegenden Dreiecks an; die beiden Längsstriemen des vorderen Theiles der Scheibe sind stets durch einen Querast mit einander verbunden und stellen so ein H dar; der Stiel der hinteren Y förmigen Zeichnung ist nach vorn gegen die

Gabelung bis durchweg kelchförmig erweitert; von den drei radiären Strichen jederseits sind die beiden vorderen niemals zu einer Schlinge vereinigt, der erste dagegen häufig in zwei bis drei Flecke aufgelöst; die einzelnen Felder des eingekerbten Hinterrandes sind ziemlich regelmässig abwechselnd weiss und braun oder wenigstens niemals so vorwiegend weiss wie bei *Ambl. hebraeum*. An den braunrothen Beinen sind ferner die Endringe der einzelnen Glieder nicht gelb, sondern rein elfenbeinweiss, derjenige des drittletzten überdies breiter als bei *Ambl. hebraeum*.

Das durch die übereinstimmende Färbung der Beine als solches leicht kenntliche Weibchen zeigt einen tief blauschwarzen, auf der Scheibe sehr grob und ziemlich dicht, auf dem Randsaume sparsamer punktirten Bauchtheil. Der kaum der Hälfte seiner Länge entsprechende, herzförmige Rückenschild ist beträchtlich dunkler als beim Männchen gefärbt, fast rostgelb, dicht schwärzlich punktirt; die beiden seitlichen Drittheile seiner Vorderhälfte und eine von ihnen ausgehende schmale Längsstrieme der hinteren jederseits dunkel rothbraun, lichter braun ein sich dem Ausschnitt anschliessender dreieckiger und ein auf der Mitte der Scheibe stehender kleiner, rundlicher Fleck.

Eine Reihe männlicher Exemplare von Aruscha (November 1862), zwei weibliche von den Bura-Bergen; dieselben wurden von Dr. Kersten auf der Haut des *Varanus saurus*, Laur. angetroffen (vgl. Bd. II. S. 86).

Dermacentor, Koch.

Archiv f. Naturgesch. X. 1. p. 235.

5. *Dermacentor rhinocerotis*, de Geer.

Coxis anticis bifidis, sequentibus appendiculatis, quarti paris transverse quadratis, pedibus intus denticulatis: rufo-brunneus, dispersim punctatus, fere opacus, scuti dorsalis guttis marginalibus nec non maculis disci septem, anteriore maxima, cordiformi, subtripartita, luteis. Long. corp. 7–8 mill. (♂)

Fem. *Abdomine supra nigro, squamulis testaceis et purpureis variegatim obsito: scuto dorsali obtuso, apice bisinuato, testaceo, maculis punctisque nonnullis fuscis.* Long. corp. 8½ mill.

Acarus rhinocerotis, de Geer, Mémoires. VII. p. 160. No. 2 pl. 38. fig. 5 u. 6. — ed. Goeze. VII. p. 68. No. 2. Taf. 38. fig. 5 u. 6. (♂)

Ixodes rhinocerotis, Gervais in: Walckenaer, Hist. nat. d. Ins. Aptères. III. p. 246. No. 28. (♂)

Ixodes rhinocerinus, Denny, Annals of nat. hist. XII. 1843. p. 313. No. 3. pl. XVII. fig. 3. (♂)

Den übrigen bekannten Arten der Gattung gegenüber von auffallender Grösse und durch den Mangel der Schwielen auf dem Rückenschilde des Männchens abweichend; die nach vorn verschmälerte Eiform des Körpers, die seitliche Ausschweifung desselben in der Ocellengegend, der quer viereckige Umriss der Rüsselbasis mit jenen ganz übereinstimmend, nur die zweigliedrigen Taster etwas weniger verkürzt. In plastischer Beziehung von dem Süd-Europäischen *Derm. reticulatus*, Fab. (*Acarus reticulatus*, Entom. syst. IV. p. 428) besonders durch die Form der männlichen Hinterhüften, welche nicht in die Länge gezogen, sondern breiter als lang und quer viereckig oder vielmehr unregelmässig rhombisch gestaltet sind, unterschieden. — Basaltheil des Rüssels kurz, am Hinterrande bogig ausgeschnitten, vorn beiderseits abgerundet; beide Glieder der Taster so lang wie breit, das letzte quadratisch; der ganze Kopftheil glatt und glänzend, rostroth, bräunlich gescheckt. Rückenschild satt rothbraun, schwach glänzend, sehr vereinzelt punktirt;

der gekerbte Hinterraum gleich dem Seitenrande bis zum zweiten Beinpaare rothgelb gefleckt. Die kleinere Vorderhälfte der Scheibe mit einem grossen, vorn dreilappigen, nach hinten herzförmig verengten Fleck von rothgelber Färbung, durch zwei schräge Striemen der Grundfarbe mehr oder weniger deutlich in drei Felder aufgelöst. Auf diesen folgen von gleicher Farbe noch drei Fleckenpaare, von denen das mittlere fast dreimal so gross als das erste und dritte ist; während die beiden Flecke des zweiten und dritten Paares in der Mittellinie nahe aneinander rücken, sind diejenigen des ersten gegen den Seitenrand hin gedrängt. Beine sehr derb, rothbraun, die einzelnen Glieder mit Ausnahme der letzten an der Spitze rostroth geringelt, die drei letzten am Innenrande stark gezähnelt. Vorderhüften tief eingeschnitten, fast zweizinkig; diejenigen des zweiten Paares stumpf herzförmig, des dritten unregelmässig trapezoidal mit breit abgerundetem Innenwinkel. Letztere vor dem Endrande an der Aussenseite, diejenigen des vierten Paares aussen und innen mit einer stumpf zahnförmigen, aufgerichteten Lamelle. Brust und Bauch zinnoberroth, letzterer gekörnt; Afteröffnung braun.

Beim Weibchen sind die Beine von gleicher Färbung wie beim Männchen, der Kopftheil etwas lichter, zum Theil rostgelb, die Basis des Rüssels mit den beiden gewöhnlichen Gruben versehen. Der Rückenschild fast von halber Leibeslänge, kurz oval, an der stumpfen Spitze beiderseits ausgebuchtet; die Oberfläche schwach glänzend, scherbengelb, nach vorn mit vereinzelten schwarzen Punkten besetzt. Der vordere Theil des Seitenrandes rostfarben, gegen die Mitte hin jederseits ein grösserer, auf der Scheibe ein kleinerer, mehr strichförmiger pechschwarzer Fleck. Hinterleib oberhalb pechschwarz, dicht und grob querrunzlig punktirt, in der den Seitenrand abgrenzenden Furche sowohl wie auf dem hinteren Theil der Scheibe, hier in Form von zwei grösseren Makeln mit blut- oder purpurrothen Schuppenhaaren dicht bekleidet; zwischen letzteren und dem Hinterrande finden sich rothe mit gelblichen Haaren untermischt. Brust und Bauch, wie beim Männchen, licht roth gefärbt. Die Hüften des dritten und vierten Paares fast von gleicher Form und Grösse, stumpf zweizähnig, diejenigen des zweiten mit scharfem Aussenzahn; Vorderhüften zweizinkig.

Das Männchen vom See Jipe (Ende Octobers) und Endara (December 1862), das Weibchen von Ura (Mitte Novembers) vorliegend; das Wirthsthier ist zwar nicht angegeben, doch wird es unzweifelhaft der während der Expedition mehrfach geschossene *Rhinoceros bicornis* sein, von welchem auch die von de Geer und Denny beschriebenen Exemplare herrühren.

Nach zwei mir von Port Natal vorliegenden Exemplaren scheint die vorstehende Art nicht unbeträchtlichen Grössen- und Färbungsverschiedenheiten unterworfen zu sein. Das Männchen von nur 6½ mill. Länge ist auf dem Rückenschilde viel lichter rothbraun als die aus Sansibar stammenden, die Flecken desselben dagegen nicht gelb, sondern rostroth; an den Beingliedern erscheinen die hellen, hier mehr rostgelben Endringe beträchtlich breiter. Bei dem 7½ mill. langen Weibchen ist der Rückenschild nicht scherbengelb, sondern gleichfalls intensiv rostroth gefärbt. Form- und Skulptur-Unterschiede sind nicht wahrzunehmen.

6. *Dermacentor pulchellus*, n. sp.

Taf. XVIII. Fig. 2.

Coxis posticis transverse quadratis, bituberculatis: infra cum pedibus rufo-brunneus, his supra albo-vittatis, scuto dorsali eburneo, nitido, strigis duabus anterioribus, marginatim terminatis, maculis duabus lateralibus tripartitis tertiaque anteapicali triloba nigro-fuscis. Long. corp. 3½—4½ mill. ♂.

Durchschnittlich etwas kleiner als der Süd-Europäische *Derm. reticulatus*, Fab., von welchem er sich abgesehen von der Zeichnung auch durch den Mangel der erhabenen Wulste auf dem Rückenschilde unterscheidet. Basalstück des Rüssels hinterwärts ausgeschnitten, zweispitzig, nebst den Tastern rothbraun, letztere nicht viel länger als breit. Rückenschild länglich oval, in der Ocellengegend seitlich fast eingeschnitten, flach gewölbt, zerstreut punktirt, glänzend, elfenbeinweiss, der schmale Aussensaum licht braun; zwei von dem vorderen Ausschnitt ausgehende, nach hinten divergirende und hier fleckig erweiterte Längsstriemen, zwei innerhalb der seitlichen Punktreihe liegende und bei der Mitte ihrer Länge einen Querast nach innen entsendende Längsflecke und eine vor dem hinteren Kerbsaum liegende quere, vorn dreilappige Makel pechschwarz, stellenweise rothbraun untermischt. Den drei Lappen dieses hinteren Fleckes entsprechen drei tiefe, vor dem Kerbrand liegende Längsfurchen. Beine sehr kräftig und gedrungen, am Innenrand fein gezähnelt und stark beborstet, rothbraun, die drei vorletzten Glieder mit elfenbeinweisser oberer Strieme. Hinterhüften kurz, quer viereckig, mit zwei stumpfen, höckerartigen Spitzen.

Einige männliche Exemplare von Aruscha, Uru und dem See Jipe. Das Wirthsthier ist nicht vermerkt.

Rhipicephalus, Koch.

Archiv f. Naturgesch. X. 1. p. 238.

7. *Rhipicephalus praetextatus*, n. sp.

Oblongo-ovatus, rufo-brunneus, pedum articulationibus rufo-ferrugineis, scuto dorsali obscuriore, dispersim punctato, nitido, retrorsum anguste albo-marginato, impressionibus duabus disci posterioris linearibus. Long. corp. 3⅔ mill. ♂.

Dem *Rhip. simus*, *Koch (Arch. f. Naturgesch. X. 1. p. 238. No. 4. — Uebers. d. Arachnid. Syst. IV. tab. XXVIII. fig. 102), zunächst stehend, bei gleicher Länge aber schmaler eiförmig und durch die Skulptur des dunkler gefärbten, schmaler hell gesäumten Rückenschildes leicht zu unterscheiden. Rüssel und Taster von gleicher Form und Skulptur wie bei der genannten Art, rostroth, ersterer gegen die Basis hin leicht gebräunt. Rückenschild länglich oval, nach vorn bis ziemlich stark verschmälert, röthlich kastanienbraun, stark glänzend, vereinzelt punktirt, ausserdem fast glatt erscheinend (nicht, wie bei *Rhip. simus*, zwischen den gröberen Punkten seicht und narbig gerunzelt punktirt); die Seitenfurchen und die Einkerbungen des hinteren Umkreises nicht ganz so grob wie bei dieser Art, der Aussensaum sehr schmal, im Bereich des hinteren Drittheils elfenbeinweiss; am Anfang der hinteren Hälfte der Scheibe zwei feine, lineare Längsfurchen, welche der dritten (jederseitigen) Einkerbung des Hinterrandes entsprechen, mit dieser aber nicht zusammenhangen. Der helle Hinterrandssaum unterhalb mit je einem rostrothen Punkt auf den einzelnen Kerbfeldern. Beine mit Einschluss der Hüften rothbraun, der Endrand der einzelnen Glieder lichter rostroth.

Ein einzelnes männliches Exemplar von Mombas (September 1862). Wirthsthier nicht vermerkt.

8. *Rhipicephalus perpulcher*, n. sp.

Rostro, pedibus scutoque dorsali rufo-brunneis, hoc utrinque fusco-vittato et bisulco, per discum passim punctato: abdomine supra dilute sanguineo, pallide punctato, lineis disci posterioris tribus, lateralibus percurrentibus duabus incisurisque marginalibus stramineis. Long. corp. 6 mill. ♀.

Eine durch die schöne Färbung und Zeichnung des weiblichen Hinterleibes sehr ausgezeichnete Art. Rüssel und Taster rostroth, das Basalstück des ersteren zweifurchig, hinterwärts gebräunt; die beiden Glieder der letzteren gleich lang, fast quadratisch, nicht eingedrückt. Rückenschild kaum dem dritten Theil der Körperlänge gleichkommend, kurz und stumpf oval, rothbraun, beiderseits mit schwärzlich braunem Längsfleck; von den Seitenfurchen gabelt sich bald nach ihrem Ursprung unter einem sphärischen Winkel nach innen eine zweite, fast ebenso lange, hinten aber seichtere Längsfurche ab; auf dem zwischen diesen inneren Furchen liegenden Mittelfelde zeigen sich vereinzelte eingestochene Punkte. Hinterleib gross, stumpf eiförmig, mit breitem, stark aufgewulstetem Saum und vertiefter Scheibe; das vorderste Dritttheil seiner Seitenränder gleich der Bauchseite licht gelb, der Rücken licht und rein blutroth, mit regulärer, scharf ausgeprägter, hellgelber Zeichnung. Dieselbe besteht in zwei durchgehenden, auf der Grenze von Scheibe und Saum verlaufenden linearen Längsbinden, in zwei abgekürzten seitlichen der vorderen und drei parallelen Längslinien der hinteren Hälfte der Scheibe, endlich in zwölf den Randeinkerbungen des hinteren Umkreises entsprechenden Radien. Ausserdem lässt die Scheibe, besonders im Bereich ihrer hinteren Hälfte eine gelbe Tüpfelung erkennen. Beine mit Einschluss der Hüften einfarbig braunroth, ohne lichtere Gelenke. An den gegabelten Vorderhüften die äussere Zinke schmal, stumpf dornartig; die drei folgenden Paare mit äusserem Zahnvorsprung.

Ein einzelnes Weibchen von Mombas (Anfang Septembers 1862); Wirthsthier nicht vermerkt.

Anmerkung. Es ist zwar nicht unmöglich, aber jedoch unwahrscheinlich, dass das beschriebene Exemplar als weibliche Form zu *Rhip. praetextatus* gehört. Das Einzige, was hierfür sprechen könnte, wäre die analoge Färbung und Punktirung des Rückenschildes, welche jedoch, wie bei allen Arten der Gattung, nach dem Sexus immer noch so verschieden ist, dass sie einen sicheren Anhalt nicht gewähren kann. Gegen die specifische Identität fällt neben der etwas verschiedenen Färbung der Beine besonders die Form der Taster in's Gewicht; dieselben sind bei *Rhip. perpulcher* etwas gestreckter und oberhalb nicht eingedrückt.

9. *Rhipicephalus stigmaticus*, n. sp.

Oblongo-ovatus, rufus, scuto dorsali late ferrugineo-limbato, nitido, disperse punctato, foveolis quinque disci, duabus submedianis, tribus profundioribus anteapicalibus, signato. Long. corp. 3½ mill. ♂.

Dem *Rhip. Siculus*, *Koch (Arch. f. Naturgesch. X. 1. p. 239. No. 9. — Uebers. d. Arachnid. Syst. tab. XXIX. fig. 107), zunächst verwandt und besonders in der Anwesenheit und Zahl der Gruben auf dem Rückenschilde mit ihm übereinstimmend, jedoch durch etwas geringere Grösse, nach vorn weniger verschmälerten Körper und stärkeren Glanz unterschieden. Basaltheil des Rüssels weniger quer, seitlich stumpfer gewinkelt. Rückenschild regelmässiger oval, hinten kaum oder nur sehr abgestumpft eckig, seitlich breiter gerandet, stärker gewölbt, glänzend rothbraun, ausser den stärkeren eingestochenen Punkten besonders im vordersten Dritttheil noch bemerkbar, wenn auch seicht und fein punktirt, die beiden mittleren Grübchen der Scheibe zwar flach, aber ziemlich breit, die drei hinteren sehr viel kleiner und seichter als bei *Rhip. Siculus*, besonders das vor den Einkerbungen abgekürzte, furchenartige mittlere. Beine anscheinend etwas gedrungener als bei der genannten Art, einfarbig rostroth.

Gleichfalls von Mombas (September 1862), ohne Angabe des Wirthsthieres.

10. *Rhipicephalus punctatissimus*, n. sp.

Rostro, pedibus scutoque dorsali rufo-ferrugineis, hujus disco posteriore confertim punctato: abdomine nigro-fusco, obtuse marginato, disco disperse punctato et longitudinaliter trisulcato. Long. corp. 3, sanguine repleti 8 mill. ♀.

Etwas kleiner als *Rhip. Senegalensis*, *Koch (Archiv f. Naturgesch. X. 1. p. 238. No. 6. — Uebers. d. Arachn. Syst. IV. tab. XXX, fig. 109), lichter gefärbt, mehr bräunlich rostgelb. Rüsselbasis und Taster von gleicher Form. Rückenschild beträchtlich schmaler, seitlich kaum erweitert, hinten stumpfer abgerundet; der Saum vereinzelt und grob, die hinteren zwei Dritttheile der Scheibe dicht und gleichmässig deutlich punktirt, die convergirenden mittleren Furchen stark abgekürzt. Beine verhältnissmässig schlank, rostfarben mit lichterem Endsaume der einzelnen Glieder. Hinterleib in nicht geschwollenem Zustand schwärzlich pechbraun, stumpf oval, mit dickem, wenig abgesetztem Saume; die Scheibe zerstreut grob punktirt, hinten mit drei tiefen Längsfurchen. Bei vollgesogenen Individuen der ganze Hinterleib licht rostbraun.

Von Mombas (September 1862), ohne Angabe des Wirthsthieres.

Ordo II.

Arthrogastra, Gerst.

Fam. Pseudoscorpiodea, Gerst.

Chelifer, Geoffr.

Hist. abr. d. Insect. II. p. 617.

11. *Chelifer minax*, n. sp.

Cephalothorace palpisque cheliferis rufo-castaneis, nitidis, pedibus ferrugineis, abdomine piceo: palpis validis, articulo secundo oblongo-reniformi, tertio tumido, elliptico, quarti elongato-triquetri digito mobili parte basali breviore. Long. corp. 3—5 mill.

Durch die kräftige Entwickelung und die eigenthümliche Gestaltung der Scheerentaster einer besonders in Süd-Amerika vertretenen Artengruppe angehörend, welche sich durch den starken Glanz der Körperoberfläche auszeichnet. Cephalothorax länger als breit, bis zum Beginn des vordersten Viertheils allmählig und unter fast geradlinigen Seiten, bei der Einlenkung der Taster plötzlich stark verengt, oberhalb dieser gelb gerandet, im Uebrigen glänzend kastanienbraun; die Mitte der Scheibe mit leichtem grubigem Eindruck, die Basis der Quere nach aufgewulstet, etwas stärker gerunzelt als die übrige nur fein und sparsam querriefige Oberfläche. Kieferfühler rostroth; die schmalen und stumpfen Scheerenfinger derselben länger als der etwas angeschwollene Carpus. Scheerentaster länger als der Körper, röthlich kastanienbraun, glänzend, sperrig behaart; ihr erstes Glied abgerundet viereckig, etwas länger als breit, das zweite mindestens doppelt so lang als breit, fast drehrund, durch leichte Einbuchtung der Innenseite etwas nierenförmig gestaltet, das dritte stärker angeschwollen, aber am Grunde gestielt und daher fast birnförmig erscheinend, nur wenig breiter als hoch; das vierte den beiden ersten zusammengenommen fast an Länge gleich, beträchtlich dicker und an der Basis breiter als das dritte, lang zugespitzt dreieckig und mit deutlicher Einkrümmung nach innen; der feste Finger desselben länglich und stumpf kegelförmig, fast gerade, der bewegliche etwas länger, schmaler und leicht gekrümmt, mit jenem übrigens nirgends klaffend. Beine rostfarben; die Schenkel der beiden hinteren Paare breitgedrückt. Hinterleib glänzend pechbraun, ohne deutliche Skulptur.

Ein kleines Exemplar von Endara, Ende Decembers 1862; beträchtlich grössere, aber sonst übereinstimmende liegen von Port Natal vor.

Fam. **Scorpiodea**, Gerst.

Scorpio, Lin.

Syst. natur. ed. XII. p. 1037.

12. *Scorpio (Isometrus) Americus*, Lin.

„Der Surinamische Skorpion", Rösel, Insektenbelust. III. p. 382. Tab. LXVI. fig. 5 (♀).
Scorpio Americus, Linné, Syst. natur. ed. XII. p. 1038. No. 4. — Fabricius, Syst. Entom. p. 399. No. 4.
Scorpio Americanus, Fabricius, Spec. insect. I. p. 550. No. 4. — Entom. syst. II. p. 434. No. 4. — Herbst, Naturgesch. d. ungefl. Insekt. IV. p. 60. No. 8. tab. VI. fig. 3 (♀).
Scorpio dentatus, Herbst, ibid. IV. p. 65. tab. VI. fig. 2 (♂).
Scorpio maculatus, de Geer, Mémoires. VII. p. 346. No. 6. pl. 41. fig. 9 (♂) und 10 (♀). — edit. Goeze. VII. p. 135. No. 6. tab. XLI. fig. 9 (♂) und 10 (♀).
Buthus (Isometrus) filum, *Ehrenberg, Symbol. phys., Arachnoid. p. 3. tab. 1. fig. 3 (♂).
Scorpio filum, Gervais in: Walckenaer, Hist. nat. d. Ins. Aptères. III. p. 62. No. 3a und in: de Castelnau, Expédit. dans l'Amér. d. Sud. Zoolog., Myriap. et Scorp. p. 42. pl. 2, fig. 1 (♂).
Tityus marmoreus, Koch, Arachnid. XI. p. 36. fig. 868 (♀).
Lychas maculatus, Koch, ibid. XII. p. 1. fig. 960 (♂).
Lychas Americanus, Koch, ibid. XII. p. 2. fig. 961 (♀).
Lychas Paraensis, *Koch, ibid. XII. p. 6. fig. 963 (♂).
Scorpio (Lychas) Gabonensis, Lucas in: Thomson, Archiv. entom. II. p. 431. pl. XII. fig. 8 (♂).
Scorpio (Lychas) Guineensis, Lucas ibid. II. p. 432. pl. XII. fig. 9 (♀).

Die einzige auf der v. d. Decken'schen Expedition gesammelte Skorpions-Art, in einigen Exemplaren von Mombas vorliegend. Aus Afrika bereits vom Senegal, aus Guinea und Mossambik bekannt, nicht minder in Arabien und an verschiedenen Orten Hinter-Indiens aufgefunden, ist diese besonders auf den Antillen, in Columbien und Brasilien häufige Art unzweifelhaft durch den Schiffsverkehr den Tropengegenden der alten Welt übermittelt worden. Von Koch allein ist dieselbe unter vier verschiedenen, sich auf die beiden Geschlechter vertheilenden Namen beschrieben worden; sein *Lychas Paraënsis* ist nach dem typischen Exemplar weiter nichts als ein Männchen mit sehr verloschener schwärzlicher Zeichnung, wie es bereits von Herbst als *Scorp. dentatus* abgebildet worden ist.

Fam. **Phrynidae**, Gerst.

Phrynus, Oliv.

Encycl. méth. VI. p. 113.
Tarantula, Fab. — *Rhax*, Herm.

13. *Phrynus bacillifer*, n. sp.

Falcibus angustis, conico-attenuatis, palpis gracillimis, in parte femorali ad medium usque spinis tribus bacilliformibus tertia maris validiore, capitulo — armatis. Long. corp. (c. falc.) 32, palpor. 79 (♀) — 107 (♂) mill.

Zur Gruppe des *Phryn. lunatus*, Fab., Hbst. (Natursyst. d. ungefl. Insekt. I. p. 71 ff. Taf. III.) und des *Phryn. scaber*, Gerv. (Aptères. III. p. 3. No. 2) gehörend, von ersterem durch noch gestrecktere und dünnere Klauentaster, deren Schenkeltheil überdies nicht ganz unbewehrt ist, von letzterem (nach der Beschreibung zu urtheilen) durch beträchtlichere Grösse, die Zahl der Zähne an dem Schenkeltheil der Klauentaster u. s. w. unterschieden. — Körperfärbung röthlich graubraun, die Taster dunkler, fast schwärzlich. Cephalothorax deutlich kürzer als bei *Phryn. lunatus*, fast doppelt so breit als lang, sonst von entsprechender Skulptur; der von der Mitte seines Vorderrandes ausgehende, sich zwischen die Kieferfühler einschiebende Fortsatz verhältnissmässig gross, spitz und schmal kegelförmig. Basalglied der Kieferfühler von $^2/_3$ der Cephalothoraxlänge, daher mehr als gewöhnlich gestreckt, nach vorn hin allmählig verschmälert; Fangklaue gleichfalls verhältnissmässig schlank, übrigens mit den gewöhnlichen vier Kerbzähnen und der zottigen rostrothen Behaarung der Spitze und Innenseite versehen. An den äusserst langen und dünnen armförmigen Kiefertastern das Hüftglied unterhalb nur mit einem einzelnen grösseren Dorn, welcher etwas länger und beträchtlich stumpfer als die beiden oberen Enddornen ist, bewehrt. Der Schenkel- und Schienentheil beim Männchen fast um ein Drittheil länger als beim Weibchen, ersterer zwischen Basis und Mitte am Vorderrande mit drei stumpfen, stabförmigen Dörnchen, von denen der letzte besonders beim Männchen sehr viel länger und derber, ausserdem auch am Ende knopfartig verdickt erscheint. Der Schienentheil bis auf die in gewöhnlicher Weise bedornte Spitze ganz unbewehrt; Tarsus und Fangklaue ohne Auszeichnung, ebenso die Geisseltaster und die drei Beinpaare.

In einem Paar auf der Insel Sansibar erbeutet.

Ordo III.

Araneina, Latr.

Fam. Saltigradae, Latr.

Plexippus, Koch.

Uebers. d. Arachnid. Syst. V. p. 51.

14. *Plexippus cothurnatus*, n. sp.

Pedibus anterioribus robustis, tibiarum latere interno tarsorumque articulo apicali dense nigro-pilosis, metatarsis omnibus flavescenti-ferrugineis, albo-pilosis; falcibus viridi-aeneis, rugulosis, albido-hirsutis, cephalothorace nigro-piceo, anterius sericeo et disperse nigro-setoso, vitta posteriore media rufo-castanea, albo-pilosa. Long. corp. 11 mill. ♂.

In nächster Verwandtschaft mit dem Javanischen *Plex. lacertosus*, *Koch (Arachnid. XIII. p. 94. fig. 1157—58) stehend und mit ihm besonders in der kräftigen Entwickelung der beiden vorderen Beinpaare, sowie in der dichten Bürstenbehaarung ihrer Schienen übereinstimmend, aber u. A. durch etwas geringere Länge sämmtlicher Beine und die lichte Färbung der Metatarsen unterschieden. Körperfärbung schwärzlich pechbraun; Beine mehr röthlich kastanienbraun, die beiden hinteren Schienenpaare sogar licht rothbraun. Kieferfühler etwas kürzer und schwächer divergirend als bei *Plex. lacertosus*, sehr viel dichter und zottiger greis behaart, feiner querriefig, vorn übrigens gleichfalls grünlich erzfarben, ihre äusserste Spitze und Hinterseite gleich der Fangklaue röthlich kastanienbraun. Mundrand des Cephalothorax nebst dem Umkreis der grossen vorderen Augen grob weissfilzig. Augen von entsprechender relativer Grösse und Stellung wie bei *Plex. lacertosus*, auch der Umriss und die Wölbung des Cephalothorax übereinstimmend. Die Oberfläche des letzteren zwischen den Augen und beiderseits von denselben mit feinen, anliegenden, metallisch schimmernden Haarschuppen bedeckt, ebendaselbst lang und sperrig, aufrecht schwarz behaart; die längsten und stärksten dieser Haare nach aussen von dem dritten (kleinsten) Augenpaar zu einem Büschel vereinigt. Die hintere abschüssige Hälfte sperrig weiss behaart, eine zwischen den hintersten Augen beginnende, rothbraune mittlere Längsbinde dicht weissfilzig. Taster braunroth, oberhalb mit kurzen schneeweissen Schuppen wie bespritzt, die dichte Beborstung schwarz, an der Aussenseite jedoch gegen die Basis hin mit gekräuselten weisslichen Haaren untermischt. Endglied der männlichen Taster nicht geschwollen, mit ovaler schräger Stutzfläche, im Profil gesehen innen flachbogig ausgeschnitten. Vorderbeine besonders im Bereich der Schienen bei weitem die längsten und gleichzeitig noch beträchtlich kräftiger als diejenigen des zweiten Paares; das vierte von allen am kürzesten und schwächsten, besonders die Schenkel merklich dünner als diejenigen des dritten Paares. Alle Hüften und Trochanteren dicht weisshaarig, am ersten Beinpaare unterhalb mit schwarzer Beimischung. Die sperrige Behaarung aller Schenkel oberhalb gleich der kurzen, scheckigen Beschuppung schneeweiss, unterhalb an den beiden hinteren Paaren gegen das Ende hin, an den beiden vorderen mit Ausnahme der Basis schwarz; an letzteren diese dunkele Behaarung dicht, bürstenartig. Oberhalb tragen die Schenkel aller vier Beinpaare sechs starke, steife schwarze Borsten, von denen die vier der Spitze genäherten fast stachelartig erscheinen. Die zwei Schienenglieder der beiden vorderen Beinpaare nur mit schwarzen sperrigen Haaren bekleidet; ihre Stachelborsten und die dichte Bürstenbehaarung der Innenseite gleichfalls tief schwarz. An den Schienen des dritten Paares ist die lange sperrige Behaarung hinterwärts, an denjenigen des vierten auch vorn weiss; die Stachelborsten und die Bürste sind auch hier tief schwarz. Erstes Tarsenglied aller Beinpaare rostfarben, an den vorderen fast rothgelb; die sperrige Behaarung desselben schwarz und weiss gemischt, an den vorderen vorwiegend weiss; die schwarzen Stachelborsten am ersten und zweiten Paar nur zu vieren, an den beiden hinteren in grösserer Anzahl vorhanden. Endglied der Tarsen rothbraun, an den beiden vorderen Paaren dicht pinselartig schwarz behaart. Hinterleib an der Basis dicht, gegen die Spitze hin sperrig mit sehr langen, groben weissen Borsten bekleidet, im Uebrigen durch die aufliegende Beschuppung metallisch glänzend; eine deutliche Zeichnung ist (bei dem zusammengeschrumpften Zustande) nicht wahrzunehmen.

Ein einzelnes männliches Exemplar von Mbaramu (October 1862).

15. *Plexippus nummularis*, n. sp.

Taf. XVIII. Fig. 3.

Rufo-brunneus, variegatim cervino-pubescens, femoribus piceis, tarsis rufescentibus, unguiculis nigris: abdominis cervino-picti strigis duabus dorsalibus nec non vitta sinuata maculisque duabus lateralibus albidis. Long. corp. 10 mill. ♀

Unter den bis jetzt bekannten Arten der Gattung dem *Plex. mutillarius*, Koch (Arachnid. XIII. p. 93. fig. 1155—56) noch am nächsten stehend, jedoch kleiner, weniger rauhhaarig und durch die Hinterleibszeichnung wesentlich verschieden. Färbung des Cephalothorax und der Beine rothbraun, an letzteren die Schenkel beträchtlich dunkeler, theilweise selbst schwärzlich. Kieferfühler kurz, vorn gewölbt, senkrecht herabsteigend, in der Mittellinie nicht aneinanderschliessend, greis behaart, rothbraun, mit lichterer Spitze und Fangklaue. Mundrand des Cephalothorax lang und dicht greisgelb behaart, der Umkreis der vier vorderen Augen dicht und anliegend rehfarben befilzt. Die aufrechten sperrigen Haare des vorderen horizontalen Theiles des Cephalothorax mit Ausnahme zweier, jederseits vor dem hinteren Auge entspringender schwarz, auf dem hinteren absehüssigen Theile weiss; die anliegende filzige rehfarbene Behaarung scheckig, hinter dem letzten Augenpaar zwei seitlich breiter werdende und sich hier vereinigende Quer- und zwei gegen den Hinterrand herabsteigende, stark divergirende Längsstriemen darstellend. Sternum, Hüften und Trochanteren rothbraun, gleich der Unterseite der Schenkel dicht greishaarig; letztere oberhalb auf pechbraunem Grunde bei der Mitte und an der Spitze mit weissfilziger Querbinde, die gewöhnlichen Stachelborsten schwarz. Innenseite des zweiten Schienengliedes an den beiden vorderen Beinpaaren geschwärzt, ihre Behaarung und Bedornung gleichfalls schwarz. Die lange Behaarung an der Aussenseite der Schienen und Tarsen schwarz, sonst vorwiegend greis, die kurze, filzige rehfarben und scheckig; Stachelborsten an beiden Schienengliedern und am Metatarsus gleich den Fussklauen tief schwarz, das

Endglied der Tarsen sonst licht rostroth. Taster gleichfalls rostroth, die dichte grobe Behaarung längs der Rückenlinie schwarz untermischt. Hinterleib mit lederbrauner, greisfilziger Bauchfläche und tief pechschwarzen Seiten; letztere auf der vorderen Hälfte mit buchtiger, gleichsam durch Vereinigung mehrerer aufeinander folgender Flecke entstandener Längsbinde, auf der hinteren mit einem grossen und einem kleinen rundlichen Fleck von gelblich weisser Befilzung. Der dazwischen liegende Rückentheil scheckig rehbraun befilzt, nach vorn mit zwei helleren, gleichfalls gelblich weissen, in der Mittellinie zusammenstossenden Längslinien. Die aufrechte sperrige Behaarung des Hinterleibsrückens vorwiegend schwarz, auf den hell befilzten Flecken jedoch weiss.

Ein weibliches Exemplar von der Sansibar-Küste.

Phidippus, Koch.

Uebers. d. Arachnid. Syst. V. p. 53.

16. *Phidippus bucculentus*, n. sp.

Taf. XVIII. Fig. 4.

Cephalothorace hexagono, aeque lato ac longo, nitido, rufo, plaga magna intraocellari nigro-picea; falcibus fusco-aeneis, oblongis, sat fortiter hiantibus, pedibus anticis validis, piceis, sequentibus gracilibus, rufo-brunneis. Long. corp. 7½ mill. ♂

Eine durch den Umriss des Cephalothorax sehr auffallende Art, welche sich von den übrigen Arten der Gattung habituell nicht unerheblich entfernt, unter diesen aber dem *Phid. Brasiliensis* (*Attus Brasiliensis*, Lucas, Annal. soc. entom. de France. II. p. 479. pl. XVIII. fig. 2. — *Phid. metallicus*, Koch, Arachnid. XIII. p. 151. fig. 1207) noch am nächsten steht. Der Cephalothorax ist ebenso breit wie lang, unregelmässig sechseckig, indem die vorderen Seitenränder, welche mit den hinteren unter einem stumpfen, abgerundeten Winkel zusammenstossen, kaum halb so lang als diese sind. Die Stellung und das Grössenverhältniss der vier vorderen Augen sind dieselben wie bei *Phid. Brasiliensis*, ebenso diejenigen des dritten Paares; dagegen liegen diejenigen des vierten Paares beträchtlich weiter nach aussen und sind nicht nur an ihrer Innenseite von einem Längs-, sondern auch vorn durch einen deutlichen Querwulst des Körperintegumentes umfasst. Cephalothorax oberhalb licht braun-, fast rostroth; ein grosser, vorderer, vom Mundrande beginnender, sämmtliche Ocellen in sich schliessender und das letzte Paar selbst noch etwas nach aussen überschreitender Rückenfleck schwärzlich pechbraun, mit leichtem Metallglanz und feiner Ciselirung. Während eine anliegende, seidige Behaarung überhaupt fehlt, beschränkt sich die sparsame aufgerichtete auf die Gegend der vorderen Ocellengruppe und auf den abschüssigen Mitteltheil des Rückens, lässt dagegen das vordere horizontale Mittelfeld gleich den Pleuren frei. Kieferfühler schräg nach unten und vorn gerichtet, doppelt so lang als breit, ziemlich stark klaffend, die Vorderfläche bräunlich erzfarben mit röthlicher Spitze, fettartig glänzend, an der Basis gerunzelt, darauf allmählig deutlicher und stärker querriefig; Fangklaue rostroth. Taster kastanienbraun, das Endglied länger als die beiden vorhergehenden zusammengenommen, stumpf birnförmig. Länge der Schenkel: 1. 3. 2. 4.; erstes Beinpaar doppelt so dick, das zweite beträchtlich kräftiger als die beiden letzten, jenes pechbraun, die drei folgenden röthlich kastanienbraun. Schenkel des dritten Paares vor der Spitze mit einigen Stachelborsten, die übrigen nur sperrig weich behaart; Vorderschenkel aussen gegen die Spitze hin, Vorderschienen unterhalb ihrer ganzen Länge nach dicht schwarz gewimpert, letztere ausserdem mit vier Paaren schwarzer Innendornen; auch das erste Tarsenglied des 1. bis 3. Beinpaares mit zwei Dornenpaaren. Hinterleib schwärzlich, oberhalb mit rothbrauner Scheibe.

Ein einzelnes männliches Exemplar von Mombas (September 1862).

17. *Phidippus inflatus*, n. sp.

Cephalothorace obtuse hexagono, minus lato quam longo, nitido, rufo, plaga magna interoculari nigro-picea: falcibus perpendicularibus, nigro-aeneis, parum hiantibus, pedibus omnibus nigro-piceis. Long. corp. 7 mill. ♂.

Der vorhergehenden Art im Habitus sowohl wie im Colorit sehr nahe stehend, aber durch folgende Merkmale unterschieden: Der Cephalothorax ist seitlich weniger erweitert und daselbst stumpfer gewinkelt, deutlich länger als breit; der schwarze Rückenfleck die Ocellengegend weder vorn noch hinten seitlich überschreitend, die Ocellen der ersten Reihe deutlich grösser, weiter gegen den Stirnrand hin herabreichend. Die Kieferfühler nicht vorgestreckt, sondern vertikal herabsteigend, kürzer und breiter, schwächer klaffend, schwarz, mit leichtem grünlichem Erzglanz, oberhalb schwächer, nach unten allmählig schärfer querrunzelig; Fangklaue rostroth. Vorderbeine den folgenden gegenüber gleichfalls stark verdickt, aber nicht auffallend verlängert, ihre Schenkel sogar deutlich kürzer als diejenigen des dritten Paares. An allen Beinpaaren wenigstens die Schenkel übereinstimmend schwärzlich pechbraun, die Schienen und Tarsen der drei hinteren etwas lichter, das Endglied der letzteren sogar orangegelb.

Ein einzelnes männliches Exemplar von Wanga (September 1862).

18. *Phidippus orbicularis*, n. sp.

Rufo-brunneus, mandibulis nigro-aeneis, cephalothorace rotundato, inter ocellos nigro-maculato, fascia frontali vittisque duabus lateralibus albido-squamosis ornato; femoribus infuscatis, anticis validissimis. Long. corp. 5 mill. ♂.

Cephalothorax fast kreisrund, mit leichter Ausschweifung jederseits hinter den Ocellen der zweiten Reihe und buckliger Auftreibung beim Beginn des Seitenrandes, nach hinten spitzer als nach vorn zugerundet. Zwischen den grossen vorderen Ocellen und dem Stirnrand eine Reihe steifer weisser Borsten; oberhalb der ersteren eine schmale Querbinde von goldig und grün glänzenden glatten Schüppchen. Hinter den Ocellen der zweiten und innerhalb derjenigen der vierten Querreihe je ein tief schwarzer Fleck auf braunrothem Grunde. Nach aussen von den Ocellen und rückwärts bis zum Beginn des letzten Drittheils der Länge reichend jederseits eine aus groben, anliegenden, grünlich glänzenden Schuppenhärchen gebildete Strieme, zwischen dem Ende beider eine ebensolche Rückenmakel. Kieferfühler deutlich nach vorn geneigt, kurz, fast gleich breit, am Ende stumpf abgerundet, vorn abgeflacht, dicht und fein querrunzelig ciselirt, schwarz, mit grünem Erzglanze, die Spitze gleich der Fangklaue rostroth durchscheinend. Taster kastanienbraun, mit eiförmig geschwollenem Endgliede von der Länge der beiden vorhergehenden zusammengenommen. Beine gleichfalls kastanienbraun, mit geschwärzten Schenkeln, die vorderen durch besondere Plumpheit hervorstechend;

die Schenkel derselben seitlich zusammengedrückt, im Profil eiförmig, an ihrem Aussenrande unterhalb vor der Spitze schwarz gewimpert; die Schienen im entgegengesetzten Sinne (von vorn nach hinten) breitgedrückt, ihr zweites Glied länglich eiförmig, beide auf der Innenseite gleich den Tarsen dicht und lang schwarz behaart. An den drei hinteren Beinpaaren das Endglied der Tarsen dottergelb, mit schwarzen Klauen. Hinterleib an der Basis mit einem Büschel aufgerichteter weisser Haare, dahinter mit einer durch weisse, metallisch glänzende Schüppchen gebildeten mittleren Längsstrieme.

Ein einzelnes männliches Exemplar von Wanga (September 1862).

Eris, Koch.

Uebers. d. Arachnid. Syst. V. p. 60.

19. *Eris niveipalpis*, n. sp.

Picea, nitida, palpis supra niveo-pilosis, cephalothoracis regione ocellari ferrugineo-pubescenti, hujus fascia semicirculari posteriore abdominisque basi albido-villosis.
Long. corp. 5½—6 mill. ♂.

Der Nord-Amerikanischen *Eris aurigera*, *Koch (Arachnid. XIII. p. 180. fig. 1237) sehr nahe verwandt und von gleicher Grösse; abgesehen von der Färbung und Zeichnung auch durch den nach vorn nicht verschmälerten Cephalothorax und die nicht hervorgestreckten Kieferfühler unterschieden. Besonders ausgezeichnet und leicht kenntlich durch die schneeweisse Filzbehaarung der Oberseite der Taster, welche die Spitze des Schenkelgliedes und die beiden darauf folgenden in ihrer ganzen Ausdehnung bekleidet. Kieferfühler fast perpendikulär, leicht divergirend, pechbraun, schwach glänzend, chagrinirt, mit blutrother Fangklaue. Die horizontale Scheibe des Cephalothorax nackt, leicht metallisch glänzend, fein ciselirt, ihr vorderer Umkreis, der Lage der Ocellen entsprechend, intensiv rostroth behaart, die Behaarung fein, seidig glänzend, anliegend, mit einzelnen aufrechten, schwarzen Borsten durchsetzt; der hintere Umkreis mit einer hufeisenförmigen, kreideweissen, hinten schmal gelblich gesäumten Filzbinde. Beine pechbraun, am Schenkel, dem zweiten Schienengliede und Tarsen mit Stachelborsten besetzt, die drei hinteren Paare in deutlicherer Weise durch greise Behaarung gescheckt. Hinterleib gleich dem abschüssigen Theil des Cephalothorax pechbraun; ein grosser beiderseits nach hinten zipfelartig ausgezogener Basalfleck dicht kreideweiss befilzt, eine breite Mittelbinde der hinteren Hälfte gelb und rothbraun marmorirt, zu beiden Seiten derselben zwei weissliche Punktflecke.

In einem einzelnen schadhaften männlichen Exemplare von der Insel Sansibar vorliegend; übereinstimmende sind von Ehrenberg in Aegypten und von Nietner auf Ceylon gefunden worden.

Fam. Laterigradae, Latr.

Deinopis, M'Leay.

Annals of nat. hist. II. p. 8.

Die verwandtschaftlichen Beziehungen dieser durch die ungewöhnliche Grösse des einen Ocellenpaares höchst merkwürdigen Spinnengattung, welche ausser in Amerika und Afrika auch in Ostindien und Australien repräsentirt ist, geben nach verschiedenen Richtungen hin auseinander, daher sie auch wohl Koch (Uebers. d. Arachnid. Syst. V. p. 41) zu einer besonderen Familie gestempelt hat. Mit den Lycosiden, zu welchen sie Mac Leay bringen will, hat sie weder die Stellung der Augen, noch sonst eine hervorragende Eigenthümlichkeit gemein, mit den Saltigraden wenigstens die besondere Grösse des einen Paares. Vielleicht nimmt sie den passendsten Platz zwischen diesen und den Thomisiden ein, mit welchen sie in den Längsverhältnissen der Beine und dem Mangel einer Haarbürste an den Tarsen übereinstimmt.

20. *Deinopis cornigera*, n. sp.

Taf. XVIII. Fig. 5.

Cephalothorace anterius fortiter constricto, supra tripartito, in margine antico bicornuto, cum pedibus cervino-tomentoso: femoribus anticis basin versus fimbriatis. Long. cephaloth. 5, femor. antic. 9½, poster. 8 mill. ♂.

Nur in einem einzelnen männlichen Exemplare, welchem der Hinterleib fehlt, vorliegend, jedoch auch so durch die eigenthümliche Bildung des Cephalothorax leicht kenntlich. Die acht Ocellen von gleichem Grössenverhältniss wie bei *Dein. lamia*, M. Leay (a. a. O. p. 9. No. 3. pl. II. fig. 5), die beiden äusseren der Vorderreihe jedoch auf zwei stärkeren und weiter nach aussen reichenden Querwulsten des Stirnrandes gelegen. Kieferfühler von mehr denn doppelter Länge des Durchmessers der grossen Ocellen, nach unten leicht verschmälert, scherbengelb, mit rostrother Fangklaue. Endglied der männlichen Taster nur um ein Drittheil länger als das vorhergehende, kuglig geschwollen, mit kurz birnförmiger Zuspitzung; Maxillen schmal zugerundet, die mittlere Kinnplatte etwas breiter, gleichfalls gerundet. Cephalothorax am Vorderrande über den grossen Ocellen mit zwei kegelförmigen Vorsprüngen, seine Oberfläche durch eine Yförmige Furche in ein vorderes und in zwei seitliche Hinterfelder getheilt; im Bereich des ersteren schmal, fast parallel, in der Gegend des hinteren Ocellenpaares plötzlich stark erweitert, im Ganzen weniger gestreckt und nach hinten mehr verschmälert als bei *Dein. lamia*. Seine ganze Oberfläche gleich den Beinen dicht rehfarben befilzt; zwei von den Vorderrandspitzen ausgehende und nach hinten convergirende Längsstriemen so wie der Seitenrand lichter, fast greis. Die Schenkel der beiden vorderen Beinpaare gleich lang und beträchtlich länger als die der beiden hinteren; diejenigen des ersten Paares gegen die Basis hin leicht verdickt und am Vorderrand daselbst dicht gewimpert.

Von Aruscha (November 1862) stammend.

Stiphropus, nov. gen.

Cephalothorax subquadratus, depressus. Ocelli anteriores externi reliquis multo majores, posteriores intermedii minuti. Falces deplanati, obtuse triquetri. Pedes breviusculi, robusti, inermes, anteriores duo longiores, validiores: omnium articuli tarsales vix discreti, ungues haud perspicui.

Eine durch die Bildung der Beine sehr eigenthümliche Thomisiden-Gattung, welche habituell noch am meisten an *Xysticus*, Koch erinnert, im Einzelnen aber sehr wesentlich abweicht. Zunächst ist der Cephalothorax nicht stark nach vorn verschmälert, sondern fast regulär quadratisch, nur mit leichter schräger Abstutzung zu jeder Seite des Vorderrandes; sein Rücken abgeflacht, ohne Eindrücke, vorn nur sehr schwach abfallend. Von den acht Ocellen sind die äusseren der Vorderreihe auf deutlichen Wulsten gelegen und sehr viel grösser als die übrigen, die inneren gleich gross mit den äusseren der Hinterreihe, die inneren dieser am kleinsten, punktförmig, etwas weiter von einander entfernt als die mittleren der Vorderreihe. Die Kieferfühler sehr stumpf dreieckig, nur wenig länger als an der Basis breit, abgeflacht, dicht schuppenartig gekörnt. Die Beine sehr viel kürzer und plumper als bei *Xysticus*, ohne alle Bekleidung mit längeren Haaren oder Stachelborsten, die beiden vorderen Paare übrigens gleichfalls beträchtlich kräftiger; die Schenkel leicht seitlich zusammengedrückt, das zweite Schienenglied fast noch dicker als jene, drehrund, die beiden Tarsalglieder nicht deutlich von einander abgesetzt, gleich dick, an den beiden hinteren Paaren merklich, an den vorderen nur wenig dünner als die Schienen, ausserhalb nahe der Spitze leicht längsfurchig. Fussklauen nicht aus der Spitze des Tarsen-Endgliedes hervortretend, daher, wenn überhaupt vorhanden, sehr rudimentär. Hinterleib fast kreisrund, oberhalb abgeflacht, auf der Mitte der Scheibe mit zwei queren Muskeleindrücken.

21. *Stiphropus lugubris*, n. sp.

Taf. XVIII. Fig. 6.

Niger, pedibus piceis, tuberculis ocellaribus rufis: cephalothorace subnitido, apicem versus disperse et subtilius, ceterum granoso-punctulo. Long. corp. 5½ mill. ♂.

Das einzige, im getrockneten Zustande vorliegende männliche Exemplar dieser Art lässt an dem Endgliede der Taster noch kein ausgebildetes Copulationsorgan wahrnehmen. Dieses Endglied ist dick eiförmig, auf der stark gewölbten Oberseite glänzend und fast nackt, zerstreut körnig punktirt, nur die Spitze dicht beborstet; ein sich auf der flachen Unterseite markirender horniger Ring läuft an der Aussenseite in einen zahnartigen Vorsprung aus. Das vorhergehende Glied ist breit becherförmig, nach innen zahnförmig hervorspringend, das drittletzte etwas schmaler und länger, einfach. Der fast glatte und deutlich glänzende Cephalothorax ist im Bereich des vordersten Dritttheils zerstreut, nach hinten dichter und stärker, beiderseits sogar feilenartig rauh punktirt. Noch sehr viel dichter und grober ist die Sculptur auf der Vorderfläche der Kieferfühler, wo sie ein schuppig körniges Ansehen hat. An den pechbraunen Beinen sind die Schienen und Tarsen fein längsriefig, diejenigen der beiden ersten Paare dunkler, fast schwärzlich. Der Hinterleib erscheint durch sehr feine Ciselirung matt, kohlschwarz.

Am See Jipe (Ende October's 1862) aufgefunden.

Fam. Citigradae, Latr.

Selenops, Duf.

Annal. gén. d. scienc. phys. IV. p. 201.
Hypoplatea, M'Leay.

22. *Selenops Sansibaricus*, n. sp.

Pedum 2. et 4. femoribus aeque longis; ubique cervino-tomentosus, cano-nigroque setosus, femoribus supra obsolete fasciatis, tibiarum articulo secundo puncto basali nigro. Long. corp. 8 mill. ♂.

Von *Selen. Dufouri* und *Madagascariensis*, Vinson (Aranéid. de Réunion etc. p. 79 ff. pl. III. fig. 1 und 3) durch den Mangel deutlicher dunkler Zeichnungen auf Rumpf und Beinen, von den durch Walckenaer (Aptères. I. p. 546) aufgezählten Afrikanischen Arten durch die Längsverhältnisse der Beine unterschieden. Es sind nämlich bei gegenwärtiger Art die Schenkel des 2. und 4. Beinpaares gleich lang, diejenigen des 3. merklich, des 1. beträchtlich kürzer. — Cephalothorax und Hinterleib auf licht braunem Grunde gleichförmig rehfarben befilzt und kurz schwärzlich beborstet. Die Rückenfläche des ersteren gegen die Ocellengegend hin etwas ansteigend, der Stirntheil senkrecht abfallend; die beiden kleinen Ocellen der vorderen Reihe ziemlich tief herabgerückt, noch unter dem Niveau der beiden mittleren stehend; diese kaum halb so gross als die seitlichen. Kieferfühler vertikal herabsteigend, nach unten schwach divergirend, leicht gewölbt, düster pechbraun, mit rostrother Fangklaue. Unterkiefer stumpf lanzettlich, der mittlere Kinnlappen fast abgestutzt. Männliche Taster mit kurz birnförmigem, oberhalb kuppenförmig gewölbtem Endgliede, aus dessen Unterseite der Copulationsapparat in Form zweier sichelförmiger Zangen, deren innere an der Basis lamellös erweitert erscheint, sowie einer bogig gekrümmten Borste hervorragt; vorletztes Glied ausserhalb mit einem hakenförmigen, abgeplatteten Fortsatz. Aus der groben gelblichen Behaarung der Oberseite ragen besonders am vorletzten Gliede einige auffallend lange und starke, am Basalglied einige stachelartige Borsten hervor. Solche finden sich ausserdem, jedoch von sehr viel bedeutenderer Länge, an den Schenkeln und Schienen aller Beinpaare, und zwar sind sie auf ersteren dunkler, fast schwärzlich, auf letzteren licht pechbraun. Die rehfarbene Befilzung der Schenkel erscheint oberhalb etwas scheckig, so dass eine dunkele Bandirung wenigstens leicht angedeutet ist; an der Basis des zweiten (langen) Schienengliedes aller Beine, welches gleich den Tarsen mehr rauhhaarig erscheint, findet sich ausserhalb ein schwärzlicher Punktfleck.

Ein einzelnes männliches Exemplar von der Sansibar-Küste.

Olios, Walck.

Hist. nat. d. Ins. Aptères. I. p. 563.
Heteropoda, Latr. — *Ocypete*, Koch. — *Micrommata*, Perty.

Nach dem Vorgange Latreille's, welcher die als Typus der Gattung *Olios* anzusehende *Aranea regia*, Fabricius (Entom. syst. II. p. 408. No. 4 = *Olios leucosius*, Walck.) der Gattung *Thomisus*, Walck., wenngleich einer besonderen Gruppe derselben (Gen. Crust. et Insect. I. p. 113) zuertheilte, um sie dann später (Cuvier, Règne animal. 2. édit. IV. p. 256) in Gemeinschaft mit der voranstehenden Gattung *Selenops*, Duf. seiner Gruppe *Laterigradae* einzuverleiben, haben auch Walckenaer (Aptères. I. p. 672 ff.) und Koch (Uebers. d. Arachnid. Syst. V. p. 32 ff.) *Olios* (= *Ocypete*, Koch) sowohl wie *Selenops* als in naher Verwandtschaft mit *Thomisus* stehend angesehen, ohne jedoch diese Vereinigung näher zu begründen, ja selbst ohne sie innerhalb der (wenigstens bei Koch direkt hingestellten) Familie *Thomisidae* ihren unmittelbaren Verwandten anzuschliessen. So stehen z. B. bei Walckenaer (Aptères. I. p. 672 ff.) die Gattungen *Delena* und *Olios*, welche mehr habituell und relativ als streng generisch verschieden sind, an den beiden Enden der ganzen Reihe und werden nicht nur durch *Selenops* und *Philodromus*, welche wenigstens der Gattung *Olios* unmittelbar vorangestellt sind, sondern auch durch *Arkys*, *Thomisus* und *Eripus* von einander getrennt. Etwas abweichend hiervon, aber kaum mehr zu rechtfertigen ist die von Koch (a. a. O.) beobachtete Reihenfolge: *Eripus*, *Ocypete*, *Selenops*, *Delena*, *Thomisus*, *Xysticus*, *Artamus*, *Thanatus*, *Philodromus*. Von den so aneinandergereihten Gattungen sind nämlich *Eripus*, *Thomisus*, *Xysticus* und *Artamus* nach Körperform, dem Längsverhältniss der Beine und der Nacktheit der Tarsenglieder eigentliche Thomisiden und in unmittelbarer Verwandtschaft miteinander stehend, während sich die übrigen in verschiedenem Grade von ihnen entfernen, übrigens wenigstens darin übereinstimmen, dass die Sohle der Tarsen mit einer Haarbürste versehen ist. Bei *Thanatus* und *Philodromus* ist dieselbe schwach und mit einer geringeren Verlängerung der Beine verbunden, bei *Delena*, *Olios (Ocypete)* und *Selenops* sehr dicht und stark, mit sehr langgestreckten Beinen zusammenfallend. Ganz besonders muss nun diese Vereinigung und Aneinanderreihung der genannten Gattungen Bedenken erregen, wenn man z. B. *Delena*, *Olios* und *Selenops* mit den von Koch als Lycosiden angesprochenen *Phoneutria*- (*Ctenus*, Walck.) Arten in Vergleich bringt. Innerhalb dieser Perty'schen Gattung, falls man sie nach der charakteristischen Stellung der Ocellen abgrenzt, finden sich nämlich 1) solche von *Lycosa*-förmigem Habitus, mit birnförmigem Cephalothorax, kürzeren Beinen und derberen, fast drehrunden Schenkeln, 2) aber *Olios*-förmige mit kürzerem, mehr verkehrt herzförmigem Cephalothorax, längeren Beinen und seitlich zusammengedrückten Schenkeln. Letztere sind den *Olios*-Arten im ganzen Habitus und selbst im Colorit (z. B. in der dunkelen Bänderung der Schenkel und Schienen) so ausserordentlich ähnlich, dass man sie von jenen eigentlich nur durch die Anordnung der Ocellen unterscheiden kann. Beide Gruppen von *Phoneutria*-Arten stimmen aber in der dichten Haarbürste der Tarsen nicht nur untereinander, sondern auch mit *Delena*, *Olios* und *Selenops* durchaus überein, mit diesen sogar bei weitem mehr als mit *Lycosa*, wo die Haarbürste sich am Metatarsus des dritten Beinpaares auf die Spitzenhälfte, an demjenigen des vierten selbst auf das äusserste Ende beschränkt. Es sind demnach die Lycosiden und Thomisiden Koch's nicht nur nicht scharf gegeneinander abgegrenzt — selbst die Ocellen-Stellung von *Phoneutria* lässt sich viel leichter auf diejenige von *Olios* oder von *Thomisus* als auf diejenige von *Lycosa* zurückführen, sondern es finden sich auch unter letzteren ganz heterogene Formen vereinigt, welche zum Theil (*Olios*, *Delena*) bei weitem nähere Beziehungen zu gewissen Lycosiden (*Phoneutria*) als zu manchen ihrer Familien-Mitglieder (*Thomisus*, *Xysticus*, *Eripus*) erkennen lassen. Es würden demnach, um der natürlichen Verwandtschaft jener Gattungen durch ihre systematische Aufeinanderfolge einen Ausdruck zu verleihen, die Laterigraden im Sinne Latreille's (*Thomisidae* Koch's) als solche aufzulösen und, wenn nicht überhaupt alle unter denselben befindlichen Formen mit Sohlenbürsten, doch zum mindesten *Olios*, *Delena* und *Selenops* an *Phoneutria* anzuschliessen sein.*) Dass übrigens die diesen Gattungen angehörigen Arten gleich den eigentlichen Thomisiden im Leben

---

*) Nach dem Mangel oder der Anwesenheit einer Haarbürste an den Tarsen sind bereits von Ohlert, Feach u. A. die Laterigraden Latreille's, so weit sie Europäischen Gattungen angehören, in die beiden Gruppen *Philodromi* und *Cancroidea* (*Thomisinae*) aufgelöst worden. Diese Eintheilung nimmt auch Thorell (On European Spiders p. 173 f.) an, indem er unter der ersteren die Gattungen *Olios* (*Heteropoda*) und *Selenops* (in Uebereinstimmung mit Walckenaer und Koch) belässt.

wirklich „laterigrad" seien, wird weder von irgend einem Beobachter derselben angegeben, noch hat es, nach ihrem Körperbau und der Struktur ihrer Beine zu urtheilen, einige Wahrscheinlichkeit für sich. Vielmehr sind nach den Angaben von Vinson*) *Selenops* sowohl wie *Olios* Nachtthiere, besonders letztere im schnellen Lauf ihrem Raube nachgehend, ihre Weibchen nach Art von *Lycosa* den grossen, linsenförmigen Eiercocon zwischen den langen Beinen und unter dem Bauche mit sich umhertragend. (Letzteres ist wie bei *Olios regius* nach einem mir vorliegenden Exemplar einer Süd-Amerikanischen *Phoneutria* auch bei dieser Gattung der Fall.) Es würde also auch nach diesen Eigenthümlichkeiten in der Lebensweise zum mindesten *Olios*, bei ihrer grossen Uebereinstimmung im gesammten Bau sehr wahrscheinlich aber auch *Deleana* und *Selenops* als „*Citigradae*" angesprochen werden müssen.

23. *Olios regius*, Fab.

(1793) *Aranea regia*, Fabricius, Entom. syst. II p. 408. No. 4.
(1805) *Thomisus leucosia*, Walckenaer, Tabl. d. Aranéides. p. 36. No. 18. pl. 4. fig. 33. — Latreille, Gen. Crust. et Insect. I. p. 113. No. 5.
Olios leucosius, Walckenaer, Aptères. I. p. 566. No. 6. — Vinson, Aranéides de Réunion. p. 98 f. pl. II. fig. 8.
Micrommata setulosa, Perty, Delect. anim. articul. Brasil. p. 196 tab. 38. fig. 13.
Ocypete setulosa, Koch, Arachnid. III. p. 40. fig. 195.
Ocypete murina, Koch, ibid. XII. p. 36. fig. 978.
Ocypete clavata, Koch, ibid. XII. p. 44. fig. 983.
Ocypete ferruginea, Koch, ibid. III. p. 41. fig. 196. (juv.)
? *Ocypete pallens*, Koch, ibid. IV. p. 82. fig. 304.
Ocypete brunneiceps, *Giebel, Zeitschr. f. d. gesammt. Naturwiss. XXI. p. 320. No 21 (junior).
? *Ocypete erythrophthalma*, Giebel, ibid. XXI. p. 319. No. 19. (juv.)

Von dieser über einen grossen Theil Afrika's, Asien's und Süd-Amerika's verbreiteten Art liegen zahlreiche Exemplare aus Dafeta, von Mombas und der Insel Sansibar vor. Dieselben variiren einerseits in der Färbung der Kieferfühler, welche vom licht Rostfarbenen in's Braunrothe und Pechbraune übergehen, andererseits in der mehr oder weniger scharfen Abgrenzung und Ausprägung der licht gelben Färbung am Vorder- und Hinterrande des Cephalothorax, sowie der Bräunung der Ocellengegend. Sie zeigen, dass auf derartige Unterschiede ebenso wenig Artrechte begründet werden können wie auf geringfügige Differenzen in der relativen Grösse der Ocellen und der Länge der Schenkel. Unter den zahlreichen weiblichen Exemplaren waren einige mit ihrem weisslichen, kreisrunden und linsenförmigen Eier-Cocon versehen. Ein solcher, von 26 mill. im Durchmesser, enthielt zahlreiche junge Spinnen von 2½ mill. Körperlänge, welche bereits die erste Häutung überstanden hatten, indem sich die abgeworfenen Häute neben ihnen im Cocon vorfanden. Bei den Jungen ist der Cephalothorax gestreckter und nach vorn allmähliger verschmälert als bei den Erwachsenen, licht rothgelb, rings herum fein braun gesäumt. Die Ocellen sind im Verhältniss zum Cephalothorax sehr gross, fast die ganze Breite seines Vordertheiles einnehmend; ihr gegenseitiges Grössen- und Lagerungsverhältniss schon dasselbe wie später. Die Beine gleich Kieferfühlern und Hinterleib licht gelb, die Schenkel und Schienen mit zahlreichen braunrothen, scharf umschriebenen Pigmentflecken gesprenkelt. (Letztere werden auch von Koch für seine *Ocypete ferruginea*, welche gleichfalls auf ein jüngeres, aber bereits 4½ Lin. langes Exemplar begründet ist, angegeben.) Die Stachelborsten der

*) Aranéides des Iles de la Réunion, Maurice et Madagascar (Paris 1863) p. 84 u. 91.

Beine, besonders diejenigen an der Unterseite der Schienen, im Verhältniss sehr lang, aber noch licht gelb, die weiche Behaarung weisslich.

Phoneutria, Perty.

Delect. animal. artic. Brasil. p. 196.
(Ctenus, Walck.)

24. *Phoneutria decora*, n. sp.

Taf. XVIII. Fig. 7.

Brunnea, cervino-pubescens, cephalothoracis linea media duplici flavescenti, regione oculari falcibusque basi ferrugineo-villosis: palporum basi coxisque rufescentibus, femoribus supra nigro-maculatis. Long. corp. 22 mill. ♀.

Von minder robustem Bau als die Süd-Amerikanischen Arten der Gattung. Die äusseren (kleinen) Ocellen der zweiten Querreihe rückwärts von den mittleren gelegen; letztere beträchtlich grösser als die (fast gleich grossen) vorderen und hinteren. Cephalothorax länglich eiförmig, auf rothbraunem Grunde etwas scheckig rehfarben befilzt, eine braun begrenzte, doppelte mittlere Längslinie licht gelb. Die Ocellengegend und die Basis der Kieferfühler dichter und grober anliegend rostroth behaart, dazwischen mit aufgerichteten rothgelben Borsten besetzt. Die Kieferfühler hervorgestreckt, schräg nach vorn und unten gerichtet, im Bereich der nackteren Spitzenhälfte oberhalb glänzend pechbraun, unterhalb lichter und fein querriefig, am Endrande mit vier scharfen Zähnen bewehrt; Fangklaue gegen die Spitze hin licht blutroth. Unterkiefer röthlich pechbraun, der mittlere Kinnlappen quer abgestutzt, trapezoidal. Taster mit rostgelber Basis, sonst pechbraun, das zweite und dritte Glied besonders unterhalb durch gelbe Behaarung hell bandirt erscheinend, das Basalglied vor der Spitze mit grösserem pechbraunem Fleck; alle Glieder mit vereinzelten schwärzlichen Stachelborsten. Das Sternum nebst der Unterseite der Hüften pechbraun, letztere oberhalb rostfarben. Schenkel des ersten und vierten Beinpaares gleich lang, diejenigen des zweiten merklich, des dritten fast um ein Viertheil kürzer. Die kurze filzige Behaarung der Beine rehfarben, etwas scheckig, die längere abstehende vorwiegend schwärzlich; am Grunde der von den Schenkeln entspringenden pechbraunen Stachelborsten je ein hellgelber Haartupfen, auf der Oberseite der hinteren Schenkel ausserdem ein grösserer, scharf abgegrenzter, schwarzbrauner Basalfleck. (Der Hinterleib durch Einschrumpfung in seiner Zeichnung unkenntlich.)

Bei Mbaramu (October 1862) gefangen.

Anmerkung. Vorstehende Art scheint mit den vom Zambesi stammenden: *Ctenus velox* und *viridis*. Blackwall (Annals of nat. hist. 3. ser. XVI. p. 336 ff.), welchen gleichfalls eine doppelte helle Längslinie auf dem Cephalothorax zukommt, nahe verwandt zu sein, unterscheidet sich aber von ersterer durch bedeutendere, von letzterer durch sehr viel geringere Grösse, von dieser ausserdem durch vertikale (sonst übrigens gleich gefärbte und behaarte) Kieferfühler. Eine schwarze Fleckung der hinteren Schenkel, sowie eine gelbe Tüpfelung am Grunde der Stachelborsten wird wenigstens für keine der beiden genannten Arten hervorgehoben.

Lycosa, Latr.

Gen. Crust. et Insect. I. p. 118.

25. *Lycosa astuta*, n. sp.

Picea, cephalothoracis anterius subito angustati vitta postocellari lata, lateralibus duabus angustioribus, sterno, palpis pedibusque ferrugineis, his fusco-variegatis nigroque aculeatis, femoribus posterioribus basi nigro-notatis. Long. corp. 11 mill. ♀.

Zur Gruppe der *Lyc. vorax*, Walck. (Aptères. I. p. 313. No. 22) gehörend und dieser nicht unähnlich, aber durch etwas geringere Grösse und den in seinem vorderen Theile (vor der dritten Ocellen-Querreihe) plötzlich und stark verengten Cephalothorax abweichend. Kieferfühler im Verhältniss länger und schlanker als bei *Lyc. vorax*, schwärzlich pechbraun, glänzend, im Bereich der Basalhälfte staubartig und niederliegend gelb behaart, ausserdem schwärzlich beborstet; Fangklaue rothbraun. Ocellen verhältnissmässig gross, trotz der geringeren Körperdimensionen grösser als bei *Lyc. vorax.* Cephalothorax durch seine starke vordere Verschmälerung von stumpf birnförmigem Umriss, auf schwärzlich pechbraunem Grunde scheckig grau und rehfarben befilzt; eine hinter dem letzten Ocellenpaar beginnende, breite, hinterwärts sich allmählig verschmälernde Rückenbinde, sowie die Seitenränder der hinteren Hälfte rostfarben. Von letzterer Färbung auch das Sternum, die Taster und Beine, letztere beide jedoch mit dunkleren Endgliedern. Das erste Glied der Taster nahe der Spitze, das dritte an der Basis schwärzlich gefleckt, ebenso die beiden hinteren Schenkelpaare oberhalb bei ihrem Ursprung. Alle Schenkel ausserdem verwaschen graubraun bandirt und gleich Schienen und Tarsen mit schwärzlichen Stachelborsten besetzt. Zeichnung des Hinterleibes wegen der Eintrocknung desselben nicht genau zu erkennen; doch scheinen an der Basis zwei kurze rehfarbene Längsstriemen vorhanden zu sein.

Bei Mbaramu (October 1862) erbeutet.

Fam. Territelae, Latr.

Idiops, Perty.

Delect. animal. artic. Brasil. p. 197.

Sphasus, Walck. — *Acanthodon*, Guér.

26. *Idiops compactus*, n. sp.

Cephalothoracis parte anteriore admodum elevata, oculis duobus anticis verticalibus, pedibus tertii paris reliquis brevioribus multoque fortioribus, palpis cum pedibus secundi paris aeque longis. Long. cephaloth. (c. falc.) 13½ mill. ♀.

Von den durch Cambridge (Proceed. zool. soc. of London. 1870. p. 101 ff. pl. VIII) beschriebenen und abgebildeten Arten durch den stark aufgeworfenen Vordertheil des Cephalothorax und die verhältnissmässige Kürze und Robustheit der Beine abweichend. Die beiden am Vorderrande stehenden Ocellen vertikal, sich an zwei getrennte Höcker anlehnend; von den sechs hinteren die seitlichen am grössten, oval, die übrigen in Form eines Trapezes gestellt. Cephalothorax vorn mit fast halbkreisförmiger Wölbung, zunächst hinter dem Ocellenhöcker fast horizontal, dann stark nach hinten abfallend; die U-förmige Furche tief, die beiden seitlichen Längsfurchen gleichfalls scharf ausgeprägt. Oberseite röthlich pechbraun, glänzend, die Ocellengegend geschwärzt, mit sparsamen groben und langen, ausserdem mit zahlreichen dünnen, aufrechten Haaren besetzt. Kieferfühler sehr plump, pechbraun, an der Spitze ausserhalb quer abgestutzt, innerhalb in einen mit groben konischen Höckern dicht besetzten Vorsprung ausgezogen und hier dicht und lang umbrabraun behaart; Fangklaue sehr kräftig, röthlich pechbraun. Die dichte, zottige Behaarung des Innenrandes der Maxillen brennend rostroth, die vorhergehende kurze Bedornung schwärzlich; mittlerer Kinnlappen schmal zugerundet, vorn mit zwei Höckerchen. Schenkelglied der Taster nicht kürzer als dasjenige des zweiten Beinpaares und merklich länger als der auffallend dicke Schenkel des dritten; Schenkel des vierten Paares weniger dick, aber beträchtlich kräftiger als an den vorderen Paaren und etwas länger als derjenige des zweiten. Alle Beine gleich den Tastern pechbraun, schwarz beborstet, an den Tarsen ausserdem beiderseits greishaarig. Am ersten und zweiten Paare die beiden Tarsenglieder zusammengenommen nur wenig länger als das zweite Schienenglied, unterhalb gleich dem Endglied der Taster stark und dicht bedornt; am dritten Paare die beiden Schienenglieder äusserst kurz und dick, fast würfelförmig, am vierten um mehr denn die Hälfte länger, an beiden innen ohne Stachelborsten, welche auch an den entsprechenden Tarsen beträchtlich schwächer und sparsamer auftreten als an den Vorderbeinen. Sternum, Hüften und die Basalplatte des Hinterleibes licht braunroth, die Spinnwarzen rostfarben.

Ein weibliches Exemplar von Dafeta.

Idiommata, Auss.

Verhandl. zool.-botan. Gesellsch. XXI. p. 183.

Idiops, Cambr.

27. *Idiommata lepida*, n. sp.

Rufo-picea, opaca, falcibus lineatim flavescenti-setulosis, palpis pedibusque ferrugineis, nigro-setosis et aculeatis: ocellis duobus anterioribus a reliquis parum distantibus. Long. corp. (c. falc.) 12½ mill. ♂.

Der Australischen *Idiomm. Blackwalli (Idiops id.*, Cambridge, Proceed. zool. soc. 1870. p. 154. pl. VIII. fig. 5.) habituell sehr ähnlich, aber beträchtlich kleiner, lichter gefärbt, überdies durch die Stellung der Ocellen abweichend. Cephalothorax stumpf birnförmig, flach und fast gleichmässig gewölbt, der Vordertheil durch etwas stärkere convergirende Längsfurchen von der übrigen Oberfläche abgesetzt, nach hinten durch einen tiefen Quereindruck abgegrenzt; dünn und niederliegend gelbbraun behaart, überall, nach hinten hin aber stärker und dichter schwarzborstig. Ocellen auf einem gemeinsamen, sich von der übrigen Oberfläche leicht absetzenden Höcker gelegen; die beiden vordersten, senkrecht gestellten dicht am Vorderrande, die beiden grossen mittleren der hinteren Gruppe von jenen nur um ihren eigenen Durchmesser entfernt und einander etwas näher gerückt. Kieferfühler fast gleich breit, am Ende quer abgestutzt, röthlich pechbraun, matt, oberhalb mit striemenförmiger, niederliegender gelblicher, gegen die Spitze hin mit gleichmässiger schwarzbrauner Beborstung; Fangklaue blutroth. Unterkiefer innen mit intensiv rostrother Wimperung, nur an der äussersten Basis sehr fein schwarz gekörnelt. An den Tastern das Schenkel- und das vorletzte Glied mit schwarzen Stachelborsten besetzt, das am letzten einschlagbare Copulationsorgan zwiebelförmig, rostroth, mit schwarzem Endstachel. Schenkel des ersten und vierten Beinpaares gleich lang, die des dritten etwas kürzer und zugleich kräftiger als des zweiten. Basalglied der Tarsen am ersten Beinpaare mit einer einzelnen, am zweiten mit zwei, an den beiden hinteren mit sehr zahlreichen und starken schwarzen Stachelborsten besetzt, dasjenige des letzten Paares mehr denn doppelt so lang als an den beiden vorderen. Das Schenkel- und das zweite Schienenglied an allen Beinpaaren stachelborstig, letzteres besonders stark an den Hinterbeinen; alle Trochanteren mit schwarzem Borstenkranz am Endrande, sonst gleich den Hüften vorwiegend gelbgreis behaart. Hinterleib oberhalb schwärzlich braun, unterhalb noch lichter rostfarben als Sternum und Hüften; Spinnwarzen rostgelb.

Ein einzelnes Männchen von Moschi (Ende Novembers 1862).

Harpactira, Auss.

Verhandl. zool.-botan. Gesellsch. XXI. p. 204.

Mygale, Walck. — *Eurypelma*, Koch.

28. *Harpactira constricta*, n. sp.

Tuberculo oculari amplo, cephalothorace anterius utrinque fortiter impresso, radiatim cervino-piloso; nigro-picea, abdomine pedibusque longe testaceo-setosis, illo supra fusco-, basi utrinque pallido-hirsuto. Long. corp. (c. falc.) 27 mill. ♀.

Etwas kleiner als *Harpact. coracina* (*Mygale coracina*, *Koch, Arachnid. IX. p. 37. fig. 714), lichter gefärbt und durch die Form des Cephalothorax, die Grösse des Ocellenhöckers u. s. w. unterschieden. Cephalothorax gestreckter, nach vorn mehr verschmälert, oberhalb des Ursprunges der Taster beiderseits tief dreieckig eingedrückt und daher seitlich comprimirt erscheinend; die den Vordertheil absetzenden convergirenden Furchen durch jene Eindrücke vorn abgeschnitten, seine Seiten stark, fast vertikal abfallend. Ocellenhöcker trotz der geringeren Körpergrösse beträchtlich umfangreicher als bei *Harpact. coracina*, quer oval, sehr viel breiter als der beiderseits verbleibende horizontale Theil der Oberfläche; die Ocellen der beiden vorderen Querreihen mehr als gewöhnlich auseinandergerückt. Rückenfläche des Cephalothorax radiär mit niederliegenden rehfarbenen Haaren bekleidet. Kieferfühler ähnlich wie bei *Harp. coracina* gestaltet, oberhalb jedoch vorwiegend gelbborstig; Fangklaue glänzend schwarz, mit blutrother Basis. Maxillen längs des Innenrandes rostroth, im Uebrigen gleich Sternum und Hüften pechbraun, die zottige Behaarung gleich derjenigen der Kieferfühler mennigroth, die sehr feine Bekörnelung auf ihre äusserste Basis und auf den Vorderrand der Kinnplatte beschränkt. Schenkel des vierten Beinpaares merklich länger als diejenigen des ersten, die des dritten bei weitem am kürzesten und dicker als diejenigen des zweiten und vierten. Die Schenkel spärlicher, die Schienen und Tarsen grober und sehr dicht behaart; die kürzeren anliegenden, sowie die sehr langen, abstehenden Borstenhaare rehfarben, andere, zwischen beiden die Mitte haltende, aber aufgerichtete schwärzlich. (Die Taster in dieser Beziehung ganz mit den Beinen übereinstimmend.) Metatarsus des dritten Paares mit einzelnem, des vierten mit zwei pechbraunen Dornen am Innenrande. Hinterleib auf dunkelem Grunde zunächst mit kurzer schwarzer, darüber mit äusserst langer und grober, niederliegender, rehfarbener Beborstung; längs des Rückens ist dieselbe sperrig, so dass sie die Grundfarbe nicht verdeckt, zu beiden Seiten der Basis dagegen so dicht, dass sie diese in scharfer Abgrenzung gegen die Mitte des Rückens licht gelb, nach unten sogar greis erscheinen lässt.

Ein einzelnes weibliches Exemplar von Dafeta.

29. *Harpactira chordata*, n. sp.

Femoribus primi paris omnium longissimis, tertii reliquis brevioribus, secundi et quarti fere aeque longis, omnibus supra uni-, tibiis bilineatis: cephalothorace late ovato, radiatim cervino-villoso, abdomine dense et aequaliter umbrino-setoso. Long. corp. (c. falc.) 33 mill. ♂.

Von *Harpact. coracina*, Koch (a. a. O.) durch ansehnlichere Grösse, breiter eiförmigen Cephalothorax, verhältnissmässig längere Beine, die deutliche helle Längsstreifung der Schenkel und Schienen, lichtere Körperbehaarung u. s. w. unterschieden. Ocellenhöcker von entsprechender Grösse wie bei der genannten Art. Cephalothorax nach vorn und hinten stärker verschmälert, in der Mitte verhältnissmässig breiter, mit sehr dichter und langer, anliegender seidiger Behaarung von rehbrauner Färbung bekleidet. Kieferfühler weniger plump als bei *Harp. coracina*, besonders nach vorn hin stärker verschmälert; ihre graubraune Behaarung mit schwarzen Borsten untermischt und in Form von Längsstriemen verdichtet; Fangklaue pechbraun mit blutrother Basis. Färbung der Maxillen brennend rostroth, ihre Unterseite lang und sperrig beborstet, die Bedornung ihrer Basis äusserst fein, granulös. Die buschige Behaarung an der Unterseite des zweiten Schienengliedes der männlichen Taster vorwiegend rehfarben; der Copulationsapparat mit blutrother zwiebelförmiger Basis und deutlich gedrehtem, sehr feinspitzigem, dunklerem Endstachel. Schenkel des dritten Beinpaares stärker als die übrigen, um ein Viertheil kürzer als diejenigen des ersten, welche am längsten sind; die des zweiten und vierten Paares fast gleich lang, zwischen jenen die Mitte haltend. Die Beborstung der Beine weniger lang und struppig als bei der vorhergehenden Art, vorwiegend gelbbraun, auf der Oberseite der Schenkel eine, der Schienen zwei Längslinien freilassend (ebenso auf den entsprechenden Theilen der Taster); diese daher furchenartig vertieft und durch die freiliegende gelbgraue Grundbefilzung lichter erscheinend. Metatarsus des dritten und vierten Beinpaares mit drei Dornenpaaren, der Endhaken der männlichen Vorderschienen ziemlich platt, säbelförmig gekrümmt, röthlich pechbraun. Hinterleib dicht und gleichmässig umbrabraun beborstet.

Ein einzelnes männliches Exemplar von Dafeta.

Fam. **Orbitelae**, Latr.

Gastracantha, Latr.

Cours d'Entomol. p. 530.

Plectana, Walck.

30. *Gastracantha scapha*, n. sp.

Rubra, palporum apice tarsisque piceis, ventre nigro, croceo-maculoso, scuto dorsali fortiter transversim excavato, longitudine duplo latiore, testaceo, nigro-rubroque ocellato, spinis sex, lateralibus posterioribus multo longioribus et fortioribus, oblique erectis, fere glabris, omnibus sanguineis, apice piceis armata. Long. 8½—10, lat. 10—18 mill. ♀.

Zur Gruppe der *Gastr. formosa*, Vins. (Aranéid. de Réunion. p. 244. No. 5 pl. 9. fig. 7), *ensifera*, Thor. (Fregatt. Eugen. resa. Arachnid. p. 16. No. 6) u. s. w.

gehörend und besonders mit erstgenannter Art nahe verwandt. Cephalothorax, Kieferfühler, Hüften und Schenkel licht blut-, fast rostroth, Schienen etwas dunkler, Fangklaue, Taster-Endglieder und Tarsen röthlich-pechbraun. Behaarung des sehr verloschen punktirten Cephalothorax und der Beine weisslich, an den Endgliedern dieser sowohl wie der Taster jedoch schwärzlich. Maxillen und Sternum dunkel roth-, Kinnplatte schwärzlich pechbraun. Bauchseite des Hinterleibes schwarz mit reicher orangegelber Fleckung, seitlich gegen die Dornen hin licht braungelb. Rückenschild des Hinterleibes doppelt so breit als lang, oberhalb der Quere nach stark kahnförmig ausgehöhlt und daher beiderseits ansteigend, mit deutlichem mittlerem Querwulst als Fortsetzung der langen hinteren Seitendornen; seine Oberfläche dicht und fein punktirt, unbehaart, leicht glänzend, scherbengelb, vorn schmal, hinten breiter schwärzlich gesäumt. Von den ocellenförmigen Narben die fünf grösseren jederseits blutroth gesäumt, diejenigen der Scheibe schwärzlich; von letzteren die vier am Vorder- und die fünf am Hinterrande gelegenen klein, gleich gross, die vier inmitten liegenden etwas grösser, aber untereinander ebenfalls fast gleich; die seitlichen durch Zwischenräume von grösserem Durchmesser als ihr eigener getrennt, die innerste der drei vorderen merklich kleiner als die vier übrigen. Beide Seitendornen deutlich, der hintere sogar stark aufgerichtet, letzterer an Länge etwa einem Drittheil des Querdurchmessers des Rückenschildes gleichkommend, leicht nach hinten gerichtet, bis zur Spitze blutroth, fast glatt, seine ziemlich stumpfe Spitze in einen leicht abgesetzten Griffel ausgezogen; der vordere Seitendorn kaum von einem Drittheil der Länge des hinteren, schräg nach vorn gewendet, gleich den beiden des Hinterrandes scharf zugespitzt, fein schwarz gezähnelt, mit gebräunter Spitze; die letzteren etwas länger und nach hinten leicht divergirend.

In zwei weiblichen Exemplaren aus dem Dschagga-Lande (Dafeta) vorliegend.

Anmerkung. Bei der grossen Aehnlichkeit, welche die vorstehende Art mit der *Gastr. formosa*, Vins. nach der von letzterer gegebenen Abbildung erkennen lässt, könnte selbst die Identität beider in Frage kommen. Leider gewährt die ganz allgemein gehaltene Vinson'sche Beschreibung, welche auf die wesentlichen Artmerkmale nicht eingeht, hierüber keinen Aufschluss, während die Abbildung, falls sie exakt ist, wenigstens greifbare Unterschiede erkennen lässt. Nach dieser wäre der Rückenschild der Madagassischen Art mehr denn doppelt so breit als lang, der hintere Seitendorn merklich länger und schärfer zugespitzt, die vier mittleren Narben der Scheibe grösser und gleich allen übrigen roth gefärbt. Ob das goldgelbe Colorit der Kieferfühler und das blassrothe der Beine der natürlichen Färbung dieser Theile entspricht, mag dahingestellt bleiben, erscheint aber mindestens zweifelhaft.

31. *Gastracantha radiata*, n. sp.

Rufo-picea, femoribus sanguineis, tibiarum tarsorumque articulis singulis ferrugineo-annulatis, ventre nigro, croceo-maculoso; scuto dorsali leviter convexo, latitudine dimidio paullo longiore, aurantiaco, nigro-rufoque ocellato, spinis sex horizontalibus, sanguineis, scabris, nigro-hirtis, lateralibus posterioribus reliquis plus dimidio longioribus — ornata. Long. 9, lat. 14 mill. ♀.

Von der vorhergehenden Art durch die Färbung des Cephalothorax und der Beine, den weniger queren und oberhalb nicht ausgehöhlten Rückenschild, die Längsverhältnisse und die dichte Behaarung der Dornen u. s. w., von *Gastr. ornata*, Thor. (Fregatt. Eugen. resa p. 16. No. 7), nach deren Beschreibung zu urtheilen, schon durch die Färbung der Dornen und den seitlich nicht schwarz gefleckten Rückenschild unterschieden. Cephalothorax und Kieferfühler stark glänzend, dunkel kastanien- oder röthlich pechbraun, ersterer zerstreut und fein, aber deutlich punktirt, beiderseits greis behaart, mit geschwärzter Ocellengegend, letztere mit glänzend schwarzer Fangklaue. Maxillen, Kinnplatte und Sternum pechbraun, rostroth gesäumt; Taster gleichfalls pechbraun, mit röthlicher Basis des Endgliedes. Beine licht blutroth, die Hüften, Trochanteren sowie die Endhälfte der beiden Schienen- und Tarsenglieder pechbraun; Behaarung greis, am Endgliede der Tarsen schwärzlich. Bauchseite des Hinterleibes auf schwarzem Grunde rothgelb gefleckt, hinter dem glänzend pechbraunen Mittelhöcker in weiterer Ausdehnung orangefarben; die Seiten gegen die Dornen hin in weiterer Ausdehnung blutroth. Rückenschild des Hinterleibes, abgesehen von den Dornen, nicht ganz doppelt so breit wie lang, der Quere nach durchaus horizontal, oberhalb leicht gewölbt, lebhaft orangefarben, glatt und glänzend. Alle Narben der Scheibe schwärzlich, diejenigen der Seiten blutroth gesäumt; von ersteren diejenigen des Vorderrandes gleich gross, die mittlere und die beiden äusseren des Hinterrandes bei weitem kleiner, punktförmig; von den vier mitteninne liegenden die beiden vorderen gleichfalls punktförmig, die hinteren dagegen nicht viel kleiner als diejenigen der Seiten und selbst merklich grösser als die innere vordere der rothen Seitennarben; letztere durch Zwischenräume von geringerem Durchmesser als ihr eigener geschieden. Sowohl die Seiten- wie die beiden hinteren Dornen horizontal verlaufend, alle sechs blutroth mit gebräunter Spitze, dicht schwarz gezähnelt und behaart. Die vorderen Seitendornen mit denjenigen des Hinterrandes gleich lang, scharf kegelförmig zugespitzt, jedoch mit weniger breiter Basis; jene gerade nach aussen gerichtet, diese nach hinten deutlich divergirend. Die hinteren Seitendornen um die Hälfte länger, deutlich gekrümmt, in ihrer Richtung fast die Mitte zwischen aussen und hinten haltend.

Bei zwei mit dem vorbeschriebenen in der Form und Skulptur des Rückenschildes, sowie in der Färbung des Cephalothorax und der Beine übereinstimmenden, mit jenem auch in derselben Lokalität gesammelten Exemplaren erscheint das Rückenschild mehr trübe gelbbraun gefärbt, der Bauch mit Ausnahme des schwarzen Mittelhöckers und Spinnfeldes einfarbig grünlich gelb oder olivenfarben.

Zwischen Endara und Kirlama (Ende December's 1862) gesammelt.

32. *Gasteracantha [illegible]*, n. sp.

Rubra, palpis pedibusque piceis, femoribus tibiisque basi supra sanguineis, abdomine nigro, croceo-maculoso: scuto dorsali longitudine plus duplo latiore, testaceo, rubro-ocellato, spinis sex sanguineis, posticis et lateralibus anterioribus acute conicis, posterioribus longissimis, fortiter arcuatis retroque versis, armato. Long. 9, lat. summa 24 mill. ♀.

Cephalothorax, Kieferfühler, Oberseite der Schenkel und des Basalgliedes der Schienen licht blutroth, die Beine im Uebrigen gleich den Tastern pechbraun, mit Ausnahme des Tarsenendes greis behaart, die Fangklaue schwarz; die Maxillen und die beiden hinteren Hüftpaare rostgelb gesäumt, die Kinnplatte und das Sternum pechbraun. Cephalothorax beiderseits dicht greishaarig, auf der Scheibe mit tiefer mittlerer Längsfurche und sperriger, leicht querrissiger Punktirung. Bauchseite des Hinterleibes auf schwarzem Grunde gelb gefleckt, rings herum in ziemlicher Ausdehnung rothgelb mit schwarzen Wärzchen. Rückenschild des Hinterleibes fast $2^1/_4$ mal so breit als lang, der Quere nach leicht gewölbt, zerstreut und auf der vorderen Hälfte bei weitem feiner als hinterwärts punktirt, sparsam weisslich behaart, matt glänzend, röthlich gelb, die ocellenartigen Narbenflecke durchweg licht blutroth. Von den auf der Scheibe gelegenen sind diejenigen des Vorder- und Hinterrandes kreisrund und fast gleich gross, die beiden vorderen der vier ein Trapez bildenden wenig grösser, aber quer oval, die beiden hinteren ebenso gestaltet, aber dreimal so gross; von den fünf zu beiden Seiten befindlichen der innerste vordere kreisrund und merklich kleiner als die vier ovalen äusseren, welche kaum um die Hälfte ihres Durchmessers von einander entfernt liegen. Die sechs Dornen blutroth, dicht schwarz gehöckert und behaart; der vordere Seitendorn kurz, spitz kegelförmig, gerade nach aussen gerichtet und leicht abwärts gebogen, der hintere äusserst lang, fast $^3/_4$ dem Querdurchmesser des Rückenschildes gleich kommend, stark bogig gekrümmt, leicht abwärts steigend und zugleich stark nach hinten abbiegend. Die beiden Enddornen nur wenig länger, an der Basis aber mehr dreieckig erweitert als die vorderen seitlichen, deutlich divergirend.

Ein einzelnes weibliches Exemplar aus dem Dschagga-Lande (Dafeta).

33. *Gastracantha resupinata*, n. sp.

Taf. XVIII. Fig. 8.

Sanguinea, palporum apice sternoque piceis, abdomine nigro, croceo-maculoso: scuto dorsali longitudine plus duplo latiore, testaceo, rubro-ocellato, fasciis tribus purpureis signato, spinis sex sanguineis, violaceo-micantibus nigroque hirtis, lateralibus posterioribus plerumque fortiter arcuatis retroque versis, longissimis, armato. Long. 9, lat. summa 12–17 mill. ♀.

Der vorhergehenden Art sehr nahe stehend, aber einerseits durch die beträchtlich längeren vorderen Seitendornen, andererseits durch eine bei ihrer Constantheit typisch erscheinende, eigenthümliche Färbung des Rückenschildes, welches auf gelbem Grunde drei purpurrothe, den Ocellen-Narben entsprechende Querbinden erkennen lässt, unterschieden. Von *Gastr. versicolor (Plectana versicolor*, Walck., Aptères. II. p. 161. No. 18), mit welcher sie in dieser Färbung übereinstimmt, durch die nicht unterbrochenen rothen Binden abweichend. Cephalothorax von gleicher Form und Behaarung wie bei *Gastr.* [illegible], jedoch dunkler, mehr blutroth, tiefer eingestochen und kaum querrissig punktirt. Taster im Bereich der Endglieder und die Tarsenspitzen gebräunt, die Beine im Uebrigen gleich dem Cephalothorax und den Kieferfühlern blutroth gefärbt. Sternum pechbraun; Bauchseite des Hinterleibes schwarz mit reicher rothgelber Fleckung. Rückenschild $2^1/_2$ mal so breit als lang, der Vorderrand in der Breite der sechs mittleren Ocellen-Narben, eine die beiden hinteren Seitendornen verbindende gleichbreite, so wie eine schmalere und unregelmässigere Querbinde vor den fünf Hinterrandsnarben gold- oder rostgelb, die übrige Oberfläche in Form dreier Querbänder – eines breiteren vorderen und zweier schmaleren hinteren – gleich den von ihnen eingegriffenen Ocellen-Narben tief purpurroth. Die vorderen Seitendornen beträchtlich länger und besonders auch stärker als diejenigen des Hinterrandes, gegen die Basis hin ganz allmählig und regulär kegelförmig verdickt. Die hinteren Seitendornen zwar nicht länger, aber gleichfalls kräftiger als bei *Gastr.* [illegible], violett schimmernd, dichter und länger schwarz behaart, in ihrer Richtung und dem Grade ihrer Krümmung je nach den Individuen stark variirend; zuweilen unter starker, bogiger Krümmung mit ihrem Ende gerade nach hinten gewandt, zuweilen bei geringerer Biegung in ihrer Richtung nur die Mitte zwischen aussen und hinten haltend.

Zwischen Endara und Kiriama (Ende Decembers), bei Mbaramu und auf den Bura-Bergen (October 1862) in Mehrzahl gesammelt.

34. *Gastracantha impotens*, n. sp.

Castanea, nitida, falcibus palpisque piceis, ventre olivaceo: scuto dorsali longitudine duplo latiore, testaceo, rubro-ocellato nigroque fasciato, spinis sex, lateralibus anterioribus et posticis brevibus, triquetris, lateralibus posterioribus elongatis, validis, acutis. Long. 4, lat. summa 6–8 mill.

Von allen vorhergehenden Arten durch die geringe Grösse und besonders durch die Form der vorderen Seiten- und der Hinterdornen, von denen letztere gleichschenklig, erstere noch kürzer, fast gleichseitig dreieckig sind, abweichend. Der glänzend kastanienbraune Cephalothorax ist auf der Scheibe seicht und narbig punktirt, beiderseits greis behaart, auf dem mittleren Ocellenhöcker geschwärzt; die Kieferfühler sind an der Basis, die Taster gegen die Spitze hin dunkler, fast pechbraun. Die kastanienbraunen Beine zeigen lichtere, fast rostrothe Flecke an den Gelenken der Schienen und Tarsen. Der einfarbig grünlich olivenbraune Bauch hat einen glänzend pechbraunen Mittelhöcker. Der Rückenschild ist doppelt so breit als lang, glänzend scherbengelb, mit schwärzlichen Flecken zwischen den rostrothen Ocellen-Narben der vorderen und mittleren Querreihe, wodurch besonders die Seitenecken des Vorderrandes in weiterer Ausdehnung, zuweilen selbst die kurzen vorderen Seitendornen dunkel gefärbt erscheinen; sowohl die vier Mittelnarben des Vorder- als die fünf des Hinterrandes sind klein, punktförmig. Die hinteren Seitendornen gleich den länglich dreieckigen des Hinterrandes dunkel blut- fast braunroth, höckerig, schwarz behaart; letztere kaum divergirend, erstere schräg nach aussen und hinten gerichtet, leicht gebogen, verhältnissmässig dick, etwa dem halben Querdurchmesser des Rückenschildes an Länge gleich, mit deutlich abgesetzter, dünner Spitze.

Zwei weibliche Exemplare von Mombas (September 1862) vorliegend.

Caerostris, Thor.

Fregatt. Eugen. resa. Arachnid. p. 3.

Eurysoma, Koch. — *Epeira*, Vins.

35. *Caerostris mitralis*, Vins.

Epeira mitralis, Vinson, Aranéid. de Réunion etc. p. 230. No. 10. pl. IX. fig. 2–4.

Caerostris mitralis, Thorell, Fregatt. Eugen. resa. Arachnid. p. 4. No. 1.

Zwei getrocknete Exemplare dieser ausgezeichneten, auch im Cafferlande und auf Madagascar einheimischen Art liegen von Endara (December 1862) vor.

Epeira, Walck.

Tabl. d. Aranéid. p. 53.

36. *Epeira harmalomera*, n. sp.

Taf. XVIII. Fig. 9.

Pedibus validis, tibiis omnibus distincte bisulcis, anterioribus perspicue latioribus, cephalothoracis parte antica truncato-conica, lateralis ocellaribus parum prominentibus:

ferrugineo-testaceo, griseo-piloso, femoribus dilute sanguineis, tibiarum tarsorumque articulis singulis late piceo-annulatis. Long. cephaloth. 7½, lat. 5½ mill. ♂ juv.

Habituell der männlichen *Ep. marmorea*, Clerck nicht unähnlich, aber durch die noch bei weitem kräftigeren Beine, den Umriss des Cephalothorax, die weniger stark hervorspringenden Ocellenhöcker u. s. w. abweichend. Der hintere Theil des Cephalothorax fast kreisrund, flach gewölbt, oberhalb der beiden ersten Beinpaare leicht wulstig gerandet; der vordere Theil sich unter geradlinigen, nach vorn convergirenden Seitenrändern von dem hinteren scharf absetzend, am Vorderrand abgesehen von den Ocellenhöckern fast quer abgestutzt, in der Richtung von hinten nach vorn horizontal. Behaarung grob, anliegend, vorwiegend greis, doch gelblich gemischt, am Vorderrande weisslich beborstet; die Grundfarbe rostgelb mit pechbrauner mittlerer Längsstrieme des vorderen Theiles und einem ebensolchen Fleck innerhalb der nur schwach über den Vorderrand heraustretenden seitlichen Ocellenhöcker. Kieferfühler kräftig, fast parallel, glänzend, sehr fein querriefig; Fangklaue pechbraun. Kinnplatte halbkreisförmig, bräunlich, gelb gesäumt. Taster einfarbig gelb, dicht weissborstig; das oberhalb kuppenförmig gewölbte, zugespitzt eiförmige Endglied, an dessen Unterseite der Copulations-Apparat noch nicht zur Ausbildung gelangt ist, mit vereinzelten schwarzen Warzenhöckern und gruben, aus ihnen hervorgehenden licht gelben Stachelborsten besetzt. Sternum oval, pechschwarz, beiderseits gelb. Hüften scherbengelb mit schwärzlichem Fleck vor der Spitze, am vierten Paar zunächst der Basis des Hinterrandes; Schenkel besonders oberhalb licht, aber ziemlich lebhaft blutroth, gegen die Spitze hin leicht gebräunt, diejenigen der beiden vorderen Paare merklich stärker als die des dritten und besonders als die in der Mitte seitlich zusammengedrückten des vierten Paares. Alle vier Schienenpaare mit zwei tiefen, sich bis zum Ende des zweiten Gliedes erstreckenden Aussenfurchen, die beiden vorderen sehr viel kräftiger und besonders breiter als die hinteren; ihre Färbung gleich derjenigen der Tarsen scherbengelb mit breitem pechbraunem Endringe der einzelnen Glieder, das erste Tarsenglied ausserdem noch mit dunkelem Fleck bei der Mitte seiner Länge. Die langen Stachelborsten der Beine licht gelb mit pechbrauner Basis und zum Theil auch — besonders an den Schenkeln — mit dunkeler Spitze. Die Oberseite der Schenkel dem Ursprung der Stachelborsten entsprechend bandartig greis behaart und schwarz gehöckert, dazwischen mit nackten Längsstreifen. Männliche Schienen des zweiten Paares ohne besondere Bedornung gegen die Spitze hin, vielmehr übereinstimmend mit denjenigen des ersten bestachelt. Der (durch Eintrocknen zusammengeschrumpfte) Hinterleib auf rehbraunem Grunde undeutlich schwärzlich und gelb getüpft, die gelbe Beborstung gleichfalls weisslich und schwarzbraun untermischt.

Ein einzelnes männliches Exemplar vom See Jipe (October 1862).

37. *Epeira Kersteni*, n. sp.

Pedibus anterioribus validis, femoribus supra piceis, posterioribus tribus basi testaceis, tibiis secundi paris (♂) intus spinulis numerosis nigris obsitis: cephalothoracis parte anteriore apicem versus subcompressa, ferruginea, posteriore testacea, utrinque piceo-vittata, abdomine longe pallido-setoso. Long. cephaloth. 4½, lat. 3½ mill. ♂.

Gleichfalls zur Gruppe der *Ep. marmorea*, Clerck gehörend. Cephalothorax durch seine starke Verschmälerung nach vorn von birnförmigem Umriss, sein hinterer Theil mit weitem und ziemlich tiefem mittlerem Eindruck, der vordere zuerst deutlich ansteigend und gewölbt, dann aber gegen den mittleren Ocellenhöcker hin grubig eingedrückt. Die Seiten des Vordertheiles viel dichter und grober greisgelb behaart als der Hintertheil, unter dessen feiner und kurzer Behaarung die lichter braungelbe Grundfarbe der Scheibe und des Seitenrandes so wie die pechbraune zweier breiter seitlicher Längsbinden deutlich zu erkennen ist. Am Vorderrand beiderseits um die äusseren Ocellenhöcker einzelne lange blassgelbe Borstenhaare, jene in gleichem Niveau mit den vorderen Mittelaugen stehend. An den rostrothen männlichen Tastern das zweite Glied kurz, knopfförmig, oberhalb grob und niederliegend behaart, an seiner Spitze zwei sehr lange und starke, gekrümmte rothgelbe Borstenhaare führend; das dritte Glied quer, kahnförmig, nach aussen stärker als nach innen hervorspringend und dort zugleich langborstig, oberhalb der Einlenkung des vierten Gliedes mit einem aufgerichteten und auswärts gekrümmten Hakenfortsatz versehen; das kurz ovale Endglied linsenartig gewölbt, um den Nabel herum concentrisch gerieft und rothbraun, an der Peripherie rostgelb. Das voluminöse Copulationsorgan, so weit es erkennbar ist, mit glänzend pechschwarzem, wulstförmigem, an der Innenseite lang und dicht greisgelb behaartem Basaltheile, von welchem drei lichter gefärbte, rostrothe Fortsätze ausgehen; der mittlere derselben länger, gegen die Spitze hin erweitert und zweizinkig, der hintere sichelförmig zurückgebogen. Sternum, Hüften, Trochanteren und die Basis aller Schenkel wenigstens unterhalb, diejenige der drei hinteren Paare auch oberhalb breit scherbengelb. Von den beiden ziemlich stark verdickten, gegen die Spitze hin leicht spindelförmig verschmälerten vorderen Schenkelpaaren das erste oberhalb bis zur Basis hin licht pechbraun und gleich dem zweiten mit zwei eben so gefärbten, breiten seitlichen Binden im Bereich der Endhälfte; an den Schenkeln des dritten Paares nur das letzte, an denjenigen des vierten die beiden letzten Drittheile pechbraun. Die Stachelborsten aller Schenkel lang, scherbengelb mit pechbrauner Basis. Schienen des ersten Paares so lang, dass sie angelegt die Spitze der Hüften erreichen, des zweiten nur dem Schenkel und Trochanter zusammengenommen gleich, beide mit fast ganz pechbraunem Basal- und stark dunkel gescheckten zweitem Gliede; die beiden hinteren bei weitem lichter, scherbengelb, mit breiter pechbrauner Ringelung der Spitze beider Glieder. Die Stachelborsten theils, wie an den Schenkeln licht, theils und zwar besonders unterhalb pechbraun. Basalglied des zweiten Schienenpaares mit besonders langem, rostfarbigem Endstachel, das Endglied neben den Stachelborsten an der ganzen Länge der Innenseite mit zahlreichen, kurzen schwärzlichen Dornen bewehrt. Tarsus des zweiten Beinpaares nur wenig kürzer als die Schiene, gleich von der Basis an auffallend dünn, rostroth, mit drei breiten pechbraunen Ringen. Hinterleib zugespitzt eiförmig, durch Eintrocknen missfarbig, an jeder Seite der Basis dichter weiss behaart, mit sehr langen und gespreizten, vorn zahlreicheren gelblich weissen Borsten besetzt.

Ein einzelnes männliches Exemplar von Mosch i.

38. *Epeira melanops*, n. sp.

Cephalothorace fuscescenti-ferrugineo, opaco, supra cervino-, utrinque griseo-piloso, fascia frontali nigro-picea; femoribus brunneis, apice nigricantibus, tibiis tarsisque testaceis, fusco-virgatis. Long. cephaloth. 5, lat. 3 1/4 mill. ♀.

Der Capensischen *Ep. hirta*, *Koch (Arachnid. XI. p. 69. fig. 898) in der Form des Cephalothorax, der glanzlosen, dicht befilzten Oberfläche, den Längsverhältnissen der Beine u. s. w. nahe stehend, aber fast nur halb so gross und u. A. schon durch die Färbung des Stirnrandes leicht zu unterscheiden. Cephalothorax mit weniger abschüssigem und deutlich gewölbtem Vordertheil, schwächer hervortretendem mittlerem Ocellenhöcker und daher mehr abgerundet erscheinendem Vorderrande; der nackte Hinterrücken blass braungelb, die übrige Oberfläche licht pech-, auf dem Vordertheile mehr rothbraun, mit rehfarbener, seitlich mehr aschgrauer Filzbehaarung dicht bekleidet. Der Seitenrand rückwärts von den äusseren Ocellen in ziemlicher Breite nackt, glänzend pechbraun; eine ebenso gefärbte, die ganze Gegend zwischen den hinteren Ocellen und den Kieferfühlern einnehmende, scharf abgegrenzte Stirnblade matt, schwärzlich tomentirt und beborstet. Kieferfühler verhältnissmässig lang, nach unten deutlich verschmälert, glänzend olivenbraun, im Bereich der Basalhälfte greisgelb, jedoch dunkel untermischt beborstet; die starken Zähne des pechbraunen Endrandes gleich der Fangklaue blutroth, letztere mit schwärzlicher Basis. Maxillen, Kinnplatte, Sternum und Hüften scherbengelb mit geschwärzter Scheibe; Schenkel braunroth, gegen die Spitze hin schwärzlich, die beiden vorderen Paare merklich kräftiger als die hinteren, diejenigen des letzten Paares vor der erweiterten Spitze seitlich zusammengedrückt; die Stachelborsten der Oberseite vorwiegend schwärzlich, gegen das Ende hin jedoch gelb mit pechbrauner Basis. Schienen und Tarsen scherbengelb mit reicher schwarzbrauner Fleckung, ausser an der Spitze auch im Verlauf der einzelnen Glieder. Der (zusammengetrocknete) Hinterleib vorwiegend braungelb, an der Basis jederseits von einem dunklen Mittelfleck jedoch lichter befilzt; die aufgerichtete, nicht besonders lange Beborstung meist rehfarben, hin und wieder schwärzlich gemischt.

Ein einzelnes weibliches Exemplar von Wanga (September 1862).

Cyclosa, Menge.

Preuss. Spinnen. I. p. 72.

Singa, Koch. — *Cyrtophora*, Sim. (pars).

39. *Cyclosa citricola*, Forsk.

(1776) *Aranea citricola*, Forskal, Descript. animal. in itin. orient. observ. p. 86. No. 27. tab XXIV. fig. D.

Epeira citricola, Walckenaer, Aptères. II. p. 143. No. 160.

(1830) *Epeira opuntiae*, Dufour, Annal. gén. d. scienc. phys. IV. p. 366. tab. 69. fig. 3. — Walckenaer, Aptères pl. 18. fig. 2.

Epeira emarginata, Lucas, Archiv. entom. II. p. 416. pl. 12. fig. 5.

Epeira opuntiae, flava et purpurea, Vinson, Aranéid. de Réunion etc. p. 212–228. No. 16–18 pl. 8. fig. 3, 4. pl. 9. fig. 1.

Epeira durnosa, Blackwall, Annals of nat. hist. 3. ser. XVIII. p. 462.

Von dieser über Süd-Europa und einen grossen Theil Afrika's mit Einschluss der Insel-Gruppen verbreiteten Art liegt ein einzelnes weibliches Exemplar, an der Sansibar-Küste gefangen, vor.

Anmerkung. Die Verwendung des von Simon (Hist. nat. d. Araign. p. 262) aufgestellten Gruppennamens *Cyrtophora* für die hier in Rede stehende Art, welche sowohl von Thorell (On European Spiders p. 57) als von Ausserer (Verhandl. zoolog. botan. Gesellsch. 1871. p. 820) befürwortet wird, erscheint einerseits wegen des Mangels einer präcisen Charakteristik, andererseits wegen der Vereinigung ganz heterogener Formen unter demselben, in keiner Weise gerechtfertigt, am wenigsten aber dann, wenn er bei gleichzeitiger Vereinigung der *Aran. citricola* (*opuntiae*) mit der

Europäischen *Aran. conica*, für die auf letztere Art von Menge begründete Gattung *Cyclosa* substituirt werden soll. — Dass die von den Autoren fast allgemein als *Epeira opuntiae*, Duf. aufgeführte, ebenso weit verbreitete wie leicht kenntliche Art mit Forskal's *Aranea citricola* zusammenfällt, kann nach der sehr bezeichnenden Diagnose des Letzteren „Abdomine ovato, utrinque bidentato, apice bifido", besonders aber nach der durchaus charakteristischen Abbildung (a. a. O.) kaum zweifelhaft sein. Letztere entspricht der Dufour'schen Charakteristik: „Abdomine oblongo-ovato, niveo-variegato, utrinque acute bituberculato, postice bis emarginato" in allen Stücken. Walckenaer (a. a. O.) beschreibt die gegenwärtige Art gleichfalls kenntlich als *Ep. citricola*, führt dagegen im Widerspruch mit seiner Abbildung (pl. 18, fig. 8), welche zwei seitliche Höcker erkennen lässt, unter dem Namen *Ep. opuntiae*, Duf. (Aptères. II. p. 140. No. 159) eine Art auf, deren Hinterleib jederseits nur einen kegelförmigen Höcker besitzt und welche daher, wie auch L. Koch (Arachnid. Austral. p. 129) vermuthet, von der Dufour'schen aller Wahrscheinlichkeit nach specifisch verschieden ist. Wodurch sich die *Ep.* [illegible], Blackw. von letzterer (*Ep. citricola*, Forsk.) unterscheiden soll, ist trotz der Versicherung Blackwall's, dass sie specifisch verschieden sei, aus der Beschreibung nicht zu ersehen. Dagegen erscheint es weder nach der Beschreibung noch nach der — allerdings sehr rohen — Abbildung der Koch'schen *Epeira opuntiae* (Arachnid. XI. p. 102. fig. 902) glaublich, dass auch diese, fraglicher Weise als Brasilianisch bezeichnete Art mit der Dufour'schen übereinstimme. Einerseits spricht dagegen die Angabe, dass der Hinterleib jederseits drei-, hinterwärts sogar fünfhöckerig sei; andererseits die in der Abbildung sehr langstreckig erscheinenden Beine, welche, wenn sie correkt dargestellt sind, die Art sogar von der gegenwärtigen Gattung ausschliessen und ihre Zugehörigkeit zu *Epeira* vermuthen lassen würden.

Argyope, Sav.

Descript. de l'Égypte, Arachnid.

40. *Argyope clathrata*, Koch.

Argyopes clathratus, Koch, Arachnid. V. p. 40. fig. 362.
Epeira australis, Walckenaer, Aptères. II. p. 116. No. 122.
Argyope laeta, Thorell, Öfvers. Vetensk. Akad. Förhandl. XVI. p. 301. No. 6.
Argyope clathrata, Thorell, Fregatt. Eugen. resa. Arachnid. p. 30. No. 5.

Von dieser auch am Cap, im Cafferlande und (nach Walckenaer) auf Isle de France einheimischen Art liegt ein einzelnes, im Innern des Sansibar-Gebietes erbeutetes Weibchen von 21 mill. Länge vor. Der pralle und mehr als gewöhnlich gestreckte Hinterleib desselben lässt auf der Oberseite die an nicht geschwollenen Exemplaren wahrnehmbare rostrothe und silberfarbene Scheckung nicht mehr erkennen, sondern erscheint abgesehen von den dunkelen Striemen der Seitenlappen gleichmässig licht gelb.

41. *Argyope suavissima*, n. sp.

Taf. XVIII. Fig. 10.

Nigra, cephalothoracis albo-sericei parte antica limboque laterali, falcium maxillarumque apice, palpis, sterni vitta, coxis femorumque basi ferrugineis, pedibus fasciatim cinereo-pilosis: abdomine supra flavo, basi fasciisque quinque, prima tenui, arcuata et in medio late interrupta, reliquis amplioribus, posterioribus duabus in tubercula lateralia transeuntibus atris, argenteo-sericeis: appendice caudali conica, annulata. Long. 27—29 mill. ♀.

Der *Argyope Coquereli* (*Epeira Coquerelii*, Vinson, Aranéid. de Réunion, p. 201, pl. 8, fig. 1) nach der davon gegebenen Abbildung so nahe verwandt, dass man sie wohl für eine Abänderung derselben zu halten geneigt sein könnte, wenn sich nicht an einer Reihe von Exemplaren constante Unterschiede in der Hinterleibszeichnung, falls diese bei der genannten Vinson'schen Art correkt dargestellt ist, zu erkennen gäben. — Cephalothorax um den vierten Theil länger als breit, abgerundet viereckig, mit fast rechtwinklig abgesetztem und deutlich gewölbtem Vordertheil; die schwärzliche Grundfarbe der Scheibe gleich der rostgelben des ganzen Umkreises unter der dicht weissfilzigen Behaarung fast verschwindend, ein von der Basis des Hinterleibes bedeckter grosser, vorn zweilappiger Querfleck der Basis jedoch matt schwarz. Die Ocellenhöcker nackt, glänzend schwarz; die Kieferfühler mit licht pechbraunem, am Innenrande rothgelbem und hier gelbbraun behaartem, nach oben hin schwarzborstigem Basalgliede und pechschwarzer, an der Spitze rothbraun durchscheinender Fangklaue. Maxillen fast kreisrund, auf der Grenze von Vorder und Innenrand kaum merklich gewinkelt, pechbraun, schwarzborstig, mit breitem rostgelbem Innensaum und fuchsrother Behaarung. Kinnplatte halbkreisförmig mit leichter Zuspitzung, licht gefärbt. Taster rostfarben, mit dicht greisgelb behaartem Schenkel- und schwarzborstigen Endgliedern, deren letztes an der Spitze, das vorletzte an der Basis gebräunt ist. Sternum herzförmig, schwärzlich mit goldgelber Längsbinde; der Spitzenwulst undeutlich, die paarigen dagegen, deren beide hintere zuweilen gleichfalls gelb gefärbt sind, scharf ausgeprägt. An den schwärzlich pechbraunen Beinen die Hüften und Schenkelbasis, letztere unterhalb zuweilen in weiterer Ausdehnung, rostfarben. Schenkel fein staubartig greis behaart, drei dunkeler erscheinende Ringe und die Spitze dünner, fast nackt erscheinend; das erste Schienenglied an der Basis, das zweite hinter derselben und vor der Spitze, das erste Tarsenglied nahe der Basis mit dicht greisfilzigem Ringe, im Uebrigen schwarzhaarig. Hinterleib in der Gegend des dritten Seitenhöcker-Paares am breitesten, das vorderste schwach ausgeprägt, stumpf abgerundet, das dritte und vierte stärker kegelförmig ausgezogen als das zweite. Rückenfläche licht und rein gelb, der vordere Absturz, eine schräg von unten und hinten nach vorn und oben aufsteigende, dünne Halbbinde jederseits nahe der Basis, vier den Seitenhöckern entsprechende, durchgehende, nicht mit einander zusammenhangende Querbänder, die Seitenhöcker des dritten und vierten Paares selbst, sowie der unpaare Spitzenzapfen schwarz mit silberweissem Schimmer. Vier mehr oder weniger deutliche, feine Längslinien, vom Spitzenzapfen bis über die vorletzte Querbinde hinausreichend, gleichfalls schwärzlich; letzterer schmal, kegelförmig, dicht geringelt, von dem doppelt querfaltigen hinteren Leibesende scharf abgesetzt und ziemlich frei beweglich. Bauch beiderseits auf umbrabraunem Grunde gelbgrau gewässert, über die Mitte hin schwärzlich, mit zwei Längsreihen von je vier grösseren gelben Flecken, deren hinterstes Paar seitlich vom Spinnfelde liegt. Lungenmembran kastanienbraun. Epigyne an der Basis schwarzhaarig, gefurcht, pechbraun mit lichterem hinterem Ende.

Bei einem auffallend geschwollenen Exemplare von 31 mill. Länge ist, bei sonstiger vollkommener Uebereinstimmung mit den übrigen, der Hinterleib gestreckter, in der Gegend des zweiten Seitenhöcker-Paares am breitesten und auf dem dritten und vierten Paare licht gelb gefärbt.

Eine Reihe weiblicher Exemplare von Mombas und aus dem Inneren des Sansibar-Gebietes.

Anmerkung. Trotz der hervorgehobenen Unterschiede erscheint die specifische Verschiedenheit der vorstehenden Art von *Arg. Coquereli*, Vins. insofern nicht ganz zweifellos, als die — ziemlich allgemein gehaltene — Beschreibung Vinson's nicht nach der Natur, sondern nach einer von Coquerel entworfenen Abbildung jener Art gemacht zu sein scheint und letztere, trotz ihrer Eleganz, in Einzelnheiten möglicher Weise nicht ganz correkt sein könnte. In jedem Fall weichen die sansibarischen Exemplare der *Arg. suavissima* von der Abbildung der Vinson'schen Art in der Bindenzeichnung des Hinterleibes nicht unwesentlich ab.

Nephila, Leach.

Zoolog. Miscell. II. p. 133.

Epeira, Walck.

42. *Nephila hymenaea*, n. sp.

Taf. XVIII. Fig. 11.

Nigro-picea, cephalothorace alte bituberculato, niveo-cincto, pedibus glabris, palpis apice excepto, pedum anteriorum annulis femoralibus et tibialibus binis, posteriorum femoribus totis, posticorum insuper annulo tibiali apicali late aurantiacis; abdomine olivaceo-fusco, albo-pruinoso, plagis quatuor transversis dorsalibus vittisque duabus lateralibus ex anteriore prodeuntibus flavis. Long. corp. 22, cephaloth. 9½, femor. ant. 13½, tars. ant. 14½ mill. ♀.

Der *Neph. Keyserlingii*, Blackw. (Annals of nat. hist. 3. ser. XVI. p. 343) in der Färbung und Zeichnung der Beine nahe stehend, aber beträchtlich kleiner und u. A. durch die Bindenzeichnung des Hinterleibes abweichend. Cephalothorax um die Hälfte länger als breit, mit fast parallelseitigem, gegen die äusseren Ocellenhöcker hin stumpf abgerundetem Vordertheil, zwei starken, kurz und stumpf kegelförmigen Mittelhöckern und mässig tiefem Quereindruck hinter denselben; die Oberseite glänzend schwarz, fein punktirt, nach vorn hin leicht metallisch schimmernd, längs des ganzen Seitenrandes und in Form einer mittleren Querbinde weiss befilzt. Kieferfühler gleichfalls glänzend pechschwarz, innerhalb rostigbraun behaart. Taster licht rothgelb, mit lebhaft rostrothem, an der Spitze schwärzlich pechbraunem Endgliede; letzteres schwärzlich behaart und bedornt. Maxillen länglich viereckig, gleich breit, mit stumpf abgerundeten Aussenecken; am Innenrand scherbengelb, sonst pechbraun. Kinnplatte so lang wie breit, nach vorn stumpf lanzettlich verschmälert, pechbraun, mit rostrother, vorn verbreiterter mittlerer Längsbinde. Sternum kaum herzförmig, mehr von der Form eines länglichen Dreiecks mit abgestumpften Winkeln; die beiden Seitenwulste des Vorderrandes stärker ausgeprägt als der mittlere. Grundfarbe schwarz; eine nach vorn kelchförmig erweiterte, bei der Mitte ihrer Länge eingeschnürte mittlere Längsbinde gleich den beiden vorderen Seitenwulsten orangefarben. Beine dünn, ohne alle längere und dichtere Behaarung, an Schenkeln und Schienen nur sparsam, an den Tarsen dichter mit warzenartigen Höckerchen besäet, schwärzlich pechbraun, glänzend; an den beiden vorderen Paaren Hüften und Trochanteren gelb gefleckt, das grössere Basaldrittheil und ein Ring vor der Spitze der Schenkel, zwei Ringe am zweiten Schienengliede, von denen der eine nahe der Basis beginnt, der andere die Spitze einnimmt, so wie die äusserste Basis des Metatarsus orangegelb. Am dritten und vierten Paare von gleicher Färbung der ganze Schenkel bis auf die Kniespitze, am dritten ausserdem ein Fleck an der Aussenseite des zweiten Schienengliedes nahe der Basis, am vierten ein breiter Endring der Schiene. Hinterleib olivenbraun, oberhalb sehr fein und dicht weisslich bereift, schimmelicht erscheinend; vier hinter einander liegende quere Rückenflecke, von denen die beiden vorderen der Länge sowohl wie der Breite nach umfangreicher sind, so wie jederseits eine von dem vordersten Fleck ausgehende, nach hinten in Flecke aufgelöste Längsbinde goldgelb. Mittelfeld der Bauchseite tief und matt schwarz; zwei von der Basis bis zum Hinterrande der Geschlechtsöffnung reichende Längsstriemen, ein unmittelbar hinter derselben liegendes Querband, zwei schräge, zackige Flecke zwischen dieser und dem Spinnfelde, so wie vier das letztere umgebende punktförmige Flecke rothgelb.

Ein einzelnes weibliches Exemplar dieser schönen Art stammt aus dem Dschagga-Lande (Dafeta).

43. *Nephila obsoleta*, n. sp.

Nigra, cephalothorace obsolete bituberculato, cano-piloso, pedibus longissimis, totis rufo-piceis: femoribus omnibus granulosis, anterioribus fusco-pilosis, tibiis anterioribus rufescenti-fimbriatis: abdomine cerino, supra pallidiore. Long. corp. 21, cephaloth. 9, femor. ant. 16, tars. ant. 23 mill. ♀.

Cephalothorax mit breiterem und kürzerem, seitlich mehr gerundetem Vordertheil als bei der vorhergehenden Art, die beiden Mittelhöcker seiner Oberseite zwar nicht höher, aber freier heraustretend und etwas nach vorn geneigt; der vordere Theil nur beiderseits, der hintere durchweg und dicht greisgelb befilzt, der Seitenrand des letzteren dicht und fein tuberkulirt. Kieferfühler gleich dem Cephalothorax pechschwarz, innen russig braun behaart. An den Tastern die beiden Endglieder dunkel, die Basalglieder dagegen licht rothbraun. Maxillen mit gelblichem Innenrande; Kinnplatte an der Spitze in weiterer Ausdehnung, Sternum ringsherum schmal rostroth gesäumt; an letzterem der Mittelhöcker des Vorderrandes am stärksten erhaben, nächstdem die dem dritten Beinpaare entsprechenden Seitenwulste. Beine einfarbig pechbraun mit etwas lichteren Hüften und Trochanteren. Alle Schenkel durch zahlreiche warzenartige Erhabenheiten rauh, diejenigen des ersten und zweiten Paares innen und hinten, des zweiten ausserdem auch vorn ziemlich lang braun behaart. Schienen nur sehr vereinzelt gehöckert, dagegen mit zahlreichen, fein aufgestochenen Pünktchen dicht bedeckt; diejenigen des ersten Paares im Bereich der Basalhälfte innerhalb, der Spitzenhälfte vorn mit längeren rothgelben Haaren ziemlich dicht gewimpert, diejenigen des zweiten nur gegen die Basis hin und sparsamer behaart. Hinterleib braungelb, oben lichter, seiner Haarbekleidung bei dem einzigen vorliegenden, mangelhaft conservirten Exemplare dem grösseren Theile nach beraubt; oberhalb gegen die Basis hin zeigt sich dieselbe einfarbig und licht gelb, beiderseits und gegen das hintere Ende hin in Form kleiner heller Tupfen.

Ein weibliches Exemplar, gleichfalls aus dem Dschagga-Lande (Dafeta).

44. *Nephila dasycnemis*, n. sp.

Rufa, cephalothorace supra cerino-piloso, obsolete bituberculato, palporum basi coxisque ferrugineis, pedum anteriorum et posticorum tibiis totis, horum insuper metatarsis basi dense fusco-hirtis: abdomine brunneo, punctis numerosis plagaque magna dorsali argenteo-sericeis. Long. corp. 20½, cephaloth. 8½, femor. ant. 15, tars. ant. 20 mill. ♀.

Durch die ihrer ganzen Länge nach dicht behaarten Schienen mit *Neph. clavipes* (*Aranea clavipes*, Lin., Syst. nat. ed. XII. p. 1034. No. 27) und *Neph. fenestrata*, Thor. (Fregatt. Eugenies resa, Arachnid. p. 33) zunächst verwandt, von letzterer jedoch schon durch die Färbung des Cephalothorax und der Beine, die Zeichnung des Hinterleibes u. s. w. abweichend. Cephalothorax um die Hälfte länger als breit, bei der Mitte seiner Länge mit zwei kleinen warzenförmigen, rostrothen, aus der dichten rehbraunen Befilzung der Oberfläche hervorragenden Tuberkeln; Vordertheil gegen die Ocellengegend hin seitlich gerundet erweitert, mit nacktem, rostrothem Stirnrande; der Seitenrand des hinteren Theiles oberhalb des zweiten bis vierten Hüftenpaares grob gehöckert. Kieferfühler etwas dunkler als der Cephalothorax, fast blutroth, an der Basis und längs des Innenrandes graubraun behaart, sonst glatt und glänzend, am gezähnten Endrande schwärzlich gebartet; die blutrothe Fangklaue zwischen Basis und Mitte gebräunt. Taster rostroth mit gelblichem Schenkel- und lang braun behaartem Endgliede. Maxillen und Kinnplatte rothbraun, jene am Innenrande, diese längs der Mitte rothgelb. Sternum mit hohem, fast kegelförmigem Mittelhöcker des Vorderrandes und stark erhabenen Seitenwulsten des dritten Paares; glänzend, fein querriefig, licht gelb mit rothbrauner Scheibe. Hüften der beiden vorderen Beinpaare vorwiegend gelb, die mit einem glatten Basalhöcker versehenen hinteren gleich den übrigen Beintheilen rostroth. Die Schenkel aller Paare durch dichte, körnchenartige Erhabenheiten rauh, diejenigen der beiden vorderen gegen die Spitze hin allmählig dichter, wiewohl nicht lang, russig braun behaart, die vordersten ausserdem innen nahe der Basis lang beborstet. Das zweite Schienenglied der beiden vorderen und des vierten Paares seiner ganzen Länge nach dicht und lang, bürstenartig braun behaart, ebenso das Basaldrittheil des Metatarsus am vierten Paare; letzterer ohne die den übrigen Metatarsen eigenen Stachelborsten. Hinterleib umbrabraun, beiderseits und hinterwärts gelb gewässert und zugleich mit zahlreichen silberglänzenden Haartupfen geziert; über den Rücken hin mit einem von der Grundfarbe vielfach tüpfel- und striemenartig unterbrochenen, von der Basis bis zum letzten Viertheil reichenden silberhaarigen Sattelfleck. Mittelfeld des Bauches mit einigen schmalen Querstriemen von lichter Färbung und gleichfalls silberweisser Behaarung.

In einem weiblichen Exemplare von der Insel Sansibar vorliegend.

45. *Nephila cothurnata*, n. sp.

Rufa, cephalothorace supra alte bituberculato, radiatim argenteo-piloso, palpis pedibusque ferrugineis: pedum anteriorum et posticorum tibiis ante apicem late fusco-penicillatis flavescenti-annulatis, posticorum etiam metatarsis basi densius pilosis: abdomine cervino, fascia subbasali vittisque duabus ex illa procurrentibus, postice in strigas dissolutis argenteo-sericeis. Long. corp. $16\frac{1}{2}$, cephaloth. 7, femor. ant. 12, tars. ant. $10\frac{1}{2}$ mill. ♀.

Der *Neph. plumipes*, Koch (Arachnid. VI. p. 138. Fig. 589), sehr nahe verwandt, aber durch den zweihöckerigen Cephalothorax, die Färbung dieses sowohl wie der Kieferfühler und der Hintertarsen, die viel geringere Grösse u. s. w. abweichend. Cephalothorax mit Einschluss der Kieferfühler rostroth, letztere mit Ausnahme der russig braun behaarten Innenseite, ersterer im Bereich der Ocellenhöcker und des Stirnrandes glatt und glänzend; seine Rückenfläche sparsam beborstet, vor den beiden spitz kegelförmigen Mittelhöckern, längs der Seitenränder und den Beinansätzen entsprechend radiär silberweiss, dazwischen graubraun befilzt. Vordertheil ziemlich stark ansteigend, gewölbt, nach vorn deutlich verbreitert; der Seitenrand des hinteren Theiles glatt, ohne Höcker. Taster mit licht gelbem Schenkelgliede, gegen die Spitze hin allmählig dunkler rostroth, lang schwarzborstig. Maxillen und Kinnplatte licht braunroth, rostfarben gesäumt, letztere etwas länger als breit, stumpf lanzettlich. Sternum schmal herzförmig, mit starkem vorderem Mittelhöcker und deutlichen Seitenwulsten des dritten Paares. Hüften dunkler rostfarben als die Schenkel, diejenigen der beiden hinteren Paare mit glattem Höcker. Schenkel des ersten und zweiten Paares mit zahlreicheren Stachelborsten und gegen die Spitze hin dichter kurz behaart als die hinteren. Zweites Schienenglied der beiden vorderen Paare in der Mitte lichter gelb geringelt, im Bereich der kürzeren Endhälfte dicht bürstenartig schwarzbraun behaart, sonst mit dunkelen Stachelborsten nur sparsam besetzt. Am vierten Paar das zweite Schienenglied fast bis zu seiner Basis hinauf schwarzbraun bebürstet, ebenso das erste Drittheil des Metatarsus, welches zugleich dunkler gefärbt erscheint als der übrige Fuss. Metatarsen der beiden vorderen Beinpaare sehr lang, diejenigen des ersten und dritten mit besonders zahlreichen, des vierten nur mit vereinzelten Stachelborsten besetzt. Hinterleib umbrabraun mit lichterem, mehr gelblichem Rücken und schwärzlicher Bauchfläche; ein oberhalb hinter der Basis verlaufendes, breites Querband und zwei von demselben ausgehende seitliche Längsstriemen, welche sich bald in mehrere feine Linien auflösen, ebenso zwei Längsreihen von Punkten auf dem Mittelfelde des Rückens und zahlreiche am hinteren Leibesende dicht silberfarbig behaart.

Gleichfalls von der Insel Sansibar und nur im weiblichen Geschlechte vorliegend. Bei einem jugendlichen Exemplare von nur 8 mill. Körperlänge sind die beiden Höcker des Cephalothorax noch nicht ausgebildet.

46. *Nephila amoenula*, n. sp.

Testacea, glabra, nitida, cephalothorace inermi, nigro-trivittato, antice cum falcibus sanguineo, tibiis tarsisque ferrugineis, fusco-pilosis: abdomine flavescenti, maculis duabus basalibus vittaque dorsali media nigris, strigis duabus lateralibus purpureis signato. Long. corp. 8½, cephaloth. 3, femor. ant. 6½ mill. ♀.

Eine auffallend kleine, ebensowohl durch ihre zierliche Färbung und Zeichnung, wie durch die glatte Oberfläche des Cephalothorax ausgezeichnete Art. Der Vordertheil des letzteren gegen die Ocellenhöcker hin verschmälert und ansteigend, kissenartig gewölbt, glänzend blutroth, mit breiter schwärzlicher, sich auf die scherbengelbe hintere Hälfte fortsetzender mittlerer Längsstrieme; die Seitenränder des hinteren Theiles gleichfalls, aber schmaler schwarz gebändert. Kieferfühler licht blutroth, glänzend, mit pechbrauner Fangklaue; Maxillen und Kinnplatte pechbraun, rostroth gesäumt. Sternum schwärzlich, beiderseits licht roth gerandet. Hüften, Trochanteren und Schenkel scherbengelb, Schienen und Tarsen rostroth, besonders erstere an der Spitze deutlich gebräunt. Schenkel oberhalb mit fünf bis sechs langen schwärzlichen Stachelborsten, nahe der Basis lang und sperrig, im Uebrigen nur kurz und anliegend, gegen die Spitze hin übrigens allmählig dichter behaart. Das zweite Schienenglied der beiden vorderen und des vierten Paares gegen die Spitze hin allmählig länger und dichter, obwohl keineswegs bürstenartig, der Metatarsus beträchtlich kürzer und dünner schwarzbraun behaart; alle vier Schienenpaare am Ende des Basalgliedes und jenseits der Mitte des zweiten mit je einer längeren schwarzen Stachelborste versehen. Hinterleib (nach einem einzelnen getrockneten Exemplare) oberhalb und beiderseits licht gelb, unterhalb blass olivengrün; zwei dreieckige Basalflecke und eine mittlere Längsbinde der Rückenseite tief schwarz, zwei schmalere Seitenstriemen purpurroth. Das olivengrüne mittlere Bauchfeld jederseits durch eine schwärzliche, in der Mitte roth gefleckte Längsbinde begrenzt.

Ein weibliches Exemplar von den Bura-Bergen.

47. *Nephila sumptuosa*, n. sp.

Taf. XVIII. Fig. 12.

Nigra, cephalothorace supra bituberculato, dense argenteo-piloso, palporum articulo basali femoribusque sanguineis, albo-sericeis, tibiis tarsisque infra dense aculeatis: abdomine olivaceo-fusco, supra argenteo-serico, fascia subbasali, vittis duabus ex illa prodeuntibus lateralibus maculisque decem biserialis intermediis aurantiacis. Long. corp. 25—38, cephaloth. 10—14, femor. ant. 15—21, tars. ant. 18½—27 mill. ♀.

Aus der Verwandtschaft der *Neph. chrysogaster* (*Epeira chrysogaster*, Walck., Aptères. II. p. 92. No. 82. — *Neph. fuscipes*, *Koch, Arachnid. VI. p. 136. Fig. 528), *Neph. femoralis* (*Epeira femoralis*, Lucas, Archiv. entom. II. p. 414. pl. 12. fig. 4. — *Neph. vittata*, Keyserl., Beschreib. neuer Arten d. Fam. Orbitelae. p. 142. Taf. 5. Fig. 1) und *Neph. inaurata* (*Epeira inaurata*, Walck., Aptères. II. p. 94. No. 85. Vinson, Aranéid. de Réunion. pl. 5. Fig. 1); von ersteren beiden schon durch die Färbung der Beine, von allen dreien überdies durch die Fleckenzeichnung des Hinterleibsrückens abweichend. Cephalothorax nur um ein Dritttheil länger als breit, abgestumpft oval, hinter den beiden kurzen, kegelförmigen Mittelhöckern tief doppelgrubig eingedrückt, der vordere Theil nur leicht ansteigend, der Seitenrand des hinteren ohne Tuberkeln; die Oberseite tief schwarz, nur bei unausgefärbten Individuen röthlich pechbraun, mit weissem, silberglänzendem Filz dicht und ziemlich gleichmässig bekleidet. Stirnrand und Kieferfühler glänzend schwarz, letztere an der Basis kurz und sparsam, am Innenrande lang und dicht schwarzborstig. Taster mit rostrothem Schenkel- und rothbraunem zweitem Gliede; jenes unterhalb weissfilzig, die beiden Endglieder schwarzborstig. Maxillen und Kinnplatte pechschwarz, letztere mit blutrother Mittelstrieme. Sternum schmal und zugespitzt herzförmig, glänzend pechschwarz, der mittlere Vorderrands-Höcker, die drei Paar Seitenwulste und die Spitze in weiterer Ausdehnung blutroth. Hüften, Trochanteren und Schenkel licht blutroth, dicht und anliegend silberweiss behaart, letztere in Längsreihen schwarz gedörnelt und oberhalb, besonders gegen die Spitze hin, mit längeren Stachelborsten besetzt. Schienen und Tarsen durchaus schwärzlich braun, russig behaart und unterhalb dichter mit schwarzen Stachelborsten (besonders stark am zweiten Schienengliede) besetzt. Hinterleib von der Basis gegen das hintere Ende hin allmählig kegelförmig verschmälert, fahl olivenbraun, oberhalb dicht seidig, silberweiss behaart, diese Behaarung jedoch nicht gleichmässig, sondern vielfach von nackten Punkten und Wellenlinien unterbrochen, anderwärts dagegen wieder verdichtet. Ein hinter der dünner befilzten und daher dunkel schiefergrau erscheinenden Basis verlaufendes Querband, zwei von dessen Seiten ausgehende, in Flecke aufgelöste Längsstriemen so wie fünf Paar auf dem Mittelfelde liegende Fensterflecke, von denen diejenigen des ersten weit getrennt, die des zweiten grösser als alle übrigen und abgerundet quadratisch sind, orangegelb gefärbt. Bauchseite gelb gefleckt und bandirt, das Mittelfeld hinter der Geschlechtsöffnung mit einer fast sanduhrförmigen, durch eine mittlere Längslinie getheilten lichten Haarzeichnung auf gelbem Grunde; von gleicher Färbung zwei hinterwärts gegabelte, vor der Geschlechtsöffnung liegende Striemen.

Von dieser prachtvollen Art liegt eine grössere Anzahl weiblicher Exemplare aus dem Inneren des Sansibar-Gebietes und aus der Umgegend von Mombas, ein einzelnes unausgefärbtes auch aus dem Galla-Lande (R. Brenner) vor.

48. *Nephila argyrotoxa*, n. sp.

Nigra, cephalothorace supra bituberculato, radiatim argenteo-piloso, palporum articulo basali, femoribus tibiisque sanguineis, his apice piceis, cyaneo-micantibus, posticis densius nigro-pilosis: abdomine olivaceo-fusco, dorso medio ferrugineo-lavato, vittis duabus latis lateralibus, pone basin arcuatim conjunctis et postice in lineas numerosas undulatas, ventrem versus descendentes dissolutis dense argenteo-sericeis. Long. corp. 34—40, cephaloth. 12—16, femor. ant. 21, tars. ant. 27—30 mill. ♀.

Der vorhergehenden Art nahe verwandt, jedoch durchschnittlich noch grösser und durch die Behaarung des Cephalothorax, das einfarbige Sternum, die blutrothen Schienen, die Zeichnung des Hinterleibes u. s. w. constant verschieden; von *Neph. inaurata*, Walck. (Aptères. II. p. 94. No. 85) nach der Beschreibung und der von Vinson (Aranéid. de Réunion. pl. 5. Fig. 1) gegebenen Abbildung zu urtheilen, durch das viel schmalere helle Mittelfeld, die dagegen ungleich breitere silberhaarige Hufeisen-Zeichnung des Rückens, die blutroth geringelten Hinterschienen u. s. w. abweichend. - Cephalothorax mit Ausnahme des etwas breiteren, seitlich bauchiger gerundeten Vordertheiles und die etwas höheren Mittelhöcker von gleicher Bildung wie bei *Neph. sumptuosa*, auf tief schwarzem Grunde jedoch nicht gleichmässig dicht, sondern den Vertiefungen entsprechend mehr fleckig und strahlig silberweiss befilzt; die ganze Oberseite reich schwarz beborstet, der Seitenrand des vorderen Theiles dicht schwarzhaarig. Kieferfühler ohne wesentliche Unterschiede; Taster meist nur im Bereich des Schenkelgliedes lichter, mehr rothbraun gefärbt. Kinnplatte und Sternum ohne alle rothe Fleckung; erstere nur rostroth gesäumt, an letzterem der Mittelhöcker des Vorderrandes und die Seitenwulste des dritten Paares besonders stark erhaben. Schenkel dunkler blutroth, die beiden vorderen Paare zuweilen unterhalb bis gegen die Mitte hin geschwärzt; das zweite Schienenglied mit Ausnahme der pechbraunen, stahlblau schimmernden Basis und Spitze blutroth, an den beiden vorderen Paaren auch oberhalb mit zahlreichen schwarzen Stachelborsten besetzt, am vierten gegen die Spitze hin länger und dichter, auch weiter gegen die Basis hinaufreichend schwarz behaart. Am Hinterleib der vordere Absturz und die Seiten düster, fast schwärzlich olivenbraun, die Mitte des Bauches lichter, das Mittelfeld des Rückens rothgelb, bald blasser und weitläufiger, bald dunkler und dichter braun marmorirt; eine dieses lichtere Rückenfeld vorn und seitlich umfassende, ihm an Breite gleich kommende hufeisenförmige Binde, deren beide Aeste seitlich gegen den Bauch hin zahlreiche feine Wellenlinien aussenden und sich beim Beginn des letzten Drittheils der Leibeslänge ganz in solche auflösen, dicht silberweiss seidenhaarig.

Gleichfalls nur in weiblichen Exemplaren von Mombas und aus dem Inneren des Sansibar-Gebietes vorliegend.

Nephilengys, Koch.

Arachnid. Austral. p. 143.

49. *Nephilengys genualis*, n. sp.

Nigro-picea, palporum basi, femoribus apice excepto, tibiarum annulo basali lato metatarsisque rufis, sterno sanguineo, abdominis basi maculisque sex ventralibus flavis: cephalothoracis parte anteriore setis erectis rigidis obsito. Long. corp. 23, cephaloth. 10 mill. ♀.

Cephalothorax schwärzlich pechbraun mit lichterer Basis, dünn bräunlich behaart, auf dem stark gewölbten Vordertheil mit starken schwärzlichen Stachelborsten besetzt; der mittlere Eindruck des hinteren Theiles sehr tief, quer elliptisch, hinter demselben jederseits zwei kleinere, grubenförmige. Stirnrand und Basis der tief pechschwarzen Kieferfühler schwarz beborstet; Maxillen und Kinnplatte pechbraun, breit rostfarben gesäumt. Sternum licht blutroth, glänzend, zerstreut schwarz beborstet, flach, ohne merkliche Randwulste. An den rostrothen Beinen die Hüften, Trochanteren, die Spitze der Schenkel, das erste Schienenglied, die kleinere Spitzenhälfte des zweiten so wie das Ende der Tarsen pechbraun, die Metatarsen blutroth mit lichterer Basis. Hinterleib schwarzbraun mit licht ledergelbem vorderem Absturz in mondsichelförmiger Abgrenzung gegen den Rücken hin; das Mittelfeld der Bauchseite mit vier im Quadrat liegenden gelben Flecken, von denen die beiden grösseren vorderen der Geschlechtsöffnung unmittelbar folgen; nach aussen und zugleich nach hinten von diesen noch zwei gleichfarbige Seitenflecke.

Ein einzelnes weibliches Exemplar von Mombas.

Myriopoda.

Isopoda.

—

(MYRIOPODA.)

Ordo I.

Chilognatha, Latr.

Fam. Julidae, Leach.

Spirostreptus, Brandt.

Bullet. d. natur. de Moscou. VI. p. 203.

Julus auct.

A. Pygidium oberhalb unbewehrt; letzter Leibesring nicht dornartig ausgezogen.

a) Fühler schlank, mit länglichen Gliedern.

*) Körperoberfläche oberhalb der Foramina repugnatoria grob gerunzelt.

1. *Spirostreptus xanthodactylus*, n. sp.

Modice elongatus, prothoracem versus perspicue incrassatus, supra rugoso-coriaceus, niger, subopacus, clypeo rufo-castaneo, antennis pedibusque articulo terminali fulvis. Long. 118, lat. corp. med. 7, prothor. 7½, mill. ♀.

Eine durch ihre Skulptur sehr ausgezeichnete Art von nur mässig gestrecktem Körper, welcher sich gegen den Prothorax hin deutlich verdickt, nach hinten stumpf kegelförmig ausläuft. Zwischen Kopf und Pygidium 61 Ringe. Färbung tief schwarz mit mattem Glanz, der Clypeus und der Saum des Prothorax röthlich kastanienbraun, die Fühler und das Endglied aller Beine mit Einschluss der Endklaue licht rothgelb. Scheitel beiderseits stärker als in der Mitte lederartig gerunzelt, tief längsfurchig, gegen die Stirn hin durch eine etwas seichtere Querfurche abgegrenzt. Stirn zwischen den Fühlern zu zwei erhabenen Längswulsten aufgetrieben; Clypeus oberhalb grob gerunzelt, unterhalb fein punktirt, mit schwach ausgebuchtetem, grubig eingestochenem, geschwärztem Endrande, über welchem drei punktförmige Grübchen stehen. Augen an ihrer breitesten Stelle mit neun Querreihen von Facetten. An den Fühlern das zweite Glied fast um ein Drittheil länger als das dritte, das vierte und fünfte ziemlich gleich lang. Prothorax noch etwas breiter als die mittleren Körperringe, am Vorder- und Hinterrande gröber als auf der Scheibe punktirt und die Punkte hier deutlich zu Runzeln zusammenfliessend; gegen die Seiten hin stark verengt, mit rechtwinkelig auf den

Hinterrand stossendem Seitenrande. Von den fünf mit letzterem parallel laufenden Furchen ziehen sich die dritte und fünfte weiter längs des Vorderrandes hin. Die folgenden Ringe beiderseits in gewöhnlicher Weise längsriefig, oberhalb auf ihrer vorderen Artikulationsfläche der Länge nach fein ciselirt und mit zwei Querriefen versehen, auf der etwas erhöhten freien hinteren Hälfte bis zu den Foramina repugnatoria herab grob, fast rindenartig längsrunzlig punktirt. Endring fein lederartig gerunzelt, mit kurzer, stumpf abgerundeter Spitze des Hinterrandes. Lamina subanalis grober gerunzelt, kurz, breit abgerundet. Pygidium fein und verloschen punktirt, mit breit abgesetztem, leicht gerunzeltem Endrande.

In einem einzelnen weiblichen Exemplare von der Sansibar-Küste vorliegend.

**) Körperoberfläche glatt oder wenigstens ohne deutliche Skulptur.

2. *Spirostreptus procerus*, n. sp.

Elongatus, caput versus sensim attenuatus, nigro-fuscus, annulis singulis anguste rufescenti-cinctis, clypeo antennisque rufo-brunneis, pedibus ferrugineis, anoque apicem versus piceis. Long. 211, lat. corp. med. 13½ mill. ♂.

Körper langgestreckig, nach vorn hin bis etwa zum achten Ringe allmählig (von 13½ bis auf 12 mill.) verschmälert, sodann bis zum zweiten Ringe wieder etwas dicker werdend, hinten stumpf kegelförmig endigend. Zwischen Kopf und Pygidium 67 Ringe. Färbung pechschwarz, mit schmaler rostrother Bänderung des vorderen Theiles der einzelnen Ringe, besonders gegen die Unterseite des Körpers hin; Clypeus und Prothoraxsaum dunkler, Fühler etwas lichter rothbraun, die Beine unterhalb rostfarben, oberhalb im Bereich der drei letzten Glieder pechbraun. Kopf glatt, glänzend, Scheitel mit feiner Mittelfurche; Stirn innerhalb der Fühlerinsertion je mit einem seichten Grübchen; Clypeus mit geschwärztem, verloschen punktirtem Endrande. Augen mit acht Querreihen von Facetten. An den Fühlern das zweite Glied nur um ein Viertheil länger als das dritte, das fünfte merklich kürzer als das vierte und gleich dem sechsten geschwärzt. Prothorax seitlich weit herabgezogen und daselbst fast halbkreisförmig abgerundet; dem etwas aufgewulsteten Seitenrande schliesst sich hinterwärts eine Falte dicht an, während zwei andere, weiter oberhalb verlaufende und bogig geschwungene hinter den Augen in den Vorderrand einmünden. An den folgenden Ringen die vordere Artikulationsfläche deutlich querriefig, die hintere Hälfte oberhalb glatt, beiderseits — und zwar im Bereich der zwölf vorderen Ringe bis über die Foramina repugnatoria hinauf längsriesig. Endring in der Mitte des Hinterrandes nur mit schwachem und breit abgerundetem, durch einen Eindruck abgesetzten Vorsprung, dessen Oberfläche lederartig gerunzelt erscheint. Lamina subanalis breit abgerundet, feinrunzelig. Pygidium leicht erzglänzend, mit schmal abgesetztem Endrande.

Ein einzelnes männliches Exemplar von der Sansibar-Küste.

Anmerkung. Es scheint diese Art mit dem *Spirostr. Seychellarum*, Gerv. (Aptères IV. p. 172. No. 85. — *Julus insularum Seychellarum*, Desjard., Annal. soc. entom. de France IV. p. 171) in sehr naher Verwandtschaft zu stehen und könnte fast für denselben gehalten werden, wenn nicht Gervais für die Prothoraxseiten ausser der Randfalte nur eine geschwungene Furche erwähnte. Desjardins giebt übrigens die Zahl der Körperringe bei seinem der Aufstellung jener Art zu Grunde liegenden Exemplare als zwischen 69 und 76 schwankend an.

3. *Spirostreptus pyrrhozonus*, n. sp.

Elongatus, capite versus apicem attenuatus, rufo-ferrugineus, fusco-cingulatus, prothoracis lateribus quadriplicatis, & magis productis et subauriculatis. Long. 160—180, lat. corp. med. 9—9½ mill. ♂♀.

Körper schlank und langgestreckig, nach vorn bis gegen den siebenten Ring hin allmählig dünner werdend, von da an bis zum Prothorax aber wieder etwas an Stärke annehmend, das hintere Ende stumpf kegelförmig verjüngt. Zwischen Kopf und Pygidium 57 bis 62 Ringe. Körper mit Einschluss des Kopfes und Pygidiums lebhaft röthlich gelbbraun, die einzelnen Ringe vor dem Endsaume mit dunkel oliven braunem Bande; Fühler und Beine licht rostfarben. Scheitel sehr fein und verloschen gerunzelt, mit linienartiger Längsfurche; Stirn und Clypeus leicht gewölbt, letzterer in seinem oberen Theil schwach und unregelmässig längsfaltig, oberhalb des flach ausgebuchteten und schwärzlich punktirten Endrandes glatt und hier mit drei mittleren Grübchen versehen. Augen mit sieben Querreihen von Facetten. Zweites Fühlerglied nur um ein Viertheil länger als das dritte, das fünfte nur wenig kürzer als das vierte. Prothorax beim Weibchen seitlich nicht tiefer herabreichend als der zweite Ring, sein Vorderrand in gerader Richtung gegen den Seitenrand hin verlaufend und mit diesem unter einem abgerundeten Winkel verbunden; beim Männchen dagegen den zweiten Ring beträchtlich nach unten hin überragend, sein Vorderrand, bevor er in den Seitenrand übergeht, deutlich nach vorn abbiegend und daher mit diesem einen leicht heraustretenden, ohrartigen Zipfel mit stark verdicktem Rande bildend. Oberhalb des Seitenrandes bei beiden Geschlechtern zunächst drei kurze, sodann eine lange Falte, letztere unter S-förmiger Schwingung in den Vorderrand, hinter den Augen einmündend. Die Oberfläche der folgenden Ringe über den Rücken hin sehr fein lederartig gekörnt und dadurch etwas matt, beiderseits in gewöhnlicher Weise längsriefig. Endsegment in der Mitte seines Hinterrandes stumpf schneppenartig ausgezogen und hier stärker lederartig gerunzelt. Lamina subanalis von ähnlicher Form und Skulptur. Pygidium mit fast aufgeworfenem, besonders beim Weibchen durch eine tiefe Furche abgesetztem, glattem Endrande.

In Mehrzahl von der **Sansibar**-Küste vorliegend. Bei den ausgewachsenen Männchen schwankt die Zahl der Körperringe zwischen 57 und 61, bei einem gleichfalls ausgewachsenen Weibchen beträgt sie 61. Ein jüngeres, lichter gefärbtes Weibchen von nur 117 mill. Länge und 7 mill. Dicke, welches übrigens bereits die volle Zahl der Beinpaare ausgebildet zeigt, besitzt nur 60. Ausserdem scheint dieser Art auch ein nur 65 mill. langes und mit 62 Körperringen versehenes, an den beiden vorletzten noch der Beinpaare entbehrendes Weibchen anzugehören, welches sich abgesehen von der helleren Körperfärbung besonders dadurch unterscheidet, dass die Beine nur im Bereich der zehn vorderen Ringe licht rostgelb gefärbt sind, sodann aber allmählig zuerst in's Bräunliche und gegen das hintere Körperende hin sogar in's Schwärzliche übergehen. Form- und Skulptur-Unterschiede sind an diesem jugendlichen Individuum, welches in Gesellschaft der übrigen gefunden worden ist, nicht wahrzunehmen.

4. *Spirostreptus macrotis*, n. sp.

Taf. XVIII. Fig. 13.

Elongatus, prothoracem versus perspicue incrassatus, supra laevis, nitidus, nigro-olivaceus, annulis singulis ferrugineo-cinctis, capite antennisque fulvis, pedibus testaceis;

prothoracis lateribus ♂ in laminam oblongo-ovatam, apice rufo-ferrugineam productis. Long. 159, lat. corp. med. $7^{3}/_{4}$, prothor. $8^{3}/_{4}$ mill. ♂.

Dem *Spirostr. stylifer*, *Peters (Monatsber. Akad. d. Wiss. 1855. p. 77. No. 4. — Myriopod. v. Mossamb. p. 542. Taf. I, Fig. 5) nahe stehend, aber durch den viel breiteren, von den Prothoraxseiten des Männchens ausgehenden Ohrfortsatz, die Bildung der Backen, die dunkele Färbung des Pygidiums u. s. w. unterschieden. Körper langstreckig, gegen den Prothorax hin deutlich dicker werdend, nach hinten allmählig verschmälert und stumpf kegelförmig endigend. Zwischen Kopf und Pygidium 65 Ringe. Färbung glänzend und dunkel olivenbraun mit geschwärztem Hinterrand und braunrother Vorderhälfte der einzelnen Ringe; Kopf und Fühler rothgelb, die Beine noch lichter, fast scherbengelb. Kopf glänzend, mit einer die Augen passirenden pechbraunen Querbinde. Scheitel sehr zart lederartig gerunzelt, mit feiner mittlerer Längsfurche, gegen die Stirn hin durch eine Querlinie abgegrenzt. Unterhalb des Innenwinkels der Augen zwei ziemlich grosse Stirngruben. Clypeus über die Scheibe hin deutlich längsrissig, überall zugleich fein und zerstreut punktirt, ziemlich weit unterhalb der Fühler-Insertion jederseits mit tiefer Grube; sein Endrand fast quer abgeschnitten, scharf, in der Mitte eingedrückt, mit dichter Reihe feiner gebräunter Punkte. Backen mit einem — in situ von dem seitlichen Prothoraxfortsatz verdeckten — schmal dreieckigen, stumpfspitzigen rostrothen Fortsatz am unteren Winkel ihres Hinterrandes, sie selbst gleich den Mandibeln licht rothgelb. Augen mit acht Querreihen von Facetten. Zweites Fühlerglied kaum um ein Viertheil länger als das dritte, das vierte und fünfte fast gleich lang. Prothorax oberhalb stark glänzend, sehr fein und verloschen punktirt, längs des Vorder- und Hinterrandes faltig; seitlich stark verengt und etwas weiter herabreichend als der zweite Ring, daselbst mit einem, aus dem unteren Theile seines Vorderrandes unter einem rechten Winkel hervorgehenden lamellenförmigen Ohrfortsatz, welcher um die Hälfte länger als breit, parallel, am Ende stumpf eiförmig abgerundet, auf der Fläche licht braunroth gefärbt und am Rande schwärzlich gesäumt ist. Derselbe überragt den unteren Rand der Backen fast mit der Hälfte seiner Länge und reicht bis ziemlich nahe an den freien Rand des Clypeus. Oberhalb dieses Fortsatzes drei von Falten begleitete Furchen, von welchen die zwei untersten kurz sind, die dritte verlängerte sich gegen den Vorderrand hin erstreckt. Die folgenden Körperringe beiderseits, wie gewöhnlich, längsrissig, oberhalb äusserst fein, aber ziemlich dicht punktirt. Endring in der Mitte des Hinterrandes wenig hervortretend und stumpf abgerundet. Lamina subanalis vorn in flachem Bogen gerundet. Pygidium nur im Bereich seiner vorderen Hälfte gewölbt und hier leicht glänzend; in der hinteren gegen den Endrand hin leicht ausgehöhlt und durch sehr dichte und feine Punktirung matter.

Ein einzelnes ausgewachsenes männliches Exemplar, mit aufgewulsteten Sohlen der beiden vorletzten Beinglieder, von der Sansibar-Küste.

5. *Spirostreptus civilis*, n. sp.

Elongatus, caput versus sensim attenuatus, olivaceo-fuscus, subtus pallidior, capite prothoraceque schistaceis, clypei margine ferrugineo, antennis nigricantibus. Long. 60, lat. corp. med. 4 mill. ♀.

Körper langstreckig, nach vorn leicht verschmälert, hinten stumpf kegelförmig endigend. Zwischen Kopf und Pygidium 58 Ringe. Färbung olivenbraun, gegen den Bauch hin lichter; die vorderen Ringe und der Kopf dunkler, schwärzlich schieferfarben, gleich den folgenden mit rostfarbenem Hintersaum; die Beine licht rothbraun, gegen das hintere Körperende hin allmählig dunkler werdend. Kopf fast glatt; Scheitel mit sehr feiner mittlerer Längslinie, gegen die Stirn hin durch eine undeutliche Querlinie abgegrenzt; diese und der Clypeus fast gleichmässig gewölbt, letzterer mit leicht ausgeschnittenem, rostrothem, fein gelb beborstetem Endrande. Augen mit sieben Querreihen von Facetten. An den Fühlern die Spitze des zweiten und die vier folgenden Fühlerglieder geschwärzt, das dritte bis fünfte nur wenig an Länge verschieden. Prothorax ringsherum licht rostgelb gesäumt, nach unten nicht ganz so weit herabreichend wie der zweite Ring; sein Vorderrand ganz allmählig und unter flachem Bogen in den kurzen, gerandeten Seitenrand übergehend; oberhalb des letzteren drei fast parallel laufende und sämmtlich in den Vorderrand ausmündende Furchen, von welchen die beiden unteren leistenförmig aufgeworfen erscheinen. Die folgenden Ringe oberhalb gleich dem Prothorax ohne deutliche Skulptur, glänzend, unterhalb in gewohnter Weise längsrissig. Endsegment von den Seiten her gegen die Mitte des Hinterrandes allmählig und stumpf dreieckig zulaufend, fein punktirt und längsrissig. Lamina subanalis in Form eines queren, stumpf sphärischen Dreiecks. Pygidium schwärzlich schieferfarben oder gleich dem Endrande des letzten Ringes röthlich pechbraun, vor dem schmal abgesetzten, glatten Endrande, besonders nach oben hin, dicht punktirt.

Von der Sansibar-Küste, nur im weiblichen Geschlechte vorliegend.

b) Fühler gedrungen, mit kurzen Gliedern.

6. *Spirostreptus brachycerus*, n. sp.

Modice elongatus, caput versus sensim attenuatus, lividus, annulis singulis ante marginem ferrugineum fusco-cinctis, capite prothoraceque — hoc utrinque quadriplicato — rufis, pedibus testaceis. Long. 91, lat. corp. med. 5½ mill. ♂.

Mässig langgestreckt, gegen den Kopf hin sehr allmählig, aber deutlich verdünnt, hinten stumpfer als gewöhnlich auslaufend. Zwischen Kopf und Pygidium 66 Ringe. Die vorderen Körperringe gleich dem Kopf einfarbig rostroth, die folgenden allmählig lichter und in der Weise mehrfarbig werdend, dass die articulirende Vorderhälfte licht graugelb, die hintere vor dem rostfarbenen Endrand braun gegürtet erscheint. Fühler rostroth mit lichterer Spitze, Beine scherbengelb. Kopf verhältnissmässig klein, mit schwach längsfurchigem Scheitel, leicht und gleichmässig gewölbter Stirn und kurzem, nach unten verschmälertem Clypeus, über dessen deutlich ausgebuchtetem, dicht punktirtem und geschwärztem Endrande vier ziemlich tiefe Grübchen in einer Querreihe liegen. Augen nur mit sechs Querreihen von Facetten. Fühler auffallend kurz, fast wie bei *Spirobolus*; das zweite Glied nur um die Hälfte länger als breit, das dritte um ein Drittheil kürzer, das vierte bis sechste nicht länger als breit. Prothorax nach unten kaum so weit herabreichend wie der zweite Ring und gegen den Seitenrand hin allmählig verengt; dieser auf den Hinterrand in einem rechten, auf den Vorderrand in einem stumpfen, nur schwach abgerundeten Winkel stossend. Von den vier beiderseits vorhandenen faltenartigen Furchen verlaufen die beiden untersten (vordersten) längs des Vorderrandes bis gegen die Augen hin, die sehr kurze dritte mehr dem Seitenrand parallel, die oberste vom Hinterrand aus gleichfalls gegen die Augen hin. Die folgenden Körperringe oberhalb glatt und glänzend, beiderseits recht scharf längsrissig, erst vom zehnten bis zwölften an allmählig feiner. Endring quer trapezoidal, mit breit abgerundetem, in der Mitte nicht hervorgezogenem Hinterrande; letzterer oberhalb durch einen leichten Quereindruck abgesetzt. Lamina subanalis mit fast gerade abgeschnittenem Endrande. Pygidium kurz, überhaupt auffallend klein, glänzend und glatt, ohne aufgeworfenen Endrand.

In einem einzelnen männlichen Exemplare von der Sansibar-Küste vorliegend.

B. Pygidium oberhalb zweidornig.

a) Letzter Leibesring mit hohem Mittelkiel; Körper kurz und gedrungen.

7. *Spirostreptus sugillatus*, n. sp.

Parum elongatus, capite vertice perspicue attenuato, niger, supra biseriatim sanguineo-guttulatus, clypeo fortiter rugoso antennarumque basi rufo-brunneis, pedibus piceis, apice extremo fulvis: prothorace utrinque trisulco, annulis sequentibus infra strigosis, supra distincte plicatis. Long. 81, lat. corp. med. 8½ mill. ♀.

Körper verhältnissmässig kurz und dick, gegen das vordere Ende hin ziemlich stark (von 8½ bis auf 6½ mill. im Prothorax) verdünnt, hinterwärts seitlich zusammengedrückt und kegelförmig angespitzt. Zwischen Kopf und Pygidium nur 50 Ringe. Grundfarbe pechschwarz; die einzelnen Ringe bauchwärts mit rostfarbener Vorderhälfte, oberhalb vom achten bis zum sechsletzten je mit zwei kleinen blut- oder purpurrothen Querflecken, welche, vor der rinnenartigen Querfurche gelegen, zwei dorsale Längsreihen darstellen. Stirn, Clypeus und Fühlerbasis braunroth; Beine pechbraun, mit rothgelber Spitze des Endgliedes. Scheitel fein chagrinirt, mit scharf ausgeprägter mittlerer Längsfurche, gegen die Stirn hin durch eine gleichfalls sehr deutliche Querrinne abgesetzt. Der untere Theil der Stirn und der Clypeus grobwulstig, letzterer zu beiden Seiten stark quergerunzelt, weit herabreichend, durch eine sehr tiefe, dreieckige mittlere Ausbuchtung seines Endrandes zweilappig erscheinend, die beiden Lappen spitz zugerundet, der Endsaum in weiter Ausdehnung pechbraun. Augen mit sechs Querreihen von Facetten, die beiden vordersten auffallend klein. Fühler selbst für einen *Spirostreptus* auffallend schlank, vom dritten Gliede an pechbraun, die beiden letzten sogar tief schwarz; das dritte nur um ein Fünftheil kürzer als das zweite, das vierte und fünfte gleich lang und gestaltet. Prothorax schmal rostfarben gesäumt, gleich den zunächst folgenden Ringen matt schwarz, vor dem Hinterrande schwach längsfaltig, nach unten weniger weit herabgezogen als der zweite Ring und nur mässig verengt; der Seitenrand in den Vorderrand unter einem flacheren Bogen übergehend als in den Hinterrand. Ausser zwei dicht aneinandergrenzenden und den Seitenrand unmittelbar begleitenden faltenartigen Furchen noch eine vom Hinterrande ausgehende und gegen die Augen hin verlaufende breitere weiter oberhalb. Die Körperringe vom vierten an allmählig etwas glänzender werdend, beiderseits mit verhältnissmässig sehr tief eingerissenen Längsfurchen, aber auch über den Rücken hin auf fein lederartig gerunzeltem Grunde ziemlich stark und nach hinten hin allmählig dichter längsfaltig. Endring von oben gesehen spitz dreieckig, seine beiden Endränder gegen die stark ausgezogene Spitze hin bogig ausgeschweift; die Oberfläche dicht körnig gerunzelt, matt, mit einem besonders im Bereich der Endhälfte hohen, wenngleich stumpfen Mittelkiel. Lamina subanalis von der Form eines queren, gleichschenkligen Dreiecks mit abgestumpfter Spitze. Pygidium mit breit, aber schwach abgesetztem Endrande, dessen oberer Enddorn den Kiel des letzten Ringes ein wenig überragt.

Ein einzelnes weibliches Exemplar von Mombas.

b) Letzter Leibesring nicht oder kaum merklich gekielt; Körper schlank.

8. *Spirostreptus pardalis*, n. sp.

Pygidio supra et infra bispiculato, elongatus, caput versus haud attenuatus, supra laevis, nitidus, pallide olivaceus, ubique albo-rufoque maculatim variegatus vittaque dorsali ferruginea ornatus, capite prothoraceque schistaceis, antennis (apice excepto) pedibusque laete fulvis. Long. 180, lat. 5½ mill. ♂.

Eine durch die Bildung des Pygidiums und die fleckige Färbung gleich ausgezeichnete Art von langstreckigem, nach vorn hin nicht verdünntem Körper mit kegelförmig zugespitztem Hinterende. Zwischen Kopf und Pygidium 71 Ringe. Glatt und glänzend, am Kopf und den vorderen Ringen blei- oder schiefergrau, sodann allmählig in ein blasses Olivenbraun übergehend, welches überall von weisslichen und rostrothen Flecken unregelmässig unterbrochen ist, in der Mitte des Rückens aber einer rostrothen, übrigens gleichfalls weiss gescheckten Längsbinde Platz macht. Scheitel mit äusserst feiner mittlerer Längsfurche; Stirn gleichmässig, Clypeus zu beiden Seiten der Mittellinie stärker gewölbt, erstere glatt, letzterer schwach längsrissig, mit ziemlich tief ausgebuchtetem, rostrothem, längs des stark punktirten Saumes jedoch geschwärztem Endrande. Augen mit sieben Querreihen von Facetten. Fühler mässig schlank, mit schwärzlichem sechstem Gliede; das zweite um ein Viertheil länger als das dritte. Prothorax ringsherum rostfarben gesäumt, stark glänzend, wie polirt, seitlich ebenso tief wie der zweite Ring herabreichend und daselbst nur mässig verschmälert; der Seitenrand mit dem Hinterrande unter einem rechten Winkel zusammenstossend, in den Vorderrand unter ziemlich starker Rundung direkt übergehend. Ausser einer dem Seitenrande unmittelbar anliegenden und mit ihm in den Vorderrand übergehenden Falte nur noch eine, in weiterer Entfernung vom Hinterrande ausgehende und beim unteren Augenwinkel in den Vorderrand ausmündende Furche. Hinterkörper sehr allmählig, etwa im Bereich der letzten zwanzig Ringe verschmälert, zuletzt seitlich comprimirt; die drei vorletzten Ringe im Verhältniss zu ihrer geringen Breite lang, der letzte fast ebenso lang wie breit, von oben gesehen fast sphärisch dreieckig, stumpf zugespitzt, durch sehr dichte und feine runzlige Punktirung matt, längs der Mittellinie kaum merklich gekielt, an der Spitze jedoch leicht wulstig aufgetrieben. Lamina subanalis quer und stumpf abgerundet dreieckig. Pygidium mit schmal abgesetztem, pechbraunem Endrande, welcher an seinem oberen Ende je in eine aufgebogene und etwas längere, an seinem unteren in eine kürzere und stumpfere Spitze ausgezogen ist, ausserdem aber noch in seinem Verlauf drei, in gleichen Abständen von einander liegende, knötchenförmige Anschwellungen erkennen lässt.

Ein einzelnes männliches Exemplar von der Sansibar-Küste.

9. *Spirostreptus scaliger*, n. sp.

Pygidio supra tantum bispiculato, elongatus, caput versus sensim attenuatus, supra laevis, nitidus, olivaceo-fuscus, vitta dorsali lata ferruginea ornatus, antennis piceis, pedibus rufo-brunneis. Long. 110, lat. corp. med. 6½ mill. ♂♀.

Der vorhergehenden Art nahe stehend, aber abgesehen von der dunkeleren Färbung des Rumpfes und der Fühler durch deutliche Verschmälerung nach vorn (von 6½ bis auf 4½ mill.) und durch den Mangel der unteren Dornspitzen des

Pygidiums unterschieden. Zwischen Kopf und Pygidium 73 Ringe. Körper glatt und glänzend, dunkel olivenbraun mit lichterem, schmutzig rostfarbenem Hintersaum der einzelnen Ringe; eine auf dem zweiten schmal und undeutlich beginnende, allmählig aber breiter werdende und bis zum Endringe reichende, scharf begrenzte mittlere Rückenbinde intensiv rothgelb. (Diese Färbung trat an den getrocknet eingesandten und fast ganz entfärbten Exemplaren beim Einsetzen in Weingeist wieder deutlich zu Tage.) Kopf dunkler, fast schwärzlich braun, mit undeutlich längsfurchigem Scheitel und dichter Längsrunzelung des oberhalb der mittleren Ausrandung liegenden Theiles des Clypeus, welcher wieder mehr röthlich pechbraun gefärbt ist. Augen mit acht Querreihen von Facetten. Fühler von gewöhnlicher Länge, dunkel pechbraun, das zweite und dritte Glied lichter, rothbraun; letzteres nur wenig kürzer als ersteres. Prothorax rostfarben gesäumt, von ganz ähnlicher Bildung wie bei *Spir. pardalis*, jedoch mit schwächer gerundetem und gegen den Vorderrand winkliger abgestutztem Seitenrande. Das hintere Körperende merklich stumpfer zugespitzt, der vorletzte Ring verkürzt und gleich dem drittletzten in der Mitte des Hinterrandes ausgebuchtet, der Endring kürzer, deutlich quer, gegen die Spitze hin beiderseits bauchiger zugerundet, seitlich weniger zusammengedrückt, oberhalb gewölbter, fein lederartig gerunzelt, ohne Spur von Mittelkiel. Lamina subanalis nicht abweichend. Pygidium im Verlauf seines schmalen Endrandes gleichfalls mit drei knötchenförmigen Anschwellungen, der unteren Enddornen jedoch entbehrend.

In einem Paare am See Jipe (October 1862) aufgefunden.

10. *Spirostreptus suavis*, n. sp.

Modice elongatus, capite versus sensim attenuatus, postice acuminatus, supra laevis, dilute cervinus, vittis duabus posterioribus sat latis plumbeis, fronte antennarumque articulis quatuor penultimis fuscis, pedibus testaceis. Long. 65—72, lat. corp. med. 4½—5½ mill. ♂♀.

Dem *Spirostr. dimidiatus*, *Peters (Monatsber. Berl. Akad. 1855. p. 79. No. 6. — Myriopod. v. Mossamb. p. 546. Taf. II. Fig. 7.) nahe stehend, aber durch die unterhalb nicht zahnartig ausgezogenen Backen, das stärker zugespitzte hintere Körperende so wie theilweise auch durch die Färbung unterschieden. Mässig langgestreckt, nach vorn sehr allmählig, aber deutlich (von 4½ bis auf 4 mill.) verdünnt, hinten spitz auslaufend. Zwischen Kopf und Pygidium beim Männchen 63, beim Weibchen 61 bis 62 Ringe. Färbung licht rehbraun; zwei besonders in der hinteren Hälfte deutlich hervortretende, zwischen den Foramina repugnatoria und der Mittellinie des Rückens jederseits verlaufende Längsstriemen bleigrau, der Hinterrand der einzelnen Ringe licht rostfarben. Kopf rothgelb bis rostroth, der Scheitel mehr oder weniger gebräunt, die Stirn über den Fühlern mit schwärzlicher Querbinde. Scheitel mit deutlicher Längsfurche, Clypeus mit stark und dicht punktirtem, gebräuntem Endsaum, oberhalb eines der mittleren Ausrandung entsprechenden Eindruckes mit fünf bis sieben, in einer Bogenlinie gelagerten Grübchen. Backen unterhalb fast quer abgestutzt, der stumpfe Hinterwinkel nur wenig weiter herabreichend als der vordere. Augen mit sieben Querreihen von Facetten. Fühler ziemlich schlank, vom dritten Gliede an schwärzlich braun, das zweite fast um ein Viertheil länger als das dritte. Prothorax mit pechbrauner Scheibe, ringsherum rostfarben gesäumt, seitlich nicht ganz so weit herabgezogen wie der zweite

Ring, nach unten hin allmählig verschmälert, der Vorderrand bogig in den abgerundeten Seitenrand übergehend; oberhalb des letzteren beim Männchen nur zwei, beim Weibchen dagegen drei mit ihm parallel laufende Furchen. Die folgenden Körperringe oberhalb äusserst fein und dicht in der Längsrichtung ciselirt. Das hintere Körperende — etwa im Bereich der zwanzig letzten Ringe — lang angespitzt, gegen das Ende hin stärker comprimirt. Die Ringe bis zum vorletzten an Länge wenig abnehmend, der Endring spitz und fast gleichseitig dreieckig, mit bogig ausgeschweiften Seiten; seine Oberfläche durch äusserst feine Ciselirung matt, nur im Bereich der Endspitze schwach gekielt. Lamina subanalis quer dreieckig, mit stumpf abgerundeter Spitze. Die beiden Dornen am oberen Ende des Pygidiums beim Männchen stärker entwickelt und den Rücken des Endringes weiter überragend als beim Weibchen; der feine Endrand zweimal knötchenförmig angeschwollen.

In beiden Geschlechtern von der Sansibar-Küste vorliegend.

Spirobolus, Brandt.

Bullet. d. natur. de Moscou. VI. p. 202.

11. *Spirobolus pulchripes*, n. sp.

Modice elongatus, subcylindricus, niger, nitidus, annulis singulis in parte basali ferrugineo- vel testaceo-cinctis, capite cum antennis, pedibus, prothoracis pygidiique marginibus rubicundis: clypeo profunde sulcato, supra marginem obsolete bipunctato, prothorace ulterius abbreviato, ♂ triquetro-attenuato, ♀ obtuse rotundato. Long. 132–137 (♂), 141 mill. (♀), lat. corp. med. $9^{2}/_{3}$–10 (♂), 11 mill. (♀).

Körper nur mässig gestreckt, entweder bis zum Kopf hin fast gleich dick oder nach leichter Verdünnung der vorderen Hälfte gegen den Prothorax wieder etwas anschwellend, das hintere Ende stumpf kegelförmig auslaufend. Zwischen Kopf und Pygidium gewöhnlich 53, in einem Fall nur 51 Ringe. Kopf, Fühler und Beine gleich der Kämmung des Prothorax und Pygidiums intensiv scharlach- oder corallenroth; der Rumpf entweder durchaus tief und glänzend schwarz oder mit einem mehr oder weniger ausgedehnten rostfarbenen Gürtel an der Basis der einzelnen Ringe. Bei einer besonders auffallenden Farbenvarietät des Männchens ist die Grundfarbe des Körpers licht scherbengelb, das Pygidium und der letzte Leibesring ganz von dieser Farbe, die übrigen Ringe am Hinterrande schwarzbraun bandirt. Kopf auf dem Scheitel mit feiner, auf dem Clypeus mit tiefer mittlerer Längsfurche, fein und zerstreut punktirt, hier und da undeutlich querrissig, überall glänzend. Stirn zwischen den Augen in Form einer Querbinde leicht geschwärzt, der Clypeus über der mittleren Ausrandung mit zwei schwachen punktförmigen Eindrücken, jederseits unterhalb der grossen Fühlergrube muldenförmig ausgehöhlt. Augen mit sechs Querreihen von Facetten. An den Fühlern das erste und dritte Glied gleich lang, von $^{3}/_{5}$ der Länge des zweiten. Prothorax beim Männchen beiderseits in Form eines fast gleichschenkligen, an der Spitze abgestumpften Dreiecks verschmälert, nach unten ebenso tief herabreichend wie der dritte und ein wenig mehr als der vierte Körperring (oder vielmehr als eine an denselben befindliche Querleiste), den tiefer abwärts steigenden und breit abgerundeten zweiten Ring fast bis zu seinem aufgewulsteten Rande bedeckend; beim Weibchen sehr viel stumpfer abgerundet endigend und weniger tief herabreichend als der dritte und vierte Ring, von dem zweiten auch noch einen Theil der oberhalb des Endrandes liegenden rissigen Oberfläche frei lassend. Die drei auf den Prothorax folgenden Ringe gleich diesem beiderseits blutroth gesäumt, unterhalb sperrig und scharf längsrissig, der vierte und die folgenden dagegen hier dicht und fein chraffirt, oberhalb vorn äusserst fein und gedrängt punktirt, hinten glatt und blank. Endring kurz, quer, sein Hinterrand beim Männchen in einen scharf dreieckigen Vorsprung, welcher jedoch nicht den Endrand des Pygidiums erreicht, ausgezogen; beim Weibchen ist dieser Vorsprung beträchtlich kürzer und stumpfer abgerundet. Lamina subanalis in Form eines stark queren, gleichschenkligen Dreiecks mit schwach bogigen Vorderseiten. Pygidium zerstreut, nach oben hin jedoch beträchtlich stärker punktirt; der glatte, rothe Endrand oberhalb viel schärfer als unten von der Fläche abgesetzt.

In beiden Geschlechtern von Mombas vorliegend.

12. *Spirobolus lumbricinus*, n. sp.

Modice elongatus, caput versus vix attenuatus, rufus, annulis singulis apice anguste ferrugineo-limbatis, prothorace utrinque rotundato-angulato, annulis sequentibus multo minus descendente. Long. 51–64, lat. corp. med. $3\frac{3}{4}$–4 mill. ♂♀.

Mässig gestreckt, nach vorn nicht merklich, hinterwärts stumpf kegelförmig verschmälert. Zwischen Kopf und Pygidium 49—51 Ringe. Färbung bei den grösseren Individuen licht achatroth, mit schmaler rostfarbener hinterer Säumung und licht olivenbrauner vorderer Bandirung der einzelnen Ringe, bei kleineren mit Ausnahme des Kopfes, Prothorax, der Fühler und Beine dunkler, mehr rothbraun. Kopf ohne wahrnehmbare Längsfurche des Scheitels und nur feiner, unterhalb jedoch rinnenartig erweiterter des Clypeus; zu jeder Seite derselben, über dem Endrande ein rundes Grübchen. Der obere Theil der Backen deutlich längsrissig. Augen mit sechs Querreihen von Facetten. An den Fühlern das zweite Glied kaum um ein Drittheil länger als das dritte. Prothorax bei den beiden Geschlechtern kaum merklich verschieden, jederseits bis zur unteren Grenze des oberen Backentheiles herabreichend, nicht regulär dreieckig verschmälert, sondern mit deutlichem, wenngleich kurzem und bogig in den Vorderrand übergehendem Seitenrande versehen; der Vorderrand jederseits durch eine ihn begleitende Furche aufgeworfen erscheinend. Zweiter Körperring gleich den folgenden ohne Unterbrechung gegen die Beine hinablaufend, ersterer daselbst zungenförmig verschmälert; die einzelnen Ringe oberhalb sehr dicht und fein punktirt, unterhalb sperrig längsrissig. Endring quer, nach hinten unter ausgeschweiften Seiten stumpf dreieckig ausgezogen, die Spitze den Endrand des Pygidiums kaum überragend. Lamina subanalis vorn flacher als hinten gerundet, quer spindelförmig. Pygidium gegen den schwach abgesetzten Endrand hin runzlig punktirt.

In Mehrzahl von der Sansibar-Küste vorliegend.

Fam. **Polydesmidae,** Leach.

Polydesmus, Latr.

Gen. Crust. et Insect. I. p. 76.

13. *Polydesmus mastophorus*, n. sp.

Taf. XVIII. Fig. 14.

Antennis gracilibus, annulorum laminis lateralibus leviter adscendentibus, margine denticulatis, annulo ultimo rotundato-quadrato, apice septemdentato: procerus, opacus, rufo-brunneus, flavo-limbatus, annulis singulis triseriatim, anterioribus altius tuberculatis, tuberculis annulorum 2. et 3. intermediis cristatim coalitis. Long. 14—17, lat. 6¼—6¾ mill. ♀.

Nach der Form des letzten Körperringes zur Gruppe *Pterodesmus*, Sauss. gehörend; dem Mexikanischen *Polyd. Klugii*, *Brandt (Recueil de mémoir. Myriap. p. 1-3, No. 22. — *Polyd. Pictcti*, Sauss., Linn. entom. XIII. p. 325) durch den schlanken Körper, die dichte Tuberkulirung der Oberseite und die aufgebogenen Flügelfortsätze der Leibesringe habituell ähnlicher als dem Guineensischen *Polyd. Thomsoni*, Lucas (Archiv. entom. II. p. 437. pl. 13. fig. 9. — *Polyd. tricuspidatus*, *Peters, Monatsber. Berl. Akad. 1864. p. 542. No. 58. — *Oxydesmus tricuspidatus*, Sauss., Verh. zoolog.-bot. Gesellsch. in Wien 1869. p. 672. No. 2), welchem die gegenwärtige Art jedoch durch die schlanken Fühler, die Kürze des Prothorax, die Zähnelung des Endringes und die in weiterer Entfernung von einander entspringenden Beine näher verwandt ist. Körper unterhalb rostfarben, oberhalb durchaus glanzlos, auf der vorderen Artikulationsfläche der einzelnen Ringe pechbraun, auf dem sattelförmigen hinteren Theil rothbraun, zuweilen mit lichteren, mehr rostfarbenen Höckern, beiderseits gelb oder licht rostroth gesäumt. Scheitel mit tiefer mittlerer Längsfurche, beiderseits von derselben und längs des Prothoraxrandes warzenförmig gerunzelt; Clypeus beiderseits mit rostfarbenem, in der Mitte mit breiterem hellgelbem Saum. Fühler rostroth, mit leicht gebräunter Spitze. Prothorax kurz, mit leicht zweibuchtigem Vorder- und stärker dreibuchtigem Hinterrande, nach hinten durch die scharf zugespitzten und seitlich herabgezogenen Hinterecken verbreitert, seine glatten Seitenrandschwielen gleich denjenigen der beiden folgenden Ringe innen scharf gerandet. Die Seitenflügel an dem Satteltheile der übrigen Ringe oberhalb der Mitte ihrer Höhe entspringend, deutlich, wenngleich nicht stark aufgebogen, von vorn nach hinten leicht ansteigend, meist mit fünf bis sechs, am zweiten (wie am Prothorax) nur mit drei, am dritten mit vier scharfen Aussenrandszähnen; über den Hinterrand des mittleren Theiles nur leicht winklig, an den drei vorletzten Ringen jedoch allmählig stärker zahnartig heraustretend. Die Tuberkulirung des zwischen den Seitenflügeln liegenden Theiles des Rückens auf dem fünften und den folgenden Ringen in drei regelmässige Querreihen angeordnet, jedoch von feinerer Granulation durchsetzt, die Tuberkeln der hintersten Reihe höher, mehr zitzenförmig. Auf den vier vordersten Ringen sondern sich die der Mittellinie zunächst liegenden Tuberkeln sehr scharf von den seitlichen, welche klein und unregelmässig zerstreut erscheinen, ab, indem sie auffallend gross und in zwei Längsreihen zu je dreien angeordnet sind; diejenigen des Prothorax sind niedriger und isolirt, die der beiden folgenden Ringe zu zwei gezackten Kämmen verschmolzen, die des vierten am höchsten. Letzter Körperring mit quer viereckigem, hinten abgerundetem und mit sieben Kerbzähnen besetztem Fortsatz, der mittelste dieser Zähne am stumpfsten und breitesten; dicht vor dem Endrande jederseits ein warzenartiger Höcker auf der sonst körnig gerunzelten Oberseite. Lamina subanalis mit zwei stumpf kegelförmigen, borstentragenden Fortsätzen von weisslich gelber Färbung; zwischen ihnen ein kürzerer Vorsprung. Beine rostgelb, lichter als die Bauchseite des Körpers.

In zwei weiblichen Exemplaren von Mombas vorliegend.

Eurydesmus, Sauss.

Myriapod. du Mexique. p. 77.

14. *Eurydesmus laxus*, n. sp.

Procerus, laxe articulatus, parum convexus, annulorum laminis lateralibus distincte reflexis, acutangulis, posterioribus sensim fortius dentatim productis: prothoracis margine basali utrinque arcuato, sicut annulorum 2. et 3. haud incrassato, pedum posteriorum articulis basalibus parce et obsolete granulatis. Long. 78, lat. 12½ mill. ♂.

Dem *Euryd. oxygonus*, *Peters (Myriopod. v. Mossamb. p. 535. Taf. I. Fig. 7), nahe stehend, aber nicht unbeträchtlich grösser, durch den seitlich nicht faltig verdickten Hinterrand der drei vordersten Körperringe, den mit seinem Basalrand beiderseits nach vorn abbiegenden Prothorax, die viel schmalere Seitenschwiele an den Flügelfortsätzen des zweiten Ringes, die länger und spitzer ausgezogenen Seitenflügel der drei vorletzten Körperringe, die sparsam und fein granulirten Basalglieder der hinteren Beinpaare u. s. w. unterschieden. — Die Färbung des einzigen, in Weingeist aufbewahrten Exemplars ist ein schmutziges Scherbengelb, mit vorderer und hinterer brauner Säumung des Satteltheiles der einzelnen Ringe; die seitlichen Schwielen der Flügelfortsätze lichter und reiner gelb, die Fühler und Beine mehr rostfarben. Oberseite des Körpers glatt und leicht glänzend. Kopf und Fühler ohne merkliche Unterschiede von *Euryd. oxygonus*, die oberhalb des Endrandes verlaufende geschwungene Linie des Clypeus jedoch stumpf, wulstig. Prothorax bei etwas bedeutenderer Länge merklich schmaler, sein Hinterrand gleich denjenigen der beiden folgenden Ringe beiderseits nicht faltig verdickt, von der mittleren Ausschweifung ab sofort stark nach vorn abbiegend, sein Seitenrand daher kürzer, schräger gegen den Kopf hin verlaufend und, ohne einen Winkel zu bilden, unter leichter Rundung in den Vorderrand übergehend. Die glatte Schwiele oberhalb seines Seitenrandes, so wie ganz besonders die entsprechende des zweiten Ringes bedeutend schmaler als bei *Euryd. oxygonus*. Die flache Wölbung des Satteltheiles der einzelnen Ringe so wie die leichte Aufbiegung seiner Seitenflügel mit jener Art übereinstimmend, letztere jedoch am zweiten und dritten Ringe merklich kürzer, was darauf beruht, dass ihr Vorderrand unter stärkerer Rundung in den Seitenrand übergeht. An den drei vorletzten Ringen sind die Seitenflügel nach hinten länger und spitzer ausgezogen als bei *Euryd. oxygonus* und zwar zeigt das hinterste Paar die Form eines schmalen und leicht gekrümmten Dornes. Der kegelförmige Fortsatz des Endsegmentes ist durch eine tiefe Querfurche abgesetzt, hinten abgestutzt. Männliche Ruthen merklich breiter als bei *Euryd. oxygonus*, am Innenrande nahe der Basis stärker gerundet und daher hier einander mehr genähert erscheinend. Der von der Hüftplatte des sechsten Leibesringes entspringende, schräg aufgerichtete Fortsatz fast von der Form eines sphärischen Dreiecks, an der Spitze mit einem deutlich abgesetzten, glänzend braunen Endknopfe versehen; der von der Hüftplatte des viertletzten Beinpaares entspringende abgeplattet, der Länge nach gefurcht, fast gleichseitig dreieckig, mit abgestumpfter Spitze, pechbraun. Lamina subanalis ohne mittleren Vorsprung zwischen den beiden warzenartigen Hervorragungen. Der aufgewulstete, glatte Endrand des sonst blass grünlich gelben Pygidiums olivenbraun. Hüften- und Trochantergllied der hinteren Beinpaare nur sparsam und mit sehr kleinen warzenförmigen Erhebungen besetzt.

Ein einzelnes männliches Exemplar von Mombas.

15. *Eurydesmus compactilis*, n. sp.

Breviusculus, arcte articulatus, satis convexus, annulorum laminis lateralibus vix reflexis, posterioribus maxime fortius productis, obtusiusculis: ♂ pedum secundi paris coxis elongatis, styliformibus. Long. 49, lat. 10½ mill. ♂ ♀.

Von kurzem, gedrungenem Körper, verhältnissmässig stark gewölbt, wenig glänzend. Färbung der in Weingeist aufbewahrten Exemplare bleich knochengelb, mit lichtbraunem Hinterrand des Sattelstheiles der einzelnen Ringe und mehr oder weniger deutlich gebräunten Hinterecken der vorderen und hintersten Seitenflügel. Fühler und Beine licht rostfarben. Scheitel mit feiner, aber scharfer mittlerer Längsfurche; Clypeus nach unten stärker verschmälert als bei der vorhergehenden Art, die geschwungene Linie oberhalb der Mitte seines Endrandes scharf, der darunter liegende Theil dicht narbig punktirt. Fühler etwas schlanker als bei *Euryd. larus*. Vorderrand des Prothorax ohne Unterbrechung und in gleichmässig flachem Bogen in den Seitenrand übergehend, sein Hinterrand ausser in der Mitte auch jederseits ausgeschweift, die Seitenwinkel daher scharf und leicht nach hinten ausgezogen; die glatte Seitenschwiele linear und unter allmähliger Verschmälerung sich auf den Vorderrand fortsetzend. Die folgenden Ringe mit stark gewölbtem Rückentheil und schmalen, unterhalb der halben Höhe angebundenen Seitenflügeln; letztere im Bereich der vorderen Ringe kaum merklich, vom fünften an allmählig deutlicher, aber auch hier nur schwach aufgebogen, von vorn nach hinten leicht ansteigend. Der zweite bis vierte Ring jederseits am Hinterrande deutlich ausgeschweift, ihre Seitenschwielen gleich denjenigen des sechsten und achten linear, wiewohl stärker aufgewulstet als am Prothorax. Die Seitenflügel vom zehnten Ringe an allmählig stärker, vom vierzehnten an selbst deutlich zahnförmig über den Hinterrand hinaustretend; der Zahnvorsprung des achtzehnten Ringes ist jedoch schon beträchtlich kürzer und stumpfer als derjenige des siebenzehnten und der kleine des neunzehnten selbst nur stumpf stiftenförmig. Der durch eine feine und scharfe Querfurche abgegrenzte Fortsatz des Endringes kurz dreieckig, mit stumpfer, fast abgestutzter, oberhalb wulstiger Spitze, welcher jederseits ein starker warzenartiger, gleich der Spitze selbst borstentragender Höcker vorangeht. Lamina subanalis fast quer sechseckig, mit kleinem Mittelhöcker zwischen den seitlichen Warzen-Vorsprüngen. Pygidium licht grau, mit glattem, gelbem Endsaume. Das Hüftglied des zweiten Beinpaares beim Weibchen in einen langen, schräg nach hinten und unten gerichteten Griffelfortsatz ausgezogen, welcher sich zwischen die Beine des dritten Paares einlegen kann.

Ausser einem ausgewachsenen weiblichen Exemplar liegt noch ein junges männliches von 31 mill. Länge und 8 mill. Breite vor, an welchem nur neunzehn Körperringe entwickelt sind. Dasselbe lässt weder schon den die Geschlechtsöffnung tragenden knopfförmigen Vorsprung am Hüftgliede des zweiten Beinpaares noch den Fortsatz an der Hüftplatte des sechsten und viertletzten Beinpaares auch nur in der Anlage wahrnehmen. An Stelle der noch nicht entwickelten Copulationsorgane finden sich am siebenten Leibesringe zwischen den Hüftgliedern des von demselben entspringenden Beinpaares zwei quer viereckige, starke Wulste vor.

Beide Geschlechter von Mombas.

—

Ordo II.

Chilopoda, Latr.

Fam. Scolopendridae, Newp.

Heterostoma, Newp.

Transact. Linn. soc. XIX. p. 413.

Dacetum, Koch.

16. *Heterostoma trigonopoda*, Leach.

Scolopendra trigonopoda, Leach, Transact. Linn. soc. XI. p. 384. No. 4. — Zoolog. Miscell. III. p. 38. — Gervais, Annal. soc. entom. de France. 2 sér. II. Bullet. p. XXII.

Heterostoma trigonopoda, Newport. Transact. Linn. soc. XIX. p. 413. No. 1. — Gervais, Hist. nat. d. Aptères IV. p. 245. No. 1.

Heterostoma Newporti, Lucas, Archiv. entom. II. p. 444.

? *Scolopendra spinulosa*, Brandt, Recueil relat. Myriapod. p. 65. No. 12.

Dacetum Capense, Koch, Myriapoden. I. p. 103. Taf. 47. Fig. 93.

Von dieser über einen grossen Theil Afrika's (Senegambien, Guinea, Liberia, Cap, Mozambik) verbreiteten Art liegen zwei bei Mombas gefangene Exemplare, das eine noch sehr jugendlich, vor. Wiewohl das von Lucas (a. a. O.) beschriebene *Heterost. Newporti* als neu angegeben wird, ergeben sich aus den für dasselbe hervorgehobenen Merkmalen doch keinerlei Unterschiede von der Leach-Newport'schen Art.

Scolopendra (Lin.), Leach.

Transact. Linn. soc. XI. p. 382.

17. *Scolopendra subspinipes*, Leach.

Scolopendra subspinipes, Leach, Transact. Linn. soc. XI. p. 383. No. 3. — Zoolog. Miscell. III. p. 41. No. 3. — Gervais, Annal. soc. entom. de France. 2. sér. II. Bullet. p. XXII. — Hist. nat. d. Aptères IV. p. 262. No 18. — Brandt, Recueil mém. Myriapod. p. 59. No. 3. — Newport, Transact. Linn. soc. XIX. p. 349. No 25.

Scolopendra septemspinosa, Brandt, Recueil. p. 60. No. 4. — Newport, Transact. Linn. soc. XIX. p. 391. No. 30. — Gervais, Hist. nat. d. Aptères IV. p. 269. No. 40.

? *Scolopendra Placeae*, Newport, Transact. Linn. soc. XIX. p. 390. No. 26.

Scolopendra Gervaisii, Newport, ibidem p. 290. No. 27.

Scolopendra Ceylonensis et flava, Newport, ibidem p. 391. No. 24. u. p. 392. No. 34.

Scolopendra mactans, ferruginea et sulphurea, Koch, Myriapoden I. p. 90—92, Taf 41. Fig 79 u. 80. — p. 102. Taf. 47. Fig. 92.

In mehreren Exemplaren verschiedener Altersstufen (32 bis 120 mill.) von der Sansibar-Küste vorliegend. Die leicht kenntliche Art ist gleich verschiedenen anderen der Gattung zugleich in der alten und neuen Welt einheimisch. Capensische und Sansibarische Exemplare lassen sich weder von Ostindischen (Singapore, Pontianak), noch von Süd-Amerikanischen durch irgend ein constantes Merkmal unterscheiden. In der Bedornung des Basalgliedes der Hinterbeine zeigt die gegenwärtige Art gleich den meisten der Gattung zuweilen nicht unwesentliche Variationen, welche jedoch die Zahl der an der Innenseite befindlichen Dornen häufiger als der auf der Unterseite entspringenden zu berühren scheinen. Unter 16 näher von mir verglichenen Exemplaren lässt nur eines den einen der beiden unteren Dornen einseitig vermissen, während sie sonst durchweg, wenn auch nicht überall in gleicher Grösse und in genau übereinstimmender Stellung vorhanden sind. Dagegen finden sich nur in vier Fällen am Innenrande vor dem zweispitzigen Endfortsatz beiderseits zwei Dornen, viel häufiger auf der einen Seite drei, auf der anderen zwei, in einzelnen Fällen 3. 1. und 2. 1. Ein einzelnes Exemplar von Pontianak zeigt abweichend von fünf anderen, mit ihm zusammen aufgefundenen und specifisch identischen jederseits vier Innenranddornen vor dem Endfortsatz, wie es Brandt (a. a. O.) für seine *Scolop. septemspinosa* von Java angiebt. Bei dieser Variabilität muss die Vermuthung nahe liegen, dass, wenn nicht alle, so doch die meisten der von Newport in seiner Sect. B, b. (a. a. O. p. 389) aufgeführten und ausschliesslich nach derartigen unwesentlichen Differenzen festgestellten Arten mit der *Scolop. subspinipes* zusammenfallen.

18. *Scolopendra platypus*, Brandt.

Scolopendra platypus, Brandt, Recueil mém. Myriapod. p. 61. No. 8. — Gervais, Hist. nat. d. Aptères. IV. p. 290. No. 60.

Scolopendra limbata, Brandt, a. a. O. p. 61. No. 7.

? *Scolopendra Brandtiana*, Gervais, Annal. d. scienc. nat. 2. sér. VII. p. 50. No. 6. — Hist. nat. d. Aptères. IV. p. 290. No. 64.

Scolopendra angulipes, mirabilis, varia et platypoides, Newport, Transact. Linn. soc. XIX. p. 378 ff. No. 1, 2, 4 u. 5.

Scolopendra tigrina, Leachii, tuberculidens et Fabricii, Newport, ibidem p. 381 ff. No. 8, 9, 13 und 14.

Scolopendra Mossambica et platypoda, *Peters, Myriapod. v. Mossamb. p. 607 ff. Taf. I. Fig. 1 u. 2.
Scolopendra planiceps et infesta, Koch, Myriapod. II. p. 57 f. Taf. 89. Fig. 179 u. 180.
Scolopendra curinipes, de Saussure, Rev. et Magas. de Zoologie. 2. sér. XXII. p. 204.

Dass die von Brandt (a. a. O.) nach Westindischen Exemplaren sehr treffend beschriebene *Scolopendra platypus* nicht nur über einen grossen Theil des tropischen Amerika (Brasilien, Columbien, Mexico), sondern auch über Afrika weit (Aegypten, Sansibar, Mosambik, Damara) verbreitet ist und selbst in Ostindien nicht fehlt, kann bei der völligen Uebereinstimmung der von jenen Lokalitäten stammenden Exemplare in allen ihren wesentlichen Merkmalen, nicht dem mindesten Zweifel unterliegen. So leicht es ist, an einzelnen Columbischen oder Brasilianischen Individuen relative Unterschiede in der Länge der Glieder des letzten Beinpaares, einen bis zwei Dornen mehr oder weniger am Innenrande des ersten Gliedes derselben, geringfügige Differenzen in der Färbung des Kopfes, der Fühler, Beine u. s. w. aufzufinden, wenn man sie mit einem gleichfalls einzelnen aus Aegypten, Sansibar oder Süd-Afrika vergleicht, so unzulässig erweist sich bei Betrachtung zahlreicher, einer und derselben Lokalität entstammender Exemplare der Versuch, sie von denjenigen eines andern Fundorts als besondere Art zu trennen. Differenzen, welche sich an einzelnen Individuen auf den ersten Blick als nicht unbeträchtlich zu erweisen scheinen, verlieren vollständig an Bedeutung durch die leicht zu constatirende Thatsache, dass sie sich an den Exemplaren weit von einander entfernter Lokalitäten nicht nur in ganz übereinstimmender Weise wiederholen, sondern auch durch die allmähligsten Uebergänge vermittelt werden, so dass also einzelne Amerikanische mit Afrikanischen weit genauer übereinstimmen, als mit solchen, in deren Gesellschaft sie aufgefunden worden sind, ja dass sie sich von letzteren unter Umständen sehr leicht, von jenen überhaupt nicht unterscheiden lassen. Dass diese Identität bei einer so leicht kenntlichen Art, wie es gerade die *Scolopendra platypus* ist, bis jetzt übersehen worden ist, erklärt sich zur Genüge aus dem Umstande, dass mit Ausnahme Brandt's sich keiner der bisherigen Autoren, welche die Zahl der Nominal-Arten von *Scolopendra* nach Kräften zu bereichern bestrebt gewesen sind, über die wirklichen Artmerkmale Rechenschaft zu geben versucht hat; vielmehr sind diese vermeintlichen Arten entweder völlig kritiklos auf vereinzelte, mit anderweitigen nicht näher in Vergleich gebrachte Individuen begründet oder, wie wiederholt bei Gervais und Newport, hauptsächlich auf Grund eines verschiedenen Fundorts als selbstständige betrachtet worden. Und doch liegt es bei der Lebensweise der Scolopendren von vornherein auf der Hand, dass sie gleich verschiedenen Insekten, einzelnen *Scorpio*- und *Phrynus*-Arten bei dem Transport von Nutzholz, Zierpflanzen (Palmen, Orchideen und Farren) u. s. w. mit Leichtigkeit entfernt liegenden Gegenden übermittelt werden können, wie denn auch derartige Fälle selbst für Europa bereits wiederholt constatirt worden sind. So wenig wie es Jemandem einfällt, einen aus Afrika stammenden *Dermestes vulpinus* oder eine in Ostindien gefundene *Periplaneta Americana*, *Australasiae* u. A. von Brasilianischen oder Neuholländischen Exemplaren specifisch trennen zu wollen, so wenig Grund liegt auch vor, jedes nicht von den Antillen oder aus Südamerika stammende Exemplar der *Scolopendra platypus* für eine besondere Art auszugeben. Auf geringfügige und relative Unterschiede ist bei dieser letzteren Gattung um so weniger Gewicht zu legen, als solche einerseits selbst bei gleichaltrigen Individuen derselben Art notorisch nirgends fehlen, andererseits aber bei dem unbegrenzten Wachsthum dieser Thiere mit zunehmender Grösse, wie sich unschwer nachweisen lässt, um so prägnanter werden. So z. B. erscheinen bei den stärkeren Individuen der *Scolopendra platypus* die einzelnen Glieder des letzten Beinpaares offenbar dadurch, dass bei ihnen das Längen-Wachsthum mit der Zeit sistirt wird, verhältnissmässig breiter und robuster, wodurch sie von denjenigen jüngerer Individuen selbst recht auffallend abweichen können. Ausserdem scheint bei dieser Art sich aber auch ein sexueller Unterschied in der Bildung dieses letzten Beinpaares auszudrücken, welcher darin besteht, dass bei einem Theil der Individuen nur die beiden, bei anderen dagegen die drei ersten Glieder oberhalb abgeflacht und beiderseits gerandet sind. Letztere, welche sich unter den Afrikanischen Exemplaren (Sansibar, Aegypten u. s. w.) in ganz übereinstimmender Weise, wie unter den Amerikanischen (Brasilien, Columbien) vorfinden, möchten nach der durchschnittlich grösseren Schlankheit des Körpers und der Fühler, so wie nach einer kappenförmigen Hervorstülpung, welche vor der Afteröffnung bemerkbar ist, als männliche in Anspruch zu nehmen sein. Ihre Eigenthümlichkeiten sind bereits von Newport (für seine *Scolop. longicornis*, a. a. O. p. 383) und von Koch (bei seiner *Scolop. planipes*) hervorgehoben, aber als specifische angesehen worden.

Die von der Sansibar-Küste vorliegenden Exemplare beiderlei Geschlechts messen 67—90 mill. in der Länge; nach anderen Individuen zu urtheilen, erreicht die *Scolopendra platypus* jedoch eine ansehnlichere Grösse.

Anmerkung. Wenn für die vorstehende Art der Name *Scolop. platypus* in Anwendung gebracht worden ist, so ist der Grund dafür der, dass die ihn begleitende Brandt'sche Beschreibung die erste ist, welche eine völlige Ueberzeugung für die Identität gewährt. Liesse sich dieselbe von der Charakteristik der *Scolop. marginata*, Say (Journ. acad. nat. scienc. Philadelph. II. p. 110. No. 1.), welche eine in Georgia, Florida und Westindien einheimische Art kennzeichnet, sagen, so würde diese Benennung, als v. J. 1821 datirend, unzweifelhaft den Vorzug verdienen; die über die Hinterbeine gemachte Angabe, dass ihre Glieder kaum doppelt so lang als breit und das erste derselben innerhalb und unten bedornt sei, ist indessen zu unbestimmt gehalten, um, wenn auch immerhin die Wahrscheinlichkeit einer Identität vorhanden ist, eine solche daraus zu folgern. Noch bei weitem zweifelhafter muss die Synonymie der *Scolop. Brandtiana*, Gerv. (Annal. scienc. nat. 2. sér. VII. p. 50. No. 6) erscheinen, um so mehr als diese Art später von Gervais selbst (Aptères. IV. p. 280. No. 68) nicht mit Sicherheit auf die Brandt'sche gedeutet werden konnte und, falls die an letzterem Ort gegebene ausführlichere Beschreibung nicht ungenau ist, — es fehlt in derselben eine Angabe über die Bedornung der Unterseite des ersten Hinterbein-Gliedes — auch in der That Unterschiede vermuthen lässt. Als völlig ungerechtfertigt muss es aber erscheinen, wenn Newport (a. a. O. p. 378) für die hier in Rede stehende Art die Linné'sche Benennung *Scolop. morsitans* restituiren will und zwar einzig und allein auf Grund einer handschriftlichen Notiz Linné's in einem Exemplar von Brown's History of Jamaica. Denn wenn schon die von Linné angeführten Citate eine Confundirung mehrerer Arten ersehen lassen, so ergiebt seine Charakteristik der *Scolop. morsitans* (Amoenit. acad. I. p. 608. No. 63. — edit. III. 1787. I. p. 325. No. 63.) mit voller Sicherheit, dass es sich bei ihm nicht um Feststellung einer bestimmten Art, sondern nur um die Kennzeichnung der Gattung *Scolopendra* (im Gegensatz zu *Lithobius*, *Geophilus* u. s. w.) handelt. Dass sich die oben angeführten Newport'schen Namen sämmtlich nur auf leichte Modificationen in der Länge der beiden ersten und in der Bedornung des ersten Gliedes der Hinterbeine, wie sie sich bei dem Vergleich zahlreicher Exemplare der *Scolop. platypus* leicht zu erkennen geben, theilweise vielleicht nur auf weit von einander entfernte Fundorte beziehen, ist wohl unzweifelhaft. Möglicher Weise ist aber selbst hiermit noch nicht die Synonymie der Art geschlossen; denn z. B. auch die Charakteristik der Australischen *Scolop. longicornis*, Newp. (a. a. O. p. 383. No. 19), passt so gut auf männliche Individuen der vorstehenden Art, dass man sich leicht veranlasst fühlen dürfte, das Vorkommen der *Scolop. platypus* auch in Neu-Holland zu vermuthen.

Eucorybas, Gerst.

Stett. Entom. Zeit. XV. p. 310.

Alipes, Imhoff.

19. *Eucorybas multicostis*, Imh.

(1854) *Alipes multicostis*, Imhoff, Verhandl. d. naturf. Gesellsch. in Basel. I. p. 120. Taf. I.
(1864) *Eucorybas Grandidieri*, Lucas, Annal. soc. entom. de France. 4. sér. IV. p. 420. — ibid. 5. sér. I. p. 449 ff. pl. 7. fig. 1–7.

Diese in der v. d. Decken'schen Sammlung nicht vorhandene Art ist nach Lucas (a. a. O.) von Grandidier in der Umgebung Sansibar's unter Steinen gefunden worden und mag daher als eine für die Sansibar-Fauna besonders interessante Form hier mit aufgeführt werden. Die Art-Identität des Lucas'schen *Eucorybas Grandidieri* mit dem von der Goldküste stammende *Alipes multicostis*, Imh., kann nach zwei mir vorliegenden Guineensischen Exemplaren, auf welche die viel genauere Lucas'sche Abbildung vollkommen zutrifft, nicht zweifelhaft sein.

(CRUSTACEA.)

Ordo III.

Isopoda, Latr.

Fam. Oniscidae, Latr.

Periscyphis, nov. gen.

(Trib. *Armadillini*.)

Antennae 7 articulatae, articulis duobus apicalibus elongatis, gracilibus, ultimo setifero. Caput margine frontali nullo, supra oculos utrinque breviter carinatum. Annulus corporis primus margine laterali antice tantum reflexo. Annulus postabdominalis sextus subito angustatus et triquetro-acuminatus. Pedes spurii ultimi paris articulo terminali parvo styliformi in apice articuli basalis lati, extus rotundati inserto.

In noch näherer Verwandtschaft als mit *Cubaris*, Brandt steht diese neue Gattung mit *Sphaeroniscus*, Gerst. (Stett. Entom. Zeit. XV. p. 314. Taf. II. Fig. 2), von welcher sie sich durch folgende Merkmale unterscheidet: Der Kopf entbehrt des bogenaufgerichteten Stirnrandes, wie er sich bei beiden genannten Gattungen vorfindet, gänzlich und lässt nur oberhalb der Augen eine niedrige, in der Mitte breit unterbrochene, jederseits längs des inneren Augenrandes nach hinten abbiegende Querleiste erkennen. An dem Schaft des grossen Fühlerpaares ist das dritte Glied kürzer, das vierte dagegen verhältnissmässig länger als bei *Sphaeroniscus*, nämlich doppelt so lang als das vorhergehende; die Geissel besteht nur aus zwei Gliedern, welche dünn, cylindrisch, beide langgestreckt sind und zusammengenommen dem letzten Schaftgliede mindestens an Länge gleich kommen; das zweite Glied fast nur halb so lang als das erste und mit einer kurzen Endborste versehen. Der grosse erste Leibesring ist seitlich nur schmal und hinten nicht aufgebogen gerandet, unterhalb ohne Duplicatur zur Aufnahme der Vorderecke des zweiten Ringes. Die Seitenfortsätze des dritten bis fünften Postabdominalringes sind hinten spitzwinkliger. Der sechste (End-) Ring des Postabdomen verschmälert sich plötzlich unter scharfwinkligem Absatz zu einem länglich dreieckigen, zugespitzten Fortsatz, welcher hinter den Seitenfortsätzen der vorhergehenden Ringe an Länge nur wenig zurücktritt. Das ihm an Länge gleichkommende Basalglied der Pedes spurii des letzten Paares ist beträchtlich breiter als die Seitenfortsätze der vorangehenden Postabdominalringe und zeigt einen gegen die Spitze hin zugerundeten Aussenrand; das kleine griffelförmige Endglied ist nicht an seinem Innenrande, sondern in einem Ausschnitt seiner Spitze, dicht vor dem Innenwinkel eingelenkt. Das innere griffelförmige Glied dieser Pedes spurii ist von oben her ganz durch den dreieckigen Ausläufer des letzten Postabdominalringes bedeckt, indem es nur bis zu seiner Spitze reicht, nicht, wie bei *Sphaeroniscus*, dieselbe überragt. An den Gangbeinen sind nicht die drei, sondern nur die zwei letzten Glieder innerhalb dicht gewimpert.

1. *Periscyphis trivialis*, n. sp.

Oblongus, subparallelus vel antice paullo latior, laevis, parum nitidus, fusco-testaceus, capite, antennarum articulis 3.—5. vittisque duabus corporis marginibus lateralibus nigro-piceis. Long. 9½—10, lat. 4, alt. 3½ mill.

Der Körper ist mehr denn doppelt so lang als breit, nach vorn etwas stumpfer als nach hinten zugerundet, seine Höhe fast um ein Viertheil geringer als seine mittlere Breite; seine Oberfläche ohne wahrnehmbare Skulptur, wenig glänzend, fahl bräunlich gelb. Der Kopf, das dritte bis fünfte Fühlerglied und eine Fleckenbinde zu jeder Seite des ersten bis siebenten Leibesringes pechschwarz. Die Basis der Fühler ist gleich der Mundgegend blass scherbengelb, die beiden Geisselglieder sind weisslich. An den Leibesringen die schmalen Seitenränder und der Spitzensaum lichter gelb; die beiden dunkelen seitlichen Längsbinden werden durch Flecke gebildet, welche auf dem ersten bis sechsten Leibesringe nahe dem Vorderrande und zwar oberhalb des Beginnes der Seitenfortsätze gelegen sind, während der besonders markirte Fleck des siebenten Ringes sich über den ganzen Seitenfortsatz bis zum Aussenrande erstreckt. Das Postabdomen ist entweder einfarbig braungelb oder auf der Scheibe, d. h. innerhalb der Seitenfortsätze mehr oder weniger pechbraun. Die Beine einfarbig gelb.

Am See Jipe im October 1862 aufgefunden.

Cubaris, Brandt.

Bullet. d. natur. de Moscou. VI. p. 189.

2. *Cubaris anomala*, n. sp.

Annuli corporis primi margine laterali reflexo fortiter incrassato, antice dilatato, angulis posticis late rotundatis, annuli postabdominalis sexti processu apicali oblongo, parallelo, pedum spuriorum articulo basali parum latiore: horum articulo terminali minutissimo, ante apicem basalis inserto; corpore subtiliter punctato, nitido, testaceo, nigricanti-maculato. Long. 13, lat. 6 mill.

Von den bis jetzt bekannten Arten der Gattung *Cubaris* einerseits durch den schmalen, parallelen, länglich viereckigen Endfortsatz des letzten Postabdominalringes, welcher nur wenig breiter als das an seiner Aussenseite liegende Basalglied der letzten Pedes spurii ist, so wie ferner durch das ganz rudimentäre, nur als kleines, warzenförmiges Höckerchen erscheinende und nicht über der Mitte des Innenrandes, sondern dicht vor der Spitze, nahe dem Innenwinkel des Basalgliedes entspringende Endglied der Pedes spurii abweichend. Da ausserdem auch der aufgeworfene Seitenrand des ersten Leibesringes eine von *Cubaris* abweichende Bildung erkennen lässt und die Wahrscheinlichkeit nahe liegt, dass demnach auch der — an dem einzigen vorliegenden Exemplare leider fehlende — Kopf Eigenthümlichkeiten darbieten werde, ist die hier in Rede stehende Art muthmasslich als der Typus einer eigenen, vorläufig aber nicht sicher zu begründenden Gattung anzusehen. — Körperumriss ähnlich wie bei *Cub. flavescens*, *Brandt (a. a. O. p. 191. No. 5), länglich oval mit deutlicher Verbreiterung nach vorn, die Rückenwölbung jedoch stärker; die Oberfläche glänzend, auf der hinteren Hälfte der einzelnen Ringe gleichmässig dicht, auf der vorderen feiner und von glatten Längsschwielen unterbrochen punktirt. Färbung licht scherbengelb; die sieben vorderen Ringe in der Mittellinie und zu jeder Seite mit grösserem, schwärzlich schiefergrauem Fleck, diejenigen des Postabdomen längs der Basis ebenso bandirt. Hinterrand des ersten Leibesringes beiderseits nur leicht, derjenige der folgenden nur unmerklich ausgeschweift, ihre Hinterwinkel daher nicht, wie bei *Cub. flavescens*, deutlich nach hinten ausgezogen, sondern stumpf und breit abgerundet. Der Seitenrand des ersten Ringes durch eine tiefe und schmale Furche scharf abgesetzt, sein Umschlag mit fast vertikaler, abgeflachter, gegen die Kopfecke hin breiter werdender und hier rechtwinklig abgestutzter Aussenfläche. Der Hinterrand des sechsten Ringes merklich, des siebenten tiefer ausgebuchtet, beiderseits bogig geschwungen und nach hinten hervortretend. Die Seitenfortsätze des dritten bis fünften Postabdominalringes etwas schräger zugespitzt als bei *Cub. flavescens*.

Ein einzelnes Exemplar vom See Jipe.

3. *Cubaris murina* Brandt.

Cubaris cinerea, murina et brunnea *Brandt, Bullet. d. natur. de Moscou VI. p. 190. Nr 1–3.

In Mehrzahl von der Sansibar-Küste vorliegend. Die hier gesammelten Exemplare weichen in Nichts von der aus Brasilien stammenden und von Moritz auch auf St. Thomas gefundenen *Cubaris murina* *Brandt, deren Original-Exemplar mir vorliegt, ab. Mit genannter Art sind auch *Cubaris cinerea* *Brandt als eine aschgraue und *Cubaris brunnea* *Brandt als eine mehr bräunliche, aus Demerary stammende Farbenvarietät zu vereinigen, da sie alle plastischen und Skulptur-Merkmale mit jener gemein haben. Die so festgestellte Art, deren weit ausgedehntes Vorkommen unzweifelhaft durch den Schiffsverkehr hervorgerufen worden ist, lässt sich abgesehen von dem einfachen, d. h. unterhalb nicht mit einer Rinne versehenen Seitenrand des ersten Leibesringes leicht an der charakteristischen Bildung des letzten Postabdominalringes und der zu seinen Seiten liegenden Pedes spurii erkennen. Jener ist breiter als lang, jenseits der mittleren Verengung sich nach hinten wieder stark verbreiternd, quer sanduhrförmig; diese sind länglich viereckig und zeigen das kleine griffelförmige Endglied in der Mitte der Länge ihres Innenrandes entspringend.

Philoscia, Latr.

Gen. Crust. et Insect. I. p. 69.

4. *Philoscia guttulata*, n. sp.

Oblongo-ovata, subnitida, plumbea, ore, antennarum basi, genis, annulorum corporis 1.-7. laminis lateralibus guttisque numerosis dorsalibus, postabdominis maculis majoribus pedibusque pallide testaceis: capite nec non annulis corporis anterioribus leviter tuberculatis, primi angulis posticis rectis, septimi in medio profunde emarginati acuminatis. Long. 6½ mill.

Bei gleicher Grösse etwas schmaler als *Phil. marmorata*, Brandt (Bullet. de Moscou. VI. p. 183. No. 4), abgesehen von der lichteren Färbung und der Zeichnung der Rückenseite auch durch die Bildung der Stirnleiste, die nicht abgerundeten Hinterecken der vorderen Körperringe, die spitzwinklig ausgezogenen des siebenten, die nicht zahnartig verlängerten der Postabdominalringe u. s. w. abweichend. Die rudimentären Fühler gleich den beiden Basalgliedern der äusseren blass knochengelb, die folgenden Glieder dieser schiefergrau; Mund, Backen und Kopfränder weisslich, die Scheibe des letzteren licht grau; oberhalb der Stirnleiste vier, dahinter zwei grössere glatte Wulste, ausserdem noch zahlreiche kleinere flache Erhabenheiten. Stirnleiste in Form einer feinen, leicht S-förmig geschwungenen, nirgends verdickten Querleiste; die Randung der ohrförmigen Backenfortsätze stärker, über das vordere Ende der Augen weit heraustretend. Erster Leibesring an der Basis beiderseits gerade abgeschnitten, mit fast rechtwinkligen Hinter- und weit hervortretenden, stumpf zugespitzten Vorderecken; der zweite und dritte bereits mit leicht ausgeschweiftem Basalrande und mit zwar gleichfalls noch rechtwinkligen, aber schon deutlich nach hinten hervortretenden Aussenwinkeln; letztere an den folgenden Ringen allmählig scharf- und spitzwinkliger werdend, was an dem in der Mitte tief ausgerandeten siebenten um so stärker hervortritt. Die drei vorletzten Ringe des Postabdomen beiderseits zwar spitzwinklig, aber nicht zahnartig ausgezogen; der letzte stumpfer dreieckig zugespitzt als bei *Phil. marmorata* und etwas kürzer als das Basalglied der Pedes spurii. Letzteres gleich den Gangbeinen und der ganzen Bauchseite knochengelb, das Endglied oberhalb geschwärzt. Auf der Rückenseite sind licht gefärbt die Seiten des 1. bis 7. Leibesringes und zwar diejenigen des 7. in weiterer Ausdehnung; ferner zwei grössere Flecke nahe der Mittellinie, ausserdem auf jedem einzelnen drei bis vier kleinere Tupfen jederseits vor dem Hinterrande, alle diese Zeichnungen auf dunkel blei- oder schiefergrauem Grunde. Auch die Postabdominalringe zeigen weniger regelmässig angeordnete grössere helle Flecke.

An der Sansibar-Küste aufgefunden.

Alphabetisches Verzeichnis der Gattungs- und Artnamen.

(Die mit Cursivschrift gesetzten Namen sind Synonyme.)

Verbesserungen.

Seite 305 Zeile 1 von oben, anstatt: weiter; lies: weiter,
„ 338 Zeile 10 von oben, anstatt: nicht unschwer lies: unschwer.
„ 391 Unter: 8. Plagiocera haemorrhoa n. sp. fehlt das Citat: Taf. XVI. Fig. 6.
„ 622 Zeile 1 von oben, anstatt: *platypoda* lies: *brachypoda*.
Taf. XVII. Unterschrift, Zeile 1 anstatt: Micropus bacillus lies: Ischnodemus bacillus.

Gedruckt bei E. Polz in Leipzig.

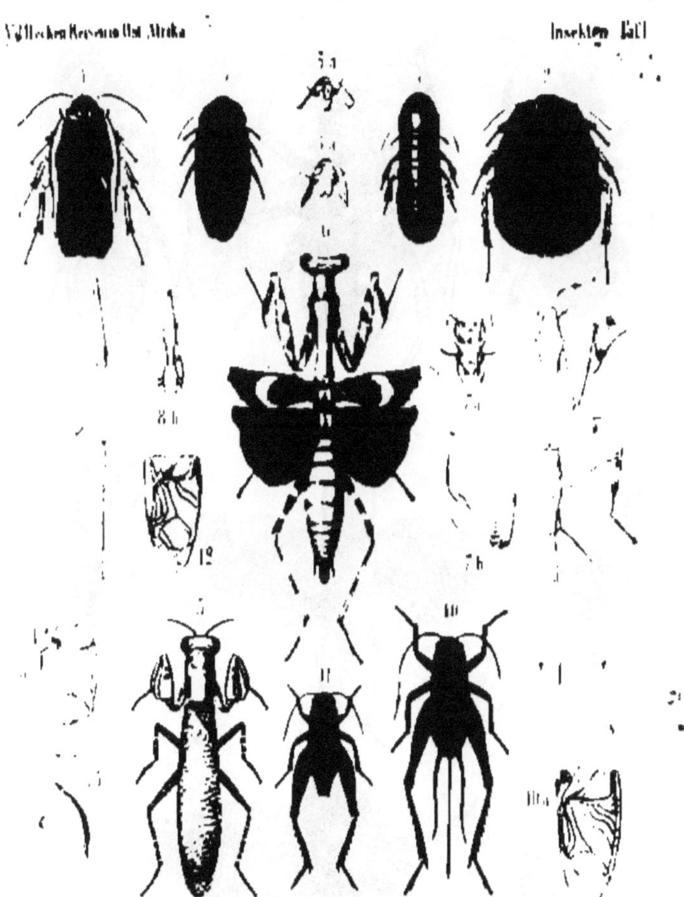

1. 2 Gynopeltis picta, Gerst. 3 Derocalymma porcellio, Gerst. 4 Derocal. capucina, Gerst.
5 Tarachodes pantherina Gerst. 6 Mantis vincta Gerst. 7 Mant. superciliaris, Gerst.
8 Pyrgomantis singularis Gerst. 9 Gryllus pulchriceps Gerst. 10 Gryllus xanthoneurus, Gerst.
11 Gryllus scenicus Gerst. 12 Gryllus laqueatus Gerst. 13 Gryllotalpa debilis Gerst.

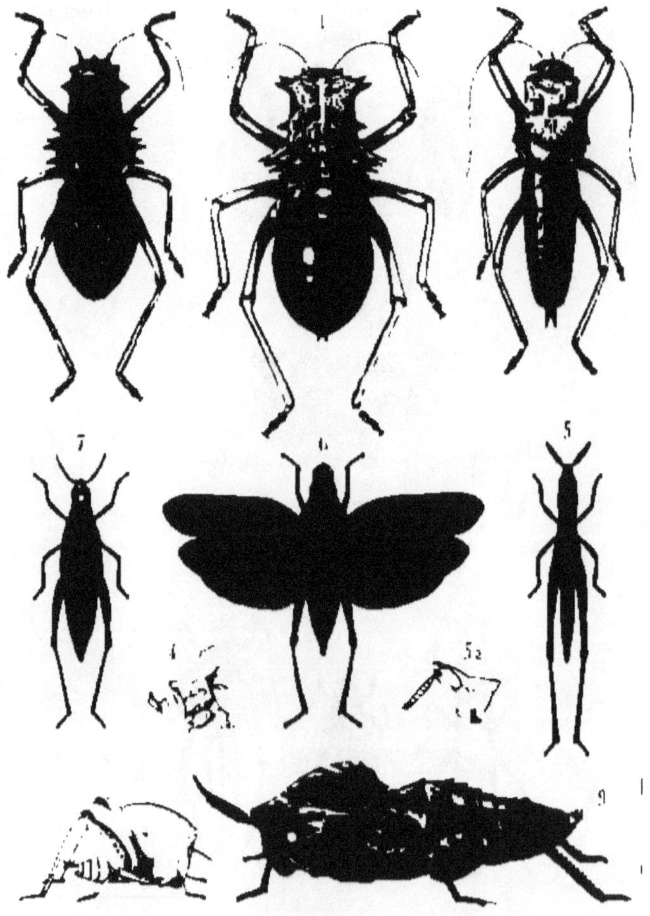

1 Eugaster loricatus Gerst. 2 Ené ephippiatus Gerst. 3 Ené talpa Gerst.
4 Cymatomera paradoxa Gerst. 5 Opomala brachyptera Gerst. 6 Petasia Hecate Gerst.
7 Sphenarium pulchripes Gerst. 8 Choroetypus [illegible] Gerst. 9 Pamphagus atrox Gerst.

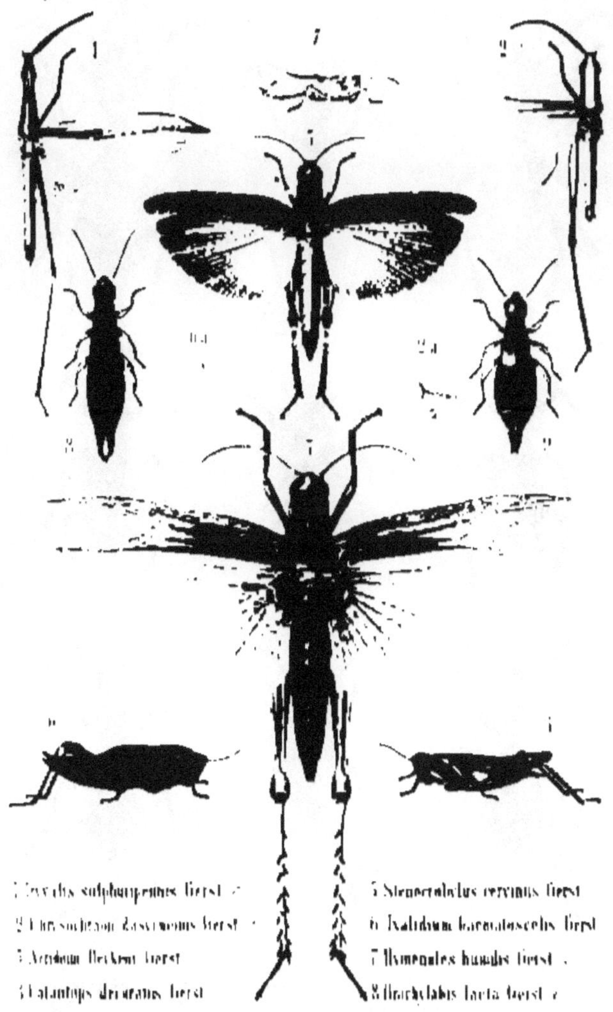

1 Tryxalis sulphuripennis Gerst.
2 Chrysochraon dasycnemis Gerst.
3 Acridium Deckeni Gerst.
4 Catantops decoratus Gerst.
5 Stenobothrus cervinus Gerst.
6 Ixalidium haematoscelis Gerst.
7 Hymenotes humilis Gerst.
8 Brachylabis laeta Gerst.
9 Forficula gravidula Gerst.

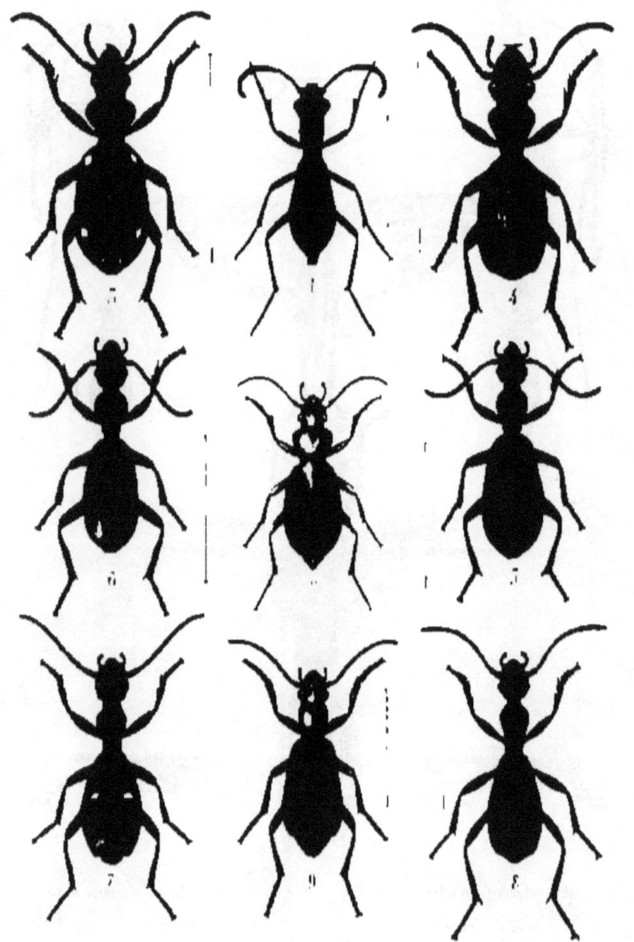

1 Mimocoptera sulcatula Gerst. 2 Carabus Deckeni Gerst. 3 Anthia hexasticta Gerst.
4 Anth. cavernosa Gerst. 5 Polyhirma spatulata Gerst. 6 Pol. bisignata Gerst.
7 Pol. lagenula Gerst. 8 Pol. quadriplagiata Gerst. 9 Pheropsophus Gerstaeckeri Gerst.

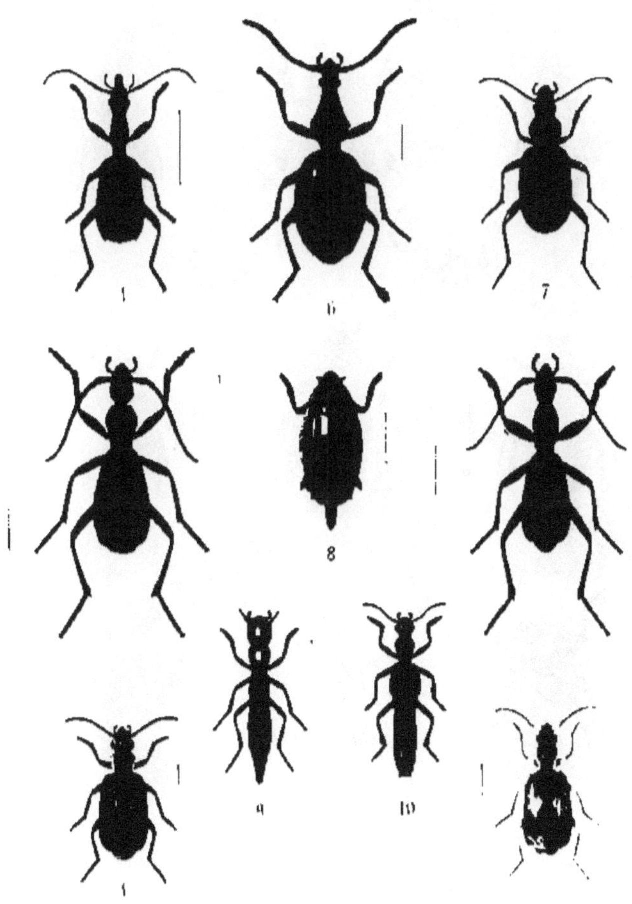

1. Drypta sulcicollis Gerst. 2. Galerita procera Gerst.
3. Gal. angustipennis Gerst. 4. Lebia deplanata Gerst. 5. Leb. calycina Gerst.
6. Crassodophorus costulatus Gerst. 7. Chlaenius sericeus Gerst. 8. Ctenocheilus schistaceus Gerst.
9. Paederus tumidicollis Gerst. 10. Oedichirus stilicinus Gerst.

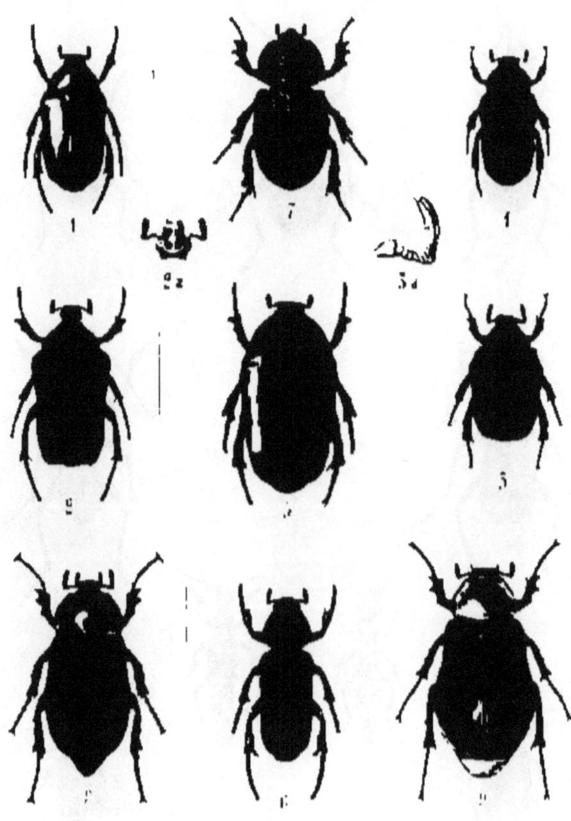

1 Plaesiorrhina specularis Gerst. 2 Trymodera aterrima Gerst. 3 Heteroclita corpulenta Gerst.
4 Discopeltis lateralis Gerst. 5 Pachnoda ephippiata Gerst. 6 Coenochilus appendiculatus Gerst.
7 Sycolithus clathratus Gerst. 8 Conoplutis melolonthoides Gerst. 9 Comaph. elephas Gerst.

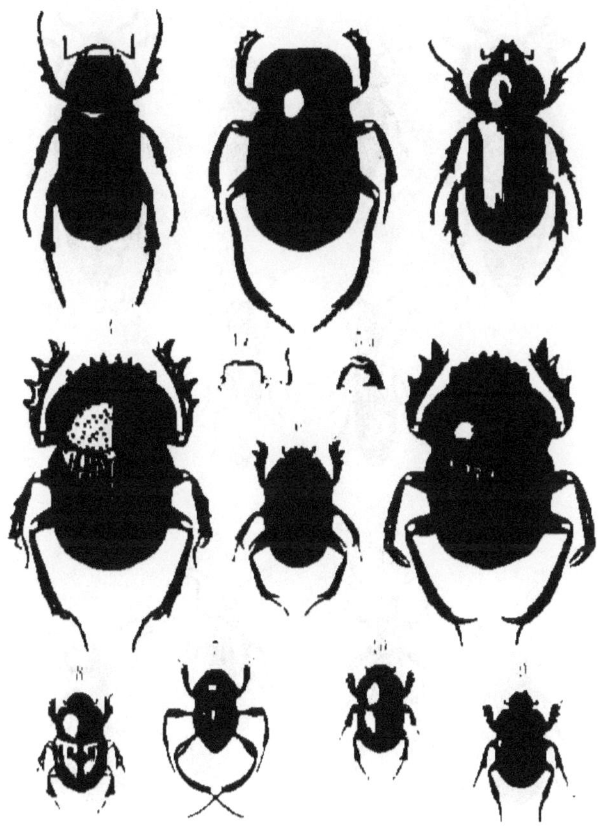

1 Emprycastes coronatus Gerst. 2 Rhizoplatys ambiguus Gerst.
3 Anachalcus procerus Gerst. 4 Ateuchus catenatus Gerst. 5 Ateuchus aeratus Gerst.
6 Gymnopleurus umbrinus Gerst. 7 Sisyphus nodifer Gerst. 8 Onthophagus pictacollis Gerst.
9 Onth. lacerratus Gerst. 10 Onth. aterrimus Gerst.

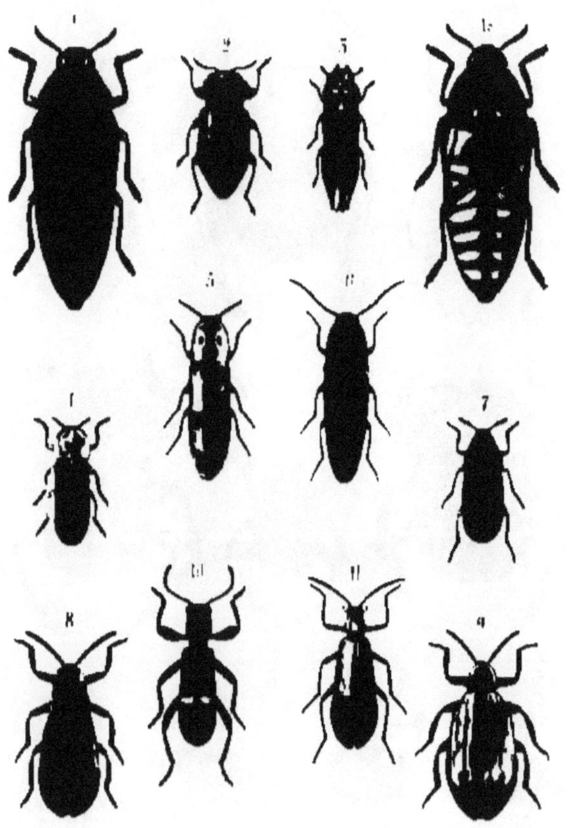

1.1a. Steraspis fastuosa Gerst. 2. Chrysobothris empyrea Gerst. 3. Aphanisticus nodosus Gerst.
4. Lampyris amplicollis Gerst. 5. Alaus altopus Gerst. 6. Ludius penicillatus Gerst.
7. Melyris nobilis Gerst. 8. Lycus congener Gerst. 9. Lycus gravidulus Gerst.
10. Phloeocopus vinctus Gerst. 11. Pronocerus dimidiatus Gerst.

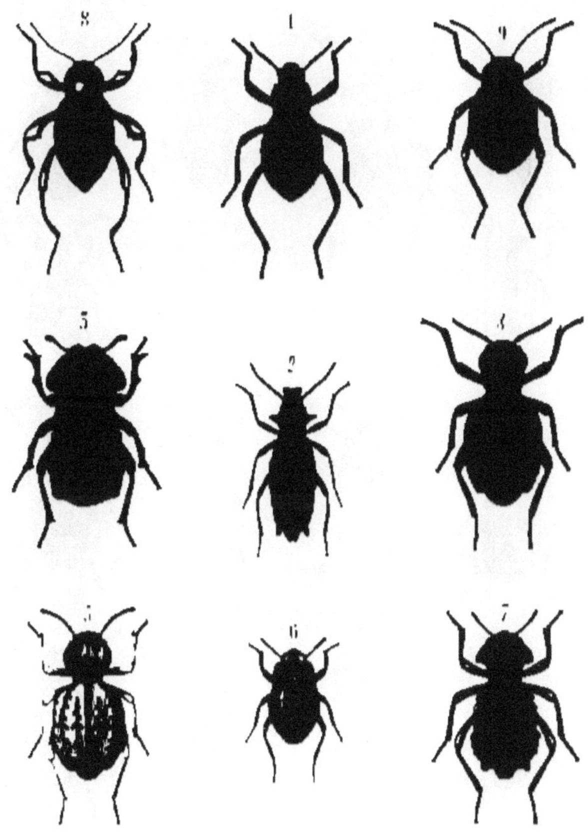

1 Adesmia baccata Gerst. 2 Sepidium muscosum Gerst. 3 Anomalipus heraldicus Gerst.
4 Phrynocolus petrosus Gerst. 5 Phryn. frondosus Gerst. 6 Rhodontes areolatus Gerst.
7 Machla hamaticollis Gerst. 8 Micrantereus femoratus Gerst. 9 Micr. variolosus Gerst.

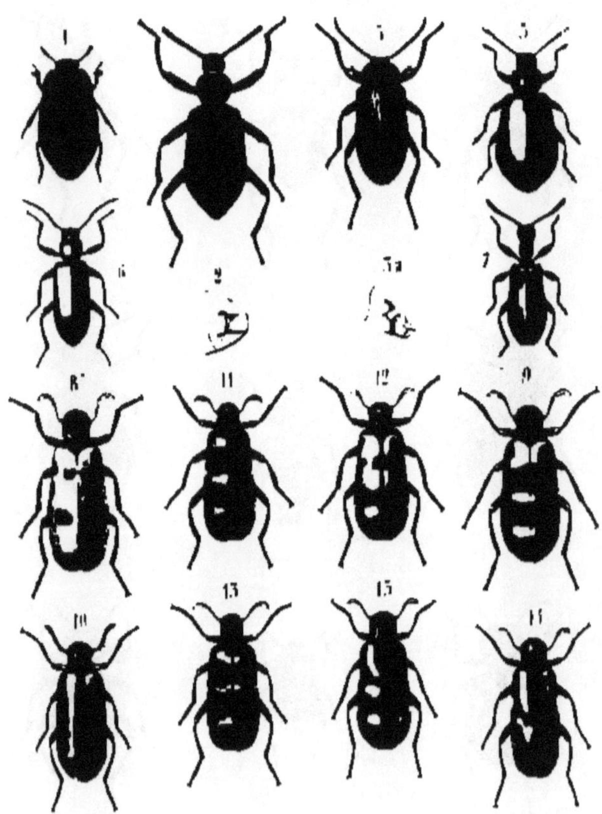

1 Cyphus scabrosus Gerst. 2 Cossyphus dentiventris, Gerst. 3 Dichastops subaeneus Gerst.
4 Aspidosternum festivum Gerst. 5 Gonocnemis brevicollis Gerst. 6 Miltoprepes laetus Gerst.
7 Entypodera anthicoides Gerst. 8 Mylabris praestans Gerst. 9 Myl. amplectens Gerst.
10 Myl. callicera Gerst. 11 Myl. Gerstem. Gerst. 12 Myl. Deckeni Gerst.
13 Myl. dorsalis Gerst. 14 Myl. ambigua, Gerst. 15 Myl. parenthesis. Gerst.

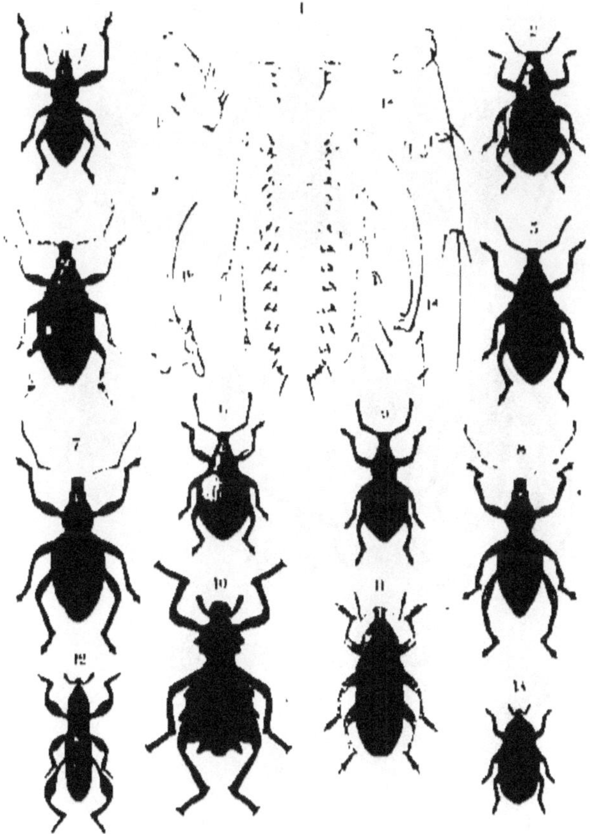

1. 14. Mylabris ? Lov. 2. Synaptoplus cervinus Gerst. 3. Siderodactylus falciger Gerst.
4. Dicasticus praemorsus Gerst. 5. Chaunoderus stupidus Gerst. 6. Sphrigodes margaritaceus Gerst.
7. Systates pollinosus Gerst. ♂ 8. Syst. amplicollis Gerst. ♂ 9. Embrithes pustulosus Gerst. ♀
10. Brachycerus atrox Gerst. 11. Cleonus mitis Gerst. 12. Pharcimerus leucogrammus Gerst.
13. Baridius speciosus Gerst.

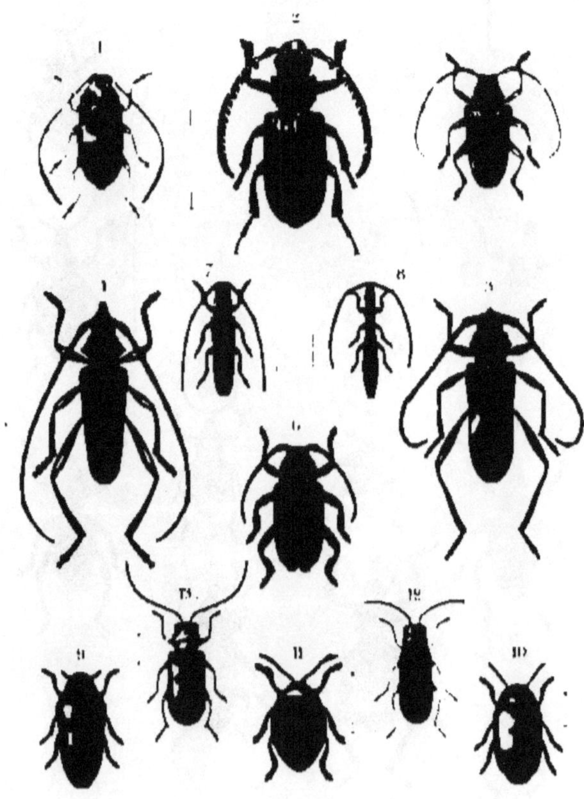

1. Phloeobius pustulosus Gerst. 2. Cantharocnemis rugosus Gerst. 3. Compsomera fenestrata Gerst. 4. Rhopalizus Sansibaricus Gerst. 5. Frea marmorata Gerst. 6. Phoryctus mucorum Gerst. 7. Hippopsicon virgatum Gerst. 8. Tetraglenes phantoma Gerst. 9. Clythra haemorrhoica Gerst. 10. Cryptocephalus apertus Gerst. 11. Adorium palliatum Gerst. 12. Apophylia nobilitata Gerst. 13. Xenarthra ♂ calcarata Gerst.

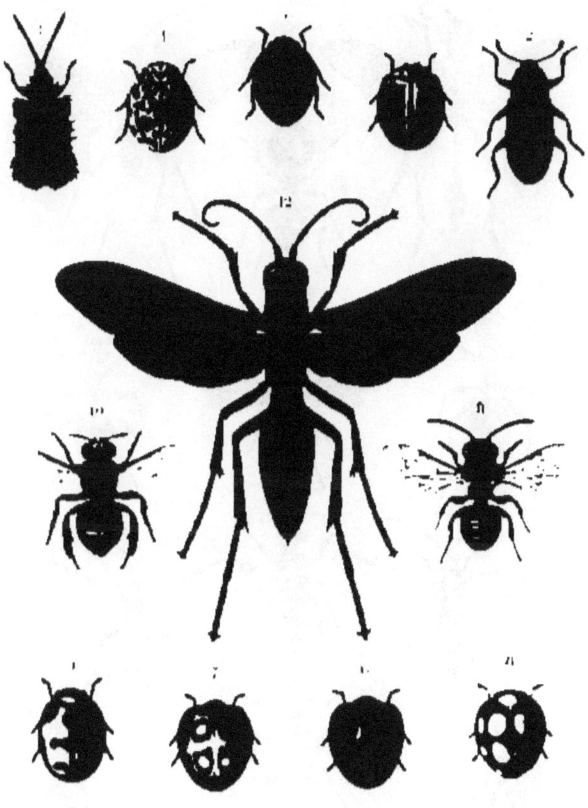

1 Hispa pachycera Gerst. 2 Episcapha scenica Gerst. 3 Alesia Aurora Gerst.
4 Cheilomenes ? pardalina Gerst. 5 Epilachna tetracycla Gerst. 6 Epil. Proserpina Gerst.
7 Epil. callipepla Gerst. 8 Epil. macropis Gerst. 9 Epil. scalaris Gerst.
10 Megilla caligata Gerst. 11 Nomia amoenula Gerst. 12 Hemipepsis prodigiosa Gerst.

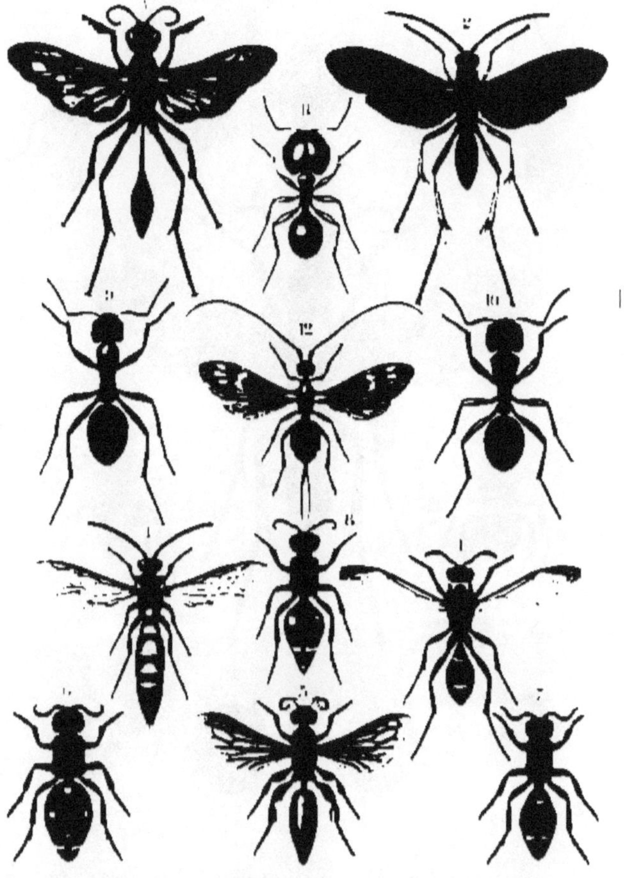

1 Polistes badia Gerst. ♀ 2 Hemipepsis contumax Gerst. ♂ 3 Ammophila ponderosa Gerst. ♀
4 Elis soleata Gerst. ♂ 5 Myzine xanthocera Gerst. ♀ 6 Mutilla straba Gerst.
7 Mut. pugnalis Gerst. 8 Mut. suavis Gerst. 9 Camponotus chrysurus Gerst.
10 Camp. erinaceus Gerst. 11 Pheidole talpa Gerst. 12 Bracon Kersteni Gerst.

1. 1a. Callosune casta Gerst. 2. Callos. hetaera Gerst. ♂ 3. 3a. Pempiysta leda Gerst.
4. Lycaena Eurolus God. 5. Lyc. Kersteni Gerst. 6. 6a. Ismene Anchises Gerst.
7. Macroglossa hirundo Gerst. 8. Ascubala roseiventris Gerst.

1 Xylemeta hymenaea Gerst. 2 Cochlophora valvata Gerst. 3 Jana rhodoptera Gerst.
4 Thalura Croesus Gerst. 5 Atemnus rubiginosus Gerst. 6 Plagiocera haemorrhoa Gerst.

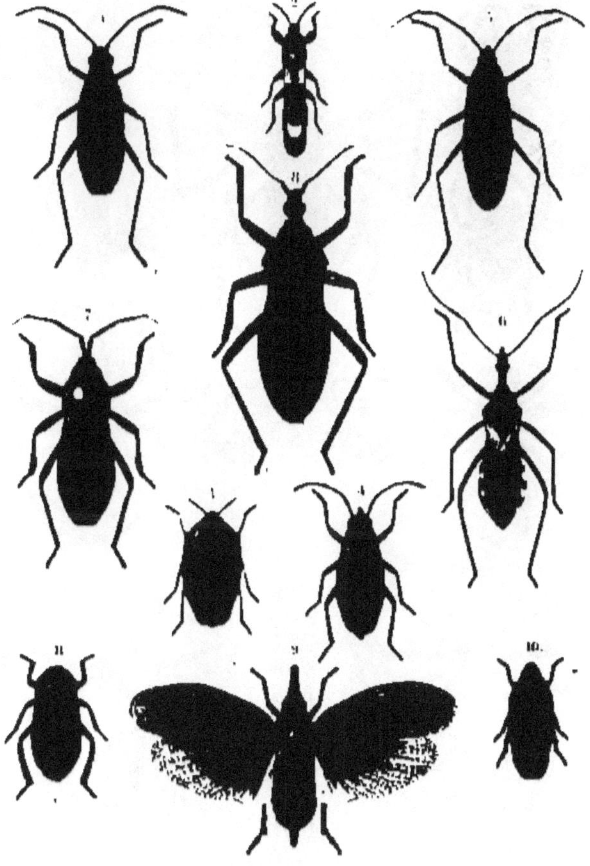

1. Anarropa lurvalis Gerst. 2. Micropus bacillus Gerst. 3. Astacops mutilatus Gerst.
4. Cenaeus abortivus Gerst. 5. Hoscius illustris Gerst. 6. Pantoleistes basalis Gerst.
7. Ectrichodia carnifex Gerst. 8. Platymeris Rhadamanthus Gerst. 9. Pyrops pustulosus Gerst.
10. Cercopis cardinalis Gerst. 11. Sclerocephalus compactus Gerst.

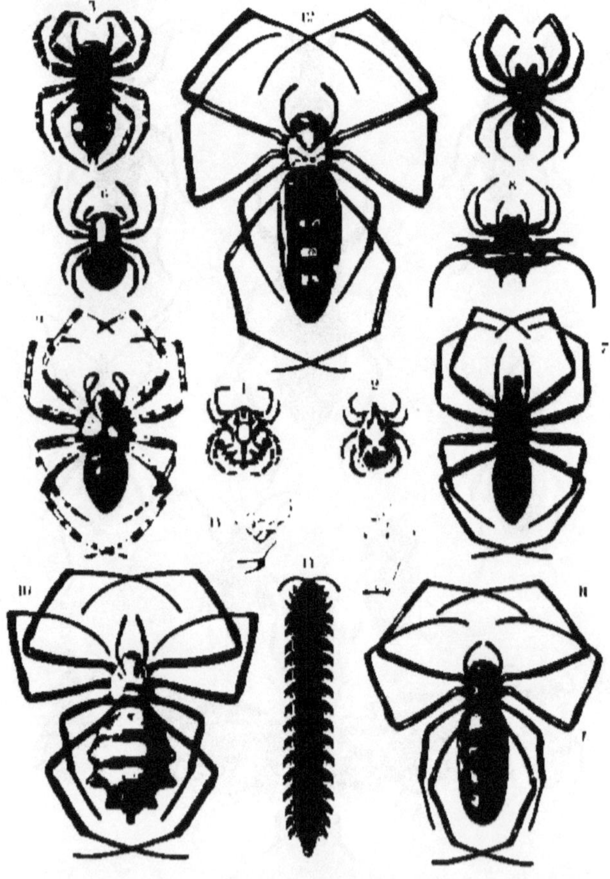

1. Amblyomma eburneum Gerst. 2. Dermacentor pulchellus Gerst. 3. Plexippus nummularis Gerst.
4. Phidippus luculentus Gerst. 5. Deinopis cornigera Gerst. 6. Stiphropus lugubris Gerst.
7. Phoneutria decora Gerst. 8. Gasteracantha resupinata Gerst. 9. Epeira haematomera Gerst.
10. Argyope suavissima Gerst. 11. Nephila hymenaea Gerst. 12. Neph. sumptuosa Gerst.
13. Spirostreptus macrotis Gerst. 14. Polydesmus mastophorus. Gerst.

www.ingramcontent.com/pod-product-compliance
Lightning Source LLC
Chambersburg PA
CBHW031937290426
44108CB00011B/592

* 9 7 8 3 7 4 1 1 6 8 9 8 7 *